Curso de Direito
Constitucional

ANDRÉ RAMOS TAVARES

Ministro do Tribunal Superior Eleitoral. Professor Titular da Faculdade de Direito do Largo de São Francisco – USP. Coordenador do Programa de Doutorado e Mestrado em Direito da FADISP, Professor e Coordenador do Núcleo de Direito Econômico do Programa de Doutorado e Mestrado em Direito da PUC-SP. Foi Professor Permanente do Programa de Doutorado em Direito Público da Università di Bari – Itália, *Visiting Research Scholar* na Cardozo School of Law – New York (2007), *Visiting Foreign Professor* na Fordham University – New York (2008), Professor Visitante na Università di Bologna (2012) – Itália e Professor Visitante da Faculdade de Direito da Universidade de Glasgow – Escócia (2019). Foi também Presidente da Comissão de Ética Pública da Presidência da República (2020-2021), Presidente do Instituto Brasileiro de Estudos Constitucionais (2021-2024), Presidente da Associação Brasileira de Direito Processual Constitucional (2014-2016), Pró-Reitor de Pós-Graduação *Stricto Sensu* da PUC-SP (2008-2012) e Diretor da Escola Judiciária Eleitoral Nacional do Tribunal Superior Eleitoral (2010-2012).

Curso de Direito
Constitucional

23ª edição
2025

Atualizada com a Emenda Constitucional n. 135, de 20 de dezembro de 2024.

- O autor deste livro e a editora empenharam seus melhores esforços para assegurar que as informações e os procedimentos apresentados no texto estejam em acordo com os padrões aceitos à época da publicação, *e todos os dados foram atualizados pelo autor até a data de fechamento do livro*. Entretanto, tendo em conta a evolução das ciências, as atualizações legislativas, as mudanças regulamentares governamentais e o constante fluxo de novas informações sobre os temas que constam do livro, recomendamos enfaticamente que os leitores consultem sempre outras fontes fidedignas, de modo a se certificarem de que as informações contidas no texto estão corretas e de que não houve alterações nas recomendações ou na legislação regulamentadora.

- Data do fechamento do livro: 27/12/2024

- O autor e a editora se empenharam para citar adequadamente e dar o devido crédito a todos os detentores de direitos autorais de qualquer material utilizado neste livro, dispondo-se a possíveis acertos posteriores caso, inadvertida e involuntariamente, a identificação de algum deles tenha sido omitida.

- Direitos exclusivos para a língua portuguesa
  Copyright ©2025 by
  Saraiva Jur, um selo da SRV Editora Ltda.
  Uma editora integrante do GEN | Grupo Editorial Nacional
  Travessa do Ouvidor, 11
  Rio de Janeiro – RJ – 20040-040

- Atendimento ao cliente: https://www.editoradodireito.com.br/contato

- Reservados todos os direitos. É proibida a duplicação ou reprodução deste volume, no todo ou em parte, em quaisquer formas ou por quaisquer meios (eletrônico, mecânico, gravação, fotocópia, distribuição pela Internet ou outros), sem permissão, por escrito, da **SRV Editora Ltda.**

- Capa: Tiago Dela Rosa
  Diagramação: Adriana Aguiar

- **DADOS INTERNACIONAIS DE CATALOGAÇÃO NA PUBLICAÇÃO (CIP)**
  VAGNER RODOLFO DA SILVA – CRB-8/9410

T231c   Tavares, André Ramos
Curso de direito constitucional / André Ramos Tavares. – 23. ed. – São Paulo: Saraiva Jur, 2025.
1.096 p.

ISBN 978-85-5362-446-1 (Impresso)

1. Direito. 2. Direito constitucional. I. Título.

	CDD 342
2024-4266	CDU 342

Índices para catálogo sistemático:
1. Direito constitucional   342
2. Direito constitucional   342

Para Maitê, com amor.

Abreviaturas e siglas adotadas

ADC — Ação Declaratória de Constitucionalidade
ADCT — Ato das Disposições Constitucionais Transitórias
ADI — Ação Direta de Inconstitucionalidade Genérica
ADPF — Arguição de Descumprimento de Preceito Fundamental
Ag. — Agravo
AGU — Advogado-Geral da União
AIJE – Ação de Investigação Judicial Eleitoral
art. — artigo
CB — Constituição do Brasil
CC — Código Civil
CDC — Código de Defesa do Consumidor
CEP/PR – Comissão de Ética Pública da Presidência da República
Cf. — Confira
CIDH — Comissão Interamericana de Direitos Humanos
CN — Congresso Nacional
CNJ — Conselho Nacional de Justiça
Coaf — Conselho de Controle de Atividades Financeiras
CPC — Código de Processo Civil
CPI — Comissão Parlamentar de Inquérito
DF — Distrito Federal
DJU — Diário de Justiça da União
EC — Emenda Constitucional
ED — Embargos de Declaração
FAPESP — Fundação de Amparo à Pesquisa do Estado de São Paulo
HC — *Habeas Corpus*
HD — *Habeas Data*
IBGE — Instituto Brasileiro de Geografia e Estatística
IES — Instituição de Ensino Superior
Inc. — Inciso
IPEA — Instituto de Pesquisa Econômica Aplicada
LA — Lei da Arguição
LC — Lei Complementar
LGBTQIAPN+ — Lésbicas, Gays, Bissexuais, Transgêneros, Queer, Intersexo, Assexuais
e outras possibilidades de orientação sexual e identidade de gênero
LINDB — Lei de Introdução às Normas do Direito Brasileiro
LOM — Lei Orgânica do Município
LRF – Lei de Responsabilidade Fiscal

MI — Mandado de Injunção
Min. — Ministro
MP — Medida Provisória
MS — Mandado de Segurança
OAB — Ordem dos Advogados do Brasil
PEC — Proposta de Emenda Constitucional
PGR — Procurador-Geral da República
RE — Recurso Extraordinário
Rel. — Relator
RICD — Regimento Interno da Câmara dos Deputados
RISF — Regimento Interno do Senado Federal
RISTF — Regimento Interno do Supremo Tribunal Federal
RTJ — Revista Trimestral de Jurisprudência
ss. — seguintes
STF — Supremo Tribunal Federal
t.a. — tradução livre do autor
TCU — Tribunal de Contas da União
TJ — Tribunal de Justiça
TSE — Tribunal Superior Eleitoral
v. — Veja

Sumário

Abreviaturas e siglas adotadas.. VII

Considerações gerais sobre a obra XV

Título I
TEORIA DA CONSTITUIÇÃO

Capítulo I
CONSTITUCIONALISMO 1

Capítulo II
ESTADO CONSTITUCIONAL DE DIREITO... 19

Capítulo III
FORMAÇÃO CONSTITUCIONAL DO BRASIL 48

Capítulo IV
DIREITO CONSTITUCIONAL 83

Capítulo V
PODER CONSTITUINTE 93

Capítulo VI
CONSTITUIÇÃO 123

Capítulo VII
HERMENÊUTICA CONSTITUCIONAL.. 136

Capítulo VIII
APLICABILIDADE E EFICÁCIA DAS NORMAS CONSTITUCIONAIS 147

Capítulo IX
DO SISTEMA CONSTITUCIONAL 158

Capítulo X
TEORIA DOS ATOS JURÍDICOS DE DIREITO PÚBLICO 182

Capítulo XI
TEORIA DA RECEPÇÃO.. 217

Capítulo XII
TEORIA DA INCONSTITUCIONALIDADE.. 232

Capítulo XIII
A DEFESA DA CONSTITUIÇÃO 258

Título II
DOS DIREITOS HUMANOS

Capítulo XIV
EVOLUÇÃO E TEORIA GERAL DOS DIREITOS HUMANOS............................. 267

Capítulo XV
A PROTEÇÃO INTERNACIONAL DOS DIREITOS HUMANOS E SUA CONSTITUCIONALIZAÇÃO... 316

Título III
DOS DIREITOS INDIVIDUAIS

Capítulo XVI
DIREITO À VIDA... 347

Capítulo XVII
DIGNIDADE DA PESSOA HUMANA.. 356

Capítulo XVIII
DIREITO À IGUALDADE 376

Capítulo XIX
DAS LIBERDADES PÚBLICAS 402

Capítulo XX
A GARANTIA DA LEGALIDADE E A ATIVIDADE REGULAMENTAR 441

Capítulo XXI
DIREITO À PRIVACIDADE.. 452

Capítulo XXII
DIREITO DE PROPRIEDADE... 476

Capítulo XXIII
DIREITOS CONSTITUCIONAIS PENAIS.. 501

Capítulo XXIV
DIREITO DE ACESSO AO JUDICIÁRIO 511

Capítulo XXV
DIREITO AO DEVIDO PROCESSO LEGAL.. 520

Capítulo XXVI
PRINCÍPIO DA SEGURANÇA JURÍDICA.. 544

Capítulo XXVII
CRITÉRIO DA PROPORCIONALIDADE... 551

Capítulo XXVIII
DIREITOS DA NACIONALIDADE 566

Capítulo XXIX
DIREITOS E PARTIDOS POLÍTICOS... 586

Capítulo XXX
DAS GARANTIAS CONSTITUCIONAIS... 606

Título IV
DOS DIREITOS SOCIAIS E COLETIVOS

Capítulo XXXI
TEORIA GERAL DOS DIREITOS SOCIAIS 617

Capítulo XXXII
DOS DIREITOS SOCIAIS INDIVIDUAIS DO TRABALHADOR......................... 628

Capítulo XXXIII
DOS DIREITOS SOCIAIS COLETIVOS DO TRABALHADOR............................ 632

Capítulo XXXIV
DIREITO À SAÚDE.. 635

Capítulo XXXV
DIREITO À PREVIDÊNCIA SOCIAL 644

Capítulo XXXVI
DIREITO À ASSISTÊNCIA SOCIAL 658

Capítulo XXXVII
DIREITO À EDUCAÇÃO E À CULTURA.. 661

XI

Capítulo XXXVIII
DOS DIREITOS COLETIVOS... 679

Título V
ESTADO E PODER: REPARTIÇÃO E FUNCIONAMENTO

Capítulo XXXIX
ESTADO: CIDADANIA, REPÚBLICA, DEMOCRACIA E JUSTIÇA SOCIAL..... 683

Capítulo XL
ESTADO: SOBERANIA E PERSPECTIVAS.. 707

Capítulo XLI
O ESTADO UNITÁRIO... 719

Capítulo XLII
ORIGEM DO ESTADO FEDERAL E DIREITO COMPARADO............................ 722

Capítulo XLIII
CONCEITO E TIPOLOGIAS 733

Capítulo XLIV
CARACTERÍSTICAS DO ESTADO FEDERAL.. 738

Capítulo XLV
FEDERALISMO NO BRASIL 744

Capítulo XLVI
DA UNIÃO.. 750

Capítulo XLVII
DOS ESTADOS 754

Capítulo XLVIII
DOS MUNICÍPIOS 761

Capítulo XLIX
DO DISTRITO FEDERAL E DE BRASÍLIA 775

Capítulo L
DA REPARTIÇÃO DE COMPETÊNCIAS NO BRASIL... 779

Capítulo LI
DA INTERVENÇÃO, DO ESTADO DE DEFESA E DO ESTADO DE SÍTIO 807

XII

Capítulo LII
TEORIA DO PODER E DIVISÃO DE FUNÇÕES ESTATAIS 817

Capítulo LIII
DO PODER JUDICIÁRIO 825

Capítulo LIV
DO PODER LEGISLATIVO 856

Capítulo LV
DAS LEIS 893

Capítulo LVI
DO PROCESSO LEGISLATIVO BRASILEIRO 905

Capítulo LVII
DO PODER EXECUTIVO 944

Capítulo LVIII
DA ADMINISTRAÇÃO PÚBLICA 970

Capítulo LIX
DAS FINANÇAS PÚBLICAS 998

Capítulo LX
DAS FUNÇÕES ESSENCIAIS À JUSTIÇA E DA POLÍCIA JUDICIÁRIA 1015

Índice geral 1029

Considerações gerais sobre a obra

A presente obra pretende manifestar, desde sua primeira edição, uma característica singular. O aprofundamento teorético-constitucional na maior parte das matérias, a inclusão das mais atuais discussões doutrinárias e a abordagem crítica, seja quanto à própria doutrina (especialmente a tradicional), seja quanto à jurisprudência nacional, elementos presentes no decorrer de toda a obra, constituem sua preocupação desde o primeiro momento.

Infelizmente muito se reproduz e pouco de inovador se produz no contexto das sociedades de massa, cujo estágio avançado já alcançou o ensino universitário e técnico. Enquanto diversos manuais parecem girar em torno de um eixo central bastante simples, qual seja, a abordagem descritiva, acrítica e muitas vezes sem suporte teórico (e até mesmo com confusões teóricas alarmantes), perfil que não estimula nem o raciocínio nem a reflexão, procurei distanciar-me desse contexto. Escrever para atender a uma demanda desvairada do mercado editorial seria desonestidade ou, pelo menos, descompromisso intelectual. Por isso, nesta obra, tive por objetivo trabalhar de maneira consistente e crítica tanto as diversas concepções teóricas quanto os problemas concretos e reais da prática constitucional brasileira.

Esta obra, nessa linha, não segue estruturas arcaicas que refletem (inconscientemente) pensamentos e escolas ultrapassadas às quais se filiam seus autores. Não repete temas incoerentes nem olvida outros que são essenciais no pensamento teórico contemporâneo, como ainda ocorre na literatura nacional mais divulgada.

Creio que a superação dos manuais de estilo meramente "descritivo" seja impositiva para o aprimoramento acadêmico. É certo que obras desse modelo atendem a um apelo específico do "mercado", mas jamais poderão ser consideradas como academicamente engajadas, porque imprestáveis para a boa formação das chamadas carreiras jurídicas. Só poderão ser convenientemente utilizadas com a conscientização, por parte de todos os interessados, da função específica e restrita à qual podem servir, conscientização que envolve, numa reciprocidade, educação e ensino de melhor qualidade. Seu papel é o de comporem um compêndio que sistematize e atualize as referências jurisprudenciais, sem qualquer outra preocupação.

Ademais, diversas obras de Direito Constitucional, no Brasil, quando direcionadas para os estudos de graduação, incorporam e aprofundam parte dos estudos que cabem às disciplinas de Direito Tributário, de Direito Administrativo, de Direito Penal, de Direito Processual e de Direito Econômico. Em boa medida, isso decorre do fenômeno da constitucionalização do Direito (fenômeno que, contudo, não se reduz a essa incorporação). Independentemente da pertinência em realizar essa extravagante abordagem, nota-se um nítido prejuízo no aprofundamento e na discussão da teoria da Constituição, dos fundamentos da disciplina e dos principais institutos constitucionais, uma vez que

XV

boa parte do espaço (ainda reduzido) que deveria ser próprio do Direito Constitucional é destinado àquelas outras disciplinas.

Nem a incompletude nem a explicitação (e eventual crítica) de teses de matiz diverso significam um descompromisso com a evolução científica do estudo do Direito Constitucional ou um "sincretismo metodológico" ilógico ou inaceitável. Pelo contrário, são formas adequadas para o enriquecimento dos estudos constitucionais por significarem um alto grau de comprometimento e honestidade acadêmicos.

Complementando esse panorama, verifica-se que o corpo docente, no Brasil, oferece sinais claros de uma qualificação cada vez maior, capaz de superar a miopia, a imaturidade e o descaso que nitidamente muitos autores e operadores do Direito ostentam perante a Constituição, e pelas carreiras e pesquisas acadêmicas como singulares e exigentes de um compromisso verdadeiro.

Partindo dessas considerações, reitero que meu intuito é promover uma constante atualização temática e doutrinária, o que envolve a incorporação e discussão das mais recentes teorias constitucionais, sob os mais variados assuntos, produzidas no Brasil e no estrangeiro. Evidentemente que, a cada edição, realizo, também, a (árdua) tarefa de atualização do Direito Constitucional brasileiro, constantemente surpreendido em sua (teórica) serenidade por emendas constitucionais dotadas de uma particular fúria transformadora. Essa assuada anuncia que, na prática brasileira, muda-se a Constituição com a mesma intensidade com que se mudam as leis comuns, obrigando muitos de nossos melhores autores a submeterem suas excelentes obras à mutabilidade própria da Constituição brasileira. Esta obra também não consegue escapar dessa realidade, altamente mutável, na medida em que procura realizar, além do aspecto teórico, um estudo específico da ordem constitucional brasileira.

A apresentação e crítica de uma "nova" teoria ou tese não é tão simples como a atualização de uma regra constitucional modificada por emenda (para muitos basta, aqui, reproduzir o novo texto normativo), o que faz com que, muitas vezes, um longo período (para absorção e reflexão) anteceda uma atualização doutrinária e temática, que constitui a principal proposta dos estudos que se seguem. Nesse sentido, a mudança de alguns dispositivos constitucionais, absolutamente secundários em termos de concepção de Direito, embora não seja ignorada ao longo das novas edições, não é capaz de ferir de morte a obra.

Assim, na segunda edição foi realizada uma grande ampliação dos estudos federativos, com a criação de diversos novos capítulos dentro do último Título da obra (Título VIII), com especial atenção para o estudo dogmático das entidades federativas no Brasil, significado de sua autonomia e respectiva partilha de competências. Mas também foram realizadas pequenas mudanças, por vezes acréscimos pontuais, em diversos outros temas, especialmente quanto: à Constituição, à privacidade, ao acesso à Justiça, ao devido processo legal, à legalidade, à ação declaratória de constitucionalidade e à arguição de descumprimento de preceito fundamental, dentre outros.

Na terceira edição houve uma especial preocupação no apresentar e desenvolver temas mais contemporâneos na literatura constitucional brasileira: funções da Constituição, vinculação dos particulares a direitos fundamentais, dignidade da pessoa humana, ações afirmativas. Além destes, foi retomada e ampliada a discussão em torno de temas mais tradicionais: histórico e evolução dos direitos fundamentais, eficácia das normas constitucionais, privacidade e liberdade de expressão, comissões parlamentares de inquérito e tribunais de contas. Alguns esclarecimentos foram feitos no âmbito da teoria da inconstitucionalidade e da inexistência dos atos jurídicos de Direito Público.

Na quarta edição foi incorporada a discussão em torno da regra legal, e sua inconstitucionalidade, que determinou a proibição de progressão de regime penal para o crime hediondo, com especial ênfase para a decisão do STF. Em virtude de nova emenda constitucional, aparece também a discussão em torno da chamada "verticalização" partidária. Algumas explicitações foram inseridas na parte destinada à teoria da inconstitucionalidade, da inexistência e da recepção dos atos normativos de Direito Público, assim como quanto ao critério da proporcionalidade como diretriz geral. No âmbito do constitucionalismo, foram feitas algumas incorporações teóricas de relevância para a melhor compreensão desse fenômeno.

Na quinta edição, em virtude da Proposta de Emenda à Constituição n. 415/2005, foram inseridas novas referências constitucionais no âmbito da educação e temas correlatos. Por fim, foi realizado um desenvolvimento mais amplo no que tange às funções do Ministério Público (problematizando algumas delas) e apresentado com maior riqueza de detalhes o tema da advocacia.

Na sexta edição diversos temas tiveram de ser revisitados, tendo em vista o impacto produzido por emendas constitucionais, leis disciplinadoras de institutos constitucionais e, em particular, a jurisprudência do STF, embora também uma evolução conceitual, em alguns casos, tenha sido o fator determinante. Essa edição trabalha de maneira crítica os seguintes temas: i) a proporcionalidade e a garantia de legalidade; ii) a regra da congruência no processo objetivo; iii) a infidelidade partidária e suas consequências; iv) a CPI e as minorias partidárias; v) o usucapião urbano.

Na sétima edição dei seguimento à necessária revisão de inúmeros temas, tendo em vista o impacto produzido por novas teorias, novas emendas constitucionais, novas leis disciplinadoras de institutos constitucionais e, em particular, a jurisprudência do STF. Essa nova edição incorporou, de maneira crítica, comentários acerca dos seguintes temas: i) democracia; ii) república; iii) justiça social; iv) criminalização de condutas como determinação constitucional para a tutela plena de direitos fundamentais; v) o direito fundamental à educação; vi) a liberdade de religião e a neutralidade do Estado; vii) o chamado presidencialismo de coalizão e seu significado atual; viii) a centralidade das comissões parlamentares no processo legislativo brasileiro; ix) a linha sucessória do "poder" em âmbito municipal; x) a jurisprudência do STF sobre a divisão entre competências privativas da União e competências concorrentes com os Estados; xi) a jurisprudência do STF sobre o critério a ser utilizado para indicar a extensão da capacidade legislativa de cada entidade federativa dentro do condomínio legislativo.

Na oitava edição da obra foram realizadas algumas reformulações conceituais, verticalização de estudos já presentes em edições anteriores e ampliações temáticas: i) direito à privacidade; ii) direito à imagem; iii) foro competente para julgamento de ministros; iv) competências implícitas e seus fundamentos; v) obrigação geral implíci-

XVII

ta de simetria. E foram realizadas as necessárias atualizações, especialmente em face de novas normas ou práticas; vi) EC 58/09 (composição das Câmaras Municipais); vii) novo regime de trancamento de pauta das medidas provisórias não votadas dentro do prazo pelo Congresso Nacional; e viii) recentes emendas constitucionais (Emendas 59 a 62, tratando de educação, servidores de ex-território federal, CNJ e precatórios).

Na nona edição realizei atualizações pontuais e algumas reflexões sobre o alcance sistêmico de mudanças implementadas pela legislação e pela jurisprudência ou súmulas vinculantes adotadas pelo Supremo Tribunal Federal. Recordo, em especial, comentários sobre i) a decisão pela validade ampla e irrestrita da Lei da Anistia, no Brasil; ii) a decisão acerca da Lei de Biossegurança e sua constitucionalidade e repercussão em temas essenciais como o direito à vida, dignidade, ciência e, inclusive, quanto ao constitucionalismo; iii) a aplicação imediata da chamada Lei Ficha Limpa; e iv) a evolução quanto à judicialização dos direitos constitucionais sociais.

Na décima edição houve atualização basicamente a partir de recentes decisões adotadas pelo STF, de grande impacto jurídico e social, especialmente na perspectiva de uma rápida consolidação de institutos e instituições constitucionais nacionais. Assim, quanto aos temas de i) direitos básicos da cidadania (liberdade de expressão, direito à creche e união homoafetiva, dentre outros); ii) processo eleitoral e sua anterioridade; iii) realização de plebiscito em pretendido desmembramento de Estado-membro; e iv) legitimidade do Ministério Público perante o STF e para fins de propositura de ação civil pública. Foi realizada, igualmente, a atualização geral da obra.

Após dez edições desta obra achei que o momento era oportuno para estabelecer uma distinção cientificamente mais rigorosa (e creio que também mais pedagógica) acerca do que tradicionalmente a literatura jurídica nacional tem abordado amplamente como "Direito Constitucional". A partir da décima primeira edição a obra passa a tratar estritamente da Teoria da Constituição e do Direito Constitucional brasileiro, permanecendo sempre na proposta original de verticalizar os temas e de enfrentá-los de maneira crítica e atenta, levantando questionamentos, problematizando soluções, legais, constitucionais e jurisprudenciais. Assim é que os temas mais diretamente relacionados ao chamado *Direito Processual Constitucional* foram apenas referidos brevemente, restando espaço para uma mais ampla discussão específica do Direito Constitucional propriamente dito. Embora muitos dos temas, senão a sua totalidade, encontrem-se fortemente vinculados e a cisão seja, de certa maneira, artificial, a nova divisão e proposta encontram-se alinhadas às modernas teorias e estudos que propugnam, acertadamente, pela autonomia disciplinar do Direito Processual Constitucional, inclusive com a edição de um Código de Processo Constitucional para o Brasil. Passo, dessa maneira, a tratar amplamente dessa disciplina, em obra própria.

Além da reorganização estrutural da obra, a décima primeira edição também retoma e amplia alguns temas, como o da anencefalia, tratando da Resolução n. 1.989, de 10 de maio de 2012, do Conselho Federal de Medicina. Privacidade e intimidade são assuntos persistentemente presentes na sociedade atual e, por esse motivo, o tema mereceu maior detalhamento, especialmente em contraste com a liberdade da profissão do jornalismo investigativo, a partir de decisão do Tribunal Constitucional espanhol, de janeiro de 2012, e de decisões do Tribunal de Direitos Humanos de Estrasburgo. O tema é retomado, ainda, quanto à liberdade de informação, mais propriamente quanto ao direito de acesso à informação, por força da Lei de Acesso, sancionada em novembro de 2011. O poder de investigação do Ministério Público, ainda pendente de um posicionamento final do STF, foi enfrentado no contexto social e constitucional brasileiro. A autonomia funcional da Defensoria Pública e a recente mudança constitucional em parte de sua estrutura foram objeto de maior atenção nesta edição. E dois novos capítulos foram acrescentados: i) Formação Constitucional do Brasil, sobre o constitucionalismo brasileiro, e ii) Estado Constitucional de Direito, completando o tema da Teoria da Constituição já presente nas edições anteriores. Além disso, alguns temas do processo constitucional foram fundidos em dois outros novos capítulos: i) a defesa da Constituição, ii) das garantias constitucionais.

Na décima segunda edição, a obra foi atualizada a partir das emendas constitucionais aprovadas no período (da EC n. 71 até a EC n. 75) e de recente jurisprudência do STF (perda ou suspensão de cargo decorrente de suspensão de direitos políticos, regime constitucional de votação congressual dos vetos presidenciais e o regime da comissão mista na apreciação de medidas provisórias). Além disso, alguns breves itens e novas discussões foram acrescentados, como a segurança jurídica, o "Direito Processual Constitucional", a discussão sobre poderes das Comissões parlamentares de inquérito estaduais e municipais, o instituto do *inquérito parlamentar* como base de funcionamento regular dessas Comissões e a criação de novos tribunais regionais federais para o País, ampliando-se o primeiro nível do chamado *acesso à Justiça*.

A décima terceira edição contempla, basicamente, as muitas novas emendas constitucionais aprovadas no período de 2014, tendo acrescentado, em termos temáticos, algumas importantes ou recentes polêmicas, tais como: i) controle concreto de constitucionalidade com efeitos gerais; ii) ações afirmativas; iii) marco civil da internet (Lei n. 12.965/2014); iv) segurança viária (incluindo a EC n. 82/2014); v) trabalho escravo e expropriação de terras (a propósito da EC n. 81/2014); vi) casos de renúncia e perda da nacionalidade; vii) financiamento de campanhas eleitorais por pessoas jurídicas; viii) poderes das CPI's; ix) regime jurídico da Magistratura e Lei de Improbidade Administrativa; x) defensoria pública (incluindo a EC n. 80/2014); e xi) a advocacia.

Dada a permanência insistente do fenômeno conhecido já como "emendismo", diria, *emendismo exacerbado*, como uma forma ou técnica de violência à Constituição, a décima quarta edição realizou o trabalho prático-dogmático de analisar as novas emendas constitucionais aprovadas em 2015 (EC n. 85 a EC n. 90), neste cenário que, no ritmo adotado, muitíssimo em breve alcançará o marco da centésima emenda constitucional (especialmente se somadas as emendas de revisão). Ainda dentro da perspectiva de uma obra voltada para a conjuntura nacional, apresentei com maior detalhamento o instituto do *impeachment*. Além disso, naquela edição procurei depurar citações que apenas "criam" terminologias próprias, procurando aprisionar o fenômeno constitucional dentro de rótulos elaborados por artificialismos pessoais, mas que muito pouco ou nada contribuem do ponto de vista conceitual ou mesmo pedagógico para a evolução da Teoria e da compreensão do fenômeno estudado.

XIX

Desde o primeiro momento da obra procurei evitar a incorporação desses verdadeiros "domínios privados", indevidas tentativas de apropriação pessoal de nossa cultura constitucional. E sempre procurei evitar seja na construção teórica que desenvolvo, seja na referência aos estudiosos e autores em geral.

Na décima quinta edição, realizo as atualizações de praxe a partir do texto constitucional, decorrentes das novas emendas constitucionais, que seguidamente e sem pausa promovem seu retalhamento e desfiguração, como a EC n. 91, que abriu "janela" para mandatários políticos trocarem de partidos, a EC. n. 92 de 2016, sobre o "novo" Tribunal Superior do Trabalho, e a EC n. 93, que trouxe a desvinculação de receitas na arrecadação da União com certos tributos. Desenvolvo, ademais, questões que, em grande parte, surgiram no conturbado ambiente político-institucional que envolveu o ano de 2016 e que resultou em uma série de discussões jurídicas, tais como o exercício de cargos por membros do Ministério Público, o afastamento de parlamentares por decisão judicial, os limites constitucionais de medidas relacionadas a investigações criminais, os meandros e detalhes do processo de *impeachment*, a proposta de redução (inconstitucional) da maioridade penal e o acesso direto de dados pela Receita Federal mediante "modernização" dos limites da privacidade e sigilo bancário. Com isso, esta nova edição cumpre também a necessidade de permanente atualização temática por força da jurisprudência do Supremo Tribunal Federal, da qual destaco, ainda, as decisões sobre o rito do *impeachment* e a modernização mutante da presunção de inocência. Aparentemente, está em curso um processo de modernização que representa, na prática, um ataque à evolução do Estado Social e às fontes garantistas do cidadão. Assistiu-se a um acelerado reforço de posições "livres" do Estado, menos abertas ao diálogo, menos tolerantes com a diferença de opiniões, atentas a um discurso de aparências, incoerente e inconsistente, e com posições estatais nitidamente menos compromissadas com formas reais de *accountability*.

Na décima sexta edição, permaneci identificando pontos de esgarçamento de nossa Constituição, muitos dos quais passaram a ser realizados não apenas por Emendas Constitucionais — que efetivamente permaneceram sendo editadas —, mas também pelo Poder Judiciário e pelo próprio STF, a fim de atenderem a certas expectativas, em tempos de inegável crise (política, econômica e moral) e de combate a certos "inimigos" nacionais, ao menos na visão de muitos setores articulados da sociedade. Atualizei a obra a partir de decisões recentes do STF e do Poder Judiciário, entre as quais destaco aquelas que interferiram no regime jurídico: i) da imunidade parlamentar; ii) da necessidade de autorização parlamentar estadual para o processamento de governadores no STJ; iii) da delação premiada; iv) da prisão, banalizada e utilizada como instrumento de pressão; e v) da responsabilidade da Administração Pública (especificamente quanto à terceirização). Realizo uma análise crítica de todo esse conjunto de mudanças normativas que vieram de decisões judiciais. Acrescento, ainda, a análise criteriosa das decisões do mesmo STF que entenderam pela i) vedação da vaquejada como manifestação cultural; ii) manutenção do sistema de quotas para cargos públicos federais e critérios legítimos de heteroidentificação para fins de alcance do regime de quotas; e iii) igualdade em casos de união estável e certas profissões. Retomo o tema das estatais, especialmente a partir da Lei n.

13.303 e dos supostos avanços que nela se consagraram, contra uma máquina estatal comumente acusada de ser ineficiente, custosa e opaca em seus gastos e contratações. Analiso, ainda, dentre os destaques que cumpre aqui relatar nesta breve introdução, a EC n. 94, que altera o regime de precatórios e de uso de certas verbas, e a EC n. 95, que a pretexto de implantar uma austeridade identificada com a redução do Estado (de todo incoerente com projetos constitucionais) criou o inusitado teto de gastos para o Governo, de maneira que, na prática, engessa o próprio futuro. Em um país com atrasos notáveis na diversificação da economia e na qualificação da mão de obra abundante, essa emenda se traduz por simplesmente suspender o projeto de desenvolvimento. Por fim, a EC n. 97, que promoveu ligeira mudança no nosso modelo de eleições, para banir, a partir de 2020, nas eleições proporcionais, as chamadas "coligações partidárias", estabelecendo, ainda, uma sistemática de estrangulamento progressivo dos partidos nanicos a partir de restrições de acesso ao fundo partidário e ao horário gratuito de rádio e TV.

Na décima sétima edição vale um registro nestes apontamentos preliminares, pois desde a decretação da intervenção federal no Rio de Janeiro ficou inviabilizada a tramitação válida de emendas à Constituição, o que explica ao leitor a quebra que houve, aqui, em atualizar o Curso a partir de novas emendas constitucionais. Nesta edição retomo o tema dos direitos humanos e da exigência burocrática que ainda é praticada no país em exigir decreto presidencial para considerar vigente tratado de direitos humanos já internalizado pelo Congresso Nacional. Acrescento, ainda, comentários a algumas decisões judiciais, como a mudança do alcance do foro por prerrogativa de função. E, por fim, realizo a atualização a partir de leis recentes que concretizam o sentido da Constituição, como a Lei n. 13.709/18, que disciplina o tratamento de dados pessoais e a mudança da Lei de Introdução às Normas do Direito Brasileiro, dentre outras.

Qualquer obra que tenha como objeto central o estudo dos centros de poder, como ocorre com a literatura constitucionalista, deve necessariamente ocupar-se da análise o mais detalhada possível do desenho preciso e dos limites desse poder. Cumprindo com esse objetivo, na décima oitava edição procuro dar sequência ao estudo verticalizado dos centros de controle e fiscalização do Estado brasileiro, como venho fazendo desde o início. Assim, (i) ampliei ainda mais o estudo sobre a atuação de CPI, (ii) analisei a "criação" da Unidade de Inteligência Financeira vinculada ao Banco Central (MP 893) e o acesso a dados bancários para fins persecutórios, (iii) incorporei estudos sobre a nova Lei de Combate ao Abuso de Autoridade (Lei n. 13.869/19) e, por fim, (iv) incluí o estudo das instituições dedicadas ao controle e julgamento das autoridades e agentes públicos da Administração Pública federal em questões éticas. Ademais, como sempre faço, incorporei os importantes marcos conceituais e jurisprudenciais resultantes de três julgamentos ocorridos no STF: (i) a fixação da multiparentalidade responsável (RE 898.060), (ii) a criminalização da homofobia (ADO 26 e MI 4733) e (iii) o estabelecimento do importante direito associado às gestantes e mães presas ou sujeitas a medidas socioeducativas (HC 898.060). Além disso, no campo das normas subconstitucionais, realizei análise de alguns dos pontos da chamada MP da Liberdade Econômica (MP 881/2019). Por fim, atualizei a obra com a EC n. 102, de 2019, na parte relacionada ao regime orçamentário do Brasil.

XXI

Na décima nona edição, retomei a leitura das considerações iniciais que sempre faço. Escrever essas considerações gerais também tem sido um exercício de breve relato da nossa história recente. O plano de fundo da décima nona edição foi nada menos que a grave crise decorrente da pandemia da Covid-19 e de tantas outras decisões tomadas ao longo do último decênio, especialmente. Para trazer luz a tantas mudanças e contribuir para que o leitor tenha meios de consultar esse desenlace de alterações na Constituição, e de suas possíveis consequências, nessa edição, fiz apontamentos sobre as principais medidas provisórias aprovadas em 2020, em grande parte, sob o argumento do contexto de pandemia. Também incorporo alguns marcos jurisprudenciais importantes para a nossa sociedade, tais como: (i) a inconstitucionalidade da proibição de doação de sangue por homossexuais (ADI 5.543); (ii) a nova mudança de entendimento quanto ao direito à presunção de inocência (ADCs 43, 44 e 54); (iii) a inconstitucionalidade de legislação que veda políticas educacionais sobre gênero e orientação sexual (ADPF 460); e (iv) a liberdade de manifestação de pensamento nas universidades (ADPF 548).

Tivemos, ainda, a aprovação de seis novas emendas à Constituição. Como já acentuei em outras oportunidades, os retalhos só aumentam e se misturam de forma descontrolada com o texto original. Assim, acrescentei comentários à EC n. 103/2019 no capítulo sobre previdência social; às ECs n. 105/2019 e n. 106/2020 no capítulo sobre finanças públicas e, por fim, à EC n. 108/2020, no capítulo sobre direito à educação e à cultura.

A vigésima edição marca o ciclo de duas décadas desta obra. Como venho acentuando ao longo deste período, as mudanças de nossa sociedade se refletem como mudanças na Constituição, formais e não formais, por meio de sua experimentação e ressignificação. Constantes questionamentos envolvendo nossa jovem democracia e os postulados constitucionais têm comprovado que nenhuma conquista é perene, e a vigilância para a manutenção de um Estado Democrático de Direito, esta sim, deve ser cotidiana. Cumpre recordar que, ao promulgar a nova Constituição, Ulysses Guimarães deu o tom do enfrentamento rumo à permanência democrática: "Temos ódio à ditadura. Ódio e nojo. Amaldiçoamos a tirania aonde quer que ela desgrace homens e nações. Principalmente na América Latina". Reitero estas considerações em caráter preambular à obra porque é uma missão democrática do cidadão o constante olhar de tutela por nossa Constituição. Ademais, em todos os espaços de livre manifestação do pensamento, devemos repudiar os ataques aos direitos e ao modelo que nos permite usufruir desses direitos. Mais do que isso, avultou, em face das recentes ocorrências ideológicas e populistas, o caráter científico de nossa Constituição de 1988, amparando a sociedade brasileira contra investidas de franco retrocesso e descaso com vida, com a dignidade e com a razão. É penoso que, após 33 anos de um texto constitucional avançado e que já mostrava sinais de consolidação, tenhamos regredido a ponto de precisar reafirmar direitos e posições institucionais básicas.

Ainda para a vigésima edição, incorporei marcos jurisprudenciais, as Emendas até a de n. 113, e atualizei alguns temas que se fizeram emergentes neste último ano. Assim, atualizei o capítulo sobre: i) dignidade da pessoa humana, trazendo o julgado a respeito da inconstitucionalidade da "legítima defesa da honra" (ADPF 779), importante precedente para o avanço de instrumentos de combate à violência de gênero; ii) liber-

XXII

dades públicas, quanto ao julgamento da inconstitucionalidade do direito ao esquecimento (RE 1.010.606), tema paradigmático sobre o alcance da liberdade de expressão no país; iii) direito de propriedade, com o tema da vigência inconstitucional do prolongamento de patentes no país, decisão do STF com grande repercussão social e econômica (ADI 5.529); iv) direito à saúde, comentando algumas das principais decisões do STF no contexto da pandemia; v) Poder Legislativo, com comentários sobre a ADI 6.524, que julgou as reeleições de cargos das mesas diretoras da Câmara dos Deputados e do Senado Federal, e ampliei o tópico sobre as Comissões Parlamentares de Inquérito; e, por fim, vi) o capítulo das finanças públicas, com os aspectos principais da EC n. 109/2021 que modifica a Constituição neste tema, e demonstra, uma vez mais, a necessidade de repensar a continuidade do inconstitucional, incompreensível e socialmente nefasto teto de gastos criado em 2016, bem como o tópico sobre DRU (ADPF 523) e sobre os precatórios. Há, por certo, muitos outros assuntos que não puderam fazer parte desta edição, mas deixo o registro de que a seleção feita para este momento foi pautada, essencialmente, na dimensão contributiva, dos temas listados, para o avanço dos estudos sobre Direito Constitucional no Brasil.

Na vigésima primeira edição, tive a oportunidade de incorporar e analisar as recentes Emendas ao texto constitucional, bem como a jurisprudência do STF no tocante à nova Lei de Improbidade Administrativa (Lei n. 14.230/2021). Assim, acrescentei: i) a tese em repercussão geral (Tema 1199) fixada pelo STF por ocasião do julgamento do ARE 843.989, em que se discutiam os dispositivos da nova Lei de Improbidade Administrativa; ii) a EC n. 114/2021, que fixou o novo regime dos precatórios e criou a renda básica familiar; iii) ademais, adicionei a EC n. 115/2022, que incluiu a proteção de dados pessoais, inclusive nos meios digitais, entre os direitos e garantias fundamentais expressos na Constituição, com o recente julgamento conjunto da ADI 6649 e da ADPF 695, acerca do compartilhamento de dados entre órgãos do Poder Público; iv) também foi adicionada a EC n. 117/2022, que trata dos programas de difusão e participação política das mulheres e a cota de gênero relativa ao financiamento e ao tempo de campanha, temas tão caros à democracia contemporânea; v) a EC n. 120/2022, que fixou a responsabilidade financeira da União na política remuneratória e na valorização dos agentes comunitários de saúde e dos agentes de combate às endemias; vi) no mesmo sentido, foi criado o piso salarial nacional do enfermeiro, do técnico de enfermagem, do auxiliar de enfermagem e da parteira, na forma da EC n. 124/2022; e vii) por último, incorporei as modificações trazidas pela EC n. 125/2022, que acrescentou o requisito da relevância das questões de direito infraconstitucional ao recurso especial.

Não seria desejável elaborar a vigésima segunda edição desta obra sem uma reflexão sobre as diversas ocorrências atentatórias à Democracia e às instituições estabelecidas constitucionalmente, lamentavelmente ocorridas em nossa História mais recente, e que culminaram com os atos absolutamente inaceitáveis e reprováveis, em sociedades democráticas, levados a efeito no dia 08 de janeiro de 2023. Assim, para esta edição, incorporei um tópico específico sobre a resistência das instituições democráticas e o 8 de janeiro. Na mesma linha, também adicionei um tópico sobre o chamado "Constitucionalismo defensivo".

Do ponto de vista das mudanças formais, esta edição, traz a análise de novas Emendas à Constituição e as mais recentes decisões do STF e do TSE. Assim, incorporei e analisei: i) a EC n. 126/2022, que determina a adoção do novo regime fiscal e abre a possibilidade de revogação do chamado "teto de gastos"; ii) a EC n. 127/2022, que estabelece medidas para viabilizar o pagamento do piso salarial da enfermagem; iii) a EC n. 128/2022, que veda a criação, por lei federal, de despesas sem a respectiva indicação da fonte orçamentária e financeira ou da transferência de recursos para a prestação do serviço público e, também; iv) a EC n. 129/2023, que acrescentou o art. 123 ao ADCT para assegurar prazo de vigência adicional aos instrumentos de permissão lotérica; v) a EC n. 130/2023, que trata da permuta entre juízes de direitos vinculados a diferentes tribunais e; vi) a EC n. 131/2023, que altera as hipóteses constitucionais de perda de nacionalidade.

Na vigésima segunda edição, também incorporei importantes marcos jurisprudenciais do STF e do TSE. Entre as principais decisões estão: i) o julgamento de mérito da ADPF 779, que declarou inconstitucional o uso da tese da legítima defesa da honra; ii) o julgamento da ADI 7.222, em que o STF declarou constitucional o piso nacional da enfermagem previsto na Lei n. 14.424/22 e estabeleceu diretrizes para a sua implementação; iii) a decisão do STF na ADPF 334, em que a Corte declarou a não recepção do art. 295, VII do CPP que garantia o direito à prisão especial, até a decisão penal definitiva, aos portadores de diploma de ensino superior; iv) a tese fixada pelo STF no julgamento do Recurso Extraordinário n. 949.297/CE (Tema 881) e do Recurso Extraordinário n. 955.227/BA (Tema 885), ambos em repercussão geral, sobre a limitação dos efeitos futuros da coisa julgada tributária em relações de trato sucessivo; v) a discussão sobre proteção de dados e autodeterminação informativa, tratada no julgamento da ADI 6.387; vi) a decisão do STF na ADI 2.231, que declarou constitucional a Lei 9.882/99 (Lei da ADPF); vii) a decisão do STF no RE 1.017.365/SC (Tema 1.031), de relatoria do Min. Edson Fachin, na qual a Corte rejeitou a aplicação da tese do marco temporal para demarcação de terras indígenas e; viii) a decisão do TSE na AIJE n. 0600814-85/DF, de relatoria do Min. Benedito Gonçalves, que responsabilizou ex--Presidente da República por uso indevido dos meios digitais de comunicação social e abuso de poder.

Ainda na vigésima segunda edição, trouxe um tópico destinado à cota de gênero na política nas candidaturas dos partidos políticos, também abordei a Resolução n. 492, de 17 de março de 2023 do CNJ, que tornou obrigatória a adoção da perspectiva de gênero nos julgamentos dos órgãos do Poder Judiciário, e, ainda, analisei a Resolução n. 525, de 27 de setembro de 2023, que dispõe sobre ação afirmativa de gênero para acesso das magistradas aos tribunais de segundo grau. Também pude atualizar os dados da violência contra a mulher no Brasil, com base nas informações do Atlas da Violência, publicado em 2021.

Para a vigésima terceira edição, atualizei a obra com os julgamentos de destaque proferidos pelo Supremo Tribunal Federal, assim considerados os seguintes: i) a descriminalização do porte de maconha para consumo pessoal, nos termos do RE 635.659; ii) a definição de tese sobre uso abusivo das vias judiciais como constrangimento à liberdade de expressão, nos termos da decisão proferida no âmbito das ADIs 6.792 e 7.055; iii) a constitucionalidade de requisição de dados diretamente a provedores no exterior, conforme decidido na ADI 51; iv) o direito de licença-maternidade para mãe não gestante em união estável homoafetiva, conforme decidido no RE 1.211.446; v) a decisão no ARE 1.385.315 sobre a obrigação do Estado em indenizar vítimas de armas de fogo em operação policial, bem como a omissão estrutural reconhecida na ADPF 635; e vi) a licitude do repasse de dados telefônicos sem autorização em investigações de crimes graves (ADI 5.642) e a ilicitude da gravação ambiental clandestina no processo eleitoral (RE 1.040.515).

Também tive a oportunidade de inserir no Capítulo XIX a atual Resolução do Tribunal Superior Eleitoral acerca do ilícito eleitoral relacionado à prática de apostas. Da mesma maneira, no Capítulo III, faço um registro importante da iniciativa para a integração real em nosso país de tradução da Constituição para a língua indígena Nheengatu. Por fim, acrescentei os principais pontos acerca de recentes emendas constitucionais aprovadas pelo Congresso Nacional, incluindo a Emenda Constitucional n. 135, de 20 de dezembro de 2024.

Título I

TEORIA DA CONSTITUIÇÃO

Capítulo I

CONSTITUCIONALISMO

1. NOTA INTRODUTÓRIA

O termo "constitucionalismo" costuma gerar uma disputa em torno das diversas acepções assumidas pelo vocábulo ao longo do tempo.

Pode-se identificar pelo menos quatro sentidos para o constitucionalismo. Numa primeira acepção, emprega-se a referência ao movimento político-social com origens históricas bastante remotas que pretende, em especial, limitar o poder arbitrário[1]. Numa segunda acepção, é identificado com a imposição de que haja cartas constitucionais escritas[2]. Tem-se utilizado, numa terceira concepção possível, para indicar os propósitos mais latentes e atuais da função e posição das constituições nas diversas sociedades[3]. Numa vertente mais restrita, o constitucionalismo é reduzido à evolução histórico-constitucional de um determinado Estado.

GOMES CANOTILHO adverte que não há um único constitucionalismo, mas vários, como o constitucionalismo do modelo inglês, o de matiz norte-americana e o de referência francesa, por exemplo. Prefere, contudo, falar em diversos *movimentos constitucionais* — já aqui adotando a ideia de que o constitucionalismo é um movimento político, social e cultural — com "corações nacionais", o que lhe permite construir uma noção comum mínima para o termo "constitucionalismo". A dificuldade para obter uma definição precisa de constitucionalismo é reconhecida em autores como ROSENFELD, decorrendo de inúmeros outros fatores, e não apenas da diversidade com que é empregado. Assim, pondera NICOLA MATTEUCCI que o termo é "bastante recente no vocabulário político italiano e o seu uso não está ainda totalmente consolidado"[4]. Pode-se alinhavar, contudo, como o principal, a falta de um desenvolvimento mais sólido do termo. Realmente, ressente-se a doutrina de um estudo mais acurado, pois comumente abandona sua abordagem ou lhe dedica ponderações superficiais. Acrescente-se a circunstância de que o próprio termo "constituição" (cujo significado é essencial para a compreensão do constitucionalismo) padece de grande insuficiência significativa,

---

1. Esse é o sentido indicado por Zagrebelsky (*Diritto Costituzionale*, v. 1, p. 99).

2. A esse respeito, muito bem pondera Karl Loewenstein que "a existência de uma constituição escrita não se identifica com o constitucionalismo" (*Teoría de la Constitución*, p. 154).

3. Numa posição mais extrema, dentro dessa concepção, encontra-se Dromi (La Reforma Constitucional: El Constitucionalismo del "por-venir", in *El Derecho Público de Finales de Siglo*, p. 107 e s.).

4. *Dicionário de Política*, p. 246.

reinando diversas concepções acerca de seu preciso conteúdo[5]. Sua historicidade acaba, muitas vezes, por impedir a construção de uma definição generalizante, que pudesse abarcar as diversas realidades históricas atuais e passadas.

2. CONCEITO PRELIMINAR

Para Matteucci o constitucionalismo representa as instituições (ou técnicas) que devem estar contempladas nos diversos regimes políticos, e que, portanto, acabam variando de época para época, cujo objetivo último deve ser o "ideal das liberdades do cidadão"[6].

Para Gomes Canotilho "o constitucionalismo exprime também uma ideologia: 'o liberalismo é constitucionalismo; é governo das leis e não dos homens' (Mc Ilwain). A ideia constitucional deixa de ser apenas a limitação do poder e a garantia de direitos individuais para se converter numa ideologia, abarcando os vários domínios da vida política, econômica e social (ideologia liberal ou burguesa)"[7].

Karl Loewenstein aproxima o constitucionalismo ao que se poderia denominar "ideia-força", socialmente relevante, uma nova crença liberal que se instaurou entre os governados. Afirma, nesse sentido, que "a história do constitucionalismo não é senão a busca pelo homem político das limitações do poder absoluto exercido pelos detentores do poder, assim como o esforço de estabelecer uma justificação espiritual, moral ou ética da autoridade, em lugar da submissão cega à facilidade da autoridade existente. (...) Em um sentido ontológico, dever-se-á considerar como o 'telos' de toda constituição a criação de instituições para limitar e controlar o poder político"[8].

Fica absolutamente nítida, pois, a apresentação do constitucionalismo como movimento que, embora de grande alcance jurídico, apresenta feições sociológicas inegáveis. O aspecto jurídico revela-se pela pregação de um sistema dotado de um corpo normativo máximo, que se encontra acima dos próprios governantes — a Constituição. O aspecto sociológico está na movimentação social que confere a base de sustentação dessa limitação do poder, impedindo que os governantes passem a fazer valer seus próprios interesses e regras na condução do Estado. O aspecto ideológico está no tom garantístico (como decorrência da limitação do "poder") pregado pelo constitucionalismo.

Louis Henkin pretendeu catalogar as principais exigências para se reconhecer o constitucionalismo:

---

5. Não obstante tratar-se de realidade presente em todos os Estados.

6. *Dicionário de Política*, p. 247-8. O renomado autor italiano assevera que "Constitucionalismo não é hoje termo neutro de uso meramente descritivo, dado que engloba em seu significado o valor que antes estava implícito nas palavras Constituição e constitucional (um complexo de concepções políticas e valores morais), procurando separar as soluções contingentes (por exemplo, a monarquia constitucional) daquelas que foram sempre suas características permanentes". Propõe-se, então, a trabalhar os diversos conceitos e épocas a ele relacionados, para concluir, enfim, que "hoje o Constitucionalismo não é outra coisa senão o modo concreto como se aplica e realiza o sistema democrático representativo" (p. 257).

7. *Direito Constitucional*, 5. ed., ampl., p. 66.

8. *Teoría de la Constitución*, p. 150-1. Também Segundo Linares Quintana acompanha o pensamento de Loewenstein (*Tratado de Interpretación Constitucional*, p. 274).

1) soberania popular para o constitucionalismo atual (*we the people*);

2) supremacia e imperatividade da Constituição, limitando e estabelecendo o Governo;

3) sistema democrático e governo representativo, mesmo em tempos de emergência nacional;

4) governo limitado, separação de poderes e *cheks and balances*, controle civil dos militares, governo das leis e *judicial control*, assim como um Judiciário independente;

5) direitos civis respeitados e assegurados pelo governo, geralmente aqueles indicados na Declaração Universal. Os direitos podem ser limitados, mas essas limitações devem ter limites;

6) instituições que monitorem e assegurem o respeito à Constituição;

7) respeito pelo *self-determination*, o direito de escolha política livre.

3. RETROSPECTO HISTÓRICO

3.1. Constitucionalismo antigo

3.1.1. O movimento hebreu

O constitucionalismo, como movimento que pretende assegurar determinada organização do Estado, encontra suas notas iniciais na Antiguidade clássica.

É errôneo supor que o constitucionalismo surgiu apenas com o advento das revoluções modernas, que instauraram a democracia e afastaram os regimes absolutistas até então existentes.

Foi KARL LOEWENSTEIN[9] quem identificou o nascimento desse movimento entre os hebreus, que, já em seu Estado teocrático, criaram limites ao poder político, por meio da imposição da chamada "lei do Senhor".

Embora se trate de um movimento bastante tímido se comparado a seu atual estágio de desenvolvimento, é preciso aceitar que aos hebreus se deve a primeira aparição do constitucionalismo.

3.1.2. As Cidades-Estado gregas

Mais tarde, no século V a.C., viriam os gregos com as Cidades-Estado. Tais núcleos políticos configuraram o primeiro caso real de democracia constitucional.

A Cidade-Estado grega representou o início de uma racionalização do poder, e até hoje constitui o único exemplo concreto de regime constitucional de identidade plena entre governantes e governados, uma vez que se tratava de uma democracia direta. Além disso, o regime constitucional grego estabelecia diferentes funções estatais, distribuídas

---

9. Sobre o fenômeno constitucional hebreu que aqui se relata, cf. Karl Loewenstein, *Teoría de la Constitución*, p. 154.

entre diferentes detentores de cargos públicos, que eram escolhidos por sorteio, para tempo determinado, sendo permitido o acesso a esses cargos a qualquer cidadão.

No entanto, tal fase do constitucionalismo foi interrompida por longo período de concentração e abuso de poder, que tomou conta de todo o mundo. Então, como que num movimento cíclico contínuo, esses prematuros regimes constitucionais e democráticos são afastados para, em seu lugar, reerguerem-se os regimes despóticos, que não atendem a qualquer diploma legal.

É importante advertir que as constituições das Cidades-Estado, especificamente na obra de ARISTÓTELES, eram pensadas não como um fundamento do poder, mas sim assinalando a identidade da comunidade política.

3.2. Constitucionalismo e Idade Média

Durante vários séculos na Idade Média os homens viveram sob a tutela de regimes absolutistas, no seio dos quais ficava vedada qualquer forma participativa, e nenhum limite poderia ser imposto aos governantes. Estes eram compreendidos como verdadeiras reencarnações do soberano ou entidades divinas, enviados de Deus para cumprir a função de comandar o povo e, portanto, todo o aparelho estatal, o que poderiam fazer de acordo com sua vontade, livres de quaisquer limitações. Suas decisões eram consideradas acima das leis, ou seja, seus atos não se submetiam ao controle jurídico.

Contudo, é ainda na Idade Média que o constitucionalismo reaparece como movimento de conquista de liberdades individuais, como bem o demonstra a aparição de uma Magna Carta. Não se limitou a impor balizas para a atuação soberana, mas também representou o resgate de certos valores, como garantir direitos individuais em contraposição à opressão estatal.

Na Idade Média inicia-se, pois, o esboço de uma lei fundamental. Primeiro, significou a consagração de um conjunto de princípios, normas e práticas adotadas nas relações religiosas e comunitárias, especialmente entre as classes sociais e o soberano. Anota CANOTILHO que: "A ideia da lei fundamental como lei suprema limitativa dos poderes soberanos virá a ser particularmente salientada pelos monarcas franceses e reconduzida à velha distinção do século VI entre 'lois de royaume' e 'lois du roi'. Estas últimas eram feitas pelo rei e, por conseguinte, a ele competia modificá-las ou revogá--las; as primeiras eram leis fundamentais da sociedade, uma espécie de *lex terrae* e de *direito natural* que o rei devia respeitar"[10].

3.2.1. *O desenvolvimento britânico das instituições constitucionais*

É na Inglaterra que surgem aquelas inquietações dentro da Idade Média que culminam no ressurgimento do constitucionalismo. Nesse país, apesar da tradição consuetudinária de seu Direito, nasceram os primeiros diplomas constitucionais, ainda na

---

10. *Direito Constitucional*, p. 61-2, original grifado.

Idade Média[11]. Compreende-se essa etapa da evolução constitucional como uma fase de pré-constitucionalismo.

Identifica-se o constitucionalismo britânico, em seus primórdios, por volta de 1215, com a concessão da Magna Carta, e, em fase posterior, iniciada em princípios do século XVII, pela luta entre o Rei e o Parlamento, com a *Petition of Rights*, de 1628, as revoluções de 1648 e 1688 e o *Bill of Rights*, de 1689[12].

A *Petition of Rights*, de 1628, caracterizava-se como documento engajado com as liberdades públicas.

Constata-se que a Inglaterra, apesar dos rompantes revolucionários, desenvolve um longo, lento e progressivo processo de construção das instituições constitucionais[13], formando, por fim, uma Monarquia Constitucional, em contraposição à Monarquia Absolutista anteriormente vigente. Tal mudança pode ser tomada como o renascimento do constitucionalismo, trazendo consigo a alteração da fonte do poder estatal, que passa das mãos do monarca (que possuía um poder fundado em sua própria imagem, compreendido como ilimitado) para o Texto Constitucional. Segundo os estudos de NUNO PIÇARRA, a doutrina da separação dos poderes remonta à Antiguidade greco-romana mas, concretamente, é a teoria da constituição mista, adverte PIÇARRA, que constitui a raiz histórica remota da doutrina. Na parte que envolve a garantia da liberdade individual, a doutrina é de origem moderna, tendo nascido mais precisamente na Inglaterra do século XVII. Esta, pois, sua raiz histórica próxima[14].

Em verdade, o poder decorre, diretamente, da Carta escrita, mas mediatamente é o povo que se apresenta como seu titular. O monarca, até então livre de limitações e impedimentos, passa a ter sua conduta balizada pelos ditames constitucionais. Os súditos, por sua vez, são erigidos, paulatinamente, à condição de cidadãos.

O direito constitucional inglês constituiu um modelo político-jurídico único em sua época, que contemplava o Poder Real, a aristocracia e os comuns. Formou-se, então, um sistema de governo misto, que não se identificava nem com as monarquias absolutas, nem com as repúblicas aristocráticas, nem com os regimes puramente democráticos, já experimentados à época[15].

Compreende-se como Constituição mista aquela Carta Política que vigorou em determinada época histórica de molde a proporcionar às diversas classes sociais então existentes a participação equilibrada no exercício do poder. A sociedade de então,

---

11. Contudo, iniciando-se o constitucionalismo inglês na Idade Média, sua fase mais rica apresenta-se já na modernidade.

12. Jorge Miranda, *Manual de Direito Constitucional*, 5. ed., t. 1, p. 122; e Marcello Cerqueira, *A Constituição na História: Origem e Reforma*, p. 22.

13. Marcello Cerqueira: "... não é correta a afirmação de que o constitucionalismo inglês é unicamente obra de lenta e gradual evolução. A transição da monarquia absoluta para um regime constitucional foi consequência, também na Inglaterra, de uma violenta crise de natureza revolucionária. A revolução inglesa não foi menos sangrenta e rica em incidentes do que a revolução francesa, sobre a qual iria exercer enorme influência" (*A Constituição na História*, cit., p. 18-9).

14. Nuno Piçarra, *A Separação dos Poderes como Doutrina e Princípio Constitucional*, p. 18.

15. Sobre o tema, *vide*: Santi Romano, *Princípios de Direito Constitucional Geral*, p. 42-55; Jorge Miranda, *Manual de Direito Constitucional*, 5. ed., t. 1, p. 126.

dividida que se encontrava em estamentos, impôs a ideia de que todos estes deveriam ter acesso ao poder, que não deveria restar nas mãos de uma única parcela da sociedade[16].

Por isso, a "qualificação de uma constituição como mista depende, em última análise, da diversidade de proveniência social dos titulares dos cargos públicos e da diversidade de formas de provimento"[17].

A inspiração dessa forma de governo está na filosofia do meio-termo, ideal da ética aristotélica. Nessa linha de pensamento, Nuno Piçarra esclarece: "A Constituição mista atende, antes de mais, às desigualdades e diversidades existentes na sociedade com o objectivo de as compor na orgânica constitucional de tal maneira que nenhuma classe adquira a preponderância sobre a outra. Neste sentido, constituição mista não é mais do que um 'sistema político-social pluralmente estruturado'"[18]. A doutrina aristotélica pretende a aproximação econômico-social das diversas classes.

Por isso, a contribuição da doutrina da Constituição mista, em seu modelo aristotélico, à teoria da separação dos poderes, de Montesquieu, foi a agregação a esta da ideia de equilíbrio das classes sociais por meio de sua participação no exercício do poder político. Isso, contudo, só se deu em fase já avançada da doutrina de Montesquieu[19].

Partindo da experiência da república romana, em diversas fases, Políbio e Cícero teorizaram a Constituição mista. Para Políbio, "Seria impossível dizer com certeza (da constituição da república romana) se era aristotélica, democrática ou monárquica (...) pois, quando se tem em conta o poder dos cônsules, a forma de governo revela-se inequivocamente monárquica, quando se tem em conta o do senado, aristocrática, e quando se tem em conta o poder do povo, a forma de governo é indubitavelmente democrática". Tratar-se-ia, pois, de uma constituição equilibrada. E Cícero, a esse respeito, pondera que "melhor é a constituição que é composta equilibradamente por todas as três (boas) formas de governo (...). Esta constituição apresenta, em primeiro lugar, uma certa igualdade de direitos de que os homens livres não podem prescindir por muito tempo, e, em segundo lugar, é estável"[20].

A ideia de Políbio era a de que, ao separar os interesses das diversas classes em nível orgânico-institucional (fazendo corresponder a cada uma um poder autônomo), todos permaneceriam nos limites constitucionalmente prescritos, para assim evitar a fiscalização dos demais poderes sociais. Ao dar ênfase ao equilíbrio do poder, "o modelo polibiano abstrai do desiderato aristotélico de (...) se obter uma maior aproximação econômico-social das classes"[21]. E isso porque, enquanto no modelo aristotélico todas

---

16. Como vai sublinhar Piçarra: "A partir do momento em que o princípio democrático se torna fundamento de legitimidade exclusivo do poder político-estadual, deixa de poder ser conteúdo do princípio da separação dos poderes o equilíbrio institucional de forças políticas mais ou menos autógenas ou de pretendentes ao poder dotados de legitimidade próprias, como em Montesquieu" (*A Separação dos Poderes como Doutrina e Princípio Constitucional*, p. 232).

17. Nuno Piçarra, *A Separação dos Poderes como Doutrina e Princípio Constitucional*, p. 34.

18. Nuno Piçarra, *A Separação dos Poderes como Doutrina e Princípio Constitucional*, p. 35 (a expressão em destaque foi retirada de Ernest Barker).

19. Cf. Nuno Piçarra, *A Separação dos Poderes como Doutrina e Princípio Constitucional*, p. 36.

20. Os trechos de Cícero e Políbio foram captados da seleção efetuada por Nuno Piçarra, *A Separação dos Poderes como Doutrina e Princípio Constitucional*, p. 37.

21. Nuno Piçarra, *A Separação dos Poderes como Doutrina e Princípio Constitucional*, p. 39.

as classes teriam acesso a todos os poderes, o modelo polibiano parte de uma sociedade já pré-dividida, sendo assegurado a cada classe o acesso apenas ao órgão que lhe é pre-determinado, importando preservar esse equilíbrio "natural".

A doutrina da separação dos poderes surgiu, pela primeira vez, na Inglaterra do século XVII, muito ligada à ideia da *rule of law*[22]. Esta, por sua vez, associou-se aí à pretensão antiabsolutista da época. Desde o século XV se concebia, na Inglaterra, toscamente, diga-se desde logo, uma classificação das funções estatais. Assim é que se distinguia entre o poder governativo (*gubernaculum*), cujo titular principal era o rei, e o poder jurisdicional (*jurisdictio*), realizado pelos juízes, pelo sistema da *common law*. Mas, como muito bem enfoca o tema NUNO PIÇARRA, "a dicotomia função legislativa-função executiva não se pretendia originariamente, nem uma des-crição analítico-empírica exaustiva das funções estaduais, nem, muito menos, uma teoria científica destas, pelo que não será de estranhar o malogro da tentativa posterior de sua conversão numa teoria global das funções do Estado. Naquele contexto, apenas visava servir de base à prescrição de que as leis não sejam feitas por quem, simulta-neamente, tenha poder para as aplicar"[23].

Anote-se que a noção de função executiva, até princípios do século XVIII, foi empregada em sentido diferente do que atualmente possui, designando a atual função jurisdicional. Isso porque à época "o impacto do Estado sobre o indivíduo comum se processava, fundamentalmente, através dos tribunais e dos funcionários de polícia"[24].

Verificada a pouca eficácia de atribuir ao mesmo órgão a tarefa tanto de criar a lei como de atuar de acordo com ela, fazendo-a igualmente atuante, e de forma imparcial, aos casos concretos, é que a separação entre a função legislativa e a executiva impôs-se como condição para o desenvolvimento válido da *rule of law*. Se quem estivesse vin-culado aos ditames da lei pudesse também alterá-los, a arbitrariedade seria desde logo sentida. Daí a ideia de separação orgânico-funcional.

Foi por meados do século XVII que parlamento e poder executivo, de um lado, e Rei ou governo e poder executivo, de outro, passaram a ser empregados indistintamen-te como expressões sinônimas.

A separação entre poder legislativo e executivo, tomando em conta a qualidade política dos seus titulares, remonta à obra de MARSÍLIO DE PÁDUA, *Defensor Pacis*, de 1324, segundo a qual o poder legislativo, como poder supremo, competiria ao povo, que o poderia delegar a uma assembleia de representantes, e o poder executivo compe-tiria ao príncipe, que não teria qualquer participação no primeiro.

A separação orgânico-funcional assim estabelecida significava, pois, ausência de interferências das funções de um sobre o outro poder. Contrapunha-se, nessa medida, à monarquia absolutista, ao exigir do soberano a submissão às leis provenientes dos repre-sentantes da vontade popular. Quando se restaurou em 1660 a monarquia mista, de forma

---

22. Nuno Piçarra, *A Separação dos Poderes como Doutrina e Princípio Constitucional*, p. 44.
23. Nuno Piçarra, *A Separação dos Poderes como Doutrina e Princípio Constitucional*, p. 50.
24. Nuno Piçarra, *A Separação dos Poderes como Doutrina e Princípio Constitucional*, p. 50.

alguma se suprimiu a doutrina da separação dos poderes. Muito pelo contrário, passaram a ficar associadas ambas as ideias na teoria constitucional inglesa. Foi dessa mistura ideológica que "nasceu aquela que veio a ser a teoria constitucional inglesa típica do século XVIII, considerada ora como variante da doutrina da separação dos poderes ora como variante da doutrina da monarquia mista: a doutrina da balança dos poderes (*balance of powers* ou *balanced constitution*)"[25].

A monarquia mista partia da ideia de uma sociedade pré-constituída, na qual as diversas potências político-sociais, a saber, rei, nobreza e povo, estavam distribuídas em estamentos ou ordens. A cada uma corresponderia um poder.

A transposição de regimes na Inglaterra se deve ao próprio continuísmo observado no comportamento inglês. A Inglaterra, diferentemente da França, não buscava desfazer o sistema antigo e fundar um novo, mas tão somente preservar o sistema com o necessário ajuste às novas demandas por Justiça. JORGE MIRANDA afirma que "O que distingue, sobretudo, a Revolução inglesa de 1688 (*Glorious Revolution*) da que um século mais tarde ensanguentaria a França está em que aquela se insere numa linha de continuidade, ao passo que a francesa tenta reconstruir a arquitetura toda do Estado desde o começo. A Revolução inglesa, na linha das primeiras cartas de direitos, não pretende senão confirmar, consagrar, reforçar direitos, garantias e privilégios. A Revolução francesa destrói o que vem a encontrar para estabelecer outros, de novo".

O autor aponta, ainda, com propriedade, um fator histórico que surge como próprio do fenômeno ora descrito: "Em Inglaterra, é a Realeza que ataca o Parlamento que, em nome da tradição, defende e se defende; em França, o Rei remete-se ao papel de quem, sem forças nem convicção para resistir, tenta obter um adiamento numa liquidação inevitável"[26]. Some-se a isso que a nobreza inglesa, diante do surgimento da classe comerciante (o terceiro estado a que se refere SIEYÈS), acaba por aburguesar-se também, fazendo coro com essa classe para conquistar mais poder ao parlamento, que viria a ser composto exatamente pelas duas classes: a dos Lordes e a dos Comuns. É, portanto, em virtude desse não sufocamento do terceiro Estado que decorrem o continuísmo e a gradação das mudanças constitucionais inglesas, ao contrário da francesa, que, diante da opressão impingida à classe plebeia, acabou por estourar numa sangrenta revolução que visava pôr fim a tudo o que estava ali presente.

É possível afirmar que a Inglaterra, a despeito de ter sido inovadora no acabamento de um texto constitucional, nunca criou uma Constituição escrita no modelo difundido a partir dos Estados Unidos, sendo certo que seus institutos de natureza constitucional permanecem assentados em tradições e costumes do povo.

3.3. Constitucionalismo moderno

Mais recentemente, sente-se uma retomada da concepção constitucionalista, com seu revigoramento e desenvolvimento de novos ideais.

---

25. Nuno Piçarra, *A Separação dos Poderes como Doutrina e Princípio Constitucional*, p. 60.
26. *Manual de Direito Constitucional*, 5. ed., t. 1, p. 124.

É nessa retomada que se passa a exigir, além dos ideais já expostos anteriormente, uma mais acentuada definição do papel do Estado. Evidentemente que se consagra a contenção do poder. NICOLA MATTEUCCI assevera: "O princípio da primazia da lei, a afirmação de que todo poder político tem de ser legalmente limitado, é a maior contribuição da Idade Média para a história do Constitucionalismo. Contudo, na Idade Média, ele foi um simples princípio, muitas vezes pouco eficaz, porque faltava um instituto legítimo que controlasse, baseando-se no direito, o exercício do poder político e garantisse aos cidadãos o respeito à lei por parte dos órgãos do Governo. A descoberta e aplicação concreta desses meios é própria, pelo contrário, do Constitucionalismo moderno"[27].

O instrumento idealizado para a realização das modernas concepções do constitucionalismo foi traduzido na consubstanciação escrita das normas constitucionais. Com a consagração de textos escritos, adota-se um modelo que, obviamente, caracteriza-se: a) pela publicidade, permitindo o amplo conhecimento da estrutura do poder e garantia de direitos; b) pela clareza, por ser um documento unificado, que afasta as incertezas e dúvidas sobre os direitos e os limites do poder; c) pela segurança, justamente por proporcionar a clareza necessária à compreensão do poder. Essa ideia é, em suas linhas gerais, subscrita por GOMES CANOTILHO[28].

Sinteticamente, tem-se que o constitucionalismo moderno revela-se na ideia básica de registrar por escrito o documento fundamental do povo.

Esse conteúdo constitucional traduzia, por certo, os termos do antigo contrato social de ROUSSEAU, que, nesse momento, deixava a condição de ficção de teoria política para tornar-se o diploma jurídico de maior relevância dentro dos ordenamentos estatais.

Assim, desde que haja uma divisão do poder, o que fatalmente implicará sua limitação e controle, estar-se-á em harmonia com uma das principais exigências do constitucionalismo. Tal orientação, contudo, poderá não estar consubstanciada num documento escrito, mas sim arraigada na prática diuturna de uma comunidade, podendo-se, em tais circunstâncias, admitir uma Constituição em sentido material-substancial.

Nesta linha de considerações, tem-se que a consagração da primeira Constituição escrita não coincidiu, cronologicamente, com o surgimento de ideias, institutos e valores caros ao constitucionalismo. Contudo, o constitucionalismo como é reconhecido e praticado na atualidade haure seus elementos fundadores do constitucionalismo norte-americano do final do séc. XVIII, ou seja, tem na formação deste, ainda hoje, suas principais bases. Mas se pode e se deve falar de desenvolvimento desse constitucionalismo original, em seus principais institutos, como a supremacia da Constituição escrita e a Justiça Constitucional, cujo sentido atual, embora não abandone o sentido original, experimentou uma sensível ampliação (caso das funções fundamentais da Justiça Constitucional para além de um simples controle de constitucionalidade das leis e o

---

27. *Dicionário de Política*, p. 255, 2ª col.
28. *Direito Constitucional*, p. 66-7.

caso da interpretação conforme a Constituição e da constitucionalização do Direito como paradigmáticos dessa nova percepção de antigos institutos e conceitos).

A valorização do documento constitucional escrito toma substância nesta nova fase, denominada constitucionalismo moderno, que tem seu desencadeamento determinado pela criação das constituições dos Estados americanos, pela edição da Constituição norte-americana de 1787 e pela Revolução Francesa, em 1789[29].

A Constituição escrita, de outra parte, em sua origem, como se nota, teve cunho acentuadamente revolucionário, tanto por força do processo desencadeado nos Estados Unidos como também pela ocorrência na França. Essa nota acaba por se projetar como uma das grandes características das Constituições, que é o rompimento com a ordem jurídica até então vigente. Tal prática tomou posto nos Estados Unidos da América do Norte quando, diante da independência das Treze Colônias, o Congresso de Filadélfia, em 15 de maio de 1776, propôs aos Estados federados a formulação de suas próprias constituições. A edição de tais diplomas representou o início do sistema de constituições escritas, que é até hoje uma tendência amplamente praticada. Vale relembrar, com NICOLA MATTEUCCI[30], neste passo, as decisões das cortes judiciárias inglesas no século XVII, quando proclamaram a superioridade das leis fundamentais sobre as do Parlamento.

No território americano foram proclamadas, ainda, as *Fundamental Orders of Connecticut*, de 1639, o mais antigo de uma série de documentos (*convenants*) entre os colonos, e que já contêm a ideia de ordenação da sociedade política. Costuma-se indicar o *Agreement of the People* (1647-1649) como a primeira tentativa de Constituição escrita. Já o *Instrument of Government* é apontado como a primeira efetiva Constituição escrita, embora já com o cunho autoritário da época[31].

É, portanto, a partir desse momento que ganha força o constitucionalismo moderno, espalhando sua doutrina por toda a Europa a partir dos fins do século XVIII. Foi na França que houve o estopim europeu para a "corrida constitucionalista", inaugurando-se uma nova etapa na ordem social do velho mundo. A revolução francesa derruba a monarquia e a nobreza, castas dominantes até então, para impor uma Constituição escrita, com a preocupação de assegurar amplamente seus ideais de *liberté*, *egalité* e *fraternité*.

A primeira Constituição francesa, de duração bastante efêmera, teve como fonte de inspiração o constitucionalismo inglês. Na realidade, pode-se mesmo concluir que o referido constitucionalismo não trouxe qualquer resultado à época, em vista do surgimento reacionário de um movimento doutrinário em defesa dos ideais monárquicos absolutistas, que teve em BODIN seu líder de maior expressão. Assim é que o constitu-

---

29. Consoante Lewandowski: " É interessante sublinhar que o objetivo que presidiu à elaboração das primeiras constituições e que ainda permanece o mesmo para as atuais, consistia, basicamente, na contenção do poder e na defesa dos direitos individuais" (Enrique Ricardo Lewandowski, *Proteção dos Direitos Humanos na Ordem Interna e Internacional*, p. 53).

30. *Dicionário de Política*, p. 255, 2ª col.

31. Cf. Canotilho, *Direito Constitucional*, p. 63-4.

cionalismo inglês somente veio a firmar-se na doutrina francesa por ocasião da edição do *Esprit des Lois*, de Charles de Montesquieu, em 1748, que dedicou um capítulo de sua obra ao sistema constitucional inglês. Além desta, as diversas obras que foram surgindo acerca desse específico tema reacenderam a influência do constitucionalismo inglês, incutindo-o na França e espraiando-o pelo restante da Europa.

Mas, diante da dificuldade encontrada pelos franceses em compreender a particular lógica do sistema esparso e costumeiro do direito constitucional inglês, de fontes diversas e incertas, acabaram por preferir a captação do direito inglês de forma indireta e miraram-se nas cartas norte-americanas. Tais diplomas eram mais precisos, pois decorriam de um sistema escrito consolidado num documento, muito embora também tivessem como fonte inspiradora o sistema inglês[32].

De qualquer forma, é com a eclosão da Revolução Francesa que o constitucionalismo ganha foros de evidência e espalha-se pelo continente europeu.

Em 1789 é editada a Declaração Universal dos Direitos do Homem e do Cidadão e em 1791 edita-se a primeira Constituição formal europeia, surgida na trilha da americana, a saber, a francesa, que teve referida Declaração como preâmbulo. A partir dela, começaram a surgir constituições por toda a Europa e, daí, para os outros continentes.

No que toca às influências advindas dos sistemas americano e francês, importante salientar a peculiaridade do desenvolvimento constitucional destes países. Os Estados americanos, quando decidiram escrever suas constituições, estavam bastante influenciados, também, pela doutrina francesa que fomentava a Revolução, em especial Montesquieu. Dessa forma, quando a França tomou aquelas Cartas como modelo, estava fazendo quase que uma retroalimentação, ou reimportação. Isto posto, fica clara a complicação em separar quais institutos têm raízes francesas e quais apresentam raízes americanas, visto que se trata quase que de uma parceria doutrinária.

É possível detectar, muito sucintamente, alguns institutos que nasceram desses regimes, como aponta Santi Romano: (a) universalização dos direitos individuais — concebidos como limitações ao poder do soberano, atribuídos apenas aos cidadãos, passam a ser direitos de todos os homens; (b) divisão dos poderes; (c) princípio da soberania nacional — a soberania deixa de ser um poder pessoal do príncipe para tornar--se um atributo da "Nação" e, após, do Estado; (d) o princípio da igualdade — que se traduz na mudança mais importante de todas, permitindo o estabelecimento de novas instituições políticas.

Os ideais constitucionalistas consagrados na América do Norte espraiaram-se por toda a América, na medida em que as colônias conseguiam destacar-se de Portugal e Espanha.

Aliás, o constitucionalismo alcança foros de movimento mundial, consagrando-se em praticamente todos os Estados contemporâneos, salvo o caso da Inglaterra e, em certa medida, o caso dos Estados teocráticos ou religiosos, nos quais vigora uma ideia

---

32. Santi Romano chega a afirmar que "o direito americano serviu como trâmites entre o direito constitucional inglês e aquele dos vários Estados continentais da Europa" (*Princípios de Direito Constitucional Geral*, p. 49-50).

de suprainfraordenação atrelada aos postulados religiosos, como o Direito muçulmano, que se insere na cultura do islamismo.

Por fim, as ideias iniciais de contrato social são abandonadas em função do próprio constitucionalismo, capaz de fundamentar e justificar o exercício do poder em sociedade.

HOBBES, em seu *Leviatã*, LOCKE, em seu *Tratado do Governo Civil*, e ROUSSEAU, no seu *Contrato Social*, desenvolveram concepções consoante as quais a sociedade se governa com base em um pacto, uma convenção, um estatuto básico.

Ora, a ideia de formação de um texto constitucional é tributária, num momento inicial, das denominadas teorias contratualistas, que justificavam a agremiação do homem em sociedade justamente com base na formulação de um pacto fundamental, que nada mais é do que um contrato social, no modelo então forjado. Certamente que a Constituição escrita poderia ser compreendida como a resultante daqueles modelos hipotéticos, ou seja, como a realização prática do contrato social idealizado pelos mencionados filósofos. Não mais se justificam, contudo, aquelas teorias, à luz do constitucionalismo atual, que atingiu um grau de maturidade e independência suficiente para se "legitimar a si mesmo", sem a necessidade de socorrer-se daquelas ficções contratuais anteriormente elaboradas. O constitucionalismo, pois, exala uma energia, uma firmeza e uma estabilidade que o têm sustentado até os dias de hoje.

3.4. Constitucionalismo contemporâneo: o atual processo evolutivo

Em todas as suas fases sucessivas, o constitucionalismo apresentou um traço constante, desde o início, que é a limitação do governo pelo Direito, as denominadas "limitações constitucionais"[33]. Essa é a nota mais antiga e, ao mesmo tempo, a mais recente, no constitucionalismo. Opõe-se, desde sua origem, ao governo arbitrário. Mas o conteúdo preciso dessa limitação é algo que vem desenvolvendo gradativa (mas significativa) caminhada, podendo-se, doravante, incluir algumas notas decorrentes do processo histórico atual.

Para DROMI, o futuro do constitucionalismo "deve estar influenciado até identificar-se com a verdade, a solidariedade, o consenso, a continuidade, a participação, a integração e a universalização"[34].

Importa salientar, aqui, o constitucionalismo da verdade. Nesta referência existem duas categorias de normas a serem analisadas. "Uma parcela, que é constituída de normas que jamais passam de programáticas e são praticamente inalcançáveis pela maioria dos Estados; e uma outra sorte de normas que não são implementadas por simples falta de motivação política dos administradores e governantes responsáveis."

"As primeiras precisam ser erradicadas dos corpos constitucionais, podendo figurar, no máximo, apenas como objetivos a serem alcançados a longo prazo, e não como

---

33. Nesse sentido: Charles Mc Ilwain, *Constitucionalismo Antiguo y Moderno*, p. 37.

34. La Reforma Constitucional: El Constitucionalismo del "por-venir". La Reforma de la Constitución, in *El Derecho Público de Finales de Siglo*, p. 108. No mesmo sentido: André Ramos Tavares e Celso Bastos (*As Tendências do Direito Público no Limiar de um Novo Milênio*, p. 53-8).

12

declarações de realidades utópicas, como se bastasse a mera declaração jurídica para transformar-se o ferro em ouro. As segundas precisam ser cobradas do Poder Público com mais força, o que envolve, em muitos casos, a participação da sociedade na gestão das verbas públicas e a atuação de organismos de controle e cobrança, como o Ministério Público, na preservação da ordem jurídica e consecução do interesse público vertido nas cláusulas constitucionais."[35]

De outra parte, o constitucionalismo da continuidade, a que igualmente se refere DROMI, está baseado no pressuposto de que "é muito perigoso em nosso tempo conceber Constituições que produzam uma ruptura da lógica dos antecedentes, uma descontinuidade com todo o sistema precedente"[36]. De qualquer forma, é possível identificar nessa construção de DROMI algo que já se vislumbra na teoria desenvolvida por NELSON SALDANHA, ao bipartir o que a doutrina denomina poder constituinte originário em originário propriamente dito e instituído, sendo este último o poder constituinte inserido numa continuidade histórica.

Cumpre registrar, ainda, um constitucionalismo fraternal, referido pelo STF no julgamento da ADI 3510, "a traduzir verdadeira comunhão de vida ou vida social em clima de transbordante solidariedade em benefício da saúde".

3.4.1. Constitucionalismo globalizado

Em outra perspectiva, poder-se-ia contextualizar, atualmente, o constitucionalismo no fenômeno mais amplo da globalização.

Não obstante as discussões que rodeiam o tema da "globalização", e as críticas ideológicas que lhe são dirigidas pelos mais diversos grupos sociais, impõe-se reconhecer a magnitude e a presença cada vez mais constante da integração econômica e cultural dos povos no mundo atual. Prova disso foram os acontecimentos do atentado terrorista de 11 de setembro e a crise hipotecária e financeira norte-americana.

Nessa reconhecida busca por maior integração insere-se uma tentativa de ampliação dos ideais e princípios jurídicos adotados pelo Ocidente, de maneira que todos os povos reconheçam sua universalidade.

Assim, a exigência de democracias, no modelo norte-americano, de Estados que garantam e respeitem eles próprios os direitos humanos já consagrados, incluindo a liberdade de religião, bem como outros tantos princípios, foi disseminada como verdadeiro "dogma", do qual não se pode desviar qualquer país. Ora, em síntese, tem-se uma fase "final" do constitucionalismo, que é justamente a de propagar-se e alcançar todas as nações, unificando os ideais humanos a serem consagrados juridicamente.

Parte desse movimento deve receber destaque e estudo mais acurado, porque tem se mostrado como um movimento que se fortalece na atualidade e que pode indicar o

---

35. André Ramos Tavares, na obra conjunta com Celso Ribeiro Bastos (*As Tendências do Direito Público no Limiar de um Novo Milênio*, p. 58).

36. José Roberto Dromi, La Reforma Constitucional: El Constitucionalismo del "por-venir". La Reforma de la Constitución, in *El Derecho Público de Finales de Siglo*, p. 113.

desenvolvimento de uma nova fase desse constitucionalismo sem fronteiras. É o caso do uso de material e referências de Direito legislado e de jurisprudência estrangeira pelos Parlamentos e Judiciários nacionais. Dentro desse movimento tem-se o uso de jurisprudência constitucional estrangeira pela Justiça Constitucional nacional, de maneira a estabelecer, em alguns casos, um verdadeiro diálogo entre cortes (com uma *global community of courts*), como propõe o ilustre pensador italiano GIUSEPPE DE VERGOTTINI[37] em sua recente obra, na qual adverte para a circunstância de que nem sempre há diálogo efetivo.

Nada obstante a existência deste sentimento otimista, quase que utópico, coroado com a criação da União Europeia e a gestação de sua Constituição[38], não se pode olvidar que essa suposta fase "final" do constitucionalismo se encontra, na realidade, em um árduo começo, repleto de sérios e perigosos obstáculos, tais como as crises financeiras e econômicas globalizadas e os obstáculos que erigem os países do Oriente (*vide* os Estados não democráticos e o *terrorismo*), os quais, em parte, vislumbram, nessa tentativa de unificar os ideais humanos, o "exercício sagaz do imperialismo moral ocidental", na expressão utilizada por IGNATIEFF[39]. Uma nova e perturbadora "onda" desse constitucionalismo se iniciou com os ataques do 11 de setembro, em 2001, a aprovação e aplicação do *Patriotic Act*, nos EUA, e, em seguida, a disseminação ampla da necessidade de reduzirem-se direitos, garantias e proteções em geral. Nessa linha, por exemplo, deve-se incluir a Lei aprovada em maio de 2015, na França, que permite um amplo monitoramento de suspeitos e, ainda, o acesso indiscriminado aos chamados metadados e, também, ao conteúdo das comunicações propriamente dito. A privacidade, o sigilo de dados, a liberdade de manifestação e de religião têm sido colocadas em severo questionamento quanto a sua extensão. Por fim, esse mesmo "novo constitucionalismo" preocupa-se, prioritariamente, com políticas chamadas de "austeridade" que atendem aos interesses de retorno financeiro dos grandes conglomerados comerciais globais no Mundo, como bem advertem GILBERTO BERCOVICI e MASSONETTO[40].

3.4.2. Constitucionalismo científico

Inicialmente, recordo as lições de AMÉLIA ANCOG, constantes de sua obra *Law, Science and Technology*. No sentido proposto pela autora, como já adverti, "pode-se medir a força dos esforços de um país para o seu desenvolvimento através de sua estrutura legal, que incentive e acomode inovações, produtividade e excelência" [41]. Uma

---

37. Giuseppe de Vergottini, *Oltre Il Dialogo tra Le Corti*: Giudici, Diritto Straniero, Comparazione. Bologna: Il Mulino, 2010.

38. E, nesse sentido, cumpre consignar a pontual lembrança, da lavra de Alexandre Pagliarini, de que, muito embora ainda haja, na Europa, uma prevalência hierárquica das Cartas Magnas, no âmbito interno, muitas Constituições têm sido modificadas para comportar a realidade comunitária supranacional. Algo que, mais do que externar a sucumbência da Lei Magna às contingências político-históricas da integração europeia, "equivale, mais ou menos, a uma invasão consentida, com o perdão do tom jocoso" (*Constituição e Direito Internacional — Cedências Possíveis no Brasil e no Mundo Globalizado*, p. 237-8).

39. The Attack on Human Rights, *Foreign Affairs*, v. 80, n. 6, nov./dez. 2001, p. 102.

40. Gilberto Bercovici & Luís Fernando Massonetto, A Constituição Dirigente Invertida: a Blindagem da Constituição Financeira e a Agonia da Constituição Econômica. In: *Boletim de Ciências Econômicas*, v. XLIX, Coimbra, 2006.

41. André Ramos Tavares, Ciência e Tecnologia na Constituição, *Revista Brasileira de Informação Legislativa*, p. 19.

14

fórmula jurídica de grande impacto é a de estruturar esse incentivo na própria Constituição. É o que ocorre no Brasil.

A Constituição brasileira de 1988 prevê o direito fundamental à educação (art. 205), concedeu autonomia às universidades (art. 207), enderençando expressamente autonomia científica e atrelando verbas orçamentárias a essa finalidade. Além das universidades, a Constituição ainda priorizou, expressamente, a pesquisa (art. 218) e determinou ao Estado que conceda aos recursos humanos nas áreas de ciências "meios e condições especiais de trabalho".

Abordo, aqui, um modelo constitucional inovador, que não era objeto de maior atenção no Brasil até recentemente, quando, de maneira preocupante, a Ciência passou a ser questionada, com ataques que só se propagam pelo uso de *fake news* por meio de novas tecnologias, com propósitos manipulativos, e também com fortes movimentos populistas e ideológicos, estes últimos amparados no profundo déficit informativo dessa que é chamada, paradoxalmente, "sociedade da informação". A verdade, porém, é a de que a informação é distribuída de maneira absolutamente assimétrica na sociedade, e o acesso à informação, mesmo quando disponível, nem sempre significa um acesso adequado, quer dizer, de qualidade.

É a Escola e, especialmente, a Universidade, como centros de difusão e produção do conhecimento, que operam para bloquear essas ocorrências regressivas. Daí a atenção dada pela Constituição ao tema.

Também por força constitucional, as Universidades Públicas Paulistas Estaduais (USP, UNICAMP e UNESP) e a Fundação de Amparo à Pesquisa do Estado de São Paulo (FAPESP) possuem autonomia de gestão. A Constituição do Estado expressamente confere, por exemplo, à Fapesp, uma gestão considerada como sendo *privativa* de seu orçamento (art. 271), e não importa qual parte do orçamento, porque todo ele é privativo.

Aliás, para o Estado brasileiro, seu dever com a educação em geral, ensino e pesquisa concretiza-se, dentre outros mecanismos, com a destinação certa de verbas à Universidade.

Com isso, as duas constituições assumem um perfil altamente científico. Esse perfil foi fruto de uma concepção profunda sobre as realidades que hão de estar envolvidas na engrenagem do desenvolvimento socioeconômico do País e na efetivação democrática. Esse modelo constitucional brasileiro foi, ele próprio, inovador, e antecipou uma discussão que iria aflorar muito tempo depois.

Nesse desenho constitucional, as entidades públicas envolvidas (especialmente as universidades e os centros de apoio à pesquisa) devem gerir seus recursos a partir de suas necessidades, e com base em conhecimento técnico e rigorosamente construído (típico padrão acadêmico), ainda que eventuais políticas de governo não reconheçam e até mesmo desvalorizem seus feitos, suas pesquisas e seu papel fundamental no desenvolvimento e na construção de um futuro melhor.

A autonomia foi prevista constitucionalmente para que não ficássemos reféns de interesses políticos corrompidos ou disparatados, o que, lamentavelmente, tem sido uma constante nos últimos anos. Trata-se de um mecanismo constitucional inteligente e em vigor, mas que acabou sendo colocado à prova, nos últimos anos, por um pensamento retrógrado e subserviente ao subdesenvolvimento e atraso do país.

Se estamos a pensar medidas de enfrentamento da condição de atraso, que a todos prejudica, a nossa resposta não pode ser o confisco dos projetos de vida, que com enorme dificuldade tentam sobreviver não só ao vírus, mas às ideologias, ao novo sectarismo digital e ao pensamento imediatista da velha política bruta e do retrocesso civilizatório.

É dever constitucional do cidadão resistir, e não sucumbir à ignorância. Para tanto, é preciso diuturnamente reforçar a vigência da Constituição, especialmente sua imperatividade no âmbito do conhecimento, na ciência e na pesquisa.

Essa linha de atuação foi recentemente ampliada pelo STF, no âmbito do combate à pandemia da Covid-19. Foram diversas as decisões do STF[42] que se ampararam na Ciência (e, pois, na Constituição científica) para impor certas medidas e ações governamentais que garantissem o direito à saúde, contra tentativas de certas autoridades governamentais que caminharam em sentido oposto e ignoravam a necessidade de tutela máxima do direito à vida.

Enfim, podemos afirmar que, no Brasil, temos uma Constituição nitidamente científica, uma Constituição que procurou tutelar ao máximo a produção do conhecimento, especialmente via Universidade.

3.4.3. Constitucionalismo defensivo

A realidade democrática tem sido constantemente colocada à prova ao redor do Mundo na atualidade. Como inúmeros estudiosos já puderam observar, as ditaduras não se valem mais dos mesmos mecanismos de violência explícita e de burla ao Estado Constitucional de Direito como outrora ocorreu[43].

Há um conjunto de ocorrências e, inclusive, de ações adotadas por certas autoridades públicas, que tendem a minar, progressivamente (muitas de maneira silenciosa) as bases da Democracia e, com elas, a real existência ou efetividade dos direitos fundamentais.

Por isso, se tem falado em Democracia defensiva. Nas palavras do Ministro do Tribunal Constitucional Federal da Alemanha, Josef Christ, o conceito de Democracia defensiva parte do princípio de que a Constituição "não concede liberdades que possam ser arbitrariamente deturpadas para extinguir a própria Ordem Constitucional [...]. Esse princípio [da Democracia defensiva], segundo a Corte Constitucional [alemã], é a expressão da vontade político constitucional consciente de solucionar um problema fundamental da ordem estatal livre e democrática, ou seja, a tentativa de uma síntese entre o princípio da tolerância entre todas as concepções políticas e o compromisso com determinados valores fundamentais invioláveis da Ordem do Estado de Direito. Assim, em uma série de disposições, a

---

42. Analiso essas decisões no Capítulo XXXIV: Direito à Saúde.

43. Cf. LANDAU, David. *Abusive constitucionalism*. UC Davis Law Review, vol. 47, 2013, pp. 189-260. Disponível em: https://ir.law.fsu.edu/articles/555; MOUNK, Yascha. *The people vs. Democracy*: why our freedom is in danger and how to save it. Cambridge: Harvard University Press, 2018.

Lei Fundamental adota medidas para proteger seus fundamentos liberais e democráticos tanto de ataques internos, quanto de ataques externos. Essa ordem livre e democrática deve ser protegida tanto de ataques cometidos por parte do próprio Estado como também da sociedade."[44].

Assim, a teoria da Democracia defensiva entende ser legítima a criação de normas para proteção da Ordem Constitucional livre em face de ameaças de cunho autoritário, impondo limites aos que pretendem exercer direitos ou liberdades para minar esses mesmos direitos e liberdades.

Em seu discurso proferido por ocasião da posse do Min. Barroso na Presidência do STF, o Min. Gilmar Mendes observou que não se pode mais tolerar atos de ataque à Democracia e às instituições. "A propósito, todos vêm e sentem que a disseminação massiva de desinformação tem causado uma degradação política e institucional explícita. Mas uma Constituição democrática não protege, pelo direito de liberdade de expressão, pregações golpistas comprometidas com a destruição da própria ordem constitucional. É exatamente esse o consenso político construído ao final da Segunda Guerra, e que atende pelo título de 'democracia defensiva': 'não pertence ao conceito de democracia que ela mesma crie as condições para sua eliminação. (...) É preciso também ter coragem de ser intolerante em relação àqueles que querem se valer da democracia para aniquilá-la'. [Carlo Schmid, 8 de setembro de 1948, em discurso no Conselho Parlamentar destinado a confeccionar a Lei Fundamental de Bonn]."[45]

Retoma-se, em realidade, uma vertente do constitucionalismo pós-Guerra para, agora, enfrentar os novos desafios engendrados recentemente, por grupos antidemocráticos, que muitas vezes alegam praticar ataques "sob a proteção da constituição em vigor", a fim de aniquilá-la. A diferença é que o inimigo da Democracia e das liberdades, na atualidade, utiliza-se dos novos meios tecnológicos digitais e de sua capacidade comunicacional exponencial para alcançar seus objetivos ilegítimos. O constitucionalismo não pode alegar imobilismo jurídico para quedar-se inerte em face do exercício abusivo (atentatório mesmo) dos direitos e, que, muitas vezes, mais do que um exercício abusivo, consubstanciam um ataque direto a esses direitos no novo ambiente digital.

Referências bibliográficas

BASTOS, Celso Ribeiro & TAVARES, André Ramos. *As Tendências do Direito Público no Limiar de um Novo Milênio*. São Paulo: Saraiva, 2000.

BERCOVICI, Gilberto, MASSONETTO, Luís Fernando. A Constituição Dirigente Invertida: A Blindagem da Constituição Financeira e a Agonia da Constituição Econômica. In: *Boletim de Ciências Económicas*, v. XLIX, Coimbra, 2006.

---

44. Fala do Ministro do Tribunal Constitucional Federal da Alemanha, Josef Christ, na Conferência sobre Democracia Defensiva: experiência da Alemanha e do Brasil, realizada pelo TSE no dia 16.08.2023. Disponível em: https://www.youtube.com/watch?v=BluZgLSvHt8. Acesso em: 08.10.2023.

45. Discurso do Ministro Gilmar Mendes na sessão extraordinária de posse do Ministro Luís Roberto Barroso na Presidência do Supremo Tribunal Federal, realizada no dia 28 de setembro de 2023. Disponível em: https://www.conjur.com.br/dl/discurso-gilmar-mendes-posse-barroso-28.pdf. Acesso em: 08.10.2023.

BOBBIO, Norberto, MATTEUCCI, Nicola & PASQUINO, Gianfranco. *Dicionário de Política*. 2. ed. Brasília: Editora Universidade de Brasília. Bibliografia: 246-258.

CANOTILHO, J. J. Gomes. *Direito Constitucional*. 4. ed. Coimbra: Livr. Almedina.

CERQUEIRA, Marcello. *A Constituição na História: Origem e Reforma*. Rio de Janeiro: Revan, 1993.

DORSEN, Norman, ROSENFELD, Michel, SAJÓ, András & BAES, Susanne. *Comparative Constitutionalism*: Cases and Materials. St. Paul: Thomson West Group, 2003.

DROMI, José Roberto. La Reforma Constitucional: El Constitucionalismo del "por-venir". In: *El Derecho Público de Finales de Siglo: Una Perpectiva Iberoamericana*. Madrid: Fundación BBV, 1997. Bibliografia: 107-16.

IGNATIEFF, Michael. The Attack on Human Rights. *Foreign Affairs*, v. 80, n. 6, nov./dez. 2001. Bibliografia: 102-16.

LANDAU, David. *Abusive constitucionalism*. UC Davis Law Review, vol. 47, 2013, pp. 189-260. Disponível em: https://ir.law.fsu.edu/articles/555.

LEWANDOWSKI, Enrique Ricardo. *Proteção dos Direitos Humanos na Ordem Interna e Internacional*. Rio de Janeiro: Forense, 1984.

LOEWENSTEIN, Karl. *Teoría de la Constitución*. Tradução por Alfredo Gallego Anabitarte. 2. ed. Barcelona: Ed. Ariel, 1970 (Biblioteca de Ciencia Política).

McILWAIN, Charles Howard. *Constitucionalismo Antiguo y Moderno*. Tradução por Juan José Solozábal Echavarría. Madrid: Centro de Estudios Constitucionales, 1991.

MIRANDA, Jorge. *Manual de Direito Constitucional*. 5. ed. Coimbra: Coimbra Ed. t. 1.

MOUNK, Yascha. *The people vs. Democracy*: why our freedom is in danger and how to save it. Cambridge: Harvard University Press, 2018.

PAGLIARINI, Alexandre Coutinho. *Constituição e Direito Internacional — Cedências Possíveis no Brasil e no Mundo Globalizado*. Rio de Janeiro: Forense, 2004.

PIÇARRA, Nuno. *A Separação dos Poderes como Doutrina e Princípio Constitucional. Um Contributo para o Estudo das Suas Origens e Evolução*. Coimbra: Coimbra Ed., 1989.

QUINTANA, Segundo V. Linares. *Tratado de Interpretación Constitucional*. Buenos Aires: Abeledo-Perrot, 1998.

ROMANO, Santi. *Princípios de Direito Constitucional Geral*. São Paulo: Revista dos Tribunais, 1977.

SIEYÈS, Emmanuel. *Qu'est-ce que le Tiers Etat?*. França: Quadrige/Presses Universitaires de France, 1982.

SILVEIRA, Alessandra. Beethoven e o Tratado de Lisboa (A propósito do actual estádio da integração europeia). In: *Revista Brasileira de Estudos Constitucionais*. Belo Horizonte: Ed. Fórum, ano 2, n. 5, p. 51-66, jan./mar. 2008.

TAVARES, André Ramos. Ciência e Tecnologia na Constituição. *Revista Brasileira de Informação Legislativa*, Brasília, ano 44, n. 175, jul./set. 2007, p. 7-20.

_____. Modelos de Uso da Jurisprudência Constitucional Estrangeira pela Justiça Constitucional. *Revista Brasileira de Estudos Constitucionais*. São Paulo. Editora Fórum, ano 3, n. 12, out./dez. 2009.

VERGOTTINI, Giuseppe. *Oltre Il Dialogo tra Le Corti*: Giudici, Diritto Straniero, Comparazione. Bologna: Il Mulino, 2010.

ZAGREBELSKY, Gustavo. *Diritto Costituzionale: Il Sistema delle Fonti del Diritto*. 1. ed. [1988]. Torino: Unione Tipografico-Editrice Torinese, 1998. v. 1.

Capítulo II
ESTADO CONSTITUCIONAL DE DIREITO

1. O SURGIMENTO DA LEI COMO FONTE PRECÍPUA DO DIREITO: O ESTADO LEGALISTA OU LEGALITÁRIO

Com a Revolução Francesa teve início toda uma era, o chamado "período legislativo"[46] ou "primeiro positivismo"[47]. Esta última expressão reporta-se à chamada Escola Exegética, que encontrou seu apogeu no século XIX. Pode-se considerá-la como uma vertente do método gramatical de interpretação, na qual predomina o subjetivismo histórico do legislador. Uma de suas características, como acentua BOBBIO[48], é implicar o "princípio da onipotência do legislador"[49].

Reconhece-se a segunda expressão indicada como preferível, já que nunca se deixou de viver um "período legislativo" desde a Revolução Francesa, na medida exata em que a lei está ainda presente como uma das fontes primordiais do Direito[50]. O que houve foi, mais exatamente, uma mudança do papel atribuído e reconhecido às leis. A soberania deixou de ser atribuída ao monarca, identificado com o antigo regime das monarquias absolutas[51] para pertencer em definitivo ao povo. Vale lembrar que ROUSSEAU[52] falava em uma vontade geral.

Aos que irão ser afetados pelas leis, que regerão suas vidas, reconhece-se o poder de criação dessas leis (*democracia*). A ideia é de clareza singular: o povo estabelece suas leis, suas próprias regras de convivência. Na Declaração de Direitos do Homem e do Cidadão, de 1789, ficou consignado eternamente, nos termos de seu art. 6º, que "A lei é a expressão da vontade geral. Todos os cidadãos têm o direito de concorrer pessoalmente, ou pelos seus representantes, à sua formação".

A passagem para uma "soberania popular" incluiu (e compeliu) a identificação do Direito com a lei. E isso bem se pode confirmar na Declaração de Direitos do Homem

---

46. León Duguit, *Manual de derecho constitucional*: Teoria General del Estado: el derecho y el Estado: las libertades públicas: organización política, p. 198.

47. Francisco Balaguer Callejón, *Fuentes del derecho*: I principios del ordenamiento constitucional, p. 21.

48. Norberto Bobbio, *O positivismo jurídico*: lições de filosofia do direito, p. 86.

49. Cf. Pellegrino Rossi, *Cours de droit constitutionnel*, vol. III, p. 365.

50. Cf. Gustavo Zagrebelsky, *Diritto costituzionale*, p. XI.

51. Willis Santiago Guerra Filho, *Introdução à filosofia e à epistemologia jurídica*, p. 20.

52. Jean-Jacques Rousseau, *Do contrato social*: ensaio sobre a origem das línguas: discurso sobre as ciências e as artes, p. 124.

e do Cidadão, de 1789, ao consignar, em seu art. 4º, que se admitiriam limites aos direitos naturais de cada Homem, mas que "Ces bornes ne peuvent être déterminées que par la loi". Assim, apenas a lei era admitida como legítima restrição às liberdades (naturais) do Homem. À lei foi conferida a posição de destaque no sistema jurídico. É o que se poderia denominar, com Gèny[53], "fétichisme de la loi écrite et codifiée", que também parece ter sido identificado por outros autores, que falam do "fetiche" do Direito como revelado unicamente pela lei[54]. Tratava-se, portanto, da aplicação irrestrita do dogma da soberania popular[55].

A lei, contudo, não é nem poderia ser elaborada diretamente pelo povo ou pela abstração de uma "vontade soberana do povo". O conceito de "povo" de Rousseau foi substituído, pelo ideário francês da Revolução, como se sabe, pelo conceito de "nação", conferindo-lhe uma conotação jurídica para além da nota da irracionalidade da ideia de povo[56]. "A formação da teoria da representação democrática e, por conseguinte, da democracia indireta — aquela na qual o povo exerce seu poder por intermédio de representantes — corresponde principalmente ao núcleo de ideias jurídico-políticas da Revolução Francesa. A origem e a estrutura de tal formação estão condicionadas por dois motivos: um, a impossibilidade técnica da democracia direta, é dizer, da tese de Rousseau, questão na qual os teóricos da Constituinte se vinculam com o pensamento de Montesquieu e de De Lolme; o outro, pela substituição da ideia do povo como algo tangível e visível pela ideia da nação. Em resumo, é o resultado da aplicação do princípio democrático em um grande espaço e para uma grande população"[57].

Essa primeira proposição, teoricamente democrática e impositiva da ideia de representação, embora lhe seja crucial, não é a única a sustentar o Estado "legalista", como se demonstrará a seguir. Mas é irretorquível a conclusão de que a lei passa a ser a fonte das fontes, como expressão da vontade geral[58].

Ao se falar em "fonte" do Direito é imprescindível, preliminarmente, registrar a estarrecedora ideia de que o consagrado vocábulo, quando aplicado ao Direito, não constitui ingênua metáfora, porque em seu uso está implícita uma conotação jusnaturalista[59]. "Fonte natural" é o lugar no qual a água surge da terra, ou seja, o momento, se se quiser, em que passa do invisível ao visível. Portanto, utilizada juridicamente, "fonte" será a declaração do Direito, considerando-se este preexistente àquela manifestação que o apresenta. Tem-se, assim, uma visão privatista do Direito, característica da época, considerando-o como conjunto normativo pronto, já produzido (descurando

---

53. François, Gény, *Méthode d'interprétation et sources en droit privé positif*: essai critique, 1932, t. 1, p. 70.

54. António Hespanha, *Justiça e litigiosidade*: história e prospectiva, p. 23.

55. Emilio Bonaudi, *Principii di diritto pubblico*, p. 145.

56. Manuel García-Pelayo, *Derecho constitucional comparado*, p. 179; e Maria Asunción García, Martínez, La iniciativa legislativa popular y su vigencia en el estado contemporáneo. *Revista de la Facultad de Derecho de la Universidad Complutense*, n. 74, 1989, p. 21-45.

57. García-Pelayo, op. cit., p. 177.

58. Willis Santiago Guerra Filho, *Introdução à filosofia e à epistemologia jurídica*, 1999a, p. 20.

59. Francisco Balaguer Callejón, *Fuentes del derecho*: I. principios del ordenamiento Constitucional. Prólogo: Juan J. Ruiz-Rico. 1. ed., 1991, p. 31.

da análise do momento ou processo de produção dessas normas). Diz-se privatista exatamente na medida em que seu estudo prescindia do processo de formação, tema que, ao contrário, é recebido na atualidade como tipicamente de Direito Público. Naquela representação inicial, a concepção da lei toma-a como algo declarado, não como algo construído pelo Homem[60].

Considera-se, sob uma perspectiva atual, o caráter privatista dessa tese em diversas outras searas. Também é considerada como inapropriada para o contexto atual[61]. Assim, basta atentar para a circunstância de o tema das fontes do Direito ter sido comumente inserido no âmbito privado. Isso explica a razão pela qual as Constituições não têm feito referências ao tema das fontes, salvo raras e insuficientes (por vezes inadequadas) exceções, como a Constituição espanhola (art. 149.1.8). Normalmente, o tema das fontes tem sido presença garantida nos códigos civis (ou em suas leis introdutórias e títulos preliminares). Ocorre que as fontes do Direito, com o advento do Estado Constitucional, como se verificará, só podem ser validamente abordadas (sob uma perspectiva inicial) pelas Constituições. Às leis (como os códigos) é reservada a possibilidade restrita de disciplinar as fontes infralegais, vale dizer, secundárias (jamais as fontes em sua perspectiva inicial). Na valiosa lição de ZAGREBELSKY: "... nenhuma fonte pode criar outras fontes com eficácia maior ou mesmo igual àquela própria, mas apenas fontes dotadas de eficácia menor"[62].

Evidentemente que a consagração em lei da estruturação das fontes é ainda resquício da época em que a ela (lei) se assinalava a supremacia (Estado legalista).

Realmente, vingou na História a teoria aglutinadora do Direito e da lei, ou seja, a lei como fonte primeira e exclusiva do Direito. Essa tese não era desmentida, e, sim, ratificada pela possibilidade de reconhecimento de outros centros de produção normativa, o que se operaria, nesses termos, por delegação, implicando, pois, o prévio consentimento por parte do legislador. Com este permanecia a primazia. As fontes do Direito eram expressões dessa consciência (legislativa).

Constata-se, ainda em relato desse período, que as leis se consideravam concebidas a partir da *razão humana*. Esse conceito iluminista de lei foi dominante até princípios do século XX. Resultou, de certa forma, da convergência dos pensamentos de ROUSSEAU e KANT.

Em ROUSSEAU se observava a defesa da soberania popular pelo império absoluto da lei. KANT não apenas concebeu a lei com referência à soberania do povo, mas racionalizou sua supremacia: "Não há, assim, contra o poder legislativo, soberano da cidade, nenhuma resistência legítima da parte do povo; porque um estado jurídico somente é possível pela submissão à vontade universal legislativa [...] A mais leve tentativa desse gênero é um crime de *alta traição* (*proditio eminens*); e um traidor dessa natureza deve ser punido com a pena de morte [...] A razão do dever, em que se acha o povo

---

60. Edward S. Corwin, *The twilight of the supreme court. A history of our constitutional theory*, p. 107.
61. Alf Ross, *Sobre el derecho y la justicia*, p. 74.
62. Gustavo Zagrebelsky, *Diritto costituzionale*: il sistema delle fonti del diritto, p. 5.

ao suportar até o abuso do poder soberano declarado insuportável, consiste no fato de que a sublevação contra o poder legislativo soberano deve sempre ser considerada como contrária à lei, e mesmo como subversiva de toda constituição legal. Para que a sublevação fosse permitida, seria preciso haver uma lei pública que a autorizasse. Mas, neste caso, a legislação suprema encerraria em si uma disposição segundo a qual não seria soberana, e o povo, como súdito, num mesmo e único juízo se constituiria soberano daquele a quem está submetido, o que é contraditório. Esta contradição é flagrante, se alguém fizer a seguinte reflexão: quem, pois, deveria ser juiz na contenda entre o povo e o soberano? (Porque são, contudo, sempre juridicamente considerados, duas pessoas morais diferentes.) É evidente que aqui o primeiro quer ser juiz em sua própria causa".

"Por conseguinte, a alteração de uma constituição pública (*viciosa*), que algumas vezes poderia ser necessária, só pode ocorrer através do próprio soberano, por meio de uma *reforma* e não por meio do povo; não deve ser feita, pois, pela revolução. Se, contudo, esta acontecesse, somente poderia atingir o *poder executivo*, não o legislativo"[63] (grifo original).

As leis representariam o produto final da razão, um corpo (normativo) dotado de racionalidade. Tudo estava baseado na ideia da proximidade verificável entre razão e verdade, sendo o método lógico o mais adequado para conferir suporte a essa tese. Era a concepção advinda do Iluminismo[64] e do jusnaturalismo racionalista[65], que irradiou para o setor jurídico. Isso impedia qualquer preocupação maior com o processo de formação das leis. Natural seria reconhecer à lei supremacia praticamente absoluta. Isso bem se pode depreender da lição de Malberg[66]: "Nesta hierarquia dos poderes e das autoridades, o corpo legislativo possui o mais alto poder. Estatui de maneira inicial: em especial, cria o direito livremente. As regras que dita constituem a ordem jurídica superior e estatutária do Estado, e, por conseguinte, obrigam a todos os órgãos ou autoridades estatais diferentes do próprio órgão legislativo"[67].

Ademais, a doutrina tradicional (consagrada historicamente) das fontes do Direito pretendeu apresentar uma resposta adequada às demandas por *segurança jurídica*[68] e, por isso, conferiu exclusividade e, com ela, predomínio à lei[69].

---

63. Emmanuel Kant, *Doutrina do direito*, p. 161-2.
64. Francisco Balaguer Callejón, *Fuentes del derecho*, p. 38-9.
65. Pablo Pérez Tremps, *Tribunal constitucional y poder judicial*, p. 37.
66. Embora a obra seja de 1922 e, assim, pudesse aparentar um desencontro de períodos, a verdade é que a consagração do controle judicial da constitucionalidade ou a criação de um Tribunal Constitucional é bem mais tardia na Europa do que nos EUA, datando de 1920 o primeiro Tribunal Constitucional naquele continente. Na lição de Malberg pode-se constatar, pois, a nota da supremacia do Parlamento, como ainda hoje se verifica na Inglaterra, apesar da data de sua publicação.
67. R. Carré de Malberg, *Teoría general del estado*, p. 839.
68. A segurança, contudo, deve estar presente tanto no momento de produção do Direito como na identificação do que é o Direito e em sua aplicação. O formalismo positivista garantiu apenas a segurança na identificação do Direito e pretendeu proporcionar segurança na aplicação ao sustentar um rol fechado de fontes do Direito, excluindo a jurisprudência.
69. Cf. Francisco Balaguer Callejón, *Fuentes del derecho*, p. 41.

A ideia de fontes faz remeter às origens, evitando que o Direito possa ser identificado a partir de seu conteúdo (material): a forma supera esse aspecto (para fins de identificação do Direito) e adquire um lugar de proeminência absoluta.

A hierarquização das fontes (e, assim, das normas nelas presentes), com a lei ocupando posição de destaque e realizando a qualificação das demais fontes (ou desautorizando-as), não ocorreu sem enfrentamentos. Teve de combater os costumes sociais como fonte do Direito considerada até então principal. Era a chamada *capacidade normativa dos centros sociais*, além de outros centros de produção normativa que também foram contrastados[70]. É o que se colhe da abalizada doutrina histórica de Hespanha: "o ordenamento jurídico pré-oitocentista era essencialmente pluralista. (...) a lei era, dentro do direito 'oficial', uma fonte minoritária. O direito 'oficial' — i.e., aplicado pelos tribunais centrais ou pelos (poucos) tribunais 'oficiais' periféricos — era, esmagadoramente, de natureza doutrinal, recolhendo os juristas do antigo regime a máxima romana segundo a qual 'ius civile in sola prudentium interpretatione consistit' (Pomponius, D. I, 2, 2, 12: o direito civil consiste apenas na interpretação dos juristas). A lei era parcamente utilizada, apenas como meio de suprir ou adaptar o direito doutrinal".

"Mas, em relação à doutrina, a lei não era apenas um fenómeno minoritário, era também um fenómeno subordinado."

"O 'despotismo iluminado' setecentista trazia consigo um projecto de redução do pluralismo, pelo reforço do poder da coroa. Aí se integrava uma política de valorização da lei (...)"[71].

Houve, inicialmente, uma unificação de todos os ordenamentos jurídicos no ordenamento jurídico estatal, representado pela vontade do príncipe, no qual se congregavam todos os poderes[72]. "Ao final desse processo de unificação da dispersa e fragmentária sociedade medieval, tem-se a seguinte situação que caracteriza, ao menos esquematicamente (e com a aproximação própria de cada esquema que é adotado com objetivo classificatório e didático), a natureza do estado absoluto: do ponto de vista do direito a monarquia absoluta é *aquela forma de estado na qual não se reconhece outro ordenamento que o estatal, e outra fonte jurídica do ordenamento estatal que a lei*"[73] (grifo original).

Pode-se considerar uma faceta absolutista ou autoritária, nessa eliminação de outros "poderes" normativos e na consequente atribuição dessa capacidade a um organismo único: o Estado[74], com nítido comprometimento ideológico[75].

---

70. Dentre outros, encontrava-se: Direito real, Direito comum, Direitos consuetudinários municipais e senhoriais (cf. Callejón, op. cit., p. 35), o direito de tradição doutrinária ou Direito científico; direito jurisprudencial (cf. Bobbio, op. cit., p. 8). Ademais, havia diversas instâncias: Direito da Igreja, Direito do Império; abaixo do Reino, havia os feudos, comunas e corporações (cf. Bobbio, op. cit., p. 8) e também diversas influências, como: Direito natural, divino, das nações (Berman, op. cit., p. 9).

71. António Hespanha, *Justiça e litigiosidade*: história e prospectiva, p. 13-4, 16.

72. Alfredo Rocco, *Elementi di diritto pubblico e di legislazione scolastica*, 2. ed., p. 18.

73. Norberto Bobbio, *Diritto e stato nel pensiero di Emanuele Kant*, p. 9-10.

74. Cf. Francisco Balaguer Callejón, *Fuentes del derecho*, p. 36; e António Hespanha, *Justiça e litigiosidade*: história e prospectiva, p. 18.

75. Willis Santiago Guerra Filho, *Introdução à filosofia e à epistemologia jurídica*, p. 113.

Como assinalou CORRADINI[76], a classe burguesa e o Estado foram, durante algum tempo, aliados pelo interesse coincidente na luta para superar o pluralismo, a dispersão de fontes jurídicas e a desordem daí proveniente, próprios do Direito medieval.

Conclui-se que a exaltação da lei adveio de triplo fundamento. (i) A aspiração democrática na lei se via realizada. (ii) A realização iluminista do ideal da razão[77]. (iii) A certeza e a segurança se reconheciam no instrumento "lei". Teoricamente, a supremacia da lei esteve atrelada à ideia de "fontes" e à identificação formal (não material) do Direito, possibilitando o necessário (à época) controle sobre todo o conteúdo (material) do Direito pela manipulação estatal exclusiva da lei (monopólio de criação e reconhecimento do Direito).

A estrutura do Estado, seu reconhecimento, legitimidade, funcionamento e objetivos construíram-se, nesse momento, em torno da ideia da supremacia da lei formal escrita. O Estado alicerçado na exaltação da lei, com todos os consectários acima apontados, deve ser reconhecido, pois, como um Estado "legalista" ou "legalitário".

Pretende-se, aqui, estabelecer a origem de um novo padrão de legitimidade do Estado, apresentando, igualmente, as causas que mais contribuíram para sua aceitação. Uma vez identificado, na História, o período em que a lei escrita foi considerada como a fonte por excelência do Direito, aponta-se a seguir seu declínio e substituição por outro modelo. Nesse contexto, será este novo paradigma que estrutura o chamado Estado Constitucional.

1.1. Subordinação e mitigação do Poder Judiciário no contexto do Estado legalitário

A força formal de lei foi responsável, como assinalado, pela superioridade hierárquica absoluta das leis. Costuma-se distinguir essa força em passiva e ativa.

Força *passiva* é a capacidade de resistência ou força em sentido estrito, e força *ativa* é a capacidade de inovar. São ambas relacionadas com a forma[78]. É a força passiva em relação às normas de grau inferior a responsável pela supremacia da lei. Na força ativa se controla (problema da exclusividade) o conteúdo do Direito como um todo pelo controle da produção das leis.

À lei foi atribuída, inicialmente, *força passiva* em relação às decisões judiciais em geral. Estas, portanto, não eram dotadas de força idêntica (ou superior) à das leis, nem minimamente poderiam ser capazes de contrastá-las. O reconhecimento da lei como o

---

76. D. Corradini, *Garantismo e Statualismo: Le Codificazioni civilistiche dell'ottocento*, p. 8 *apud* Callejón, op. cit., p. 36.

77. Não por outro motivo sustenta determinada corrente que foi o racionalismo, como teoria, e não a codificação, como mera técnica, que expurgou os costumes do rol das fontes do Direito (cf. Callejón, F., op. cit., p. 38, n. 23). A esse respeito, vale lembrar que a primeira codificação em sentido estrito foi o Código de Napoleão, a codificação francesa de 1804. O *Allgemeines Landrecht* prussiano, de 1794, contudo, já apresentava traços próprios de uma codificação (cf. Cordeiro, *Introdução a Canaris*, op. cit., p. LXXXVI).

78. Cf. Francisco Balaguer Callejón, op. cit., p. 51.

principal veículo introdutor de "Direito" e sua supremacia foram possíveis, em parte, por essa força passiva relativamente às decisões judiciais.

Percebe-se, nesse contexto, que não poderia haver — e não houve — espaço para a interpretação do Direito (das leis). É célebre e representativa desse momento a frase atribuída a Napoleão ao ver o primeiro comentário ao Código Civil, considerado, por muitos, o marco do primado da lei[79]: "Mon code est perdu"[80]. Consoante anota F. Callejón: "A imposição da lei é, assim, tão brutal que não deixa lugar algum para a construção teórica no primeiro positivismo, e menos ainda para a interpretação e criação do Direito fora dos limites da aplicação mecânica da lei"[81].

A singularidade dessa ideia encontra-se contida na proposição conclusiva de Kant, para quem: "Não pode haver nenhum artigo na Constituição que conceda a um poder do Estado o direito de se opor ao soberano no caso de este violar a Constituição — por conseguinte, o direito de reprimir"[82].

A atividade judiciária era considerada, consequentemente, uma atividade indubitavelmente mecanicista, secundária. O Legislativo é considerado o poder inicial, de cujas decisões devem partir (e a elas devem se submeter) os juízes[83]. Aos juízes e aos demais operadores do Direito não era reconhecida qualquer legitimidade em eventual atuação normativa: apenas a lei poderia desempenhar essa função. A questão apresenta-se com os seguintes contornos: "O problema da regularidade da execução, de sua conformidade à lei, e em seguida o problema das garantias dessa regularidade são correntemente examinados. Ao contrário, a questão da regularidade da legislação, ou seja, da criação do direito, e a ideia de garantias dessa regularidade se defrontam com algumas dificuldades teóricas. Não há uma petição de princípio para medir a criação do direito em um padrão que não seja o mesmo do objeto a medir? E o paradoxo que reside na ideia de uma conformidade do direito ao direito é tão grande que — com a concepção tradicional — identificamos sem mais legislação e criação do direito, e, por conseguinte, lei e direito; de maneira que as funções reunidas sob o nome de execução, a justiça e, mais particularmente ainda, a administração parecem por assim dizer alheias ao direito, não criadas propriamente para falar do direito, mas somente aplicar, reproduzir um direito de cuja criação seria como que alcançada antes destas. Se admitimos que a lei é todo o direito, regularidade equivale à legalidade. Não é então evidente que possamos estender mais a noção de regularidade"[84].

O conhecido e sempre citado instituto do *référé legislatif*[85] foi instituído pelo art. 12, do título II, da Lei francesa de 16-24 de agosto de 1790, e bem representa a situação dos juízes em relação às leis, e respectivas funções e poderes, ao asseverar

---

79. Achille de Nitto, *Diritto dei giudici e diritto del legislatori. Ricerche in tema di teoria delle "fonti"*, p. 111.
80. Cf. François Gény, *Méthode d'interprétation et sources en droit privé positif*: essai critique, t. 1, p. 23.
81. Francisco Balaguer Callejón, op. cit., p. 21.
82. Emmanuel Kant, op. cit., p. 160.
83. Cf. Pellegrino Rossi, op. cit., p. 365.
84. Hans Kelsen, La Garantie Juridictionnelle de la Constitution (La Justice Constitutionnelle), p. 2-3.
85. Rui Medeiros, *A decisão de inconstitucionalidade*, p. 51.

que os tribunais "(...) não poderão fazer regulamentos, mas se dirigirão ao corpo legislativo sempre que seja necessário interpretar uma lei ou fazer uma nova (...)"[86]. Comentando esse instrumento do *référé legislatif*, ENTERRÍA anotou: "No jacobinismo histórico, com efeito, o mito da Assembleia (a 'Convenção', expressão absoluta da vontade geral) como o lugar onde se coloca o Espírito Santo, ou, em termos mais secularizados, o espírito coletivo infalível e certeiro, em uma espécie de união mística conseguida por meio do incessante debate ... o que alimenta o dogma da soberania parlamentar no constitucionalismo de tipo francês ... todo poder judicial, simples instrumento executivo das leis da própria Assembleia, instrumento que ela mesma controla estritamente por meio da técnica do *référé legislatif*"[87].

A mesma tese fora, ainda, sustentada em outra hipótese, no então denominado recurso de cassação, conforme se depreende do art. 121 da Lei de 17 de novembro — 1 de dezembro, de 1790 "(...) quando uma sentença tenha sido cassada duas vezes e um terceiro tribunal tenha de decidir em última instância da mesma forma que as duas precedentes, a questão somente se poderá debater perante o Tribunal de Cassação quando tenha sido submetida ao corpo legislativo, que, neste caso, ditará um decreto declaratório da lei, e uma vez sancionado esse decreto pelo Rei, o Tribunal de Cassação se ajustará a ele em sua sentença"[88].

Na Constituição de 1791, a cassação aparece com outra roupagem, em seu art. 21, como se pode notar: "Art. 21. Logo após duas cassações o julgamento do terceiro tribunal será atacado pelos mesmos meios que os dois primeiros, a questão não poderá mais ser aventada pelo tribunal de cassação sem ter sido submetida ao Corpo legislativo, que fará um decreto declaratório da lei, ao qual o tribunal de cassação deverá se conformar"[89].

No alerta muito certeiro de CAPPELLETTI tem-se que: "Em consideração a esta sua função, propôs-se que o *Tribunal de Cassação* fosse ao invés denominado *Conselho nacional para a conservação das leis,* um nome que certamente teria mais eficazmente indicado o objetivo originário daquele órgão, o objetivo de impedir, de forma utópica, que a interpretação das leis reentrasse na esfera de um órgão, pertencente a um poder diverso do legislativo"[90].

Observa TREMPS, sobre o significado sistêmico deste último dispositivo, que: "O legislador era o único intérprete de sua vontade e o único que podia colmatar as lacunas que as leis deixaram"[91].

É o próprio CAPPELLETTI[92] que, mais adiante, estabelece as profundas distinções entre esse instituto da cassação e o do poder judiciário em face das leis, consagrado

---

86. *Apud* Pablo Pérez Tremps, *Tribunal constitucional y poder judicial*, p. 38.
87. Eduardo García de Enterria, *La Constitución como norma y el tribunal constitucional*, p. 164.
88. *Apud* Pablo Pérez Tremps, op. cit., p. 38.
89. *Apud* Jacques Godechot (apresent.), *Les constitutions de la France depuis 1789*, p. 61.
90. Mauro Cappelletti. *Il Controllo giudiziario di costituzionalità delle leggi nel diritto comparato*, p. 21.
91. Pablo Pérez Tremps, op. cit., p. 39.
92. Mauro Cappelletti, op. cit., 1970, p. 23-4.

posteriormente na evolução das instituições ocidentais: "Se o instituto da Cassação tivesse permanecido, nos quase dois séculos da sua história, aquilo que foi originariamente, neste caso muito dificilmente se poderia conceber uma absoluta e inconciliável contraposição entre a ideia que está na base do instituto da Cassação e a ideia que, ao contrário, inspira cada sistema de controle judicial de constitucionalidade das leis. O primeiro instituto é, por assim dizer, a incorporação da ideia mais radical de separação dos poderes, onde 'a lei é a lei' e não aquilo que os juízes imaginam ser a lei. O segundo instituto supõe, ao contrário, que seja confiado aos órgãos judiciários não somente a tarefa de interpretar, inclusive, além da letra escrita, o verdadeiro sentido da lei, mas definitivamente a tarefa de *julgar a validade das leis,* ou seja, sua correspondência a uma norma superior às próprias leis. O primeiro instituto, da Cassação, supõe a onipotência da lei positiva, como manifestação da vontade suprema da Assembleia popular; o segundo, supõe, ao contrário, a sujeição da lei ordinária a uma *lei superior,* subtraída das volúveis oscilações de uma possível maioria parlamentar ocasional. O primeiro instituto, enfim, supõe a máxima desconfiança, o segundo supõe ao contrário maior confiança nos juízes, quando não, definitivamente, sua 'supremacia' no ordenamento constitucional do Estado" (grifo original).

Inconcebível, naquele período, a tentativa de reprimir a lei, o que se consideraria, certamente, uma atividade subversiva e inadequada. Inimaginável, pois, no momento inicial de consagração da lei escrita como fonte das fontes, a criação de um controle, judicial ou não, das leis assim apresentadas pela sociedade. O magistrado nada mais era do que, nas palavras clássicas de MONTESQUIEU[93], *"bouche qui prononce les paroles de la loi"*. O contexto era, portanto, adverso ao Judiciário, propício à proliferação de leis e a um correlato (inevitável) abuso, que se verificou efetivamente, como se demonstra adiante.

2. A VIRAGEM PARADIGMÁTICA PARA UM ESTADO CONSTITUCIONAL DE DIREITO

Em contexto no qual tudo dependia da vontade última da lei (formal), o Estado (e quem o representava) pôde diminuir o impacto revolucionário (e de embrionária, porém nítida, matiz constitucional) inicialmente traçado (de nítido conteúdo material). Apesar das declarações vivamente proclamadas, apenas a lei poderia conferir eficácia jurídica aos direitos almejados. Pelo domínio da lei foi possível, assim, dominar os direitos, embora algumas ocorrências isoladas tenham desconfirmado esse postulado[94]. Nesse contexto, vale o registro da colocação muito objetiva de JELLINEK[95] a esse propósito, para quem "toda liberdad es simplemente libertad de coacciones ilegales".

---

93. Charles Louis de Sécondat Montesquieu, op. cit., p. 171.
94. Cf. Manoel Gonçalves Ferreira Filho, *As origens do estado de direito*, p. 15.
95. G. Jellinek, *System der subjektiven öffentlichen Rechte*. 2. ed. Tübingen, 1905, p. 87, *apud* Robert Alexy, *Teoría de los derechos fundamentales*, p. 262.

O modelo de Estado "legalista" entrava em crise e a lei perdia a exclusividade e a primeira posição na lista de preferências normativas[96]. Para F. CALLEJÓN[97], a crise da lei era a crise do parlamento. Na realidade, deve-se agregar a crise da própria ideia de supremacia do parlamento. Havia um inegável fenômeno de declínio da confiança nos parlamentos, como assinala CAPPELLETTI[98]. O abuso praticado pela lei (pelo legislador) foi responsável pela mudança do modelo "legalista". Esse abuso, em boa parte, decorria do excesso de leis na regulamentação da vida social, de sua indesejada intromissão em setores anteriormente ressalvados, do emaranhado e dispersividade das leis, gerando a insegurança, bem como da falência qualitativa verificada como constante nas leis. Esse mesmo fenômeno foi identificado nos albores do constitucionalismo dos EUA, muito antes, portanto, de ser sentido na Europa: "Nos anos 1780 [...] assembleias [...] estavam abusando de seus extraordinários poderes. Os legislativos [...] assediados por grande número de interesses variados, estavam mudando constantemente seu conjunto de membros e tornando caótica a legislação"[99].

Ao lado da hiperlegalidade, havia uma hipolegalidade, pois a lei não mais supria as aspirações sociais. HESPANHA[100] elenca os sintomas da crise: (i) desobediência generalizada à lei; (ii) não aplicação ou aplicação seletiva das leis pelos órgãos oficiais; (iii) ineficiência da aplicação coercitiva da lei entre os particulares.

A desconfiança em relação à maioria parlamentar, na lição de FRIEDRICH, foi desencadeadora da mudança conceitual do Estado (de Direito) e dessa crise anunciada de há muito: "(...) na época de Hamilton os comuns ingleses estavam progredindo firmemente em direção à supremacia parlamentar, e, em consequência, para ele e para muitos norte-americanos parecia evidente que o que se necessitava eram limitações à autoridade legislativa, sem necessidade de levar em conta o fato de que quem a exercesse seria um príncipe ou um corpo eleito. Em alguns Estados havia indicado uma 'tirania da maioria', e os autores da Constituição trataram de colocar-lhe restrições (...)"[101].

A exacerbação legislativa teve um marco bastante claro para o Ocidente: o surgimento do que se convencionou denominar *Welfare State*, com sua correlata e incrível intervenção normativa na liberdade individual e na vida social. Do Estado passou-se a exigir uma atuação indefinida, em áreas anteriormente imunes à interferência estatal normativa ou material. As normas passaram a dirigir-se ao futuro, proposições de uma

---

96. Esse processo permanece até a atualidade, embora já em perspectiva diversa. É o que se pode identificar, além da importância conferida às decisões do Tribunal Constitucional ou de Cortes Supremas, nas decisões de outros centros de "poder", dentre os quais o mais recente, no Direito brasileiro, talvez seja a denominada agência reguladora e, em maior grau, a chamada autorregulação, própria de áreas como desporte e imprensa.

97. Francisco Balaguer Callejón, op. cit., p. 23.

98. Mauro Cappelletti, *Juízes legisladores?*, 1993, p. 45.

99. Gordon S. Wood, A Democracia e a Constituição. Ver: Robert A. Goldwin; William A. Schambra, 1982, p. 196.

100. António Hespanha, op. cit., p. 9.

101. Carl J. Friedrich, *Teoría y realidad de la organización constitucional democrática*: en Europa y América, 1941, p. 218.

nova realidade a ser implementada, paulatinamente, pelo próprio Estado, na sociedade e nas condições materiais existentes. Ressaltando esse incremento da presença legislativa no Estado, CAPPELLETTI observa, mais enfaticamente, que "exatamente em razão do enorme aumento dos encargos da intervenção legislativa, verificou-se o fenômeno de obstrução ('overload') da função legislativa [...] típica 'praga' dos estados modernos"[102].

Tratar-se-ia do esgotamento do "paradigma legalista" como única "tecnologia disciplinar" ou "tecnologia coercitiva do comportamento"[103]. Para COSTA: "(...) num tal modelo de Estado [...] em que a lei, deixando de ter apenas a função de regulador inter-subjectivo de comportamentos, passou também a ser um necessário e necessariamente 'politizado' instrumento de governo, num modelo de Estado assim, não podia deixar de vir a postular-se um revigoramento da dimensão e da força jurídico-normativa da Constituição — enquanto imprescindível quadro consensual de referência e legitimação do também plural processo político exigido por esse condicionalismo — e a consequente instituição (ou intensificação e alargamento) de uma sua tutela ou garantia jurisdicional"[104].

Assistiu-se, assim, à transposição de um modelo baseado numa *democracia radical* (FRIEDRICH) ou pseudodemocracia, exacerbado (a vontade majoritária *legislada*), para um modelo pluralista e de consenso (pluralismo das fontes do Direito e abandono do método lógico pelo método da argumentação e convencimento, especialmente pelos tribunais)[105], sem que com essa afirmação se pretenda sustentar um modelo reducionista simples que pressuponha a inexistência de complexidades nessa transformação. É a passagem para uma *democratização do constitucionalismo*, como adverte FRIEDRICH[106].

Já na Constituição francesa de 1791, no título primeiro, ficava consignado, ao menos formalmente: "O Poder Legislativo não poderá fazer nenhuma lei que ameace e coloque obstáculos ao exercício dos direitos naturais e civis consignados no presente título, e garantidos pela Constituição (...)".

Com a inauguração das constituições contemporâneas e a admissibilidade de sua força normativa, opera-se uma "revolução" dentro da "revolução", ou seja, identifica-se uma nova mudança de parâmetros. Talvez se possa, inclusive, falar em uma nova era[107]. Nesse novo momento, a certeza do Direito ocupa uma posição secundária[108].

Doravante, com a implementação dos ideais do constitucionalismo, o poder, pertencente ao povo, é exercido pelo legislador. Mas este é limitado por normas básicas

---

102. Mauro Cappelletti, *Juízes legisladores?*, 1993, p. 43.

103. António Hespanha, op. cit., p. 12.

104. José Manuel M. Cardoso Costa, *A jurisdição constitucional em Portugal*, p. 33.

105. Francisco Balaguer Callejón, op. cit., p. 26-8.

106. Carl J. Friedrich, *Teoría y realidad de la organización constitucional democrática*, p. 37.

107. Para Zagrebelsky os recentes ordenamentos constitucionais do século passado são o produto de uma transformação e não de uma completa substituição dos anteriores (op. cit., p. XI). Também para F. Callejón (op. cit., p. 19) não se poderia falar propriamente de uma nova era, como no caso da Revolução Francesa.

108. Cf. Giovanni Bognetti, *La divisione dei poteri*, p. 97.

(da Constituição), resultantes da vontade popular (que novamente comparece no discurso teórico). A ruptura está justamente nessa ressalva final. Há uma preocupação primária em conter o poder[109]. Opera-se, com isso, uma alteração substancial também na relação entre os clássicos "poderes", na medida em que o legislador deixa de ser apresentado como onipotente e soberano. Essa mudança, por seu turno, reflete diretamente na questão das fontes do Direito, pois o legislador não possui mais o monopólio da produção (e revogação) do Direito. Consoante ZAGREBELSKY: "A pluralidade das fontes e o policentrismo dos locais de produção normativa seguiram o pluralismo social de nosso tempo, exuberante a ponto de ter rompido os obstáculos do monopólio legislativo do parlamento"[110].

A Constituição será, doravante, fonte do Direito (constitucional) e também conjunto normativo que disciplina as demais fontes do Direito[111]. Como bem expressa F. CALLEJÓN, essa ordem constitucional pode redistribuir os poderes e a articulação daí resultante e "um novo equilíbrio, agora baseado na atribuição constitucional de competências, impõe-se, refletindo assim o pluralismo sociopolítico que está na base do novo Direito constitucional"[112].

A Constituição é a "carta de competências", ou seja, o *locus* no qual se deve buscar tanto a fonte máxima do Direito como os critérios para a identificação legítima das demais fontes do Direito, assim como a repartição *orgânica* da capacidade normativa (*potestas normandi*) em sentido amplo[113].

Como consequência o Direito torna-se altamente complexo. Salienta, nessa perspectiva, F. CALLEJÓN que: "A dissociação que se produz historicamente entre o órgão produtor e o tipo de norma que dele emana impede hoje a localização conceitual da fonte no órgão. O regime jurídico de cada categoria normativa não depende exclusivamente de sua origem, entendido como tal o órgão do qual emana. E isso porque de um mesmo órgão emanam diferentes normas, enquanto normas submetidas a um mesmo regime jurídico podem ser produzidas por órgãos diferentes"[114].

Evidentemente que há, implícita nessa nova repartição, da qual resulta a complexidade do sistema, uma desconcentração do poder político e uma distribuição[115], pelos órgãos receptores dessa capacidade, da *responsabilidade pelo governo* e de inúmeras outras funções.

Nesse esquema, a Escola de Viena e a teoria de KELSEN, especialmente a representação espacial-piramidal e sua linearidade, são insuficientes e inadequadas. Em cada

---

109. Enrique Ricardo Lewandowski, *Proteção dos direitos humanos na ordem interna e internacional*, p. 53.

110. Gustavo Zagrebelsky, *Diritto costituzionale*: il sistema delle fonti del diritto, p. XI.

111. Cf. Ruiz-Rico, Prólogo a Francisco Balaguer Callejón, op. cit., p. 16.

112. Francisco Balaguer Callejón, op. cit., p. 16.

113. Reconhece-se, aqui, a particularidade dos sistemas jurídicos, na medida em que sua estrutura e as relações entre seus elementos são estabelecidas justamente por um de seus próprios elementos que, no caso, é considerado "especial", a Constituição.

114. Francisco Balaguer Callejón, op. cit., p. 61-2.

115. Francisco Balaguer Callejón, op. cit., p. 95.

grau da pirâmide de KELSEN pode haver problemas de legitimação pela multiplicidade de órgãos envolvidos, bem como pela multiplicidade de formas normativas que podem emergir de um mesmo órgão. Como afirma o próprio autor, a segurança jurídica será uma ilusão. Assim, quanto ao primeiro caso, a norma constitucional necessita de interpretação e esse processo é criativo (identifica-se nele a produção do Direito). A edição de normas constitucionais pode ser conflitante, portanto, devido ao não monopólio de sua produção. É preciso estabelecer qual o órgão, dentre os inúmeros, que adquire preferência em relação aos demais na decisão sobre normas constitucionais. Essa preferência pode variar segundo as circunstâncias e necessitará de certificação por outro órgão habilitado do sistema. O Legislativo, ao interpretar a Constituição por meio de lei, pode ser preterido pela interpretação do Tribunal Constitucional. Esse mesmo Legislativo, ao interpretar a Constituição atual por meio da aprovação de uma emenda constitucional, poderá vê-la prevalecer sobre aquela elaborada pelo Tribunal Constitucional. Outra perspectiva comumente ignorada diz respeito à possibilidade de diversos magistrados adquirirem a capacidade de reconhecimento da inconstitucionalidade de leis, procedendo, para tanto, a uma interpretação prévia. Além disso, é preciso considerar a diversidade de ordenamentos existentes nos estados federais como mais um ingrediente de complexidade.

Em síntese, nas palavras certeiras de F. CALLEJÓN: "Concentrando-nos de momento no dogma da supremacia da lei, não cabe dúvida de que a Constituição normativa teria de supor a superação do caráter ilimitado desse princípio, assim como a tendência à articulação exclusivamente hierárquica do ordenamento dele derivado"[116].

Surge, assim, uma nova estruturação do ordenamento jurídico, não mais baseada na hierarquia apenas, mas relacionada ao critério de competência. Consoante CRISAFULLI[117]: "(...) constatamos como ao critério da hierarquia acompanha, em vários casos substituindo-se, mais frequentemente integrando-o ou reagindo com esse, o critério da competência, que encontra aplicação também nos atos que constituem leis formais do Estado (...)".

No modelo de KELSEN o Tribunal Constitucional fiscaliza os casos de desrespeito à hierarquia normativa. A complexidade do Direito, com a superação do dogma do Parlamento absoluto, exige que um órgão possa deliberar, em definitivo, também acerca de outros temas, envolvendo a distribuição de competências, atrito entre os "poderes", governabilidade, e outras tantas discrepâncias que não são meramente referidas às leis e sua posição na hierarquia do sistema jurídico. O Tribunal Constitucional renova-se, assim, como um ator importante e legítimo no desempenho de novas funções consentâneas com a nova estruturação dos sistemas jurídicos.

---

116. Francisco Balaguer Callejón, op. cit., p. 53.

117. Gerarchia e Competenza nel sistema costituzionale delle Fonti, *RTDP*, 1960, p. 5, *apud* Francisco Balaguer Callejón, op. cit., p. 52.

3. A PRIMAZIA NORMATIVA DA CONSTITUIÇÃO: CAUSAS E CONSEQUÊNCIAS

Pode-se reconhecer a necessidade de controlar as leis, mas ficaria, ainda, sem explicação mais adequada a alternativa de criar-se, para tanto, o sistema constitucional e reconhecer-se, automaticamente, a supremacia da Constituição. Essa orientação encontrou, como se verificará, precedentes que a favoreceram como o caminho mais preciso e, em face de certas opções, também o mais seguro a ser adotado. Trata-se de responder a indagação de há muito formulada doutrinariamente: "Será preciso ir mais longe e dizer que todo Estado que reconhece o princípio de sua subordinação ao direito, que reconhece que há leis que ele não pode fazer, deve constituir, para respeitar completamente esse princípio, uma alta jurisdição, que ofereça todas as garantias possíveis de independência e de capacidade, à qual se reconheça competência para anular as leis contrárias ao direito, ou, segundo uma fórmula menos geral e menos exata, que seja competente para apreciar a constitucionalidade das leis e para anular as leis inconstitucionais?".

"O sistema, que consiste em conferir a uma elevada e imparcial jurisdição, sem caráter político, competência para apreciar as leis, do ponto de vista do direito e para anular as leis que contenham preceitos atentatórios ao direito, parece, à primeira vista, tão sedutor quanto de fácil realização"[118].

3.1. Origem desse pressuposto do constitucionalismo

Numa retrospectiva histórica bastante breve poder-se-á constatar que de há muito se atribuem às leis alguns valores ("pesos") diferenciados, no sentido de que parte delas sobressaia e tenha primazia sobre as demais. Isso pode ser avalizado pelo estudo das legislações grega e romana[119].

Tratando das origens históricas do constitucionalismo, CAPPELLETTI observa que já se distinguia "entre o *nómos*, ou seja, a lei em sentido estrito, e o *pséfisma*, ou seja, para usar um termo moderno, o decreto. Na realidade, os *nómoi*, ou seja, as leis, tinham um caráter que, sob certos aspectos, poderia se aproximar das modernas leis constitucionais, e isto não somente porque concerniam à organização do Estado, mas ainda porque modificações das leis (*nómoi*) vigentes não podiam ser introduzidas a não ser através de um procedimento especial"[120].

No próprio período medieval poder-se-ia invocar a superioridade do Direito natural, que por sua origem divina deveria servir de parâmetro para as demais normas. No entanto, como bem pondera LOEWENSTEIN[121], com o fim da era mitológica, os homens

---

118. León Duguit, *Manual de derecho constitucional*: teoria general del estado: el derecho y el estado: las libertades públicas: organización política, p. 282-3.

119. Charles Howard McIlwain, *Constitucionalismo antíguo y moderno*, p. 41; Santi Romano, *Princípios de direito constitucional geral*, p. 33 e s.; Karl Loewenstein, *Teoría de la Constitución*, p. 154 e s.

120. Mauro Cappelletti, *Il controllo*, op. cit., p. 31-2.

121. Karl Loewenstein, op. cit., p. 154 e s.

passaram a exigir uma explicação de ordem racional para a situação concreta de obediência política.

Tem-se, assim, o poder constituinte como formulador da Constituição e a nota da supremacia. É nesse momento que se admite o surgimento propriamente do constitucionalismo.

Pode-se afirmar que a supremacia de uma lei em face de outra, ou de uma categoria do Direito em face de outra, encontrou sua origem próxima na Inglaterra do início do século XVII. Sobre as origens atuais do constitucionalismo, CAPPELLETTI[122] confirma a importância da doutrina inglesa de *Sir* EDWARD COKE, sobre a superioridade do *common law* em relação ao *statutory law*, bem como sobre a autoridade do juiz para mantê-la[123]. Tal posição foi definitivamente afastada após a Revolução de 1688, prevalecendo a orientação inversa, de supremacia do Parlamento.

No conhecido *Doctor Bonham case* (1610), COKE[124] declarou o poder de controlar as leis do parlamento em face do Direito comum (embora não tenha sido tese aceita na época), em passagem célebre: "E aparece em nossos livros que em muitos casos, o *common law* controlará os atos do Parlamento, e alguns os julgam completamente nulos: porque quando um Ato do Parlamento é contra direitos e razões costumeiras, ou repugnante, ou impossível de ser executado, o *common law* irá controlá-lo, e julgará tal ato como nulo"[125].

Nas colônias britânicas pré-independência vigorava a superioridade das leis da metrópole, de maneira que as noções de *superioridade* e *dever de obediência* já eram aceitas amplamente. Em outras palavras, pode-se afirmar que havia uma cultura estabelecida pela ideia de hierarquização. É compreensível, pois, que por ocasião da independência, em 1776, as ex-colônias preservassem a ideia que é a essência do fenômeno: as antigas Cartas do Reino deveriam ser substituídas por uma Carta ou Lei Fundamental dos novos estados independentes, cuja observância e aplicação dar-se-iam nos mesmos termos até então existentes. Em termos mais precisos: "A afirmação da preeminência judicial pelo Ministro-Presidente Marshall em *Marbury v. Madison* não caiu como um raio, de céu azul. Os colonos americanos estavam familiarizados com a prática de serem os atos das assembleias confrontados, pelos tribunais, com os estatutos e, possivelmente, vetados pelo Conselho Privado, na Inglaterra[126]".

Sustenta-se, nessa medida, que o *judicial review* provém do *common law* inglês. Esse "Direito comum" era considerado superior aos *statutes*, havendo o "control of the common law over statutes"[127], admitido como excepcional naquele contexto. Ademais, a doutrina de COKE foi, posteriormente, transposta para a América, ganhando nova feição nas ex-treze colônias recém-independentizadas.

---

122. Mauro Cappelletti, op. cit., p. 41-8.
123. Cf. Norberto Bobbio, *O positivismo jurídico*, p. 169.
124. Cf. Eduardo García de Enterría, op. cit., p. 124-5.
125. *English Reports* n. 77, 8 CO-Rep, § 118, a, p. 625, Edimburg, 1907, *apud* Pablo Pérez Tremps, op. cit., p. 20.
126. Alpheus Thomas Mason, *A suprema côrte. Guardiã da liberdade*, p. 71.
127. Eduardo García de Enterría, op. cit., p. 124-5.

Cite-se, ainda, a disputa entre a França e a Inglaterra pela precedência no conceituar a referida superioridade da Lei Fundamental sobre as demais leis. A esse respeito, assinala FALCÓN que "em um país como a França, onde tem lugar o nascimento do constitucionalismo europeu escrito, este princípio fundamental se incorpora verdadeiramente ao direito positivo em uma época muito recente, na Quinta República (primeiro regime republicano que estabelece um sistema operativo de justiça constitucional) e não obtém uma formulação jurisprudencial expressa senão até há alguns poucos anos, quando, em grandes decisões de uma especial transcendência para a vida política da nação, o Conselho Constitucional põe inequivocamente fim a uma prolongada tradição de soberania ilimitada da Lei, ao afirmar de modo taxativo que o legislador não pode ser dispensado, 'no exercício de sua competência, do respeito aos princípios e regras de valor constitucional *que se impõem a todos os órgãos do Estado*' e também que 'a lei ... *só exprime a vontade geral quando respeita a Constituição*'. Somente então se pôde assistir na França ao término definitivo do Estado de Direito"[128].

Por fim, têm-se os séculos XVII e XVIII como profundamente marcados pelo estudo mais intenso acerca da teoria da Lei Fundamental. Atualmente, essa orientação é aceita sem maiores restrições, sendo de amplo domínio e aplicação pelos operadores do Direito.

O precedente norte-americano reconhecido como o primeiro a aplicar essa ideia é o caso *Holmes v. Walton*[129].

Inegavelmente que o mais célebre caso é o *Marbury v. Madison*, no qual o *Justice* MARSHALL incorporou definitivamente ao espírito norte-americano o controle das leis congressuais pelo Judiciário[130].

A adoção da supremacia constitucional pelos EUA representou um momento inicial de entusiasmo. Considera-se, assim, a Constituição como resultado da vontade geral, e não apenas dos mandatários do povo (como ocorrera com as leis). É, em certo sentido, uma conjugação de "boas ideias e ideais", podendo ser considerada como a representação do pacto social de ROUSSEAU, a positivação pelo Homem do Direito Natural, e a supremacia que daí decorre automaticamente[131].

Vale deixar registrado, por fim, que a ideia de supremacia constitucional não se implementou concomitantemente na América e na Europa[132]. Após um momento inicial de nulidade das leis inconstitucionais, a tese "irá perecer na Europa por causa dos ataques concentrados da direita e da esquerda. Pela direita, porque nesse momento da Restauração monárquica consagra-se o chamado princípio monárqui-

---

128. Javier Pardo Falcón, *El consejo constitucional francés. La jurisdicción constitucional en la quinta república*, p. 111-2.

129. Cf. Salvatore Catinella, *La corte suprema federale nel sistema costituzionale degli Stati Uniti d'America*, p. 49 e s.; Blaine Free Moore, *The supreme court and unconstitutional legislation*, p. 13.

130. Esse tema será retomado mais adiante.

131. Cf. Pablo Pérez Tremps, op. cit, p. 24.

132. Carl J. Friedrich, *Teoría y realidad de la organización constitucional democrática*: en Europa y America, p. 220; Paulo Roberto Barbosa Ramos, *O controle concentrado de constitucionalidade das leis no Brasil*, p. 32.

co... que faz do monarca uma fonte pré-constitucional do poder, e da Constituição... pouco mais que retórica em sua parte dogmática. E, de outra parte, pela esquerda; esquerda hegeliana, por meio de Ferdinand Lassale em sua famosa palestra em Berlim de 1862... esta desvalorização... é a que a esquerda irá manter por meio das formulações marxistas, que excluem também todo valor específico da Constituição como norma suprema"[133].

Aliás, muitas constituições daquela época, no continente europeu, nem sequer continham declarações de direitos. É o caso da Constituição imperial de BISMARCK, de 1871, ou das leis constitucionais da Terceira República francesa, de 1875.

Além disso, não havia, na prática, um controlador da supremacia que não o próprio Legislativo, do que decorria a própria falácia da tese da supremacia. Consideravam-se declarações meramente formais, políticas, a depender da vontade do legislador[134], sem propiciar a defesa efetiva dos direitos que declaravam[135]. Isso se confirma com a pesquisa de CANOTILHO de que "a doutrina francesa considerava indispensável a intervenção legislativa para dar operatividade prática aos preceitos constitucionais garantidores dos direitos fundamentais"[136].

Assim, a supremacia da Constituição, o Estado Constitucional e a criação de tribunais constitucionais surgem e firmam-se na Europa especialmente após a I Grande Guerra, em 1920. Previamente a esse marco histórico, diversas tentativas práticas de implementar um controle judicial de constitucionalidade nos moldes norte-americanos, sem previsão constitucional expressa para tanto, fracassam, como no caso da Alemanha e Grécia. Apesar dos ideais da Revolução Francesa, portanto, a lei permanece ocupando sua posição de supremacia até bem recentemente naquele continente, ao contrário do desenvolvimento verificado nos Estados Unidos da América do Norte. As diversas declarações de direitos, a começar pela francesa, e outras em geral agregadas a preâmbulos constitucionais, formam um conjunto materialmente coeso mas que formalmente não se consegue impor com a supremacia proclamada e desejada, justamente devido à referida falta de estruturas adequadas de defesa e aplicação forçada, contra o próprio legislador, se fosse o caso.

Nesse contexto, é elucidativa a lição de TREMPS: "Sem dúvida, em 1920 vivia-se uma profunda crise que afetava tanto a Constituição como a lei, o Parlamento e, em definitivo, o próprio regime, como expôs De Vega. A lei deixou de ser o paradigma que predicava o revolucionário liberal. O mito da vontade geral desmorona por inúmeras causas. A evolução política e social do século XIX havia relativizado a ideia de Rousseau de lei. Diante dessa situação, a norma geral desmitificada pode valorizar-se sob dois pontos de vista. O primeiro, que culminará no nazismo, supõe a relativização mais

---

133. Eduardo García de Enterría, op. cit., p. 130.
134. Roberto L. Blanco Valdés, La política y el derecho: veinte años de justicia constitucional y democracia en España (apuntes para un balance), p. 242.
135. Michele Petrucci, *La corte costituzionale*, 1950.
136. José Joaquim Gomes Canotilho, *Direito constitucional*, 6. ed. rev., p. 185.

absoluta da lei e sua degradação, chegando à desumanização... O outro ponto de vista supõe a aceitação dos pilares básicos do Estado de Direito e seu reforço ante a crise"[137].

3.2. Supremacia

Há que retomar, inicialmente, o estudo acerca da posição que ocupa, dentro do ordenamento jurídico, a Constituição, bem como as consequências daí advindas.

Deve-se principiar pela observação de que o Direito Constitucional é uma parcela do Direito que se diferencia de todas as demais, pela posição de destaque exclusivo que ocupa, dentro de dado ordenamento jurídico, o conjunto de suas normas, sendo certo que "já se encontra encerrado, em seu núcleo essencial, o critério, ainda hoje atual, da hierarquia segundo a força formal"[138].

Disso resulta inevitavelmente o reconhecimento de que as normas jurídicas estão distribuídas por escalões distintos, dotados cada qual de grau próprio na hierarquia que incorporam relativamente às demais normas, sendo que na Constituição se encontra o valor de legitimidade que deverá compor o ordenamento jurídico[139].

Consoante lição de CANOTILHO, a superioridade da Constituição no modelo do Estado de Direito traduz-se em três noções essenciais: "(1) as normas do direito constitucional constituem uma *lex superior* que recolhe o fundamento de validade em si própria (*autoprimazia normativa*); (2) as normas de direito constitucional são *normas de normas* (*norma normarum*), afirmando-se como fonte de produção jurídica de outras normas [...]; (3) [...] implica o princípio da conformidade de todos os actos dos poderes políticos com a constituição"[140].

A noção de lei basilar inculca a ideia de *fonte inicial*, ou seja, trata-se de fundamento das demais normas. A Constituição se apresenta como fundamento de existência e validade de todas as demais normas jurídicas integrantes de dado sistema normativo. Contudo, "a hierarquia não tem valor por si, exprime coerência intra e intersistemática"[141]. A disposição hierárquica cumpre a importante função de conferir "coerência e coesão ao ordenamento estatal"[142].

A Constituição é o patamar último de determinado ordenamento positivo, com o que a importância em seu cumprimento se exige com mais intensidade do que aquela normalmente exigida para os demais textos normativos. Essa colocação é essencial na medida em que justificará, inclusive, que o processo pelo qual se garanta essa superioridade seja diverso do processo comum, de aplicação do Direito infraconstitucional.

---

137. Pablo Pérez Tremps, *Tribunal constitucional y poder judicial*, p. 150.

138. Vezio Crisafulli, *Gerarchia e competenza nel sistema costituzionale delle fonti*, p. 779.

139. Francisco Eduardo Trusso, *De la legitimidad revolucionaria a la legitimidad constitucional*, p. 2.

140. José Joaquim Gomes Canotilho, *Direito constitucional*, 6. ed., p. 137.

141. Jorge Miranda, *Manual de direito constitucional*, p. 284.

142. Como assinalo desde a primeira edição desta obra: André Ramos Tavares, *Curso de direito constitucional*, 2002, p. 72.

Referida superioridade normativa está presente de maneira explícita em muitas constituições. Assim, na Constituição de Portugal (arts. 3º.2 e 277º.1) e na da Espanha (art. 9.1), bem como no Preâmbulo da Constituição de Cuba. Em outros ordenamentos constitucionais, contudo, essa superioridade está implícita; advém da própria criação de uma Justiça Constitucional, do processo mais dificultoso de criação, alteração e supressão das normas constitucionais e, por vezes, até mesmo da impossibilidade de se suprimirem determinadas normas pela competência reformadora ("poder constituinte derivado"), por força daquilo que neste *Curso* caracterizo como "super-rigidez".

No Brasil, a superioridade se colhe pela visualização de inúmeros dispositivos (em especial os arts. 60, 102 e 103 da Constituição de 1988, podendo-se acrescentar o art. 23, I, que estabelece ser da competência comum da União, Estados, Distrito Federal e Municípios "zelar pela guarda da Constituição", e o art. 78, que prevê a submissão do Executivo à Constituição — e às leis). Já em outras ordens jurídicas, a supremacia da Constituição se impôs e se fixou por obra da jurisprudência, sendo paradigmático nesse sentido o caso dos Estados Unidos da América do Norte e da França.

A Constituição contém os preceitos básicos de produção das demais normas pelo próprio sistema. Regula-se, pois, a produção normativa do Direito no próprio Direito[143]. Remonta-se aqui à doutrina de KELSEN no sentido de que as normas *materialmente* constitucionais seriam justamente essas normas de competência, que estruturam o poder e regulamentam os demais centros de produção jurídica. Para KELSEN — na linha *positivista* —, a Constituição em sentido material seria composta pelas normas sobre produção das demais normas. É também essa a posição de VERNENGO[144]. Não obstante essa abalizada orientação, é praticamente unânime a concepção das constituições como um conjunto normativo que não contém apenas normas sobre produção das demais normas.

A evolução histórica do Direito e o Direito comparado revelam que a concepção de KELSEN acabou por não vingar — ao menos não na exata maneira idealizada pelo mestre de Viena —, já que é possível confirmar a existência de normas que regulam diretamente condutas (e não a produção de outras normas) cuja presença nos Textos Fundamentais tornou-se imperiosa e aceita como padrão mundial na cultura ocidental. É o que ocorre com os direitos humanos, e mesmo com a disciplina geral da ordem econômica adotada por um país. Trata-se de normas que também regram diretamente a conduta intersubjetiva dos cidadãos, diferentemente da concepção kelseniana, que previa apenas um conjunto de normas que regulassem a "conduta" dos demais centros de produção legislativa[145].

Passou-se, pois, a utilizar o aspecto formal (superioridade) para identificar os Corpos Constitucionais e as fontes do Direito: "Primeiramente e sobre todas as fontes

---

143. André Ramos Tavares, op. cit., p. 73.
144. Roberto J. Vernengo, *Curso de teoría general del derecho*, p. 320.
145. Cf. André Ramos Tavares, op. cit., p. 73-4.

legais... se coloca a 'Constituição da República': vértice do sistema normativo, do qual não representa somente — kelsenianamente — o fundamento condicionante e legitimador (a 'fonte de validade'), mas constitui parte integrante, configurando sem dúvida uma fonte normativa. Fonte *sobre* a produção' e fonte *de* produção', como se costuma dizer; e talvez mais exatamente, fonte de produção tanto de normas instrumentais (em particular, normas sobre a produção jurídica, institutivas e reguladoras das fontes subordinadas), como de normas materiais, disciplinadoras de fatos e situações da vida real"[146].

No mesmo sentido "a Constituição não é somente uma superlei, mas é ela também uma lei; e as suas não são somente normas sobre normas, certo sendo o contrário, que não poucas disposições suas disciplinam diretamente e imediatamente, também particulares, relevantes setores da realidade"[147].

Por meio do critério formal, as normas passam a ser consideradas como constitucionais não em virtude de seu conteúdo (normas sobre normas ou normas sobre determinadas condutas), mas sim tendo em vista sua incorporação em um corpo normativo considerado supremo. A conceituação agora é essencialmente formal, independentemente do conteúdo material específico.

3.3. Rigidez

Com o conceito formal anteriormente analisado, o grau de proteção conferido a determinado conjunto de normas passa a ser suficiente para distingui-las das demais normas de dado ordenamento. Isso significa que as normas constitucionais ou estão imunes à alteração (caso das cláusulas imutáveis, de eternidade, pétreas, núcleo intangível da Constituição) ou então requerem um processo de alteração mais dificultoso do que aquele previsto para a alteração das demais normas do sistema. Tal fenômeno é denominado, do ponto de vista da Constituição, *rigidez*. Essa figura concatena-se com a de Constituição em sentido formal, anteriormente assinalada.

Da rigidez atribuída à Constituição decorre, inexoravelmente, a propagada supremacia constitucional.

A partir dos escritos do abade EMMANUEL JOSEPH SIEYÈS (1789), em especial em seu *Qu'est-ce que le Tiers État?*, formula-se a ideia de que, sendo o Poder Constituinte (originário) superior ao Legislativo, e considerando que o produto daquele poder é a Constituição, tem-se como decorrência a rigidez desta última. Em suas históricas palavras: "Estas leis são chamadas de *fundamentais* não no sentido de que possam tornar-se independentes da vontade nacional, mas porque os corpos que existem e agem graças a elas não podem tocá-las nem violá-las. Em cada uma de suas partes, a Constituição não é obra do poder constituído, mas do poder constituinte. Nenhuma espécie de poder

---

146. Vezio Crisafulli, op. cit., p. 70.
147. Felice Delfino, *La dichiarazione di illegitimità costituzionale delle leggi*: natura ed effetti, p. 36.

delegado pode mudar nada nas condições de sua delegação. Nesse sentido, as leis constitucionais são *fundamentais*"[148].

A distinção tem grande alcance, na medida em que permite sustentar a limitação dos "poderes" constitucionais à Constituição.

Essa estrutura justifica a rigidez constitucional. Tendo em vista que o Poder Legislativo, como todos os demais poderes estatais, é constituído pela Constituição, a esta deve obediência, e qualquer desvio pode e deve contar com mecanismos de correção, sob pena de se desvirtuar a ordem jurídica.

Sinteticamente, a rigidez nada mais é do que a impossibilidade de mudança das normas constitucionais pelo mesmo procedimento adotado para a revitalização da legislação de cunho infraconstitucional. Em outras palavras, as normas que regulam a revisão da Constituição são diversas daquelas previstas para a revisão da legislação em geral, tendo como principal critério discriminador a dificuldade, que é mais intensificada com relação às primeiras. Assim se propicia um maior grau de proteção dessas normas[149].

Portanto, dentre as múltiplas possíveis causas da rigidez constitucional, tem-se de reconhecer como "prevalente aquela de subtrair à maioria ocasional a disponibilidade de valores mantidos e qualificados como 'superiores'"[150].

Ordenamentos que acolham constituições na modalidade flexível admitem o denominado *controle* da observância constitucional[151] (original grifado), embora alguns autores recusem essa possibilidade, com base na experiência britânica e em regras implícitas de não vinculatoriedade do legislador futuro ao legislador pretérito[152].

Em outros termos, de fato, ainda que se admita a mudança das normas materialmente constitucionais pelas próprias leis ordinárias, isso só poderá ocorrer em obediência ao procedimento previamente estabelecido, assim como com respeito ao órgão competente para tanto. E ainda que se queira modificar as regras sobre esse próprio procedimento ou competência, tal alteração só se admite com a aprovação de novas regras sobre procedimento ou competência que, de sua parte, deverão respeitar o procedimento e competência até então vigente[153].

Como percebeu claramente Duguit: "Em um país como a Inglaterra, que não conhece a distinção entre leis constitucionais e leis ordinárias, não surgiu jamais a ideia de criar um órgão encarregado de apreciar a conformidade das leis ao direito. Verdade é que, na Inglaterra, a força da opinião é a melhor das garantias contra a arbitrariedade do legislador"[154].

---

148. Emmanuel Joseph Sieyès, *Observaciones sobre el informe del comité de constitución acerca de la nueva organización de Francia*, p. 157.

149. Cf. André Ramos Tavares, op. cit., p. 76.

150. Antonio Ruggeri e Antonio Spadaro, *Lineamenti di giustizia costituzionale*, 2001, p. 8.

151. Nesse sentido: *Lezioni di diritto costituzionale*: L'ordinamento costituzionale italiano: Le fonti normative, p. 256.

152. Elival da Silva Ramos, *A inconstitucionalidade das leis. Vício e sanção*, p. 55-9.

153. Cf. André Ramos Tavares, op. cit., p. 82-3.

154. León Duguit, *Manual de derecho constitucional*, p. 280.

3.4. Da defesa do Estado à defesa da Constituição

A preocupação com a tutela e a garantia da ordem constitucional encontra como precedente a ideia de defesa do próprio Estado. Contudo, desde a concepção do *Estado constitucional*, a que se refere DEL VECCHIO[155], passou-se a falar da necessidade de defesa da Constituição, e não mais do Estado[156]. Essa imbricação está bastante presente "se o Estado existe enquanto atua como unidade, e o que converte em unidade estes atos e estas funções é essa estrutura constitucional, é claro que a expressão da unidade e *existência* do Estado é a constituição"[157].

Sendo na Constituição que o Estado obtém sua garantia de existência como tal, o deslocamento para o estudo daquela não significa deixar de lado as considerações em torno do Estado especificamente considerado. O próprio Estado, portanto, encontra-se na direta dependência de uma tutela da Constituição.

A preservação do Estado Constitucional, pois, manifesta-se, primariamente, na preservação da própria Constituição em sua supremacia, e, nesse sentido, promove a preservação do Estado. Essa concepção, contudo, só seria possível com o empenho constitucionalista de consagrar e proteger as constituições.

Realmente, se não havia preocupação com o controle da constitucionalidade, isso se explica pelo recente florescimento do constitucionalismo, em especial com a adoção das Constituições escritas e sua compreensão como *Higher Law*. Desde, pois, a época da concepção constitucionalista de um documento supremo, fez-se imprescindível a criação de instrumentos correlatos predispostos à manutenção dessa "nova ordem", e, na teoria da Justiça Constitucional, assume relevância ímpar o estudo do órgão e do processo específico para promover a tutela dessa supremacia. Como assinala GARCÍA-PELAYO[158], a criação de tribunais constitucionais é "a expressão orgânica da primazia da Constituição".

3.4.1. Estado limitado: consectário da supremacia e rigidez constitucionais

É no denominado "Estado limitado", decorrente de uma "limited Constitution"[159] que emerge a concepção de que o Governo deve encontrar balizas (constitucionais) e que estas lhe devem ser impostas. É o corolário do Estado de Direito: a autolimitação do Estado por meio do Direito[160]. Como lembra SCHWARTZ, invocando elementos históricos nesse sentido: "Em 1776 a maioria dos americanos acreditavam firmemente que o governo deveria operar apenas debaixo de um sistema no qual as leis, deveres e poderes de governar fossem seguramente fixados em uma específica lei fundamental. Direitos constitucionais, declarou Cannon, devem ser protegidos e defendidos 'como a menina dos olhos'; eles devem ser fixados 'em uma fundação

---

155. Georgio del Vecchio, *Teoria do estado*, p. 54-76.
156. Cf. José Joaquim Gomes Canotilho, *Direito constitucional*, 6. ed., p. 23 e s.
157. Manuel García-Pelayo, *Derecho constitucional comparado*, p. 105.
158. Manuel García-Pelayo, op. cit., p. 5, t.a.
159. Stephen P. Elliot, *A reference guide to the United States supreme court*, p. 13.
160. Alessandro Baratta, Estado de derecho, derechos fundamentales y "derecho judicial", p. 121.

para não ser nunca mais abalada' — isto é, eles devem especificar em documentos escritos além do alcance destes que exercem o poder governamental. As primeiras constituições de estado manifestaram esta solicitação com a união de diretivas escritas que colocavam certos princípios legais acima dos poderes de governo"[161].

Como anota, com muita propriedade, ESTEVES "o fundamento do controlo da constitucionalidade das leis não tem que ver apenas com uma exigência de garantia da unidade sistémica do Direito — como o veriam as concepções kelsenianas de uma estrutura escalonada da ordem jurídica (*Stufenbau der Rechtsordnung*), ou luhmannianas, de estrutura autorreferencial do sistema jurídico —, mas reside, precisamente, naquela que é a ideia de base do constitucionalismo, a ideia de Estado limitado, e coincide com a ideia de Direito tal como Kant a define"[162].

Referida ideia de Estado limitado tem como pressuposto, na atualidade, a supremacia constitucional, decorrente da derrocada da concepção legalista de Estado, como se assinalou acima. No Estado Constitucional, com a supremacia da Constituição, esta passa a limitar formal e materialmente os órgãos estatais.

A garantia de um Estado, que se perpetra por intermédio da garantia da Constituição, é justamente a do Estado limitado, e não qualquer ideia de Estado ou qualquer Estado. As noções estão umbilicalmente conjugadas, porque só se justifica falar da garantia do Estado como garantia da Constituição na medida em que aquele é limitado. No Estado sem limites jurídicos seria incoerente concentrar-se na defesa de um documento jurídico sua manutenção.

3.4.2. As garantias constitucionais

A doutrina tem sublinhado como especificidade do Direito Constitucional a "autogarantia", porque se trata de um Direito que utiliza "as suas próprias forças e garantias, de forma a assegurar as condições de realização e execução das suas normas"[163].

A Constituição impõe-se como norma fundamental e, para tanto, cria ela mesma os próprios mecanismos que garantirão essa sua posição superior. Pode-se considerar que uma dessas garantias da Constituição é a anulação do ato que lhe contrarie[164].

A proteção auferida pela rigidez ou pelo regime da nulidade dos atos inconstitucionais é autoproclamada e necessita de efetiva (concreta) via de cumprimento, inclusive forçado, se necessário for. Nesse sentido, observa claramente DUVERGER: "Não é suficiente que a Constituição seja superior às leis ordinárias e que estas estejam em conformidade às suas disposições. É necessário que seja juridicamente controlada essa conformidade das leis à Constituição, esta *constitucionalidade das leis*, como é juridicamente verificada a conformidade às leis ordinárias dos atos dos

---

161. Bernard Schwartz, *The great rights of mankind*, p. 54, t.a.

162. Maria da Assunção Esteves, Legitimação da justiça constitucional e princípio maioritário, 1995. V. Tribunal Constitucional Português, p. 132.

163. José Joaquim Gomes Canotilho, *Direito constitucional*, 6. ed., p. 141.

164. Hans Kelsen, *La garantie jurisdictionnelle de la Constitution*, p. 20.

Chefes de Estado, dos Ministros e das autoridades locais, *a legalidade dos atos administrativos*"[165].

As normas constitucionais, nessa trilha, contam (e devem contar) com mecanismos específicos de defesa contra os desvios eventualmente praticados pelos demais centros de produção normativa ou de atuação e concreção constitucional. O controle da constitucionalidade é um consectário do Estado de Direito Constitucional, sem o qual este não existe[166].

Isso demonstra, de maneira eloquente, que a supremacia da Constituição não é tão absoluta como pretendeu o pensamento jurídico tradicional de cunho formalista, kelseniano. A Constituição é tão débil quanto qualquer outra norma no que se refere à possibilidade de autoproteção. É por isso que se criam órgãos (*v. g.*, um Tribunal Constitucional) e mecanismos [...] específicos para implementar a garantia da superioridade e rigidez das normas constitucionais[167].

É equivocado, contudo, considerar apenas o processo como capaz de fazer frente à desconsideração do Texto Constitucional. Os mecanismos que implementam a garantia da Constituição podem apresentar ou não característica processual. Várias são, na realidade, as fórmulas pelas quais se busca assegurar o cumprimento das normas da Constituição[168]. Há, *v. g.*, a possibilidade de a Constituição, em uma perspectiva pragmática, desautorizar os comandos que lhe sejam contrários e que não lhe reconheçam a supremacia. Assim, uma Constituição pode desautorizar as normas contrárias, do ponto de vista de sua eficácia, ou pode lhes reconhecer eficácia até a proclamação oficial daquela incompatibilidade. E isso ocorre independentemente dos mecanismos, ações ou processos existentes. Também a responsabilidade civil de órgãos e a pecuniária em especial, quando previstas ou admitidas, podem representar um reforço na busca da preservação constitucional.

Na proposta que se encontra já em KELSEN: "Em contrapartida, as garantias repressivas — a responsabilidade constitucional e a responsabilidade civil dos órgãos que produzissem atos irregulares — são perfeitamente possíveis, contanto que se trate da legislação, e não, obviamente, que trate do Parlamento como tal ou de seus membros: um órgão colegiado não é, por diferentes motivos, um sujeito pertinente de responsabilidade penal ou civil. Entretanto, os indivíduos associados à legislação — chefe de Estado, ministros — podem ser responsabilizados pela inconstitucionalidade das leis, sobretudo se a Constituição dispuser que eles assumam por promulgação ou sua sanção a responsabilidade pela constitucionalidade do procedimento legislativo. De fato, a instituição da responsabilidade ministerial, característica das Constituições modernas, serve também para assegurar a constitucionalidade das leis; e essa responsabilidade pessoal do órgão pode ser empregada igualmente para garan-

---

165. Maurice Duverger, *Manuel de droit constitutionnel et de science politique*, p. 197.

166. Nesse sentido: Sérgio Resende de Barros, *Simplificação do controle de constitucionalidade*, p. 593.

167. Nesse sentido: André Ramos Tavares, op. cit., p. 76.

168. Cf. Tavares, op. cit., p. 80-1.

tir a legalidade dos regulamentos e, particularmente, a regularidade dos atos individuais imediatamente subordinados à Constituição".

"Com relação a este último ponto, também é possível pensar especificamente na responsabilidade pecuniária pelos danos causados pelos atos irregulares"[169].

Essa responsabilização, contudo, opera preventivamente, em termos de garantia constitucional, como uma "ameaça" que se poderá concretizar uma vez admitida a inconstitucionalidade da lei pela instância adequada. Isso significa que, eventualmente, na ocorrência de violação da Constituição, apenas após o reconhecimento dessa ocorrência é que se passará à responsabilização da instância editora do ato.

A função de fazer atuar e respeitar as normas constitucionais necessita de instrumentos que cumpram com eficiência essa tarefa. Os mecanismos ordenados à garantia devem ser efetivos, e não meras simulações, aparências despidas do conteúdo finalístico de que devem estar imbuídos.

Referências bibliográficas

ALEXY, Robert. *Teoría de los derechos fundamentales*. Tradução: Ernesto Garzón Valdés. Madrid: Centro de Estudios Constitucionales, 1993. Tradução de: Theorie der Grundrechte, 1986 (Colección el Derecho y la Justicia).

BARATTA, Alessandro. Estado de derecho, derechos fundamentales y "derecho judicial". *Revista de Ciencia Jurídicas*, San Jose, n. 57, p. 117-134, maio/ago. 1987.

BARROS, Sérgio Resende de. Simplificação do controle de constitucionalidade, 2002. Ver: MARTINS, Ives Gandra da Silva.

BERMAN, Harold J. *La formación de la tradición jurídica de occidente*. Tradução: Mónica Utrilla de Neira. [1. ed.]. 1. reimpr. México, D.F.: Fondo de Cultura Económica, 2001. 678 p. Tradução de: Law and revolution, 1983 (Política y Derecho).

BOBBIO, Norberto. *O positivismo jurídico*: lições de filosofia do direito. Tradução: Márcio Pugliesi; Edson Bini; Carlos E. Rodrigues. São Paulo: Ícone, 1995 (Coleção Elementos de Direito).

_____. *Diritto e stato nel pensiero di Emanuele Kant*. 2. ed. rev. ampl. Torino: G. Giappichelli, 1969 (Corsi Universitari).

BOGNETTI, Giovanni. *La divisione dei poteri*. 2. ed. Milano: Giuffrè, 2001. 1. ed. 1994.

BONAUDI, Emilio. *Principii di diritto pubblico*. Torino: UTET, 1936.

CALLEJÓN, Francisco Balaguer. *Fuentes del derecho*: I. principios del ordenamiento Constitucional. Prólogo: Juan J. Ruiz-Rico. [1. ed.]. Madrid: Tecnos, 1991.

CANARIS, Claus-Wilhelm. *Pensamento sistemático e conceito de sistema na ciência do direito*. 2. ed. Introdução e tradução: A. Menezes Cordeiro. Lisboa: Fundação Calouste Gulbenkian, 1996. Tradução de: Systemdenken und systembegriff in der jurisprudenz, 1983.

CANOTILHO, José Joaquim Gomes. *Direito constitucional*. 6. ed. rev. Coimbra: Almedina, 1993.

---

169. Hans Kelsen, *La garantie jurisdictionnelle de la Constitution*, p. 26.

CAPPELLETTI, Mauro. *Il Controllo giudiziario di costituzionalità delle leggi nel diritto comparato*. reimpr. Milano: Giuffrè, 1970. 1. ed.: 1968 (Studi di Diritto Comparato).

_____. *Juízes legisladores?*. Tradução: Carlos Alberto Alvaro de Oliveira. Porto Alegre: Sérgio Antonio Fabris Editor, 1993. Tradução de: Giudici legislatori? (Estudo dedicado à memória de Tullio Ascarelli e Alessandro Pekelis).

CATINELLA, Salvatore. *La corte suprema federale nel sistema costituzionale degli Stati Uniti d'America*. Padova: CEDAM, 1934.

COLÓQUIO NO 10º ANIVERSÁRIO DO TRIBUNAL CONSTITUCIONAL, 1993, Lisboa. *Legitimidade e legitimação da justiça constitucional*. Coimbra: Coimbra Ed., 1995. Bibliografia: 17-34 (Costa); 39-47 (Brito); 75-84 (Andrade); 85-90 (Villalón); 91-104 (Miranda); 167-175 (Pires); 211-228 (Sousa).

CONFERENCIA DE TRIBUNALES CONSTITUCIONALES EUROPEOS, VI., 1984, Madrid. *Tribunales constitucionales europeos y autonomías territoriales*. Madrid: Centro de Estudios Constitucionales, 1985. Bibliografia: 5-9 (GARCÍA-PELAYO).

CORTE COSTITUZIONALE. *Costituzione della Repubblica italiana e testi normativi concernenti la giustizia costituzionale*. Apresentação: Francesco Saja. Roma: Istituto Poligrafico e Zeca dello Stato, 1990.

CORTE COSTITUZIONALE. Segreteria Generalle della Corte Costituzionale. *Giudizio a quo e promovimento del processo costituzionale*. Milano: Giuffrè, 1990. Bibliografia: p. 31-42 (CAPPELLETTI).

CORWIN, Edward S. *The twilight of the supreme court. A history of our constitutional theory*. 3. reimpr. New Haven: Yale University, 1935.

COSTA, José Manuel M. Cardoso. *A jurisdição constitucional em Portugal*. 2. ed. rev. atual. Coimbra: [s. n.], 1992.

CRISAFULLI, Vezio. Gerarchia e competenza nel sistema costituzionale delle fonti. *Rivista Trimestrale di Diritto Pubblico*, Milano, ano X, p. 775-810, 1960.

_____. *Lezioni di diritto costituzionale*: L'ordinamento costituzionale italiano: La corte costituzionale. 5. ed. rev. e atual. Padova: Cedam, 1984. v. II. t. 2.

_____. *Lezioni di diritto costituzionale*: L'ordinamento costituzionale italiano: Le fonti normative. 6. ed. Padova: CEDAM, 1993. v. II. t. 1.

DELFINO, Felice. *La dichiarazione di illegitimità costituzionale delle leggi*: natura ed effetti. Napoli: Eugenio Jovene, 1970 (Pubblicazioni della facoltà Giuridica dell'Università di Napoli, CXX).

DUGUIT, León. *Manual de derecho constitucional*: teoria general del estado: el derecho y el estado: las libertades públicas: organización política. Tradução: José G. Acuña. 2. ed. Madrid: Francisco Beltrán, 1926. Tradução da 3. ed. francesa, 1918.

DUVERGER, Maurice. *Manuel de droit constitutionnel et de science politique*. 5. ed. Paris: Presses Universitaires de France, 1948.

ELLIOTT, Stephen P. *A reference guide to the United States supreme court*. New York: Facts on File Publications, 1986.

ENTERRÍA, Eduardo García de. *La Constitución como norma y el tribunal constitucional*. Madrid: Civitas, 1983: reimpressão de 1994.

ESTEVES, Maria da Assunção. Legitimação da justiça constitucional e princípio maioritário. 1995. V. TRIBUNAL CONSTITUCIONAL PORTUGUÊS.

FALCÓN, Javier Pardo. *El consejo constitucional francés. La jurisdicción constitucional en la quinta república*. Madrid: Centro de Estudios Constitucionales, 1990.

FERREIRA FILHO, Manoel Gonçalves. As origens do estado de direito. *Revista de Direito Administrativo*, Rio de Janeiro, v. 168, p. 11-17, abr./jun. 1987.

FOUCAULT, Michel. *A verdade e as formas jurídicas*. 2. ed. 2. reimpr. Tradução: Roberto Cabral de Melo Machado e Eduardo Jardim Morais. Rio de Janeiro: Nau, 2001. 160 p. Tradução de: La vérité et les formes juridiques, 1973.

_____. *Vigilar y castigar (nacimiento de la prisión)*. Tradução: Aurélio Garzón del Camino. 12. ed. Madrid: Siglo Veintiuno de España Editores, 2000. 338 p. Tradução de: Surveiller et punir, 1976.

FRIEDRICH, Carl J. *Teoría y realidad de la organización constitucional democrática*: en Europa y America. Tradução: Vicente Herrero. México: Fondo de Cultura Económica, 1946. 650 p. Tradução de: Constitutional Government and Democracy, 1941.

GARCÍA-PELAYO, Manuel. *Derecho constitucional comparado*. 6. ed. Madrid: Revista de Occidente, 1961.

_____. 1984. Ver: CONFERENCIA DE TRIBUNALES CONSTITUCIONALES EUROPEOS.

GÉNY, François. *Méthode d'interprétation et sources en droit privé positif*: essai critique. 2. ed. rev. atual. Paris: Librairie Générale de Droit & de Jurisprudence, 1932. t. 1.

GODECHOT, Jacques (apresent.). *Les constitutions de la France depuis 1789*. Paris: Garnier-Flammarion, 1970.

GUERRA FILHO, Willis Santiago. *Introdução à filosofia e à epistemologia jurídica*. Porto Alegre: Livraria do Advogado, 1999a.

HESPANHA, António. *Justiça e litigiosidade*: história e prospectiva. Lisboa: Fundação Calouste Gulbenkian, 1987.

KANT, Emmanuel. *Doutrina do direito*. Tradução: Edson Bini. 2. ed. São Paulo: Ícone, 1993 (Coleção Fundamentos do Direito).

KELSEN, Hans. La Garantie Juridictionnelle de la Constitution (La Justice Constitutionnelle). *Revue du Droit Public et de la Science Politique en France et à l'Étranger*. 61 p. abr./maio/ jun. 1928. Extrato.

LASSALLE, Ferdinand. *A essência da Constituição*. Tradução: Walter Stönner. Prefácio de Aurélio Wander Bastos. 3. ed. Rio de Janeiro: Liber Juris, 1995. Tradução de: Über die verfassung, 1863.

LEWANDOWSKI, Enrique Ricardo. *Proteção dos direitos humanos na ordem interna e internacional*. Rio de Janeiro: Forense, 1984.

LOEWENSTEIN, Karl. *Teoría de la Constitución*. Tradução: Alfredo Gallego Anabitarte. Barcelona: Ariel, 1970. Tradução de: Verfassungslehre, 1959, Über Wesen, Technik und Grenzen der Verfassungsänderung, 1961.

MADISON, James. 1788. Ver. HAMILTON, Alexander.

MALBERG, R. Carré de. *Teoría general del estado*. Tradução: José Lión Depetre. 2. reimp. México: Facultad de Derecho — Unam: Fondo de Cultura Económica, 2001. Tradução de: Contribution à la théorie générale de l'état spécialement d'après les donnès fournies par le droit constitutionnel français. 1922 (Sección de Obras de Política y Derecho).

MARTÍNEZ, Maria Asunción García. La iniciativa legislativa popular y su vigencia en el estado contemporáneo. *Revista de la Facultad de Derecho de la Universidad Complutense*, Madrid, n. 74, p. 21-45, 1989.

MARTINS, Ives Gandra da Silva (Coord.). *As vertentes do direito constitucional contemporâneo*. Rio de Janeiro: América Jurídica, 2002.

MASON, Alpheus Thomas. *A suprema côrte. Guardiã da liberdade*. Tradução: V. L. Schilling. Rio de Janeiro: Distribuidora Record, 1967. 171 p. Tradução de: The Supreme Court, 1962.

McILWAIN, Charles Howard. *Constitucionalismo antíguo y moderno*. Tradução: Juan José Solozábal Echavarría. Madrid: Centro de Estudios Constitucionales, 1991 (Colección Estudios Constitucionales).

MEDEIROS, Rui. *A decisão de inconstitucionalidade. Os autores, o conteúdo e os efeitos da decisão de inconstitucionalidade da lei*. Lisboa: Universidade Católica, 1999.

MIRANDA, Jorge. *Manual de direito constitucional*. 2. ed. rev. reimpr. Coimbra: Coimbra Ed., 1988. t. II: Introdução à Teoria da Constituição.

MONTESQUIEU, Charles Louis de Sécondat. *De l'esprit des lois*. Introdução e notas: Gonzague Truc. Paris: Garnier Frères, 1949. t. I.

MOORE, Blaine Free. *The supreme court and unconstitutional legislation*. 2. imp. New York: AMS, 1979 (Studies in History Economics and Public Law, v. 54, n. 2).

NITTO, Achille de. *Diritto dei giudici e diritto del legislatori. Ricerche in tema di teoria delle "fonti"*. Lecce: Argo, 2002.

PARLAMENTO, CORTE COSTITUZIONALE E SVILUPPO DELLA FORMA DI GOVERNO IN ITALIA. 1991, Milano: Giuffrè, Associazione per gli Studi e le Ricerche Parlamentari, v. 2, 1991. Bibliografia: p. 41-54 (Roberto Romboli); 13-31 (Massimo Luciani). ISBN 88-14-03324-2.

PETRUCCI, Michele. La corte costituzionale. 1950. Ver: CALAMANDREI, Piero; LEVI, Alessandro.

RAMOS, Elival da Silva. *A inconstitucionalidade das leis. Vício e sanção*. São Paulo: Saraiva, 1994.

RAMOS, Paulo Roberto Barbosa. *O controle concentrado de constitucionalidade das leis no Brasil. Filosofia e dimensões jurídico-políticas*. São Paulo: IBDC, 2000.

ROCCO, Alfredo. *Elementi di diritto pubblico e di legislazione scolastica*. 2. ed. Roma: Atheneum, 1920.

ROSS, Alf. *Sobre el derecho y la justicia*. Tradução: Genaro R. Carrió. 3. ed. Buenos Aires: Editorial Universitaria de Buenos Aires, 1974. Tradução de: On law and justice, 1958.

ROSSI, Pellegrino. *Cours de droit constitutionnel*. Compilação: M. A. Porée. Introdução: M. C. Bom-Compagni. 2. ed. Paris: Librairie de Guillaumin, 1877. vol. III.

ROUSSEAU, Jean-Jacques. *Do contrato social*: ensaio sobre a origem das línguas: discurso sobre as ciências e as artes: discurso sobre a origem e os fundamentos da desigualdade entre os homens. Tradução: Lourdes Santos Machado. São Paulo: Abril Cultural, 1973. 440 p. Tradução de: Du contrat social: essai sur l'origine des langues: discours sur les sciences et les arts: discours sur l'origine et les fondements de l'inégalité parmi les hommes, 1762.

RUGGERI, Antonio; SPADARO, Antonio. *Lineamenti di giustizia costituzionale*. 2. ed. rev. e atual. Torino: G. Giappichelli, 2001.

SANTI ROMANO. *Princípios de direito constitucional geral*. Tradução: Maria Helena Diniz. São Paulo: Revista dos Tribunais, 1977.

SCHWARTZ, Bernard. *The great rights of mankind:* A history of the american bill of rights. New York: Oxford, 1977.

SEMINARIO INTERNACIONAL SOBRE LA INDEPENDENCIA JUDICIAL EN LATINOAMÉRICA, II, 1996, São Paulo. Seminário Equilíbrio Constitucional, Independencia Judicial y Derechos Humanos. Barcelona: Vedrà, 1996. Bibliografia: 13-31 (Álvarez).

SIEYÈS, Emmanuel Joseph. *Observaciones sobre el informe del comité de constitución acerca de la nueva organización de Francia. Escritos políticos de Sieyès*. Introdução, estudo preliminar e compilação: David Pantoja Morán. Fondo de Cultura Económica: México, 1993 (Sección de Obras de Historia). Tradução de: Observations sur le rapport du comité de constitution, concernant la nouvelle organisation de la France par un député à l'Assemblée Nationale, 1789.

TAVARES, André Ramos. *Curso de direito constitucional* [1. ed.]. São Paulo: Saraiva, 2002.

TREMPS, Pablo Pérez. *Tribunal constitucional y poder judicial*. Madrid: Centro de Estudios Constitucionales, 1985 (Colección Estudios Constitucionales, dirigida por Francisco Rubio Llorente).

TRIBUNAL CONSTITUCIONAL PORTUGUÊS. *Legitimidade e legitimação da justiça constitucional*: colóquio no 10º aniversário do tribunal constitucional: Lisboa, 28 e 29 de maio de 1993. Coimbra: Coimbra, 1995. Bibliografia: p. 127-138 (V. ESTEVES); p. 177-198 (V. MOREIRA).

TRUSSO, Francisco Eduardo. *De la legitimidad revolucionaria a la legitimidad constitucional*. 2. ed. Buenos Aires: Editorial Universitaria, 1972 (Biblioteca del Universitario Temas/ Ciencia Política).

VALDÉS, Roberto L. Blanco. La política y el derecho: veinte años de justicia constitucional y democracia en España (apuntes para un balance). *Teoría y Realidad Constitucional*, n. 4, p. 241-272, 2. semestre 1999.

VECCHIO, Giorgio del. *Teoria do estado*. Tradução: António Pinto de Carvalho. São Paulo: Saraiva, 1957 (Coleção Direito e Cultura). Bibliografia 54-76.

VERNENGO, Roberto J. *Curso de teoría general del derecho*. 2. ed. 4. reimpr. Buenos Aires: Depalma, 1995.

WOOD, Gordon S. A Democracia e a Constituição. Ver: GOLDWIN, Robert A.; SCHAMBRA, William A., 1982.

ZAGREBELSKY, Gustavo. *Diritto costituzionale*: il sistema delle fonti del diritto. Torino: UTET, 1998.

Capítulo III
FORMAÇÃO CONSTITUCIONAL DO BRASIL

1. ORIGENS

É possível afirmar que um dos primeiros textos brasileiros de feição constitucional foi o projeto elaborado por ANTONIO CARLOS DE ANDRADA, que pode ser considerado o "fundador"[170] do Direito Constitucional no Brasil, erguendo as bases para um Direito Constitucional brasileiro. Esse projeto foi criado, em 1817, para os revolucionários de Pernambuco, assentando as Bases do Governo Provisório de Pernambuco. Foi, esta, como se sabe, uma manifestação violenta do constitucionalismo no Brasil.

O constitucionalismo brasileiro, inicialmente, esteve intrinsecamente ligado ao constitucionalismo português e à Constituição vintista (de 1822) de Portugal. E esta, como nota BONAVIDES, inspirou-se nos valores liberais da Revolução Francesa[171].

Não é de estranhar a imbricação entre os constitucionalismos do Brasil e de Portugal, diante da peculiaridade da História da independência brasileira. Esta foi precedida pela formação de um Reino Unido entre os dois países, com a transferência da Corte de Dom João VI ao Brasil; tendo sido a independência, ainda, declarada por um príncipe do Reino português, que optou por construir um governo autônomo na ex-colônia. Por outro lado, ímpetos liberais palpitavam em ambos os países, um visando a emancipar-se do regime colonial e o outro, a superar o regime monárquico absolutista[172].

O retorno de Dom João VI a Portugal dividiu a história constitucional de ambos os países em duas frentes. Contudo, o constitucionalismo dos dois países voltou a apresentar pontos comuns com a adoção, por Portugal, em 1826, do texto da Carta outorgada no Brasil[173].

2. A CONSTITUIÇÃO IMPERIAL

A Assembleia Constituinte foi convocada por Dom Pedro I, antes mesmo da proclamação da independência, e veio a instalar-se em 3 de maio de 1823. Nascida por

---

170. Nesse sentido: Afonso Arinos de Mello Franco, *Curso de Direito Constitucional Brasileiro*, p. 23.
171. Paulo Bonavides, *Constitucionalismo Luso-brasileiro*: Influxos Recíprocos, 1996, p. 21.
172. Paulo Bonavides, *Constitucionalismo Luso-brasileiro*: Influxos Recíprocos, 1996, p. 23.
173. Paulo Bonavides, *Constitucionalismo Luso-brasileiro*: Influxos Recíprocos, 1996, p. 46-7.

iniciativa do Imperador, já surgiu com a soberania sufocada[174], conforme bem ilustra a frase proferida por Dom Pedro I, no seu discurso inaugural:

"Como Imperador constitucional, e mui principalmente como defensor perpétuo deste Império, disse ao povo no dia 1º de dezembro do ano próximo passado, em que fui coroado e sagrado, que com minha espada defenderia a pátria, a nação, e a Constituição, se fosse digna do Brasil e de mim. (...) Espero que a Constituição que façais mereça a minha imperial aceitação[175]".

As intenções liberais de alguns dos integrantes da Constituinte desde logo desagradaram o Imperador. No projeto, composto por 272 artigos, dividiam-se as funções do Estado em três poderes, e o Imperador não recebeu bem as limitações impostas ao Executivo[176]. ANTONIO CARLOS, que havia sido indicado para a Comissão especial que deveria redigir o projeto de Constituição da Assembleia Constituinte, nela eleito o seu *redator* e que foi "o líder de fato da Assembleia"[177], tinha posição consciente do momento de transição que se passava, declarando, em discurso proferido na sessão de 29 de julho, ter encontrado a base das atribuições constitucionais do Imperador "na necessidade de um poder vigilante e moderador nos governos representativos (...) como atalaia da liberdade e direito dos povos"[178]. Vale registrar, ainda, que ANTONIO CARLOS, esse verdadeiro *pai do constitucionalismo no Brasil*, acabou sendo o autor do Projeto apresentado pela Comissão à Assembleia Nacional.

Contudo, o confronto entre os poderes da Assembleia (concebida como plenamente soberana e independente mesmo com a Monarquia presente, apesar da posição contrária de ANTONIO CARLOS) e do Imperador culminou, em 12 de novembro de 1823, na dissolução daquela por um verdadeiro golpe nos caminhos constitucionais e democráticos recém-adotados no Brasil[179]. Como analisa BONAVIDES, "(...) convocada aquela Assembleia, uma enorme contradição de titularidade de soberania logo se instalou: o poder constituinte do Imperador, de que ele em momento algum abdicou e o poder constituinte da Nação; este soberano na forma, na doutrina e na aparência, mas na realidade de feição delegada, obrigado a ferir com o primeiro uma batalha verbal de hegemonia, prenúncio da que arrastaria o corpo constituinte à dissolução de 12 de Novembro de 1823"[180].

A redação do novo projeto da Constituição do Império coube a um Conselho de Estado, instituído pelo Imperador. Teve como fonte principal o antigo projeto, que

---

174. Paulo Bonavides & Paes de Andrade, *História Constitucional do Brasil*, 1991, p. 35.

175. Apud José Honório Rodrigues, *A Assembleia Constituinte de 1823*, 1974, p. 33.

176. Odilon Araujo Grellet, *Ensaio Sobre a Evolução do Direito Constitucional Brasileiro*, 1950, p. 26.

177. Afonso Arinos de Mello Franco, *Curso de Direito Constitucional Brasileiro*, p. 52.

178. Apud Afonso Arinos de Mello Franco, *Curso de Direito Constitucional Brasileiro*, p. 55.

179. Foram diversos os motivos que culminaram na crise que levou à dissolução da Constituinte pelas tropas de D. Pedro I: debates e discursos ameaçadores da supremacia da Coroa; a aprovação de projetos de lei contrários aos interesses dos portugueses (enquanto parte da Assembleia exercia a função constituinte, outra deliberava sobre a legislação ordinária); a leitura do pedido de um cidadão, para que se tomassem providências contra agressão que lhe haviam impingido oficiais portugueses, e a subsequente manifestação revoltosa de alguns parlamentares (para uma análise detida, *vide* José Honório Rodrigues, *A Assembleia Constituinte de 1823*, 1974).

180. Paulo Bonavides, *Constitucionalismo Luso-brasileiro*: Influxos Recíprocos, 1996, p. 35.

havia sido apresentado por ANTONIO CARLOS à Assembleia Constituinte[181], mas acrescentou a figura que caracterizou a arquitetura do novo modelo: o inovador e, ao mesmo tempo, centralizador (na feição acertada em 1824) Poder Moderador[182].

Posteriormente, o projeto foi submetido à consulta das Câmaras Municipais, em uma espécie de *referendum*. A maioria das Câmaras concordou com ele, o que se deveu, segundo ODILON ARAUJO GRELLET, à pouca compreensão da população sobre o regime delineado e ao prestígio de que, então, gozava o Imperador. Entre as Câmaras que, ao contrário, criticaram o projeto, destacaram-se as de Itu, do Recife e a da Cidade de Salvador[183].

A Constituição outorgada em 1824 adotava a ideologia liberal inspirada pelas Revoluções do século XVIII. Fruto de um movimento que quebrou a dependência do Brasil em relação ao absolutismo monárquico português, preocupava-se em garantir certos direitos individuais e dividir os poderes do Estado.

Entretanto, além dos Poderes Executivo, Legislativo e Judiciário, clássicos desde a doutrina de Montesquieu, estabeleceu-se o Poder Moderador, com proeminência sobre os demais. A ideia decorreu da obra de BENJAMIN CONSTANT[184], que defendia a existência de um quarto poder, exercido pelo monarca, com o objetivo de resguardar o equilíbrio entre os demais poderes[185]. Nota AFFONSO CELSO: "A simples leitura de cada um dos capitulos, artigos e paragraphos do titulo V patentêa a existencia de um poder pessoal, elevado acima dos mais poderes, estranho a vicissitudes, regulador do jogo das instituições, a um tempo espectador, chefe, juiz e executor"[186].

Entre as competências do Imperador, encontravam-se: escolher o terço dos senadores, constantes de listas tríplices estabelecidas pelas Províncias (arts. 43 e 101, I), convocar a Assembleia Geral extraordinariamente (art. 101, II), aprovar e suspender interinamente as resoluções dos Conselhos Provinciais (art. 101, IV), prorrogar ou adiar a Assembleia Geral e dissolver a Câmara dos Deputados (art. 101, V), nomear e demitir livremente os Ministros de Estado (art. 101, VI) e suspender Magistrados (arts. 101, VII, e 154).

Centralizaram-se, assim, prerrogativas na pessoa do Monarca que permitiam interferências no exercício de todas as funções do Estado. O poder pessoal do Imperador

---

181. Afirma José Honório Rodrigues: "(...) o projeto da Assembleia, as discussões dos 24 artigos aprovados, as doutrinas expostas, a legislação debatida serviram de fonte capital do projeto do Conselho de Estado, que se transformou na Constituição de 1824" (José Honório Rodrigues, *A Assembleia Constituinte de 1823*, 1974, p. 250).

182. Paulo Bonavides & Paes de Andrade, *História Constitucional do Brasil*, 1991, p. 778.

183. Odilon Araujo Grellet, *Ensaio sobre a Evolução do Direito Constitucional Brasileiro*, 1950, p. 29-30.

184. Marcello Cerqueira resume o pensamento de Benjamin Constant: "(...) o *poder real* (poder do chefe do Estado qualquer que seja o seu título) deve ser um 'poder neutro' e o dos ministros um 'poder ativo'.

(...) O poder real deve se situar 'acima dos fatos', o que lhe permitirá, 'sob certo aspecto', ser 'neutro'. Alcançada a neutralidade, sua ação poderá se estender a qualquer área em conflito com um critério 'preservador, reparador, não hostil'. Ao dispor desse poder 'neutro', o monarca constitucional pode evitar que um dos poderes destrua o outro e contribuir para a harmonia entre eles" (Marcello Cerqueira, *A Constituição na História*: Origem e Retorno, 1993, p. 269-70).

185. Afonso Arinos de Melo Franco, *Curso de Direito Constitucional Brasileiro*, 1960, p. 56.

186. Affonso Celso, *Oito Annos de Parlamento*: Poder Pessoal de D. Pedro II, 1998, p. 195.

era, dessa maneira, legitimado pela Constituição[187]. Na opinião de PAULO BONAVIDES e PAES DE ANDRADE, "O Poder Moderador da Carta do Império é literalmente a constitucionalização do absolutismo, se isso fora possível"[188].

Durante o Império, muito se discutiu sobre a natureza e os limites do Poder Moderador. Os conservadores, tais como PIMENTA BUENO, defendiam sua autonomia em relação aos demais poderes, de forma que as suas decisões não dependessem, como as do Poder Executivo, de referendo dos ministros de Estado[189]. Propugnavam, outrossim, que ele deveria concentrar-se na figura do Imperador[190].

Já os liberais (moderados), como ZACARIAS DE GÓIS, reivindicavam que os Conselhos de Estado não exercessem uma atividade puramente consultiva. Defendiam a corresponsabilidade dos ministros nas decisões do Imperador, o que permitiria um certo controle político (ou limitação), do Imperador. Os liberais mais radicais defendiam a extinção do Poder Moderador[191].

Uma característica marcante e rara no constitucionalismo mundial era a circunstância de a Constituição do Império, uma constituição escrita, ter caráter semirrígido (ou rígido em relação apenas a parte das suas normas). Dispunha o art. 178: "É só constitucional o que diz respeito aos limites e atribuições respectivas dos Poderes Políticos, e aos Direitos Políticos e individuais dos cidadãos; tudo o que não é constitucional pode ser alterado, sem as formalidades referidas pelas Legislaturas ordinárias".

Nota-se que tal dispositivo diferencia, no texto da Constituição, as normas materialmente constitucionais e aquelas que o eram apenas sob o aspecto formal. Tratava-se, também aqui, de adoção da tese de B. Constant. Estas últimas normas, as formais, poderiam ser alteradas com a mesma facilidade da legislação ordinária[192]. Foi essa "plasticidade e adaptabilidade" da Constituição do Império que permitiu a implantação prática de um regime parlamentarista, à revelia do que a Carta literalmente dispunha[193].

Na Constituição Imperial, não havia qualquer autorização para o parlamentarismo; ao contrário, pelo art. 101, VI, podia o Imperador, no exercício do poder moderador, nomear e demitir livremente os seus ministros[194]. A experiência parlamentarista deu-se no segundo Reinado, após o período de regência, segundo CLÁUDIO PACHECO, "tanto

---

187. Affonso Celso, *Oito Annos de Parlamento*: Poder Pessoal de D. Pedro II, 1998, p. 197.

188. Paulo Bonavides & Paes de Andrade, *História Constitucional do Brasil*, 1991, p. 96.

189. Tese que floresceu sob a influência da Constituição de Cadiz, de 1812.

190. Afonso Arinos de Melo Franco, *Curso de Direito Constitucional Brasileiro*, 1960, p. 93.

191. Afonso Arinos de Melo Franco, *Curso de Direito Constitucional Brasileiro*, 1960, p. 93-4.

192. Nas palavras de Paulo Bonavides, estabeleceu-se "no texto da Constituição uma partilha do normativo constitucional, em camadas ou categorias de conteúdos: o *constitucional* propriamente dito, do ponto de vista material, referindo apenas a limites e atribuições dos poderes políticos e a direitos políticos e individuais dos cidadãos, e o *não constitucional*, que sobrerrestava com caráter flexível, abarcando as demais matérias insertas na Constituição, sujeito a alterações a serem procedidas sem formalidades especiais ou qualificadas, e atribuídas às legislaturas ordinárias (Paulo Bonavides, *Do País Constitucional ao País Neocolonial*: a Derrubada da Constituição e a Recolonização pelo Golpe de Estado Institucional, 1999, p. 34, destaques no original).

193. Celso Ribeiro Bastos, *Curso de Direito Constitucional*, 2002, p. 163.

194. Affonso Celso, *Oito Annos de Parlamento*: Poder Pessoal de D. Pedro II, 1998, p. 168-9.

por uma evolução consuetudinária, como por um esfôrço de imitação dos padrões europeus"[195].

Conforme os ensinamentos de Affonso Celso, "(...) o parlamento introduziu-se lentamente nos costumes políticos do Brasil, sem que o texto legal o consagrasse. Viu--se, aí, pois, um caso de alteração constitucional informal. A prática, mais do que alterar o modelo, acabou por definir o que não se considerava norma constitucional rígida. Iam-se seguindo, quando possível, as normas do parlamentarismo inglês. A opinião pública dominava. Ministro impopular não se demorava no poder"[196]. A prática foi objeto de previsão positiva com o Decreto n. 523, de 20-7-1847, que instaurou a Presidência do Conselho de Ministros[197-198].

Outras alterações em matéria substancialmente constitucional se deram por meio de legislação ordinária. Entre as mais relevantes está o Decreto n. 3.029, de 9-1-1881 (Lei Saraiva), que simultaneamente instituiu a eleição direta e proibiu o voto dos analfabetos. A Constituição de 1824 havia estabelecido que a eleição se realizasse de forma indireta; em uma primeira fase, os cidadãos elegeriam os eleitores, em assembleias paroquiais; a estes competiria a seleção dos deputados e senadores (art. 90). A Carta conferia direitos políticos aos homens maiores de vinte e cinco anos, com renda mínima de cem mil réis (arts. 91 e 92), sem estabelecer quaisquer restrições em relação aos analfabetos. Instituindo a proibição de voto aos analfabetos, a Lei Saraiva limitou consideravelmente o número de votantes, tendo em vista que apenas 15% da população, e 20% da população masculina, era alfabetizada[199-200].

---

195. Cláudio Pacheco, Tratado das Constituições Brasileiras, 1958, p. 228, v. I.

196. Affonso Celso, *Oito Annos de Parlamento*: Poder Pessoal de D. Pedro II, 1998, p. 172.

197. Manoel Gonçalves Ferreira Filho, *O Parlamentarismo*, 1993, p. 66.

198. Descreve Affonso Celso: "(...) pouco a pouco, firmou-se a doutrina de que ministerio sem maioria na Camara, ou dissolvia a Camara ou se demitia. Em 1847 (20 de julho), cria-se o cargo de presidente do conselho de ministros, com o fim — diz o decreto respectivo — de dar ao ministerio uma organização mais adequada ás condições do systema representativo.

Pode-se datar dahi a fixação do parlamentarismo no Brasil. O Imperador adopta a pratica de consultar o presidente do conselho demissionario sobre a escolha do seu sucessor. Outorga ao presidente do conselho ampla liberdade para nomear seus collegas. Com raras e profligadas escepções, só entram para o ministerio, salvo o caso de mudança de situação, membros influentes da maioria da Camara e do Senado. As camaras intervêm em todos os actos administrativos. Os ministros prestam-lhes contas minuciosas. Ministro derrotado nas urnas, sem maioria na Camara, ou simplesmente mal visto nella, sae logo" (Affonso Celso, *Oito Annos de Parlamento*: Poder Pessoal de D. Pedro II, 1998, p. 171).

199. José Murilo de Carvalho, *Cidadania no Brasil*: O Longo Caminho, 2004, p. 39.

200. Tampouco para o fim de coibir a violência e a fraude eleitoral trouxe a Lei Saraiva efeitos benéficos. De acordo com o relato de Suetonio: "A primeira prova foi boa; mas logo após foi deturpada e as violencias anteriores repetiram--se: os morticinios da Escada, em Pernambuco; os da cidade do Recife, onde morreu o celebre *Bodé*, que não queria a eleição do Sr. Joaquim Nabuco, hoje paladino restaurador e que naturalmente se horroriza com a compressão da vontade dos cidadãos nos comicios eleitoraes da Republica.

Tambem com a eleição directa se deu a matança de Goyaz, mandada fazer pelo governo, para eleger o filho do Sr. Andrade Figueira.

Com esta mesma lei fez o Sr. Visconde de Ouro Preto uma camara unanime, impondo ás provincias representantes que ellas nem sequer conheciam de vista (...).

A eleição directa foi, portanto, uma burla, que só serviu para tirar o direito de voto á grande maioria da nação.

As violencias e as fraudes não se praticavam somente nos collegios eleitoraes, mas tambem na camara dos deputados, tendo por chefe o Sr. Candido de Oliveira, que tal capacidade e aptidão mostrou, que mereceu o titulo de *pai da fraude*" (Suetonio, *O Antigo Regimen* (Homens e Coisas), 1896, p. 35-6.

Outra inovação, no plano infraconstitucional, foi a abolição da escravatura. Não obstante o inciso XIII do art. 179 da Carta Imperial dispusesse que "A Lei será igual para todos, quer proteja, quer castigue, e recompensará em proporção dos merecimentos de cada um", a escravidão subsistiu até 13 de maio de 1888, quando se promulgou a Lei n. 3.353[201]. Isso demonstra — mais do que uma maleabilidade da Constituição — a sua falta de efetividade, pois, se em um primeiro momento o documento formal não foi capaz de provocar uma transformação na realidade, em um segundo, a transformação se deu deixando intacto o documento formal, mas por meio de Lei.

Em termos diversos, a Constituição brasileira que mais tempo perdurou não o realizou às custas de seus méritos, mas da distância entre suas disposições formais e o que se praticava na realidade.

PAULO BONAVIDES e PAES DE ANDRADE notam, na Constituição de 1824, uma "sensibilidade precursora para o social"[202]. Com efeito, ela já garantia "os socorros públicos" (art. 179, XXXI), instrução primária gratuita (art. 179, XXXII) e colégios e universidades (art. 179, XXXIII). Concluem os mencionados estudiosos: "A Constituição do Império foi, em suma, uma Constituição de três dimensões: a primeira, voltada para o passado, trazendo as graves sequelas do absolutismo; a segunda, dirigida para o presente, efetivando, em parte e com êxito, no decurso de sua aplicação, o programa do Estado liberal; e uma terceira, à primeira vista desconhecida e encoberta, pressentindo já o futuro, conforme acabamos de apontar"[203].

Durante a regência, a Carta de 1824 passou por uma importante reforma, considerada conquista do movimento liberal. Este, contudo, não logrou aprovar suas maiores reivindicações: o fim do Poder Moderador e a federalização da monarquia[204]. As principais inovações provocadas pela Lei n. 16, de 12-8-1834 (Ato Adicional), foram: a criação das Assembleias Legislativas nas Províncias, de maneira a conferir a elas maior autonomia, e a supressão do Conselho de Estado. No entanto, os poderes das Assembleias Provinciais foram, posteriormente, reprimidos, por meio da Lei n. 105, de 12-5-1840, editada com o pretexto de interpretar alguns dispositivos do Ato Adicional (por isso intitulada, em nossa História, de *Lei de Interpretação*, o que, no rigor técnico, não corresponde senão a uma nova Lei).

---

201. O Império relutou muito em libertar os escravos. Em 1831, decretou-se a liberdade de todos os escravos que entrassem no Brasil, em decorrência do tráfico. Essa norma, porém, nunca foi cumprida. Quase duas décadas depois, sob pressão da Inglaterra, expediu-se decreto dispondo sobre a repressão do tráfico (Decreto n. 581, de 4-9-1850). Navios de guerra foram enviados para a captura das embarcações negreiras, mas os negros resgatados eram postos em fazendas, sob o pretexto de retorno à África, mas acabavam nessas fazendas escravizados. Aboliu-se o tráfico, de fato, somente em 1856. A partir de 1864, ficaram livres os escravos que a lei de 1831 havia libertado. Durante a guerra do Paraguai, em 6-11-1866, baixou-se decreto liberando escravos para irem à campanha (Suetonio, *O Antigo Regimen* (Homens e Coisas), 1896, p. 142-6. Em 1871, aprovou-se lei liberando os filhos de escravos que nascessem a partir de então, facultando que os "senhores" os mantivessem até os 21 anos (José Murilo de Carvalho, *Cidadania no Brasil*: O Longo Caminho, 2004, p. 47). Ainda assim, a lei abolicionista, de 1888, não surgiu sem grandes batalhas políticas (Suetonio, *O Antigo Regimen* (Homens e Coisas), 1896, p. 146-60). Para uma descrição do trâmite dessa lei, *vide* Affonso Celso, *Oito Annos de Parlamento*: Poder Pessoal de D. Pedro II, 1998, p. 127-45.

202. Paulo Bonavides & Paes de Andrade, *História Constitucional do Brasil*, 1991, p. 100.

203. Paulo Bonavides & Paes de Andrade, *História Constitucional do Brasil*, 1991, p. 101.

204. Paulo Bonavides & Paes de Andrade, *História Constitucional do Brasil*, 1991, p. 116.

3. A CONSTITUIÇÃO DE 1891: "LABORATÓRIO CONSTITUCIONAL"

A ideia da República, leciona MARCELLO CERQUEIRA, não surgiu somente com a decadência do Império, mas já existia desde antes da vinda da Corte portuguesa ao Brasil. Sufocado por esta, o republicanismo reaparecia nas diversas lutas e movimentos políticos verificados ao longo do século XIX.

Em consonância com as análises de OLIVEIRA VIANA, o ambiente brasileiro pós--abolição da escravatura "deu expansibilidade incomparável à ideia republicana (...) mas esta (...) vincula-se claramente à reação liberal iniciada com a queda do Gabinete Zacarias, em 1868"[205].

Portanto, o Exército, no golpe militar, representava desejos de uma população já cansada do Império decadente e escravocrata. Ademais, importa assinalar que havia adquirido força e dimensão política com a Guerra do Paraguai[206].

O Manifesto Liberal, publicado em março de 1869, consistiu em um primeiro impulso em direção à República[207]. Pouco depois (1870), fundou-se o Partido Republicano, cujo manifesto inaugural já defendia que a República nascesse sob a forma federativa, nos seguintes termos:

"O regime da Federação, baseado, portanto, na independência recíproca das Províncias, elevando-as à categoria de Estados próprios, ùnicamente ligados pelo vínculo da mesma nacionalidade e da solidariedade dos grandes interêsses da representação e da defesa exterior, é aquele que adotamos no nosso programa, como sendo o único capaz de manter a comunhão da família brasileira"[208].

Os outros objetivos do movimento republicano identificavam-se com as reformas que não se conseguiu efetivar ao longo de toda extensão temporal de nosso Império, tais como o fim do Poder Moderador, a periodicidade do Senado e a abolição da escravatura[209], além da transmutação do Império em República[210]. Mas, como nota CELSO BASTOS, o republicanismo e o federalismo não eram ainda ideias bem definidas; o principal móbil do movimento consistia no ideal de emancipação política[211].

O declínio e queda do Império culminaram no golpe de Estado que, em 15 de novembro de 1889, proclamou a República. O Decreto n. 1, redigido por RUI BARBOSA, foi expedido nesse mesmo dia, vindo então a funcionar como uma Constituição provisória e de emergência. Evidentemente que não se tratava de Decreto no sentido técnico — e os rótulos não podem ser determinantes para atentar ao conteúdo efetivo

---

205. Oliveira Viana, *O Ocaso do Império*, p. 83.

206. Marcello Cerqueira, *A Constituição na História*: Origem e Reforma, 1993, 297-302.

207. Afonso Arinos de Melo Franco, *Curso de Direito Constitucional Brasileiro*, 1960, p. 118, v. II.

208. Apud Afonso Arinos de Melo Franco, *Curso de Direito Constitucional Brasileiro*, 1960, p. 118, v. II.

209. A escravatura, cuja abolição se deu no fim do período imperial (1888), era uma reivindicação do movimento republicano.

210. Afonso Arinos de Melo Franco, *Curso de Direito Constitucional Brasileiro*, 1960, p. 120, v. II.

211. Celso Ribeiro Bastos, *Curso de Direito Constitucional*, 2002, p. 170.

que carregam em si —, mas sim de verdadeiro texto normativo de transição, antessala da nova Constituição que viria a ser efetivamente proclamada.

Por essa razão, como ensinam BONAVIDES e ANDRADE: "A Constituição da Primeira República tem um lugar singular na História Constitucional do Brasil como obra de dois poderes constituintes de primeiro grau: o primeiro, o poder constituinte do Governo Provisório, revolucionário e fático, na plenitude ilimitada do exercício de todas as competências; o segundo, o poder constituinte do Congresso Nacional, poder de direito, emanado do anterior com a tarefa precípua de fazer soberanamente a Constituição dentro das linhas mestras da revolução republicana e federativa, de que o Governo Provisório fora a personificação extrema"[212].

O Decreto n. 1, nos seus próprios termos, "proclama provisoriamente e decreta como a fórma de governo da Nação Brazileira a República Federativa, e estabelece as normas pelas quais se devem reger os Estados Federaes". Foi, segundo OSWALDO TRIGUEIRO, "o ato de fundação do regime republicano"[213].

O Decreto finalmente instituía a República Federativa como forma de governo para o Brasil e determinava que as antigas províncias se transmudassem nos Estados que, em conjunto, formariam a Federação. Referiu-se, em seu art. 3º, à "legítima soberania" dos Estados — o que, em uma primeira análise, contrariaria o princípio federativo. Mas, em dispositivos subsequentes, equilibrava tal expressão, aludindo à nação brasileira e conferindo poderes à órbita federal[214-215]. O Decreto estabelecia também o Governo Provisório, enquanto não convocada a Assembleia Constituinte e as legislaturas dos Estados.

O Decreto era peça jurídica impostergável para uma nova Nação que surgia pela negação do modelo até então obedecido.

O Governo Provisório, fiel aos objetivos da derrubada do Império, criou Comissão Especial, com o fim de elaborar o Anteprojeto de Constituição, a ser posteriormente apreciado pela Assembleia Constituinte. Composta por cinco membros[216], recebeu a alcunha de "Comissão dos Cinco".

---

212. Paulo Bonavides & Paes de Andrade, *História constitucional do Brasil*, 1991, p. 210.

213. Oswaldo Trigueiro, *A Evolução do Regime Federal Brasileiro*, 1992, p. 294.

214. Outra interpretação seria a de que, com o Decreto n. 1, de 15-11-1889, as Províncias teriam se tornado Estados soberanos que, apenas com a Constituição de 1891, integraram-se para constituir a União Federal. Esse entendimento permitiria a equiparação da origem da Federação brasileira com a de outros Estados federais, como os Estados Unidos, a Alemanha e a Argentina. Como realça Oswaldo Trigueiro, "Esta é uma ficção desprovida de utilidade real para explicar a origem do Estado federal brasileiro, de conformidade com a doutrina clássica, definidora da Federação como processo de integração política, que parte da dispersão para a unidade, realizando-se através de pacto em que as entidades participantes conservam certa parcela de seus direitos originários. (...) Mas, do ponto de vista estritamente jurídico, a Federação é criação do direito positivo, que não está necessariamente condicionada aos antecedentes históricos" (Oswaldo Trigueiro, *A Evolução do Regime Federal Brasileiro*, 1992, p. 295). Ou seja, essa compreensão, que contraria a realidade histórica brasileira, é, ainda, completamente irrelevante do ponto de vista teórico, porque não existe qualquer óbice para que a gênese da federação se dê de forma inversa, a partir de um Estado unitário.

215. Afonso Arinos de Melo Franco, *Curso de Direito Constitucional Brasileiro*, 1960, p. 120, v. II.

216. Presidida por Saldanha Marinho, a Comissão tinha como membros, ainda, Rangel Pestana, Américo Brasiliense, Santos Werneck e Magalhães Castro.

O projeto apresentado por esta Comissão ao Governo Provisório sofreu, ainda, alterações antes de ser remetido à Assembleia Constituinte, em especial por obra de Rui Barbosa. Este foi o responsável pela redação do federalismo e do presidencialismo sob tão forte influência do modelo norte-americano.

Como realça Bonavides, "Mudou-se o eixo dos valores e princípios da organização formal do poder. Os novos influxos constitucionais deslocavam o Brasil constitucional da Europa para os Estados Unidos, das Constituições francesas para a Constituição norte-americana, de Montesquieu para Jefferson e Washington, da Assembleia Nacional para a Constituinte de Filadélfia e depois para a Suprema Corte de Marshall, e do pseudoparlamentarismo inglês para o presidencialismo americano"[217].

O problema do federalismo foi objeto de grandes debates na sessão constituinte do Congresso Nacional, com a marcante presença de Rui Barbosa. Na ocasião, o jurista se posicionou ao lado dos unionistas, defendendo a atribuição à União dos poderes necessários a garantir a manutenção do pacto, em oposição aos partidários de um federalismo radical[218]. Ao cabo, adotou-se arquitetura que conferia ampla autonomia aos Estados, mas assegurava ao poder da União a prerrogativa de neles intervir sempre que necessário para a manutenção do sistema federativo[219].

Em 24 de fevereiro de 1891 promulgava-se a Constituição da República dos Estados Unidos do Brasil, a mais concisa entre todas as nossas Cartas Políticas. Extinguindo-se o Poder Moderador, alinhou-se, dessa vez, a uma repartição mais clássica de poderes. Instituiu-se um Legislativo nacional bicameral, composto por parlamentares de mandato temporário, um Executivo chefiado pelo Presidente da República e um Judiciário mais robusto, dotado de prerrogativas como a vitaliciedade e a irredutibilidade de vencimentos[220] e da competência de declarar a inconstitucionalidade de leis e atos normativos, além da própria existência de uma Suprema Corte à semelhança da Corte norte-americana.

---

217. Paulo Bonavides, *Curso de Direito Constitucional*, 2006, p. 264.

218. Paulo Bonavides & Paes de Andrade, *História constitucional do Brasil*, 1991, p. 226-7.

219. Analisa Oswaldo Trigueiro: "Com efeito, a Constituição de 1891 estruturou um Estado que reproduziu, nos traços essenciais, o molde federal então conhecido e adotado pelos Estados Unidos, Suíça, Argentina, México e Alemanha. Do ponto de vista do direito legislado, a República brasileira passou a ser, no plano do direito interno, um Estado composto, com os seguintes traços distintivos: a) descentralização política de natureza constitucional; b) entidades secionais dotadas do poder de auto-organização e autogoverno; c) garantia eficaz de integridade territorial; d) Estados-membros possuidores de competência de legislação e execução, a ser exercida em caráter independente e isento de controle pelo poder federal" (Oswaldo Trigueiro, *A Evolução do Regime Federal Brasileiro*, 1992, p. 297).

220. Relata Angenor de Roure: "Desde a primeira Constituinte, em 1823, sempre se procurou, no Brasil, garantir a independência da magistratura. O projeto elaborado por Antônio Carlos tornava os juízes inamovíveis e vitalícios, só podendo ser privados do cargo por meio de sentença proferida em razão de delito ou aposentação; mas a inamovibilidade não se opunha à mudança dos juízes letrados de primeira instância de uns para outros lugares (arts. 191 e 192). A Carta de 1824 dizia que os juízes de direito seriam perpétuos, embora não inamovíveis e o Imperador poderia suspendê-los por queixas contra eles feitas; mas só perderiam o cargo por sentença (arts. 153, 154 e 155).

(...) O Projeto que o Governo Provisório do Brasil enviou à Constituinte de 1890-91 já determinava, no seu art. 56 e seu § 1º, que os juízes do Supremo e demais juízes federais seriam vitalícios e não poderiam ter vencimentos diminuídos. A Comissão dos 'vinte e um' não propôs modificação alguma e antes rejeitou as que lhe foram sugeridas" (Angenor de Roure, *A constituinte republicana*, 1979, p. 25-7).

As formulações encampadas pela Constituição eram, contudo, teóricas e distantes da realidade político-social brasileira. Nas palavras de BONAVIDES e ANDRADE, "As elites fizeram então da sociedade um laboratório constitucional"[221]. Diante disso, expõem os autores: "Até mesmo as formas mais puras da construção liberal cedo se esclerosaram. Na região de governo, a força atrativa de um só poder aglutinava as oligarquias estaduais, e logo se manifestaria visível e ostentosa na pessoa do Presidente da República. Era este um monarca sem coroa, um rei sem trono. As instituições mesmas se revelavam impotentes para romper a tradição, o costume, a menoridade cívica, os vícios sociais ingênitos, que faziam a República parecer a desforra do passado. A lição era esta: ninguém decreta a supressão histórica da realidade, com lápis e papel, ao abrigo macio das antecâmaras do poder"[222].

Assim, o poder pessoal, antes concentrado no Imperador, passou ao Presidente da República. É exercido, em um primeiro momento, pelos militares e, em um segundo, pelas oligarquias, por meio da política dos governadores[223]. Esse presidencialismo de características pessoais exacerbadas vai se arraigar por toda a História brasileira.

Cedo começaram as tentativas de revisão constitucional, que, no entanto, eram impedidas por dificuldades formais (o processo de reforma constitucional era bastante rígido) e materiais (interesses na preservação do *status quo*). Quando finalmente lograda, a reforma já era incapaz de salvar a Constituição[224].

Em 1926, foram aprovadas cinco emendas, alterando as matérias referentes à intervenção federal, às competências do Poder Legislativo, à elaboração de leis, à competência da Justiça Federal e aos direitos e garantias individuais (caso do uso alargado do *habeas corpus*). Em resumo, racionalistas e autoritárias[225], as emendas centralizavam o Poder na União e fortaleciam o Executivo unipessoal.

De acordo com MARCELLO CERQUEIRA, "A Reforma de 1926 virá na sequência da lei de segurança do Estado e do garrote vil da lei de imprensa, todas naturalmente autoritárias. Tratava-se de responder à 'crise de autoridade' que o Poder identificava como o principal problema da Nação. Foi a emergência de um certo 'nacionalismo da ordem' destinado a restabelecer a autoridade, pondo as coisas nos seus devidos lugares, combatendo, ao mesmo tempo, o *tenentismo* e a agitação liberal, aliança antecipada quando Rui Barbosa, prestigiando a posse do marechal Hermes da Fonseca na presidência do Clube Militar, propõe o resgate da República com o retorno à sua origem militar"[226].

---

221. Paulo Bonavides & Paes de Andrade, *História constitucional do Brasil*, 1991, p. 8.
222. Paulo Bonavides & Paes de Andrade, *História constitucional do Brasil*, 1991, p. 249-51.
223. Marcello Cerqueira, *A Constituição na História*: Origem e Reforma, 1993, p. 305-16.
224. Paulo Bonavides & Paes de Andrade, *História constitucional do Brasil*, 1991, p. 256-9.
225. Celso Ribeiro Bastos, *Curso de Direito Constitucional*, 2002, p. 177.
226. Marcello Cerqueira, *A Constituição na História*: Origem e Reforma, 1993, p. 323.

4. A CONSTITUIÇÃO DE 1934

Em vez de conter as agitações contrárias ao sistema político, pela contemplação, ainda que parcial, de suas reivindicações de mudança, a Reforma de 1926 produziu justamente os efeitos contrários. Relata CLÁUDIO PACHECO: "O conflito entre o poder presidencial, que buscava novo vigor na reforma constitucional, e as resistências populares, já transpassadas para os quartéis e para certos setores dos próprios círculos governamentais, já evoluídas, portanto, para além do primitivo estágio da sentimentalidade multitudinária, já chegara a um extremo da deflagração"[227].

Por outro lado, a reforma não atendeu a uma das principais exigências sociais e das classes econômicas do país[228]: a revisão do sistema eleitoral. Esta, uma vez desinteressante para os integrantes do quadro político, apenas mostrava-se possível pela via da revolução[229-230]. Essa foi, pois, a bandeira da Revolução de outubro de 1930, que culminou na chegada de GETÚLIO VARGAS ao poder.

Substituiu-se, em seguida, a Constituição de 1891 pelo Decreto n. 19.398, de 11 de novembro de 1930, que instituiu o Governo Provisório. Como realça AFONSO ARINOS DE MELO FRANCO, "Êsse diploma legislativo, chamado impròpriamente *decreto* (denominação que, no Direito Público brasileiro, tem antes um sentido mais restrito, executivo e regulamentar), é, na verdade, uma lei constitucional provisória oriunda de um poder de fato. Esta lei, redigida na sua maior parte pelo ilustre jurista Dr. LEVI CARNEIRO, ao mesmo tempo que estabelece uma certa limitação jurídica aos poderes discricionários do Govêrno Provisório, determina, em linhas gerais, o quadro das relações jurídicas públicas e particulares, tais como se deveriam manter após a queda da Constituição de 1891"[231].

Tal "Constituição Provisória" subsistiu até 16 de julho de 1934, quando da promulgação da nova Carta Política. Determinava a dissolução do Congresso Nacional e Casas Legislativas estaduais e municipais, cujas atribuições transferiam-se ao Governo

---

227. Cláudio Pacheco, *Tratado das Constituições Brasileiras*, 1958, p. 76, v. I.

228. Na década de 1930, a economia brasileira não mais se baseava exclusivamente no café. Marcello Cerqueira traça um bom panorama da situação: "No quadro econômico apareciam outros atores. O incremento das atividades industriais, incipiente embora, faz emergir uma burguesia industrial que procura seus próprios caminhos, configura uma visão social própria, e sai em busca de alianças políticas. A classe operária, apesar de não participar organicamente da Revolução, recusa o papel de assistente mudo da cena política. A crise de 1929 a obriga a vir à frente do palco e a lutar por seus empregos e melhores salários. O Partido Comunista Brasileiro dá sentido político às suas reivindicações, embora também não participe diretamente da Revolução de Outubro reservando-se à crítica do modelo econômico e social do País. Os 'tenentes' se agitam, assim a classe média" (Marcello Cerqueira, *A Constituição na História*: origem e reforma, 1993, p. 326).

229. Contudo, como notam Bonavides e Andrade, em relação ao objetivo de proporcionar a participação popular no poder por meio de um sufrágio verdadeiro, a Revolução de 1930 fracassou, pois deu ensejo a um regime ditatorial: "Estranhos liberais ou singulares revolucionários aqueles que, chegando ao poder, logo deslembram o compromisso político contraído perante a Nação, de estabelecer uma nova ordem que fizesse legítimo o exercício da representação" (Paulo Bonavides & Paes de Andrade, *História Constitucional do Brasil*, 1991, p. 263).

230. Afonso Arinos de Melo Franco, *Curso de Direito Constitucional Brasileiro*, 1960, p. 170.

231. Afonso Arinos de Melo Franco, *Curso de Direito Constitucional Brasileiro*, 1960, p. 171-2.

Provisório. Mantinha todas as obrigações contratuais contraídas por entes públicos, mas extinguia os direitos adquiridos em razão do exercício de funções públicas[232-233].

Ou seja, durante um período de quatro anos, o País subsistiu sem qualquer Constituição em sentido formal, exceto um decreto que lhe fazia as vezes, sem, porém, impor verdadeiras limitações ao poder do chefe do Governo Provisório.

Um fator determinante para a convocação da Assembleia Constituinte, em 1933, foi, inegavelmente, a Revolução Paulista de 1932. Pressentindo que as promessas da Revolução de 1930 — de instituir uma ordem representativa legítima — não vingariam, e de que VARGAS perpetuaria um governo ditatorial, centrado em seu poder pessoal, a população paulista empreendeu uma revolta armada constitucionalista.

Os ideais da Revolução Constitucionalista ecoam até os dias de hoje, proclamando a necessidade de uma Constituição para limitar o Governo da União, particularmente o Presidente da República, já centralizado pelo nível e quantidade de competências, entidades e forças que congregava e ainda na atualidade detém. Trata-se de um dos mais importantes capítulos da História Constitucional brasileira, ainda lamentavelmente desconhecido da maioria.

O movimento paulista acabou sufocado pelo Governo central, cujas tropas, em número muito maior e mais bem abastecidas, permitiram a manutenção de um Governo sem limites. A Revolução recebeu, também, reprovação em âmbito nacional, em decorrência da manipulação da opinião pública para acreditar tratar-se de uma luta separatista. Não obstante, o fracasso deu-se apenas em termos, uma vez que, dois anos depois, o país se reconstitucionalizava[234-235].

A Constituição de 1934 teve como principal mérito a quebra da tradição liberal das Cartas que a antecederam e o estabelecimento de uma democracia social[236]. A promoção dos direitos sociais era uma das principais preocupações de VARGAS, e teve início desde que este assumiu o poder, em 1930. Editaram-se normas instituindo o Ministério do Trabalho, Indústria e Comércio, regulamentando a jornada de trabalho, o trabalho de mulheres e menores, e estabelecendo o direito de férias[237].

---

232. Afonso Arinos de Melo Franco, *Curso de Direito Constitucional Brasileiro*, 1960, p. 173-4.

233. Diante disso, conclui Afonso Arinos de Melo Franco: "Como se vê, a Constituição Provisória, longe de assegurar, desde logo, os princípios de Direito Público, principalmente de Direito Eleitoral, cujo desconhecimento, pela Primeira República, havia dado lugar à Revolução, tratou, antes, de firmar o poder nas mãos ainda vacilantes de Vargas, através da distribuição de benesses e da ameaça das vinditas sôbre os funcionários (coisa sempre de importância capital no burocrático Brasil), ao mesmo tempo que garantia a estabilidade das relações e intêresses de Direito Privado. A Constituição Provisória analisada dêste ângulo é interessante, porque demonstra a falta de firmeza ideológica da Revolução, o seu aspecto de desabafo de grupos políticos que utilizaram o impulso popular em prol da renovação democrática para simplesmente ocupar o poder em seu nome" (Afonso Arinos de Melo Franco, *Curso de Direiro Constitucional Brasileiro*, 1960, p. 174-5).

234. Há quem entenda que a Revolução Paulista apenas adiou o funcionamento da Assembleia Constituinte, cujos trabalhos já eram regulados pelo Decreto n. 22.040, de 1º-11-1932 (*vide* Afonso Arinos de Melo Franco, *Curso de Direito Constitucional Brasileiro*, 1960, p. 176). Em sentido contrário: Ronaldo Poletti, *Constituições Brasileiras*: 1934, 1999, p. 14.

235. Paulo Bonavides & Paes de Andrade, *História Constitucional do Brasil*, 1991, p. 266-71.

236. Celso Ribeiro Bastos, *Curso de Direito Constitucional*, 2002, p. 181.

237. José Murilo de Carvalho, *Cidadania no Brasil*: o longo caminho, 2004, p. 112.

A Carta de 1934 inovou ao trazer essa tendência ao corpo da Lei Maior. Ao encampar direitos de cunho social, veio instaurar — sob forte influência da Constituição de Weimar, mas também com certa inspiração na Constituição mexicana de 1917 — uma nova etapa no constitucionalismo brasileiro[238]. Fê-lo sem extinguir os direitos liberais já consagrados. A Constituição de 1934 pode ser considerada alinhada, no campo socioeconômico, a ações e opções implementadas durante os primeiros anos do primeiro governo de GETÚLIO VARGAS. Vale citar, nesse contexto, a criação, em 1931, do Ministério do Trabalho, Indústria e Comércio, bem como os diversos códigos editados nesse rico período normativo, como o Código de Minas, o Código de Águas e o Código de Propriedade Industrial. Tratava-se, sobretudo, como adverte SÔNIA DRAIBE, de afirmar a soberania sobre as fontes de recursos energéticos nacionais, estratégicos ou essenciais para a construção de um futuro divergente do periférico. Essa afirmação é comum à construção dos Estados nacionais e, no caso brasileiro, como afirma DRAIBE, esteve conjugada com a construção do papel do Estado em face desses recursos[239].

Consoante BONAVIDES, "O constitucionalismo dessa terceira época fez brotar no Brasil desde 1934 o modelo fascinante de um Estado social de inspiração alemã, atado politicamente a formas democráticas, em que a Sociedade e o homem-pessoa — não o homem-indivíduo — são os valores supremos. Tudo porém indissoluvelmente vinculado a uma concepção reabilitadora e legitimante do papel do Estado com referência à democracia, à liberdade e à igualdade"[240].

Por outro lado, a proximidade com a religião fica patente no preâmbulo, no qual se invoca Deus: "Nós, os representantes do povo brasileiro, pondo a nossa confiança em Deus (...)", em proclamação que permanecerá na História das Constituições sucessivas. Não obstante, no corpo constitucional, registra-se a preocupação com a independência das instituições religiosas em relação aos órgãos estatais (art. 17, II e III).

Mantinha-se a tripartição de poderes, mas estes seriam agora, além de independentes, coordenados entre si. O Capítulo V dispunha sobre esta coordenação, incumbindo ao Senado Federal, ao lado da função de colaborar na feitura de leis, a tarefa de "promover a coordenação dos poderes federais entre si, manter a continuidade administrativa, velar pela Constituição" (art. 88). Daí derivaram discussões sobre tratar-se o Senado, nesse modelo, de um quarto poder[241], como resultado de pensamento original acostado nesta Constituição nos termos assim transcritos.

Na leitura de PONTES DE MIRANDA, o art. 88 refere-se ao Senado e "diz-nos que ele promove a coordenação dos poderes federais entre si, mantém a continuidade administrativa (o que não corresponde mais ao órgão que afinal se construiu), vela pela Constituição (o que se confirma nos arts. 91, II-IV, 8º, parágrafo terceiro, 11 e 130)"[242].

---

238. Paulo Bonavides, *Curso de Direito Constitucional*, 2006, p. 366.

239. Sônia Draibe, *Rumos e metamorfoses*, 2004, p. 83-4.

240. Paulo Bonavides, *Curso de Direito Constitucional*, 2006, p. 368.

241. Odilon Araujo Grellet, *Ensaio sobre a Evolução do Direito Constitucional Brasileiro*, 1950, p. 114.

242. *Comentários à Constituição da República do E. U. do Brasil*, 1936, p. 764.

Com o objetivo de corrigir distorções que permitiram, na vigência da Constituição de 1891, a chamada política dos governadores, os constituintes de 1934 preocuparam-se em reforçar o federalismo. Como bem analisa Oswaldo Trigueiro, a Carta de 1934 restringia a autonomia dos Estados, ampliando a esfera de competência atribuída à União e aumentando as hipóteses de intervenção[243]. Por outro lado, intentava resguardar de forma mais eficaz dita autonomia[244].

Inchada na sua extensão — possuía mais que o dobro de preceitos contidos na Constituição de 1891 —, a Carta de 1934 tratou de matérias antes estranhas em âmbito constitucional, como os temas tradicionalmente enfrentados pelo direito civil e pelo direito administrativo, além de conferir proteção ao trabalhador, à família, à educação e à cultura. Essa nota característica desta Constituição irá permanecer como nota própria do constitucionalismo brasileiro.

Trazendo ao âmbito constitucional o que já havia disposto o relevante Código Eleitoral, baixado pelo Decreto n. 21.076, de 24-2-1932, assegurou o sufrágio universal, igual e direto, garantindo às mulheres o direito de se tornarem eleitoras[245]. Para a eleição presidencial, determinou, ainda, que o voto seria *direto e secreto*. Tais disposições, contudo, não geraram efeitos práticos porque não chegaram a ocorrer eleições para Presidente da República, exceto a indireta, realizada pela Assembleia Constituinte, nos termos do art. 1º das Disposições Transitórias. Tampouco elegeram-se diretamente governadores estaduais e senadores[246].

Abrindo um capítulo especial para a ordem econômica e social — de forma pioneira no Brasil e a permanecer como característica própria de nosso constitucionalismo —, a Carta de 1934 determinou que sua organização se desse "conforme os princípios da justiça e as necessidades da vida nacional, de modo que possibilite a todos a existência digna" (art. 115, *caput*). Previu a possibilidade de monopólio, pela União, de indústrias e atividades econômicas (art. 116) e determinou a promoção, por meio de lei, da economia popular, o desenvolvimento do crédito e a nacionalização progressiva dos bancos de depósito (art. 117, *caput*).

Pela análise de Bonavides e Andrade, essa intenção de dispor sobre a esfera social e de intervir na economia, somada à centralização de poderes no Presidente da República, contradizem os aspectos liberais da Constituição e oferecem indícios do que viria a ser o *Estado Novo*. Acrescentamos que a convocação da Assembleia Constituinte e a Constituição, apesar de anunciadas até mesmo antes da Revolução Constitucio-

---

243. A ampliação se deu, na realidade, em relação ao texto originário da Constituição de 1891; as novas hipóteses, encampadas pela Constituição de 1934, já haviam sido instituídas pela reforma constitucional de 1926 (Trigueiro, 1992: 303).

244. Oswaldo Trigueiro, *A Evolução do Regime Federal Brasileiro*, 1992, p. 302.

245. Dispunha o art. 108: "São eleitores os brasileiros de um ou de outro sexo, maiores de 18 anos, que se alistarem na forma da lei. Parágrafo único. Não se podem alistar eleitores: *a*) os que não saibam ler e escrever; *b*) as praças de pré, salvo os sargentos do Exército e da Armada e das forças auxiliares do Exército, bem como os alunos das escolas militares de ensino superior e os aspirantes a oficial; *c*) os mendigos; *d*) os que estiverem, temporária ou definitivamente, privados dos direitos políticos".

246. Ronaldo Poletti, *Constituições Brasileiras*: 1934, 1999, p. 47-8.

nalista, não eram — e efetivamente não foram — suficientes para afastar o temor de que ingressaríamos em um momento ditatorial.

Argumentam os autores: "Não, portanto, por ser 'irrealista' ou 'inexequível', mas por ser dúbia, é que a Constituição de 1934 selou seu destino. Se hoje podemos dizer que uma certa síntese foi conseguida entre elementos do pensamento liberal e tendências intervencionistas do Estado, em 1934 ela era apenas uma ideia. A Carta é uma colcha de retalhos, em que pese o brilhantismo jurídico e sua lição histórica. Princípios antagônicos (formulados antagonicamente inclusive) são postos lado a lado. Eles marcam duas tendências claramente definidas, dois projetos políticos diversos. Um deles havia de prevalecer. O que efetivamente aconteceu: sobreveio a ditadura getulista a partir de 1937"[247].

5. CARTA DITATORIAL DE 1937: A "POLACA"

Os preceitos da Constituição de 1934 não chegaram a produzir alterações notáveis na realidade e na prática jurídica. De um lado, não houve tempo para que isso ocorresse e, de outro, não houve esforço por parte do dirigente de plantão, apesar de suas campanhas pró-constituinte e, supostamente, em favor de um regime constitucional de limitação do "poder".

A Assembleia elegeu como presidente o anterior ditador, que em nada se preocupava com as determinações da Carta política recém-promulgada e se desgostava com a ideia de ser substituído em seu posto, no fim do mandato[248].

O golpe de 1937 aproveitou uma conjuntura que lhe era favorável, diante da descrença em uma Constituição sem qualquer efetividade[249] e de uma crise que, em parte, refletia o conflito europeu entre nazifascistas e comunistas. "Sob o pretexto de que ideologias perigosas ameaçavam nossas instituições, o chefe do governo para garantir a soberania nacional e impedir a agressão externa, como afirmou, dissolveu o poder legislativo e publicou a nova lei fundamental, arvorando-se em poder constituinte"[250].

Afonso Arinos de Melo Franco descreve o panorama: "Entre declarações patrioteiras, para uso externo, e anedotas e piadas, corridas entre os íntimos, ostentando um misto de temebilidade estudada e de habilidade bonachona, o presidente, a 10 de novembro, fechou, com a Polícia, um Legislativo acocorado, recebeu a reverência de um Supremo Tribunal igual ao Legislativo, liquidou a velha Constituição inaplicada, lançou outra que também não o foi, e não deixou de ter a simpatia de um povo enfastiado daquele grupo de fantoches parasitas, sabujos e gozadores. Foi uma queda sem dificuldades e sem grandeza"[251].

---

247. Paulo Bonavides & Paes de Andrade, *História Constitucional do Brasil*, 1991, p. 266-71.
248. Afonso Arinos de Melo Franco, *Curso de Direito Constitucional Brasileiro*, 1960, p. 205, v II.
249. Celso Ribeiro Bastos, *Curso de Direito Constitucional*, 2002, p. 189.
250. Odilon Araujo Grellet, *Ensaio sobre a Evolução do Direito Constitucional Brasileiro*, 1950, p. 131.
251. Afonso Arinos de Melo Franco, *Curso de Direito Constitucional Brasileiro*, 1960, p. 206, v II.

A Constituição de 1937, outorgada com o golpe de Getúlio Vargas, foi a primeira das Cartas Políticas brasileiras a dispensar qualquer atividade constituinte por um órgão de representação popular[252]. Tirou inspiração, em especial, da Constituição polonesa de 1935, razão pela qual passou a ser denominada "A Polaca", mas também se influenciou pela portuguesa, de 1933, pela "Carta del Lavoro" italiana e pela Constituição castilhista de 1891[253]. Em suma, a Constituição de 1934 nasceu de fontes autoritárias.

Previa a existência do Legislativo — formado pela Câmara dos Deputados e pelo Conselho Federal (este último substitutivo do Senado) — e do Judiciário. Não obstante esse feixe de "Poderes", colocava o Executivo em uma posição de clara proeminência. Além de expressamente declará-lo autoridade suprema[254], conferia-lhe importantes prerrogativas, como indicar um dos candidatos à Presidência da República (art. 75, *a*), dissolver a Câmara dos Deputados (art. 75, *b*) e designar parte dos membros do Conselho Federal (art. 75, *d*). Nos períodos de recesso do Parlamento e de dissolução da Câmara dos Deputados, era facultado ao Presidente da República legislar por meio de decretos-leis (art. 13). Por essas razões, na análise de CELSO BASTOS, a Constituição de 1937 consistia em "documento destinado exclusivamente a institucionalizar um regime autoritário"[255].

O Poder Judiciário, outrossim, restou enfraquecido com a mitigação de seu poder de declarar a inconstitucionalidade de leis. O parágrafo único do art. 96 determinava que: "No caso de ser declarada a inconstitucionalidade de uma lei que, a juízo do Presidente da República, seja necessária ao bem-estar do povo, à promoção ou defesa de interesse nacional de alta monta, poderá o Presidente da República submetê-la novamente ao exame do Parlamento: se este a confirmar por dois terços de votos em cada uma das Câmaras, ficará sem efeito a decisão do Tribunal".

Suprimia-se, com isso, a prerrogativa do Poder Judiciário de decidir em última instância e em caráter definitivo. A última palavra retornava ao Legislativo, não por uma tese democrática, mas como forma de manipular o Direito e os limites que este impunha. Retirava-se, ademais, do âmbito de apreciação do Poder Judiciário os atos praticados durante o estado de emergência e o estado de guerra (art. 170). Por fim, possibilitava-se que o Governo determinasse a aposentadoria de juízes, "no interesse do serviço público e por conveniência do regime" (art. 177).

É verdade que a Carta de 1937 abeberou-se na Constituição de 1934, da qual copiou diversos dispositivos[256]. Aludiu à soberania popular, dispondo que "O poder político emana do povo e é exercido em nome dele, e no interesse do seu bem-estar, da sua honra, da sua independência e da sua prosperidade" (art. 1º). Previu um rol de

---

252. Paulo Bonavides & Paes de Andrade, *História Constitucional do Brasil*, 1991, p. 339.

253. Marcello Cerqueira, *A Constituição na História*: Origem e Reforma, 1993, p. 334-5.

254. Dispunha o art. 73: "O Presidente da República, autoridade suprema do Estado, coordena a atividade dos órgãos representativos, de grau superior, dirige a política interna e externa, promove ou orienta a política legislativa de interesse nacional, e superintende a administração do País".

255. Celso Ribeiro Bastos, *Curso de Direito Constitucional*, 2002, p. 190.

256. Pontes de Miranda, *Comentários à Constituição Federal de 1937*, 1938, p. 9.

direitos e garantias individuais, abriu capítulos tratando da proteção da família, da educação e da cultura, da ordem econômica.

Contudo, os direitos individuais ficaram coartados em relação à Constituição de 1934. Entre outras limitações, é relevante ressaltar a possibilidade de censura prévia da imprensa, do teatro, do cinematógrafo e da radiodifusão (art. 122, 15, *a*) e a pena de morte para outros delitos além dos militares em tempo de guerra, tais como crimes políticos e o "homicídio cometido por motivo fútil e com extremos de perversidade" (art. 122, 13, *a* a *f*).

Por outro lado, as disposições formais não causaram repercussões práticas — a existência da Constituição outorgada em 1937 foi somente *nominal*[257]. Nas palavras de ODILON ARAUJO GRELLET, "Os abusos praticados com fundamento na carta de 1937 provam exatamente que o nosso direito constitucional não estava contido nos seus dispositivos, mas fora deles[258].

Nem mesmo chegou a submeter-se a plebiscito, consoante previsto em seu art. 187[259]. Isso fez com que FRANCISCO CAMPOS — um de seus autores — declarasse, em 3 de março de 1945, em entrevista ao *Correio da Manhã*, que "a Constituição de 1937 não tem mais vigência. É um documento de valor puramente histórico. Entrou para o imenso material que, tendo sido ou podendo ter sido jurídico, deixou de o ser ou não chegou a ser jurídico, por não haver adquirido ou haver perdido a sua vigência"[260].

A Carta dispunha que, até a data do plebiscito, renovar-se-ia o mandato do então Presidente da República (art. 175) e, somente após o plebiscito, realizar-se-iam as eleições para o Parlamento Nacional, dissolvido quando da sua promulgação (art. 178). Lembre-se que, pelo art. 180, enquanto não se reunisse o Parlamento, o Presidente poderia legislar, por meio de decretos-leis. Ou seja, não se realizando o plebiscito, o mandato do Presidente renovar-se-ia eternamente, não haveria Poder Legislativo e suas funções ficariam concentradas nas mãos do chefe do Executivo.

Sem a realização do plebiscito, tampouco o regime federativo previsto na Carta de 1937 produzia qualquer efeito: "os Estados permaneceram na condição de meros departamentos territoriais, sob a administração do governo central, por meio de delegados de sua confiança e demissíveis *ad nutum*"[261]. Por essa razão, conclui MICHEL TEMER: "embora *formalmente* federal, a forma de Estado foi, *realmente*, unitária"[262].

No entanto, as tendências fascistas e autoritárias do início do Estado Novo tiveram que ceder com o fim da Segunda Guerra Mundial. Aos poucos, a ditadura de VARGAS não mais conseguia manter-se pelo uso da força. Diante disso, com o objetivo de prosseguir no poder, passou a se transformar. Entre as "reformas constitucionais" promo-

---

257. Marcello Cerqueira, *A Constituição na História*: Origem e Reforma, 1993, p. 335.

258. Odilon Araujo Grellet, *Ensaios sobre a Evolução do Direito Constitucional Brasileiro*, 1950, p. 135.

259. Dispunha esse dispositivo: "Art. 187. Esta Constituição entra em vigor na sua data e será submetida ao plebiscito nacional na forma regulada em decreto do Presidente da República".

260. Apud Walter Costa Porto, *Constituições Brasileiras*: 1937, 1999, p. 49.

261. Oswaldo Trigueiro, *A Evolução do Regime Federal Brasileiro*, 1992, p. 304.

262. Michel Temer, *O Estado Federal*, 1992, p. 244.

vidas pelo Presidente, veio a Lei Constitucional n. 9, de 28 de fevereiro de 1945, determinando que se fixassem as eleições presidenciais e para o Parlamento, inclusive para que este implementasse uma reforma da Constituição[263-264].

Essa atitude continha um objetivo velado, pois não visava a produzir uma revolução constitucional, mas sim possibilitar a manutenção do poder pelo Governo de VARGAS. Suscitou, porém, toda uma mobilização política com a finalidade de eleger um novo Presidente, pondo fim à ditadura. Em reação, o Governo do Estado Novo passou a adotar medidas que foram recebidas pelos oposicionistas como conturbadoras do processo de restauração da democracia[265].

6. A CONSTITUIÇÃO DE 1946

Em 29 de outubro de 1945, uma ação das Forças Armadas derrubou o Estado Novo. Assumiu o poder o Ministro JOSÉ LINHARES, presidente do Supremo Tribunal Federal, com a função de presidir a transição democrática.

Expediram-se as Leis Constitucionais n. 13, de 12 de novembro de 1945, e 15, de 26 de novembro de 1945. A primeira delas esclarecia que o Parlamento a ser convocado teria natureza constituinte, com poderes ilimitados[266], e que, após a promulgação da Constituição, passaria a funcionar como Poder Legislativo ordinário[267]. A segunda, por sua vez, delimitava os poderes do Congresso Nacional, em sua função constituinte, e os do Presidente da República, enquanto não promulgada a nova Constituição. Aquele estabeleceria as normas constitucionais sem qualquer limitação, enquanto este ficaria responsável pela legislação ordinária de competência da União[268].

Com isso, o objetivo expresso na Lei Constitucional n. 9, por GETÚLIO VARGAS, de eleger um Parlamento para que esse implementasse uma reforma na Constituição de 1937, transformou-se, com as Leis Constitucionais do novo Governo Provisório, na eleição de uma Assembleia Constituinte genuína. Esta reuniu-se, pela primeira vez, em 15 de março de 1946 e aprovou a Constituição em 18 de setembro desse mesmo ano.

---

263. Entre as justificativas apresentadas para a expedição de tal lei constitucional estava a constatação de que "a eleição de um Parlamento dotado de poderes especiais para, no curso de uma legislatura, votar, se o entender conveniente, a reforma da Constituição, supre com vantagem o plebiscito de que trata o art. 187 desta última, e que, por outro lado, o voto plebiscitário implicitamente tolheria ao Parlamento a liberdade de dispor em matéria constitucional".

264. Afonso Arinos de Melo Franco, *Curso de Direito Constitucional Brasileiro*, 1960, p. 217-8, v. II.

265. Paulo Bonavides & Paes de Andrade, *História Constitucional do Brasil*, 1991, p. 350-1.

266. Dispunha o seu art. 1º, *caput*: "Os representantes eleitos a 2 de dezembro de 1945 para a Câmara dos Deputados e o Senado Federal reunir-se-ão no Distrito Federal, sessenta dias após as eleições, em Assembleia Constituinte, para votar, com poderes ilimitados, a Constituição do Brasil".

267. Pelo seu art. 2º: "Promulgada, a Câmara dos Deputados e o Senado Federal passarão a funcionar como Poder Legislativo ordinário".

268. Constava da referida lei: "Art. 1º Em sua função constituinte terá o Congresso Nacional, eleito a 2 de dezembro próximo, poderes ilimitados para elaborar e promulgar a Constituição do País, ressalvada a legitimidade da eleição do Presidente da República. Art. 2º Enquanto não for promulgada a nova Constituição do País, o Presidente da República, eleito simultaneamente com os Deputados e Senadores, exercerá todos os poderes de Legislatura ordinária e de administração que couberem à União, expedindo os atos legislativos que julgar necessários".

Na análise de CELSO BASTOS, "A Constituição de 1946 se insere entre as melhores, senão a melhor, de todas que tivemos"[269]. Ao mesmo tempo que atentava ao cenário internacional, marcado com o fim da Segunda Grande Guerra[270], a Carta de 1946 restabeleceu conquistas obtidas com a Constituição de 1934[271].

Restituiu, em primeiro lugar, o equilíbrio entre os três Poderes, solapado com o regime que a antecedeu. Tais poderes, pelo art. 36, seriam "independentes e harmônicos entre si". Salvo exceções, o sujeito investido na função de um deles ficava impedido de exercer a de outro (art. 36, § 1º) e era vedada a delegação de atribuições (art. 36, § 2º).

O Poder Legislativo voltava a ser exercido em sistema bicameral, reinserindo-se nessa estrutura o Senado Federal. E o Judiciário readquiria as garantias de vitaliciedade, inamovibilidade e irredutibilidade de vencimentos (art. 95, I a III). A declaração de inconstitucionalidade voltou a depender de análise final do Poder Judiciário, totalmente independente da intervenção dos demais Poderes (art. 200), salvo a incumbência do Senado Federal — que até os dias de hoje se mantém — de "suspender a execução, no todo ou em parte, de lei ou decreto declarados inconstitucionais por decisão definitiva do Supremo Tribunal Federal" (art. 64).

A Constituição de 1946 retomou também o Federalismo, sufocado com a centralização da ditadura de VARGAS. Ficou assegurada a autonomia dos Estados (art. 18) e dos Municípios (art. 28). Em relação a estes últimos, restaurou-se a eletividade dos Prefeitos, que, pela Carta de 1937, eram de livre nomeação pelo Governador do Estado, e aumentou-se a sua receita tributária[272].

Em relação aos direitos individuais, a Constituição de 1946 afastou alguns dos retrocessos provocados pela Constituição de 1937, retomando-se, por exemplo, a proibição da pena de morte, de banimento, de confisco e de caráter perpétuo (art. 141, § 31), vedações que já vinham instituídas pela Constituição anterior, de 1934. Apresentou, ademais, importantes inovações em relação a esta, como a regra que impede a exclusão da apreciação do Poder Judiciário de qualquer lesão de direito individual (art. 141, § 4º).

Por fim, deu seguimento à iniciativa das duas Cartas anteriores, ao preocupar-se com a questão social. Nesse campo, não rompeu com o Estado Novo, continuando a regulamentação da sociedade e da economia levada a efeito durante aquele período[273].

Como ensinam BONAVIDES e ANDRADE, o princípio social foi ampliado em alguns aspectos, e restringido em outros[274]. Entre as disposições que implicavam o crescimento do princípio social, cite-se a participação obrigatória e direta do trabalhador nos lucros da empresa (art. 157, IV). E, entre as disposições que representaram um recuo em matéria social, cite-se a exigência de que a desapropriação se desse median-

---

269. Celso Ribeiro Bastos, *Curso de Direito Constitucional*, 2002, p. 200.

270. Para uma análise das influências internacionais, *vide* Marcello Cerqueira, *A Constituição na História*: Origem e Reforma, 1993, p. 342-4.

271. Celso Ribeiro Bastos, *Curso de Direito Constitucional*, 2002, p. 200.

272. Aliomar Baleeiro & Barbosa Lima Sobrinho, *Constituições brasileiras*: 1946, 1999, p. 18.

273. Marcello Cerqueira, *A Constituição na História*: Origem e Reforma, 1993, p. 342.

274. Paulo Bonavides & Paes de Andrade, *História constitucional do Brasil*, 1991, p. 411.

te prévia e justa indenização *em dinheiro* (art. 141, § 16), dificultado o processo da reforma agrária[275].

Na realidade, sustentam os autores, "A obra dos constituintes de 1946 representou evidente compromisso entre forças conservadoras e forças progressivas atuantes"[276], o que não é novidade nas assembleias constituintes ocorridas em todo o mundo ocidental. Estas últimas lograram incluir princípios que ficaram conhecidos, pejorativamente, como programáticos, aos quais dificilmente se daria aplicação por meio de Lei (que depende também de arranjo político-partidário). Pela análise de PONTES DE MIRANDA, foi a imprecisão constitucional, em relação aos fins do Estado, que fez com que ela padecesse de um dos principais defeitos que também havia maculado as duas Cartas que lhe precederam: a inefetividade[277].

A análise das diversas ocorrências políticas, nos anos seguintes à promulgação da Constituição, foge ao objeto deste estudo. Importa ressaltar, apenas, que a Carta de 1946, com todos os seus méritos, não pôde produzir efetivas mudanças na realidade brasileira. Os novos dirigentes do país — salvo poucas exceções —, ao invés de praticarem os mandamentos constitucionais, optaram por uma postura populista, na linha de VARGAS. "O fato então é que a *consciência* autoritária não se viu atacada em sua raiz, e o populismo se fez uma alternativa trilhada de maneira irresponsável. Ninguém percebeu que a Constituição por si só não poderia garantir os princípios expressos em seu texto. Não se percebeu sobretudo que essa ambiguidade se tornaria insuportável por muito tempo"[278].

Em 2 de setembro de 1961, os tumultos políticos levaram a uma alteração formal da Constituição, que transformou o sistema de governo para o regime parlamentarista. Motivou sua aprovação o temor de uma possível guerra civil, diante da resistência popular ao movimento militar golpista, que, após renúncia do Presidente JÂNIO QUADROS, visava a impedir a posse do Vice JOÃO GOULART[279-280].

A Emenda Constitucional n. 4, de 1961, promoveu a surpreendente saída para o inesperado desfecho político, introduzindo a reforma parlamentarista, com o objetivo de conter os poderes do novo Presidente e, com isso, acalmar os ânimos dos militares. Mas, como bem analisa MARCELLO CERQUEIRA, "O rompimento da legalidade democrática, com o expediente da adoção do sistema de gabinete para aplacar militares sediciosos, apenas retardou de uns poucos anos a tomada de poder diretamente pelos militares"[281].

---

275. *História constitucional do Brasil*, 1991, p. 417.

276. *História constitucional do Brasil*, 1991, p. 416.

277. Pontes de Miranda, *Comentários à Constituição de 1946*, 1963, p. 12-4, t. I.

278. Paulo Bonavides & Paes de Andrade, *História constitucional do Brasil*, 1991, p. 410.

279. Descreve Oscar Dias Corrêa: "A renúncia do Presidente Jânio Quadros e a crise que se lhe seguiu, foi a oportunidade para a experiência parlamentarista. Estando em fase final de discussão e posta para a votação emenda parlamentarista, apresentada sob inspiração de Raul Pila, não foi difícil fazê-la aprovar, tanto mais quanto pareceu a todos, mesmo os adversários do parlamentarismo, medida de salvação pública, naquela hora vizinha do caos" (*A Constituição de 1967*: contribuição crítica, 1969, p. 13-4).

280. Marcello Cerqueira, *A Constituição na História*: Origem e Reforma, 1993, p. 350.

281. *A Constituição na História*: Origem e Reforma, 1993, p. 355.

O art. 25 da referida Emenda possibilitava que, por meio de lei complementar, se dispusesse sobre a realização de plebiscito, deliberando sobre a manutenção, ou não, do sistema parlamentar. A Lei Complementar n. 2, de 16-9-1962, foi editada com esse propósito. E, em 1962, por votação, decidiu-se pelo retorno ao sistema presidencialista, o que se formalizou por meio da Emenda Constitucional n. 6, de 23-1-1963.

7. A CONSTITUIÇÃO DE 1967 E A "FARSA CONSTITUINTE"

Novamente sob o regime presidencialista, a crise política brasileira não cessou, culminando no golpe militar de 31 de março de 1964 e na edição do que passaria a ser uma nova e lamentavelmente impositiva forma normativa, o Ato Institucional. O primeiro Ato Institucional (n. 1), em seu preâmbulo, dispunha: "A revolução vitoriosa se investe no exercício do Poder Constituinte. Este se manifesta pela eleição popular ou pela revolução. Esta é a forma mais expressiva e mais radical do Poder Constituinte. Assim, a revolução vitoriosa, como Poder Constituinte, se legitima por si mesma. Ela destitui o governo anterior e tem a capacidade de constituir o novo governo. Nela se contém a força normativa, inerente ao Poder Constituinte. Ela edita normas jurídicas sem que nisto seja limitada pela normatividade anterior à sua vitória. Os Chefes da revolução vitoriosa, graças à ação das Forças Armadas e ao apoio inequívoco da Nação, representam o Povo e em seu nome exercem o Poder Constituinte, de que o Povo é o único titular".

De acordo com o AI-1, contudo, ficava mantida a Constituição de 1946, com as alterações que ele promovia. Perceba-se que é o Ato Institucional que supostamente decide sobre a manutenção ou derrocada de um texto constitucional.

No AI-1 não se falava em dissolução do Congresso Nacional. No entanto, como ressalta CELSO BASTOS, "Instaura-se uma ordem revolucionária no País que de certa forma já significava a derrocada da Constituição de 1946. Esta só restou em vigor na medida em que o próprio Ato Institucional n. 1 a manteve, o que justifica dizer que na verdade não era mais a Constituição de 1946 que vigia, mas sim o ato de força"[282].

Seguiram ao Ato Institucional n. 1, nos próximos dois anos, a edição de três atos institucionais e diversas emendas. O Ato Institucional n. 2, de 27-10-1965, entre outras providências: i) estabeleceu a eleição indireta para Presidente e Vice-Presidente da República; ii) suspendeu as garantias constitucionais ou legais de vitaliciedade, inamovibilidade e estabilidade, possibilitando a demissão de servidores que demonstrassem "incompatibilidade com os objetivos da Revolução"; iii) facultou a suspensão de direitos políticos e cassação de mandato de parlamentares; iv) extinguiu os partidos políticos; v) permitiu a decretação de recesso do Congresso Nacional, Assembleias Legislativas e Câmara de Vereadores pelo Presidente, atribuindo a este, nesse caso, o poder normativo. O Ato Institucional n. 3, de 5-2-1966, ampliou a realização de eleições indiretas para Governadores e Vice-Governadores.

---

282. Celso Ribeiro Bastos, *Curso de Direito Constitucional*, 2002, p. 210.

Por fim, o Ato Institucional n. 4, de 7-12-1966, determinou a convocação extraordinária do Congresso Nacional para deliberar sobre o projeto de Constituição apresentado pelo Presidente da República, visto que, conforme o seu preâmbulo, "somente uma nova Constituição poderá assegurar a continuidade da obra revolucionária".

Na compreensão de BONAVIDES e ANDRADE, "A verdade é que, procurando legitimar-se, o Movimento de 1964 tentava encontrar num texto constitucional novo uma forma de institucionalização"[283]. Mas, segundo os autores, os atos institucionais — em especial o AI-4 — provocavam tamanha coação sobre os membros do Congresso, que "não houve propriamente uma tarefa constituinte, mas uma farsa constituinte"[284]. A Assembleia, de fato, viu-se em uma situação difícil, diante de prazos exíguos para dispor sobre o projeto encaminhado pelo Presidente CASTELO BRANCO[285] e da presença de forças políticas favoráveis ao Governo, contrárias à promoção de alterações no projeto pela Assembleia[286].

PONTES DE MIRANDA expõe, no próprio ano de 1967, que "Na Constituição de 1967 há mais subversividade do que revolucionariedade. Não se avança para o futuro, como seria de mister, sabiamente. O Congresso Nacional, a despeito das pressões — que nunca existiram, antes, na história do Brasil —, conseguiu atenuar o despotismo que se queria estabelecer e impor"[287].

Com efeito, havia a distribuição de funções entre os órgãos do Estado, e uma relação de direitos individuais[288]. Não faltaram, porém, as marcas do autoritarismo, que favoreciam a ditadura. Como nota CELSO BASTOS, o reiterado uso da expressão *segurança nacional*, de significado impreciso, abria espaço para se manipular diversas das disposições constitucionais[289]. Por outro lado, instituiram-se ressalvas à liberdade de

---

283. Paulo Bonavides & Paes de Andrade, *História constitucional do Brasil*, 1991, p. 431.

284. *História constitucional do Brasil*, 1991, p. 432.

285. Sobre esse problema, discorre Oscar Dias Corrêa, que participou dos debates constituintes: "Caracterizou a discussão do Projeto a premência do tempo, presos Comissão e Plenário aos prazos augustos estabelecidos pelo Ato Institucional n. 4. Isso levou a uma análise apressada, por mais cuidadosa que desejasse ser, e à formulação de pareceres em que os ilustres Relator e sub-relatores foram levados à simples enunciação das conclusões, quase sempre sem fundamentação detida e aprofundada, o que, aliás, ocorrera também quanto às emendas. (...)

Emendas sem parecer enunciado, emendas contrárias com parecer favorável, rejeições sem lógica, aprovações sem nexo, tudo causado pela invencível dificuldade oposta pelos prazos insuficientes do Ato Institucional n. 4, tornaram angustiada e angustiosa a votação do Projeto e impossível o conhecimento do texto final que se aprovava.

Só os que viveram o dramático daqueles dias, vencidos pela responsabilidade do encargo superior de votar uma Constituição, podem dizer das angústias e perplexidade em que, a todo instante, se encontravam, para discernir qual a posição exata a adotar. O Congresso, diga-se a verdade, por mais que tenha se esforçado, votou sem saber o que votava. Poucos, muito poucos, puderam acompanhar conscientemente os trabalhos constitucionais, dias e noites sem descanso, com as publicações defeituosas das conclusões e o complexo e baralhado afã das votações de plenário" (Oscar Dias Corrêa, *A Constituição de 1967*: contribuição crítica, 1969, p. 21-2).

286. Oscar Dias Corrêa, *A Constituição de 1967*: contribuição crítica, 1969, p. 29.

287. Pontes de Miranda, *Comentários à Constituição de 1967*, 1967, p. 17, t. I.

288. A redação do Projeto de Constituição, enviado pelo Governo à Assembleia, abria muito mais espaço à violação de direitos individuais do que o texto que prevaleceu. De acordo com ela, a definição dos direitos e garantias individuais caberia à legislação ordinária, nos seguintes termos: "A lei estabelecerá os termos em que os direitos e garantias individuais serão exercidos, visando ao interesse nacional, à realização da justiça social e à preservação e ao aperfeiçoamento do regime democrático" (*apud* Oscar Dias Corrêa, *A Constituição de 1967*: contribuição crítica, 1969, p. 32).

289. Celso Ribeiro Bastos, *Curso de Direito Constitucional*, 2002, p. 211.

pensamento, em norma proibitiva de "propaganda de guerra, de subversão da ordem ou de preconceitos de raça ou de classe" (art. 150, § 8º).

Previu-se, ademais, a possibilidade de suspensão dos direitos políticos, na hipótese de abuso de direitos individuais, como da liberdade de expressão, de reunião e de associação (art. 151, parágrafo único). Atribuiu-se à Justiça Militar a competência para julgar civis, "nos casos expressos em lei para repressão de crimes contra a segurança nacional ou as instituições militares" (art. 122, § 1º). Determinou-se que ficariam "aprovados e excluídos de apreciação judicial os atos praticados pelo Comando Supremo da Revolução de 31 de março de 1964" (art. 173, *caput*).

Diminuiu-se a autonomia dos Estados e Municípios e conferiu-se amplas atribuições ao Presidente da República, inclusive legislativas. Entre elas, pode-se citar a delegação legislativa e o poder de expedir decretos-lei, em matéria de segurança nacional e finanças públicas, espécie normativa que, no silêncio do Congresso Nacional, seria tida como aprovada, vigendo indefinidamente[290] (art. 58). Tínhamos a aprovação tácita de "lei" (em sentido material), quer dizer, ato normativo que seria considerado (ficticiamente) aprovado pelo Congresso Nacional mesmo que este não houvesse efetivamente apreciado seus termos.

Sobre a ampliação da competência do Executivo, reflete OSCAR DIAS CORRÊA: "De tais poderes armou a nova Carta o Executivo, que este tudo fará para que não lhe sejam retirados nunca; se, na prática constitucional brasileira, com poderes mais limitados, já o Executivo pode tanto, e tanto se avantaja aos outros poderes, que não será numa ordem autoritária como a que se criou com a Carta de 1967?! Tudo fará ele para que não se lhe amputem os poderes excepcionais, que recebeu, e que lhe dão prevalência incontrastável sobre os outros dois, em especial, o Legislativo, preso a limites

---

290. No discurso proferido pelo parlamentar Arruda Câmara, durante sessão da Assembleia Constituinte, Alde Sampaio fez a seguinte intervenção: "V. Exa. está expondo sua opinião a respeito da categoria, da classificação que se pode dar à Constituição. Disse muito bem que não é fascista, nem nazista. Mas queria a opinião de V. Exa., no que se refere ainda a essa situação, se não acha que ela é excessivamente autoritária? E perguntaria mais, como grande constitucionalista que é (...) e grande conhecedor dos fatos jurídicos: V. Exa. pode admitir que no regime presidencialista haja delegações e até a possibilidade de feitura de decretos-leis, numa Constituição seja ela de que tipo for, e permitindo que o Presidente da República, que já enfeixa tantos poderes nas suas mãos, possa ainda ter a grande ação do outro poder, que é o legislativo? Como sabe V. Exa., admite-se a delegação no regime parlamentarista, porque então é uma comissão que age. Essa Constituição faz bem em admitir quando permite uma comissão de legisladores, sem a participação do Plenário, fazer leis ou subscrever decretos-leis; mas uma pessoa só, no regime presidencialista, quando a responsabilidade cabe a um, permitir que esse um possa fazer leis e aplicar a lei, que é o ato mais autoritário, mais tirânico, diria mesmo mais ignominioso para uma associação humana, e V. Exa., com maior conhecimento jurídico de constitucionalista, pode admitir isso numa Constituição, que V. Exa. diz que não é nem nazista e nem fascista?" (Arruda Câmara, *A Constituição de 1967*, 1967, p. 20-1). Sobre essa questão, Arruda Câmara — que não defendia ser a Constituição de todo democrática, mas democrática "na sua estrutura e nas suas linhas gerais" — discorreu: "É, sem dúvida, um dispositivo autoritário esse que concede a delegação para legislar ao Presidente da República. Nós concederíamos a elaboração de leis delegadas dentro de certos limites, dadas certas circunstâncias, tratando-se de matéria como os dos decretos-leis relativa à segurança nacional e à de natureza financeira. Até aí isto não me repugna. Em direito constitucional, essas normas, não são estáticas, são dinâmicas. Mas o que eu não compreendo é que se delegue ao Sr. Presidente da República ou a Comissões o poder de legislar sobre Códigos" (Arruda Câmara, *A Constituição de 1967*, 1967, p. 21 e 27).

estreitos de atuação, manietado no cumprimento das tarefas que lhe competem, transformado em mero ratificador da vontade do Executivo, homologador de seus desígnios"[291].

O texto constitucional de 1967, é sabido, não instituiu um regime democrático. Seguiram-se manifestações de insatisfação e pressões políticas, em face das quais editou-se, em 13 de dezembro de 1968, o Ato Institucional n. 5, que possibilitava uma severa repressão, dentro da legalidade estabelecida, dos atos que ele mesmo denominava "subversivos"[292].

O AI-5 ampliava os poderes do Presidente da República, colocando, entre as suas atribuições, a possibilidade de intervir nos Estados e Municípios e suspender os direitos políticos de quaisquer cidadãos, independentemente das limitações constitucionais. Quando da suspensão de direitos políticos, facultava a aplicação de medidas de segurança, como a chamada liberdade vigiada, proibição de frequentar certos lugares e domicílio determinado. Possibilitava, ainda, que o ato que decretasse a suspensão de direitos políticos fixasse "restrições ou proibições relativamente ao exercício de quaisquer outros direitos públicos ou privados".

Suspendia, outrossim, as garantias constitucionais ou legais de vitaliciedade, inamovibilidade e estabilidade, ficando os seus titulares sujeitos à demissão, remoção, aposentadoria ou disponibilidade, a critério do Presidente da República. Suspendia, ademais, a garantia de *habeas corpus*, nos casos de crimes políticos, contra a segurança nacional, a ordem econômica e social e a economia popular, e excluía da apreciação judicial os atos que, de acordo com ele e com seus atos complementares, fossem praticados. E, com fundamento no AI-5, editou-se o Ato Complementar n. 38, de 13-12-1968, que decretou o recesso do Congresso Nacional por tempo indeterminado.

8. A EMENDA CONSTITUCIONAL N. 1: O "ESTATUTO DA DITADURA"

Diante de problemas de saúde do Presidente COSTA E SILVA, em 1º de setembro de 1969, e sem desejar que o substituísse o Vice-Presidente PEDRO ALEIXO, os militares baixaram o Ato Institucional n. 12, atribuindo as funções presidenciais aos Ministros da Marinha de Guerra, do Exército e da Aeronáutica Militar. Os cargos de Presidente e de Vice-Presidente foram declarados oficialmente vagos, em definitivo, pelo Ato Institucional n. 16, de 14-10-1969. Até a realização de novas eleições, o posto continuaria sob o comando dos ministros militares.

---

291. Oscar Dias Corrêa, *A Constituição de 1967*: contribuição crítica, 1969, p. 25-6.

292. De acordo com o preâmbulo do Ato Institucional n. 5, "atos nitidamente subversivos, oriundos dos mais distintos setores políticos e culturais, comprovam que os instrumentos jurídicos, que a Revolução vitoriosa outorgou à Nação para sua defesa, desenvolvimento e bem-estar de seu povo, estão servindo de meios para combatê-la e destruí-la", o que justificaria "adoção de medidas que impeçam sejam frustrados os ideais superiores da Revolução, preservando a ordem, a segurança, a tranquilidade, o desenvolvimento econômico e cultural e a harmonia política e social do País comprometidos por processos subversivos e de guerra revolucionária".

Mas, antes da realização das eleições, a Junta Militar promulgou a Emenda Constitucional n. 1, de 17-10-1969, com fundamento na tese da competência para elaborar emendas à Constituição que, durante o recesso parlamentar, seria atribuída ao Presidente da República, cujas funções naquele momento a Junta exercia[293]. A ideia era incorporar à Constituição o conteúdo dos atos institucionais: "Seria uma maneira de superar o paradoxo da sobreposição de duas ordens, a revelada pela Constituição e a ínsita nos atos de exceção"[294].

Como bem analisa CELSO BASTOS, "Ao mesmo tempo que se desprezava o direito constitucional — porque tudo no fundo brotava de atos cujo fundamento último era o exercício sem limites do poder pelos militares — não se descurava, contudo, de procurar uma aparência de legitimidade pela invocação de dispositivos legais que estariam a embasar estas emanações de força"[295].

A emenda reformava dispositivos ao longo de toda a Constituição de 1967, impondo um novo texto em substituição ao original. Por esse motivo, chegam alguns a defender que, com ela, promulgou-se uma nova Carta. Em uma análise mais pragmática, afirma PAULO BONAVIDES: "não era Emenda, nem Constituição, mas, com certeza, o estatuto da ditadura, o decreto magno do autoritarismo e da discricionariedade"[296].

Entre as principais alterações promovidas, importa ressaltar o fortalecimento do Presidente da República e o aumento das atribuições delegáveis, pelo Presidente, aos Ministros de Estado e outras autoridades (art. 81, parágrafo único). A referida Emenda aumentou, também, a competência do Conselho de Segurança Nacional (art. 89, I a VI). Possibilitou a disposição, por lei complementar, sobre "a especificação dos direitos políticos, o gozo, o exercício, a perda ou suspensão de todos ou de qualquer deles e os casos e as condições de sua reaquisição" (art. 149, § 3º). Incluiu, como exceções à liberdade de expressão, "as publicações e exteriorizações contrárias à moral e aos bons costumes" (art. 153, § 8º). Autorizou a pena de morte, de prisão perpétua, de banimento ou confisco, nos casos de guerra "psicológica adversa, ou revolucionária ou subversiva,

---

293. Dizia o preâmbulo da emenda: "OS MINISTROS DA MARINHA DE GUERRA, DO EXÉRCITO E DA AERONÁUTICA MILITAR, usando das atribuições que lhes confere o art. 3º do Ato Institucional n. 16, de 14 de outubro de 1969, combinado com o § 1º do art. 2º do Ato Institucional n. 5, de 13 de dezembro de 1968, e

CONSIDERANDO que, nos termos do Ato Complementar n. 38, de 13 de dezembro de 1968, foi decretado, a partir dessa data, o recesso do Congresso Nacional;

CONSIDERANDO que, decretado o recesso parlamentar, o Poder Executivo Federal fica autorizado a legislar sobre todas as matérias, conforme o disposto no § 1º do art. 2º do Ato Institucional n. 5, de 13 de dezembro de 1968;

CONSIDERANDO que a elaboração de emendas à Constituição, compreendida no processo legislativo (art. 49, I), está na atribuição do Poder Executivo Federal;

CONSIDERANDO que a Constituição de 24 de janeiro de 1967, na sua maior parte, deve ser mantida, pelo que, salvo emendas de redação, continuam inalterados os seguintes dispositivos: (...);

CONSIDERANDO as emendas modificativas e supressivas que, por esta forma, são ora adotadas quanto aos demais dispositivos da Constituição, bem como as emendas aditivas que nela são introduzidas;

CONSIDERANDO que, feitas as modificações mencionadas, todas em caráter de Emenda, a Constituição poderá ser editada de acordo com o texto que adiante se publica, (...)".

294. Ronaldo Poletti, *Da Constituição à constituinte*, 1986, p. XI.

295. Celso Ribeiro Bastos, *Curso de Direito Constitucional*, 2002, p. 219.

296. Paulo Bonavides, *Do país constitucional ao país neocolonial*: a derrubada da Constituição e a recolonização pelo golpe de Estado institucional, 1999, p. 29.

nos termos que a lei determinar" (art. 153, § 11). Ampliou as hipóteses de abuso de direito individual e político, a ensejar a suspensão dos direitos políticos (art. 154, *caput*).

9. A TRANSIÇÃO DEMOCRÁTICA E A "CONSTITUIÇÃO CIDADÃ"

O início do processo de reabertura para um regime democrático se deu durante o governo de ERNESTO GEISEL[297], que, em 13 de outubro de 1978, editou a Emenda Constitucional n. 11, revogando os atos institucionais e complementares que contrariassem a Constituição[298].

Durante a Presidência de JOÃO BATISTA DE FIGUEIREDO, esse processo continuou, embora lentamente. A Lei n. 6.683, de 28 de agosto de 1979, concedeu anistia aos condenados por crimes políticos (posteriormente, a convocação de uma nova constituinte retomaria os termos de uma anistia ampla, geral e irrestrita, para "ambos os lados"). Reformas legislativas reinstituíram o pluripartidarismo, propiciando uma maior competitividade nas eleições para Governadores em 1982[299].

A luta em prol do retorno à regularidade das instituições durou dez anos, até que se convocasse a Constituinte. A população saiu às ruas, reivindicando a reinstituição da democracia e uma nova Constituição. Esta última reivindicação findou por manter-se, em um primeiro momento, à sombra da primeira, que atingiu o seu ápice com o movimento das Diretas-Já[300], no qual, em todo o País, milhões de pessoas foram às ruas reivindicar eleições diretas para Presidente da República.

Frustraram-se os movimentos populares em prol da eleição presidencial direta em 1984, mas se elegeu no Colégio Eleitoral o candidato da oposição TANCREDO NEVES, sob a promessa de convocar uma nova Constituinte.

Mas TANCREDO NEVES adoeceu antes de sua posse e veio a falecer, em 21 de abril de 1985. Ocupou, então, o seu posto, o Vice-Presidente JOSÉ SARNEY. Entendeu-se que apenas ocorreriam novas eleições na hipótese de nem o Presidente nem o Vice tomarem posse no posto. Colocando em prática as promessas de TANCREDO NEVES e, em especial, atendendo às pressões do Partido do Movimento Democrático Brasileiro — PMDB[301], SARNEY remeteu ao Congresso Nacional proposta de emenda constitucional, com o fim de convocar uma Assembleia Nacional Constituinte. Nos termos desta, promulgada em 27 de novembro de 1985, "Os membros da Câmara dos Deputados e Senado Federal

---

297. De acordo com Elio Gaspari, "Geisel recebeu uma ditadura triunfalista, feroz contra os adversários e benevolente com os amigos. Decidiu administrá-la de maneira que ela se acabasse. Não fez isso porque desejava substituí-la por uma democracia. Assim como não acreditava na existência de uma divindade na direção dos destinos do universo, não dava valor ao sufrágio universal como forma de escolha dos governantes. Queria mudar porque tinha a convicção de que faltava ao regime brasileiro estrutura e força para se perpetuar" (*A ditadura derrotada*, 2003, p. 15).

298. Mas o governo Geisel não passou sem medidas autoritárias, como o recesso do Congresso Nacional, decretado pelo Presidente em abril de 1977, com a finalidade de aprovar o denominado Pacote de Abril. A Emenda Constitucional n. 7, de 13-4-1977 e a Emenda Constitucional n. 8, de 14-4-1977 foram promulgadas pelo Presidente, sem a participação do Parlamento.

299. Celso Ribeiro Bastos, *Curso de direito constitucional*, 2002, p. 227.

300. Paulo Bonavides & Paes de Andrade, *História constitucional do Brasil*, 1991, p. 452.

301. Cláudio Pacheco, *Tratados das Constituições Brasileiras*, p. 106.

reunir-se-ão, unicameralmente, em Assembleia Nacional Constituinte, livre e soberana, no dia 1º de fevereiro de 1987, na sede do Congresso Nacional".

Ou seja, não haveria eleição específica para os constituintes. Fariam este papel os membros futuramente eleitos do Congresso Nacional, que depois permaneceriam na função legislativa ordinária.

A Assembleia Nacional Constituinte instalou-se em 1º-2-1987 e elegeu como presidente o Deputado ULISSES GUIMARÃES. Não utilizou como base de seu trabalho o projeto submetido pela Comissão de juristas presidida por AFONSO ARINOS DE MELO FRANCO. O próprio Presidente, que havia instituído esta Comissão, preferiu não encaminhá-lo[302].

Em um primeiro momento, formaram-se vinte e quatro subcomissões, às quais coube deliberar sobre "mais de oito mil proposições e sugestões de preceitos constitucionais formulados ou remetidos pelos constituintes e por entidades externas"[303]. O resultado dessa atividade passou, em seguida, para a análise de oito comissões temáticas, que, posteriormente, submeteriam anteprojetos a uma Comissão de Sistematização. A reunião desses trabalhos, apresentada pelo seu relator, BERNARDO CABRAL, era tão fragmentada e minuciosa, que se denominou "Frankenstein"[304].

Pela análise de CELSO BASTOS, "(...) dá para se perceber o erro fundamental da Constituinte: a pulverização dos seus trabalhos em múltiplas subcomissões que eram obrigadas a trabalhar sem que tivesse havido qualquer aprovação prévia de diretrizes fundamentais. Isto conduzia necessariamente as subcomissões a enveredarem por um trabalho detalhista, minucioso e, o que é mais grave, receptivo a reclames e pleitos vindos de todos os rincões da sociedade"[305].

Durante as discussões referentes ao anteprojeto da Comissão de Sistematização e às emendas a ele apresentadas, surgiu a preocupação de que nem todos os constituintes participavam das discussões e, quando da votação do projeto final da Comissão, seus dispositivos poderiam apenas sofrer alterações mediante o voto favorável de duzentos e oitenta membros do Congresso (maioria absoluta). Isso implicaria que, com os votos dos membros da Comissão, as normas constitucionais já estivessem aprovadas, demandando a vontade majoritária absoluta somente para a sua modificação ou rejeição.

Diante disso, formou-se o movimento de congressistas-constituintes conhecido como "Centrão", com o objetivo de modificar o Regimento Interno[306] e dotar-lhe de

---

302. Cláudio Pacheco, *Tratados das Constituições Brasileiras*, p. 108.

303. Cláudio Pacheco, *Tratados das Constituições Brasileiras*, p. 113.

304. Celso Ribeiro Bastos, *Curso de Direito Constitucional*, 2002, p. 232.

305. Celso Ribeiro Bastos, *Curso de Direito Constitucional*, 2002, p. 232.

306. Sobre o tema, explicam Bonavides e Andrade: "Formou-se no seio da Constituinte uma composição suprapartidária de caráter manifestamente conservador em conflito com os rumos que a Comissão de Sistematização vinha imprimindo à elaboração do novo texto constitucional, consoante as normas regimentais vigentes. Esse numeroso grupo recebeu o nome de Centrão e conduziu a campanha de reforma do Regimento, a qual acabou fazendo prevalecer, na sessão de 3 de dezembro de 1987, o substituto do deputado Roberto Cardoso Alves, aprovado por 290 votos a favor, 16 contra. Houve a retirada, de plenário, da maioria dos peemedebistas, encabeçados pelo líder Mário Covas. Retiraram-se também numerosos parlamentares de esquerda filiados aos pequenos partidos, após o malogro das negociações que as lideranças haviam articulado com o Centrão" (*História constitucional do Brasil*, 1991, p. 460-1).

maior cariz democrático. Essa proposta sagrou-se vitoriosa, possibilitando a apresentação de emendas, pelos demais parlamentares, ao projeto da Comissão de Sistematização[307].

A partir do dia 27 de janeiro de 1988, iniciaram-se as votações, em primeiro turno, referentes às normas que comporiam a Constituição, a ser promulgada no dia 5 de outubro de 1988. A Assembleia, nesse momento, conscientizou-se de que o seu trabalho deveria ser concluído o mais rápido possível, dando um fim àquele momento de transição[308].

Porém, somente em 26 de julho de 1988, iniciou-se o segundo turno de votações. Após as críticas proferidas pelo Presidente SARNEY e a resposta de ULYSSES GUIMARÃES em defesa da Constituinte — que geraram o temor de que se negasse quaisquer efeitos ao seu trabalho —, aceleraram-se as atividades da Assembleia. A votação final do projeto deu-se em 22 de setembro de 1988[309].

Uma perquirição acerca da ideologia da Constituição promulgada em 1988 leva a indagar sobre quais foram os parlamentares efetivamente responsáveis pela sua elaboração. Estudo desenvolvido por LEÔNCIO MARTINS RODRIGUES, a partir da autodefinição ideológica dos componentes da Câmara dos Deputados, levou à conclusão de que a maioria seria de centro-esquerda e de esquerda moderada. Pesquisas conduzidas por DAVID FLEISCHER e pela *Folha de S.Paulo*, em que outras pessoas classificaram os parlamentares, demonstraram o predomínio do centro[310].

Especificamente em relação ao sistema econômico, concluiu RODRIGUES que "a atual composição da Câmara dos Deputados vai no sentido da aceitação de um intervencionismo estatal de tipo corporativo, que não elimine mas controle e reduza as atividades econômicas privadas, limitando as prerrogativas da propriedade e do capital em nome de certos objetivos sociais e nacionais fixados pela coletividade, ou seja, pelo Estado, ou mais exatamente, pelas elites políticas que controlam o poder"[311].

No entanto, não foram os parlamentares os únicos responsáveis pelo conteúdo que integra o nosso atual Diploma político, pois grupos diversos organizaram-se para ter voz nesse importante momento da História democrática nacional[312].

---

307. Celso Ribeiro Bastos, *Curso de Direito Constitucional*, 2002, p. 233-4.

308. Paulo Bonavides & Paes de Andrade, *História constitucional do Brasil*, 1991, p. 463.

309. Paulo Bonavides & Paes de Andrade, *História constitucional do Brasil*, 1991, p. 467-8.

310. Leôncio Martins Rodrigues, *Quem é quem na constituinte*, 1987, p. 97-9.

311. Leôncio Martins Rodrigues, *Quem é quem na constituinte*, 1987, p. 127.

312. Por pressão de grupos organizados, incluiu-se, no regimento interno da Constituinte, dispositivo autorizando a apresentação de propostas de emenda ao Projeto de Constituição por iniciativa popular. O regimento interno da Assembleia Constituinte adotou também a possibilidade de que os Legislativos estaduais e municipais, os tribunais e entidades associativas apresentassem sugestões (Carlos Michiles et al., *Cidadão constituinte*: a saga das emendas populares, 1989, p. 59-61). Criaram-se formas de articulação que permitiam atender aos mais diversos interesses e colher as assinaturas necessárias às emendas populares: "A mobilização popular que resultou nas 12 milhões de assinaturas nessas emendas foi obra, evidentemente, de entidades e grupos sociais os mais diversos, a partir do momento em que o instrumento passou a existir e se tornar conhecido. Mas, na conquista e utilização desse novo instrumento, tiveram papel fundamental os plenários, comitês e movimentos de pró-participação popular, como organizações voltadas específica e diretamente para a Constituinte" (Carlos Michiles et al., *Cidadão constituinte*: a saga das emendas populares, 1989, p. 38).

Em diversos aspectos, a Constituição de 1988 recebeu influências do direito constitucional português, em especial da Carta de 1976. Em uma perspectiva geral, como esta última, é analítica e, supostamente, dirigente. Adotou, da matriz lusitana, sua abrangência e detalhismo no que toca à ordem econômica e social, e incorporou, como ela, numerosas disposições programáticas. Adotou, sob influência portuguesa, a ação de inconstitucionalidade por omissão. Enfatizou os direitos fundamentais, trazendo-os ao início do corpo constitucional e atribuiu-lhes aplicação imediata[313].

10. A CONSOLIDAÇÃO DEMOCRÁTICA: A NOVA CONSTITUIÇÃO

Neste item pretendemos abordar algumas das grandes linhas do Direito Constitucional brasileiro na sua vivência e experimentação em praticamente vinte e cinco anos de vigência.

Trata-se de enfrentar, aqui, a perspectiva de balanço da Constituição de 1988. Essa postura implica, necessariamente, um referencial mais prático e certo fracionamento. Será necessário o levantamento de diversos institutos e uma correlata apreciação de seu desenvolvimento (ou involução) nas duas últimas décadas e meia, a partir dos resultados produzidos no dia a dia da experiência jurídica.

Desnecessário seria dizer que a breve revisão que se segue não tem qualquer pretensão de ser exaustiva, até porque o objetivo de tratar do Direito Constitucional brasileiro vem exposto ao longo de toda a presente obra. A opção por esse tipo de aproximação prática, ademais, não significa que se ignore o notável avanço que a doutrina constitucional pátria demonstra no Brasil nesse mesmo período. O grau de desenvolvimento que se constata neste campo literário é um forte indício da maturidade constitucional que a sociedade, em pouco tempo, foi capaz de incorporar, ombreando-se com países de larga tradição democrático-constitucional. Assistiu-se, com a promulgação do vigente Texto Constitucional, a uma consistente elevação dos estudos em torno desse documento, bem como uma revalorização da própria norma de natureza suprema. Os prognósticos mais otimistas mostraram-se, felizmente, equivocados, embora haja ainda muito a ser discutido e consolidado e, como sempre, haverá obras de menor ou pouco valor constitucional.

Cumpre registrar preliminarmente que, apesar de ter sido apenas num passado muito próximo que o país conseguiu se livrar do entulho autoritário[314], tendo ingressado no sistema de governo civil e democrático, logo se deparou com o delicado desafio de afastar um presidente, e conseguiu fazê-lo sem riscar a Constituição ou implodir instituições democráticas.

Posteriormente, assistiu-se à histórica passagem do "poder" para um partido historicamente situado mais à esquerda, passagem realizada num ambiente de pleno res-

---

313. Manoel Gonçalves Ferreira Filho, *Constitucionalismo português e constitucionalismo brasileiro*, 1996, p. 55-65.

314. Não totalmente. Cf. Edson Telles e Vladimir Safatle (org.), *O que resta da ditadura*, 2010.

peito do jogo democrático e das instituições estabelecidas. São registros que impedem qualquer dúvida acerca do estágio alcançado pelas instituições constitucionais no seio da sociedade civil e dos partidos políticos.

Contudo, mesmo a melhor das leis necessitará de alguma posterior revisão. E um dos mecanismos mais utilizados para a "adaptação" do Texto de 1988 foi a emenda constitucional. Para comprovar a assertiva bastaria observar o inacreditável (e, no cenário brasileiro, incômodo e impróprio) número de emendas aprovadas até hoje. Por esta razão, toma-se aqui a tarefa da análise dessa dimensão da transição (formal) sofrida pelo Direito Constitucional brasileiro após a promulgação da Constituição de 1988. Outra tarefa será a verificação da jurisprudência constitucional, pois, num país no qual todo juiz é considerado juiz constitucional (protetor da Constituição nos casos concretos de sua violação), uma dimensão importante na análise do desenvolvimento (transição) constitucional é justamente a consideração acerca do Judiciário e, em especial, do STF. Outras dimensões são, evidentemente, a legislação integradora (ou não) das normas constitucionais e a prática observada para além do Judiciário.

Na linha da primeira das dimensões, vale recordar que a própria Constituição de 1988 previu para após cinco anos de vigência uma revisão geral de seu corpo de normas (art. 3º do ADCT), e que se diferenciava das demais formas de alteração pela facilidade processual introduzida para esse momento. E essa revisão realizou-se com o saldo de seis emendas, que infelizmente não tocaram nas grandes questões nacionais a merecer certa atenção constitucional. Também nessa linha fora previsto e realizado plebiscito popular para optar entre a monarquia ou a república e o parlamentarismo ou o presidencialismo. A sociedade compareceu para reforçar as instituições já consagradas entre nós, sem prejuízo da necessidade de constantes aperfeiçoamentos. Neste sentido, alguns institutos pensados inicialmente, como a medida provisória (que veio a substituir, com vantagem, o vetusto decreto-lei e sua aprovação por decurso de prazo), apesar de criticada por ser mais adequada ao modelo parlamentarista de governo (rechaçado no plebiscito) por força da responsabilidade política que sua edição enseja neste modelo, foi mantida com posterior reenquadramento (na EC n. 32/2001), como a restrição para determinadas matérias.

Essa abusiva quantidade de emendas constitucionais aprovadas até hoje levou parte dos autores a identificar uma *nova Constituição*, diversa daquela originária de 1988, tendo alguns decretado mesmo a "morte" (fim) da Constituição, enquanto outros falam de uma "Constituição sem fim".

O processo desenvolvido no seio do Congresso Nacional (especialmente as delicadas votações sigilosas) e a forma de obtenção de mandatos (como os de presidente da Câmara ou do Senado) estão a merecer uma mais profunda reflexão em face das indesejáveis ocorrências recentes. A prática de distribuição de cargos, pelo Executivo, descompromissada com ideais político-democráticos, tolerada pelo Direito constitucional pátrio, também merece uma reformulação. O chamado "mensalão", que encontrou, como deveria, julgamento adequado no âmbito do Judiciário, trouxe à tona, inegavelmente, práticas a serem reprimidas juridicamente. O aprimoramento das instituições, contudo, faz parte do jogo democrático e deve cobrar da sociedade parcela dessa responsabilidade. A exigência da "ficha limpa", a verticalização das eleições e a fidelidade partidária são exemplos de preocupações constantes de decisões do STF.

Houve uma forte revalorização dos direitos fundamentais, colocados logo no pórtico da Constituição, com a previsão expressa de diversos direitos até então não presentes nas constituições pretéritas e referência inequívoca à sua incidência imediata, combatendo teorias, em voga no Brasil, que reduziam a imperatividade constitucional, traduzindo a supremacia em uma falsa promessa, em um eterno compromisso, jamais cumprido (a Constituição da mentira). Aqui, a centralidade e a consubstancialidade da dignidade humana na estrutura do Estado encontram-se proclamadas solenemente, no primeiro dos artigos constitucionais. Como inovações, o direito ao meio ambiente sadio, a tutela do consumidor (com a aprovação do Código de Defesa do Consumidor), o *habeas data* (devidamente regulamentado pelo Congresso Nacional, cf. Lei n. 9.507/97), o mandado de injunção e a ampliação da ação popular, a proteção da propriedade privada submetida à necessária função social. Ademais, a Constituição de 1988 foi pródiga com os direitos sociais. Posteriormente incluídos, tem-se, ainda, o direito à moradia e o direito a uma duração razoável do processo. A insistência num elevado rol de direitos como categoria aberta (não taxativos) é mais um ponto alto da Constituição, reforçado pela EC n. 45/2004, que veio combater certo posicionamento restritivo assumido pelo STF.

Todo esse segmento recebeu um amplo desenvolvimento por parte do Poder Judiciário, que não se intimidou em assumir um papel essencial na vida do País. A bem da verdade, toda essa postura normativa arrojada por parte da Constituição de 1988 poderia ter sucumbido em face de um Judiciário retrógrado, inerte ou inadvertidamente reticente.

A esse propósito, realizou-se, em 1988, uma mudança estrutural do Poder Judiciário, incluindo nela as competências do STF. Extinguiu-se o Tribunal Federal de Recursos e instituiu-se o Superior Tribunal de Justiça, de caráter nacional, para desafogar, em parte, o STF, das questões infraconstitucionais. Em 2004, nova Reforma do Judiciário teve como um de seus escopos solucionar a crise numérica do STF, resultante de uma prática recursal insaciável. Na tentativa de uma harmonização (mas ainda não uma pacificação) jurídico-judicial-administrativa das diversas instâncias e órgãos existentes, o efeito vinculante e a súmula vinculante foram criados e praticados de maneira consistente com essa premissa, sendo igualmente regulamentados em leis (Leis n. 9.868/99 e 11.417/2006). Apesar da legitimidade performática assumida pelo Judiciário, o Congresso Nacional entendeu necessário criar o Conselho Nacional de Justiça, com a função de sentinela do Poder Judiciário em assuntos administrativos, financeiros e de cumprimento dos deveres funcionais pelos juízes. O CNJ, contudo, foi protagonista de algumas desastrosas ocorrências, mas poderá encontrar seu caminho e valorizar sua função numa prática reflexiva de seus erros iniciais.

Do ponto de vista da organização territorial, a elevação (política, administrativa e jurídica) dos municípios foi constitucionalmente reforçada (para além de uma estrutura federativa tradicionalmente binária). A possibilidade de redigirem sua própria Lei Orgânica, contra a competência estadual para fazê-lo no sistema constitucional pretérito, alçou os municípios a um novo patamar. A prática, contudo, esteve muito longe dos modelos ideais. Tanto assim que o Congresso Nacional e o STF entenderam que deveriam intervir para reduzir, em determinados segmentos, uma ampla (talvez excessiva) autonomia municipal (caso do número máximo de vereadores por município — STF — e dos limites com despesas em geral — EC n. 25/2000). Já os Estados--membros foram contemplados com a possibilidade de desenvolverem uma jurisdição constitucional estadual (que havia tido duração efêmera entre 1965 e 1967), mas isso ainda aguarda um autorreconhecimento desse espaço pelos próprios Estados (e pela advocacia), indício de uma mentalidade ainda altamente centralizada dentro de uma (tipicamente assimétrica) federação.

No âmbito administrativo, houve uma preocupação muito intensa da Constituição com as despesas e a aplicação de percentuais mínimos em determinados setores, como na educação e na saúde, assim como com a tutela da moralidade administrativa (a aprovação da Lei de Improbidade e da Lei de Responsabilidade Fiscal constituem verdadeiros marcos integrativos da vontade constitucional nessa seara). Nesse aspecto e em muitos outros o Ministério Público é um capítulo importante dessa cruzada, embora por vezes tenha pretendido se sobrepor *aos* ou susbstituir *os* demais poderes e vetores constitucionalmente delineados. Aqui também uma calibração e equilíbrio decorrerão de um acompanhamento consciente da evolução de nossas instituições.

Em conclusão, muitas e profundas foram as inovações introduzidas pela Constituição de 1988. Houve, a partir dela, uma verdadeira "revolução" no Direito brasileiro, que, por meio de suas instituições, teve de se adaptar ao novo cenário constitucional, reformulando conceitos, substituindo institutos e implementando o novo regime constitucional. E esta evolução há de ser constante. Há, no amplo repertório legislativo, a integração da vontade constitucional, que também foi desenvolvida pela jurisprudência, pela prática dos demais órgãos constitucionais e da sociedade. Mas o ponto ao qual se chegou pode ser considerado, no máximo, como um excelente início para se alcançar um modelo mais bem calibrado e mais prontamente compreendido e respeitado, que possa conduzir o Brasil ao grau de desenvolvimento (humano e democrático) que se almeja.

Como um importante passo na ampliação do acesso à Constituição de 1988, visando a ampliar o conhecimento de direitos e fortalecer a Democracia de forma efetiva, em 2023, sob a chancela do Supremo Tribunal Federal e do Conselho Nacional de Justiça, 15 indígenas bilíngues da região do Alto Rio Negro e Médio Tapajós trabalharam na tradução da Constituição Brasileira de 1988 para o Nheengatu. O Nheengatu, reconhecido como a Língua Geral Amazônica, é a única língua viva que descende do tupi antigo[315]. A tradução representa um marco no acesso dos povos indígenas aos processos democráticos e jurídicos do Brasil.

---

315. Também apoiado pelo Supremo Tribunal Federal, o Tribunal Regional Eleitoral do Pará lançou o *Guia Originários: sua língua, seu voto, sua representatividade*, guia bilíngue para línguas faladas no estado do Pará: Mebêngokrê, pertencente ao tronco linguístico Jê; Wai-Wai, do tronco linguístico Karib; e Munduruku, Nheengatu e Tenetehara, todas do tronco linguístico Tupi. O documento encontra-se disponível em: <https://www.tre-pa.jus.br/institucional/cre/guia-originarios-sua-lingua-seu-voto-sua-representatividade/guia-originarios-sua-lingua-seu-voto-sua-representatividade>. Acesso em: 23 set. 2024.

11. A RESISTÊNCIA DAS INSTITUIÇÕES DEMOCRÁTICAS E O 8 DE JANEIRO

Considerando movimentos recentes que abertamente conclamavam um golpe de Estado, com a volta da ditadura militar ou de um governo militar não eleito democraticamente, torna-se imprescindível realizar uma reflexão, ainda que estejamos diante de fenômenos que necessitarão de tempo para que se alcance o âmago de sua origem, bem como de seus objetivos.

A Democracia representativa, suas instituições e, sobretudo, o processo eleitoral, passaram a ser atacados por meio de ações internas e externas ao Estado, muitas das quais potencializadas pelo uso nocivo e abusivo que se fez das novas tecnologias digitais.

No Brasil, diversas manifestações de rua favoráveis à ditadura, grupos de pessoas ilegalmente acampadas em frente a quartéis do Exército, assim como teses mirabolantes acerca de um poder moderador supremo que, no Brasil, teria sido atribuído às Forças Armadas, ecoaram a ponto de a sociedade democrática ter assistido, atônita, à invasão, depredação e tentativa (articulada) de golpe de Estado, na sede dos Poderes em Brasília. Nesse contexto, mais de mil pessoas foram denunciadas. Esse contexto foi reforçado pela circunstância de que, dois dias depois dessa invasão, foi encontrada, na casa do Ministro da Justiça do Governo anterior, uma minuta absolutamente inconstitucional de Decreto para impor um estado de exceção na sede do TSE, com suspensão de direitos de seus membros.

Essa ação foi orquestrada com outras igualmente graves, como ataques às torres de energias nos estados de Rondônia, São Paulo e Paraná, a tentativa de explosão de uma bomba colocada em um caminhão tanque nas proximidades do aeroporto de Brasília e o apelo para que os militares, de maneira geral, pudessem se "alinhar" aos golpistas e efetivamente implementar, pela força, o golpe final de quebra do Estado democrático de Direito no Brasil, contra o resultado legítimo depositado nas urnas eletrônicas.

Apesar da inegável gravidade dos acontecimentos, alguns pretendem minimizar todo o ocorrido, muitas vezes com análises fragmentadas e pontuais, procurando desconstruir discursivamente um ataque que foi real, violento, atentatório das liberdades e da Democracia.

A resposta do STF, do Congresso, dos Estados-membros, da imprensa livre e da sociedade civil foi a união em torno dos ideais democráticos, contra toda forma de violência que se pretendia impor, reforçando o papel das instituições e a soberania popular.

Apesar das adversidades, pode-se dizer mesmo que a Democracia saiu vitoriosa desse longo embate, e os elementos e discursos golpistas têm sido e devem ser devidamente detectados e apuradas as responsabilidades, para fins de seu enfrentamento nos termos e limites do Estado Constitucional de Direito.

Referências bibliográficas

BALEEIRO, Aliomar & LIMA SOBRINHO, Barbosa. *Constituições brasileiras:* 1946. Brasília: Senado Federal e Ministério da Ciência e Tecnologia, Centro de Estudos Estratégicos, 1999.

BASTOS, Celso Ribeiro. *Curso de direito constitucional.* São Paulo: Celso Bastos Editora, 2002.

BASTOS, Celso Ribeiro & TAVARES, André Ramos. *As tendências do direito público no limiar de um novo milênio.* São Paulo: Saraiva, 2000.

BONAVIDES, Paulo. *Constitucionalismo luso-brasileiro*: influxos recíprocos, 1996. V. MIRANDA, Jorge (org.).

_____. *Curso de direito constitucional.* 18. ed. São Paulo: Malheiros, 2006.

_____. *Do país constitucional ao país neocolonial*: a derrubada da Constituição e a recolonização pelo golpe de Estado institucional. São Paulo: Malheiros, 1999.

BONAVIDES, Paulo & ANDRADE, Paes de. *História constitucional do Brasil.* 3. ed. Rio de Janeiro: Paz e Terra, 1991.

CÂMARA, Arruda. *A Constituição de 1967.* São Paulo: Saraiva, 1967.

CANOTILHO, J. J. Gomes. *Direito constitucional.* 4. ed. Coimbra: Almedina, 1989.

_____. *Direito constitucional e teoria da constituição.* 7. ed. Coimbra: Almedina, 2003.

CARVALHO, José Murilo de. *Cidadania no Brasil*: o longo caminho. Rio de Janeiro: Civilização Brasileira, 2004.

CELSO, Affonso. *Oito annos de parlamento*: poder pessoal de D. Pedro II. São Paulo: Melhoramentos, 1998.

CERQUEIRA, Marcello. *A Constituição na história*: origem e reforma. Rio de Janeiro: Revan, 1993.

CORRÊA, Oscar Dias. *A Constituição de 1967*: contribuição crítica. Rio de Janeiro: Forense, 1969.

DENNINGER, Erhard. "Segurança, Diversidade e Solidariedade" ao invés de "Liberdade, Igualdade e Fraternidade". In: *Revista Brasileira de Estudos Políticos*, n. 88. Belo Horizonte: Imprensa Universitária da Universidade Federal de Minas Gerais, 2003.

DRAIBE, Sônia. *Rumos e metamorfoses*: um estudo sobre a constituição do Estado e as alternativas da industrialização no Brasil, 1930-1960. 2. ed. São Paulo: Paz e Terra, 2004.

FERREIRA FILHO, Manoel Gonçalves. *Constitucionalismo português e constitucionalismo brasileiro*, 1996. V. MIRANDA, Jorge (org.).

_____. *O parlamentarismo.* São Paulo: Saraiva, 1993.

FRANCO, Afonso Arinos de Melo. *Curso de direito constitucional brasileiro.* Rio de Janeiro: Forense, 1960. v. II.

FRANCO SOBRINHO, Manoel de Oliveira. *História breve do constitucionalismo no Brasil.* Curitiba: Imprensa da Universidade Federal do Paraná, 1969.

GASPARI, Elio. *A ditadura derrotada.* São Paulo: Companhia das Letras, 2003.

GRELLET, Odilon Araujo. *Ensaio sobre a evolução do direito constitucional brasileiro.* São Paulo: Revista dos Tribunais, 1950.

LEWANDOWSKI, Enrique Ricardo. *Proteção dos direitos humanos na ordem interna e internacional.* Rio de Janeiro: Forense, 1984.

MICHILES, Carlos et al. *Cidadão constituinte*: a saga das emendas populares. Rio de Janeiro: Paz e Terra, 1989.

MIRANDA, Jorge. A "Constituição Europeia" e a Ordem Jurídica Portuguesa. Disponível em: <http://www.direitodoestado.com.br>. Acesso em abr. 2006.

_____. *Manual de direito constitucional*. 4. ed. Coimbra: Coimbra Editora, 1990. t. 4.

_____. *Manual de direito constitucional*. 5. ed. Coimbra: Coimbra Editora, 2003.

MIRANDA, Jorge (org.). *Perspectivas constitucionais*: nos 20 anos da Constituição de 1976. Coimbra: Coimbra Editora, 1996.

MIRANDA, Pontes de. *Comentários à Constituição de 1946*. Rio de Janeiro: Borsoi, 1963. t. I.

_____. *Comentários à Constituição de 1967*. São Paulo: Revista dos Tribunais, 1967. t. I.

_____. *Comentários à Constituição Federal de 1937*. Rio de Janeiro: Irmãos Pongetti Editores, 1938.

_____. *Comentários à Constituição da República dos E. U. do Brasil*. Rio de Janeiro: Guanabara, 1936. t. I.

NOGUEIRA, Octaviano. *Constituições brasileiras*: 1824. Brasília: Senado Federal e Ministério da Ciência e Tecnologia, Centro de Estudos Estratégicos, 1999.

PACHECO, Cláudio. *Tratado das constituições brasileiras*. Rio de Janeiro: Freitas Bastos, 1958. v. I.

POLETTI, Ronaldo. *Da Constituição à constituinte*. Rio de Janeiro: Forense, 1986.

_____. *Constituições brasileiras*: 1934. Brasília: Senado Federal e Ministério da Ciência e Tecnologia, Centro de Estudos Estratégicos, 1999.

PORTO, Walter Costa. *Constituições brasileiras*: 1937. Brasília: Senado Federal e Ministério da Ciência e Tecnologia, Centro de Estudos Estratégicos, 1999.

RODRIGUES, José Honório. *A Assembleia Constituinte de 1823*. Petrópolis: Vozes, 1974.

RODRIGUES, Leôncio Martins. *Quem é quem na constituinte*. São Paulo: Oesp-Maltese, 1987.

ROURE, Agenor de. *A constituinte republicana*. Brasília: Editora Universidade de Brasília, 1979.

SARAIVA, Paulo Lopo (coord.). *Antologia luso-brasileira de direito constitucional*. Brasília: Brasília Jurídica, 1992.

SUETONIO. *O antigo regimen* (homens e coisas). Rio de Janeiro: Cunha & Irmão, 1896.

TELES, Edson &VLADIMIR, Safatle (org.). *O que resta da ditadura*. São Paulo: Boitempo, 2010.

TEMER, Michel. *O Estado Federal*, 1992. V. SARAIVA, Paulo Lopo (coord.).

TRIGUEIRO, Oswaldo. *A evolução do regime federal brasileiro*, 1992. V. SARAIVA, Paulo Lopo (coord.).

VIANNA, Oliveira. *O ocaso do império*. Brasília: Senado Federal, 2010.

Capítulo IV
DIREITO CONSTITUCIONAL

1. CONCEITO DE DIREITO CONSTITUCIONAL

O Direito Constitucional apresenta-se situado, na clássica dicotomia jurídica entre Direito Público e Privado, como um suposto "ramo" do primeiro. Essa divisão máxima é imprestável na atualidade. Do ponto de vista teórico, essa inadequação decorre de características próprias e imanentes do constitucionalismo como é hoje conhecido e praticado, especialmente em virtude da supremacia da Constituição e da constitucionalização do Direito.

Conceitualmente falando, a ideia de "ramos" remete a um pensamento abstracionista, universalista e liberal, oferecendo suporte ao positivismo formalista e à visão fechada e totalmente controlada do Direito, incompatível com uma proposta concretista e cultural de Constituição. Este Direito formal, que distingue com clareza os "ramos" (tradicionais), pertence ao "reino da lógica e da esquematização de categorias, cuja pureza repudia qualquer contato com a realidade fenomenal. As instituições jurídicas conservariam uma lógica absolutamente imutável (...)"[316]. O jurista tem aqui um papel de promover subsunções teóricas[317].

Essa postura promove, ainda, como resultado inevitável, a "paixão pela simplificação e pelo esquematismo" (Longo)[318], postura de uma atualidade insuportável. A divisão do Direito nos tradicionais "ramos" promove, pois, o pensamento lastreado no esquematismo.

O Direito Constitucional vocaciona-se à estruturação do Poder, fornecendo-lhe os contornos de atuação e limites de sua atividade, tendo sido, desde o final do século XX, o berço natural da positivação dos direitos humanos.

Pragmaticamente, o Direito Constitucional (escrito) identifica-se como um conjunto normativo "especial": a Constituição do Estado, suas leis constitucionais (no Brasil, chamadas de Emendas à Constituição) e a jurisprudência constitucional defini-

---

316. Fábio Konder Comparato, *O indispensável Direito Econômico*, p. 470.

317. Mario Longo, *Saggi Critici di Diritto dell'Economia*: probemi di parte generale, 1965, p. 167.

318. Mario Longo, *Saggi Critici di Diritto dell'Economia*: probemi di parte generale, 1965, p. 168. Uma orientação que vem desde as academias francesas de ciências do séc. XVII que, como observou José Jobson de A. Arruda, obedeciam a um padrão bem fixo: "o gosto pela ordem, pela composição, pela clareza, pela simplicidade e pela medida", que se convencionou denominar como "gosto clássico" (*História Moderna e Contemporânea*, p. 88).

tiva (prolatada pelo Supremo Tribunal Federal, no Brasil, e por tribunais constitucionais, na maioria dos países da Europa).

A Constituição (positivada de um país) é considerada como um conjunto normativo fundamental, adquirindo, por isso, cada um de seus preceitos a característica da superioridade absoluta, ou seja, da supremacia, em relação às demais normas de um mesmo ordenamento jurídico estatal. Essa é a nota "especial" à qual se fez referência acima.

A estrutura escalonada do Direito apresenta como ápice a Constituição, base a partir da qual todas as demais normas se desenvolvem e auferem sua validade última dentro do sistema.

Diz-se que há um sistema quando "as normas se reconduzem a uma única fonte de produção"[319], mais ainda quando o Direito "se reconduz, formal e procedimentalmente a uma idêntica *norma fundamental*"[320].

1.1. Polêmica doutrinária

Não obstante a definição acima oferecida, o certo é que são diversas e díspares as concepções apresentadas pelos autores sobre o significado e alcance exatos do Direito Constitucional.

Para ESMEIN, ter-se-ia "a parte fundamental do Direito Público que tem por objeto determinar a forma do Estado, a forma e os órgãos do Governo e os limites dos direitos do Estado"[321].

Para MARCELLO CAETANO, o Direito Constitucional, também designado, indistintamente, Direito Político pelo autor, seria o "conjunto de normas jurídicas que regula a estrutura do Estado, designa as suas funções e define as atribuições e os limites dos supremos órgãos do poder político"[322].

Para PONTES DE MIRANDA, Direito Constitucional é a parte do Direito Público que "fixa os fundamentos estruturais do Estado"[323].

MEIRELLES TEIXEIRA conceitua Direito Constitucional como "o conjunto de princípios e normas que regulam a própria existência do Estado moderno, na sua estrutura e no seu funcionamento, o modo de exercício e os limites de sua soberania, seus fins e interesses fundamentais, e do Estado brasileiro, em particular"[324].

1.2. Direito Constitucional positivo, ciência dogmático-concreta e ciência teorético-abstrata do Direito Constitucional

MARCELLO CAETANO adverte que "há o *Direito Constitucional* de um país, normas vigentes em dada sociedade política, e há a *Ciência do Direito Constitucional* (mas que por brevidade usualmente é designada pelo mesmo modo que o ramo de direito objec-

---

319. Gomes Canotilho, *Direito Constitucional*, 5. ed., 1991, p. 48.
320. Gomes Canotilho, *Direito Constitucional*, 5. ed., 1991, p. 49.
321. Apud Meirelles Teixeira, *Curso de Direito Constitucional*, p. 1.
322. *Manual de Ciência Política e de Direito Constitucional*, 4. ed., p. 31.
323. *Comentários à Constituição de 1967 com a Emenda n. 1 de 1969*, t. 1, p. 169.
324. *Curso de Direito Constitucional*, p. 3.

tivo) que é a disciplina científica que se ocupa do conhecimento, sistematização e crítica das normas constitucionais"[325].

Pode-se identificar o referido "Direito Constitucional" de que fala MARCELLO CAETANO com o conjunto de normas positivamente existentes em determinado Estado, em dado momento histórico. É, v. g., no momento atual, no Estado brasileiro, a Constituição de 1988 com todas as suas emendas.

Já a "ciência do Direito Constitucional" pode ser desdobrada em duas ciências com pressupostos diferentes. Assim, em primeiro, pode haver a chamada análise dogmática de um Direito Constitucional historicamente concreto. De outra parte, pode haver uma ciência voltada para os conceitos teorético-constitucionais abstratos, com a teoria pura, desgarrada de elementos circunstanciais.

CANOTILHO, trilhando essa linha de considerações, bem atenta para a distinção de análises que as duas possibilidades podem encetar. Assim, para esse autor: "O estudo do direito constitucional pode fazer-se a partir de duas posições metodologicamente diferentes. Ou se adopta uma perspectiva dogmático-constitucional, voltada para o estudo de um ramo do direito pertencente a uma ordem jurídico concreta — doutrina do direito constitucional; ou se procura uma visão teorético-constitucional, interessada principalmente na fixação, precisão e aplicação de conceitos de direito constitucional, desenvolvidos a partir de uma 'construção' teorética e não com base numa constituição jurídico positiva — teoria da constituição"[326].

O estudo de um específico ordenamento jurídico-constitucional, contudo, não pode ser levado a efeito à revelia dos estudos abstratos da teoria da Constituição[327]. De outra parte, a mera referência à teoria, desvinculada de estudos concretos, sem qualquer conotação pragmática, está praticamente despida de maior interesse. A teoria tem, igualmente, de amoldar-se à realidade, acompanhando-a e construindo novos institutos que correspondam aos anseios da sociedade.

Justifica-se, aqui, com as premissas metodológicas acima assinaladas, o estudo teórico-pragmático que se levará a efeito. Do ponto de vista conceitual, a Constituição brasileira será sempre o paradigma da análise, sem se descurar do instrumental próprio do Direito comparado.

2. METODOLOGIA DO DIREITO CONSTITUCIONAL

O estudo adequado do Direito Constitucional envolve uma ciência própria, o que implica, no caso, um conjunto de métodos de trabalho adequados[328] ao objeto da ciência.

A metódica do Direito Constitucional é responsável por oferecer as ferramentas metodológicas por meio das quais será possível ao intérprete e aplicador da Constituição levar a efeito adequadamente suas atividades.

---

325. *Manual de Ciência Política e de Direito Constitucional*, 4. ed., p. 31, original grifado, grafia original.

326. J. J. Gomes Canotilho, *Direito Constitucional*, 6. ed., p. 131.

327. Nesse mesmo sentido: J. J. Gomes Canotilho, *Direito Constitucional*, 6. ed., p. 132.

328. A adequabilidade é ressaltada por J. J. Gomes Canotilho, *Direito Constitucional*, 6. ed., p. 132.

Essa denominada metodologia do Direito Constitucional é responsável por identificar os procedimentos e rotinas de interpretação da Carta Constitucional, assim como por analisar suas normas, do ponto de vista de sua eficácia e cumprimento.

FRIEDRICH MÜLLER adverte, contudo, que "Metódicas jurídicas não fornecem à ciência jurídica e às suas disciplinas setoriais um catálogo de técnicas de trabalho inquestionavelmente confiáveis nem um sistema de hipóteses de trabalho que podem ser aplicadas genericamente e devem ser tratadas canonicamente. (...) 'Métodos' de prática jurídica e 'teorias' dogmáticas sempre são meros recursos auxiliares do trabalho jurídico. (...) a metódica jurídica deve empreender a tentativa de uma conscientização [Selbstverständigung] dos operadores jurídicos acerca da fundamentabilidade, da defensabilidade e da admissibilidade das suas formas de trabalho"[329].

De qualquer sorte, como bem aponta MÜLLER, apenas a ciência jurídica e a jurisprudência têm empreendido esforços para oferecer seus processos decisórios, seus métodos, de maneira que é apenas por seu estudo que se obterá rico material de análise dessa problemática.

2.1. Direito Constitucional comparado

A ciência do Direito Constitucional comparado promove o "estudo comparativo de diversas constituições e sistemas jurídicos"[330]. Por meio desse estudo permite-se alcançar o referido Direito Constitucional geral.

3. FONTES DO DIREITO CONSTITUCIONAL

3.1. Fontes tradicionais

Toma-se, aqui, o termo "fontes" no sentido de *jus cognoscendi*, ou seja, os modos de elaboração e de revelação da norma jurídica.

Há fontes diretas (imediatas) e fontes indiretas (mediatas). Fontes imediatas do Direito Constitucional são a Constituição, as leis, os decretos e regulamentos de conteúdo constitucional. Fontes mediatas são os costumes, a jurisprudência, a doutrina, os princípios gerais de Direito, as convicções sociais vigentes, a ideia de justiça e outras manifestações.

3.2. Direito Constitucional material e formal

Tendo como critério a matéria, tanto o Direito Constitucional (positivo) como a Constituição propriamente dita são conceituados a partir de seu conteúdo. Significam, nesse sentido, a maneira de ser de qualquer Estado. Se há um Estado, logo se segue que estará organizado de algum modo. O Direito Constitucional (positivo), ou seja, a Cons-

---

329. *Métodos de Trabalho do Direito Constitucional*, p. 21-2.
330. J. H. Meirelles Teixeira, *Curso de Direito Constitucional*, p. 8.

tituição, é exatamente, do ponto de vista material, esse modo de ser do Estado, a estrutura do Estado[331]. Tal conteúdo, portanto, variará de Estado para Estado, suscitando acirrada polêmica sobre seus exatos contornos, seus limites máximos.

Pelo enfoque formal, o Direito Constitucional será o conjunto de todas as normas, independentemente de seu conteúdo, reunidas em documento solene (procedimentalmente falando).

3.3. Direito Constitucional adjetivo

A Constituição, além de seu conteúdo, com as regras de estruturação do Poder e a declaração de direitos humanos e deveres de toda pessoa, carrega consigo elementos próprios de sua aplicabilidade. Assim são considerados o preâmbulo (não integrante do texto normativo propriamente dito), o ato de promulgação, de publicação, de aplicação material propriamente dita e, ainda, o processo de sua modificação. Quanto a este último, se é certo que a maior parte encontra-se estabelecida expressamente na Constituição, há aspectos do trâmite que não foram normatizados constitucionalmente, muitos dos quais permanecem como praxe legislativa.

MEIRELLES TEIXEIRA[332] denomina tais elementos "adjetivos", preferindo a autores que os identificam como "enunciativo-formais".

3.4. Direito Constitucional geral e particular

Consoante SANTI ROMANO, há vários significados de "Direito Constitucional geral".

Numa primeira acepção, Direito Constitucional geral pode ser, filosoficamente falando, um Direito Público ideal, não positivado.

Numa segunda acepção, Direito Constitucional geral, sob a influência do Direito puro, seria a parte da doutrina preocupada com as formas jurídicas puras, *a priori*. Essa conceituação ainda remanesce distante de um aspecto positivo.

Numa terceira e última acepção, o Direito Constitucional geral seria uma série de princípios, institutos que permeiam todos os direitos positivos dos mais diversos Estados. São os aspectos comuns que se reduzem a uma unidade harmônica. Consoante MEIRELLES TEIXEIRA: "Construído na base de diversos ordenamentos jurídicos positivos dos Estados civilizados, representaria *o modo comum e essencial, supranacional, de organização jurídico-estatal no mundo moderno*, um como que *patrimônio comum de organização política e jurídica do mundo civilizado*"[333].

O interesse do Direito Constitucional geral revela-se na manipulação dos conceitos e institutos essenciais, fornecendo seguro norte para o estudioso dos mais diversos

---

331. Nesse sentido: Meirelles Teixeira, *Curso de Direito Constitucional*, p. 4.

332. *Curso de Direito Constitucional*, p. 6.

333. *Curso de Direito Constitucional*, p. 7, original grifado.

ordenamentos constitucionais positivados no mundo. São as categorias máximas, típicas desse setor jurídico, universais, que modelam a figura do Estado atual.

Por oposição, o Direito Constitucional particular está relacionado, necessariamente, a determinado ordenamento constitucional. Preocupa-se, nesse sentido, em examinar as leis constitucionais de um país, a elas limitando sua análise e sistematização. Identifica-se, pois, com a ideia já assinalada de Direito Constitucional positivo.

4. DIREITO CONSTITUCIONAL NÃO É RAMO DO DIREITO

4.1. Direito Constitucional na base e no ápice dos Ordenamentos Jurídicos

É preciso considerar que, atualmente, a divisão entre público e privado não pode ser tomada em sentido absoluto. Aliás, a caracterização do Direito em ramos é inadequada e atende a um modelo de pensamento formalista tipicamente liberal.

O Direito Constitucional costuma ser inserido como ramo do Direito Público, juntamente com o Direito Administrativo, Internacional, Criminal, Tributário e Processual. Essa ideia, contudo, não pode mais prosperar, na medida exata em que a Constituição passou a ocupar um papel central para todos os chamados "ramos" do Direito, sejam "matérias" públicas ou privadas. Assim, por exemplo, o Código Civil, classicamente compreendido dentro do Direito Privado, não deixa de sofrer o influxo constante dos preceitos constitucionais. Esta "constitucionalização" do Direito, que exige a leitura de todas leis, sejam públicas ou privadas, administrativas ou civis e comerciais, a partir e de acordo com os ditames da Constituição do país, aloca o Direito Constitucional (e a Constituição é seu coração) na posição de setor comum a todos os demais. Nesse sentido é que se poderia dizer que o Direito Constitucional alimenta os demais "Direitos", que só podem prosperar e florescer validamente dentro desse sistema de alimentação.

Na realidade, portanto, o Direito Constitucional é a base que oferece sustentação a todos demais "direitos" disciplinados, no Brasil, por leis (leis complementares, ordinárias, delegadas), medidas provisórias e decretos. Portanto, tem-se o Direito Constitucional como a base, o fundamento dos demais "ramos" (melhor seria falar em âmbitos de conhecimento jurídico), seja qual for a repartição que se queira (ou não) realizar entre esses "Direitos".

O Direito Constitucional não poderia estar contido, portanto, em um dos clássicos "ramos" do Direito, pois essa alocação o desfigura, dada a propalada supremacia, que lhe serve para um caminho englobante de todos os demais setores de conhecimento jurídico. Alocando-o no Direito Público ter-se-ia, ademais, a equivocadíssima impressão de que não guarda relação ou contato com o Direito Privado, a não ser secundária e episodicamente, quando é justamente o oposto que deve ocorrer.

Por fim, o Direito Constitucional perpassa necessariamente todos os demais setores do conhecimento e prática jurídicos (um fenômeno por vezes tomado como sinônimo de constitucionalização do Direito).

4.2. Relações com outros setores do Direito

4.2.1. Direito Constitucional e Direito Administrativo

O Direito Administrativo é considerado o setor do Direito mais afim ao Direito Constitucional, ou seja, são as duas disciplinas mais próximas em seus institutos e conceitos.

Entre Direito Constitucional e Direito Administrativo há uma diferença de grau. O Direito Constitucional trata das regras gerais da função pública. Já o Direito Administrativo realiza o detalhamento das funções.

Além disso, há um conjunto de regras na Constituição que pertencem ao Direito Administrativo propriamente dito. Nesse sentido, as normas sobre desapropriação (arts. 182, 184 e 185); sobre os poderes do Presidente e funções dos ministros de Estado (arts. 84 e 87, parágrafo único) e, finalmente, as normas sobre Administração Pública (arts. 37 a 43).

4.2.2. Direito Constitucional e Direito Tributário

Todos os princípios aplicáveis à atividade tributária do Estado encontram-se consignados na Constituição. Por esse motivo, assinala com absoluta propriedade CARRAZZA que "A Constituição Federal, no Brasil, é a lei tributária fundamental, por conter as diretrizes básicas aplicáveis a todos os tributos"[334].

Íntimo se mostra o relacionamento entre esses dois setores do Direito. Tendo em vista que a arrecadação do Estado deve-se, em sua maior parte, à tributação, a estreita proximidade entre o Direito Constitucional e o Tributário não poderia ser ignorada. Por ser atividade estatal, há de subsumir-se às normas jurídicas, como, de resto, toda a ação praticada pelo Poder Público. No caso, contudo, há o componente constitucional, que, basicamente, decorre de dois elementos.

Em primeiro lugar, é preciso mencionar que a tributação interfere na liberdade e na propriedade das pessoas, direitos fundamentais que só poderiam ser alcançados pelo próprio contorno que lhes conferiu o constituinte em seu ato originário de elaborar as normas constitucionais.

Em segundo lugar, a tributação sustenta, no caso dos Estados federativos, a autonomia dos diversos membros federados. Por isso, seria inimaginável atribuir ao Poder Legislativo central a competência para realizar a partilha de competências tributárias, uma vez que equivaleria a praticamente negar qualquer possibilidade de contar com uma federação forte.

4.2.3. Direito Constitucional e Direito Penal

A leitura atenta dos direitos fundamentais consagrados pelas diversas Constituições bem demonstra que em todas encontrar-se-ão normas próprias (em sua origem histórica) do campo penal.

---

334. *Curso de Direito Constitucional Tributário*, 4. ed., p. 247.

Assim, pode-se mencionar, v. g., o princípio de que não há crime sem lei anterior que o defina, nem pena sem prévia cominação legal.

A Constituição brasileira de 1988 trata de diversas garantias dessa índole (incs. XXXVII a LXVII do art. 5º).

4.2.4. Direito Constitucional e Direito Processual

No campo do processo, houve a constitucionalização, no sentido formal, a exemplo do que ocorrera com o Direito Penal, de inúmeros princípios. Assim, tem-se um conjunto de normas que se pode denominar "princípios constitucionais do processo".

Pode-se citar, na Constituição brasileira de 1988, as seguintes normas processuais: A) assistência judiciária (art. 5º, LXXIV); B) mandado de segurança (art. 5º, LXIX); C) ação popular (art. 5º, LXXIII).

4.2.5. Direito Constitucional e Direito Internacional

O art. 4º, I a X, da Constituição trata dos princípios que regem a atuação internacional do Estado brasileiro. Assim, menciona: A) independência nacional; B) direitos humanos; C) autodeterminação dos povos; e D) igualdade entre os Estados.

4.2.6. Direito Constitucional e Direito do Trabalho

Amplo é o rol de direitos do trabalhador assegurados constitucionalmente (arts. 6º, 7º, 8º e 9º).

4.2.7. Direito Constitucional e Direito Privado

A Constituição trata do amparo à família, aos filhos e aos idosos (arts. 226 a 230) e da defesa do consumidor (art. 5º), dentre outras normas voltadas para a regulamentação do denominado "Direito Privado".

5. O DIREITO CONSTITUCIONAL E DEMAIS CIÊNCIAS AFINS

Não obstante a proximidade do Direito Constitucional com o fato social e, ainda, com os valores culturais de determinado momento histórico, deve-se proceder à eliminação desses elementos na depuração daquele.

Esclarece JORGE MIRANDA que não se justifica "qualquer confusão ou sincretismo entre a Ciência do Direito constitucional e as ciências sociais não normativas que tomam por objeto material, dos seus ângulos próprios, o fenômeno político: a Ciência Política, a Sociologia Política, a Sociologia do Direito constitucional, a Ciência Política Comparada, a História Política Comparada. Apenas se justificam entreajuda e abertura de espírito a uma visão plural"[335].

---

335. *Manual de Direito Constitucional*, 4. ed., t. 1, p. 30.

5.1. Teoria do Estado

A teoria do Estado ocupa-se do estudo do "Estado" como ocorrência histórica, de caráter político-social.

Estão englobados nessa ciência: 1º) a origem do Estado; 2º) suas características; 3º) as diversas formas de Estado; 4º) os objetivos dos Estados.

A ciência do Estado tem também como objeto normas de Direito Constitucional, embora não esteja circunscrita ao âmbito jurídico (caso em que se identificaria, parcialmente, com o Direito Constitucional), mas se preocupa igualmente com aspectos da sociologia, da História e da política.

5.2. Ciência política

A ciência política tem-se dedicado aos mais diversos estudos. Assim, inclui-se a filosofia política, preocupada em identificar os fins maiores da atividade política. Também se ocupa de analisar a realidade política, os procedimentos internos do poder, descrevendo-os de maneira neutra. Há, por fim, a tentativa de aproximar a política dos ideais sociais, sempre objetivando a transparência da atividade política.

5.3. Sociologia política e constitucional

A sociologia política está voltada para o estudo do fenômeno político considerado como manifestação social; dedicando-se a conhecer "as ações recíprocas entre o Estado e outras manifestações da vida social, pretende conhecer a ação e a reação que existe entre o fenômeno político e os demais fenômenos sociais"[336].

A sociologia do Direito Constitucional aparece como a parte da sociologia preocupada em determinar como surgem, como se sustentam, como se desenvolvem e como findam as normas constitucionais[337]. Trata-se de analisar a interdependência entre o fenômeno jurídico-constitucional e o social[338].

5.4. História constitucional

O Direito não abandona, por completo, a perspectiva histórica. Há, de outra parte, dentro da História como ciência, a preocupação com o Direito.

É a História que se preocupa com o estudo da origem, desenvolvimento e influência das principais instituições jurídicas[339]. Também a origem das Constituições é inquietação histórica.

Em especial, a História está voltada para ordenamentos jurídicos já superados, não mais existentes. No caso específico do Direito Constitucional, preocupa-se em desven-

---

336. Jorge Miranda, *Manual de Direito Constitucional*, 4. ed., t. 1, p. 31.

337. Para alguns estudiosos, poder-se-ia incluir aqui o estudo do denominado "poder constituinte".

338. Para o conceito de sociologia jurídica, cf. Ana Lúcia Sabadell, *Manual de Sociologia Jurídica*, p. 57 e s.

339. Por exemplo, pode-se citar a *História do STF*, estudo de Lêda Boechat Rodrigues que se ocupa de uma análise completa de sua atividade principal entre os anos de 1891 e 1926.

dar o surgimento das Constituições, para o que se vale de elementos sociológicos, geográficos, políticos etc.

Mas o Direito em vigor e aplicado diuturnamente é também histórico, carregando, inevitavelmente, aspectos da concretude e da cultura vivenciados por todos.

Referências bibliográficas

ARRUDA, José Jobson de A. *História Moderna e Contemporânea.* São Paulo: Ática, 1987.

BERCOVICI, Gilberto. O ainda indispensável direito econômico. In: BENEVIDES, Maria Victoria de Mesquita; BERCOVICI, Gilberto; MELO, Claudineu de. *Direitos humanos, democracia e república*: homenagem a Fábio Konder Comparato. São Paulo: Quartier Latin, 2009.

CAETANO, Marcello. *Manual de Ciência Política e de Direito Constitucional.* 4. ed. Lisboa: Coimbra Ed., 1963.

CANOTILHO, J. J. Gomes. *Direito Constitucional.* 4. ed. Coimbra: Livr. Almedina, 2000.

CARRAZZA, Roque Antonio. *Direito Constitucional Tributário.* 4. ed. rev. ampl. atual. São Paulo: Malheiros, 1993.

COMPARATO, Fábio Konder. O indispensável direito econômico. *Revista dos Tribunais*, v. 533. São Paulo, mar. 1965.

LONGO, Mario. *Saggi critici di diritto dell'economia*: problemi di parte generale. Milano: Giuffrè, 1965.

MIRANDA, Jorge. *Manual de Direito Constitucional.* 4. ed. rev. atual. Coimbra: Coimbra Ed., 1990.

MÜLLER, Friedrich. *Métodos de Trabalho do Direito Constitucional.* 2. ed. Tradução por Peter Naumann. São Paulo: Max Limonad, 2000.

PONTES DE MIRANDA, Francisco Cavalcanti. *Comentários à Constituição de 1967 com a Emenda n. 1 de 1969.* Rio de Janeiro: Forense. t. 1.

RODRIGUES, Lêda Boechat. *A Corte Suprema e o Direito Constitucional Americano.* 2. ed. São Paulo: Civilização Brasileira, 1992.

ROMANO, Santi. *Princípios de Direito Constitucional Geral.*

SABADELL, Ana Lúcia. *Manual de Sociologia Jurídica.* 2. ed. São Paulo: Revista dos Tribunais, 2002.

TEIXEIRA, José Horácio Meirelles. *Curso de Direito Constitucional.* Organização e atualização por Maria Garcia. Rio de Janeiro: Forense, 1991.

Capítulo V
PODER CONSTITUINTE

1. NOTAS INTRODUTÓRIAS

Historicamente falando, o poder constituinte manifesta-se, originariamente, na famosa Convenção de Filadélfia, em maio de 1787, quando dezenas de delegados das ex-colônias britânicas reúnem-se em Assembleia. Contudo, essa Convenção, a partir da qual resultou a magnífica construção das constituições contemporâneas, não esteve imune aos ataques, criticada, basicamente, por ser formada por "contrarrevolucionários que tomaram uma revolução democrática radical e transformaram-na em uma sociedade dominada pelos ricos e poderosos", como bem observa CHARLES L. MEE na abertura de sua obra.

Teoricamente falando, estudar o tema referente ao "Poder Constituinte" significa debruçar-se sobre o intrincado problema do fundamento de uma Constituição, já que é sobre esta que repousará todo o ordenamento jurídico da nação. Por isso, sobreleva a importância de analisar *qual o sustentáculo da Constituição*, que é, por sua vez, o fundamento último do Direito.

É aceito que, por definição, não existe norma jurídica superior à constitucional. Esta, portanto, ocupa o patamar último do Direito. Nesse sentido, o fundamento da Constituição não poderá ser encontrado em nenhuma regra de matiz jurídico-positivo. O poder constituinte é o supremo fornecedor das diretrizes normativas que constarão desse documento supremo. Não obstante isso, referido "poder" encontra limitações que lhe balizam o atuar, e que adiante serão desenvolvidas.

A Constituição, fruto dessa *potência criadora*, simboliza o nível jurídico último. Daí as opiniões dos que denunciam uma contradição em não se reconhecer caráter jurídico a um poder a partir do qual vai-se fundar todo um sistema jurídico.

Tradicionalmente, distingue-se entre "poder constituinte originário", também denominado "genuíno", e "poder constituinte derivado", também chamado "instituído", "constituído", "remanescente", "de reforma", "de revisão". Assim, como se nota, a ambas espécies se prende, na doutrina em geral, a expressão "poder constituinte", introduzindo a ideia de que esse elemento constitua verdadeiro traço comum a todas as suas espécies. Trata-se de verdadeiro problema terminológico com que se depara o estudioso do Direito Constitucional e que está a merecer ponderação mais profunda.

Segundo definição da doutrina clássica, "poder" constituinte originário corresponde à possibilidade (poder) de elaborar e colocar em vigência uma Constituição em sua globalidade. Esta, por sua vez, entende-se como o documento básico e supremo de um povo que, dando-lhe a necessária unidade, organiza o Estado, dividindo os poderes (constituídos) e atribuindo competências, que assegura a necessária proteção aos direitos e garantias fundamentais dos indivíduos e traça outras regras que terão caráter cogente para o legislador ordinário (definindo com isso, ainda que em linhas gerais, qual o sentido que validamente se poderá esperar do restante do ordenamento jurídico), para o governante (oferecendo os contornos aceitáveis de sua atuação) e para a maior parte das funções públicas da República.

Já a noção de poder "constituinte" derivado é utilizada para designar aquela parcela de competência atribuída, geralmente, ao próprio corpo legislativo encarregado de elaborar as leis em geral, e que no caso brasileiro é, como se sabe, atribuído ao Congresso Nacional, poder esse por meio do qual se procede à modificação da Lei Magna, observadas, contudo, certas limitações jurídicas. Trata-se, portanto, do poder de reforma da Constituição, previsto por ela mesma, vale dizer, por ela instituído, regulado e limitado.

Um dos principais temas ligados ao estudo do poder constituinte é o referente à investigação de sua legitimidade. Ao lado desse importante aspecto, mister averiguar, com igual preocupação, o tema de suas limitações. Cada espécie de poder constituinte (assim denominadas as diversas espécies pela doutrina) encontra balizamento diverso daquele existente para os demais. Cabe apenas salientar ainda que a questão da legitimidade está umbilicalmente relacionada com a referente às limitações, pois é no estudo destas que se desvendará a genuinidade da observância ou acatamento deste ou daquele valor social e culturalmente exigível.

Todo esse referencial teórico e dogmático aqui indicado inicialmente e que passará a ser explorado adiante, está nitidamente preso a uma específica concepção de poder constituinte "dominado" ou, ao menos, controlável, verificado num ponto localizado do tempo e, via de regra, desencadeado por meio de uma vontade social representada numa assembleia constituinte. Essa visão, contudo, pode não mais corresponder à realidade constitucional da maioria dos Estados (e por diversos motivos). Há, pois, uma importante ressalva a ser feita aqui. Apesar de os estudos deste momento inaugural serem importantes e não poderem ser simplesmente ignorados, não é mais possível compartilhar da ideia de que apenas e exclusivamente na assembleia constituinte é que se manifestará uma vontade genuinamente constituinte. É preciso admitir que há outras situações nas quais as decisões constituintes parecem ser renovadas, situações não controláveis e não identificáveis topicamente no tempo. É o caso, por exemplo, de diversas decisões da Justiça Constitucional substantiva, especialmente daquilo que acabou sendo identificado pela literatura jurídica tradicional como uma inofensiva e plenamente aceitável "mutação constitucional informal". O tema se insere dentro do estudo da legitimidade e da posição (estrutural) da chamada Justiça Constitucional, com repercussões evidentes para o estudo do sentido atual do poder constituinte. Talvez assista razão a García de Enterría quando afirma que o Tribunal Constitucional é um poder constituinte permanente. Examinei esse assunto mais detidamente em minha obra *"Teoria da Justiça Constitucional"* (v. bibliografia), para a qual se remete o leitor mais interessado em aprofundar o tema. Este será brevemente retomado nesta obra no capítulo sobre Hermenêutica Constitucional.

2. CARACTERIZAÇÃO DO "PODER CONSTITUINTE": FUNÇÃO, FINALIDADE OU PERIODICIDADE?

Alguns meses antes da Revolução Francesa, o abade EMMANUEL SIEYÈS publicou um pequeno panfleto intitulado "Que é o Terceiro Estado?", no qual desenvolveu a distinção entre poder constituinte e poderes constituídos, com seus respectivos corolários[340].

Não obstante isso, sabemos que a realidade do poder constituinte precedeu historicamente essa sua elaboração técnica, já que é um correlato da existência de qualquer Estado. A esse respeito, convém ressaltar, com LUZIA CABRAL PINTO, a importância de sua sistematização. Como bem observa a autora, "Não se pode, no entanto, subestimar a importância da teorização do poder constituinte como fundamento originário da ordem constitucional do Estado: essa teorização teve o mérito de trazer a constituição do inconsciente político e social para o consciente jurídico e para o discurso crítico da legitimação"[341].

A teorização acerca do poder constituinte rendeu-lhe a necessária evidência, impedindo que a elaboração das Constituições pudesse ser considerada como de ordem divina ou livre de quaisquer parâmetros.

Consoante VANOSSI, na noção que se tem difundido a partir de SIEYÈS, o mais importante é a definição da *função* do poder constituinte. Este aparece quando o Constitucionalismo, ainda em sua origem, e o Racionalismo, de outra parte, impõem a ideia de separação de "poderes" do Estado, o que só pode ser levado a cabo a partir de um "poder" superior, que seja capaz de realizar tal distribuição[342]. Assim é que se tem um "poder" constituinte e poderes deste derivados, vale dizer, constituídos por aquele que lhes é superior, e que, portanto, os constitui (desnecessário dizer que por isso é denominado "constituinte").

Escreve, nesse diapasão, SIEYÈS que "A nação existe antes de tudo, ela é a origem de tudo. Sua vontade é sempre legal, ela é a própria lei"[343]. Isso quer dizer que esse "poder" superior do qual dimanam os demais é a própria nação.

Segundo a doutrina de GEORGES BURDEAU, a denominação de "poder" a essa verdadeira *potência* é incongruente com a definição que lhe é comumente oferecida. Se é poder, só poderia ser selvagem, que extravasa os limites do jurídico. O poder pressupõe, nos ensinamentos daquele renomado publicista, um quadro de competências,

---

340. Emmanuel Sieyès, *Qu'est-ce que le Tiers Etat?*, p. 93.

341. *Os Limites do Poder Constituinte e a Legitimidade Material da Constituição*, p. 11, nota 1.

342. Jorge Reinaldo Vanossi, Uma Visão Atualizada do Poder Constituinte, *Revista de Direito Constitucional e Ciência Política*, v. 4, p. 11.

343. *Qu'est-ce que le Tiers Etat?*, cit., p. 67, no original: "La nation existe avant tout, elle est l'origine de tout. Sa volonté est toujours légale, elle est la loi elle-même".

o delineamento da extensão de seu exercício e sua ligação com uma regra anterior, da qual vai haurir a validade de sua existência. Com o que se denomina "poder constituinte originário" não ocorre isso. Decorre de tal fato motivo suficiente para abandonar, do ponto de vista técnico, a referência a "poder". Preferível seria designá-lo simplesmente *força* ou *energia constituinte*, que evidentemente só pode ser a originária e, mais do que isso, aquela que se manifesta como ruptura plena, revolucionária ou que se relacione à independência de um Estado.

Com isso, contudo, não se pretende reduzir o Direito, em seu fundamento último, a mero jogo de forças, paradoxo no qual acaba caindo o positivismo kelseniano com sua norma hipotética fundamental vazia de conteúdo axiológico, permitindo todo e qualquer conteúdo constitucional. Apenas se indica, com aqueles designativos, que não se trata do poder juridicamente posto, mas sim algo que surge de um movimento social que é, ademais, reconhecidamente, a base de todo o Direito.

De qualquer forma, dada a tradição em se identificar essa ocorrência como "*poder constituinte*", utilizar-se-á dela, entendida a palavra "poder" no sentido que lhe atribui F. LASSALLE, ou seja, como algo que não é disciplinado juridicamente, mas que existe, incontestavelmente, em toda sociedade[344].

Far-se-á uma distinção, que se afigura essencial para este estudo, entre o que seria poder pleno, verdadeira força, e aquele que se realiza dentro de uma estrutura estatal (social, política e econômica) já existente que, em suas linhas gerais e essenciais, permanece, não obstante a mudança em parcelas da Lei Magna. A distinção entre esses dois poderes de mudança da Constituição é imperiosa: poder constituinte de um lado e *competência de reforma* constitucional de outro.

Para o Prof. MEIRELLES TEIXEIRA, poder constituinte é a expressão mais alta do poder político, entendido este como vontade social dirigida a fins políticos[345]. Portanto, é vontade criadora, vontade social consciente, plenamente livre em sua manifestação.

Por outro lado, ensina o Prof. CELSO RIBEIRO BASTOS que poder constituinte é fundamentalmente uma função, a de elaborar as regras de uma Constituição, e, pois, também na reforma da Constituição existiria uma manifestação do poder constituinte[346].

Compreendido como "função", não se pode deixar de aderir aos que afirmam que igualmente na etapa de revisão ou reforma de uma Constituição estaremos diante de

---

344. Escreve Ferdinand Lassalle, a respeito do que seja o poder: "Os *fatores reais do poder* que atuam no seio de cada sociedade são essa *força ativa* e eficaz que informa todas as leis e instituições jurídicas vigentes, determinando que *não possam ser*, em substância, *a não ser tal como elas são*". E mais adiante continua para deixar certo que em essência a Constituição de um país é "*a soma dos fatores reais do poder que regem uma nação*". Logo a seguir trata da relação poder/Constituição: "Juntam-se a esses fatores *reais* do poder, os escrevemos em uma folha de papel e eles adquirem expressão *escrita*. A partir desse momento, incorporados a um papel, não são simples fatores *reais do poder*, mas sim verdadeiro *direito* — instituições *jurídicas*. Quem atentar contra eles atenta contra a lei, e por conseguinte é punido" (Ferdinand Lassalle, *A Essência da Constituição*, p. 29 e 37, Coleção Estudos Políticos Constitucionais — os grifos são do original).

345. J. H. Meirelles Teixeira, *Curso de Direito Constitucional*, p. 201. Sobre o que seja poder político, anota: "Poderíamos definir, afinal, o poder político como *a possibilidade concreta, que assiste a uma comunidade, de determinar o seu próprio modo de ser, os fins e os limites de sua atuação, impondo-os, se necessário, a seus próprios membros, para consecução do Bem Comum*" (p. 202 — os grifos são do autor).

346. Celso Ribeiro Bastos e Ives Gandra da Silva Martins, *Comentários à Constituição do Brasil*, v. 1, p. 143.

uma manifestação real de poder constituinte, ou seja, de um momento no qual atua a energia constituinte. Como função, incontestavelmente, poder constituinte é aquele que participa da criação da lei básica de uma sociedade (seja em qual etapa for, na inicial ou após esta).

Para concluir este tópico acerca da compreensão do que seja o poder constituinte, ou do que o caracteriza, é preciso admitir, ainda que em princípio, que, uma vez dada a ênfase à noção de *função*, poder-se-á, validamente, declarar que o poder constituinte nada mais é do que uma forma excepcional e especial de produção jurídica.

Já com NELSON SALDANHA o enfoque volta-se ao elemento teleológico. Para ele não se pode conceber como poder constituinte senão aquele referido à *finalidade* de elaborar uma Constituição (como unidade, vale dizer, compreendida em sua totalidade). Por isso, o saudoso mestre considera impróprias expressões como "poder constituinte derivado" ou "poder constituinte instituído". Sublinha a importância teleológica do tema, sobretudo porque o poder constituinte se reconhece por seu resultado[347].

Além disso, a nota característica do poder constituinte é sua perenidade, o que não ocorrerá com o poder de reforma constitucional, já que se apoia sobre determinada regra jurídica, ainda que constitucional. Na verdade, o que permite a essa energia constituinte sua permanência eterna é o fato de tanto conceber-se como força dinâmica quanto como estática, em forma de potência, mas pronta para agir em todo o seu dinamismo quando assim impuserem as circunstâncias.

Por isso, há de se concordar que, ao responder sobre a essência dessa energia constituinte, do que se denomina geralmente "poder constituinte genuíno", é imperioso referir-se a sua finalidade, a seu resultado, ao produto final de sua atividade, àquilo que representa toda a sua capacidade: o surgimento de uma Constituição[348]. Também sua atemporalidade, seu continuísmo eterno é traço exclusivo, que não se encontrará necessariamente nos demais poderes.

3. ATRIBUTOS DO "PODER" CONSTITUINTE

Conforme os postulados de SIEYÈS, após a indicação dos representantes-constituintes, "A comunidade não se despoja em nada do direito de querer. É sua propriedade inalienável. Ela não pode ir além de confiar seu exercício"[349]. Encontra-se aqui o pri-

---

347. Nelson Saldanha, *O Poder Constituinte*, p. 71. Anteriormente, escreve: "Poder constituinte, pode-se dizer, é a aptidão ou a oportunidade de estabelecer uma Constituição. Sua natureza, destarte, consiste antes de tudo em ser poder--para-ação. Ele é antes do mais 'potência constituinte', algo cuja essência é tender para o ato e só no ato alcançar plenificação" (p. 65).

348. Com esse sentido parece concordar Zagrebelsky quando afirma que "A constituição como fonte do direito formal é o ato produzido pelo poder constituinte" (*Diritto Costituzionale*, v. 1, p. 97).

349. *Qu'est-ce que le Tiers Etat?*, cit., p. 66. Transcrevemos o trecho no seu contexto original para melhor compreensão: "*Telle est l'origine d'un gouvernement exercé par procuration. Remarquons sur cela plusieurs vérités. 1º La communauté ne se dépouille point du droit de vouloir. C'est sa propriété inaliénable. Elle ne peut qu'en commettre l'exercice*". Já havia escrito Dante em seus poemas que: "A vontade inicial, que é a suma norma, / jamais se nega, nem se desfigura! / Perfeito e justo é o que a ela se conforma" (Dante Alighieri, *A Divina Comédia*, p. 446 — Canto XIX, 85/88 — Paraíso).

meiro caráter do poder constituinte, o qual não pode ser afastado: a inalienabilidade por parte de seu titular. Daí que nele embutido está o caráter amplamente aceito de sua titularidade popular. É o que conclui JORGE MIRANDA, acentuando que: "Decerto, enquanto faculdade essencial de auto-organização do Estado, o poder constituinte perdura ao longo de sua história e pode ser exercido a todo o tempo; e, na medida em que prevaleça a soberania do povo como princípio jurídico-político, ao povo cabe decidir sobre a subsistência ou não da Constituição positiva, a sua alteração ou a sua substituição por outra"[350].

O problema surgirá quando, partindo-se da já solidificada titularidade do povo, perscruta-se sua viabilização prática, colocando-se em realce a legitimidade do produto (a Constituição), que só pode surgir de acordo com a ideia de Direito que, conscientemente, prevalecer no seio da sociedade. Retoma-se aqui a noção de que é no seio social que surge o Direito vigente, ao menos sob o aspecto de sua legitimidade.

Consoante ZAGREBELSKY, o poder constituinte é "o poder político absoluto ou soberano (quer dizer, sem limites jurídicos) e concentrado (quer dizer, não repartido com outros sujeitos)"[351].

MEIRELLES TEIXEIRA anota como atributos da manifestação constituinte: a anterioridade, por ser originário; a ausência de vinculação a qualquer regra jurídico-positiva; sua inalienabilidade, que ficou bem retratada na Constituição francesa de 1793; a permanência, corolário de sua inalienabilidade, e, por fim, sua superioridade, já que estabelece todos os demais poderes do Estado[352].

GEORGES BURDEAU aponta três caracteres essenciais: ser um poder inicial, porque nenhum outro pode existir acima dele; ser autônomo, porque somente a seu titular cabe decidir qual a ideia de Direito que se fará presente, e, finalmente, ser incondicionado, por não se subordinar a qualquer regra[353]. Vale lembrar que o autor reconhece a qualidade de um ser jurídico a essa força.

Já GENARO CARRIÓ[354] vai alinhavar uma série de expressões ou feições em geral dirigidas ao poder constituinte por quem o descreve. Reproduz-se, doravante, o panorama jurídico esboçado por CARRIÓ, que compreende o poder constituinte como: 1) inicial, autônomo e incondicionado; 2) por natureza insubordinado (BURDEAU); 3) unitário, indivisível e absolutamente livre (SCHMITT); 4) aquele que, sendo de forma vaga e imprecisa, forma todas as formas (SCHMITT); 5) a autoridade suprema, livre de toda formalidade, que se funda sobre si mesma e em si mesma (XIFRAS HERAS); 6) permanente e inalienável (XIFRAS HERAS); 7) tendo sua força vital e sua energia inesgotáveis (SCHMITT); 8) uma faculdade ilimitada e incontrolável (IMAZ).

---

350. Jorge Miranda, Poder Constituinte, *Revista de Direito Público*, v. 80, p. 19.
351. *Diritto Costituzionale*, v. 1, p. 97.
352. *Curso de Direito Constitucional*, cit., p. 212-4.
353. Apud Celso Ribeiro Bastos, *Comentários à Constituição do Brasil*, v. 1, p. 145.
354. Genaro R. Carrió, *Sobre los Límites del Lenguaje Normativo*, p. 36.

3.1. A vinculação do poder

Problema conexo com o reconhecimento da inicialidade (e supremacia) do poder constituinte encontra-se aquele relacionado a sua posição após o surgimento da Constituição. Em outras palavras, como ponderou J. DE MAISTRE, como se pode dizer que a Constituição está acima de todos se alguém a elaborou[355]?

A solução a essa dificuldade, lembra ZAGREBELSKY, encontra-se na "excepcionalidade e na irrepetibilidade do poder constituinte: uma vez posta a constituição, ele é destinado a desaparecer e a não mais ser invocado, deixando o lugar a poderes apenas constituídos"[356].

Assim, distintos são os titulares do poder constituinte e dos poderes constituídos. Aquele se exerce em um único ato jurídico, constante da promulgação e publicação da nova Constituição. Evita-se, pois, a continuidade do poder constituinte, que, por ser ilimitado, é arbitrário e gera insegurança. De outra parte, ao poder constituinte é atribuída a função de elaborar o novo documento político máximo de um país, mas não se lhe reconhecer o poder legislativo ordinário, para elaborar leis comuns e regulamentos em geral.

Se de um ponto de vista lógico (extrajurídico, no caso) se pode admitir que o poder constituinte seja permanentemente exercitado e, nesse sentido, não submeter-se a nada, é condição exigida pelo pensamento constitucionalista admitir que apenas em momentos excepcionais isso ocorra. Não corresponde, pois, ao pensamento constitucionalista o ideal defendido por J. J. ROUSSEAU de uma soberania popular ilimitada e atemporal, doutrina que se fez sentir especialmente na época da convenção revolucionária jacobina, que se atribuiu todos os poderes. Essa "ditadura" de uma assembleia popular soberana e permanentemente exercida corresponderia ao conceito de democracia direta pura, mas não encontra eco no constitucionalismo, porque não é capaz de realizar ou mesmo de reconhecer a força jurídica de uma Constituição.

4. NATUREZA DO PODER CONSTITUINTE

CELSO ANTÔNIO BANDEIRA DE MELLO não reconhece o poder constituinte originário como fato *jurídico*, dadas algumas de suas características, como a de ser incondicionado e ilimitado[357].

Já GEORGES BURDEAU entende completamente paradoxal recusar a qualidade de jurídico a um poder mediante o qual se cria e se impõe o Direito[358].

Quando se aborda o tema referente aos atributos ou elementos caracterizadores do poder constituinte, inevitavelmente surge a seguinte polêmica: na linha juspositivista

---

355. *Saggio sul Principio Generatore delle Costituzioni Politiche e delle altre Istituzioni Umane*, 1816, § II, apud Zagrebelsky, *Diritto Costituzionale*, v. 1, p. 98.

356. *Diritto Costituzionale*, v. 1, p. 99.

357. Celso Antônio Bandeira de Mello, Poder Constituinte, *Revista de Direito Constitucional e Ciência Política*, v. 4, p. 69.

358. Georges Burdeau, *Traité de Science Politique*, 2. ed., t. 4, p. 185.

kelseniana, simplesmente se elide todo o problema ao considerar metajurídica a noção do constituinte em sua fase de atuação. E é nesse diapasão que para LUIS RECASÉNS SICHES o poder constituinte como tal não pode ser compreendido por meio de razões jurídico-positivas, só históricas, políticas etc.[359]

Nesse ponto, não parece que assim seja. A ciência em geral, e não apenas a jurídica, sempre teve de conviver com o "problema das origens". A questão fica assim posta: a Constituição é a origem de dado sistema jurídico, excepcionado o do *common law*. A Constituição é objeto de estudo do Direito. Mas também a origem da Constituição, que é a origem última do sistema jurídico, deve ser estudada pela ciência jurídica?[360]

É em virtude dessa discussão doutrinária que, na lição de CARL SCHMITT, poder constituinte seria a própria vontade política, e seria jurídico no sentido de que não há separação entre o jurídico e o político, doutrina que se situa em extremo oposto ao decisionismo de KELSEN.

GENARO CARRIÓ[361] bem observa que esse costume de definir o "poder" constituinte como supremo, absoluto, ilimitado, coincide com os conceitos que os manuais de religião oferecem para a ideia de Deus.

É preciso aderir ao pensamento de CARRIÓ para aceitar que evidentemente se trata de uma potência, mas que não pode ser levada às últimas consequências, quanto mais no atual nível de internacionalização dos Estados. Como se verá, quando esse poder constituinte se manifesta, já vem imbuído da ideia de Direito que se imporá; é sua fonte mais legítima[362]. JORGE MIRANDA vai mesmo declarar que "Nada é mais gerador de Direito do que uma revolução, nada há talvez de mais eminentemente jurídico do que o ato revolucionário"[363]. Quer ele dizer que a revolução não se identifica com a violência, não sendo de forma alguma, por isso, antijurídica.

---

359. Luis Recaséns Siches, *Tratado General de Filosofía del Derecho*, México, 1959, p. 298.

360. Problema semelhante enfrenta a ciência física, em particular um de seus ramos, a cosmologia, pois a questão da origem do Universo não é unanimemente aceita como pertinente ao território dessa ciência. Daí as seguintes perguntas: "O que fazer com essas teorias de formação do universo? Atirá-las ao jogo filosófico de encantamento?" (Mário Novello e Luciane R. de Freitas, Crítica da Razão Cósmica, in *A Crise da Razão*, p. 502). Como no Direito, o momento inicial de criação do mundo é algo singular, de onde surgem todas demais regras: "... a singularidade inicial ou, em termos populares, o momento-único-de-criação-do-mundo. Ali se esconderia todo o processo ulterior que chamamos universo. Ali se esconderiam todas as informações que funcionariam, caso a elas tivéssemos acesso, como condições iniciais no antigo sistema newtoniano, produzindo a partir daí um mundo previsível e determinista" (p. 500).

361. *Sobre los Límites del Lenguaje Normativo*, cit., p. 44. Conclui Carrió que: "La noción de poder constituyente originario responde a una tendencia irreprimible de la razón: la búsqueda de lo incondicionado. En este caso lo que se busca es una fuente única, ilimitada y suprema, de toda normación jurídica y de toda justificación jurídica. Tal fuente, si la hay, está más allá de nuestras posibilidades de conocimiento y de expresión" (p. 57). Adotando tal perspectiva, de uma similitude possível, Carlos Ayres Britto, *Teoria da Constituição*, p. 3-28.

362. O Prof. Celso Ribeiro Bastos assevera: "Normalmente, o poder, quando assume, quando vem, ele já vem imbuído de uma ideia do Direito. É muito difícil, e até impossível mesmo, alguém tomar o poder pelo poder. Nunca o poder vem em nome de si mesmo para depois, então, em um segundo momento, se constitucionalizar e editar o texto e dizer a que veio" (Celso Antônio Bandeira de Mello, Poder Constituinte, *Revista de Direito Constitucional e Ciência Política*, n. 4, p. 90 — debates realizados após a conferência do Prof. Celso Antônio).

363. Jorge Miranda, Poder Constituinte, *Revista de Direito Público*, v. 80, p. 19.

5. ASSEMBLEIA CONSTITUINTE

5.1. Formação

A etapa seguinte a ser analisada, de formação de um conjunto de cidadãos, escolhidos dentre o povo e pelo povo, a quem se atribui o exercício do poder constituinte, é também muito discutida em sede doutrinária.

Na verdade, todo problema inicia-se já com a forma pela qual tal eleição há de ocorrer, visto que a participação de todos os indivíduos na elaboração da Constituição a tornaria um objetivo totalmente inviável. Daí a necessidade de um corpo de representantes dos interesses da comunidade, que, em plena sintonia com esta, elabora o texto jurídico fundamental.

Por outro lado, autores há, como CARRÉ DE MALBERG[364], para quem a delegação ou transferência da capacidade constituinte a representantes do povo conduziria ao império do regime representativo, que seria incompatível com o ato fundamental de surgimento da Constituição, pois a representatividade política decorre da Constituição (ela não pode, assim, concorrer para a Constituição, pois isso seria ilógico, já que o que pressupõe uma Constituição não pode existir antes dela).

Como decorrência, fica plantada a questão da possibilidade de tal Assembleia ser constituída de cidadãos, e não necessariamente de políticos deste ou daquele partido, o que pressuporia os limites (eleitorais, positivados, portanto) de um regime jurídico que se pretende superar[365].

É de amplo conhecimento jurídico-nacional que, por ocasião da última Constituinte brasileira, muito se discutiu sobre a legitimidade de exercer tão alta tarefa o próprio Congresso Nacional, ficando as opiniões bastante divididas. Alguns sustentavam que só com a participação dos partidos políticos é que se livraria a constituinte das pressões econômicas; outros, ao contrário, compreendiam o exercício da Constituinte por políticos eleitos como um ato de oferta a estes para legislar em causa própria, ocorrência que seria inevitável na prática.

Já o inverso não enfrenta nenhum impedimento, ou seja, a permuta de congresso constituinte para órgão legislativo do Estado: "Ao se transferir para as Assembleias Constituintes representativas o exercício pleno da soberania, nada tem de especial que o poder constituinte soberano se projete, ou pretenda perpetuar-se, como poder legislativo ordinário, inclusive quando a Constituição é aprovada"[366].

SIEYÈS, uma vez mais, não pode deixar de ser citado em seus lúcidos ensinamentos, quando trata da fase em que a tarefa de elaborar a Constituição é atribuída a um conjunto de cidadãos: "... nela não é mais a vontade comum real que age, é uma

---

364. R. Carré de Malberg, *Contribution à la Théorie Génerale de l'État*, t. II, Réimpression do Centre National de la Recherche Scientifique, Paris, 1962, p. 484-6 (apud Raul Machado Horta, Reflexões sobre a Constituinte, *Revista Brasileira de Estudos Políticos*, v. 62, p. 11).

365. A respeito das diversas opiniões que se formaram nesse momento histórico de nosso constitucionalismo, consulte-se a coletânea de Henry Maksoud (ed.), *Constituinte Independente e Apartidária*, 147 p.

366. Pedro de Vega, *La Reforma Constitucional y la Problemática del Poder Constituyente*, p. 36.

vontade comum representativa. Duas características insubstituíveis (inapagáveis) lhe pertencem, deve-se repetir. 1º esta vontade não é plena e ilimitada no corpo dos representantes, é apenas uma porção da grande vontade nacional. 2º Os delegados não a exercem de forma alguma como um direito próprio, trata-se de direito alheio; a vontade comum não está presente senão em comissão"[367].

Mas, como lembra PEDRO DE VEGA, foi no próprio processo revolucionário francês que se formularam as primeiras e mais duras críticas à concepção de SIEYÈS, "à qual se contrapôs a estabelecida na América, através da tradição puritana, como muito mais coerente e mais concorde com as exigências do princípio democrático (La Fayette). Assinalar a uma Assembleia o exercício do poder constituinte — se disse — e, em nome dos princípios do regime representativo, escamotear todo tipo de intervenção do povo (as *town-meetings* e os referendos americanos), o que em realidade comportava era estabelecer uma fictícia soberania da Nação, e uma real e efetiva soberania das Assembleias. Por isso, Laboulaye chegaria a sustentar que 'o que fez Sieyès foi confundir tudo'"[368].

5.2. Legitimidade

Outro ponto de dificuldade surge em saber da legitimidade das normas assim concebidas, ou seja, da necessidade de submeterem-se a um *referendum* popular as normas aprovadas pelo corpo integrante dessa assembleia.

A nação tem interesse em que poder público "delegado" não possa jamais se tornar nocivo, prejudicial àqueles que o delegaram[369], quanto mais nesse momento inicial do Direito positivado.

POLETTI vai identificar esse problema, que já se enfrentou na história constitucional pátria: "Sem limites, a Constituinte pode ficar sob as influências das paixões revolucionárias, das manipulações conservadoras e, até, internacionais. Sem um fundamento impregnado de realidade, a futura Constituição será apenas uma reação idealista. Fiquemos atentos aos acontecimentos próximos, eles nos darão a medida do sonho e da realidade constitucionais"[370].

Por isso, talvez o melhor caminho a ser trilhado seja o da adoção de uma forma mesclada de elaboração técnica submetida, em suas linhas fundamentais, a uma validação popular direta.

Como se percebe, todos esses problemas práticos só vão existir quando a introdução de uma nova ordem constitucional se dá dentro de uma sequência histórica sem

---

367. No original: "... en ce que ce n'est plus la volonté commune réelle qui agit, c'est une volonté commune représentattive. Deux caractères ineffaçables lui appartient; il faut le répéter. 1º Cette volonté n'est pas pleine et illimitée dans le corps des représentants, ce n'est qu'une portion de la grande volonté commune nationale. 2º Les délégués ne l'exercent point comme un droit propre, c'est le droit d'autrui; la volonté commune n'est là qu'en commission" (*Qu'est-ce que le Tiers Etat?*, cit., p. 66).

368. Pedro de Vega, *La Reforma Constitucional*, cit., p. 32-3.

369. Sieyès, *Qu'est-ce que le Tiers Etat?*, cit., p. 67.

370. Ronaldo Poletti, *Da Constituição à Constituinte*, p. 163.

102

solução de continuidade. Nos movimentos revolucionários, bem como naqueles de independência e surgimento de novos Estados, há geralmente um consenso prévio[371], que se transforma na força propulsora do movimento e lhe imprime as diretrizes básicas. É nesse contexto que soam adequadamente as palavras de EROS ROBERTO GRAU: "É admirável que a Constituição nasça de um parto sem dor. Mas há de preocupar-nos que ela tenha sido gerada sem a grande ruptura do amor"[372].

A criação de uma Constituição por um grupo de homens alienados e apartados da realidade daqueles a quem ela se dirigirá, ou que ignorem a condição e o anseio de seus compatriotas, só pode reverter em verdadeira tirania, ainda que camuflada sob as vestes de um constitucionalismo democrático.

Em precioso trecho, AFONSO ARINOS observou sobre o tema: "Quando o poder Constituinte funciona nos momentos de crise (...) diremos que certas regras de Direito público objetivo, prevalentes na consciência coletiva do povo, segundo os dados da sua cultura, evolução econômico-social e outros fatores, se exprimem, inelutavelmente através dos órgãos que encarnam, no momento, a soberania social (uma Assembleia Constituinte, um soberano, um ditador) por meio de normas positivadas de Direito Constitucional, que traçam, então, as competências dos poderes constituídos, inclusive o constituinte ordinário ou instituído. Essa explicação jurídica nos satisfaz porque, sem abandonar o campo do Direito, não se extravia em hipóteses metafísicas, nem perde de vista as realidades históricas e sociológicas"[373].

6. OCORRÊNCIAS DE PODER CONSTITUINTE E SUAS LIMITAÇÕES

Praticamente a maioria dos autores é concorde no afirmar alguma sorte de limitação a essa força constituinte, que não se apresenta como função (ou potência) totalmente descompromissada.

Nesse sentido é que se alude ao respeito à situação histórica da comunidade política, aos ideais de Justiça, ao Direito Internacional, a um Direito Natural, a grupos de pressão (presentes em toda Assembleia Constituinte), a crenças ou a uma realidade

---

371. Na história constitucional brasileira, poderemos ressaltar como resultantes de um consenso generalizado que uniu as diversas correntes doutrinárias em torno do mesmo objetivo tanto a Constituição de 1824 (impulsionada pela independência em 1824), a Constituição de 1891 (pela identidade ideológica dos republicanos, a partir de 1889), como também a de 1946 (a identidade pela restauração liberal agrupou e concentrou as forças políticas). Já na de 1988, havia uma forte união contra o regime até então vigente, mas sem claras definições do que se almejava obter em sua substituição. Não é outra a opinião de Tercio Sampaio Ferraz Júnior: "A aliança em torno de Tancredo não foi, ela própria, embasada em princípios comuns salvo o ser contra o regime anterior. O que acabou ocorrendo efetivamente foi uma aliança *partidária* em torno do candidato oposicionista, acionada, é verdade, com bases populares, mas de cunho difuso".

"Daí uma certa tibieza no processo constituinte e até a razão de ser da proposta de uma Comissão prévia (a Comissão Afonso Arinos) suficientemente representativa dos vários segmentos técnicos e sociais e que seria capaz por assim dizer de descobrir e formular aquelas diretrizes" (Tercio Sampaio Ferraz Júnior, *Constituinte, Assembleia, Processo, Poder*, 2. ed., p. 56 — o grifo é do autor).

372. Eros Roberto Grau, *A Constituinte e a Constituição que Teremos*, p. 35.

373. Afonso Arinos de Melo Franco, *Curso de Direito Constitucional Brasileiro*, v. 1, p. 105, grafia original.

social subjacente limitadora (normalidade na teoria do jurista HERMANN HELLER), ou a princípios superiores de convivência humana.

Poder-se-ia, na realidade, recorrer ao conceito de "Constituição material" de ZAGREBELSKY para deixar certo que a Constituição escrita decorre da Constituição já existente em qualquer sociedade organizada (Constituição material).

Adota-se, no particular, como pressuposto à análise dos limites ao poder constituinte, a classificação de NELSON SALDANHA, ao distinguir um poder constituinte posterior, contraposto ao originário (historicamente). O poder constituinte posterior não pode atuar, atualmente falando, com inteira e absoluta independência de uma experiência constitucional, a não ser numa suposta independência de um novo Estado, ou numa revolução (no sentido empregado por HAURIOU). É sob essa ótica que poderá ser entendido como um poder constituído, porque limitado (e aqui o emprego do termo "poder" estaria praticamente legitimado), e é NELSON SALDANHA quem o afirma como tal, diferenciando-se ainda assim dos demais poderes por seu caráter de autoconstituído, que os outros não apresentam, e por ser constituidor em sentido material. Voltaremos ao tema no tópico seguinte.

Fruto de uma evolução jurídica, mas situada dentro de uma continuidade histórica, é a Constituição brasileira de 1988. Tal fato é facilmente comprovável em alguns pontos nos quais encontraremos alusão à Carta anterior[374]. Mais do que isso, veja-se que, a título de exemplo, adquirido determinado direito sob a égide da anterior Constituição, mas dependente de termo futuro para ser usufruído, ainda que rechaçado e afastado no atual texto, uma vez alcançado o prazo, o cidadão poderá usufruir o direito. Tudo isso seria impensável numa Constituição que fosse a última fase de um processo de ruptura integral com a ordem anterior.

Nesse particular, os limites que esse poder constituinte encontrará são, mais tecnicamente falando, implicações circunstanciais impositivas. São as pressões e coações econômicas, sociais, de grupos particulares, tradições, precondicionamentos ou predeterminações, preconceitos e toda a sorte de fatores, que atuam direta ou indiretamente, de forma consciente ou não, na elaboração do estatuto supremo de convivência humana dentro de determinado território. Trataremos do assunto em tópico apartado, dada sua relevância e tendo em vista que tem recebido, nestes últimos tempos, especial atenção pela doutrina em geral[375].

É possível elencar alguns pontos que separam o atual poder constituinte daquele que seria o "originário" em sua acepção mais pura. E isso porque, "Se há uma ordem vigente, ela condiciona o Poder Constituinte, ainda que originário. Nunca é demais lembrar, sobretudo no caso brasileiro, que o Poder Constituinte não se confunde com o Poder Estatal. A nova Constituição não ensejará um novo Estado. O Brasil já existe,

---

374. Embora, é claro, não se admita o fenômeno da desconstitucionalização entre nós, segundo o qual as regras da Constituição anterior subsistem, como lei ordinária, no que não contrariem a atual.

375. Veja-se a respeito a monografia de Luzia Marques da Silva Cabral Pinto, *Os Limites do Poder Constituinte e a Legitimidade Material da Constituição*, 235 p. Apoiaremo-nos nesta obra para desenvolver o tópico referente à legitimação do poder constituinte.

com esta ou com outras eventuais e futuras Constituições. Então, pelo menos por isso, a Constituinte tem limitações. Não poderá ela, por exemplo, incorporar o território brasileiro, ou parte dele, a outro Estado. Não lhe será permitido abrir mão da soberania nacional"[376]. Daí o acerto de VANOSSI, que, como se verá, destaca, dentro da teoria do poder constituinte, o movimento revolucionário, dando-lhe realce especial.

Portanto, é imperioso distinguir a força constituinte, ou poder constituinte propriamente originário, característico de momentos de ruptura forçada e inevitável, como revoluções e independência de Estados, que apenas respeita a si mesma, do poder constituinte historicamente situado, que, nesse sentido, seria muito mais limitado em seu atuar, por vezes instituído legalmente (e assim admitido) pela ordem jurídica anterior. Veja-se o caso brasileiro, em que se utilizou de emenda à Constituição para deflagrar o processo constituinte de 1987, convocando-se uma Assembleia Constituinte, o que de certa forma convalida a utilização tradicional do termo "poder" (como algo delimitado pelo Direito, afastando-se da noção de LASSALE) para qualificar esse momento constituinte, ao mesmo tempo que não se pode deixar de reconhecer que se subverte a ideia de independência plena que acompanha tradicionalmente a força constituinte ou poder constituinte genuíno.

7. O MOMENTO DE RUPTURA E A QUESTÃO DA LEGITIMIDADE

É chegado o momento de analisar até onde será possível a subsistência de uma Constituição já ultrapassada, quando nem mesmo as reformas podem chegar a atualizá-la "decentemente", e a partir de onde se admite o surgimento desse poder constituinte em sua fase dinâmica, porém limitada historicamente pela evolução constitucional do Estado.

O problema com que nos debateremos é, portanto, sinteticamente falando, o da "autenticidade da ideia de direito consagrada na constituição" (BURDEAU), o da "dignidade de reconhecimento como justa de uma ordem de domínio" (HABERMAS), o da "validade social de uma ordem política justa" (KIELMANSEGG), o da "discussão das razões fundamentais da obrigatoriedade do poder político" (WÜRTENBERGER)[377].

Quanto à indagação acerca da legitimidade, tem-se que "é uma qualidade da dominação política (HENNIS), refere-se à validade da dominação (KIELMANNSEGG)"[378]. Pretende-se, aqui, extrair a razão pela qual determinada ordem de valores é consagrada juridicamente. Isso tudo porque, ao romper-se totalmente a identidade entre sociedade e poder na sociedade moderna — elementos que passam a ser concebidos como realidades totalmente independentes —, torna-se necessário justificar este último. O poder, assim posto, depende essencialmente da crença em que seja ele justificado.

---

376. Ronaldo Poletti, *Da Constituição à Constituinte*, cit., p. 165.
377. Luzia Marques da Silva Cabral Pinto, *Os Limites do Poder Constituinte*, cit., p. 14.
378. Luzia Marques da Silva Cabral Pinto, *Os Limites do Poder Constituinte*, cit., p. 16.

É em JORGE MIRANDA, mais uma vez, que se encontra o traçado dos rumos precisos dessa delicada etapa de superação de uma ordem jurídica, ou de surgimento originário de outra: "... para lá da consideração abstrata da legitimidade, têm de se tomar em conta as condições concretas em que o poder constituinte há-de vir a ser atualizado, as determinantes históricas de ruptura ou de transição constitucional e a efetividade que se espera vir a adquirir uma nova Constituição. É preciso atender aos riscos para a segurança jurídica advenientes da diminuição ou do esvaziamento da força normativa da Constituição. E, se se invoca o princípio democrático, cabe verificar se é o povo que, real e livremente, quer a mudança, de que maneira e com que meios"[379].

Essas preocupações se articulam com o cuidado na prevenção de rupturas com uma ordem vigente, eis que momentos de crise sempre geram embates sobre reformas institucionais, em que se passa a discutir novas constituintes, por vezes tratadas como uma panaceia universal. Deve-se ter em mente o risco da perda de todos os direitos já incorporados por anos de prática democrática sob a égide de uma constituição garantista, diante da incerteza que envolve a convocação de nova assembleia constituinte com pretensão de reinaugurar o sistema jurídico[380]. Essa cautela há de ser avaliada em face do nível de perda da autoridade que uma Constituição pode sofrer em momentos de crise aguda, quando forças sociais, econômicas, empresariais, ideológicas e até mesmo institucionais sobrepõem-se a limites e condições constitucionalmente delineados. Nesse cenário a permanência da Constituição pode ser deletéria à harmonia e pacificação da sociedade. Pior do que a ruptura e seu cenário de abertura total é a ruptura dissimulada, que permite discursos alienados da Constituição real, mas que invocam sempre a figura do bom constitucionalismo. No contexto mencionado, de dissimulação constitucional (aparência do bom constitucionalismo) de autoridades e de parte da sociedade, pode surgir a necessidade de uma constituinte como caminho mais legítimo, no sentido de que a sociedade possa repactuar sua base normativa de maneira a incorporar a necessidade tão sentida de mudança por meio de um processo transparente, plural e consciente, longe do discurso de aparência constitucional, mas âmago ditatorial e contrademocrático, que acaba se impondo pela violência da força econômica ou do poder de certas autoridades. A identificação e a conscientização dessas situações, porém, são um ponto de grande dificuldade.

Nessas situações mostra-se de especial relevância (e atualidade) a lição do mestre português, exatamente quando JORGE MIRANDA vai enfatizar que, embora seja mais habitual o aceitar a existência de limites materiais ao poder de revisão constitucional, importa considerar igualmente a existência de limites materiais ao "poder constituinte verdadeiro e próprio". Nesse sentido, anota que o poder constituinte não se pode desvincular, no momento de criação da Constituição, de "certas objetivações históricas que

---

379. Poder Constituinte, Revista cit., p. 26.

380. Sobre o tema cf., *e.g.*, as propostas de movimento constituinte no site <http://www.plebiscitoconstituinte.org. br/>, acesso em 25 ago. 2016.

o processo de permanente desalienação do homem vai introduzindo na consciência jurídica geral"[381]. Constato, neste passo, a estreita proximidade de pensamento entre JORGE MIRANDA e NELSON DE SOUZA SAMPAIO, ambos se referindo à problemática dos limites materiais do poder constituinte genuíno.

É a ideia, ademais, propugnada por AFONSO QUEIRÓ: "Uma comunidade política livre, em que o povo seja realmente soberano, não contrariará pela decisão constituinte dos seus representantes essa Constituição material. Esses representantes trairiam o seu mandato, ou excedê-lo-iam se deliberadamente, em algum ponto ou aspecto, se desviassem dela..."[382].

É por isso que LUZIA CABRAL PINTO, apoiada em HERMANN HELLER e SERGIO COTTA, entende que "Uma constituição será então legítima, ou seja, 'algo mais que uma relação fáctica e instável de dominação', valendo como 'ordenação conforme ao direito', quando 'constitui' o Estado em conformidade com os valores dominantes da consciência social, 'com os sentimentos e as ideias geralmente difundidas numa comunidade'"[383]. E "Quando os costumes, a cultura, a ciência, a religião, os interesses econômicos — numa palavra, a orientação geral — mudam, o princípio da legitimidade também se modifica"[384].

Mas há, por assim dizer, um fator a mais a ser considerado. É que, como salienta LUZIA CABRAL PINTO, as cosmovisões religiosas ou políticas que integram a consciência normativa de toda uma coletividade[385] têm historicamente sancionado uma estrutura de classes privilegiadas e não privilegiadas, que, nesse sentido, equivalem a uma estrutura totalmente legítima; *a contrario sensu*, sua não proteção pela Constituição é que se consideraria ilegítima. Está-se falando do processo de alienação do ser humano, e de manipulação das informações, o que se dá principalmente através dos meios de comunicação de massa. A ignorância pode causar os consensos mais extravagantes, e a história é prova disso. Daqui surge a necessidade de um consenso que seja precedido de uma discussão racional, sem o que o mero consenso seria totalmente oco e, pois, destituído de validade justificante.

Já na linha de MAX WEBER, para quem sob o conceito de legitimidade não há razões, mas apenas crenças, cite-se a doutrina de MAURICE DUVERGER, segundo a qual a legitimidade não pode ser auferida em si mesma, não havendo poderes legítimos em si. Assim, o autor define a legitimidade com muita perspicácia, para dela declarar que

---

381. Poder Constituinte, Revista cit., p. 28.

382. Afonso Queiró, *Lições de Direito Administrativo*, Policopiadas, Coimbra, 1976, p. 295 (apud Jorge Miranda, Poder Constituinte, Revista, cit., p. 28).

383. *Os Limites do Poder Constituinte*, cit., p. 20-1.

384. Ferrero, *Pouvoir*, p. 45, apud Luzia Marques da Silva Cabral Pinto, *Os Limites do Poder Constituinte*, cit., p. 20.

385. Nesse sentido, José Carlos Francisco, ao lembrar que a consideração do povo como depositário da legitimidade do poder constituinte "não é feita sem embargos sociológicos e filosóficos, que propiciam contestações quanto à efetividade desse conceito democrático, seja pelos correspondentes efeitos deletérios gerados pela 'demagogia, tirania ou oligarquia' (segundo a conhecida classificação de Aristóteles), seja pela defesa de ideais religiosos (como os fundamentalistas islâmicos, por exemplo), monárquicos ou aristocráticos" (*Emendas Constitucionais e Limites Flexíveis*, p. 28-9).

não passa da "qualidade que apresenta um poder de ser conforme com a imagem de poder que é julgada válida na sociedade considerada"[386].

O poder originário não tem necessidade de nenhuma legitimação, afirmará HÉRAUD, porque ele encontra a sua no próprio fato de existir. Se se pretende que o poder constituinte originário seja um poder jurídico, para que desse modo seja um poder legítimo, é então necessário admitir que a juridicidade, no caso especial daquele poder, não decorre da circunstância de estar habilitado por uma norma jurídica, mas do fato da sua efetividade[387].

E o "poder" que emerge de uma revolução, dirá CARRÉ DE MALBERG, é tanto mais capaz de produzir um equilíbrio político durável quanto mais o meio em que ele se exerce era antecipadamente favorável a seu advento[388]. Compreendem-se, pois, as palavras de C. SCHMITT quando enfatiza que uma Constituição será legítima quando a força e a autoridade do poder constituinte em que assenta sua decisão são reconhecidas[389].

Nesse sentido, afirma-se que o poder constituinte originário não poderá fazer tábua rasa dos princípios ordenadores em que assenta a práxis da comunidade eventualmente carecida de nova Constituição, ou seja, dos princípios constitutivos da ideia de direito dessa comunidade concreta, da história como dimensão da humanidade portadora de uma tradição cultural impositiva.

Do que se trata, na situação constituinte originária, dirá LUZIA CABRAL PINTO, é de concretizar, em nível constitucional, princípios "preexistentes" e ordenadores da práxis comunitária e não de suprapositivar um novo sentido evolutivo que passaria a impor-se doravante à ordem institucional[390]. Seria então a normalidade normada a que se refere HERMANN HELLER.

Atualmente, a concepção de legitimidade gira em torno do princípio democrático, da soberania popular. Não obstante isso, cumpre investigar o alcance desse princípio, e em quais situações deve ser empregado. Por outro lado, a dignidade do ser humano é, fora de dúvida, um critério a mais que serve para auferir a legitimidade de qualquer ordem constitucional. E também aqui se levanta o problema da extensão compreensiva de tal conceito. Basicamente, é isso que LUZIA CABRAL PINTO extrai como parâmetros válidos da doutrina de JOHN RAWLS. Assim, conclui a autora, não obstante não se poder abonar sua tese: "A Rawls ficaremos, no entanto, a dever a convicção de que é possível sustentar um critério de justiça sem necessidade da impostação metafísica de uma

---

386. Maurice Duverger, *Institutions Politiques et Droit Constitutionnel*, Paris: PUF, 1970, p. 13 (apud Luzia Marques da Silva Cabral Pinto, *Os Limites do Poder Constituinte*, cit., p. 22).

387. Apud Luzia Marques da Silva Cabral Pinto, *Os Limites do Poder Constituinte*, cit., p. 47.

388. Apud Luzia Marques da Silva Cabral Pinto, *Os Limites do Poder Constituinte*, cit., p. 47.

389. *Teoría de la Constitución*, p. 101.

390. *Os Limites do Poder Constituinte*, cit., p. 86. Assim, "As valorações do direito, designadamente as do direito constitucional, não são, como pretende Dahm, *reproduções* de uma realidade de sentido definitivamente dada, nem, como afirma Welzel, *descrições* de um ser ôntico e já constituído; são, ao invés disso, *interpretações* ou *atualizações* do texto passado (da tradição) nas condições do presente" (Luzia Marques da Silva Cabral Pinto, *Os Limites do Poder Constituinte*, cit., p. 91).

apriorística ideia de direito. Ele próprio indica a matéria e forma desse critério: são respectivamente os interesses referidos à distribuição de bens essenciais à vida (*social primary goods*) e o consenso normativo racional baseado no 'princípio de (igual) participação' ou 'participação' justa"[391]. Note-se, com o que estamos de pleno acordo, a ênfase colocada na noção de racionalidade que deve acompanhar o consenso, à qual já nos referimos acima.

A única advertência que a autora faz ao eleger os direitos fundamentais da pessoa humana como critério de legitimação é a seguinte: "não comunguemos da 'ilusão iluminista' da existência de um catálogo eterno e imutável de direitos inerentes a uma natureza humana transcendente, abstrata e metafísica". Por outro lado, também não se trata de partilhar a ideia daqueles que, embora já deixando bem assente a historicidade dos direitos humanos, os encaram como princípios ontológicos do Direito natural, que vão sendo descobertos no decurso do processo histórico e, particularmente, em situações-limite. Ademais, essas visões incidem no vício de considerar como pressuposto do ordenamento aquilo que é seu fim último[392].

Por derradeiro, não poderemos olvidar o surgimento de novos valores, emergentes do seio social, que se alçam, no cotejo da ordem jurídica, a paradigmas legitimadores. Estamos falando da busca da paz e colaboração em nível mundial, dos movimentos ecológicos de preservação de um meio ambiente sadio, que devem encontrar respaldo na estrutura jurídica vigente, sob pena de esta desvincular-se do que é sua razão de ser: conjunto de regras que retratam e regem determinada cultura.

7.1. Situações de ruptura e provisoriedade

O art. 3º, n. 98, da Lei italiana de 16 de março de 1946 estabelece que "durante o período da constituinte (...) o poder legislativo fica delegado, salvo a matéria constitucional, ao governo, e com a exceção das leis eleitorais e das leis de aprovação dos tratados internacionais, as quais serão deliberadas pela assembleia".

No Brasil, pode-se citar o Decreto n. 1, de 1889. Lembra ALCIDES ROSA que "O Governo Provisório precedeu à Assembleia Constituinte na elaboração do Código Político que deveria reger a jovem República"[393]. Devido a essa circunstância, ocorre uma proliferação de decretos, cujo conteúdo viria a ter, posteriormente, lugar na Constituição[394]. O Congresso Constituinte foi convocado em 22 de julho de 1890 para 15 de novembro daquele mesmo ano. Também era decretado o sistema eleitoral que vigoraria para a investidura dos constituintes, e, ademais, já havia sido indicada a comissão que elaboraria a Lei Fundamental.

---

391. *Os Limites do Poder Constituinte*, cit., p. 119.

392. *Os Limites do Poder Constituinte*, cit., p. 143. Apoiada em Augusto Barbera, a autora justifica: "O livre desenvolvimento da pessoa humana é uma 'tarefa' para realizar e não só um 'dado' a respeitar".

393. *Manual de Direito Constitucional*, p. 30.

394. Nesse sentido: Alcides Rosa, *Manual de Direito Constitucional*, p. 31.

8. ESPÉCIES DE "PODER CONSTITUINTE"

Vanossi vislumbra, como já se fez referência acima, uma "terceira" categoria de poder constituinte[395], que seria o poder constituinte revolucionário. A diferença entre o poder constituinte originário e o poder constituinte revolucionário, segundo o autor, estaria no fato de que, enquanto o primeiro não reconhece uma legalidade preexistente pelo motivo de que esta não existiu, já que surge ali, o revolucionário, em oposição, não reconhece uma legalidade preexistente porque a derrubou[396]. O que esse autor designa por poder constituinte revolucionário é, como se viu, uma das verdadeiras facetas da força constituinte (entendida no sentido estrito, como ruptura de dada evolução constitucional em um Estado), que se completa, como já se referiu, com aquela força decorrente de movimentos de independência (mais escassos que antigamente, mas que não deixam de ocorrer ainda hoje). São essas as duas possíveis manifestações do genuíno poder constituinte e que poderiam ser designadas como manifestações revolucionárias em sentido amplo.

Como lembra Meirelles Teixeira, é reconhecida a corrente, na moderna ciência política, defendida por autoridades como Brinton, Herrfahrdt, Friedrich, Menzel e outros, segundo a qual "o fator dinâmico das revoluções reside justamente numa tensão social, gerada por conflitos de interesses, e intensificada pelos próprios desajustamentos entre as formas e as instituições político-jurídicas e a realidade social"[397]. Eis aí a origem das origens.

Já Burdeau distingue entre poder constituinte originário e instituído. O primeiro se compreende como toda potência de elaborar uma Constituição, sendo o segundo textualmente interior às Constituições modernas (revisão)[398].

Nelson Saldanha, dentro de sua linha de pensamento, já assinalada, que não entende como constituinte a competência de reforma da Constituição, distingue ainda assim entre poder constituinte originário e instituído. Só que, para o autor, poder constituinte originário seria o poder que atuasse em um primeiro ato, com inteira independência de normas positivas, enquanto poder constituinte instituído seria o poder de estabelecer a Constituição quando funcione dentro de uma sequência constitucional historicamente desenvolvida[399]. No primeiro caso, e tão só nele, é que se pode, conforme ficou dito, falar em poder constituinte verdadeiramente originário e, assim, absoluto em si mesmo, sem referência a qualquer ordem anterior.

---

395. Dizemos "terceira" por estar ao lado do poder constituinte originário e do derivado, na clássica dicotomia, que não abonamos, já analisada no início do trabalho.

396. Uma visão atualizada do Poder Constituinte, *Revista de Direito Constitucional e Ciência Política*, v. 4, p. 13. Lembremos as palavras de Jorge Miranda, com quem estamos de pleno acordo: "Nada é mais gerador de Direito do que uma revolução, nada há talvez de mais eminentemente jurídico do que o ato revolucionário" (Poder Constituinte, *Revista de Direito Público*, n. 80, 1986, p. 20).

397. J. M. Meirelles Teixeira, *A Reforma Constitucional, Político-Partidária e Eleitoral, e o Futuro da Democracia no Brasil*, Separata da *Revista dos Tribunais*, v. 328, 1963, p. 5.

398. *Traité de Science Politique*, cit., t. 3, p. 203.

399. *O Poder Constituinte*, cit., p. 78.

O fundamento dessa construção doutrinária está no fato de que, dentro da continuidade do Estado, a sucessão de constituições de um país não significa interrupções e recomeços. Por isso NELSON SALDANHA distingue entre um poder constituinte pré-constitucional, originário na pureza de significação desse termo, e um constitucional. E é essa permanência transconstitucional do Estado a base da permanência do poder constituinte, que, após elaborar a Constituição, não se desfaz, mas retorna ao estado de potência[400]. Na verdade, quando volta a atuar, apresenta-se como pouco menos que a real força constituinte. O poder constituinte, ou seja, aquele que se manifesta dentro da realidade constitucional-estatal, não significa exercício pleno do genuíno poder constituinte, do poder em sua pureza (simplesmente porque não terá sido necessário).

Assim, para esse autor, o que se contrapõe ao poder constituinte originário (que se entende como o instaurador do Estado Constitucional em termos históricos) seria a noção de poder posterior, que atua dentro de uma experiência constitucional existente.

Quanto ao denominado poder constituinte derivado (tomado em sua acepção corrente de poder constituinte oposto ao originário, que é incondicionado e inicial), pode-se desmembrá-lo, para considerar, de um lado, o poder constituinte derivado federal, e, de outro, o poder constituinte derivado estadual e municipal. O primeiro é a denominada competência reformadora da Constituição Federal. A segunda espécie é denominada também poder constituinte decorrente. Entre ambos, não obstante serem derivados e, nessa medida, limitados juridicamente, há, além da diversidade hierárquica, um grau de liberdade igualmente diversificado, estando o poder constituinte decorrente muito mais circunscrito, juridicamente falando. ANNA CANDIDA DA CUNHA FERRAZ adota a mesma ideia, embora utilizando terminologia diversa. É que chama a autora de poder constituinte instituído o que ficou denominado derivado: "Uma das modalidades de Poder Constituinte instituído é o Poder Constituinte dos Estados-membros (...)"[401].

A rigor, também o denominado poder constituinte derivado (ou instituído) pode ser "originário" ou "derivado", porque pode advir uma nova Carta ou pode, ao contrário, atuar apenas como poder de reforma do documento normativo já existente.

Portanto, o poder constituinte derivado ou instituído pode apresentar-se sob as vestes de poder reformador da Constituição e de poder decorrente (dos Estados-membros). Quanto ao poder constituinte reformador, será abordado a seguir, após o que serão tecidas algumas considerações em torno do denominado poder constituinte decorrente.

9. COMPETÊNCIA DE REFORMA DA CONSTITUIÇÃO

O poder constituinte derivado, por sua vez, designa a parcela de competência atribuída ao próprio corpo legislativo encarregado de elaborar as leis em geral, por meio

---

400. *O Poder Constituinte*, cit., p. 80.

401. Anna Candida da Cunha Ferraz, Poder Constituinte do Estado-membro, in *Enciclopédia Saraiva do Direito*, v. 59, p. 57.

da qual se confere a faculdade de modificação da Lei Magna. Aqui devem ser observadas certas limitações. Trata-se, portanto, de poder limitado, previsto pela própria Constituição, e por ela regulado. Não é inicial, autônomo ou incondicionado. Não por outro motivo deve ser considerado como um poder constituído[402].

MEIRELLES TEIXEIRA anota com toda a propriedade que não se pode admitir no poder constituinte derivado, exercido pelo Congresso Nacional, uma nova modalidade de poder, ao lado, doutrinariamente falando, dos poderes constituinte e constituídos[403]. Mais do que isso, acrescentar-se-ia que nem mesmo a designação "poder constituinte" é adequada.

CELSO ANTÔNIO BANDEIRA DE MELLO é incisivo ao estabelecer que o poder constituinte derivado merece o nome de constituinte na medida em que se trata de um poder constituinte reconhecido para modificar uma regra que é hierarquicamente superior a todas as outras, suficiente para constituir regra que será igualmente superior a todas as outras e, assim, cumprindo a mesma função que cumpria a Constituição posta pelo poder constituinte originário[404].

Já MICHEL TEMER prefere, no plano doutrinário, chamar a esse poder constituinte derivado de competência reformadora, ao lado da competência ordinária[405]. De fato, se ao poder constituinte originário foi negada, em termos estritamente técnicos e próprios, a utilização do vocábulo "constituinte" — na acepção pura que se tem da expressão — para os casos de evolução constitucional historicamente delimitada, e se se pôde também observar a dualidade de significados que pode apresentar o termo "poder", tem-se, por fim, que, quanto ao poder constituinte derivado, no máximo, poderá ser designado por poder em uma das acepções que este recebe em doutrina, vale dizer, enquanto regulamentado pelo Direito (ideia de poder já apontada), mas nunca por constituinte, visto que é constituído e delimitado (e por isso é poder, no sentido de que decorre de regras postas). O que é constituído não é ao mesmo tempo, por imposição lógica, constituinte.

A esse respeito, porém, CELSO ANTÔNIO BANDEIRA DE MELLO trava profunda discussão, vislumbrando dois momentos no poder constituinte derivado, alcançando a justificativa dessa designação. Num primeiro momento ele não seria constituinte, mas no momento seguinte ele seria. Por outras palavras, no momento em que se exercita a competência reformadora, está-se subordinando ao texto constitucional, mas, no momento em que se reforma, cria-se uma norma fundante. Em razão disso, ou seja, da existência dessa primeira fase, e só por isso, o estudioso admite que a utilização da expressão "poder constituinte" para ambos os casos (o originário e o secundário) é um erro, já que se trata de nominar realidades distintas, uma extrajurídica (poder constituinte originário) e outra jurídica (poder constituinte derivado). *Data venia*, não

---

402. Nesse mesmo sentido: Zagrebelsky, *Diritto Costituzionale*, v. 1, p. 101.
403. *A Reforma Constitucional*, Separata cit., p. 208. Só que, para nós, trata-se de um poder constituído.
404. Poder Constituinte, Revista cit., p. 73.
405. Idem, p. 86.

se pode concordar com os argumentos apresentados. A fragmentação dessa realidade significa, em última instância, alterá-la para fins de adequá-la à posição que se pretende sustentar.

NELSON SALDANHA, além de distinguir, como já se anotou, entre dois momentos do poder constituinte (originário) de um Estado, situa ainda as simples reformas constitucionais, que como vimos não são consideradas poder propriamente constituinte, mas uma espécie de operação anexa a esse poder.

O sentido de ato constituinte é muito maior que o de ato revisão, que é colocado por aquele. A reforma não coloca nenhuma Constituição: mantém uma já feita (é poder "reconstituinte", na expressão de NELSON SALDANHA). Também não pode mexer em toda a Constituição; nunca é, pois, um poder criador. Talvez se o poder constituinte derivado não encontrasse a barreira das cláusulas pétreas se poderia admitir que se trataria realmente de um poder constituinte.

Ocorre que o poder de reforma é constituído de natureza distinta da dos demais (nem por isso deixa de ser constituído ou sequer passa a ser constituinte, muito menos pode ser concebido como uma terceira modalidade, como advertiu MEIRELLES TEIXEIRA). Ademais, quem detém a competência para exercitá-lo é o próprio corpo legislativo ordinário. O problema vem da tendência a conceituar a força ou poder constituinte como capacidade de "legislar matéria constitucional formalmente falando". Mas o poder constituinte não se caracteriza só por isso: é mais, pois busca colocar uma Constituição. Uma coisa é a reforma do texto, e outra é a ruptura de sua vigência como um todo. E, como já se observou, essa reforma nem ao menos poderia ser global, dado o núcleo imutável da Constituição, bem como as limitações implícitas ao poder de reforma constitucional a que a doutrina costuma se referir (como a extinção das limitações que a Constituição lhe prescreveu).

SIEYÈS, sobre esse tema, entendia que, quando a atuação do poder constituinte tivesse diminuído, haveria uma "apropriação" pela Constituição da própria força que a havia criado, e que então poderia modificá-la. Nesse particular, poderia ser concebido como poder constituinte, já que essa transferência para a Constituição da força ou potência constituinte implicaria sua presença quando da utilização da competência de reforma. Mas isso implicaria igualmente afirmar que, quando o legislador ordinário executasse competência legislativa prevista na Constituição, também estaria investido do poder constituinte. Talvez o argumento seduzisse mais se propugnado num sistema de Constituição flexível. Ademais, o poder constituinte não desaparece com o surgimento da Constituição, nem se transfere a esta; ao contrário, permanece ínsito em seu titular, ainda que em estado de letargia, como um todo, como energia constituinte, energia para constituir.

Por fim, cumpre lembrar que, se a constitucionalidade das reformas pode ser objeto de análise (ocorreu com a Emenda Constitucional n. 3/93, que foi considerada constitucional, em análise preliminar na primeira ação declaratória de constitucionalidade), considerá-las oriundas de um poder constituinte significa que este se submete a um poder constituído, o que seria o maior dos despautérios. Ou se mantém uma coerência lógica ou se abandona de vez a doutrina constitucionalista.

A existência dessa competência de reforma constitucional é mesmo imperiosa, na medida em que não se pode conceber a sobrevivência por largo espaço de tempo de uma Constituição que não admitisse, em hipótese alguma, modificação de qualquer de suas regras[406]. Imaginar o contrário, ou seja, a impossibilidade de mudanças constitucionais, seria mesmo, digamos, como que propor a destruição da Carta Magna, porque incentivadora ela própria de sua derrubada num espaço de tempo mais curto, a ocorrer no momento em que suas regras viessem a destoar por completo da realidade social em que se inserem, o que poderia ocorrer até imediatamente após sua promulgação.

Sabe-se que, na doutrina do jurista alemão HERMANN HELLER, "A criação de normas constitucionais não cria apenas um Direito válido, mas, e principalmente, um plano organizado de direito que se deseja para o futuro. Esta oferta que o legislador faz aos destinatários da norma só produz direito vigente, segundo Heller, na medida em que as normas saem da sua existência do papel para confirmar-se na vida humana como poder. Toda criação de normas é, por isso e antes de tudo, um propósito de produzir, mediante uma normatividade criada conscientemente, uma normalidade da conduta concorde com ela"[407]. A Constituição deve ser estável, mas não estática, porque se constitui em elemento vivo[408]. Aliás, não é outro o motivo pelo qual o legislador constituinte, mesmo consciente de que certas matérias se revestem, em princípio, de caráter indubitavelmente constitucional, mesmo assim as remete, em sua regulamentação, à discricionariedade do legislador ordinário, conhecedor de que se trata de matérias que requerem alteração rápida, porque altamente mutáveis no seio social. Assim é que, muito embora tenham cunho nitidamente constitucional, evita-se seu tratamento pela Constituição, que, para ser alterada, requer um processo legislativo altamente dificultoso e, assim, incompatível com a natureza mutável dessas matérias. Na maioria dos casos, para não deixar a regulamentação dessas matérias à lei ordinária, o legislador constituinte as remete a uma espécie normativa diversa, que é a lei complementar. Para esta prevê, então, um processo legislativo mais dificultoso do que o previsto para as leis em geral, embora, é claro, não tanto quanto o que prevê para o processo de alteração da Constituição (processo legislativo das emendas constitucionais).

9.1. Limitações ao poder de reforma constitucional

Já se declarou que a competência de que dispõe o Congresso Nacional para emendar a Constituição, seja alterando-lhe o conteúdo, seja apenas alargando ou reduzindo suas regras, encontra uma série de restrições. Passa-se, doravante, a sua análise.

A doutrina em geral distingue as restrições ao poder de reforma da Constituição, agrupando-as em algumas classes.

---

406. Consoante já se pôde assinalar: "A possibilidade de alteração constitucional após o processo constituinte inicial é encarada como procedimento absolutamente excepcional" (André Ramos Tavares, *As Tendências do Direito Público no Limiar de um Novo Milênio*, p. 27).

407. José Carlos Buzanello, Constituição Política em Hermann Heller, *Revista de Informação Legislativa*, n. 129, p. 264.

408. É o que Konrad Hesse denomina mutações constitucionais (*Escritos de Derecho Constitucional*, p. 25).

114

Assim, têm-se as denominadas restrições processuais, que são aquelas referentes ao próprio processo de elaboração da emenda constitucional. Trata-se de um primeiro nível de limitações a essa competência constitucional reformadora, que, portanto, encontra plena regulamentação jurídica, ao contrário do que ocorre com o poder constituinte (art. 60). Dizem respeito à competência, iniciativa, *quorum* para aprovação etc.[409]. Essas cláusulas não podem ser alteradas pelo poder de reforma, ainda que com obediência ao processo previsto à época (mudança dos requisitos formais para o futuro)[410].

Num segundo grupo se encontram as limitações circunstanciais, que se referem a situações anormais durante as quais o poder de reforma constitucional não pode ser validamente exercido. Dessa forma, não se poderá emendar a Constituição durante o estado de sítio, o estado de defesa ou intervenção federal (art. 60, § 1º).

Num terceiro grupo, pode-se lembrar da denominada restrição temporal. Trata-se da estipulação de um lapso temporal durante o qual não poderia haver alteração dos dispositivos constitucionais. Como exemplo, lembre-se de nossa Constituição Imperial, que em seu art. 174 estatuía que apenas após quatro anos de vigência poderia ser modificada. Não se deve confundir com o período de revisão constitucional da Cartilha de 1988.

Essas três categorias poderiam ser agrupadas sob a denominação de restrições formais, uma vez que não dizem diretamente com o conteúdo viável das transformações constitucionais operadas por uma competência reformadora.

Por fim, encontram-se as vedações materiais, de fundo, referidas ao substrato de certas normas postas pelo poder constituinte e que não podem ser objeto de emenda, vale dizer, de qualquer alteração. Essas limitações podem ser subdivididas, por sua vez, em explícitas, aquelas matérias às quais a Constituição expressamente veda a alteração (arts. 34, VII, *a*, e 60, § 4º), e implícitas, aquelas que se impõem por razões lógicas. Neste último caso, como lembra NELSON DE SOUSA SAMPAIO, "Hauriou cunhou a expressão 'legitimidade constitucional' para designar o conjunto de princípios não escritos que servem de fundamento da constituição, e devem ser colocados pelo intérprete e aplicador em posição hierarquicamente superior a esta"[411]. Têm-se, então, as seguintes vedações implícitas: impossibilidade de alteração via reforma constitucional da titularidade do poder constituinte ou do titular da competência constitucional reformadora, supressão das limitações expressas por meio de Emenda Constitucional e imodificabilidade das prescrições do processo da própria reforma constitucional.

Portanto, a legitimidade, no que se refere ao poder de reforma constitucional de que foi investido o Congresso Nacional, quer significar observância das normas constitucionais, ou, se se quiser, legalidade *lato sensu*.

O tema será retomado por ocasião do estudo acerca do processo legislativo no Brasil.

---

409. Celso Ribeiro Bastos, *Curso de Direito Constitucional*, p. 34.
410. Nesse sentido: Zagrebelsky, *Diritto Costituzionale*, v. 1, p. 101.
411. Nélson de Sousa Sampaio, *O Poder de Reforma Constitucional*, p. 111.

9.2. Cláusulas pétreas

A terminologia "cláusulas pétreas" passou a ser de uso corrente na doutrina brasileira. Com ela pretende-se identificar o conjunto dos preceitos integrantes da Constituição que não podem ser objeto de emenda constitucional restritiva.

A Constituição de 1988 é expressa em determinar que não poderá ser objeto de deliberação (parlamentar) a proposta de emenda tendente a abolir alguma norma constitucional que seja considerada pétrea. Para tanto, indica as matérias que se consideram preservadas em relação ao poder restritivo de reforma constitucional: i) a forma federativa de estado; ii) o voto direto, secreto, universal e periódico; iii) a separação dos Poderes; e iv) os direitos e garantias individuais.

Atente-se, pois, para a circunstância de que a imutabilidade dessas cláusulas apresenta as seguintes características essenciais: i) refere-se a qualquer norma constitucional que contenha (veicule) alguma dessas matérias; ii) impede apenas que a reforma seja tendente a abolir, não impedindo o alargamento ou reforço dessas matérias, especialmente dos direitos fundamentais.

Sobre este último aspecto, vale registrar que, no Brasil, diversas emendas constitucionais versaram direitos individuais, sem que isso tenha transgredido os limites do poder de reforma constitucional, já que reforçaram direitos individuais consagrados ou veicularam novos direitos. Assim, v. g., o direito a uma "razoável duração do processo" (introduzido pela EC n. 45/2004) ou o direito (social) à moradia (introduzido pela EC n. 26/2000).

Tema polêmico acerca desses limites refere-se à abrangência da expressão "direitos individuais". É que se questiona sobre a possibilidade de emenda constitucional reduzir direitos sociais e coletivos, uma vez que o art. 60, § 4º, IV, só estaria a impedir a emenda tendente a abolir *direitos individuais*, não se incluindo, pois, nessa categoria, os direitos sociais.

Ingo Wolfgang Sarlet combate a interpretação literal e restritiva que se poderia realizar sobre esse dispositivo. Os argumentos que apresenta devem ser acatados: i) não se pode admitir, na Constituição brasileira, nenhuma primazia entre os direitos de defesa (liberdades clássicas) e os direitos sociais, pois em nenhum momento a Constituição alberga tal diferenciação; ii) muitos dos direitos sociais são equiparáveis, em sua estrutura e regime, aos direitos individuais, especialmente aos direitos do art. 7º; iii) a leitura literal restritiva teria de excluir do âmbito das cláusulas pétreas não apenas os direitos sociais, mas também os direitos de nacionalidade (direito básico para a realização dos demais direitos) e os direitos políticos (com exceção do voto), que não foram também referidos expressamente no art. 60, § 4º; iv) os direitos sociais e coletivos acabam sendo, ao final, direitos também de interesse individual, embora de expressão coletiva; e v) é questionável que os poderes constituídos possam indicar quais dos direitos fundamentais são irredutíveis, e quais não[412].

---

412. Para o desenvolvimento e estudo desses argumentos: Ingo Wolfgang Sarlet, Os Direitos Fundamentais Sociais como "Cláusulas Pétreas", p. 88-94.

10. "PODER CONSTITUINTE" DECORRENTE

10.1. Terminologia

Anna Candida da Cunha Ferraz emprega a expressão "poder constituinte decorrente" para designar o poder de cada um dos Estados-membros de uma Federação de elaborar suas respectivas Constituições estaduais[413].

Por sua vez, Maurício Antônio Ribeiro Lopes utiliza a nomenclatura "Poder Constituinte secundário" para designar a função de reforma ou complementação da Constituição[414]. Assim, segundo o autor, poder constituinte instituído seria apenas um gênero de poder constituinte secundário, que teria uma atividade bifronte: poder de reformar a Constituição (o que denominamos também competência constitucional reformadora ou função de reforma constitucional) e poder de complementar a Constituição (o denominado poder constituinte decorrente, ora centro das atenções).

Nelson Saldanha enfrenta o problema de como o poder constituinte estadual, estando hierarquicamente sotoposto ao federal, poderia ser em sentido pleno um poder constituinte, concluindo pela impossibilidade lógica dessa colocação. Para diferenciar o poder constituinte nacional daquele dos Estados-membros, usa as expressões "poder constituinte de primeiro grau" e "de segundo grau", justificando-se no sentido de que com tais designações se reflete inclusive a dependência genética, que vincula as Cartas estaduais à federal.

10.2. Impossibilidade de caracterização como "constituinte"

O problema da terminologia utilizada está intimamente associado à questão da autonomia dos Estados-membros. Um dos principais aspectos da autonomia dos entes federativos é a capacidade de editar sua constituição própria.

Jorge Vanossi enfatiza o conceito de autonomia, componente inexpugnável dos Estados-membros numa federação, e que no sistema constitucional pátrio é reconhecido expressamente no art. 18, como capaz de fundamentar a atribuição a ele da característica de "poder constituinte".

Como bem anota a própria Anna Candida da Cunha Ferraz, embora concluindo pelo caráter constituinte: "Tal função, todavia, não pode existir independentemente da Constituição Federal, sob pena de se ter, então, não um Estado-Membro, mas um Estado-Soberano"[415].

Portanto, se é dependente da própria Constituição, por muito maior razão não se lhe poderá atribuir o caráter de poder constituinte.

Contudo, alguns autores lembram o caráter de "principialidade" do produto do poder constituinte decorrente para identificá-lo como realmente constituinte. Ora, não

---

413. Anna Candida da Cunha Ferraz, Poder Constituinte do Estado-membro, in *Enciclopédia Saraiva do Direito*, cit., v. 59.

414. Maurício Antônio Ribeiro Lopes, *Poder Constituinte Reformador*, p. 117.

415. Poder Constituinte do Estado-membro, in *Enciclopédia Saraiva do Direito*, v. 59, p. 20.

é apenas essa a característica que importa para caracterizar-se como constituinte. Mister, como visto, a inauguração de uma nova ordem e a não submissão a nenhuma regra jurídica estatal anterior.

Daí poder concluir pela impossibilidade, ao menos lógica, de identificar-se um poder "constituinte"[416].

Esse poder baseia-se na autonomia de que gozam os Estados numa Federação, mas que não é suficiente para atribuir a natureza de ilimitado, de inicial ou de incondicionado a esse poder. Há inclusive uma dependência genética que vincula as Cartas estaduais à federal, no sentido de que aquelas devem guardar simetria com o estabelecido nesta última.

10.3. As Constituintes estaduais no Brasil

No art. 11 do "Ato das Disposições Constitucionais Transitórias", a Constituição Federal praticamente atribuiu às Assembleias Legislativas o poder constituinte decorrente, ao prescrever que teriam elas o prazo máximo de um ano, contado da promulgação da Constituição Federal, para elaborar as respectivas Constituições estaduais, obedecendo-se aos princípios estabelecidos na Constituição Federal.

11. PONDERAÇÕES SISTEMÁTICAS ACERCA DO "PODER CONSTITUINTE"

Conforme os postulados de Sieyès, o sujeito que detém o poder constituinte é a nação, e "basta que a nação queira", ou seja, essa força constituinte não está vinculada a formas jurídicas ou procedimentais. Ela é, digamos, o próprio Direito, em sua manifestação mais pura.

A aceitação da manifestação do poder constituinte ao longo da existência de um Estado, sem rupturas bruscas da ordem jurídica, mas tão somente como reformulação de normas e princípios gerais, com a colocação de uma nova Constituição, efetuada por políticos, eleitos conforme as regras postas pela ordem que se quer invalidar, já é, por si só, uma mitigação de sua compreensão lógica. Mesmo assim, é um poder inegavelmente constituinte. Mas é o máximo que se pode admitir. As manifestações posteriores, como a de reforma constitucional ou mesmo a competência legislativa ordinária, ou a competência constituinte dos Estados-membros, não podem ser introduzidas na noção de poder constituinte, e desta se apartam por delineamentos bem precisos.

A diferenciação que pretendemos levar a cabo neste estudo só será válida na medida em que puder trazer algum benefício, na medida em que dela possa ser extraída alguma utilidade prática. Pensamos que, quanto mais minuciosamente for estudado o problema da formação da ordem jurídica, mais consciência teremos de seus limites, da razão de sua existência e de quais sejam seus efeitos legítimos. Desvenda-se, assim,

---

416. Contudo, também aqui a praxe cristalizou o emprego dessa terminologia.

uma série de categorias para, afinal, nos conscientizarmos de que a manifestação do poder constituinte nos Estados modernos está longe do ideal de soberania popular tão intensamente pregado.

Por fim, merecedora de destaque, pois portadora de suma importância prática posterior, é a circunstância de que o agente constituinte deve estar atento às dificuldades de aplicação da norma constitucional a ser elaborada. Nesse sentido, a compreensão do fenômeno constituinte poderá guiar o intérprete e aplicador da norma constitucional na escolha de seus instrumentos hermenêuticos. Mas, como lembra USERA, é certo que a vontade constituinte se objetiva, enquanto as opiniões, ideias e fatos que deram lugar a seu surgimento ficam cada vez mais ancorados num período pretérito[417].

O poder constituinte originário, ao contrário das manifestações constituintes que se têm constatado, é a força, a possibilidade e a liberdade pertencente aos indivíduos de se autodisciplinar da forma que desejarem, dentro dos princípios que restarem assentes em dado momento histórico na consciência popular, que então se verá refletida em suas aspirações no texto da Carta Magna.

Essa Carta, por sua vez, albergará o que se denomina "núcleo basilar", fundamentos e postulados que não podem e mesmo não devem ser objeto de modificação pela competência reformadora. São regras que, dada sua importância e altividade, só por novo processo constituinte, com a ampla discussão nacional que se lhe deve fazer acompanhar necessariamente, é que podem ser modificadas. A não aceitar que assim seja, melhor seria adotar declaradamente o sistema inglês, ou repensar o nosso em suas premissas básicas[418] para talvez aproximá-lo daquele.

Como sabemos, o Direito inglês não se apresenta redutível a um conjunto sistemático de normas, "Mas é sobretudo algo que se pratica e que se constata como existente. O direito para o inglês está muito mais ligado à noção de razoabilidade, à *equity*, aquilo que é, em cada caso, justo. Pensa-se menos naquilo que é determinado por uma norma estabelecida por um Poder superior, donde uma tendência muito mais frágil na Inglaterra para o culto ao Estado, como o grande produtor do direito"[419].

É preciso concordar com RONALDO POLETTI, para quem "a Lei das leis há de identificar-se com a verdade social, de maneira a refutar, no exemplo próprio da História forjada pelo homem, a anátema anarquista de Proudhon de que as constituições políticas só fazem destruir a naturalidade das relações sociais. Para tanto, a fórmula se chama participação, única maneira de impedir a retórica fútil das sessões solenes que satisfazem a vaidade dos juristas de Gabinete, ao ouvirem maravilhados o eco de suas

---

417. Raúl Canosa Usera, *Interpretación Constitucional y Fórmula Política*, p. 102.

418. Aliás, como anota Tercio Sampaio Ferraz Júnior, a própria noção de "constituinte", tal como tomou corpo em termos teóricos e se estabeleceu na prática política, é uma noção de fundo ideológico liberal. Daí que quando a distinção entre Estado e sociedade civil desaparece, como pretendia o movimento socialista leninista, realizar uma Constituinte para discriminar quais são os limites e deveres do Estado em face dos cidadãos que compõem a sociedade, bem como os deveres e direitos destes em face daquele, significa realizar uma discriminação de cunho eminentemente atrelado à concepção liberal, e não comunista (*Constituinte, Assembleia*, cit., p. 45-6).

419. Tercio Sampaio Ferraz Júnior, *Constituinte, Assembleia*, cit., p. 34.

próprias vozes. O grande segredo para isso não está no grito insistente da Constituinte, mas em revelar a maneira pela qual o povo, concebido na sua realidade e não na abstração massificante dos comícios, haverá de participar de maneira efetiva da nova ordenação constitucional"[420]. De fato, não mais se coloca em dúvida o postulado, admitido o princípio democrático da soberania popular, segundo o qual a titularidade do poder constituinte é do povo. O que não existe é o acordo a respeito de como o povo deve exercitar tal direito.

O poder constituinte só poderá ser validamente compreendido como força dotada de certa opção valorativa consciente, de sistematização e imposição jurídica, em dada estrutura social, historicamente delimitada. É eterno, inerente à qualidade associativa humana. Seu produto é, pois, manifestação consciente de dada realidade social (e não mero consenso majoritário manifestado num ato singelo incompleto como o voto), e é dessa forma que deverá sempre ser compreendido, seja pelos legisladores, seja pelos aplicadores do Direito.

Referências bibliográficas

ALIGHIERI, Dante. *A Divina Comédia*. Belo Horizonte: Itatiaia.

BASTOS, Celso Ribeiro. *Curso de Direito Constitucional*. São Paulo: Saraiva, 2000.

BASTOS, Celso Ribeiro & MARTINS, Ives Gandra da Silva. *Comentários à Constituição do Brasil*. São Paulo: Saraiva, 1988. v. 1.

BASTOS, Celso Ribeiro & TAVARES, André Ramos. *As Tendências do Direito Público no Limiar de um Novo Milênio*. São Paulo: Saraiva, 2000.

BORGES NETTO, André Luiz. *Competências Legislativas dos Estados-membros*. São Paulo: Revista dos Tribunais, 1999.

BRITTO, Carlos Ayres. *Teoria da Constituição*. Rio de Janeiro: Forense, 2003.

BURDEAU, Georges. *Traité de Science Politique*. 2. ed. Paris: LGDJ, 1969. t. 4.

BUZANELLO, José Carlos. Constituição Política em Hermann Heller. *Revista de Informação Legislativa*, Brasília, 1996. v. 129.

CANOTILHO, J. J. Gomes. *Direito Constitucional*. 6. ed. Coimbra: Livr. Almedina, 1993.

CARRIÓ, Genaro. *Sobre los Límites del Lenguaje Normativo*. Buenos Aires: Ed. Astrea.

ENTERRÍA, Garcia de. *La Constitución como Norma y el Tribunal Constitucional*. Madrid: Civitas, 1994.

FERRAZ, Anna Candida da Cunha. *Poder Constituinte do Estado-membro*. São Paulo: Revista dos Tribunais, 1979.

FERRAZ JÚNIOR, Tercio Sampaio. *Constituinte, Assembleia, Processo, Poder*. São Paulo: Revista dos Tribunais, 1986.

FRANCISCO, José Carlos. *Emendas Constitucionais e Limites Flexíveis*. Rio de Janeiro: Forense, 2003.

---

420. *Da Constituição à Constituinte*, cit., p. 159.

FRANCO, Afonso Arinos de Melo. *Curso de Direito Constitucional Brasileiro*. Rio de Janeiro: Forense, 1968. v. 1.

FREITAS, Luciane R. de & NOVELLO, Mário. Crítica da Razão Cósmica. In: *A Crise da Razão*. São Paulo: Companhia das Letras, 1996.

GRAU, Eros Roberto. *A Constituinte e a Constituição que Teremos*. São Paulo: Revista dos Tribunais, 1985.

HESSE, Konrad. *Escritos de Derecho Constitucional*. Madrid: Centro de Estudios Constitucionales, 1983.

HORTA, Raul Machado. Reflexões Sobre a Constituinte. *Revista Brasileira de Estudos Políticos*, Minas Gerais: Imprensa da Universidade de Minas Gerais, 1986. v. 62.

LASSALE, Ferdinand. *A Essência da Constituição*. Rio de Janeiro: Liber Juris, 1995 (Coleção Estudos Políticos Constitucionais).

LOPES, Maurício Antônio Ribeiro. *Poder Constituinte Reformador*. São Paulo: Revista dos Tribunais, 1993.

MAKSOUD, Henry. *Constituinte Independente e Apartidária*. São Paulo: Visão, 1986.

MEE, Charles L. *A História da Constituição Americana: Relato da Criação do Governo durante a Convenção Constitucional*. Rio de Janeiro: Expressão e Cultura, 1993.

MELLO, Celso Antônio Bandeira de. Poder Constituinte. *Revista de Direito Constitucional e Ciência Política*, Rio de Janeiro: Forense, v. 4, 1985.

MIRANDA, Jorge. Poder Constituinte. *Revista de Direito Público*. São Paulo: Revista dos Tribunais, 1986, v. 80.

PINTO, Luzia Cabral. *Os Limites do Poder Constituinte e a Legitimidade Material da Constituição*. Coimbra: Coimbra Ed., 1994.

POLETTI, Ronaldo. *Da Constituição à Constituinte*. Rio de Janeiro: Forense, 1986.

SALDANHA, Nelson. *O Poder Constituinte*. São Paulo: Revista dos Tribunais, 1986.

SAMPAIO, Nelson de Sousa. *O Poder de Reforma Constitucional*. Bahia: Livraria Progresso, 1954.

SARLET, Ingo Wolfgang. Os Direitos Fundamentais Sociais como "Cláusulas Pétreas". *Cadernos de Direito*: Cadernos do Curso do Mestrado em Direito da Universidade Metodista de Piracicaba, v. 3, n. 5, dez. 2003. Bibliografia: 78-97.

SCHMITT, Carl. *Teoría de la Constitución*. México: Nacional, 1966.

SICHES, Luis Recaséns. *Tratado General de Filosofía del Derecho*. México, 1959.

SIEYÈS, Emmanuel. *Qu'est-ce que le Tiers Etat?*. Quadrige/Presses Universitaires de France, 1982.

TAVARES, André Ramos. Reflexões sobre a Legitimidade e as Limitações do Poder Constituinte, da Assembleia Constituinte e da Competência Constitucional Reformadora. *Cadernos de Direito Constitucional e Ciência Política*, ano 5, n. 21, out./dez. 1997. Bibliografia: p. 221-240.

_____. *Teoria da Justiça Constitucional*. São Paulo: Saraiva, 2005.

_____. O discurso dos direitos fundamentais na legitimidade e deslegitimação de uma justiça constitucional substantiva. *Revista Brasileira de Estudos Constitucionais*, 2007, n. 2.

TEIXEIRA, José Horácio Meirelles. *Curso de Direito Constitucional*. Organização e atualização por Maria Garcia. Rio de Janeiro: Forense, 1991.

USERA, Raúl Canosa. *Interpretación Constitucional y Fórmula Política*. Madrid: Centro de Estudios Constitucionales, 1988.

VANOSSI, Jorge Reinaldo. Uma Visão Atualizada do Poder Constituinte. *Revista de Direito Constitucional e Ciência Política*, v. 4.

VEGA, Pedro de. *La Reforma Constitucional y la Problemática del Poder Constituyente*. Madrid: Tecnos, 1995.

ZAGREBELSKY, Gustavo. *Manuale di Diritto Costituzionale: Il Sistema delle Fonti del Diritto*. Torino: UTET. v. 1.

Capítulo VI
CONSTITUIÇÃO

1. ORIGEM DO TERMO "CONSTITUIÇÃO"

Já em Roma encontra-se a expressão *constitutiones principum*, indicando, contudo, meros atos de cunho normativo editados pelo Imperador, e que possuíam valor de lei[421]. Não significava, pois, nesta época, a "constituição" o Estatuto de um Estado, menos ainda a limitação dos poderes do governante ou soberano.

Em ARISTÓTELES já se encontra um conceito de Constituição (*politeia*), significando o modo de ser da *polis*. Nele se encontram vestígios do conceito moderno de Constituição.

Teve-se, na Idade Média, como já salientado, a *Magna Charta Libertatum*, imposta ao Rei João Sem Terra, no ano de 1215, expressão até hoje utilizada para representar o documento máximo de um país.

Identificam-se as Constituições americana e francesa como a origem das Constituições na história jurídica do homem, tal qual compreendidas atualmente.

2. CONCEITO LIBERAL DE CONSTITUIÇÃO

Com a vitória do constitucionalismo surge, no século XIX, a ideia de Constituição ideal, com CARL SCHMITT. Seu conceito está atrelado à ideologia político-liberal[422], considerando-se essencial: a garantia das liberdades, com a participação política; a divisão dos poderes; a Constituição como documento escrito.

Assim, essa ideia de Constituição foi albergada pela Declaração de Direitos do Homem e do Cidadão, de 1789, em seu art. 16, nos seguintes termos: "Toda sociedade na qual não está assegurada a garantia dos direitos nem determinada a separação dos poderes, não tem Constituição".

---

421. Gomes Canotilho, *Direito Constitucional*, 5. ed., 1991, p. 59. Sobre as dificuldades de conceituar "Constituição", as visões míticas e pré-compreensões: Paulo Ferreira da Cunha, *Constituição, Direito e Utopia*.

422. Consoante ensina Manoel Gonçalves Ferreira Filho: "Ao surgir, ligada que estava a essa doutrina liberal, a ideia de Constituição escrita tinha um caráter polêmico. Não designava qualquer organização fundamental, mas apenas a que desse ao Estado uma estrutura conforme aos princípios do liberalismo" (*Curso de Direito Constitucional*, 26. ed., p. 7).

3. CONCEITO ORGÂNICO DE CONSTITUIÇÃO

O vocábulo "constituição" designa, genericamente, a especial forma de ser de um corpo, de um objeto, de um ser vivo. É sua organização, sua formação, enfim, sua "constituição".

A Constituição é o produto pelo qual podemos reconhecer que houve a manifestação do denominado poder constituinte genuíno. Com a eclosão do poder constituinte, o resultado de sua atividade haverá de ser a produção de um novo texto fundamental.

O termo, contudo, apresenta diversos significados. No sentido comum, constituição é o que forma determinado corpo (ideia de estrutura), como já sublinhado. Nesse sentido é que alguns autores, transplantando o conceito comum para a seara normativa, definem juridicamente a Constituição como a particular *maneira de ser de um Estado*.

Para empreender estudos próprios da Ciência do Direito Constitucional, deve-se partir de seu objeto, que é a Constituição. Decorre disso o interesse em aprofundar, aqui, o conceito do termo. Para tanto, a Constituição deve ser visualizada, basicamente, de três prismas: o formal, o material e o substancial. Outros enfoques, contudo, de grande alcance, serão igualmente enfrentados, o que se realizará, doravante, pelo estudo das classificações teoréticas do termo "Constituição".

4. TIPOLOGIA DAS CONSTITUIÇÕES

4.1. Constituições formais, substanciais e materiais

Consoante a perspectiva adotada pelo estudioso para aproximar-se do objeto "Constituição", esta pode ser caracterizada em seu aspecto formal, substancial ou material.

4.1.1. Constituições formais

Constituição, sob o aspecto formal, é um conjunto de normas jurídicas elaboradas de maneira especial e solene[423].

Juridicamente, é esse o conceito mais relevante para o Direito positivo brasileiro. Há normas que, mesmo não sendo substancialmente constitucionais, são consideradas constitucionais na medida em que o são formalmente falando. Exemplo típico é a norma que trata do tombamento dos documentos e sítios detentores de reminiscências históricas dos quilombos (art. 216, § 5º), que, se não estivesse normatizada constitucionalmente, de certo seria matéria regulamentada por mera legislação federal, estadual ou municipal, nos termos do art. 24, VII.

---

423. Para Meirelles Teixeira: "Do ponto de vista *formal*, entende-se por Constituição aquele mesmo conjunto de normas relativas ao modo de ser do Estado, agora, porém, reunidas sob *forma escrita e solene, de modo a não poderem ser modificadas senão de acordo com certos processos, de valor superior aos demais processos de elaboração das normas de Direito*" (*Curso de Direito Constitucional*, p. 42, original grifado).

4.1.2. Constituições substanciais

Substancialmente, a Constituição é o conjunto de normas organizacionais de determinada sociedade política[424]. É o que ocorre, na concepção constitucionalista moderna, com as normas de organização do Estado, as normas de limitação do poder e os direitos humanos, enfim, os componentes estruturais mínimos de qualquer Estado[425]. Juridicamente, esse conceito identifica algo que há de estar presente em todo Estado, uma vez que remete a elementos mínimos de sua estruturação.

Pelo enfoque substancial, basta ocupar-se da norma em si, vale dizer, de seu conteúdo, para determinar-lhe a natureza constitucional (substancial). Se a norma em apreço estiver referida à composição interna do Estado, declarar direitos individuais limitando os direitos do Estado, enfim, se a norma for considerada fundamental de sorte que sua modificação ou supressão implique a modificação ou supressão da própria comunidade jurídica em análise, tem-se que se trata de norma substancialmente constitucional.

Conclui-se, portanto, que a norma substancialmente constitucional pode estar — geograficamente falando — na própria Constituição, em leis ou outros atos normativos inferiores.

O critério, substancialmente falando, para identificar o conjunto de normas consideradas constitucionais pode variar — e efetivamente varia — de Estado para Estado, de comunidade para comunidade, comparativamente falando, ou mesmo ao longo do desenvolvimento histórico de um único Estado ou comunidade.

No Brasil, onde há uma Constituição escrita, em sentido formal, para CELSO BASTOS se torna "ocioso demandar se todas as normas que lá se encontram fazem parte também da Constituição substancial"[426]. Rigorosamente falando, contudo, a Constituição brasileira de 1988 contém normas que não são substancialmente constitucionais, enquanto outras, que lá deveriam ter sido contempladas, foram olvidadas pelo constituinte[427]. Cite-se, quanto a estas últimas, v. g., o caso das leis eleitorais e algumas normas sobre processo legislativo, que se encontram no Regimento Interno das Casas do Congresso Nacional. Ambos os assuntos mencionados são essenciais ao Estado.

---

424. Consoante Celso Bastos: "Define-se a Constituição em sentido substancial pelo conteúdo de suas normas. A Constituição nesta acepção procura reunir as normas que dão essência ou substância ao Estado. É dizer, aquelas que lhe conferem a estrutura, definem as competências dos seus órgãos superiores, traçam limites da ação do Estado, fazendo-o respeitar o mínimo de garantias individuais. Em suma, ela é definida a partir do objeto de suas normas, vale dizer, o assunto tratado por suas disposições normativas" (*Curso de Direito Constitucional*, 21. ed., p. 43).

425. Como bem observa Meirelles Teixeira, com o emprego do termo "material", que aqui se substitui por "substancial": "O Estado se manifesta como unidade de poder, e que este deve ser exercido por alguém, segundo certas regras ou métodos, com determinados limites, tendo em vista fins preestabelecidos. Donde todo Estado existir de um certo modo, assumir uma certa fisionomia, uma certa forma, características próprias, e a esse modo de ser de cada Estado denominados 'Constituição'. Nesse sentido, todo Estado terá sua Constituição" (*Curso de Direito Constitucional*, p. 42).

426. *Curso de Direito Constitucional*, 21. ed., p. 45.

427. Como curiosidade, basta considerar que, às vésperas da promulgação da atual Carta Magna, percebeu-se grande falha em seu conteúdo pela omissão quanto a uma norma substancialmente constitucional: a separação dos poderes, atualmente constante do art. 2º.

125

O primeiro porque respeita ao exercício do poder, à escolha dos governantes etc. O segundo tema porque disciplina a atividade de um dos poderes da República.

Mas o reconhecimento de que há normas de conteúdo constitucional — substancialmente constitucionais — fora do Texto Constitucional, tais como as normas de direito eleitoral, na concepção de JOSÉ AFONSO DA SILVA[428], só torna mais dificultosa a identificação e análise do Direito quando reconhecidamente se adotou o modelo de Constituição formal.

Essa noção equívoca acaba por perpetuar-se e gerar novas dificuldades. Assim, é preciso atentar para a circunstância de que, no Brasil, a concepção adotada é efetivamente a formal. Em qualquer situação imaginável, é esta a concepção que se sobrepõe às demais. Não há lei aprovada no formato de lei comum que possa ser, validamente, considerada como se norma constitucional (parte da Constituição) fosse. Com muito maior razão é impensável falar em um "conceito misto" ou de Constituição mista. Esta é uma noção historicamente situada na Inglaterra do século XVII e seguintes, significando a partilha do poder do monarca com outras instâncias, como visto anteriormente quando do estudo do constitucionalismo. A confusão, portanto, é evidente e deve ser evitada.

4.1.3. Constituições materiais

Sob o aspecto material, a Constituição será o conjunto juridicizado de forças sociais, políticas, econômicas, religiosas e ideológicas que configuram determinada sociedade[429]. É o que FERDINAND LASSALE denomina "fatores reais de poder", que regem efetivamente a sociedade e que devem estar vertidos na Constituição, sob pena de esta transformar-se em mera "folha de papel". Esse conceito é denominado, por MEIRELLES TEIXEIRA, "concepção sociológica de Constituição: a Constituição como 'fato social'"[430]. Realmente, o conceito de Constituição, em sentido material, pertence ao mundo do ser, e não ao mundo do dever-ser.

4.1.3.1. Constituição histórico-material: Constituições imanentes às formas organizativas

Contudo, numa segunda acepção de constituições materiais, admissível no campo da teoria do Direito Constitucional, deve-se observar, com ZAGREBELSKY, que "todo grupo organizado, no qual exista uma certa estabilidade de relações, uma ordem que tenha superado o caos, *é* (não *tem*) uma constituição"[431]. Ao contrário, lembra o autor que "todo grupo politicamente organizado por via de um documento constitucional

---

428. José Afonso da Silva, *Aplicabilidade das Normas Constitucionais*, p. 44.

429. Nesse sentido: Celso Ribeiro Bastos, *Curso de Direito Constitucional*, 21. ed., p. 43. Para Alexandre de Moraes, "Constituição material consiste no conjunto de regras materialmente constitucionais, estejam ou não codificadas em um único documento" (*Direito Constitucional*, 7. ed., p. 35). É o conceito de Constituição em sentido substancial aqui adotado.

430. *Curso de Direito Constitucional*, p. 48.

431. *Diritto Costituzionale*, v. 1, p. 23, grifos do original.

126

formal *tem* (não *é*) uma constituição"[432]. Mas não é só, pois é preciso estabelecer a mútua influência dessas duas concepções. Na realidade, "Tal contraposição exprime, contudo, uma tensão permanente entre dois níveis de experiência constitucional. A compreensão do direito constitucional vigente, marcada pela presença de uma carta constitucional formal, não pode por isso prescindir da clarificação do conceito material de constituição"[433].

Lembre-se, aqui, da corrente de pensamento denominada "institucionalismo", para a qual não é possível qualquer norma jurídica (incluindo as normas constitucionais) "se a norma não é produzida por uma organização (= constituição) já existente. Assim, a organização, ou seja, a Constituição concreta, necessariamente precede as normas jurídicas produzidas *ad hoc* e, entre estas, aquelas contidas nas cartas constitucionais (as constituições formais)"[434].

Portanto, como afirma categoricamente o próprio ZAGREBELSKY, "toda organização ou organismo político é animado por uma *constituição imanente*. Onde há uma organização, ali há uma constituição; se não há uma constituição, não pode ser uma organização"[435]. ZAGREBELSKY observa que "A constituição material, como de resto aquela escrita, é uma forma, na qual podem estar os mais diversos conteúdos"[436]. O autor, como fica claro, está a identificar a constituição não por seu conteúdo, mas sim pela organização que promove, podendo variar este.

Não há como aceitar que a Constituição escrita crie do nada uma organização. Essa é a ideia central a nortear o pensamento que se expõe aqui[437]. Trata-se de uma ordem constitucional preexistente. Mas, adverte ZAGREBELSKY: "a constituição material não é a esfera do ser que possa ser contraposta com a esfera do dever-ser"[438], isso porque para o autor a Constituição formal deriva da material (há uma relação de derivação), "nas condições históricas nas quais se manifestam particulares exigências de clarificação, racionalização e estabilização das relações políticas"[439].

4.2. Constituições escritas e costumeiras

Quanto à forma, as Constituições podem ser escritas ou costumeiras.

Em sentido formal, a Constituição somente pode ser identificada como texto escrito, como documento positivado. Constituições escritas são fruto do processo de codificação do Direito Público, ocorrendo onde o Direito Constitucional se encontra

---

432. Ibidem, grifos do original.

433. Ibidem.

434. Zagrebelsky, *Diritto Costituzionale*, p. 25.

435. *Diritto Costituzionale*, p. 24.

436. *Diritto Costituzionale*, p. 25.

437. Essa ideia, é certo, apresenta consequências no campo da teoria do poder constituinte, como bem observou Zagrebelsky ao anotar que "se compreende a existência de limites intrínsecos originários que circunscrevem também o mais alto e livre de todos os poderes constitucionais, o poder constituinte" (*Diritto Costituzionale*, v. 1, p. 25).

438. *Diritto Costituzionale*, p. 26.

439. Ibidem.

sistematizado em um único corpo textual. É a Constituição-lei[440], que CANOTILHO[441] prefere designar como "Constituição instrumental".

Já as normas costumeiras têm como característica fundamental o surgimento informal, desligado de solenidades. Originam-se da sociedade, e não de uma entidade especialmente designada para isso. A Constituição não escrita (ou costumeira) é formada por um conjunto de orientações normativas não positivadas, oriundas, basicamente, da jurisprudência e dos costumes.

No momento atual, inexistem Constituições totalmente costumeiras. Estas preponderaram até o fim do século XVIII. Exemplo dessa categoria foi a Constituição da França no *ancien régime*.

Na Inglaterra de hoje não se pode mais admitir que se trate de um sistema no qual a Constituição seja exclusivamente costumeira. Pelo contrário, o ordenamento jurídico inglês compõe-se do denominado Direito estatutário e das convenções constitucionais, ao lado da jurisprudência e dos costumes (especialmente parlamentares).

As Constituições escritas permitem que se lhes imponha um procedimento ou rotina mais específico que aquele próprio das demais normas, especialmente quanto às normas sobre a modificação constitucional.

4.3. Constituições codificadas e "legais"

As Constituições escritas podem estar sistematizadas em um único corpo de lei ou podem, ao contrário, encontrar-se dispersas em diversos documentos. Às primeiras dá-se o nome de Constituições codificadas, enquanto as últimas são chamadas por alguns de Constituições legais, expressão, como lembra com todo o acerto PAULO BONAVIDES[442], bastante imprópria.

As Constituições codificadas são aquelas que estão inseridas, em sua globalidade, em um único e exclusivo texto-base, um articulado de normas dispostas de maneira ordenada, geralmente divididas em partes, títulos, capítulos e seções.

Costumam os autores apontar, como desejável, a seguinte divisão interna nas melhores Constituições codificadas: um preâmbulo, uma parte introdutória, uma parte orgânica, uma parte dogmática, uma parte final e, eventualmente, uma parte transitória.

Os preâmbulos, rigorosamente, não integram o corpo da norma constitucional, mas lhe são sempre contemporâneos e agregados. Nos preâmbulos é comum encontrar-se a evocação de Deus, bem como dos princípios mais sublimes para o povo, como a Justiça, a liberdade e outros. No preâmbulo o legislador constituinte aponta, pois, os ideais que o inspiraram e que se impregnam no texto que se apresenta à nação.

---

440. Nesse sentido: Paulo Bonavides, *Curso de Direito Constitucional*, 7. ed., p. 71. Não se deve confundir com a ideia também encontrada na doutrina de constituições legais (*rectius*: esparsas), por oposição às Constituições codificadas.

441. Consoante o autor: "Fala-se, pois, de constituição instrumental para se aludir à lei fundamental como *texto* ou como *documento* escrito" (*Direito Constitucional*, 6. ed., p. 65, original grifado).

442. *Curso de Direito Constitucional*, 7. ed., p. 71.

Na parte introdutória, via de regra, encontram-se normas mais gerais, como a divisão dos poderes, os objetivos supremos do Estado e sua organização mais genérica (forma e sistema de governo).

Normalmente, na parte dogmática da Constituição, compendiam-se as declarações de direitos e todas as limitações à atuação estatal.

Na referida parte orgânica da Constituição, como decorre da própria nomenclatura, estabelece-se a organização do poder, sua divisão mais minuciosa, com a atribuição das competências tanto entre os órgãos da República como entre os diversos entes federativos. Nela se encontram, pois, as diretrizes para o funcionamento do Estado.

A parte final de uma Constituição codificada pode conter, como visto, um conjunto de normas transitórias ou finais, assim denominadas justamente por apresentarem caráter efêmero, por vezes prazo certo, após o qual simplesmente perdem muito de seu peso normativo.

Por fim, as Constituições legais são aquelas integradas por documentos diversos, vale dizer, fisicamente distintos, que se reagrupam sob o epíteto de perfazerem a Constituição de determinado país. Trata-se de modalidade bastante rara de Constituição. O exemplo que pode ser invocado é o da Constituição da Terceira República francesa, que na realidade era formada por inúmeras leis constitucionais, redigidas em momentos distintos, tratando cada qual de elementos substancialmente constitucionais, tais como o estabelecimento dos poderes, as relações entre estes, e outros temas[443].

4.4. Constituições promulgadas, outorgadas e pactuadas

Quanto à origem, as Constituições são classificadas em promulgadas ou outorgadas.

As Constituições promulgadas são fruto de uma Assembleia Constituinte eleita para tanto. São, por isso, também conhecidas como Constituições populares ou democráticas. Sua origem encontra-se em uma Assembleia Geral Constituinte, eleita pelo povo para fazer-se representar na feitura de seu futuro Documento fundamental. Exemplo histórico foi a primeira Constituição da Europa, originada da supremacia dos representantes da Nação francesa, na Assembleia Constituinte, em 1791.

As Constituições outorgadas são aquelas impostas por quem não recebeu poder para tanto. Nesses casos, não há participação popular. As Constituições outorgadas costumam ser chamadas de "Cartas".

Exemplos no Brasil dessa categoria foram a Constituição do Império (de 1824), que foi outorgada pelo Imperador D. Pedro I, a Constituição de 1937 (outorgada pelo Presidente Getúlio Vargas) e a Carta de 1967/69.

No mundo também vicejaram exemplos de Constituições outorgadas, das quais podem ser destacadas a Constituição italiana de 1848 (denominada "Estatuto Albertino") e a Constituição japonesa de 1889.

---

443. Cf. Capitant, Constitución, in *Vocabulário Jurídico*, p. 155.

Com Paulo Bonavides poder-se-ia invocar a existência de Constituições "pactuadas", termo empregado pelo constitucionalista para nominar aquelas Cartas originadas de um "compromisso instável de duas forças políticas rivais"[444], de maneira que o equilíbrio fornecido por tal espécie de Carta é precário: "O pacto selado juridicamente mal encobre essa situação de fato, 'e o contrato se converte por conseguinte numa estipulação unilateral camuflada'"[445]. Os exemplos mencionados para esse conjunto específico de Constituições são, em primeiro lugar, a *Charta Magna*, de 1215, momento no qual se observou a supremacia dos barões ingleses em relação ao poder real; também foi o caso da Constituição da Grécia, de 1844, elaborada por Assembleia Popular e ratificada pelo Rei.

4.5. Constituições flexíveis, rígidas, semirrígidas e super-rígidas

Quanto ao grau de sua alterabilidade, teoricamente existem quatro tipos de Constituições, na perspectiva formal. É tema, pois, como assinala Jorge Miranda[446], que se insere no contexto da teoria da revisão constitucional.

A base dessa classificação encontra-se na célebre obra de James Bryce intitulada *Constituições Flexíveis e Constituições Rígidas*, terminologia que se difundiu por todo o mundo.

4.5.1. Constituições flexíveis

Consoante observa Bryce[447], as constituições flexíveis são as primeiras formas de estruturação que aparecem nas sociedades políticas organizadas.

A Constituição flexível prevê, para sua alteração, processo legislativo idêntico ao da lei ordinária. Esta, por ser posterior, revoga a Constituição Federal que lhe seja contrária. Assim, o processo da emenda constitucional é igual ao da feitura das leis ordinárias. Não há, em síntese, maiores formalidades na alteração da Constituição do que para a alteração das leis.

4.5.2. Constituições rígidas

Bryce convencionou chamar de rígidas as Constituições que se integram na categoria daquelas "cujo caráter específico consiste em que todas possuem uma autoridade superior às das demais leis do Estado e são modificadas por procedimentos diferentes daqueles pelos quais se ditam e revogam as demais leis"[448].

Na Constituição rígida, para todas as normas constitucionais se exige, na eventualidade de sua alteração, um processo legislativo mais trabalhoso, mais dificultoso do que comumente é exigível. Geralmente, e principalmente no caso brasileiro, esse pro-

---

444. *Curso de Direito Constitucional*, 7. ed., p. 72.
445. Paulo Bonavides, *Curso de Direito Constitucional*, 7. ed., p. 72.
446. *Contributo para uma Teoria da Inconstitucionalidade*, p. 41.
447. *Constituciones Flexibles y Constituciones Rígidas*, p. 94.
448. *Constituciones Flexibles y Constituciones Rígidas*, p. 94.

cesso mais trabalhoso se resume a uma iniciativa mais reduzida, a um *quorum* de aprovação maior e, por fim, à não participação do Poder Executivo (por meio da exclusão do veto ou da sanção). A emenda constitucional é exercício do poder constituinte derivado e cabe apenas ao Poder Legislativo, não havendo a chamada fase da deliberação executiva (na qual o Presidente veta ou sanciona a alteração). As Constituições rígidas são sempre escritas (mas nem todas as Constituições escritas são rígidas: o exemplo clássico foi o da Constituição da Itália de 1848 — Estatuto Albertino).

4.5.3. Constituições semirrígidas ou semiflexíveis

Na Constituição semiflexível ou semirrígida, para algumas normas o processo legislativo de alteração é diferenciado, mais dificultoso. Trata-se de meio-termo entre a Constituição rígida e a flexível. Exige-se, geralmente, um *quorum* de alteração diferenciado e um poder limitado. Para outras normas constitucionais, o processo legislativo seria o mesmo da lei ordinária. Exemplo clássico foi o da Carta Imperial do Brasil, que em seu art. 178 declarava: "É só Constitucional o que diz respeito aos limites, e atribuições respectivas dos Poderes Políticos, e aos Direitos Políticos, e individuais dos Cidadãos. Tudo, o que não é Constitucional, póde ser alterado sem as formalidades referidas, pelas Legislaturas ordinárias".

4.5.4. Constituições super-rígidas

Alguns doutrinadores chegam até mesmo a dizer que a Constituição brasileira de 1988 é super-rígida[449], ou hiper-rígida, em razão da existência das chamadas cláusulas pétreas (art. 60, § 4º), que não podem ser alteradas.

Rigorosamente falando, a Constituição brasileira de 1988 seria exemplo de Constituição super-rígida e rígida, concomitantemente.

A "super-rigidez" caracteriza-se pela pretensão de eternidade, pela impossibilidade de alteração. A norma constitucional super-rígida é imutável, perene. A "super-rigidez", contudo, pode ser absoluta (super-rigidez verdadeira) ou temporária (falsa super-rigidez). Exemplo desta última foi a Constituição de 1824, que em seu art. 174 determinou: "Se passados quatro anos, depois de jurada a Constituição do Brasil, se conhecer, que algum dos seus artigos merece reforma, se fará a proposição por escrito, a qual deve ter origem na Câmara dos Deputados, e ser apoiada pela terça parte deles".

Sendo a Constituição brasileira rígida, cresce a importância da hermenêutica, já que todas as demais normas jurídicas devem respeito ao disposto nas normas constitucionais (e, portanto, deve-se compreender o que estas determinam).

Por isso, no confronto da norma constitucional com as demais espécies normativas, sempre prevalece a norma constitucional. Não prevalece aqui o princípio de que a lei posterior revoga a lei anterior (estatuído, entre nós, pela Lei de Introdução às Normas

---

449. Nesse sentido: Alexandre de Moraes, *Direito Constitucional*, 8. ed., p. 37.

do Direito Brasileiro (anteriormente denominada Lei de Introdução ao Código Civil), que é, nas palavras de MARIA HELENA DINIZ, uma Lei de Introdução às Leis, ou seja, Direito sobre Direito, um conjunto de regras de superdireito). Pelo contrário, lei posterior em confronto com a Constituição será eliminada do ordenamento, pelo vício supremo da inconstitucionalidade.

O problema surge quando uma norma infraconstitucional tem suporte/validade numa norma constitucional, mas, ao mesmo tempo em que tem esse suporte, ela contraria outra norma da Constituição. Assim, por exemplo, a lei que estatui o rito sumário para a desapropriação de imóvel rural apoia-se na regra constitucional que enseja a desapropriação por motivos de reforma agrária, mas ao mesmo tempo contraria o princípio constitucional que consagra a propriedade privada. O que isso quer significar? Que o legislador ordinário deverá, ao regulamentar a desapropriação para reforma agrária, proceder com a máxima cautela possível, prevendo o mínimo de restrições ao proprietário que tiver seu imóvel atingido.

Para resolver esses e outros problemas haverá o aplicador da Constituição de se valer das regras fornecidas pela hermenêutica constitucional.

4.6. Constituições analíticas e sintéticas

Classificadas tendo como critério sua extensão, as Constituições podem ser analíticas ou sintéticas.

As Constituições sintéticas, também denominadas breves, sumárias ou básicas, sucintas ou concisas, são aquelas que se restringem apenas aos elementos substancialmente constitucionais, emitindo, especialmente, princípios, organizando e limitando o poder. O exemplo clássico é o da Constituição norte-americana.

Nos sistemas com Constituições sintéticas a pormenorização e o detalhamento dos direitos e deveres são deixados a cargo do legislador comum, deles não se ocupando o legislador constituinte.

Nesses modelos jurídicos há ampla potencialidade de manutenção das Constituições, que em geral se perpetuam por longos períodos, como é de desejar. Isso ocorre porque, ao se dedicar aos princípios mais amplos, a Constituição sintética é mais facilmente adaptável à realidade concreta e suas constantes mudanças, sem a necessidade de promover-se uma alteração formal de seu texto escrito.

As Constituições analíticas, também chamadas prolixas, extensas, inchadas, amplas, minuciosas, detalhistas ou desenvolvidas, acabam extrapolando, descendo a certas minúcias, contemplando grande número de regras jurídicas. É o caso da Constituição brasileira de 1988 e da Constituição da Índia, de 1950, com mais de 400 artigos.

Esta última espécie tem sido seguida pela maior parte dos países. As razões apontadas para o surgimento da Constituição analítica são: a indiferença, que se tem transformado em desconfiança, quanto ao legislador ordinário; a estatura de certos direitos subjetivos, que estão a merecer proteção juridicamente diferenciada; a imposição de certos deveres, especialmente aos governantes, evitando-se o desvio de poder e a arbitrariedade; a necessidade de que certos institutos sejam perenes, garantindo, assim, um sentimento de segurança jurídica decorrente da rigidez constitucional.

4.7. Constituições dogmáticas e históricas

As Constituições chamadas de dogmáticas, também denominadas "sistemáticas", são fruto da elaboração levada a efeito por um corpo destinado a sua confecção: as Assembleias Constituintes. Em geral, são tecidas a partir de institutos e instituições já consagrados na teoria, na doutrina, em dogmas políticos (o que lhes rende a nomenclatura assinalada). Sua elaboração, portanto, ocorre de um só fôlego, como resultado intencionalmente cogitado. Por esse motivo, tais Constituições são forçosamente escritas.

A Constituição histórica é aquela resultante da gradativa sedimentação jurídica de um povo, por meio de suas tradições. É o caso da Constituição da Inglaterra. Pode-se dizer que é também o caso da Constituição dos Estados Unidos da América do Norte, baseada no texto escrito em 1789 e em sua jurisprudência constitucional.

4.8. Constituições liberais (negativas) e sociais (dirigentes)

Tomando como critério o conteúdo ideológico das Constituições, pode-se, em termos bastante largos, diferenciar duas categorias: as liberais e as sociais.

As Constituições liberais surgem com o triunfo da ideologia burguesa, com os ideais do liberalismo. CARL SCHMITT fala da Constituição do Estado burguês de Direito[450], objetivando a proteção da liberdade burguesa em face do Poder estatal. Trata-se das Constituições marcadas pela divisão de poderes com a declaração expressa da ampla liberdade do cidadão e, consequentemente, dos limites da atuação estatal.

Cronologicamente, essas Constituições correspondem ao primeiro período de surgimento dos direitos humanos, mais exatamente às denominadas liberdades públicas, que exigiam a não intervenção do Estado na esfera privada dos particulares. Daí o conceito de "Constituições negativas", já que impunham a omissão ou negativa de ação ao Estado, preservando-se, assim, as liberdades públicas.

As Constituições sociais correspondem a um momento posterior na evolução do constitucionalismo. Passa-se a consagrar a necessidade de que o Estado atue positivamente, corrigindo as desigualdades sociais e proporcionando, assim, efetivamente, a igualdade de todos. É o chamado Estado do Bem Comum. Parte-se do pressuposto de que a liberdade só pode florescer com o vigor sublimado quando se dê igualdade real (e não apenas formal) entre os cidadãos. É bastante comum, nesse tipo de Constituição, traçar expressamente os grandes objetivos que hão de nortear a atuação governamental, impondo-os (ao menos a longo prazo). Não por outro motivo tais Constituições são denominadas, com CANOTILHO, "dirigentes".

---

450. *Teoría de la Constitución*, p. 145 e s.

5. FUNÇÕES FUNDAMENTAIS DA CONSTITUIÇÃO

Como bem assinala J. J. GOMES CANOTILHO[451], da mesma maneira que se fala em "multiusos" do conceito de Constituição, é possível falar em "multifunções"[452].

Tendo como parâmetro a Constituição portuguesa de 1976, arrola, referido autor, as seguintes cinco funções: a função de revelação de consensos fundamentais, a função de legitimação da ordem política, a função de garantia e de proteção, a função de organização do Poder político e a função de ordem e ordenação.

KLAUS STERN[453] sinaliza com oito funções: a função de ordenação, a função de estabilização, a função de unidade, a função de controlo e limite do poder, a função de garantia de liberdade e da autodeterminação e da proteção jurídica do indivíduo, a função de fixação da estrutura organizatória fundamental do Estado, a função de determinação dos fins materiais do Estado e a função definidora da posição jurídica do cidadão no e perante o Estado.

No Brasil, MANOEL GONÇALVES FERREIRA FILHO[454] indica dez funções: a função de garantia, a função organizativa ou estruturante, a função limitativa, a função procedimental, a função instrumental, a função conformadora da ordem sociopolítica, a função legitimadora (às vezes legitimante), a função legalizadora, a função simbólica e a função prospectiva.

Poderiam agregar-se ao (ou desmembrar do) extenso rol outras funções, como a função social ou prestacional mínima, a função de escolha econômica, a função pacificadora ou de calibração das forças políticas, de judicialização do respeito aos direitos fundamentais e outras que se poderiam indicar para cada Constituição em particular. Nessa trilha, a ideia de funções da Constituição acaba por se aproximar do conceito (subjetivo) de constituição em sentido material.

Nota-se que, em algumas das funções arroladas, transparece o caráter histórico; em outras vislumbra-se certo apego ideológico e, ainda, uma proximidade com o conceito material de Constituição. Assim, v. g., a função de garantia é a função desempenhada pelas constituições típicas do século XVIII, do Estado liberal.

Seria um equívoco pretender negar que às constituições, na atualidade, cumpre o papel de exercer esse multifuncionalismo. Um maior aclaramento acerca do que se entende por função no âmbito do Direito Constitucional (finalidade, estrutura etc.) é, ainda, necessário. Em qualquer perspectiva, contudo, jamais se poderá perder o sentido da unidade da Constituição, sob pena de uma indesejável e inconsequente segmentação de seu texto e conjunto de valores.

---

451. *Direito Constitucional e Teoria da Constituição*, p. 1376.

452. Para um estudo das funções fundamentais do Tribunal Constitucional, que, em parte, acabam sendo funções por ele "tomadas" das próprias funções da Constituição: André Ramos Tavares, *Teoria da Justiça Constitucional*, p. 185-368.

453. *Das Staatsrecht der Bundesrepublik Deutschland*, 2. ed., 1984, v. 1, p. 78 e s., apud J. J. Gomes Canotilho, *Direito Constitucional e Teoria da Constituição*, p. 1376.

454. *Aspectos do Direito Constitucional Contemporâneo*, p. 64-75.

Referências bibliográficas

ARISTÓTELES. *Dos Argumentos Sofísticos, Metafísica, Ética a Nicômaco, Poética*. São Paulo: Abril Cultural, 1973 (Os Pensadores, v. 4).

BASTOS, Celso Ribeiro. *Curso de Direito Constitucional*. 21. ed. atual. São Paulo: Saraiva, 2000.

BONAVIDES, Paulo. *Curso de Direito Constitucional*. 11. ed. São Paulo: Malheiros, 2001.

BRYCE, James. *Constituciones Flexibles y Constituciones Rígidas*. Madrid: Instituto de Estudios Políticos, 1952.

CANOTILHO, J. J. Gomes. *Direito Constitucional*. 4. ed. Coimbra: Livr. Almedina, 2000.

CAPITANT, H. Constitución. In: *Vocabulário Jurídico*. Tradução por Aquiles Horacio Guaglianone. Buenos Aires: Depalma, 1986.

CUNHA, Paulo Ferreira da. *Constituição, Direito e Utopia*. Coimbra: Coimbra Ed., 1996.

DINIZ, Maria Helena. *Lei de Introdução ao Código Civil*. São Paulo: Saraiva.

FERREIRA FILHO, Manoel Gonçalves. *Curso de Direito Constitucional*. 26. ed. São Paulo: Saraiva, 2000.

_____. *Aspectos do Direito Constitucional Contemporâneo*. São Paulo: Saraiva, 2003.

MIRANDA, Jorge. *Contributo para uma Teoria da Inconstitucionalidade*. Coimbra: Coimbra Ed., 1996.

SCHMITT, Carl. *Teoría de la Constitución*. Madrid: Revista de Derecho Privado, s.d.

TAVARES, André Ramos. *Teoria da Justiça Constitucional*. São Paulo: Saraiva, 2005.

TEIXEIRA, José Horácio Meirelles. *Curso de Direito Constitucional*. Organização e atualização por Maria Garcia. Rio de Janeiro: Forense, 1991.

ZAGREBELSKY, Gustavo. *Diritto Costituzionale: Il Sistema delle Fonti del Diritto*. 1. ed. [1988]. Torino: Unione Tipografico-Editrice Torinese, 1998. v. 1.

Capítulo VII
HERMENÊUTICA CONSTITUCIONAL

1. A HERMENÊUTICA DO DIREITO

A interpretação do Direito é a operação intelectiva por meio da qual a partir da linguagem vertida em disposições (enunciados) com força normativa o operador do Direito chega a determinado e específico conteúdo, sentido e objetivo desse enunciado, em face de um caso concreto (real ou hipotético).

É preciso abandonar, pois, a ideia, tradicionalmente aceita, de que a interpretação é um ato praticado sem qualquer subjetividade por parte daquele que realiza tal operação. Esse (suposto) ideal (jamais alcançado) encontra-se sepultado, admitindo-se, amplamente, a presença de grande margem de vontade na interpretação[455]. A interpretação não é uma atividade descritiva, mas sim construtiva; não se "extrai" o significado do enunciado normativo, como pretendia a clássica teoria do Direito a partir de Blackstone e que foi reforçada por ideologias e correntes teóricas ao longo da História, como a jurisprudência dos conceitos, o textualismo e, em parte, o originalismo nos EUA. A interpretação é "atribuição" de conteúdo, sentido e objetivo, por parte daquele que procede na delicada tarefa hermenêutica.

Ademais, a interpretação é essencialmente uma atividade prática[456], voltada à solução de situações concretas (ainda que hipoteticamente construídas).

Inúmeros são os métodos, elementos e teorias apontados como aptos a serem utilizados pelo intérprete em sua atividade[457]. Tais referências são sempre instrumentais[458], quer dizer, valem como meios de alcançar o conteúdo normativo apenas enunciado.

Ainda quando o próprio Direito contemple métodos admissíveis para sua interpretação, essas normas serão instrumentais, vale dizer, normas sobre as demais normas.

Por fim, há de se assinalar que, em matéria de interpretação jurídica, inexiste a valência verdadeiro/falso[459], pertencente às ciências exatas. Ao contrário, o Direito é

---

455. Admitem que a interpretação compreende um ato de vontade: Celso Ribeiro Bastos, *Hermenêutica e Interpretação Constitucional*, p. 17; Zagrebelsky, *Diritto Costituzionale*, v. 1, p. 68 e s. Contra, entendendo que é a interpretação um ato de conhecimento, e não de vontade, embora utilizando de um elemento externo ao próprio texto e invariável (a boa-fé): Manoel Gonçalves Ferreira Filho, *Curso de Direito Constitucional*, p. 378.

456. Nesse sentido: Zagrebelsky, *Diritto Costituzionale*, v. 1, p. 69.

457. Nesse sentido: Zagrebelsky, *Diritto Costituzionale*, v. 1, p. 82.

458. Nesse sentido: Zagrebelsky, *Diritto Costituzionale*, v. 1, p. 69.

459. Como anota Zagrebelsky, "Não existe uma interpretação objetivamente verdadeira" (*Diritto Costituzionale*, p. 69). Por isso anota Konrad Hesse que a tarefa da interpretação "é encontrar o resultado constitucionalmente 'exato' em

uma ciência convencional e, assim, admite a mutação de sua própria interpretação, sem que a anterior pudesse ser considerada verdadeira e, doravante, passasse a ser falsa.

A interpretação constitucional, tal qual a interpretação do Direito, deve obedecer a algumas orientações gerais.

Como primeira orientação, tem-se que a interpretação do Direito não é alheia às orientações que presidem a interpretação linguística na qual deve operar-se[460].

A interpretação sistemática decorre da consideração de que o Direito é um ordenamento[461] e, mais do que isso, um verdadeiro sistema de normas. A partir dessa concepção tem-se que o Direito não tolera contradições, devendo ser considerado como um conjunto coeso e coerente. A possibilidade de analogia parte exatamente desse pressuposto, ou seja, da coerência do Direito[462]. Assim, a unidade do Direito é um pressuposto[463] com que deve atuar o intérprete, não podendo desempenhar sua atividade sem admiti-la, sob pena de mal desempenhar sua função.

A unidade do Direito é o resultado da força da Constituição[464]. Isto porque o intérprete é obrigado a partir sempre das normas constitucionais, adequando, sempre que necessário, as normas infraconstitucionais ao conteúdo específico da Constituição. Daí decorre, inclusive, a denominada interpretação conforme a Constituição, uma das mais relevantes orientações interpretativas.

2. A HERMENÊUTICA CONSTITUCIONAL

É viável admitir uma prática da hermenêutica especificamente constitucional[465]. Isso ocorre por força da presença de uma série de ocorrências particulares que exigem uma consideração específica e própria no trato da norma constitucional.

---

um procedimento racional e controlável, fundamentar esse resultado racional e controlavelmente e, deste modo, criar certeza jurídica e previsibilidade (...)" (*Elementos de Direito Constitucional da República Federal da Alemanha*, p. 55).

460. Nesse sentido: Zagrebelsky, *Diritto Costituzionale*, p. 71.

461. Nesse sentido: Zagrebelsky, *Diritto Costituzionale*, p. 76.

462. Nesse sentido: Zagrebelsky, *Diritto Costituzionale*, p. 76.

463. Zagrebelsky, embora caminhando no mesmo sentido, exprime-se de maneira diversa, anotando que "A unidade no ordenamento não é mais um dado (...) mas um problema e o intérprete é chamado (...) não a reconhecer uma solução mas para resolver o problema de modo criativo" (*Diritto Costituzionale*, v. 1, p. 77).

464. Zagrebelsky, *Diritto Costituzionale*, v. 1, p. 77.

465. Admitem-na: Antonio Pensovecchio Li Bassi, *L'Interpretazione delle Norme Costituzionali*, p. 33; Celso Ribeiro Bastos, *Hermenêutica e Interpretação Constitucional*, p. 49; Inocêncio Mártires Coelho, *Interpretação Constitucional*, p. 67 e s.; Jerzy Wróblewski, *Constitución y Teoría General de la Interpretación Jurídica*, p. 18; Raúl Canosa Usera, *Interpretación Constitucional y Fórmula Política*, p. 55; Rodolfo Luis Vigo, *Interpretación Constitucional*, p. 78; Segundo V. Linares Quintana, *Tratado de Interpretación Constitucional*, p. 115. Friedrich Müller admite a especificidade da metódica constitucional nos seguintes termos: "Como questões de método são questões materiais, os problemas de uma metódica do direito constitucional que deve ser elaborada aqui e hoje não podem ser separados da peculiaridade dessa Lei Fundamental, dos seus teores materiais e do destino desse ordenamento constitucional na história (...) Igualmente nítida se afigura a necessidade de desenvolver um método próprio do direito constitucional, independente da metódica da história do direito, da metódica da teoria do direito (...)" (*Métodos de Trabalho do Direito Constitucional*, p. 67-8). Dimitri Dimoulis bem observa que no Direito "não existem métodos de interpretação que sejam em geral justos. Para determinar os métodos adequados em cada área do direito devemos guiar-nos pelos objetivos do Legislador e não por uma comparação abstrata de modelos interpretativos" (Moralismo, Positivismo e Pragmatismo na Interpretação do Direito Constitucional, *RT*, v. 769, p. 26).

A postura exigida do intérprete é diferenciada, já que a Constituição ocupa o grau último da ordem jurídica. Assim, a supremacia da Constituição quanto às demais normas do Direito é uma especificidade própria da qual decorre uma série de limitações a seu intérprete, podendo-se citar a denominada "interpretação conforme a Constituição".

Justifica-se, ainda, a existência de uma hermenêutica constitucional pela presença da denominada jurisdição constitucional, determinada a aplicar, a fazer valer a Constituição como norma suprema. O controle abstrato-concentrado é, pois, um dos maiores indicadores de que da hermenêutica jurídica merece destaque aquela dedicada à questão constitucional[466].

A hermenêutica jurídico-constitucional, contudo, não ignora os processos que presidem a interpretação jurídica em geral[467]. Nesse sentido, sua *natureza* é idêntica à da interpretação jurídica, como muito bem sublinha A. PENSOVECCHIO LI BASSI[468] no desenvolvimento desse tema. Não se trata, portanto, da interpretação política, ou ideológica, de um documento normativo. A interpretação constitucional é, inegavelmente, jurídica.

2.1. Justificativa

Os autores indicam diversas peculiaridades[469] do Direito Constitucional que justificam a existência ou menção de uma hermenêutica constitucional, além da já mencionada "jurisdição constitucional".

Dentre os elementos apontados, têm-se: a supremacia da Constituição, a utilização de normas abstratas, de princípios, o tratamento dos direitos fundamentais e dos poderes e a regulamentação da esfera política.

Assim, a supremacia normativa da Constituição é um fator que não se faz presente em nenhum outro ramo do Direito, não podendo ser ignorado na elaboração dos instrumentais adequados à interpretação da Constituição. A atividade do intérprete, por força desse dado, deverá ser sempre comedida, porque suas intervenções despertam uma sensibilidade muito maior do que nos demais âmbitos temáticos do Direito.

A presença de um grande número de normas descritas em termos abstratos, vale dizer, com grande incompletude significativa, abre ao intérprete um amplo espectro de possibilidades.

O conteúdo mínimo comum das Constituições denota a importância de que o documento se reveste para a sociedade, vigorando como norma máxima não apenas por apelos formais e sim, antes de tudo, pelo significado profundo que adquire no mundo social.

---

466. Konrad Hesse admite a importância da interpretação do Direito Constitucional e pondera: "Essa importância é aumentada em uma ordem constitucional com *jurisdição constitucional* extensamente ampliada (...)" (*Elementos de Direito Constitucional da República Federal da Alemanha*, p. 54, original grifado).

467. Nesse sentido: Antonio Pensovecchio Li Bassi, *L'Interpretazione delle Norme Costituzionali*, p. 23; Inocêncio Mártires Coelho, *Interpretação Constitucional*, p. 53 e s.

468. Antonio Pensovecchio Li Bassi, *L'Interpretazione delle Norme Costituzionali*, p. 5 e s.

469. Celso Bastos fala em "pressupostos hermenêutico-constitucionais" e esclarece tratar-se de postulados que seriam "parte de uma etapa anterior à de natureza interpretativa (...) e que significam, sinteticamente, o seguinte: não poderás interpretar a Constituição devidamente sem antes atentares para estes elementos" (*Hermenêutica e Interpretação Constitucional*, p. 96). Ainda que sejam "pressupostos" ou "axiomas", representam uma particularidade da atividade de interpretação da Constituição.

3. A LINGUAGEM CONSTITUCIONAL EM FACE DA INTERPRETAÇÃO

A linguagem empregada constitucionalmente merece abordagem mais detida, porque diversos são os pontos de contato entre o tema da linguagem e o da interpretação na seara constitucional. Em primeiro lugar, é preciso analisar o papel e a importância da linguagem na teoria da interpretação jurídica. Em segundo, é preciso constatar que há proximidade entre a linguagem comum e a linguagem constitucional, importando saber qual é exatamente essa proximidade. Por fim, existem particularidades linguísticas da Constituição, como os conceitos abertos, que demandam estudo próprio.

3.1. Formulação linguística como ponto inicial e limite externo da atividade interpretativa

A primeira observação a ser feita sobre a importância da linguagem para o Direito é básica: "a letra da lei, constitui sempre ponto de referência obrigatório para a interpretação de qualquer norma"[470].

Isso não quer dizer, contudo, que se defenda a denominada interpretação gramatical ou literal da norma jurídica. Como bem acentuou FRANCESCO FERRARA, "A interpretação literal é o primeiro estádio da interpretação. Efetivamente, o texto da lei forma o substrato de que deve partir e em que deve repousar o intérprete. Uma vez que a lei está expressa em palavras, o intérprete há de começar por extrair o significado verbal que delas resulta, segundo a sua natural conexão e as regras gramaticais"[471]. Realmente, todo vocábulo é possuidor de um significado linguístico próprio e específico (caso contrário não estaria apto a alcançar um mínimo necessário para a comunicação, que é sua própria razão de ser). Este deve ser extraído[472] numa operação preliminar, pelo intérprete do Direito. É, realmente, a primeira etapa da atividade interpretativa.

3.2. A linguagem técnica na Constituição

WRÓBLEWSKI considera que "Sem razões suficientes não se deveria atribuir aos termos interpretados nenhum significado especial, diverso do significado que esses termos têm na linguagem natural comum"[473]. Especificando esse entendimento para o campo constitucional, CELSO BASTOS pondera: "Em certo sentido, pode-se afirmar que a Constituição não tolera o vocabulário técnico"[474].

Essa orientação dá suporte à já conhecida tese da "sociedade aberta dos intérpretes da Constituição", por uma interpretação pluralista da Constituição, de PETER HÄBERLE. Observa o autor que "quem vive a norma acaba por interpretá-la ou pelo

---

470. *Hermenêutica e Interpretação Constitucional*, p. 110.

471. *Interpretação e Aplicação das Leis*, p. 139. Ou seja, "O método literal, em seu caráter absoluto, é que se torna totalmente não operativo" (Celso Ribeiro Bastos, *Hermenêutica e Interpretação Constitucional*, p. 111).

472. Extraído sim, porque ainda não se está na fase consumativa da interpretação, mas apenas em seu momento inicial. Nesse sentido, não é nem poderia ser o intérprete a conceder um significado linguístico, *sponte propria*, ao vocábulo.

473. *Constitución y Teoría General de la Interpretación Jurídica*, p. 47.

474. *Hermenêutica e Interpretação Constitucional*, p. 112.

menos por cointerpretá-la"[475]. E lembra, ainda, com inteira propriedade: "Muitos problemas e diversas questões referentes à Constituição material não chegam à Corte Constitucional, seja por falta de competência específica da própria Corte, seja pela falta de iniciativa de eventuais interessados. Assim, a Constituição material 'subsiste' sem interpretação constitucional por parte do juiz. Considerem-se as disposições dos regimentos parlamentares! Os participantes do processo de interpretação constitucional em sentido amplo e os intérpretes da Constituição desenvolvem, autonomamente, direito constitucional material. Vê-se, pois, que o processo constitucional formal não é a única via de acesso ao processo de interpretação constitucional"[476].

Realmente, a interpretação da Constituição deve operar, sempre, o mais próximo possível de seu povo. Portanto, a linguagem deve ser-lhe próxima, vale dizer, há de se privilegiar o emprego da linguagem comum. Até porque, como salienta HÄBERLE, em muitas ocasiões a norma é compreendida e interpretada por instâncias não oficiais, que só podem apegar-se ao sentido comum que os termos constitucionais apresentam.

Muito bem acentua FERRARA que "Normalmente as palavras devem entender-se no seu sentido usual comum, salvo se da conexão do discurso ou da matéria tratada derivar um significado especial técnico"[477].

Tem-se, pois, como diretriz, de admitir os significados comuns dos vocábulos em que se expressam as Constituições, só recorrendo à linguagem técnica nas ocorrências em que o próprio contexto constitucional sinaliza nesse sentido.

3.3. Abertura das normas constitucionais e mutação não textual da Constituição

A análise das Constituições modernas revela o alto teor abstrato de inúmeras normas nelas inseridas[478].

A abstratividade ou abertura das normas revela-se pelos vocábulos vagos, pelas palavras imprecisas empregadas pelo constituinte, e que necessitam, inegavelmente, de um preenchimento ou integração para tornarem-se compreensíveis e imediatamente aplicáveis.

Nesse sentido, Celso Bastos leciona que "A norma constitucional, muito frequentemente, apresenta-se (...) sem conteúdo preciso ou delimitado"[479].

Realmente, constata-se o emprego por vezes exacerbado de conceitos imprecisos, de impossível apreensão imediata dos limites e matérias aos quais se aplica na sua integralidade, até porque esse alcance terá de se construir com o concreto. Na maior parte dos casos, as normas constitucionais de caráter aberto são classificadas doutrina-

---

475. *Hermenêutica Constitucional*, p. 13.

476. *Hermenêutica Constitucional*, p. 42.

477. *Interpretação e Aplicação das Leis*, p. 139.

478. Carlos Roberto Siqueira Castro, aliás, identifica este fenômeno de abertura nos textos constitucionais editados a partir da década de 70 (*A Constituição Aberta e os Direitos Fundamentais*, p. 15).

479. *Hermenêutica e Interpretação Constitucional*, p. 54.

riamente como principiológicas, nesse exato sentido da abertura quanto a suas hipóteses de incidência ou regência.

Como decorrência da reconhecida "abertura e amplitude da Constituição"[480] surgem dificuldades interpretativas quantitativa e qualitativamente superiores àquelas constatadas nos demais segmentos jurídicos.

Como primeira consequência dessa característica semântica das normas de uma Constituição tem-se o perigo da criação de espaços interpretativos agigantados pelo arbítrio, sob o argumento geralmente implícito de uma legitimidade que seria decorrência necessária da (ou imposta pela) semântica.

A pura e simples incompletude linguística da Constituição, nos termos acima delineados, não pode ser confundida com autorização para seu "preenchimento" arbitrário, desconectado da própria normatividade constitucional como um todo, especialmente do projeto de sociedade encartado constitucionalmente.

Uma característica por muitos considerada positiva — mas que apresenta graves implicações jurídicas, especialmente em termos de previsibilidade e de manutenção do Estado de Direito —, decorrente dessa abertura, estaria em permitir a *evolução*[481] do Direito Constitucional por meio da interpretação, a chamada mutação informal da (compreensão da) Constituição. Trata-se de mudança que opera sem qualquer alteração da forma, do texto, da Constituição, motivo pelo qual acaba sendo denominada mutação constitucional informal ou não textual. Não há dúvida de que a abertura semântica das constituições — em especial a partir da Segunda Guerra Mundial, quando passaram a incorporar essas normas assim denominadas principiológicas — contribui para a ocorrência e intensificação desse fenômeno.

Tecnicamente falando, a ideia de mutação constitucional informal pressupõe a fixação de uma interpretação anterior, normalmente pela Justiça Constitucional (usualmente um Tribunal Constitucional) e a fixação, posterior no tempo, de outra interpretação para o mesmo suporte normativo, para o mesmo dispositivo da Constituição, pela mesma instância definitiva. A afirmação da ocorrência de mutação informal, portanto, pressupõe uma comparação temporal que conclua pela diversidade de compreensão de um mesmo enunciado normativo.

No contexto da mutação informal da Constituição é interessante observar que não há balizas ou restrições formais a esse fenômeno. Assistiu-se à preocupação com as alterações *formais*, realizadas pelo legislador reformador, preocupações que foram operacionalizadas em diversos padrões, exigências e restrições constitucionalizados (quórum, iniciativa, momento etc.). Como advertiu JELLINEK, qual a proteção da Constituição contra as mutações informais? Não houve esta sorte de preocupações com as alterações que advêm da interpretação evolutiva ou simplesmente desconstrutiva, nas constituições em geral. Não há uma única regra direcionada a enfrentar esse intrincado

---

480. Konrad Hesse, *Elementos de Direito Constitucional da República Federal da Alemanha*, p. 54.

481. Anota Celso Bastos: "surge a possibilidade da chamada 'atualização' das normas constitucionais. Aqui a interpretação cumpre uma função muito além da de mero pressuposto de aplicação de um texto jurídico, para transformar-se em elemento de constante renovação da ordem jurídica (...)" (*Hermenêutica e Interpretação Constitucional*, p. 54).

141

e delicado problema contemporâneo (desde que a Justiça Constitucional passou a ocupar, em inúmeros países, como o Brasil, a posição final sobre o sentido da Constituição). E, embora se possa questionar sobre o acerto de regras limitando esse comportamento, o que passaria pelo reconhecimento formal dessa informal modalidade de mutação, algumas questões, como as temporais (não retroatividade como regra que cerque a ocorrência da mutação constitucional informal), poderiam ter merecido alguma atenção ou uma menção expressa.

Vale registrar, contudo, que, na visão da corrente que prega uma redução do âmbito da Justiça Constitucional, na linha de THAYER, quando diversas opções interpretativas se colocam em face de um mesmo dispositivo constitucional, a Justiça Constitucional deveria respeitar a opção feita pelo legislador ao editar a lei. Ou seja, não deveria a Justiça Constitucional realizar uma opção e infirmar a opção feita pelo legislador, declarando a inconstitucionalidade da lei. Essa corrente só admite a declaração de inconstitucionalidade da lei quando se tratar de um caso claro, flagrante. Assim, nesse contexto, a possibilidade de mutação informal da Constituição fica extremamente reduzida, por reduzir-se a atuação de seu principal agente, a Justiça Constitucional. O limite, portanto, aqui, é mais conceitual e menos dogmático. Esta postura, contudo, reducionista, retira a Justiça Constitucional de espaços importantes, reduzindo igualmente a compreensão do sentido de "supremacia constitucional".

3.4. "Espírito" da norma ou sua letra "seca"?

Além do que ficou dito, e corroborando o abandono da letra como o fator interpretativo mais relevante, é necessário ressaltar, ainda, a existência — e aceitação — do critério teleológico de interpretação.

Por meio desse critério toma-se em consideração a finalidade para a qual a norma foi editada ou redigida. Assim, fica superado o apego à mera letra da lei formalmente posta (critério gramatical, próprio do textualismo, do formalismo excessivo, e das concepções de Constituição invariável no tempo)[482].

Estuda-se, nesse contexto, o processo constituinte, as atas e os discursos proferidos por ocasião da votação da Constituição, bem como os atos que denotam a pretensão do legislador constituinte quando criou a norma. Estes elementos, se não podem mais ser utilizados com exclusividade no determinar-se o significado da norma constitucional, nem por isso serão totalmente rechaçados.

4. UNIDADE DA CONSTITUIÇÃO E CONSEQUÊNCIAS NA ATIVIDADE INTERPRETATIVA

Considera-se a Constituição como um sistema e, nessa medida, um conjunto coeso de normas. Essa particularidade, nas palavras de J. J. GOMES CANOTILHO, significa

---

482. Sem desprezar a letra da lei no sentido acima colocado.

142

que "a constituição deve ser interpretada de forma a evitar contradições (antinomias, antagonismos) entre as suas normas"[483].

Assim, não se pode tomar uma norma como suficiente em si mesma. Não obstante todas as normas constitucionais sejam dotadas da mesma natureza e do mesmo grau hierárquico, algumas, em virtude de sua generalidade e abstratividade intensas, acabam por servir como vetores, princípios que guiam a compreensão e a aplicação das demais normas, devendo-se buscar sua compatibilização. Canotilho fala, neste passo, de outro princípio de interpretação da Constituição, o da "concordância prática ou da harmonização". Na realidade, trata-se de uma orientação interpretativa que decorre da já propalada unidade (que remete à coerência)[484], e que tem especial desenvolvimento no campo dos princípios constitucionais (em particular os direitos humanos consagrados). Consoante o autor, a harmonização "impõe a coordenação e combinação dos bens jurídicos em conflito de forma a evitar o sacrifício (total) de uns em relação aos outros"[485]. Como derivação dessa ideia, tem-se o princípio da convivência dos direitos constitucionais. Nenhum direito, nenhuma garantia, nenhuma liberdade poderá ser tomada como absoluta. Todas sofrem restrição nas outras garantias, nos outros direitos, igualmente declarados e assegurados.

Existe, ainda, um segundo significado da unidade da Constituição. Considera-se insustentável uma dualidade de Constituições, não podendo conviver, simultaneamente, em um único ordenamento jurídico, duas ou mais Constituições.

4.1. A necessidade de interpretação sistemática

A doutrina tem assinalado a imperiosidade em proceder, sempre, a uma harmonização dos significados atribuíveis às normas constantes de uma mesma Constituição. Isso significa afastar a ideia de contradições dentro de uma mesma Constituição, entre suas normas originárias, como já se referiu. Essas ideias desenvolvem-se tendo como suporte a interpretação sistemática.

Sendo a Constituição um sistema, deve-se admitir a coesão entre as normas, de maneira a considerá-las ordenadas e perfazendo um corpo harmônico.

5. MAXIMIZAÇÃO DAS NORMAS CONSTITUCIONAIS

A interpretação constitucional colhe a característica da necessidade de concretização da norma jurídica, maximizando-a[486], porém, justamente por se tratar de norma constitucional.

J. J. Gomes Canotilho fala de um "princípio da eficiência" ou da "interpretação efectiva", cujo significado assim descreve: "a uma norma constitucional deve ser atri-

---

483. *Direito Constitucional*, 4. ed., p. 1186.
484. Nesse sentido: Celso Ribeiro Bastos, *Hermenêutica e Interpretação Constitucional*, p. 106; Jerzy Wróblewski, *Constitución y Teoría General de la Interpretación Jurídica*, p. 49.
485. J. J. Gomes Canotilho, *Direito Constitucional*, 4. ed., p. 1188.
486. Nesse sentido: Zagrebelsky, *Diritto Costituzionale*, p. 82.

buído o sentido que maior eficácia lhe dê"[487], ou, mais diretamente, "não se pode empobrecer a Constituição"[488].

Não se deve interpretar uma regra de maneira que algumas de suas partes ou algumas de suas palavras acabem se tornando supérfluas, o que equivale a nulificá-las[489]. Esta dimensão da eficiência interpretativa é destituída de alcance prático.

Também é vedado ao intérprete, por força dessa orientação hermenêutica, desprezar partículas, palavras, conceitos, alíneas, incisos, parágrafos ou artigos da Constituição. Todo o conjunto normativo tem de ser captado em suas peças constitutivas elementares, a cada qual se devendo atribuir a devida importância em face do todo constitucional.

6. INTERPRETAÇÃO CONFORME A CONSTITUIÇÃO

O tema da "interpretação conforme a Constituição" enquadra-se no estudo das técnicas de decisão operadas pela jurisdição constitucional. Não se trata propriamente de um método específico ou diferenciado de interpretação da Constituição, mas sim das leis. Assim, quando uma norma infraconstitucional contar com mais de uma interpretação possível, uma (no mínimo) pela constitucionalidade e outra ou outras pela inconstitucionalidade, múltipla interpretação dentro dos limites permitidos ao intérprete, este deverá sempre preferir a interpretação que consagre, ao final, a constitucionalidade. E isso é assim porque as leis são consideradas expressão da vontade popular, e, pois, se possível, devem ser preservadas pelo Judiciário.

Contudo, há uma abordagem outra do tema, que o insere no contexto da hermenêutica da Constituição. Significa essa diretriz que não se interpreta a Constituição a partir das leis em geral (de baixo para cima). É absolutamente vedada a interpretação da Constituição conforme às leis. Não se pode fazer uso de conceitos legais para pretender exprimir conceitos constitucionalmente conformados.

Não se confunda, contudo, essa proibição com a possibilidade existente — e de resto jamais contestada — de que a lei pode integrar a vontade da Constituição. A diferença de situações é patente. Nesses casos, é na própria Constituição que se encontra o fundamento para que a lei possa "complementar" seu desiderato, rematando-a.

7. INTERPRETAÇÃO EVOLUTIVA

A interpretação das normas em geral e, em particular, das constitucionais, como visto, permite que se promova sua *evolução material*[490]. Trata-se de uma orientação inafastável[491]. É necessário buscar um equilíbrio entre perenidade e mutabilidade.

---

487. *Direito Constitucional*, 4. ed., p. 1187.
488. Celso Ribeiro Bastos, *Hermenêutica e Interpretação Constitucional*, p. 105.
489. Nesse sentido: Celso Ribeiro Bastos, *Hermenêutica e Interpretação Constitucional*, p. 105; Jerzy Wróblewski, *Constitución y Teoría General de la Interpretación Jurídica*, p. 48.
490. Mutação constitucional informal.
491. Nesse sentido: Zagrebelsky, *Diritto Costituzionale*, p. 83.

A interpretação evolutiva é "a operação destinada a reconstruir o direito dinamicamente, na medida das exigências cambiantes que a realidade social manifesta"[492]. Só se pode falar em interpretação evolutiva dentro da opção conceitual de Constituição aberta, como é o caso da brasileira. Em sentido oposto tem-se a Constituição imutável, "petrificada", que vai sendo corroída pela passagem do tempo, e todas aquelas propostas hermenêuticas que buscam impedir qualquer ideia de "Constituição viva", como é o caso do originalismo e, mais amplamente, do interpretivismo, correntes interpretativas desenvolvidas nos EUA e que pregam, basicamente, uma vinculação extrema ao texto e ao que nele estaria expressamente contido, sem qualquer possibilidade de evolução por meio da interpretação do texto. Também é a proposta encabeçada pelo famoso juiz da Corte Suprema dos EUA, Antonin Scalia, em sua conhecida vertente "texto e tradição".

Ademais, a interpretação evolutiva mostra-se extremamente adequada às Constituições que, como a brasileira e a maioria das Constituições atuais, contemplam em si finalidades distintas, absolutamente diversas. A preferência por uma ou outra não se encontra na Constituição, mas sim numa escolha que pertence ao momento histórico vivido. Assim ocorre, v. g., entre a segurança e a privacidade, ou a comunicação e a intimidade.

A esse respeito observa ZAGREBELSKY que "a sistematização, a hierarquia de fins não é historicamente fixa, mas depende da assunção de 'metavalores' por parte da interpretação 'adequada aos fatos' emergentes"[493].

Referências bibliográficas

BASSI, Antonio Pensovecchio Li. *L'Interpretazione delle Norme Costituzionali: Natura, Metodo, Difficoltà e Limiti*. Milano: Giuffrè, 1972 (Università di Palermo: Pubblicazioni a Cura della Facoltà di Giurisprudenza, 32).

BASTOS, Celso Ribeiro. *Hermenêutica e Interpretação Constitucional*. 2. ed. São Paulo: Instituto Brasileiro de Direito Constitucional, 1999.

CANOTILHO, J. J. Gomes. *Direito Constitucional*. 4. ed. Coimbra: Livr. Almedina, 2000.

CASTRO, Carlos Roberto Siqueira. *A Constituição Aberta e os Direitos Fundamentais: Ensaios sobre o Constitucionalismo Pós-Moderno e Comunitário*. Rio de Janeiro: Forense, 2003.

COELHO, Inocêncio Mártires. *Interpretação Constitucional*. Porto Alegre: Sergio A. Fabris, Editor, 1997.

DIMOULIS, Dimitri. Moralismo, Positivismo e Pragmatismo na Interpretação do Direito Constitucional. *RT*, ano 88, v. 769, São Paulo, Revista dos Tribunais. Bibliografia: 11-27.

FERRARA, Francesco. *Interpretação e Aplicação das Leis*. 4. ed. Coimbra: Arménio Amado, Editor, 1987 (Colecção Studium: Temas Filosóficos, Jurídicos e Sociais).

FERREIRA FILHO, Manoel Gonçalves. *Curso de Direito Constitucional*. 31. ed. São Paulo: Saraiva, 2005.

---

492. Zagrebelsky, *Diritto Costituzionale*, p. 83. A interpretação evolutiva pode ser inserida no método histórico--espiritual da doutrina alemã.

493. *Diritto Costituzionale*, p. 84.

HÄBERLE, Peter. *Hermenêutica Constitucional: A Sociedade Aberta dos Intérpretes da Constituição: Contribuição para a Interpretação Pluralista e "Procedimental" da Constituição*. Tradução por Gilmar Ferreira Mendes. Porto Alegre: Sergio A. Fabris, Editor, 1997.

HESSE, Konrad. *Elementos de Direito Constitucional da República Federal da Alemanha*. Tradução por Luís Afonso Heck. Porto Alegre: Sergio A. Fabris, Editor, 1998.

JELLINEK, G. *Reforma y Mutación de la Constitución*. Trad. Christian Förster. Madrid: Centro de Estudios Costitucionales, 1991.

MÜLLER, Friedrich. Métodos de Trabalho do Direito Constitucional. Tradução por Peter Nauman. São Paulo: Max Limonad.

QUINTANA, Segundo V. Linares. *Tratado de Interpretación Constitucional*. Buenos Aires: Abeledo-Perrot, 1998.

SCALIA, Antonin. *A Matter of Interpretation*: Federal Courts and the Law. Princeton University Press, 1998.

TAVARES, André Ramos. *Fronteiras da Hermenêutica Constitucional*. São Paulo: Método, 2006.

_____. O Originalismo e a Justiça Constitucional Substantiva. *In*: *Revista Brasileira de Estudos Constitucionais*. Belo Horizonte: Fórum, ano 1, n. 3, p. 15-24, jul./set. 2007.

THAYER, James Bradley. The Origin and scope of the American doctrine of constitutional law. *Harvard Law Review*, n. 129, 1893.

USERA, Raúl Canosa. *Interpretación Constitucional y Fórmula Política*. Madrid: Centro de Estudios Constitucionales, 1988.

VIGO, Rodolfo Luis. *Interpretación Constitucional*. Buenos Aires: Abeledo-Perrot, 1993.

WRÓBLEWSKI, Jerzy. *Constitución y Teoría General de la Interpretación Jurídica*. Madrid: Cuadernos Civitas, 1988.

ZAGREBELSKY, Gustavo. *Diritto Costituzionale: Il Sistema delle Fonti del Diritto*. 1. ed. [1988]. Torino: Unione Tipografico-Editrice Torinese, 1998. v. 1.

Capítulo VIII
APLICABILIDADE E EFICÁCIA DAS NORMAS CONSTITUCIONAIS

1. APONTAMENTOS INICIAIS

A doutrina constitucional sempre se ocupou de classificar as normas constitucionais quanto a sua eficácia e aplicabilidade. Não obstante isso, é preciso esclarecer, desde logo, que a tarefa é própria da teoria do Direito. Ocorre que, no âmbito constitucional, existem particularidades conceituais (e dogmáticas) que justificam a preocupação com uma abordagem específica. Assim, a força normativa da Constituição e sua supremacia impõem-se, necessariamente, na teoria que se pretenda adotar sobre o assunto. Da mesma forma, os direitos fundamentais, cujo assento típico no contemporâneo Estado Democrático é a Constituição. Assim também a posição subjetiva na qual os direitos fundamentais investem os cidadãos e, particularmente no caso brasileiro, a regra inserida no § 1º do art. 5º da Constituição, que confere a nota da aplicabilidade imediata à normas definidoras de direitos fundamentais. Trata-se, aqui, de ponto dogmático que não pode ser olvidado pela teoria brasileira das normas constitucionais.

Aliás, convém observar que todas as normas constitucionais possuem força normativa, o que implica reconhecer-lhes, necessariamente, alguma sorte de eficácia, sempre.

Deve-se ter sempre como parâmetro que determinado critério classificatório só se presta quando útil for ao fim perseguido. Fora dessa situação, as classificações são totalmente imprestáveis.

Importa, na busca dessa utilidade, a classificação das normas pelo critério da aplicabilidade, consoante o qual será considerada aplicável aquela "norma que tem capacidade de produzir efeitos jurídicos"[494].

Invoca-se, aqui, a aguda percepção que ANNA CANDIDA DA CUNHA FERRAZ teve do fenômeno da categorização das normas constitucionais ao ressaltar que esta "influi na atuação do intérprete constitucional, quer quanto à escolha dos meios de interpretação, quer quanto aos limites que as diferentes categorias de normas impõem ao intérprete, quer quanto à discricionariedade maior ou menor da ação interpretativa, *quer, enfim, quanto aos resultados da interpretação*. Constitui, pois, a categorização das

---

494. José Afonso da Silva, *Aplicabilidade das Normas Constitucionais*, 3. ed., p. 13.

normas constitucionais aspecto específico e peculiar na interpretação constitucional"[495]. Realmente, considerar uma norma de eficácia plena ou não pode acarretar importantes consequências para o próprio limite da interpretação constitucional.

Outro ponto que merece ser esclarecido refere-se à própria terminologia empregada, porque ora a doutrina se reporta à aplicabilidade, ora à eficácia. O certo, contudo, será distinguir ambas, como exemplarmente o fez TERCIO SAMPAIO FERRAZ JÚNIOR.

A proposta classificatória é importante na medida em que nela se baseiam os operadores do Direito para reconhecer que nem todas as normas constitucionais possuem idêntico grau de eficácia, de capacidade de incidência plena automática e independente de outro texto normativo, sem que, com isso, se esteja a reconhecer, aqui, aquela programaticidade vulneradora da Constituição. Por outro lado, a violação de um comando constitucional por uma lei resulta, automaticamente, na não aplicação daquela norma constitucional, o que não significa que esta não produza qualquer sorte de efeito, nem que não esteja apta a produzi-lo *a posteriori*. Produz ao menos um efeito imediato, já que serve de base para a invalidação da lei que lhe é contrária, o que se obtém a partir da legitimidade de uma Constituição como Lei Suprema, em havendo, nesta, mecanismos próprios para assegurar tal supremacia.

2. DOUTRINA ESTRANGEIRA

2.1. *Self-executing* e *not self-executing* (COOLEY)

Muito embora THOMAS COOLEY assevere que as provisões de uma Constituição nunca devam ser consideradas como meros conselhos (*advisory*), ele visualizou a existência de normas incapazes de ser imediatamente aplicadas[496].

Com efeito, COOLEY, em sua clássica tipologia, dividiu as normas constitucionais em *self-executing* e *not self-executing*[497]. Uma norma constitucional afigura-se como *self-executing* ou autoexequível se prover (ao destinatário) todos os meios necessários para que o direito ou o comando previsto seja aproveitado e protegido.

Caso contrário, ter-se-á uma norma não autoexequível ou *not selfexecuting*, a qual, em razão da inexistência de meios (referências normativas) suficientes para a sua efetiva aplicação, quedará em um estado de dormência, no máximo, quiçá, como uma força moral[498], até que a legislação infraconstitucional lhe conceda as provisões capazes de torná-la aplicável, fruível.

Trata-se, aqui, da célebre classificação das normas constitucionais, que tanto influenciou e continua a influenciar o pensamento jurídico.

---

495. Anna Candida da Cunha Ferraz, *Processos Informais de Mudança da Constituição*, p. 35, original não grifado.
496. Cf. *A Treatise on the Constitutional Limitations*, p. 98.
497. Op. cit., p. 99.
498. Op. cit., p. 98.

148

2.2. Normas de eficácia plena e limitada (CRISAFULLI)

VEZIO CRISAFULLI desenvolveu um estudo importante em relação à classificação das normas constitucionais, a todas reconhecendo o caráter cogente[499], ainda que dependentes de lei posterior.

Quanto à aplicabilidade, as leis constitucionais são divididas basicamente em autoaplicáveis ou de eficácia plena (*immediatamente precettive*) e normas dependentes de complementação, ou de eficácia limitada. Estas são divididas ainda em normas de legislação e normas programáticas.

A importância de sua doutrina está na insistência do autor em caracterizar todas as normas, por definição, como *precettive* e, ainda, *immediatamente precettive*, consistindo a diferença na especial natureza do preceito contido nas normas programáticas e, ainda, nos efeitos especiais que dela derivam[500].

2.3. Normas de eficácia direta e indireta (ZAGREBELSKY)

ZAGREBELSKY classifica as normas constitucionais, quanto a sua eficácia, em normas de eficácia direta e normas de eficácia indireta. Estas últimas, por seu turno, são classificadas em normas de eficácia diferida, normas de princípio e normas programáticas.

Normas de eficácia direta "são idôneas por si mesmas (diretamente) para regularem hipóteses concretas"[501]. Nesses casos, a norma constitucional apresenta uma estrutura suficientemente completa para valer como regra concreta, a ser utilizada por todos os sujeitos do ordenamento jurídico, seja o Judiciário, seja a Administração Pública ou os particulares. A Constituição, aqui, é considerada como fonte direta de posições jurídicas subjetivas, em todo tipo de relação.

Normas de eficácia indireta "são aquelas que necessitam ser atuadas ou concretizadas por meio de uma ulterior atividade normativa"[502], porque a estrutura da norma constitucional não é suficientemente completa.

Normas de eficácia indireta diferida são as normas de organização que necessitam de uma disciplina normativa ulterior, como o Senado, que só pode ser constituído por meio de uma normatização posterior, Magistratura, ou a Corte Constitucional (para entrar em funcionamento concretamente)[503].

Normas constitucionais de eficácia indireta, de princípios, são aquelas que estabelecem orientações gerais. É o caso do princípio de ampla defesa, que só será operativo no âmbito processual determinado pelo legislador. Mas o próprio autor reconhece que isso "não exclui, todavia, que a concretização do princípio possa ser cumprida diretamente, prescindindo da obra do legislador"[504], e que, assim, a presença nas

---

499. *La Costituzione e le sue Disposizioni di Principio.*
500. *La Costituzione e le sue Disposizioni di Principio*, p. 104.
501. Zagrebelsky, *Diritto Costituzionale*, v. 1, p. 104.
502. Zagrebelsky, *Diritto Costituzionale*, v. 1, p. 104.
503. Os exemplos são de Zagrebelsky.
504. Zagrebelsky, *Diritto Costituzionale*, v. 1, p. 107.

Constituições de normas de princípio, por serem verdadeiras normas e podendo valer diretamente, alteraram, no sentido de ampliar, as funções do intérprete.

Por fim, encontram-se as normas constitucionais programáticas. Consoante ZAGREBELSKY, "Das disposições de princípio devem distinguir-se aquelas que contêm programas"[505]. Reconhece, ademais, que em todo princípio há de se vislumbrar a presença de uma eficácia que se pode denominar, genericamente, programática, no sentido de que requer um desenvolvimento. De qualquer forma, distinguem-se ambas porque "os programas dizem respeito ao fim; os princípios ao início de uma ação normativa"[506]. As normas programáticas pretendem conferir nova forma à sociedade.

3. DOUTRINA NACIONAL

3.1. Normas exequíveis por si sós e normas não exequíveis por si sós (programáticas, de estruturação e condicionadas)

MANOEL GONÇALVES FERREIRA FILHO[507], lastreado na doutrina clássica de COOLEY e STORY, classifica a aplicabilidade das normas constitucionais em, basicamente, dois grandes grupos, a saber: (i) das normas exequíveis por si sós; e (ii) normas não exequíveis por si sós.

Compõem o primeiro grupo aquelas normas que independem da existência de qualquer complementação, para a sua aplicação. São as normas completas. O autor, sem embargo, bem aponta o fato de que, muito embora a completude de uma norma seja um critério essencial da aplicabilidade desta, tal não se afigura como um axioma. A explicação para essa ressalva reside justamente na possibilidade de o ordenamento jurídico prever a aplicabilidade de normas incompletas, como, no caso da Constituição brasileira, quanto às normas definidoras de direitos fundamentais (art. 5º, § 1º) e às principiológicas (art. 37). Tais normas, para o preclaro autor, estariam "delegando" ao seu aplicador a complementação daquilo que não está definido ou que foi insuficientemente definido.

Por fim, no que tange às normas não exequíveis por si sós, tais, coerentemente, seriam compostas por normas incompletas, que demandariam uma diuturna complementação. Estas normas são, ainda, divididas em três espécies: (a) normas programáticas; (b) normas de estruturação; e (c) normas condicionadas.

Normas programáticas são aquelas que preveem políticas públicas. Sua aplicabilidade, contudo, depende de outras normas, legislação específica, que a implementem.

Normas de estruturação, por sua vez, são as que instituem entes e órgãos. Sem embargo, a sua organização fica a cargo da legislação infraconstitucional. Seria o caso do Conselho da República (art. 90, § 2º).

---

505. *Diritto Costituzionale*, v. 1, p. 109.
506. Ibidem.
507. *Curso de Direito Constitucional*, p. 387-8.

150

Ao cabo, tem-se a espécie "norma condicionada". Tais normas são, *a priori*, completas, podendo, portanto, ser autoexecutáveis, mas, por expressa determinação constitucional, findam por depender de uma lei infraconstitucional. Essa situação, segundo o ilustre autor, decorreria de uma opção política. O exemplo estava na já extinta norma constitucional que previa um teto de 12% anual aos juros reais.

3.2. Normas de eficácia plena, contida ou limitada

O autor José Afonso da Silva, partindo da doutrina desenvolvida pelo constitucionalista italiano Vezio Crisafulli, agrupou as normas constitucionais, quanto a sua eficácia e aplicabilidade[508], em três grandes grupos: 1º) normas constitucionais de eficácia plena; 2º) normas constitucionais de eficácia contida; e 3º) normas constitucionais de eficácia limitada ou reduzida.

São normas constitucionais de eficácia plena aquelas que têm aplicabilidade imediata e, portanto, independem de legislação posterior para sua plena execução. Desde a entrada em vigor da Constituição, produzem seus efeitos essenciais, ou apresentam a possibilidade de produzi-los.

Consideram-se normas constitucionais de eficácia contida aquelas que têm igualmente aplicabilidade imediata, irrestrita, comparando-se, nesse ponto, às normas de eficácia plena, mas delas se distanciando por admitirem a redução de seu alcance (constitucional) pela atividade do legislador infraconstitucional. Preveem meios ou conceitos que permitem manter sua eficácia contida em certos limites, dadas certas circunstâncias. Por isso Michel Temer prefere a designação de "normas constitucionais de eficácia redutível ou restringível" em parte acompanhando, aqui, a nomenclatura de Celso Bastos e Carlos Ayres Britto. Enquanto a lei não exista, aplicam-se sem restrições, tal qual assegurado na Constituição. É o que ocorre na previsão do art. 5º, XII, da CB.

Por fim, as normas constitucionais de eficácia limitada são aquelas que dependem de regulamentação futura, na qual o legislador infraconstitucional vai dar eficácia à vontade do constituinte. Não produzem, com a simples entrada em vigor da Constituição, consoante o autor, todos os efeitos essenciais, porque o legislador constituinte, por qualquer motivo, não estabeleceu sobre a matéria uma normatividade para isso bastante, deixando essa tarefa ao legislador ordinário ou a outro órgão do Estado[509].

Nesse passo, José Afonso da Silva procede a uma subdivisão, para contemplar, de uma parte, as normas declaratórias de princípios institutivos ou organizativos, e, de outra, as normas declaratórias de princípios programáticos[510].

São de princípio institutivo as normas que dependem da lei para dar corpo a instituições, pessoas, órgãos previstos na Constituição (assim como ocorre no caso do art. 18, § 3º).

---

508. *Aplicabilidade das Normas Constitucionais*, 1. ed., p. 76.

509. José Afonso da Silva, *Aplicabilidade das Normas Constitucionais*, p. 72-3.

510. Lembrando, oportunamente, que nem todas as normas de princípio são normas de eficácia limitada (*Aplicabilidade das Normas Constitucionais*, p. 110-3).

As normas programáticas são as que estabelecem programas a serem desenvolvidos mediante a vontade do legislador infraconstitucional. É o caso do art. 205.

3.3. Normas de aplicação (irregulamentáveis e regulamentáveis) e normas de integração (completáveis e restringíveis)

A classificação, aqui, de Celso Bastos e Carlos Ayres Britto, parte da premissa de que todas as normas são elaboradas com vistas à produção de efeitos práticos, é dizer, "descem ao nível concreto das suas incidências fáticas"[511]. Há, sem embargo, algumas normas que não incidem, *imediatamente*, sobre a realidade. Com efeito, será o *imediatismo* da aplicação de determinada norma o cerne da classificação adotada por Bastos e Britto.

Aquelas normas que possuem "por nota caracterizadora o não deixar interstício entre o seu desígnio e o desencadeamento dos efeitos a que dão azo"[512] são classificadas como normas de aplicação.

Esta categoria se divide em duas espécies, as normas irregulamentáveis e as regulamentáveis. As primeiras vedam qualquer possibilidade de regulamentação, salvo a constitucional. *Contrario sensu*, normas regulamentáveis são as normas que admitem uma regulamentação, por via de legislação infraconstitucional. Não se trata, aqui, de uma regulamentação que vise a conferir aplicabilidade ao preceito constitucional, mas sim uma melhor explicitação de seu conteúdo. Como exemplo desta norma, ter-se-ia o art. 5º, LXIX, da Constituição do Brasil, que cria o mandado de segurança enquanto ação.

Ademais, têm-se as normas de integração, aquelas cuja incidência na realidade não ocorre de imediato: "têm por traço distintivo a abertura de espaço entre o seu desiderato e o efetivo desencadear dos seus efeitos"[513]. Tal grupo vem subdividido em outras duas subclasses, a saber, as normas completáveis e as normas restringíveis. As primeiras caracterizam-se por exigir uma complementação, por parte da legislação infraconstitucional. Sua efetiva aplicação depende desse preenchimento normativo. As normas restringíveis, por sua vez, demandam uma complementação normativa para restringir o campo de incidência da norma constitucional. Pressupõem os autores que nesta última categoria há "um fenômeno de exuberância, ou, se quisermos, superabundância normativa, matizado pela circunstância de a regra constitucional assegurar um direito de maior extensão do que aquele efetivamente colimado. Tudo se passa como se o Constituinte não houvesse querido internar-se pelas diversas exceções a serem aportadas ao bem jurídico ou ao princípio com cujo asseguramento se preocupou, transferindo tal mister para o legislador comum"[514]. Assim, bem se compreende a razão de serem esses dispositivos considerados, nessa teoria, como normas que padecem de

---

511. *Interpretação e Aplicabilidade das Normas Constitucionais*, p. 34.
512. *Interpretação e Aplicabilidade das Normas Constitucionais*, p. 37-8.
513. Op. cit., p. 48.
514. *Interpretação e Aplicabilidade das Normas Constitucionais*, p. 50.

insuficiência instrumental que se tornam inexequíveis em sua totalidade. É que, tendo em vista o objetivo constitucional, realmente esses dispositivos estão a depender da posterior interferência legislativa para alcançarem plenamente o desiderato constitucionalmente plasmado.

3.4. Normas de organização, definidoras de direitos e programáticas

Nesta classificação, proposta por Luís Roberto Barroso, as normas constitucionais foram fracionadas em três grandes grupos, de acordo com as suas finalidades: (i) normas constitucionais de organização; (ii) normas constitucionais definidoras de direitos; e (iii) normas constitucionais programáticas.

Trata-se, aqui, de uma classificação que toma como critério central o tema trabalhado pela norma. Uma diferenciação entre classificações baseadas na estrutura interna da norma (como aquelas apresentadas até aqui) ou no seu conteúdo (como esta), ou seja, entre classificações preocupadas com a capacidade de aplicação imediata da norma, independentemente de seu tema, e classificações baseadas no tema abordado pelas normas, não é sempre uma diferenciação totalmente admissível e facilmente assimilável, já que há elementos estruturais da norma cuja análise de sua aplicação imediata tem passado pela consideração do conteúdo da norma (é o caso das liberdades públicas, cujo conteúdo impreciso e aberto — com nítida e sensível falta de elementos essenciais à aplicação — não tem impedido sua inserção como normas imediatamente aptas a ser aplicáveis). E este é um dos principais motivos a justificar a inserção e o estudo também aqui desta classificação.

No primeiro grupo proposto pelo autor, inserem-se as regras que objetivam a criação, estruturação e ordenação dos órgãos públicos. Tais normas, para o autor, precederiam todas as demais: "É que, além de estruturarem organicamente o Estado, as regras dessa natureza disciplinam a própria criação e aplicação das normas de conduta"[515].

Ainda que tais normas possam assumir ampla diversidade de conteúdo[516], em geral se dirigem aos poderes do Estado e aos seus agentes.

No que tange às normas definidoras de direitos, seriam compostas pelos direitos fundamentais, os quais se dividem em quatro grandes categorias: direitos individuais, políticos, sociais e difusos.

Os direitos sociais, por sua vez, subdividem-se em três grupos de direitos, a saber: (i) aqueles que geram situações prontamente desfrutáveis, dependentes apenas de uma abstenção; (ii) os que ensejam a exigibilidade de prestações positivas do Estado; e (iii) os que contemplam interesses cuja realização depende da edição de norma infraconstitucional integradora.

Quanto ao grupo (i), tais seriam semelhantes aos direitos individuais, na medida em que impõem ao Estado um não agir. Como exemplo, o autor cita o direito à greve,

---

515. *O Direito Constitucional e a Efetividade de suas Normas*, p. 96.
516. Cf. *O Direito Constitucional e a Efetividade de suas Normas*, p. 97.

153

em que cabe ao Estado, apenas, reconhecer esse direito, estando impossibilitado de reprimir qualquer manifestação nesse sentido[517].

No grupo (ii) residiriam os direitos exigíveis do Estado, como o direito à aposentadoria e à saúde. Nesses casos, a ausência da prestação estatal é sempre inconstitucional e sancionável.

Por fim, enquadram-se no grupo (iii) os direitos sociais cuja aplicabilidade depende de lei, como é o caso da participação nos lucros da empresa pelos seus empregados (art. 7º, XI, da CB)[518].

Ao cabo, restam as normas constitucionais programáticas. São compreendidas como definidoras dos fins sociais a serem alcançados pela sociedade, por estipularem princípios ou programas a serem cumpridos pelo Poder Público. Para o autor, tais normas geram alguns efeitos imediatos, quais sejam o de revogar atos normativos anteriores, em sentido contrário ao da norma programática, e o de inculcar um juízo de inconstitucionalidade para os atos normativos posteriores à norma programática que lhe contrariem a diretriz[519]. A identificação desta última categoria permite melhor ilustrar a afirmação, feita inicialmente no sentido da proximidade entre critérios classificatórios estruturais e materiais. O universo das normas constitucionais programáticas é identificado como aquele conjunto de normas definidoras de fins sociais o que, por si mesmo (critério material), propõe uma específica conclusão acerca da incompletude dessas normas quanto aos elementos (estruturais internos) capacitadores de uma plena e imediata aplicação ou quanto à sua capacidade de investir o indivíduo em posições jurídicas subjetivas imediatamente. A comunicação, portanto, entre classificações tradicionalmente consideradas dicotômicas é inevitável.

4. CRÍTICA À DOUTRINA TRADICIONAL

Inicialmente, numa perspectiva de estrito rigor técnico, MANOEL GONÇALVES FERREIRA FILHO[520] detecta, na reconhecida tríade de JOSÉ AFONSO DA SILVA, a inconsistência no separar, em duas categorias diferentes, normas que apresentam a mesma aplicabilidade (sendo este o critério da classificação). Isso porque, realmente, tanto as normas de eficácia plena quanto as normas de eficácia contida são, como visto, de aplicação imediata. A diferença entre ambas existe, mas se encontra na possibilidade de serem restringidas por lei posterior, e não na aplicabilidade.

Contudo, o problema mais grave está na já tradicional consideração de que haveria normas constitucionais às quais faleceria uma ampla exigibilidade imediata, por serem normas programáticas. Trata-se do enfrentamento dessa doutrina tradicional da (in)eficácia das normas constitucionais, que no Brasil foi capaz de impedir avanços

---

517. *O Direito Constitucional e a Efetividade de suas Normas*, p. 108.
518. *O Direito Constitucional e a Efetividade de suas Normas*, p. 112.
519. *O Direito Constitucional e a Efetividade de suas Normas*, p. 122.
520. *Curso de Direito Constitucional*, p. 389.

sociais importantes, servindo inequivocamente para manter o estado de coisas inconstitucional (e um certo estado de exceção permanente, como adverte Gilberto Bercovici) em que nos encontramos atualmente. Paradoxalmente, vulnera-se a própria Constituição.

Inúmeros são os argumentos suscitados para afastar a caracterização das normas programáticas, tão rigorosamente identificadas e enfatizadas em nossa Doutrina, como consubstanciadoras de direitos subjetivos, imediatamente invocáveis, dentre os quais podem ser citados, como principais: 1º) a impossibilidade de o Poder Judiciário exigir a concretização de programas sem ferir a separação de poderes; 2º) a inexistência de obrigação direta dirigida ao Estado para dar imediato e pleno cumprimento aos diversos programas contemplados constitucionalmente; 3º) a chamada "reserva do possível", que pretende chamar a atenção para as limitações orçamentárias (e até de responsabilidade gerencial) quando da apuração das necessidades sociais a serem satisfeitas.

PINA, de forma percuciente, aponta uma severa falha na aceitação de normas constitucionais sem vigência e, portanto, dependentes de uma legislação infraconstitucional. Para mencionado autor, na medida em que se condiciona a aplicabilidade da norma constitucional à existência de uma norma infraconstitucional, por mera orientação de política legislativa, vulnerar-se-ia, de forma indelével, a hierarquia normativa da norma constitucional e, mais, concederia certo grau de poder constituinte ao Poder Legislativo.

Nesse sentido, "o conceito de cláusula programática não apenas vulnera os princípios constitucionais elaborados pela Corte desde sua origem, como atenta contra a hierarquia das normas constitucionais, e, ao anular funções de normatividade, concedendo-as ao Poder Legislativo, atenta contra a independência do Poder Judiciário"[521].

LUÍS ROBERTO BARROSO em frase lapidar bem sintetiza esse dilema: "O que desafia a seriedade com que deve ser tratada a Constituição é o raciocínio fundado em que *não vale o escrito*"[522].

ROGÉRIO GESTA LEAL apura que, "no Estado Social de Direito, as garantias e os direitos conquistados e elevados à norma constitucional, não podem ficar relegados em uma região ou conceituação meramente programática, enquanto promessa de um futuro promissor, a serem cumpridas pelo legislador infraconstitucional, mas impõe-se uma vinculação direta e orgânica frente aos Poderes instituídos. Não sendo assim, aquelas conquistas não seriam eficazes e, tampouco, estariam qualificando valorativamente, este Estado como Social de Direito"[523].

Na jurisprudência brasileira, a mesma tese parece já repercutir no STF, como se depreende da decisão proferida no AgI no RE 271.286: "O caráter programático da regra inscrita no art. 196 da Carta Política não pode converter-se em promessa constitucional inconsequente, sob pena de o Poder Público, fraudando justas expectativas nele

---

521. Rolando E. Pina, *Cláusulas Constitucionales Operativas y Programáticas*, p. 26. Trad. livre. Posteriormente, em sua obra, Pina bem lembra aquilo que parecia óbvio e ululante mas que é olvidado pela teoria das normas programáticas: a norma constitucional opera sobre a lei e não para a lei (op. cit., p. 36).

522. *O Direito Constitucional e a Efetividade de suas Normas*, p. 156. Original grifado.

523. *Perspectivas Hermenêuticas dos Direitos Humanos e Fundamentais no Brasil*, p. 72.

depositadas pela coletividade, substituir, de maneira ilegítima, o cumprimento de seu impostergável dever por um gesto irresponsável de infidelidade governamental ao que determina a própria Lei Fundamental do Estado"[524].

Há uma tomada de consciência no sentido de que as normas programáticas não são implementadas por força de decisões essencialmente políticas. Se é certo que se reconhece o direito à discricionariedade administrativa, bem como à conveniência e oportunidade de praticar determinados atos, não se pode tolerar o abuso de direito que se tem instalado na atividade desempenhada pelos responsáveis por implementar as chamadas normas programáticas. Após diversos anos de vigência da Constituição, fica-se estarrecido com o desprezo com que foram premiados determinados comandos constitucionais, com toda uma doutrina formalista a serviço da desconsideração de sua normatividade plena. Cegamente reiterativos de teorias formuladas de há muito, em contexto completamente diverso do atual, os responsáveis pela implementação concreta da Constituição têm-lhe podado comandos reais sob o argumento, já desbotado pelo uso recorrente, da mera programaticidade.

A incidência dessa teoria no âmbito dos princípios encontra-se implicitamente alinhada à concepção de primazia do Poder Legislativo e de impotência do Judiciário. Levada ao extremo, não aceita a possibilidade de concretização de certos comandos constitucionais por parte do Judiciário, por isso defende a ideia de que certas normas da Constituição (vigente!) estariam fora da esfera de manejo judicial legítimo (seriam não justiciáveis, como se tornou corrente afirmar), fazendo depender a concretização da Constituição da vontade exclusiva e arbitrária do Legislador, invertendo o postulado da constitucionalidade e a responsabilidade cometida ao próprio Judiciário pela realização constitucional em um país que ainda está a consolidar muitas de suas instituições democráticas.

Referências bibliográficas

BARROSO, Luís Roberto. *O Direito Constitucional e a Efetividade de suas Normas*. 7. ed. Rio de Janeiro: Renovar, 2003.

BASTOS, Celso Ribeiro & BRITTO, Carlos Ayres. *Interpretação e Aplicação das Normas Constitucionais*. São Paulo: Saraiva, 1982.

BERCOVICI, Gilberto. Estado Intervencionista e Constituição Social no Brasil: O Silêncio Ensurdecedor de um Diálogo Entre Ausentes. In: SOUZA Neto, Cláudio Pereira de; SARMENTO, Daniel & BINENBOJM, Gustavo (orgs.). *Vinte Anos da Constituição Federal de 1988*. Rio de Janeiro: Lumen Juris, 2009.

_____. *Constituição e Estado de Exceção Permanente*: Atualidade de Weimar. Rio de Janeiro: Azougue Editorial, 2004.

---

524. Ministro relator Celso de Mello, *DJ* de 24-11-2000.

COOLEY, Thomas M. *A Treatise on the Constitutional Limitations*. Boston: Little, Brown, and Company, 1890.

CRISAFULLI, Vezio. *La Costituzione e le sue Disposizioni di Principio*. Milano: Giuffrè, 1952 (I Quaderni della Costituzione).

CUNHA FERRAZ, Anna Candida da. *Processos Informais de Mudança da Constituição*: Mutações Constitucionais e Mutações Inconstitucionais. São Paulo: Max Limonad, 1986.

FERRAZ JÚNIOR, Tercio Sampaio. *Interpretação e Estudos da Constituição de 1988*. São Paulo: Atlas, 1990.

FERREIRA FILHO, Manoel Gonçalves. *Curso de Direito Constitucional*. 31. ed. São Paulo: Saraiva, 2005.

LEAL, Rogério Gesta. *Perspectivas Hermenêuticas dos Direitos Humanos e Fundamentais no Brasil*. Porto Alegre: Livr. do Advogado Ed., 2000.

PINA, Rolando E. *Cláusulas Constitucionales Operativas y Programáticas*. Buenos Aires: Depalma, 1973.

SILVA, José Afonso da. *Aplicabilidade das Normas Constitucionais*. São Paulo: Revista dos Tribunais, 1968.

TEMER, Michel. *Elementos de Direito Constitucional*. 16. ed. rev. ampl. São Paulo: Malheiros, 2000.

ZAGREBELSKY, Gustavo. *Diritto Costituzionale: Il Sistema delle Fonti del Diritto*. 1. ed. [1988]. Torino: Unione Tipografico-Editrice Torinese, 1998. v. 1.

Capítulo IX
DO SISTEMA CONSTITUCIONAL

1. A CONSTITUIÇÃO COMO UM SISTEMA DE NORMAS

Considera-se, tradicionalmente, que o conjunto de normas constitucionais formam um sistema, que no caso é, necessariamente, harmônico, ordenado, coeso, por força da supremacia constitucional, que impede o intérprete de admitir qualquer contradição interna.

No caso constitucional, invoca-se a ideia de ordem, podendo-se aproveitar a lição de BOBBIO, quando afirma: "Para que se possa falar em ordem é necessário que os entes que a constituem não estejam somente em relacionamento com o todo, mas também num relacionamento de coerência entre si. Quando nos perguntamos se um ordenamento jurídico constitui um sistema, nos perguntamos se as normas que o compõem estão num relacionamento de coerência entre si, e em que condições é possível essa relação"[525].

O sistema constitucional, contudo, é aberto encontrando-se em constante evolução, tendo em vista o contato com a realidade social, o que ocorre especialmente pela concepção cultural e concretista de Direito Constitucional.

É comum na doutrina apontar-se, porém, um ponto de vista estritamente normativo, considerando-se o sistema constitucional como um (mero) somatório de normas. Foi recentemente que se assumiu a existência de uma categoria geral, um gênero, que são justamente as *normas*[526]. Essa concepção desdobra as normas em duas espécies: as *regras* e os *princípios*. Estes dois últimos, pois, passam a ser espécies do gênero *normas*. É a classificação que se adota também aqui[527], considerando-se seu uso corrente pela

---

525. *Teoria do Ordenamento Jurídico*, p. 71.

526. Tenha-se presente que: "Deve distinguir-se entre *enunciado* (formulação, disposição) da *norma* e *norma*. A *formulação da norma* é qualquer enunciado que faz parte de um texto normativo (de 'uma fonte de direito'). *Norma* é o sentido ou significado adscrito a qualquer disposição (ou a um fragmento de disposição, combinação de disposição, combinações de fragmentos de disposições). Disposição é parte de um texto ainda a interpretar; *norma* é parte de um texto interpretado" (J. J. Gomes Canotilho, *Direito Constitucional*, p. 203).

527. Encampam a mesma doutrina: Craig Ducat, *Constitutional Interpretation*, p. 96-8; Josef Esser, *Principio y Norma en la Elaboración Jurisprudencial del Derecho Privado*, p. 5; J. J. Gomes Canotilho, *Direito Constitucional*, p. 166 e s.; Paulo Bonavides, *Curso de Direito Constitucional*, p. 243; Robert Alexy, *Teoría de los Derechos Fundamentales*, p. 83; Ronald Dworkin, *Taking Rights Seriously*, p. 14-80; Takis Tridimas, *The General Principles of EC Law*, p. 1; Vezio Crisafulli, *La Costituzione e le sue Disposizioni di Principio*. Afirma Dworkin que os operadores do Direito "(...) appeal not only to such blackletter rules, but also to other sorts of standards that I called legal prin-

Doutrina em geral e pela jurisprudência nacional, inclusive do STF. Faço esse desenvolvimento com a advertência de que a separação entre princípios e regras pressupõe um pensamento totalizante e abstrato do Direito, estranho à posição concretista, posição esta à qual me filio e que não concebe a possibilidade de que se possa categorizar a Constituição, para fins de sua aplicação no mundo concreto, independentemente do concreto, mas cujas posições e categorias supostamente abstratas e neutras assumidas *ex ante* irão, em meu entendimento, inexoravelmente, constranger a realidade, não como uma inevitabilidade, e sim como uma opção do teórico, a partir de suas opções categóricas pressupostas e de seu cartesianismo fictício.

1.1. As normas principiológicas

Os princípios constitucionais são normas reconhecidas pela doutrina majoritária como sendo normas abertas, de textura imprecisa quanto à sua incidência direta e concreta, presentes na Constituição, e que se aplicam, como diretrizes de compreensão, às demais normas constitucionais. Isso porque são dotados de grande abstratividade, e têm por objetivo justamente imprimir determinado significado ou, ao menos, orientação às demais normas. Daí resulta o que se denomina sistema constitucional, que impõe a consideração da Constituição como um todo coeso de normas que se relacionam entre si (unidade da Constituição). Os princípios constitucionais, portanto, servem de vetores para a interpretação válida da Constituição.

A respeito do conceito de princípios, conclui Ivo DANTAS que "princípios são categoria lógica e, tanto quanto possível, universal, muito embora não possamos esquecer que, antes de tudo, quando incorporados a um sistema jurídico-constitucional-positivo, refletem a própria estrutura ideológica do Estado, como tal, representativa dos valores consagrados por uma determinada sociedade"[528].

MANOEL GONÇALVES FERREIRA FILHO, ao tratar do tema, realiza algumas ponderações, nas quais explica: "os juristas empregam o termo 'princípio' em três sentidos de alcance diferente. Num primeiro, seriam 'supernormas', ou seja, normas (gerais ou generalíssimas) que exprimem valores e que por isso, são ponto de referência, modelo, para regras que as desdobram. No segundo, seriam *standards*, que se imporiam para o estabelecimento de normas específicas — ou seja, as disposições que preordenem o conteúdo da regra legal. No último, seriam generalizações, obtidas por indução a partir das normas vigentes sobre determinada ou determinadas matérias. Nos dois primeiros sentidos, pois, o termo tem uma conotação prescritiva; no derradeiro, a conotação é descritiva: trata-se de uma 'abstração por indução'"[529].

---

ciples (...)" (*The General Principles of EC Law*, p. 46). O autor opõe o que denomina "simple legal rules" aos "principles", "sorts of standards".

528. Ivo Dantas, *Princípios Constitucionais e Interpretação Constitucional*, p. 59.

529. Manoel Gonçalves Ferreira Filho, *Direito Constitucional do Trabalho — Estudos em Homenagem ao Prof. Amauri Mascaro Nascimento*, p. 73-4.

1.2. As normas-regras

Vários são os elementos apontados como distintivos das duas espécies de normas indicadas, e que se passa a expor brevemente[530].

Em primeiro lugar, costuma-se sugerir o grau de abstração da norma como sinal distintivo entre princípio e regra, sendo aquela dotada de maior grau de abstração que esta, voltada que é para o mundo concreto. É por isso que DWORKIN denomina os princípios *standards*. Como bem observa DUCAT, "as regras têm caráter categórico, branco--ou-preto, ou isto ou aquilo. Enquanto que princípios, de outra parte, podem apenas ser estatuídos em termos gerais, seu significado e consequências são ambíguos. Princípios são distinguidos pelo *grau* de sua relevância em um caso"[531].

Em segundo lugar, tem-se o grau de aplicabilidade da norma como diferenciador entre princípios e regras, sendo aqueles dependentes de uma concretização, verdadeira integração, por parte dos operadores do Direito (principalmente o legislador, mas também o magistrado), e estas, as regras, imediatamente aplicáveis aos casos concretos.

Por fim, mas não menos importante, tem-se que os princípios caracterizam-se por serem a base do sistema jurídico, seus fundamentos últimos. Nesse sentido é que se compreende sua natureza normogenética, ou seja, o fato de serem fundamento de regras, constituindo a razão de ser, o motivo determinante da existência das regras em geral.

Como consequência da distinção operada, tem-se que os princípios "(...) permitem o balanceamento de valores e interesses (não obedecem, como as regras, à 'lógica do tudo ou nada'), consoante seu *peso* e a ponderação de outros princípios eventualmente conflitantes (...)"[532]. Em outras palavras, os princípios são responsáveis pela incorporação de valores fundamentais no sistema jurídico. Assim, acabam conferindo unidade ao sistema jurídico, porque "(...) são o fundamento de regras jurídicas e têm uma idoneidade irradiante que lhes permite 'ligar' ou cimentar objetivamente todo o sistema constitucional"[533]. Não desencadeiam, pois, a eliminação de um em face daquele que prevalecer, em caso de colisão, tal como ocorre com as regras jurídicas.

Merece atenção a ideia de que os denominados princípios (constitucionais) são normas que consagram valores que servem de fundamento para todo o ordenamento jurídico, e irradiam sobre este para transformá-lo em verdadeiro sistema, conferindo-lhe a necessária harmonia. Não seria exagero dizer que "os princípios são compreendidos e equiparados e até mesmo confundidos com os valores"[534].

Com base no conceito exposto, poder-se-ia afirmar que os princípios são normas fundamentais do sistema. Contudo, a doutrina tem procurado distinguir, dentre os próprios princípios, alguns que são mais expansivos e mais relevantes para o Direito considerado como um todo de outros, mais específicos de determinados setores. Com

---

530. Importa saber distinguir regras de princípios porque a fórmula será útil para identificar os próprios preceitos fundamentais, como se verá adiante.

531. *Constitucional Interpretation*, p. 97, original grifado, t.a.

532. J. J. Gomes Canotilho, *Direito Constitucional*, p. 168, original grifado.

533. J. J. Gomes Canotilho, *Direito Constitucional*, p. 169.

534. Paulo Bonavides, *Curso de Direito Constitucional*, p. 259.

esse objetivo, é comum falar em princípios fundamentais, princípios políticos fundamentais, princípios da Administração Pública, princípios previdenciários, do processo, e outros tantos[535].

1.3. Das cláusulas pétreas, dos "princípios sensíveis" e dos preceitos fundamentais: categorias de normas da Constituição brasileira

No ordenamento constitucional brasileiro certos princípios e regras receberam tratamento mais "privilegiado", denotando a extrema importância desse conjunto.

É o caso dos denominados "princípios sensíveis", que geram a medida excepcional da intervenção federal ou estadual. Trata-se de um rol de princípios (e regras, no rigor terminológico aqui adotado) aos quais a Constituição atribuiu tamanha importância que chegou a permitir que houvesse a suspensão da autonomia federativa, inclusive com a criação de uma medida judicial específica para a apreciação de seu descumprimento.

A doutrina não teve receio em reconhecer que as hipóteses de cabimento da ação direta interventiva contemplavam "princípios sensíveis", embora a Constituição não se refira a eles como tais, apenas falando de "princípios constitucionais". Não obstante isso, pelo fato de haver uma medida especial para sua proteção, que se caracteriza pela excepcionalidade, essas hipóteses passaram a ser unanimemente consideradas como consubstanciadoras de princípios ditos *sensíveis*, expressão que claramente denota o grau de relevância que assumem em relação aos demais princípios.

De outra parte, existem as chamadas cláusulas constitucionais pétreas[536]. Inserem-se na mesma noção de normas de alta relevância, porque, nesse caso, foram dotadas de uma garantia também especial: a imutabilidade. Quando a Constituição preceitua que não poderá ser objeto de emenda constitucional a proposta tendente a abolir: "I — a forma federativa de Estado; II — o voto direto, secreto, universal e periódico; III — a separação dos Poderes; IV — os direitos e garantias individuais" (§ 4º do art.

---

535. Contudo, inúmeras são as propostas classificatórias. Na tipologia empreendida por Gomes Canotilho, v. g., estariam compreendidos os princípios: a) jurídicos fundamentais; b) políticos constitucionalmente conformadores; c) constitucionais impositivos; d) garantia (cf. *Direito Constitucional*, p. 171-4). Já segundo Jorge Miranda, ter-se-iam: a) princípios gerais de Direito; b) princípios gerais de Direito Constitucional; c) princípios gerais do mesmo tipo constitucional de Estados; d) princípios fundamentais específicos de cada Constituição positiva. Contudo, o próprio autor acabou construindo, posteriormente, uma tipologia diversa: a) princípios constitucionais substantivos, compreendendo os princípios axiológicos fundamentais e os princípios político-constitucionais; b) princípios constitucionais instrumentais (Jorge Miranda, *Manual de Direito Constitucional*, t. 2, p. 202-3).

536. Oscar Vilhena Vieira, falando de *cláusulas superconstitucionais*, elenca uma série de normas que deveriam fazer parte, em tese, desse conjunto de preceitos a serem subtraídos ao poder de reforma da Constituição. Nesse sentido, a noção apresentada se aproxima daquela de preceito fundamental aqui desenvolvida. Anota o autor: "O que se procura defender com o estabelecimento de cláusulas superconstitucionais — ao menos como instituídas pelo constituinte brasileiro — é a essência da Constituição: direitos e princípios básicos que buscam estruturar a democracia e o Estado de Direito, na perspectiva da emancipação e da dignidade humana. Assim, a reforma que busque o aperfeiçoamento da democracia, da separação de Poderes, dos direitos fundamentais e da Federação pode e deve ser levada a cabo pelo poder constituinte reformador" (*A Constituição e sua Reserva de Justiça*, p. 231 e 235). Nesse sentido, como se nota, o significado construído pelo autor fica bem aquém daquele próprio de "preceito fundamental" aqui desenvolvido. Não seria, contudo, inoportuno que a Constituição houvesse restringido ainda mais, expressamente, os preceitos tutelados pela arguição.

60), "o que finalmente propicia é uma proteção agregada em benefício de certas partes da Carta que o constituinte considerou credoras de um *plus* de segurança. (...) Quer isto dizer que implicitamente se reconhece a estes uma certa importância, a suficiente para endurecer seus mecanismos de garantia"[537].

Em ambos os casos (princípios sensíveis e cláusulas pétreas) será possível encontrar tanto princípios propriamente ditos como meras regras. Existem princípios, como o democrático (art. 34, VII, *a*), e existem regras, como a de que a dívida fundada deve ser paga (art. 35, I), ou mesmo a referência a um rol de regras, tal qual ocorre quando se protegem todos os "direitos da pessoa humana" (art. 34, VII, *b*), nos termos constitucionais. O mesmo se diga quanto às cláusulas pétreas, nas quais se tem, novamente, a referência a um conjunto de regras acerca de direitos individuais.

Ademais, na Constituição de 1988 pode-se falar de um rol de normas que devem ser consideradas fundamentais, ao lado de outras normas que, embora constitucionais, não são fundamentais. Nesse sentido, tanto os princípios sensíveis como as cláusulas pétreas devem ser consideradas preceitos fundamentais, além de outros, conforme se demonstrará a seguir.

2. OS VALORES NA CONSTITUIÇÃO

Não se pode compreender o Direito como "mero somatório de regras avulsas, produto de atos de vontade, ou mera concatenação de fórmulas verbais articuladas entre si. O Direito é ordenamento ou conjunto significativo e não conjunção resultante de vigência simultânea; é *coerência* ou, talvez mais rigorosamente, *consistência*; é unidade de sentido, é valor incorporado em regra"[538].

Na teoria do Direito como fenômeno cultural elaborada por PETER HÄBERLE, as forças sociais não podem ser tratadas simplesmente como objetos, devendo ser integradas na concepção de Direito e Constituição. Essa lição se mostra extremamente preciosa para fins de revelar a impossibilidade de afastar as normas de Direito dos valores sociais que são consagrados em cada estrutura jurídica existente nos diversos países. A ideia de "Constituição aberta" leva a essa permeabilidade. Tais "valores", a partir dessa concepção, passam a integrar o cerne do Direito. Seu endereço jurídico mais adequado é a Constituição, documento fundamental da ordem juridicamente positivada. Como advertiram CAPPELLETTI e SAJA, Presidente da Corte Constitucional italiana, o Direito Constitucional vivo, longe de ser mero discurso técnico, é "realização de valores essenciais da coletividade"[539].

Toda Constituição é composta por um sistema de normas, tal como o restante do ordenamento. Sublinhe-se, neste ponto, que se trata de um sistema normativo em toda a sua extensão, já que se apresenta composto por normas dotadas, sem nenhuma exceção, da necessária imperatividade.

---

537. Raúl Canosa Usera, *Interpretación Constitucional y Fórmula Política*, p. 166.
538. Jorge Miranda, *Manual de Direito Constitucional*, t. 2, p. 198, original grifado.
539. Mauro Cappelletti, *Questioni Nuovi (e Vecchie) sulla Giustizia Costituzionale*, p. 40.

162

Apenas ocorre que a Constituição, por ser fundamento das demais normas, ancora os principais valores a serem absorvidos e resgatados em sua necessária desenvoltura ulterior, pelo restante das normas integrantes do sistema jurídico[540].

CAPPELLETTI lembra que "(...) tem sido própria de todos os tempos a ânsia dos homens de criar ou descobrir uma 'hierarquia' das leis, e de garanti-la. É a própria ânsia — ou um seu aspecto — de sair do contingente, de 'fazer parar o tempo', de vencer, em suma, o humano destino de perene transformação e de morte: as leis mudam, mas permanece a Lei; permanecem os Valores Fundamentais"[541].

O festejado jurista fixa três grandes momentos dessa tentativa humana de superação do contingente e, concomitantemente, manutenção de um mínimo de dinâmica, bem como promoção de sua garantia. E os valores constitucionais permeiam todas as etapas, embora assumindo, em cada uma delas, uma conotação especial. Assim, anota: "As Constituições modernas, normas prevalentemente 'de valor', são, precisamente, o primeiro momento daquela tentativa. Nas suas mesmo necessariamente vagas, ambíguas, imprecisas e programáticas fórmulas, está a primeira poderosa tentativa de lapidar a pedra informe de 'valores', individuais e sociais (...).

"O segundo momento está no caráter 'rígido' daquelas Constituições, as quais se impõem, exatamente, com a força de 'normas prevalentes'.

"Mas a verdadeira, a grande novidade está no terceiro momento, ou seja, na tentativa de transformar a imprecisão e a imóvel elasticidade daquelas fórmulas e a inefetividade daquela prevalência em uma efetiva, dinâmica e permanente 'concretização', através da obra de um intérprete qualificado (...) o especial juiz constitucional. Aqui, verdadeiramente, o gênio dos homens atingiu o seu vértice; a aspiração ao eterno, uma aspiração que renasce perenemente de suas próprias cinzas, encontra aqui a sua concreta conciliação com a realidade; a eternidade dos valores, aquela eternidade que a história mostrou ser impossível e também sempre suprema utopia da humanidade, concretiza-se através do trabalho atuante do juiz"[542].

É correto afirmar que, de mera proclamação jurídica de normas com superioridade hierárquica em relação às demais, a inspiração humana alcançou, ainda, aquilo que se mostrara, até então, historicamente improvável: traçar valores supremos, e que assumem importância ainda maior em relação às demais normas constitucionais, embora estejam vertidos também em roupagem constitucional[543].

---

540. Nesse sentido, com Christian Starck, pode-se afirmar que "The constitutional notion underlying the Constitution of the Federal Republic of Germany, the Basic Law (Grundgesetz), is best characterized by the principle of 'constitutional law as binding law'" (Introduction, in *Main Principles of the German Basic Law*, p. 9).

541. *O Controle Judicial de Constitucionalidade das Leis no Direito Comparado*, p. 11.

542. *O Controle Judicial de Constitucionalidade das Leis no Direito Comparado*, p. 12.

543. Cappelletti chega a conjecturar no sentido de que "o resultado destas tendências seria *judicial review* por Cortes internacionais da conformidade da ação pública a um conjunto de valores fundamentais universalmente aceitos" (*O Controle Judicial de Constitucionalidade das Leis no Direito Comparado*, p. 20). Duas premissas básicas deste trabalho apresentam-se contidas nessa colocação de Cappelletti. Em primeiro lugar, a relevância dos valores no controle jurisdicional da constitucionalidade, para além da importância da própria Constituição que os acolhe. Em segundo lugar, como se verá, e como decorrência do pressuposto anterior, sente-se a necessidade de que esse controle (quando referido a valores) seja diferenciado, para fins de abarcar não apenas os atos estatais normativos, mas sim, para utilizar-se da terminologia de

À jurisdição constitucional como atividade desenvolvida pelo Tribunal Constitucional está atribuída a missão de desenvolver os princípios constitucionais[544]. E essa função tem merecido, no caso dos direitos humanos[545], a elaboração de institutos judiciais próprios (ações específicas, porque adequadas a sua finalidade). Essa é a vertente para a qual caminha o Direito contemporâneo. Confirma a assertiva, como se verá, o próprio instituto da arguição.

2.1. A encampação de valores pelas Constituições

As Constituições, em tempos mais remotos, eram entendidas apenas como documentos de divisão e estruturação do poder, com a respectiva delimitação de competências, tal como ocorreu com as leis constitucionais que organizaram a Terceira República francesa[546].

A função de traçar valores para o ordenamento jurídico ou não era normalmente adjudicada à Constituição, ou nela se encontrava implícita, ou, ainda, era considerada como derivada de algo anterior ao Direito positivo, ou simplesmente era outorgada à legislação posterior.

Contudo, nas Constituições que emergiram após a II Grande Guerra, já é possível assinalar conteúdos materiais nesses Documentos Básicos. Trata-se do que se convencionou denominar "Constituição material", que, contudo, não se incorporou à realidade atual sem ter sido alvo de contundentes críticas.

Assim é que CARL SCHMITT, ao identificar esse viés, tachou-o de "tirania dos valores", que conduziria, consoante sua visão, à derrocada do Estado legislativo e à instauração do "Estado jurisdicional"[547].

É conhecida a restrição aportada por KELSEN quanto a incorporar em textos constitucionais os denominados conceitos vagos, abertos à livre construção interpretativa, em especial quando usados para permitir o controle jurisdicional da constitucionalidade. Tratar-se-ia, para o mestre, de estabelecer balizas "flutuantes" para a atividade do legislador, já que dependentes do critério a ser adotado futuramente pelo Tribunal.

Assim é que, pela posição kelseniana, o ordenamento jurídico mantém uma relação de suprainfraordenação segundo a qual as normas são identificáveis como tais desde que hajam sido produzidas de acordo com as normas superiores, e não por serem dotadas de determinado sentido ou conteúdo valorativo.

Não obstante essa posição, a quase totalidade dos sistemas constitucionais — senão todos — tem incorporado expressamente determinados valores, que passaram a

---

Cappelletti, toda "ação pública", o que alcança, inclusive, e sob certas circunstâncias, atos estatais de execução (meramente materiais). Ambos os aspectos serão desenvolvidos adequadamente.

544. Observa Heck quanto ao Direito alemão que "A atividade do Tribunal Constitucional Federal demonstrou que a jurisdição constitucional não se exaure na guarda (protetora) da Constituição (...) mas também contribui para o desenvolvimento dos princípios constitucionais" (*O Tribunal Constitucional Federal e o Desenvolvimento dos Princípios Constitucionais*, p. 167).

545. Como se depreende dos institutos presentes na análise do Direito Comparado.

546. Cf. Gregorio Peces-Barba, *Los Valores Superiores*, p. 67.

547. Apud Gregorio Peces-Barba, *Los Valores Superiores*, p. 68-9.

permear todas as demais leis e atos normativos estatais, sob pena de atribuir a estes a pecha de ilegitimidade[548]. O Direito Constitucional encontra-se "todo ele envolvido e penetrado pelos valores jurídicos fundamentais dominantes na comunidade"[549].

O acolhimento de valores fez com que se desmistificasse a neutralidade axiológica da Constituição, que vinha sendo apontada pela doutrina.

Como lembra CRISAFULLI[550], os princípios constitucionais, que até então eram meras pautas dogmáticas ou científicas, são convertidos em Direito positivo, com plena eficácia normativa. Ou seja, "A inovação consiste, pois, na declaração formal que uma Constituição realiza de sua inspiração ideológica"[551].

Pode-se asseverar, com GARCIA DE ENTERRÍA, que "A Constituição assegura uma unidade do ordenamento essencialmente sobre a base de uma 'ordem de valores' materiais expressos nela e não sobre as simples regras formais de produção de normas"[552].

A Constituição espanhola, de 29 de dezembro de 1978, chegou a referir-se expressamente a um rol de "valores superiores", nos seguintes termos: "Artigo 1º, 1 — A Espanha constitui-se em Estado social e democrático de direito, que afirma como *valores superiores* do seu ordenamento jurídico a liberdade, a justiça, a igualdade e o pluralismo político"[553].

Evidentemente, ainda que não se encontre nos demais Textos Constitucionais uma norma de clareza tão límpida como esta, a verdade é que as Constituições não estão livres de valores, antes os pressupõem e os acolhem em seu seio, algumas expressamente, outras implicitamente[554].

Como observa CAPPELLETTI: "As Constituições modernas (...) contêm a indicação daqueles que são os supremos valores, as *rationes*, os *Gründe* da atividade futura do Estado e da sociedade"[555].

---

548. Não se ignora que as Constituições são produtos de embates ideológicos que a transformam num documento tributário, o mais das vezes, de posições diversas. Como assinala Pensovecchio Li Bassi: "(...) i motivi politici di cui si è parlato non sono lollegati ad una specifica ideologia politica, dato che la Costituzione, come generalmente è ammette, risulta ispirata a concezioni ideologiche diverse e in tante parti risente di svariati compromessi ideologici, ma, sebbene risentano l'influenza concorrente di differenti ideologie, essi rispondono a certe direttive e a certi orientamenti comuni" (Antonio Pensovecchio Li Bassi, *L'Interpretazione delle Norme Costituzionali*, p. 54-5). No mesmo sentido: Celso Ribeiro Bastos, *Hermenêutica e Interpretação Constitucional*, p. 131-2; Raúl Canosa Usera, *Interpretación Constitucional y Fórmula Política*, p. 252.

549. Jorge Miranda, *Manual de Direito Constitucional*, t. 2, p. 198.

550. Crisafulli, *I Principi Costituzionali dell'Interpretazione ed Applicazione delle Leggi*, Padova: Cedam, 1939, p. 18, apud Usera, *Interpretación Constitucional y Fórmula Política*, p. 151.

551. Raúl Canosa Usera, *Interpretación Constitucional y Fórmula Política*, p. 151, t.a.

552. *La Constitución como Norma y el Tribunal Constitucional*, p. 97, t.a.

553. Original não grifado.

554. Nesse sentido compreendem-se as palavras de Gilmar Ferreira Mendes: "A vida, a possibilidade de ir e vir, a manifestação de opinião e a possibilidade de reunião preexistem a qualquer disciplina jurídica" (*Hermenêutica Constitucional e Direitos Fundamentais*, p. 215). Quanto à liberdade, observa também Eckart Klein: "Most modern constitutions contain rules in this respect. However, they differ in the philosophical concepts upon which they are based.

"The concept of the Basic Law is that of a free democracy governed by the rule of law. Its core is the liberty of the individual which derives from dignity of man and from his right to self-determination, i.e. his right to decide on the pursuit of happiness for himself. Liberty is vested in man by nature; consequently the constitution is laid down to guarantee liberty, not to grant it" (The Concept of the Basic Law, in *Main Principles of the German Basic Law*, p. 15-6).

555. *O Controle Judicial de Constitucionalidade das Leis no Direito Comparado*, p. 89.

A própria Constituição brasileira incorpora um extenso rol de valores, embora a eles se refira, em determinado momento, como *fundamentos* do Estado (art. 1º), em outra oportunidade, denominando-os *objetivos fundamentais* da República (art. 3º), além de contemplar inúmeros outros valores referidos difusamente[556].

Pois bem, essa incorporação de valores pela senda constitucional provoca profunda transformação das concepções estritamente formalistas do Direito. Como pondera GARCIA DE ENTERRÍA: "(...) um sistema jurídico ordenado por valores superiores abertos será qualquer coisa menos positivista. Há aqui a aplicação mais clara de uma 'jurisprudência de valores', que vê nas normas, uma por uma e todas elas, não como sistemas formais fechados e autossuficientes, e sim como portadoras de valores de uma justiça superior, que dominam seu sentido e presidem toda sua aplicação.

"(...) um parâmetro de valores materiais de todo o ordenamento, o que opera por si só uma verdadeira conversão (...), de um Estado puramente legal a um Estado ordenado pelos princípios constitucionais básicos, princípios que rompem por si só toda intenção de uma jurisprudência formal puramente inerente, e ainda todo leguleísmo. No caso americano e no caso alemão isto é absolutamente patente; (...); no segundo caso, tem sido comum desde a promulgação da Lei Fundamental falar de uma mudança a partir do Estado de Direito em sentido formal a um Estado de Direito em sentido material, que justamente integra, acima da mesma legalidade, os valores superiores (...)"[557].

2.2. O significado dos valores constitucionais basilares

Interessa, aqui, apresentar a noção de "valores superiores", de que a Constituição espanhola trata expressamente. Conhecendo-os, ter-se-á uma clara e inequívoca ilustração dessa aproximação entre "valores" e Direito numa concepção normativa (aberta). A doutrina os qualifica como "decisões fundamentais", assim identificados também pelo *Bundesverfassungsgericht*, ou "norma básica da Constituição" (PECES-BARBA[558]), ou os "supremos valores" (CAPPELLETTI[559]), dos quais depende a validade de todas as demais normas. São aqueles valores "cuja reforma transformaria substancialmente o sistema e o converteria em outro sistema distinto"[560].

---

556. Contudo, vale a advertência de Celso Bastos, no sentido de que, "embora estejam os valores, na maior parte dos casos, consignados expressamente nas normas constitucionais, muitos outros haverá que, não obstante a falta de declaração explícita, se revelam e se impõem a partir de um amplo conjunto de normas que os dão por pressupostos" (*Hermenêutica e Interpretação Constitucional*, p. 131). Consoante Clèmerson Merlin Clève, "a ideia de direito e justiça que preside o direito brasileiro decorre do quadro de valores plasmado na Constituição. (...) o quadro de valores vinculante do legislador pode ser localizado pela leitura do Preâmbulo, dos Princípios Fundamentais (...) inclusive dos objetivos fundamentais (...), e de outros princípios dotados de inegável relevância como o da moralidade (...) e o devido processo legal (...). Este quadro constitucional de valores identifica o conteúdo mínimo da lei" (*A Fiscalização Abstrata da Constitucionalidade no Direito Brasileiro*, p. 43, nota 62).

557. *Reflexiones sobre la Ley y los Principios Generales del Derecho*, p. 96-7, t.a.

558. Gregorio Peces-Barba, *Los Valores Superiores*, p. 89 e 92, respectivamente.

559. *O Controle Judicial de Constitucionalidade das Leis no Direito Comparado*, p. 89.

560. Gregorio Peces-Barba, *Los Valores Superiores*, p. 92, t.a. Isso não obstante certos ordenamentos admitirem tal mudança por meio de simples emendas constitucionais, sem se dar conta da mudança substancial que a retirada ou ingresso de determinadas normas significa.

Na realidade, impõe-se um aclaramento das noções assinaladas, o que tem sido, ademais, advertência constante dos autores[561]. É preciso compreender quais são e o que significam esses valores.

Na doutrina de PECES-BARBA, os "valores superiores" referidos expressamente pelo art. 1º da Constituição espanhola não representariam todos os valores superiores, mas apenas os da Constituição *material*, o que significa que a Constituição apresenta outros valores superiores que não expressam conteúdo material essencial, e que não foram assim designados expressamente. Um trecho de sua obra bem sintetiza e explicita essa ideia do consagrado autor: "Creio que as normas que deem resposta às três perguntas: 'quem manda?', 'o que se manda?', e 'como se manda?', constituem a norma básica da Constituição (...)

"Creio que também encontramos a resposta à pergunta 'como se manda?' no artigo 1º — 1 com a fórmula 'Estado de Direito' (...)

"Se nos detivermos um pouco mais na resposta às perguntas 'quem manda?' e 'como se manda?', é dizer, na soberania e no Estado de Direito, estamos perante o tipo de organização jurídica que Kelsen tem em seu espírito quando constrói sua teoria dos ordenamentos dinâmicos, isto é, perante as normas básicas da Constituição formal, ainda que se nos detivermos na resposta à pergunta 'o que se manda?', é dizer, nos valores superiores, estamos perante a norma básica da Constituição material"[562].

Não se quer sustentar, aqui, que os preceitos fundamentais da Constituição brasileira sejam expressão equivalente ou idêntica a esses valores superiores. O que se quer afirmar é que todos os preceitos fundamentais partem de uma ideia central, encartada na Constituição. Os preceitos fundamentais realmente se diferenciam dos demais preceitos constitucionais por sua importância, o que se dá em virtude dos valores que encampam e de sua relevância para o desenvolvimento ulterior de todo o Direito.

Como acentua PECES-BARBA, quanto às normas que trabalham com esses valores, desde que se admita que "estamos perante uma norma básica, parece difícil intentar situá-la no universo das normas jurídicas como se se tratasse de qualquer norma isolada, que não tivesse esse papel central"[563].

Os valores (sociais) consagrados e amparados constitucionalmente (posição normativa) como básicos de um ordenamento jurídico transformam as normas que os abrigam em *lex legum*, *legge tra le leggi*, "normas-origem" (CAPELLA[564]), "normas de identificação das demais normas" (PECES-BARBA[565]), "normas sobre normas, constituin-

---

561. Assim Díez-Picazo y Gullón, Constitución y Fuentes del Derecho, in *La Constitución Española y las Fuentes del Derecho*, Madrid, 1979, v. 1, p. 1268, citado por Joaquín Arce y Flórez-Valdés, que também se refere à problemática (*Los Principios Generales del Derecho y su Formulación Constitucional*, p. 15-6), anotando ainda: "La Constitución utiliza profusamente el vocablo 'principios' que, en las diversas expresiones, adquiere una significación muy distinta" (*Los Principios Generales del Derecho*, cit., p. 97).

562. Gregorio Peces-Barba, *Los Valores Superiores*, p. 92-3, t.a.

563. Gregorio Peces-Barba, *Los Valores Superiores*, p. 94, t.a.

564. Juán-Ramón Capella, *El Derecho como Lenguaje*, p. 116-24.

565. Gregorio Peces-Barba, *Los Valores Superiores*, p. 97.

do um direito sobre direito" (Maria Helena Diniz[566]), "regras de reconhecimento" (Hart[567]), "normas de segunda instância" (Bobbio[568]), "ideias fundamentais e informadoras" (De Castro[569]), "superfontes" ou "fonte das fontes" (Flórez-Valdés[570]), ou, como quer a Constituição brasileira de 1988, "preceitos fundamentais". E isto tanto do ponto de vista formal (legitimidade das fontes produtoras — decorrência do Estado de Direito Constitucional) quanto material (legitimidade de conteúdo das demais normas jurídicas produzidas de acordo com as fontes formais).

Realmente, dando guarida a essa ideia de valores básicos, acolhidos e enunciados por determinadas normas, tem-se que a maioria dos autores sublinha a existência de um núcleo fundamental em cada Documento Constitucional que existe ou existiu ao longo da História. Trata-se da "identidade da Constituição" (Canotilho[571]) e, por que não, do próprio ordenamento que por ela se inicia.

Os "valores superiores" são os vetores axiológicos fundamentais que o Estado pretende implementar por meio da ordem jurídica. Segundo Peces-Barba, os valores superiores são "o fundamento e a meta, o fim do Direito, que o legislador constituinte, expressão da soberania, propõe a si"[572].

A Constituição torna-se, pois, a base na qual se encontra uma ordem inafastável de valores estatais. Por isso, tais valores são o "núcleo básico e informador de todo el sistema jurídico-político"[573].

É o que tem revelado a jurisprudência do *Bundesverfassungsgericht*, como noticia Gilmar Ferreira Mendes: "existiriam determinadas decisões fundamentais do Constituinte que teriam o condão de subordinar outras normas constitucionais. A própria Lei Fundamental teria partido desse princípio ao fixar as *cláusulas pétreas* no art. 79, III. Enfatizou-se, dessa forma, que qualquer norma constitucional haveria de ser interpretada de forma compatível com essas decisões fundamentais do constituinte"[574].

Tem-se, pois, um conjunto de normas que são marcadas — não deve haver temor em dizê-lo — pela nota da perpetuidade, que, contudo, nem sempre coincide com a rigidez (ou imutabilidade) expressamente acolhida pelas Constituições. A importância desse conjunto normativo perene já foi muito bem ressaltada pela doutrina, no sentido de que: "(...) há elementos de direito constitucional (princípios estruturantes) que devem permanecer estáveis, sob pena de a constituição deixar de ser uma ordem jurídica fundamental do Estado para se dissolver na dinâmica das forças políticas"[575].

---

566. *Lei de Introdução ao Código Civil Brasileiro Interpretada*, p. 4. Lembra a autora que no corpo da Lei de Introdução encontram-se verdadeiros princípios gerais sobre as normas sem qualquer discriminação de um específico setor do Direito.

567. Herbert L. A. Hart, *O Conceito de Direito*, p. 117 e s.

568. *Teoria do Ordenamento Jurídico*, p. 47.

569. Apud Flórez-Valdés, *Los Principios Generales del Derecho*, cit., p. 93.

570. *Los Principios Generales del Derecho*, cit., p. 59.

571. J. J. Gomes Canotilho, *Direito Constitucional*, p. 148.

572. Peces-Barba, *Los Valores Superiores*, p. 38, t.a.

573. Antonio E. Pérez Luño, *Derechos Humanos, Estado de Derecho y Constitución*, p. 288.

574. *Jurisdição Constitucional*, p. 119, grifos do original.

575. J. J. Gomes Canotilho, *Direito Constitucional*, p. 148.

168

Pode-se afirmar que os *preceitos fundamentais* de uma Constituição cumprem exatamente o papel de lhe conferir identidade própria. Constituem, em seu conjunto, a alma da Constituição. E, embora se permita a mudança ou até a supressão de alguns desses preceitos, pela via reformadora (já que nem todos se encontram, como se verá, acobertados pela garantia explícita da intangibilidade reformadora), pode-se seguramente afirmar que uma alteração mais extensa provocaria a mudança da própria concepção de Constituição até então vigente.

Os valores superiores de determinado ordenamento jurídico estão vertidos tanto na forma principiológica (e aqui se têm os princípios constitucionais fundamentais) como na forma de regramento (trata-se de algumas regras jurídicas incorporadas à Constituição e que lhe conferem tonalidade própria juntamente com aqueles princípios fundamentais, sendo por isso igualmente consideradas fundamentais)[576].

Os valores formulados por meio de princípios consignam tanto valores materiais quanto os valores superiores da Constituição formal (princípio do Estado de Direito e princípio da soberania popular). Os valores superiores formulados na forma de meras regras estabelecem, em geral, valores materiais.

Os denominados valores básicos (materiais ou não) podem estar vertidos tanto em princípios quanto em regras. Os valores superiores são aquelas ideias basilares, informadoras de todo ordenamento jurídico, vale dizer, presentes, pressupostas ou desenvolvidas em todas as normas existentes. É por isso que, não obstante todas as normas se refiram, em última análise, a esses valores[577], a realidade é que nem todas serão fundamentais, apenas assim se considerando aquelas que exprimam diretamente as ideias básicas do ordenamento, cuja essência se designa pela expressão valores supremos.

Não é correto, porém, que todas as normas da Constituição e do restante do ordenamento sejam desdobramento ou desenvolvimento desses valores[578]. Isso equivaleria a admitir que o legislador não tem qualquer âmbito de atividade própria, sendo mero executor daquilo que já se contém na Constituição. Na realidade, grande é a discricionariedade do corpo legislativo. Se é verdade que, em muitas ocasiões, chega apenas a desenvolver ou explicitar o que já está traçado, em suas linhas mais gerais, na própria Constituição, não é menos verdade que, em inúmeras outras hipóteses, apenas terá de obedecer às regras de divisão do poder (competências) e, principalmente, não se pronunciar contra dispositivo constitucional. Atendidas essas exigências, haverá legítima atividade legislativa, ainda que não se trate do desenvolvimento direto de alguma norma da Constituição. O mesmo ocorre dentro da própria Constituição. Nem todas as normas são mero desenvolvimento dos valores supremos adotados pelo constituinte.

Não vai embutido no que se disse até aqui — e, dada a relevância da questão, mister dizê-lo expressamente — a ideia de que possa haver hierarquia de normas jurí-

---

576. Muito bem observa Merlin Clève que "dos *standards* valorativos densificados nos princípios constitucionais e nos preceitos, especialmente aqueles definidores de direitos fundamentais, é possível deduzir uma teoria da justiça (...)" (*A Fiscalização Abstrata da Constitucionalidade no Direito Brasileiro*, p. 26).

577. Às vezes pela única circunstância de respeitá-los.

578. Consoante o dedutivismo dos jusnaturalistas poder-se-ia deduzir dos princípios gerais todas as disposições particulares do sistema jurídico.

dicas dentro da Constituição (salvo a situação das normas constitucionais resultantes do poder de emenda). É posição compartilhada pelo Supremo Tribunal Federal: "A tese de que a hierarquia entre normas constitucionais originárias dando azo à declaração de inconstitucionalidade de umas em face de outras é incompossível com o sistema de Constituição rígida"[579].

2.3. Princípios gerais de Direito e valores constitucionais basilares

Parcela ponderável da doutrina continua, ainda, denominando alguns princípios inseridos nas Constituições como princípios gerais de Direito, utilizando-se, pois, de terminologia capaz de gerar alguma confusão, dada a carga histórica que cerca a noção propugnada[580].

Assim, FLÓREZ-VALDÉS entende por princípios gerais de Direito: "(...) as ideias fundamentais sobre a organização jurídica de uma comunidade, emanadas da consciência social, que cumprem funções fundamentadora, interpretativa e supletiva a respeito de seu ordenamento jurídico"[581]. E, consoante a tese sustentada por esse mesmo autor, "os valores superiores do ordenamento jurídico são a perspectiva teleológica dos princípios gerais do Direito"[582]. Ou seja, os valores seriam os objetivos do ordenamento e, nesse sentido, constituiriam o aspecto teleológico dos princípios gerais de Direito, que, como já indicado, cumprem também a função de origem e fundamento do ordenamento jurídico (aspecto principiológico propriamente dito).

Não é difícil compreender, pois, a razão pela qual se identificam, em parcela da doutrina, aqueles valores, de que se vinha tratando, com os denominados "princípios gerais de Direito", incluindo a ideia de que "deve na Constituição onde mais propriamente hão de figurar incluídos"[583], sem qualquer conotação, pois, que identifique, nessa categoria, os princípios do Direito Natural[584].

---

579. ADIn 815, rel. Min. Moreira Alves, j. 28-3-1996. Para o Supremo: "Na atual Carta Magna 'compete ao Supremo Tribunal Federal, precipuamente, a guarda da Constituição' (artigo 102, *caput*), o que implica dizer que essa jurisdição lhe é atribuída para impedir que se desrespeite a Constituição como um todo, e não para, com relação a ela, exercer o papel de fiscal do Poder Constituinte originário, a fim de verificar se este teria, ou não, violado os princípios de direito suprapositivo que ele próprio havia incluído no texto da mesma Constituição".

580. Não assim Limongi França, para quem "os Princípios Gerais de Direito não se circunscrevem aos elementos fundamentais do Direito Positivo, mas transcendem dêles para alcançar as próprias bases do Direito universal e do Direito Justo" (*Teoria e Prática dos Princípios Gerais de Direito*, p. 186, grafia original).

581. *Los Principios Generales del Derecho*, cit., p. 79, t.a.

582. *Los Principios Generales del Derecho*, cit., p. 131, t.a.

583. Flórez-Vadés, *Los Principios Generales del Derecho*, cit., p. 94.

584. De qualquer forma, a expressão costuma ser evitada pelos Códigos, como noticia Norberto Bobbio, ao lembrar que: "A expressão 'princípios gerais do Direito' foi usada pelo legislador de 1865; mas pelos equívocos que podia suscitar, quanto a se se deveria entender por 'Direito' o Direito natural ou o Direito positivo, o projeto do novo código havia adotado a fórmula 'princípios gerais do Direito vigente, modificada na última redação para a atual fórmula: 'princípios gerais do ordenamento jurídico do Estado'" (*Teoria do Ordenamento Jurídico*, p. 157). No mesmo sentido, quanto à Constituição espanhola, anota Peces-Barba que o motivo pelo qual se preferiu o uso da expressão "valores superiores" a "princípios gerais de Direito" foi precisamente o de "superar la antítesis iusnaturalismo-positivismo, permanentemente latente en la cultura jurídica contemporánea" (*Los Valores Superiores*, p. 53). O Brasil, contudo, parece ter tomado caminho oposto. Limongi França noticia, tratando das origens da Lei de Introdução ao Código Civil: "(...) o Projeto Primitivo de Bevilaqua, seguindo o Projeto de Coelho Rodrigues, falava tão somente em 'princípios que se deduzem *do espírito da lei*'. E foi indicação de Lacerda de Almeida, membro da Comissão Revisora e sustentáculo

Isso a começar do próprio BETTI, que assinala a correspondência entre princípios gerais de Direito e valores supremos[585].

É preciso, contudo, esclarecer que, embora não haja um consenso em torno da noção de princípios gerais do Direito como princípios constitucionais, e menos ainda quanto a seu exato conteúdo, a verdade é que os valores supremos estão incrustados nesses princípios gerais de Direito, como visto, embora não haja, é certo, consenso em torno de sua enumeração. Contudo, não são apenas os princípios gerais de Direito que perfazem os chamados "preceitos constitucionais fundamentais". Estes, como já sublinhado, são tanto princípios como regras, todos, contudo, marcados pela nota da fundamentalidade, que é encontrada por referência a esses valores supremos. Daí a importância de sua análise.

3. DOS PRECEITOS CONSTITUCIONAIS FUNDAMENTAIS NO DIREITO BRASILEIRO

3.1. Ideia de preceitos

Não se encontra na doutrina qualquer referência expressa a uma modalidade de "preceito" como espécie ou gênero autônomo de normas ou de princípios, ou mesmo de regras. Não há uma categoria genericamente e diretamente denominada como "preceitos", encontrável nas várias classificações tipológicas apresentadas pelos mais diversos autores. E é bem compreensível que assim o seja, já que em nada contribuiria para as teorias existentes a mera indicação de uma nova denominação.

A Constituição não compartilhou, contudo, das classificações comumente empregadas pela doutrina, criando uma modalidade à parte: os preceitos constitucionais fundamentais, expressamente referidos no § 1º do art. 102, ao tratar da arguição de descumprimento de preceito fundamental.

É preciso, portanto, para desenvolver satisfatoriamente o tema, regredir para estudos mais distantes, numa primeira aproximação. Assim, com THOMAS RANNSON GILES, em seu *Dicionário de Filosofia*, têm-se dois significados sugeridos para o termo "preceito", ambos indicando sua afinidade com a ideia de algo que contém prescrições[586]: "*Preceito* 1. Aquilo que é dado para servir de regra (máxima, princípio) de ação ou de conduta, sobretudo de conduta, moral ou religiosa. 2. Aquilo que é aceito como princípio regulatório ou funcional na organização e direção da conduta"[587].

Assim é que a ideia de "preceito", como se depreende de ambos os significados apresentados, está acirradamente ligada àquilo que regula a conduta (referida expressamente nos dois conteúdos desenvolvidos para o verbete). Ora, a regulamentação da conduta dá-se por meio de normas, especialmente de *regras*, mas também pelos *prin-*

---

da boa doutrina do Direito Natural, (...) que o Projeto Revisto, no art. 13, adotou a expressão 'princípios gerais *de direito*'" (*Teoria e Prática dos Princípios Gerais de Direito*, p. 185).

585. Emilio Betti, *Interpretazione della Legge e degli Atti Giuridici*, p. 312.

586. Atente-se para a circunstância de se tratar de obra não voltada para o mundo jurídico.

587. Preceito, in *Dicionário de Filosofia: Termos e Filósofos*, p. 124.

cípios, tomadas estas últimas expressões em sua significação restritiva acima adotada. A definição acaba por misturar ambos (princípios e regras, no sentido estritamente jurídico aqui adotado), porque na realidade o enfoque e a preocupação está em acentuar que se trata de vocábulo preso à ideia de prescrição de algo. Nesse sentido, "preceito" estaria praticamente equiparado a "norma", no sentido de conjunto de regras e princípios.

Aliás, essa orientação filosófica encontra-se amparada na própria etimologia do vocábulo, recurso sempre útil na elucidação de acepções possíveis: "*Preceito*. Derivado do latim *praeceptum* exprime a ordem, a regra ou o mandado que se deve observar e guardar"[588].

Dentro do campo jurídico, encontra-se a seguinte orientação para o termo, no traçado conferido por MARIA HELENA DINIZ: "*Preceito*. 1. *Teoria geral do direito*. a) Norma jurídica; b) norma que deve ser observada e seguida"[589].

Nos quadrantes do Direito, portanto, a noção de *preceito* ancora-se na ideia de "ordem", "mandamento", "comando", identificando-se, uma vez mais, com o sentido que se encontra tanto em *regras* como em *princípios*.

Parece, pois, que "preceito" engloba tanto as regras quanto os princípios. Assim, torna-se sinônimo de "norma", no sentido empregado acima, insista-se, designativo das regras e princípios jurídicos.

Segue-se, aqui, à risca, o cânone interpretativo da hermenêutica constitucional, que propõe evitar-se atribuir a dois termos diversos da Constituição o mesmo conteúdo. Ora, desponta, neste passo, mais um importante aspecto que dá guarida a essa interpretação, já levantado preliminarmente linhas atrás. É que a doutrina assinala ser hermeneuticamente incorreto atribuir a dois vocábulos diversos empregados pela Constituição sentido semântico idêntico, a não ser que haja razões suficientes para tanto[590]. Estar-se-ia violando essa importante orientação se se pretendesse fazer coincidir, aqui, os significados dos termos "princípio" e "preceito", ambos utilizados no Texto Supremo.

Isso é tanto mais verdadeiro quando se verifica que logo no primeiro de seus títulos a Constituição abriga o que denominou "Dos Princípios Fundamentais". Ora, em matéria de tal relevância, que ocupa logo o pórtico dos direitos da Nação, seria de causar espécie que o constituinte, pretendendo referir-se novamente ao mesmo objeto, viesse a empregar termo diverso daquele já empregado, em posição de grande destaque, ou seja, seria insustentável que houvesse optado deliberadamente, e sem maiores esclarecimentos, pela equivocidade decorrente de uma sinonímia artificialmente elabo-

---

588. De Plácido e Silva, Preceito, in *Vocabulário Jurídico*, v. 3, p. 417.

589. *Dicionário Jurídico*, v. 3, p. 676.

590. É o que ensina Jerzy Wróblewski: "Sin razones suficientes, a términos diferentes no se les debería atribuir el mismo significado.

"Esta directiva presupone que el lenguaje legal carece de sinonimia" (Jerzy Wróblewski, *Constitución y Teoría General de la Interpretación Jurídica*, p. 48).

Complementa Celso Bastos: "(...) é uma decorrência de um dos axiomas constitucionais, como da unidade da Constituição. De fato, enquanto um todo harmônico e coeso de regras, as sinonímias não deveriam existir, com o que queremos dizer que a Norma Fundamental deve obedecer a um padrão linguístico. (...)

"Trata-se, pois, de uma característica decorrente da realidade sistemática com que se trata a norma fundamental" (*Hermenêutica e Interpretação Constitucional*, p. 117).

rada. Certamente que pretendeu englobar entre os preceitos fundamentais também os princípios (quando fundamentais). Mas não é menos certo que pretendeu ir além, para alcançar outras normas não principiológicas (as regras, quando fundamentais), ou mesmo excluir alguns princípios, por não serem fundamentais.

Nem se pode recorrer, quanto a esse argumento, a seu oposto, ou seja, o de que ao se desigualar "preceito" de "princípio" estar-se-ia igualando o primeiro deles ao vocábulo "norma", também empregado na Constituição, resultando daí a combatida sinonímia entre termos constitucionais diversos. Quanto àquele último termo, contudo, observe-se que o conteúdo que lhe emprestou o Texto Maior parece divergir daquele acentuado pela doutrina e aqui adotado, já que, quando o utiliza no singular, significa, via de regra, "lei"[591]. De outra parte, quando empregado no plural, o termo é polissêmico[592], de forma que jamais se assimilaria ao conteúdo unívoco que se atribui a "preceito". Talvez por isso mesmo o legislador constituinte tenha preferido este último, preterindo a locução "norma fundamental" (para fins de legitimar a arguição de descumprimento), porque certamente seria carregada de sentidos variados, a causar acirradas e intermináveis disputas doutrinárias. O termo "preceito" pode-se considerar mais isento de preconcepções histórico-dogmáticas.

Ademais, atribuir, no contexto constitucional, ao vocábulo "preceito" o mesmo conteúdo que é atribuído ao vocábulo "princípio", ou mesmo ao vocábulo "regra", seria amesquinhar o instituto da arguição, conferindo-lhe um traçado incompatível com sua posição de medida a serviço da defesa, preservação e, eventualmente, restabelecimento da ordem constitucional.

Não se compatibiliza, pois, aqui, com a medida constitucionalmente criada, uma interpretação tímida, acanhada. Equivaleria a impor uma incongruência à própria Constituição. Sim, porque, se esta pretendesse exatamente manter o respeito a sua hierarquia e rigidez por meio da criação de mecanismos como este de que ora se cuida, seria imperfeito pretender que se criaria tal mecanismo específico para a defesa de apenas um dos segmentos apontados (ou só regras ou só princípios), quando a própria expressão utilizada comporta o conjunto de ambos os segmentos: *in toto et pars continentur*[593].

Nesta ordem de considerações, é entendido como instrumento de boa hermenêutica não estabelecer distinções onde a lei não as estabeleceu claramente: *ubi lex non distinguit nec nos distinguere debemus*[594].

---

591. Salvo o caso dos arts. 38 e 103, em seus §§ 2º e 3º, onde "norma" encontra-se empregada no sentido adotado no presente texto. Até porque se trata, no art. 103, da ação direta de inconstitucionalidade por omissão (que não passa de um descumprimento da Carta Maior por inércia das autoridades). Contudo, nos demais casos, o sentido é de "lei": art. 5º, LXXI; art. 12; art. 102, I, *q*; art. 105, I, *h*, e art. 5º, § 2º, do ADCT.

592. Não é objetivo deste estudo estabelecer qualquer classificação acabada dos significados que o vocábulo pode encontrar no Texto Maior. Apenas se assinalem os seguintes: "normas" como regras: art. 5º, § 1º, e art. 93; "norma" como "lei": art. 7º, XXII, art. 17, § 1º, e art. 150, § 3º; "norma" com o significado de "dispositivo" (ou preceito): art. 73, § 3º; art. 75, art. 72; do ADCT; "norma geral" sempre como diretriz: art. 22, XXI e XXVII; art. 134, parágrafo único; art. 142, § 1º, art. 146, III.

593. Gaio, *Dig.*, liv. 50, tít. 17, frg. 113, apud Carlos Maximiliano, *Hermenêutica e Aplicação do Direito*, p. 246.

594. "Quando o texto menciona o gênero, presumem-se incluídas as espécies respectivas; (...) quando regula o todo, compreendem-se também as partes" (Carlos Maximiliano, *Hermenêutica e Aplicação do Direito*, p. 246).

No campo constitucional, há ainda um postulado hermenêutico que determina ao intérprete conferir a máxima eficiência (Canotilho) ou a maior efetividade possível (Bastos[595]) às normas constitucionais. É o princípio da interpretação efetiva (Guerra Filho[596]).

Portanto, não se pode identificar o "preceito" referido constitucionalmente com o mero "princípio", tampouco com a mera "regra". Trata-se, na realidade, de qualquer norma — e é esse o sentido de preceito[597] —, à qual, contudo, deliberou conveniente o constituinte combinar mais uma especificidade, para fins de cabimento da arguição de descumprimento: tratar-se de preceito "fundamental". É o que se passa a analisar.

3.2. Significado da "fundamentalidade" dos preceitos

A indicação da *Enciclopédia Saraiva do Direito* bem externa a diferenciação que a Constituição pretendeu empreender e que aqui se busca esclarecer, ao relembrar que "O *communis praeceptum* deve, como regra, ser seguido por todos"[598]. A partir dessa lição, pode-se constatar a existência de espécies diversas de preceitos, ou seja, estes são passíveis de subdivisões. Nesse sentido, a noção de "preceito fundamental" não é senão uma delimitação conceptual da noção pura de "preceito", linhas atrás colhida.

Considera-se fundamental o preceito quando este se apresenta como imprescindível, basilar ou inafastável. A significação, pois, coincide com aquela trazida à colação para identificar ponderável parcela dos princípios constitucionais. Mas não se esgota aqui[599], alcançando também algumas regras, nem se identifica com todos os princípios, como se verá oportunamente.

O postulado da unidade da Constituição em nada impede que se considere certa categoria de normas constitucionais como de especial relevância para todo o sistema jurídico. Assim, não há contradição alguma em elencar um rol de normas que se assumem como fundamentais em relação às demais, e concomitantemente admitir a unidade da Constituição. Em outras palavras, "a unidade não comporta absoluta assimilação igualitária entre todos os enunciados constitucionais, mas sim imperiosa obrigação de que todos sejam efetivos"[600].

Por derradeiro, é preciso também afastar a possibilidade de que "preceito fundamental" seja toda e qualquer norma contida na Lei Fundamental. Se, teoricamente, essa

---

595. Celso Ribeiro Bastos, *Hermenêutica e Interpretação Constitucional*, p. 104-6. Segundo o pensamento do autor: "(...) sempre que possível, deverá ser o dispositivo constitucional interpretado num sentido que lhe atribua maior eficácia" (p. 104).

596. *Processo Constitucional e Direitos Fundamentais*, p. 58.

597. É o sentido adotado, também, pela Constituição do Estado do Acre, ao determinar, como competência do Tribunal de Justiça, processar e julgar "*f*) as ações de inconstitucionalidade contra ato ou omissão que fira preceito desta Constituição" (art. 95, I). Veja-se que "preceito", neste passo, significa simplesmente qualquer norma constante da referida Constituição estadual.

598. Preceito, in *Enciclopédia Saraiva do Direito*, v. 60, p. 6.

599. Caso contrário, estar-se-ia admitindo que a Constituição teria pretendido designar uma mesma realidade de duas maneiras diversas, a saber: preceitos fundamentais e princípios. Essa ideia é desenvolvida a seguir.

600. Raúl Canosa Usera, *Interpretación Constitucional y Fórmula Política*, p. 176, t.a.

construção é admissível, o mesmo não ocorre quanto ao vigente sistema constitucional[601]. É que, se assim fosse, então se tornaria completamente repetitiva a parte final do § 1º do art. 102 quando se refere a "preceito fundamental, decorrente desta Constituição". Ora, se "fundamental" fosse sinônimo de "constitucional", a Constituição simplesmente teria sido redundante. E não é franqueado ao intérprete, em sua atividade, quando desenvolvida no nível jurídico, chegar a uma conclusão que anule parcelas de normas da Lei Maior[602]. É preciso garantir "a relevância de cada palavra constitucionalmente empregada"[603], não se podendo pretender simplesmente ignorar a letra da Constituição para poder construir um significado arbitrariamente. Portanto, quando a Constituição fala de "preceito fundamental" não está a se referir à Constituição como um todo.

Em conclusão, tem-se que "preceito" é qualquer norma, no sentido estrito assinalado anteriormente (contemplativo tanto de regras quanto de princípios que formam o corpo constitucional). Já o "preceito fundamental" traduz-se, mais precisamente, na somatória entre, de uma parte, parcela dos próprios princípios constitucionais (já que nem todos eles são preceitos fundamentais), bem como, de outra parte, das regras cardeais de um sistema constitucional, formadas, essencialmente, pelo conjunto normativo assecuratório dos direitos humanos[604].

Ademais, todos os preceitos fundamentais são normas de índole constitucional, valendo com todo o vigor que lhes é próprio.

Dessa forma, convém envidar esforços para uma melhor e mais prudente aproximação da ideia de princípios, bem como das regras, ambas abordagens voltadas para aqueles que possam adquirir a conotação de *essenciais*.

Valeria, aqui, esclarecer a fundamentalidade de certos preceitos recorrendo à ideia de QUINTANA no sentido de identificar uma "alma" constitucional. Para o emérito constitucionalista, "A *alma ou espírito da Constituição* está conformado pelo

---

601. Assim, com referência a todo o Direito, pode-se falar de um conjunto de preceitos que, quando ocupam o vértice do sistema, serão fundamentais. Contudo, se é a própria Constituição que se refere a "preceitos fundamentais" decorrentes da Constituição, claro está que a categoria já não se identifica com aquela geral, porque se tornaria, nesta perspectiva, redundante a expressão.

602. Trata-se da aplicação de uma das vertentes do já mencionado princípio da máxima eficiência ou maior efetividade possível. Esse axioma significa "o banimento da ideia de que um artigo ou parte dele possa ser considerado sem efeito algum, o que equivaleria a desconsiderá-lo mesmo (...) pois isto representa uma forma de violação da Constituição", assim, "todos preceitos constitucionais têm valia, não se podendo nulificar nenhum" (Celso Ribeiro Bastos, *Hermenêutica e Interpretação Constitucional*, p. 105).

603. Celso Ribeiro Bastos, *Hermenêutica e Interpretação Constitucional*, p. 105. Anota, ainda, Jérzy Wróblewski, quanto às leis em geral: "No se debería determinar el significado de una regla de manera tal que algunas partes de dicha regla sean redundantes" (*Constitución y Teoría General de la Interpretación Jurídica*, p. 48).

604. Interessante que García de Enterría encontra, na Constituição espanhola, o que denomina parte dogmática, constituída, segundo sua visão, de maneira particular, pelos princípios básicos (Título Preliminar) e pelos direitos fundamentais (Título Primeiro). Ademais, identifica-os como verdadeiros princípios (*Reflexiones sobre la Ley y los Principios Generales del Derecho*, p. 94-5). Raul Machado Horta parece ter, entre nós, encampado essa noção, ao assinalar em seus escritos que "As normas centrais da Constituição Federal, tenham elas a natureza de princípios constitucionais, de princípios estabelecidos ou de normas de preordenação (...)" (*Poder Constituinte do Estado-Membro*, p. 10). Esteve atento o constitucionalista para a percepção de que as normas centrais (aqui referidas como preceitos fundamentais) tanto podem ser princípios como meras normas (regra em sentido restrito).

complexo, integral e orgânico, dos *valores* essenciais filosóficos, morais, históricos, sociais, jurídicos, econômicos, etc., assim como dos ideais, finalidades, propósitos e, em geral, condições que inspiram, amimam e fundamentam a totalidade ou parte qualquer do texto do corpo da Constituição, enquanto lei funcional, fundamental e suprema do país"[605].

PIERANDREI reconhece que existe um núcleo central da Constituição, em torno do qual esta obtém uma integração. Em lição extremamente apropriada, da qual se pode partir para todo o desenvolvimento do que se denominará "preceitos constitucionais fundamentais", o autor revela que, "naturalmente, a operação interpretativa não pode ser considerada finalizada senão quando a norma tiver sido estudada — de maneira sistemática — em suas relações com os demais preceitos, em sua ligação no âmbito da Constituição. E, a tal propósito, é oportuno destacar que esta última se integra em torno de um complexo de princípios generalíssimos, os quais, poder-se-ia dizer, representam o *núcleo central* da mesma; trata-se dos princípios que mais diretamente expressam aqueles valores políticos nos quais a Constituição mesma encontra seu fundamento, e pelos quais determinado Estado se caracteriza de modo peculiar; princípios que podem aparecer formulados expressamente no texto escrito ou estar implícitos ou que podem derivar, logo, de certa evolução histórica, em costumes ou regras convencionais. (...) Toda dificuldade restante resulta superada em última análise se se chega, como é necessário chegar, à compreensão da ideia de mão dos princípios mesmo, vale dizer, a ideia da qual resulta determinado o que se chama o *espírito da Constituição*"[606].

O *fundamental*, portanto, apresenta a conotação daquilo sem o que não há nem como identificar uma Constituição. São preceitos fundamentais aqueles que conformam a essência de um conjunto normativo-constitucional.

3.2.1. Preceitos fundamentais e princípios

"Preceito fundamental" nada mais é do que — e seria até desnecessário dizê-lo, a esta altura — vocábulo parcialmente sinonímico para "princípio". Diz-se "parcialmente", claro, porque — insista-se — não se esgota no campo deste e, ademais, não o contempla totalmente. Há, pois, uma simetria imperfeita entre preceitos fundamentais e princípios constitucionais. Nem todos os preceitos fundamentais são princípios e nem todos os denominados princípios constitucionais são preceitos fundamentais.

Quando se fala em "princípios" é evidente que a noção engloba todas as possíveis espécies que a doutrina assinala (toda a tipologia de princípios). Mas nem todos serão preceitos fundamentais. Parcela destes terá natureza principiológica, mas nem tudo a que se assinala a natureza principiológica será preceito fundamental[607].

---

605. *Tratado de Interpretación Constitucional*, p. 289, original não grifado, t.a.

606. Franco Pierandrei, *L'Interpretazione della Costituzione*, Milano, 1952, p. 496-7, apud Segundo V. Linares Quintana, *Tratado de Interpretación Constitucional*, p. 292, original grifado, t.a.

607. Parece encampar essa visão Clèmerson Merlin Clève, que diferencia entre meros princípios e outros "tidos como fundamentais" (*A Fiscalização Abstrata da Constitucionalidade no Direito Brasileiro*, p. 43).

176

Dessa forma, pode-se afirmar que nem todo princípio constitucional é um preceito fundamental nem todo preceito fundamental será uma norma principiológica, apenas adquirindo essa qualidade na medida em que seja pertencente à categoria dos princípios. Assim, todo princípio é, naturalmente, um preceito, mas não um preceito qualquer, antes apresentando natureza principiológica (já que entre os preceitos existem regras). E será preceito fundamental apenas em casos nos quais se agregar a sua condição principiológica a natureza da fundamentalidade.

3.2.2. Preceitos fundamentais e regras

Uma "simples" regra pode revestir-se da qualidade de preceito fundamental na medida em que se apresente como crucial, vital dentro do sistema jurídico pátrio, embora sem chegar a alcançar o patamar de um princípio, dada sua baixa abstratividade (por se tratar de uma regra). Nem por isso se deixa de compreender algumas regras como cardeais dentro do sistema[608].

Assim, qualitativamente falando, certas normas podem ocupar o mesmo nível que os princípios, para fins de proteção pela medida constitucional especial da arguição de descumprimento. É o que ocorre, v. g., com certas regras que no sistema pátrio são implementadoras de direitos humanos e, como se verá, com regras específicas de separação dos poderes[609].

3.3. A função desempenhada pelos "preceitos fundamentais"

Partindo do pressuposto de que os preceitos fundamentais da Constituição apresentam-se como categoria autônoma formada por princípios e por regras constitucionais, nos termos acima especificados, tem-se, agora, de assinalar a função que cumprem dentro do ordenamento jurídico, sublinhando, principalmente, a eficácia dos *princípios* fundamentais.

Como expressão direta das ideias fundamentais do ordenamento jurídico, não podem deixar de ser consideradas como fontes imediatas das demais normas. Se é certo que, por vezes, muitos dos preceitos fundamentais são utilizados pela hermenêu-

---

608. Parece compartilhar dessa posição Heck, quando afirma que existem decisões do Tribunal Constitucional que contêm princípios constitucionais como critério normativo, "muitas vezes em conexão com artigos da Lei Fundamental" (*O Tribunal Constitucional Federal e o Desenvolvimento dos Princípios Constitucionais*, p. 173).

609. Acerca do uso de nomenclaturas distintas, como direitos fundamentais, humanos, individuais, e outras nomenclaturas, acentue-se que: "A diversificação terminológica constatada encontra relação com a origem e evolução do conceito de liberdades públicas". E, ainda: "Compreendem-se, pois, as liberdades públicas, em seu sentido mais lato (de Direitos Humanos Fundamentais), como as prerrogativas que a norma positivada atribui à pessoa quanto a sua vida, liberdade, igualdade, participação no contexto político, social, público ou as prerrogativas que se reportem a qualquer outro aspecto que afete seu desenvolvimento integral como pessoa, ou que digam respeito às condições de dignidade humana, inclusive quanto aos direitos difusos, e que se constituem, todas elas, numa imposição de respeito exigível relativamente aos demais integrantes da comunidade, bem como, e principalmente, ao Poder Público, assegurada ainda a possibilidade de se acionar instrumentos eficazes na conservação ou reparação desses direitos em caso de sua ameaça ou infração efetiva" (André Ramos Tavares, Liberdades Públicas, in Carlos Valder do Nascimento e Geraldo Magela Alves (coord.), *Enciclopédia do Direito Brasileiro*, v. 1, p. 1 e 8).

tica constitucional, ou seja, apresentam, marcadamente, função interpretativa, nem por isso deixam de apresentar, simultaneamente, a função de fonte do Direito[610].

De outra parte, não se apresentam tampouco como simples normas programáticas, como pautas ou como meras aclamações de desejos inalcançáveis, antes sendo imediatamente aplicáveis e exigíveis. Ainda que concentrem grande carga valorativa, os preceitos fundamentais principiológicos não podem ter sua eficácia normativa afastada.

Tanto é assim que a Constituição brasileira chegou a formular uma medida judicial específica para fins de conferir a necessária guarida a esses preceitos fundamentais, quando descumpridos por aqueles que estariam obrigados a segui-los.

São prescrições jurídicas inafastáveis, ainda quando reveladas como princípios programáticos da Constituição. Não poderia vingar a tese — que teve como ênfase as normas principiológicas — da falta de carga normativa de alguns preceitos, quando a própria Constituição tem criado determinados mecanismos para combater o descumprimento de seus preceitos fundamentais, sem qualquer discriminação quanto a estes. Não são, pois, meros "conselhos" ou "recomendações", ou mesmo "faculdades" dirigidas aos Poderes Públicos. É a clássica lição de Vezio Crisafulli: "Ponto de partida para uma exata inteligência da natureza jurídica dos princípios gerais é o de normas-princípio. Normas-princípio são as normas fundamentais das quais derivam logicamente (e nas quais já estão, portanto, já contidas implicitamente) as normas particulares regulando imediatamente relações e situações específicas da vida real"[611].

Como anota Norberto Bobbio, seguindo as lições de Vezio Crisafulli, "os princípios gerais são normas como todas as outras"[612]. E, ainda, nas palavras de Canosa Usera: "As diretrizes do Código Fundamental são normas e, na medida que não seja materialmente impossível, diretamente vinculantes"[613].

---

610. Pondera Alfredo Buzaid que "Todos os dispositivos da Constituição (...) são *preceitos constitucionais*, e desta maneira, se sobrepõem a qualquer norma da legislatura ordinária (...)". E, mais adiante, complementa: "A substância das normas constitucionais é sempre a mesma e a sua índole resulta não tanto do conteúdo do preceito quanto da forma de sua elaboração. Pode dizer-se que é constitucional tôda norma que foi editada pelo Poder Constituinte e faz parte integrante da Constituição. Errôneo é, portanto, pretender distinguir, numa Constituição, cláusulas mandatórias e diretórias, programáticas ou de orientação, atribuindo-lhes eficácia jurídica diversa. O problema, pelo menos do ponto de vista da declaração de inconstitucionalidade, não está, pois, em verificar a maior ou menor autoridade das normas constitucionais (...)" (*Da Ação Direta de Declaração de Inconstitucionalidade no Direito Brasileiro*, p. 47-9). Para Castro Nunes: "(...) tôda matéria incluída na Constituição é constitucional, inclusive as normas estranhas à organização dos poderes públicos, garantias da liberdade, etc. (...)" (*Teoria e Prática do Poder Judiciário*, p. 582-3, redação original). Ghigliani explica: "La constitución es, en todas y cada una de sus partes, la ley suprema del país, y no cabe examinar entonces el contenido u objeto de sus normas para desconocer esa prioridad a las que tengan simples carácter reglamentario (...). La fuerza de esas normas no depende de su contenido ni de su objeto sino de su inclusión en el instrumento, y todas ellas, sin distinción alguna, forman la constitución, que es la ley prevalediente en el país" (*Del "Control" Jurisdiccional de Constitucionalidad*, p. 4). É conhecida a distinção realizada na jurisprudência norte-americana entre *mandatory provisions* e *directory provisions*, tendo carga normativa vinculante apenas as primeiras.

611. Vezio Crisafulli, *La Costituzione e le sue Disposizioni di Principio*, p. 38, t.a.

612. *Teoria do Ordenamento Jurídico*, p. 158.

613. *Interpretación Constitucional y Fórmula Política*, p. 143, t.a. Pelo caráter normativo dos princípios: Jorge Miranda, *Manual de Direito Constitucional*, t. 2, p. 198 e 217; J. J. Gomes Canotilho, *Direito Constitucional*, p. 165 e s.; Gomes Canotilho e Vital Moreira, *Fundamentos da Constituição*, p. 43; Paulo Bonavides, *Curso de Direito Constitucional*, p. 257 e s.; Rosah Russomano, Das Normas Constitucionais Programáticas, in *As Tendências Atuais do Direito Público*, p. 267-86.

178

Em sua primeira sentença de inconstitucionalidade, o Tribunal Constitucional espanhol pôde observar que: "Os princípios gerais do Direito incluídos na Constituição têm caráter informador de todo o Ordenamento jurídico (...). Mas é também claro que ali onde a oposição entre leis anteriores e princípios gerais plasmados na Constituição seja irredutível, tais princípios, enquanto formam parte da Constituição, participam da força derrogatória da mesma (...) caráter específico do valor aplicativo — e não meramente programático — dos princípios gerais plasmados na Constituição"[614].

Garcia de Enterría observa, enfaticamente, a esse respeito, que: "(...) todos os sujeitos públicos ou privados, enquanto vinculados pela Constituição e chamados a sua aplicação (...), devem aplicar a totalidade de seus preceitos sem possibilidade alguma de distinguir entre artigos de aplicação direta e outros meramente programáticos, que careceriam de valor normativo"[615].

Não se pode, portanto, negar valor normativo (e todas as consequências que essa posição desencadeia) aos preceitos fundamentais da Constituição de 1988.

Quanto às regras que se apresentem como integrantes da noção de "preceitos fundamentais", é preciso insistir que todas elas, igualmente, possuem suficiente força normativa. Assim ocorre com as regras concretizadoras de direitos humanos, bem como com aquelas instituidoras da partilha entre os poderes. Acentua-se, neste estudo, que tanto umas quanto as outras gozam de força normativa — embora nem sempre tenha sido assim quanto às primeiras.

Aliás, se alguma distinção houvesse de ser feita quanto à força normativa dos preceitos fundamentais, seria para colocá-los em posição de destaque em relação aos demais, senão por outros motivos, ao menos por terem sido dotados de medida própria e específica para sua imposição.

Referências bibliográficas

ALEXY, Robert. *Teoría de los Derechos Fundamentales*. 1. reimpr. Tradução por Ernesto Garzón Valdés. Madrid: Centro de Estudios Constitucionales, 1993. 607 p. Tradução de: *Theorie der Grundrechte*. 1986.

BASSI, Antonio Pensovecchio Li. *L'Interpretazione delle Norme Costituzionali: Natura, Metodo, Difficoltà e Limiti*. Milano: Giuffrè, 1972 (Università di Palermo: Pubblicazioni a Cura della Facoltà di Giurisprudenza, 32).

BASTOS, Celso Ribeiro. *Hermenêutica e Interpretação Constitucional*. 2. ed. rev. ampl. São Paulo: IBDC, 1999. 201 p. 1. ed. 1997.

BETTI, Emilio. *Interpretazione della Legge e degli Atti Giuridici: Teoria Generale e Dogmatica*. 2. ed. riv. ampl. Milano: Giuffrè, 1971. 501 p.

---

614. Sentença de 2 de fevereiro de 1981, apud García de Enterría, *Reflexiones sobre la Ley y los Principios Generales del Derecho*, p. 95, nota 4, t.a.

615. *La Constitución como Norma y el Tribunal Constitucional*, p. 68, t.a. No mesmo sentido, cite-se ainda: J. J. Gomes Canotilho, *Direito Constitucional*, p. 183; Konrad Hesse, *Escritos de Derecho Constitucional*, p. 55 e s.

BOBBIO, Norberto. *Teoria do Ordenamento Jurídico*. Tradução por Claudio De Cicco e Maria Celeste Cordeiro Leite dos Santos; revisão técnica por João Ferreira. São Paulo: Polis; Brasília: Ed. Universidade de Brasília, 1990. 184 p. Tradução de: *Teoria dell'Ordinamento Giuridico*. 1982. Original em italiano. 1. reimpr.; 1. impr. 1989.

BONAVIDES, Paulo. *Curso de Direito Constitucional*. 7. ed. rev. atual. ampl. São Paulo: Malheiros, 1997. 755 p.

BUZAID, Alfredo. *Da Ação Direta de Declaração de Inconstitucionalidade no Direito Brasileiro*. São Paulo: Saraiva, 1958.

CANOTILHO, J. J. Gomes. *Direito Constitucional*. 6. ed. rev. Coimbra: Livr. Almedina, 1993.

CAPELLA, Juán-Ramón. *El Derecho como Lenguaje: Un Análisis Lógico*. Barcelona: Ed. Ariel, 1968. 315 p. (Colección Zetein: Estudios y Ensayos, 25).

CAPPELLETTI, Mauro. *O Controle Judicial de Constitucionalidade das Leis no Direito Comparado*. Tradução por Aroldo Plínio Gonçalves. 2. ed. Porto Alegre: SaFe, 1992. Bibliografia: 17-21.

CASTRO NUNES. *Teoria e Prática do Poder Judiciário*. Rio de Janeiro: Forense, 1943.

_____. *Questione Nuovi (e Vecchie) sulla Giustizia Costituzionale*.

CLÈVE, Clèmerson Merlin. *A Fiscalização Abstrata da Constitucionalidade no Direito Brasileiro*. 2. ed. São Paulo: Revista dos Tribunais, 2000.

CRISAFULLI, Vezio. *La Costituzione e le sue Disposizioni di Principio*. Milano: Giuffrè, 1952. 217 p.

DANTAS, Ivo. *Princípios Constitucionais e Interpretação Constitucional*. Rio de Janeiro: Lumen Juris, 1995.

DINIZ, Maria Helena. *Dicionário Jurídico*. São Paulo: Saraiva, 1998. 4 v. v. 3. 469 p. Bibliografia: 676. ISBN 85-02-02746-8 e 85-02-02749-2.

_____. *Lei de Introdução ao Código Civil Brasileiro Interpretada*. 2. ed. atual. aum. São Paulo: Saraiva, 1996. 432 p.

DUCAT, Craig R. *Constitutional Interpretation*. 6. ed. St. Paul: West Publishing Company, 1996. 1506 p. 1. ed. 1974.

DWORKIN, Ronald. *Taking Rights Seriously*. Massachusetts: Harvard University Press, 1997. 371 p. 1. ed. 1977.

ENTERRÍA, Eduardo Garcia de. *La Constitución como Norma y el Tribunal Constitucional*. Madrid: Civitas, 1994. 264 p. 1 ed. 1981.

_____. *Reflexiones sobre la Ley y los Principios Generales del Derecho*.

ESSER, Josef. *Principio y Norma en la Elaboración Jurisprudencial del Derecho Privado*. Tradução por Eduardo Valentí Fiol. Barcelona: Bosch, 1961. 498 p. Tradução de: *Grundsatz und Norm in der Richterlichen Forbildung des Privatrechts*. 1956.

FERREIRA FILHO, Manoel Gonçalves. *Direito Constitucional do Trabalho — Estudos em Homenagem ao Prof. Amauri Mascaro Nascimento*. São Paulo: LTr, 1991. v. 1.

FLÓREZ-VALDÉS, Joaquín Arce y. *Los Principios Generales del Derecho y su Formulación Constitucional*. 1. ed. Madrid: Civitas, 1990. 163 p.

FRANÇA, R. Limongi. *Teoria e Prática dos Princípios Gerais de Direito*. São Paulo: Revista dos Tribunais, 1963.

GHIGLIANI. *Del "Control" Jurisdiccional de Constitucionalidad*. Buenos Aires: Depalma, 1952.

GILES, Thomas Rannsom. *Dicionário de Filosofia: Termos e Filósofos*. São Paulo: EPU, 1993. 265 p. Bibliografia: 124.

GUERRA FILHO, Willis Santiago. *Processo Constitucional e Direitos Fundamentais*. São Paulo: IBDC/CB Editor, 1999. 172 p.

HÄBERLE, Peter. *Teoría de la Constitución como Ciencia de la Cultura*. Madrid: Tecnos, 2000 (tradução da segunda edição original, 1996).

HART, Herbert L. A. *O Conceito de Direito*. Tradução por A. Ribeiro Mendes. 2. ed. Lisboa: Fundação Calouste Gulbenkian, 1996. 348 p. Tradução de: *The Concept of Law*. 2. ed.

HECK. *O Tribunal Constitucional Alemão e o Desenvolvimento dos Princípios Constitucionais: Contributo para uma Compreensão da Jurisdição Constitucional Federal Alemã*. Porto Alegre: Sergio Fabris, Editor, 1995.

HORTA, Raul Machado. O Poder Constituinte do Estado-Membro. *Revista de Direito Público*, v. 88, p. 5-17.

KLEIN, Eckart. The Concept of the Basic Law. In: *Main Principles of the German Basic Law*. Baden-Baden: Nomos Verlagsgesellschaft, 1983.

MAXIMILIANO, Carlos. *Hermenêutica e Aplicação do Direito*. 10. ed. Rio de Janeiro: Forense, 1988. 426 p.

MENDES, Gilmar Ferreira. *Jurisdição Constitucional*. São Paulo: Saraiva.

MIRANDA, Jorge. *Manual de Direito Constitucional*. 3. ed. Coimbra: Coimbra Ed. 1996. t. 2.

PECES-BARBA, Gregorio. *Los Valores Superiores*. 1. reimpr. Madrid: Tecnos, 1986. 173 p. (Pedro Vega (coord.). *Temas Clave de la Constitución Española*).

PÉREZ LUÑO, Antonio E. *Derechos Humanos, Estado de Derecho y Constitución*. 5. ed. Madrid: Tecnos, 1995.

QUINTANA, Segundo V. Linares. *Tratado de Interpretación Constitucional: Principios, Métodos y Enfoques para la Aplicación de las Constituciones*. Buenos Aires: Abeledo-Perrot, 1998. 876 p.

RUSSOMANO, Rosah. Das Normas Constitucionais Programáticas. In: *As Tendências Atuais do Direito Público*. Rio de Janeiro: Forense, 1976.

SCHMITT, Carl. *Teoría de la Constitución*. Reimpr. Madrid: Ed. Revista de Derecho Privado, [s.d.]. 457 p.

STARCK, Christian. Introduction. In: *Main Principles of the German Basic Law*.

TAVARES, André Ramos. Liberdades Públicas. In: NASCIMENTO, Carlos Valder do e ALVES, Geraldo Magela (coords.). *Enciclopédia do Direito Brasileiro*. v. 1. Rio de Janeiro: Forense, 2000.

TRIDIMAS, Takis. *The General Principles of EC Law*. New York: Oxford University Press, 1999.

USERA, Raúl Canosa. *Interpretación Constitucional y Fórmula Política*. Madrid: Centro de Estudios Constitucionales, 1988. 346 p.

VIEIRA, Oscar Vilhena. *A Constituição e sua Reserva de Justiça*. São Paulo: Malheiros, 1999.

Capítulo X
TEORIA DOS ATOS JURÍDICOS DE DIREITO PÚBLICO

1. JUSTIFICAÇÃO DO TEMA

A própria complexidade e dinâmica do ordenamento jurídico faz surgir a necessidade crescente de estabelecer critérios para a identificação das normas, bem como para a determinação da adequação das novas normas às antigas.

Assim, a emissão de uma norma jurídica deve obedecer a um rigoroso e prévio processo legislativo, a fim de que possa adentrar o mundo do Direito com a regularidade que este exige, e dessa maneira passe a ter aptidão para produzir, no mundo dos fatos, os objetivos propostos pelo legislador.

Esses requisitos que precedem a estabilização de uma lei no ordenamento jurídico são denominados validade, vigência e eficácia da norma. Antes deles, porém, há de se concordar sobre a existência ou não de uma lei.

Na verdade, a existência, a validade e a eficácia de uma norma representam os diferentes planos em que esta pode ser analisada. Não se trata, contudo, de noções contidas nas próprias noções das normas, muito menos específicas do tema aqui versado. Antes, pertencem à teoria geral do Direito, e representam os planos de manifestação de qualquer ato jurídico, desde uma lei até mero contrato entre particulares. É por esse motivo que se passa a analisar a teoria do ato jurídico, para que se delimite com precisão o campo de manifestação da inconstitucionalidade das leis, que nada mais é do que a demonstração da invalidade destas[616].

---

616. Como leciona Tercio Sampaio Ferraz Júnior: "(...) com o desenvolvimento das teorias do Direito Público no correr do século XX (entre outros, Duguit, Jèze, Bonnard) aparece uma concepção sistemática que conduz a uma unidade teórica formalizante. O conceito-chave é o de *ato jurídico*, enquanto condutas que positivam o direito e que são executadas por diferentes centros emanadores dotados do poder jurídico de fazê-lo, como o Estado e seus órgãos, a própria sociedade, os indivíduos autonomamente considerados etc. O direito, afirma-se, emana destes atos, que passam a ser considerados teoricamente sua única fonte. Conforme sua origem e sua força de imposição, eles se diferenciam em diversos centros irradiadores hierarquizados, constituindo leis, decretos regulamentares, sentenças, contratos etc. Isso, obviamente, não elimina totalmente o problema dos elementos substanciais, posto que o ato jurídico não deixa de ser uma abstração que tem por base condutas reais de seres humanos com todas as suas condicionalidades. Não obstante, a concepção formal do próprio ato jurídico, como ato autorizado (ato de um sujeito capaz ou competente) conforme normas de competência, permite um modelo hierárquico do ordenamento que chega a prescindir (ou, pelo menos, a escondê-los) de critérios substanciais (como *força* de impositividade do poder emanador), distinguindo-se, assim, no todo, os atos jurídicos estatais produtores de normas gerais (leis, decretos etc.), depois atos jurisdicionais (sentenças), atos estatutários (estatutos de sociedades civis e comerciais), atos negociais (contratos, doações etc.)" (*Introdução ao Estudo do Direito*, p. 224 — grifos do original).

Claro que isso não impede que se reconheçam, em determinados atos jurídicos, requisitos outros além daqueles apresentados pela teoria geral, ou mesmo diferenças significativas quanto a um mesmo elemento, conforme se caminhe de um ramo jurídico para outro (por exemplo, do Direito civil para o constitucional). Há de ter-se presente aqui a advertência de CARVALHO SANTOS: "Ao lado dos requisitos exigidos (...) para a validade dos atos jurídicos em geral, cada ato em particular exige, de acordo com o seu conceito e o fim a que se destina, certos elementos, que, si faltarem, acarretarão a nulidade do ato"[617].

Ressalta-se, contudo, esse aspecto de que são categorias gerais do Direito, e não criações particulares de um setor do Direito, aventadas apenas para atender a determinado instituto jurídico.

A lei é considerada, doravante, pois, como um ato jurídico[618], para efeitos de ser decomposta, em cada um dos planos acima mencionados (existência, validade e eficácia), em seus elementos conformadores. Ou, o que dá no mesmo, far-se-á uma análise detida de cada um dos aspectos que perfazem cada um dos três planos mencionados (da existência, da validade e da eficácia) da norma, captada esta em sua realidade mais profunda, em sua categoria última, vale dizer, como ato jurídico que é. Fica, pois, a seguinte noção, a ser trabalhada adiante: o ato jurídico veiculador de norma recebe a denominação ampla de lei.

Parte-se, pois, da ideia de que a lei é categoria de ato jurídico[619]. Nesse diapasão, há de se lhe distinguir[620] a existência e a validade, bem como eficácia, como dimensões diversas (embora não totalmente independentes, como se verá). Dá-se por certo, pois, que essa distinção é perfeitamente aplicável às normas jurídicas[621].

2. CLASSIFICAÇÃO DOS ATOS JURÍDICOS

Não existe uma única classificação doutrinária acerca dos atos jurídicos. Muito pelo contrário, muitos são os que se propuseram a apresentar uma classificação própria para justificar a apreensão do fato (ou ocorrência) da natureza pelo mundo jurídico. Não se pode deixar de recorrer aqui à doutrina civilista, porque representa o setor jurídico que mais se estendeu nos estudos acerca do fato ou ato jurídicos.

PONTES DE MIRANDA pronuncia-se acerca da necessidade da referida classificação: "O mundo jurídico não é mais do que o mundo dos fatos jurídicos, isto é, daqueles suportes fácticos que logram entrar no mundo jurídico. A soma, tecido ou aglomerado

---

617. J. M. de Carvalho Santos, *Código Civil Brasileiro Interpretado*, v. 2, p. 276 (grafia do original).

618. Há quem não encare sob essa ótica. O próprio Kelsen, quando fala em uma perspectiva dinâmica, entende o Direito como um conjunto "de normas jurídicas e de atos jurídicos determinados por essas normas" (*Teoria Geral do Direito e do Estado*, p. 43-4).

619. Não se trata, como quer Marcelo Neves, de mera "analogia" com a distinção entre existência e validade dos atos jurídicos em Direito civil (cf. *Teoria da Inconstitucionalidade das Leis*, p. 41).

620. O ato de dividir, dividir para classificar, e assim compreender, é um método muitas vezes imprescindível.

621. Distinguindo os três planos a que se fez referência, podem ser citados, dentre outros, Pontes de Miranda (*Comentários à Constituição de 1946*, t. 6, p. 418-20) e Marcelo Neves (*Teoria da Inconstitucionalidade das Leis*, p. 41).

de suportes fácticos que passaram à dimensão jurídica, ao *jurídico*, é o mundo jurídico. Nem todos os fatos jurídicos são idênticos. Donde o problema inicial de os *distinguir* e de os *classificar*"[622].

Na doutrina de PONTES DE MIRANDA, os denominados fatos jurídicos dividem-se em: a) fatos jurídicos *stricto sensu*; b) fatos jurídicos *ilícitos* (contrários a direito), compreendendo aqui: b.1) fatos ilícitos *stricto sensu*; b.2) atos-fatos ilícitos; b.3) atos ilícitos (de que os *atos* ilícitos *stricto sensu* são espécie, como os atos ilícitos caducificantes); c) atos-fatos jurídicos; d) atos jurídicos *stricto sensu*; e) negócios jurídicos. Reconhece ainda, contudo, haver figuras jurídicas que são suscetíveis de entrada em mais de uma classe[623].

Segundo SILVIO RODRIGUES, ter-se-ia como mais apropriado classificar os fatos jurídicos da seguinte maneira: 1) os *fatos jurídicos em sentido estrito*, isto é, os fatos que não envolvem qualquer ato humano por advirem de forças alheias ao homem; e 2) *atos jurídicos*, ou *atos jurígenos*, caracterizados como atos humanos. Estes, por seu turno, subdividir-se-iam — ainda conforme SILVIO RODRIGUES — em: 2.a) *ilícitos*, se desconformes à lei, ou: 2.b) *lícitos*, se afinados com os mandamentos legais. E ainda, dentre estes últimos, os atos lícitos, distinguir-se-iam — como propõe o ilustre civilista — entre: 2.b.1) *negócio jurídico*: os atos inspirados num propósito negocial, ou seja, na deliberação de alcançar um efeito jurídico; 2.b.2) *atos meramente lícitos*, em que o efeito jurídico alcançado não é perseguido pelo agente que produz o ato[624].

Aparta-se, portanto, dentro do campo dos fatos jurídicos, entre os eventos alheios à atividade humana (*fatos jurídicos em sentido estrito*) e os atos humanos.

Pelo sistema do Código Civil, contudo, distingue-se entre ato jurídico e ato ilícito. Outrossim, não se distingue, no *Codex*, entre o negócio jurídico e o ato meramente jurídico.

Seguindo as lições de DEL VECCHIO, ELIVAL DA SILVA RAMOS esclarece que há dois grandes grupos onde as situações fáticas são situadas: o dos fatos simples e o dos fatos jurídicos. Este seria, pois, o ponto de partida, considerando que os "(...) *fatos simples* são aqueles que não produzem consequências relevantes para o Direito; *fatos jurídicos* são aqueles que produzem tais efeitos, isto é, que são tomados em consideração pelas normas no sentido de que deles depende o nascimento, a modificação ou a extinção de uma obrigação ou de uma faculdade"[625].

Os fatos jurídicos, ainda segundo ELIVAL DA SILVA RAMOS, dividem-se em fatos naturais e fatos humanos. Estes são denominados *atos jurídicos em sentido amplo*,

---

622. Pontes de Miranda, *Tratado de Direito Privado*, t. 2, p. 183 — grifos do original.

623. Pontes de Miranda, *Tratado de Direito Privado*, t. 2, p.184. A classificação, contudo — lembra Pontes de Miranda —, não chega a ser absoluta, podendo ocorrer figuras jurídicas que são suscetíveis de entrada em mais de uma classe, conforme a espécie. Foge totalmente, contudo, dos objetivos aos quais se propõe este estudo apresentar classificações completas, antes importando a caracterização exata das grandes classes em que se subdividem os fatos jurídicos, para fins de enquadramento da lei e, assim, caracterização de seus elementos estruturais e de validade, como categoria de fato jurídico (em seu sentido amplo admitido por Pontes).

624. Silvio Rodrigues, *Direito Civil*, v. 1, p. 170-1.

625. Elival da Silva Ramos, *A Inconstitucionalidade das Leis*, p. 5.

184

sendo ainda subdivididos, *grosso modo*, em *atos jurídicos lícitos* e *ilícitos*. Todavia esta última subdivisão não esgota as possibilidades de abarcar o ato jurídico em seu sentido lato. É por isso que, observa ainda o autor que, "(...), dentro da categoria dos atos lícitos é possível identificar uma classe de atos para os quais a vontade humana é realmente nuclear"[626]. Nesse sentido é que se propõe a divisão dos atos jurídicos (em sentido lato) em atos jurídicos em sentido estrito e negócios jurídicos.

O Direito reconhece como lícitos certos comportamentos humanos, capazes de gerar efeitos, que têm a existência de uma vontade e sua manifestação como elementos absolutamente secundários e eventuais[627]. Seriam os atos jurídicos *stricto sensu*.

Já para MIGUEL REALE, o ato jurídico implica declaração de vontade. Dentro da classificação encampada acima, designar-se-iam, pois, rigorosamente falando, os *negócios jurídicos*. E estes, segundo abalizada opinião de BARILE[628], podem ser tanto de Direito Privado quanto de Direito Público.

3. DIMENSÕES DE MANIFESTAÇÃO DO ATO JURÍDICO

Os atos jurídicos, sentido lato, podem ser considerados como peças componentes do sistema jurídico. A partir dessa perspectiva, o Direito apresenta-se como um sistema pluridimensional, como se passa a expor.

Os atos jurídicos lícitos, como categoria geral, nuclearmente constituídos por uma declaração de vontade, vale dizer, como negócios jurídicos, irradiam-se por planos diferentes, que cumpre aclarar. Como adverte SILVIO RODRIGUES, "A doutrina, (...), distingue os elementos estruturais do *negócio* jurídico, isto é, os elementos que constituem seu conteúdo, dos pressupostos ou requisitos de validade, (...)"[629].

Estão aí expostos dois planos em que devem ser considerados os atos jurídicos, o plano da existência e o plano da validade. Para além destes, tem-se o plano da eficácia dos atos jurídicos[630].

Portanto, três são os planos de manifestação do ato jurídico: existência, validade e eficácia[631]. BISCARETTI DI RUFFIA distingue entre perfeição, validade e eficácia dos atos jurídicos[632]. É a terminologia seguida por CELSO ANTÔNIO BANDEIRA DE MELLO,

---

626. Elival da Silva Ramos, *A Inconstitucionalidade das Leis*, p. 7.

627. Cf. Giorgio Del Vecchio, *Filosofia del Derecho*, 5. ed., Barcelona, Bosch, 1947, p. 412 (apud Elival da Silva Ramos, *A Inconstitucionalidade das Leis*, p. 7, nota n. 9).

628. Paolo Barile, *Instituzioni di Diritto Pubblico*, p. 407.

629. Silvio Rodrigues, *Direito Civil*, v. 1, p. 181.

630. Correspondendo aos três planos analisados, Tercio Sampaio Ferraz Júnior fala em *imperatividade*, *validade* e *efetividade* (*Teoria da Norma Jurídica*, p. 105-39).

631. Nesse sentido: Biscaretti di Ruffia (*Derecho Constitucional*, p. 176); Pontes de Miranda (*Tratado de Direito Privado*); Marcelo Neves (*Teoria da Inconstitucionalidade das Leis*); Elival da Silva Ramos (*A Inconstitucionalidade das Leis*); Tercio Sampaio Ferraz Júnior (*Teoria da Norma Jurídica*); Oswaldo Aranha Bandeira de Mello (*Princípios Gerais de Direito Administrativo*); Celso Antônio Bandeira de Mello (*Elementos de Direito Administrativo*, p. 119-29); José Cretella Júnior (Negócio Jurídico Administrativo, *Revista dos Tribunais*, v. 624, p. 21-31) e Marcos Bernardes de Mello (*Teoria do Fato Jurídico*).

632. Cf. *Derecho Constitucional*, p. 176.

aplicada à teoria dos atos administrativos[633]. A distinção é idêntica àquela aqui apresentada, entre existência, validade e eficácia jurídicas[634].

Embora sejam todos os três planos distintos, apresentam uma conexão entre si que não pode ser olvidada, mas que igualmente não pode levar à confusão de noções. É que, muitas vezes, revela-se tão forte essa ligação que se acaba gerando, na doutrina, tamanha balbúrdia que se torna impossível analisar outros fenômenos, dependentes de uma correta distinção entre os três planos. É em virtude disso que se realiza, a seguir, uma apresentação dos três planos de possível análise do negócio jurídico, e que servirão como panorama geral para analisar, num passo seguinte, cada um dos planos particularizadamente.

Com PONTES DE MIRANDA, pode-se asseverar que "Para que algo valha é preciso que exista. Não tem sentido falar-se de validade ou de invalidade a respeito do que não existe. A questão da inexistência é questão prévia. Somente depois de se afirmar que existe é possível pensar-se em validade ou em invalidade. (...) se não houve ato jurídico, nada há que possa ser válido ou inválido. Os conceitos de validade ou de invalidade só se referem a atos jurídicos, isto é, a atos humanos que entraram (plano da existência) no mundo jurídico e se tornaram, assim, atos jurídicos"[635]. "Defeituosidade não é inexistência. Para ter defeito, ou defeitos, é preciso existir"[636]. "Portanto, distinguem-se os planos da 'existência' e da validade"[637].

Assim, de acordo com ELIVAL DA SILVA RAMOS, "O primeiro desses planos é o da *existência*. Com efeito, todo negócio jurídico se compõe de determinados elementos estruturais, sem os quais não se pode reconhecer a sua presença"[638]. Junqueira de Azevedo esclarece: "O negócio inexistente é, na verdade, um 'negócio aparente'; a aparência é a sua essência"[639].

Num segundo plano, manifestam-se os atos jurídicos no aspecto da validade, ou seja, "passa-se a examinar a regularidade de seus elementos integrantes, sob o parâmetro das exigências normativas"[640]. Observe-se aqui que "Os atos inválidos (nulos ou anuláveis) são sempre, necessariamente, atos existentes, donde se poder afirmar com Pontes de Miranda: eles são, posto que nulamente sejam"[641]. Embora inválidos (e a invalidade é colmatada com a nulidade, absoluta ou parcial), não se lhes pode negar existência.

---

633. *Elementos de Direito Administrativo*, p. 119-29.

634. A utilização do termo "perfeição", em vez de pertença ou existência jurídica é desaconselhável, visto que a norma inválida e, pois, que é existente, caracteriza-se exatamente pela imperfeição jurídica em sua formação. Como anota Marcelo Neves, comentando o emprego dessa terminologia, "(...) a norma inválida (espécie de norma 'perfeita' na terminologia de Biscaretti di Ruffia) caracteriza-se pela defeituosidade, viciosidade ou irregularidade jurídica" (*Teoria da Inconstitucionalidade das Leis*, p. 51, nota n. 39).

635. Pontes de Miranda, *Tratado de Direito Privado*, v. 4, p. 6-7 — grafia do original.

636. Pontes de Miranda, *Tratado de Direito Privado*, v. 4, p. 30.

637. Marcelo Neves, *Teoria da Inconstitucionalidade das Leis*, p. 41.

638. Elival da Silva Ramos, *A Inconstitucionalidade das Leis*, p. 8.

639. Antonio Junqueira de Azevedo, *Negócio Jurídico e Declaração Negocial*, p. 96.

640. Elival da Silva Ramos, *A Inconstitucionalidade das Leis*, p. 9.

641. Elival da Silva Ramos, *A Inconstitucionalidade das Leis*, p. 9.

Já no que se refere à sanção cominada para o caso de se constatar a invalidade da lei, a extrema variação que o tema sofre impede a construção de um modelo único, geral, dependendo, outrossim, para que se leve a cabo este estudo, averiguar a maneira pela qual determinado ordenamento jurídico tratou especificamente do assunto.

Por fim, existe um terceiro plano de manifestação do ato jurídico. "A despeito da presença de todos os elementos estruturais do ato e do preenchimento dos requisitos de validade para eles estabelecidos, determinado negócio jurídico pode não gerar os efeitos esperados pelas partes, em face da atuação de um fator de eficácia, que, embora muitas vezes fazendo parte do suporte fático do ato, é extrínseco à declaração negocial"[642].

É imprescindível ter em consideração que esses três planos estão intensamente inter-relacionados. Contudo, não chega a se constituir "uma relação de sucessão lógica entre eles, de maneira que o insucesso do negócio em um primeiro plano obsta a sua projeção nos demais"[643]. Há de discordar aqui, embora parcialmente, da afirmação de que "(...) o sucesso do ato jurídico no primeiro plano permite a sua projeção em um segundo, onde o seu fracasso será impeditivo da projeção no último plano, no qual, portanto, apenas se projetam os negócios bem-sucedidos nos dois primeiros planos"[644], como pretende ELIVAL DA SILVA RAMOS.

É que, embora não se possa avaliar a validade de ato jurídico inexistente, pode ocorrer, contudo, como se demonstrará oportunamente, que um ato existente, porém inválido, adquira eficácia jurídica, o que, segundo a teoria defendida por ELIVAL DA SILVA RAMOS, seria inviável em termos lógicos.

É imperioso que se estabeleça, com absoluta precisão, quais os elementos estruturais de um ato jurídico, e que, pois, conferem-lhe, do ponto de vista jurídico, a existência. De outra sorte, o mesmo deve ser feito com relação à validade dos atos jurídicos. Da mesma forma, no que se refere à relação entre existência e validade, de um lado, e eficácia, de outro.

Interessa aqui, mais de perto, delinear os planos da existência, validade e eficácia do *ato legislativo* como ato jurídico (sentido amplo), reconhecendo seus elementos (estruturais), requisitos (de validade) e fatores de eficácia. Somente após essa tarefa é que estará o operador do Direito apto a entender o sistema dos vícios dos atos jurídicos em geral e, dentre estes, das leis, com as suas respectivas sanções (nulidade/anulabilidade).

Em outras palavras, mister se faz verificar qual elemento, requisito ou fator dos diversos planos em que se pode projetar o ato jurídico encontra-se viciado, e, a partir desse dado, identificar qual a sanção cominada a tal defeito, bem como os efeitos de tal sanção. Para ilustrar, tome-se o plano da validade, em que pode ocorrer vício em algum de seus requisitos, gerando a invalidade do negócio jurídico, com a consequente nulidade do negócio (sanção), identificando-se, ainda, os efeitos próprios dessa sanção (por exemplo, efeitos *ex tunc* — impróprios — para o caso da nulidade absoluta).

---

642. Elival da Silva Ramos, *A Inconstitucionalidade das Leis*, p. 10-1.
643. Elival da Silva Ramos, *A Inconstitucionalidade das Leis*, p. 11.
644. Elival da Silva Ramos, *A Inconstitucionalidade das Leis*, p. 11.

A distinção entre o primeiro e o segundo plano (não adotada na teoria kelseniana) encontra-se amparada mais fortemente na ideia de que alguns vícios são tão graves que geram a inexistência para fins jurídicos do ato supostamente (aparentemente — aparência que é sua essência) jurídico (no sentido de pertença ao mundo jurídico, ao sistema de Direito em apreço).

A tarefa, contudo, é árdua, dada a escassa e o mais das vezes contraditória doutrina existente a respeito[645]. Muito mais desenvolvido está, aqui — como, aliás, em muitos outros temas —, o Direito Privado, pelo que não se prescindirá de algumas referências à teoria civilista. No campo do Direito Público, foi praticamente no Direito Administrativo que se trouxe a lume tais questões, aprofundando-se seu estudo. A teoria geral do Direito, à qual cumpriria esclarecer esses aspectos, não chega a uma apresentação satisfatória da matéria.

3.1. Distinção entre existência e validade jurídicas

Dada a importância do tema, e sua relevância para as conclusões aqui adotadas, e tendo em vista que a doutrina kelseniana não apartou existência de validade, antes confundindo as duas instâncias, cumpre aclarar a diferença entre ato jurídico inexistente e ato jurídico inválido, se bem que, posteriormente, serão apresentados os elementos e requisitos, respectivamente, para que se reputem existentes e válidos, respectivamente, os atos jurídicos.

Abordando o tema da existência e da validade dos atos jurídicos, PONTES DE MIRANDA[646] utiliza-se das noções de *suficiência* e *eficiência* (não confundir esta última com eficácia), aplicadas relativamente aos respectivos suportes fáticos dos atos jurígenos.

Assim, a suficiência do suporte fático veiculador do ato jurídico determina sua existência jurídica. Já a eficiência do suporte fático implica a validade do ato jurídico, significando que se satisfizeram todos os requisitos prescritos pelo ordenamento jurídico[647].

---

645. J. Cretella Júnior, referindo-se ao Direito Administrativo, que, neste ponto, ateve-se mais ao estudo desse problema, em função mesmo da própria realidade (dada a existência incontroversa do assim denominado contrato público), como que desabafa: "Embora a doutrina italiana esteja de acordo quanto ao conceito do 'assim chamado' *negócio jurídico de Direito Público*, enfatizando, na definição, as expressões 'declarações de vontade' ou 'manifestações volitivas' da Administração, complementadas pela expressão 'produtora de efeitos jurídicos', o desacordo é total — e até contraditório — desorientando o estudioso, quando os mesmos autores passam a exemplificar o instituto (que eles denominam de 'meros') *atos administrativos*, ora de *contratos de Direito Público*, ora de *contratos de Direito Privado*, celebrados pelo Estado" (Negócio Jurídico Administrativo, *Revista dos Tribunais*, v. 624, p. 31).

646. Pontes de Miranda, *Tratado de Direito Privado*, t. 4, § 356, p. 3-7.

647. Anota Pontes de Miranda: "Para que o ato jurídico possa valer, é preciso que o mundo jurídico, em que se lhe deu entrada, o tenha por apto a nêle atuar e permanecer. É aqui que se lhe vai exigir *eficiência*, quer dizer — o não ser deficiente; porque aqui é que os seus efeitos se terão de irradiar (*eficácia*). A sua eficiência é a afirmação de que o seu suporte fáctico não foi deficiente, — satisfez todos os pressupostos (...).

"(...) O ordenamento jurídico sòmente atribui validade ao ato jurídico que corresponde a suporte fático que é suficiente e eficiente, isto é, suficiente e não deficiente ou não deficitário: porque é suficiente, entra no mundo jurídico como negócio jurídico ou como ato jurídico *stricto sensu*; se bem que seja deficiente. Quando se trata de saber quais são os negócios jurídicos, ou os atos jurídicos *stricto sensu*, válidos, o que importa é arrolaram-se os pressupostos de validade, que o mesmo é dizer-se de não ocorrência de causas de nulidade ou de anulabilidade. (...)" (*Tratado de Direito Privado*, t. 4, p. 4-5 — grafia do original).

188

Quando se fala em inexistência e invalidade, está-se lidando com um problema de defeito ou vício na formação da norma, que resulta da "(...) incapacidade de o ato que a estabelece ser reconhecido como apto a produzi-la. (...)"[648]. Esse ato pode não ter nenhum sentido de dever ser, pelo que é considerado inexistente, ou pode apresentar esse sentido, mas com vícios relacionados a defeitos pela desobediência a exigências específicas do sistema. Nesse caso, o ato é inválido, e o regime a ele aplicável, como se verá a seu tempo, depende do sistema jurídico analisado, podendo ser tanto sua nulidade quanto anulabilidade (categorias gerais traçadas pela doutrina).

É perfeitamente viável (embora pouco desejável) a existência jurídica de normas inválidas. O problema está intrinsecamente ligado ao da ocorrência de antinomias no sistema jurídico. As antinomias verticais ocorrem justamente porque as normas que ingressaram no sistema (= existência jurídica) podem ter ingressado de maneira deficitária, embora tenham ingressado.

Tercio Sampaio reconhece a importância da distinção entre normas inexistentes e normas inválidas, ao assinalar que se "(...) sente a necessidade de qualificar certas prescrições que são postas e adquirem a *aparência* de normas, com um cuidado especial. (...)"[649]. E exemplifica com o caso de uma sentença prolatada por quem não é juiz e uma sentença prolatada por quem é juiz, mas absolutamente incompetente quanto à matéria julgada. No primeiro caso, a sentença é inexistente; no segundo, é ela existente, embora inválida. A essa específica invalidade (da sentença), o sistema liga, como efeito, a nulidade do ato[650]. No caso da lei, as consequências poderão ser as mais diversas, como se verá.

Assim, pode-se dizer que um ato inexistente é um ato que nunca foi válido, no sentido de que nunca chegou a ser avaliado sob essa perspectiva. Em termos práticos, a sanção de nulidade pretende como que desqualificar o ato desde seu nascedouro, como se inexistente fosse, como se o ato nulo o fosse *ab initio*, *ope iure*, sem qualquer ressalva ou exceção[651].

4. PRIMEIRA DIMENSÃO: EXISTENCIAL OU ESTRUTURAL DO ATO JURÍDICO

Utiliza-se aqui o termo *pertença* como delimitador da *existência* jurídica da norma, como aquilo que faz parte de alguma coisa. Já a *pertinência* designa a adequabilidade de alguma coisa (existente) em relação a outra e, nesta medida, refere-se à validade das normas, segundo tenham obedecido aos critérios traçados por norma de escalão superior[652].

---

648. Tercio Sampaio Ferraz Júnior, *Introdução ao Estudo do Direito*, p. 216.

649. Tercio Samapio Ferraz Júnior, *Introdução ao Estudo do Direito*, p. 215 — grifos do original.

650. Cf. Arruda Alvim e Teresa Arruda Alvim Pinto, *Nulidades Processuais*.

651. Nesse sentido, Tercio Sampaio Ferraz Júnior, *Introdução ao Estudo do Direito*, p. 215.

652. Acompanha-se aqui Pontes de Miranda e, em parte, Marcelo Neves. Este, criticando o fundamento da distinção entre existência e validade apresentado em Pontes de Miranda, anota: "(...) o conceito de 'existência' das normas em Pontes de Miranda é um indício de seus pressupostos naturalistas. As normas jurídicas, enquanto proposições integrantes de um sistema nomoempírico prescritivo, não estão no plano do *ser*, constituindo estruturas de significação deôntica (*dever ser*), condicionadas e condicionantes de um determinado contexto fático-ideológico. Apesar de fundadas na

Importa aqui, dentre os atos jurídicos (sentido amplo), salientar os elementos dos negócios jurídicos.

Quanto aos elementos de existência do ato jurídico, em Direito Público, não se apresenta qualquer particularidade, haja vista estarem todos os elementos presentes na categoria geral do instituto.

Como primeiro elemento constitutivo do negócio jurídico pode ser elencada a declaração de vontade humana.

ELIVAL DA SILVA RAMOS, embora reconhecendo ser comum atribuir aos atos jurídicos uma expressão volitiva[653], esclarece, com muita propriedade, como já observado, que apenas para uma categoria, na qual está incluída a lei, é que "(...) a vontade humana é realmente nuclear"[654]. Essa categoria é a do negócio jurídico (inserido na noção de ato jurídico em sentido amplo).

Como observa SILVIO RODRIGUES, dentre "(...) os elementos essenciais do negócio jurídico figura, em primeiro lugar, a *vontade humana*, pois, vimos, o ato jurídico é fundamentalmente um ato de vontade. Todavia, como a vontade é um elemento de caráter subjetivo, ela se revela através da declaração, que, desse modo, constitui, por sua vez, elemento essencial"[655].

Trata-se de característica essencial do negócio jurídico (e não apenas dos negócios jurídicos de Direito Privado). A declaração de vontade é a exteriorização, no plano real, de uma decisão, que tanto pode ser a decisão de particulares que realizam um negócio jurídico entre si quanto a decisão legislativa, representada pela lei, também como negócio jurídico que é.

O segundo elemento estrutural do negócio jurídico, no plano de sua existência, é seu objeto, que aqui há de ser aquilatado através do prisma de sua idoneidade. Como assevera SILVIO RODRIGUES, esse elemento "(...) tem a ver com a idoneidade do objeto, em relação ao negócio que se tem em vista"[656].

O terceiro elemento diz respeito ao agente que pratica o negócio jurídico.

---

realidade e a ela dirigidas, não têm existência real, mas sim autoconsistência significativa. Assim sendo, embora sejam de adotar-se elementos teóricos da distinção pontiana entre 'existência' e validade dos atos jurídicos, cabe reinterpretá-la quando de sua aplicação às normas jurídicas. Daí por que preferimos, em substituição ao vocábulo 'existência', empregar o termo 'pertinência', significando que uma determinada norma integrou-se (regular ou irregularmente) a um determinado ordenamento jurídico e ainda não foi expulsa por invalidade ou revogada. (...)" (Marcelo Neves, *Teoria da Inconstitucionalidade das Leis*, p. 42 — grifado no original). A relação de pertinência, contudo, parece mais próxima da ideia de validade, como exposto. Daí afigurar-se mais apropriado falar em *pertença*, para designar a existência do ato jurídico. A existência, portanto, é compreendida como "existência jurídica", e não como existência fática. Neste ponto, está-se de acordo com Marcelo Neves, o que não impede, contudo, de continuar empregando o termo *existência*, uma vez realizada, preliminarmente, esta breve advertência. Assim, a pertinência, na nomenclatura aqui adotada, diz respeito à validade, no mesmo sentido que a emprega Tercio Sampaio Ferraz Júnior, ao conceituar esta como "(...) uma qualidade da norma que designa sua pertinência ao ordenamento, por terem sido obedecidas as condições formais e materiais de sua produção e consequente integração no sistema (...)" (*Introdução ao Estudo do Direito*, p. 202).

653. Como o faz Silvio Rodrigues, ao referir-se ao ato jurídico, declarando: "(...) é fundamentalmente um ato de vontade, visando um fim" (*Direito Civil*, v. 1, p. 179).

654. Elival da Silva Ramos, *A Inconstitucionalidade das Leis*, p. 6.

655. Silvio Rodrigues, *Direito Civil*, v. 1, p. 181 — grifos do original.

656. Silvio Rodrigues, *Direito Civil*, v. 1, p. 181.

Por fim, na teoria geral do ato jurídico, o quarto elemento existencial é a forma. Em Direito Privado, a forma é essencial "(...) quando da substância do ato, pois sem ela o ato nem sequer existe"[657]. Também em Direito Público, a forma assume especial relevância, na medida em que há sempre de ser pública, sob pena de inexistência do ato.

4.1. Da existência do ato especificamente legislativo

Fala-se em "ato legislativo" porque se trata de expressão corrente. Contudo, importa considerar o ato legislativo como espécie de negócio jurídico, conforme já anotado.

Vale aqui a apresentação de uma hipótese que identificará esse plano de manifestação da norma jurídica, cogitada por TERCIO SAMPAIO FERRAZ JÚNIOR, embora em outra perspectiva, mas que bem se adapta ao presente objetivo de identificar normas existentes e inexistentes: "(...) alguém vai estacionar o carro numa rua; o jornaleiro da esquina, incomodado pelo carro diante de sua banca, chega e diz ao motorista: 'aqui é proibido estacionar'. Nesta asserção estão presentes o *functor* (é proibido) e o relato ou conteúdo (a descrição da ação de estacionar). O vínculo relacional ou cometimento está adequadamente expresso pelo *functor*: 'é proibido', o qual mostra uma relação de autoridade. Mas qualquer um percebe que não se trata de uma norma jurídica. Porém, se não é o jornaleiro, mas um guarda de trânsito que diz: 'Aqui é proibido estacionar', a situação muda. O motorista percebe que está diante de uma norma jurídica"[658].

Nenhum exemplo poderia ser mais elucidativo para apartar uma norma inexistente de outra existente. Evidentemente que o guarda pode ter agido com excesso ou abuso de poder, e, nesse sentido, a norma que proclama, embora existente, é inválida. De outra parte, o guarda poderia ser, na realidade, um simples particular (ex-policial) "disfarçado de guarda". Nesse caso, a norma é inexistente, porque, a despeito de haver um comando verbalizado em forma de dever-ser, e de um (aparente) policial, a aparência constitui a essência do fenômeno, porque o agente não estava apto a exarar normas, constituindo vício grave, que afeta a existência jurídica do suposto ato (de Direito Público) assim prolatado.

A verificação da existência de uma norma jurídica como tal, ou seja, como norma jurídica, e não como uma realidade empírica qualquer, vale dizer, como pertencente ao mundo do dever-ser e não ao do ser, há de ser realizada em termos objetivos.

Assume-se, pois, o entendimento segundo o qual não importa saber se determinado cidadão ou um conjunto de cidadãos simplesmente ignoram determinada norma, ou seja, se na consciência dos homens certa norma era simplesmente inexistente[659].

---

657. Silvio Rodrigues, *Direito Civil*, v. 1, p. 182.

658. Tercio Sampaio Ferraz Júnior, *Introdução ao Estudo do Direito*, p. 173.

659. Esse tipo de constatação não apresenta qualquer relevância jurídica. Tenha-se em vista o princípio geral de Direito, consagrado expressamente no ordenamento brasileiro, da presunção de conhecimento da lei por todos: "ninguém se escusa de cumprir a lei, alegando que não a conhece" (art. 3º da Lei de Introdução ao Código Civil). Ademais, seria tarefa pouco afinada com o Direito a de perscrutar os conhecimentos subjetivos de determinados indivíduos acerca das leis. Por fim, pode haver o

Contudo, antes de ingressar na análise da existência da lei, cumpre acentuar que a Constituição em sentido material, a que faz referência KELSEN, ou as normas de reconhecimento, de HART, ou o núcleo normativo originário, a que se refere MARCELO NEVES, também podem ter suas existências averiguadas. Contudo, não podem ser reputados válidos ou inválidos, do ponto de vista do Direito Positivo. Para MARCELO NEVES, a existência jurídica se dá, nesses casos, de maneira inversa: "enquanto funciona como critério de pertinência e de validade das demais normas do sistema, ou seja, por exercer uma função normativa intrassistemática. (...)"[660]. Pode-se afirmar, contudo, que a efetividade da Constituição ou do complexo normativo originário é que confere existência a determinado sistema. Assim, se uma Constituição é outorgada, mas não atinge um mínimo de consenso, nem é observada, não pode ser considerada existente. É a eficácia de uma Constituição que lhe confere a existência jurídica[661].

Em sede de Direito Público, particularmente no tocante às leis, quatro são os elementos estruturais, tal como ocorre com os negócios jurídicos em geral[662].

O primeiro dos elementos do negócio jurídico no Direito Público, ou seja, o agente, apresenta-se, nesta seara, como uma constante, ou seja, sempre o poder estatal, o órgão juridicamente investido da capacidade de produzir normas jurídicas, sejam elas gerais ou individuais, há de estar presente.

É apoiando-se nesse primeiro elemento que afirma TERCIO SAMPAIO FERRAZ ser a inexistência "(...) um conceito que se aplica à norma que não chega a entrar no sistema, pois o seu centro emanador não é aceito absolutamente como fonte do direito do sistema; (...)"[663].

O poder normativo está distribuído, no ordenamento jurídico, entre o Poder Executivo e o Poder Legislativo, concentrando-se, é certo, neste último, com maior intensidade do que naquele[664], embora este atue, em regra, mediante colaboração daquele.

---

completo desconhecimento da norma pelo indivíduo e, ainda assim, ser ela cumprida (objetivamente falando). A esse respeito, Kelsen oferece interessante hipótese: "Se — contra seu impulso instintivo — um indivíduo se abstém de assassinato, adultério, roubo, porque acredita em Deus e se sente obrigado pelos Dez Mandamentos, e não porque teme a punição que certas ordens jurídicas vinculam a esses crimes, as normas jurídicas — pelo menos no que diz respeito a esse indivíduo — são completamente supérfluas; não possuindo efeito algum, de um ponto de vista psicológico, elas até mesmo inexistem em relação a esse indivíduo" (*Teoria Geral do Direito e do Estado*, p. 31).

660. Marcelo Neves, *Teoria da Inconstitucionalidade das Leis*, p. 43.

661. Cf. Marcelo Neves, *Teoria da Inconstitucionalidade das Leis*, p. 43.

662. "Dentre os elementos que participam da formação do ato legislativo (em sentido formal) destacamos quatro que parecem ser os nucleares e que, aliás, correspondem aos elementos estruturais dos negócios jurídicos em geral: agente, manifestação de vontade, objeto e forma" (Elival da Silva Ramos, *A Inconstitucionalidade das Leis*, p. 25). Marcelo Neves, quando trata do que designa como pertinência ao ordenamento (que é a existência jurídica), menciona apenas o órgão do sistema ou um fato costumeiro: "Do ponto de vista interno, uma norma pertence ao ordenamento jurídico: 1) quando emana de um *ato* formal de órgão do sistema, isto é, de órgão previsto direta ou indiretamente no núcleo normativo originário, e ainda não desconstituída por invalidade ou revogada; 2) quando resulta de *fato* costumeiro, a que o núcleo normativo originário, direta ou indiretamente, atribui efeito normativo. Em outras palavras, pertencem ao sistema jurídico todas as normas que possam retrotrair imediata ou mediatamente ao núcleo normativo que estabelece os órgãos e/ou fatos básicos de produção jurídica. (....)" (*Teoria da Inconstitucionalidade das Leis*, p. 43 — grifos do original).

663. Tercio Sampaio Ferraz Júnior, *Introdução ao Estudo do Direito*, p. 216.

664. Como observa Elival da Silva Ramos, "O agente do ato legislativo é pessoa jurídica de direito público com capacidade política, qualificada pela circunstância de atuar mediante um órgão de produção normativa" (*A Inconstitucionalidade das Leis*, p. 25).

Um caso possível de lei inexistente, quer dizer, de uma não lei, de uma não entidade jurídica, nestes termos, é a (aparente) "lei" criada e publicada pelo diretor responsável pelo *Diário Oficial*, que é o instrumento adequado para veicular as leis. Trata-se de agente público, que, contudo, não é indicado como um dos possíveis centros de criação do Direito. Embora haja manifestação de vontade (desse agente em específico), conteúdo de lei e forma de lei, não há o agente capaz para produzir lei, segundo o disposto no sistema, embora haja aparência de lei. Portanto, também falece a manifestação de vontade quando se considera o rol de agentes reconhecidamente fontes autorizadas do Direito (sem se perscrutar, ainda, acerca de qual deles seria exatamente o legitimado), já que não há manifestação de vontade de nenhum dos possíveis centros de produção do Direito. Assim, entende-se que há lei inexistente[665].

O segundo aspecto a ser analisado diz respeito à manifestação de vontade. Segundo Elival, "Enquanto negócio jurídico de direito público, a lei consubstancia declaração ou manifestação expressa de vontade"[666].

Aqui, faz-se necessário distinguir entre a própria manifestação, como exteriorização da vontade, e essa vontade propriamente dita. Assim, se não se externar, de alguma forma, referida vontade, o ato não chega sequer a existir para o mundo jurídico. Não basta, portanto, que absolutamente todos os parlamentares estejam de acordo com a necessidade de aprovar um projeto de lei com determinado conteúdo. Mister apresentá-lo e votá-lo, exteriorizando, assim, o sentimento e a vontade de cada um e de todos os parlamentares.

A par disso, e já agora no que diz respeito particularmente à vontade em si mesma (e não sua forma de exteriorização), observa-se uma íntima ligação com o primeiro dos elementos estruturais mencionados aqui (o agente), na medida em que a falta do agente caracteriza, de imediato, a falta de manifestação de vontade legitimadora do ato. Contudo, hipóteses há em que, mesmo havendo o agente, este se faz desacompanhado da necessária manifestação volitiva[667]. Seria a hipótese de lei votada sob pressão ou coação absoluta dos membros do Congresso Nacional. Em tal caso, não há sequer vontade, pelo que não se pode falar em lei, sendo o ato emanado do Congresso, em tais circunstâncias, simplesmente inexistente do ponto de vista jurídico.

Contudo, há que entender possível, igualmente, o vício na manifestação de vontade do Congresso que não seja decorrente da pura falta de vontade. Pode ocorrer que esta exista, mas se manifeste deficientemente. E cita-se aqui um caso para melhor esclarecimento da hipótese aventada. Suponha-se que os congressistas votem entendendo que o projeto de lei contenha quatro artigos, quando, na verdade, continha um quinto. Suponha-se que seja aprovada a lei, supostamente com quatro artigos, mas que vá para

---

665. É a posição de Marcelo Neves, que anota: "entretanto, publicado o texto no *Diário Oficial*, distinguem-se, sob o prisma formal, duas hipóteses: 1ª) o texto publicado realmente não foi aprovado pelo órgão legislativo; 2ª) o texto publicado foi aprovado irregularmente pelo órgão legislativo. Conforme a primeira, 'inexiste' norma legal; de acordo com a segunda, cria-se lei formalmente inconstitucional" (*Teoria da Inconstitucionalidade das Leis*, p. 117 — grifos no original).

666. Elival da Silva Ramos, *A Inconstitucionalidade das Leis*, p. 26.

667. Nesse mesmo sentido, Elival da Silva Ramos, *A Inconstitucionalidade das Leis*, p. 25.

193

sanção com os cinco artigos (porque constantes do projeto original). Houve evidente erro por parte dos parlamentares, que estavam aprovando lei cujo conteúdo não era idêntico ao que pensavam eles estar em votação. Pode-se encarar o caso, contudo, como uma espécie de falta de vontade em relação ao quinto artigo.

Antes de passar ao estudo do terceiro elemento, cumpre esclarecer a posição que KELSEN assume relativamente à denominada "vontade" do legislador.

É que, examinando o aspecto da existência da norma jurídica, KELSEN critica o uso das expressões "comando"[668] ou "vontade" do legislador. E o faz na exata medida em que, observa ele, mesmo desaparecendo essa vontade[669] que determinou a edição de uma lei, esta permanece existente. Dessa forma, não se pode falar propriamente em comando ou vontade do legislador, a não ser de modo figurado[670]. Assim, "a conduta prescrita pela regra de Direito é 'exigida' sem que nenhum ser humano tenha de 'querê-la' num sentido psicológico"[671].

Admite-se a posição de KELSEN, quanto a prescindir a lei da verificação da vontade daquele da qual emanou, apenas no que se refere à norma posta. Nesse sentido, a vontade do legislador tem de ser aquilatada sim, mas precisamente no momento em que se deu sua votação. Dessa forma, pouco importa, após a finalização da lei, que os legisladores mudem, todos e a um só tempo, de opinião acerca da oportunidade daquela lei recém-aprovada. Nesse sentido é que se compreendem as palavras de KELSEN, de que a existência da lei independe da vontade do legislador, ou seja, independe quanto à continuidade da lei, mas não quanto ao surgimento da lei[672]. É também nesse sentido que se compreende a posição defendida por HELLER[673], seguida por MARCELO NEVES[674].

Assim, retomando, quanto ao surgimento da lei, não poderá ter havido total falta de vontade na votação, como na remota hipótese de coação absoluta dos parlamentares ou na troca de votos no painel eletrônico. Esses casos ensejam o vício da inexistência, por falta de um dos seus pressupostos elementares, a vontade (sua manifestação).

---

668. Tendo em vista que este pressupõe um ato expresso de vontade dirigido à conduta alheia (Hans Kelsen, *Teoria Geral do Direito e do Estado*, p. 37).

669. Aliás, como bem lembra Kelsen, mesmo essa vontade é altamente questionável, muitas vezes fictícia, já que só se pode querer o que se conhece e é sabido que muitos parlamentares votam e aprovam uma lei sem nunca a ter lido.

670. Cf. Hans Kelsen, *Teoria Geral do Direito e do Estado*, p. 38-40.

671. Hans Kelsen, *Teoria Geral do Direito e do Estado*, p. 40. No mesmo sentido, Tercio Sampaio Ferraz Júnior, *Introdução ao Estudo do Direito*, p. 102. Esse autor, contudo, mais adiante, vai rebater a crítica formulada por Kelsen relativamente ao emprego do termo "comando", anotando que a posição kelseniana seria correta "(...) se entendemos por *comando* apenas um ato comunicativo interpessoal. No entanto, sabemos que, na sociedade contemporânea, a alta complexidade das relações sociais exige um direito mais voltado para papéis do que para pessoas, como condição mesma de sua funcionalidade. Assim, quando as opiniões prevalecentes fazem da norma jurídica um imperativo despsicologizado, isto, na verdade, significa que privilegiamos, como agentes da relação, papéis sociais por sua vez normativamente definidos, os capazes civil e penalmente, aqueles que estão em pleno gozo de seus direitos políticos etc. Todas estas são fórmulas de que se vale a dogmática para qualificar os *papéis* sociais de emissores e receptores normativos, os quais se subentendem na maior parte das normas" (*Introdução ao Estudo do Direito*, p. 119 — grifos do original).

672. Pois é evidente que uma lei não surge por si só, sem que alguém se manifeste a seu favor.

673. Hermann Heller, *Teoria do Estado*, p. 64 e 69.

674. *Teoria da Inconstitucionalidade das Leis*, p. 8. Anota o autor que "As normas, embora conteúdos significativos abstraídos das vontades individuais ou grupais de que emanaram, são sempre condicionadas, em sua produção, interpretação e aplicação, pelos fatores reais e ideológicos da sociedade, nunca os transcendendo em caráter absoluto".

O caso, contudo, da votação de projetos de lei ou de propostas de emendas constitucionais mediante pagamento ("mensalão") jamais poderia viciar de inconstitucionalidade o ato normativo assim formado. Valem, aqui, na íntegra, as conclusões de KELSEN. A retidão da atividade parlamentar, nesse caso, é que se encontra viciada. A Constituição acena, nesses casos, pois, com a violação do necessário decoro parlamentar, que é vício no qual podem incidir os parlamentares e não as leis. Inverter esses elementos seria fazer uma grande confusão, sem qualquer sustentação teórica, entre categorias totalmente diversas. Frise-se uma vez mais: se o parlamentar votou positivamente a um projeto porque acreditava que era ele adequado ao país, porque via nele um possível benefício para seus familiares, porque sua esposa e seus amigos solicitaram um voto favorável nesse caso ou por qualquer outro motivo, é irrelevante do ponto de vista da teoria da existência jurídica e da constitucionalidade das leis. Do contrário, estabelecer-se-ia um patrulhamento da vocação moral (de difícil ou impossível verificação) dos parlamentares no momento da votação das leis para fins de aceitação destas, com sérios prejuízos para a persistência de qualquer lei. Isso porque a ameaça de que algum parlamentar tenha votado mal estaria sempre presente, e, em última instância, a existência e constitucionalidade da lei acabariam por ficar subordinadas a uma mera declaração negativa do próprio parlamentar (o que criaria um sistema insuportavelmente subjetivo na legitimidade *jurídica* das leis).

O terceiro elemento diz respeito ao objeto do negócio jurídico no Direito Público. Há quem sustente que "No que toca ao objeto do ato legislativo (...) a supremacia do conceito formal de lei acarreta a indeterminação do seu conteúdo. Entretanto, temos para nós que essa indeterminação não é absoluta, a ponto, por exemplo, de dispensar a presença de um conteúdo normativo mínimo, expresso que seja em normas gerais e abstratas ou em normas individuais e concretas"[675].

Há que entender, contudo, o elemento *objeto* da lei não no sentido de normas que podem ser ou gerais ou individuais, abstratas ou concretas. Neste passo, em que se analisam os elementos estruturais do ato jurídico, mister verificar quando uma lei, devido a seu objeto, torna-se simplesmente inexistente.

Suponha-se, pois, uma lei que tenha um único artigo, que estabeleça uma determinação ininteligível, um amontoado de letras que não sejam capazes de transmitir nenhum significado, como: "dd, w, c, jcf, gt". Evidentemente que tal caçoada do Poder Legislativo não poderia ser levada a sério. Não há lei, por não haver um conteúdo mínimo comunicativo. Na teoria kelseniana, esta norma seria existente e, pois, válida (constitucional) até sua declaração de inconstitucionalidade pelo órgão competente, momento em que ela perderia sua existência específica (jurídica). Essa tese, contudo, não parece ser consistente quando aplicada para essa hipótese.

Contudo, imagine-se ainda uma lei que, de forma incisiva, determine: "Os militares na ativa só poderão contrair enfermidades que permitam o pronto restabelecimento de sua saúde no prazo máximo de 24 horas". Há uma ordem, um comando direto, diri-

---

675. Elival da Silva Ramos, *A Inconstitucionalidade das Leis*, p. 26-7.

gido a pessoas determinadas. Trata-se, todavia, de realização impossível, fisicamente falando (*ad impossibilia nemo tenetur*: ninguém é obrigado a coisas impossíveis)[676]. A lei, pois, seria inexistente, por grave defeito em um de seus elementos estruturais, no caso, seu objeto. Tercio Sampaio entende, contudo, que, se a norma obriga a fazer coisas impossíveis, isso não afeta sua validade, mas apenas a produção de efeitos pela norma[677]. Conforme essa concepção, a lei seria existente. Adotando-se a distinção entre existência jurídica e validade, seria ainda nessa concepção, também válida, perante o ordenamento constitucional pátrio, já que neste está consagrado que a saúde é direito de todos, o que não é contrariado pela hipotética lei, pelo contrário, estaria havendo um reforço da ideia de saúde. Em outras palavras, admitir a existência jurídica dessa norma significa que ela será, automaticamente, constitucional, salvo se se considerar como norma implícita da Constituição que o legislador tenha bom senso e não crie obrigações impossíveis, desconectadas da realidade fática e científica de sua época. A suposta lei (apesar de estapafúrdia), se reconhecida como existente, estará em consonância com os objetivos constitucionais e não poderá sequer ser objeto de impugnação judicial via controle da constitucionalidade. Alguns podem considerar uma violação ao postulado da razoabilidade ou da proporcionalidade, argumentando com a *inconstitucionalidade* de uma lei com esse conteúdo. É problema, contudo, de fixação dos pressupostos teóricos, do que se entenda como inexistência jurídica e de quais sejam as exigências da razoabilidade e da proporcionalidade. Outro exemplo pode ilustrar o caso da inexistência: "Os moradores de Copacabana deverão recolher toda a areia da praia e a água do oceano localizados em frente ao seu imóvel, armazenando-os numa latinha de refrigerante". O que está em jogo, aqui, para verificar a impossibilidade é a circunstância de o conteúdo da lei ser plenamente contrastável a partir de uma verificação fática de senso comum, independentemente de argumentos ou pautas jurídicas. Não é necessária a Constituição para fulminar um dispositivo de lei como esse.

Da mesma forma, implicaria idêntica conclusão (inexistência) a "lei" que determinasse ocorrência obrigatória tendo em vista as leis da natureza. Assim, na hipótese de lei que estabeleça: "Os objetos, largados no espaço, em território brasileiro, por brasileiros e estrangeiros, deverão cair". Não se está aqui diante de lei jurídica, mas de lei da física[678]. Essa "regra" é verificável (ou não) na natureza pelo método descri-

---

676. Não é de interesse aqui realizar um amplo estudo acerca da impossibilidade do objeto do ato jurídico. Contudo, cumpre acentuar, como o faz a doutrina, que a impossibilidade pode ser física ou jurídica. Trata-se, no caso presente, de impossibilidade física (ou natural). Esta, contudo, pode ser absoluta ou relativa a determinado indivíduo ou grupo de indivíduos. Exemplo de impossibilidade relativa é a que obriga quem não sabe cantar a ser tenor numa ópera (o exemplo é de Carvalho Santos). Interessa aqui apenas a impossibilidade absoluta, e não a relativa, que "não impede a perfeição do ato" (Carvalho Santos, *Código Civil Interpretado*, v. 2, p. 270). Por sua vez, a impossibilidade absoluta pode ser temporária ou perpétua. Interessa apenas a perpétua, que poderia ser designada de impossibilidade absoluta propriamente dita. Nestes termos, "Si perpetua, é obvio, impede definitivamente a constituição do acto juridico" (Carvalho Santos, *Código Civil Interpretado*, v. 2, p. 271 — grafia do original).

677. *Introdução ao Estudo do Direito*, p. 198.

678. Marcelo Neves, ao discorrer sobre os sistemas nomoempíricos prescritivos, como o Direito, em que as proposições têm a pretensão da validade e não da veracidade, afirma ainda, em sentido contrário ao aqui exposto: "Não há validade normativa quando prescrevem condutas ontologicamente necessárias ou impossíveis, por caracterizar-se, respectivamente, o sem sentido e o contrassentido semânticos" (*Teoria da Inconstitucionalidade das Leis*, p. 7). Embora se es-

tivo. Não deve ser incorporada pelo Direito, porque sua realização não depende da vontade humana.

Por fim, resta o último dos elementos estruturais do ato jurídico de Direito Público, que é, segundo a teoria geral do ato jurídico, a forma. Comentando a forma da lei, ELIVAL DA SILVA RAMOS anota que, "(...) por se tratar de ato tipicamente de império, há de ser sempre pública. É difícil, no entanto, conceber uma lei inexistente por defeito de forma, já que, se, malgrado o absurdo da hipótese, os órgãos ou o órgão legiferante editassem uma 'lei' por instrumento particular, tal ato não preencheria condições mínimas para ser reconhecido como legislativo"[679]. A História recente do Senado Federal brasileiro, contudo, acabou por, lamentavelmente, oferecer exemplo ilustrativo dessa hipótese, quando, em 2009, descobriu-se que atos (*administrativos*) que deveriam ter sido veiculados por instrumentos públicos foram mantidos sob sigilo, permanecendo como atos de Direito público não públicos, ou seja, ocultos. O escândalo, que ficou conhecido como o caso dos atos secretos do Senado Federal, ocorreu sob diversas legislaturas que adotaram, no total, mais de 600 atos "secretos", jamais divulgados, quando a publicidade lhes era essencial, o que gerou a nulidade desses atos (que englobavam, por exemplo, nomeações e convênios diversos). Cumpre, neste ponto, observar que existe, no Brasil, a possibilidade de atos chamados secretos, ou seja, a validade de atos determinando a confidencialidade de outros atos, por ser o sigilo imprescindível à segurança da sociedade e do Estado, nos termos do disposto no art. 5º, XXXIII, da Constituição de 1988, explicitado pela Lei n. 11.111/2007. O tema encontra-se especialmente regulamentado pelo art. 5º, do Decreto n. 4.553/2000, que fala em documentos *secretos e ultrassecretos*, dando cumprimento ao disposto na Lei n. 8.159/91. Essas possibilidades de atos secretos, contudo, não alcançam a legislação (*lato sensu*), que há de ser sempre pública.

Ademais, deve-se considerar como lei ainda não existente, conforme a teoria do processo legislativo (aqui trilhada), a situação de qualquer lei já regularmente aprovada, devidamente sancionada pelo Poder Executivo, mas ainda não promulgada. Nesse caso, não terá obedecido à forma adequada. Nessa mesma situação, admita-se que tenha obedecido ao agente capaz, que tenha ocorrido manifestação de vontade desse agente (Congresso Nacional e Chefe do Executivo Federal) e, ainda, que se esteja diante de "lei" com objeto viável. Contudo, a falta da forma pública referida traduz o ato em um ato não jurídico, em mera ocorrência sem força normativa de lei.

É apenas com promulgação que a lei passa a ter existência jurídica, no sentido de que foi posta pela autoridade competente. Nesse sentido, TERCIO SAMPAIO FERRAZ

---

teja de acordo em dizer que há um sem-sentido e um contrassentido, do ponto de vista semiótico; do ponto de vista jurídico, admitida a existência dessas leis, como parece admitir o mestre, fica difícil combatê-la do ponto de vista de sua validade. De fato, nada impede, normativamente falando, que o legislador prescreva o impossível ou prescreva o que já é, pela própria natureza das coisas, de ocorrência obrigatória. A validade, como se viu, é uma aferição de compatibilidade de entre normas do sistema. E não se trataria nem mesmo de lei desproporcional, mas antes de um disparate legislativo, que não chega a adentrar o mundo jurídico porque, embora constitucional, não se reveste a "aparência" de lei. É não lei. É qualquer coisa, menos lei.

679. Elival da Silva Ramos, *A Inconstitucionalidade das Leis*, p. 27.

JÚNIOR assinala que "(...) a promulgação é um ato decisivo para dar-se existência à lei"[680]. Nesse mesmo sentido é o magistério de CELSO RIBEIRO BASTOS[681].

5. SEGUNDA DIMENSÃO: VALIDADE DO ATO JURÍDICO

Como se viu, uma vez que se constate a existência do ato jurídico, pode-se passar para sua análise no plano da validade[682]. Aqui, seus requisitos ou são diversos, ou, embora os mesmos, recebem enfoque próprio.

A distinção entre inexistência e invalidade é ponto fundamental, sobretudo na teoria da inconstitucionalidade das leis, na medida em que o ordenamento jurídico atrela à segunda ocorrência (invalidade) algumas regras específicas, como quando requer procedimento especial para sua declaração por um tribunal, mecanismos próprios para essa declaração, etc., o que não ocorre quanto ao reconhecimento da inexistência das leis.

Cumpre notar que os requisitos de validade de qualquer ato jurídico "(...) são sempre estabelecidos por outro ato que lhe é hierarquicamente superior"[683]. Daí que "A *validade* de um ato normativo se consegue, ao contrário, quando *existem* seus elementos constitutivos, e, ademais, são *regulares* (ou seja, o ato deve adequar-se integralmente ao relativo esquema abstrato previsto pelas *normas sobre produção jurídica*)"[684].

No caso da inconstitucionalidade das leis, tem-se que "(...) o suporte fático do ato normativo é suficiente (há manifestação de vontade normativa do órgão a que o sistema atribui função de produzir normas), mas deficiente (há irregularidades em outros aspectos do processo de elaboração normativa e/ou em relação ao conteúdo da norma). (...)"[685].

Deriva, pois, dessa constatação a circunstância de que não se pode aquilatar a validade ou invalidade das normas situadas no mais alto patamar jurídico. Essas normas ou existem ou não existem. Se existem, servem como base para aferir a validade das demais normas[686].

---

680. *Introdução ao Estudo do Direito*, p. 233.

681. O tema será retomado por ocasião do estudo do processo legislativo.

682. Como assinala Miguel Reale, "Não basta que uma regra jurídica se estruture, pois é indispensável que ela satisfaça a requisitos de validade, para que seja obrigatória" (*Lições Preliminares de Direito*, p. 105).

683. Elival da Silva Ramos, *A Inconstitucionalidade das Leis*, p. 33. Como acentua Marcelo Neves, "(...) as normas provenientes de ato de vontade de órgão do sistema, isto é, órgão previsto direta ou indiretamente no núcleo normativo originário, nem sempre 'regressam' perfeitamente, através dos processos de derivação-fundamentação formal e material, ao complexo normativo originário. Daí por que podem pertencer invalidamente (defeituosamente, viciosamente, irregularmente) ao sistema jurídico quando, embora emanem de ato de órgão previsto direta ou indiretamente no núcleo normativo originário e, portanto, a este núcleo retrotraiam, num sentido estritamente formal-orgânico, não 'regressam' regularmente ao complexo normativo-originário, por não se conformarem completamente aos demais requisitos formais e às exigências substanciais de produção normativa previstos no ordenamento jurídico. (...)" (*Teoria da Inconstitucionalidade das Leis*, p. 44).

684. Paolo Biscaretti di Ruffia, *Derecho Constitucional*, p. 176 — grifos do original, t.a.

685. Marcelo Neves, *Teoria da Inconstitucionalidade das Leis*, p. 44.

686. Cf. Marcelo Neves, *Teoria da Inconstitucionalidade das Leis*, p. 43.

A invalidade admite graus[687], conforme haja maior ou menor violação das normas de produção normativa, do que decorrem "(...) diferentes níveis de deficiência do suporte fático do ato normativo. (...)"[688]. É em função destes diferentes graus de violação que se construiu a teoria (geral) da nulidade e da anulabilidade dos atos jurídicos, conforme a maior ou menor gravidade da violação[689].

Os requisitos de validade do ato jurídico encontram-se arrolados no art. 82 do Código Civil de 1916 (art. 104 do CC/2002). São eles: a) capacidade das partes[690]; b) liceidade do objeto; c) a forma.

A capacidade das partes é exigida porque, como assinala CARVALHO SANTOS, "(...) o ato jurídico tem por conteúdo uma declaração de vontade e esta só é juridicamente eficaz, só é validamente manifestada, quando o agente tem a capacidade de exercer direitos"[691].

Quanto à liceidade do objeto, é preciso não confundi-la com a idoneidade do objeto, uma vez que esta constitui elemento estrutural do ato jurídico, conforme já visto, e não requisito de sua validade[692]. CLÓVIS BEVILÁQUA esclarece a esse respeito que "A declaração da vontade deve ser conforme aos fins éticos do direito, que não pode dar apoio a institutos imorais, cercar de garantias combinações contrárias aos seus preceitos fundamentais. O ato jurídico há de ser lícito, por definição (art. 81). Consequentemente, se o objeto do ato for ofensivo à moral ou às leis de ordem pública, o direito não lhe reconhece validade"[693].

Assim, uma lei que obrigue o impossível é inexistente, como já se observou (problema de inidoneidade do objeto). Aqui, no tocante aos requisitos da validade, quando se fala em liceidade do objeto, o problema se coloca diferentemente. A liceidade do objeto pode ser aferida como sua legalidade ou constitucionalidade.

---

687. Cf. Marcelo Neves: "(...) o desrespeito às 'regras de admissão' ocorre em graus diversos (...)" (*Teoria da Inconstitucionalidade das Leis*, p. 45). Tercio Sampaio Ferraz Júnior anota, a partir de sua perspectiva pragmática: "A *invalidade*, contudo, como veremos, admite graus (mas não a validade, pois a norma não pode ser mais ou menos válida), (...)" (*Teoria da Norma Jurídica*, p. 112 — grifos do original).

688. Marcelo Neves, *Teoria da Inconstitucionalidade das Leis*, p. 45.

689. A discussão sobre a nulidade ou anulabilidade das leis inconstitucionais ganhou novo impulso com as Leis n. 9.868/99 e 9.882/99.

690. Observa Silvio Rodrigues, quanto a este primeiro aspecto que "Paralelamente à noção de incapacidade apareceu na doutrina moderna a ideia de legitimação".

"Assim se fixa a distinção: capacidade é a aptidão intrínseca da pessoa para dar vida a negócios jurídicos; legitimação é a aptidão para atuar em negócios jurídicos que tenham determinado objeto, em virtude de uma relação em que se encontra, ou se coloca, o interessado em face do objeto do ato" (*Direito Civil*, v. 1, p. 183).

Trabalhar-se-á aqui, pois, com a noção de capacidade propriamente dita.

691. J. M. de Carvalho Santos, *Código Civil Brasileiro Interpretado*, v. 2, p. 269 (citação com redação conforme à original).

692. Como assevera Silvio Rodrigues, tem-se que "Aqui o problema não é mais da idoneidade do objeto, já examinado entre os elementos, mas de sua liceidade. Trata-se de vedar aqueles atos cujo escopo atente contra a lei, contra a moral ou contra os bons costumes. O ordenamento jurídico só dá eficácia à vontade humana, como criadora de relações jurídicas, *se e enquanto* ela procura alcançar escopos que não colidam com o interesse da sociedade. Se o objetivo do negócio é fisicamente impossível, é ele inidôneo, faltando, por conseguinte, ao ato jurídico um elemento substancial; mas, se é juridicamente impossível, o defeito não é mais de idoneidade porém de liceidade" (Silvio Rodrigues, *Direito Civil*, v. 1, p. 184 — original grifado).

693. Clóvis Beviláqua, em seus comentários ao art. 1.170 (citação com redação conforme à original). No mesmo sentido, manifesta-se Silvio Rodrigues: "Entre nós, é requisito de validade do negócio jurídico a liceidade do objeto; e a orientação da doutrina e da jurisprudência é igualmente no sentido de se não dar validade aos atos cujo objeto contrasta com a lei, com a moral ou com os bons costumes" (Silvio Rodrigues, *Direito Civil*, v. 1, p. 184-5).

A forma é o último dos requisitos de validade. "É requisito de validade dos atos jurídicos obedecerem à forma prescrita, ou não adotarem a forma defesa em lei."

Conforme CHIRONI e ABELLO, forma seria "(...) o modo jurídico pelo qual se deve externar a manifestação da vontade para ser a declaração desta"[694].

"O requisito da forma, quando exigido pelo legislador, tem múltipla finalidade. Poder-se-ia ressaltar a facilidade de prova, a maior garantia de autenticidade do ato, a mais ampla dificuldade em apresentar-se a vontade do agente viciada pelo dolo ou coação e, um fator que nem sempre tem sido devidamente realçado, a solenidade revestidora do ato, que tem o condão de chamar a atenção de quem o pratica para a seriedade do ato"[695].

Alguns autores não arrolam o fim como um dos requisitos gerais de validade do ato jurídico em sentido amplo. Por isso, esse aspecto será estudado apenas dentre os requisitos de validade do ato jurídico especificamente legislativo (espécie de negócio jurídico), pois aqui sua presença é inafastável, como se terá oportunidade de demonstrar.

5.1. Da validade da lei

5.1.1. Teoria da validade

A intensa mutabilidade do Direito[696] gerou a necessidade de captá-lo nessa sua dinâmica própria. Foi para atender a essa imposição que se concebeu o conceito de validade.

Validade refere-se, ordinariamente, à ideia de valor, ou seja, tem uma origem que é econômica. Contudo, na filosofia, a ideia de valor toma fôlego com a denominada filosofia de valores, para a qual os valores são entidades diferentes dos objetos reais propriamente ditos. Quanto a estes últimos, diz-se que *são*. Já aqueles, diz-se que *valem*. Como pondera TERCIO SAMPAIO FERRAZ JÚNIOR, o valor na "(...) sua forma essencial não é um ser, mas um dever-ser, sua existência se expressa por sua validade (...)"[697].

Os valores, em princípio, apresentam um caráter relacional. Assim, são apostos a padrões genéricos a partir dos quais é aquilatado o maior ou menor valor. O valor é, assim, sempre relativo, e valer é, sempre, valer com relação a algo.

5.1.1.1. Enfoque preliminar

Para NORBERTO BOBBIO, a validade legislativa seria a pertinência[698] de determinada norma a um ordenamento. Segundo o autor, as condições estabelecidas para que se considere uma norma como válida "servem justamente para provar que uma determi-

---

694. Apud J. M. de Carvalho Santos, *Código Civil Brasileiro Interpretado*, v. 2, p. 274.

695. Silvio Rodrigues, *Direito Civil*, v. 1, p. 187-8.

696. Que pôde intensificar-se com sua positivação.

697. *Introdução ao Estudo do Direito*, p. 179.

698. Utiliza-se, no presente estudo, o termo "pertença" como expressão da existência jurídica da norma, como aquilo que faz parte de alguma coisa. Já a "pertinência" designa a adequabilidade de alguma coisa (existente) em relação a outra. Bobbio emprega termo no sentido de *existência* e *validade*.

200

nada norma pertence a um ordenamento. Uma norma existe como norma jurídica, ou é juridicamente válida, enquanto pertence a um ordenamento jurídico"[699]. Há, nessa definição, certa confusão entre os planos da existência e da validade de uma norma, o que merece o esclarecimento terminológico.

A ênfase, dada por BOBBIO, ao definir o termo *validade* está na *pertinência* da norma com relação a determinado ordenamento[700]. Por isso, afirma que "podemos concluir que uma norma é válida quando puder ser reinserida, não importa se através de um ou mais graus, na norma fundamental"[701].

Também HERBERT HART[702] confunde os dois conceitos (de existência e de validade), considerando que as regras do Direito se identificam a partir das regras de reconhecimento.

Como doutrina BOBBIO, a norma fundamental é simultaneamente o princípio unificador do ordenamento e o critério supremo da validade de todas as normas do ordenamento[703].

E é em função de ser o Direito um sistema normativo dinâmico que se admite a incorporação irregular de normas ao sistema, que nele permanecerão até ordem em contrário de um órgão competente para expelir a norma incongruente[704].

Entende TERCIO SAMPAIO FERRAZ JÚNIOR que "A validade da norma não é uma qualidade intrínseca, isto é, normas não são válidas em si: dependem do contexto, isto é, dependem da relação da norma com as demais normas do contexto. O contexto, como um todo, tem que ser reconhecido como uma relação ou conjunto de relações globais de autoridade. Tecnicamente diríamos, então, que a validade de uma norma depende do ordenamento no qual está inserida"[705]. Assim, segundo ainda o ilustre filósofo do Direito, que coloca a ênfase na *integração* da norma ao ordenamento, "(...) para que se reconheça a validade de uma norma jurídica é preciso, em princípio e de início, que ela esteja *integrada* no ordenamento. Exige-se, pois, que seja cumprido o processo de formação ou produção normativa, em conformidade com os requisitos do próprio ordenamento. Cumprido este processo, temos uma norma válida"[706]. Para o autor, ter-se-

---

699. *Teoria do Ordenamento Jurídico*, p. 60.

700. Para Bobbio, a pertinência de uma norma é estabelecida "remontando de grau em grau, de poder em poder, até a norma fundamental" (*Teoria do Ordenamento Jurídico*, p. 61).

701. *Teoria do Ordenamento Jurídico*, p. 62.

702. Herbert L. A. Hart, *O Conceito de Direito*, p. 111-21.

703. *Teoria do Ordenamento*, p. 62. É interessante verificar como Alf Ross se posiciona de maneira peculiar. Como anota Warat: "(...) em Kelsen a norma superior é o fundamento de validade das sentenças. Ross, por sua vez, inverte a relação e estabelece a sentença como condição de validade das normas gerais" (Cittadino, Severo Rocha e Warat, *O Direito e sua Linguagem*, 2. ed., Porto Alegre, Sergio A. Fabris, Editor, 1984, p. 44, apud Marcelo Neves, *Teoria da Inconstitucionalidade das Leis*, p. 49). Para Alf Ross, a norma existe na medida em que tem validade, ou seja, enquanto aplicada efetivamente pelos órgãos jurisdicionais.

704. Como anota Marcelo Neves, essas normas irregulares "(...) permanecerão no sistema enquanto não houver produção de ato jurídico ou norma jurídica destinada a expulsá-las (...) ao passo que nos sistemas normativos estáticos, (...), a pertinência da norma implica a sua validade interna e vice-versa (...)" (*Teoria da Inconstitucionalidade das Leis*, p. 41). O autor utiliza-se do termo "pertinência" para indicar a existência jurídica da norma, sem atentar, pois, para aspectos de sua validade (sentido de pertença adotado neste trabalho).

705. Tercio Sampaio Ferraz Júnior, *Introdução ao Estudo do Direito*, p. 174.

706. Tercio Sampaio Ferraz Júnior, *Introdução ao Estudo do Direito*, p. 196.

-ia que "A observância das normas de competência, de determinação do momento, constitui a chamada validade formal. A observância da matéria, a validade material"[707].

5.1.1.2. Doutrina de Hans Kelsen acerca da validade das leis

Dada a importância do tema da validade para o estudo que aqui se apresenta, abre-se tópico para cuidar especificamente do problema da validade das leis de acordo com o tratamento que recebeu na doutrina kelseniana.

Para Hans Kelsen a validade é representada pela "existência específica da norma". E a existência específica está na prescrição de uma sanção a ser aplicada quando do não cumprimento da norma. A teoria pura do Direito confunde, de maneira enfática, existência e validade da norma.

Assim, para Kelsen, "No fato de que uma norma *deve* ser cumprida e, se não cumprida, aplicada, encontra sua *validade,* e esta constitui sua específica *existência*"[708]. Logo adiante, arremata que: "Do efetivo cumprimento da norma — ou do seu não cumprimento com a consequente aplicação — disto deriva sua eficácia"[709]. E ainda: "Por 'validade' queremos designar a existência específica de normas. Dizer que uma norma é válida é dizer que pressupomos sua existência ou — o que redunda no mesmo — pressupomos que ela possui 'força de obrigatoriedade' para aqueles cuja conduta regula. As regras jurídicas, quando válidas, são normas. São, mais precisamente, normas que estipulam sanções"[710].

Nesse sentido é que se pode compreender sua célebre afirmação de que "Uma norma não válida é uma norma não existente, juridicamente uma não entidade. A expressão 'estatuto inconstitucional' aplicada a um estatuto considerado válido é uma contradição de termos"[711].

Na doutrina de Kelsen, o elemento coerção faz parte do conteúdo da norma, como já se ressaltou. "Se os homens se comportam efetivamente ou não de maneira a evitar a sanção com que a norma jurídica os ameaça, e se a sanção é efetivamente levada a cabo, caso suas condições sejam concretizadas, são questões concernentes à eficácia do Direito. Mas não é a eficácia e sim a validade do Direito que se encontra em questão aqui"[712].

Fica bem claro o pensamento de Kelsen, pois, se uma norma não conta com sanção, não pode ser considerada existente (= válida, em sua terminologia). Ao contrá-

---

707. Tercio Sampaio Ferraz Júnior, *Introdução ao Estudo do Direito*, p. 197.

708. *Teoria Geral das Normas*, p. 4.

709. Ibidem. Para Kelsen, "a regra jurídica é válida até mesmo nos casos em que lhe falta 'eficácia'. É precisamente nesse caso que ela tem de ser 'aplicada' pelo juiz. A regra em questão é válida, não apenas para os sujeitos, mas também para os órgãos que aplicam a lei. No entanto, a regra conserva sua validade mesmo que o ladrão consiga fugir, e o juiz, se veja na impossibilidade de puni-lo, de aplicar a regra jurídica. Assim, no caso particular, a regra é válida para o juiz mesmo quando sem eficácia, no sentido de que as condições prescritas pela regra foram concretizadas e, ainda assim, o juiz se acha impossibilitado de ordenar a sanção" (*Teoria Geral do Direito e do Estado*, p. 35 e p. 50).

710. *Teoria Geral do Direito e do Estado*, p. 36.

711. *Teoria Geral do Direito e do Estado*, p. 157. Assim, para o mestre de Viena, "A expressão costumeira que diz que 'um estatuto inconstitucional' é inválido (nulo) é um enunciado sem sentido, já que um estatuto inválido simplesmente não é um estatuto" (ibidem).

712. Hans Kelsen, *Teoria Geral do Direito e do Estado*, p. 35.

rio, *eficácia*[713] da norma diz respeito ao cumprimento da norma, em sua dupla possibilidade: cumprimento da conduta requerida ou cumprimento da sanção desencadeada pelo não cumprimento da conduta almejada "primariamente".

Mas KELSEN ainda faz depender a validade da norma da sua obrigatoriedade. Neste ponto, identifica-se parcialmente com o que aqui se denomina de validade. Assim, atrela a noção de obrigatoriedade de uma norma à de sua emissão por autoridade competente para tanto. São suas as seguintes palavras: "A obrigatoriedade ou não de um comando é algo que depende do fato de ser o indivíduo que comanda 'autorizado' ou não a emitir esse comando. Uma vez que o seja, a expressão de sua *vontade* tem o caráter de obrigatoriedade, mesmo que, na verdade, ele não tenha qualquer poder superior e a expressão careça da forma imperativa"[714]. Pode-se dizer que há uma coincidência parcial entre o que se denomina neste trabalho de validade e esse outro aspecto trazido por KELSEN. É que, entre os vários requisitos de validade de uma norma, encontra-se o de ter emanado do órgão competente para tanto[715].

Ademais, KELSEN vai reconhecer que a validade de uma norma é condicionada por certos *fatos*: "a eficácia da ordem jurídica total à qual pertence a norma; a presença de um fato criando a norma; a ausência de algum fato anulando a norma"[716].

A respeito do primeiro dos aspectos fáticos mencionados, KELSEN entende que uma norma "é considerada válida apenas com a condição de pertencer a um sistema de normas, a uma ordem que, no todo, é eficaz. Assim, a eficácia é uma condição da validade; uma condição, não a razão da validade. Uma norma não é válida *porque* é eficaz; ela é válida *se* a ordem à qual pertence é, como um todo, eficaz"[717].

Essa afirmação de dependência da validade à eficácia há que ser compreendida, pois, da seguinte forma: aqui, validade designa a existência da norma, a partir de sua colocação por um poder constituinte originário. Se este não teve força para se impor, não há que falar em validade (no sentido de existência adotado neste estudo). Isso porque a norma fundamental só pode ser aferida em sua efetividade, não em sua validade. Daí por que KELSEN fala em um mínimo de eficácia do ordenamento para ser considerada válida (= existente, cf. Kelsen) uma norma a ele pertencente, sem o que seria totalmente descabido falar em validade, já que sem eficácia não há existência do ordena-

---

713. Na terminologia adotada por Kelsen.

714. *Teoria Geral do Direito e do Estado*, p. 36 — original não grifado. Note-se como o próprio Kelsen fala de uma "vontade" de quem está autorizado a emitir um comando (e que pode ser o próprio legislador, além do magistrado ou do administrador), não obstante sua crítica à utilização dessas expressões, por ser a lei independente da vontade de quem a editou.

715. Condição esta da validade que, sob certa medida, pode confundir-se com a noção de existência, já que esta significa, em linhas gerais, a aparência com que um ato se revista de lei, o que significa exigir, ao menos, que tenha emanado de uma das fontes do Direito como tal reconhecida. Contudo, a questão da validade exige mais do que mera aparência, aparência esta com a qual se contenta para fins de existência da lei. A validade vai implicar a análise da competência da fonte emanadora da norma para fazê-lo, ainda que seja, reconhecidamente, uma fonte do Direito. A validade não se contenta, pois, com essa mera constatação de um órgão como verdadeiramente fonte. Vai mais longe.

716. *Teoria Geral do Direito e do Estado*, p. 51.

717. *Teoria Geral do Direito e do Estado*, p. 46.

mento jurídico como tal. E, quando se está perante o inexistente, faz menos sentido ainda pretender falar na validade propriamente dita[718].

Por outro lado, e ainda dentro da relação entre eficácia e validade, para o mestre de Viena, uma norma (individualmente considerada agora) não mais cumprida (e, se não cumprida, não mais aplicada) perde sua validade[719]. Para outros autores[720], tal norma continuaria válida, visto que emanada dos órgãos competentes, segundo o procedimento previsto para tanto, e com conteúdo compatível com as demais normas, sem ter sido revogada. Unicamente — segundo esses outros autores — teria perdido sua eficácia, mas sem que isso pudesse constituir fator obstativo de sua validade.

KELSEN, no entanto, insiste nesse aspecto. Entende que a dessuetude, ou seja, o desábito, o "descostume", acarreta a perda de validade de uma norma[721]. E continua, explicando: "(...) uma norma com perda de sua eficácia, ou da possibilidade de uma eficácia, perde sua validade, o ser-eficácia determina o dever-ser-validade, mas não no sentido de que uma norma para valer precisa ser eficaz, pois ela já entra em validade antes de ser eficaz. Mas ela precisa entrar em validade com a *possibilidade* de ser eficaz, pois uma norma que determina como devido o impossível, acaso a norma segundo a qual as pessoas não devem morrer, não tem nenhuma validade porque ela, desde o princípio, não pode ser eficaz"[722]. Saliente-se uma vez mais que, nesse exemplo de KELSEN, a validade de que fala é a existência, na terminologia adotada neste estudo.

Contudo, mesmo entendendo que a norma, para ser válida (em sua terminologia), necessita de um mínimo de eficácia, é peremptório KELSEN ao afirmar que, "mesmo nesse caso, seria um erro identificar a validade e a eficácia da norma; elas ainda são dois fenômenos diversos"[723].

---

718. No mesmo sentido, analisando a doutrina kelseniana, pronuncia-se Marcelo Neves, que adota o termo "pertinência" (= existência), anotando que a norma "(...) passa a pertencer ao sistema jurídico quando é posta por órgão previsto direta ou indiretamente no núcleo normativo originário. Inegavelmente, porém, a pertinência da norma fica condicionada à efetividade global do ordenamento, ou seja, à efetividade geral das "normas soberanas', conforme reconheceram em perspectivas diversas Kelsen e Hart. (...)" (*Teoria da Inconstitucionalidade das Leis*, p. 50).

719. Cf. Hans Kelsen, *Teoria Geral do Direito e do Estado*, p. 124. Aqui entra o problema da confusão entre validade e existência na doutrina de Kelsen.

720. Marcelo Neves acompanha o pensamento kelseniano neste ponto, anotando que "(...) é de admitir-se que um mínimo de eficácia da norma individualmente considerada é condição de sua permanência no sistema jurídico (...)" (*Teoria da Inconstitucionalidade das Leis*, p. 50). Em sentido contrário ao propugnado por Kelsen, encontram-se Bobbio (*Teoria do Ordenamento Jurídico*, p. 63) e Hart (*O Conceito de Direito*, p. 129), para quem a ineficácia só retira a validade (= existência) de uma norma se houver a denominada "regra de desuso" prevista pelo sistema, dentre as regras de reconhecimento.

721. Segundo Kelsen, "Eficácia é uma condição da validade (...) Uma norma individual perde sua validade se permanece tanto tempo descumprida ou inaplicada que não mais pode ser seguida ou aplicada" (*Teoria Geral das Normas*, p. 178). E ainda: "(...) a eficácia tem alguma relevância para a validade. Se a norma continuar permanentemente ineficaz, ela é privada de sua validade por 'dessuetude'. 'Dessuetude' é o efeito jurídico negativo do costume. Uma norma pode ser anulada pelo costume, ou seja, por um costume contrário à norma (...)" (*Teoria Geral do Direito e do Estado*, p. 124).

722. Hans Kelsen, *Teoria Geral das Normas*, p. 179. Esse pensamento de Kelsen é — lembra-o Miguel Reale — o resultado de uma alteração em sua teoria originalmente concebida. No princípio, sustentava Kelsen que o Direito valia apenas por uma validade formal. Posteriormente — e já aqui residindo nos Estados Unidos, em fuga da perseguição nazista — teve contato com um direito de origem costumeira e jurisprudencial (*commom law*) e pôde conceber a ideia de um mínimo de eficácia pressupondo o Direito (Miguel Reale, *Lições Preliminares de Direito*, p. 114-5).

723. *Teoria Geral do Direito e do Estado*, p. 124.

Portanto, levando-se em conta este último argumento de Kelsen, pode-se afirmar que a ineficácia da norma individualmente considerada trabalha como pressuposto (negativo, no caso) de existência da norma no ordenamento jurídico. A norma absolutamente ineficaz, segundo essa doutrina, é eliminada do sistema jurídico. Por isso é que ele vai afirmar ainda que "(...) a dessuetude é como que um costume negativo cuja função essencial consiste em anular a validade de uma norma existente"[724].

Quanto à condição de que não tenha sido a norma invalidada da maneira que a própria ordem jurídica determina, Kelsen fala ainda, a propósito, de um princípio da legitimidade.

Resumindo, Kelsen apresenta fatores que, sem dúvida, são obstativos da validade da norma jurídica, indicando que esta: 1º) haja sido criada da maneira prevista pela ordem jurídica à qual pertence (requisitos de validade que se estudam adiante); 2º) que não tenha sido anulada nem pela maneira estabelecida por essa ordem jurídica, nem por dessuetude, nem pelo fato de ter a ordem jurídica, como um todo, perdido eficácia[725].

De qualquer forma, há que distinguir entre validade e eficácia, porque tudo quanto se disse acima apenas denota a estreita ligação entre os dois fenômenos, não sua coincidência. Muito pelo contrário, só é possível manter ligações entre os conceitos porque se trata de dois conceitos essencialmente diversos.

Segundo ainda Kelsen, embora a ordem jurídica procure evitar a criação de normas que sejam incompatíveis com a Constituição, reconhece a possibilidade de isso ocorrer e comina com uma sanção para este último caso. Contudo, já se criou Direito[726]. Entenda-se aqui que a lei, ainda que inconstitucional, existe, e pode gerar efeitos jurídicos (eficácia). Nesse sentido, é Direito, embora inválido e, pois, sujeito, por esse motivo, à expurgação do sistema jurídico.

5.1.1.3. Conceito relacional de validade

Para Alf Ross[727], a validade das normas jurídicas é uma relação entre o comando da norma e a efetiva aplicação da norma. Assim, uma norma vale se é observado seu comando, conscientemente, por seus destinatários. Tratar-se-ia, na concepção de Ross, de uma relação semântica (signo/objeto, norma/comportamento).

Já Kelsen não admite que, para verificar a validade de uma norma, tenha-se de partir da realidade, da experiência, de sua efetiva aplicação e cumprimento social ou não, para só então traçar a validade da norma. Isso impediria — segundo o pensamento de Kelsen — que se pudesse verificar a validade das normas recém-promulgadas, para as quais ter-se-ia de aguardar um lapso temporal, durante o qual se verificaria a aplicação da norma e, assim, sua validade.

---

724. Hans Kelsen, *Teoria Pura do Direito*, 3. ed., p. 298-9.
725. *Teoria Geral do Direito e do Estado*, p. 124.
726. Cf. Kelsen, *Teoria Geral do Direito e do Estado*, p. 160.
727. Alf Ross, *Sobre el Derecho y la Justicia*.

Ross entende que isso não impediria, contudo, que se manifestasse uma relação de probabilidade, no caso, entre a norma e o comportamento dos aplicadores da norma (de acordo com vários critérios, como o da ideologia prevalecente etc.).

Objeta-se, ainda, que há que saber se uma norma vale ou não, e não se vale em certo grau de probabilidade. Ademais, há aqui certa inversão, já que uma norma, para ser válida, independe de sua probabilidade de aplicação. É sim, ao contrário, essa probabilidade que depende da validade.

É por isso que, na concepção kelseniana, uma norma vale ou não, em relação a outra norma, que a antecede em hierarquia, ou seja, é-lhe superior.

Em outras palavras, encontra-se situada a norma-parâmetro em patamar mais elevado do que o patamar em que está a norma-objeto.

Na teoria kelseniana, a validade de uma norma expressa uma relação sintática (ao contrário da teoria de Ross, em que a validade cumpre uma função semântica). Trata-se de avaliar uma norma com referência a outra norma (do mesmo sistema, mas superior). A relação é norma/norma. A identificação da validade de uma norma está em verificar que essa norma subordina-se a outra, que lhe determina a existência. Dessa forma, pressupõe-se a ideia de ordenamento jurídico, dentro do qual uma norma decorre de outra, e assim por diante. KELSEN chega, assim, à ideia de uma norma (hipotética) fundamental, que seria o fundamento de validade de todo o ordenamento (sem apresentar qualquer conteúdo empírico).

Aqui já é possível introduzir uma ideia que é central, segundo a qual a validade difere da existência real. Não é a relação entre norma e fato o que importará para fins de validade. "(...) Validade nada tem a ver com a regularidade empírica dos comportamentos prescritos. O senso comum percebe isto intuitivamente: quando garotos estão jogando futebol e um deles, apanhado em impedimento, não obstante vai na direção do gol e chuta a bola nas redes, os demais gritam — não valeu! Isto é, o fato ocorrido (bola na rede) não se confunde com a validade da ocorrência. Há uma distância entre validade e faticidade que até podem coincidir, sem que a segunda determine a primeira. Ou seja, quando dizemos que normas valem, que têm validade, estamos exprimindo relações que não se reduzem a relações com os fatos por elas normados."[728]

Situando-se numa perspectiva diversa da de KELSEN e de Ross, TERCIO SAMPAIO FERRAZ recorre a uma concepção pragmática de validade, entendendo-a como uma relação de imunização de uma norma por outra. Assim, anota: "do ângulo pragmático, as normas são entendidas como uma forma de comunicação, uma comunicação normativa. Como qualquer comunicação, também a normativa ocorre em dois níveis. Quem comunica envia uma mensagem consistente num conteúdo ou relato (não pisar na grama) e, simultaneamente, uma mensagem consistente na expectativa de como o receptor recebe o relato: relação ou cometimento (*proibido* pisar na grama, isto é, veja isto como uma ordem). Esta relação, no caso da norma jurídica, é uma relação de autoridade, isto é, que espera confirmação, admite negação, mas não suporta desconfir-

---

728. Tercio Sampaio Ferraz Júnior, *Introdução ao Estudo do Direito*, p. 181.

mação. A desconfirmação da autoridade descaracteriza a autoridade como tal. Ora, quando uma possível desconfirmação da parte do sujeito é, por sua vez, desconfirmada pela autoridade, que a ignora como desconfirmação e a toma como simples negação, dizemos que a norma ou comunicação normativa é válida. Para ser válida, porém, é preciso que a relação de autoridade esteja de antemão *imunizada*, isto é, é preciso que a autoridade esteja imune contra a possível desconfirmação do sujeito. Esta *imunização* se funda em outra instância, o que decorre da própria noção de autoridade. Afinal, nenhuma autoridade é autoridade em si, mas em razão de algum fundamento (reconhecimento social, inspiração divina etc.). A imunização de uma norma jurídica repousa em outra norma. Portanto, uma norma é válida se imunizada por outra norma. *Validade expressa, pois, uma relação de imunização*"[729].

Em outras palavras, a norma vale independentemente da desconfirmação de seus aplicadores, porque essa desconfirmação está, por sua vez, desconfirmada por outra norma, que imuniza, nesse sentido, a norma desconfirmada. Não se trata de uma relação simplesmente sintática porque envolve os destinatários da norma, e suas possíveis reações (contrárias ou favoráveis) a essa norma. Não é, igualmente, uma relação semântica, de probabilidade de aplicação real da norma.

Contudo, mesmo neste último enfoque, sobreleva a importância da relação norma/ norma, na medida em que, como admite o próprio SAMPAIO FERRAZ, uma norma imuniza outra contra possíveis desconfirmações de seu conteúdo por parte dos seus destinatários. Para que a norma seja válida, basta que se atenha às condições prescritas por outra norma para que goze de sua imunização. Portanto, está implícita, ainda aqui, a ideia de conformidade norma/norma.

A questão, do ângulo pragmático e semântico, possui sua importância, é certo. Mas, para fins de caracterização da inconstitucionalidade, como invalidade de uma norma legal em subordinação a uma constitucional, impõe-se, inicialmente, o uso da noção de relação sintática. Os aspectos semânticos e pragmáticos assumem relevo para desvendar alguns pontos obscuros do tema, e serão oportunamente apresentados com relação ao fenômeno da inconstitucionalidade[730].

Ademais, importa aqui, como assevera TERCIO SAMPAIO FERRAZ JÚNIOR, abandonar a perspectiva zetética, que deixa a questão da validade das normas em aberto, para abordá-la do ângulo dogmático e, em vez de questionar o que é a validade, perguntar pela validade das normas de um ordenamento dado[731].

Segundo ainda TERCIO SAMPAIO FERRAZ JÚNIOR, "(...). O problema dogmático da validade é, assim, a questão de saber *quando* uma norma é reconhecida como válida para o ordenamento, *a partir* de que momento, *quando* deixa de valer, *quais* os efeitos

---

729. *Introdução ao Estudo do Direito*, p. 182. *V.* ainda *Teoria da Norma Jurídica*, capítulo 3.

730. Assim, uma norma pode ser inválida mas apresentar eficácia, devido à multiplicidade de órgãos (aspecto pragmático) responsáveis pela aplicação do Direito. Por outro lado, uma norma precisa de um mínimo de eficácia (aspecto semântico) para ser considerada válida.

731. Cf. Tercio Sampaio Ferraz Júnior, *Introdução ao Estudo do Direito*, p. 196. Essa abordagem será feita no Capítulo III, não sem antes inserir-se a validade dentro de uma teoria mais ampla, dos atos jurídicos em geral.

que produz e *quando* e *até quando* os produz, *se* os produz mesmo quando não pode ser tecnicamente reconhecida como válida (problema da norma inconstitucional, por exemplo). Mas, ao fazê-lo de forma genérica, o faz nos quadros de uma zetética analítica aplicada, de uma teoria geral do direito. (...)"[732].

Para a validade de uma norma, exige-se que tenha cumprido os requisitos prescritos pelo próprio ordenamento jurídico. Assim, por exemplo, ao final da fase constitutiva do processo legislativo, esta se torna válida, se produzida de acordo com o estabelecido pelas demais normas do sistema.

Pela publicação da lei, inicia-se seu tempo de vigência. Uma vez publicada, diz-se que a norma está em vigor. O estar em vigor uma norma tem relação direta com a exigibilidade do comportamento por ela prescrito. Isso se dá desde a publicação da lei até sua revogação ou declaração de inconstitucionalidade, pelo órgão competente, e em abstrato (dependendo do sistema). Até lá, a norma está em vigor, vale dizer, apresenta-se com a força impositiva própria das normas jurídicas.

5.2. Tipificação dos requisitos de validade da lei

"Cumpre observar que, do mesmo modo que em relação aos demais planos, a análise do ato legislativo no plano da validade se desenrola em terreno exclusivamente normativo (ou estritamente jurídico), não se confundindo com os conceitos de validade social (efetividade) ou ética (fundamento axiológico). E, ainda no plano normativo, há que se distinguir o ato inválido do ato inexistente, como já ficou claro, e o ato inválido do ato ineficaz, (...)"[733].

Os requisitos de validade do ato legislativo estão estabelecidos por uma lei maior, ou seja, por normas de hierarquia superior à daquelas sobre as quais se vai verificar a validade. São as normas constitucionais, dotadas de superioridade formal, que servem como critério de aferição da validade dos atos legislativos[734].

Quais seriam, pois, no campo legislativo, esses requisitos? Segundo ELIVAL DA SILVA RAMOS, "(...) a inobservância: das regras que fixam a competência dos *agentes* de produção normativa; das normas que regulam o processo legislativo (*forma*); das normas que limitam o conteúdo do ato legislativo (*objeto*); e do *fim* que deve ser por ele perseguido, são as mais frequentes causas de invalidade da lei"[735].

"Os vícios que contaminam os atos legislativos são, todos eles, agrupados sob a denominação genérica de *inconstitucionalidade*"[736].

MIGUEL REALE distingue a validade em: a) validade formal ou técnico-jurídica (ou vigência em sua terminologia); b) validade social (aqui denominada eficácia, que na terminologia de REALE também se confunde com efetividade); e c) validade ética

---

732. *Introdução ao Estudo do Direito*, p. 196.
733. Elival da Silva Ramos, *A Inconstitucionalidade das Leis*, p. 34.
734. Nesse sentido, Elival da Silva Ramos, *A Inconstitucionalidade das Leis*, p. 34.
735. Elival da Silva Ramos, *A Inconstitucionalidade das Leis*, p. 34.
736. Elival da Silva Ramos, *A Inconstitucionalidade das Leis*, p. 35 — grifos do original.

(que seria o fundamento da lei)[737]. A vigência é definida, então, como a "(...) executoriedade compulsória de uma regra de direito por haver preenchido os requisitos essenciais à sua feitura ou elaboração"[738]. Como se percebe, o que na terminologia realiana designa-se por "validade formal", ou vigência, corresponde ao que no presente estudo designa-se simplesmente por validade.

Os requisitos dessa validade são, segundo REALE[739]: legitimidade do órgão, competência *ratione materiae* e legitimidade do procedimento. "Quando uma regra de direito obedece, em sua gênese, a esses três requisitos, dizemos que ela tem condições de vigência"[740] (= validade técnico-jurídica, na terminologia realiana, ou simplesmente validade, na terminologia aqui empregada). É interessante notar, pois, que MIGUEL REALE afasta o quarto elemento acima proposto, que é o fim ao qual se destina a lei[741].

5.2.1. Agente

O requisito da legitimidade do órgão, em REALE[742], é observado segundo dois pontos de vista: a) legitimidade subjetiva, que diz respeito ao agente ou órgão em si mesmo; e b) legitimidade quanto à matéria, que se verifica pela competência do órgão legiferante.

A legitimidade subjetiva, que importa analisar neste tópico, em matéria de leis, remete ao Congresso e ao Presidente, sem cuja colaboração conjunta não se pode falar em lei válida. A legitimidade quanto à matéria (na terminologia de REALE) será analisada, pois, no tópico referente ao objeto (conteúdo) da lei. Não se pode deixar, contudo, de ressaltar, como o fez REALE, a relação entre agente e conteúdo da lei. É que o conteúdo da lei, do ponto de vista de sua validade, passa pela consideração do agente do qual emanou a lei, para aferir sua conduta em termos de competência constitucionalmente atribuída. Compreende-se, pois, a razão pela qual fala REALE em legitimidade do órgão sob dois aspectos, o subjetivo (órgão propriamente dito) e o material (competência do órgão, que implica a análise da matéria da lei à luz da distribuição constitucional de competências).

5.2.2. Forma: o "processo" legislativo

Trata-se aqui do estudo do último dos requisitos de que fala REALE[743]. Seria a legitimidade do procedimento (*due process of law*).

Significa, em linhas gerais, que se impõe a obediência aos trâmites previstos para a emanação da lei.

---

737. Reale faz uma relação interessante entre os aspectos da validade de uma norma à estrutura tridimensional do Direito que desenvolve. Segundo ele, a validade social (eficácia) relaciona-se ao fato; a validade formal (vigência) à lei; e a validade ética (fundamento) ao valor.

738. Miguel Reale, *Lições Preliminares de Direito*, p. 108.

739. *Lições Preliminares de Direito*, p. 110.

740. Miguel Reale, *Lições Preliminares de Direito*, p. 110.

741. O tema será retomado adiante.

742. Miguel Reale, *Lições Preliminares de Direito*, p. 110.

743. Miguel Reale, *Lições Preliminares de Direito*, p. 110.

"A manifestação de vontade constitutiva da lei, em geral, ocorre ao longo de um conjunto preordenado de atos que a tem como ponto culminante. Daí falar-se em procedimento legislativo ou de elaboração legislativa, optando o Constituinte pátrio pela expressão 'processo legislativo'"[744].

"Importa, desde logo, distinguir os atos, que vão até a constituição do ato legislativo, dos atos que operam em relação à eficácia de uma lei já criada, (...) caso da publicação (...)"[745], consoante o entendimento de alguns autores.

Tomando como modelo o procedimento de elaboração da lei ordinária, previsto na Constituição Federal, nos arts. 61 *usque* 67, já que é o ato legislativo padrão[746], costuma-se dividir o procedimento em duas grandes fases. Uma primeira, denominada de iniciativa, em que se desencadeia o procedimento. E uma segunda fase seria a constitutiva, que engloba a deliberação parlamentar e executiva. Vai até o ato de publicação da lei, que é indispensável. De concluir, pois, neste particular, que não há forma livre no ato jurídico de Direito Público consubstanciador de lei, como pode haver, em algumas hipóteses, no Direito Privado.

O vício, aqui, dá origem à inconstitucionalidade formal.

A publicação da lei é um passo extremamente importante. Preordena-se a torná-la conhecida[747]. A lei já está formada, contudo, antes de sua publicação, motivo pelo qual esta não se afigura como requisito de existência da lei, conforme já exposto.

5.2.3. Objeto e meio

O estudo do objeto como requisito de validade das leis remete à noção de legitimidade quanto à matéria, noção esta traçada por MIGUEL REALE[748].

Perscruta-se, neste passo, o tipo de divisão realizada pela Constituição. Segundo esta, a competência pode ter sido cometida à União, a cada um dos Estados, ao Distrito Federal, ou ainda a cada um dos Municípios. Esse segundo requisito apontado por REALE refere-se à competência em razão da matéria (*ratione materiae*) a ser legislada, estabelecida constitucionalmente.

Todos os três entes da Federação possuem a capacidade legislativa, mas devem respeitar os limites constitucionais estabelecidos para cada entidade política.

---

744. Elival da Silva Ramos, *A Inconstitucionalidade das Leis*, p. 27.

745. Elival da Silva Ramos, *A Inconstitucionalidade das Leis*, p. 28.

746. O tema será objeto de estudo em capítulo próprio.

747. Mas, como adverte Tercio Sampaio Ferraz Júnior, "(...) Não se deve tomar isto, contudo, no sentido empírico de que a lei deva *de fato* tornar-se conhecida. É óbvio que, não obstante a publicação, muitas leis, até por sua complexidade e dificuldade técnica de apreensão, permanecem ignoradas de fato. O ato de publicação tem por função neutralizar a ignorância; mas não eliminá-la. Neutralizar significa fazer com que ela não seja levada em conta, não obstante possa existir. É este o sentido do artigo 3º da Lei de Introdução do Código Civil: 'Ninguém se escusa de cumprir a lei, alegando que não a conhece'. Ou seja, embora a publicação sirva para que a lei se torne conhecida, sua função básica é imunizar a autoridade contra a desagregação que a ignorância pode lhe trazer (afinal, uma autoridade ignorada é como se não existisse)" (*Introdução ao Estudo do Direito*, p. 233 — grifos no original).

748. Miguel Reale, *Lições Preliminares de Direito*, p. 110.

Ademais, admite-se, hodiernamente, que a lei não seja, necessariamente, genérica e abstrata[749], preconceito este advindo do liberalismo do século XIX, que pretendia esquivar-se das inconveniências do arbítrio.

O objeto, como adiantado acima, impõe a verificação da compatibilidade entre o conteúdo da lei e as determinações materiais da Constituição. A incompatibilidade, no modelo das constituições rígidas, determina a inconstitucionalidade do ato normativo inferior, incapaz de sobrepor-se às determinações materiais da Constituição do Brasil.

Dentro da ideia de objeto pode ser alocada a análise do meio eleito pela lei para alcançar a finalidade proposta. Trata-se de conteúdo da lei que, igualmente, deve ser aquilatado em face das determinações constitucionais. Assim, por exemplo, uma lei que, buscando segurança, estabeleça a censura prévia geral, é inconstitucional por ferir o disposto no art. 220 da Constituição do Brasil. Da mesma forma, lei que pretenda diminuir as taxas de criminalidade e estabeleça, como meio (de intimidação) para alcançar essa finalidade, a pena de morte e prisão perpétua para certos crimes, é inconstitucional, por violar o art. 5º, XLVII, da Constituição do Brasil. Estes exemplos bem ilustram que se trata de um problema típico de teoria da inconstitucionalidade. DIMITRI DIMOULIS e LEONARDO MARTINS[750] propõem sua análise dentro do contexto da proporcionalidade, sugerindo que a licitude do objeto seja considerada como um elemento constitutivo ou subcritério da proporcionalidade. Num *Curso de Direito Constitucional*, contudo, o tema deve ser exposto no contexto da teoria da inconstitucionalidade, até porque deverá ser avaliado numa perspectiva mais ampla do que aquela própria do contexto de aplicação do critério da proporcionalidade.

5.2.4. Fim

O fim do ato legislativo é sempre, em última instância e de maneira bastante genérica, o interesse social. Não pode haver variação aqui. Essa observação, contudo, necessita de explicitações e análises pontuais em relação a cada lei observada em sua finalidade.

Há de ressaltar ainda a importância da determinação da finalidade da lei, para se aquilatar a razoabilidade dos meios empregados por ela para alcançar o fim ao qual se predispõe. Em outras palavras, como observaram DIMITRI DIMOULIS e LEONARDO MARTINS, há uma necessidade (implícita para fins de controle adequado da constitucionalidade das leis) na exposição e particularização máximas do propósito perseguido por cada lei. Do contrário, o controle de constitucionalidade por parte do Judiciário acabará por ser mais amplo, porque passará pela determinação (muitas vezes construção do sentido implícito) da finalidade da lei (por não ter sido abertamente trabalhada pela lei objeto de análise).

---

749. Consoante lição de Tercio Sampaio Ferraz Júnior, pode-se intentar uma separação entre generalidade e abstração, no sentido de vincular a primeira à generalidade pelo destinatário (generalidade em oposição à individualidade), e a segunda à generalidade pelo conteúdo (abstrato em oposição ao concreto) (*Introdução ao Estudo do Direito*, p. 122).

750. *Teoria Geral dos Direitos Fundamentais*, p. 166.

É comum que a finalidade da lei seja um elemento externo a esta, aparecendo nos anais legislativos ou mesmo em exposições de motivos. Mas não deixa de ser indicado que a lei contemple em seu próprio bojo o seu objetivo, sua proposta de alcance. De qualquer forma, e especialmente nestes casos, é preciso ponderar acerca da autonomização da ideia de "fim" em relação à de objeto ou conteúdo da lei. Isso porque o fim perseguido pela lei não deixa de ser um dos aspectos de seu conteúdo, de seu objeto. Essa discussão, contudo, acaba por ser improdutiva, na medida em que uma certa autonomização é inevitável, cumprindo um certo papel didático, no atual estágio de evolução do tema. Seja como for, portanto, é imprescindível incorporar, em toda avaliação de constitucionalidade, a verificação da validade do fim de cada lei ou conjunto de dispositivos. Falece, aqui, ainda, uma teoria mais consistente acerca da identificação de um fim ou de diversos fins em leis e atos normativos, do dever do legislador a esse respeito e das consequências dessa identificação.

DIMITRI DIMOULIS e LEONARDO MARTINS, na mesma trilha adotada para o quesito "meio", propõem a análise do quesito "fim" dentro do contexto da proporcionalidade, sugerindo que a licitude do fim seja considerada como um elemento constitutivo ou subcritério da proporcionalidade. Em um *Curso de Direito Constitucional*, contudo, pelos mesmos motivos apresentados anteriormente, o tema deve ser exposto no contexto da teoria da inconstitucionalidade, também merecendo um estudo numa perspectiva mais ampla do que aquela própria do contexto de aplicação do critério da proporcionalidade. De qualquer sorte, como se dizia, uma lei que se utilize dos meios oferecidos e admitidos pela Constituição, mas para alcançar fim diverso daquele para o qual a Constituição predispôs tais meios, é inconstitucional, por violar um de seus elementos de validade, ou seja, o fim. A ligação direta do tema com a exigência constitucional do critério da proporcionalidade é, aqui, evidente, mas não pode ser a ela circunscrita, como observado.

FRANCISCO FERNÁNDEZ SEGADO reconhece que "(...) el incumplimiento de los fines constitucionales consagrados es también contrario a la Constitución (...)"[751].

Um exemplo oferecido por DIMITRI DIMOULIS e LEONARDO MARTINS é o de uma lei que se utilize de meios (que podem até ser lícitos, como a criação de uma agência oficial de propaganda e outra de comunicação, um canal público oficial etc.) para implantar um sistema de formatação ideológica da sociedade, de interesse puramente estatal.

5.3. Validade e invalidade concomitantes de uma mesma norma

Pode-se vislumbrar a validade das normas através dos três prismas semióticos.

Sintaticamente, não está afastada a possibilidade de antinomias dentro da própria Constituição[752]. Quando a norma máxima do ordenamento positivo é única, está com-

---

751. La Inconstitucionalidad por Omisión: ¿Cauce de Tutela de los Derechos de Naturaleza Socioeconómica?, in Víctor Bazán (coord.), *Inconstitucionalidad por Omisión*, p. 15.

752. As antinomias existem, embora não se esteja aqui a afirmar que sejam, necessariamente, insolúveis. Elas se resolvem por critérios próprios de hermenêutica constitucional (*v.* Celso Ribeiro Bastos, *Hermenêutica e Interpretação*

pletamente descartada essa hipótese[753]. Do contrário, há que ser sempre avaliada essa hipótese de normas incompatíveis como algo potencialmente possível. Daí pode decorrer que normas ordinárias possam ser, simultaneamente, válidas e inválidas, conforme se tome como parâmetro uma norma constitucional ou outra norma, também constitucional, mas antinômica em relação à primeira. Neste caso, talvez de maneira mais intensa que em qualquer outro, fica patente a necessidade de prévia harmonização constitucional, que construa o significado e o alcance exato de cada uma das normas constitucionais. Nestas hipóteses, como não se podem admitir antinomias insolúveis dentro da própria Constituição, a resolução do caso apresentado passa, inicialmente, por uma solução operada a partir da própria Constituição.

Trata-se, evidentemente, de uma das particularidades da interpretação especificamente constitucional, pois, como assinala CELSO RIBEIRO BASTOS, "(...) cria-se a obrigatoriedade de se ter sempre em conta a interdependência de todas normas de natureza constitucional"[754]. Segundo o constitucionalista, está-se em face de um verdadeiro postulado, "(...) uma condição, repita-se, da interpretação. Não se terá verdadeira atividade interpretativa se não estiver o intérprete bem imbuído dessas categorias"[755].

Como ressalta GOMES CANOTILHO, esse postulado da unidade da Constituição como que "(...) obriga o intérprete a considerar a constituição na sua globalidade e a procurar harmonizar os espaços de tensão existentes entre as normas constitucionais a concretizar (...)"[756].

No nível semântico e pragmático, também pode existir no ordenamento jurídico uma norma simultaneamente válida e inválida, considerando-se a multivocidade significativa da norma (diversidade semântica), em que órgãos distintos (diversidade pragmática) reconhecem na mesma norma o preenchimento e a falta dos requisitos de validade.

Evidentemente, essa antinomia pode perpetuar-se dentro do ordenamento jurídico, tudo dependendo do regramento de cada sistema, sendo ainda de considerar que assume especial relevância a presença de um Tribunal Constitucional para suavizar essas ocorrências contraditórias do sistema, se bem que não em sua totalidade[757], já que pode ocorrer de nunca ser chamado a pronunciar-se o Tribunal, ou que, mesmo se pronunciando, alguma questão tenha já transitado em julgado nas instâncias inferiores.

Constitucional). É a posição de G. H. von Wright (*Norma y acción: una investigación lógica*, p. 203). Marcelo Neves, ao contrário, admite a "(...) ocorrência de antinomias normativas insanáveis a nível das normas soberanas, quando não for aplicável o princípio da especialização na resolução das antinomias" (*Teoria da Inconstitucionalidade das Leis*, p. 48).

753. No nível sintático, pois não está descartada a univocidade da norma única. Assim, a multiplicidade de sentidos poderá gerar, igualmente, antinomias entre normas infraconstitucionais, baseadas, cada qual, em um dos significados possíveis da norma constitucional. Evidentemente, aqui assume relevo a função do Tribunal Constitucional.

754. *Hermenêutica e Interpretação Constitucional*, p. 102.

755. *Hermenêutica e Interpretação Constitucional*, p. 96.

756. J. J. Gomes Canotilho, *Direito Constitucional*, p. 226.

757. Como parece sugerir Marcelo Neves, *Teoria da Inconstitucionalidade das Leis*, p. 49.

5.4. Âmbitos de validade da norma

Não se devem confundir os elementos de validade da norma jurídica, já estudados, com os âmbitos de validade desta, geralmente apresentados pela doutrina. Nesse sentido, quatro são as esferas de validade de uma norma.

Primeiro, a norma necessariamente regula uma conduta localizada no tempo e no espaço[758]. São os âmbitos temporal e espacial da norma. Trata-se, em verdade, de assinalar a existência das leis. Assim, a norma pode ter validade delimitada no tempo, v. g., as leis temporárias. Além disso, a norma vale dentro de determinado território, v. g., a lei regulamentando o horário de funcionamento do comércio local, que pode "valer" (incidir) em apenas um município (ao contrário da lei regulamentadora do horário de funcionamento das instituições financeiras, de "validade" nacional).

Os dois outros âmbitos de validade da norma são o pessoal e o material.

5.5. O "processo" jurídico de aferição da validade de uma norma

Verificar se uma norma inferior corresponde a uma superior, que lhe determinou o aparecimento, é um ato de aplicação da norma superior. Essa operação só pode ser viabilizada com relevância para o Direito pelo próprio órgão designado pela ordem jurídica, e através de um procedimento igualmente previsto por esta[759].

É, portanto, o órgão incumbido de analisar a compatibilidade das normas do sistema que determina quais as incompatibilidades existentes.

Suponha-se, neste passo, que o ordenamento jurídico não designe um órgão próprio para o controle da constitucionalidade das leis, restando essa função atribuída, com exclusividade, ao próprio Poder Legislativo[760]. Em tal caso, haveria contradição em falar numa lei inconstitucional[761], na medida mesmo em que tudo o que fosse aprovado pelo órgão legislativo teria de ser aceito como constitucional, já que quem decide o que é ou não constitucional, em última instância, em tal modelo, é o próprio órgão legiferante, e não seria de supor que editaria uma lei que considerasse ilegítima. Trata-se, em última análise, de deixar a fiscalização da constitucionalidade com um órgão que tem interesse direto nesta, o que vai contra a necessária divisão funcional-orgânica, que é requisito essencial para a contenção do poder estatal.

---

758. Nesse sentido, Hans Kelsen, *Teoria Geral do Direito e do Estado*, p. 46-7.

759. Cf. Hans Kelsen, *Teoria Geral do Direito e do Estado*, p. 156.

760. É verdade que os juristas, os advogados, os órgãos de defesa da comunidade e até órgãos públicos podem considerar que determinada lei violou frontalmente a Constituição. Contudo, juridicamente falando, tais ponderações não assumem relevância, na medida em que, em última análise, e para todos os efeitos, a lei será considerada constitucional, porque assim o quer o órgão (Poder Legislativo, no caso) designado pelo ordenamento jurídico para decidir, em definitivo, eventual controvérsia.

761. Kelsen, tratando do caso, observa que em tal situação "(...) nenhum estatuto decretado pelo órgão legislativo pode ser considerado 'inconstitucional'" (*Teoria Geral do Direito e do Estado*, p. 158). O insigne Ruy Barbosa indaga, a esse respeito, com toda a razão, se "Não seria, em verdade, estulto declarar theoricamente a improcedencia das leis inconstitucionaes, se ellas, não obstante, houvessem de vigorar como válidas, por não se encerrar no organismo politico uma instituição, destinada a reconhecer a inconstitucionalidade, pronuncial-a, e neutralizal-a?" (*Commentarios á Constituição Federal Brasileira*, v. 4, p. 127 — citação de acordo com a redação original).

214

De qualquer sorte, aquele que detém o poder de dizer o que é o Direito e de interpretar as normas jurídicas, em última instância, acaba funcionando como "legislador". O ato de julgar é, pois, compreendido aqui como um ato de criação do Direito, ao lado do ato legislativo[762].

Referências bibliográficas

ALVIM, Arruda; PINTO, Teresa Arruda Alvim. *Repertório de Jurisprudência e Doutrina sobre Nulidades Processuais:* 2ª série. São Paulo: Revista dos Tribunais, 1992. 289 p.

AZEVEDO, Antonio Junqueira de. *Negócio Jurídico e Declaração Negocial*. São Paulo: Saraiva, 1986.

_____. *Elementos de Direito Administrativo*. 3. ed. rev. ampl. São Paulo: Malheiros, 1992.

BARBOSA, Ruy. *Commentarios à Constituição Federal Brasileira: Do Poder Judiciário*. São Paulo: Saraiva, 1933. Coligidos e ordenados por Homero Pires. v. 4, 497 p.

BARILE, Paolo. *Istituzioni di Diritto Pubblico*. 4. ed. Padova: CEDAM, 1982. 609 p.

BASTOS, Celso Seixas Ribeiro. *Hermenêutica e Interpretação Constitucional*. São Paulo: Celso Bastos Editor/Instituto Brasileiro de Direito Constitucional, 1997. 191 p.

BAZÁN, Víctor (Coord.). *Inconstitucionalidad por Omisión*. Santa Fe de Bogota: Editorial Temis, 1997. 171 p.

BOBBIO, Norberto. *Teoria do Ordenamento Jurídico (Teoria dell'Ordinamento Giuridico)*. São Paulo: Polis; Brasília: Editora Universidade de Brasília, 1989. Trad. Maria Celeste Cordeiro Leite dos Santos.

CANOTILHO, J. J. Gomes. *Direito Constitucional*. 6. ed. rev. Coimbra: Livr. Almedina, 1993.

CARVALHO SANTOS, J. M. de. *Código Civil Brasileiro Interpretado. Parte Geral*. Rio de Janeiro: Calvino Filho, Editor, 1934. v. 2.

CRETELLA JÚNIOR, José. Negócio Jurídico Administrativo. *Revista dos Tribunais*, São Paulo, *76 (624)*:21-31, 1987.

DEL VECCHIO, Giorgio. *Filosofia do Direito*. 5. ed. Barcelona: Bosch, 1947.

DIMOULIS, Dimitri; MARTINS, Leonardo. *Teoria Geral dos Direitos Fundamentais*. São Paulo: Revista dos Tribunais, 2007.

FERRAZ JÚNIOR, Tercio Sampaio. *Teoria da Norma Jurídica: Ensaio da Pragmática da Comunicação Normativa*. 3. ed. Rio de Janeiro: Forense, 1997.

_____. *Interpretação e Estudos da Constituição de 1988*. São Paulo: Atlas, 1990.

_____. *Introdução ao Estudo do Direito*. 2. ed. São Paulo: Atlas, 1994.

HART, Herbert L. A. *O Conceito de Direito*. Tradução por A. Ribeiro Mendes. Lisboa: Calouste Gulbenkian, 1996. Tradução de: *The Concept of Law*, 2. ed.

HELLER, Hermann. *Teoria do Estado (Staatslehre)*. São Paulo: Mestre Jou, 1968. Trad. Lycurgo Gomes da Motta.

KELSEN, Hans. *Teoria Pura do Direito (Reine Rechtslehre)*. 2. ed. bras. São Paulo: Martins Fontes, 1987. Trad. João Baptista Machado. Rev. Silvana Vieira. 371 p.

_____. *Teoria Geral do Direito e do Estado (General Theory of Law and State)*. 2. ed. São

---

762. Essa temática será aprofundada quando do estudo das garantias da Constituição.

Paulo: Martins Fontes, 1992 (Col. Ensino Superior).

_____. *Teoria Geral das Normas (Allgemeine Theorie der Normen)*. Porto Alegre: Sergio A. Fabris, Editor, 1986. Trad. rev. José Florentino Duarte.

MELLO, Celso Antônio Bandeira de. *Elementos de Direito Administrativo*. 3. ed. São Paulo: Malheiros, 1992.

MELLO, Marcos Bernardes de. *Teoria do Fato Jurídico: Plano da Existência*. São Paulo: Saraiva, 1998.

MELLO, Oswaldo Aranha Bandeira de. *Princípios Gerais de Direito Administrativo*. Rio de Janeiro: Forense, 1969. v. 1.

NEVES, Marcelo. *Teoria da Inconstitucionalidade das Leis*. São Paulo: Saraiva, 1988.

PONTES DE MIRANDA, Francisco Cavalcanti. *Tratado de Direito Privado: Parte Geral*. Rio de Janeiro: Borsoi, 1954. t. 2.

_____. *Tratado de Direito Privado: Parte Geral*. Rio de Janeiro: Borsoi, 1954. t. 4.

_____. *Comentários à Constituição de 1946*. 4. ed. rev. ampl. Rio de Janeiro: Borsoi, 1963. t. 6.

RAMOS, Elival da Silva. *A Inconstitucionalidade das Leis: Vício e Sanção*. São Paulo: Saraiva, 1994.

REALE, Miguel. *Lições Preliminares de Direito*. 24. ed. São Paulo: Saraiva, 1998.

RODRIGUES, Silvio. *Direito Civil: Parte Geral*. 19. ed. São Paulo: Saraiva, 1988. v. 1.

_____. *Sobre el Derecho y la Justicia*. 3. ed. Buenos Aires: Eudeba, 1974. Trad. Genaro R. Carrió.

ROSS, Alf. *Sobre el Derecho y la Justicia*. Buenos Aires: Editorial Universitaria, 1963.

RUFFIA, Biscaretti di. *Direito Constitucional*. São Paulo: Revista dos Tribunais, 1984.

WARAT, Luis Alberto. *O Direito e sua Linguagem: 2ª versão*. 2. ed. ampl. Porto Alegre: Sergio A. Fabris, Editor, 1995.

WRIGHT, Georg Henrik von. *Norma y Acción: una Investigación Lógica (Norm and Action. A Logical Enquiry)*. Madrid: Tecnos, 1970. Trad. Pedro Garcia Ferrero (Col. Estructura y Función — El Porvenir de la Ciencia).

Capítulo XI
TEORIA DA RECEPÇÃO

1. TEORIA DA RECEPÇÃO

1.1. Apresentação geral

O surgimento de novas Constituições faz iniciar, consoante a teoria constitucional, um novo ordenamento jurídico. O conjunto das normas pretéritas existentes no Estado é simplesmente superado para dar lugar a uma nova realidade normativa, a partir do documento supremo, que é a Constituição.

A realização de um novo sistema de normas jurídicas a partir da manifestação originária do poder constituinte provoca a necessidade imediata de conceber novas regulamentações jurídicas, por meio das fontes e instrumentos previstos pela Constituição para tanto. A renovação, pois, surge como necessidade premente com o aparecimento de uma nova Constituição.

Contudo, a dificuldade prática em conceber e introduzir toda uma nova regulamentação das relações sociais ergue-se como obstáculo insuperável. Seria necessário um trabalho de longos anos ao fim do qual certamente estar-se-ia com uma proposta de normas dependentes, por sua vez, de novas alterações.

KELSEN reconhece e enfrenta essa dificuldade de ordem prática. Consoante sua doutrina, no momento em que a nova Constituição é colocada em vigor haveria, com ela, automaticamente, um processo de reconhecimento da legislação pretérita e, automaticamente, uma verificação de sua conformidade com a nova ordem que se estabelece. No caso de esta ocorrer, imediatamente, numa espécie de processo legislativo simplificado, a norma anteriormente editada passa a ter existência (e validade) perante a nova ordem jurídica. É o que comumente se designa como recepção das normas jurídicas pela nova Constituição.

Assim, toda norma que fosse incompatível com o novel Documento Supremo seria, imediatamente, eliminada, servindo a Constituição como uma espécie de "filtro".

2. A "INCONSTITUCIONALIDADE" SUPERVENIENTE

A inconstitucionalidade superveniente de uma norma costuma designar dois fenômenos diversos. Chama-se inconstitucionalidade superveniente a relação de incompatibilidade entre as normas anteriores à entrada em vigor de uma Constituição e esta, que lhes é posterior. Mas também é corrente o uso da expressão "inconstitucionalidade superveniente" para identificar o fenômeno pelo qual, por meio de uma mutação constitucional, uma norma editada sob a vigência de uma Constituição, e com ela considerada compatível até então, perde seu fundamento de validade em virtude de interpretação diversa da que até então era conferida à norma constitucional que lhe servia de fundamento. Serão, doravante, analisados os dois fenômenos, para fins de averiguar a possibilidade de caracterizá-los ou não como de inconstitucionalidade rigorosamente falando.

2.1. Não recepção de normas anteriores pela nova Constituição

Há grande celeuma na doutrina quando se analisa a incompatibilidade entre a legislação ordinária pretérita e a Constituição superveniente.

JORGE MIRANDA entende que se trata, ainda aqui, de uma questão de inconstitucionalidade. E assim se posiciona por pressupor que "(...) a inconstitucionalidade não é primitiva ou subsequente, originária ou derivada, inicial ou ulterior. A sua abstrata realidade jurídico-formal não depende do tempo de produção dos preceitos"[763].

GILMAR FERREIRA MENDES, na escola de JORGE MIRANDA, propugna pela "(...) extensão do controle abstrato de normas também ao direito pré-constitucional (...)"[764]. Adverte, apoiado nas lições de IPSEN e CASTRO NUNES, para a dificuldade na aplicação, no caso, do princípio de que lei posterior revoga a anterior, já que "(...) esse postulado pressupõe idêntica *densidade normativa*"[765]. Lembra ainda a diversidade de regimes entre revogação e inconstitucionalidade, que não são institutos que possam tão facilmente ser substituídos entre si, já que "(...) a derrogação do direito antigo não se verifica se a nova lei contiver apenas disposições gerais ou especiais sobre o assunto (...)"[766], o que não ocorreria na inconstitucionalidade. E ainda que o princípio da revogação está, "(...) primordialmente, orientado para a substituição do direito antigo pelo direito novo. A Constituição não se destina, todavia, a substituir normas do direito ordinário"[767].

A jurisprudência do Supremo Tribunal Federal, contudo, entende contrariamente. Na Representação n. 946, em que foi relator o Ministro MOREIRA ALVES, ficou certo que a colisão entre o Direito anterior e a Constituição posterior teria de ser solucionada em termos de direito intertemporal, vale dizer, com a aplicação do princípio de que *lex posterior derogat priori*[768].

---

763. *Manual de Direito Constitucional*, t. 2, p. 250. E continua, fazendo uma pequena concessão: "Só pode e deve falar-se em inconstitucionalidade originária e em inconstitucionalidade superveniente, na medida em que ligadas a uma norma legal que, essa, pode ser desconforme com a Constituição originária ou supervenientemente — o que implica ou permite um tratamento diferenciado".

764. Gilmar Ferreira Mendes, *Jurisdição Constitucional*, p. 167.

765. *Jurisdição Constitucional*, p. 164.

766. *Jurisdição Constitucional*, p. 165.

767. *Jurisdição Constitucional*, p. 164.

768. *RTJ*, n. 95, março de 1.981, p. 991. Em seu voto, o Ministro Moreira Alves assinala o caráter excepcional da ação de inconstitucionalidade, então denominada representação: "(...) não é ela uma simples ação declaratória de nulidade, como outra qualquer, mas, ao contrário, um instrumento especialíssimo de defesa da ordem jurídica estruturada com base no respeito aos princípios constitucionais vigentes. (...) a lei ordinária anterior, ainda que em choque com a Constituição vigorante quando de sua promulgação, ou está em conformidade com a Constituição atual, e, portanto, não está em desarmonia com a ordem jurídica vigente, ou se encontra revogada pela Constituição em vigor, se com ela é também incompatível".

Já sob a vigência da atual Constituição, o Supremo manifestou-se novamente no mesmo sentido, na Ação Direta de Inconstitucionalidade n. 2, em que foi relator o Ministro PAULO BROSSARD. Argumentava o emérito ministro, por ocasião do julgamento, que "O legislador não deve obediência à Constituição antiga, já revogada, pois ela não existe mais. Existiu, deixou de existir. Muito menos a Constituição futura, inexistente, por conseguinte, por não existir ainda. De resto, só por adivinhação poderia obedecê-la, uma vez que futura e, por conseguinte, ainda inexistente"[769].

FERNANDO GARRIDO FALLA, comentando a Constituição espanhola, que não se manifesta sobre o tema, lembra que, por obra do Deputado ROCA JUNYENT, manteve-se uma emenda ao art. 35 da Lei Orgânica do Tribunal Constitucional para que se aclarasse, em definitivo, "(...) que as questões de constitucionalidade só poderiam ser colocadas em relação a leis ditadas posteriormente de promulgada a Constituição"[770]. E GARRIDO FALLA observa, a esse respeito, a obviedade do fundamento de tal alteração: "(...) a Disposición Final derogatoria de la Constitución deroga todas aquellas leyes que se opongan al propio texto de la Constitución; por consiguiente, la aplicabilidad de tales leyes por los Tribunales es un problema de legalidad vigente, no de constitucionalidad"[771].

ELIVAL DA SILVA RAMOS propende no mesmo sentido. "Ao se admitir a inconstitucionalidade sucessiva, está-se pretendendo, na verdade, que a superveniência de uma Constituição vicia a legislação ordinária anterior com ela incompatível: portanto, nessa concepção, o vício nasce na Constituição e imediatamente se transfere para o ato legislativo."[772] Propugna, contudo, o autor, pela aplicação do princípio da revogação, fundamentado na ideia de que "Se um ato normativo tem o poder de revogar outro de igual nível, consoante ocorre até mesmo em se tratando de Constituições rígidas sucessivas, não vemos como lhe negar o poder de revogar atos inferiores com ele incompatíveis"[773]. Para justificar-se, aponta no fenômeno, quando ocorre entre distintos níveis hierárquicos (revogação vertical), uma série de peculiaridades em relação às características comumente aceitas quanto à revogação (ordinária), pretendendo contornar, assim, a dificuldade posta pela não aceitação de que a revogação possa ocorrer entre normas de diferente densidade normativa.

Por fim, há ainda um terceiro grupo doutrinário, que acena, como LÚCIO BITTENCOURT, com a solução de que se teria uma espécie de revogação decorrente da inconstitucionalidade, confundindo por completo fenômenos tão distintos[774].

---

769. Paulo Brossard, A Constituição e as Leis Anteriores, *Arquivos do Ministério da Justiça*, n. 180, 1992, p. 125 (apud Gilmar Ferreira Mendes, *Jurisdição Constitucional*, p. 163).

770. Fernando Garrido Falla, *Comentarios a la Constitución*, p. 2379.

771. Fernando Garrido Falla, *Comentarios a la Constitución*, p. 2379. Lembra o autor, contudo, que "(...) la jurisprudencia de nuestro Tribunal Constitucional ha optado por la solución — ciertamente pragmática — de admitir simultáneamente los conceptos de 'derogación' y de 'inconstitucionalidad sobrevenida' para valorar los efectos jurídicos de las leyes preconstitucionales (STC de 2 de febrero de 1981)" (*Comentarios a la Constitución*, p. 2380).

772. Elival da Silva Ramos, *A Inconstitucionalidade das Leis*, p. 69.

773. Elival da Silva Ramos, *A Inconstitucionalidade das Leis*, p. 69.

774. Assevera o autor que "A revogação se verifica quando a lei, tachada de incompatível com a Constituição, já se achava em vigor por ocasião do advento desta. Não se trata, porém, de revogação pura e simples, como a que decorre

Aceitar que leis pré-constitucionais possam ser classificadas como inconstitucionais, no momento atual, em relação à Constituição já superada, é admitir a estapafúrdia situação de dois regimes distintos de inconstitucionalidade, um para as normas anteriores e outro para as normas posteriores à Constituição-parâmetro[775]. Isso está a demonstrar que não se trata, em absoluto, de inconstitucionalidade.

Por outro lado, tampouco se trata de simples sucessão intertemporal de leis, resolúvel pelo princípio da revogação da lei anterior no tempo. Neste ponto, razão assiste a GILMAR FERREIRA MENDES quando observa ser inconcebível solucionar o problema das leis pré-constitucionais com recurso aos princípios do Direito intertemporal. É mais do que evidente que não é o caso de conflito de leis no tempo. Não se trata de revogação da lei anterior pela lei (no caso, a Constituição) que lhe é posterior. O motivo é claro: a lei anterior simplesmente *não existe* à luz da Constituição posterior, se for com esta incompatível.

Não se ignora — como muito bem lembra ELIVAL DA SILVA RAMOS — que muitas Constituições agasalham expressamente o comando de que "revogam" determinadas leis, cuja matéria é reputada de extrema gravidade pela nova ordem jurídica[776]. Contudo, isso não é capaz de determinar a natureza do fenômeno, tendo em vista que também pode ocorrer de a Constituição acolher expressamente a ideia de que apenas extingue os efeitos jurídicos de determinadas leis anteriores, como o faz no art. 18 do Ato das Disposições Constitucionais Transitórias, a Constituição brasileira em vigor. Dessa determinação se poderia passar a presumir que a lei anterior (à Constituição) é inconstitucional.

Contudo, *data venia*, igualmente não se trata de uma questão de inconstitucionalidade, como propugna JORGE MIRANDA.

O problema situa-se, pois, no plano da existência das normas. É que ocorre um fenômeno peculiar no caso: a novação da legislação anterior que esteja em compatibilidade com a novel Constituição. Assim, há uma avaliação, do ponto de vista da conformidade das normas anteriores com a Constituição posterior, para fins de admitir aquelas que não sejam incompatíveis. Ou, em outros termos, há uma avaliação das normas anteriores de acordo com os requisitos de validade da nova Constituição. Se desconformes, simplesmente se desconsidera sua existência[777]. São reputadas, para

---

em virtude do conflito intemporal (*sic*) entre duas leis da mesma hierarquia. Não, uma lei incompatível com a Constituição é, sempre, na técnica jurídica pura, uma lei inconstitucional, pouco importando que tenha precedido o Estatuto Político ou lhe seja posterior. A revogação é *consequência* da inconstitucionalidade" (C. A. Lúcio Bittencourt, *O Controle Jurisdicional da Constitucionalidade das Leis*, p. 131 — original grifado).

775. Assim, as leis anteriores não são consideradas inconstitucionais por violação do procedimento (forma) estabelecido pela nova Constituição. Também não se pode admitir uma inconstitucionalidade superveniente *ab initio* no caso.

776. Anota o autor: "Algumas Constituições (...) vão além, revogando expressamente certas leis anteriores (tidas como as mais prejudiciais à nova ordem) ou acolhendo expressamente o princípio da revogação das leis anteriores contrárias à Constituição. É o caso, por exemplo, da Constituição espanhola de 29 de dezembro de 1978 (Disposição Revogatória, n. 1, 2 e 3)" (*A Inconstitucionalidade das Leis*, p. 73). Na Constituição brasileira, de 1988, pode ser citado o art. 25 do Ato das Disposições Constitucionais Transitórias.

777. Com temperamentos com relação ao requisito formal de validade das leis. Assim, norma anteriormente editada por meio de lei ou decreto-lei, para cuja matéria atualmente se exija lei complementar, é recepcionada como se tal fosse. Se se tratasse de um fenômeno de inconstitucionalidade, ter-se-ia de admitir também aqui um defeito de procedimento em relação às leis anteriores à Constituição.

todos os efeitos, como não normas. Vale, no caso, em toda a sua intensidade, o princípio de que a Constituição inaugura uma nova ordem jurídica e a anterior simplesmente desaparece, como tal, ou seja, é desconstituída como fenômeno jurídico (remanescendo apenas como acontecimento histórico).

Assim, os elementos de validade da lei exigidos pelo novo ordenamento são perscrutados nas leis anteriores para fins de considerar estas existentes e válidas, por um processo de "novação legislativa". As leis que sejam desconformes a essas exigências são simplesmente reputadas inexistentes como normas jurídicas.

Como que se presume — dada a continuidade que a lei vinha possuindo — a existência da lei, para fins de aquilatar sua adequação à nova ordem constitucional. Contudo, aquela presunção inicial cessa, e a lei passa a ser desconsiderada como lei, desde que não satisfaça os novos requisitos de validade. A lei, para todos os fins, nunca existiu no novo ordenamento jurídico.

No fenômeno da revogação, a lei simplesmente deixa de ter existência[778], que diz respeito à imperatividade de uma norma, deixando de ser obrigatória sua observância, porque a lei é desconstituída. No caso da Constituição superveniente, a lei também deixa de existir. Nesse sentido, os fenômenos igualam-se, daí a tentação de reduzir a não recepção de normas à categoria da revogação normativa.

Mas não se pode nem denominar inconstitucionalidade nem revogação: a lei simplesmente não existe mais. O próprio Ministro PAULO BROSSARD observa, no trecho transcrito linhas acima, que, no caso, referentemente à Constituição, a lei "Existiu, deixou de existir". É só o que ocorre. E, se a lei não existe, como já se ressaltou, não se pode aquilatar sua validade, ou seja, sua constitucionalidade ou não. Não se fala em inconstitucionalidade (nem em revogação). Trata-se de um fenômeno de extinção de normas jurídicas; aliás, é o exemplo típico de extinção das normas jurídicas, embora não o mais usual (que é a revogação), dada a relativa periodicidade com que surgem novas Constituições.

Quais as consequências práticas de não admitir, no caso, a ocorrência do fenômeno da inconstitucionalidade? Em primeiro lugar, como já teve a oportunidade de se manifestar o Supremo Tribunal Federal, é incabível a ação direta de inconstitucionalidade. Por idênticos motivos, não se pode admitir a ação declaratória de constitucionalidade, já que aqui poder-se-ia chegar a uma pronúncia de inconstitucionalidade da lei (no caso de improcedência), o que seria inadmissível, embora seja admissível concluir pela constitucionalidade da lei, assumindo-a como existente.

Nada impede, contudo, que se redesenhe a configuração do controle concentrado exercido pelo Tribunal Constitucional, a ponto de englobar, dentre suas competências

---

778. Serpa Lopes, apoiado em Salvat, escreve: "Revogar uma lei significa torná-la sem efeito, cassar-lhe sua força obrigatória, em consequência de sua substituição ou não por outra lei" (*Comentário Teórico e Prático da Lei de Introdução ao Código Civil*, v. 1, p. 56). Vicente Ráo também aponta a perda da obrigatoriedade da lei como a nota essencial do fenômeno da revogação, referindo-se à cessação de sua vigência (*O Direito e a Vida dos Direitos*, v. 1, t. 2, p. 292). Elival da Silva Ramos, contudo, é enfático ao afirmar que "(...) a revogação se insere no plano da eficácia, enquanto consectário de legislação superveniente atuando como fator obstativo da eficácia no tocante a legislação pretérita" (*A Inconstitucionalidade das Leis*, p. 67).

originárias, os casos de análise da conformidade da lei anterior com a Constituição posterior numa espécie de ação declaratória da existência ou não da norma. É que também a existência da norma, e não só sua validade, pode ser objeto de controvérsia.

Assim, a ADPF há de ser admitida para a hipótese mencionada, por força inclusive da subsidiariedade indicada como critério legal de cabimento dessa ação de controle concentrado no Brasil (embora de subsidiariedade estrita no espaço do controle de constitucionalidade não se trate, já que se está diante de situação diversa da inconstitucionalidade, embora se possa falar em lesão à Constituição em vigor pela possibilidade de aplicação e efetiva aplicação de leis anteriores a 1988).

2.2. Leis que ainda não entraram em vigor

Outro problema que surge diz respeito àquelas leis que, não obstante já existirem, ainda não tenham entrado em vigor quando sobrevém novo Diploma Constitucional. Isso pode ocorrer por dois motivos. Ou a lei ainda não foi promulgada (conforme já estudado no item dos elementos de existência do ato especificamente legislativo), ou, embora já publicada, tem seu início de vigência postergado, em virtude da previsão de um lapso temporal de *vacatio legis* (pela própria lei ou por outra, como a Lei de Introdução às Normas do Direito Brasileiro).

No primeiro caso, deverá o órgão competente avaliar o ato pendente de promulgação e publicação, de acordo com a nova ordem estabelecida. Segundo JORGE MIRANDA, "(...) ou os consideram compatíveis com as normas da Constituição e conformes com os interesses do país e publicam-nos; ou não os consideram compatíveis com essas normas e conformes com tais interesses e então, exercendo um verdadeiro veto absoluto, não os publicam"[779].

No segundo caso, sendo a lei incompatível com a nova ordem jurídico-constitucional, de acordo com ELIVAL DA SILVA RAMOS, fica o ato "(...) obstado de entrar em vigor, se o advento da Constituição ocorre durante a *vacatio legis*"[780]. Esta solução diferencia este fenômeno do outro, de não recepção. Pressupõe que a não recepção opera com lei existente e já capaz de produzir efeitos (vigência imediata, como se diz em geral). Se a lei nunca chegou a entrar em vigência, embora tenha existido, a lei seria "obstada" de entrar em vigor. Creio que isto, na realidade, seja consequência da não recepção, e uma consequência secundária. O fenômeno, no meu ponto de vista, é, ainda aqui, o da não recepção. Ocorre que, como a lei nunca chegou a entrar em vigência antes da nova Constituição, também não entrará após a nova Constituição, porque seu conteúdo é contrário a esta (e, daí, não recepcionada). Esse é o único motivo que se pode invocar para sustentar a conclusão de que o ato fica obstado de entrar em vigor. Ou seja, a causa deste óbice é, em termos exatos, o mesmo fenômeno da não recepção. Contudo, ao ser surpreendida em sua *vacatio legis*, a lei ainda não foi capaz de operar plenamente a revogação de eventual lei anterior sobre a mesma matéria, permitindo-se

---

779. *Manual de Direito Constitucional*, t. 2, p. 258.
780. *A Inconstitucionalidade das Leis*, p. 74.

que esta seja eventualmente recepcionada pela nova Constituição, posto que esta nova Constituição impede imediatamente a lei em *vacatio legis* de operar o efeito da revogação da lei anterior, que era contrária (a essa nova lei), ou da lei anterior, mencionada expressamente pela nova em termos de revogação.

Diferentemente ocorre na hipótese de a lei ou ato normativo ser compatível com a nova Constituição, mas esta também surpreender aquele ato normativo durante sua *vacatio legis*. Nesse cenário, duas situações podem ocorrer: i) não há lei anterior (à nova lei em *vacatio legis*) regulamentando o tema; ii) há lei anterior, a ser revogada pela nova que ainda está em *vacatio legis*. A solução desses casos dependerá, ainda, de a nova Constituição exigir expressamente lei e dessa lei depender o exercício de um direito. Assim, teremos as seguintes soluções, que variam conforme as premissas circunstanciais adotadas: i.1) não há lei anterior regulamentando o tema e a nova Constituição tolera a inexistência de lei, caso em que a *vacatio legis*, prevista sob a égide de uma Constituição, há de ser respeitada após a sobrevinda da nova Constituição; i.2) não há lei anterior à lei em *vacatio legis* e a nova Constituição exige expressamente lei com o conteúdo compatível com o da lei em *vacatio legis*. A cláusula da *vacatio legis* deve ser considerada não recepcionada, e a lei é recepcionada no restante de seu corpo normativo com vigência imediata a partir da nova Constituição; ii.1) há lei anterior, que regulamenta o mesmo tema, e a Constituição posterior tolera a ausência de lei, caso em que deve ser recepcionada apenas a nova lei, respeitando-se o período de *vacatio legis*, quando a lei anterior é incompatível com a nova Constituição, ou devem ser recepcionadas a lei anterior e a nova, em *vacatio legis*, quando a lei anterior é compatível com a nova Constituição; ii.2) há lei anterior, que regulamenta o mesmo tema, e a Constituição posterior não tolera a ausência de lei, caso em que duas alternativas são possíveis: ii.2.A) a lei nova é compatível com a nova Constituição, caso em que deve ser recepcionada também apenas a nova lei, considerando-se como não recepcionada a cláusula da *vacatio legis*; ii.2.B) a lei nova é incompatível com a nova Constituição, caso em que é não recepcionada e recepcionada a lei anterior (considera-se, aqui, que a lei nova não havia operado plenamente os efeitos da revogação, tendo sido impedida de fazê-lo pela superveniência da sua não recepção).

3. A NOVAÇÃO DAS NORMAS INFRACONSTITUCIONAIS PRETÉRITAS E COMPATÍVEIS COM A NOVA ORDEM CONSTITUCIONAL

É comum afirmar que as normas anteriores à Constituição *permanecem válidas*, desde que, como se viu, não sejam incompatíveis com a nova ordem estabelecida. Contudo, a expressão "permanecem válidas" não oferece a exata dimensão do fenômeno.

KELSEN, a respeito, esclarece que somente "o conteúdo dessas normas permanece o mesmo, não o fundamento de sua validade. Elas não são mais válidas em virtude de terem sido criadas da maneira prescrita pela velha constituição. Essa constituição não está mais em vigor; ela foi substituída por uma nova constituição que não é o resultado de uma alteração constitucional da primeira. Se as leis introduzidas sob a velha constituição 'continuam válidas' sob a nova constituição, isso é possível apenas porque a validade lhes foi conferida, expressa ou tacitamente, pela nova constituição. O fenômeno é um caso de recepção (semelhante à recepção do Direito romano). A nova ordem recebe, i. e., adota, normas da velha ordem; isso quer dizer que a nova ordem dá validade (coloca em vigor) a normas que possuem o mesmo conteúdo que normas da velha ordem. A 'recepção' é um procedimento abreviado de criação do Direito. As leis que, na linguagem comum, inexata, continuam sendo válidas são, a partir de uma perspectiva jurídica, leis novas cuja significação coincide com a das velhas leis. Elas não são idênticas às velhas leis, porque seu fundamento de validade é diferente"[781].

A citação vale pelo que revela, com toda a clareza. Realmente, a não ser por motivos de cunho político, não poderia conceber-se como a velha ordem, emanada sob o manto da Constituição superada, pudesse continuar sendo considerada como referência legislativa válida para regular as relações da sociedade.

Ninguém chegaria ao despautério de afirmar que, dada uma nova Constituição, a anterior e suas leis permaneceriam ainda assim válidas e eficazes, porque a nova Constituição não obedeceu aos padrões impostos pela velha ordem. A nova ordem faz-se vigente a partir de seu reconhecimento popular, ou seja, desde que os indivíduos passem a reconhecer ou acatar o surgimento de uma nova ordem. Essa sua eficácia confere à Constituição a qualidade de fundamento de validade para as demais normas jurídicas a serem criadas.

Há, contudo, uma espécie de diretriz, de comando pressuposto em qualquer novo sistema jurídico, que pode ser expressa ou não, segundo a qual as normas anteriores, que não sejam incompatíveis com a nova ordem, continuam a existir como tais, mas já agora com fundamento de validade na nova Constituição. Admite-se, aqui, como se percebe, a ocorrência de uma espécie de novação[782]. A novação significa o revigoramento das leis antigas, que passam por um processo de nova leitura e atribuição de significado. A aplicação desse comando pressuposto é menos intensa quando novas Constituições surgem para superar situações passadas fortemente combatidas, como em revoluções.

Como se nota, é mais por questão de necessidade que se admitem, na nova ordem, as "velhas" normas. Seria realmente impossível fundar uma nova ordem a partir de uma Constituição — como vontade soberana do povo de superar formas arcaicas anteriores —, mas criando ao mesmo tempo uma espécie de vácuo legislativo. Seria inconcebível um Estado com apenas uma Constituição, por mais analítica que fosse esta. A não ser que fosse um Estado fictício, ainda sem cidadãos, o que é igualmente absurdo. Por outro lado, é extremamente difícil, se não impossível, mudar a Constituição e todas as demais leis (o que implica também a mudança dos atos normativos inferiores) de um só fôlego.

---

781. Hans Kelsen, *Teoria Geral do Direito e do Estado*, p. 122.

782. Nesse sentido, Jorge Miranda (*Manual de Direito Constitucional*, t. 2, p. 242-4) e Elival da Silva Ramos (*A Inconstitucionalidade das Leis*, p. 76).

Isso não significa dizer que as velhas normas permanecem, mas sim que são revigoradas, no sentido de que novas normas são admitidas, incontinênti, com o surgimento de uma nova Constituição, desde que com o conteúdo das anteriores, e desde que satisfaçam as exigências da nova ordem constitucional.

E isso porque não há, pois, qualquer outra alternativa viável, a não ser a de admitirem-se as normas infraconstitucionais até então vigentes, o que se faz, é claro, sob o atendimento de certas condições.

4. ALTERAÇÃO DA NORMA-PARÂMETRO DA RELAÇÃO DE INCONSTITUCIONALIDADE E SUPERAÇÃO DESTA

A indagação que se procura enfrentar aqui diz respeito à cessação da ocorrência da inconstitucionalidade em virtude da cessação da norma constitucional que servia de parâmetro para estabelecer-se tal relação. Isso ocorre com grande frequência na substituição de uma Constituição por outra, mas igualmente pode ocorrer em decorrência de mera reforma constitucional (processo de emenda), ou ainda em virtude de mutação informal da norma constitucional, por alteração de seu significado por meio de processos de interpretação.

4.1. Normas infraconstitucionais anteriores inválidas em relação à Constituição pretérita e sua possível recepção pela nova ordem jurídica

Um ponto pouco enfrentado pela doutrina, mas de importante repercussão prática, e de intrincada solução, refere-se à possibilidade, ou não, de uma norma que, sob a égide da Constituição já substituída, era inválida, mas que, pelo prisma da nova ordem constitucional, seria perfeitamente válida. A dúvida surge, pois, quanto à possibilidade de se admitir a recepção dessa norma.

A questão comporta soluções diversas, em dependência direta com o regime de sanção adotado para a lei inconstitucional pelo ordenamento jurídico, bem como em consonância com a espécie de controle da constitucionalidade adotado em cada um dos regimes constitucionais.

ELIVAL DA SILVA RAMOS, ponderando acerca da substituição da Constituição, e a consequente extinção (que chama de revogação) das normas anteriores, anota que "(...) em princípio se constata o caráter anódino de tais revogações, ao menos para a caracterização da inconstitucionalidade, pois se é este um defeito de origem, que atinge o ato legislativo no seu nascedouro, o fato da Constituição, contendo os requisitos de validade (...) ter sido revogada não tem o condão de apagar completamente o vício do mundo jurídico. Se ele já existiu um dia, não há como ignorá-lo"[783].

É preciso aplicar aqui, contudo, o princípio geral de que *tempus regit actum*. Analisar-se-ão, sem sombra de dúvida, os requisitos de existência e validade do ato

---

783. *A Inconstitucionalidade das Leis*, p. 75.

normativo à luz dos requisitos exigidos à época em que este surgiu no mundo jurídico. Contudo, uma vez que não existirá mais a norma constitucional que se considerava violada (substituição de uma Constituição por outra), rigorosamente falando, não se poderá estabelecer uma relação de inconstitucionalidade, mas, no máximo, uma relação de invalidade da lei, em face dos requisitos que, a sua época, eram exigidos, durante aquele período em que vigorou a norma constitucional considerada contraditada.

ELIVAL DA SILVA RAMOS chega à seguinte conclusão: "(...) o controle concentrado é, usualmente, destinado apenas à salvaguarda da Constituição em vigor, sob pena de o órgão controlador (em geral um órgão de cúpula do Judiciário) se ver às voltas com inúmeros questionamentos em face da Constituição (ou Constituições) pretérita, em detrimento de uma atuação mais ágil no tocante à defesa da Constituição vigente. Logo, se o sistema acolher apenas o controle concentrado (o que é incomum) e dele excluir a averiguação de inconstitucionalidade em face da Constituição revogada, estará o Constituinte, na verdade, convalidando, implicitamente, as leis viciadas. Mas se, por outro lado, o sistema, tal qual ocorre no Brasil, abrigar os métodos concentrado (em via principal) e difuso (em via incidental), a arguição após a revogação do parâmetro já não poderá ser feita diretamente (método concentrado), admitindo-se, porém, *incidenter tantum* (método difuso)"[784].

Só se admite, como visto, que surja a relação de inconstitucionalidade com uma Constituição vigente. Para JORGE MIRANDA, o único juízo de constitucionalidade que se pode estabelecer tendo como objeto as normas anteriores é com a nova Constituição[785]. Contudo, como observado, esse juízo não poderá caracterizar a inconstitucionalidade (que no caso seria superveniente e, nesses termos, deverá ser designada como não recepção), mas tão somente a constitucionalidade da norma, tendo em vista sua recepção. Ora, como se percebe, o parâmetro aqui é a Constituição em vigor, o que não resolve o problema apresentado anteriormente.

Portanto, e frisa-se uma vez mais este ponto, a relação de incompatibilidade entre as normas infraconstitucionais anteriores e a Constituição anterior não mais pode ser qualificada, apropriadamente, de inconstitucionalidade (sugere-se a nomenclatura de invalidade qualificada, durante o período em que vigorou a Constituição anterior).

Ademais, as normas anteriores à Constituição só podem ser recepcionadas por esta se eram, a sua época, leis existentes. Caso contrário, não se pode falar em continuidade de sua vigência, nem em novação. Em outro giro, os requisitos para que haja recepção são: i) existência jurídica da lei antiga na data imediatamente anterior à entrada em vigor da nova Constituição; ii) compatibilidade entre o conteúdo dessa lei e os novos comandos constitucionais.

O requisito da existência jurídica prévia é imprescindível, porque se se admitisse toda a norma que fosse compatível com a nova ordem, para efeitos de recepção, pouco

---

784. *A Inconstitucionalidade das Leis*, p. 77.

785. O autor, contudo, chega a afirmar que "Não importa que as leis fossem inconstitucionais material, orgânica ou formalmente falando antes da entrada em vigor da Constituição. Importa apenas que não disponham contra esta" (*Manual de Direito Constitucional*, t. 2, p. 245).

importando se era existente ou não sob o regime pretérito, então ter-se-ia de admitir a possibilidade de recepção de toda e qualquer norma anterior que já houvesse sido editada uma vez pelo menos, pouco importando atos posteriores que lhe retirassem a vigência, o que redundaria em um regime catastrófico e de difícil concretização.

Assim, não mais se tratando de uma relação de inconstitucionalidade, como se disse, mas de mera invalidade (qualificada), não pode ser arguida em sede de controle da constitucionalidade das leis, como bem observa ELIVAL DA SILVA RAMOS. Mas não só em controle concentrado, porque tampouco pode ser sustentada (e confundida) como controle difuso de constitucionalidade. E isso pela constatação técnica de que não mais se trata de um controle de constitucionalidade (seja, pois, o difuso ou o concentrado). É um controle comum de validade. Por isso, mesmo não havendo o controle difuso, mas apenas o concentrado, ou mesmo na absurda hipótese de não haver qualquer deles, ainda assim a questão poderia ser analisada por qualquer Tribunal, como uma questão de validade das leis (tal como se analisa a legalidade de decretos ou portarias). É questão que admite, numa ação comum qualquer, a solicitação de reconhecimento da invalidade do ato durante o período em que vigorou a Constituição anterior, para o caso concreto, caso o regime anterior cominasse, claramente, a nulidade do ato inconstitucional àquela época.

ELIVAL analisa ainda a questão sob duas óticas diversas, conforme a sanção prevista pelo ordenamento jurídico para o caso de inconstitucionalidade (ou invalidade) sob a égide da Constituição pretérita.

A hipótese que se tem, portanto, é a seguinte: a lei é incompatível com a Constituição, que comina ou a sanção de nulidade ou a de anulabilidade para esse vício. Sobrevém, contudo, nova Constituição. Se a lei já havia sido reconhecida como inconstitucional, em abstrato, por um órgão competente, ela foi desconstituída, e, nesse sentido, não se pode recepcionar o que já não existia (juridicamente) em sua integralidade. Mas, se sobrevém nova ordem jurídica, sem que a lei houvesse sido declarada, no regime anterior, inconstitucional, por decisão em controle abstrato-concentrado (porque a eventual decisão anterior sustentando a inconstitucionalidade em controle difuso-concreto apenas atinge as partes envolvidas, jamais fulminando a lei em tese — solução aplicável também para o caso em que, posteriormente ao controle difuso-concreto, o Senado tenha editado Resolução suspendendo a execução da lei inconstitucional, caso em que a lei ainda é juridicamente existente, embora com aplicação suspensa), a solução deve ser encaminhada a partir da percepção de que se trata de controle difuso-concreto posterior sobre lei ainda existente porque recepcionada. No controle difuso-concreto o regime é sempre o do restabelecimento completo dos direitos violados, para o caso concreto apresentado. Em outras palavras, a decisão é sempre retroativa, porque indivíduo interessado quer ver restabelecidos seus direitos. Assim pouco importará (ao contário do que sustentam alguns autores) qual o regime atribuído à inconstitucionalidade no sistema constitucional anterior, até porque esse regime geralmente vincula-se ao controle abstrato-concentrado e não ao difuso-concreto. Assim, de pouca valia, para solucionar esse caso, será a informação de que a lei inconstitucional, naquela época, era considerada nula, ou de que era considerada apenas anulável. Para um controle difuso-concreto dessa invalidade (qualificada) pretérita é irrelevante esse dado. Evidentemente que haverá uma peculiaridade aqui. É que a lei só será reconhecida como inválida durante um período de tempo situado no passado, na medida em que ela tenha sido recepcionada (posto que poderá sê-lo, já que existente juridicamente no momento da entrada em vigor da novel Constituição).

Explica-se melhor. Se a lei era inválida, mas a invalidade só poderia ser reconhecida a partir do momento em que fosse declarada em controle judicial, e como não havia sido declarada anteriormente à Constituição de 1988, então o magistrado terá de conferir à norma o *status* de recepcionada. E, se a lei foi recepcionada, presume-se constitucional (salvo eventual mutação informal do significado da Constituição ou mutação formal, por aprovação de emenda modificativa). Ela é constitucional e aplicável a partir da Constituição de 1988, constituindo em mora aquele que dela se desvie. Mas isso não significa que sua invalidade no período da Constituição anterior não possa ser sustentada para fins de controle concreto-difuso (de invalidade) pelo interessado, e com aplicação apenas durante o período em que vigorou a Constituição anterior, porque ao interessado se assegura que seus direitos constitucionais sejam reconhecidos, independentemente da substituição da Constituição e independentemente dos regimes de inconstitucionalidade adotados para o controle abstrato da constitucionalidade das leis.

5. A MUTAÇÃO CONSTITUCIONAL E A LEI INCOMPATÍVEL COM A MODIFICAÇÃO

5.1. Mutação formal (emenda)

No caso de estar em vigor determinada lei e sobrevir uma alteração constitucional, tão comum nos dias de hoje, que faça cessar o fundamento de validade daquela lei, nada há que caracterize qualquer particularidade em relação à superveniência de uma Constituição e a lei anterior com ela incompatível.

Ocorre, pois, que essa lei cessa sua existência no exato momento em que a emenda constitucional modificativa é promulgada (quando incompatível com esta), pouco importando a eficácia que a nova norma constitucional apresente.

5.2. Mutação informal (nova significação constitucional)

Tema pouco enfrentado, mas muito tormentoso, diz respeito às alterações informais, não escritas, da norma constitucional.

O problema remete à própria noção de inconstitucionalidade, que se caracteriza como uma relação entre significados extraídos das normas em comparação (diferentemente do que a teoria clássica informa como sendo um simples juízo comparativo entre os enunciados textuais da lei e da Constituição).

A par disso, tal situação bem revela a insuficiência da utilização da nulidade como sanção pela ocorrência da inconstitucionalidade, porque é patente que em muitas ocasiões, se não em todas elas, não se poderá pretender a retroatividade dos efeitos da inconstitucionalidade, sem transmitir com isso uma grande insegurança e injustiça. Se o significado "novo" da Constituição é, evidentemente, construído apenas no momento da decisão da Justiça Constitucional, especialmente pelo Supremo Tribunal Federal, a situação de inconstitucionalidade de uma lei que decorra dessa especial atribuição de significado à normativa constitucional deveria, salvo exceção justificada, respeitar as aplicações válidas da legislação fulminada. Esta seria uma forma "fraca" de deferência por parte da Justiça Constitucional à atividade do Parlamento e às relações sociais baseadas na legislação e nas interpretações em vigor à época em que se constituíram.

Na visão thayeriana, já referida por ocasião do estudo acerca da hermenêutica constitucional e da mutação constitucional informal, a ideia de que um dispositivo da Constituição, que comporta mais de um significado, possa ser utilizado para invalidar leis ou atos normativos inferiores é insustentável. Para THAYER e aqueles que adotam uma visão pessimista e castradora da Justiça Constitucional (normalmente acompanhada de uma visão romanceada e manca da democracia e da soberania popular), havendo várias opções interpretativas da Constituição, não cabe à Justiça Constitucional optar por uma delas e infirmar a legislação que tenha optado por outra. Esse posicionamento ignora, portanto, o importante papel da Justiça Constitucional (substantiva) na construção dos direitos fundamentais e na realização plena dos comandos constitucionais.

6. REVOGAÇÃO DA NORMA-OBJETO DA RELAÇÃO DE INCONSTITUCIONALIDADE

Analisadas as possíveis formas de alteração da norma-parâmetro, de outro lado, tem-se a situação em que a norma substituída, ou simplesmente eliminada, é a norma-objeto da relação de inconstitucionalidade.

A revogação da norma-objeto, tipificada como inconstitucional, seja por sua substituição por outra, seja por sua pura e simples expurgação do sistema, em nada modifica a relação de inconstitucionalidade existente até então, salvo nos sistemas em que a sanção cominada à lei inconstitucional é a da mera anulação com efeitos puramente *pro futuro* (*ex nunc*). Nos sistemas em que a sanção de inconstitucionalidade é a nulidade ou em que a sanção é a anulabilidade que opere *ex tunc*, a diferença é sensível, já que a revogação opera *ex nunc*. Em tais casos resta, portanto, analisar os efeitos passados da norma jurídica, que não são alcançados pelo ato revogatório, mas que permanecem contaminados, no tempo, pelo vício supremo da inconstitucionalidade.

Questão preliminar que se coloca é a de admitir, ou não, a continuidade da relação e, assim, de eventual ação direta interposta tendo por objeto o controle da inconstitucionalidade da lei. Se, no curso dessa ação, a lei vem a ser revogada, nada impede a continuidade em sua tramitação, tendo em vista, como se viu, os efeitos produzidos no passado. É claro que haverá uma redução no *petitum*. Mas este sumirá apenas em uma única hipótese, como se viu, dependente do regime previsto para a sanção de inconstitucionalidade.

229

Cumpre distinguir, pois, as sanções previstas pelo ordenamento jurídico para a mácula da inconstitucionalidade.

Se o ordenamento prevê a nulidade do ato, em nada prejudica a revogação da lei a continuidade do processo (ou mesmo a propositura), para fins de alcançar efeitos produzidos no passado. Na verdade, o ato de revogação, no caso, é totalmente inoperante e despiciendo, tendo em vista que pretende revogar o que já é nulo *ab initio* e, pois, nenhum efeito pode produzir.

Se a sanção prevista é a de anulabilidade, com efeitos *ex tunc*, também terá a mesma sorte o processo, ou seja, prossegue para fins de estender ao passado a ineficácia do ato jurídico. A revogação, neste caso, é perfeita, já que revoga ato com validade, embora provisória, segundo o sistema.

Contudo, se a sanção cominada pelo ordenamento jurídico para a inconstitucionalidade for a da anulabilidade, com efeitos *ex nunc*, a ação simplesmente perde seu objeto. De nada adianta pretender que o Judiciário reconheça a inconstitucionalidade de norma já revogada se, segundo o sistema adotado, os efeitos desse reconhecimento só se podem dar para o futuro (e para o futuro a lei já não é mais vigente, tendo em vista o ato revogatório).

No Brasil, admitindo-se que o reconhecimento da inconstitucionalidade tem efeitos *ex tunc* (ou mesmo que há nulidade, porque a terminologia empregada é, por vezes, inadequada), o Supremo Tribunal Federal já pôde deixar assente que: "A decisão que em ação direta declara a inconstitucionalidade de lei, tem efeito *ex tunc*. Assim sendo, não se julga prejudicada a representação quando a lei inquinada de inconstitucionalidade é revogada no curso da ação"[786].

Referências bibliográficas

BITTENCOURT, C. A. Lúcio. *O Controle Jurisdicional da Constitucionalidade das Leis* (1949). 2. ed. Rio de Janeiro: Forense, 1968.

FALLA, Fernando Garrido et alii. *Comentarios a la Constitución* (1980). 2. ed. ampl. Madrid: Civitas, 1985.

KELSEN, Hans. *Teoria Geral do Direito e do Estado*. 2. ed. São Paulo: Martins Fontes, 1992. Tradução de *General Theory of Law and State* (Col. Ensino Superior).

LOPES, Miguel Maria de Serpa. *Comentário Teórico e Prático da Lei de Introdução ao Código Civil*. Rio de Janeiro: Jacintho Editora, 1943. v. 1.

MENDES, Gilmar Ferreira. *Jurisdição Constitucional: O Controle Abstrato de Normas no Brasil e na Alemanha*. São Paulo: Saraiva, 1996.

MIRANDA, Jorge. *Manual de Direito Constitucional*. 2. ed. rev. Coimbra: Coimbra Ed., 1988. t. 2.

RAMOS, Elival da Silva. *A Inconstitucionalidade das Leis: Vício e Sanção*. São Paulo: Saraiva, 1994.

---

786. *RTJ*, n. 87, p. 758. Também na *RTJ*, n. 100, p. 467.

RÁO, Vicente. *O Direito e a Vida dos Direitos*. São Paulo: Resenha Universitária, 1976. v. 1.

TAVARES, André Ramos. O discurso dos direitos fundamentais na legitimidade e deslegitimação de uma justiça constitucional substantiva. *Revista Brasileira de Estudos Constitucionais*, n. 2, 2007.

THAYER, James Bradley. The Origin and scope of the american doctrine of constitutional law. *Harvard Law Review*, n. 129, 1893.

Capítulo XII
TEORIA DA INCONSTITUCIONALIDADE

1. DISTINÇÕES PRELIMINARES

A inconstitucionalidade das leis é expressão, em seu sentido mais lato, designativa da incompatibilidade entre atos ou fatos jurídicos e a Constituição. Assim, serve tanto para caracterizar o fato juridicamente relevante da conduta omissiva do legislador, que pode dar ensejo, no Direito brasileiro, ao mandado de injunção e à ação direta de inconstitucionalidade por omissão, como também serve para indicar a incompatibilidade entre o ato jurídico (*lato sensu*), seja o privado, seja o público, e a Constituição. E isso sob seus vários aspectos: agente, forma, conteúdo ou fim. Não se esqueça, ainda, neste rol, da questão da inconstitucionalidade de normas de nível constitucional.

O ato jurídico, portanto, pode ser um ato administrativo, contrário à Constituição. Pode ser, v. g., o caso de um decreto presidencial que contraria diretamente a Constituição[787].

A inconstitucionalidade por omissão, por seu turno, "(...) assenta em pressupostos totalmente diversos da inconstitucionalidade por ação, (...)"[788]. Significa, nas palavras de GOMES CANOTILHO, "(...) o não cumprimento de imposições constitucionais permanentes e concretas"[789]. Mas bem pode surgir, como se verá, durante o julgamento de uma ação direta de inconstitucionalidade[790].

A inconstitucionalidade legislativa constitui, portanto, apenas parcela do conceito mais amplo de inconstitucionalidade. Sua importância e suas particularidades, principalmente no que diz respeito aos instrumentos criados para seu controle, fazem com que mereça tratamento autônomo e específico.

---

787. Lembra Elival da Silva Ramos, a esse respeito, que: "(...) por vezes, o ordenamento jurídico submete decretos regulamentares ao regime jurídico sancionatório e de controle da inconstitucionalidade dos atos legislativos, mormente em se tratando de decretos que, na ausência de intermediação legislativa, acabam reportando-se diretamente à Constituição. Ainda assim, contudo, a caracterização do vício de inconstitucionalidade em relação a tais decretos apresenta significativas diferenças no tocante ao ato legislativo, em face da natureza administrativa dos regulamentos" (*A Inconstitucionalidade das Leis*, p. 61). Sobre o tema: C. Blanco de Morais, *Justiça Constitucional*, p. 131-4.

788. Elival da Silva Ramos, *A Inconstitucionalidade das Leis*, p. 62.

789. J. J. Gomes Canotilho, *Direito Constitucional*, p. 1089.

790. Como quando a lei cria direitos, para determinado grupo, infringindo o princípio da igualdade, mas que é legítimo direito daqueles que foram beneficiados (embora também o seja daqueles que não foram). A declaração de inconstitucionalidade da norma, no caso, será capaz de gerar maiores injustiças do que as advindas da permanência da lei. A aplicação da lei, contudo, no âmbito que prevê, fere a norma constitucional da isonomia.

De outro lado, a inconstitucionalidade, a par de designar o vício, a falha, a falta de observância com os mandamentos contidos na Constituição, comumente é empregada como expressão designativa da "sanção", querendo indicar, neste passo, o efeito, a consequência daquela verificação, ou seja, a nulidade do ato caracterizado como inconstitucional no primeiro dos sentidos.

2. DEFINIÇÃO

A inconstitucionalidade das leis exprime "(...) uma relação de conformidade/desconformidade entre a lei e a Constituição, em que o ato legislativo é o objeto enquanto a Constituição é o parâmetro"[791].

Dessa forma, como se trata da aferição de conformidade entre normas, representando parte delas os parâmetros de avaliação em relação às demais, pressupõe-se estar diante de um sistema hierarquizado de normas[792]. E isso ainda que na avaliação da inconstitucionalidade se tratasse de mera aferição de uma relação lógica[793] (não normativa), porque mesmo nesse campo identifica-se uma hierarquia, na medida em que meros corolários não podem sobrepor-se aos axiomas, o que supõe a superioridade absoluta destes.

A hierarquia das normas, por seu turno, remete à ideia de rigidez constitucional. Pressupõe-se, portanto, um sistema composto por uma Constituição que se encontra em posição de superioridade formal (supremacia constitucional) em relação às demais normas[794].

Em síntese, dois são os pressupostos fundamentais[795] para que se possa falar em inconstitucionalidade das leis: supremacia constitucional e existência de um ato legislativo.

É que, como se viu no início deste estudo, a validade de uma norma legal só pode ser aferida se se trata de uma lei existente. Se não existe, juridicamente falando, não pode ser analisada no plano da validade (constitucionalidade).

Neste ponto, confundem-se as noções de validade e constitucionalidade, na medida em que se está analisando a categoria das leis, que encontram sua validade definida na própria Constituição. A invalidade, pois, equivale à própria inconstitucionalidade.

De acordo com os conceitos de existência e validade, e com este de constitucionalidade, pode-se afirmar que é inadmissível uma norma válida mas inexistente. Trata-se de uma "regra" do sistema dirigida ao sistema. Já a eficácia pode ocorrer, mesmo em se tratando de norma inválida. É que a retirada de eficácia de uma norma, por ser

---

791. Elival da Silva Ramos, *A Inconstitucionalidade das Leis*, p. 62.

792. Em sentido contrário, Franco Modugno (*L'Invalidità della Legge*, p. 25-31). Da mesma forma posiciona-se Jorge Miranda, que, ao tratar da hierarquia, anota que "(...) não há inconstitucionalidade ou ilegalidade só por ela não ser acatada, nem o problema de invalidade dos atos jurídicos-públicos se reconduz à sua violação" (*Manual de Direito Constitucional*, t. 2, p. 284).

793. Em sentido contrário, Elival da Silva Ramos (*A Inconstitucionalidade das Leis*, p. 62).

794. Nesse mesmo sentido, Elival da Silva Ramos (*A Inconstitucionalidade das Leis*, p. 62).

795. Já abordados.

inválida, está ligada à inconstitucionalidade como sanção e depende, nessa medida, do regime adotado pelo ordenamento, bem como da pronúncia de um órgão designado por esse ordenamento para tratar da aplicação dessa sanção[796], e resolver, em definitivo, qualquer controvérsia que se tenha estabelecido sobre a aplicação de uma norma inconstitucional.

Aflora, pois, aqui, em toda a sua plenitude, a importância do estudo feito acerca dos requisitos de validade das leis.

Resulta claro, do exposto, que a verificação da inconstitucionalidade tem como ponto de partida a Constituição, que aqui é considerada como a norma-parâmetro, dirigindo-se para a avaliação dos atos legislativos existentes[797].

Segundo a lição de Lúcio Bittencourt, a inconstitucionalidade identifica-se em uma de quatro possíveis situações: "1ª) desrespeito à forma prescrita; 2ª) inobservância de condição estabelecida; 3ª) falta de competência do órgão legiferante; 4ª) violação de direitos e garantias individuais"[798].

Na definição apresentada por Elival da Silva Ramos, a inconstitucionalidade, como vício, "(...) corresponde a essa desconformidade estática (relativa ao conteúdo) ou dinâmica (relativa ao processo de formação), de caráter vertical (hierárquico), entre a lei e a Constituição, resolvida, sempre, 'em favor das normas de grau superior, que funcionam como fundamento de validade das inferiores'"[799].

Conclui-se, pois, que a inconstitucionalidade é um fenômeno atrelado à estrutura hierárquica do sistema jurídico, verificada na relação entre a Lei Maior e as demais leis existentes dentro de um sistema, na medida em que estas não se curvem aos padrões previamente estabelecidos por aquela, violando-os, seja no seu aspecto formal, seja no material. Essa violação surte efeitos, que também são regulados pelo sistema. É na inconstitucionalidade como sanção que se analisarão os instrumentos colocados à disposição para eliminar essas violações, quando tal não ocorra espontaneamente.

A caracterização do fenômeno da inconstitucionalidade, em suas múltiplas facetas, não revela importância meramente acadêmica ou científica. Na verdade, os efeitos práticos de sua delimitação são extremamente graves.

---

796. Como lembra Elival da Silva Ramos, a inconstitucionalidade como vício é um problema de validade da lei, e "Não se confunde, vale ressaltar, com a sanção de inconstitucionalidade, que é a consequência estabelecida pela Constituição para a sua violação; a providência prescrita pelo ordenamento para a sua restauração, a evolução do vício rumo à saúde constitucional" (*A Inconstitucionalidade das Leis*, p. 63).

797. Na lição oportuna de Marcelo Neves, "A inconstitucionalidade, porém, é um problema de relação intrassistemática de normas jurídicas, abordado do ponto de vista interno, conforme os critérios de validade contidos nas normas constitucionais" (*Teoria da Inconstitucionalidade das Leis*, p. 69-70). Consoante Elival da Silva Ramos: "A relação de inconstitucionalidade parte da Constituição-parâmetro, para colher os atos legislativos editados, subsequentemente, com desrespeito aos requisitos de validade neles contidos. Importa, pois, em uma valoração negativa (...)" (*A Inconstitucionalidade das Leis*, p. 63).

798. *O Controle Jurisdicional da Constitucionalidade das Leis*, p. 71. Vislumbra-se que, como se verá quando do estudo da tipologia da inconstitucionalidade, as duas primeiras hipóteses são de inconstitucionalidade formal, a última, de inconstitucionalidade material, e a terceira tanto pode tratar-se de inconstitucionalidade formal como material, dependendo do caso.

799. Elival da Silva Ramos, *A Inconstitucionalidade das Leis*, p. 63. O trecho citado é de José Afonso da Silva (*Curso de Direito Constitucional Positivo*, 1990, p. 46).

Assim, em primeiro lugar, uma vez que se trate de inconstitucionalidade ou de fenômeno diverso, aplicar-se-á ou não a regra do art. 97 da Constituição, segundo a qual "Somente pelo voto da maioria absoluta de seus membros ou dos membros do respectivo órgão especial poderão os tribunais declarar a inconstitucionalidade de lei ou ato normativo do Poder Público".

Da mesma forma, se não se tratar de inconstitucionalidade de lei, não se aplica o disposto no inciso X do art. 52, que determina a suspensão da execução da lei pelo Senado Federal.

Também o cabimento da ação direta de inconstitucionalidade fica restrito aos casos em que se trata, rigorosamente falando, de inconstitucionalidade, e não de fenômeno diverso, embora próximo.

Resta absolutamente clara, portanto, a necessidade de se aprofundar no estudo da inconstitucionalidade como vício.

2.1. Os fatos na caracterização da inconstitucionalidade

2.1.1. Inconstitucionalidade como desvio de fatos em relação ao comando constitucional: hipótese de inconstitucionalidade formal

Embora quando se fale em inconstitucionalidade já se imagine, de pronto, uma relação entre normas, única e exclusivamente, na verdade, nem sempre é assim.

É que na denominada inconstitucionalidade formal, em que se analisam aspectos extrínsecos à lei, mais especificamente seu procedimento de elaboração, pode demandar uma comparação não entre duas normas (a da lei e a da Constituição), mas sim entre fatos e a Constituição.

É que a obediência às formalidades constitucionalmente impostas só se poderá revelar a partir da análise das condições concretas a partir das quais surgiu a lei inquinada de invalidade.

Portanto, levada a rigor, a inconstitucionalidade não pode ser definida, única e exclusivamente, como uma relação que se estabelece entre normas, como aliás pretendia CARL SCHMITT, em seu *La Defensa de la Constitución*. Em realidade, nem mesmo na aferição da inconstitucionalidade material de uma lei será sempre possível prescindir de uma referência fática.

2.1.2. A importância dos fatos na caracterização da inconstitucionalidade material das normas

O juízo que se estabelece no processo de averiguação da constitucionalidade das leis não é puramente normativo, no sentido de que são também captados os fatos (reais) para fins de julgamento. E isso ocorre não apenas quando do estabelecimento de uma relação de inconstitucionalidade formal. A concepção de Direito presa aos postulados kelsenianos da teoria pura do Direito leva à exclusão radical entre o mundo do Direito e o mundo dos fatos (assim como em relação à Moral). Essa concepção restrita é refutada nesta obra, por ser considerada artificial e inadequada. A aproximação entre o concreto (fatos) e o Direito vem sendo indicada pela doutrina alemã,

235

na tradição da ideia de concretização, com as profundas reflexões aportadas na década de 50 por Karl Engisch.

A desmistificação da concepção tradicional de que a questão de ordem constitucional representa pura questão exclusivamente jurídico-normativa remonta ao começo do século XX, nos Estados Unidos da América do Norte, no caso *Müller versus Oregon* (1908), com o memorial utilizado pelo advogado Louis D. Brandeis, no qual havia duas páginas destinadas às questões jurídicas e outras noventa e cinco destinadas aos efeitos (reais), sobre a mulher, da longa duração da jornada de trabalho[800].

A questão foi, de certa forma, elucidada pelo método tópico de interpretação, que, superados os extremismos da tese — que praticamente desconsiderava a própria regra jurídica —, restou por demonstrar a imperiosidade de se voltar para os fatos no trabalho normativo. A teoria tradicional da aplicação do Direito não pôde captar essa necessidade, pretendendo, ao contrário, separar, o Direito, puro, dos elementos fáticos.

Pode-se dizer que, na Alemanha, Häberle, com sua concepção aberta de Constituição, fez sentir a insuficiência da abordagem tradicional do Direito pela ciência, anotando que: "Se se considera que uma teoria da interpretação constitucional deve encarar seriamente o tema 'Constituição e realidade constitucional'— aqui se pensa na exigência de incorporação das ciências sociais e também nas teorias jurídico-funcionais, bem como nos métodos de interpretação voltados para atendimento do interesse público e do bem-estar geral —, então há de se perguntar, de forma mais decidida, sobre os agentes conformadores da 'realidade constitucional'"[801]. E ainda: "(...) A ampliação do círculo dos intérpretes aqui sustentada é apenas a consequência da necessidade, por todos defendida, de integração da realidade no processo de interpretação. É que os intérpretes em sentido amplo compõem essa realidade pluralista. Se se reconhece que a norma não é decisão prévia, simples e acabada, há de se indagar sobre os participantes no seu desenvolvimento funcional, sobre as forças ativas da *law in public action* (personalização, pluralização da interpretação constitucional!)"[802].

Na esteira dos ensinamentos de Gilmar Ferreira Mendes, pode-se acentuar que se faz necessário dispensar maior atenção aos chamados fatos e prognoses legislativos no âmbito do controle de constitucionalidade. Acentua o publicista, apoiado nas lições de Esser: "Em verdade, há muito vem parte da dogmática apontando para a inevitabilidade da apreciação de dados da realidade no processo de interpretação e de aplicação da lei como elemento trivial da própria metodologia jurídica".

"É verdade que, às vezes, uma leitura do modelo hermenêutico-clássico manifesta-se de forma radical, sugerindo que o controle de normas há de se fazer com o simples contraste entre a norma questionada e a norma constitucional superior. Essa abordagem simplificadora tem levado o Supremo Tribunal Federal a afirmar, às vezes, que fatos controvertidos ou que demandam alguma dilação probatória não podem ser apreciados em ação direta de inconstitucionalidade.

---

800. Cf. Brian Bix, *Jurisprudence: Theory and Context*, p. 156.
801. *Hermenêutica Constitucional*, p. 12.
802. *Hermenêutica Constitucional*, p. 30-1.

"Essa abordagem confere, equivocadamente, maior importância a uma pré-compreensão do instrumento processual do que à própria decisão do constituinte de lhe atribuir a competência para dirimir a controvérsia constitucional"[803].

Trata-se de elucidar a denominada comunicação entre norma e fato[804]. E não se pode negar que tal ocorra, realmente. Nas próprias decisões do Supremo Tribunal Federal pode-se verificar uma análise dos fatos considerados pelo legislador, para edição de uma lei, quando o Tribunal a analisa pelo prisma da proporcionalidade (ou razoabilidade).

Na verdade, pode-se dizer que a consideração de fatos é intrínseca ao próprio pensamento jurídico, que não se pode ver despojado, pura e simplesmente, da apreciação das hipóteses pressupostas ou adotadas pela norma[805].

Referindo-se a HORST EHMKE, GILMAR MENDES conclui que "(...) até mesmo no chamado controle abstrato de normas não se procede a um simples contraste entre disposição do direito ordinário e os princípios constitucionais. Ao revés, também aqui fica evidente que se aprecia a relação entre a lei e o problema que se lhe apresenta em face do parâmetro constitucional"[806].

GILMAR MENDES cita ainda estudo empírico realizado por KLAUS JÜRGEN PHILIPPI, baseado nas decisões da Corte Constitucional alemã. Este classifica os assim denominados fatos legislativos em fatos históricos, fatos atuais e eventos futuros. Demonstra-se como, em cada uma dessas acepções, o Tribunal efetivamente construiu sua decisão com base em dados fáticos-concretos.

Assim, quanto aos chamados fatos históricos, tem-se que seriam os fatos legislativos históricos, que podem desvendar o objetivo de determinadas organizações (partidos políticos, grupos de pressão etc.).

Assim também quanto à apreciação dos efeitos (fáticos) que determinado medicamento poderia ou não gerar, legitimando uma lei que autorizasse sua prescrição apenas por médicos estabelecidos em hospitais ou em instituições de pesquisa. Da mesma forma a opção religiosa subjacente a determinada opção legislativa (como, v. g., a não descriminalização do aborto).

Para verificar os fatos relevantes em cada causa, o Tribunal utiliza-se, então, de documentos históricos, literatura especializada, dados estatísticos e análises de peritos[807].

Quanto aos eventos futuros (prognoses), a Corte Constitucional alemã, em sua práxis, utiliza-se de diversos procedimentos racionais, elencados por GILMAR MENDES, apoiado em PHILIPPI:

"(a) o 'processo-modelo' (*Modelverfahren*), que se refere a um procedimento das ciências sociais destinado a antever desenvolvimentos futuros a partir de uma análise causal-analítica de diversos fatores estáveis ou variáveis;

---

803. *Direitos Fundamentais e Controle de Constitucionalidade*, p. 465.

804. Em alemão, denominada *Kommunikation zwischen Norm und Sachverhalt.*

805. Nesse sentido posicionam-se Ernst Gottfried Marenholz e Gilmar Ferreira Mendes (cf. Gilmar Ferreira Mendes, *Direitos Fundamentais e Controle de Constitucionalidade*, p. 466).

806. *Direitos Fundamentais e Controle de Constitucionalidade*, p. 466-7.

807. Cf. Gilmar Ferreira Mendes, *Direitos Fundamentais e Controle de Constitucionalidade*, p. 468.

"(b) a 'análise de tendências' (*Trendverfahren*), no qual se analisam determinadas tendências de desenvolvimento em função do tempo;

"(c) o 'processo de teste' (*Testverfahren*), que propicia a generalização de resultados de experiências ou testes para o futuro;

"(d) o 'processo de indagação' (*Befragungsverfahren*), no qual se indaga sobre a intenção dos partícipes envolvidos no processo"[808].

Exemplo clássico, citado por GILMAR MENDES[809], diz respeito à lei da Baviera que condicionava a instalação de novas farmácias a especial permissão da autoridade administrativa. O prognóstico do legislador era o de que se assim não se procedesse haveria uma multiplicação dos estabelecimentos farmacêuticos, em razão da ausência de regulamentação restritiva. O Tribunal, içado a pronunciar-se sobre a liberdade de exercício profissional estabelecida na Lei Fundamental, rechaçou esse prognóstico, utilizando-se de argumentos racionais e estudos de *experts*.

De posse dessas considerações, GILMAR MENDES enfatiza: "A constatação de que, no processo de constitucionalidade, se faz, necessária e inevitavelmente, a verificação de fatos e prognoses legislativos sugere a necessidade de adoção de um modelo procedimental que outorgue ao Tribunal as condições necessárias para proceder a essa aferição"[810].

Na realidade, a possibilidade de recorrer aos fatos faz parte da própria competência atribuída à Corte pela Constituição para o controle da constitucionalidade das leis. Se para a aferição da compatibilidade entre a norma da lei e a da Constituição faz-se necessário recorrer aos métodos acima expostos, não se pode negá-los ao Tribunal Constitucional. Afinal, a Constituição, quando estabelece os fins a serem atingidos, é porque permite os meios adequados ao alcance desse fim.

Na perspicácia que lhe é peculiar, GILMAR MENDES afirma: "(...) a negativa do Tribunal de examinar, com todos os elementos disponíveis, a correção dos fatos e prognoses estabelecidos pelo legislador pode corresponder a uma vinculação, ainda que não estritamente consciente, aos fatos legislativos pressupostos ou fixados pelo legislador.

"Em outras palavras, tal propositura poderá significar, em verdade, uma renúncia à possibilidade de controle de legitimidade da lei propriamente dita. Ou, o que se revela igualmente inadequado e grave, a não adoção de processos racionais de apreciação dos fatos e prognoses legislativos poderá ensejar decisões lastreadas apenas em bases intuitivas"[811].

De concluir que a inconstitucionalidade material é uma relação que se estabelece entre normas, mas que não afasta a necessidade de uma apreciação de fatos.

---

808. *Direitos Fundamentais e Controle de Constitucionalidade*, p. 469.

809. *Direitos Fundamentais e Controle de Constitucionalidade*, p. 470.

810. *Direitos Fundamentais e Controle de Constitucionalidade*, p. 475. É o que ocorre já no Direito norte-americano, com a admissão do *amicus curiae brief*, admitindo-se a participação, no controle recursal de constitucionalidade, das mais diversas pessoas e entidades eventualmente interessadas no desfecho da causa, em virtude do sistema das *stare decisis*.

811. *Direitos Fundamentais e Controle de Constitucionalidade*, p. 477. Esteve atenta a essa necessidade a comissão que elaborou o Projeto n. 2.960/97.

3. ESCLARECIMENTOS CONCEITUAIS

3.1. Inconstitucionalidade direta e inconstitucionalidade com ato interposto

A questão está bem colocada por ELIVAL DA SILVA RAMOS, e consiste em determinar se "(...) a relação de inconstitucionalidade pode instaurar-se mediante a interposição de outro ato legislativo entre a Constituição-parâmetro e a lei-objeto, de modo que a desconformidade existirá diretamente entre a lei e o ato interposto e indiretamente com referência às normas constitucionais que lhe dão suporte"[812].

ELIVAL[813] inclina-se pela negativa, apenas considerando a inconstitucionalidade legislativa como aquela que ocorre direta e imediatamente entre a lei e a Constituição.

No mesmo sentido, MARCELO NEVES entende que, rigorosamente falando, a inconstitucionalidade indireta ou mediata é antes uma questão de ilegalidade, ou mesmo de invalidade por infração de dispositivo infralegal. E justifica, com muita propriedade, afirmando que, "(...) admitindo-se o contrário, todas as questões de invalidade normativa seriam questões constitucionais"[814].

Como salienta JORGE MIRANDA, a inconstitucionalidade e a ilegalidade "(...) são ambas violações de normas jurídicas por atos do poder (...) Não divergem de natureza, divergem pela qualidade dos preceitos ofendidos, ali formalmente constitucionais, aqui contidos em lei ordinária ou nesta fundados"[815].

Logo, o ponto de contato, por assim dizer, entre inconstitucionalidade e ilegalidade, do qual pode surgir a tentação de ampliar a noção desta, aproximando-a à daquela, está na característica comum de ambos os fenômenos constituírem uma violação de normas em nível hierárquico por parte do próprio Poder Público.

Fica evidente, pois, que todas as violações normativas seriam reduzíveis a uma questão de inconstitucionalidade (entendida aqui em sentido amplíssimo), tendo em vista que a Constituição é sempre o fundamento último de validade de todas as demais normas do sistema, estejam estas situadas no nível de uma portaria, de mera instrução ou mesmo no nível da lei. Em outras palavras, a ilegalidade, por infração de uma norma infraconstitucional, ou a invalidade, por infração de uma norma infralegal, sempre podem ser conduzidas em termos de violação indireta da norma hierarquicamente superior àquela violada diretamente, até se alcançar a Constituição.

A inconstitucionalidade, contudo, não suporta tamanha elasticidade conceitual, sob pena de tornar-se imprestável o conceito, perdendo uma utilidade mínima que justifique sua abordagem específica.

Ainda com JORGE MIRANDA, deve-se enfatizar que é indesejável que se projete a inconstitucionalidade "(...) com a mesma intensidade e a mesma extensão sobre todos

---

812. *A Inconstitucionalidade das Leis*, p. 64.

813. *A Inconstitucionalidade das Leis*, p. 64.

814. *Teoria da Inconstitucionalidade das Leis*, p. 72-3.

815. *Manual de Direito Constitucional*, t. 2, p. 276.

239

os atos, nem que qualquer desarmonia se traduza em inconstitucionalidade relevante para efeito de arguição"[816].

Inconstitucionalidade, portanto, dá-se apenas entre a lei e a Constituição, numa relação direta, sem que ocorra qualquer intermediação de outros atos jurídicos entre ambas, e que coloque à norma-objeto outro padrão (intermediário) de validade. É o que se dá quando há, v. g., um decreto presidencial contrário à Constituição, mas igualmente contrário à lei que pretendeu regulamentar. Não se pode falar, no caso, em inconstitucionalidade no sentido mais estrito do termo, mas apenas em invalidade do decreto tendo como norma-parâmetro, no caso, a lei, que, por sua vez, é aferida em sua constitucionalidade. É claro que, se o decreto viola a lei que está de acordo com a Constituição, o decreto acaba violando, indiretamente, a Constituição. Não se nega esse aspecto. Apenas que, tendo em vista uma funcionalidade mínima do conceito de inconstitucionalidade, é ele aqui utilizado para representar apenas e tão somente a inconstitucionalidade direta, transformando-se a inconstitucionalidade indireta, rigorosamente falando, em ilegalidade.

A questão, contudo, não é tão simples. A complicação surge exatamente quando, em alguns poucos casos, é a própria Constituição que determina que um ato normativo deve obedecer a um outro ato normativo infraconstitucional.

Neste caso, o que há não é mais uma questão de inconstitucionalidade direta ou indireta, mas sim de inconstitucionalidade e ilegalidade a um só tempo diretas. Por não mais comportar tal análise dentro deste tópico, dadas as especificidades e a abrangência que apresenta o tema, e tendo em vista já se encontrarem fixadas aqui as premissas básicas, justifica-se seu estudo em tópico próprio.

3.2. Inconstitucionalidade e ilegalidade concomitante: ato aparentemente interposto

O problema da ocorrência simultânea da inconstitucionalidade e da ilegalidade é identificado por vários publicistas[817]. JORGE MIRANDA sintetiza-o, descrevendo o fenômeno nos seguintes moldes: "(...) quando a Constituição prescreve (ou quando é a Constituição a prescrever) a subordinação de um ato a uma norma infraconstitucional e quando, portanto, uma infração desta norma — que parece interposta — vem a redundar em violação da Constituição"[818].

ELIVAL conclui enfaticamente que, mesmo nesses casos, não haveria fundamento "(...) para deslocar a questão do âmbito da ilegalidade para o da inconstitucionalidade, sob pena, como vimos, de atrair para esse conceito todas as contradições normativas verticais"[819].

---

816. *Manual de Direito Constitucional*, t. 2, p. 277.

817. Assim, Jorge Miranda (*Contributo para uma Teoria da Inconstitucionalidade*, p. 168), Franco Modugno (*L'Invalidità della Legge*, t. 2, p. 91 e s.) e Elival da Silva Ramos (*A Inconstitucionalidade das Leis*, p. 64-5).

818. *Manual de Direito Constitucional*, t. 2, p. 277.

819. *A Inconstitucionalidade das Leis*, p. 65.

JORGE MIRANDA entende no mesmo sentido, com certas variações. Para o autor, desde que não haja ofensa a outra norma constitucional (de fundo, de competência ou de forma) "(...) se trata de um problema de ilegalidade, e não de inconstitucionalidade"[820]. Mas: "(...) se no plano conceitual mais rigoroso não temos dúvida, já no plano do regime de arguição admitimos soluções algo mitigadas. Se o essencial é expurgar do ordenamento atos e normas feridas de invalidade, não interessa tanto esta ou aquela qualificação, só por si, quanto o meio mais adequado para alcançar esse efeito"[821].

Contudo, de nada adianta construir um conceito de inconstitucionalidade que não tenha sua relevância prática. O conceito que se elabora sobre o que seja a inconstitucionalidade está justamente voltado para, uma vez atendidos seus pressupostos científicos, regular a utilização dos instrumentos processuais existentes tendentes a controlar a constitucionalidade das normas.

Cumpre, portanto, verificar se há ou não inconstitucionalidade na hipótese ora em apreço, mas fazendo-o em termos científicos, tendo em vista justamente o uso das ações tendentes a expurgar do sistema a ocorrência da inconstitucionalidade.

Para JORGE MIRANDA, em termos objetivos, não haveria inconstitucionalidade, e isso tanto em virtude de uma visão do próprio sistema de normas como também em virtude do teor do fenômeno, "(...) pois o que está em causa em qualquer das hipóteses é, primariamente, a contradição entre duas normas não constitucionais, não é a contradição entre uma norma ordinária e uma norma constitucional; e é somente por se dar tal contradição que indiretamente (ou, porventura, consequentemente) se acaba por aludir a inconstitucionalidade indireta"[822].

Em outras palavras, o mandamento constitucional que impõe obediência de uma norma infraconstitucional a outra, igualmente infraconstitucional, nada mais é do que a reprodução, expressa, do ordenamento jurídico como sistema hierárquico composto por normas jurídicas de diversos graus. Nessa medida, é também a Constituição que impede que os decretos extrapolem os limites presentes nas leis que regulamentam[823]. Assim, um decreto ilegal seria, ao mesmo tempo, inconstitucional, porque a própria Constituição ordena que os decretos restrinjam-se às leis.

É a posição adotada por VEZIO CRISAFULLI, que chega a admitir até a hipótese de que atos normativos que se situam num mesmo nível possam ser considerados como norma-parâmetro e norma-objeto, na medida em que a relação entre um e outro está determinada constitucionalmente[824].

---

820. *Manual de Direito Constitucional*, t. 2, p. 278.

821. *Manual de Direito Constitucional*, t. 2, p. 279.

822. *Manual de Direito Constitucional*, t. 2, p. 279.

823. Quando determina que "ninguém será obrigado a fazer ou deixar de fazer alguma coisa senão em virtude de lei" (inc. II do art. 5º) e, ao mesmo tempo, comete ao Presidente a competência privativa para "sancionar, promulgar e fazer publicar as leis, bem como expedir decretos e regulamentos para sua fiel execução" (inc. IV do art. 84).

824. Escreve o renomado jurista: "(...) ad integrare il parametro possono concorrere norme poste da fonti, che leggi costituzionali non sono (leggi ordinarie o fatti normativi: 'norme interposte'), e persino (...) regole non giuridiche (massime di esperienza, regole logiche, ecc.), *purché ed in quanto — le une come le altre — richiamate da disposizioni formalmente costituzionali quali specifiche condizioni di validità di determinate leggi o di determinate norme di legge*.

Caso particular é o da lei complementar no regime constitucional atual. É que estão reservados campos próprios e específicos à lei complementar e à lei ordinária, de modo que não se pode falar em hierarquia entre ambas, assunto já abordado anteriormente.

Tema que desembocará em solução idêntica àquela traçada para o caso de violação de seu campo específico de competência por lei ordinária relativamente à lei complementar é a questão das leis de âmbito municipal, estadual e federal. Se a União edita norma que não é nacional, mas sim federal, os demais entes federativos não estão subordinados a seu comando. Contudo, pode ocorrer, por exemplo, que a matéria seja de competência dos Estados, ou dos Municípios, e que a União Federal resolva editar a norma. Nesse caso, houve desrespeito às regras de competência da Constituição. Não se pode falar em ilegalidade da lei federal em relação à estadual ou à municipal, da mesma maneira que não se poderia falar em ilegalidade da lei municipal que desrespeitasse a competência da lei federal ou estadual, ou em ilegalidade de lei estadual que desrespeitasse matéria própria de lei federal.

O que há, em todos esses casos, inclusive no de invasão da competência própria de lei complementar pela lei de cunho ordinário, é uma questão de inconstitucionalidade. A regra é a seguinte: sempre que houver delimitação de âmbitos próprios (distintos) de competência, a violação importa em inconstitucionalidade, e não em ilegalidade, porque no caso não há subordinação de uma norma à outra, antes se encontrando no mesmo nível e devendo, ambas, obediência direta à Constituição. As diferentes leis, no caso, haurem sua validade diretamente da Constituição, e não da lei que resulta contrariada.

Assim, mesmo no caso de leis complementares continuadas por leis ordinárias, "(...) não compõem o comando legal das primeiras. (...)"[825]. O exemplo muito elucidativo oferecido por CELSO BASTOS é o da hipótese de caber à lei complementar fixar os critérios para a remuneração de vereadores, sendo que esta há de ser fixada, atendendo-se àqueles critérios, por meio de lei ordinária. Ainda aqui se está perante âmbitos materiais diversos. Esclarece CELSO BASTOS: "O que faz a Constituição é distribuir a matéria atinente à fixação da remuneração dos vereadores por duas espécies normativas diferentes. À lei complementar cabe o assunto respeitante ao estabelecimento de critérios e limites. À lei ordinária compete a efetiva determinação do *quantum* remuneratório"[826].

Com relação às leis editadas pelos diversos entes federativos, muito oportunas são as palavras de JOSÉ SOUTO MAIOR BORGES: "(...) a afirmação de que não há hierarquia

---

"È cosí, ad esempio, che i decreti legislativi delegati sono sindacabili dalla Corte anche (ed è ipotesi in pratica frequentissima) per contrasto con i limiti prefissati dalle rispettive leggi di delega, e quindi per contrasto indiretto con l'art. 76 Cost., che al rispetto di detti limite ne subordina, appunto, la validità. Parzialmente analoga è l'ipotesi delle leggi regionali (quanto meno, e sicuramente, nelle materie di competenza ripartita o concorrente), per violazione dei principî delle leggi statali, cui l'art. 117 Cost. E le corrispondenti disposizioni degli statuti speciali costituzionali assegnano la funzione di limite delle competenze legislative regionali" (*Lezioni di Diritto Costituzionale*, v. 2, t. 2, p. 360-1 — grafia e grifos do original).

825. Celso Ribeiro Bastos, *Lei Complementar*, p. 38.
826. Celso Ribeiro Bastos, *Lei Complementar*, p. 38.

entre leis federais, estaduais e municipais representa, em todo rigor, um corolário, desdobramento ou inferência do princípio de isonomia das pessoas constitucionais. Mero aspecto particular da expansão desse princípio constitucional basilar. A conclusão decorre do modo de atuação do mecanismo constitucional de repartição das competências legislativas. A técnica constitucional brasileira adotou o expediente de repartir, por campos privativos, a competência legislativa das pessoas constitucionais. (...)"[827].

Na restritíssima hipótese do parágrafo único do art. 22, pode-se falar em hierarquia entre lei federal e estadual. Em tal caso, sendo a competência legislativa privativa da União, e em havendo lei complementar desta que autorize Estados a editarem leis em questões específicas (delegadas a esses entes), pode-se dizer que essa legislação aufere seu fundamento de validade diretamente na lei de delegação (federal) e só mediatamente na própria Constituição Federal.

4. INCONSTITUCIONALIDADE, VÍCIO E SANÇÃO

A inconstitucionalidade legislativa pode ser definida, pois, como a relação que se estabelece, a partir de uma Constituição vigente, entre esta e uma lei, editada sob sua vigência, e que lhe é hierarquicamente inferior, cujos termos, contudo, são incompatíveis, formal ou materialmente, em vista do que o sistema constitucional determina a produção de certos efeitos (sanção) previamente traçados, que podem ser imediatos ou depender de uma provocação (nulidade ou anulabilidade da lei).

5. TIPOLOGIA DA INCONSTITUCIONALIDADE DAS LEIS

5.1. Inconstitucionalidade material e formal

Basicamente, duas são as possíveis ocorrências da inconstitucionalidade. Numa primeira, há incongruência entre o conteúdo da lei e o conteúdo da Constituição. Numa segunda modalidade, há o desatendimento do modelo previsto para a elaboração da lei. Nesse caso, o conteúdo da lei não está em desacordo com o da Constituição: apenas seu procedimento de formação não obedeceu ao procedimento previsto na Constituição.

A primeira ocorrência recebe a denominação de inconstitucionalidade material, substancial ou intrínseca. A segunda, por seu turno, é denominada inconstitucionalidade formal, ou extrínseca[828].

---

827. José Souto Maior Borges, Eficácia e Hierarquia da Lei Complementar, *Revista de Direito Público*, v. 25, p. 95.

828. Encampam a distinção: Anhaia Mello (*Da Separação de Poderes à Guarda da Constituição*, p. 82-3), Elival da Silva Ramos (*A Inconstitucionalidade das Leis*, p. 149-62), Lúcio Bittencourt (*O Contrôle Jurisdicional da Constitucionalidade das Leis*, p. 71-90), Marcelo Neves (*Teoria da Inconstitucionalidade das Leis*, p. 110), Nelson de Sousa Sampaio (*O Processo Legislativo*, p. 127), Pontes de Miranda (*Comentários à Constituição de 1946*, t. 1, p. 222-3), Enrico Redenti (*Legittimità delle Leggi e Corte Costituzionale*, p. 16-7), Ghigliani (*Del "Control" Jurisdiccional de Constitucionalidad*, 1952, p. 67-71), Bertelsen Repetto (*Control de Constitucionalidad de la Ley*, 1969, p. 20) e Carlos Blanco Morais (*Justiça Constitucional*, p. 136-76).

A nomenclatura intrínseca/extrínseca, como se percebe, toma como critério a própria lei. Assim, se o conteúdo (aspecto intrínseco) não estiver de acordo com o conteúdo constitucional, há inconstitucionalidade material. Ao contrário, se o conteúdo estiver em coerência com o conteúdo constitucional, mas considerada a lei pela ótica de como se originou, observa-se que houve o desatendimento de condições constitucionais (que fazem parte, evidentemente, do conteúdo da Constituição), há uma inconstitucionalidade de cunho meramente formal, extrínseco ao conteúdo da lei.

Já pela ótica constitucional, pode-se dizer que no primeiro caso desrespeitam-se normas constitucionais de fundo, ao passo que no segundo caso o desrespeito se dá quanto às normas de forma[829].

Do ponto de vista pragmático, na teoria apresentada por TERCIO SAMPAIO FERRAZ JÚNIOR, pode-se falar, respectivamente, em inconstitucionalidade por violação das técnicas constitucionais de validação condicional e por violação das técnicas constitucionais de validação finalística.

Dentro dessa teoria, uma norma imuniza (contra eventual desconsideração de seu comando pelo destinatário[830]) outra, ou: 1) quando disciplina sua edição, ou 2) quando delimita seu conteúdo. Norma válida é a norma regularmente imunizada, seja por uma ou por outra dessas duas hipóteses. Uma decisão (no caso, a legislativa) pode ser elaborada ou estabelecendo-se as condições em que deva ocorrer, ou estabelecendo-se os fins a serem atingidos. No primeiro caso, presentes as condições, segue-se a decisão (validade condicional). No segundo, liberam-se os meios, desde que alcançado o fim determinado (validade finalística).

Nas palavras do ilustre autor, "(...) A imunização condicional ocorre com a disciplina de edição das normas por outra norma (...)"[831]. Já quanto à imunização finalística, ela "(...) ocorre com a delimitação do relato"[832].

Assim, sinteticamente, a imunização (que confere a validade da norma, do ponto de vista pragmático) pode ser do procedimento para a edição da norma, quando uma norma superior estabelece as condições em que poderá emergir a norma, sem fixar-lhe qualquer objetivo (conteúdo próprio). Nesse caso, apenas que, observados os trâmites previstos, e independentemente do conteúdo, a norma estará imunizada (= será válida do ponto de vista pragmático). Ou, ainda, a imunização pode ser do conteúdo (relato) da norma, o que é feito quando a norma superior determina a finalidade a ser atingida pela norma inferior.

---

829. Nesse sentido, Pontes de Miranda (*Comentários à Constituição de 1946*, 1960, t. 1, p. 222-3) e Marcelo Neves (*Teoria da Inconstitucionalidade das Leis*, p. 110).

830. Segundo esclarece Tercio Sampaio Ferraz Júnior: "(...) Imunização significa, basicamente, um processo racional (fundamentante) que capacita o editor a controlar as reações do endereçado, eximindo-se de crítica, portanto capacidade de garantir a sustentabilidade (no sentido pragmático de prontidão para apresentar razões e fundamentos do agir) da sua ação linguística" (*Teoria da Norma Jurídica*, p. 106).

831. Tercio Sampaio Ferraz Júnior, *Teoria da Norma Jurídica*, p. 110.

832. Tercio Sampaio Ferraz Júnior, *Teoria da Norma Jurídica*, p. 111.

Nada impede que uma mesma norma seja, a um só tempo, formal e materialmente inconstitucional[833].

A denominada inconstitucionalidade material apresenta certa preponderância para análise teórica em relação à inconstitucionalidade formal.

De qualquer maneira, a inconstitucionalidade material é própria de sistemas em que há uma Constituição rígida. E, mesmo nestes, não necessariamente ocorre nas reformas constitucionais. Mesmo assim, ao contrário do que seria de supor, os vícios por inconstitucionalidade material são sempre quantitativamente superiores[834] (além de qualitativamente mais relevantes).

Para alguns autores, a inconstitucionalidade material decorre de dois fatores: 1) incompetência do órgão legislativo ou 2) violação de normas constitucionais, como os direitos e garantias individuais. Outros, contudo, incluem o caso da violação dos direitos e garantias individuais dentro da incompetência do órgão legislativo[835].

Na verdade, quando a lei não viola diretamente uma norma constitucional que delimita a competência do legislador, mesmo assim, indiretamente, a lei constitui uma manifestação de incompetência. É que todas as normas constitucionais que limitam o conteúdo das leis acabam como que (embora indiretamente) delimitando a competência do órgão legislativo.

Desse ponto de vista, pode-se afirmar que toda inconstitucionalidade material representa um caso de incompetência constitucional do órgão legislativo, seja ela incompetência direta ou indireta[836].

De outro prisma, é possível afirmar que quase sempre a inconstitucionalidade material é uma questão puramente de Direito, porque se cinge estritamente à análise jurídica da compatibilidade entre conteúdos normativos. Já a inconstitucionalidade formal poderá requerer a análise de circunstâncias fáticas, porque só assim poder-se-á aferir o atendimento ou não do comando constitucional[837]. Aqui haverá a típica função judicial de subsunção dos fatos à norma, de que fala CARL SCHMITT[838]. Evidentemente que em certos casos a própria lei ou ato normativo carregará "sinais" de inconstitucionalidade formal, como ocorre quando um órgão legislativo de uma entidade federativa invade seara própria de outra esfera federativa.

---

833. Nesse sentido, Nelson de Sousa Sampaio (*O Processo Legislativo*, 1968, p. 127) e Marcelo Neves (*Teoria da Inconstitucionalidade das Leis*, p. 111).

834. Em sentido contrário: Marcelo Neves (*Teoria da Inconstitucionalidade das Leis*, p. 112). Contudo, é evidente por si mesmo que o rol de normas limitadoras do conteúdo das leis (praticamente toda a Constituição) é muito superior ao rol de normas delimitadoras do processo de formação das leis.

835. Não incluem a violação dos direitos e garantias individuais como um caso de incompetência do órgão legislativo: Lúcio Bittencourt (*O Contrôle Jurisdicional da Constitucionalidade das Leis*, p. 82-90) e Marcelo Neves (*Teoria da Inconstitucionalidade das Leis*, p. 112-3). Este último autor observa que não se trata de um caso direto de incompetência.

836. Nesse sentido: Marcelo Neves (*Teoria da Inconstitucionalidade das Leis*, p. 113).

837. É a posição adotada por Raul Bertelsen Repetto, ao assinalar que "(...), si se llega a aceptar la procedencia del recurso de inaplicabilidad por vicios de forma, será necesario rendir prueba para demonstrar la existencia de los vicios señalados" (*Control de Constitucionalidad de la Ley*, p. 162). No mesmo sentido: Lúcio Bittencourt (*O Contrôle Jurisdicional da Constitucionalidade das Leis*, p. 76-7) e Marcelo Neves (*Teoria da Inconstitucionalidade das Leis*, p. 119).

838. Carl Schmitt, *La Defensa de la Constitución*, p. 89. Sem razão, portanto, afirmar que em qualquer caso de reconhecimento da inconstitucionalidade a decisão não é tipicamente de subsunção do fato à norma.

Ainda é possível fazer outra ligação, embora do mesmo ângulo acima apresentado, no sentido de corresponder a inconstitucionalidade material a uma questão de nomoestática, enquanto a inconstitucionalidade formal se refere a uma problemática de nomodinâmica. Relembrando os conceitos, enquanto no primeiro caso há uma avaliação de normas entre si, no segundo caso, a inconstitucionalidade decorre da incompatibilidade entre um processo (real) de produção jurídica e um conteúdo (normativo) que regula o processo.

Tomando-se por base os elementos do âmbito de validade das normas jurídicas[839], pode-se distinguir, igualmente, quatro espécies de lei materialmente inconstitucional: em razão da matéria (*stricto sensu*), em razão da pessoa (competência do órgão), em razão do espaço (competência espacial) e em razão do tempo (competência temporal)[840].

BUZAID, tratando da inconstitucionalidade formal, afirma: "Os requisitos *formais* concernem, do ponto de vista subjetivo, ao órgão competente, de onde emana a lei; e, do ponto de vista objetivo, à observância da forma, prazo e rito prescritos para a sua elaboração"[841].

Já NELSON DE SOUSA SAMPAIO aponta três espécies de inconstitucionalidade formal: orgânica (incompetência do órgão), temporal (elaboração em tempo proibido) e formal em sentido estrito (violação das formas prescritas)[842].

MARCELO NEVES entende, a esse respeito, que "(...) a inconstitucionalidade formal subjetiva (BUZAID) ou extrínseca orgânica (SAMPAIO), enquanto deriva da incompetência de órgão que emitiu o ato legislativo, converte-se na verdade em inconstitucionalidade material, quando a Constituição não prevê outro órgão legislativo competente para a emissão do ato: neste caso, surge lei de conteúdo incompatível com a Constituição, sendo irrelevante o órgão legiferante. (...)"[843].

Realmente, em não havendo órgão competente para legislar sobre determinada questão (como a redução dos direitos fundamentais), qualquer tentativa nesse sentido será materialmente inconstitucional, porque não poderia ser tratada por nenhum órgão legislativo. Contudo, há ainda que distinguir, neste caso, se o órgão é ou não um órgão com alguma sorte de competência legislativa. Se não for, não chega a se tratar de inconstitucionalidade material, mas de mera inexistência da lei. Mas não está afastada uma terceira hipótese, ou seja, a de ser o órgão competente em geral para legislar, mas que tenham sido desobedecidos os trâmites previstos, além de regular-se matéria fora da competência de qualquer órgão legislativo. Neste caso, há cumulação de inconstitucionalidade formal e material. Seria o caso, por exemplo, de uma lei restritiva do direito à igualdade (inconstitucionalidade material, por incompetência absoluta de qualquer

---

839. Que seriam: material, espacial, pessoal e temporal (cf. José Roberto Vernengo, *Curso de Teoría General del Derecho*, p. 117-24).

840. Nesse sentido: Marcelo Neves (*Teoria da Inconstitucionalidade das Leis*, p. 114).

841. Alfredo Buzaid, *Da Ação Direta de Declaração de Inconstitucionalidade no Direito Brasileiro*, p. 49 — grifo no original. No mesmo sentido: Bertelsen Repetto (*Control de Constitucionalidad de la Ley*, p. 29-30).

842. Cf. Nelson de Sousa Sampaio, *O Processo Legislativo*, p. 127.

843. Marcelo Neves, *Teoria da Inconstitucionalidade das Leis*, p. 114-5.

órgão legislativo de dispor nesse sentido) que tenha sido votada e aprovada sem o *quorum* mínimo (inconstitucionalidade formal).

No caso contrário, o conteúdo da lei pode estar em plena sintonia com as prescrições constitucionais, mas pode não ter sido editada pelo órgão competente, ou pode ter ocorrido falha no procedimento legislativo. Nesses dois casos há inconstitucionalidade formal da lei, porque seria válida se houvesse sido aprovada pelo órgão competente ou, na hipótese de ter sido aprovada pelo órgão previsto para tanto, seria constitucional se este tivesse observado os trâmites regulares de aprovação constitucionalmente previstos.

Contudo, neste passo, surge mais uma dificuldade. É que se procura inserir parcela dos casos de inconstitucionalidade material dentro da noção de inconstitucionalidade formal. Explica-se: é que — excluindo-se o cerne imodificável da Constituição —, se a lei houvesse sido votada como emenda constitucional, ela seria perfeitamente constitucional. Dessa maneira, o problema não seria propriamente o conteúdo da lei, mas a forma de sua aprovação.

É a posição de ANHAIA MELLO: "No fundo, uma inconstitucionalidade material não deixa de ser uma inconstitucionalidade formal, porque se a matéria fosse votada como lei constitucional, segundo as regras de revisão, não seria inconstitucional nem mesmo materialmente"[844].

Dentro dessa concepção, restaria à noção de inconstitucionalidade material a incompatibilidade entre o conteúdo da lei e o conteúdo das cláusulas pétreas da Constituição[845].

Mas, como adverte MARCELO NEVES, não se deve sucumbir a esse argumento reducionista, que confunde normas de graus hierárquicos diversos, descaracterizando a especificidade da inconstitucionalidade material[846].

Por outro lado, a inconstitucionalidade formal temporal (SAMPAIO) não se confunde com a inconstitucionalidade material temporal, a que se fez menção. A inconstitucionalidade formal temporal decorre da atividade legislativa realizada em período vedado constitucionalmente. Já a inconstitucionalidade material temporal resulta quando o tempo de vigência da lei, estabelecido em seu conteúdo, está em desacordo com mandamentos constitucionais. Num caso (formal), o vício temporal está fora da lei; no outro (inconstitucionalidade material), o vício temporal está na lei.

A inconstitucionalidade formal temporal pode ser ainda dividida em inconstitucionalidade formal temporal propriamente dita (*stricto sensu*) e inconstitucionalidade formal temporal circunstancial[847].

A inconstitucionalidade formal temporal (e com ela a diferenciação proposta acima) ocorre, contudo, basicamente, nas reformas constitucionais, por força dos

---

844. *Da Separação de Poderes à Guarda da Constituição*, p. 83.

845. Pressupondo-se, aqui, que a lei seja votada pelo Congresso Nacional, e não por órgão legislativo dos demais entes federativos, caso em que estes seriam incompetentes para votar reforma constitucional (federal), e, pois, se teria uma inconstitucionalidade formal também.

846. Marcelo Neves, *Teoria da Inconstitucionalidade das Leis*, p. 115.

847. Cf. Marcelo Neves, *Teoria da Inconstitucionalidade das Leis*, p. 116-7.

já conhecidos limites temporais *stricto sensu* e circunstanciais impostos ao poder reformador.

A inconstitucionalidade formal *stricto sensu* (SAMPAIO) pode ainda distinguir-se em inconstitucionalidade formal intrínseca e extrínseca[848].

A inconstitucionalidade formal extrínseca diz respeito à regularidade da promulgação e publicação da lei. A inconstitucionalidade formal intrínseca refere-se ao procedimento de elaboração legislativa.

A distinção tem importância na medida em que alguns autores pretendem excluir do campo de apreciação judiciária as denominadas inconstitucionalidades formais intrínsecas, por considerá-las matéria exclusivamente política (assim como pretendem excluir igualmente a atuação judiciária no controle da regularidade material das leis[849]).

É a posição adotada por SANTI ROMANO, quando declara: "A autoridade jurisdicional pode, por consequência, controlar se o decreto de promulgação tem todos os requisitos para ser considerada juridicamente existente, e se a lei promulgada foi validamente publicada. Porém, neste controle não se pode remontar da forma e conteúdo próprios destes atos, para verificar aqueles da autoridade legislativa"[850].

É também a posição de NELSON DE SOUSA SAMPAIO, quando discrimina, dentre as regras formais de elaboração legislativa, cláusulas mandatórias e cláusulas diretórias[851]. A distinção só caberia se se admitisse que algumas normas de elaboração legislativa são apenas indicativas para o legislador, e, nesse sentido, sua observância não poderia ser objeto de controle pelo Poder Judiciário.

Contudo, todos os requisitos formais previstos constitucionalmente podem servir de parâmetro para a avaliação da constitucionalidade das leis[852].

Cumpre ainda uma vez mais insistir na distinção entre inexistência e invalidade. É que muitas vezes se confunde a inconstitucionalidade formal com a inexistência da lei[853]. É evidente que, se houver emissão do ato legislativo por um dos centros de produção legislativa, ainda que essa emissão seja deficitária, inclusive por não ser o órgão competente para tanto, há lei (existência), embora tenha ingressado deficientemente no sistema (invalidade).

Só se pode falar em inexistência do ato legislativo quando a emissão da lei não ocorre por algum dos órgãos legiferantes do Estado. Aí não há lei, e, portanto, não se pode falar em inconstitucionalidade da lei, mas sim em inexistência (jurídica) desta.

---

848. É por isso que, para evitar a confusão, apenas se mencionam como sinônimos, de um lado, a inconstitucionalidade material e a intrínseca, e, de outro, a formal e a extrínseca. Evidentemente que, no caso presente, os termos "extrínseca" e "intrínseca" apresentam outro significado. A terminologia "inconstitucionalidade formal intrínseca e extrínseca" é utilizada por Lúcio Bittencourt (*O Contrôle Jurisdicional da Constitucionalidade das Leis*, p. 73-4) e Marcelo Neves (*Teoria da Inconstitucionalidade das Leis*, p. 116).

849. Essa é a posição de Carl Schmitt, como já observado (*La Defensa de la Constitución*, p. 88-9).

850. Santi Romano, *Princípios de Direito Constitucional Geral*, p. 392.

851. Nelson de Sousa Sampaio, *O Processo Legislativo*, p. 133-8.

852. É a posição de Marcelo Neves (*Teoria da Inconstitucionalidade das Leis*, p. 116).

853. Admitindo que a inconstitucionalidade formal revela uma lei inexistente: Lúcio Bittencourt, *O Contrôle*, cit., p. 133.

5.2. Inconstitucionalidade total e parcial

A base da distinção entre inconstitucionalidade total e parcial está na já mencionada classificação de ALF ROSS, que identifica as inconsistências total-total, total-parcial e parcial-parcial[854].

Cumpre, agora, aclarar-lhe o significado, de acordo com o tema da inconstitucionalidade das leis.

O critério para classificar a inconstitucionalidade aqui é o da extensão que a invalidade assume em relação à norma ou à lei.

A inconstitucionalidade total ocorre quando, entre a Constituição e o diploma legal, há ou incompatibilidade total-total ou parcial-total. No primeiro caso, nenhuma das normas pode ser aplicada sem entrar em conflito com a outra. No segundo caso, as normas da lei não podem ser aplicadas sem entrar em conflito com normas constitucionais, mas a Constituição possui uma parcela de normas que podem ser aplicadas sem que se revele qualquer conflito com a lei[855].

A inconstitucionalidade parcial ocorre também em duas hipóteses: incompatibilidade parcial-parcial ou total-parcial entre a Constituição e a lei. No primeiro caso, cada diploma tem um âmbito de aplicação no qual não se identifica conflito com o outro, mas possui também um âmbito de aplicação em que há conflito entre ambos. No segundo caso, os dispositivos constitucionais sempre estarão em conflito com os legais, mas as leis têm ainda um âmbito no qual podem ser aplicadas sem entrar em conflito com a Constituição.

Nos casos de inconstitucionalidade total, a norma legal existe, mas é sempre inválida. Já na inconstitucionalidade parcial, a invalidade da lei existe, mas é sempre parcial, subsistindo uma parte da lei que é válida.

Essa classificação refere-se, como visto, à lei, considerada como um diploma normativo constituído de várias normas, um complexo normativo posto por um ato legislativo. As considerações valem, contudo, também para a comparação entre uma norma específica da Constituição e outra da lei. Nesse caso, devem ser observadas algumas ponderações.

É que pode ocorrer de parte da norma ser inconstitucional e de parte não o ser. Nesse caso, prevalece, em princípio, a parte que seja compatível com a Constituição, sem que a parte viciada contamine, por assim dizer, a parcela saudável da norma[856].

---

854. Alf Ross, *Sobre el Derecho y la Justicia*, p. 124-5. Adotam a classificação: Alejandro E. Ghigliani (*Del "Control" Jurisdiccional de Constitucionalidad*, p. 71), Elival da Silva Ramos (*A Inconstitucionalidade das Leis*, p. 163), Gavazzi (*Delle Antinomie*, p. 168), Marcelo Neves (*Teoria da Inconstitucionalidade das Leis*, p. 120) e Pontes de Miranda (*Tratado de Direito Privado*, t. 4, p. 50), Lúcio Bittencourt (*O Controle Jurisdicional da Constitucionalidade das Leis*, p. 124-8) e Carlos Blanco Morais (*Justiça Constitucional*, p. 176-80).

855. Cf. Gavazzi (*Delle Antinomie*, p. 70) e Marcelo Neves (*Teoria da Inconstitucionalidade das Leis*, p. 120).

856. Cf. Carlos Maximiliano, *Comentários à Constituição Brasileira*, v. 1, p. 157; Ghigliani, *Del "Control"*, cit., p. 71; Themístocles Brandão Cavalcanti, *Do Contrôle da Constitucionalidade*, p. 88-9; Lúcio Bittencourt, *O Contrôle Jurisdicional da Constitucionalidade das Leis*, p. 126; Anhaia Mello, *Da Separação de Poderes à Guarda da Constituição*, p. 102.

Contudo, essa solução não é absoluta, antes comporta algumas exceções. É que, se houver uma relação de dependência entre as partes mencionadas de uma norma, o vício de uma parte acabará repercutindo na outra. Assim declarava CARLOS MAXIMILIANO, apoiado nas lições de WILLOUGHBY, TUCKER e COOLEY: "Se apenas uma parte de um texto é inconstitucional e é possível separá-la sem destruir a eficiência do todo para atingir os objetivos colimados pelo decreto ou lei ordinária, condene-se a parte somente"[857]. Ou seja, *utili per inutile non vitiatur*[858].

Considera-se relação de dependência a impossibilidade de conceber isoladamente a parcela da norma que seja constitucional, sem que isso acarrete seu desvirtuamento.

Em tais situações, toda a norma (e não apenas a parte viciada) deverá ser declarada inconstitucional[859].

A referida dependência pode ocorrer em dois níveis: lógico e teleológico[860]. No primeiro caso, utiliza-se a distinção husserliana[861] entre objetos independentes e não independentes. Dessa forma, se a parcela da lei que estiver em conformidade com a Constituição for não independente da parcela que se reconhece a inconstitucionalidade, impõe-se, logicamente, o reconhecimento da inconstitucionalidade total, havendo mera inconstitucionalidade parcial no caso inverso, em que há independência da parcela constitucional relativamente à parcela inconstitucional.

Na dimensão teleológica (finalística), se a exclusão da parte inconstitucional da lei ou norma implicar o desvirtuamento das finalidades às quais essa lei ou essa norma estavam predispostas, ocorrerá a inconstitucionalidade total. Da mesma forma se, embora mantidas as finalidades, estas se tornem impossíveis.

Para a caracterização da inconstitucionalidade parcial, pouco importa a maneira pela qual estejam dispostas as normas dentro do diploma legal, ou a matéria, dentro do preceito legal. Os preceitos podem estar no mesmo artigo, no mesmo parágrafo, no mesmo inciso, ou não. Podem ainda estar ou não na mesma seção, parte, título, capítulo, livro[862].

A inconstitucionalidade parcial revela ainda outra faceta. É que ela não se refere apenas às partes destacáveis de uma norma ou texto constitucional. A inconstitucionalidade pode ser igualmente parcial quando atinge determinado número de pessoas,

---

857. *Comentários à Constituição Brasileira*, p. 157 — grafia conforme à original.

858. Cf. Anhaia Mello, *Da Separação de Poderes à Guarda da Constituição*, p. 102.

859. Cf. Lúcio Bittencourt, *O Contrôle Jurisdicional da Constitucionalidade das Leis*, p. 126-7; Ghigliani, *Del "Control" Jurisdiccional de Constitucionalidad*, p. 71-2; e Marcelo Neves, *Teoria da Inconstitucionalidade das Leis*, p. 121.

860. Cf. Marcelo Neves, *Teoria da Inconstitucionalidade das Leis*, p. 121-2.

861. Edmund Husserl, *Investigaciones Lógicas*, trad. esp. Manuel G. Morente e José Gaos, Madrid: Alianza Editorial, 1982, v. 2, p. 387-410 (cf. Marcelo Neves, *Teoria da Inconstitucionalidade das Leis*, p. 122, nota 44).

862. Como adverte Lúcio Bittencourt, "(...) O problema não consiste em saber se os preceitos se encontram no mesmo artigo, uma vez que a distribuição da matéria legislativa entre êstes é meramente arbitrária; a questão se resume, apenas, em julgar do grau de dependência entre as prescrições e em decidir — como diz Cooley — se estas são essencial e inseparàvelmente, conexas em substância — *essentially and inseparably conectted in substance*" (*O Contrôle Jurisdicional da Constitucionalidade das Leis*, p. 127 — grafia e grifos no original). No mesmo sentido: Marcelo Neves, *Teoria da Inconstitucionalidade das Leis*, p. 123.

incluídas em seu âmbito de validade pessoal, de maneira inválida, sendo, contudo, válida a norma em relação às demais pessoas[863]. É a nulidade subjetiva de que fala PONTES DE MIRANDA[864], em oposição à nulidade da parte objetiva, dos enunciados, de seus conteúdos.

Os sistemas jurídicos em que o reconhecimento da inconstitucionalidade incide sobre a norma que se extrai do texto legal e não sobre este propriamente dito[865] oferecem um ajuste mais adequado a essa situação.

MARCELO NEVES, contudo, vai mais longe e, utilizando-se dos diversos âmbitos de validade da norma jurídica, classifica a inconstitucionalidade parcial em material (até agora estudada), pessoal (referida por último), espacial ou temporal[866].

No cruzamento entre inconstitucionalidade material e formal, de um lado, e inconstitucionalidade total ou parcial, de outro, só não está fora de discussão o caso da inconstitucionalidade formal parcial, sendo os demais casos possíveis de ocorrência.

É que, a princípio, soa estranho falar em inconstitucionalidade da lei, do ponto de vista formal, e ao mesmo tempo admitir que essa inconstitucionalidade possa ser apenas parcial. Ora, ou a lei seguiu os trâmites (procedimento) regulares ou não, sendo totalmente constitucional no primeiro caso, e totalmente inconstitucional no segundo. É a posição seguida por BERTELSEN REPETTO[867].

Contudo, é perfeitamente imaginável uma situação em que a lei padeça de vício formal e seja apenas parcialmente inconstitucional. É o caso das emendas que um projeto de lei receba, em contradição, por exemplo, com o sistema de iniciativa legislativa. Isso possibilita que preceitos formalmente inconstitucionais (advindos de emendas ao projeto) coexistam com o restante do projeto de lei, que não apresenta nenhum outro vício, seja de forma ou de conteúdo. Se essa parte da lei ou da norma (não contaminada) não for dependente da parte viciada, pode-se falar em inconstitucionalidade formal parcial[868].

5.3. Inconstitucionalidade originária e superveniente

Dentro da denominada inconstitucionalidade material, é corrente na doutrina a distinção entre inconstitucionalidade originária e superveniente. Contudo, a doutrina o faz para distinguir entre espécies que já são substancialmente diversas.

Realmente, a inconstitucionalidade superveniente, na realidade, implica a inexistência da lei, ao passo que a inconstitucionalidade originária significa que a lei,

---

863. Cf. Lúcio Bittencourt, *O Contrôle Jurisdicional da Constitucionalidade das Leis*, p. 128; Pontes de Miranda, *Comentários à Constituição de 1946*, t. 6, p. 415; e Marcelo Neves, *Teoria da Inconstitucionalidade das Leis*, p. 123.

864. *Comentários à Constituição de 1946*, t. 6, p. 415.

865. Como o sistema jurídico norte-americano (cf. Vicenzo Vigoritti, *Garanzie Costituzionale del Processo Civile*, Milano: Giuffrè, 1970, p. 20, nota 20 — apud Marcelo Neves, *Teoria da Inconstitucionalidade das Leis*, p. 123, nota 50, que segue, no particular, a lição de Vigoritti). Aparentemente, é o que ocorre também na Alemanha, com a pronúncia de inconstitucionalidade sem redução de texto.

866. Cf. Marcelo Neves, *Teoria da Inconstitucionalidade das Leis*, p. 123-4.

867. Raul Bertelsen Repetto, *Control de Constitucionalidad de la Ley*, p. 29-30.

868. Admitem a hipótese de inconstitucionalidade formal parcial: Anhaia Mello, *Da Separação de Poderes à Guarda da Constituição*, p. 102, e Marcelo Neves, *Teoria da Inconstitucionalidade das Leis*, p. 124.

embora existente, é inválida. Portanto, trata-se de fenômenos substancialmente diferentes. Ademais, a inconstitucionalidade superveniente (por força de uma nova Constituição ou de uma emenda constitucional) não deve receber a denominação de inconstitucionalidade. O termo *inconstitucionalidade* deve ser reservado para as relações com a Constituição atual, e não com a Constituição pretérita[869].

Há, contudo, outra utilização da dicotomia, para designar a ocorrência da lei que, embora constitucional, tendo em vista a mudança ocorrida por via interpretativa em sua significação, passa a ser incompatível com o novo entendimento conferido à norma constitucional. Haveria, no caso, inconstitucionalidade superveniente, porque não se trata de lei flagrada por alteração formal da Constituição (advinda de uma nova ordem jurídica ou aprovação de emenda constitucional modificativa).

Dessa forma, não se pode dizer, por um lado, que a inconstitucionalidade nasceu com o próprio nascimento da lei. Nem se pode, por outro lado, como nos casos de emenda constitucional ou de nova ordem constitucional, dizer que a lei não foi recepcionada, com todas as consequências daí advindas, dentro de um sistema que comina a nulidade como pena pela inconstitucionalidade.

É por isso que, para designar tais hipóteses, admite-se a utilização da expressão *inconstitucionalidade superveniente*.

5.4. Inconstitucionalidade expressa (direta) e implícita (indireta)

Não se tratará aqui da comumente denominada inconstitucionalidade direta (imediata) e indireta (mediata), por não se tratar esta última, como visto, de inconstitucionalidade propriamente dita, mas sim, tecnicamente, de mera ilegalidade de normas ou incompatibilidade internormativa de nível infraconstitucional.

A classificação que aqui se exporá, utilizando-se a denominação direta/indireta ao lado da expressa/tácita, toma outro parâmetro que não a relação direta ou indireta da lei com a Constituição.

Ao se classificar a inconstitucionalidade direta, leva-se em conta a incompatibilidade da lei com norma expressa da Constituição. No caso de inconstitucionalidade indireta, haveria incompatibilidade entre a lei e uma norma constitucional implícita.

A distinção é acatada por ALFREDO BUZAID, para quem a inconciliabilidade entre lei e Constituição "(...) é *direta*, quando viola o direito expresso; e *indireta*, quando a lei é incompatível com o espírito ou sistema da Constituição. (..)"[870]. Também LÚCIO BITTENCOURT enfatiza que para se afirmar a inconstitucionalidade faz-se necessário "(...) que ocorra conflito com alguma norma ou algum mandamento da Constituição, embora se considere, para esse fim, não apenas a letra do texto, mas, também, ou mesmo preponderantemente, o 'espírito' do dispositivo invocado"[871]. Adotando ainda a mesma solução, RONALDO POLETTI averba: "Uma Constituição não é apenas a sua

---

869. Com posição diversa: Carlos Blanco de Morais, *Justiça Constitucional*, p. 181.

870. *Da Ação Direta de Declaração de Inconstitucionalidade no Direito Brasileiro*, p. 46 — grifos do original.

871. *O Contrôle Jurisdicional da Constitucionalidade das Leis*, p. 55 — grafia do original.

letra, o seu texto literal, mas também os princípios que a informaram e que, sob certa forma, permanecem no seu corpo. É inconstitucional a lei violadora da Constituição, quer ela disponha contrariamente à letra, quer ela fira o espírito constitucional, presente nos princípios deduzíveis da expressão de seus dispositivos"[872].

MARCELO NEVES dirige algumas críticas a esse tipo de posicionamento, pois "(...) o simples recurso ao 'espírito' da Constituição é profundamente vago e abstrato, não sendo suficiente como argumentação jurídica na alegação da inconstitucionalidade. (...)"[873]. E justifica seu pensar diverso: "(...) Isto porque, embora os ordenamentos jurídicos caracterizem-se, particularmente no complexo Estado contemporâneo, pelas antinomias de princípio, reconhece-se que estas só eventualmente dão lugar a antinomias normativas. E, no que concerne especificamente às constituições, elas são sínteses resultantes de interesses e ideologias, (...), heterogêneas, (...), inevitáveis as antinomias de princípios. (...)"[874].

Realmente, como indica KARL ENGISH, as contradições de princípios são "(...) desarmonias que surgem na ordem jurídica pelo fato de, na constituição desta, tomarem parte diferentes ideias fundamentais entre as quais se pode estabelecer um conflito"[875].

E, como bem ponderou NORBERTO BOBBIO[876], se as antinomias de princípio podem não ser antinomias jurídicas propriamente ditas, ainda assim, é patente que podem dar lugar à criação destas.

O problema está bem identificado no campo constitucional, como se vê em CELSO BASTOS: "As Constituições são tributárias de um conjunto de opções axiológicas. Não há Constituição neutra. Diante dos plúrimos valores que o mundo encerra, tem ela de encampar um ou mais deles. Não nos será possível, contudo, visualizar essa realidade através de uma 'lupa jurídica' que nos demonstrasse perfeitamente como esses valores entram na Constituição. Nem tampouco poder-se-á sustentar que se trata de um 'subproduto inconsciente' de quem elaborou a Constituição. Isso porque, embora estejam os valores, na maior parte dos casos, consignados expressamente nas normas constitucionais, muitos outros haverá que, não obstante a falta de declaração explícita, se revelam e se impõem a partir de um amplo conjunto de normas que os dão por pressupostos"[877]. E ainda: "Por outro lado, não é o fato de haver valores consignados constitucionalmente, mas que aparentemente se conflitam, que se põe em dúvida o axioma de que a Constituição tem de ser considerada como um todo. É que por força daquele verdadeiro dogma de interpretação constitucional, as aparentes colisões hão de se desfazer, valendo-se de técnicas elaboradas especificamente com esse propósito.

"Já se verificou que não há Constituição axiologicamente neutra. Mas, mais do que isso, praticamente todas as Constituições vão buscar elementos em mais de uma ideologia.

---

872. *Controle da Constitucionalidade das Leis*, p. 181.
873. *Teoria da Inconstitucionalidade das Leis*, p. 125.
874. Marcelo Neves, *Teoria da Inconstitucionalidade das Leis*, p. 125.
875. Karl Engisch, *Introdução ao Pensamento Jurídico*, p. 318 — grafia do original.
876. *Teoria do Ordenamento Jurídico*, p. 90.
877. *Hermenêutica e Interpretação Constitucional*, p. 131.

Isso porque não há nas constituintes um consenso. Normalmente as normas programáticas é que são o fruto dos compromissos assumidos na constituinte. É um engano achar que esta possa chegar a um consenso pleno. (...) Daí o apelo para uma fórmula compromissória (...)"[878].

É claro que a oposição entre a lei e o "espírito constitucional" não pode estar apenas na mente do julgador. Como bem indica CELSO BASTOS, esse "espírito" há que se expressar de alguma forma mais ou menos intensa. Tem de se manifestar nas palavras da Constituição[879], deve ser relativo a uma norma ou a um mandamento, e não a um princípio relativo e contingente, político ou ideológico, ausente do Texto Maior, porque "(...). A inconstitucionalidade é factível em relação ao espírito da Constituição, mas decorrente de seu conteúdo"[880].

MARCELO NEVES conclui pela necessidade de indicar a norma constitucional que esteja sendo violada, ainda que implicitamente. Nesse caso, a violação é indireta, mas não prescinde da indicação da norma, ou do espírito da norma, que se viola[881].

Assim, a só referência a um "espírito constitucional" violado, sem a indicação de uma única norma constitucional da qual deflua referido "espírito", não é aceitável. O espírito constitucional decorre da consideração das normas e princípios constitucionais em seu íntimo relacionamento. Não se trata de uma entidade abstrata e autônoma, invocável a qualquer momento para justificar um meticuloso estudo por parte de um Tribunal encarregado de averiguar a constitucionalidade das leis. Mas isso não quer significar que se exija a existência de normas constitucionais expressas, para fins de aferição da inconstitucionalidade.

A violação de regras constitucionais não explícitas também revela uma faceta da inconstitucionalidade das leis[882]. Não se trata já aqui de invocar algo vago e impreciso, como o "espírito da Constituição"; antes, trata-se de algo que se subtrai dos dispositivos.

---

878. Celso Ribeiro Bastos, *Hermenêutica e Interpretação Constitucional*, p. 131-2.

879. Cf. Lúcio Bittencourt, *O Controle Jurisdicional da Constitucionalidade das Leis*, p. 55.

880. Ronaldo Poletti, *Controle da Constitucionalidade das Leis*, p. 182. O autor, na linha do que assevera Celso Bastos, escreve ainda: "É preciso, portanto, distinguir entre os princípios doutrinários informadores ou inspiradores da Constituição, cuja pesquisa tem natureza histórica e sociológica, porém não jurídica, dos princípios deduzíveis do Direito Constitucional, enquanto positivados na Lei Maior.

"A Constituição elege determinados valores, os quais são fundamentos do regime político. Não pode a lei desrespeitá-los, se esses valores estiverem presentes no texto constitucional, não decorrentes da sua literalidade, mas de seu espírito, que é a sua verdadeira expressão.

"Quem fala em valores, refere-se a fins. Todo valor representa um fim em si mesmo. Em consequência, todo valor é um princípio. Na Constituição, os valores estão no começo e no fim de sua elaboração. (...) Os valores preservados pela Constituição, seus fins ou objetivos, os bens por ela visados, nada mais representam do que seus princípios. Eles são revelados pela análise dedutiva da interpretação jurídica e estão contidos na letra expressa do Código Constitucional ou nas suas decorrências implícitas" (Ronaldo Poletti, *Controle da Constitucionalidade das Leis*, p. 182).

881. Cf. Marcelo Neves, *Teoria da Inconstitucionalidade das Leis*, p. 125.

882. Nesse sentido, sobre a infração de regras não explícitas, além dos autores já mencionados, ver também: Pontes de Miranda, *Comentários à Constituição de 1946*, t. 1, p. 223, e Marcelo Neves, *Teoria da Inconstitucionalidade das Leis*, p. 126. Alejandro Ghigliani fala de uma inconstitucionalidade manifesta e uma não manifesta, entendendo que "(...) Es manifiesta cuando la inconstitucionalidad se advierte, sin más, confrontando la norma jurídica con las reglas constitucionales, y es no manifiesta cuando la incompatibilidad entre éstas y aquéllas aparece sólo después de efectuada una investigación de hecho" (*Del "Control" Jurisdiccional de Constitucionalidad*, p. 72-3).

Ainda que se fale em "espírito", não se faz nos termos acima indicados (entidade autônoma, que se presta às conveniências de cada caso particular, e que serviria como uma porta de entrada para aceitarem-se todas as alegações de inconstitucionalidade, por mais infundadas que fossem).

O próprio Supremo Tribunal Federal tem encampado essa teoria, como se pode notar do teor de seus acórdãos. Assim, já ficou estabelecido que "(...) viola o princípio da independência e harmonia dos Poderes (...) emenda constitucional estadual que determina sejam submetidas à Assembleia Legislativa as indicações de dirigentes de autarquias"[883]. Também discutindo o conteúdo de princípio, no caso, o federativo, assinalava o Ministro MOREIRA ALVES que o Tribunal Supremo, "(...) em várias de suas decisões, tem estabelecido algumas orientações, uma das quais é a de que a Constituição Federal, quando estabelece *princípios* que se consideram da essência dos Poderes, ainda que digam respeito, expressamente, apenas aos Poderes Federais, deve ser seguida pelas Constituições Estaduais"[884]. E chega mesmo o Supremo a falar em "valores suscetíveis de consideração" e em finalidade última do sistema constitucional, para fins de identificar incompatibilidades com a Constituição[885]. O que se poderia denominar "espírito" da Constituição, traçado a partir da sistemática das normas constitucionais, é elemento extremamente recorrente, por parte do Supremo Tribunal, em especial quando se trata da interpretação constitucional[886].

Como acentua ainda RONALDO POLETTI, "(...), a existência de princípios constitucionais, não apenas os expressos como também os implícitos, integrados todos na ordem jurídica de modo a serem observados, sob pena de declaração de inconstitucionalidade, está vinculada a outra questão, agora atinente à interpretação das leis. A Constituição há de ser interpretada teleologicamente, em grande parte de acordo com

---

883. Representação n. 1079-SP, rel. Min. Moreira Alves, votação unânime, Tribunal Pleno, de 1981 (*Revista Trimestral de Jurisprudência*, v. 103, n. 2, fevereiro de 1983, p. 495-507). Em idêntico sentido, entendendo que viola o princípio da separação e harmonia entre os poderes, foi o teor do acórdão proferido na Representação n. 1089-SP, rel. Min. Soares Muñoz, votação unânime, Tribunal Pleno, de 1981 (*Revista Trimestral de Jurisprudência*, v. 103, n. 2, fevereiro de 1983, p. 516-22).

884. Voto do Ministro Moreira Alves na decisão proferida no Recurso Extraordinário n. 95.778-RS, em que foi relator o Min. Firmino Paz, por maioria de votos, Tribunal Pleno, de 1982 (*Revista Trimestral de Jurisprudência*, v. 102, n. 1, outubro de 1982, p. 404). Encontra-se ampla discussão sobre o conteúdo do referido princípio, em especial no voto do Ministro Néri da Silveira.

885. Assim, respectivamente, o Ministro Xavier de Albuquerque e o Ministro Rodrigues Alckmin, em seus votos expostos no acórdão proferido por ocasião do julgamento do Recurso de *Habeas Corpus* n. 53.801-RJ, de 1975 (*Revista Trimestral de Jurisprudência*, v. 79, n. 1, janeiro de 1977, p. 67 e 73).

886. Assim, por exemplo, no Recurso Extraordinário Eleitoral n. 98.935-PI, em que ficou assente, como se depreende da ementa: "É ilegítima a hermenêutica constitucional que considerou inelegível a esposa casada apenas religiosamente com o titular do cargo, por entender 'que quem analisa detidamente os princípios que norteiam a Constituição na parte atinente às inelegibilidades, há de convir que sua intenção, no particular, é evitar, entre outras coisas, a perpetuidade de grupos familiares, ou oligarquias, à frente dos executivos".

"Seria ilógico conceder-se à concubina casada no religioso, o que se nega à esposa legítima".

E ainda, segundo declara o Ministro Cordeiro Guerra: "(...). Seria estimular a fraude à lei e à Constituição, permitir-se a burla da inelegibilidade expressamente prevista na lei complementar, desconsiderando-se a realidade, para negar a finalidade da própria lei" (decisão de 1982, *Revista Trimestral de Jurisprudência*, v. 103, março de 1983, p. 1321 e 1326).

255

os resultados práticos decorrentes da interpretação. Para tanto, não é possível afastarem-se os princípios, no fundo de seus valores"[887].

Essa possibilidade de inconstitucionalidade (implícita ou indireta), na realidade, constrói-se a partir da plurivocidade significativa dos artigos constitucionais expressos, que permitem a elaboração das normas que, implicitamente, neles estariam contidas. Em última análise, o caso se reduz à questão da inconstitucionalidade dos artigos ou das normas extraídas dos artigos constitucionais, cuja solução dependerá da prática judiciária de cada sistema jurídico concreto.

Referências bibliográficas

BASTOS, Celso Seixas Ribeiro. *Lei Complementar: Teoria e Comentários*. São Paulo: Saraiva, 1985.

_____. *Hermenêutica e Interpretação Constitucional*. 2. ed. São Paulo: IBDC, 1999.

BITTENCOURT, C. A. Lúcio. *O Contrôle Jurisdicional da Constitucionalidade das Leis* (1949). 2. ed. Rio de Janeiro: Forense, 1968.

BIX, Brian. *Jurisprudence: Theory and Context*. London: Sweet & Maxwell, 1966.

BOBBIO, Norberto. *Teoria do Ordenamento Jurídico (Teoria dell'Ordinamento Giuridico)*. São Paulo: Polis; Brasília: Editora Universidade de Brasília, 1989. Trad. Maria Celeste Cordeiro Leite dos Santos.

BORGES, José Souto Maior. Eficácia e Hierarquia da Lei Complementar. *Revista de Direito Público*, São Paulo: RT, v. 25, p. 93-104, jul./set. 1973.

BUZAID, Alfredo. *Da Ação Direta de Declaração de Inconstitucionalidade no Direito Brasileiro*. São Paulo: Saraiva, 1958 (Col. Direito e Cultura 6).

CANOTILHO, J. J. Gomes. *Direito Constitucional*. 6. ed. rev. Coimbra: Livr. Almedina, 1993.

CAVALCANTI, Themístocles Brandão. *Do Contrôle da Constitucionalidade*. Rio de Janeiro: Forense, 1966.

CRISAFULLI, Vezio. *La Costituzione e le sue Disposizioni di Principii*. Milano: Giuffrè, 1952.

_____. *Lezioni di Diritto Costituzionale*. v. 2. t. 2. Padova: CEDAM, 1984.

ENGISCH, Karl. *Introdução ao Pensamento Jurídico*. Trad. J. Baptista Machado. 6. ed. Lisboa: Calouste Gulbenkian, 1988. Tradução de: *Einführung in das juristische Denken*).

_____. *La Idea de Concreción en el Derecho y en la Ciencia Jurídica Actuales*. Granada: Ed. Comares, 2004 (tradução do original, 1953).

FERRAZ JÚNIOR, Tercio Sampaio. *Teoria da Norma Jurídica: Ensaio da Pragmática da Comunicação Normativa*. 3. ed. Rio de Janeiro: Forense, 1997.

GAVAZZI, Giacomo. *Delle Antinomie*. Torino: Giappichelli, 1959.

GHIGLIANI, Alejandro E. *Del "Control" Jurisdiccional de Constitucionalidad*. Buenos Aires: Depalma, 1952.

HÄBERLE, Peter. *Hermenêutica Constitucional: A Sociedade Aberta dos Intérpretes da Constituição. Contribuição para a Interpretação Pluralista e "Procedimental" da Constituição*

---

887. *Controle da Constitucionalidade das Leis*, p. 187.

(Die Offene Gesellschaft der Verfassungsinterpreten. Ein Beitrag zur Pluralistischen und "Prozessualen" Verfassungsinterpretation). Porto Alegre: Sergio A. Fabris, Editor, 1997. Trad. Gilmar Ferreira Mendes. 55 p.

MAXIMILIANO, Carlos. *Comentários à Constituição Brasileira*. 3. ed. rev. ampl. Porto Alegre: Livraria do Globo, 1929.

MELLO, José Luiz de Anhaia. *Da Separação de Poderes à Guarda da Constituição: As Côrtes Constitucionais*. São Paulo: Revista dos Tribunais, 1968.

MENDES, Gilmar Ferreira. *Direitos Fundamentais e Controle de Constitucionalidade: Estudos de Direito Constitucional*. São Paulo: Celso Bastos Editor/ Instituto Brasileiro de Direito Constitucional, 1998.

MIRANDA, Jorge. *Manual de Direito Constitucional*. 2. ed. rev. Coimbra: Coimbra Ed., 1988. t. 2.

_____. *Contributo para uma Teoria da Inconstitucionalidade*. Coimbra: Coimbra Ed., 1996.

MODUGNO, Franco. *L'Invalidità della Legge. Teoria della Costituzione e Parametro del Giudizio Costituzionale*. Milano: Giuffrè, 1970. v. 1.

MORAIS, Carlos Blanco de. *Justiça Constitucional*. Coimbra: Coimbra Ed., 2002.

POLETTI, Ronaldo. *Introdução ao Direito*. 3. ed. São Paulo: Saraiva, 1996.

_____. *Controle da Constitucionalidade das Leis*. Rio de Janeiro: Forense, 1998.

PONTES DE MIRANDA, Francisco Cavalcanti. *Comentários à Constituição de 1946*. 4. ed. rev. ampl. Rio de Janeiro: Borsoi, 1963. t. 1.

_____. *Comentários à Constituição de 1946*. 4. ed. rev. ampl. Rio de Janeiro: Borsoi, 1963. t. 6.

_____. *Tratado de Direito Privado: Parte Geral*. Rio de Janeiro: Borsoi, 1954. t. 4.

RAMOS, Elival da Silva. *A Inconstitucionalidade das Leis: Vício e Sanção*. São Paulo: Saraiva, 1994.

REDENTI, Enrico. *Legittimità delle Leggi e Corte Costituzionale*. Milano: Giuffrè, 1957 (Quaderni dell'Associazione fra gli Studiosi del Processo Civile, n. XII).

REPETTO, Raul Bertelsen. *Control de Constitucionalidad de la Ley*. Santiago de Chile: Editorial Jurídica de Chile, 1969.

ROMANO, Santi. *Princípios de Direito Constitucional Geral*. São Paulo: Revista dos Tribunais, 1977.

ROSS, Alf. *Sobre el Derecho y la Justicia*. 3. ed. Buenos Aires: Eudeba, 1974. Trad. Genaro R. Carrió.

SAMPAIO, Nelson de Sousa. *O Processo Legislativo*. São Paulo: Saraiva, 1968.

SCHMITT, Carl. *Teoría de la Constitución*. Reimpr. Madrid: Revista de Derecho Privado, [s. d.] (Col. Grandes Tratados Generales de Derecho Privado y Público, v. 8).

_____. *La Defensa de la Constitución*. Tradução por Manuel Sanchez Sarto. 2. ed. Madrid: Tecnos, 1998. Tradução de: Der Hüter der Verfassung.

SILVA, José Afonso da. *Curso de Direito Constitucional Positivo*. 8. ed. São Paulo, Malheiros, 1992.

TAVARES, André Ramos. *Fronteiras da Hermenêutica Constitucional*. São Paulo: Método, 2006.

VERNENGO, J. Roberto. *Curso de Teoría General del Derecho*. 2. ed. Buenos Aires: Depalma, 1995.

Capítulo XIII

A DEFESA DA CONSTITUIÇÃO

1. O GUARDIÃO DA SUPREMACIA CONSTITUCIONAL

A inconstitucionalidade, por mais flagrante que possa parecer, necessita ser devidamente certificada por órgãos oficiais, para que possa pacificar-se o entendimento sobre as leis válidas e em vigor.

A defesa da Constituição deve ser estabelecida diretamente por esta, indicando órgãos responsáveis por fiscalizar o cumprimento da supremacia da Constituição.

A detecção e extirpação da inconstitucionalidade pode ocorrer pelo Poder Judiciário, originalmente o primeiro ao qual se incumbiu essa atribuição na América. Também pode ocorrer por meio de órgão técnico específico, fora da estrutura do Poder Judiciário, denominado como Tribunal Constitucional. Trata-se, aqui, da conhecida dualidade de modelos gerais, o norte-americano e o austríaco, respectivamente.

No Capítulo sobre o Estado Constitucional já se asseverou acerca da imperiosidade de que haja um órgão ou um conjunto de órgãos que fiscalizem e imponham, quando necessário for, a referida primazia normativa da Constituição no Ordenamento Jurídico. Esse é um dado essencial para compreender o que significa falar em defesa (oficial e efetiva) da Constituição, pressuposto inadiável para qualquer Estado Constitucional.

2. DOS GRANDES MODELOS DE DEFESA DA CONSTITUIÇÃO

Há, basicamente, três grandes modelos ou possibilidades de executar a necessária tutela operacional da supremacia constitucional: i) modelo norte-americano, concreto; ii) modelo austríaco originário, abstrato; e iii) modelo francês, preventivo. O modelo abstrato, contudo, pode sofrer uma variação, caso do modelo italiano, astratto. Esses modelos são representações sintéticas de uma complexidade não retratada, decorrente das particularidades do regime de cada País, inclusive daqueles indicados originariamente.

O modelo de controle *concreto* ocorre quando for exercido durante determinado processo jurisdicional, desde que se pretenda, com ele, a resolução de algum ponto de Direito para a solução de uma controvérsia intersubjetiva. Este modelo tem matriz norte-americana, inaugurado com a célebre decisão de 1803, no caso *Marbury vs. Madison.*

O modelo *abstrato* independe da necessidade real de solução de um caso concreto. Esse modelo representa o sistema austríaco de controle de constitucionalidade da década de 1920, por obra e influência decisivas de KELSEN.

Nos Estados Unidos criam-se ações fictícias (demandas simuladas) para provocar a manifestação da Corte Suprema sobre uma questão constitucional, já que naquele país não se pode alcançar direta e abstratamente o Tribunal de cúpula.

Poder-se-ia falar de um modelo incidental partindo da perspectiva do controle de constitucionalidade italiano e mesmo do alemão (neste apenas parcialmente).

Assim colocado, o modelo de controle incidental seria aquele no qual a questão constitucional fosse suscitada no (e destacada do) seio de um processo judicial concreto e remetida (como incidente desse processo) ao Tribunal Constitucional, para que decidisse sobre ela. Nesse caso, substituindo as ações diretas perante o Tribunal Constitucional a este chegariam incidentes que o provocariam a se manifestar sobre a questão constitucional, e exclusivamente sobre ela, para que posteriormente fossem retomados os processos concretos relacionados àquela questão suscitada por um deles e decididos no âmbito da jurisdição comum, mas tudo sempre a partir da decisão sobre a constitucionalidade proferida pelo Tribunal Constitucional.

Nesse modelo, portanto, a questão surge em um caso concreto, mas é transferida "em isolado" para o Tribunal Constitucional, vale dizer, é remetida ao Tribunal apenas a questão constitucional, aproximando-se, a partir daí, do controle abstrato. Isso decorre, normalmente, da adoção, pelo ordenamento jurídico, de um controle concentrado, que só habilita um órgão a se pronunciar sobre a inconstitucionalidade das leis, impedindo-se, assim, que juízes e tribunais "ordinários" possam fazê-lo (neste ponto este modelo se opõe diametralmente ao modelo concreto norte-americano). Estes órgãos judiciários, pois, se veem "constrangidos" a remeter a questão constitucional ao Tribunal Constitucional, formando o incidente. Assim, o Tribunal Constitucional analisa apenas questões constitucionais.

O controle preventivo é o controle de matriz francesa. Este é considerado, por muitos, como o terceiro grande modelo de controle de constitucionalidade, ao lado do modelo norte-americano (difuso-concreto) e do modelo austríaco (abstrato-concentrado).

O controle judicialiforme *repressivo*, também denominado corretivo, sucessivo ou *a posteriori*, é exercido apenas após a lei já ter integrado o sistema normativo, o que ocorre no modelo de matriz norte-americana e no de matriz austríaca. No modelo preventivo, o Conselho Constitucional francês atua durante o processo legislativo, emitindo "decisões" obrigatórias para determinadas categorias de leis e, em outras hipóteses, podendo ser demandado por certas autoridades legitimadas a provocar o Conselho Constitucional.

3. DO MODELO ADOTADO PELO BRASIL

Há uma junção de dois modelos no Brasil. Tanto pode ocorrer, aqui, o controle concreto, difuso entre juízes e tribunais, como o controle abstrato, de análise em tese, hipótese reservada com exclusividade (concentrado) ao Supremo Tribunal Federal.

259

Quando o STF recebe um recurso extraordinário (RE), também deverá estar presente a questão constitucional e, ainda, deverá ser ela solucionada pontualmente pelo próprio STF. O STF, quando decide esse recurso, insere-se no contexto do controle difuso-concreto, o que significa que está obrigado a também decidir o caso concreto, quer dizer, aplicar sua decisão sobre a constitucionalidade ou não da lei ou ato normativo ao caso que ensejou o recurso extraordinário. É por isso que o controle ainda é concreto, e não abstrato, nessas circunstâncias.

Os efeitos em controle concreto são produzidos apenas interpartes e dependem de Resolução do Senado Federal (art. 52, X) para eventualmente produzirem efeitos sociais gerais (*ex nunc*). Os primeiros votos na Reclamação n. 4.335 sugeriam que os efeitos subjetivos em controle concreto poderiam transformar-se em *erga omnes*, independentemente de resolução do Senado.

Tal conclusão não é possível, entretanto, pois apesar de o STF ter conhecido da Reclamação que alegava descumprimento de decisão do STF proferida em *Habeas Corpus*, apenas o Min. Gilmar Mendes e o Min. Eros Grau conheceram-na em razão de aceitarem efeitos *erga omnes* dessa decisão. Os demais Ministros apenas conheceram da ação em função da Súmula Vinculante 26, a qual, por si só, seria capaz de ensejar esse específico instrumento processual, independentemente de se reconhecer essa surpreendente mudança no modelo brasileiro de controle da constitucionalidade via concreta.

Posteriormente, no Brasil, exatamente desde a Emenda Constitucional n. 16, de 1965, o Poder Judiciário tem recebido poderes para, em abstrato, analisar a constitucionalidade de atos normativos. É modelo aqui mais próximo do modelo austríaco, que legitimou apenas o STF a analisar em abstrato e a proferir decisões que contam diretamente com eficácia *erga omnes* e efeito vinculante (Judiciário e Administração Pública).

A partir de 1988 foram ampliados os instrumentos que permitem o acesso direto ao STF para promover o controle chamado abstrato, abandonando-se a unidade para uma pluralidade de ações judiciais habilitadas.

Há quem sustente que o Poder Judiciário, no caso o próprio Supremo Tribunal Federal, poderia ser conclamado a exercer o controle preventivo de propostas de emendas à Constituição, tendo em vista o disposto no § 4º do art. 60, ao estabelecer que "Não será objeto de deliberação a proposta de emenda tendente a abolir (...)". Ora, a mera apresentação de proposta que viole algumas das matérias enunciadas no dispositivo estaria a violar a Constituição. O Supremo Tribunal Federal, embora admita o controle preventivo nessas hipóteses, apenas o admite em caráter incidental, quando da impetração de mandado de segurança por parlamentar violado em seus direitos de parlamentar (seria o caso de argumentar com o direito de não ver tramitando proposta de emenda à Constituição tendente a abolir as cláusulas pétreas). Contudo, é preciso observar que esse mandado de segurança é repressivo, porque, além de se tratar de ação individual, está ancorado na violação de direitos do parlamentar. Não se trata de mandado de segurança preventivo. O controle, como dito, está presente, mas não tem como objetivo principal a segurança das normas constitucionais, mas sim os direitos do parlamentar. A situação é, por isso, peculiar e não deveria ser simplesmente classificada como controle preventivo de constitucionalidade.

Uma hipótese mais coerente de defesa do controle *judicial* preventivo de constitucionalidade pode ser feita por meio do uso do instituto da arguição de descumprimento de preceito fundamental, já que a sua lei regulamentadora (Lei n. 9.882/99), em seu art. 1º, *caput*, expressamente admite-a em face de atos do Poder Público (e não apenas em face de atos normativos do Poder Público). Ora, sendo o projeto de lei ou a proposta de emenda à Constituição atos resultantes do Congresso Nacional, sua análise poderia ser viabilizada por esse importante instrumento do controle de constitucionalidade do Brasil.

4. DAS AÇÕES DE DEFESA DA CONSTITUIÇÃO BRASILEIRA E DA SÚMULA VINCULANTE

4.1. Arguição de descumprimento de preceito fundamental

Criada em 1988, a ADPF teve sua regulamentação legal aprovada em dezembro de 1999, por meio da Lei n. 9.882.

Trata-se de inovação brasileira, cujo objetivo central é, consoante a Lei, promover uma "complementação" do modelo brasileiro de defesa da Constituição. Daí o caráter residual que o art. 4º da Lei lhe atribui: "Não será admitida a arguição de descumprimento de preceito fundamental quando houver qualquer outro meio eficaz de sanar a lesividade".

O cabimento da ADPF requer: i) não haver outra ação no controle abstrato específica para a defesa que se pretende da Constituição; ii) pretender-se a defesa de preceito fundamental da Constituição, e não de qualquer preceito constitucional.

Portanto, a ADPF não pode ser usada para a defesa de toda a Constituição, de qualquer artigo desta, mas somente daqueles que venham a ser considerados constitucionais fundamentais, como as *cláusulas pétreas*.

A legitimidade ativa, por força de lei, é idêntica à legitimidade ativa das demais ações de controle abstrato-concentrado (indicada no art. 103 da Constituição).

A decisão proferida em ADPF conta com as seguintes dimensões de efeitos: i) via de regra, *ex tunc* (dimensão temporal); ii) eficácia *erga omnes* (dimensão subjetiva); e iii) efeito vinculante em relação ao Judiciário e à Administração Pública (dimensão institucional).

Recentemente, o STF julgou a ADI 2.231, de relatoria do Min. Roberto Barroso, que questionou a constitucionalidade de dispositivos da Lei n. 9.882/99 (Lei da ADPF).

A ADI 2.231 teve como objeto, em síntese, os dispositivos da Lei 9.882/99 que versam sobre a "ADPF incidental (art. 1º, parágrafo único, I), o poder geral de cautela (art. 5º, § 3º), os efeitos vinculantes e *erga omnes* (art. 10, *caput* e § 3º), bem como a possibilidade de modulação temporal dos efeitos (art. 11)." (Trecho do relatório do voto do Min. Roberto Barroso da ADI n. 2231).

No julgamento de mérito, o STF, por unanimidade, reconheceu: i) a constitucionalidade da ADPF incidental ou paralela; ii) a possibilidade de atribuição de efeitos

261

vinculantes e *erga omnes* às decisões proferidas em ADPF e, também; iii) a constitucionalidade da aplicação da técnica da modulação dos efeitos temporais em decisões de inconstitucionalidade.

Por fim, a Corte fixou a seguinte tese: "É constitucional a Lei n. 9.882/1999, que dispõe sobre o processo e julgamento da arguição de descumprimento de preceito fundamental"[888].

4.2. Ação direta de inconstitucionalidade (genérica e por omissão)

A ação direta de inconstitucionalidade, originalmente criada pela Emenda Constitucional n. 16/65 com a nomenclatura de representação de inconstitucionalidade, tem sido o instrumento mais tradicional de combate às leis inconstitucionais no Brasil.

A legitimidade ativa, para propositura dessa ação especial, encontra-se disciplinada na Constituição (art. 103), à qual a jurisprudência do STF agregou algumas exigências adicionais, como a necessidade de comprovar a pertinência temática (espécie de "interesse") por parte dos indicados no inciso IX (confederação sindical e entidade de classe de âmbito nacional) e, em certas hipóteses, dos legitimados nos incisos IV e V. Para os demais vigora uma legitimidade ativa universal, quer dizer, podem defender a Constituição em relação a qualquer temática.

A inconstitucionalidade que pode ser questionada nesta ação deve ser: i) direta em relação à Constituição (inadmissível a inconstitucionalidade com ato interposto, que se reduz, em realidade, a um problema de ilegalidade); ii) de ato normativo federal ou estadual (excluídas as leis municipais); iii) de ato normativo posterior à Constituição de 1988 (inconstitucionalidade é fenômeno distinto da não recepção de leis anteriores a 1988). Recentemente o STF passou a admitir a ADI para atos normativos de efeitos concretos.

É cabível o pedido de medida cautelar em ADI, que, no caso, encontra assento expresso na Constituição do Brasil, art. 102, I, *p*.

A presença do Advogado-Geral da União, para exercer a função de defesa do ato normativo impugnado, é uma nota distintiva desta ação.

A decisão proferida em ADI conta com as seguintes dimensões de efeitos: i) via de regra, *ex tunc* (dimensão temporal); ii) eficácia *erga omnes* (dimensão subjetiva); e iii) efeito vinculante em relação ao Judiciário e à Administração Pública (dimensão institucional).

4.3. Ação declaratória de constitucionalidade

Criada em 1993, pela EC n. 3/93, a ADC teve sua regulamentação legal aprovada em dezembro de 1999, por meio da Lei n. 9.882.

Costuma-se indicar que a ADC é a ADI com sinal invertido, ou seja, o pedido é o inverso daquele cabível na tradicional ação de controle abstrato. Deve-se pedir em ADC

---

888. STF. ADI 2.231, rel. Min. Roberto Barroso, j. 22.05.2023.

a declaração de constitucionalidade da lei ou ato normativo federal (não é cabível para lei estadual ou municipal). O resultado, porém, pode ser a declaração de inconstitucionalidade, no caso de julgamento final pela improcedência do pedido formulado.

A legitimidade ativa é idêntica à da ADI, por força da reforma promovida pela Emenda Constitucional n. 45/2004 (Reforma do Judiciário), que a ampliou e equiparou.

A decisão proferida em ADC conta com as seguintes dimensões de efeitos: i) via de regra, *ex tunc* (dimensão temporal); ii) eficácia *erga omnes* (dimensão subjetiva); e iii) efeito vinculante em relação ao Judiciário e à Administração Pública (dimensão institucional).

4.4. Súmula vinculante

Criada em 2004, na Reforma do Poder Judiciário (EC n. 45/2004), foi disciplinada por meio da Lei n. 11.417, de 19-12-2006.

Além da Súmula impeditiva de recurso (antigas súmulas meramente recomendativas), o sistema brasileiro passa a ter esta segunda categoria.

Trata-se de instituto novo, pelo qual as decisões reiteradas do STF, proferidas sobre matéria constitucional, podem ser transformadas e reduzidas a enunciado genérico, permitindo que os assuntos já decididos em concreto passem a contar com o efeito *erga omnes* e vinculante. Temporalmente, a súmula assume, via de regra, efeitos *ex nunc*.

No caso de descumprimento de Súmula Vinculante pelo Judiciário, cabe da decisão judicial, diretamente ao STF, a reclamação (art. 102, I, *l*, da CB) que, se procedente, determinará que outra decisão judicial seja proferida, desta sorte com respeito à Súmula Vinculante.

4.5. Representação interventiva

Trata-se da primeira ação direta de controle concentrado perante o STF de que se tem notícia na História jurídica do Brasil. A representação interventiva, porém, realiza um controle concreto, apesar de concentrado, porque envolve os interesses diretos de um Estado-membro.

Recentemente em 26 de dezembro de 2011, a ação encontrou disciplina específica na Lei n. 12.562.

O processo de intervenção federal pode desenvolver-se de diversas maneiras e por variadas causas, sendo uma delas intervenção provocada, mediante requisição do Poder Judiciário, pela representação interventiva diante de recusa do Estado-membro à execução de lei federal, ou violаção dos denominados princípios federativos sensíveis que estão elencados no art. 34, VII, da Constituição Brasileira, assim indicados: a) forma republicana, sistema representativo e regime democrático; b) direitos da pessoa humana; c) autonomia municipal; d) prestação de contas da administração pública, direta e indireta; e) aplicação do mínimo exigido da receita resultante de impostos estaduais, compreendida a proveniente de transferências, na manutenção e desenvolvimento do ensino e nas ações e serviços públicos de saúde.

É justamente essa hipótese — à qual se refere o art. 36, III, da Constituição Brasileira — que foi regulamentada pela novel Lei n. 12.562/2011, ou seja, a representação interventiva em caso de violação aos princípios referidos do inciso VII do art. 34 da Constituição Federal ou de recusa, por parte de Estado-membro, à execução de lei federal.

4.6. Direito Processual Constitucional

Tem recebido maior atenção doutrinária o chamado Direito Processual Constitucional, inclusive com a proposta, que me parece relevante e atual, de um Código de Processo Constitucional ou, ao menos, uma Lei Geral do Processo Constitucional.

A adoção desse modelo atende a reclamos de funcionalidade, tornando o processo mais acessível e compreensível, bem como de vinculação, evitando construções jurisprudenciais intempestivas ou que afetem diretamente o direito material em discussão.

Sobretudo aqui, deve-se atentar a uma questão conceitual inadiável. Independentemente de haver uma lei única ou leis esparsas, fundamental é a localização desse Direito Processual Civil e sua autonomia como disciplina. Integrante do Direito Processual, o sistema processual constitucional é autônomo do vetusto Processo Civil, apresentando-se para formatar a incidência de normas materiais da Constituição. Aqui, forma-se mais uma característica única dessa disciplina, que não mais permite manter-se a atual desdiferenciação quanto ao Processo Civil, geralmente invocado como sistema subsidiário.

Integram esse Direito Processual Civil aspectos processuais de ações constitucionais, tanto dos chamados "remédios constitucionais", incluindo-se *habeas corpus*, como do denominado processo objetivo (ações diretas).

Referências bibliográficas

BITTENCOURT, C. A. Lúcio. *O Contrôle Jurisdicional da Constitucionalidade das Leis* (1949). 2. ed. Rio de Janeiro: Forense, 1968.

BUZAID, Alfredo. *Da Ação Direta de Declaração de Inconstitucionalidade no Direito Brasileiro*. São Paulo: Saraiva, 1958 (Col. Direito e Cultura 6).

CANOTILHO, J. J. Gomes. *Direito Constitucional*. 6. ed. rev. Coimbra: Livr. Almedina, 1993.

CAVALCANTI, Themístocles Brandão. *Do Contrôle da Constitucionalidade*. Rio de Janeiro: Forense, 1966.

GHIGLIANI, Alejandro E. *Del "Control" Jurisdiccional de Constitucionalidad*. Buenos Aires: Depalma, 1952.

MELLO, José Luiz de Anhaia. *Da Separação de Podêres à Guarda da Constituição: As Côrtes Constitucionais*. São Paulo: Revista dos Tribunais, 1968.

MENDES, Gilmar Ferreira. *Direitos Fundamentais e Controle de Constitucionalidade: Estudos de Direito Constitucional*. São Paulo: Celso Bastos Editor/ Instituto Brasileiro de Direito Constitucional, 1998.

MIRANDA, Jorge. *Manual de Direito Constitucional*. 2. ed. rev. Coimbra: Coimbra Ed., 1988. t. 2.

_____. *Contributo para uma Teoria da Inconstitucionalidade*. Coimbra: Coimbra Ed., 1996.

MORAIS, Carlos Blanco de. *Justiça Constitucional*. Coimbra: Coimbra Ed., 2002.

POLETTI, Ronaldo. *Introdução ao Direito*. 3. ed. São Paulo: Saraiva, 1996.

_____. *Controle da Constitucionalidade das Leis*. Rio de Janeiro: Forense, 1998.

REDENTI, Enrico. *Legittimità delle Leggi e Corte Costituzionale*. Milano: Giuffrè, 1957 (Quaderni dell'Associazione fra gli Studiosi del Processo Civile, n. XII).

REPETTO, Raul Bertelsen. *Control de Constitucionalidad de la Ley*. Santiago de Chile: Editorial Jurídica de Chile, 1969.

SCHMITT, Carl. *La Defensa de la Constitución*. Tradução por Manuel Sanchez Sarto. 2. ed. Madrid: Tecnos, 1998. Tradução de: Der Hüter der Verfassung.

TAVARES, André Ramos. *Teoria da Justiça Constitucional*. São Paulo: Saraiva, 2005.

_____. *Nova lei da Súmula Vinculante*. 3. ed. São Paulo: Gen, 2009.

Título II

DOS DIREITOS HUMANOS

Capítulo XIV

EVOLUÇÃO E TEORIA GERAL DOS DIREITOS HUMANOS

1. ANTECEDENTES

1.1. Remotos

Do período compreendido entre os séculos VII e II a. C (denominado período axial), alguns dos maiores pensadores de todos os tempos desenvolveram suas ideias: ZARATUSTRA na Pérsia, BUDA na Índia, CONFÚCIO na China, PITÁGORAS na Grécia e DÊUTERO-ISAÍAS em Israel. As explicações *mitológicas* anteriores são abandonadas[889].

"É a partir do período axial que o ser humano passa a ser considerado, pela primeira vez na História, em sua igualdade essencial, como ser dotado de liberdade e razão, não obstante as múltiplas diferenças (...). Lançavam-se, assim, os fundamentos intelectuais para a compreensão da pessoa humana e para a afirmação da existência de direitos universais, porque a ela inerentes."[890]

1.2. Próximos

Apesar de a *Magna Charta Libertatum*[891] (*Concordia inter regem Johannem et Barones proconcessione libertatum ecclesiae et regni Angliae*), de 15 de junho de 1215, ser, rigorosamente falando, apenas um "pacto"[892] concessivo de privilégios, a amplitude das expressões nela forjadas serviu-lhe para consagrar-se, posteriormente, como verdadeira carta de direitos[893]. Considerá-la, à época, como tributária de direitos do Homem seria um *anacronismo*[894]. É que as expressões que se referiam a "qualquer barão", constantes do rascunho inicial do texto, "foram mudadas em dispositivos importantes para 'qualquer homem livre'"[895], embora esta última expressão, à época, não

---

889. Cf. Fábio Konder Comparato, *A Afirmação Histórica dos Direitos Humanos*, p. 8.

890. Fábio Konder Comparato, *A Afirmação Histórica dos Direitos Humanos*, p. 11.

891. Sobre os motivos que teriam determinado a redação da Magna Carta, cf. Pontes de Miranda, *História e Prática do "Habeas Corpus"*, p. 11-6.

892. Nesse sentido, como um tratado entre Rei e alguns súditos, o renomado historiador William Stubbs, *The Constitutional History of England*, p. 595. O tema sobre a natureza da Magna Carta, contudo, é polêmico.

893. Nesse sentido: Bernard Schwartz, *Os Grandes Direitos da Humanidade*, p. 15.

894. Nesse sentido: Pontes de Miranda, citando Harold J. Laski, *História e Prática do "Habeas Corpus"*, p. 23.

895. Bernard Schwartz, *Os Grandes Direitos da Humanidade*, p. 15.

contasse com o significado atual amplo que se lhe empresta. Isso permitiu, evidentemente, que as palavras pudessem sofrer interpretações evolutivas ao longo das eras, até culminarem na concepção atual que delas se tem.

A importância da Magna Carta[896], no contexto dos direitos para o constitucionalismo, é irrefutável, sendo, ainda, em muitas passagens, aplicável até hoje[897].

Contudo, para poder falar em direitos fundamentais com certa propriedade, devem reunir-se pelo menos três elementos, como bem alertou DIMITRI DIMOULIS[898]: 1) o Estado; 2) a noção de indivíduo; e 3) a consagração escrita.

Sem o Estado (i), a proclamação de direitos não seria exigível na prática. Sem a (ii) noção de indivíduo, mantendo-se as concepções coletivas (como, p. ex., do leste asiático), nas quais a pessoa é apenas um elemento do grupo, impediriam o desenvolvimento dos direitos fundamentais no sentido em que ele se deu. Por fim, (iii) a exigência de um texto escrito com vigência em todo o território e certa superioridade em relação aos demais atos normativos é igualmente essencial. Ocorre que essas condições se reúnem, integralmente, apenas no final do século XVIII.

Assim, na História inglesa, seguem-se a Petição de Direitos, de 1628, o *Habeas Corpus Act*, de 1679[899], denominado por WILLIAM BLACKSTONE[900] "a segunda Carta Magna Inglesa", e a Declaração de Direitos (*Bill of Rights*), de 1689[901].

A tradição inglesa e, posteriormente, a norte-americana e a francesa (nessa ordem) iriam qualificar de constitucionais esses direitos prematuramente consignados em textos escritos esparsos[902]. Aliás, já em BLACKSTONE encontra-se a referência constante a uma *free constitution* ou aos *fundamental articles* por ocasião dos comentários que o grande jurista inglês do século XVIII teceu acerca desses documentos[903]. Foram, ademais, textos precursores da importante Declaração de Direitos da Virgínia.

Mas é preciso ressaltar, como o fez SCHWARTZ, que, por ocasião do aparecimento do *Bill of Rights* inglês, "duas colônias americanas já haviam promulgado pactos muito mais amplos de proteção dos direitos individuais: Corpo de Liberdades de Massachusetts, de 1641 (...) e a Forma de Governo na Pensilvânia, de 1682".

Em 1789 a humanidade assistiu ao surgimento da Declaração de Direitos do Homem e do Cidadão, que iria influenciar todo o constitucionalismo que se seguiu. Antes dela, porém, em solo norte-americano, tem-se a Declaração de Direitos da Virgínia, de 1776.

---

896. Apesar de ter sido reiteradamente descumprida, a ponto de, em 1.255, sua confirmação (que se repetiu na História), em Westminster, ter sido acompanhada da ameaça de excomunhão contra quem a violasse (cf. Pontes de Miranda, *História e Prática do "Habeas Corpus"*, p. 19).

897. Cf. Milton Viorst, *The Great Documents of Western Civilization*, p. 112.

898. Dogmática dos Direitos Fundamentais: Conceitos Básicos, p. 11.

899. A partir do conhecido caso Jenkes. O *nomen iuris habeas corpus* já era amplamente conhecido e praticado, havendo apenas, no referido Ato, um reconhecimento formal.

900. *Commentaries on the Laws of England*, v. 1, p. 133.

901. Vale, aqui, fazer uma pequena referência para anotar que esse "processo" de formalização de direitos não se encontra encerrado. Assistiu-se, em 1998, ao aparecimento, na Inglaterra, do *Human Rights Act*, que reafirma direitos básicos, como o direito à vida, o direito à liberdade e à segurança, dentre outros.

902. Cf. Cristina M. M. Queiroz, *Direitos Fundamentais*, p. 13.

903. *Commentaries on the Laws of England*, v. I, p. 123.

Já no século XX verifica-se uma proliferação de convenções de caráter universal[904] ou regional, consagrando diversos direitos. Assim, tem-se a Declaração Universal de Direitos do Homem, adotada em 1948 pela Assembleia Geral da ONU, e a Carta dos Direitos Fundamentais da União Europeia, só para citar duas delas.

Nesse contexto é que se fala de uma inflação, ou selva, como observa KLAUS STERN[905], de textos internacionais tutelares dos direitos humanos, podendo chegar a provocar a "desvalorização" desses importantes (ou verdadeiros) direitos fundamentais.

1.2.1. As declarações de Direitos nos EUA

Logo após a Declaração de Independência dos EUA, em 1776, e da conclamação do Congresso reunido em Filadélfia para que os Estados-membros adotassem constituições próprias, o Estado da Virgínia foi o primeiro a adotar uma nova Constituição, por obra da Convenção de Williamsburgh, documento que apresentava uma declaração solene de Direitos (*Bill of Rights*), adotada pela mesma Convenção em 12 de junho de 1776, com forte influência de JAMES MADISON[906].

Em sua Seção I constava: "Todos os homens são, por natureza, igualmente livres e independentes e têm direitos inatos, os quais, entrando em sociedade, não podem, mediante convenção, privar ou espoliar a posteridade, a saber, o gozo da vida, da liberdade, mediante a aquisição e a posse da propriedade, e o direito de buscar e obter felicidade e segurança"[907].

Seguiram esse modelo os documentos da Pennsylvania (1776), Maryland (1776), North Caroline (1776), Vermont (1777), Massachusetts (1780) e New Hampshire (1783).

A Constituição originária de 1787, dos Estados Unidos da América do Norte, não continha um *Bill of Rights* (embora reconhecesse alguns direitos). Foram as dez primeiras emendas que, em 1791, acrescentaram o *Bill of Rights* àquele documento solene. A influência dos precedentes ingleses é invariavelmente reconhecida pelos autores, mas se deve acrescentar a experiência norte-americana como singular na formatação e substância desses direitos[908].

1.2.2. As declarações francesas de Direitos

A sempre lembrada e multicitada Declaração francesa de Direitos do Homem e do Cidadão, de 1789, teve como modelo as declarações dos Estados americanos anteriormente referidas.

---

904. Adiante será realizada uma discussão em torno da ideia de universalidade.

905. Apud Cristina Queiroz, *Direitos Fundamentais*, p. 30.

906. Cf. Georg Jellinek, *La Dichiarazione dei Diritti dell'uomo e del Cittadino*, p. 17.

907. A PEC n. 513/2010 procura inserir o direito à busca da felicidade como objetivo fundamental do Brasil, transformando-o, em realidade, em mais um direito fundamental enumerado. Observo, a propósito, que não foi necessária a inserção expressa desse direito para que o STF pudesse invocar a essência dessa ideia em suas razões de decidir, como ocorreu no julgamento da ADI n. 3.510, ao asseverar que a pesquisa com células-tronco embrionárias "objetiva o enfrentamento e cura de patologias e traumatismos que severamente limitam, atormentam, *infelicitam*, desesperam e não raras vezes degradam a vida de expressivo contingente populacional" (original não grifado).

908. Neste sentido específico da singularidade de experiência norte-americana: Leonard W. Levy, *Origins of the Bill of Rights*, p. 1.

Foi Lafayette quem propôs à Assembleia Nacional de 1789 que juntamente com uma Constituição fosse adotada uma declaração dos direitos, tendo, ainda, apresentado um projeto próprio. A Declaração da Virgínia foi a fonte da proposta de Lafayette, bem como inspirou a todos aqueles que pretendiam ver adotada, pela França, uma declaração de direitos[909].

A Declaração francesa incorreu num vício de linguagem constante em textos de direitos humanos, pois utiliza a linguagem *descritiva* no *prescrever* os direitos que contempla. Como anota Cristina Queiroz: "pode ser 'declarativa' do ponto de vista do seu conteúdo — a expressão de determinados princípios de direito natural —, mas é certamente 'constitutiva' do ponto de vista das fontes jurídicas"[910].

Esses direitos, típicos do ideário liberal, são "complementados", na França, atualmente, pelo Preâmbulo da Constituição de 1946, que incorporou os direitos sociais. Ambas as declarações francesas (a liberal e a social) encontram-se em vigor, porque "constitucionalizadas" pela atual Constituição, de 1958 (formando o denominado "bloco de constitucionalidade"). Trata-se, portanto, nas palavras precisas de Cristina Queiroz[911], de uma concepção *prescritiva* e *constitucional*.

1.2.3. *Quadro comparativo entre a Declaração da Virgínia, de 1776, e a Declaração francesa, de 1789*

Um quadro comparativo completo entre ambas as declarações históricas pode ser encontrado na obra clássica de Georg Jellinek: "A Declaração de Direitos do Homem e do Cidadão" (*Die Erklärung der Menschen und Bürgerrechte. Ein Beitrag zur modernen Verfassungsgeschichte*).

A Declaração francesa demonstra uma concisão e brevidade típicas, se comparada à de Virgínia.

Quanto aos direitos propriamente ditos, a Declaração francesa "sublinha, pois, com intensidade, a igualdade perante a lei, enquanto os americanos, dadas as relações sociais e as instituições democráticas existentes, a consideravam óbvia e, portanto, a mencionam apenas irregularmente"[912].

Da mesma forma, a Declaração francesa "só de modo tímido e discreto, no art. 10, enfrenta o tema da manifestação de opinião no campo religioso. (...) em lugar da liberdade religiosa proclamou apenas a tolerância"[913].

A grande conclusão extraída por Jellinek é a de que, "em relação à americana, a declaração francesa não elabora nenhuma ideia jurídica original. (...) Ao contrário, na francesa falta o reconhecimento do direito de associação e reunião (...), da liberdade de

---

909. Cf. Georg Jellinek, *La Dichiarazione dei Diritti dell'uomo e del Cittadino*, p. 13.
910. *Direitos Fundamentais*, p. 46.
911. *Direitos Fundamentais*, p. 46.
912. Georg Jellinek, *La Dichiarazione dei Diritti dell'uomo e del Cittadino*, p. 27.
913. Georg Jellinek, *La Dichiarazione dei Diritti dell'uomo e del Cittadino*, p. 28.

circulação e do direito de petição, que seriam garantidos apenas na Constituição francesa de 3 de setembro de 1791"[914].

Mas o autor também ressalta como ponto comum entre ambas as declarações a definição de limites estabelecidos para o "poder" do Estado.

2. AS GRANDES TEORIAS ACERCA DOS DIREITOS HUMANOS

2.1. Direitos humanos para o jusnaturalismo

Enquanto o jusnaturalismo clássico construiu uma doutrina do direito natural *objetivo*, o jusnaturalismo moderno trouxe um conjunto denominado direito natural *subjetivo*. Esse processo se inicia com HUGO GROCIO, em seu *De iure belli ac pacis*, e se compõe na obra de THOMAS HOBBES. Assim, segundo essa corrente, foi por meio de um processo de subjetivação dos direitos naturais que se construiu a teoria dos direitos do Homem.

As distintas concepções jusnaturalistas, se coincidiram em algo, foi em afirmar a existência de alguns postulados de suposta juridicidade que seriam anteriores e justificadores do Direito positivo.

Estas ideias compreendem o processo de positivação dos direitos humanos como a consagração normativa de exigências que são prévias à própria positivação, ou seja, o reconhecimento, no plano das normas jurídicas, de faculdades que correspondem ao Homem pelo simples fato de sê-lo, vale dizer, em virtude de sua própria natureza.

A positivação, desse ponto de vista, assume nítida natureza declaratória.

Em suma, o jusnaturalismo defende a existência de direitos naturais do indivíduo que são originários e inalienáveis, em função dos quais, e para sua segurança, concebe-se o Estado[915].

São direitos que, portanto, não incumbe ao Estado outorgar, mas sim reconhecer e aprovar formalmente[916].

2.2. Direitos humanos e positivismo

Para a concepção positivista do Direito, que identifica este com a lei posta, formalmente falando, qualquer tentativa de colocar normas válidas anteriormente ao aparecimento do Direito seria inconcebível. A corrente jusnaturalista é encarada como metafísica, imbuída de uma concepção transcendental ao Direito e, por isso mesmo, desconectada deste.

Assim, a própria denominação "direitos naturais" seria, segundo essa doutrina, uma noção sem sentido, porque a ideia de direito pressupõe sua positivação, ao passo

---

914. Georg Jellinek, *La Dichiarazione dei Diritti dell'uomo e del Cittadino*, p. 30.

915. Cf. Pérez Luño, *Derechos Humanos*, p. 54.

916. Nesse sentido, A. Fernández-Galiano, *Derecho Natural. Introducción Filosófica al Derecho*, v. 1, Universidad Complutense — Faculdad de Derecho, Sección de Publicaciones, Madrid, 1974, p. 150, citado por Pérez Luño, *Derechos Humanos*, p. 55.

que a designação "naturais" implica a aceitação de algo que se sustenta por si só, independentemente de qualquer fórmula positivada, vale dizer, de algo que surge espontaneamente, da natureza.

Além disso, a menção ao "direito natural" consagra um espírito de resistência às leis, incute na mente do indivíduo a discórdia quanto à validade do sistema criado para regular as relações humanas.

Para os positivistas, os direitos naturais não integram propriamente o Direito, consistindo sim em uma categoria de regras morais, filosóficas ou ideológicas que, no máximo, influenciam o Direito. Só quando a este incorporadas é que — pela visão positivista — podem-se considerar regras cogentes.

Partindo de tais premissas, concebe-se a positivação não mais com cunho declaratório, mas como ato de criação e, pois, *constitutivo*. "Con anterioridad a la positivación podrán reconocerse expectativas de derecho o postulados sociales de justicia, pero nunca derechos."[917]

Foi assim que nasceu, historicamente, a categoria dos direitos públicos subjetivos, "como una alternativa pretendidamente técnica y aséptica a la noción de los derechos naturales"[918].

2.3. Teoria realista

Segundo PÉREZ LUÑO, este grupo é composto pelos que não outorgam ao processo de positivação um significado declaratório de direitos anteriores (tese jusnaturalista), ou constitutivo (tese positivista), mas entendem que tal processo pressupõe um elemento diverso, que deve ser considerado para o efetivo e real desfrute desses direitos.

A positivação, para a corrente realista, não é considerada como o ponto final de um processo (como no sistema positivista), mas sim como condição a partir da qual se passa para o desenvolvimento das técnicas de proteção dos direitos fundamentais.

Esta corrente investe contra a abstração tanto dos jusnaturalistas quanto dos positivistas. Para os realistas, seriam as condições sociais as que determinariam o sentido real dos direitos e liberdades, pois delas depende sua salvaguarda e proteção[919].

Inserem-se aqui as teses que concebem a proteção processual dos direitos fundamentais do Homem como o fator-chave de sua significação. É a posição assumida por DRAN. Para este, as liberdades públicas valem, na prática, o que valem suas garantias[920].

Também desenvolveu sua teoria nesse sentido PECES-BARBA, que afirma: "Toda norma de direito positivo realmente existente necessita dos tribunais de justiça para que seu titular possa acudir na necessidade de proteção no caso de desconhecimento por um terceiro. Os direitos fundamentais não são uma exceção a essa regra. Se um

---

917. Cf. Pérez Luño, ao comentar a concepção positivista dos direitos humanos (*Derechos Humanos*, p. 58).

918. Pérez Luño, *Derechos Humanos*, p. 58.

919. Cf. Pérez Luño, *Derechos Humanos*, p. 59 e 61.

920. M. Dran, *Le Contrôle Jurisdictionnel et la Garantie des Libertés Publiques*, Paris: LGDJ, 1968, p. 8 (apud Pérez Luño, *Derechos Humanos*, p. 61).

direito fundamental não pode ser alegado, pretendendo sua proteção, pode-se dizer que não existe"[921].

Na excelente síntese composta por PÉREZ LUÑO, pode-se afirmar que, "enquanto o jusnaturalismo situa o problema da positivação dos direitos humanos no plano filosófico e o positivismo no jurídico, para o realismo se insere no terreno político, ainda que também, como se verificou, outorgue uma importância decisiva às garantias jurídico-processuais de tais direitos"[922].

3. UMA QUESTÃO TERMINOLÓGICA ESSENCIAL

Muitas têm sido as expressões utilizadas para denominar uma mesma realidade, no caso, a referente aos direitos fundamentais do Homem. Sobre esse aspecto, CELSO ALBUQUERQUE MELLO indica ao menos uma das razões da confusão: "Na verdade, a imprecisão terminológica não é uma característica do Direito Internacional dos Direitos do Homem, mas do Direito Internacional Geral que para obter uma aceitação necessita de uma imprecisão ou ambiguidade (*sic*). Esta é, muitas vezes, desejada, como ocorre nos direitos do homem"[923]. Não se deve olvidar, ainda, que os direitos humanos possuam forte carga emotiva, o que favorece enormemente a ambiguidade e contradições na própria determinação do conteúdo que se aloja em cada um desses designativos.

Assim é que são indistintamente empregadas as seguintes expressões: direitos naturais, direitos humanos, direitos do homem, direitos individuais, direitos públicos subjetivos, liberdades fundamentais, liberdades públicas e direitos fundamentais do homem[924]. LORENZO MARTÍN-RETORTILLO e IGNACIO DE OTTO Y PARDO elencam ainda mais algumas denominações: direitos humanos, direitos individuais, direitos dos cidadãos, direitos políticos, direitos constitucionais, direitos fundamentais, liberdades públicas, direitos históricos, direitos públicos, direitos civis e políticos, direitos da pessoa e direitos cívicos[925].

Entretanto, é preciso advertir desde logo que muitas dessas expressões apresentam significados não coincidentes, e por isso está a merecer uma abordagem mais técnica a questão da designação desse conjunto de direitos mundialmente reconhecidos.

---

921. G. Peces-Barba, *Derechos Fundamentales*, 1. Teoría General, Madrid: Guadiana, 1973, p. 220, t.a. (cf. Luño, *Derechos Humanos*, p. 61).

922. Pérez Luño, *Derechos Humanos*, p. 62.

923. Análise do Núcleo Intangível das Garantias dos Direitos Humanos..., *Direito, Estado e Sociedade*, p. 15.

924. Cf. José Afonso da Silva, *Curso de Direito Constitucional Positivo*, 8. ed., p. 161. A mesma dificuldade terminológica é indicada por Manoel Gonçalves Ferreira Filho, Ada Pellegrini Grinover e Anna Candida da Cunha Ferraz, em sua obra conjunta: *Liberdades Públicas. Parte Geral*, p. 5.

925. *Derechos Fundamentales y Constitución*, p. 47-8. Pérez Luño observa, nesse sentido, que "La expresión <derechos humanos> aparece generalmente relacionada con otras denominaciones que, en principio, parecen designar a realidades muy próximas, si no a una misma realidad. Entre estas expresiones pueden citarse las de: derechos naturales, derechos fundamentales, derechos individuales, derechos subjetivos, derechos públicos subjetivos, libertades públicas..." (*Derechos Humanos*, p. 30).

3.1. Direitos do Homem e direitos humanos

Há uma tradição doutrinária, com expressão em THOMAS PAINE, que tende a considerar os direitos humanos como a conjunção dos direitos naturais, que correspondem ao Homem pelo mero fato de existir, e dos direitos civis, vale dizer, aquele conjunto de direitos que correspondem ao Homem pelo fato de ser membro da sociedade[926].

Em Cartas internacionais é facilmente constatável a preferência pelo uso da expressão "direitos do homem" ou "direitos humanos"[927]. A crítica geralmente levantada contra essas denominações é no sentido de que não haveria direitos que não fossem do homem ou humanos. Observa-se, contudo, como adverte MANOEL GONÇALVES FERREIRA FILHO, no caso brasileiro, que "Os direitos fundamentais, inclusive as liberdades públicas, reconhecem-se a todos, nacionais e estrangeiros, mas alguns dos direitos especificados no texto constitucional — direitos esses que não são direitos do Homem, e sim do cidadão, como a ação popular — não são reconhecidos senão aos brasileiros"[928]. Em razão disso, não seria correta a utilização do termo, porque, no caso lembrado por FERREIRA FILHO, a expressão, em seu domínio linguístico, seria mais ampla do que a realidade que verdadeiramente designa (seu conteúdo), já que casos há em que os direitos não são indistintamente dos homens. Diga-se, ainda, que a nomenclatura "direitos do homem" carrega consigo a concepção jusnaturalista, ou seja, a de que o homem, como homem, possui direitos inerentes a sua natureza[929]. E ainda, finalmente, a expressão "abstrai o papel do direito positivo no reconhecimento e proteção desses direitos; abstrai prestações positivas do Estado — direitos econômicos e sociais — também objeto da disciplina"[930].

Dentre os textos que marcaram a consagração de um conjunto denominado "direitos do homem"[931], devem mencionar-se as principais Declarações do século XVIII, fruto de uma inspiração jusnaturalista. Assim, em 1776, teve início a positivação dos Direitos do Homem com a Declaração de Direitos do Bom Povo da Virgínia, nos Estados Unidos da América do Norte, influenciada por SAMMUEL PUFENDORF. Em seu § 1º pode-se ler que todos os homens são, por natureza, igualmente livres e independentes, e têm certos direitos inerentes (*inherent rights*), dos quais, quando entram em sociedade (*into a state of society*), não podem, por nenhum modo, privar-se ou despojar-se para o futuro.

---

926. Thomas Paine, *Los Derechos del Hombre*, trad. cast. de J. A. Fernández de Castro y T. Muñoz Molina, México: FCE, 1996, p. 61.

927. Não confundir com os Direitos Humanitários, expressão semanticamente muito próxima, mas cujo conteúdo é diverso. Estes são definidos por Christophe Swinarski como "o conjunto de normas internacionais, de origem convencional ou consuetudinária, especificamente destinado a ser aplicado nos conflitos armados internacionais ou não internacionais, e que limita, por razões humanitárias, os direitos das Partes em conflitos de escolher livremente os métodos e os meios utilizados na guerra, ou que protege as pessoas e os bens afetados, ou que possam ser afetados pelo conflito" (*Introdução ao Direito Internacional Humanitário*, 1989).

928. Manoel Gonçalves Ferreira Filho, *Direitos Humanos Fundamentais*, p. 29.

929. Cumpre consignar aqui que a origem histórica e filosófica dos Direitos do Homem está em um suposto Direito Natural, que é um sistema cujas normas baseiam-se numa espécie de autojustificação, ou justificação intrínseca.

930. Manoel Gonçalves Ferreira Filho et alii, *Direitos Humanos Fundamentais*, p. 5.

931. Também a Magna Carta da Inglaterra, de 1215, menciona "Direitos do Homem".

Na mesma linha, em 26 de agosto de 1789, foi aprovado o projeto de Lafayette pela Assembleia Constituinte da Revolução Francesa, proclamando-se a *Déclaration des Droits de l'Homme et du Citoyen*[932]. Seu artigo segundo proclamava que a meta de toda associação de cunho político residia na "conservation des droits naturels et imprescritibles de l'homme".

Essa Declaração, juntamente com a obra *The Rights of Man* (de 1791), de Thomas Paine, contribuiu, profundamente, para difundir no plano normativo e doutrinário a expressão "direitos do Homem". Alguns anos antes da aparição da obra de Paine, o escocês Thomas Spence havia sido autor de um trabalho intitulado *The Real Rights of Man* (1775). Na Itália, o abade siciliano N. Spedalieri havia sido autor de uma obra intitulada *Dei Diritti dell'Uomo* (em 1791)[933].

Em tempos mais recentes, também continuam a ser afirmados os mesmos princípios. Um exemplo é o artigo primeiro da Declaração Universal dos Direitos do Homem da ONU, de 1948, que proclama que "Todos os seres humanos nascem livres e iguais em dignidade e direitos...". A esse respeito, assinalava o próprio Hans Kelsen que "The statement that all men are born free and equal is expressly a doctrine of natural law..."[934].

Mas, como adverte Pérez Luño, "o fato de que se tenham produzido em escala internacional alguns documentos que parecem refletir um amplo consenso sobre a necessidade de reconhecer os direitos humanos, não deve ser interpretado como o reflexo de uma concepção unânime de seu significado"[935]. Realmente, basta atentar para o fato de que estavam ausentes em qualquer desses momentos iniciais de consagração

---

932. Apesar de fundamentada na norte-americana, conforme demonstrou Jorge Jellinek, exercerá maior influência e obterá maior repercussão do que esta (apud Celso Albuquerque Mello, Análise do Núcleo Intangível das Garantias dos Direitos Humanos em Situações Extremas, *Direito, Estado e Sociedade*, p. 15). É polêmica a origem histórica dos direitos fundamentais. Só se pode assegurar que está ligada à própria origem do Estado Constitucional. Há que citar a famosa discussão entre Jellinek e o politólogo francês Emil Boutmy, no limiar do século XX. Enquanto para o primeiro a origem dos direitos fundamentais estaria na Declaração de Direitos da Virgínia, de 1776, bem como nas Declarações dos demais Estados da Nova Inglaterra, cuja fundamentação jusnaturalista os distinguia dos direitos dos ingleses, consagrados já desde a Magna Carta, para Boutmy a origem estaria na Declaração dos Direitos do Homem e do Cidadão, de 1789, e isso não apenas aquelas outras não tivessem precedido esta, ou que não tivessem servido de fonte inspiradora a esta, mas basicamente porque só nessa Declaração é que os direitos humanos teriam adquirido sua dimensão universal, destinando-se a servir de exemplo a todo o mundo, ao passo que os direitos consagrados nas declarações americanas dirigiam-se apenas aos cidadãos dos respectivos Estados. A essa colocação Jellinek retrucou, esclarecendo que apenas lhe interessava o aspecto de direitos juridicamente institucionalizados. A controvérsia, contudo, partia de diferentes enfoques: para Boutmy importava a ideia filosófica dos direitos humanos; para Jellinek, a realidade jurídica. E é nesse contexto, conforme Piçarra, que não se pode deixar de diferençar as expressões. Assim, direitos humanos assumiria a dimensão de direitos naturais, estando desligados de uma específica estrutura institucional que os alberga, e direitos fundamentais seriam aqueles direitos humanos garantidos por cada Estado a seus cidadãos (*A Separação dos Poderes como Doutrina*, p. 192).

A Declaração francesa incorria num vício de linguagem que é comum quanto aos direitos humanos. É que ela confunde o nível prescritivo com o descritivo. Os direitos, as liberdades, aparecem formulados em termos descritivos, como fatos, quando na verdade constituem objetivos, situados no campo do dever-ser (nesse sentido, Pérez Luño, *Derechos Humanos*, p. 27), o que de resto permaneceu na tradição jurídica constitucional.

933. Cf. Pérez Luño, *Derechos Humanos*, p. 41.

934. H. Kelsen, *The Law of the United Nations. A Critical Analysis of Its Fundamental Problems*, New York: Praeger, 1950, p. 40 (apud Pérez Luño, *Derechos Humanos*, p. 55).

935. Pérez Luño, *Derechos Humanos*, p. 24.

dos direitos do homem, a que se aludiu, os ideais, hoje consagrados no conceito, referentes aos direitos econômicos e sociais. Predominava o ideário liberal, de consagrar formas limitativas do Estado, impondo a este a abstenção da prática de certos atos. Nas palavras de CELSO LAFER, os direitos humanos representam, no plano jurídico, inicialmente, apenas uma inversão da figura deôntica originária, quer dizer, a partir deles houve uma passagem do dever de submissão (ideia ainda presente na palavra "administrado", amplamente utilizada em nosso meio jurídico) para o direito do cidadão[936].

Acrescente-se a dificuldade que gera essa expressão de com ela se trabalhar, em face de inexigibilidade dos direitos caso não tenham sido acolhidos pelo Direito positivo do Estado. Basta, pois, contornar a ilusão iluminista de que haveria direitos do Homem válidos *semper et ubique*.

Não obstante isso, cumpre esclarecer que o conteúdo de tais direitos perde muito em sua força ao serem desvinculados de sua origem jusnaturalista. A rejeição dessa fundamentação conduz, na prática, a uma posição de certa forma precária desses direitos em face do Estado, já que se transfere sua existência à mercê da vontade normativa estatal. É o secular problema de optar por uma justificação derivada de uma ordem natural ou transcendente, ao que se opõe o fato de que qualquer fundamento dessa natureza será um produto meramente filosófico, ou então optar pela justificação de uma natureza positivo-empírica desses direitos, sendo que dessa aceitação decorreria a ausência de critérios para julgar seu valor ou desenvolvimento na civilização[937].

3.2. Liberdade pública e liberdades públicas

A expressão "liberdade pública" aparece na França no final do século XVIII, sendo expressamente empregada no art. 9º da Constituição de 1793 daquele país[938]. Neste se proclamava: "la loi doit protéger la liberté publique et individuelle contre l'oppression de ceux qui gouvernent". O termo, empregado no singular, é ainda utilizado, da mesma forma, na exposição de motivos da Constituição de 1814. A primeira vez em que apareceu o termo *libertés publiques* (plural) em Texto Constitucional foi precisamente no art. 25 da Constituição do II Império de 1852[939]. Atualmente, o Decreto ministerial de 30 de abril de 1997 qualifica o tema com o emprego da expressão *Droit des Libertés Fondamentales*[940].

Levando-se em conta que para boa parte da doutrina os direitos humanos e as liberdades públicas se equivalem, não se pode deixar de anotar que se reveste esta última expressão de uma inadequação terminológica patente. Dá a ideia de que se contrapõe a um rol de liberdades privadas, quando não é esse o sentido que se quer imprimir à expressão. Por outro lado, o termo "liberdades" passa a noção de poder de agir, não

---

936. Celso Lafer, *A Soberania e os Direitos Humanos*, n. 35, p. 140.
937. Refere-se ao dilema Pérez Luño, *Derechos Humanos*, p. 53.
938. De inspiração jusnaturalista (cf. Jean Morange, *Direitos Humanos e Liberdades Públicas*, p. XVII).
939. Cf. C. A. Colliard, *Libertés Publiques*, 5. ed., p. 15.
940. Cf. Jean Morange, *Direitos Humanos e Liberdades Públicas*, p. XXI.

englobando, gramaticalmente falando, as noções de poder de exigir, ou seja, a noção de exigir uma atuação por parte do Estado e dos demais particulares.

Há uma parcela da doutrina que distingue liberdades públicas de direitos humanos com base no caráter estritamente jurídico-positivo daquela primeira expressão[941]. Assim, JEAN RIVERO entende as liberdades públicas como os poderes de autodeterminação (humanos) *positivados*. Ademais — anota o autor —, não poderiam ter o mesmo conteúdo porque os direitos sociais não se podem considerar liberdades públicas, embora sejam direitos humanos[942].

Partindo-se da constatação de que o Estado constitucional e os direitos fundamentais se afirmam, historicamente falando, contra a soberania monárquica, não se estranha que os primeiros direitos humanos sejam, lógica e cronologicamente falando, do tipo negativo, destinados a garantir aos cidadãos o *status negativus* ou *status libertatis*.

Sob esse aspecto, afirma JELLINEK que "a soberania do Estado é um poder objectivamente limitado, que se exerce no interesse geral. E é uma autoridade exercida sobre pessoas que não estão em tudo e por tudo subordinadas, é uma autoridade exercida sobre homens livres. Ao membro do Estado pertence, por isso, um *status* em que é senhor absoluto, uma esfera livre do Estado, uma esfera que exclui o *imperium*. Tal vem a ser a esfera da liberdade individual, do *status negativus*, do *status libertatis*, dentro do qual são prosseguidos os fins estritamente individuais mediante a livre atividade do indivíduo"[943].

No mesmo sentido, pela escolha da terminologia "liberdades públicas", JOSÉ CRETELLA JÚNIOR, que distingue entre liberdades da pessoa física, liberdades da pessoa espiritual e liberdades da pessoa social.

Cumpre lembrar que aqueles que adotam a expressão "liberdades públicas" são obrigados a distinguir entre liberdades públicas em sentido estrito e em sentido amplo. Em sentido estrito seriam as liberdades públicas negativas, as que impõem um dever de abstenção por parte do Estado, tal qual a própria terminologia indica. Já as liberdades públicas em sentido amplo seriam as que conferem direitos a prestações positivas pelo Estado, algo que, como se vê, vai um pouco além do que as palavras escolhidas são capazes de comportar em sua significação.

É a posição do Ministro JOSÉ CELSO DE MELLO FILHO, assim se pronunciando: "As liberdades públicas constituem limitações jurídicas ao poder da comunidade estatal. Pertinem ao homem: a) enquanto pessoa humana (são as liberdades clássicas ou negativas); b) enquanto pessoa política (é a liberdade-participação, fundamento da ordem democrática) e; c) enquanto pessoa social (são as liberdades positivas, também denominadas liberdades reais ou concretas). São 3 (três), portanto, as dimensões em que projetam as liberdades públicas: 1) dimensão civil (liberdades clássicas); 2) dimen-

---

941. Nesse sentido: Jean Morange, *Direitos Humanos e Liberdades Públicas*, p. XIV.
942. Cf. J. Rivero, *Les Libertés Publiques. 1. Les Droits de l'Homme*, 2. ed., p. 16.
943. Citado por Nuno Piçarra, *A Separação dos Poderes como Doutrina*, p. 193.

são política (liberdade-participação); e 3) liberdade social (liberdades concretas: direitos econômicos e sociais)"[944].

Por tudo isso, argumenta YVES MADIOT ser preferível a expressão "direitos humanos" a de "liberdades públicas"[945].

3.3. Direitos subjetivos e direitos públicos subjetivos

A expressão "direitos subjetivos" peca pela própria imprecisão da figura destes últimos. Para aqueles que entendem que os direitos subjetivos são a expressão de todos os atributos da personalidade, os direitos humanos constituiriam uma subespécie, vale dizer, seriam a parcela dos direitos subjetivos diretamente relacionada com as faculdades de autodeterminação dos indivíduos.

Mas, ao contrário, se a noção de direitos subjetivos é encarada por seu lado estritamente jurídico, no sentido de prerrogativas estabelecidas em conformidade com determinadas regras, ambos os termos não se identificam. E isto porque, ao entender que os direitos subjetivos podem desaparecer, por meio da transferência ou da prescrição, os direitos humanos apresentam, ao contrário, a nota da imprescritibilidade e da inalienabilidade[946]. É, pois, a possibilidade de renúncia ou transferência o que caracteriza os direitos subjetivos.

Quanto à expressão "direitos públicos subjetivos", sugerida por eminentes constitucionalistas, e empregada, dentre outros, por BISCARETTI DI RUFFIA, conduz ela, inevitavelmente, a um conceito talhado sobre as bases da antiga ideia de Estado liberal, e, pois, presa se encontra à concepção individualista que essa ideia de Estado carrega consigo[947].

3.4. Direitos fundamentais (do Homem?)

A expressão "direitos fundamentais" em muito se aproxima da noção de direitos naturais, no sentido de que a natureza humana seria portadora de certo número de direitos fundamentais. Contudo, sabe-se que não há uma lista imutável[948] dos direitos fundamentais, que variam no tempo. Daí a inadequação do termo.

---

944. José Celso de Mello Filho, *Constituição Federal Anotada*, p. 320.

945. Yves Madiot, *Droits de l'Homme et Libertés Publiques*, Paris-New York-Barcelona-Milano: Masson, 1976, p. 14 (apud Pérez Luño, *Derechos Humanos*, p. 37).

946. No mesmo sentido lê-se em Genaro Carrió que "A diferencia de lo que ocurre con los derechos subjetivos en general, los derechos humanos exhiben como una de sus calidades la de ser irrenunciables. La autorización del titular no justifica ni convalida las transgresiones a ellos" (*Los Derechos Humanos y su Protección*, p. 20).

947. A propósito do tema, o autor faz interessante observação: "De todos modos, esta claro que la concepción moderna de los *derechos públicos subjetivos* de los ciudadanos, como derechos que derivan exclusivamente de normas puestas por el ordenamiento del Estado (independientemente del fundamento político que se les atribuya), impide la configuración de un verdadero derecho *positivo de resistencia* (*individual* o *colectiva*, meramente pasiva o activa) de los ciudadanos, si ulteriores y distintas normas jurídicas estatales, plenamente válidas y de la misma eficacia que las preexistentes, vienen, luego, a restringirlo o abolirlo" (Paolo Biscaretti Di Ruffia, *Derecho Constitucional*, p. 674). A respeito do interessante tema do direito de resistência em face do Estado, referência obrigatória é a obra de Henry David Thoureau, *Civil Desobedience*, e Ramón García Cotarelo, *Resistencia y Desobediencia Civil*.

948. Pode-se mesmo dizer que, se os Direitos do Homem são universais, eles ainda assim são sentidos e observados das mais variadas formas.

José Afonso da Silva prefere a denominação "direitos fundamentais do homem", e justifica a escolha no sentido de que, "além de referir-se a princípios que resumem a concepção do mundo e informam a ideologia política de cada ordenamento jurídico, é reservada para designar, *no nível do direito positivo*, aquelas prerrogativas e instituições que ele concretiza em garantias de uma convivência digna, livre e igual de todas as pessoas"[949].

Esta última expressão faz realmente incutir a noção de direitos pertencentes indistintamente a todos, ao Homem. Mas, como se sabe, alguns dos direitos individuais consagrados pela Constituição de 1988 só são utilizáveis por uma parcela restrita de pessoas. É o caso da ação popular, só atribuída aos que possuam o atributo "cidadão", em sentido estrito (eleitor ativo nos termos assentados pela jurisprudência nacional). Nesse sentido, seria um "direito fundamental do cidadão", não do Homem.

Ademais, os direitos humanos de natureza política não são necessariamente conferidos a todos desde logo, porque implicam opções conscientes e complexas que não podem ser, por exemplo, deferidas a uma criança. Por isso o direito ao voto não é conferido senão aos que possuem o mínimo de desenvolvimento intelectual que confira a faculdade de discernir entre as diversas opções que se apresentam e optar por uma delas. Mas não é em virtude dessa restrição por idade que o direito deixa de ser uma das espécies de direitos fundamentais do Homem.

Por fim, nem todos os direitos fundamentais do Homem, tais como são encontrados na Constituição brasileira, especialmente em seu extenso rol do art. 5º, são direitos necessariamente oponíveis ao Estado. Muitos deles se reportam ao próprio particular, em sua atividade como tal[950]. Assim é que o conjunto de direitos que se costuma reconhecer como direitos da personalidade[951] pode ser identificado também por esse atributo. Nesse sentido, a expressão final "do Homem", para incorporar esses direitos, como tradicional contraponto em relação ao Estado, mostra-se, uma vez mais, inapropriada para lidar com essa realidade jurídica. Não são direitos fundamentais do Homem (em relação ao Estado), como é o sentido tradicional da primeira expressão. São direitos fundamentais entre os próprios particulares.

Por todos esses argumentos a expressão[952] "direitos fundamentais do Homem" mostra-se equívoca e inadequada para a Ciência do Direito, se se pretende uma linguagem precisa e consistente aqui, capaz de expressar a extensa realidade que os diversos direitos constitucionais fundamentais apresentam.

Utilizar-se-á, pois, a expressão "direitos fundamentais" como designativa dessa realidade, englobando os direitos individuais, os direitos políticos, os direitos sociais,

---

949. José Afonso da Silva, *Curso de Direito Constitucional Positivo*, p. 163 (grifos do original).

950. Nesse sentido: Walter Claudius Rothenburg, Direitos Fundamentais e suas Características, *Cadernos de Direito Constitucional e Ciência Política*, v. 29, p. 55-65.

951. Não se olvida o fato de que aqueles que consideram que os direitos subjetivos se caracterizam pela nota da transferência ou prescrição não admitem que neles se abriguem os direitos da personalidade, imprescritíveis e inalienáveis por natureza.

952. Aos quais ainda se poderia acrescentar, em consonância com alguns autores, a ideia de direitos dos animais, da mesma maneira e por motivos evidentes, refratária que é da conotação "do Homem".

econômicos e os direitos de solidariedade, expressão que tanto pode ser utilizada em nível interno como internacional.

4. AS DIMENSÕES DOS DIREITOS HUMANOS

Ao longo da História, assistiu-se à consagração dos direitos civis, dos direitos políticos, dos direitos sociais básicos e econômicos, dos direitos coletivos e, mais modernamente, dos direitos das minorias, do direito ao desarmamento etc.

A existência de várias dimensões é perfeitamente compreensível, já que decorrem da própria natureza humana: as necessidades do Homem são infinitas, inesgotáveis, o que explica estarem em constante redefinição e recriação, o que, por sua vez, determina o surgimento de novas espécies de necessidades do ser humano. Daí falar em diversas dimensões de projeção da tutela do Homem, o que só vem corroborar a tese de que não há um rol eterno e imutável de direitos inerentes à qualidade de ser humano, mas sim, ao contrário, apenas um permanente e incessante repensar dos Direitos. De qualquer forma, em sua totalidade, esses direitos "encarnan la dignidad del hombre"[953]. E, mais do que isso, há uma mútua implicação inegável entre os diversos direitos, especialmente entre direitos pertencentes a dimensões supostamente separadas.

É preciso anotar que os autores têm preferido falar em gerações, querendo significar gerações sucessivas de direitos humanos. A ideia de "gerações", contudo, é equívoca, na medida em que dela se deduz que uma geração se substitui, naturalmente, à outra, e assim sucessivamente, o que não ocorre, contudo, com as "gerações" ou "dimensões" dos direitos humanos. Daí a razão da preferência pelo termo "dimensão".

Cumpre transcrever a síntese de MANOEL GONÇALVES FERREIRA FILHO, embora se utilizando da expressão "liberdades públicas": "a doutrina dos direitos fundamentais revelou uma grande capacidade de incorporar desafios. Sua primeira geração enfrentou o problema do arbítrio governamental, com as *liberdades públicas*, a segunda, o dos extremos desníveis sociais, com os *direitos econômicos e sociais*, a terceira, hoje, luta contra a deterioração da qualidade de vida humana e outras mazelas, com os *direitos de solidariedade*"[954]. E mais adiante esclarece: "Na visão contemporânea, as liberdades públicas, ou, como por muito tempo a elas se chamou no Brasil, os *direitos individuais*, constituem o núcleo dos direitos fundamentais. A eles — é certo — se agregaram primeiro os direitos econômicos e sociais, depois os direitos de solidariedade, mas estes e outros direitos não renegam essas liberdades, visam antes a completá-las"[955]. A ideia de "complementação", porém, não será apropriadamente adotada se com ela pretender-se a centralidade dos direitos liberais e a adaptação e alinhamento, a estes,

---

953. Karl Loewenstein, *Teoría de la Constitución*, p. 390.
954. Manoel Gonçalves Ferreira Filho, *Direitos Humanos Fundamentais*, p. 15 (grifos do original).
955. Manoel Gonçalves Ferreira Filho, *Direitos Humanos Fundamentais*, p. 28 (grifos do original).

dos direitos socioeconômicos, especificamente falando no caso da Constituição brasileira de 1988.

Contudo, é preciso insistir, desde logo, que os direitos não se encaixarão em apenas uma das dimensões[956], nem será possível estabelecer uma linha divisória estrita e precisa entre categorias individuais de direitos e categorias sociais ou de exercício coletivo.

4.1. A primeira dimensão

4.1.1. O primeiro direito humano

Já se observou que os primeiros direitos surgidos foram os de caráter negativo, atrelados ao ideário que movimentava o Estado essencialmente liberal.

Nessa linha, não chega a surpreender que o primeiro direito fundamental (*Ur--Grundrecht*) tenha sido, conforme KRIELE, a proteção contra a prisão arbitrária (*habeas corpus*), tal qual formulado pelo juiz EDUARD COKE, ainda antes mesmo da sua histórica consagração legal, nos seguintes termos: *"No man can be taken, arrested, attached, or imprisoned but by due process of law and according to the law of the land"*.

Mas há que anotar aqui a posição contrária, da clássica tese de JELLINEK, no sentido de que o direito fundamental originário teria sido a liberdade de religião[957].

4.1.2. Os direitos humanos de primeira dimensão

São direitos de primeira dimensão aqueles surgidos com o Estado Liberal do século XVIII. Foi a primeira categoria de direitos humanos surgida, e que engloba, atualmente, os chamados direitos individuais e direitos políticos.

Neste primeiro conjunto de direitos encontram-se, v. g., a proteção contra a privação arbitrária da liberdade, a inviolabilidade do domicílio, a liberdade e segredo de correspondência.

Também pertencem à primeira dimensão liberdades de ordem econômica, como a liberdade de iniciativa, a liberdade de atividade econômica, a liberdade de eleição da profissão, a livre disposição sobre a propriedade etc.

Já as liberdades políticas referem-se à participação do indivíduo no processo do poder político. As mais importantes são as liberdades de associação, de reunião, de formação de partidos, de opinar, o direito de votar, o direito de controlar os atos estatais e, por fim, o direito de acesso aos cargos públicos em igualdade de condições.

---

956. É o caso, por exemplo, do direito ao contraditório, que, além de direito individual, não deixa de se caracterizar como um interesse coletivo, na medida em que a toda sociedade importa que sejam assegurados os direitos de defesa com os meios a ela inerentes. Assim, o Estado deve propiciar, quando necessário, a defesa técnica daqueles que não têm condições econômicas para obtê-la por seus próprios recursos.

957. Cf. Nuno Piçarra, *A Separação dos Poderes como Doutrina*, p. 194.

4.2. A segunda dimensão

Os direitos de segunda dimensão são os direitos sociais[958], que visam a oferecer os meios materiais imprescindíveis à efetivação dos direitos individuais. Também pertencem a essa categoria os denominados direitos econômicos, que pretendem propiciar os direitos sociais.

Enquanto no individualismo, que se fortaleceu na superação da monarquia absolutista, o Estado era considerado o inimigo contra o qual se deveria proteger a liberdade do indivíduo, com a filosofia social o Estado se converteu em amigo, obrigado que estava, a partir de então, a satisfazer as necessidades coletivas da comunidade.

Trata-se, com essa nova dimensão, não de se proteger contra o Estado, mas, sobretudo, de elaborar um rol de pretensões exigíveis do próprio Estado, que passa a ter de atuar para satisfazer tais direitos.

Entre os direitos de segunda dimensão, encontram-se, v. g., o direito ao trabalho, à proteção em caso de desemprego, o direito ao salário mínimo, a um número máximo de horas de trabalho, ao repouso remunerado e ao acesso a todos os níveis de ensino.

O Estado passa do isolamento e não intervenção a uma situação diametralmente oposta. O que essa categoria de novos direitos tem em mira é, analisando-se mais detidamente, a realização do próprio princípio da igualdade. De nada vale assegurarem-se as clássicas liberdades se o indivíduo não dispõe das condições materiais necessárias a seu aproveitamento. Nesse sentido, e só nesse sentido, é que se afirma que tal categoria de direitos se presta como meio para propiciar o desfrute e o exercício pleno de todos os direitos e liberdades. Respeitados os direitos sociais, a democracia acaba fixando os mais sólidos pilares.

"Os direitos sociais são essenciais para os direitos políticos, pois será através da educação que se chegará à participação consciente da população, o que implica também necessariamente no direito individual à livre formação da consciência e à liberdade de expressão e informação. Os direitos econômicos, da mesma forma colaboram para o desenvolvimento e efetivação de participação popular através de uma democracia econômica"[959].

Contudo, ante os perigos que se pôde vislumbrar pela crescente e incessante ingerência do Estado no âmbito dos direitos fundamentais do Homem, que poderia de-

---

958. Loewenstein lembra que, como postulados expressamente formulados, esses direitos socioeconômicos não são absolutamente novos, sendo que alguns deles, como o direito ao trabalho, já haviam sido reconhecidos na Constituição Francesa de 1793 e 1848. Todavia, seria só no século XX que se converteram no conteúdo do constitucionalismo, principalmente após a Segunda Grande Guerra. Foram, assim, proclamados pela primeira vez na Constituição Mexicana de 1917, que nacionalizou todas as riquezas naturais e encarregou o Estado da responsabilidade social de garantir uma existência digna a cada um de seus cidadãos. Foi, contudo, a Constituição de Weimar que contribuiu para popularizar e estender os direitos sociais, sendo seu catálogo de Direitos Fundamentais "una curiosa mezcla entre un colectivismo moderno y un liberalismo clásico" (Karl Loewenstein, *Teoría de la Constitución*, p. 401). Mas adverte o autor que "Lo que há ganado en seguridad económica, lo há perdido en autodeterminación individual. Cogido en la red de la sociedad pluralista, el individuo está en peligro de ser colectivizado" (p. 440), perigo que pode ser evitado com instrumentos estruturados de acordo com a estrutura da ação popular, de legitimidade atribuída a qualquer cidadão individualmente considerado.

959. José Luiz Quadros de Magalhães, Os Direitos Políticos, *Revista de Informação Legislativa*, p. 44.

generar numa situação de violência aos tradicionais direitos individuais, reivindicou--se o reforço das garantias jurídicas individuais e a participação ativa dos interessados nos processos de formação dos atos públicos[960], na linha do que propugna a teoria realista já referida.

4.3. A terceira dimensão

São direitos de terceira dimensão aqueles que se caracterizam pela sua titularidade coletiva ou difusa, como o direito do consumidor e o direito ambiental. Também costumam ser denominados como direitos da solidariedade ou fraternidade.

Contudo, há que sublinhar desde logo a dificuldade que enfrentam esses direitos, em nível de proteção jurídica. É que, como sintetiza Dyrceu Aguiar Dias Cintra Jr., "O processo de tradição normativo-positivista, instrumentaliza a despolitização dos conflitos a serviço da manutenção das relações sociais estabelecidas (...) não se presta à abordagem do conflito coletivo, eminentemente político, reivindicatório de mudanças sociais"[961].

Os interesses difusos demandam uma participação intensa do cidadão. E essa participação "é um fenómeno do maior interesse na experiência jurídico-política contemporânea", nas palavras de Colaço Antunes[962]. Segundo o autor, a participação não é apenas o produto de uma livre opção política, mas o fruto, ou um dos frutos, do capitalismo avançado, e de novos valores, considerados pós-burgueses, tais como o interesse pelo meio ambiente, qualidade de vida etc.[963]

A consequência mais veemente do reconhecimento dessa categoria ampla de interesses foi a de pôr a descoberto a insuficiência estrutural de uma Administração Pública e de um sistema judicial calcados exclusivamente no ideário liberal, que apenas comporta a referência individual, incapaz que é de lidar com fenômenos metaindividuais.

Como anota Colaço Antunes, essa categoria "põe, por sua vez, uma série de interrogações e de problemas à função dos juízes nos confrontos sociais e nas relações entre a sociedade e os poderes públicos, quer à administração pública e seus meios, mediante os quais ela pode explicar a sua atividade, sob o pressuposto de recursos e de confrontos entre interesses individuais e coletivos"[964].

4.4. A quarta dimensão

Como havia mencionado em edições anteriores, a doutrina já vem falando de uma possível quarta dimensão há algum tempo[965].

---

960. Cf. P. Häberle, *Grundrechte im Leistungsstaat*, Walter de Gruyter, Berlin, 1972, p. 86 e s. (apud Pérez Luño, *Derechos Humanos*, p. 88).

961. Dyrceu Aguiar Dias Cintra Jr., Os Interesses Coletivos e as Instituições, *Justiça e Democracia*, p. 229.

962. Luis Felipe Colaço Antunes, Para uma Tutela Jurisdicional dos Interesses Difusos, *Boletim da Faculdade de Direito da Universidade de Coimbra*, v. 60, p. 191.

963. Luis Felipe Colaço Antunes, Para uma Tutela Jurisdicional, cit., p. 191.

964. Luis Felipe Colaço Antunes, Para uma Tutela Jurisdicional, cit., p. 201.

965. Confira-se, por exemplo, o tema de painel realizado pelo Instituto Brasileiro de Direito Constitucional, em 1997, no XVIII Congresso Nacional de Direito Constitucional, em São Paulo. Como ainda não se pode considerar

PAULO BONAVIDES de há muito admite esta quarta dimensão, e nela tem inserido o direito à democracia, ao pluralismo e à informação, ancorado na ideia de uma globalização política[966].

De outra parte, em obra conjunta com CELSO BASTOS publicada em 2000[967], havia indicado esta quarta dimensão como composta por um direito universal ao desarmamento nuclear, como forma de preservação da própria espécie humana, o direito à não intervenção genética (como a replicação na espécie) e o direito a uma democracia participativa (BONAVIDES).

INGO SARLET, comentando tal posicionamento, pondera que "A proposta do Prof. BONAVIDES, comparada com as posições que arrolam os direitos contra a manipulação genética, mudança de sexo, etc., como integrando a quarta geração, oferece a nítida vantagem de constituir, de fato, uma nova fase no reconhecimento dos direitos fundamentais, qualitativamente diversa das anteriores, já que não se cuida apenas de vestir com roupagem nova reivindicações deduzidas, em sua maior parte, dos clássicos direitos de liberdade"[968].

No particular, parece mais acertado[969], para manter a estrita coerência com o critério de identificação das demais dimensões (e a própria ideia de dimensão), falar, na quarta dimensão, de uma diferenciação de tutela quanto a certos grupos sociais, como, por exemplo, as crianças e os adolescentes, a família, os idosos, os afrodescendentes etc. Enquanto os direitos de participação democrática poder-se-iam reconduzir aos clássicos direitos políticos, presentes desde os direitos de primeira dimensão, estes direitos não deixam de ser direitos já existentes, mas que sofrem não um alargamento (extensão) de conteúdo, senão uma diferenciação qualitativa quando aplicados a certos grupos.

Assim, nessa linha, exemplo bastante ilustrativo seria a liberdade de locomoção, típica liberdade de primeira dimensão, à qual se agregaria valor, para fazer surgir o direito à gratuidade nos transportes coletivos urbanos para os maiores de 65 anos (no caso brasileiro, um direito constitucional presente no art. 230, § 2º, da Constituição de 1988), ou, ainda, o explícito direito de "proteção especial" da criança e do adolescente (previsto no § 3º do art. 227 da Constituição de 1988), que inclui direitos trabalhistas diferenciados e mais protetores da especial condição de pessoa em desenvolvimento. A aplicação do princípio da igualdade, na quarta dimensão, conduziria, com segurança, à legitimidade das denominadas ações afirmativas.

4.5. Críticas às dimensões

Apesar do inquestionável aproveitamento didático da classificação cronológica das dimensões de direitos, há alguns vícios implícitos a essa ideia, ou dela decorrentes, que merecem esclarecimento.

---

consagrada essa quarta dimensão, mas sendo apenas uma "tendência" (Sarlet), descabido (e, talvez, desnecessário, no momento atual) pretender, como certos autores, uma quinta dimensão.

966. *Curso de Direito Constitucional*, 11. ed., p. 524-5.

967. *As Tendências do Direito Público no Limiar de um Novo Milênio*, p. 389.

968. *A Eficácia dos Direitos Fundamentais*, 5. ed., p. 60.

969. Fazendo, aqui, uma revisão de minha tese anterior.

Primeiro, a partição em dimensões numericamente sucessivas pode lançar uma visão equivocada de que a História desses direitos tenha sido marcada apenas por avanços, quando, na realidade, houve (e há, ainda, por toda a parte) retrocessos e fortes polêmicas em torno desses direitos, até porque constituem uma classe vaga e variável[970], uma "categoria materialmente aberta e mutável"[971].

Em segundo lugar, deve-se registrar que essa tripartição dos direitos fez com que os de primeira dimensão pudessem ser considerados como imediatamente exigíveis e implementáveis, ao passo que os de segunda dimensão necessitariam, para tanto, de uma disponibilidade orçamentária (e política) de cada Estado que os contemplasse em seus textos constitucionais. Ocorre que mesmo os direitos de primeira dimensão exigem uma *prestação positiva* do Estado (apesar de caracterizarem-se, tecnicamente, como um "não intervir"). Assim, v. g., com o direito de propriedade e a própria liberdade de locomoção, que estão a demandar um aparato policial (segurança pública, custeada pelo Estado) nas ruas. A preservação jurídica da propriedade privada exige, igualmente, um sistema de registros públicos que seja capaz de assegurar os títulos dominiais, que implica uma manutenção e, pois, uma despesa inevitável, ainda que seja para o Estado apenas manter uma fiscalização sobre eles (como ocorre no Brasil). São demandas por instituições estatais que estão e sempre estiveram, historicamente falando, à disposição das chamadas liberdades públicas (direitos negativos).

Por fim, "não poderá hoje assinalar-se uma única dimensão (subjetiva) e apenas uma função (proteção da esfera livre e individual do cidadão)"[972]. Conclui CANOTILHO, no que é seguido por CRISTINA QUEIROZ[973], pela *multifuncionalidade* dos direitos fundamentais, "para acentuar todas e cada uma das funções que as teorias dos direitos fundamentais captavam unilateralmente"[974]. Pode-se falar numa "pluridimensionalidade" de cada um dos direitos, não só porque não há direitos que não se exerçam em sociedade e para a sociedade (direta ou indiretamente), desempenhando cada homem seu papel social, como também há uma dependência, que muitas vezes se expressa na projeção de um direito em relação a outro.

5. CONCEITO DE DIREITOS HUMANOS

PÉREZ LUÑO, adotando a expressão *"derechos humanos"*, esboça uma definição destes, compreendendo-os como "um conjunto de faculdades e instituições que, em cada momento histórico, concretizam as exigências da dignidade, liberdade e igualdade humanas, as quais devem ser reconhecidas positivamente pelos ordenamentos jurídicos em nível nacional e internacional"[975]. Segundo o autor, os valores referidos podem

---

970. Nesse sentido: Norberto Bobbio, *A Era dos Direitos*, p. 15 e s.

971. Ingo Wolfgang Sarlet, *A Eficácia dos Direitos Fundamentais*, p. 61.

972. J. J. Gomes Canotilho, *Direito Constitucional e Teoria da Constituição*, p. 1350.

973. *Direitos Fundamentais*, p. 33.

974. *Direito Constitucional e Teoria da Constituição*, p. 1350.

975. Antonio Enrique Pérez Luño, Delimitación Conceptual de los Derechos Humanos, in *Los Derechos Humanos, Significación, Estatuto Jurídico y Sistema*, Sevilla, Publicaciones de la Universidad de Sevilla, 1979, p. 43, t.a., conceito repetido pelo autor em sua obra posterior: *Derechos Humanos*, p. 48.

ser considerados como os três eixos fundamentais em torno dos quais se há centrado sempre a reivindicação de direitos humanos. Durante muito tempo, a ideia de liberdade, em suas diversas manifestações, identificou-se, como acima já se fez referência, com a própria noção dos direitos humanos (então propriamente designados por liberdades públicas). O autor não esconde o propósito de conjugar as duas grandes dimensões que, segundo ele, integram a noção geral de direitos humanos: a exigência jusnaturalista quanto a sua fundamentação e a técnica de positivação e proteção, que dão a medida de seu exercício.

Em sentido muito próximo, mas preferindo a denominação "*derechos subjetivos fundamentales*", PECES-BARBA entende-os como "Faculdade de proteção que a norma atribui à pessoa no que se refere à sua vida, a sua liberdade, à igualdade, a sua participação política ou social, ou a qualquer outro aspecto fundamental que afete o seu desenvolvimento integral como pessoa, em uma comunidade de homens livres, exigindo o respeito aos demais homens, dos grupos sociais e do Estado, e com possibilidade de pôr em marcha o aparato coativo do Estado em caso de infração"[976].

BELISÁRIO DOS SANTOS JÚNIOR lembra que os denominados direitos humanos "serão aqueles essenciais, sem os quais não se reconhece o conceito estabelecido de vida. Não há uma relação estabelecida e final de tais direitos, já que seu caráter é progressivo, correspondendo a cada momento ao estágio cultural da civilização, como se vê das sucessivas 'gerações'"[977].

6. DUPLA NATUREZA

A denominada "dupla natureza" dos direitos fundamentais procura reconhecer tanto sua função de direitos subjetivos como também de princípios objetivos da ordem constitucional[978].

Podem-se assinalar como consequências decorrentes da concepção objetiva dos direitos fundamentais a sua "eficácia irradiante" e a "teoria dos deveres estatais de proteção"[979].

A eficácia irradiante obriga que todo o ordenamento jurídico estatal seja condicionado pelo respeito e pela vivência dos direitos fundamentais. A teoria dos deveres estatais de proteção pressupõe o Estado (Estado-legislador; Estado-administrador e Estado-juiz) como parceiro na realização dos direitos fundamentais, e não como seu inimigo, incumbindo-lhe sua promoção diuturna. Em síntese, é "o sentido de uma vida estatal contida na Constituição"[980].

---

976. Gregorio Peces-Barba, *Derechos Fundamentales*, 2. ed., Madrid: Biblioteca Universitaria Guadiana, 1976, p. 80, t.a. (apud José Afonso da Silva, *Curso de Direito Constitucional Positivo*, p. 164).

977. Belisário dos Santos Júnior, Direitos Humanos Priorizados pela Justiça, *Revista da Faculdade de Direito das Faculdades Metropolitanas Unidas*, ano 10, n. 14, jan./jun. 1996, p. 282.

978. Nesse sentido: Cristina M. M. Queiroz, *Direitos Fundamentais*, p. 32; Daniel Sarmento, *Direitos Fundamentais e Relações Privadas*, p. 154 e s.

979. Cf. Daniel Sarmento, *Direitos Fundamentais e Relações Privadas*, p. 154.

980. José Alfredo de Oliveira Baracho, Jurisdição Constitucional da Liberdade, p. 35.

Numa breve verificação de algumas constituições contemporâneas pode-se facilmente concluir que esse caráter duplo não costuma decorrer expressamente dos textos das constituições, mas da técnica de aplicação empregada pelo operador, da abertura interpretativa decorrente de seu não afastamento expresso[981]. Poder-se-ia fazer decorrer esse caráter, no caso da Constituição espanhola, da explícita referência aos *valores superiores* (expressão que mais faz aflorar a herança jusnaturalista do que afastá-la, como se pretendeu naquela constituinte), entendida como adesão à teoria da ordem de valores, à qual está, indubitavelmente, atrelada a dimensão objetiva.

7. DIMENSÕES DE ABERTURA DOS DIREITOS FUNDAMENTAIS

Outra dimensão própria dos direitos fundamentais é a dimensão de abertura que lhes é imanente. Significa, sinteticamente, que não existe um *numerus clausus* de formas de tutela.

Foi nesse sentido que o Tribunal Constitucional alemão referiu-se a uma "proteção dinâmica dos direitos fundamentais", a que corresponde uma "tutela flexível, móvel e aberta"[982].

CRISTINA QUEIROZ bem ilustra essa situação com a cláusula do *substantive due process*, aplicada pela Corte Suprema dos EUA de maneira progressiva quanto ao âmbito de sua incidência, de maneira a não limitá-la aos direitos econômicos e sociais.

Mas a abertura também se reporta à própria enumeração dos direitos fundamentais, que não fica circunscrita aos direitos expressamente constantes do catálogo da Constituição originária. Embora esta dimensão seja mais visível nos países que adotam o modelo do *common law*, não se exclui nos modelos de *civil law*.

Ambas as dimensões de abertura (forma de implementação/incidência e enumeração não taxativa) contribuem enormemente para evitar um indesejável "engessamento" ou, como lembra CRISTINA QUEIROZ[983], uma "petrificação" dos direitos fundamentais.

7.1. Os direitos não enumerados e seu regime jurídico

O reconhecimento de direitos fundamentais não enumerados, na expressão que já se consagrou a partir de seu uso por DWORKIN[984], significa a adoção do denominado princípio da não tipicidade[985]. Nesse sentido também se pode dizer que se caminha para uma "proteção jurídico-constitucional sem lacunas"[986].

JORGE MIRANDA fala em direitos constitucionais fundamentais em sentido meramente material, insistindo que reconhecer como direitos fundamentais apenas aqueles

---

981. Nesse sentido, Cristina Queiroz, apoiada em Böckenförde, apresenta-o como "produto de uma 'explicitação-qualificação' dos mesmos por parte da jurisdição constitucional" (*Direitos Fundamentais*, p. 104).

982. Cristina Queiroz, *Direitos Fundamentais*, p. 49.

983. Cristina Queiroz, *Direitos Fundamentais*, p. 66.

984. *Unenumerated Rights: Whether or How Roe Should Be Overruled*, p. 381.

985. Cf. Cristina Queiroz, *Direitos Fundamentais*, p. 89.

986. Cf. Cristina Queiroz, apoiada nas lições de Luhmann: *Direitos Fundamentais*, p. 59.

direitos como tais definidos em cada Constituição expressamente "seria o mesmo que admitir a não consagração, a consagração insuficiente ou a violação reiterada de direitos (...) só porque de menor importância ou desprezíveis para um qualquer regime político"[987].

É nesse mesmo sentido que se encontra inserida a IX Emenda à Constituição norte-americana, que consignou: "A enumeração nesta Constituição de certos direitos não deve ser interpretada para negar ou amesquinhar outros pertencentes ao povo".

Os direitos passaram a contar com uma *dupla existência*: 1) direito natural; 2) cláusula aberta expressa: "Os direitos fundamentais consagrados na Constituição não excluem quaisquer outros, constantes das leis e das regras aplicáveis de direito internacional" (art. 16º/1 da CRP); CB/88, art. 5º,§ 2º: "os direitos e garantias expressos nesta constituição não excluem outros decorrentes do regime e dos princípios por ela adotados...".

Essa abertura dos direitos fundamentais fornece o espaço de conformação necessário à atividade criativa do legislador e do juiz. Na doutrina brasileira, acentua JOSÉ ALFREDO DE OLIVEIRA BARACHO, com toda pertinência: "Os direitos elencados na Constituição podem ampliar-se (...). A jurisprudência constitucional propiciou a ampliação dos conceitos básicos de direitos e liberdades fundamentais"[988].

Se a "elucidação" do direito fundamental provier de uma lei, seu nível de proteção será inferior ao da "descoberta" quando esta for promovida pelo Tribunal Constitucional. É o que conclui CRISTINA QUEIROZ, em síntese lapidar: "O grau de proteção jurídica de que gozam os 'direitos não enumerados' é assim distinto consoante a sua revelação provenha do poder legislativo ou do poder judicial e, particularmente, do Tribunal Constitucional"[989]. A diferença é realmente gritante. No caso de especificação por via legislativa a opção de reversão estará sempre aberta ao legislador do futuro, enquanto no segundo caso, especificamente na atuação do Tribunal Constitucional, a desconsideração do direito (judicialmente criado), pelo legislador comum, estará vedada.

Contudo, é preciso acrescentar que, em sendo a revelação promovida pelo Tribunal Constitucional, a diferença inicial entre direitos enumerados e não enumerados perde seu sentido prático. A partir do momento em que o Tribunal Constitucional se pronunciar, o respectivo direito estará constitucionalmente albergado.

7.2. Direitos "interpretados" (direito judicial)

Como se percebe, neste modelo que se apresentou a "'clausura' e o 'determinismo' cedem o passo à inventividade controlada de um 'novo' 'discurso jurídico', 'radicalmente hermenêutico' "[990]. Os valores e, com eles, o conteúdo dos direitos não estão predeterminados no texto da norma. Exigem, como sustenta HABERMAS, uma "inter-

---

987. *Manual de Direito Constitucional*, v. 4, p. 9.
988. Jurisdição Constitucional da Liberdade, p. 11.
989. *Direitos Fundamentais*, p. 90.
990. Construção de Cristina Queiroz, *Direitos Fundamentais*, p. 74-5.

pretação construtiva do caso particular"[991], pois são concretizados no discurso, para o qual são carreados, inquestionavelmente, elementos da vivência histórica de cada época. Há uma "sensibilidade ao contexto"[992].

Daí sustentar BOBBIO que os direitos do homem constituem "uma classe variável"[993], sujeita às imbricações sociais e históricas.

Assiste-se, nesse momento, à passagem de um "Estado legislativo parlamentar" para um "Estado judicial jurídico-constitucional", como salientou ALEXY[994], apoiado em BÖCKENFÖRDE. É o juiz como "delegado do poder constituinte", na expressão de CLÈMERSON CLÈVE[995]. Supera-se, plenamente, a teoria tradicional-formalista da interpretação que pretendia que esta ocorresse apenas nos casos de obscuridade.

O método decisivo já não é o da tradicional subsunção, mas sim a retórica e a argumentação, a busca da solução pelo convencimento e demonstração.

8. UNIVERSALIZAÇÃO E UNIVERSALIDADE DOS DIREITOS HUMANOS

8.1. Primeiras distinções

O primeiro passo, neste tema, é verificar as possíveis distinções entre universalização e universalidade.

Universalidade implica qualidade ou natureza. Ao dizer "universalidade dos direitos humanos", procura-se declarar que todos são sujeitos desses direitos. Assim, universalidade refere-se à amplitude subjetiva. Todo Homem, pelo fato de o ser, possui tais direitos, que são, portanto, universais. Se há alguma divergência, tal reside na forma de aplicação dos direitos humanos[996].

Outra consequência da ideia de universalidade é a existência atemporal e a característica de serem invariáveis (daí ser possível falar em universalidade dos direitos e não em direitos variáveis no tempo e espaço). A aparente criação de novos direitos seria, pois, apenas uma mudança de percepção do mesmo catálogo de direitos já existente. Seria como retirar o pó de algo que jazia incógnito.

Também pode ser considerada uma faceta da universalidade a denominada *vinculatividade* geral dos direitos humanos, de maneira a obrigar Estados, legisladores e até particulares em suas relações privadas.

---

991. Jürgen Habermas, *Facticidad y Validez*, p. 319.

992. Jürgen Habermas, *Facticidad y Validez*, p. 319.

993. *A Era dos Direitos*, p. 18-9.

994. Direito Constitucional e Direito Ordinário. Jurisdição Constitucional e Jurisdição Especializada, *RT*, São Paulo, ano 91, v. 799, p. 33-51, maio 2002.

995. O Controle de Constitucionalidade e a Efetividade dos Direitos Fundamentais, p. 392.

996. Conforme Lindgren Alves, *Os Direitos Humanos como Tema Global*, p. 139: "Havendo o Artigo 1º da Declaração de Viena afirmado que 'A natureza universal desses direitos e liberdades não admite dúvidas', o máximo que a abertura propiciada pelo Artigo 5º oferece são diferenças em sua *forma de aplicação*, mas não em sua essência".

Já a universalização, ao contrário da universalidade, contém a ideia de movimento; é processo. Mais do que isso, trata-se de um processo evolutivo. Consigne-se aqui que a ideia de processo/movimento se relaciona a dois vetores: (i) quanto aos direitos e (ii) quanto ao gênero humano.

Na vinculação entre o ideal de processo evolutivo à figura dos direitos humanos admite-se que a compreensão que se tem destes pode ser falha. Em outras palavras, não se tem certeza se determinado direito, ou melhor, a compreensão que o homem tem desse direito, apresenta-se como perfeita e definitiva. Nesse sentido, busca-se aprimorar a concepção de determinado direito, até que este alcance um nível de infalibilidade. Como exemplo de evolução da concepção de determinado direito, tem-se o de propriedade, cuja leitura hodierna encerra em si a ideia de função social, outrora impensável.

A correlação que há entre universalização e o gênero humano, sem embargo, é mais pontual. Nela a problemática reside na existência de um relativismo cultural humano. Coerentemente, portanto, admite-se a existência de uma diversidade cultural.

Embora essa classificação admita a existência de um relativismo cultural, frise-se que tal aceitação denota muito mais um ideal de compreensão paternalista do que, propriamente, de coexistência. Explica-se melhor. Ao preferir a terminologia *universalização*, em vez de *universalidade*, adota-se, inevitavelmente, uma corrente mais tolerante e consciente da existência de valores divergentes, peculiares a cada tempo e lugar. Isso não quer dizer, contudo, que seus defensores aceitem uma coexistência pacífica entre os valores por eles encampados e outros, diametralmente opostos, adotados por outras comunidades. Para os cultores da teoria da *universalização* atrelada ao gênero humano, determinada comunidade adota valores diversos, porquanto o seu nível de desenvolvimento cultural e racional não foi o suficiente para perceber o anacronismo, o irracionalismo de seus valores. Em outras palavras, tal comunidade ainda não alcançou o nível necessário para vislumbrar a "verdade".

Com efeito, de acordo com essa teoria, os indivíduos que adotam valores diversos são considerados intelectualmente imberbes, como se de "bons selvagens" se tratasse. E, a si próprios, os encampadores dos direitos humanos universalizáveis se mostram como os curadores, os catequizadores, capazes de apresentar a ideia de civilização (superior) aos incultos.

É por esse motivo que se fala em "universalização", na medida em que se admite a existência de outros povos que não "cultuam" os mesmos direitos, mas que, eventualmente, o farão, assim que forem capazes de identificar e perceber o que é certo, enfim, de vislumbrar a verdade. Em outras palavras, a "universalização dos direitos humanos" almeja a universalidade no sentido de validade e alcance subjetivo.

Pode-se perceber, portanto, que o suposto abismo entre *universalidade* e *universalização* dissipa-se na exata medida em que ambas almejam uma única e mesma finalidade: tornar a sua concepção a prevalecente.

Há, ainda, outro ponto de convergência, atrelado à origem dessas teorias, pois ambas são concepções ocidentais. Conforme bem lembra BOAVENTURA DE SOUZA SANTOS: "Todas as culturas tendem a considerar os seus valores máximos como os mais

290

abrangentes, mas apenas a cultura ocidental tende a formulá-los como universais. (...). Por outras palavras, a questão da universalidade é uma questão particular, uma questão específica da cultura ocidental"[997].

8.1.1. *A técnica redacional dos direitos humanos*

Após a Declaração de Direitos do Homem e do Cidadão, de 1789, é promulgada a famosa Declaração de 1948, a saber, a Declaração Universal dos Direitos do Homem. Vislumbra-se sua pretensão universal no próprio título e na proclamação geral, em que se consigna ser o seu texto um ideal comum a ser atingido por todos os povos e todas as nações. Os próprios artigos, ensejadores de direitos, possuem, também, caráter inclusivo generalizante. A técnica de redação é pautada pelo uso do termo "todo", como abstratamente inclusivo da humanidade. Em 4 de julho proclamou-se a Declaração Universal dos Direitos dos Povos, cujo arrimo está na própria Declaração de Direitos do Homem de 1789 e se vale, igualmente, da mesma técnica de redação inclusiva.

A Conferência Internacional de Direitos Humanos em Viena (1993) reiterou, seguindo a mesma trilha já bem conhecida, o caráter universal dos direitos humanos. Em seus princípios gerais, dispõe: "A natureza universal desses direitos e liberdades não admite dúvidas. (...) Os direitos humanos e as liberdades fundamentais são direitos originais de todos os seres humanos".

Há, ainda, diversos outros documentos, alguns tratando de direitos mais específicos, e outros regionais, incluindo a recém-promulgada Carta dos Direitos Fundamentais da União Europeia (2000), incorporada no projeto de Constituição para a Europa, já ratificada por alguns dos países da União Europeia.

Sublinhe-se que algumas dessas cartas internacionais (ou universais) ou das disposições nelas constantes são apenas reiterativas (quanto aos direitos "internos"). Outras, contudo, implicam novos direitos, os quais, muitas vezes, não estarão previstos nas cartas constitucionais dos Estados.

8.2. A ideia de universalidade

8.2.1. *A influência religiosa*

O substrato da ideia de uma universalidade de direitos humanos não encontra terreno fértil em um sistema jurídico pragmático. A pedra de toque de um sistema jurídico positivado é a realidade prática, acima de tudo, humana, a qual é circunstancial e, portanto, mutável, e, ademais, imperfeita.

A menção a direitos humanos universais, por sua vez, pressupõe (i) perfeição e (ii) imutabilidade. Aquilo que *é* manterá, *ad aeternum*, a mesma condição, não obstante as mutações humanas e naturais. Desnecessário dizer que a perfeição somente encontra guarida no mundo metafísico-transcendental.

---

997. Uma Concepção Multicultural de Direitos Humanos, p. 112.

É nesse sentido que a ideia de universalidade dos direitos humanos repousa na corrente jusnaturalista, denotadora de um dualismo sistêmico, em que há o direito natural e o direito positivo. Aquele se afigura como ideal, um mundo perfeito; este, por sua vez, apresenta-se como falho, uma cópia imperfeita. Em outras palavras, tem-se um dualismo entre realidade e ideia[998].

O cariz metafísico-religioso do direito natural e seu apregoado dualismo é corroborado por KELSEN: "[este dualismo] é um elemento típico de toda interpretação metafísica ou, o que redunda no mesmo, de toda interpretação religiosa do mundo"[999].

O cerne religioso dessa teoria encontra uma explicação relativamente simples e apresenta dois pressupostos, a saber: (i) infalibilidade humana e (ii) necessidade humana de um parâmetro legitimador ou, se for o caso, corretor de suas próprias condutas[1000]. E tal parâmetro, desnecessário dizer, pairando sobre a penumbra de mediocridade humana, será o divino, quer seja uma divindade humana, zoomórfica ou imaterial; quer seja una ou múltipla; quer seja uma lei universal e constante ou até mesmo a própria razão humana, livre das vicissitudes sensoriais.

A bem da verdade, a forma de divindade poderá variar. Será constante, contudo, a ideia de perfeição.

A mencionada obra de SOPHOCLES, *Antígona*, é um exemplo claro de direito natural atrelado à figura de uma divindade e ao caráter norteador-correcional das leis divinas, em face das humanas. ANTÍGONA, em seu áspero diálogo com CREONTE, adotava, como linha de argumentação, a existência de leis divinas, superiores às humanas: "Tampouco creio que seu decreto tenha tal força que você, um mero mortal, possa prevalecer sobre os deuses"[1001]. De outra parte, CREONTE, o rei de Tebas, em suas réplicas, pautava-se no direito fruto do homem, por conseguinte, afeito ao erro e à ambição: "Mas o homem que a cidade indica como autoridade, suas regras hão de ser obedecidas, quer sejam grandes ou pequenas, certas ou erradas"[1002]. HERÁCLITO, por sua vez, defendia as leis humanas, mas o motivo para tanto não era um menoscabo a qualquer ideia de lei divina. Muito pelo contrário, na exata medida em que "As leis humanas são sustentadas pela lei divina universal, estão em concordância com o *Logos*, constituinte e regulador do cosmos"[1003].

É este elemento, o *Logos*, que, para HERÁCLITO, dará a tônica de continuidade e constância ao homem e seu comportamento: "O comportamento humano, tanto como as mudanças do mundo exterior, é governado pelo mesmo *Logos*"[1004].

---

998. Cf. Kelsen, *Teoria Geral do Estado*, p. 19.

999. Cf. Kelsen, *Teoria Geral do Estado*, p. 19.

1000. A ética pitagórica, que encontrou segura ressonância em Filolau de Crotona, bem expressa a veracidade do pressuposto (ii): "Em geral, pensavam [os pitagóricos] que é nosso dever tomar como ponto assente que não há mal maior que a anarquia, pois não é da natureza humana o sobreviver sem alguém que nos governe" (Kirk, Raven, Schofield, *Os Filósofos Pré-Socráticos*, p. 367).

1001. Sophocles, *Antígona*, p. 82.

1002. Sophocles, *Antígona*, p. 94.

1003. Cf. Kirk, Raven, Schofield, *Os Filósofos Pré-Socráticos*, p. 221. Frise-se que Heráclito não correlaciona toda e qualquer lei com a lei divina, mas sim aquelas poucas, produto de homens sábios, de almas ígneas.

1004. Cf. Kirk, Raven, Schofield, op. cit., p. 221.

Ressalta-se, aqui, que, embora a expressão utilizada por HERÁCLITO seja *Logos*, a qual denota razão, não se pode olvidar de sua correlação com o divino. A razão, enquanto norteadora perfeita da conduta humana, e desprendida de qualquer caráter religioso, será desenvolvida séculos depois pelos filósofos da Ilustração e, principalmente, por KANT, na figura do *imperativo categórico*.

A filosofia estoica, explorada diuturnamente por ZENÃO, também seguirá a vereda de uma relação entre o homem e o divino, bem como a existência de um parâmetro comum, conforme bem lembra GIUSEPPE RICUPERATI: "ZENÃO já acentuava que os homens pertencem a uma única grei e estão sujeitos, acima de tudo, a uma lei comum"[1005]. E este grei comum, liame que assegura a constância essencial de cada ser humano, decorrerá da ideia de que todo e qualquer indivíduo é filho de Zeus e, portanto, detentor de direitos inatos e iguais[1006].

Torna-se imperioso, agora, realizar um salto cronológico e tecer alguns comentários acerca da ideologia cristã. Um salto, porém, que não é desmedido, visto que manterá um estreito vínculo com a ideia de descendência divina: o homem enquanto *imago dei*[1007]. MACHADO, ao discorrer acerca do cristianismo, bem lembra que, nele, "cada indivíduo transporta em si mesmo a imagem de Deus (*imago dei*), facto que constitui o fundamento último e transcendente da sua especial dignidade"[1008].

Esta essência divina será, então, o elemento responsável por assegurar que todo e qualquer indivíduo não será vítima de eventuais menoscabos: o homem, sob a égide do cristianismo, terá direitos inatos e iguais.

Frise-se, porém, a existência de dois momentos do cristianismo. Um, inicial, de natureza excludente. Outro, posterior e hodierno, de matiz inclusivo — tolerante.

Em seu principiar, o cristianismo delimita como liame critérios espirituais. Elementos outros, como raça, sexo, condição social, não fazem frente perante a recém-instaurada religião[1009]. Sem embargo, essa doutrina cristã inclusiva era restrita, única e exclusivamente, aos acólitos de sua própria ideologia. Desnecessário dizer, portanto, que o mesmo não acontecia com os que professoravam outras ideias: "No que toca aos não cristãos, pagãos e hereges, a intolerância dogmática de que são objecto, no plano teológico, é complementada, no plano jurídico, pela *intolerância formal*, ou seja, pela

---

1005. "Cosmopolitanismo; in *Dicionário de Política*, p. 293.

1006. Cf. Fábio Konder Comparato, *A Afirmação Histórica dos Direitos Humanos*, p. 15.

1007. A bem da verdade, a ideia de homem, à imagem de Deus, já era apregoada pelo judaísmo, conforme bem lembra Jónatas Eduardo Mendes Machado: "De entre os postulados que lhe serviam de base [da comunidade política judaica] destacam-se a ideia de que a personalidade humana foi criada à imagem e semelhança de Deus, de que o ser humano caiu em pecado e de que a sociedade deve organizar-se de acordo com as leis divinas no sentido de evitar a animosidade entre os indivíduos e de possibilitar o seu aperfeiçoamento moral" (*Liberdade Religiosa numa Comunidade Constitucional Inclusiva*, p. 15). Xenófanes, de Cólofon, por sua vez, de forma ácida, bem aponta que não é o homem que é feito à imagem de Deus, ou melhor, dos Deuses, mas sim que são estes que são feitos à sua imagem: "Xenófanes dá-se brilhantemente conta, primeiro de que as raças diferentes atribuem aos deuses as suas próprias características particulares e em segundo lugar, por *reductio ad absurdum*, que os animais também fariam o mesmo" (Kirk, Raven, Schofield, *Os Filósofos Pré-Socráticos*, p. 173-4).

1008. *Liberdade Religiosa numa Comunidade Constitucional Inclusiva*, p. 18.

1009. *Liberdade Religiosa numa Comunidade Constitucional Inclusiva*, p. 19.

utilização de instrumentos públicos de coacção e exclusão. O paganismo, considerado sacrílego, e os desvios mais graves à ortodoxia, são punidos com a pena capital"[1010].

Posteriormente, quando a intolerância religiosa assume viés autodestrutivo, busca--se uma nova resposta, de tolerância, de aceitação das eventuais diversidades religiosas. Essa nova corrente foi iniciada por ERASMO, e seu cristianismo "razoável": "Cristo habita em toda a parte; *a religião usa qualquer veste*, desde que não faltem os bons sentimentos"[1011].

Este é o momento atual do cristianismo, em que se admite a liberdade religiosa. Uma liberdade, contudo, a bem da verdade, guinada mais às facções internas do cristianismo do que, propriamente, externa, admitindo outras religiões. Frise-se, aqui, que essa maior resistência às religiões exteriores é justificável na medida em que tais, também, apregoarão uma inafastável universalidade.

8.2.2. O cosmopolitismo

A ideia de *cosmopolitismo*, de um sentimento de nacionalidade abandonado e de patriotismo bastante mitigado, apresenta, num primeiro momento, um viés intelectual. Quer-se o fim de uma distinção artificial entre seres humanos, divisão esta fomentada por "irracionais" brados ufanistas.

Um de seus primeiros defensores foi DEMÓCRITO, autor da célebre frase: "a pátria do homem sábio e bom é o mundo inteiro"[1012]. Será, porém, apenas no século XX que haverá uma identidade entre intelectualismo e cosmopolitismo, mais precisamente na figura de JULIEN BENDA, conforme bem lembra RICUPERATI: "Este defendia a teoria de que o intelectual tinha de ser, como no século XVIII, um mau patriota"[1013].

A remissão que o autor acima fazia era, mais precisamente, a VOLTAIRE, o qual já havia declamado que "ser bom patriota significa desejar que a própria cidade se enriqueça com o comércio e se torne poderosa por meio das armas. Mas é claro que um país não pode ganhar se o outro não perde, não se pode vencer sem aumentar os infelizes. É tal a condição humana que desejar a grandeza do próprio país é desejar o mal dos vizinhos". E, também, que "O homem que desejasse que a sua pátria não fosse nem a maior nem a mais pequena, nem a mais rica nem a mais pobre, seria um cidadão do mundo"[1014].

Vislumbra-se, nesse pequeno excerto, o substrato dessa aversão intelectual ao nacionalismo/patriotismo, um sentimento de filantropia, de comunhão pacífica entre povos. O nacionalismo, por sua vez, leva à prevalência de determinada nação sobre outra, em regra, por meio de atos bélicos.

Percebe-se que tal argumento traz em si um relevante valor moral. Aliás, os valores morais, juntamente com os religiosos, são a pedra de toque de toda ideologia holís-

---

1010. *Liberdade Religiosa numa Comunidade Constitucional Inclusiva*, p. 23.

1011. Apud Ricuperati, Cosmopolitanismo, in *Dicionário de Política*, p. 295.

1012. Apud Will Durant, *A História da Civilização*: *Nossa Herança Clássica*, p. 276.

1013. In *Dicionário de Política*, p. 300.

1014. Apud Ricuperati, Cosmopolitanismo, in *Dicionário de Política*, p. 298-9.

tica, universalista. Nesse sentido, bem lembra RICUPERATI, ao tratar do universalismo: "compreende genericamente qualquer doutrina antiparticularista, antiindividualista; *acentuando principalmente os elementos morais e espirituais* que os homens possuem em comum"[1015].

A acuidade desta afirmativa é demonstrada por COMPARATO, ao discorrer acerca de PAULO DE TARSO: "A partir da pregação de PAULO DE TARSO, na verdade o verdadeiro fundador da religião cristã enquanto corpo doutrinário, passou a ser superada a ideia de que o Deus único e transcendente havia privilegiado um povo entre todos, escolhendo-o como seu único e definitivo herdeiro. Algumas passagens dos Evangelhos demonstram o inconformismo de Jesus com essa concepção nacionalista da religião. São Paulo levou o universalismo evangélico às últimas consequências, ao afirmar que, diante da comum filiação divina, 'já não há nem judeu nem grego, nem escravo nem livre, nem homem nem mulher'"[1016].

Da mesma forma, por PRUDÊNCIO, defensor do Império Romano-Canônico: "É que Deus deseja a unidade da humanidade dado que a religião de Cristo requer um fundamento social de paz e amizade no mundo. Até hoje toda a Terra, de oriente a ocidente, há estado dividida por contendas contínuas. Para impedir esta loucura Deus ensinou às nações a obedecer as mesmas leis e que assim todas se tornassem romanas"[1017].

Segue a mesma vereda DANTE ALIGHIERI, o qual também era um grande entusiasta de um império romano-canônico universal: "Assim como as partes da universalidade humana correspondem ao seu todo. As mesmas partes correspondem ao todo por um princípio, como pode coligir-se do que já foi dito; logo, *a universalidade humana* corresponde a seu universo, ou melhor, a seu Príncipe, que é Deus e Monarca, tão simplesmente por um princípio único, que é o único Príncipe"[1018].

Essa consubstancialidade entre a religiosidade e o cosmopolitismo se faz sentir na doutrina do *jus gentium*, em específico na doutrina de FRANCISCO DE VITÓRIA, que repagina a doutrina do *jus ad bellum*, com sua doutrina do *totus orbis* (mundo inteiro): "O mundo inteiro, que de alguma forma é uma república [*communitas orbis*], detém o poder de fazer leis justas e convenientes a todos, como o são as do direito das gentes... E não é lícito que um único reino recuse ser regido pelo direito das gentes: pois esse direito adveio da *autoridade do mundo inteiro*"[1019].

Desnecessário dizer que esse direito a que faz menção VITÓRIA refletia a própria vontade da divindade, conforme se verá mais adiante, ao se tratar da nova justificativa dada por VITÓRIA à guerra justa e, principalmente, da sua manifestação de concordância à redução do prisioneiro à condição de escravo, se este não fosse cristão[1020].

Ao fim e ao cabo, a doutrina da tolerância do cosmopolitismo transforma-se, quase que naturalmente, em um profícuo instrumento de imposição de valores culturais

---

1015. Op. cit., p. 293.
1016. *A Afirmação Histórica dos Direitos Humanos*, p. 17.
1017. Apud Christopher Dawson, *Historia de la Cultura Cristiana*, p. 98.
1018. *Da Monarquia*, p. 143.
1019. Apud Ferrajoli, *A Soberania no Mundo Moderno*, p. 9.
1020. Cf. Ferrajoli, *A Soberania no Mundo Moderno*, p. 91.

de um povo sobre outro. Há, aí, a ineludível ambivalência de qualquer valor moral e religioso. Se, por um lado, não se podem negar efeitos incontestavelmente positivos, e como exemplo pode-se citar a ideia de caridade, de solidariedade, por outro lado, toda e qualquer ideologia, uma vez pautada em dogmas, conclama o proselitismo, um proselitismo cujo vetor se dá no sentido externo-interno (aqui é que se tem a ideia da guerra justa). Em outras palavras, não se busca a adesão por via de consentimento, mas sim por via de imposição.

8.3. A rejeição à teoria da universalidade dos direitos humanos: fundamentos

A universalidade, como se pôde perceber, pressupõe valor absoluto; enquanto a universalização, um certo relativismo inicial dos direitos humanos, na medida em que encampa uma ideia de formação, processo de elaboração, passível de mudança e amálgama de direitos.

Não obstante essa rala diferença, tanto a teoria da universalidade quanto a da universalização são rechaçadas, quer seja por estudiosos, quer seja, principalmente, pelos países[1021] que adotam direitos e culturas diametralmente opostos, na medida em que almejam uma única e mesma coisa: impor seus valores culturais.

A tese de direitos humanos universais seria denotadora, nessa medida, simplesmente, dos ideais morais do Ocidente, em detrimento de uma concepção oriental. Em outras palavras, seria o "exercício sagaz do imperialismo moral ocidental", nos dizeres de MICHAEL IGNATIEFF[1022]. Nesse mesmo diapasão, BOAVENTURA DE SOUZA SANTOS: "A minha tese é que, enquanto forem concebidos como direitos humanos universais, os direitos humanos tenderão a operar como localismo globalizado — uma forma de globalização de-cima-para-baixo. Serão sempre um instrumento do 'choque de civilizações' tal como o concebe SAMUEL HUNTINGTON (1993), ou seja, como arma do Ocidente contra o resto do mundo ('the West against the rest')"[1023].

Mas qual é o cerne diferenciador entre a cultura ocidental e a oriental? Para IGNATIEFF e, também, para LINDGREN ALVES[1024], os Direitos humanos têm um enfoque essencialmente individualista, enquanto os orientais conferem precedência aos interesses da coletividade. "[O] discurso dos direitos [humanos] é individualista", diz expressamente IGNATIEFF[1025].

É claro, porém, que essa diferença não se restringe, apenas, a um prisma de direitos, cujas dimensões são diferentes. Em outras palavras, não se trata, meramente, de um embate entre direitos civis e políticos, de um lado, e sociais e econômicos, de outro.

1021. Conforme bem lembra Lindgren Alves (*Os Direitos Humanos como Tema Global*, p. 139), "Na conferência de Viena, em decorrência, aparentemente, das novas tensões surgidas no cenário internacional pós-Guerra Fria, outros Estados, não muçulmanos, puseram em dúvida, nas intervenções formais, a validade universal de tais direitos, chegando a mencioná-los como uma imposição de valores do ocidente sobre o resto do mundo".

1022. The Attack on Human Rights, p. 102.

1023. Uma Concepção Multicultural de Direitos Humanos, p. 111.

1024. *Os Direitos Humanos como Tema Global*, p. 4.

1025. The Attack on Human Rights, p. 113.

A verdade paira abaixo dessa singela camada ilusória. Há, como sempre houve, um importante vetor econômico, o qual parece ter motivado, de maneira velada, a maior parte das pretensões universalizantes, de expansão. Corroboram o que foi dito as precisas palavras de SOUZA SANTOS: "Se observarmos a história dos direitos humanos no período imediatamente a seguir à Segunda Grande Guerra, não é difícil concluir que as políticas de direitos humanos estiveram em geral ao serviço dos interesses econômicos e geopolíticos dos Estados capitalistas hegemônicos"[1026].

Trilha essa mesma senda, por exemplo, KENNETH ANDERSON, o qual aduz, de forma cáustica, que "o intento de universalizar [os direitos humanos] é um embuste. Universalização é mera globalização e uma globalização cujos termos-chave são estabelecidos pelo capital"[1027].

Fatos históricos são suficientes para demonstrar a realidade dessa afirmação. E, mais, para demonstrar que o discurso de Direitos Humanos universais não é novo, tampouco inovador.

Na época das navegações intentava-se justificar o eurocentrismo e seu consequente movimento de dominação dos territórios recém-descobertos com a doutrina da "guerra justa", do *jus ad bellum*. Nesse diapasão, surgiu a figura dos direitos naturais dos povos, a qual, nas palavras de FERRAJOLI, veio, de um lado, a "oferecer uma nova legitimação à conquista e, de outro, fornecer o alicerce ideológico do caráter eurocêntrico do direito internacional, dos seus valores colonialistas e até mesmo das suas vocações belicistas. Revelam-se aqui, bem antes das grandes teorias jusnaturalistas dos séculos XVII e XVIII, *as origens não luminosas dos direitos naturais e o seu papel de legitimação ideológica não só dos valores, mas também dos interesses políticos e econômicos do mundo ocidental*"[1028].

FRANCISCO DE VITÓRIA emprega sua pena a serviço dessa ideologia, na medida em que "cria" direitos tais como: i) *ius praedicandi et annuntiandi Evangelium* (direito de anunciar e pregar o evangelho); ii) *ius correctio fraterna* (direito de censura fraternal dos bárbaros)[1029]. E, por fim, "o direito mais importante, que equivale a uma espécie de norma conclusiva: o direito dos espanhóis [pois era a este reino que empregava a genialidade de VITÓRIA], onde os índios não se persuadissem destas suas boas razões, de defenderem seus direitos e sua segurança até mesmo com a medida extrema da guerra"[1030].

Com algumas pequenas alterações, em específico quanto aos sujeitos, verifica-se a contemporaneidade[1031] de tal construção ideológica: i) substituição dos espanhóis e

---

1026. Uma Concepção Multicultural de Direitos Humanos, p. 112.

1027. Apud Ignatieff, The Attack on Human Rights, p. 102.

1028. *A Soberania no Mundo Moderno*, p. 10. Grifos ora inseridos.

1029. Cf. Ferrajoli, *A Soberania no Mundo Moderno*, p. 11-2.

1030. Segundo as palavras do próprio Vitória: "caso, tentadas todas as vias, os espanhóis não possam conseguir segurança junto aos bárbaros, a não ser ocupando suas cidades e subjugando-os, eles têm o direito de fazê-lo também, o que é aceito, pois o objetivo da guerra é a paz e a segurança" (Ferrajoli, *A Soberania no Mundo Moderno*, p. 12).

1031. Análoga à figura da guerra justa e sua conexão com os ideais do cristianismo, tem-se a Guerra do Golfo, de 1991, e a busca, pelos aliados, de legitimidade junto à ONU: "Certamente a Guerra do Golfo foi, sob este ângulo e no melhor dos casos, um fruto híbrido. Não foi conduzido pelo comando da ONU; as nações que fizeram a guerra nem ao

do eurocentrismo pelos Estados Unidos da América; ii) substituição dos índios pelos árabes e orientais. Outra mudança reside, apenas, na maior laicização da doutrina dos Direitos Humanos Universais, a qual, embora esteja revestida, originariamente, de pinceladas religiosas, nega esta origem, passando a se lastrear, única e exclusivamente, na ideia da razão[1032]. Quem se apega a uma ideologia religiosa, extremamente dogmática e irracional, é a outra parte, v. g., o fundamentalismo islâmico.

É nesse sentido, por exemplo, que IGNATIEFF adverte que "As doutrinas de direitos [humanos] geram poderosa oposição porque desafiam poderosas religiões, estruturas familiares, estados autoritários e tribos"[1033]. E, também, LINDGREN ALVES: "os poucos Estados que, até recentemente, ainda questionavam alguns dos direitos definidos na Declaração Universal eram islâmicos, onde os ordenamentos secular e religioso se confundem"[1034].

HABERMAS, por sua vez, identifica uma relação de causa e efeito nesta propagada "irracionalidade" religiosa apresentada pelos povos do Oriente. Para ele, se há, de fato, uma onda crescente de fundamentalismo religioso, no Oriente, tal decorre do imperialismo ocidental, fortemente exercido no final do século XX e principiar do século XXI: "Se se entende o fundamentalismo religioso como uma reação face à modernização social que destrói formas de vida que cresceram por si mesmas e que desapropria culturalmente os povos, então, não se pode negar a participação do imperialismo ocidental nesse processo"[1035].

8.4. Uma tentativa de aceitar os direitos humanos

IGNATIEFF intenta contornar o abismo referido entre Ocidente e Oriente, entre individualismo e coletivismo, sustentando que a teoria dos direitos humanos universais não deverá afrontar diretamente aquelas vetustas instituições coletivas (salvo os Estados autoritários).

Mais do que isso. A universalização, na concepção do autor, apenas "define os interesses universais dos mais fracos (*powerless*) — de forma que o poder seja exercido sobre eles de maneira a respeitar sua autonomia como sujeitos"[1036]. Esse aspecto positivo da doutrina dos Direitos Humanos Universais não passa incólume por BOAVENTURA DE SOUZA SANTOS: "Mas há também um outro lado desta questão. Em

---

menos estavam obrigadas a prestar contas à ONU Mesmo assim, os Aliados insistiram até o último momento em ter a legitimação da ONU" (Habermas, *Passado como Futuro*, p. 24).

1032. Pontual é Ferrajoli: "E, todavia, o paradigma vitoriano, exatamente por força da sua ambivalência continuou a informar, até os nossos dias, a ciência internacionalista e a manter vivas duas imagens opostas, mas coexistentes, de tal ciência: de um lado, como utopia jurídica e doutrina normativa de convivência mundial baseada no direito; de outro, como doutrina — inicialmente centrada no cristianismo e, depois, laicamente eurocêntrica — de legitimação da colonização e da exploração do resto do mundo pelos Estados europeus, em nome de 'valores' diferentes em cada caso, mas sempre proclamados universais: primeiro a missão de 'evangelização', depois a missão de 'civilização' e, por fim, a mundialização hodierna dos chamados 'valores ocidentais'" (*A Soberania no Mundo Moderno*, p. 16).

1033. The Attack on Human Rights, p. 109.

1034. *Os Direitos Humanos como Tema Global*, p. 139.

1035. *Passado como Futuro*, p. 30.

1036. The Attack on Human Rights, p. 109.

todo o mundo milhões de pessoas e milhares de ONGs têm vindo a lutar pelos direitos humanos, muitas vezes correndo grandes riscos, em defesa de classes sociais e grupos oprimidos, em muitos casos vitimizados por Estados capitalistas autoritários"[1037].

A ideia central aparece no tom do apelo (linguístico) da universalidade, que permite a pessoas oprimidas [como minorias] tomarem consciência de sua condição de agentes dotados de uma espécie de "poder moral" para agir contra práticas indesejadas, tais como o casamento arranjado, o *purdah* (véu islâmico), mutilação genital, escravidão doméstica etc.

Esse tipo de argumentação é de retórica atraente. Soa atraente, contudo, na medida em que aqueles que a ouvem, nasceram, vivem e, provavelmente, morrerão no mesmo ambiente: a civilização ocidental. Em outras palavras, o prisma com que se observa outra cultura está impregnado de valores ocidentais, o que torna dificultosa a compreensão de valores diversos.

Com efeito, a mutilação genital soará primitiva, desumana e cruel. E, de fato, é praticamente impossível aceitá-la. Mas isso porque, conforme bem aponta SOUZA SANTOS, "compreender determinada cultura a partir dos *topoi* de outra cultura pode revelar-se muito difícil, se não mesmo impossível"[1038]. É nesse sentido que HABERMAS faz a sua percuciente indagação: "será que os princípios do direito dos povos estão a tal ponto entrelaçados com os *standards* de uma racionalidade ocidental, de uma racionalidade que de certo modo impregna a cultura ocidental, que não podem ser tomados como base para uma avaliação imparcial das controvérsias interculturais?"[1039].

Uma forma de contornar estes obstáculos, as críticas feitas à doutrina dos Direitos Humanos Universais, é a criação de uma nova mentalidade, à qual SOUZA SANTOS alcunha de globalização contra-hegemônica[1040], em contrapartida à existente e hodiernamente imposta globalização hegemônica, de cima para baixo. Para ele, para que os direitos humanos possam operar como globalização de baixo para cima, tais "têm de ser reconceptualizados como multiculturais. O multiculturalismo, tal como eu entendo, é precondição de uma relação equilibrada e mutuamente potenciadora entre a competência global e a legitimidade local, que constituem os dois atributos de uma política contra-hegemônica de direitos humanos no nosso tempo"[1041].

No esteio de seu pensamento, "Aumentar a consciência de incompletude cultural até ao seu máximo possível é uma das tarefas mais cruciais para a construção de uma concepção multicultural de direitos humanos"[1042]. Trata-se do primeiro passo.

Uma vez presente esta compreensão, parte-se para aquilo que o pensador luso chama de Hermenêutica Diatópica, em que ambas as partes intentam um diálogo,

---

1037. Uma Concepção Multicultural de Direitos Humanos, p. 113.
1038. Uma Concepção Multicultural de Direitos Humanos, p. 115.
1039. *Passado como Futuro*, p. 31.
1040. Uma Concepção Multicultural de Direitos Humanos, p. 111.
1041. Boaventura de Souza Santos, Uma Concepção Multicultural de Direitos Humanos, cit., p. 112.
1042. Boaventura de Souza Santos, op. cit., p. 114.

uma composição entre seus valores antagônicos, em razão da falha que cada ideologia apresenta[1043].

A necessidade de um diálogo também é defendida por HABERMAS, o qual conclama pela realização de um diálogo discursivo[1044], assim como por IGNATIEFF[1045].

Mas, para isso, conforme apontam SOUZA SANTOS[1046] e HABERMAS[1047], cabe, primeiro, ao Ocidente, despojar-se de suas vestes de guardiões da verdade e, por fim, aceitar o diálogo, sem que se vejam no direito de ter a última palavra ou o voto de Minerva.

9. TITULARIDADE DOS DIREITOS FUNDAMENTAIS NA CONSTITUIÇÃO DO BRASIL DE 1988

9.1. Titularidade dos direitos

A titularidade dos direitos exige que se proceda a uma análise tópica, específica para cada "categoria" de direitos de que a Constituição do Brasil de 1988 trata.

Utilizar-se-á, a seguir, da minuciosa e didática divisão estrutural proposta e desenvolvida por DIMITRI DIMOULIS[1048].

9.2. Titularidade das clássicas "liberdades públicas"

Sobre a titularidade dos direitos é interessante observar que a primeira Constituição brasileira, de 1824, reconhecia-os apenas aos "cidadãos brasileiros" (art. 179). Já na Constituição republicana que se lhe seguiu, tem-se a expressa referência aos "brasileiros e estrangeiros residentes no país" (art. 72), expressão que restou eternizada na História pátria, sendo reafirmada pela Constituição de 1988, como se verificará.

No *caput* do art. 5º da Constituição de 1988 está expresso que "todos são iguais perante a lei, sem distinção de qualquer natureza".

1043. "A hermenêutica diatópica mostra-nos que a fraqueza fundamental da cultura ocidental consiste em estabelecer dicotomias demasiado rígidas entre o indivíduo e a sociedade, tornando-se assim vulnerável ao individualismo possessivo, ao narcisismo, à alienação e à anomia. De igual modo, a fraqueza fundamental das culturas hindu e islâmica deve-se ao facto de nenhuma delas reconhecer que o sofrimento humano tem uma dimensão individual irredutível, a qual só pode ser adequadamente considerada numa sociedade não hierarquicamente organizada" (Boaventura de Souza Santos, Uma Concepção Multicultural de Direitos Humanos, p. 118).

1044. "Eles [os seguidores de cada ideologia] precisam entrar num diálogo discursivo uns com os outros, inclusive com o pensamento da modernidade europeia, e assim ultrapassar reflexivamente o universo de suas próprias afirmações" (Habermas, *Passado como Futuro*, p. 32).

1045. "Nós devemos parar de pensar os direitos humanos como de valores maiores e passar a considerá-los como parte de uma linguagem que engendra as bases para deliberação" (Ignatieff, *The Attack on Human Rights*, p. 116).

1046. "Paradoxalmente — e contrariando o discurso hegemônico — é precisamente no campo dos direitos humanos que a cultura ocidental tem de aprender com o Sul para que a falsa universalidade atribuída aos direitos humanos no contexto imperial seja convertida, na translocalidade do cosmopolitismo, num diálogo intercultural" (Boaventura de Souza Santos, op. cit., p. 121).

1047. "Finalmente, elas [as forças do ocidente] teriam que superar a consciência imperialista, segundo a qual o Ocidente não pode aprender nada das outras culturas e propor-se a um entendimento simétrico entre as culturas" (Habermas, *Passado como Futuro*, p. 34).

1048. Dogmática dos Direitos Fundamentais: Conceitos Básicos, p. 20-2.

Contudo, esse dispositivo constitucional em vigor prossegue repetindo a expressão já conhecida da História constitucional pátria, assegurando-os aos "brasileiros e aos estrangeiros residentes no país". Há dois problemas na redação desse enunciado. Em primeiro lugar, da incidência do comando estariam excluídos os estrangeiros não residentes no País, como os turistas ou pessoas em trânsito para outros Estados. Em segundo lugar, a parte final da expressão acabaria por beneficiar os estrangeiros ilegalmente residentes no País.

Quanto à segunda hipótese, deve ser realizada uma leitura de maneira a apenas admitir como protegidos em certos direitos aqueles estrangeiros que estejam ilegalmente no País, visto que é admissível a deportação para seus países de origem. Aliás, nos EUA, a orientação é a de que tais estrangeiros não residentes não podem invocar todos os direitos fundamentais assegurados constitucionalmente.

Quanto à primeira problemática, mais delicada, Dimitri Dimoulis indica quatro correntes doutrinárias que procuram solucionar a questão do "lapso" em que incorreu o *caput* do art. 5º ao excluir expressamente os estrangeiros não residentes da titularidade dos direitos fundamentais.

A primeira corrente é denominada "argumento do óbvio", e simplesmente ignora o sentido gramatical mínimo das palavras do texto em análise, aduzindo que é evidente que todos estariam protegidos, inclusive o estrangeiro não residente.

A segunda corrente é denominada de "argumento dos direitos naturais", segundo a qual não poderia o legislador constituinte pretender restringir certos direitos, que são inerentes ao Homem.

A terceira corrente seria a do "argumento dos direitos decorrentes", que encontra no § 2º do art. 5º uma solução nos tratados internacionais que asseguram a todos (universalidade) certos direitos fundamentais (boa parte do que se encontra arrolado no art. 5º da Constituição do Brasil). Esta corrente, após a Reforma do Judiciário, promovida pela EC n. 45/2004, teve sua importância reforçada, pois esses direitos passaram a contar com "estatura" constitucional, o que não lhes era reconhecido anteriormente (por força da jurisprudência do STF).

A quarta corrente, do "argumento da dignidade humana", sustenta que desse fundamento vários direitos "tópicos" podem ser derivados, especialmente porque a dignidade é, na Constituição do Brasil, um dos fundamentos do Estado, constando do art. 1º, III, e, nesse sentido, seu alcance é amplo e alberga os estrangeiros não residentes que estejam sob a sua jurisdição. Esta corrente deve ser, atualmente, somada à anterior, para sustentar a tutela constitucional do estrangeiro não residente.

Note-se, contudo, que, independentemente da corrente adotada, alguns dos incisos do art. 5º, em aparente contradição com os termos restritivos do *caput*, falam expressamente em "homens e mulheres" (inc. I, igualdade), "ninguém" (inc. III, VIII, XX, LIII, LIV, LVII, LXI e LXVI), "todos" (inc. XIV, XVI, XXXIII, XXXIV e LXXVIII) e "qualquer pessoa" (LXII), demonstrando uma falta de técnica a toda prova.

No caso específico da igualdade perante a lei (igualdade formal), a Constituição prevê a titularidade "universal", aplicável a "todos", nos termos expressos do art. 3º, IV, *in fine*, da Constituição.

301

9.3. Titularidade dos direitos sociais

No art. 6º da Constituição do Brasil, que indica os direitos sociais, não se encontra restrição quanto às pessoas que seriam titulares desses direitos, salvo a titularidade que decorre da própria natureza do direito indicado, como no caso do direito à infância, do direito à proteção da maternidade e da assistência aos desamparados. Salvo tais situações, os demais direitos, como a saúde, a educação e o lazer, não contam com nenhum condicionamento quanto aos beneficiários.

Logo, a conclusão seria a do alcance geral desses direitos, justamente em âmbito no qual, *a priori*, admitir-se-iam certas restrições quanto a sua titularidade. Certo que o direito à prestação de serviços hospitalares e o direito à segurança não deveriam contar com essa titularidade ampla, mas outros, como o direito à educação, ao trabalho, à moradia poderiam não ser disponibilizados aos estrangeiros não residentes.

Já os direitos constantes do art. 7º, considerados, igualmente, como direitos sociais, referem-se apenas aos direitos dos trabalhadores, urbanos ou rurais. Seria de indagar se beneficiam também o trabalhador estrangeiro em situação irregular. Aqui, como no caso anterior, a resposta, *a priori*, seria positiva, porquanto a restrição não foi operada pela Constituição, que, ao contrário, parece ter-se preocupado em tutelar a relação de trabalho, independentemente de quem esteja figurando nessa relação. Uma vez caracterizada, incidem os direitos indicados, observando-se apenas as condicionantes eventualmente presentes em alguns dos incisos de maneira expressa.

9.4. Titularidade dos direitos políticos

Para o exercício dos direitos políticos é necessário possuir a nacionalidade brasileira e satisfazer os requisitos constitucionais (arrolados nos arts. 14 e 15).

Dependendo do direito analisado, a titularidade dele pode variar, conforme os requisitos indicados constitucionalmente. Assim, para exercer o direito de candidatar-se a governador de Estado, o interessado (nacional) deverá contar com 30 anos de idade (art. 14, § 3º, VI, *b*, da Constituição do Brasil).

9.5. Titularidade dos direitos coletivos

Inicialmente é preciso observar que, apesar de o capítulo I do Título II da Constituição falar em "direitos e deveres individuais e coletivos", o termo "coletivos", aí presente, não se reporta aos direitos coletivos no sentido dos direitos transindividuais, mas sim aos direitos individuais exercidos coletivamente, como o direito de reunião e de associação. Não há referência alguma à tutela do meio ambiente (que só ocorre no art. 225) ou do consumidor, em seu caráter coletivo. A breve referência, no inciso XXII, de que "o Estado promoverá, na forma da lei, a defesa do consumidor", além de apenas traçar uma linha de conduta do Estado, uma diretriz a ser concretizada pelo legislador, sem qualquer direito específico (apenas a ideia da tutela geral), fala da "defesa do consumidor", abrindo a possibilidade de uma interpretação que conduza à necessidade de promover meios de defesa individuais, para a tutela de danos individuais, apesar de originados de uma relação de consumo.

302

No caso da tutela coletiva do meio ambiente, o art. 225 da Constituição reporta-se, expressamente, a "todos", não ensejando maiores dúvidas nesse ponto.

Já o ADCT, em seu art. 48, exige, em termos bastante amplos, que o Congresso Nacional elabore um código de defesa do consumidor. Como se sabe, os titulares para a defesa de bens coletivos, nesse código, são coletividades, legitimadas concorrentemente pelo art. 82 do Código, dentre as quais: a União, os Estados-membros, os municípios, as entidades da Administração Pública, as associações que atendam aos requisitos legais e o Ministério Público.

Assim, os direitos coletivos do consumidor, apesar de poderem vir a beneficiar individualmente os consumidores, só poderão ser exigidos, em juízo, por uma das entidades referidas legalmente (ou pelas entidades indicadas pela Constituição como legitimadas para propor o mandado de segurança coletivo).

9.6. Titularidade das garantias fundamentais

Realiza-se, aqui, para fins didáticos e classificatórios, a separação entre os direitos propriamente ditos e garantias desses direitos, que se referem, neste caso, aos instrumentos que habilitam a exigir o cumprimento forçado dos primeiros.

Dentre esses instrumentos, tem-se: o mandado de segurança, o *habeas data*, o *habeas corpus*, a ação popular e a ação civil pública.

Salvo o caso da ação civil pública, que conta com regulamentação específica, na Lei n. 7.347/85 (posteriormente complementada pelo Código de Defesa do Consumidor), os demais instrumentos, quanto à sua titularidade, padecem dos mesmos problemas indicados para os direitos individuais, já que constam do rol do art. 5º da Constituição do Brasil.

O inciso LXVIII do art. 5º da Constituição do Brasil apenas se refere às hipóteses de concessão do *habeas corpus*, sem maior rigor técnico quanto ao impetrante. Já consoante explicita o Código de Processo Penal, o *habeas corpus* poderá ser impetrado por qualquer pessoa, em seu favor ou de outrem (paciente), bem como pelo Ministério Público (art. 654).

A previsão constitucional do mandado de segurança individual padece do mesmo vício apontado anteriormente para o *habeas corpus*. O mesmo se diga quanto ao mandado de injunção (inc. LXXI do art. 5º referido) e o *habeas data* (inc. LXXII do mesmo dispositivo).

No caso da ação popular, o inciso LXXIII do art. 5º da Constituição do Brasil indica que apenas poderá propô-la o cidadão, sendo certo que a Lei n. 4.717/65, em seu art. 1º, determina que a prova da cidadania deve ocorrer com o título de eleitor ou documento que o supra.

9.7. Pessoas jurídicas como titulares de direitos fundamentais

A Constituição do Brasil em vigor faz referência expressa, em alguns poucos casos, à titularidade de direitos fundamentais por pessoa jurídica. É o caso das associações, para fins de representar seus filiados (art. 5º, XXI), e dos sindicatos, para defender os interesses da categoria (art. 8º, III).

303

Para alguns autores, a titularidade dos direitos fundamentais estende-se às pessoas jurídicas. Para outros autores, as pessoas jurídicas não gozam de proteção constitucional para exercício de direitos fundamentais, como sustenta DIMITRI DIMOULIS[1049]. Consequência deste último posicionamento seria a possibilidade de o legislador ordinário "introduzir limitações especificamente em relação às pessoas jurídicas" no âmbito material desses direitos. Contudo, sob a perspectiva jurisprudencial, tendo o STF já se manifestado no sentido de que alguns dos direitos do art. 150 da Constituição do Brasil constituem direitos fundamentais dos contribuintes, aplicáveis, é certo, às pessoas jurídicas quando sujeitos passivos da relação tributária, há de se admitir, ainda que minimamente, a titularidade de direitos fundamentais pelas pessoas jurídicas. Ademais, anota CELSO BASTOS, o não admitir essa hipótese conduziria a uma interpretação absurda, além do que "em muitas hipóteses a proteção última do indivíduo só se dá por meio da proteção que se confere às próprias pessoas jurídicas"[1050].

10. APLICABILIDADE IMEDIATA DOS DIREITOS FUNDAMENTAIS NA CONSTITUIÇÃO BRASILEIRA DE 1988

O art. 5º, § 1º, da Constituição do Brasil prevê a eficácia plena dos dispositivos de direitos fundamentais: "As normas definidoras dos direitos e garantias fundamentais têm aplicação imediata". A primeira leitura leva à conclusão de que esses direitos são, em sua totalidade, aplicáveis de imediato pelo operador do Direito.

Mas o dispositivo encontra-se sujeito a certa crítica e até a uma interpretação restritiva por parte da doutrina. Isso ocorre especialmente sobre o significado de "normas definidoras", pois é condição necessária para a referida e desejada "aplicação imediata". Realmente, a redação impõe a aplicação imediata apenas para as normas definidoras de direitos. Mas haveria realmente, aí, uma limitação constitucional à aplicação imediata dos direitos, promovendo-se, com isso, a incorporação de uma leitura legicêntrica dos direitos humanos?

Lembra, a propósito, MANOEL GONÇALVES FERREIRA FILHO que é facilmente demonstrável a presença de normas de direitos fundamentais "não bastantes em si" e essa aplicação imediata tão propalada "tem por limite a natureza das coisas"[1051]. A remissão a uma ontologia própria de certas normas, em realidade, mascara a visão legicêntrica que impede o Poder Judiciário de ser, quando necessário, realizador dos direitos.

No mesmo sentido DIMITRI DIMOULIS: "as normas que definem de forma insuficiente um direito não são imediatamente aplicáveis"[1052].

Não há como pretender a aplicação imediata e irrestrita, em sua integralidade, de direitos cuja própria hipótese de incidência ou estrutura ficam a depender, por força da

---

1049. Dogmática dos Direitos Fundamentais: Conceitos Básicos, p. 22.
1050. *Curso de Direito Constitucional*, p. 282.
1051. *Curso de Direito Constitucional*, p. 307.
1052. Dogmática dos Direitos Fundamentais: Conceitos Básicos, p. 22.

forma constitucional com a qual foram consagrados, de integração posterior, especificamente por meio de lei. Quero dizer, aqui, que a Constituição pode bloquear a aplicabilidade imediata de um direito, mesmo pelo Poder Judiciário, desde que tenha adotado essa orientação expressamente. Fora daí o que temos são posicionamentos doutrinários restritivos, que procuram oferecer justificativas para que o Poder Executivo deixe de cumprir direitos reconhecidos em 1988.

11. EFICÁCIA EXTERNA OU (ALCANCE) HORIZONTAL DOS DIREITOS FUNDAMENTAIS: A VINCULAÇÃO DOS PARTICULARES (*DRITTWIRKUNG* OU *HORIZONTALWIRKUNG*)

A preocupação central, na proteção e realização de direitos fundamentais, por muito tempo, foi o Estado-opressor, o Estado-Leviatã. Dotado que era de grande poder, na sua relação com o indivíduo singularmente considerado, ficava nítida a verticalidade (relação de subordinação-superioridade, liberdade-autoridade, particular-Estado). Embora não se possa ignorar, no atual estágio, essa figura de um Estado dominador que necessita ser domado, passou-se (no Brasil mais recentemente) a falar de uma eficácia (extensão) horizontal (privada) dos direitos fundamentais, ou seja, de que não apenas o Estado estaria vinculado às declarações de direitos, mas igualmente os particulares[1053].

O tema esteve no centro das discussões nas décadas de 40 e 50, do século XX, particularmente na Alemanha, em especial após o julgamento do célebre caso Lüth (caso envolvendo a livre manifestação de opinião), em 1958, no qual se adotou o posicionamento de que os direitos fundamentais *não* poderiam atingir diretamente as relações entre os particulares.

Antes, porém, em 1954, na doutrina, HANS NIPPERDEY, pioneiramente, posicionara-se adotando a tese da eficácia imediata. Sustentou-se, assim, o efeito direito dos direitos fundamentais nas relações privadas. Essa teoria caracteriza-se, essencialmente, por defender a ideia de que os direitos fundamentais estariam aptos a vincular imediatamente os agentes particulares, independentemente de intermediação legislativa (e, assim, também afastando a liberdade de conformação do legislador nessa seara). Mas a eficácia direta acaba sendo alvo de contundentes críticas, valendo referir aqui especialmente à constitucionalização de praticamente todas as relações privadas, que dela decorreria inexoravelmente, com base no princípio constitucional da autonomia privada, respingando na atuação funcional do respectivo Tribunal Constitucional. Ademais, "contradiz a autonomia do Direito Privado"[1054].

Já pela teoria da eficácia indireta, sustentada inicialmente por DÜRIG, na doutrina alemã, em 1956, os direitos fundamentais só alcançariam os particulares após serem

---

1053. Nesse sentido as obras de Daniel Sarmento e Ingo W. Sarlet.

1054. Claus-Wilhelm Canaris, A Influência dos Direitos Fundamentais sobre o Direito Privado na Alemanha, in Sarlet, *Constituição, Direitos Fundamentais e Direito Privado*, p. 235. Pela aplicação imediata, procurando rebater as críticas: Thiago Luís Santos Sombra, *A Eficácia dos Direitos Fundamentais nas Relações Jurídico-Privadas*, p. 185-8.

"realizados" pelo legislador. Ou seja, os direitos fundamentais, nas relações estritamente particulares, não se apresentariam como direitos subjetivos invocáveis, de pronto, por qualquer dos interessados. Pelo contrário. Com base na própria ideia de autonomia privada (e ampla liberdade individual), ter-se-ia de admitir, consoante essa teoria, a possibilidade de renúncia desses direitos nessas relações.

Chama-se eficácia indireta porque os direitos fundamentais só produziriam efeitos nas relações entre os particulares por meio das cláusulas gerais da legislação infraconstitucional (orientando-lhes o preenchimento, especialmente na atuação judicial desses enunciados normativos). Assim, como afirma CANARIS, "devem ser considerados na concretização das cláusulas gerais juscivilistas"[1055] e não fora desse contexto. Logo, nessa linha de pensamento, estariam os direitos constitucionais fundamentais a depender, para valerem e vincularem entre os particulares, da existência de leis (intermediação legislativa). Contudo, em face da amplitude da legislação existente, assiste razão a DIMITRI DIMOULIS quando acentua que "é raro encontrar casos onde a legislação infraconstitucional apresente uma lacuna de proteção do titular de um direito fundamental"[1056].

Em certa medida, os partidários dessa última corrente (da eficácia indireta e mediata) parecem estar a admitir (ou não se ocupar com) o paradoxo da eficácia direta e imediata nas situações de completa lacuna legislativa (neste caso a critério do juiz). Essa tese abre a discussão acerca de se a aplicação direta ou indireta, quer dizer, se a adoção de uma ou outra corrente, seria uma opção do legislador (o legislar ao omitir-se estaria adotando uma ou outra possibilidade), podendo-se cogitar, até, da possibilidade de a lei declarar-se, expressamente, pela eficácia direta para determinada área das relações sociais, como uma decorrência dessa doutrina. Assim, por exemplo, o atual Código Civil, ao prescrever a irrenunciabilidade de certos direitos constitucionais reiterados no Código (imagem e vida privada, dentre outros), assinalando, ainda, que são direitos não passíveis de sofrer limitações voluntárias (art. 11).

Também se assistiu a esse debate nos EUA, onde floresceu a *State Action Doctrine*, afastando a eficácia dos direitos fundamentais para as relações entre particulares e, posteriormente, a *public function theory*, pela qual se admite a vinculação *direta* nas hipóteses em que os particulares estejam desempenhando atividades tipicamente estatais. Veja-se, portanto, que a adoção da eficácia direta seria circunscrita a tais ocorrências, não ocorrendo ampla e indiscriminadamente. O fundamento, basicamente, estaria na circunstância de o *Bill of Rights* dirigir-se explicitamente apenas aos Poderes Públicos[1057].

No Brasil, essa problemática foi apenas recentemente enfrentada, de maneira aberta, em apurado voto do Ministro GILMAR FERREIRA MENDES, no RE 201819-8. Até então assistiu-se à aplicação direta e imediata, pelo STF, dos direitos fundamentais às

---

1055. Claus-Wilhelm Canaris, A influência dos direitos fundamentais sobre o direito privado na Alemanha, in Sarlet, *Constituição, Direitos Fundamentais e Direito Privado*, p. 236.

1056. Dogmática dos Direitos Fundamentais: Conceitos Básicos, p. 24.

1057. Sobre este tema específico da *State Action* e sua evolução, e para maior detalhamento e esclarecimento: Daniel Sarmento, *Direitos Fundamentais e Relações Privadas*, p. 226-38.

relações privadas, de maneira generalizada e indiscriminada (salvo raras exceções). Aliás, pode-se perceber que o STF assume, em certos casos, como indiscutível a aplicação direta e imediata. O voto mencionado, contudo, refere-se a uma causa na qual está envolvida a UBC — União Brasileira dos Compositores, integrante do sistema de arrecadação do ECAD — Escritório Central de Arrecadação e Distribuição, entidade essa que, nas palavras de GILMAR MENDES, integra o *espaço público*, ainda que não estatal. Aliás, na ADIn 2.054, de 2003, ficou assentado que o ECAD pode operar "como prestador de serviço público por delegação legislativa". No mesmo sentido o voto do Ministro GILMAR MENDES, quando assinala que o ECAD (e, assim, as entidades que a ele se integram) "exerce uma atividade essencial na cobrança de direitos autorais, que poderia até configurar um serviço público por delegação legislativa". Como se percebe, destacou-se a atuação da entidade como se de Poder Público se tratasse para fazer incidir diretamente as limitações representadas pelos direitos fundamentais. Nessa medida, estaria vedada, à entidade em questão, o excluir algum indivíduo dos seus quadros associativos sem lhe conceder a oportunidade de ampla defesa e contraditório, direitos fundamentais inscritos no rol do art. 5º da Constituição do Brasil.

O voto é relevante, porque não apenas introduz a importante discussão da eficácia horizontal dos direitos fundamentais, mas igualmente porque parece inclinar-se por não admiti-la tão ampla e irrestritamente, já que se faz alusão especial à situação peculiar da entidade envolvida, situação essa que a obrigaria a observar imediatamente os direitos fundamentais. Em outras palavras, se se admitisse tão amplamente a eficácia imediata, não se teria de cogitar do papel "semiestatal" desempenhado pela entidade, o qual a vincula aos direitos fundamentais.

Realmente, com a eficácia direta e imediata corre-se o grave risco, especialmente no Brasil, de constitucionalizar todo o Direito e todas as relações particulares, relegando o Direito privado a segundo plano no tratamento de tais matérias. Como produto dessa tese ter-se-ia, ademais, a transformação do STF em verdadeira Corte de Revisão, porque todas as relações sociais passariam imediatamente a ser relações de índole constitucional, o que não é desejável. Mas, de outra parte, não se pode negar, em situações de absoluta omissão do legislador, que os direitos "apenas" constitucionalmente fundados sejam suporte para solução imediata de relação privada.

A Constituição do Brasil não previu a vinculação dos particulares, mas também não a proibiu expressamente. Se o problema é a abstratividade, as "cláusulas gerais" da legislação (porta de entrada para os direitos fundamentais) são tão imprecisas quanto as previsões constitucionais desses direitos. Ademais, não se pode negar a inércia legislativa que tem sepultado diversos direitos constitucionais.

12. DEVERES FUNDAMENTAIS

Um passo ainda maior deve ser dado no sentido de reconhecer a existência de deveres fundamentais dirigidos aos particulares. O pressuposto, aqui, é de exigir também dos particulares seu concurso para a implementação dos direitos. Ao contrário do que se passa com a "eficácia horizontal", que apresenta um aspecto estático, aqui a vertente é dinâmica, pois se estaria a exigir a atuação positiva no sentido de implementar certas orientações constitucionais. Daí falar em deveres.

Nesse sentido, no Direito brasileiro vigente, vale citar, dentre outros, o dispositivo do art. 205 da Constituição de 1988, que coloca expressamente a educação como dever da família (além do Estado).

Evidentemente a previsão desses deveres é sempre genérica o suficiente para sobre eles pairarem as mesmas dificuldades que se opuseram quanto a uma exigibilidade maior em relação ao Estado. Há de ser entendida como uma autorização para que, por meio de lei, se esclareçam e estabeleçam com maior concretude tais deveres.

13. RELATIVIDADE DOS DIREITOS HUMANOS

Não existe nenhum direito humano consagrado pelas Constituições que se possa considerar absoluto, no sentido de sempre valer como máxima a ser aplicada aos casos concretos, independentemente da consideração de outras circunstâncias ou valores constitucionais. Nesse sentido, é correto afirmar que os direitos fundamentais não são absolutos. Existe uma ampla gama de hipóteses que acabam por restringir o alcance absoluto dos direitos fundamentais.

Assim, tem-se de considerar que os direitos humanos consagrados e assegurados: 1º) não podem servir de escudo protetivo para a prática de atividades ilícitas; 2º) não servem para respaldar irresponsabilidade civil; 3º) não podem anular os demais direitos igualmente consagrados pela Constituição; 4º) não podem anular igual direito das demais pessoas, devendo ser aplicados harmonicamente no âmbito material.

Aplica-se, aqui, a máxima da cedência recíproca ou da relatividade, também chamada "princípio da convivência das liberdades", quando aplicada a máxima ao campo dos direitos fundamentais.

Esclarece SAMPAIO DÓRIA: "Os fundamentais, não se concebe, em boa razão, que sofram limites senão na medida da reciprocidade, isto é, cada um pode exercê-los até onde todos os puderem sem desagregação social. O único limite ao direito fundamental de um indivíduo é o respeito a igual direito dos seus semelhantes, e a certas condições fundamentais das sociedades organizadas"[1058].

CELSO RIBEIRO BASTOS, em obra dedicada às regras da interpretação constitucional, acena com a necessidade de proceder a uma harmonização dos direitos constitucionais. Assinala: "Através do princípio da harmonização se busca conformar as diversas normas ou valores em conflito no texto constitucional, de forma que se evite a necessidade da exclusão (sacrifício) total de um ou de alguns deles. Se por acaso viesse a prevalecer a desarmonia, no fundo, estaria ocorrendo a não aplicação de uma norma, o que evidentemente é de ser evitado a todo custo. Deve-se sempre preferir que prevaleçam todas as normas, com a efetividade particular de cada uma das regras em face

---

1058. Sampaio Dória, *Os Direitos do Homem*, 1942, p. 574.

das demais e dos princípios constitucionais"[1059]. E acrescenta, de maneira enfática, a solução: "A simples letra das normas será superada mediante um processo de cedência recíproca. No caso de dois princípios que, em face de determinado caso, mostrem-se, aparentemente, antagônicos, hão de harmonizar-se. Devem esses princípios abdicar da pretensão de serem aplicados de forma absoluta. Prevalecerão, portanto, apenas até o ponto a partir do qual deverão renunciar à sua pretensão normativa em favor de um princípio que lhe é divergente"[1060].

13.1. Restrição dos direitos constitucionais e seus limites

Diversos são os dispositivos constitucionais que expressamente permitem a restrição posterior de seu conteúdo (ainda que versando direito fundamental) por meio de lei (normas de eficácia restringível, na terminologia precisa de MICHEL TEMER). É o exemplo típico do art. 5º, XIII, que prevê a liberdade de profissão. Assim também o sigilo das comunicações, que demanda a identificação, em lei, das hipóteses e forma em que poderá haver restrição (art. 5º, XII).

Em outras situações, na própria Constituição encontra-se alguma restrição expressa, constituindo uma exceção à previsão genérica e ampla do direito fundamental. É o caso típico da inviolabilidade da casa, que não está protegida no caso de flagrante delito (art. 5º, XI), ou da liberdade de associação, que exclui a de caráter paramilitar (art. 5º, XVII).

Há, ainda, as restrições decorrentes de estados de exceção, como declaração de guerra formal. Nessas situações, é prevista expressamente a possibilidade de restrição de direitos fundamentais.

A ideia de restrição de direitos constitucionais pressupõe, aqui, a tese de que esses direitos definem posições *prima facie* (ALEXY), que em cada caso concreto serão determinadas com maior precisão, também conhecida como teoria externa (Aussentheorie)[1061].

Sobre os limites dessa possibilidade de restringir os direitos fundamentais, há de utilizar-se o critério da proporcionalidade[1062]. Na frase lapidar de DIMOULIS: "É proibido proibir o exercício do direito além do necessário"[1063]. É o tema que ficou conhecido como o "limite dos limites".

14. EXCESSO E HETEROGENEIDADE DOS DIREITOS

Uma das grandes problemáticas da atualidade é a "inflação" dos direitos, decorrente de uma explosão de declarações que se refletiram na maior parte das Constituições

---

1059. *Hermenêutica e Interpretação Constitucional*, p. 106.

1060. *Hermenêutica e Interpretação Constitucional*, p. 107.

1061. Para um estudo mais apurado do assunto: Dimitri Dimoulis, Dogmática dos Direitos Fundamentais: Conceitos Básicos, p. 26-7; Gilmar Mendes, *Hermenêutica Constitucional e Direitos Fundamentais*, p. 224 e s. Numa visão crítica dessa dualidade: J. J. Gomes Canotilho, *Estudos sobre Direitos Fundamentais*, p. 201 e s.

1062. Sobre o assunto: Capítulo XXXV.

1063. Dogmática dos Direitos Fundamentais: Conceitos Básicos, p. 27, 2ª col.

e leis constitucionais vigentes, porque dessa significativa inchação decorrem os inevitáveis problemas de assimilação e conflitos, especialmente entre direitos individuais e sociais, que promovem certa perturbação em sua própria manutenção.

Bobbio considera, nessa perspectiva, que os direitos fundamentais compõem uma *classe heterogênea*, porque "há pretensões muito diversas entre si e, o que é pior, até mesmo incompatíveis"[1064].

Verifica-se, pois, que os próprios cidadãos entram em conflito em virtude da ampla gama e do exacerbado grau de abstratividade desses direitos, e não porque estejam a conscientemente desrespeitar certo direito fundamental de terceiro.

Nesse sentido é que se deve ter grande cautela na inserção de "novos" direitos enumerados na Constituição de 1988. Qualquer mudança constitucional provoca consequências, não quanto ao conteúdo do que se introduz, mas pela acomodação que passa a exigir dos demais direitos e das demais cláusulas constitucionais. Há grande equívoco quando se pretende inserir na Constituição um direito, e para tanto se fazem considerações exclusivamente pontuais e restritas a esse direito. Poderão surgir dificuldades hermenêuticas, acomodações materiais de outros direitos, mudança do perfil geral da Constituição e até da sua metodologia. Inserir novos direitos sociais, v. g., com remota possibilidade de realização prática, ou direitos, ainda que individuais, com uma severa limitação quanto à sua compreensão imediata, pode causar enorme retrocesso e dano à própria consistência e força da Constituição.

Os conflitos, como resultante final inevitável desse cenário, levam ao paradoxo de reforçar o papel do Estado, Estado para o qual foram inicialmente criadas limitações pela declaração dos direitos fundamentais. É que (i) não é possível realizar tudo a um só tempo e (ii) torna-se imprescindível um árbitro que possa solucionar os conflitos e precisar o conteúdo dos direitos. É o fortalecimento da figura do Estado como resultado direto da enumeração excessiva de direitos aparentemente conflitantes ou com elevado grau de indeterminação quanto ao seu sentido e alcance.

15. A CRIMINALIZAÇÃO DE CONDUTAS OFENSIVAS A DIREITOS FUNDAMENTAIS COMO DETERMINAÇÃO CONSTITUCIONAL PARA A PROTEÇÃO DE DIREITOS FUNDAMENTAIS

A doutrina tem se ocupado do tema da criminalização estatal de condutas de forma a alocá-la como parte *necessária* na tutela estatal de certos direitos fundamentais (e em certo nível de proteção reconhecida como exigida constitucionalmente). Este é o tom da tese de Luiz Carlos dos Santos Gonçalves (*Mandados expressos de criminalização e a proteção de direitos fundamentais na Constituição brasileira de 1988*, obra de referência no tema). Assim, será possível falar de "mandados constitucionais de criminalização" no âmbito da teoria dos direitos fundamentais.

1064. *A Era dos Direitos*, p. 19-20.

Esta doutrina não deixa de se contrapor à amplamente divulgada teoria do Direito penal mínimo, representando um novo horizonte, no qual os direitos fundamentais perdem sua tradicional formatação (de limites conformadores da intervenção criminal do Estado) para passarem à dimensão (inversa) de fundamentos da intervenção estatal via sanções penais.

Nesse sentido, LUIZ CARLOS DOS SANTOS GONÇALVES desconstrói a clássica tese de que quanto menor o número de crimes e de penas, maior a tutela das liberdades públicas (visão liberal e individualista) e dos direitos fundamentais em geral. Daí a proposta de, ao invés do Estado penal mínimo (próximo da abolição penal) ou do seu oposto, o Direito penal máximo (próximo do Estado-inimigo), proceder-se a uma releitura do Direito penal, comprometida com os direitos fundamentais (em sua totalidade), para ter-se um *Direito penal proporcional*, como propõe o autor, de proteção, e, ainda, no caso brasileiro, um Direito penal conforme a uma Constituição social.

Nesse sentido, o critério da proporcionalidade é agregado à ideia de Direito Constitucional Penal por significar a determinação da criminalização de certas condutas sob pena de uma proteção estatal insuficiente em relação aos direitos fundamentais. "Nesses casos, a não adoção de sanções penais pode ser vista como desagregadora do tecido social ou no sentido aqui alvitrado, desproporcionalmente deficiente"[1065].

É que na criminalização de certas condutas há uma preocupação direta e imediata com determinados direitos fundamentais. Um exemplo ilustra melhor essa situação: a determinação constitucional expressa de que o racismo deve ser criminalizado (art. 5º, XLII) visa à tutela do direito fundamental à igualdade, da liberdade e da dignidade da pessoa humana. Esse sentido é reforçado pelo art. 5º, XLI, que determina: "a lei punirá qualquer discriminação atentatória dos direitos e liberdades fundamentais".

O autor, contudo, adota uma posição restrita em relação à identificação dos mandados de criminalização, bem como quanto à eficácia imediata, o que torna sua teoria plenamente coerente e constitucionalmente adequada. Realmente, falar de proteção deficiente como violadora da proporcionalidade não significa a defesa da criminalização de toda e qualquer ofensa a direitos fundamentais, o que seria certamente também violador da proporcionalidade. Ofensas há que não demandam a criminalização e aceitam perfeitamente a tutela mediante outros mecanismos, não penais, suficientes para alcançar a efetividade desejada.

16. A FEDERALIZAÇÃO DOS CRIMES CONTRA DIREITOS HUMANOS

O art. 109 da CB passa a atribuir à Justiça Federal a competência para julgar: "V-A — as causas relativas a direitos humanos a que se refere o § 5º deste artigo". E o que estabelece o novel § 5º? Uma hipótese inusitada de mudança de competência no curso do processo: "§ 5º Nas hipóteses de grave violação de direitos humanos, o Pro-

---

1065. Luiz Carlos dos Santos Gonçalves, *Mandados Expressos de Criminalização e a Proteção de Direitos Fundamentais na Constituição Brasileira de 1988*, p. 58.

curador-Geral da República, com a finalidade de assegurar o cumprimento de obrigações decorrentes de tratados internacionais de direitos humanos dos quais o Brasil seja parte, poderá suscitar, perante o Superior Tribunal de Justiça, em qualquer fase do inquérito ou processo, incidente de deslocamento de competência para a Justiça Federal".

Já na hipótese de intervenção federal, por força do art. 34, VII, *b*, da CB, era possível vislumbrar certa "federalização" imediata de cenário tipicamente estadual (por meio da atuação de um interventor nomeado pelo Presidente da República para assumir as funções tipicamente estaduais em nome da União) deflagrada justamente pela violação de "direitos da pessoa humana" (embora sob apreciação do STF, e não do STJ). O importante, neste ponto, é verificar a possibilidade, incrustada na CB, de "federalizar" questões nitidamente estaduais.

A transferência que se promove para a Justiça Federal poderá ser prestigiada por parte da doutrina, que vislumbrará nela uma justa adequação entre responsabilidade e poderes da União. É que, sendo o País, por meio da União, responsável internacionalmente pelo cumprimento dos tratados sobre direitos humanos, muito se criticava a circunstância de não ter esta entidade federativa o controle pleno sobre a aplicação das diretrizes internacionalmente assumidas, visto que muitas delas pertencem à alçada dos Estados-membros.

A cadeia que se pode estabelecer, doravante, é bastante curiosa: sendo omissa ou inconsistente a atuação do Estado-membro, a competência poderá ser repassada para o âmbito da União (Justiça Federal), e, se as falhas ainda permanecerem, renderão elas ensejo à atuação do TPI.

No que tange às condições para deflagrar o deslocamento de competência para a Justiça Federal, estabeleceram-se três condições cumulativas para que se possa operar com sucesso o deslocamento da competência por meio do STJ: (i) estar originariamente a competência atribuída à Justiça local (estadual); (ii) haver grave violação de direitos humanos; (iii) obter o cumprimento de obrigações decorrentes de tratados internacionais dos quais o Brasil seja parte; (iv) ser suscitado pelo Procurador-Geral da República, o qual, aliás, seria o único legitimado para tanto.

Quanto à primeira condição (i), o processo judicial pode estar em qualquer fase e mesmo nem ter sido ainda iniciado (fase de inquérito).

Quanto ao item *sub* (iii), é interessante notar que a Reforma fala em tratados "dos quais o Brasil seja parte", não exigindo, para a deflagração válida do incidente, que os tratados tenham sido internalizados mediante o processo específico que ela própria criou no § 3º do art. 5º da CB.

Por fim, cumpre consignar, aqui, que a presente inovação não está imune a uma possível inconstitucionalidade por violação ao princípio do juiz natural, pois, após a ocorrência do fato e após a instauração de processo judicial, a competência para sua apreciação pode, por critérios vagos e imprecisos, ser alterada quanto ao órgão que procederá ao julgamento da causa.

É que pelo princípio do juiz natural, conforme se dirá mais adiante nesta obra, não basta a existência de um juízo ou tribunal prévio, também são necessárias regras prévias e objetivas para determinação da competência dos órgãos julgadores.

Assim, embora se possa argumentar que a possibilidade de deslocamento passa a integrar o conjunto de regras previamente elaboradas acerca da possibilidade de deslocamento, sua imprecisão, sua completa falta de objetividade impede que a discussão se dissipe com tal argumento, pois sempre falecerá ao mecanismo a conjugação de regras prévias e precisas (não subjetivamente dependentes).

Referências bibliográficas

ALIGHIERI, Dante. *Da Monarquia*. 2. ed. São Paulo: Brasil Editora, 1960.

ALVES, J. A. Lindgren. *Os Direitos Humanos como Tema global*. São Paulo: Perspectiva, 1994.

ANTUNES, Luis Felipe Colaço. Para uma Tutela Jurisdicional dos Interesses Difusos. *Boletim da Faculdade de Direito da Universidade de Coimbra*, v. 60, 1984. Bibliografia: 191-221.

BARACHO, José Alfredo de Oliveira. Jurisdição Constitucional da Liberdade. In: SAMPAIO, José Adércio Leite (Coord.). *Jurisdição Constitucional e Direitos Fundamentais*. Belo Horizonte: Del Rey, 2003.

BASTOS, Celso Ribeiro. *Hermenêutica e Interpretação Constitucional*. 2. ed. São Paulo: IBDC, 1999.

BLACKSTONE, William. *Commentaries on the Laws of England*. Chicago: The University of Chicago Press, 1984. v. 1.

BOBBIO, Norberto. *A Era dos Direitos*. 5. reimpr. Rio de Janeiro: Campus, 1996.

CANOTILHO, J. J. Gomes. *Direito Constitucional e Teoria da Constituição*. 4. ed. Coimbra: Almedina, 2000.

_____. *Estudos sobre Direitos Fundamentais*. Coimbra: Coimbra Ed., 2004.

CARRIÓ, Genaro. *Los Derechos Humanos y su Protección*. Buenos Aires: Abeledo-Perrot, 1990.

CINTRA JÚNIOR, Dyrceu Aguiar Dias. Os Interesses Coletivos e as Instituições. *Justiça e Democracia*, São Paulo, (1), jan./jun. 1996. Bibliografia: 221-34.

CLÈVE, Clèmerson Merlin. O Controle de Constitucionalidade e a Efetividade dos Direitos Fundamentais. In: SAMPAIO, José Adércio Leite (Coord.). *Jurisdição Constitucional e Direitos Fundamentais*. Belo Horizonte: Del Rey, 2003.

COLLIARD, C. A. *Libertés Publiques*. 5. ed. Paris: Dalloz, 1975.

COMPARATO, Fábio Konder. *A Afirmação Histórica dos Direitos Humanos*. 2. ed. São Paulo: Saraiva, 2001.

CORATELO, Ramon García. *Resistencia y Desobediencia Civil*. Madrid: Eudema, 1987.

DAWSON, Christopher. *Historia de la Cultura Cristiana*. 1. reimpr. México: Fondo de Cultura Económica, 2001.

DIMOULIS, Dimitri. Dogmática dos Direitos Fundamentais: Conceitos Básicos. *Caderno de Comunicações: Curso de Mestrado em Direito da Universidade Metodista de Piracicaba*, ano 5, n. 2, jan. 2001. Bibliografia: 11-30.

DÓRIA, A. de Sampaio. *Os Direitos do Homem*. São Paulo: Companhia Editora Nacional, 1942.

DURANT, Will. *A História da Civilização II: Nossa Herança Clássica*. 3. ed. Rio de Janeiro: Record, 1995.

FERRAJOLI, Luigi. *A Soberania no Mundo Moderno*. São Paulo: Martins Fontes, 2002.

FERREIRA FILHO, Manoel Gonçalves. *Direitos Humanos Fundamentais*. 4. ed. rev. São Paulo: Saraiva, 2000.

_____. *Aspectos do Direito Constitucional Contemporâneo*. São Paulo: Saraiva, 2003.

_____. *Curso de Direito Constitucional*. 31. ed. São Paulo: Saraiva, 2005.

FERREIRA FILHO, Manoel Gonçalves; GRINOVER, Ada Pellegrini; FERRAZ, Anna Candida da Cunha. *Liberdades Públicas. Parte Geral*. São Paulo: Saraiva, 1978.

GONÇALVES, Luiz Carlos dos Santos. *Mandados Expressos de Criminalização e a Proteção de Direitos Fundamentais na Constituição Brasileira de 1988*. Belo Horizonte: Fórum Ed./IBEC, 2007.

HABERMAS, Jürgen. *Passado como Futuro*. Rio de Janeiro: Tempo Brasileiro, 1993.

_____. *Facticidad y Validez*. Madrid: Editorial Trotta, 1998.

_____. Direito Constitucional e Direito Ordinário. Jurisdição Constitucional e Jurisdição Especializada. *RT*, São Paulo, ano 91, v. 799, maio 2002.

IGNATIEFF, Michael. The Attack on Human Rights. *Foreign Affairs*, n. 6, v. 80, nov./dec. 2001. Bibliografia: 102-16.

JELLINEK, Georg. *La Dichiarazione dei Diritti dell'Uomo e del Cittadino*. Bari: Editori Laterza, 2002.

KELSEN, Hans. *Teoria Geral do Estado*. 2. ed. 1. reimpr. São Paulo: Martins Fontes, 1995.

KIRK, Geoffrey; RAVEN, J. E.; SCHOFIELD, Malcom. *Os Filósofos Pré-Socráticos*. 4. ed. Lisboa: Fundação Calouste Gulbenkian, 1994.

LAFER, Celso. *A Soberania e os Direitos Humanos*. São Paulo: Lua Nova, 1995.

LEVY, Leonard W. *Origins of the Bill of Rights*. New Haven: Yale University Press, 1999.

LOEWENSTEIN, Karl. *Teoría de la Constitución*. Tradução por Alfredo Gallego Anabitarte. Barcelona: Ed. Ariel, 1970.

LUÑO, Antonio Pérez. *Derechos Humanos, Estado de Derecho y Constitución*. 5. ed. Madrid: Tecnos, 1995.

_____. Delimitación Conceptual de los Derechos Humanos. In: *Los Derechos Humanos, Significación, Estatuto Jurídico y Sistema*. Sevilla: Publicaciones de la Universidad de Sevilla, 1979.

MACHADO, Jónatas Eduardo Mendes. *Liberdade Religiosa numa Comunidade Constitucional Inclusiva*. Coimbra: Coimbra Ed., 1996.

MAGALHÃES, José Luiz Quadros de. Os Direitos Políticos. *Revista de Informação Legislativa*, Brasília, ano 29, n. 116, out./dez. 1992. Bibliografia: 39-78.

MELLO FILHO, José Celso de. *Constituição Federal Anotada*. São Paulo: Saraiva, 1984.

MENDES, Gilmar Ferreira; COELHO, Inocêncio Mártires; BRANCO, Paulo Gustavo Gonet. *Hermenêutica Constitucional e Direitos Fundamentais*. Brasília: Brasília Jurídica, 2000.

MIRANDA, Jorge. *Manual de Direito Constitucional*. Coimbra: Coimbra Ed., 1988. v. 4.

MIRANDA, Pontes de. *História e Prática do Habeas-Corpus*. 3. ed. Rio de Janeiro: José Konfino Editor, 1955.

MORANGE, Jean. *Direitos Humanos e Liberdades Públicas*. 5. ed. São Paulo: Manole, 2004.

PAINE, Thomas. *Los Derechos del Hombre*. Reimpr. México: FCE, 1996.

PIÇARRA, Nuno. *A Separação dos Poderes como Doutrina e Princípio Constitucional: Um Contributo para o Estudo das Suas Origens e Evolução*. Coimbra: Coimbra Ed., 1989.

QUEIROZ, Cristina M. M. *Direitos Fundamentais (Teoria Geral)*. Coimbra: Coimbra Ed., 2002.

RICUPERATI, Giuseppe. Cosmopolitanismo. In: BOBBIO, Norberto; MATTEUCCI, Nicola; PASQUINO, G. *Dicionário de Política*. 2. ed. Brasília: Universidade de Brasília, 1986.

RIVERO, J. *Les Libertés Publiques. 1. Les Droits de l'Homme*. 2. ed. Paris: PUF, 1978.

RUFFIA, Paolo Biscaretti Di. *Direito Constitucional*. São Paulo: Revista dos Tribunais, 1984.

ROTHENBURG, Walter Claudius. Direitos Fundamentais e suas Características. *Cadernos de Direito Constitucional e Ciência Política*, ano 7, v. 29, out./dez. 1999. Bibliografia: 55-65.

SANTOS JÚNIOR, Belisário dos. Direitos Humanos Priorizados pela Justiça. *Revista da Faculdade de Direito das Faculdades Metropolitanas Unidas*, São Paulo, ano 10, n. 14, jan./jun.1996, p. 282.

SANTOS, Boaventura de Souza. Uma Concepção Multicultural de Direitos Humanos. *Lua Nova*, São Paulo: CEDEC, n. 39, 1997. Bibliografia: 105-124.

SARLET, Ingo Wolfgang (Org.). *Constituição, Direitos Fundamentais e Direito Privado*. Porto Alegre: Livraria do Advogado, 2003.

_____. *A Eficácia dos Direitos Fundamentais*. 5. ed. Porto Alegre: Livraria do Advogado, 2005.

SARMENTO, Daniel. *Direitos Fundamentais e Relações Privadas*. Rio de Janeiro: Lumen Juris, 2004.

SCHWARTZ, Bernard. *Os Grandes Direitos da Humanidade*. Rio de Janeiro: Forense Universitária, 1979.

SILVA, José Afonso da. *Curso de Direito Constitucional Positivo*. 16. ed. São Paulo: Malheiros, 1999.

SOMBRA, Thiago Luís Santos. *A Eficácia dos Direitos Fundamentais nas Relações Jurídico-Privadas: A Identificação do Contrato como Ponto de Encontro dos Direitos Fundamentais*. Porto Alegre: SAFe, 2004.

SOPHOCLES. Antigone. In: *The Three Theban Plays*. London: Penguin, s.d.

STUBBS, William. *The Constitutional History of England and its Origin and Development*. 5. ed. Oxford: Clarendon, 1891.

SWINARSKI, Christophe. *Direito Internacional Humanitário: Como Sistema de Proteção Internacional da Pessoa Humana (Principais Noções e Institutos)*. São Paulo: Revista dos Tribunais, 1990.

TAVARES, André Ramos; BASTOS, Celso Ribeiro. *As Tendências do Direito Público no Limiar de um Novo Milênio*. São Paulo: Saraiva, 2000.

THOREAU, Henry David. *Civil Disobedience and Other Essays*. New York: Dover Publications, 1993.

VIORST, Milton. *The Great Documents of Western Civilization*. New York: Barnes and Nobles, 1994.

Capítulo XV
A PROTEÇÃO INTERNACIONAL DOS DIREITOS HUMANOS E SUA CONSTITUCIONALIZAÇÃO

1. DOCUMENTOS

Dentre os textos que marcaram a consagração de um conjunto denominado "direitos do homem"[1066], devem mencionar-se as principais Declarações do século XVIII, fruto de inspiração jusnaturalista.

Assim, em 12 de junho de 1776, teve início a positivação dos Direitos do Homem com a Declaração de Direitos do Bom Povo da Virgínia, nos Estados Unidos da América do Norte, influenciada por SAMMUEL PUFENDORF. Em seu § 1º pode-se ler que todos os homens são, por natureza, igualmente livres e independentes, e têm certos direitos inerentes (*inherent rights*), dos quais, quando entram em sociedade (*into a state of society*), não podem, por nenhum modo, deles se privar ou despojar para o futuro. Em seu artigo I: "Todo poder pertence ao povo e, por conseguinte, dele deriva. Os magistrados (isto é, os governantes) são seus fiduciários e servidores, responsáveis a todo tempo perante ele".

Na mesma linha, em 26 de agosto de 1789, foi aprovado o projeto de LAFAYETTE pela Assembleia Constituinte da Revolução Francesa, proclamando-se a *Déclaration des Droits de l'Homme et du Citoyen*[1067]. Consoante o art. 1º: "Os homens nascem e

---

1066. Também a Magna Carta da Inglaterra, de 1215, menciona "Direitos do Homem".

1067. Apesar de fundamentada na norte-americana, conforme demonstrou Jorge Jellinek, exercerá maior influência e obterá maior repercussão do que esta (apud Celso Albuquerque Mello, Análise do Núcleo Intangível das Garantias dos Direitos Humanos em Situações Extremas, *Direito, Estado e Sociedade*, p. 15). É polêmica a origem histórica dos direitos fundamentais. Só se pode assegurar que está ligada à própria origem do Estado Constitucional. Há que citar a famosa discussão entre Jellinek e o politólogo francês Emil Boutmy, no limiar do século XX. Enquanto para o primeiro a origem dos direitos fundamentais estaria na Declaração de Direitos da Virgínia, de 1776, bem como nas Declarações dos demais Estados da Nova Inglaterra, cuja fundamentação jusnaturalista os distinguia dos direitos dos ingleses, consagrados já desde a Magna Carta, para Boutmy a origem estaria na Declaração dos Direitos do Homem e do Cidadão, de 1789, e isso não porque aquelas outras não tivessem precedido esta, ou que não tivessem servido de fonte inspiradora a esta, mas basicamente porque só nessa Declaração é que os direitos humanos teriam adquirido sua dimensão universal, destinando-se a servir de exemplo a todo o mundo, ao passo que os direitos consagrados nas declarações americanas dirigiam-se apenas aos cidadãos dos respectivos Estados. A essa colocação Jellinek retrucou, esclarecendo que apenas lhe interessava o aspecto de direitos juridicamente institucionalizados. A controvérsia, contudo, partia de diferentes enfoques: para Boutmy importava a ideia filosófica dos direitos humanos; para Jellinek, a realidade jurídica. E é nesse contexto, conforme Piçarra, que não se pode deixar de diferençar as expressões. Assim, direitos humanos assumiria a dimensão de direitos naturais, estando desligados de uma específica estrutura institucional que os alberga, e direitos fundamentais seriam aqueles direitos humanos garantidos por cada Estado a seus cidadãos (*A Separação dos Poderes como Doutrina*, p. 192).

permanecem livres e iguais em direitos". Seu art. 2º proclamava que a meta de toda associação de cunho político residia na "conservation des droits naturels et imprescritibles de l'homme".

Essa Declaração, juntamente com a obra *The Rights of Man* (de 1791), de THOMAS PAINE, contribuiu, profundamente, para difundir no plano normativo e doutrinário a expressão "direitos do Homem". Alguns anos antes da aparição da obra de PAINE, o escocês THOMAS SPENCE havia sido autor de um trabalho intitulado *The Real Rights of Man* (1775). Na Itália, o abade siciliano N. SPEDALIERI havia sido autor de uma obra intitulada *Dei Diritti dell'Uomo* (em 1791)[1068].

Nessa linha, há que citar a "Déclaration des droits internationaux de l'homme", aprovada em 1929 pelo Instituto de Direito Internacional (associação privada de professores de Direito Internacional fundada em 1873).

1.1. Primeiros documentos internacionais de proteção do Homem

A internacionalização dos direitos do Homem teve início na segunda metade do século XIX, tendo-se manifestado no campo do Direito Humanitário, na luta contra a escravidão e na regulação dos direitos do trabalhador assalariado.

Nesse sentido, o primeiro documento normativo de caráter internacional foi a Convenção de Genebra de 1864, a partir da qual foi fundada a Comissão Internacional da Cruz Vermelha, em 1880.

No período de entreguerras, tem-se o *Acordo sobre a Escravidão*, adotado em 1926, com a repressão ao tráfico de escravos africanos.

Com a criação da Organização Internacional do Trabalho (OIT), em 1919, tem-se a Convenção n. 11, de 1921, sobre o direito de associação dos trabalhadores agrícolas, e a *Convenção sobre trabalhos forçados*, de 1930.

1.2. Proteção em âmbito regional

1.2.1. Convenção europeia

O Tratado mais significativo e antigo é a *Convenção Europeia para a Proteção dos Direitos Humanos e Liberdades Fundamentais* (CEPDH), aprovada em 1950. Os direitos sociais, contudo, foram compilados posteriormente, na *Carta Social Europeia* de 1961.

Da proteção dos direitos encontra-se incumbida, especialmente, a *Comissão Europeia de Direitos Humanos* e o *Tribunal Europeu de Direitos Humanos*, ambos com sede em Estrasburgo. Tendo os 21 Estados entregado a declaração de sujeição, qualquer

---

A Declaração francesa incorria num vício de linguagem que é comum quanto aos direitos humanos. É que ela confunde o nível prescritivo com o descritivo. Os direitos, as liberdades, aparecem formuladas em termos descritivos, como fatos, quando, na verdade, constituem objetivos, situados no campo do dever-ser (nesse sentido Pérez Luño, *Derechos Humanos*, p. 27), o que de resto permaneceu na tradição jurídica constitucional.

1068. Cf. Pérez Luño, *Derechos Humanos*, p. 41.

pessoa pode levar sua reclamação até a Comissão. Se esta considera que há fundamento, pode remetê-la para o Tribunal.

Ambos consideram a Convenção um instrumento vivo. Assim, Estados que consideravam que suas constituições davam guarida a todos os direitos humanos tiveram surpresas, como ocorreu com a Alemanha, em 1977, no caso König (excessiva duração de um processo contencioso-administrativo para anulação de autorização para dirigir uma clínica).

1.2.2. Sistema interamericano

A *American Declaration of the Rights and Duties of Man* foi aprovada em 1948. Em 1969 foi aprovada a *Convenção Americana de Direitos Humanos (Pacto de São José da Costa Rica)*, que entrou em vigor em 1978 e foi ratificada pelo Brasil em 1992. Existe um Tribunal e uma comissão.

A ratificação da Convenção supõe a aceitação automática da competência da Comissão para examinar demandas individuais, sem que seja necessária uma declaração de sujeição adicional, como no modelo europeu.

O tema referente à democracia e aos direitos humanos passou a apresentar maior relevância com a Assembleia Geral da OEA, de 1990, realizada em Assunção. A *Declaração de Assunção* enfatiza a democracia representativa como o sistema político que mais adequadamente garante os fins e propósitos do sistema interamericano[1069].

No ano que se seguiu, grande foi o avanço alcançado na Assembleia Geral da OEA, com a adoção de instrumentos[1070] que se passa a expor.

Em primeiro, o *Compromisso de Santiago* com a democracia e com a renovação do Sistema Interamericano (4 de junho de 1991), em favor da "defesa e promoção da democracia representativa e dos direitos humanos".

Em segundo, a *Resolução n. 1.112*, sobre o fortalecimento da OEA em matéria de direitos humanos.

A *Declaração de Manágua*, adotada na Assembleia Geral da Organização dos Estados Americanos, assinala o "vínculo existente entre o melhoramento dos níveis de vida dos povos do hemisfério e a consolidação da democracia", e acrescenta a referência à importância da prevenção de situações que afetem os direitos humanos, com o aperfeiçoamento dos modelos de organização política e com o fomento da participação do cidadão como tal, de modo que contribua para a formação de uma nova cultura democrática e de observância dos direitos humanos[1071].

Cite-se, ainda, a *Convenção Interamericana para Prevenir, Punir e Erradicar a Violência contra a Mulher*.

1069. Cf. Cançado Trindade, Democracia y Derechos Humanos..., *Arquivos do Ministério da Justiça*, v. 47, p. 7.
1070. Cf. Cançado Trindade, Democracia y Derechos Humanos..., *Arquivos do Ministério da Justiça*, v. 47, p. 8.
1071. Cf. Cançado Trindade, Democracia y Derechos Humanos..., *Arquivos do Ministério da Justiça*, v. 47, p. 10.

1.2.3. Sistema africano: Banjul

A *Carta Africana dos Direitos do Homem e dos Povos*, também conhecida como *Carta de Banjul*, foi aprovada em 1981, sob o auspício da Organização para a Unidade Africana (OUA), tendo entrado em vigor em 1986. A Comissão examina tanto demandas estatais como individuais.

1.3. A Declaração Universal da ONU

1.3.1. Antecedentes imediatos

O contexto no qual surge a declaração universal é o pós-guerra. Pretende-se uma resposta ao nacional-socialismo e todas as atrocidades cometidas antes e durante a Segunda Guerra Mundial. A comunidade internacional chegou ao consenso de que era necessário salvaguardar os direitos humanos[1072]. Em 1941 Roosevelt postulou o respeito aos direitos humanos como um dos princípios essenciais da ordem vigente no pós-guerra.

A proteção do ser humano não deveria recair exclusivamente nos Estados.

Em 1945, a Carta das Nações Unidas contempla como um dos objetivos fundamentais o respeito aos direitos humanos.

A Declaração Universal surge, nesse contexto, como "uma especificação dos correspondentes 'fins programáticos' contidos na Carta"[1073].

Sua elaboração durou, aproximadamente, dois anos. Em sua votação não houve nenhum voto contra. Oito Estados se abstiveram, contudo: países socialistas, Arábia Saudita e África do Sul. Considerando a diversidade cultural, política e religiosa, é notável o grau de consenso obtido. Vale acrescentar, nessa linha, que um documento com a pretensão da universalidade, numa época em que 2/3 da humanidade ainda viviam em regime colonial, representou verdadeira autolimitação do Ocidente sobre sua atuação colonial (cf. RENÉ CASSIN). Aliás, essa Declaração é a única que se intitula universal (ressalva feita à Declaração Universal dos Direitos dos Povos, de 1976, da Liga Internacional pelos Direitos e pela Libertação dos Povos, que não constitui documento com força normativa).

1.3.2. O surgimento da Declaração Universal

A Declaração Universal dos Direitos do Homem da ONU data de 10 de dezembro de 1948. Trata-se do primeiro texto jurídico-internacional que apresenta um catálogo completo dos direitos humanos.

Até o século XX, a doutrina internacionalista considerava que apenas poderiam ser objeto do Direito Internacional os direitos e deveres dos Estados. Como observa

---

1072. Nesse sentido: Fábio Konder Comparato, *A Afirmação Histórica dos Direitos do Homem*, p. 54.

1073. Karl-Peter Sommermann, El Desarrollo de los Derechos Humanos desde la Declaración Universal de 1948, in *Derechos Humanos y Constitucionalismo*, p. 99, t.a.

LINDGREN ALVES, esse documento "Modificou o sistema 'westfaliano' das relações internacionais, que tinha como atores exclusivos os Estados soberanos, conferindo à pessoa física a qualidade de sujeito do Direito além das jurisdições domésticas. Lançou os alicerces de uma nova e profusa disciplina jurídica, o Direito Internacional dos Direitos Humanos"[1074].

Proclama, em seu art. 1º, que "Todos os seres humanos nascem livres e iguais em dignidade e direitos...". A esse respeito, assinalava o próprio HANS KELSEN que "A declaração de que todos os homens nascem livres e iguais é explicitamente a doutrina do direito natural..."[1075].

Ademais, lembra LINDGREN ALVES que a Declaração Universal "não é uma fórmula mágica (...). Seu preâmbulo e seu art. 1º soam hoje, sem dúvida, demasiado metafísicos"[1076].

Houve forte influência da concepção liberal anglo-americana e francesa sobre o conteúdo da Declaração, especialmente nos arts. 1º a 21. Mas a Declaração consagra também direitos sociais e culturais, como o direito ao trabalho (art. 23), direito a férias remuneradas (art. 24), direito à assistência social e educação médica (art. 25), direito à educação (art. 26).

A Declaração já surge, pois, consoante os critérios de indivisibilidade e interdependência de todos os direitos humanos.

No mesmo ano de 1948, alguns poucos dias antes, havia sido aprovada a *Convenção sobre Prevenção e Castigo do Genocídio*. Isso se explica pelo contexto histórico e desconfiança generalizada reinante no período do pós-guerra.

1.3.3. O sistema de três etapas engendrado pelos autores da Declaração Universal

A Declaração, como Resolução da Assembleia Geral, não possuiria, inicialmente, força jurídica para obrigar, mas contaria com força moral. Deveria ser, contudo, apenas a *primeira fase* do desenvolvimento de uma verdadeira proteção internacional dos direitos humanos.

A *segunda fase* consistiria na elaboração de um instrumento jurídico internacional que fosse efetivamente vinculante, que desenvolvesse a Declaração.

Numa *terceira fase* implementar-se-iam (fase de execução) os direitos por meio de mecanismos específicos. Esses mecanismos de implementação poderiam ir desde comissões específicas até a ampliação das competências do Tribunal Internacional de Justiça, passando pela criação de um tribunal internacional de direitos humanos específico.

1074. A Declaração dos Direitos Humanos na Pós-Modernidade, in *Os Direitos Humanos e o Direito Internacional*, p. 140.

1075. H. Kelsen, *The Law of the United Nations. A Critical Analysis of Its Fundamental Problems*, New York: Praeger, 1950, p. 40, t.a. (apud Pérez Luño, *Derechos Humanos*, p. 55).

1076. A Declaração dos Direitos Humanos na Pós-Modernidade, in *Os Direitos Humanos e o Direito Internacional*, p. 165.

Mais recentemente está sendo objeto de discussão no seio da comunidade acadêmica internacional a criação de um Tribunal para a defesa específica da Democracia e dos respectivos direitos humanos, um Tribunal Constitucional Internacional. Tive a oportunidade de integrar as discussões iniciais dessa Proposta, que culminou na Declaração de Rabat, de 2015, e elaborar análise na qual destaquei: "Democracies, even those in the developed countries, may be threatened. More than that, even if they are not put at risk, most of them can still be improved, especially when we think about economic democracy. Thus, the international Constitutional Court may be an extremely relevant actor in such way"[1077].

1.3.4. O desenvolvimento internacional da Declaração: os Pactos

Imediatamente após a Declaração, passou-se a elaborar uma Convenção. Em 1952, a Assembleia havia decidido que seria necessário elaborar duas convenções, uma sobre direitos civis e políticos e outra com os direitos econômicos, sociais e culturais. Essa proposta originou-se da Índia, que na Constituição de 1949 havia adotado internamente uma distinção rigorosa entre direitos da liberdade e direitos sociais. Os primeiros, judicialmente exigíveis, e os segundos estariam condicionais pela lei e, ademais, pela capacidade econômico-prestacional do Estado.

Ora, a transposição dessa concepção para o âmbito internacional implicaria, de certa maneira, o abandono da *unidade* dos direitos humanos. Mas ambos os pactos acabaram sendo ratificados pelos países. Surgiram, assim, o *Pacto Internacional Referente aos Direitos Civis e Políticos* e o *Pacto Internacional Relativo aos Direitos Econômicos, Sociais e Culturais*. O primeiro pretende atribuir diretamente ao indivíduo direitos subjetivos exercitáveis contra o Estado. O segundo contém *promotional obligations*, ou seja, compromissos do Estado de avançar até determinado estágio, contemplado no Pacto.

Comparados com a Declaração, "os Pactos resultam, em muitos pontos, mais exatos e mais manipuláveis juridicamente"[1078]. É o que ocorre quando se vislumbram os arts. 10 e 11 da Declaração em face do art. 14 do referido Pacto.

Mas alguns direitos não foram incorporados aos pactos. Ex.: direito de asilo (art. 14), direito a uma nacionalidade (art. 14) e direito de propriedade (art. 17).

2. O DIREITO À SOLIDARIEDADE NAS DECLARAÇÕES

O lema da Revolução Francesa (*Liberté, Egalité, Fraternité*), invocado há 200 anos, parece que ainda não se implementou totalmente.

1077. Cf. meu texto: An International Constitutional Court Versus The Inter-American Court of Human Rights and its Democratic Principles, In: Asma Ghachen e Henry Pallard (coord.), *Une Cour Constitutionnelle Internationale au Service du Droit Démocratique et du Droit Constitutionnel:* actes du colloque. Beyrouth (Libian): Konrad Adenauer Sfiftung, 2015. p. 111, ref, p. 107-112.

1078. Karl-Peter Sommermann, El Desarrollo de los Derechos Humanos desde la Declaración Universal de 1948, in *Derechos Humanos y Constitucionalismo,* p. 101, t.a.

Especialmente os países do "Terceiro Mundo" ou "em vias de desenvolvimento" clamam pela solidariedade. Postula-se um direito ao desenvolvimento. Nessa mesma linha, outros direitos somaram-se: direito ao meio ambiente saudável, direito à paz. Todos foram positivados pela primeira vez (em uma Convenção) na Carta de Banjul.

Karel Vasak — diretor do departamento jurídico da Unesco — elaborou um texto do que poderia ser o *Terceiro Pacto Internacional* relativo aos direitos de solidariedade, e que deveria somar-se aos pactos aprovados pela Nações Unidas em 1966.

Contudo, a doutrina critica essa possibilidade, questionando quem estaria vinculado, quem deveria efetivar esses direitos e quais seriam seus mecanismos de implementação. A não exigibilidade judicial desses novos direitos não prejudicaria aqueles já consolidados? Para alguns, os instrumentos mais apropriados seriam aqueles mais específicos, como o que tem por objeto a proteção da camada de ozônio, a proteção do Báltico, das águas continentais etc.

Cite-se a *Convenção Relativa à Proteção do Patrimônio Mundial, Cultural e Natural*, de 1972, que estabelece a preservação de sítios e monumentos considerados integrantes do patrimônio mundial.

A *Convenção sobre o Direito do Mar*, de 1982, apresenta a comunhão nas riquezas minerais do subsolo marinho.

A necessidade de preservação do equilíbrio ambiental restou proclamada na *Convenção sobre a Diversidade Biológica*, de 1992.

Tem-se, ainda, a *Declaração Universal sobre o Genoma Humano e os Direitos Humanos*, aprovada em 1999. A dignidade impõe a não redução dos indivíduos a suas características genéticas e o respeito do caráter único de cada um (art. 2º).

3. OS MECANISMOS DE PROTEÇÃO DOS DIREITOS HUMANOS E SUA COMPLEXIDADE

O *Pacto sobre Direitos Civis* prevê a criação de uma comissão composta por 18 especialistas independentes. Perante essa comissão, todos os Estados devem apresentar periodicamente informes, que serão analisados e objeto de pronunciamentos individuais dos membros. Ademais, há os *general comments*, quando a comissão, em seu conjunto, toma postura sobre a interpretação do Tratado. Estes têm sido um meio importante para a concretização dos direitos contidos no Pacto, evitando, ainda, a sua fragmentação interpretativa.

Um segundo procedimento faculta aos indivíduos, desde que tenham esgotado as instâncias jurídicas intraestatais, elevar suas reclamações à Comissão. Isso, contudo, só é possível se o respectivo Estado tenha subscrito o Pacto e um protocolo facultativo especial. Esse procedimento culmina com uma comunicação ao Estado e ao indivíduo contendo os pareceres da Comissão (*views*). Assim ocorreu no caso do Uruguai por detenções arbitrárias, no caso do Canadá (caso Lovelace, que culminou com a *Canadian Charter of Rights and Freedoms*) e, mais recentemente, no caso da candidatura, em 2018, do ex-Presidente Lula, no Brasil. As posturas da Comissão, embora não sejam

322

vinculantes mesmo para muitos internacionalistas, devem ser consideradas interpretações do Pacto, e por isso são dotadas, sim, de autoridade. Não estou falando aqui, obviamente, de simples autoridade moral, porque esta não depende de estruturas internacionais ou jurídicas. O Comitê detém autoridade na interpretação do Pacto e nas determinações que eventualmente profira para os Estados-parte envolvidos.

A *Comissão de Direitos Humanos das Nações Unidas*, que funciona desde 1946, que pode analisar reclamações individuais.

No *Pacto sobre Direitos Sociais* prevê-se como único procedimento o sistema de informes.

Há a *Convenção para a Eliminação de todas as Formas de Discriminação Racial*, adotada em 1966. A respectiva Comissão tem como missão examinar informes, reclamações estatais e, no caso de se ter depositado a correspondente declaração de sujeição, também reclamações individuais.

Há a *Convenção contra a Discriminação da Mulher*, aprovada em 1979. A Comissão analisa especialmente informes.

Há o *Convênio contra a Tortura e outras Formas Cruéis, Desumanas ou Degradantes ou de Castigo*, de 1984, que requer a declaração de sujeição.

Portanto, no âmbito universal já se dispõe de um extenso rol de mecanismos de implementação e que, comparados com os Pactos e Convenções, são bastante mais específicos.

Quanto aos indivíduos que tenham a alternativa de reclamar perante órgãos regionais e universais, terão de *decidir qual das estruturas garante melhor proteção*. Alguns autores insistem em afirmar que a quantidade de sistemas, mecanismos e órgãos existentes pode prejudicar a qualidade na defesa desses mesmos direitos (tutelados pelas diversas "jurisdições" e sistemas). Infelizmente, mesmo uma superposição de instâncias não tem sido suficiente para garantir, na realidade e na prática, a preponderância dos direitos humanos, mesmo em países que, como o Brasil, assumem em sua Constituição, expressamente, a prevalência dos direitos humanos (art. 4º, II, da CB). Isso tem sido uma tarefa distante especialmente em países, também como o Brasil, de economia periférica e permanentemente submetidos aos choques e impulsos de uma crise econômica sem precedentes.

Cançado Trindade bem sintetiza o que se expôs até aqui: "A expansão contínua e considerável nas quatro últimas décadas do direito sobre a proteção internacional dos direitos humanos reflete-se na já mencionada multiplicação de procedimentos internacionais (característica da proteção dos direitos humanos em nossos dias), no âmbito mais amplo da expansão da própria concepção dos direitos humanos, a abarcar novos valores, dos quais não se pode dissociar o estudo dos métodos de implementação. As propostas 'categorias' de direitos (individuais e sociais ou coletivos), complementares e não concorrentes, com variações em sua formulação, podem ser apropriadamente examinadas à luz da *unidade fundamental* da concepção dos direitos humanos. Logo tornou-se patente que tal unidade conceitual — e indivisibilidade — dos direitos humanos, todos inerentes à pessoa humana, na qual encontram seu ponto último de convergência, transcendia as formulações distintas dos direitos reconhecidos em diferentes instrumentos, assim como nos respectivos e múltiplos mecanismos ou procedimentos de implementação"[1079].

Propõe-se, ainda, uma *proteção preventiva* dos direitos humanos. Neste passo, são interessantes as inovações da *Convenção Europeia para a Prevenção da Tortura*, que prevê especialistas encarregados de comprovar se as pessoas detidas recebem um tratamento conforme aos direitos humanos, o que fazem por meio de visitas aos lugares de detenção.

4. CONSECTÁRIOS DA INTERNACIONALIZAÇÃO DOS DIREITOS HUMANOS

A internacionalização pressupõe, do ponto de vista dos fundamentos dos direitos do Homem, uma *retomada da clássica reivindicação de seu caráter universal e supraestatal*. Este último é inegável. E dele se pode facilmente caminhar para a pretensão universal. O tema remete, pois, à discussão, anteriormente analisada aqui, sobre a universalidade e universalização dos direitos.

Contudo, como observa PÉREZ LUÑO, "no processo de constitucionalização dos direitos fundamentais o positivismo teve um papel importante ao colocar a exigência de uma concreção jurídica dos ideais jusnaturalistas, para dotá-los de autêntica significação jurídico-positiva. Contudo, os acontecimentos políticos se encarregaram de evidenciar, em certas ocasiões, de forma trágica, a necessidade de situar a fundamentação do sistema das liberdades públicas em uma esfera que ultrapassa o arbítrio da jurisdição interna de cada Estado"[1080].

5. CARÁTER POSITIVO DAS DECLARAÇÕES

Ao se falar do caráter positivo das Declarações internacionais de Direitos do Homem quer-se remeter à clássica disputa sobre o caráter de obrigatoriedade dos direitos humanos assim reconhecidos. Daí advém, inclusive, a distinção propugnada por setores da doutrina, entre direitos fundamentais (positivados) e direitos humanos.

Basicamente, duas são as teses perfilhadas pelos doutrinadores neste campo, uma negativa e outra positiva.

Pela tese negativa, adotada na França por um grupo numeroso de juspublicistas, entre os quais se deve citar ESMEIN[1081] e CARRÉ DE MALBERG, nega-se valor jurídico aos princípios contidos nas declarações.

CARRÉ DE MALBERG sustenta que se trata de *máximas teóricas* e abstratas que proclamam *verdades filosóficas*, transposição de conceitos do direito natural, que se destinam a influir na obra dos poderes constituintes, mas sem qualquer eficácia jurídi-

---

1079. Antônio Augusto Cançado Trindade, *A Proteção Internacional dos Direitos Humanos*, p. 41-2 (grifos no original).

1080. Pérez Luño, *Derechos Humanos*, p. 129, t.a.

1081. A. Esmein, *Eléments de Droit Constitutionnel*, Paris: Sirey, 1921, v. 1, p. 591 e s., apud Pérez Luño, *Derechos Humanos*, p. 72.

ca. O próprio fato de que as Constituições e as leis tendem a definir minuciosamente os direitos fundamentais, simplesmente proclamados pelas declarações como dogmas absolutos e eternos, é, a seu juízo, uma prova eloquente de que o conteúdo de tais declarações carece de qualquer força jurídica que as vincule, não pertencendo, assim, ao âmbito da positividade[1082].

Segundo a tese positiva, o fato de que os direitos tiveram de ser formulados por escrito em declarações indica que se considerou necessário trasladá-los da esfera do direito natural à da positividade. MORANGE chega a recordar que o próprio ROBESPIERRE proclamou, em 10 de maio de 1793, que toda lei contrária aos direitos do Homem, consagrados nas declarações, deveria ser considerada como tirânica e nula[1083].

Também não há faltado quem assegure que os direitos previstos nas declarações são parte integrante da Constituição. No Brasil, devido à redação em que se encontra redigido o § 2º do art. 5º da Constituição, muitas têm sido as teses apresentadas nesse sentido, especialmente antes do posicionamento do STF e da inserção do novo § 3º do mesmo artigo.

O problema da maior ou menor eficácia prática dessas regras, e conseguinte *índice de vinculatoriedade, seria uma questão mais de caráter sociológico*, distinta do critério estritamente jurídico de verificação de sua validade. Mas, como observa logo a seguir o autor, mesmo os que admitem o caráter positivo das declarações não estão concordes quanto a seu alcance. Alguns as tomam com *a força supraconstitucional*, algo que extrapola o nível constitucional. Outros entendem que aqueles direitos não ultrapassam esse nível. Numa terceira categoria, há os que conferem valor meramente legislativo a tais direitos.

Por fim, *considerando não mais o aspecto formal*, mas o caráter material, admite-se "a tese de que todas as disposições sobre direitos fundamentais contidas em um texto constitucional, seja em seu articulado, seja em seu preâmbulo, ou em uma declaração, independente de igual nível, são manifestações positivas de juridicidade. O critério material determinará, em cada caso, se a positivação se reveste do caráter de um preceito ou do de um princípio geral e fundamental de direito"[1084].

KELSEN[1085] negou caráter jurídico à Declaração Universal da ONU, atribuindo-lhe a mais elevada autoridade moral, mas não jurídica. KELSEN lembra, a esse propósito, que foi ela redigida como uma resolução e não em forma de tratado.

O assunto, porém, merece análise aprofundada a partir de cada Ordenamento Jurídico. Considero este aspecto relevante apenas pelo ponto de vista funcional, uma vez que os direitos humanos proclamados em instrumentos internacionais aos quais tenham aderido determinados estados devem ser considerados impositivos, juridicamente falando.

1082. Cf. Carré de Malberg, *Contribution à la Théorie Génerale de l'Etat*, 3. ed., v. 2, p. 578 e s.

1083. G. Morange, Valeur Juridique des Principes Contenus dans les Déclarations des Droits, *RDP*, 1945, p. 240, nota (apud Pérez Luño, *Derechos Humanos*, p. 72).

1084. Pérez Luño, *Derechos Humanos*, p. 77, t.a.

1085. H. Kelsen, *The Law of the United Nations*, p. 39 e s. (apud Pérez Luño, *Derechos Humanos*, p. 78).

6. A INSPIRAÇÃO CONSTITUINTE E A INTERPRETAÇÃO NACIONAL PELOS DIREITOS HUMANOS INTERNACIONAIS

Os autores da Declaração Universal de 1948 foram fortemente influenciados pelos direitos fundamentais positivados em diversos ordenamentos nacionais, especialmente o norte-americano e o francês.

Uma vez que o catálogo de direitos humanos passou a ser cristalizado no âmbito internacional, foi a vez de as constituições nacionais receberem sua inspiração, como ocorreu com a Lei Fundamental de Bonn.

Atualmente, mais de 3/4 das Constituições mundiais foram promulgados após 1969, com o que fica clara a influência mundial que o documento em questão apresenta.

De outra parte, no âmbito nacional se desenvolvem direitos novos, que se irradiam. Ex.: Proteção de dados, Direito Ambiental, Direito das Comunicações, genoma.

Alguns Estados chegaram ao ponto máximo de relação com os direitos humanos, pois constitucionalizaram diretamente os textos internacionais sobre direitos humanos no lugar de seu catálogo de direitos fundamentais, ou o fizeram alocando-os ao lado dos direitos declarados internamente, como a Áustria e o Peru.

É cada vez mais frequente os Estados que interpretam seus direitos à luz das declarações universais. Um exemplo ilustrativo dessa tendência é o Canadá, quanto à Convenção europeia, que, com base em certos paralelismos, recorre à jurisprudência do Tribunal Europeu sobre Direitos Humanos.

As Constituições portuguesa e espanhola exigem que a interpretação se dê em consonância com os textos internacionais. A Constituição de Portugal, em seu art. 8º, 1, prevê que as normas de Direito Internacional geral ou comum fazem parte do Direito português.

Na República Federal Alemã, o Tribunal Constitucional, em Resolução de 26 de março de 1987, estabeleceu taxativamente que na interpretação da Constituição deve ser considerado o nível de desenvolvimento alcançado na Convenção Europeia de Direitos Humanos. Aliás, a própria Constituição, de 1949, em seu art. 25, prevê que as regras de Direito Internacional prevalecem sobre as leis.

7. A "DISPUTA" PELOS DIREITOS HUMANOS NA INTERNALIZAÇÃO

A Constituição argentina, em seu art. 75, § 22, considera os principais tratados de direitos humanos como norma constitucional. Trata-se de exemplo pelo qual resolve-se a "disputa" favoravelmente à supremacia máxima de direitos humanos.

A mesma conclusão pode ser contemplada na Constituição da Venezuela, de dezembro de 1999, que consagrou seu art. 23: "Os tratados, pactos e convenções relativos a direitos humanos, subscritos e ratificados pela Venezuela, têm hierarquia constitucional e prevalecem na ordem interna, na medida em que contenham normas sobre o gozo e exercício mais favoráveis às estabelecidas nesta Constituição e nas

326

leis da República, e são de aplicação imediata e direta pelos tribunais e demais órgãos do Poder Público".

É preciso mencionar, ainda, o caso, realmente isolado, da Carta holandesa, de 1956, que inseria os tratados internacionais diretamente em seu sistema normativo, acima da própria Constituição.

Três são as possíveis decorrências da internalização dos tratados de direitos humanos.

Em primeiro, pode haver coincidência entre as normas internacionais e as nacionais, asseguradas constitucionalmente. É o que ocorre com normas constitucionais que reproduziram o conteúdo de normas internacionais, como o art. 5º, III, relativamente ao art. V da Declaração Universal de 1948.

Em segundo, as normas internacionais podem complementar ou ampliar o rol das normas nacionais. Nessa situação, não há dúvida sobre a incorporação das normas no âmbito nacional. É o caso do direito das minorias étnicas, religiosas ou linguísticas de manter suas especificidades culturais, praticar suas religiões e usar sua língua nativa, consoante determina o art. 27 do Pacto Internacional de Direitos Civis e Políticos e o art. 30 da Convenção sobre os Direitos da Criança. Pode ocorrer, ainda, como observa FLÁVIA PIOVESAN, "o preenchimento de lacunas apresentadas pelo Direito brasileiro"[1086]. É o que se deu com o crime de tortura contra criança e adolescente (art. 233 do ECA), e a polêmica do tipo penal aberto, integrado pelos documentos internacionais como a Convenção de Nova Iorque sobre os Direitos da Criança (1990), a Convenção Interamericana contra a Tortura (1985) e o Pacto de São José da Costa Rica.

Em terceiro, as normas internacionais podem contrapor-se às nacionais, sendo especialmente polêmica a contradição que ocorra com normas de âmbito constitucional.

Poder-se-ia imaginar o critério de que lei posterior revoga a anterior, quando a contradição se estabelecesse entre normas de grau inferior à constitucional. CANÇADO TRINDADE entende ser necessário desvencilhar-se das amarras da velha e ociosa polêmica entre monistas e dualistas; neste campo de proteção, não se trata de primazia do direito internacional ou do direito interno; a primazia é, no presente domínio, da norma que melhor proteja, em cada caso, os direitos consagrados da pessoa humana[1087].

Um critério de solução diferenciado para os direitos humanos é exigência que decorre de sua própria natureza. E, realmente, mostra-se adequada à adoção da norma mais favorável à vítima. Esse critério é adotado por tratados internacionais, pela jurisprudência dos órgãos internacionais e, ademais, teria suporte no princípio da dignidade da pessoa humana. A doutrina também se tem manifestado nesse sentido. Cabe, pois, aos Tribunais nacionais seguir essa orientação humanista.

1086. A Constituição Brasileira de 1988 e os Tratados Internacionais de Proteção dos Direitos Humanos, in *Os Direitos Humanos e o Direito Internacional*, p. 134.

1087. *A Proteção dos Direitos Humanos nos Planos Nacional e Internacional: Perspectivas Brasileiras*, 1992, p. 317-8.

8. A POSIÇÃO BRASILEIRA SOBRE OS DIREITOS HUMANOS INTERNACIONAIS

8.1. A "completude" interna dos direitos humanos

A partir do século XVIII se considera um postulado fundamental do regime liberal reservar ao poder constituinte o privilégio de fixar os direitos básicos da convivência social. Tal postulado tem sido realizado ao longo do articulado das constituições, mas também aparece em preâmbulos de certas Constituições. É a aplicação do expressivo art. 16 da Declaração dos Direitos do Homem e do Cidadão[1088]. Não obstante isso, como bem lembra J. J. GOMES CANOTILHO, não se nega que conjuntamente se declarem direitos que, em sua essência, não chegam a poder caracterizar-se como fundamentais, embora o sejam formalmente falando[1089].

A Constituição brasileira, desde o art. 1º, dá especial relevância ao tratamento dos direitos humanos[1090]. Nela é possível verificar que a dignidade da pessoa humana constitui um dos fundamentos do Estado brasileiro. Neste passo, na lição do mestre português JORGE MIRANDA, tem-se que "A Constituição confere uma unidade de sentido, de valor

---

1088. Cf. Pérez Luño, *Derechos Humanos*, p. 65.

1089. *Direito Constitucional*, 1993, p. 517 e s.

1090. Surge aqui o problema de atribuir um regime jurídico próprio aos direitos fundamentais do Homem. E isso porque, para tanto, seria necessário caracterizar quais são os direitos fundamentais do Homem. Abordando com muita argúcia o tema, Lorenzo Martín-Retortillo e Ignacio de Otto y Pardo anotam que a garantia do conteúdo dos direitos se entende como limite para a atividade limitadora dos direitos (limite dos limites). A garantia do conteúdo essencial caracterizador desses direitos persegue, nesse sentido, o robustecimento dos direitos fundamentais, mas também pode conduzir à debilidade destes. O estabelecimento de limites mediante a garantia de um conteúdo essencial não ofereceria problema algum se se partisse do pressuposto de que a lei poderia limitar os direitos fundamentais por qualquer motivo ou finalidade. A garantia, assim, seria uma compensação à liberdade limitadora (da extensão dos direitos fundamentais) do legislador. Hoje, contudo, sabe-se que não é mais essa a situação. Declarado o direito, o legislador ordinário só pode limitá-lo se estiver habilitado para tanto, e na medida em que estiver. E todo limite deve, ademais, ser minuciosamente justificado, ainda quando autorizado, sendo inadmissível se assim não se procede. Se a limitação (da extensão dos direitos fundamentais) já está em si mesma limitada pela necessidade de justificação, em que poderia contribuir essa teoria dos limites, consistente na garantia do conteúdo essencial, questionam os citados autores. Em nada, observam. E, na medida em que se considerem esses limites (os referentes ao conteúdo essencial) como algo distinto da própria justificação dos limites (dos direitos fundamentais), o resultado não será outro que não o da relativização dos direitos fundamentais. O que seria, então, esse conteúdo essencial? Duas são as correntes que se apresentam. Para a primeira, designada por teoria relativa, o direito é concebido não como dotado de um valor incondicional em face das limitações, mas sim como algo cuja virtualidade jurídica consiste na proibição do limite arbitrário, de modo que a garantia do conteúdo essencial, para essa teoria, não alude a um conteúdo no sentido usual desse termo, mas se reduz a um juízo de razoabilidade acerca das limitações impostas aos direitos fundamentais do Homem. Assim, a garantia constitucional não se presta de modo incondicional, mas sim como resistência diante da limitação injustificada. O sacrifício do direito fundamental é perfeitamente possível se assim o requerer o bem que se trata de proteger. Os autores citam exemplo extraído da jurisprudência no qual o Tribunal, num caso de restrição à liberdade, não analisou esta em sua extensão, mas apenas a economia ou não da medida que contra ela se adotara. O conteúdo do direito, para essa teoria, como se percebe, não desempenha qualquer papel substantivo, apenas processual ou argumentativo. Para uma segunda teoria, denominada absoluta, o conteúdo essencial do direito é um núcleo duro, absolutamente resistente à ação limitativa do legislador. Mas essa teoria pode igualmente conduzir à relativização dos direitos fundamentais. Isso porque, se o que se protege é apenas o núcleo duro, o que há em torno deste seria penetrável perante o legislador, ou seja, significa que nessa zona caberia qualquer limite. Para evitar isso, concebe-se, segundo os autores, que o conteúdo essencial seja não o único limite, mas como um elemento operante em justaposição com a exigência de que a limitação esteja justificada, embora cada um desses modos de pensar seja suficiente por si mesmo (Lorenzo Martín-Retortillo e Ignacio de Otto y Pardo, *Derechos Fundamentales y Constitución*, p. 125 e s.).

e de concordância prática ao sistema dos direitos fundamentais. E ela repousa na dignidade da pessoa humana, ou seja, na concepção que faz da pessoa fundamento e fim da sociedade e do Estado"[1091]. A lição é de ser aplicada ao sistema brasileiro. O princípio do respeito à dignidade humana norteia a compreensão dos direitos fundamentais. De fato, a Constituição brasileira, como acentuado linhas atrás, destaca de forma bastante acentuada tanto a cidadania quanto a dignidade da pessoa humana.

O Texto Constitucional promoveu verdadeiro alargamento do conjunto de direitos e garantias, para incluir no rol dos direitos fundamentais do homem tanto direitos civis como direitos políticos e sociais. Para além disso, consagrou os denominados direitos e interesses coletivos e difusos.

Quanto aos direitos e garantias fundamentais, encontram-se consagrados no art. 5º da Constituição em setenta e oito incisos. Todos, inclusive os que se encontram albergados em outras partes do Texto Constitucional, como o direito a um meio ambiente sadio, mereceram tratamento especial, no sentido de que a esse conjunto de direitos atribuiu o legislador constituinte a nota da imutabilidade. Pelo art. 60, § 4º, os direitos e garantias fundamentais constituem núcleo intangível da Constituição, só modificável mediante nova manifestação do poder constituinte originário.

Também denota a autoridade de que gozam esses direitos o mandamento constitucional no sentido de que são imediatamente aplicáveis (conforme o § 1º do art. 5º). Trata-se de reconhecer a exigibilidade imediata dos direitos consagrados, evitando que parcelas consideráveis da Constituição restem letra morta, pelo uso, por exemplo, de teorias espúrias, como a concepção de que há cláusulas constitucionais sem impositividade imediata e, especialmente, a teoria das normas programáticas, que serviu historicamente, no Brasil, para bloquear e atrasar o ingresso do país nas nações que efetivamente asseguram direitos fundamentais amplamente reconhecidos.

Tudo está a demonstrar que os direitos fundamentais do homem receberam o adequado tratamento pela Constituição de 1988, cabendo ao Poder Público "conferir eficácia máxima e imediata a todo e qualquer preceito definidor de direito e garantia fundamental"[1092].

Em seu Título II, a Constituição fala em "Direitos e Garantias Fundamentais", dividindo-os em cinco capítulos. No primeiro, trata "Dos Direitos e Deveres Individuais e Coletivos" (art. 5º); no segundo, "Dos Direitos Sociais (arts. 6º a 11); no terceiro, "Da Nacionalidade" (arts. 12 e 13); no quarto, "Dos Direitos Políticos" (arts. 14 a 16), e, no quinto, "Dos Partidos Políticos" (art. 17).

Os direitos individuais caracterizam-se, em geral, pela inclusão no rol dos direitos humanos de primeira dimensão.

Os direitos coletivos são os direitos humanos de terceira dimensão. Direitos coletivos, em sentido amplo, designam os interesses de grupos de pessoas indeterminadas.

1091. Jorge Miranda, *Manual de Direito Constitucional*, v. 4, p. 166-7.

1092. Flávia Piovesan, A Constituição Brasileira de 1988..., in *Os Direitos Humanos e o Direito Internacional*, p. 64.

Os direitos sociais, juntamente com os direitos econômicos e os culturais, compõem os direitos humanos de segunda dimensão. São as liberdades positivas, que objetivam a tutela dos hipossuficientes, única forma de implementar efetivamente a igualdade social, fundamento do Estado brasileiro (inc. IV do art. 1º).

O direito de nacionalidade é o vínculo jurídico-político entre indivíduo e Estado. Nacionalidade é a expressão, no campo jurídico, da dimensão subjetiva do Estado no campo político. Enquadram-se esses direitos na noção mais ampla de participação política (o chamado *status activae civitatis*, na denominação de JELLINEK). Fazem parte, portanto, dos direitos humanos de primeira dimensão, englobando o terceiro e quarto capítulos constitucionais do título ora em análise.

Por fim, há uma categoria que se poderia denominar "direitos relacionados à existência, organização e participação em partidos políticos"[1093]. Os partidos políticos são elementos-chave no funcionamento do Estado Democrático de Direito. São uma estrutura intermediária entre o poder e o povo, seu titular, e, por isso, merecem disciplina adequada.

Percebe-se, portanto, a existência de um rol deveras extenso de direitos fundamentais. A própria Constituição do Brasil possui, em seu bojo, um número quase que infindável de direitos fundamentais, das mais diversas dimensões. Ainda assim, não se pode concluir pela existência de um rol exaustivo deles, na Carta Constitucional brasileira. Há de indagar acerca do § 2º do art. 5º, o qual traz a possibilidade de agregar aos direitos e garantias expressos na Constituição Brasileira outros decorrentes dos tratados internacionais em que o Brasil seja parte.

Ao que tudo indica, a finalidade deste preceptivo, que é original à Constituição de 1988, era a de integrar o País no arcabouço internacional de direitos humanos.

Contudo, no Brasil, notou-se uma resistência, quase que insuperável, em assimilar e respeitar internamente os efeitos dos direitos humanos internacionais, inclusive aqueles integrantes de tratados aos quais livremente aderiu o Estado brasileiro no exercício de sua soberania. FRANCISCO REZEK, tecendo crítica à posição do Supremo Tribunal Federal, apontou que "alguém estava ali raciocinando como se a Convenção de São José da Costa Rica fosse um produto que por obra nefanda de alienígenas desabasse sobre nossas cabeças, à nossa revelia [...] Parece que não se sabe ainda, aqui ou ali, que o Direito Internacional Público não é uma imposição de criaturas exóticas a nossa brasilidade"[1094].

Ou seja, havia um descompasso entre os compromissos assumidos internacionalmente pelo País e a sua postura de internalização destes.

Mais do que isso, havia franca guerra doutrinária entre os que defendiam a equiparação dos tratados sobre direitos humanos às normas constitucionais e aqueles que, encabeçados pelo STF, ao contrário, submetiam-nos à Constituição brasileira, mas os encartando no mesmo patamar hierárquico da legislação ordinária.

1093. Alexandre de Moraes, *Direitos Humanos Fundamentais*, p. 43.

1094. Direito Comunitário no Mercosul, *Cadernos de Direito Constitucional e Ciência Política*, ano 5, n. 18, 1997, p. 226.

Esta situação, contudo, sofreu drástica guinada com a decisão do STF em reconhecer a supralegalidade e, ainda, com o advento da EC n. 45/2004, cujo inovador § 3º do art. 5º da CB pretendeu encerrar, de uma vez por todas, com tão polêmico embate, ao dispor que: "Os tratados e convenções internacionais sobre direitos humanos que forem aprovados, em cada Casa do Congresso Nacional, em dois turnos, por três quintos dos votos dos respectivos membros, serão equivalentes às emendas constitucionais".

8.2. A questão do *status* constitucional de certos tratados

Sobre o § 3º do art. 5º da CB percebe-se que a equivalência às emendas constitucionais se restringe, tão somente, aos tratados e convenções internacionais sobre *direitos humanos*. Isto porque, ao contrário do que ocorria com os tratados sobre direitos internacionais imersos em profunda celeuma doutrinária, sempre foi certo, pacífico, que os tratados internacionais que não contemplam direitos humanos inserem-se, no Direito pátrio, como normas de hierarquia infraconstitucional, consoante decorre do art. 102, III, *b*.

O motivo ensejador de tal distinção de tratamento encontra-se na própria pretensão de cada um destes tratados. Lembre-se que, nos tratados usuais, têm-se meros compromissos recíprocos entre os Estados, de caráter geralmente comercial e de cunho disponível. Já os tratados de direitos humanos não podem ser considerados como disponíveis pelos Estados, pois não interferem nem procuram resguardar as prerrogativas dos Estados. Não são tratados do tipo tradicional.

Deixando de lado a diferença que há entre tratados sobre direitos humanos e os tradicionais, bem como a exclusão destes últimos da reforma perpetrada pela EC n. 45/2004, frise-se, aqui, que o novel § 3º do art. 5º não prevê, necessariamente, a inserção imediata do tratado sobre direitos humanos na seara constitucional, embora esta interpretação não seja de todo inviável. O que o mencionado preceptivo faz é impor ao Congresso Nacional a adoção de, nos casos de tratados sobre direitos humanos, via legislativa similar à da promulgação de emendas constitucionais, com todas as nuanças que esta última apresenta, tal como a desnecessidade de sanção presidencial, por exemplo. É dizer, não cabe ao Congresso Nacional a opção acerca do rito, a opção acerca da hierarquia que o tratado ou convenção assumirá, se constitucional ou, ao contrário, de uma singela legislação ordinária, cuja internalização é formalizada, por via de decreto legislativo. A matéria circunscreverá, doravante, a forma a ser adotada. A simples presença, no tratado ou convenção, do tema de direitos humanos impele o Congresso Nacional a adotar o rito inserido no art. 5º para a respectiva parte do tratado (ou, eventualmente, todo ele). O raciocínio *a contrario* é igualmente válido: não se poderá exigir o processo qualificado de aprovação para dispositivos que não tocam no tema dos direitos humanos, sob pena da constitucionalização indesejada de todo o Direito. O elemento material — insista-se — é imprescindível para assumir a nova ritualização.

Do contrário, se de uma opção se tratasse, ter-se-ia uma alteração constitucional sem qualquer utilidade, pois sempre pôde o Congresso Nacional aprovar, como emenda constitucional, novo direito fundamental, incorporando-o ao rol trazido pela Constituição de 1988. Ademais, a Emenda n. 45/2004, neste particular, também procurou

331

ser um elemento estabilizador do Direito pátrio, encerrando a série de disputas em torno do assunto.

No esteio da conclusão anteriormente apresentada, pode-se aduzir, também, que a adesão do País, no âmbito internacional, está condicionada à sua aprovação pelo Congresso Nacional. Quer-se dizer, a não aprovação do tratado internacional, pelo Congresso Nacional, nos termos do art. 5º, § 3º, não apenas descaracteriza a hierarquia constitucional desse tratado, especial em razão de seu conteúdo, como também impede que o Brasil o internalize como norma. Isto, é claro, nos tratados internacionais celebrados posteriormente ao advento desta mudança constitucional.

Estas medidas, a saber, a exigência da aprovação pelo procedimento do art. 5º, § 3º, e a vedação à adesão ao tratado, no caso de o Congresso Nacional não o aprovar, por três quintos de seus membros, têm como finalidade última dotar o Brasil de seriedade na seara internacional e, ainda, na interna.

No que tange aos tratados internacionais anteriores à EC n. 45/2004, foi omisso o legislador constituinte derivado. Ao que tudo indica, não houve a preocupação em estabelecer uma regra de transição que disciplinasse o delicado e relevante tema dos tratados incorporados anteriormente à EC n. 45/2004.

Sem embargo, duas são as possibilidades passíveis de ser ventiladas: (i) os tratados internacionais permanecem com o *status* próprio do veículo que os internalizou, ou seja, permanecem com o patamar de lei; (ii) passam automaticamente a ter *status* de emenda constitucional, numa espécie de recepção. A posição do STF foi a de considerar os tratados de direitos humanos, nessa hipótese, como superior à legislação (inclusive à Lei Complementar), mas inferior à Constituição (ou seja, direitos humanos sem patamar constitucional, salvo se se tratar de direitos igualmente presentes na Constituição em vigor).

8.3. A desnecessidade de decreto presidencial para internalização plena (vigência imediata)

Um tema de alta relevância que deve ser enfrentado é o da suposta não coercibilidade de um tratado ratificado pela ausência normativa de um Decreto Presidencial posterior ao Decreto Legislativo, como ocorre ao Protocolo Facultativo ao Pacto Internacional sobre Direitos Civis e Políticos.

Sobre esse tema, o Supremo Tribunal Federal posicionou-se na Carta Rogatória n. 8.272, julgada pelo Plenário em 17.06.1998 (Rel. Celso de Mello) no sentido contrário à validade interna de tratados antes da existência do referido Decreto Presidencial[1095]. Essa posição é amplamente conhecida na doutrina e jurisprudência[1096] nacionais e, pois, dispensa maiores digressões.

1095. Cf. o referido julgado: "A Constituição brasileira não consagrou, em tema de convenções internacionais ou de tratados de integração, nem o princípio do efeito direto, nem o postulado da aplicabilidade imediata. Isso significa, de *jure constituto*, que, enquanto não se concluir o ciclo de sua transposição, para o direito interno, os tratados internacionais e os acordos de integração, além de não poderem ser invocados, desde logo, pelos particulares, no que se refere aos direitos e obrigações neles fundados (princípio do efeito direto), também não poderão ser aplicados, imediatamente, no âmbito doméstico do Estado brasileiro (postulado da aplicabilidade imediata)".

1096. No mesmo sentido cf. ADI (MC) 1.480, rel. min. Celso de Mello, j. 4-9-1997.

No entanto, trata-se de vetusta posição do Supremo Tribunal Federal, que não se deve aplicar para os tratados de Direitos Humanos. Há, inclusive, decisão mais recente, também proferida em sede de extradição, cuja tese é antagônica à decisão referida acima. Na mais recente Extradição n. 986, julgada pelo Plenário em 15.08.2007 (Rel. Min EROS GRAU), com base no citado § 1º do artigo 5º da Constituição do Brasil, sustenta a *aplicabilidade imediata* das "normas definidoras dos direitos e garantias fundamentais", agora sim um posicionamento que revigora a jurisprudência mais antiga, alinhando-a à Constituição de 1988 e à prevalência dos direitos humanos aqui já analisada inicialmente. Nesse sentido, vale conferir a ementa desse acórdão de 2007, em lição lapidar sobre a posição do Brasil nas suas relações internacionais: "[...] Obrigação do Supremo Tribunal Federal de manter e observar os parâmetros do devido processo legal, do estado de direito e dos direitos humanos. 2. Informações veiculadas na mídia sobre a suspensão de nomeação de ministros da Corte Suprema de Justiça da Bolívia e possível interferência do Poder Executivo no Poder Judiciário daquele País. 3. Necessidade de se assegurar direitos fundamentais básicos ao extraditando. 4. Direitos e garantias fundamentais devem ter eficácia imediata (cf. art. 5º, § 1º); a vinculação direta dos órgãos estatais a esses direitos deve obrigar o estado a guardar-lhes estrita observância. 5. Direitos fundamentais são elementos integrantes da identidade e da continuidade da constituição (art. 60, § 4º). 6. Direitos de caráter penal, processual e processual-penal cumprem papel fundamental na concretização do moderno estado democrático de direito. 7. A proteção judicial efetiva permite distinguir o estado de direito do estado policial e a boa aplicação dessas garantias configura elemento essencial de realização do princípio da dignidade humana na ordem jurídica. 8. Necessidade de que seja assegurada, nos pleitos extradicionais, a aplicação do princípio do devido processo legal, que exige o *fair trial* não apenas entre aqueles que fazem parte da relação processual, mas de todo o aparato jurisdicional".

Ainda que no caso do acórdão citado, as normas em análise tenham passado pelas formalidades de integração à ordem jurídica nacional, não havendo necessidade de superação de eventuais problemas de internalização, o comando de *imediata aplicação* das normas de direitos fundamentais, presente nesse mais recente julgamento do STF, impõe a *exigibilidade irrestrita* dos direitos humanos na ordem interna, justamente pelo fato de que "[a] ideia de que os direitos e garantias fundamentais devem ter eficácia imediata (art. 5º, § 1º, da CB) ressalta, também, a vinculação direta dos órgãos estatais a esses direitos e o seu dever de guardar-lhes estrita observância" (voto do Min. Gilmar Mendes no citado acórdão da Ext. 986).

O Min. Edson Fachin, em voto recente proferido no TSE, no processo de registro da candidatura do ex-Presidente Luiz Inácio Lula da Silva, posicionou-se no mesmo sentido ao conceber que o ponto central "reside na singela constatação de que o texto constitucional não contém nenhuma das palavras que pudesse autorizar a redução de uma competência congressual que é privativa e definitiva".

Assim, considerando a internalização de direitos humanos de Pactos ratificados pelo Brasil, e por este aprovados internamente pelo Congresso Nacional, tenho por

333

certo que o entendimento mais consentâneo com a Constituição de 1988 é exatamente o da impossibilidade de querer reestabelecer o *velho discurso da falta de aplicabilidade imediata* para os indivíduos (nacionais), por inexistência de um Decreto Presidencial, quer dizer, por falta de um ato normativo intermediário, que faria o papel esdrúxulo de conferir eficácia à normas de Direito constitucional e de direitos humanos. O obsoletismo de teorias que se imaginavam sepultadas no passado retorna para nos assombrar e imolar as legítimas perspectivas da sociedade brasileira e da comunidade internacional de direitos humanos.

Realmente, pretender reforçar essa tese não destoa das posturas ocorridas em ainda recente contexto histórico interno retrógrado, que por muito se fez vitorioso no Brasil, especialmente durante o regime militar ditatorial, mas também, por vezes, sob a Constituição de 1988. A tese de programaticidade de certas normas cogentes, transformando-as em conselhos ou pretensões inconsequentes, desabilitando-as, é cultura ainda não totalmente superada. É preciso envidar todos esforços no sentido de impedir a reprodução desse modelo de pensamento[1097].

A leitura da Constituição de 1988 não pode ser a mesma leitura que se praticava na constituição do Império brasileiro, por ocasião de nossa independência[1098]. Fazer depender a aplicabilidade de Pactos de direitos humanos de um incoerente e inexplicável decreto presidencial é situação esdrúxula. Em última análise é uma construção teórica e histórica que faz com que parcela da própria Constituição dependa de um decreto presidencial, mesmo em face de haver sempre decisão do Congresso Nacional (decreto legislativo) internalizando os direitos humanos e os termos dos respectivos tratados, como seus demais instrumentos, instituições e instâncias decisórias, consultivas ou fiscalizadoras.

Ademais, não é só. A praxe de exigir Decreto presidencial não encontra previsão na Constituição de 1988. Tratando-se de direitos humanos, não apenas falece a previsão necessária para esse procedimento burocrático adicional, como também é ele contrário aos postulados constitucionais aqui analisados, que exigem a priorização dos direitos humanos e que a estes conferem eficácia imediata, além de ser algo injustificável do ponto de vista de uma boa-fé internacional quanto à aplicação dos direitos humanos.

Além de não exigir qualquer decreto presidencial, a Constituição, em realidade, dispensa expressamente esse Decreto - praxe brasileira incompreensível - ao dispor que "[é] da competência *exclusiva* do Congresso nacional [...] resolver *definitivamente*

1097. Pela efetividade dos direitos sociais, que sofrem esse tipo de bloqueio doutrinário e jurisprudencial, já me posicionei da seguinte forma: a "efetivação dos direitos sociais deve necessariamente integrar essa abordagem própria de transformação da realidade socioeconômica trazida pela Constituição econômica. [...]

Essas questões tradicionalmente [...] sofreram [...] forte resistência de todos os setores, inclusive de segmentos do próprio Poder Judiciário, quanto a assumir abertamente essa responsabilidade pelo Estado social" (André Ramos Tavares, CNJ como Instância de Suporte aos Magistrados na Complexidade Decisória: o caso dos direitos sociais e econômicos, In: Fabrício Bittencourt da Cruz (org.), CNJ: 10 anos. Brasília: CNJ, 2015, p. 49-50, ref. p. 46-64).

1098. De acordo com Celso D. de Albuquerque Mello "[a] promulgação vem sendo utilizada, entre nós, desde 1826" (Celso D. de Albuquerque Mello, Curso de Direito Internacional Público, 10a ed, Rio de Janeiro: Renovar, 1994, v. 1, p. 240).

334

sobre tratados, acordos ou atos internacionais que acarretem encargos ou compromissos gravosos ao patrimônio nacional" (art. 49, caput e inciso I da CB, original não destacado). Ou seja, a decisão *definitiva* do Congresso Nacional não poderá ser revista pelo Presidente da República e, certamente, não pode por ele ser sobrestada. Eis aí um caso expresso de poder não conferido ao Presidente da República no Brasil.

Aliás, é necessário relembrar que no Brasil adota-se o Presidencialismo, que concentra na Presidência as funções de chefia de governo e de Estado. Assim, esse mesmo órgão já participou da formação do tratado desde sua assinatura perante a comunidade internacional, revelando-se excessiva e descontextualizada, uma trava meramente burocrática, a exigência de um ato posterior, além de ser contrária à Constituição brasileira de 1988.

A participação presidencial no processo de internalização, após o momento deliberativo máximo, que pertence ao Congresso Nacional, revela-se inconstitucional e completamente obsoleta.

Recorde-se, ademais, que os atos do Congresso Nacional dispõem de acesso à Imprensa Oficial e seus Decretos Legislativos são dotados de oficialidade e ampla publicidade. Essa serôdia e descabida exigência de Decreto presidencial, pretendendo-se a ele imputar uma função de mera publicação, além de ser desnecessária, acaba por atribuir novos poderes à Presidência da República, o que é absolutamente incompatível com a Constituição e sua previsão expressa acerca do papel do Congresso Nacional.

Pode-se concluir que a exigência, que *não* encontra lastro no texto constitucional, de promulgação e publicação da Presidência da República, como condicionante da vigência interna dos tratados internacionais, não pode prosperar atual quadro histórico--constitucional.

Ainda, como reforço, a Convenção de Viena sobre o Direito dos Tratados, concluída em 1969, aprovada internamente pelo Decreto Legislativo n. 496 e promulgada pelo Decreto Presidencial 7.030/2009, dispõe em seu art. 27 que não se pode "invocar o direito interno para justificar o inadimplemento a um tratado" e em seu art. 46 estabelece, ainda, que "[u]m Estado não pode invocar o fato de que seu consentimento em obrigar-se por um tratado foi expresso em violação de uma disposição de seu direito interno". Tais regras, ainda que de hierarquia legal (pois a Convenção de Viena trata de cumprimento de tratados não especificamente de direitos humanos) são de observância obrigatória no território nacional, obrigando, inclusive o Poder Judiciário.

9. TRIBUNAL PENAL INTERNACIONAL

A Emenda Constitucional n. 45/2004 acrescentou ao art. 5º da CB o § 4º. Este novel dispositivo prevê a sujeição do País à jurisdição de um Tribunal Penal Internacional a cuja criação tenha manifestado adesão. Trata-se de previsão semelhante aos movimentos constitucionais que se observaram recentemente em Portugal (art. 7º, § 7º, com a Lei Constitucional n. 1, de 2001), Alemanha (com a reforma constitucional de

2000) e França (art. 53-2 alterados com a Lei Constitucional n. 99-568, de 1999)[1099], fazendo com que se lembre, aqui, do constitucionalismo globalizado a que se fez menção no Capítulo I (item *3.4.1.*) desta obra, o qual consagra uma "normatividade de direito internacional sobre os direitos humanos através de uma dupla lógica: a lógica da supremacia do indivíduo, como ideal do Direito internacional, e a lógica realista, da busca da convivência e cooperação pacífica entre os povos"[1100].

Do ponto de vista da política externa, a reforma carreada pela EC n. 45/2004, nesse ponto, alça o Brasil a uma posição de vanguarda na defesa internacionalista de direitos humanos. Tal Tribunal, cuja existência foi prevista no Estatuto de Roma, de 1998, conforme aduz PERRONE-MOISÉS, "insere-se na evolução do Direito Internacional como sistema de coexistência e cooperação entre os Estados"[1101]. Esse é, pois, o cenário, de cunho internacional, que vem reforçado pela Reforma e para o qual se dirigiu a previsão do referido § 4º do art. 5º.

Do ponto de vista da dogmática constitucional, a presente previsão tem alcance muito maior do que a absorção constitucional de tratados sobre direitos humanos (do § 3º do art. 5º da CB). É que, apesar da recente ideia de soberania compartilhada, resultante da realização de comunidades de Estados (como a europeia), a submissão a um tribunal *penal* internacional não deixa de ser um paradoxo à declaração constitucional de soberania (arts. 1º, I, e 4º, I, da CB). Soa, a EC n. 45/2004, neste ponto, muito mais como uma autorrejeição de soberania, paradigma este que pode, ainda hoje, ser seriamente contestado em face do Direito Constitucional positivo.

9.1. Breve escorço histórico

Sabe-se que a idealização de tribunais *penais* internacionais deu-se com o pulular das grandes guerras e dos conflitos étnicos (conflitos estes, via de regra, intestinos), no século XX, potencializados, é certo, por profunda revolução na tecnologia bélica[1102].

Sem embargo, tais tribunais, por apresentarem natureza *ad hoc*, sempre tiveram sua legitimidade, imparcialidade e, por conseguinte, seriedade contestadas. Tribunais como o de Nuremberg e Tóquio caracterizaram-se muito mais como mecanismos de uma velada vingança, promovida abertamente pelos países vencedores, do que propriamente como instituições de defesa dos direitos humanos. Sua criação atual, por via do Conselho de Segurança da ONU, bem denota, pelo poder de veto dos cinco membros permanentes, essa característica política que lhes tem perseguido a existência. Em virtude disso, surgiu uma demanda mundial por um órgão julgador *imparcial*

1099. Cf. Dimitri Dimoulis e Ana Lúcia Sabadell, Tribunal Penal Internacional e Direitos Fundamentais: Problemas de Constitucionalidade, *Cadernos de Direito*, p. 256.

1100. André de Carvalho Ramos, *Responsabilidade Internacional por Violação de Direitos Humanos*, p. 33.

1101. O Princípio da Complementaridade no Estatuto do Tribunal Penal Internacional e a Soberania Contemporânea, *Política Externa*, p. 3.

1102. Cf. Marcel Biato, O Tribunal Penal Internacional e a Segurança Coletiva, *Política Externa*, p. 133.

e *independente*, o qual, para tanto, deveria atender a um pressuposto básico: ser permanente[1103]. O resultado desse movimento foi, para muitos, alcançado justamente com o Estatuto de Roma, do qual o Brasil é signatário (Decreto legislativo n. 112, de 2002, e Decreto presidencial n. 4.388, de 25-9-2002). E não há dúvida de que, apesar da redação genérica do mencionado § 4º do art. 5º da CB, foi o mesmo concebido para conferir um manto de constitucionalidade à adesão, previamente manifestada, ao T.P.I. do Estatuto de Roma. É por esse motivo que se passará, adiante, ao estudo concentrado neste específico TPI.

9.2. A questão da soberania

A mencionada preocupação mundial pode ser vislumbrada nos *considerandos* do referido Estatuto, nos quais se lê, dentre outros: "Conscientes de que todos os povos estão unidos por laços comuns e de que suas culturas foram construídas sobre uma herança que partilham, e preocupados com o fato deste delicado mosaico pode[r] vir a quebrar-se a qualquer instante" e "Decididos a garantir o respeito duradouro pela efetivação da justiça internacional".

Em seu âmago, o Estatuto contém disposições que certamente enfraquecerão a soberania dos países que o absorvam. O caso brasileiro não foge dessa situação, podendo ser considerado ainda mais constrangedor, pois o referido Estatuto de Roma já havia ingressado na ordem jurídica interna por meio de decreto legislativo e presidencial. Sua constitucionalidade, contudo, seja um decreto, seja uma emenda constitucional, poderá continuar a ser contestada e averiguada pelo Judiciário (embora, é certo, não com a mesma extensão em ambas as hipóteses), nos termos a seguir declinados.

O § 4º utilizou a inusitada expressão "o Brasil se submete à jurisdição", como se o choque da terminologia pudesse sepultar todas as incongruências do TPI. Veja-se que o emprego da terminologia denota, claramente, a ideia de submissão, o que só se admite se se afastar, nesse exato ponto, peremptoriamente, a soberania do País. Um Estado soberano não se submete a nenhum outro Estado ou órgão. Suas decisões são baseadas em critérios próprios, e não em comandos externos. Daí falar em soberania. Do contrário, tem-se submissão. Essa dualidade soberania/submissão não pode ser ignorada. De resto, a mesma expressão refere-se, ainda, à outra jurisdição, à qual estaria o Brasil (leia-se: todos que se submetam ao seu ordenamento jurídico) submisso.

Nesse sentido, merece um estudo mais aprofundado o *princípio da complementaridade*, presente tanto no preâmbulo do Estatuto de Roma, em que se sublinha que "o Tribunal Penal Internacional, criado pelo presente Estatuto, será complementar às jurisdições penais nacionais", como, de forma mais técnica, pelo art. 1º, no qual se indica a complementaridade do TPI em face das jurisdições penais nacionais, e, mais precisamente, pelos arts. 17, 18 e 19, os quais tratam dos critérios

---

1103. Nesse sentido, Marcel Biato, op. cit., p. 135-6.

de admissibilidade da jurisdição complementar do Tribunal Penal Internacional, bem como de sua impugnação.

9.2.1. Princípio da complementaridade e hipóteses avocadoras da competência do TPI

Observa-se que a regra para que a atuação do Tribunal Penal Internacional possa ocorrer é a suposta *omissão* do Estado-parte. Em outras palavras, aciona-se o TPI quando se verifique uma das seguintes hipóteses: (i) a paralisia consciente do Estado em responsabilizar penalmente os suspeitos dos crimes capitulados no art. 5º do Estatuto (crime de genocídio, crimes contra a humanidade, crimes de guerra e crimes de agressão, os quais são, aliás, nos termos do art. 29, imprescritíveis), ou (ii) a falência estrutural das condições necessárias para proceder à persecução penal (o art. 17, em seu § 3º, arrola as hipóteses que configuram a ausência de condição estatal para proceder à responsabilização penal, a saber: por colapso total ou substancial da respectiva administração da Justiça ou por indisponibilidade desta).

Portanto, a atuação legítima do TPI encontra-se condicionada a dois fatores, que devem operar concomitantemente: (i) que o crime seja de genocídio, contra a humanidade, de guerra ou crime de agressão, e (ii) que haja inação por parte do Estado em que tenha ocorrido a infração penal ou de onde seja proveniente o agente criminoso.

Nesse diapasão, é questionável a utilização da ideia de complementaridade, pedra de toque da atuação do TPI. Isto porque o termo *complementar*, a bem da verdade, está a significar o que acompanha o essencial, adicionando-lhe algo. Nos ditames lógicos, se o essencial não existe, seu complemento seria, na realidade, a própria essência (não uma adição, mas a própria unidade). Ao que tudo indica, tal termo teria sido escolhido tão somente em razão de sua conotação benéfica ao sentido clássico de soberania, na medida em que repassa um aparente respeito às determinações do próprio Estado, supostamente não contrariando suas decisões próprias.

Nada obstante este fator, parece que seria mais adequado, ao menos etimologicamente, ter como princípio do TPI o da subsidiariedade, cuja tônica é o da ajuda, o do reforço, em caso de falência do principal. É terminologia que, de forma mais pontual, denota *secundariedade*. Afinal, é exatamente na ausência do ânimo persecutório do Estado-parte que se afigura pertinente deflagrar a atuação do TPI. Ademais, assim como ocorre ao termo "complementaridade", manter-se-ia a ideia (resistente) de soberania, conferindo-lhe uma (fantasiosa) sobrevida, na medida em que o TPI não substituiria os tribunais nacionais, mas apenas operaria nos casos topicamente indicados, como bem lembra PERRONE-MOISÉS[1104].

1104. Op. cit., p. 5.

9.2.2. Eventuais inconstitucionalidades e conclusões

Quanto à subordinação, doravante constitucionalmente determinada, ao TPI é necessário, numa análise estritamente constitucional, verificar eventual violação de cláusula pétrea, especialmente no ponto em que o TPI sobreporá ao princípio da nacionalidade.

Poder-se-ia falar, também, em princípio da territorialidade, mas seria bulir com um princípio ligado a um conceito que muitos consideram anacrônico, o de soberania. Tal obstáculo parece ter sido superado pela conjuntura atual: "O dogma da soberania do Estado não poderá ser aqui validamente invocado e, mais uma vez, revela-se imprestável perante a atual conjuntura mundial. É que de nada adianta a soberania estatal se é ela impotente para, por si só, enfrentar os problemas que surgem e desafiam-lhe a própria subsistência neste final de milênio"[1105]. O conceito de soberania é um conceito forjado pelo Homem, que demanda justamente um "acertamento" de seu conteúdo atual.

O princípio da nacionalidade e o da proteção nacional, por outro lado, encontram-se arraigados na Constituição de 1988: (i) nenhum brasileiro nato será extraditado (art. 5º, LI); (ii) o brasileiro naturalizado só poderá ser extraditado em caso de crime comum praticado antes da naturalização ou comprovado envolvimento em tráfico ilícito de substâncias entorpecentes ou drogas (art. 5º, LI); e (iii) não será concedida extradição baseada em crime político ou de opinião (art. 5º, LII, da CB). E, como direitos fundamentais que são, não se lhes pode negar a característica de ser cláusula pétrea.

Com efeito, o art. 89 do Estatuto de Roma prevê a entrega de pessoas ao TPI pelos Estados, bem como o seu art. 103, o qual dispõe acerca da execução da pena em um Estado indicado pelo TPI.

Diante da vedação constitucional, o TPI, *a priori*, dirigindo um pedido de detenção e entrega ao Brasil, quando o agente do crime for um brasileiro nato ou naturalizado (salvo os casos mencionados) ou quando se entenda ser o caso de crime político ou de opinião, não poderia ter sua solicitação atendida.

Note-se, contudo, que o termo utilizado no Estatuto é *entrega*, e não *extradição*. A distinção é, entretanto, meramente grafológica, não se podendo considerar, seriamente, ser ontológica, nem mesmo para os mais entusiastas defensores do TPI. O Estatuto parece tratar os termos como não sendo sinonímicos, conforme se depreende do art. 90, § 1º: "Um Estado-parte que, nos termos do artigo 89, receba um pedido de *entrega* de uma pessoa formulado pelo Tribunal, e receba igualmente, de qualquer outro Estado, um pedido de *extradição* relativo à mesma pessoa, pelos mesmos fatos que motivaram o pedido de entrega por parte do Tribunal, deverá notificar o Tribunal e o Estado requerente de tal fato".

Sem embargo, a única diferença encontra-se na qualidade do órgão requerente. A extradição é solicitada pelo sujeito de Direito internacional, o Estado, é dizer, "extradição é o ato pelo qual um Estado entrega um indivíduo acusado de fato delituoso ou

---

1105. Cf. André Ramos Tavares, *As Tendências do Direito Público no Limiar de um Novo Milênio*, p. 394.

já condenado *como* criminoso à justiça de outro *Estado*"[1106]. A entrega, por sua vez, voltar-se-ia para um organismo internacional, a saber, o TPI. O outro possível fator de discriminação estaria reduzido ao termo utilizado, um termo mais suave que o carregado *extradição*.

A respeito, aduzia GROCIO: "ou entregar ou castigar"[1107], o que é de aplicar à dualidade acima apresentada. Se se entrega para punir, a distinção esvai-se. Consequentemente, as vedações que se aplicam a um caso, necessariamente, aplicar-se-ão ao outro. Isto porque o que se pretendeu com a mencionada proibição constitucional, além de asseverar a soberania do Estado brasileiro, ao reforçar a sua própria jurisdição sobre os nacionais, foi, também, protegê-los. Nesse sentido, cumpre destacar, aqui, as causas colacionadas por ACCIOLY: "1ª) os Estados devem proteção a seus nacionais e, por conseguinte, têm a obrigação de lhes garantir uma justiça imparcial; ora, essa imparcialidade pode faltar nos juízes estrangeiros; 2ª) (...) a entrega de um nacional a uma justiça estrangeira constitui uma espécie de renúncia a direitos inerentes à soberania; 3ª) todo indivíduo tem o direito de viver no território e sob a proteção do Estado de que é nacional (...)"[1108].

Decerto, é possível argumentar que, por ser o Brasil signatário deste Estatuto, e, mais, em virtude de circunstâncias temporais, os motivos ensejadores da vedação constitucional em causa não seriam vocacionados a um tribunal penal internacional. E tal argumentação, a bem da verdade e de forma irretorquível, será válida. Contudo, ainda assim, não se poderá admiti-la, no Brasil, porquanto este é o risco que se corre ao adotar uma Constituição com cláusulas mais do que rígidas (*v.* Capítulo IV, item *4.5.4.*), em que se preveem cláusulas imodificáveis, conforme já bem criticara PAINE[1109]. Ainda que a proteção concedida pelo texto constitucional aos brasileiros se afigure, hodiernamente, anacrônica, tal foi envernizada pela imutabilidade, para o bem ou para o mal.

As interpretações que visem a conceder (contornando) sentido diverso à vedação constitucional que ora se comenta, afastando-a da hipótese de *entrega*, não poderão prevalecer, uma vez que, conforme já se viu acima, a única diferença entre o presente instituto e o da extradição, além da terminológica, reside no ente que a solicita. Sendo assim, qualquer elucubração exegética nesse sentido produzirá o único efeito da sustentação do ridículo hermenêutico.

A única forma de admitir a extradição, entrega, ou qualquer outro nome que pretenda conferir a este único e idêntico fenômeno, será por meio da criação de uma nova Constituição via constituinte originário, ou deturpação da cláusula pétrea constante do art. 60, § 4º, IV, da CB, compreendendo como não tendente a abolir esses delicados direitos fundamentais a entrega de indivíduos para serem submetidos a jurisdição outra que não a nacional.

1106. Cf. Hildebrando Accioly, *Direito Internacional Público*, p. 125, original não grifado.
1107. *Derecho de la Guerra y la Paz*, Livro II, Cap. XXI, § 4º, n. 3.
1108. Op. cit., p. 127-8.
1109. *Rights of Man*, p. 41-5.

A imprescritibilidade dos crimes, acenada pelo Estatuto de Roma, é outro ponto que se apresenta em contradição com o texto da Constituição Federal, além de tornar vulneráveis as situações jurídicas consolidadas com o decurso de longo período de tempo, destruindo um dos primeiros pilares do Direito, que é a pacificação dos conflitos sociais e das relações jurídicas gerais. Ademais, conflita com a sistemática constitucional, que sempre se referiu expressamente aos casos de crimes imprescritíveis (cf. art. 5º, XLII e XLIX, da CB), sendo a extrapolação para outras hipóteses inadmissível. Portanto, trata-se de dispositivo que infirma não apenas o Direito constitucional como a própria finalidade do Direito. Evidentemente que, no caso desse dispositivo do Estatuto, bastaria (embora não seja assim tão simples) sua declaração de inconstitucionalidade no Brasil para, afastando sua incidência, salvar a própria existência do TPI nas demais dimensões. Em outras palavras, não se trata de vício que atinja diretamente o TPI, que muito bem poderia funcionar sem que se aplicasse tal extensão temporal de sua "jurisdição", ao contrário do que ocorre com o vício apontado anteriormente.

Não é só. O Estatuto, em sua estrutura, conta com um grau de tipicidade inadmissível a qualquer Estado Constitucional de Direito, como o brasileiro. É que não há a previsão exata dos crimes (dos tipos penais em seus elementos) perante os quais seriam julgados os indivíduos sujeitos a sua "jurisdição", tampouco há previsão exata, como seria desejável, das penalidades a serem aplicadas. Nem seria necessário dizer que esse tipo de estrutura do Estatuto viola frontalmente dispositivos da Constituição de 1988 que se caracterizam, inegavelmente, como direitos fundamentais "petrificados" (cf. art. 5º, II e XXXIX, da CB). Isto inviabiliza a própria manutenção do TPI, que, sem estar vinculado a crimes e penas previamente determinados, teria atuação sempre inconstitucional aos olhos da Constituição brasileira.

Por fim, outro ponto do Estatuto de Roma que conflita, *a priori*, com a Constituição de 1988, é o art. 77, § 1º, *b*, o qual prevê a possibilidade de aplicar pena de prisão perpétua, nos casos em que houver elevado grau de ilicitude do fato e as condições pessoais do condenado a justificarem. Ora, como é sabido, o art. 5º da CB, em seu inciso XLVII, *b*, obsta qualquer possibilidade de instaurar penas de caráter perpétuo. E, como se sabe, esse dispositivo aplica-se a qualquer tipo de crime, a qualquer pessoa que se encontre sob a jurisdição punitiva brasileira e em qualquer época. A dúvida que poderia surgir é a de saber se esta vedação, no entanto, seria *ratione locus*, quer dizer, se somente se aplicaria no Brasil ou, ao contrário, se seria uma garantia subjetiva, estendendo-se ao novel caso da entrega.

O STF, no pedido de Extradição n. 811-1 (*DJ*, 28 fev. 2003), feito pelo Peru, entendeu, por maioria, possível "o Governo brasileiro extraditar o súdito estrangeiro reclamado, mesmo nos casos em que este possa sofrer pena de prisão perpétua no Estado requerente. Ressalva da posição pessoal do Relator (Min. Celso de Mello), que entende necessário comutar, a pena de prisão perpétua, em privação temporária da liberdade, em obséquio ao que determina a Constituição do Brasil". Portanto, não haveria nenhuma contradição, nessa hipótese de entrega, entre a previsão de pena perpétua, no Estatuto de Roma, e a Constituição de 1988. Sendo assim, a celeuma se resume à vedação de extraditar ou, caso se prefira o termo genérico, de *entregar* um *nacional* ao

341

TPI, para que ele cumpra a pena definida por este. Para admiti-la nesses termos (com a penalidade indefinida mencionada), seria, então, necessário criar uma nova Constituição com a inserção dessa permissibilidade.

Para encerrar o assunto, cumpre frisar que a presente vedação não obsta, tão somente, a efetivação do Estatuto de Roma no País. Dirige-se a toda e qualquer previsão de um tribunal internacional com caráter *penal*, ao qual o Brasil pretenda integrar-se, pois, ainda que o tratado em que se preveja a sua criação venha a admitir a adoção, pelos Estados-partes, de reservas a uma de suas cláusulas (o que não é admitido pelo Estatuto de Roma, nos termos de seu art. 120), a extradição ou entrega sempre constituirá condição *sine qua non* para a existência e plena efetividade de um tribunal com essa natureza, uma vez que não seria coerente que um órgão desses, cujo princípio elementar é o da complementaridade, viesse a admitir que o agente criminoso pudesse cumprir pena exatamente no país em que, em razão de sua ausência de ânimo punitivo ou de condições efetivas para tanto, findou por franquear a atuação do tribunal penal internacional. E a própria previsão dos crimes, respectivas penas e prescrição, a serem julgados pelo TPI é, para qualquer Estado de Direito, condição inafastável para a admissão de um tribunal internacional.

Em outras palavras, enquanto houver a previsão de direitos fundamentais, como a prescritibilidade dos crimes, impossibilidade de extradição de certas pessoas e em certas situações, garantia da legalidade, e outras, a novel redação do § 4º do mesmo art. 5º da CB adentrará, numa previsão otimista, no rol das normas constitucionais com diminuto alcance prático. E nem se poderia invocar o disposto no art. 7º do Ato das Disposições Constitucionais Transitórias, que estabelece que "o Brasil propugnará pela formação de um tribunal internacional dos direitos humanos", e o art. 4º da CB, que propugna pela prevalência dos direitos humanos (inc. II), cooperação entre os povos (inc. IX) e integração internacional (parágrafo único), porque nada há, nesses dispositivos, que autorize a submissão do País a tribunal de *natureza penal*, para entregar pessoas que se encontrem sob sua jurisdição, independentemente de sua nacionalidade ou do tipo de crime por elas supostamente praticado. O dispositivo constitucional mais próximo, do art. 7º do ADCT, apenas propugna pela formação de um tribunal internacional dos direitos humanos. A formação de um tribunal internacional de direitos humanos não requer, necessariamente, a formação de um com caráter punitivo, nos termos em que foi firmado o Estatuto de Roma.

Assim, a inserção de qualquer tribunal penal internacional no seio da Constituição de 1988, como foi feito no indicado § 4º do art. 5º, por meio da Reforma, em muito pouco altera a situação anterior, pela qual especificamente o TPI criado pelo Estatuto de Roma havia sido internalizado por via de decreto, no ordenamento jurídico pátrio. É que todos os pontos de inconstitucionalidade que afrontavam cláusulas pétreas continuam passíveis de infirmar a novel previsão constitucional especificamente quanto ao Estatuto de Roma. Assim ocorre com: (i) a "entrega" ou extradição de nacionais; (ii) a "entrega" ou extradição de estrangeiros por crimes políticos ou de opinião; (iii) a falta de tipificação dos crimes no Estatuto; (iv) a falta de prévia previsão das punições cabíveis; (v) a imprescritibilidade dos crimes; e (vi) as penas perpétuas admitidas.

342

É evidente que a previsão constitucional inserida no art. 5º da CB, pela Reforma, não se refere especificamente ao TPI ou ao Estatuto de Roma, falando, antes, em termos genéricos, de uma "jurisdição de Tribunal Penal Internacional". Contudo, é inimaginável (ou, ao menos, esvaziaria dramaticamente, aos olhos do Direito Internacional, essa "jurisdição") a falta, em qualquer tribunal desse porte, da previsão de entrega incondicional, consoante n. (i) *supra*.

Além desses sérios problemas, a possibilidade de o Brasil vir a aderir a um tribunal penal internacional (ou a suposta confirmação constitucional da submissão ao TPI do Estatuto de Roma) representa: (i) a adesão do Estado aos *standards* internacionais[1110] que, não obstante sua importância, ignoram importantes avanços jurídicos da humanidade; (ii) provocando por indução comportamentos desejados[1111], como incentivo à celeridade jurisdicional do País, numa perspectiva nitidamente pedagógica[1112], mas pela via transversa da intimidação e amedrontamento nacional.

10. MOVIMENTO ATUAL

Identifica-se uma tentativa de enfraquecimento do universalismo das Declarações de Direitos Humanos. O Estado, agente principal na mudança e implementação de uma igualdade substancial, torna-se, no pós-modernismo, um gestor da competitividade econômica. Os capitais voláteis são o maior exemplo (e contrassenso) dessa orientação.

De outra parte, a escalada do terror, apresentado agora em escala mundial, como consectário da globalização, e praticado por determinadas seitas que pretendem implantar suas ideias à custa da vida humana, formou um contexto no qual algumas liberdades passaram a ser questionadas, em nome da própria sobrevivência da Humanidade. Assim, o fator "segurança" tem suplantado algumas perspectivas de asseguramento dos direitos humanos. Liberdade de locomoção e privacidade são conceitos especialmente atingidos por essa nova ordem, que avança em núcleos que, anteriormente, consideravam-se intangíveis.

Referências bibliográficas

ACCIOLY, Hildebrando. *Direito Internacional Público*. 4. ed. São Paulo: Saraiva, 1958.

ALVES, J. A. Lindgren. A Declaração dos Direitos Humanos na Pós-Modernidade. In: *Os Direitos Humanos e o Direito Internacional*. Rio de Janeiro: Renovar, 1999. Bibliografia: 139-166.

BIATO, Marcel. O Tribunal Penal Internacional e a Segurança Coletiva. *Política Externa*, v. 10, n. 3, p. 132 a 147, dez./fev. 2001/2002.

1110. Cf. Perrone-Moisés, op. cit., p. 4.
1111. Cf. Marcel Biato, op. cit., p. 133.
1112. Cf. Marcel Biato, op. cit., p. 139.

CANOTILHO, J. J. Gomes. *Direito Constitucional e Teoria da Constituição*. 4. ed. Coimbra: Livr. Almedina, 2000.

COMPARATO, Fábio Konder. *A Afirmação Histórica dos Direitos do Homem*. 2. ed. São Paulo: Saraiva, 2001.

DIMOULIS, Dimitri; SABADELL, Ana Lúcia. Tribunal Penal Internacional e Direitos Fundamentais: Problemas de Constitucionalidade. *Cadernos de Direito*, Cadernos do Curso de Mestrado em Direito da Universidade Metodista de Piracicaba, v. 3, n. 5, dez. 2003. Bibliografia: 241-59.

GROCIO, Hugo. *Derecho de la Guerra y la Paz*. Madrid: Reus, 1925.

LUÑO, Antonio Pérez. *Derechos Humanos, Estado de Derecho y Constitución*. 5. ed. Madrid: Tecnos, 1995.

MALBERG, Carré de. *Contribution à la Théorie Génerale de l'Etat*. 3. ed. Paris: Sirey, 1922. v. 2.

MARTÍN-RETORTILLO, Lorenzo & PARDO, Ignacio de Otto Y. *Derechos Fundamentales y Constitución*. Madrid: Civitas, 1992.

MELLO, Celso Albuquerque. *Curso de Direito Internacional Público*, 10ª ed, Rio de Janeiro: Renovar, 1994, v. 1.

_____. Análise do Núcleo Intangível das Garantias dos Direitos Humanos em Situações Extremas: uma Interpretação do Ponto de Vista do Direito Internacional Público. *Direito, Estado e Sociedade*. Rio de Janeiro, n. 5, ago./dez. 1994. Bibliografia: 13-23.

MIRANDA, Jorge. *Manual de Direito Constitucional: Direitos Fundamentais*. Coimbra: Coimbra Ed., 1988. v. 4.

MORAES, Alexandre de. *Direitos Humanos Fundamentais*. 3. ed. São Paulo: Atlas, 2000.

PAINE, Thomas. *Rights of Man*. New York: Penguin, s.d.

PERRONE-MOISÉS, Cláudia. O Princípio da Complementaridade no Estatuto do Tribunal Penal Internacional e a Soberania Contemporânea. *Política Externa*, v. 8, n. 4, p. 3-11, mar./maio 2000.

PIÇARRA, Nuno. *A Separação dos Poderes como Doutrina e Princípio Constitucional: Um Contributo para o Estudo das Suas Origens e Evolução*. Coimbra: Coimbra Ed., 1989.

PIOVESAN, Flávia. A Constituição Brasileira de 1988 e os Tratados Internacionais de Proteção dos Direitos Humanos. In: *Os Direitos Humanos e o Direito Internacional*. Rio de Janeiro: Renovar, 1999. Bibliografia: 115-138.

_____. *Direitos Humanos e o Direito Constitucional Internacional*. São Paulo: Max Limonad, 1996.

RAMOS, André de Carvalho. O Impacto da Convenção Americana de Direitos Humanos na Relação do Direito Internacional e o Direito Interno. *Boletim Científico*, Escola Superior do Ministério Público da União, ano 1, n. 4, jul./set. 2002. Bibliografia: 51-71.

REZEK, Francisco. Direito Comunitário do Mercosul. *Cadernos de Direito Constitucional e Ciência Política*, ano 5, São Paulo: Revista dos Tribunais, v. 18, 1997. Bibliografia: 226-35.

SOMMERMANN, Karl-Peter. El Desarrollo de los Derechos Humanos desde la Declaración Universal de 1948. In: *Derechos Humanos y Constitucionalismo ante el Tercer Milenio*. Madrid: Marcial Pons, 1996.

TAVARES, André Ramos. An International Constitutional Court Versus The Inter-American Court of Human Rights and its Democratic Principles, *In*: GHACHEN, Asma e PALLARD, Henry (coord.), *Une Cour Con-stitutionnelle Internationale au Service du Droit Démo-*

cratique et du Droit Constitutionnel: actes du colloque. Beyrouth (Libian): Konrad Adenauer Sfiftung, 2015.

_____. CNJ como Instância de Suporte aos Magistrados na Complexidade Decisória: o caso dos direitos sociais e econômicos, *In*: Fabrício Bitten-court da Cruz (org.), *CNJ: 10 anos.* Brasília: CNJ, 2015.

TAVARES, André Ramos; BASTOS, Celso Ribeiro. *As Tendências do Direito Público no Limiar de um Novo Milênio.* São Paulo: Saraiva, 2000.

TRINDADE, Antônio Augusto Cançado. *A Proteção dos Direitos Humanos nos Planos Nacional e Internacional: Perspectivas Brasileiras*, 1992.

_____. *A Proteção Internacional dos Direitos Humanos: Fundamentos Jurídicos e Instrumentos Básicos.* São Paulo: Saraiva, 1991.

_____. Democracia y Derechos Humanos: el Regímen Emergente de la Promoción Internacional de la Democracia y del Estado de Derecho. *Arquivos do Ministério da Justiça*, Brasília, jan. 1994, v. 47 (183). Bibliografia: 5-24.

Título III

Dos direitos individuais

Capítulo XVI
DIREITO À VIDA

1. PREVISÃO E CONTEÚDO DO DIREITO À VIDA

Prevê a Constituição Federal, no art. 5º, *caput*, expressamente, "a inviolabilidade do direito à vida".

É o mais básico de todos os direitos, no sentido de que surge como verdadeiro pré-requisito da existência dos demais direitos consagrados constitucionalmente. É, por isto, o direito humano mais sagrado.

O conteúdo do direito à vida assume duas vertentes. Traduz-se, em primeiro lugar, no direito de permanecer existente, e, em segundo lugar, no direito a um adequado nível de vida.

Assim, inicialmente, cumpre assegurar a todos o direito de simplesmente continuar vivo, permanecer existindo até a interrupção da vida por causas naturais. Isso se faz com a segurança pública, com a proibição da justiça privada e com o respeito, por parte do Estado, à vida de seus cidadãos.

Ademais, é preciso assegurar um nível mínimo de vida, compatível com a dignidade humana. Isso inclui o direito à alimentação adequada, à moradia (art. 5º, XXIII), ao vestuário, à saúde (art. 196), à educação (art. 205), à cultura (art. 215) e ao lazer (art. 217).

O direito à vida se cumpre, neste último sentido, por meio de um aparato estatal que ofereça amparo à pessoa que não disponha de recursos aptos a seu sustento, propiciando-lhe uma vida saudável.

Nesse sentido, o STF já reconheceu que o "direito à saúde (...) representa consequência constitucional indissociável do direito à vida. O Poder Público, qualquer que seja a esfera institucional de sua atuação no plano da organização federativa brasileira, não pode mostrar-se indiferente ao problema da saúde da população, sob pena de incidir, ainda que por censurável omissão, em grave comportamento inconstitucional"[1113].

1113. AgRg no RE 271.286-8-RS, rel. Min. Celso de Mello, j. 12-9-2000, *Boletim de Direito Administrativo*, ago. 2001, p. 641.

2. EVOLUÇÃO CONSTITUCIONAL

Art. 113, 34, da Constituição Federal de 1934: "A todos cabe o direito de prover a própria subsistência e a da sua família, mediante trabalho honesto. O Poder Público deve amparar, na forma da lei, os que estejam em indigência"[1114].

O art. 136 da Constituição de 1937 assinalava, já dentro da ordem econômica: "A todos é garantido o direito de subsistir mediante o seu trabalho honesto e este, como meio de subsistência do indivíduo, constitui um bem, que é dever do Estado proteger, assegurando-lhe condições favoráveis e meios de defesa".

Com a Constituição de 1967 e a Emenda Constitucional n. 1, de 1969, ficara garantida a inviolabilidade "dos direitos concernentes à vida" (art. 153, *caput*), em redação dúbia, que deixava de referir-se, diretamente, à inviolabilidade do direito à vida.

A Constituição de 1988, em seu art. 170, *caput*, determina que "A ordem econômica, fundada na valorização do trabalho humano (...) tem por fim assegurar a todos existência digna (...)". Apesar da redação menos distorcida, há diversas dificuldades interpretativas que emanam da falta de um conteúdo mais preciso e delimitado quanto a esse tema tão relevante.

3. MOMENTO INICIAL DE PROTEÇÃO

Desde o primeiro e mais essencial elemento do direito à vida, vale dizer, a garantia de continuar vivo, é preciso assinalar o momento a partir do qual se considera haver um ser humano vivo, assim como o momento em que, seguramente, cessa a existência humana e, nessa linha, o dever estatal, de cunho constitucional, de mantê-la e provê-la. Neste passo, analisa-se a primeira dessas problemáticas.

Regra geral, pode-se dizer que o início desse direito é uma questão biológica. Nesse cenário, contudo, há várias teorias: teoria da concepção; teoria da nidação; teoria da implementação do sistema nervoso; teoria dos sinais eletroencefálicos.

A teoria da concepção é adotada pela Igreja Católica. Consiste em defender a existência de vida humana desde o momento da concepção, quer dizer, o ato de conceber (no útero). É, como se verificará, a diretriz atual encampada pela sistemática do Direito brasileiro.

A teoria da nidação exige, contudo, que haja a fixação do óvulo no útero.

A teoria da implementação do sistema nervoso exige que surjam os rudimentos do que será o sistema nervoso central. Para essa corrente, não basta a individualidade genética, sendo necessário que se apresente, no feto, alguma característica exclusivamente humana. O sistema nervoso central começa a se formar entre o décimo quinto e o quadragésimo dia do desenvolvimento embrionário.

Para outros autores, seria necessário que no feto se verificasse a atividade cerebral, imprescindível para o reconhecimento da vida humana.

1114. Redação original.

348

A atividade elétrica do cérebro inicia-se após oito semanas.

Por fim, tem-se a teoria de que apenas com o nascimento no sentido da exteriorização do ser é que se poderia avaliar a incidência do direito à vida.

Independentemente dessa polêmica que envolve posições bastante firmes no sentido assinalado, "nada impede que o Direito confira aos pré-embriões a mesma proteção conferida à vida humana, concedendo-lhes, assim, valor idêntico. Trata-se muito mais de uma opção política, mas opção esta que não pode ser puramente arbitrária, devendo encontrar justificativa que legitime a norma a ser editada, segundo os interesses da sociedade"[1115].

O STF, no julgamento da ADI 3.510, assim se manifestou sobre o tema: "O Magno Texto Federal não dispõe sobre o início da vida humana ou o preciso instante em que ela começa. Não faz de todo e qualquer estádio da vida humana um autonomizado bem jurídico, mas da vida que já é própria de uma concreta pessoa, porque nativiva". Donde a distinção que passou a realizar entre indivíduo-pessoa e embrião e feto.

3.1. Legislação nacional e direito à vida

Interessante atentar para a Lei n. 8.069/90 (Estatuto da Criança e do Adolescente), que em seu art. 7º estabelece: "a criança e o adolescente têm direito a proteção à vida e à saúde, mediante a efetivação de políticas sociais públicas que permitam o nascimento e o desenvolvimento sadio e harmonioso, em condições dignas de existência".

Que a criança e o adolescente, como qualquer outro ser humano, gozam da proteção à vida é preceito constitucional explícito. Contudo, o que torna o dispositivo de interesse para meditação mais ampla é a imposição de políticas "que permitam o nascimento" sadio e harmonioso. Aqui, o objeto da tutela jurídica é, pois, o próprio ser em concepção.

Há ainda necessidade de fazer referência ao Código Civil de 1916, que prescrevia, em seu art. 4º (art. 2º do CC/2002): "A personalidade civil do homem começa do nascimento com vida; mas a lei põe a salvo desde a concepção os direitos do nascituro".

Na realidade, em ambos os dispositivos tutela-se o desenvolvimento embrionário, mas não se admite tratar-se de vida propriamente dita. Trata-se de mais um valor que, tal qual a vida, encontra guarida no Direito.

Em síntese, o desenvolvimento embrionário e a etapa pré-embrionária da vida humana são bens jurídicos considerados relevantes para fins de receber a tutela jurídica.

Ademais, segundo o art. 10 do Código Civil de 1916 (art. 6º do CC/2002): "a existência da pessoa natural termina com a morte".

Recentemente se adotou o conceito de morte cerebral para fixar o momento da morte com a Lei de Doação de Órgãos (Lei n. 9.434, de 2-2-1997). Indaga-se: por que não adotar esse conceito (jurídico) para caracterizar a vida também em sua fase inicial (e não apenas em sua fase final)?

1115. André Ramos Tavares, *As Tendências do Direito Público no Limiar de um Novo Milênio*, p. 629.

Por fim, cabe trazer à baila outra séria discussão que certamente se instaurará no âmbito nacional. É que, com a EC n. 45/2004 (Reforma do Judiciário) e com a interpretação que se pode adotar para o novo § 3º do art. 5º (especialmente a tese da recepção dos tratados anteriores à EC n. 45/2004 como normas constitucionais), emergirá no cenário constitucional o Pacto de São José de Costa Rica, que em seu art. 4, n. 1, determina: "Toda pessoa tem o direito de que se respeite sua vida. Esse direito deve ser protegido pela lei e, em geral, desde o momento da concepção".

Ora, resulta nítido no dispositivo que a regra, doravante, deverá ser a proteção desde o momento da concepção. A expressão "em geral", contida no dispositivo, ressalva a possibilidade de quebra dessa diretriz, o que só poderá ocorrer em situações apontadas pelo legislador com respeito ao critério da proporcionalidade (com a menor ofensa possível ao direito em questão), especialmente legitimada (a relativização), quando estiverem em jogo outros valores igualmente constitucionais. Assim, hão de se recordar o direito à saúde, o direito à vida e à dignidade da mulher e outros tantos, que, em determinadas situações, poderão ensejar o afastamento da diretriz contida no dispositivo transcrito.

4. EUTANÁSIA

Ao lado do aborto, incumbe analisar a eutanásia. Distingue-se, aqui, entre o chamado homicídio por piedade ("morte doce") e o direito à morte digna.

No Brasil, não se tolera a chamada "liberdade à própria morte". Não se pode impedir que alguém disponha de seu direito à vida, suicidando-se, mas a morte não é, por isso, um direito subjetivo do indivíduo, a ponto de poder exigi-la do Poder Público.

Assim, de um lado, não se pode validamente exigir, do Estado ou de terceiros, a provocação da morte para atenuar sofrimentos. De outra parte, igualmente não se admite a cessação do prolongamento artificial (por aparelhos) da vida de alguém, que dele dependa.

Em uma palavra, a eutanásia é considerada homicídio. Há, aqui, uma prevalência do direito à vida, em detrimento da dignidade.

5. NÃO INCIDÊNCIA DO DIREITO À VIDA

5.1. Interrupção autorizada da gestação

Ainda na linha das considerações anteriormente feitas, é preciso analisar a regra do aborto. Lembra PAULO DE MELLO, invocando as lições do higienista e filósofo PLÁCIDO BARBOSA, que abortamento (ou aborto) designa apenas a "expulsão do embrião ou de feto não vital, a expulsão do feto vital antes do termo da prenhez chama-se parto prematuro"[1116].

1116. José Plácido Barbosa, *Dicionário de Terminologia Médica Portuguesa*, apud Paulo de Mello, *Problemas do Abôrto*, p. 26.

Consoante o art. 124 do Código Penal, é crime "Provocar aborto em si mesma ou consentir que outrem lho provoque". É o chamado aborto provocado pela gestante ou com seu consentimento. Mas não apenas a gestante é apenada. Também aquele que provoque o aborto, nos termos do art. 125: "Provocar aborto, sem consentimento da gestante", e, ainda, pelo art. 126: "Provocar aborto com o consentimento da gestante".

A penalização do aborto corresponde à proteção da fase embrionária. Mas é também o reconhecimento de que há uma diferença de tratamento para com o ser nascido, que caracteriza, no caso de violação, o homicídio. Mas para alguns autores, como SPOLIDORO, o Código Penal estaria declarando que o feto tem vida ao capitular como crime o aborto.

O aborto pode ser, segundo a doutrina, eugenésico, terapêutico ou sentimental.

O aborto eugenésico ocorre quando da interrupção da gravidez nos casos de haver sérios riscos para a prole, por predisposição hereditária, ou pela ocorrência de doenças maternas durante a gravidez que comprometam o feto, acarretando enfermidades psíquicas, corporais ou ainda deformidades e sequelas permanentes.

O aborto terapêutico impõe-se quando não há outra forma de salvar a vida da gestante.

E, finalmente, o aborto sentimental, também chamado humanitário, ocorre nos casos de gravidez decorrente de estupro.

Os dois últimos casos são admitidos pelo Código Penal, que preceitua, em seu art. 128, que "Não se pune o aborto praticado por médico: I — se não há outro meio de salvar a vida da gestante; II — se a gravidez resulta de estupro e o aborto é precedido de consentimento da gestante ou, quando incapaz, de seu representante legal".

Nos casos de impossibilidade de o feto nascer com vida, e ainda nos casos de ser acéfalo, não há qualquer proteção jurídica inequívoca para tutelar o aborto. O Código não prevê esse tipo de aborto. Alguns Tribunais invocam o princípio da dignidade humana da mulher e questões de saúde pública para autorizar a realização do aborto. Essa mesma dignidade como postulado geral e a ideia de saúde pública também costumam aparecer como fundamentos para os argumentos contrários.

5.1.1. O caso da anencefalia

Por meio da ADPF 54 questionou-se, perante o STF, a constitucionalidade da suposta tipicidade e, assim, ocorrência do crime de aborto, na antecipação terapêutica do parto de fetos anencéfalos. Trata-se, nesta, de hipótese em que se pretende discutir (em abstrato) a *pertença* de certos dispositivos normativos ao sistema pátrio vigente (discussão acerca da existência jurídica e não da pertinência, que seria exatamente o controle da adequação, ou seja, da constitucionalidade). E o objeto de análise, consoante a petição inicial, é formado pelo "conjunto normativo representado" por dispositivos normativos do Decreto-lei n. 2.848/40 (Código Penal) relacionados ao crime de aborto e sua exata extensão. Como o Código Penal é de 1940, a discussão de sua compatibilidade com a Constituição de 1988 só poderia ocorrer fora dos limites estreitos da ADI. Foi o que entendeu o STF, por maioria de votos, decidindo positivamente pela admissibilidade da ADPF 54.

351

No caso em apreço, a existência de apenas duas excludentes da tipicidade nas quais não se incluía objetivamente o caso do feto anencefálico fazia com que se pudesse (uma opção interpretativa do bloco dos dispositivos) incluí-la (esta última) como hipótese de incidência (também chamada de aplicação) do dispositivo incriminador. Ora, se assim fosse, o que nesse caso se solicitava era plenamente admissível: que o STF procedesse à verificação da *compatibilidade* dessa hipótese de aplicação (que resulta da leitura dos arts. 124, 126 e 128 do CP) com dispositivos da Constituição do Brasil, especificamente com o princípio da dignidade da mulher e o direito à saúde. Assim, poder-se-á chegar à conclusão, como deixa claro LUÍS ROBERTO BARROSO no memorial oferecido em nome da autora da ação, tratar-se de um caso de *declaração de inconstitucionalidade parcial sem redução de texto*. E essa sempre pode ser a solução se apenas uma das hipóteses da incidência (aplicação) dos dispositivos penais for inconstitucional, resguardando-se o próprio dispositivo e, com ele, a vontade do legislador. O que fez o STF, nessas circunstâncias, foi bastante trivial: controle de constitucionalidade, como vem fazendo há mais de um século.

Esse tipo de declaração de inconstitucionalidade insere-se dentre as modernas técnicas de decisão da Justiça Constitucional. Sua prática não deve causar maior espanto, na medida em que procura salvaguardar a própria lei, evitando uma declaração de inconstitucionalidade total do dispositivo, o que, no caso presente, significaria a "liberação" do aborto em qualquer hipótese. Esta sim poderia consistir numa decisão de atrito com o legislador e com a vontade democrática. A utilização da técnica da inconstitucionalidade parcial sem redução de texto evita essa decisão ao mesmo tempo que permite a defesa da Constituição.

Ademais, vale também a advertência, constante expressamente do voto do Min. Luiz Fux, para não se conferir à decisão proferida pelo STF abrangência maior do que a devida: "A decisão do Supremo Tribunal não impõe que as mulheres grávidas de feto anencefálico realizem aborto; apenas não pune aquelas que o realizarem por não suportarem a dor moral de gerar um nascituro com morte anunciada". O STF não impôs nem poderia impor a interrupção para os casos de anencefalia. A questão central era permitir que, verificada a hipótese em termos médicos, pudesse a gestante ter a possibilidade de interromper a gestação sem caracterizar-se crime.

Acrescente-se, por fim, que a existência de projetos, tramitando no Congresso Nacional, acerca do tema, não pode ter o condão de afastar a atividade daquele que tem por missão justamente controlar o próprio legislador e circunscrevê-lo aos limites constitucionais de suas competências. Mesmo que aprovados e transformados em leis, ainda assim poderiam ser submetidos ao crivo do STF, sem que isso importasse qualquer intromissão indevida em seara alheia. O contrário é negar a própria ideia de Justiça Constitucional.

O Conselho Federal de Medicina, por meio da Resolução n. 1.989, decidida em 10 de maio de 2012 e já em vigor, criou regras, no âmbito médico, para o intrincado tema da interrupção da gravidez de feto anencefálico.

No centro da Resolução está o diagnóstico da anencefalia, que vai permitir a interrupção dessa gravidez independentemente de autorização judicial prévia e específica, como vinha sendo exigido até o posicionamento do STF acima indicado.

Para assegurar-se de não promover ou liberar o aborto, o que era e continua a ser um crime no Brasil (salvo risco de vida da gestante e estupro), a Resolução fala em "diagnóstico inequívoco de anencefalia", exigindo exame ultrassonográfico, a partir da 12ª semana de gestação, laudo assinado por dois médicos e consentimento da gestante lavrado em ata médica. São elementos considerados, normativamente, como insuperáveis para garantir-se a rigidez do sistema jurídico.

Como se percebe, a Resolução toma as cautelas necessárias para impedir o aborto, ainda proibido no país e em nenhum momento liberado pelo STF; mas essas cautelas são tomadas sem inviabilizar ou criar obstáculos inadmissíveis à interrupção da gravidez na hipótese agora contemplada como viável juridicamente, por força da decisão do STF na ADPF 54. Na realidade, a Resolução é resultado (ou consectário) direto desse entendimento jurídico final, fixado pelo Supremo Tribunal Federal.

Conforme expôs o Ministro Celso de Mello, decano de nossa Corte máxima no citado julgamento, o fundamento da decisão tomada pelo STF está em "que a mulher, apoiada em razões fundadas nos seus direitos reprodutivos e protegida pela dignidade da pessoa humana, liberdade, autodeterminação pessoal e intimidade, tem o direito insuprimível de optar pela antecipação terapêutica de parto nos casos de comprovada malformação fetal por anencefalia; ou então, legitimada por razões que decorrem de sua autonomia privada, o direito de manifestar sua liberdade individual, em clima da absoluta liberdade, pelo prosseguimento natural do processo fisiológico de gestação".

Insisto que o julgamento não legalizou o aborto no Brasil. Nem impôs sempre a antecipação do parto em casos de anencefalia. Tampouco se permitiu aborto para doenças graves, deficiências em geral, deformações ou o chamado aborto eugênico (em nenhuma etapa da gravidez). Mas resolveu um problema grave que era a incerteza jurídica que pairava sobre o tema pontual aqui tratado, afetando a vida de milhares de mulheres e famílias. A decisão do STF considerou só ser crime interromper voluntariamente (não por causas naturais, obviamente, porque aqui não há de incidir qualquer possibilidade punitiva) quando há viabilidade de vida e, nesses termos, a interrupção da anencefalia não pode ser considerada crime de aborto, pois, nas palavras do Ministro Marco Aurélio, trata-se de um "natimorto". O tipo penal protege aquele embrião que tem o mínimo de viabilidade, não qualquer outra formação com absoluta certeza de que não se tornará vida. O diagnóstico, portanto, há de ser rigoroso, acima de qualquer dúvida razoável.

Assim, o STF autorizou a finalização da gravidez independentemente de decisão judicial tópica prévia. Vale, doravante, a decisão geral do STF, a decisão da gestante por interromper a gravidez e a decisão médica (nos termos da Resolução) para cada caso concreto que atestará tratar-se efetivamente de anencefalia.

5.2. Suicídio

Ainda na questão da vida, impõe-se analisar o suicídio.

A proteção à vida, neste aspecto, vai até o ponto de criminalizar a conduta de induzir ou instigar alguém a suicidar-se, ou ainda prestar auxílio para quem o faça (art. 122 do Código Penal).

5.3. Estado de necessidade e legítima defesa

O estado de necessidade e a legítima defesa são situações excludentes da proteção plena e irrestrita à vida pelo Direito; consequentemente, não há punição em sua violação.

Na realidade, trata-se de legitimar que cada pessoa possa defender-se e assegurar, em situações nas quais o Poder Público não pode interceder, o direito à vida própria.

5.4. Pena de morte

No art. 5º, em seu inciso XLVII, *a*, encontra-se uma exceção direta ao direito à vida. Após declarar que não haverá penas de morte, apresenta referido dispositivo a exceção: "salvo em caso de guerra declarada, nos termos do art. 84, XIX". O artigo mencionado, por seu turno, atribui ao Presidente da República a competência para declarar guerra, no caso de agressão estrangeira, desde que autorizado pelo Congresso Nacional, ou por ele referendado.

5.5. A pesquisa com embriões fertilizados "in vitro"

Distinguem-se, na biologia, duas espécies de células-tronco, as células-tronco adultas, encontradas nos organismos já desenvolvidos, e as células-tronco embrionárias, encontradas em embriões (no caso que aqui interessa, os embriões fertilizados *in vitro* e congelados). Todas as células-tronco apresentam a capacidade de gerar células especializadas, que dão origem aos diversos tecidos e órgãos humanos (pele, ossos, músculos e até mesmo o sistema nervoso). O uso de células-tronco adultas não tem causado maior polêmica. Quanto às células-tronco embrionárias, pela circunstância de, por óbvio, pressuporem o uso de embriões, instaura-se a dificuldade acerca de se isto seria uma violação do direito à vida.

A chamada terapia genética consiste na transferência, com finalidades terapêuticas, de material genético para as células de uma pessoa. Da mesma forma, a terapia genética pode utilizar-se de células-tronco (células germinativas) embrionárias ou células-tronco adultas (células somáticas).

Seguindo a linha já exposta anteriormente, a potencialidade terapêutica maior das células-tronco embrionárias na cura de doenças graves que afligem a humanidade poderá justificar seu uso em certas circunstâncias, desde que sua autorização seja feita com parcimônia[1117].

No Brasil, a Lei de Biossegurança (Lei n. 11.105/2005), em seu art. 5º, permite, "para fins de pesquisa e terapia, a utilização de células-tronco embrionárias obtidas de embriões humanos produzidos por fertilização *in vitro* e não utilizados no respectivo procedimento, atendidas as seguintes condições: I) sejam embriões inviáveis; ou II)

1117. Nesse sentido, entende Pietro de Jesús Lora Alarcón, em estudo dedicado ao tema, que o uso dessas células estará legitimado (constitucionalmente) na medida em que seu uso posterior poderá resultar na cura de doenças genéticas, ou seja, poderá redundar na própria preservação da vida e até da dignidade da pessoa humana (*Patrimônio Genético Humano*, p. 148).

sejam embriões congelados há 3 (três) anos ou mais na data da publicação desta Lei, ou que, já congelados na data da publicação desta Lei, depois de completarem 3 (três) anos, contados a partir da data de congelamento". Em qualquer caso a lei exige o consentimento dos genitores. As instituições de pesquisa que pretendam realizar essa manipulação, contudo, dependerão de aprovação dos respectivos comitês de ética e pesquisa. A comercialização desse material biológico, ademais, restou tipificada como crime. O STF, no julgamento da ADIn n. 3.510, julgou constitucional a possibilidade de pesquisa com células-tronco embrionárias.

Referências bibliográficas

ALARCÓN, Pietro de Jesús Lora. *Patrimônio Genético Humano e sua Proteção na Constituição Federal de 1988*. São Paulo: Método, 2004.

BASTOS, Celso Ribeiro & TAVARES, André Ramos. *As Tendências do Direito Público no Limiar de um Novo Milênio*. São Paulo: Saraiva, 2000.

MARTÍNEZ, Stella Maris. *Manipulação Genética e Direito Penal*. São Paulo: IBCCrim, 1998.

MEIRELLES, Jussara Maria Leal. *A Vida Embrionária e sua Proteção Jurídica*. Rio de Janeiro: Renovar, 2000.

MELLO, Paulo de. *Problemas do Abôrto*. São Paulo: s. e., 1957.

SPOLIDORO, Luiz Cláudio Amerise. *O Aborto e sua Antijuridicidade*. São Paulo: Lejus, 1997.

Capítulo XVII
DIGNIDADE DA PESSOA HUMANA

1. DIFICULDADES CONCEITUAIS

O princípio da dignidade da pessoa humana encontra, assim como o direito à vida, alguns obstáculos no campo conceitual. Aliás, em boa medida as dificuldades são aquelas próprias dos princípios, normas que, como já se verificou, são extremamente abstratas, permitindo diversas considerações, definições e enfoques os mais variados.

Contudo, como bem oportunamente pondera INGO WOLFGANG SARLET[1118], apoiado em TISCHNER e RENAUD, é bem possível visualizar inúmeras situações nas quais a dignidade da pessoa humana restou absolutamente violada.

2. PREVISÃO CONSTITUCIONAL

A Constituição de 1988 optou por não incluir a dignidade da pessoa humana entre os direitos fundamentais, inseridos no extenso rol do art. 5º.

Como se sabe, a opção constitucional brasileira, quanto à dignidade da pessoa humana, foi por considerá-la, expressamente, um dos fundamentos da República Federativa do Brasil, consignando-a no inciso III do art. 1º.

Parece que o objetivo principal da inserção do princípio em tela na Constituição foi fazer com que a pessoa seja, como bem anota JORGE MIRANDA, "fundamento e fim da sociedade"[1119], porque não pode sê-lo o Estado, que nas palavras de ATALIBA NOGUEIRA é "um meio e não um fim"[1120], e um meio que deve ter como finalidade, dentre outras, a preservação da dignidade do Homem. Nesse sentido também FERNANDO FERREIRA DOS SANTOS, ao acentuar que "importa concluir que o Estado existe em função de todas as pessoas e não estas em função do Estado. Não só o Estado, mas, consectário lógico, o próprio Direito"[1121]. Aliás, segundo ROBERTO REPETTO, este entendimento decorreria do cristianismo, na medida em que "Cristo pregou a salvação de cada alma e também a índole sagrada do indivíduo como prescindência de sua condição, mesmo frente ao poder. Centrou assim o seu espirito na essência imortal do

---

1118. *Dignidade da Pessoa Humana e Direitos Fundamentais*, p. 39.
1119. *Manual de Direito Constitucional*, t. 4, p. 167.
1120. *O Estado é um Meio e não um Fim.*
1121. *Princípio Constitucional da Dignidade da Pessoa Humana*, p. 92.

homem. Esse conceito mudou o sentido que este tinha de si mesmo, e, através da religião, adquiriu a validade universal e a força emotiva das grandes concepções morais. Desse modo, começou a se entender que as instituições não têm seu fim em si, pois existem para os homens"[1122].

CELSO BASTOS, por sua vez, conclui que com a inserção do princípio sob comento na Magna Carta brasileira, o que se está a indicar "é que é um dos fins do Estado propiciar as condições para que as pessoas se tornem dignas"[1123].

Entretanto, a dúvida que surge é: quais seriam esses fins; quais são essas condições e o que torna uma vida digna?

Ainda que se venha a procurar, nos parágrafos abaixo, os contornos básicos do que seja a dignidade do Homem (a não utilização do ser humano como instrumento e a sua capacidade de autodeterminação, livre de impedimentos externos e internos), não se alcançará, no entanto, o que "efetivamente é o âmbito de proteção da dignidade"[1124]. Isso porque, segundo INGO WOLFGANG SARLET, "uma das principais dificuldades, todavia — e aqui recolhemos a lição de MICHAEL SACHS —, reside no fato de que no caso da dignidade da pessoa, diversamente do que ocorre com as demais normas jusfundamentais, não se cuida de aspectos mais ou menos específicos da existência humana (integridade física, intimidade, vida, propriedade, etc.), mas, sim, de uma qualidade tida como inerente a todo e qualquer ser humano, de tal sorte que a dignidade — como já restou evidenciado — passou a ser habitualmente definida como constituindo o valor próprio que identifica o ser humano como tal"[1125].

Contudo, como bem pondera o autor, apoiado em TISCHNER e RENAUD, "não restam dúvidas de que a dignidade é algo real, já que não se verifica maior dificuldade em identificar claramente muitas das situações em que é espezinhada e agredida"[1126].

De fato, é bem possível visualizar inúmeras situações nas quais a dignidade da pessoa humana resta absolutamente violada. Dois exemplos de desrespeito à dignidade são colacionados por CELSO BASTOS, o qual afirma que "a dignidade humana pode ser ofendida de muitas maneiras. Tanto a qualidade de vida desumana quanto a prática de medidas como a tortura, sob todas as suas modalidades, podem impedir que o ser humano cumpra na terra a sua missão, conferindo-lhe um sentido"[1127].

Nessa linha de constatações, é sempre atual a lição de LEWANDOWSKI: "(...) os problemas relativos à institucionalização dos direitos humanos não se encontram no plano de sua expressão formal, posto que, nesse campo, grandes avanços foram feitos desde o surgimento das primeiras declarações a partir do final do século XVIII. As dificuldades localizam-se precisamente no plano de sua realização concreta e no plano de sua exigibilidade"[1128].

1122. *La Libertad y la Constitución*, p. 7-8. Trad. livre.
1123. *Comentários à Constituição do Brasil*, v. 1, p. 425.
1124. Sarlet, *Dignidade da Pessoa Humana e Direitos Fundamentais*, p. 39.
1125. Sarlet, *Dignidade da Pessoa Humana e Direitos Fundamentais*, p. 38-9.
1126. Op. cit., p. 39.
1127. *Comentários à Constituição do Brasil*, v. 1, p. 425.
1128. *Proteção dos Direitos Humanos na Ordem Interna e Internacional*, p. 66.

3. DELIMITAÇÃO

3.1. Dificuldade conceitual

A advertência doutrinária constante, presente nas palavras de J. Castán Tobeñas, no sentido de que "os términos jurídicos são quase sempre imprecisos e suscetíveis de acepções variadas"[1129], não pode ser olvidada. Tal problemática agrava-se nos casos em que se trabalha com categorias jurídicas consideradas como principiológicas, cuja característica imanente e natural é o alto grau de abstração, o que permite a existência das mais variadas definições e conceituações. "Os *princípios*, por serem vagos e indeterminados, carecem de mediações concretizadoras (do legislador, do juiz)"[1130] para que se possa balizá-los e, em seguida, aplicá-los com adequação.

Esta problemática, como não poderia deixar de ocorrer, está presente no princípio da dignidade da pessoa humana.

3.1.1. Tentativa de definição

O filósofo que provavelmente mais contribuiu para a delimitação do conceito da dignidade da pessoa humana foi Immanuel Kant ao definir o homem como fim em si mesmo e não como meio ou instrumento de outrem: "O homem, e duma maneira geral, todo o ser racional, *existe* como um fim em si mesmo, *não só como meio* para o uso arbitrário desta ou daquela vontade. Pelo contrário, em todas as suas acções, tanto nas que se dirigem a ele mesmo como nas que se dirigem a outros seres racionais, ele tem sempre de ser considerado *simultaneamente como um fim*"[1131].

Em outras palavras, o homem é o parâmetro ou, como já afirmava Protágoras: "o homem é a medida de todas as coisas".

No entanto, deve-se lembrar que a dignidade da pessoa humana não surgiu com Kant, visto que, como bem lembra Ingo Wolfgang Sarlet, "já no pensamento estoico, a dignidade era tida como a qualidade que, por ser inerente ao ser humano, o distinguia das demais criaturas, no sentido de que todos os seres humanos são dotados da mesma dignidade, noção esta que se encontrava intimamente ligada à noção da liberdade pessoal de cada indivíduo (o Homem como ser livre e responsável por seus atos e seu destino), bem como à ideia de que todos os seres humanos, no que diz com a sua natureza, são iguais em dignidade"[1132].

A igualdade em dignidade de acordo com o autor acima mencionado consta, igualmente, da Bíblia: "o fato é que tanto no Antigo quanto no Novo Testamento podemos encontrar referências no sentido de que o ser humano foi criado à imagem de Deus, premissa da qual o cristianismo extraiu a consequência — lamentavelmente renegada por muito tempo por parte das instituições cristãs e seus integrantes (basta lembrar as

---

1129. *Los Derechos del Hombre*, p. 10. Trad. livre.
1130. *Direito Constitucional e Teoria da Constituição*, p. 1124.
1131. *Fundamentação da Metafísica dos Costumes*, p. 68. Grifos do original.
1132. *Dignidade da Pessoa Humana e Direitos Fundamentais*, p. 30-1.

crueldades praticadas pela 'Santa Inquisição') — de que o ser humano — e não apenas os cristãos — é dotado de um valor próprio que lhe é intrínseco, não podendo ser transformado em mero objeto ou instrumento"[1133].

Entretanto, é imperioso ressaltar, na companhia de FÁBIO KONDER COMPARATO, que "essa igualdade universal dos filhos de Deus só valia, efetivamente, no plano sobrenatural, pois o cristianismo continuou admitindo, durante muitos séculos, a legitimidade da escravidão, a inferioridade natural da mulher em relação ao homem, bem como a dos povos americanos, africanos e asiáticos colonizados, em relação aos colonizadores europeus"[1134].

Não obstante a existência desta discrepância entre o real e o ideal, o que se encontra no plano das ideias e aquilo presente no mundo fático, o importante é que se chegou a um conceito minimamente definido. A dignidade da pessoa humana considera o homem como "ser em si mesmo" e não como "instrumento para alguma coisa". Este foi o sentido, como visto, reinante por muito tempo, para o qual, inclusive, concorria a ideia capitalista de exploração econômica e cultural.

Pode-se afirmar que o Homem, por ter dignidade, deve ser respeitado, estando acima de qualquer valoração de cunho pecuniário, como bem acentuou KANT, ao tratar da dignidade: "No reino dos fins tudo tem ou um preço ou uma dignidade. Quando uma coisa tem um preço, pode-se pôr em vez dela qualquer outra como *equivalente*; mas quando uma coisa está acima de todo o preço, e portanto não permite equivalente, então tem ela dignidade.

"O que se relaciona com as inclinações e necessidades gerais do homem tem um *preço venal*; aquilo que, mesmo sem pressupor uma necessidade, é conforme a um certo gosto, isto é, a uma satisfação no jogo livre e sem finalidade das nossas faculdades anímicas, tem um *preço de afeição ou de sentimento* (*Affektionspreis*); aquilo porém que constitui a condição só graças à qual qualquer coisa pode ser um fim em si mesma, não tem somente um valor relativo, isto é, um preço, mas um valor íntimo, isto é, *dignidade*"[1135], dignidade esta que nunca "poderia ser posta em cálculo ou confronto com qualquer coisa que tivesse um preço, sem de qualquer modo ferir a sua santidade"[1136].

Consoante KONDER COMPARATO, "a dignidade da pessoa não consiste apenas no fato de ser ela, diferentemente das coisas, um ser considerado e tratado como um fim em si e nunca como um meio para a consecução de determinado resultado. Ela resulta também do fato de que, pela sua vontade racional, só a pessoa vive em condições de autonomia, isto é, como ser capaz de guiar-se pelas leis que ele próprio edita"[1137].

Verifica-se, nesse sentido, que a liberdade, inicialmente referida neste estudo (condições de autonomia), não significa tão somente uma permissão jurídica; inculca a ideia de agir em conformidade com as leis postas pela própria sociedade politicamente

---

1133. Op. cit., p. 30.

1134. *A Afirmação Histórica dos Direitos Humanos*, p. 17.

1135. *Fundamentação da Metafísica dos Costumes*, p. 77. Grifos do original.

1136. Kant, op. cit., p. 78.

1137. Op. cit., p. 21.

organizada (e, portanto, pelo próprio indivíduo no uso da razão) ou, na ausência dessas leis, agir da maneira que entender mais conveniente, conveniência esta obviamente pautada nos ditames da razão[1138]. Trata-se, então, também da liberdade positiva, conceito trazido por KANT, HEGEL E ESPINOSA, a qual surge, nos dizeres de ALEXY: "Quando o titular da liberdade é liberado dos impedimentos à liberdade, neste sentido, é uma pessoa livre o razoável, então realiza necessariamente a ação correta. Conjuntamente com a outra constatação de que uma pessoa liberada de impedimentos à liberdade é uma pessoa autônoma que determina sobre si mesma, se extrai daqui que uma pessoa autônoma faz justamente uma coisa, é dizer, o correto"[1139]. BOBBIO, com a perspicácia que lhe é peculiar, diz que "Por *liberdade positiva*, entende-se — na linguagem política — a situação na qual um sujeito tem a possibilidade de orientar seu próprio querer no sentido de uma finalidade, de tomar decisões, sem ser determinado pelo querer dos outros. Essa forma de liberdade é também chamada de *autodeterminação* ou, ainda mais apropriadamente, de *autonomia*"[1140].

Verificam-se, neste conceito de liberdade positiva, os ares gregos, mais precisamente o ecoar da temperança platônica, do autocontrole. A parte superior da alma há de prevalecer sobre a inferior, repleta de desejos e ansiosa pelos prazeres, conforme se depreende deste excerto do diálogo *A República*: "A temperança outra coisa não é que certa ordem ou freio que se põe aos prazeres e paixões. Daqui vem a expressão *senhor de si mesmo* e outras semelhantes, que são, por assim dizer, outros tantos vestígios desta virtude. (...). Há na alma do homem duas partes: uma superior, outra inferior. Quando a parte superior governa a inferior, diz-se que o homem é senhor de si e faz-se elogio; quando, porém, por hábito ou defeito de educação, a parte inferior assume o império sobre a superior, diz-se que o homem de apetites desordenados é escravo de si mesmo, e isto é vitupério e desprezo"[1141].

Dessa forma, a dignidade do Homem não abarcaria tão somente a questão de o Homem não poder ser um instrumento, mas também, em decorrência desse fato, de o Homem ser capaz de escolher seu próprio caminho, efetuar suas próprias decisões, sem que haja interferência direta de terceiros em seu pensar e decidir, como as conhecidas imposições de cunho político-eleitoral (voto de cabresto), ou as de conotação econômica (baseada na hipossuficiência do consumidor e das massas em geral), e sem que haja, até mesmo, interferências internas, decorrentes dos, infelizmente usuais, vícios. O constitucionalista português JORGE MIRANDA observa: "A dignidade da pessoa pres-

---

1138. A necessidade da razão como elemento essencial à liberdade advém de uma argumentação kantiana, qual seja, "vontade livre e vontade submetida a leis morais são uma e a mesma coisa" (KANT, op. cit., p. 94), contudo, "como moralidade nos serve de lei somente enquanto somos *seres racionais*, tem ela que valer também para todos os seres racionais; e como não pode derivar-se senão da propriedade da liberdade, tem que ser demonstrada a liberdade como propriedade da vontade de todos os seres racionais, e não basta verificá-la por certas supostas experiências da natureza humana, mas sim temos que demonstrá-la como pertencente à actividade de seres racionais em geral e dotados de uma vontade" (KANT, op. cit., p. 95).

1139. *Teoría de los Derechos Fundamentales*, p. 213-14. Trad. livre.

1140. *Igualdade e Liberdade*, p. 51.

1141. *A República*, p. 51.

360

supõe a autonomia vital da pessoa, a sua autodeterminação relativamente ao Estado, às demais entidades públicas e às outras pessoas"[1142]. Logo, qualquer causa que venha a cercear sua capacidade de decidir, sua vontade racional, estará vilipendiando o homem e, por conseguinte, a sua dignidade.

Pode-se dizer que a dignidade do Homem, enquanto princípio, tem uma dupla dimensão, tanto negativa quanto positiva. PÉREZ LUÑO, ancorado no magistério de WERNER MAIHOFER, aponta o conteúdo dúplice do princípio da dignidade: "A dignidade humana consiste não apenas na garantia negativa de que a pessoa não será alvo de ofensas ou humilhações, mas também agrega a afirmação positiva do pleno desenvolvimento da personalidade de cada indivíduo. O pleno desenvolvimento da personalidade pressupõe, por sua vez, de um lado, o reconhecimento da total *autodisponibilidade*, sem interferências ou impedimentos externos, das possíveis atuações próprias de cada homem; de outro, a *autodeterminação (Selbstbestimmung des Menschen)* que surge da livre projeção histórica da razão humana, antes que de uma predeterminação dada pela natureza"[1143].

3.2. Dignidade humana como princípio absoluto?

Dentre os Direitos Humanos sempre existiu uma celeuma doutrinária acerca daquele que seria, de fato, o núcleo central, o direito essencial, o *princípio absoluto* do mundo jurídico, o princípio dos princípios ou princípio máximo, ao qual todos os demais deveriam curvar-se em sua compreensão e aplicação. Tratar-se-ia de indicar o princípio a prevalecer no caso de conflitos com outros princípios ou direitos, tendo em vista a sua essencialidade primeira. Nos dizeres de ALEXY "se trata de princípios extremamente fortes, é dizer, de princípios que, em nenhum caso, podem ser sobrepujados por outros"[1144]. Mister frisar que o mencionado jurista não acredita na existência de princípios absolutos, pelo menos no que tange aos princípios absolutos de direitos individuais, visto que "Os princípios podem se referir a bens coletivos ou a direitos individuais. Quando um princípio se refere a bens coletivos e é absoluto, as normas de direito fundamental não podem lhe fixar nenhum limite jurídico. Portanto, até onde chegue o princípio absoluto, não pode haver direitos fundamentais. Quando o princípio absoluto se refere a direitos individuais, sua falta de limitação jurídica conduz à conclusão de que, no caso de colisão, os direitos de todos os indivíduos fundamentados pelo princípio têm que ceder frente ao direito de cada indivíduo fundamentado pelo princípio, o que é contraditório. Portanto, vale o enunciado segundo o qual os princípios absolutos ou bem não são conciliáveis com os direitos individuais ou bem só o são quando os direitos individuais fundamentados por eles não correspondam a mais de um sujeito jurídico"[1145].

1142. *Manual de Direito Constitucional*, t. 4, p. 170.
1143. *Derechos Humanos, Estado de Derecho y Constitución*, p. 318. Grifos do original. Trad. livre.
1144. *Teoría de los Derechos Fundamentales*, p. 106. Trad. livre.
1145. Idem, ibidem. Trad. livre.

Para LOEWENSTEIN, o direito central das liberdades públicas (mister ressaltar que o termo liberdades públicas utilizado pelo autor está a se equivaler com a locução "direitos humanos") variou de filósofo para filósofo: "Para LOCKE, que havia presenciado como a aristocracia *whig* havia usado as liberdades individuais como aríete contra a prerrogativa real, o centro dos direitos individuais jazia na proteção da propriedade. Sem embargo, ROUSSEAU elevou a liberdade, criada e garantida pela vontade geral, a valor supremo"[1146]. Tudo isso porque, segundo EUSEBIO FERNANDÉZ, a "valoração entre direitos responde às concepções da filosofia moral, política e jurídica da qual se parte"[1147].

No entanto, hodiernamente, muitos doutrinadores convergem em seus pensamentos, considerando que o princípio da dignidade humana é o princípio absoluto do direito, que faz com que todos os outros a ele devam obediência irrestrita. Esta é a posição assumida por FERNANDO FERREIRA DOS SANTOS, o qual anota que, "Neste sentido, ou seja, que a pessoa é um *minimum* invulnerável que todo estatuto jurídico deve assegurar, dissemos que a dignidade da pessoa humana é um princípio absoluto, porquanto, repetimos, ainda que se opte, em determinada situação, pelo valor coletivo, por exemplo, esta opção não pode nunca sacrificar, ferir o valor da pessoa"[1148].

Para outra corrente, que, acertadamente, é contrária a essa supervalorização do princípio da dignidade humana, não será possível entronizar assim algum princípio, seja ele qual for. ALEXY, dentre outros, deve ser aqui citado. Para ele, ao analisar a Lei Fundamental alemã, que dispõe, em seu art. 1º, § 1º, que "A dignidade da pessoa é intangível", este dispositivo efetivamente "provoca a impressão de absoluto. Porém, a razão desta impressão não reside em que através desta disposição de direito fundamental se estabeleça um princípio absoluto, senão em que a norma da dignidade da pessoa é tratada, em parte, como regra e, em parte, como princípio, e também no fato de que para o princípio da dignidade da pessoa existe um amplo grupo de condições de precedência nas quais existe um alto grau de segurança acerca de que debaixo delas o princípio da dignidade da pessoa precede aos princípios opostos"[1149].

Verifica-se, então, para o autor, que a dignidade da pessoa humana é alocada, concomitantemente, dentre os princípios e as regras. O princípio, de acordo com ALEXY, com base na jurisprudência do Tribunal Constitucional Federal Alemão, não seria absoluto, visto que existe a possibilidade de sua ponderação: "tudo depende da constatação sob quais circunstâncias pode ser violada a dignidade humana"[1150]. Tal entendimento, qual seja, da relativização do princípio da dignidade humana, é reforçado ainda mais, segundo INGO WOLFGANG SARLET, por WINFRIED BRUGGER, o qual lembra que o Tribunal Federal Constitucional da Alemanha, "em regra, tem referido a dignidade da pessoa em conjunto com um direito fundamental específico, que, por sua vez, sempre estará sujeito a algum tipo de restrição"[1151].

1146. *Teoría de la Constitución*, p. 394. Trad. livre.
1147. Apud Gérman J. Bidart Campos, *Teoría General de los Derechos Humanos*, p. 379. Trad. livre.
1148. *Princípio Constitucional da Dignidade da Pessoa Humana*, p. 94.
1149. *Teoría de los Derechos Fundamentales*, p. 106. Trad. livre.
1150. Op. cit., p. 107. Trad. livre.
1151. *Dignidade da Pessoa Humana e Direitos Fundamentais*, p. 131.

SARLET também faz coro a essa corrente ao afirmar que, "Por mais que se tenha a dignidade como bem jurídico absoluto, o que é absoluto (e nesta linha de raciocínio, até mesmo o que é a própria dignidade) encontra-se de certa forma em aberto e, em certo sentido — como já demonstrado — irá depender da vontade do intérprete e de uma construção de sentido cultural e socialmente vinculada"[1152].

Constatado o porquê de o *princípio* da dignidade humana não ser absoluto, voltar-se-á a ALEXY. O jurista alemão, conforme mencionado acima, conclui que "há que partir de duas normas da dignidade da pessoa, é dizer, uma regra da dignidade da pessoa e um princípio da dignidade da pessoa"[1153]. E que "Absoluto não é o princípio senão a regra que, devido a sua abertura semântica, não necessita de uma limitação com referência a nenhuma relação de preferência relevante"[1154].

Mister frisar, porém, que o autor não está a dizer que a regra da dignidade humana é absoluta, mas sim que esta é tão só formalmente absoluta, pois, "não há que introduzir nenhuma cláusula restritiva na norma de direito fundamental da dignidade da pessoa"[1155], como ocorre na inviolabilidade de domicílio prevista no art. 5º, XI, da CB, em que se preveem, de maneira clara, ressalvas, como nos casos de flagrante delito, desastre, para prestar socorro, ou, durante o dia, por determinação judicial. Já o conteúdo da regra da dignidade da pessoa, por sua vez, poderá sim sofrer restrições, na medida em que será delimitado pelo cotejo entre o princípio da dignidade da pessoa humana e outros princípios, cotejo no qual caberá a ponderação, óbice a qualquer pretensão totalizadora do princípio da dignidade humana.

Por fim, existe, segundo o jurista alemão, outra circunstância que daria textura absoluta à dignidade da pessoa humana, além da existência do princípio e da regra da dignidade da pessoa humana, a saber, a pulverização da dignidade humana nos outros princípios existentes: "A impressão de ser uma norma absoluta resulta do fato de que existem duas normas de dignidade da pessoa, é dizer, uma regra da dignidade da pessoa, como assim também do fato de que existe uma série de condições sob as quais o princípio da dignidade da pessoa, com um alto grau de certeza, precede a todos os demais princípios"[1156].

3.3. Dignidade do Homem: base dos direitos fundamentais?

A pergunta que preside esta parte do estudo é uma decorrência natural da tônica absolutista do princípio da dignidade da pessoa humana. Conforme foi visto, tal princípio denota esta ideia por um sem-número de razões.

Dentre as razões externadas, tem-se a de que o princípio sob estudo "precede a todos os demais princípios"[1157]. Se não o faz, de certo, ao menos é o que deixa transpa-

---

1152. Op. cit., p. 134.
1153. Op. cit., p. 108. Trad. livre.
1154. Op. cit., p. 108. Trad. livre.
1155. Op. cit., p. 108. Trad. livre.
1156. Op. cit., p. 109. Trad. livre.
1157. Op. cit., p. 109. Trad. livre.

recer. No esteio desse argumento, vislumbra-se a oportunidade de adentrar-se em ponto nebuloso revelado pela seguinte indagação: haveria uma necessária consubstancialidade entre os direitos fundamentais e a dignidade da pessoa humana, é dizer, seriam eles uma única e a mesma coisa? Em outras palavras, um direito, para ser fundamental, para possuir tal adjetivação, haveria de ser, necessariamente, uma faceta da dignidade da pessoa humana, um instrumento desse princípio? Ou, colocada a indagação em outra perspectiva: poder-se-ia sustentar que todos os direitos fundamentais acabam sendo uma decorrência da dignidade da pessoa humana, nesta recolhendo seu fundamento mais íntimo? Estar-se-ia, nessa perspectiva, retomando, em boa medida, a concepção estática de Direito, na tipologia bem conhecida formulada por H. Kelsen e por ele também rechaçada.

A consubstancialidade implica a ideia de unidade de substância, a verificar-se entre as ocorrências aqui estudadas. Assim, o que se procura perscrutar é se a dignidade do Homem é *substratum* básico de todo e qualquer direito fundamental.

O entendimento de que o princípio da dignidade está presente nas demais manifestações de direitos fundamentais, sem sombra de dúvida, encontra-se assente em parcela da doutrina (em particular, sobre sua relação com o direito do menor e do idoso, conforme se demonstrará abaixo). JORGE MIRANDA, nesse diapasão, estabelece seu entendimento no sentido de que, "Pelo menos, de modo directo e evidente, os direitos, liberdades e garantias pessoais e os direitos económicos, sociais e culturais comuns têm a sua fonte ética na dignidade da pessoa, de *todas as pessoas*. Mas quase todos os outros direitos, ainda quando projectados em instituições, remontam também à ideia de proteção e desenvolvimento das pessoas. A copiosa extensão do elenco não deve fazer perder de vista esse referencial"[1158]. Assim também manifesta-se LUÑO, para o qual "a dignidade humana supõe o valor básico (*Grundwert*) fundamentador dos direitos humanos que tendem a explicitar e satisfazer as necessidades da pessoa na esfera moral"[1159]. E, ainda, BIDART CAMPOS: "da dignidade humana se desprendem todos os direitos, na medida em que são necessários para que o homem desenvolva sua personalidade integralmente. O 'direito a ser homem' é o direito que engloba a todos os demais no direito a ser reconhecido e a viver na e com a dignidade própria da pessoa humana"[1160].

Entretanto, impõe-se, aqui, a ressalva de INGO WOLFGANG SARLET, para quem há a "possibilidade de existirem direitos fundamentais sem um conteúdo aferível em dignidade"[1161]. Dessa possibilidade impõe-se, desde logo, o reconhecimento, em um primeiro nível, da *parcialidade* de um princípio da consubstancialidade.

Embora inúmeros direitos fundamentais encontrem-se preenchidos, em diversos graus, pelo respeito à dignidade humana como o direito à vida, à liberdade, a um salário capaz de atender às necessidades vitais básicas, e outros, não seria admissível utilizar-se unicamente do método lógico-indutivo para afirmar, intransigentemente, que todo

---

1158. *Manual de Direito Constitucional*, t. 4, p. 167-8.
1159. *Derechos Humanos, Estado de Derecho y Constitución*, p. 318. Trad. livre.
1160. *Teoría General de los Derechos Humanos*, p. 74. Trad. livre.
1161. Op. cit., p. 129.

e qualquer direito fundamental ou princípio possui em sua essência uma lasca da dignidade da pessoa humana. Não se pode transformar o princípio em referência em um axioma jurídico, em uma verdade universal, incontestável e absoluta: em outras palavras, em um mito.

Conforme ideia anteriormente apresentada, *"ao menos em princípio*, em cada direito fundamental se faz presente um conteúdo ou, pelo menos, alguma projeção da dignidade da pessoa"[1162]. Ou seja, mesmo que não esteja expresso nos artigos da Constituição Federal brasileira o termo "dignidade da pessoa humana", sua ideia poderá ser compreendida como presente. Assim, e como ocorrência, em um segundo nível, de uma *parcialidade* do princípio da consubstancialidade, tem-se que, mesmo quando ocorrente a dignidade do Homem no significado de determinado direito fundamental, essa presença poderá ser mínima, atendendo-se à não absolutização desta (parcialidade).

4. A PROTEÇÃO CONSTITUCIONAL DO MENOR

4.1. Terminologia

É importante elucidar que a terminologia clássica da Doutrina emprega comumente a expressão "direito do menor" com a distinção entre criança e adolescente. A EC n. 65/2010 acrescentou o jovem, passando a denominar o Capítulo VII do Título VIII como "Da Família, da Criança, do Adolescente, do Jovem e do Idoso".

Não se discute mais sobre a existência de um Direito que se preocupa propriamente com a proteção das pessoas consideradas em desenvolvimento, que não alcançaram, ainda, a fase adulta. "Menores" é termo que se pode empregar para indicar esse conjunto de pessoas, sem qualquer conotação pejorativa ou negativa.

Dentro dessa categoria de pessoas menores de idade, é necessário, ainda, realizar uma subdivisão. Nesse sentido, a própria Constituição alberga a distinção entre criança e adolescente, em virtude do art. 203, II. Mas, após a EC n. 65/2010, e conforme a nova redação do art. 227, têm-se a criança, o adolescente e o jovem. Ademais, o art. 24, XV, estabelece a competência concorrente para legislar sobre "proteção à infância e à juventude". Portanto, é facilmente visível que há, mesmo após a referida EC n. 65/2010, duas subcategorias com as quais deve trabalhar o legislador ordinário: 1ª) a *infância*, referida à criança ou menor infante, e 2ª) a *juventude*, referida ao jovem e ao adolescente.

4.2. Contextualização geral e no âmbito internacional

Insere-se no contexto da dignidade da pessoa humana o reconhecimento da especial qualidade das pessoas em desenvolvimento, vale dizer, das crianças e dos adolescentes.

Já na Declaração de Genebra, de 1924, havia a previsão da necessidade de propiciar à criança uma proteção especial. Foi reiterada a orientação pela Declaração Uni-

---

1162. Ingo Wolfgang Sarlet, op. cit., p. 87.

versal dos Direitos da Criança, da ONU, de 1959. As normas de BEIJING estabeleceram normas mínimas para a Justiça da Infância e da Juventude. Todo esse lento progresso culminou, em 1989, com a Convenção sobre Direitos da Criança.

4.3. Justificativa da especialização de tutela

Não há controvérsia sobre a guarida da criança e do adolescente no contexto dos direitos destinados ao ser humano. Assim, a circunstância de falar de um "Direito do menor" tem outra significação, já que as crianças e adolescentes são necessariamente beneficiárias dos direitos garantidos constitucionais, independentemente de qualquer previsão específica nesse sentido.

Consoante observa ANTÔNIO CARLOS GOMES DA COSTA: "Os direitos do homem, como tema genérico, foi ganhando especificações cada vez mais densas, levando-se em consideração as particularidades próprias de cada fase da vida"[1163].

Realmente, a criança, o adolescente e o jovem, em conjunto, formam uma categoria de pessoas que, atualmente, é reconhecida como especial, por encontrar-se em situação difícil, resultante da sua vulnerabilidade física e psíquica. Daí a deferência específica que se tem ofertado a essas pessoas.

4.3.1. Princípio da prioridade

É preciso, pois, elucidar o alcance do disposto na Constituição de 1988 quando, em seu art. 227, preocupou-se diretamente em determinar que "É dever da família, da sociedade e do Estado assegurar à criança, ao adolescente e ao jovem, com absoluta prioridade, o direito à vida, à saúde, à alimentação, à educação, ao lazer, à profissionalização, à cultura, à dignidade, ao respeito, à liberdade e à convivência familiar e comunitária (...)".

A Constituição pretendeu reafirmar a proposição de que os direitos fundamentais são titularizados por todos, incluindo os menores, com o propósito deliberado de deferir-lhes o princípio da prioridade de tratamento.

4.3.2. Tutela específica

Na realidade, quando se fala em Direito do menor, ou da criança e do adolescente, pretende-se assegurar a essa categoria de pessoas todos os direitos que são assegurados aos adultos, tais como a vida, a igualdade, a privacidade, e outros, mas com especial atenção o que revela que a expressão designa um conjunto de direitos "comuns" que devem ser encarados por uma perspectiva nova ou diferenciada, porque só assim se atenderá à dignidade da pessoa humana em desenvolvimento. Se houvesse a inserção dos menores no mesmo nível de tratamento dispensado às demais pessoas, haveria um completo desrespeito à sua natureza peculiar e ao princípio da dignidade da pessoa hu-

---

1163. Natureza e Implantação do Novo Direito da Criança e do Adolescente, in *Estatuto da Criança e do Adolescente — Lei 8.069/90: Estudos Sócio-jurídicos*, p. 18.

mana, que obriga a considerar as peculiaridades próprias da natureza do ser humano em desenvolvimento (do menor). É por esse motivo que a Constituição fala de um "direito a proteção especial" (art. 227, § 3º), "legislação tutelar específica" (art. 227, § 3º, IV), e deixa certa, em inúmeras passagens, a preocupação em diferençar a tutela dos menores da tutela em geral, quanto aos direitos a todos assegurados.

Por esse motivo, não poderiam os menores receber, v. g., a repressão penal dispensada aos adultos, sob pena de violar a dignidade específica dessa categoria. Aliás, a Constituição foi, nesse particular, expressa, determinando peremptoriamente: "Art. 228. São penalmente inimputáveis os menores de dezoito anos, sujeitos às normas da legislação especial". Nessa mesma linha de orientação tem-se a regulamentação do trabalho do menor, preceituando, em seu art. 7º, XXXIII, a "proibição de trabalho noturno, perigoso ou insalubre a menores de dezoito e de qualquer trabalho a menores de dezesseis anos, salvo na condição de aprendiz, a partir de quatorze anos", e, posteriormente, no art. 227, § 3º, I, dispondo sobre a "idade mínima de quatorze anos para admissão ao trabalho". Também será necessário maior cuidado no que se refere ao direito à alimentação, à educação, à segurança, à saúde e à moradia.

A Constituição, expressamente, ainda se ocupa em criar o dever de todos de colocar a criança, o adolescente e o jovem a salvo de toda forma de negligência, exploração, violência, crueldade e opressão, cujos conteúdos só podem ser bem compreendidos a partir do pressuposto de que o cuidado a ser dispensado está em direta relação com sua especial condição de vulnerabilidade.

Lei deverá estabelecer um Estatuto da Juventude, destinado a regular os direitos dos jovens, bem como um Plano Nacional de Juventude, de duração decenal, visando à articulação das várias esferas do Poder Público para a execução de políticas públicas.

4.4. Dever constitucional dos pais e irradiação dos efeitos da tutela especial às gestantes e mães de crianças

Em tema relacionado à tutela da criança e do adolescente, é preciso sublinhar a intenção constitucional em deferi-la à família e à sociedade, além do Estado. Assim determina o art. 227, *caput*. Mas a Constituição, nessa matéria, foi mais incisiva, para expressar, em seu art. 229, que "Os pais têm o dever de assistir, criar e educar os filhos menores".

Portanto, dos pais pode ser exigida a tutela específica no assistir, criar e educar os filhos. Em primeiro lugar, portanto, respondem a esse conjunto de obrigações os próprios pais, e não o Estado ou a sociedade. O seio social é o primeiro ambiente para o desenvolvimento do menor, do que resulta a preocupação constitucional especificamente voltada para esse aspecto.

Esse dever leva em consideração a especial importância para a formação dos jovens a presença de seus responsáveis durante essa fase da vida. Exatamente por isso é que o STF, em 2018, determinou a "substituição da prisão preventiva pela domiciliar – sem prejuízo da aplicação concomitante das medidas alternativas previstas no art. 319 do CPP – de todas as mulheres presas, gestantes, puérperas, ou mães de crianças e deficientes sob sua guarda", bem como de todas as adolescentes que, estando nessa situação, sejam sujeitas a medidas socioeducativas[1164].

Assim, como efeito desse dever paternal, estabelecido em atenção às pessoas em fase de formação, é que houve o estabelecimento de um regime maternal prisional próprio, como forma de concretizar os direitos do art. 227 da Constituição e, sobretudo, a priorização que receberam em relação ao restante das normas constitucionais.

4.5. Redução da maioridade penal: violação de cláusula pétrea

Tratarei, aqui, de um aspecto constitucional da tutela da criança, do jovem e do adolescente que considero de grande importância para a sociedade, especialmente em países de economia periférica, nos quais o Estado e suas autoridades adotam, de maneira reiterada, posturas de menosprezo e desrespeito à sociedade.

Algumas dessas posturas surgem, paradoxalmente, como medidas mágicas de superação das crises permanentes de nossa situação periférica. São, nesse caso, soluções que geralmente apontam para a solução do problema eliminando-o por decreto. A chamada "PEC da maioridade penal", a Proposta de Emenda Constitucional n. 171/93, aprovada pelo Plenário da Câmara dos Deputados em 18 de agosto de 2015, insere-se exatamente nesse modelo de soluções miraculosas que agravam a situação de miséria e pobreza no Brasil.

O texto dessa Emenda, nos moldes aprovados na Câmara, passa a comportar a imputação criminal de maiores de 16 (dezesseis) anos em casos de crimes hediondos, homicídio doloso e lesão corporal seguida de morte. Caso o texto seja aprovado, esses menores deverão cumprir pena em estabelecimentos segregados dos maiores de 18 (dezoito) anos e dos menores inimputáveis.

Emendas à Constituição que violam alguma das disposições do art. 60, § 4º, da CB, não podem escapar do juízo de inconstitucionalidade. Em especial, destaco o inciso IV, do referido parágrafo, que declara inconstitucional qualquer emenda tendente a abolir direito fundamental. De acordo com a posição aceita pelo STF, é possível o controle judicial de medidas contrárias a cláusulas pétreas, mesmo que ainda estejam em tramitação. Nesse sentido explicitou o Ministro Gilmar Mendes, no MS 32033[1165], que "a jurisprudência do Supremo Tribunal Federal reconhece a possibilidade de exercer essa espécie de controle prévio de constitucionalidade de propostas legislativas que atentem contra as cláusulas pétreas", embora ressalvando-se que "a Corte é extremamente prudente na utilização dessa competência".

Tradicionalmente, a controvérsia com relação à alteração da maioridade cinge-se à caracterização do art. 228 da CB como direito fundamental ou não, pois a resposta inexoravelmente nos indicaria a constitucionalidade de sua redução ou não.

1164. HC 143.641, rel. Min. Ricardo Lewandovski, j. 20-2-2018. O caos foi paradigmático, por se aceitar, ainda, um *habeas corpus* coletivo.

1165. STF, rel. Min. Gilmar Mendes, rel. para o Ac. Min. Teori Zavascki, j. 20-6-2013.

Entretanto, a questão acaba por esbarrar numa infrutífera discussão, centrada em um único dispositivo constitucional, em torno do que é ou não é um direito fundamental, discussão essa que encontra ampla divergência na doutrina.

Entendo que a constitucionalidade material de qualquer PEC nesse sentido da redução de maioridade penal deve ser questionada sob a perspectiva de outros direitos fundamentais, considerando uma leitura integrada da totalidade da Constituição.

Discussões de caráter nitidamente penalista, a respeito de qual seria o momento em que a pessoa adquire maturidade suficiente a responder por seus atos, são alheias ao mister constitucional nesse âmbito de acolhida de direitos via cláusula pétrea de cidadania, como é a de perenidade dos direitos fundamentais como um todo. Desse modo, não se pode realizar uma leitura da Constituição que tente amoldá-la artificialmente a teorias penalistas, pois isso implicaria desvirtuá-la.

Assim, devemos buscar uma leitura adequada da abrangência protetiva do art. 228 da Constituição no próprio Direito Constitucional. Nesse sentido o já comentado art. 227 deve servir de guia sobre como a Constituição trata esse segmento das crianças, adolescentes e jovens.

Esse artigo confere a esse segmento social uma primazia absoluta ao estatuir, em seu *caput*, que "é dever [...] do Estado assegurar à criança, ao adolescente e ao jovem, com *absoluta prioridade*" (original não destacado) alguns direitos como "o direito à vida, à saúde, à alimentação, à educação, ao lazer, à profissionalização, à cultura, à dignidade, ao respeito, à liberdade e à convivência familiar e comunitária", acrescentando que essas pessoas devem ser protegidas de forma que sejam colocadas "a salvo de toda forma de negligência, discriminação, exploração, violência, crueldade e opressão".

A expressão do texto constitucional *"absoluta prioridade"* não deixa margem a outra opção pessoal do intérprete que não seja uma leitura dos direitos das crianças, adolescentes e jovens condicionada ao patamar de relevância máxima, timbrado pelo próprio constituinte originário ao tratar desse segmento social. Nota-se que a Constituição não se limitou a dizer que as crianças e adolescentes deveriam ter seus direitos assegurados com *prioridade*, mas reforça a proteção enfatizando que a prioridade é absoluta. Prioridade, e prioridade *absoluta*. O que mais se poderia utilizar na redação normativa para obter o resultado assim apresentado? Entendo que nada mais seria necessário, e só uma doutrina de resistência aos avanços constitucionais da cidadania em uma sociedade periférica é que pode nos fazer compreender certos posicionamentos "técnicos", além da vontade nitidamente ideológica (por vezes apenas uma motivação pessoal) de outros que também abordam o assunto sob o suposto viés da Constituição.

Prosseguindo com a análise, que não ignora o aspecto global da Constituição, tenho por certo que uma redução da maioridade acaba reproduzindo, no aspecto normativo, um reforço de uma forma sistêmica de discriminação que experimentamos diariamente em nossa sociedade desigual e atrasada. Uma discriminação perene incidente sobre o *status* de certas pessoas, justamente contra crianças, adolescentes e os jovens de setores mais marginalizados da sociedade, que deveriam ser postos "a salvo de toda forma de negligência, discriminação, exploração, violência, crueldade e opres-

369

são" (art. 227 da CB). Ao reduzir a maioridade penal para os 16 anos, por exemplo, estamos desde logo reduzindo a expectativa de vida útil e roubando o futuro de um conjunto muito maior do que apenas os que no momento tenham já ultrapassado a idade limite. A redução da maioridade projeta-se para as vindouras gerações, já que a situação de abandono que experimentam não é objeto de preocupações sérias e efetivas por parte das autoridades. A redução da maioridade penal é uma forma de opressão e retrocesso.

O IPEA — Instituto de Pesquisa Econômica Aplicada — concluiu no ano de 2015 pesquisa intitulada "O Adolescente em Conflito com a Lei e o Debate sobre a Redução da Maioridade Penal". Essa pesquisa identificou que, em 2003, 66% (sessenta e seis por cento) dos menores infratores viviam em famílias consideradas *extremamente* pobres e 51% (cinquenta e um por cento) não frequentavam a escola no momento em que cometeram o delito[1166].

Em pesquisa diversa, publicada na revista *Estudos de Psicologia*, realizada por meio de entrevistas no núcleo familiar de 61 jovens infratores em instituições do Rio de Janeiro e Recife, constatou-se que esses jovens careciam de estrutura familiar adequada, em aspectos tanto financeiros como de amparo emocional[1167].

No caminho inverso do que determina a Constituição do Brasil, esses jovens, em vez de serem protegidos de maneira qualitativamente diferenciada, passam a ter reforçada a situação de precariedade na qual já se encontram, para serem imputados criminalmente a fim de serem encarcerados. Trata-se de uma inversão de sinal dos objetivos constitucionais do Estado, que age, ao reduzir a maioridade penal, criando novas formas de desvantagens e marginalização das pessoas que já se encontram em situação de penúria social e abandono estatal.

Nesse sentido, qualquer proposta de redução da maioridade penal no Brasil de hoje promove a desigualdade, a discriminação arbitrária e o retrocesso social.

Assim, dentre as possibilidades de leituras múltiplas que se podem vislumbrar no art. 228, a busca da solução jurídica adequada deve ser guiada pelo ideal de *justiça social* e *solidariedade* que constituem objetivos do Estado. Não se trata de engessamento do social pela eternização dessas cláusulas protetivas, eis que o Brasil ainda não superou seu passado de país desigual e excludente, não estando ainda atendidos os objetivos da promulgação da Constituição do Brasil de implantar um Estado social e desenvolvimentista, com decréscimo dos níveis de desigualdade social e, bem por isso, com capacidade transformadora[1168] e contrafática.

1166. Informação disponível em <http://www.ipea.gov.br/portal/index.php?id=25620&option=com_content&view=article>, acesso em 25 ago. 2016.

1167. Maria Cristina Feijó, Simone Gonçalves de Assis. O contexto de exclusão social e de vulnerabilidades de jovens infratores e suas famílias, 2004.

1168. Como já afirmei anteriormente, a "proposta transformativa [...] assume o sentido de instrumento de mudança da estrutura econômica de exploração ainda presente, e pobreza extrema de parte da sociedade, para níveis socioeconômicos satisfatórios, pela transformação social" (André Ramos Tavares, *Direito Econômico Diretivo*: percursos das propostas transformativas. São Paulo, 2014. p. 117).

5. A PROTEÇÃO CONSTITUCIONAL DO IDOSO

Um dos aspectos importantes da dignidade da pessoa humana é o reconhecimento daquilo que se poderia denominar como "direito à velhice".

Direito da velhice ou direito do idoso não se confunde com direitos dos idosos. É certo que compreende esses direitos, mas abrange, ademais, outros, que não são próprios ou exclusivos dessa categoria de pessoas.

Assim, para tratar primeiro da questão dos direitos dos idosos, entende-se que estes são os direitos decorrentes da previdência social, porque basicamente esta foi concebida como uma das principais dimensões dos direitos dos idosos. Trata-se, aqui, de direito constantemente sacrificado no Brasil, que tem sucumbido, com o auxílio de tribunais, em nome de uma fictícia impositividade (não haveria outra alternativa) construída por um pensamento neoliberal extremado. Aliás, por muito tempo, a previdência foi a única referência constitucional a direitos próprios desse conjunto de pessoas. Certamente nos tempos atuais deixou de ser uma proteção constitucional segura e previsível.

Mas os direitos dos idosos também contemplam, atualmente, direitos outros que não apenas aqueles decorrentes da seguridade social. Assim, ao idoso é reconhecido o direito de ser amparado pelo Estado, pela sociedade e pela família (art. 230 da CB). Impõe-se a realização de programas estatais de amparo aos idosos (§ 1º do art. 230), assegurando-se, desde logo, na Constituição, aos maiores de sessenta e cinco anos, a gratuidade dos transportes coletivos urbanos (§ 2º do art. 230).

Mas não é só. A proteção da chamada terceira idade abrange não apenas os direitos dos idosos, acima referidos. Embora esses mesmos direitos (dos idosos) tenham experimentado já certa evolução, para alargar as hipóteses de tutela, como verificado acima, na realidade, o direito à velhice também se relaciona, atualmente, com outros direitos mais amplos.

Assim é que se pode falar em tutela da situação do idoso como decorrência do princípio da dignidade da pessoa humana, o que, ademais, é reconhecido expressamente pela Constituição de 1988, que em seu art. 230 assegura às pessoas idosas a defesa de sua dignidade, colocando tal defesa como dever do Estado, da sociedade e da família (art. 230, *caput*, da CB).

Ora, decorrência desse posicionamento constitucional está em que os direitos referidos aos idosos não são apenas aqueles indicados expressamente pela norma constitucional do art. 230. São todos aqueles que sejam imprescindíveis para garantir dignidade à vida daqueles que se encontrem na condição de "idosos". Nessa perspectiva, o direito à velhice coloca-se como direito que há de tutelar-se desde o início da vida do indivíduo, pois, como muito bem alertou PAULO ROBERTO BARBOSA RAMOS, "a sociedade precisa oferecer esses benefícios desde o início da existência das pessoas, porque se assim não agir estará atentando contra o direito à vida destas, uma vez que se tivessem uma vida com dignidade, desde o princípio, teriam oportunidade de ter uma vida mais longeva"[1169].

1169. *O Direito à Velhice*, p. 140.

Portanto, resta claro que o direito à velhice é uma decorrência da própria dignidade da pessoa humana, levada a tutela da *vida* até o último dia de existência do ser humano. O direito à velhice, pois, é uma dimensão importantíssima do primado da dignidade da pessoa humana.

6. DIGNIDADE DA PESSOA HUMANA E COMBATE À VIOLÊNCIA DE GÊNERO

De acordo com o *Atlas da Violência* de 2021[1170], publicado pelo Instituto de Pesquisa Econômica Aplicada — IPEA, no ano de 2019, 3.737 mulheres foram assassinadas no Brasil. Dentre as vítimas da violência contra a mulher no Brasil, recordo a morte de Marielle Franco, mulher, negra, feminista e vereadora do Rio de Janeiro, episódio que acabou, lamentavelmente, por simbolizar não apenas a violência em níveis insuportáveis com a qual convive a sociedade brasileira, mas também a igualmente insuportável violência de gênero. A pesquisa do IPEA demonstrou que, em 2019, 66% das mulheres assassinadas no Brasil eram negras.

O Brasil, por meio da Lei n. 13.104, de 9 de março de 2015, passou a prever o feminicídio, tipificação criminal para condutas dirigidas contra a mulher, em razão da condição do sexo feminino, seja dentro do contexto de violência doméstica e familiar, seja como menosprezo ou discriminação pela condição de mulher, sendo, inclusive, circunstância qualificadora. Mas os dados apresentados pelo IPEA não refletem uma diminuição da violência contra a mulher no contexto doméstico.

A taxa de homicídios de mulheres pelo local da ocorrência, quando analisada a taxa de homicídios na residência, indica que, após um período de estabilidade entre os anos de 2017 e 2018, houve uma redução pontual de 10,2% em 2019 se comparado com o ano de 2018. Contudo, se analisado todo o período entre 2009 e 2019, nota-se um aumento de 10,6% da taxa de homicídio de mulheres no âmbito doméstico.

É nesse contexto de reiterada violência de gênero que o Pleno do STF, por unanimidade, referendou a Medida Cautelar na ADPF 779, de relatoria do Min. Dias Toffoli, firmando o entendimento, em 15 de março de 2021, pela inconstitucionalidade do uso da tese de legítima defesa da honra como técnica de defesa no processo penal, por contrariar os princípios constitucionais da dignidade da pessoa humana (art. 1º, inc. III, da CB), da proteção à vida e da igualdade de gênero (art. 5º, *caput*, da CB). O STF adotou interpretação conforme à Constituição para os arts. 23, inc. II, e 25, *caput* e parágrafo único, do Código Penal e art. 65 do Código de Processo Penal.

O mérito da ADPF 779 foi julgado no dia 1º de agosto de 2023. Nessa oportunidade, o Pleno do STF, também por unanimidade de votos, confirmou a decisão tomada no julgamento da Medida Cautelar que declarou inconstitucional a tese da legítima defesa da honra.

1170. Atlas da Violência 2021. Daniel Cerqueira et al. São Paulo: FBSP, 2021.

Assim, a Corte decidiu: "(i) firmar o entendimento de que a tese da legítima defesa da honra é inconstitucional, por contrariar os princípios constitucionais da dignidade da pessoa humana (art. 1º, III, da CF), da proteção à vida e da igualdade de gênero (art. 5º, *caput*, da CF); (ii) conferir interpretação conforme à Constituição aos arts. 23, inciso II, e 25, *caput* e parágrafo único, do Código Penal e ao art. 65 do Código de Processo Penal, de modo a excluir a legítima defesa da honra do âmbito do instituto da legítima defesa e, por consequência, (iii) obstar à defesa, à acusação, à autoridade policial e ao juízo que utilizem, direta ou indiretamente, a tese de legítima defesa da honra (ou qualquer argumento que induza à tese) nas fases pré-processual ou processual penais, bem como durante o julgamento perante o tribunal do júri, sob pena de nulidade do ato e do julgamento; (iv) diante da impossibilidade de o acusado beneficiar-se da própria torpeza, fica vedado o reconhecimento da nulidade, na hipótese de a defesa ter-se utilizado da tese com esta finalidade." (Trecho da de decisão de mérito do julgamento da ADPF 779).

Portanto, o uso da vetusta tese da legítima defesa da honra, ainda que aventado, não pode ser aceito, juridicamente falando, nem utilizado legitimamente. Qualquer efeito jurídico eventualmente produzido por essa tese será nulo.

A ADPF foi movida pelo Partido Democrático Trabalhista (PDT), que argumentava pela existência de *controvérsia constitucional relevante* com fulcro em "decisões do Tribunal de Justiça que ora validam, ora anulam, veredictos do tribunal do júri em que se absolvem réus processados pela prática de feminicídio com fundamento na tese da legítima defesa da honra. (...) [e] também, divergências de entendimento sobre o tema entre o Supremo Tribunal Federal e o Superior Tribunal de Justiça". Isto é, a tese da legítima defesa da honra passou a ser utilizada como excludente de ilicitude nas hipóteses de feminicídio ou violência contra a mulher, tendo como efeitos práticos a absolvição do réu por esse fundamento e a disseminação da ideia de impunidade nesses crimes.

No contexto dos debates, verificou-se a *cultura processual* de invocar elementos fáticos na tentativa de legitimar a prática do feminicídio em decorrência de uma suposta "defesa da honra".

Em seu voto, o Min. Dias Toffoli circunscreveu a controvérsia à análise da legitimidade constitucional da tese da "legítima defesa da honra". O Ministro sublinhou que a legítima defesa da honra não configura legítima defesa, porque o instituto da legítima defesa "caracteriza-se pela conjunção dos seguintes elementos: a agressão é injusta e atual ou iminente; envolve direito próprio ou de terceiro, o uso moderado dos meios necessários e a presença de um ânimo de defesa (*animus defendendi*). Trata-se, portanto, de hipótese excepcional de afastamento da aplicação da lei penal, a qual somente se justifica pela confluência dos referidos fatores. (...) Por agressão injusta, entende-se aquela que ameaça ou lesa um bem jurídico. A atualidade ou a iminência da agressão são requisitos essenciais para a caracterização da excludente de ilicitude, pois ela deve ser aferível no momento da autodefesa, não podendo ser uma situação passada ou futura". A partir da fixação desses elementos, o Min. Dias Toffoli concluiu que, no caso de traição em relações amorosas, seu desvalor localiza-se no âmbito

373

ético e moral, não sendo possível falar em um direito subjetivo para agir com violência ao enfrentar a traição.

No que tange à ofensa constitucional à dignidade da pessoa humana, à vedação de discriminação, ao direito à vida e à igualdade, o Ministro Relator foi bastante enfático ao esclarecer que a legítima defesa da honra é um "recurso argumentativo/teórico odioso, desumano e cruel utilizado pelas defesas de acusados de feminicídio ou agressões contra mulher para imputar às vítimas a causa de suas próprias mortes ou lesões, contribuindo imensamente para a naturalização e a perpetuação da cultura de violência contra as mulheres no Brasil".

O Min. TOFFOLI recordou que, historicamente, a honra masculina encontrava espaço no Ordenamento pátrio, o que, por certo, contribuiu para a cultura e a tolerância deste tipo de crime.

O STF também estabeleceu que, no âmbito do processo penal, "[n]a hipótese de a defesa lançar mão, direta ou indiretamente, da tese da 'legítima defesa da honra' (ou de qualquer argumento que a ela induza), seja na fase pré-processual, na fase processual ou no julgamento perante o tribunal do júri, caracterizada estará a nulidade da prova, do ato processual ou, caso não obstada pelo presidente do júri, dos debates por ocasião da sessão do júri, facultando-se ao titular da acusação recorrer de apelação na forma do art. 593, III, *a*, do Código de Processo Penal".

Referências bibliográficas

ALEXY, Robert. *Teoría de los Derechos Fundamentales*. Madrid: Centro de Estudios Constitucionales, 1993.

BASTOS, Celso Ribeiro; MARTINS, Ives Gandra da Silva. *Comentários à Constituição do Brasil*. 2. ed. São Paulo: Saraiva, 1988. v. 1.

BOBBIO, Norberto. *Igualdade e Liberdade*. 3. ed. Rio de Janeiro: Ediouro, 1997.

CAMPOS, Gérman J. Bidart. *Teoría General de los Derechos Humanos*. Buenos Aires: Astrea, 1991.

CANOTILHO, J. J. Gomes. *Direito Constitucional e Teoria da Constituição*. 4. ed. Coimbra: Almedina, 2003.

COMPARATO, Fábio Konder. *A Afirmação Histórica dos Direitos Humanos*. 2. ed. rev. atual. ampl. São Paulo: Saraiva, 2001.

FEIJÓ, Maria Cristina; ASSIS, Simone Gonçalves. O contexto de exclusão social e de vulnerabilidades de jovens infratores e suas famílias. *Estudos de Psicologia*. Natal (online), 2004, v. 9, n. 1, p. 157-66. Disponível em <http://www.scielo.br/pdf/epsic/v9n1/22391.pdf>, acesso em 25 ago. 2016.

KANT, Immanuel. *Fundamentação da Metafísica dos Costumes*. Lisboa: Edições 70, 2003.

LEWANDOWSKI, Enrique Ricardo. *Proteção dos Direitos Humanos na Ordem Interna e Internacional*. Rio de Janeiro: Forense, 1984.

LOEWENSTEIN, Karl. *Teoría de la Constitución*. Barcelona: Ediciones Ariel, 1970.

LUÑO, Antonio E. Pérez. *Derechos Humanos, Estado de Derecho y Constitución*. 5. ed. Madrid: Tecnos, 1995.

MIRANDA, Jorge. *Manual de Direito Constitucional*. Coimbra: Coimbra Ed., 1988. t. 4.

NOGUEIRA, J. C. Ataliba. *O Estado é um Meio e não um Fim*. São Paulo: Revista dos Tribunais, 1940.

PLATÃO. *A República*. São Paulo: Edipro, 2000.

RAMOS, Paulo Roberto Barbosa. *O Direito à Velhice*. Tese de Doutorado. São Paulo: PUC, 2001.

REPETTO, Roberto. *La Libertad y la Constitución*. Buenos Aires: Abeledo-Perrot, 1971.

SANTOS, Fernando Ferreira dos. *Princípio Constitucional da Dignidade da Pessoa Humana*. São Paulo: Instituto Brasileiro de Direito Constitucional/Celso Bastos Editor, 1999.

SARLET, Ingo Wolfgang. *Dignidade da Pessoa Humana e Direitos Fundamentais na Constituição Federal de 1988*. Porto Alegre: Livraria do Advogado Ed., 2001.

TAYLOR, Charles. What's Wrong With Negative Liberty, In: STEWART, Robert M. *Readings in Social & Political Philosophy*. New York: Oxford University Press, 1996.

TOBEÑAS, J. Castán. *Los Derechos del Hombre*. Madrid: Reus, 1969.

375

Capítulo XVIII
DIREITO À IGUALDADE

1. GENERALIDADES

A primeira afirmação a ser feita aqui é a de que os tratamentos diferenciados podem estar em plena consonância com a Constituição. É que a igualdade implica o tratamento desigual das situações de vida desiguais, na medida de sua desigualação. Aliás, trata-se de exigência contida no próprio princípio da Justiça.

O elemento discriminador erigido como causa da desequiparação deve estar predisposto ao alcance de uma finalidade. Esta, por sua vez, deve corresponder exatamente a algum objetivo encampado pelo Direito, seja expressa, seja implicitamente.

Mister se faz, ainda, que haja uma relação de proporcionalidade entre os meios e métodos empregados pelo legislador, para alcançar aquela finalidade (que, como se disse, deve encontrar eco no seio do próprio ordenamento), e essa finalidade perseguida. Não se pode, por exemplo, utilizar meios extremamente gravosos ao cidadão para realizar uma finalidade, ainda que constitucional, quando existirem inúmeros outros modelos, à disposição do Poder Público, para perfazer tal objetivo. A adequabilidade dos meios aos fins aquilata-se tomando em conta os efeitos que a utilização daqueles meios e métodos irão produzir.

A Constituição não assegura a inviolabilidade dos direitos de parcela da comunidade, violando os direitos de outra parcela. Acima de tudo, proclama, nesta situação, o princípio da igualdade.

A igualdade aplica-se, sobretudo, em face da atuação do Executivo, mas não apenas deste. Impõe-se, igualmente, como comando dirigido ao Legislativo e, também, ao próprio Poder Judiciário, no desenrolar do processo judicial (por ocasião do tratamento a ser dispensado a cada uma das partes).

Entende-se, pois, que "(...) o alcance do princípio não se restringe a nivelar os cidadãos diante da norma legal posta, mas que a própria lei não pode ser editada em desconformidade com a isonomia"[1171]. E que, ademais, na atuação do Poder Judiciário, está ele igualmente jungido aos ditames da isonomia.

Segundo a clássica fórmula de ARISTÓTELES, a igualdade consiste em tratar igualmente os iguais e desigualmente os desiguais.

1171. Celso Antônio Bandeira de Mello, *Conteúdo Jurídico do Princípio da Igualdade*, 3. ed., p. 10.

Contudo, trata-se de regra hipotética que não satisfaz. E isto porque não é capaz de informar quando ou como distinguir os desiguais dos iguais.

É preciso, portanto, encontrar um critério capaz de legitimamente apartar essas duas categorias genéricas e abstratas de pessoas. É necessário saber quais são os elementos ou as situações de igualdade ou desigualdade que autorizam, ou não, o tratamento igual ou desigual.

Ou, o que dá no mesmo, é preciso concretizar esse princípio (que como qualquer outro é abstrato), a partir de critérios objetivos precisos, sob pena de torná-lo um escudo de impunidade para a prática de arbitrariedades.

2. AS DIFERENÇAS ENTRE AS PESSOAS E O PRINCÍPIO DA IGUALDADE

KELSEN assinala que seria inconcebível e absurdo impor a todos os indivíduos exatamente as mesmas obrigações, ou lhes conferir exatamente os mesmos direitos.

Nessa mesma ordem de considerações, pontifica RUI BARBOSA, em sua célebre Oração aos Moços: "Os apetites humanos conceberam inverter a norma universal da criação, pretendendo não dar a cada um, na razão do que vale, mas atribuir o mesmo a todos, como se todos se equivalessem"[1172].

Realmente, basta imaginar o caso das crianças em relação aos adultos para verificar a completa retidão da assertiva. Trata-se de um exemplo que bem serve à ilustração. Cada qual tem uma situação própria, peculiar, a demandar cuidados específicos, que o Direito resguarda e tutela na medida de suas necessidades.

Mas, embora existam diferenças consideráveis entre os seres humanos, para fins de tratamento jurídico diferenciado não se pode chegar ao exagero de conceder um tratamento próprio para cada ser humano, tendo em vista o fato evidente de que todos se diferenciam entre si (pela cor dos olhos, estatura, peso, digital etc.). O ser humano é único em sua individualidade. Mas isso não pode ser levado ao exagero de pretender um tratamento próprio para cada pessoa, tendo em vista suas peculiaridades. A ser assim, e demandar-se-ia uma lei específica para cada ser humano. Neste caso, já nem mais se poderia falar de lei — em sentido genérico e abstrato —, pois dirigida a um único indivíduo.

Por outro lado, pela leitura seca da Constituição, é-se levado a crer que determinados traços, que certas características pessoais ou situações de fato, por si sós e independentemente de outras circunstâncias, não podem, nunca, ser erigidas em critério para a desigualação. Seria, v. g., o caso da raça, do sexo, da religião[1173].

Mas, como muito bem acentuou CELSO ANTÔNIO BANDEIRA DE MELLO: "(...) *qualquer elemento residente nas coisas, pessoas ou situações*, pode ser escolhido pela

---

1172. Rui Barbosa, *Oração aos Moços*, p. 25-6.

1173. Estabelece o art. 3º, IV, que incumbe ao Poder Público central "Promover o bem de todos, sem preconceitos de origem, raça, sexo, cor, idade e quaisquer outras formas de discriminação".

lei como fator discriminatório, donde se segue que, de regra, não é no traço de diferenciação escolhido que se deve buscar algum desacato ao princípio isonômico"[1174].

Assim, a Constituição, ao estabelecer que não pode haver preconceito de sexo, cor, raça, idade, origem etc., não está, como poderia parecer à primeira vista, vedando qualquer discriminação com base nesses elementos.

Os elementos ou situações constitucionalmente arrolados (sexo, cor etc.), na realidade, relacionam-se a ocorrências discriminatórias atentatórias de direitos fundamentais, muito comuns em determinadas épocas históricas, utilizadas indiscriminadamente e gratuitamente como forma de distinção e, o mais das vezes, punição. Foram situações de injustiça, que marcaram profundamente o espírito dos Homens, e que, por isso, o constituinte brasileiro pretendeu pôr a salvo os indivíduos para o futuro. Assim, a título exemplificativo, foi o caso da escravidão dos negros (distinção em função da raça), da submissão das mulheres (por força do sexo), e outros tantos casos.

3. A FÓRMULA LÓGICO-JURÍDICA DO RESPEITO À IGUALDADE

É preciso que haja uma correlação lógica entre: 1) o traço diferencial eleito como ponto de apoio da desigualação que se pretende instaurar; e 2) a desigualdade de tratamento sugerida em função do traço ou característica adotada.

A desigualdade tem de estar em relação direta com a diferença observada. Não se pode tratar diversamente em função de qualquer diferença observada. Do contrário, todos os tratamentos discriminatórios estariam, em última instância, legitimados, já que claro está que todos se diferenciam uns dos outros. Além disso, exige-se que essa relação de pertinência a ser assim estabelecida não viole algum preceito constitucional.

Portanto, em outras palavras, pode-se afirmar que o princípio da isonomia proíbe a arbitrariedade. Segundo Celso Antônio Bandeira de Mello, "(...) tem-se que investigar, de um lado, aquilo que é adotado como critério discriminatório; de outro lado, cumpre verificar se há justificativa racional, isto é, fundamento lógico, para, à vista do traço desigualador acolhido, atribuir o específico tratamento jurídico construído em função da desigualdade proclamada. Finalmente, impende analisar se a correlação ou fundamento racional abstratamente existente é, *in concreto*, afinado com valores prestigiados no sistema normativo constitucional"[1175].

3.1. Critério discriminatório

Há ampla liberdade de eleição das notas diferenciadoras que apoiarão a diferenciação. Mas essa afirmativa deve ser, agora, mais bem apurada. É que surgem algumas condicionantes.

1174. *Conteúdo Jurídico do Princípio da Igualdade*, p. 17.
1175. *Conteúdo Jurídico do Princípio da Igualdade*, p. 21-2.

Em primeiro, tem-se que a nota diferenciadora não pode ir ao ponto de individualizar um sujeito no presente. E essa individualização — é preciso sublinhar — pode dar-se de forma aberta ou velada, sendo sempre repudiada pelo Direito.

Contudo, isso não significa que a lei não possa aplicar-se a uma única situação ou pessoa. Realmente, ela pode vir a alcançar um só indivíduo, sem que haja violação do presente princípio, desde que, à época de sua edição, fosse ele completamente indeterminado. É o caso de regra que estabeleça: "Matar o Presidente da República em exercício. Pena: 30 anos de reclusão e multa".

Ou ainda: "Será condecorado com as honrarias da República aquele que descobrir a cura da *aids*".

Ora, é evidente que nesses casos será contemplado um único indivíduo, ou um único grupo deles, sem ferir o princípio da isonomia. O que não se admite é a individualização precisa e atual de um sujeito no bojo da própria lei, no momento de sua edição.

Em segundo lugar, o traço diferencial há de encontrar-se na própria pessoa, coisa ou situação discriminada. Não se admite a eleição de um fator externo a quem sofrerá a distinção.

Fator alheio às coisas ou pessoas não pode discriminá-las. É, dentre outros, o caso do tempo.

Assim, "(...) quando a lei faz referência ao tempo, aparentemente tomando-o como elemento para discriminar situações ou indivíduos abrangidos pelo período discriminador, o que na verdade está prestigiando como fator de desequiparação é a própria sucessão ou 'estados' transcorridos ou a transcorrer"[1176].

Compreende-se, pois, nesta discussão, a regra que confere estabilidade aos servidores, já que se reporta, aparentemente, apenas a determinado número de anos. Na realidade, não é o tempo, em si, mas sim o que nele ocorreu, que justifica a diferenciação. Afinal, o tempo passou para todos de igual forma, mas nem todos serão beneficiados pela regra da estabilidade, o que de pronto faz crer que não foi o tempo que concorreu para isso. É, pois, na realidade, a sucessão de fatos ou atos verificada ao longo de um período de tempo que justifica o tratamento diferenciado. No caso, tem-se a permanência continuada em cargo público, por três anos, como justificando a estabilidade. A mera passagem do tempo não é capaz de conceder o benefício, caso em que todos os seres humanos teriam igual direito.

E, ainda, tem-se que, quando se menciona certa data para distinguir fatos pretéritos dos futuros, na verdade, trata-se de revelar acontecimento que é, ele próprio, a justificativa da diversidade de tratamento a ser operada, e não o tempo pretérito ou futuro em sua pureza, o que realmente seria inconcebível, como se acabou de verificar.

Em síntese, pode-se afirmar que o tempo é fator absolutamente neutro, que a todos colhe igualmente e, assim, inapto se mostra a desempenhar o papel de justo discrímen entre os seres humanos.

1176. Celso Antônio Bandeira de Mello, *Conteúdo Jurídico do Princípio da Igualdade*, p. 31.

Ademais, "(...) não há como se conceber qualquer regulação normativa isenta de referência temporal, o que, aliás, serve de base para demonstrar sua absoluta neutralidade. Deveras: ou a lei fixa um tempo dado ao regular certa situação ou, inversamente, não fixa qualquer limite. Em ambos os casos há uma referência temporal. Numa é demarcada, noutra é ilimitada, mas ambas levam em conta o tempo, seja medido, seja continuado indefinidamente. Pois, o tempo medido é tão só uma referência a uma quantidade determinada de fatos e situações que nele tiveram ou terão lugar, ao passo que o tempo ilimitado é também referência a uma quantidade de fatos ou situações por definição indeterminados"[1177].

Assim, os próprios direitos adquiridos, que desigualam as pessoas, significam exatamente aquilo que cada indivíduo construiu, com seu trabalho, ou recebeu, de acordo com as regras de Direito, e que o diferencia de seus pares. Tudo, por certo, levado a efeito ao longo do tempo.

Só se justifica o tratamento diferenciado em razão de *fatos* diversos. E o tempo não é um fato. Este é que está contido naquele. O tempo é externo às coisas, pessoas e circunstâncias.

Da mesma forma, e pelos mesmos motivos, o mesmo que se disse a respeito do tempo pode ser dito da própria condição de ser pessoa humana. Também aqui se aplica o que é dito quanto ao tempo, pois não há nada, no Direito, que não diga respeito ao ser humano. Assim, a lei sempre, e absolutamente sempre, tem em vista o ser humano. Muito bem apreendeu essa peculiar posição SAMPAIO DÓRIA, ao anotar que "A Constituição veda à lei estabelecer desigualdades entre os homens, por serem homens"[1178].

Assim, a regra jurídica que estabeleça algum tratamento em razão da condição de Homem é, por óbvio, regra geral, porque neutra em si mesma, o que vale dizer que não é capaz de estabelecer distinção de tratamento válida ou eficaz. A regra, assim concebida, acaba abarcando indistintamente a todos. E é justamente por isso que poderá tornar-se inconstitucional, já que, ao tratar a todos igualmente, pode desconsiderar uma desigualdade relevante, que imponha um tratamento desigual, para fins de obedecer ao princípio da isonomia.

3.2. Correspondência entre a distinção de regimes e a desigualdade

Além do fator discriminatório, é preciso atentar para a relação entre este e a disciplina desigual estabelecida. Exige-se que haja, como visto, uma relação de pertinência, o que significa, em poucas palavras, que a regra de tratamento diversificado tem de "fazer sentido". Um mesmo fator pode estar envolvido em um caso justo de discriminação e em violação ao princípio da isonomia, tudo em função da relação entre esse fator verificado e o regime adotado.

Veda-se a discriminação gratuita, desaforada, sem nexo de relação com a nota distintiva eleita. Seria o caso de regra que estabelecesse o seguinte exemplo elucida-

---

1177. Celso Antônio Bandeira de Mello, *Conteúdo Jurídico do Princípio da Igualdade*, p. 33.
1178. Sampaio Dória, *Comentários à Constituição de 1946*, v. 3, p. 595.

tivo: "Os pilotos de avião passam a ter direito a indicar o corpo de assessores da Câmara dos Deputados".

Mas essa relação entre discrímen e regime jurídico próprio não é sempre "pura", sendo muitas vezes permeada por fatores históricos próprios e inerentes a certas sociedades, que fazem soar como boa ou ruim a relação estabelecida.

Assim ocorria com certas profissões, que eram vedadas às mulheres, pois era inconcebível, para o modelo de certa época da humanidade, o exercício, pelo sexo feminino, de carreira militar.

Exemplo dessa situação ocorreu no RE n. 646.721/RS, julgado pelo Plenário do STF em 10 de maio de 2017, no qual se decidiu afastar o regime sucessório do art. 1.790 do Código Civil, relativo à união estável, às uniões heteroafetivas e homoafetivas. De acordo com a ementa do julgado "não é legítimo desequiparar, para fins sucessórios, os cônjuges e companheiros".

Por esses fundamentos o art. 1.790 do Código Civil foi declarado inconstitucional, passando a sucessão de companheiros a ser regulada pelo mesmo artigo que define a sucessão dos cônjuges, o art. 1.829 do Código Civil.

Outro exemplo era o disposto no art. 295, VII do Código de Processo Penal que concedia o direito à prisão especial, até a decisão penal definitiva, aos portadores de diploma de ensino superior.

No julgamento da ADPF 334, de relatoria do Min. Alexandre de Moraes, o STF, por unanimidade, declarou a não recepção do art. 295, VII do Código de Processo Penal pela Constituição brasileira de 1988.

Em seu voto, o Min. Alexandre de Moraes consignou que "Todos os cidadãos têm o direito a tratamento idêntico pela lei, exceto quando presente uma correlação lógica entre a distinção que a norma opera e o fator de discrímen, em consonância com os critérios albergados pela Constituição Federal."[1179].

Assim, o STF decidiu que a segregação de presos provisórios com base no grau de instrução acadêmica seria calcada em um critério de ordem estritamente pessoal e, portanto, incompatível "com o princípio da igualdade e com o Estado Democrático de Direito"[1180].

3.3. Discriminação e disposições constitucionais

É preciso, como lembra CELSO ANTÔNIO BANDEIRA DE MELLO, "que, *in concreto*, o vínculo de correlação suprarreferido seja pertinente em função dos interesses constitucionalmente protegidos, isto é, resulte em diferenciação de tratamento jurídico fundada em razão valiosa — ao lume do texto constitucional — para o bem público"[1181].

É preciso saber quando o discrímen é relevante, ou seja, quando determinada nota distintiva pode ser utilizada para distinguir juridicamente os homens. Essa afe-

---

1179. STF. ADPF 334/DF, rel. Min. Alexandre de Moraes, j. 03.04.2023, p. 1.

1180. STF. ADPF 334/DF, rel. Min. Alexandre de Moraes, j. 03.04.2023, p. 2.

1181. Celso Antônio Bandeira de Mello, *Conteúdo Jurídico do Princípio da Igualdade*, p. 41.

rição se faz a partir não apenas de regras lógicas, mas também dos valores constitucionalmente postos.

Como lembra SAMPAIO DÓRIA, "A igualdade e a desigualdade são ambas direitos, conforme as hipóteses. A igualdade, quando se trata de direito fundamental. As desigualdades, quando no terreno dos direitos adquiridos"[1182].

Assim ocorre ao se impedir a discriminação em função do porte da empresa, para fins de conceder maiores privilégios àquelas de grande porte, em relação às pequenas e médias empresas, sob o argumento de que as primeiras é que estão carreando maiores fluxos aos cofres públicos e gerando maior número de empregos. Isso tudo em função do § 4º do art. 173.

Da mesma forma, em função da nacionalidade, não se poderia pretender criar favores ou benefícios, ou qualquer outra vantagem, para grupos empresariais estrangeiros, em detrimento dos nacionais, sob o argumento de que contam com tecnologia mais avançada, da qual o Brasil está carente.

Outro exemplo seria o comando constante do § 4º do art. 173, que determina: "A lei reprimirá o abuso do poder econômico que vise à dominação dos mercados, à eliminação da concorrência e ao aumento arbitrário dos lucros", numa clara demonstração de valores que, no campo econômico, devem ser adotados pela legislação.

E, ainda, o disposto no § 3º do art. 226, que reconhece a união estável entre homem e mulher como entidade familiar. A lei não poderá, pois, deixar de reconhecer essa unidade familiar, embora tradicionalmente repelida.

Além disso, e como decorrência da relatividade dos direitos fundamentais individuais, é preciso acentuar que nenhum direito é absoluto, e, pois, situações haverá em que a Constituição proíbe a desigualação, ainda que se trate de situações substancialmente desiguais, e outras nas quais imporá a distinção, em casos que seriam impensáveis para a legislação ordinária implantar por si só.

3.3.1. Discriminação por orientação sexual

Em 5 de maio de 2020, o STF concluiu o julgamento da ADI 5.543, de relatoria do MIN. EDSON FACHIN, iniciado em outubro de 2017. A ação movida pelo Partido Socialista Brasileiro (PSB) postulava pela declaração de inconstitucionalidade do art. 64, IV, da Portaria n. 158/2016 do Ministério da Saúde, e do art. 25, XXX, *d,* da RDC n. 34/2014 da Anvisa. Para o Requerente, ambos os atos normativos impugnados apresentavam redação que, dentre outros aspectos, violaria o princípio da igualdade ao impedir a doação de sangue por pessoas homossexuais e bissexuais e/ou seus parceiros e parceiras.

Destarte, a primeira questão que surge para o enfrentamento do tema é: poderia o Supremo Tribunal Federal julgar a constitucionalidade de atos normativos do Ministério da Saúde e da Anvisa? Para fundamentar essa possibilidade, em seu voto, o

---

1182. *Comentários à Constituição de 1946*, v. 3, p. 595.

Ministro Relator considerou que ambos os atos normativos federais "se revestem de conteúdo regulatório dotado de abstração, generalidade e impessoalidade, possuindo alta densidade normativa e não se caracterizando como simples atos regulamentares". Superou-se a limitação formal com a equiparação desse ato a um decreto autônomo, capaz de desafiar a jurisdição abstrata da Corte, em mais um episódio de autocompreensão competencial.

Na análise de mérito, o pedido de inconstitucionalidade suscitou um amplo debate sobre igualdade, dignidade da pessoa humana, discriminação por orientação sexual e aspectos interpretativos dessas normas. Ao proferir seu voto, o Ministro FACHIN fez uma análise bastante detalhada para advertir que tais normas atentam contra a autonomia privada da pessoa, impedindo-a de exercer de forma plena suas escolhas de vida, com quem e de que forma se relacionar na sua intimidade. E também entendeu que esses atos afrontam a própria autonomia pública do indivíduo, em virtude da redução de possibilidade de participação ativa em uma política pública de saúde. Em sua análise, esses atos violam a dignidade da pessoa humana, uma vez que não se dirigem a condutas de risco, mas a determinados grupos da sociedade, situação que gera evidente discriminação.

Mas a construção desse entendimento vencedor passou por outros aspectos, vencidos. Para o Ministro ALEXANDRE DE MORAES, a análise do tema passaria por um aspecto técnico sobre a definição do período de janela imunológica, isto é, o período do risco do contágio e identificação a partir dos exames médicos próprios. Teríamos aí, porém, um elemento técnico de difícil análise pelo Poder Judiciário. Já o Ministro MARCO AURÉLIO entendeu pela ausência de *intenção* discriminatória no texto dos atos normativos impugnados, mas ressaltou que assentaria inconstitucionalidade dos atos em virtude da *desproporcionalidade* desses atos que "restringem direitos fundamentais da comunidade LGBT"[1183], ou seja, uma medida excessiva.

Assim, por maioria, o STF julgou procedente o pedido elaborado pelo PSB para declarar inconstitucional a restrição de doação de sangue em virtude de discriminação por orientação sexual, restrição disposta em atos normativos do Ministério da Saúde e da Anvisa.

A ADI 5.543 constitui importante marco decisório do STF para compreensão do tema deste capítulo. Isto porque, conforme discorri a respeito dos elementos ensejadores de tratamentos iguais e desiguais, há necessidade de proporcionalidade desse tratamento, para que sua finalidade, ainda que legítima, não acabe por configurar discriminação de determinado grupo em detrimento da proteção de outro. No caso presente, os atos impugnados inegavelmente determinavam um tratamento discriminatório ao dirigir-se a orientação sexual das pessoas, impondo diferenciação de regimes sem qualquer relação com a finalidade pública, quer dizer, sem realizar as devidas ponderações em termos de condutas de risco. Estas últimas, que podem ocorrer em quaisquer orientações sexuais, foram utilizadas apenas abstratamente, a partir de uma premissa fortemente contrária e discriminatória ao grupo referido.

1183. À ocasião do julgamento da ADI 5.543, a sigla utilizada era LGBT, atualmente a sigla é LGBTQIAPN+.

4. PRINCÍPIO DA ISONOMIA: DISPOSIÇÕES CONSTITUCIONAIS ESPECÍFICAS

Encontram-se algumas aplicações do princípio da isonomia no seio da própria Constituição, inclusive com sua repetição em alguns pontos.

É o que ocorre no inciso XXXVII do art. 5º, quando prescreve que "não haverá juízo ou tribunal de exceção", e no inciso LIII, pelo qual "ninguém será processado nem sentenciado senão pela autoridade competente". Trata-se, em ambas as hipóteses, como se sabe, da instituição do juiz natural. Este, contudo, nada mais é do que a aplicação, no campo processual, do princípio da isonomia.

Com relação a esta última hipótese, é também a abalizada opinião de SAMPAIO DÓRIA, que observa, referindo-se ao princípio da igualdade: "O § 26 do art. 141 *reitera* o princípio em têrmos específicos: Não haverá fôro privilegiado nem juízo e tribunais de exceção"[1184]. O consagrado autor lembra, contudo, logo adiante, numa alusão ao julgamento do Presidente da República perante o Supremo Tribunal Federal ou perante o Senado Federal, conforme a hipótese: "(...) para que haja verdadeira igualdade, se criam tribunais especiais, como os do art. 88 da Constituição (...). Sem êles imperaria a desigualdade, com as desigualdades das funções que exercem"[1185]. Assim, a previsão de Tribunais especiais nada mais é, também, do que aplicação específica do princípio geral de que ora se cuida.

Da mesma forma ocorre no campo tributário, em que o princípio da isonomia é, já agora, reiterado, no inciso II do art. 150, no inciso I do art. 151 e no § 1º do art. 145.

E, ainda, como reiterações constitucionais do princípio da isonomia, constante do *caput* do art. 5º, tem-se o inciso III, *in fine*, do art. 3º, o inciso I do art. 5º, que fala da igualdade entre homens e mulheres, o art. 7º, XXX e XXXI (proibição de diferença de salários etc.), XXXII (proibição de diferença entre o trabalho manual, técnico e intelectual) e XXXIV (igualdade entre o trabalhador permanente e o avulso), o art. 170, VII (redução das desigualdades sociais e regionais) e § 1º, II (regime jurídico das empresas públicas e sociedade de economia mista idêntico ao das empresas privadas), e o art. 226, § 5º (direitos e deveres referentes à sociedade conjugal).

5. A DESIGUALDADE ENTRE OS SEXOS E SUAS CONSEQUÊNCIAS CONSTITUCIONAIS

O tema da igualdade entre os sexos sempre tem merecido um tratamento mais cuidadoso[1186].

1184. *Comentários à Constituição de 1946*, v. 3, p. 596 — original sem grifos.

1185. Ibidem.

1186. Aliás, no campo doutrinário, duas monografias versam o assunto, a saber: Carlos Roberto de Siqueira Castro, *O Princípio da Isonomia e a Igualdade da Mulher no Direito Constitucional*, Rio de Janeiro: Forense, 1983; Paulo Roberto de Oliveira Lima, *Isonomia entre os Sexos no Sistema Jurídico Nacional*, São Paulo: Revista dos Tribunais, 1993.

Assim, embora proibindo a discriminação em função do sexo, o legislador constituinte não se absteve de, ele mesmo, estabelecer discriminações entre homens e mulheres, de maneira bastante explícita. Três são as hipóteses em que há tratamento privilegiado da mulher em função de sua condição. É o que se dá com a licença à gestante (art. 7º, XVIII), com a proteção ao mercado de trabalho da mulher, mediante incentivos próprios (art. 7º, XX), e com o prazo, menor, para obter a aposentadoria por tempo de serviço (arts. 40, III, *a* e *b*, e 201, § 7º, I e II). Cumpre acrescentar o entendimento recente do STF que concedeu liberdade às gestantes e mães presas, a fim de preservar a maternidade, explicitando-se mais uma hipótese constitucional. O Supremo Tribunal Federal reconheceu, no âmbito do Recurso Extraordinário 1.211.446, sob relatoria do Ministro Luiz Fux, que o direito à licença-maternidade se estende à mãe não gestante em união estável homoafetiva. No entanto, caso a companheira tenha utilizado o benefício, o período de licença será equivalente ao da licença-paternidade.

Paulo Roberto de Oliveira Lima, a respeito dessas discriminações constitucionalmente estabelecidas, já se manifestou no sentido de que "(...) as três exceções consagradas pela Lei Maior têm fundamentação própria. Assim, a primeira delas, consagradora de um repouso mais prolongado para a mulher do que para o homem em caso de nascimento de filho, tem origem biológica. O parto é processo do qual o homem não participa. (...) A segunda discriminação, preconizadora de uma legislação ordinária que favoreça o mercado de trabalho da mulher, mediante proteção e incentivos, constitui o mais escancarado reconhecimento da situação de desigualdade em que se encontram os dois sexos. (...). Por derradeiro, o terceiro ponto desigualador entre homem e mulher, dentro da Constituição, (...) é o concernente ao tempo de serviço para aposentadoria voluntária (...) é voz corrente dos que chegam a comentar o assunto que a razão da discriminação, aqui, é puramente social. O constituinte, atento às excepcionais tarefas de natureza doméstica atribuídas à mulher, entendeu de inativá-la em menos prazo"[1187].

Interessante notar, nestes casos, como bem lembra Paulo Roberto de Oliveira Lima, que todas as três distinções partem de elementos outros que não apenas a questão do sexo. Assim é que, na primeira hipótese, por razões bastante óbvias, a mulher distingue-se do homem, já que este não passa por traumas físicos. No segundo caso, há um contexto histórico-social que legitima a distinção feita. Finalmente, na última hipótese, o mesmo pode ser dito quanto ao contexto histórico-social como fator habilitador da distinção.

No Agravo Regimental na Ação Rescisória n. 2033, sob a relatoria do Ministro Edson Fachin, o STF decidiu, em 9 de junho de 2017, reafirmando jurisprudência anterior, que "não viola princípio da isonomia (...) a existência de critérios diferenciados de promoção para militares do sexo feminino e masculino".

Por fim, cumpre mencionar uma medida importante adotada pelo CNJ para garantia da igualdade substantiva entre homens e mulheres no âmbito do Poder Judiciário. Trata-se da Resolução n. 492, de 17 de março de 2023 do CNJ.

1187. Paulo Roberto de Oliveira Lima, *Isonomia entre os Sexos*, cit., p. 27-9.

A Resolução n. 492 do CNJ determina que os órgãos do Poder Judiciário passem a adotar as diretrizes do Protocolo para Julgamento com Perspectiva de Gênero publicado pelo CNJ em 2021.

O Protocolo para Julgamento com Perspectiva de Gênero tem como finalidade "orientar a magistratura no julgamento de casos concretos, de modo que magistradas e magistrados julguem sob a lente de gênero, avançando na efetivação da igualdade e nas políticas de equidade".

Em outras palavras, o Protocolo fornece ferramentas para que os magistrados consigam identificar e neutralizar preconceitos ou discriminações em virtude de gênero ou de outra característica pessoal do indivíduo.

Para a adoção dessas diretrizes, o art. 2º da Resolução n. 492 do CNJ determina que os tribunais, em colaboração com as escolas da magistratura, promovam cursos de formação inicial e formação continuada sobre direitos humanos, gênero, raça e etnia, conforme as diretrizes previstas no Protocolo.

6. AS AÇÕES AFIRMATIVAS

6.1. Linhas introdutórias

As denominadas "ações afirmativas" compõem um grupo de institutos cujo objetivo precípuo é, *grosso modo*, compensar, por meio de políticas públicas ou privadas, os séculos de discriminação a determinadas raças ou segmentos. Trata-se de tema que tem ocupado posição central na pauta das ações políticas de diversos governos, demandando engenhosas soluções jurídico-políticas.

O presente item tem como fito colacionar as principais decisões judiciais norte-americanas, que findaram por influenciar a criação e a modelagem jurídica das ações afirmativas, em 24 de novembro de 1965, bem como as principais decisões da Suprema Corte dos Estados Unidos da América acerca da constitucionalidade desse instituto e seus limites.

Ao final, apresento considerações em torno da decisão do STF a propósito da lei das quotas para preenchimento de cargos públicos federais.

6.2. Decisões judiciais norte-americanas relevantes no combate ao racismo

6.2.1. Decisões pré-guerra civil

Os Estados Unidos da América somente rechaçaram a escravidão após o término da Guerra Civil, com o advento da Décima Terceira Emenda Constitucional. Até essa data, no entanto, aceitava-se oficialmente a escravidão, ainda que os Estados do norte fossem contrários a tal prática.

Exemplos de tolerância para com a escravidão estão presentes em inúmeras decisões da Suprema Corte Americana. *Jones v. Van Zandt* (1847), *Ableman v. Booth* (1858), por exemplo, aceitaram como constitucionais os *fugitives slave acts*, que concediam

386

aos donos de escravos o direito de obter de volta os escravos fugitivos, ainda que tais fossem encontrados em estados de índole abolicionista.

O *case Jones v. Van Zandt,* por exemplo, trata de uma ação de cobrança movida por JONES, cidadão de Kentucky, contra VAN ZANDT, cidadão de Ohio, no valor de US$ 500,00, com base numa lei aprovada pelo Congresso (*Fugitive Slave Act*), de 12-2-1793, em razão de este último ter acolhido um escravo fugitivo. A grande questão residia no claro embate existente entre a *ordinance of 1787* ou decreto de 1787, o qual proibia a existência de escravidão acima do rio Ohio, e a lei que dava ao dono do escravo foragido o direito de reavê-lo. A Suprema Corte, ao tratar da questão, decidiu que os Estados que recebessem escravos foragidos estavam impelidos a devolvê-los aos seus donos, ainda que tal Estado fosse abolicionista.

Já *Ableman v. Booth* diz respeito ao *case* em que SHERMAN M. BOOTH, no dia 11 de março de 1854, foi denunciado em razão de ter auxiliado um escravo fugitivo, ato este considerado ilícito tanto pela já mencionada lei aprovada pelo congresso em 12-2-1793 como por uma mais recente, de 18 de setembro de 1850. Com base nessas leis, BOOTH, em 23 de janeiro de 1855, foi condenado a um mês de prisão e ao pagamento de uma multa no valor de US$ 1.000,00. Passados três dias de sua condenação, BOOTH peticionou à Suprema Corte de Winsconsin, alegando que sua prisão era ilegal, em vista da inconstitucionalidade do *fugitive slave law*. Referida Corte, no dia 3 de fevereiro de 1855, determinou a sua soltura, entendendo pela inconstitucionalidade da *fugitive slave law*. A questão foi levada à Suprema Corte. De acordo com o Tribunal Constitucional Americano, a decisão da Suprema Corte de Winsconsin deveria ser revertida, uma vez que o *Fugitive Slave Act* era plenamente constitucional.

Moore v. Illinois (1852), por sua vez, assegurou a constitucionalidade das leis estaduais que determinavam punições àqueles que colaborassem para com o escravo fugitivo. A Suprema Corte, nessa mesma linha, denegava a condição de libertos àqueles que a planteavam. Segundo NOWAK e ROTUNDA, "a corte geralmente decidia em favor dos donos de escravos, os quais argumentavam que os indivíduos que alegavam tal condição não haviam sido libertos segundo as leis próprias para tanto"[1188].

A decisão judicial, porém, de maior repercussão nesse período anterior à guerra civil foi o caso *Dred Scott v. Sandford.* DRED SCOTT, filho de escravos africanos e, por conseguinte, escravo, foi levado por seu senhor para morar em território recém-adquirido da França pelos Estados Unidos da América (Upper Louisiana). Mais tarde, DRED SCOTT e sua família, também formada por escravos, foram vendidos a SANDFORD, que se apoderou de seus corpos. DRED SCOTT, então, intitulou-se livre, visto ter-se dirigido a território onde não imperavam leis permissivas de escravidão, buscando, por seguinte, a tutela do Judiciário para que declarasse sua condição de liberto. No júri teve o seu pedido negado. Em segunda instância, ao recorrer ao *Circuit Court*, obteve decisão favorável à sua pretensão. Porém, em tal corte, foi denegada ao querelante a condição de cidadão.

1188. *Constitutional Law*, p. 685.

Em decorrência desse fato, qual seja a negação do *status* de cidadão, DRED SCOTT levou a questão à Suprema Corte. O *Chief Justice* TANEY, representando a corte, proferiu voto não considerando os negros como cidadãos: "Nós pensamos que eles não são, e que não são incluídos, e não houve intenção de serem incluídos, no termo 'cidadão', constante da Constituição, e, dessa forma, não podem valer-se de nenhum dos direitos e privilégios que a Constituição concede para e assegura aos cidadãos dos Estados Unidos. Pelo contrário, eles foram, no momento da promulgação da Constituição, considerados como seres inferiores e subordinados, os quais foram subjugados pela raça dominante, e, mesmo que estejam emancipados ou não, eles ainda remanescem sujeitos à autoridade da raça superior, não tendo qualquer direito ou privilégio, a não ser aqueles que os detentores do poder e do governo resolvam a eles conceder".

Ao seguir tal linha de raciocínio, a Suprema Corte americana, consequentemente, entendeu que o querelante não tinha direito de lançar mão da tutela jurisdicional e, assim, reverteu a decisão do *Circuit Court*: DRED SCOTT não obteve nem sua liberdade, muito menos seu *status* de cidadão americano, denegado, também, a todos os negros.

Da análise das decisões acima mencionadas constata-se que no período anterior à guerra civil, mesmo com a divergência política entre os Estados do sul e do norte, havia um ponto em comum entre ambas as partes: os negros eram inferiores. Tal senso comum encontra-se expresso no *case Moore v. Illinois*, no qual ficou permitido aos Estados-membros, ainda que abolicionistas, punirem qualquer cidadão que auxiliasse qualquer negro fugitivo, em razão da sua predisposição a se tornar mendigo, bandido e ameaça à comunidade do Estado. Torna-se essa tese gritantemente visível no julgamento do *case Dred Scott v. Sandford*, em que o *Justice* TAYNE discorre algumas linhas sobre opinião da sociedade quanto aos negros: "Eles foram por mais de um século considerados como seres inferiores, e impossibilitados de se associar com a raça branca, tanto política quanto socialmente; e eram tão inferiores que não tinham direito de serem detentores daqueles direitos aos quais o homem branco devia respeitar; e que o negro deve justa e legalmente ser reduzido à condição de escravo para o seu próprio benefício. Ele foi comprado e vendido, sendo tratado como um artigo de mercancia qualquer, sempre que se pudesse auferir lucro por meio dele. Esta opinião era, ao seu tempo, fixa e universal na parte branca do mundo civilizado. Era considerado como um axioma no âmbito moral, bem como no político, os quais ninguém pensava que estavam abertos para disputa; e homens de todas as posições sociais, habitual e diariamente, se valiam de tal axioma em busca de seus interesses privados, bem como nas questões de interesse público, sem que houvesse qualquer dúvida acerca da validade desta opinião".

6.2.2. *Decisões pós-guerra civil*

A Décima Terceira Emenda foi responsável pela abolição da escravidão. O passo seguinte seria a igualdade entre brancos e negros.

Não tardou muito para que a almejada igualdade fosse alcançada, ainda que formalmente, com a promulgação da Décima Quarta Emenda, em 1868. Tal, na seção 1, dispôs o seguinte: "Todas as pessoas nascidas ou naturalizadas nos Estados Unidos e sujeitas à sua jurisdição são, por conseguinte, cidadãos dos Estados Unidos e do Estado onde residirem. Nenhum Estado deverá criar ou aplicar lei que tolha os privilégios e imunidades dos cidadãos dos Estados Unidos; nem poderá qualquer Estado negar a qualquer pessoa a vida, a liberdade, a propriedade, sem o devido processo legal; muito menos negar a qualquer pessoa em sua jurisdição a igual proteção das leis".

Dois anos depois adveio a Décima Quinta Emenda, concedendo amplitude ao direito de votar: "O direito de os cidadãos dos Estados Unidos de votar não serão negados nem tolhidos por qualquer Estado, em razão de raça, cor, ou qualquer condição prévia de servidão".

Diz-se que se alcançou formalmente a igualdade, pois tais emendas traçaram, apenas, o *equal treatment*, o qual, no mundo fático, dava margem às desigualdades. O direito ao *equal treatment*, segundo DWORKIN, é o direito "à mesma distribuição de bens e oportunidades a que todos possuem ou foram concedidos"[1189], tal como o direito de o voto de cada homem, independentemente de sua cor, credo ou posição social, possuir a mesma força: um homem, um voto.

Uma das primeiras decisões sob essa nova orientação foi proferida no *case Strauder v. West Virginia* (1879), em que os *Justices* da Suprema Corte invalidaram um estatuto do Estado que excluía negros dos tibunais de júri tão somente em razão de serem negros.

Mister frisar que o *equal treatment* não foi somente despendido aos negros, mas a todos que sofriam qualquer tipo de discriminação, quer fossem estrangeiros, quer fossem mulheres.

Outro caso em que se decidiu sobre a discriminação, além daquela imposta aos negros, foi o *Yick Wo v. Hopkins* (1886), no qual se conclui pela não validade de um decreto que possibilitava a discriminação. O *case* sob comento referia-se a um decreto, editado pela cidade de São Francisco, que proibia a prestação de serviços de lavanderia em construções de madeira sem o devido consentimento de um conselho de supervisores, que, de forma parcial, somente denegava consentimento aos chineses. A corte entendeu que tal decreto possibilitava a existência de uma "administração direcionada exclusivamente contra uma determinada classe de pessoa, que leva à conclusão de que, qualquer que seja o intuito de tal decreto, tais são aplicados sob uma mentalidade tão desigual e opressiva que se chega, praticamente, a uma negação, por parte do Estado do direito à igualdade"[1190].

Relativamente a esta última decisão, pode-se vislumbrar no decreto eivado de inconstitucionalidade uma tentativa velada de frear, de impedir que chineses pudessem exercer determinada atividade econômica em virtude de um temor de que estes viessem a competir com os trabalhadores brancos. Nesse diapasão, COMAS muito bem coloca que: "O preconceito de côr não apenas serviu como fundamento para a introdução de um sistema de castas em nossa sociedade, mas também foi usado como uma arma pelos

---

1189. We Do Not Have a Right to Liberty, p. 188.
1190. Nowak e Rotunda, *Constitutional Law*, p. 694.

sindicatos dos trabalhadores para combater a competição do proletariado negro e amarelo. As 'barreiras de côr' levantadas pelas federações e sindicatos de trabalhadores americanos, sul-africanos e australianos que, compartilhando dos ideais socialistas, se apresentam como defensores da classe trabalhadora, lançam uma pálida luz sôbre as rivalidades econômicas que são as causas reais escondidas por trás dos antagonismos raciais e dos mitos criados para justificá-los"[1191].

6.2.3. Doutrina do "Separate but Equal"

Ainda que a Décima Quarta e a Décima Quinta Emendas representassem um grande passo no combate à discriminação, a teoria do *equal treatment* não resolvia, por efetivo, esta problemática, culturalmente enraizada. O período conhecido como Doutrina *Separate but Equal* (1896-1954) demonstrou a força da discriminação na sociedade americana.

Como se traduz do próprio nome, tal Doutrina aceitava a separação e o isolacionismo de raças, porém com a imposição de que os serviços prestados a cada uma seriam os mesmos, é dizer, que os serviços prestados aos negros deveriam possuir a mesma qualidade daqueles prestados aos brancos. Segundo NOWAK e ROTUNDA, "Sob esse princípio, às pessoas das raças minoritárias poderão ser concedidos serviços separados, desde que sejam iguais aos providenciados aos brancos"[1192].

O primeiro *case* responsável pelo florescimento do pensamento ora analisado surgiu em 1859, período anterior à guerra civil. Trata-se da decisão em *Roberts v. City of Boston*, motivado pela não admissão de uma criança negra em uma escola fundamental, a qual se encontrava nas cercanias de sua residência, em virtude de esta ser uma escola só para brancos (*all-white school*). Em consequência de tal proibição, a criança foi obrigada a dirigir-se a outra escola, só para negros, mais distante e em piores condições.

Trinta e sete anos depois teve início, efetivamente, por meio do *case Plessy v. Ferguson*, a doutrina *Separate but Equal*, a qual durou por mais de meio século: a existência de estabelecimentos exclusivos para brancos e outros exclusivos para negros, bem como sua tolerância pela Corte Suprema, havia se tornado uma constante.

Mencionado *case* foi motivado pela existência de um estatuto de Luisiana que obrigava todas as companhias ferroviárias a providenciar acomodações iguais, porém separadas, aos passageiros negros e brancos. Impunha, ainda, a aplicação de penalidades aos oficiais das companhias ferroviárias que não dessem cumprimento a esse estatuto, bem como a quem o descumprisse. PLESSY, então passageiro, sob a alegação de possuir 7/8 de sangue caucasiano e, apenas, 1/8 de sangue africano, tentou sentar-se no vagão destinado aos brancos, o que lhe foi negado.

A Suprema Corte, seguindo o *case Roberts v. City of Boston*, decidiu que o estatuto não feria nem a Décima Terceira nem a Décima Quarta Emendas da Constituição, em virtude de não ser discriminatório. Segundo a Corte: "Uma lei que implica em uma

---

1191. Os Mitos Raciais, p. 28.
1192. Op. cit., p. 694.

distinção legal entre as pessoas brancas e as de cor — uma distinção que é fundada na cor de duas raças, a qual deverá existir até quando o homem branco seja distinguido dos de outra raça por sua cor — não possui uma tendência a destruir a igualdade entre duas raças, ou de restabelecer a servidão involuntária". E que "leis permitindo e, até, solicitando a separação entre ambas as raças, em lugares onde haja uma tendência de que entrem em contato, não implicam, necessariamente, na ideia de que uma raça seja inferior à outra (...). O exemplo mais usual desta afirmação encontra-se no estabelecimento de escolas separadas para brancos e para negros, cujas criações foram consideradas como um válido exercício do poder legislativo, mesmo em cortes de estados em que os direitos políticos dos negros são presentes e fortes".

Cumpre registrar que esse entendimento não foi unânime. O *Justice* HARLAN, discordando, acentuou: "tais legislações como a aqui presente são contrárias não apenas à igualdade de direitos pertencentes aos cidadãos, nacionais ou estaduais, como também às liberdades pessoais gozadas por todos nos Estados Unidos (...). Na minha opinião, a decisão hoje proferida provará, no transcorrer do tempo, ser bastante danosa como o foi a decisão proferida por esse tribunal no caso Dred Scott".

Com base na decisão proferida nesse caso, inúmeros outros estatutos foram editados. A outros estabelecimentos estendeu-se a possibilidade de separar brancos de negros, com base exclusiva em sua coloração.

Em 1954, finalmente, assinala-se a derrocada dessa doutrina, através do célebre *case Brown v. Board of Education of Topeka*. Nele se julgou que instalações educacionais separadas (como ocorria à época) são intrinsecamente desiguais.

Assim como em *Roberts v. City of Boston*, a questão posta sob análise da Suprema Corte era a possibilidade de negar acesso às crianças negras em escolas para brancos. Entretanto, diametralmente oposto ao caso de 1859, a Corte Suprema entendeu pela inconstitucionalidade de tal ato denegatório, pois "separá-los de outros de idade e qualificação similar, em razão de sua raça, gera um sentimento de inferioridade aos seus *status* na comunidade que poderá afetar suas mentes e corações de forma a nunca ser remediado".

Mais um passo era dado em favor da integração social: a teoria do *equal treatment* restava ultrapassada e sepultada no passado.

6.2.4. Doutrina do "Treatment as an Equal"

O Poder Judiciário, mais especificamente por meio das decisões da Suprema Corte, sob a segura batuta do *Chief Justice* EARL WARREN, foi o principal responsável pela derrocada da doutrina do *Separate but Equal* e, assim, "reescreveu, com profundas consequências sociais, doutrinas constitucionais majoritárias regulando relações entre raças, a administração da justiça criminal, e a operação do processo político"[1193].

Essencial para a mudança de mentalidade foi o advento da teoria igualitária do *Treatment as an Equal*. Segundo DWORKIN, "este não é o direito a uma distribuição

---

1193. Archibald Cox, *The Warren Court*, p. V.

igualitária de bens e oportunidades, mas sim um direito a uma preocupação e respeito igual no âmbito das decisões políticas sobre a forma de distribuição de tais bens"[1194]. Esse tipo de doutrina permite a adoção de políticas públicas ou privadas que tratam de forma diferente aqueles que, de fato, são diferentes: essencial para efetivamente combater a discriminação. Tal mentalidade está presente, por exemplo, no *case Jenness v. Fortson* (1971), em que a Suprema Corte observou que, "às vezes, a maior discriminação pode residir em tratar coisas que são diferentes como se fossem exatamente iguais"[1195].

Outro *case* que demonstra a mudança de mentalidade da Suprema Corte e, também, da sociedade é *Loving v. Virginia* (1967), em que uma lei do Estado proibia o casamento inter-racial. Os *Loving*, MILDRED JETER, uma mulher negra, e RICHAR LOVING, homem branco, que se haviam casado, foram julgados e sentenciados a um ano de cadeia ou a um ostracismo de 25 anos (que deixassem o Estado de Virgínia por 25 anos). O juiz responsável fundamentou a decisão da seguinte forma: "Deus Todo-Poderoso criou as raças branca, amarela, malásia e vermelha, e, então, Ele as postou em continentes separados. E, se não fossem as interferências praticadas em suas obras, não haveria casamentos desse tipo. O fato de que Ele separou as raças demonstra que Ele não intencionava as suas misturas".

O estatuto em questão, mister frisar, proibia e punia tanto o negro quanto o branco de se casarem entre si. Verifica-se, então, que sob a teoria do *equal treatment*, tal lei não seria, em hipótese alguma, inconstitucional, pois produziria os mesmos efeitos para ambas as partes. Porém, sob a égide da nova doutrina, ou seja, do *Treatment as an Equal*, essa lei seria passível de inconstitucionalidade. Nesse sentido decidiu a Suprema Corte, ao receber o caso, acentuando: "Em razão de rejeitarmos a noção de que a mera aplicação igualitária da lei contendo classificações raciais é suficiente para evitar o confronto para com a Décima Quarta Emenda, a qual veda a nefasta discriminação racial, nós não aceitamos o argumento do Estado de que tais leis devem ser consideradas constitucionais se possuidoras de um sentido racional. (…) No caso em tela, no entanto, lidamos com leis contendo classificações raciais, e o fato de a aplicação da lei ser igualitária não a imuniza do fardo que a Décima Quarta Emenda usualmente exige das leis referentes às raças".

6.3. O surgimento e a efetivação das ações afirmativas

A Suprema Corte foi, por muito tempo, a única instância de Poder, por meio de suas decisões, a aplicar a doutrina do *Treatment as an Equal*, denotadora de uma "discriminação positiva", com vistas a alcançar a efetiva igualdade, conforme se depreende do relato do *Chief Justice* WARREN (1977: 289): "O máximo que veio dos altos oficiais na Administração foi que eles não poderiam ser culpados por qualquer ato que implicasse discriminação na educação, posto que era a Suprema Corte e não a Administração

---

1194. We do not have a right to liberty, p. 188.
1195. Apud Laurence Tribe, *American Constitutional Law*, p. 1439.

392

que determinavam a discriminação como a lei; e que ao braço Executivo do Governo tinha como dever aplicar a lei, conforme interpretação dada pela Suprema Corte"[1196].

Esta situação, contudo, mudou no momento em que JOHN KENNEDY assumiu, em janeiro de 1961, a presidência do país. A tomada do poder por KENNEDY, ajudado por seu vice, LYNDON JOHNSON, foi essencial para auxiliar no combate à segregação racial, assumida, até aquele momento, tão somente pelo Poder Judiciário[1197], cujas manifestações, conforme pontualmente lembra MENEZES, "em cada caso concreto, seriam insuficientes para combater o imenso preconceito que estava arraigado no país e, consequentemente, diminuir a crescente tensão social"[1198].

Para tanto, seria necessário adotar medida pública que viesse a contornar, de vez, a existência de discriminação. O encarregado para elaborar as linhas mestras da política pública a ser adotada foi HOBERT TAYLOR JR., um jovem advogado negro que, com a assistência de dois futuros *Justices*, ABE FORTAS e ARTHUR GOLDBERG, deu corpo à *Executive Order* 10.925[1199].

Outro objetivo da ordem executiva foi criar o *President's Committee on Equal Employment Opportunity*, encabeçado por LYNDON JOHNSON, à época vice-presidente. No entanto, seguindo os exemplos dos governos anteriores, como o *Committee on Fair Employment Practice* do Presidente FRANKLIN DELANO ROOSEVELT, o *Committee on Civil Rights* do Presidente TRUMAN e o *Government Contract Committee* do Presidente EISENHOWER, a comissão criada por KENNEDY não possuía poder algum[1200].

Tal situação, no entanto, mudou com o advento da *Executive Order* 11.246, de 24 de novembro de 1965, editada pelo então presidente LYNDON JOHNSON. A principal medida dessa nova ordem executiva foi extinguir o comitê criado pela 10.925 e transferir as funções que deveriam ser exercidas pelo comitê abolido ao Departamento do Trabalho, que, ao contrário dos comitês acima tratados, possuía, de fato, poderes, como o de dar início a investigações, requisitar das empresas planos de contratação e até cancelar contratos de trabalho.

A ação afirmativa passou a ser real e eficaz e LYNDON JOHNSON, finalmente, chegou ao que almejava, conforme seu discurso proferido na Howard University: "Nós procuramos... não apenas igualdade como um direito e uma teoria, mas igualdade como um fato e igualdade como um resultado"[1201].

Em 1967, através do *Executive Order* 11.246, estendia-se os efeitos da *affirmative action* às mulheres. Essas ordens e muitas outras, ampliando a proteção a outros desfavorecidos, demonstravam a preocupação com todos aqueles que historicamente haviam sido prejudicados.

1196. *The Memoirs of Chief Justice Earl Warren*, p. 289.

1197. Conforme foi mencionado por Warren, o Executivo lavava as suas mãos. Já em relação ao Legislativo, este ainda sofria ampla influência dos congressistas sulistas, os quais, desnecessário dizer, eram contrários a qualquer pretensão que visasse a equiparar os negros aos brancos.

1198. *Ação Afirmativa no Direito Norte-Americano*, p. 87.

1199. Cf. Lemann, *The Big Test: the Secret History of the American Meritocracy*, p. 162.

1200. Cf. Lemann, *The Big Test: the Secret History of the American Meritocracy*, p. 162.

1201. Apud Lemann, *The Big Test: the Secret History of the American Meritocracy*, p. 163.

6.4. A natureza das ações afirmativas

De acordo com JOAQUIM BARBOSA GOMES, "Inicialmente, as Ações Afirmativas se definiam como um mero 'encorajamento' por parte do Estado a que as pessoas com poder decisório nas áreas pública e privada levassem em consideração, nas suas decisões relativas a temas sensíveis como o acesso à educação e ao mercado de trabalho, fatores até então tidos como formalmente irrelevantes pela grande maioria dos responsáveis políticos e empresariais, quais sejam a raça, a cor, o sexo e a origem nacional das pessoas. Tal encorajamento tinha por meta, tanto quanto possível, ver concretizado o ideal de que tanto as escolas quanto as empresas refletissem em sua composição a representação de cada grupo na sociedade ou no respectivo mercado de trabalho"[1202].

Superada a fase embrionária, as ações afirmativas tornaram-se verdadeiras concessões de oportunidades com objetivo certo. A busca por oportunidades iguais a todas as classes, raças, etnias, passou a ser "uma grande força compressora na sociedade Americana, algo que toda e qualquer pessoa deve ter como um direito fundamental e cuja negação é moralmente inaceitável"[1203]. Houve, portanto, "um processo de alteração conceitual do instituto, que passou a ser associado à ideia, mais ousada, de realização da igualdade de oportunidades através da imposição de cotas rígidas de acesso de representantes das minorias a determinados setores do mercado de trabalho e a instituições educacionais"[1204].

Apresenta-se, aqui, um questionamento de relevo à perfeita compreensão do instituto: quem, porém, pode e deve ser beneficiado por medidas com esse especial colorido, quer dizer, quem deve ter acesso às oportunidades que a ação afirmativa busca assegurar com vistas a implementar determinada nivelação socioeconômica?

A priori, tenho lecionado que, levando em consideração as circunstâncias em que se deu o seu nascimento e a razão do seu surgimento, dir-se-ia que o objeto da ação afirmativa é beneficiar determinada minoria social, como os negros nos Estados Unidos da América. No entanto, essa não seria a resposta mais adequada, visto que as mulheres também são agraciadas pelo instituto da ação afirmativa (de acordo com a *Executive Order* 11.246) não compondo, decerto, uma minoria.

O que se pode identificar como conjunto de pessoas a serem alcançadas pela ação afirmativa é o agrupamento que houver sido vítima (de maneira direta ou indireta) de repressão social, e que encontrou barreiras quanto às suas oportunidades de ascensão, de educação, de autossuficiência, pois foram-lhe historicamente tolhidas de seu espaço, ou ainda o são.

Dessa forma, o segmento da sociedade que se busca beneficiar seria todo aquele que sofreu discriminação ou ainda a sofre, quer seja minoria, quer maioria (como ocorre na África do Sul, onde os negros, a serem alcançados pelas ações afirmativas, em virtude do regime de *apartheid* implantado por décadas, são a maioria).

1202. *Ação Afirmativa & Princípio Constitucional da Igualdade*, p. 39.
1203. Lemann, *The Big Test: the Secret History of the American Meritocracy*, p. 155.
1204. Joaquim Barbosa Gomes, *Ação Afirmativa no Direito Norte-Americano*, p. 40.

Em síntese, a política sob estudo visa a "eliminar os *lingering effects'*, i. e., os efeitos persistentes (psicológicos, culturais e comportamentais) da discriminação do passado, que tendem a se perpetuar", os quais "se revelam na chamada 'discriminação estrutural', espelhada nas abismais desigualdades sociais entre grupos dominantes e grupos marginalizados"[1205].

E, para isso, tem como principal instrumento o estabelecimento de quotas a serem destinadas às minorias (afrodescendentes, principalmente) no momento da admissão de candidatos ou contratação de funcionários.

Embora o sistema de quotas seja o mais adotado e aquele que naturalmente surge à mente, quando se menciona ação afirmativa, não se pode reduzir este instituto ao sistema de quotas.

Inúmeras são as medidas aplicadoras da ação afirmativa. Tem-se, por exemplo, além da fixação de um sistema de quotas, o sistema de metas, com "a implantação de uma certa 'diversidade' e de uma maior 'representatividade' dos grupos minoritários nos mais diversos domínios de atividade pública e privada"[1206]; a oferta de treinamentos específicos e gratuitos para certas porções da sociedade etc.

Poder-se-ão considerar como medidas de ação afirmativa aquelas de "conteúdo 'redistributivo', 'positivo', 'promocional', de 'renivelamento' e 'restauração'"[1207].

Enfim, alinho-me ao entendimento de que são medidas de ação afirmativa, legítimas, respeitadas determinadas fórmulas e circunstâncias, aquelas de conteúdo garantista máximo, proporcionando redistribuição de riquezas, promoção integrativa efetiva de certos grupos específicos (não necessariamente minorias na população nacional), nivelamento que não significa um objetivo mínimo meramente simbólico (busca de uma igualdade material em certo nível considerado adequado historicamente e socialmente), reestruturação e reeducação social, cultural-valorativa, político-eleitoral e econômica.

6.5. O posicionamento da Suprema Corte dos Estados Unidos da América

O estabelecimento de políticas favoráveis aos que compõem as "minorias", em detrimento dos outros candidatos, não foi pacificamente aceito: como poderia um profissional de menor qualificação ou menos preparado ter prevalência sobre outro, mais bem preparado, em razão tão só de sua cor? Isso não seria uma forma de discriminação?

Tal problemática aparece no *case Regents of the University of California v. Bakke* (1978). O querelante BAKKE, ex-engenheiro, almejando tornar-se médico, concorreu a uma vaga na Faculdade de Medicina da Universidade da Califórnia, na qual não foi admitido. BAKKE, ciente de que tal faculdade tinha como política destinar certo número de vagas às minorias e verificando que grande parte dos aprovados por meio dessa política possuía notas menores que a sua, levou o caso à Justiça, alegando contrariedade à Décima Quarta Emenda e, por conseguinte, à igualdade.

1205. Joaquim Barbosa Gomes, *Ação Afirmativa no Direito Norte-Americano*, p. 47.
1206. Idem, ibidem.
1207. Joaquim Barbosa Gomes, *Ação Afirmativa no Direito Norte-Americano*, p. 50.

A Suprema Corte, ao receber o caso, não o decidiu de forma pacífica. Os *Justices* demonstraram as mais variadas opiniões. Por fim, o que ficou estabelecido foi: i) BAKKE deveria ser imediatamente integrado ao quadro de alunos da faculdade; e ii) possibilidade de as Universidades valerem-se de critérios raciais para fins de admissão.

A decisão sobre BAKKE fundamentou-se no fato de o *Civil Act* de 1964 prever, em seu art. 601, que "Nenhuma pessoa nos Estados Unidos será, com base na raça, cor ou nacionalidade, excluída de participar de, negados benefícios de, ou sujeita à discriminação por parte de qualquer programa ou atividade que receba assistência financeira federal". Assim, em razão de a Universidade da Califórnia receber fundos federais, tal não poderia discriminar no momento de escolher os candidatos, sendo, então, ilegal a sua conduta.

No que tange à constitucionalidade do uso do critério raça para fins de admissão, a Suprema Corte entendeu que essa medida é justificável para que se tenha um corpo discente variado, permitindo-se, assim, às intituições educacionais que se valham de tal política.

Recentemente, a Suprema Corte dos Estados Unidos da América voltou a se deparar com a questão da ação afirmativa, em dois *cases*: *Grutter v. Bollinger* e *Gratz v. Bollinger*.

No primeiro, qual seja *Grutter v. Bollinger*, a querelante, GRUTTER, moça de tez branca que teve sua admissão na *University of Michigan Law School* negada, valeu-se da tutela jurisdicional alegando que a universidade em questão utilizava o fator "raça" como predominante, no momento da admissão dos candidatos ao seu corpo discente, o que se afiguraria como discriminatório e atentatório à Décima Quarta Emenda. Na primeira instância, a Corte Distrital considerou a prática perpetrada pela Universidade como ilegal. Já na *Court of Appeals* reverteu-se, por maioria, a decisão proferida pela Corte Distrital, com base no precedente aberto pelo *case Bakke*. Ademais, alegou-se que o critério de admissão pautado na raça do candidato era apenas um potencial fator "a mais", ou seja, ao contrário do que alegava a querelante, não era o ponto fulcral da admissão ou não do candidato. A Suprema Corte, por maioria de seus membros, manteve a decisão da *Court of Appeals*, pois, segundo voto da *Justice* O'CONNOR, "a cláusula de proteção à igualdade não proíbe que a Faculdade de Direito use o bem delineado fator raça em suas decisões de admissão, com vistas a obter os benefícios educacionais que provêm de um corpo estudantil bem diversificado".

A mesma *Justice* O'CONNOR argumenta em outra parte de seu voto que, "com vistas a obter um grupo de líderes legitimados aos olhos da sociedade, é necessário que o caminho à liderança esteja aberto a talentosos e qualificados indivíduos de todas as raças e etnias. Todos os membros de nossa heterogênea sociedade devem ter confiança na integridade e disponibilidade das instituições educacionais que proporcionam este tipo de treinamento. Conforme reconhecemos, faculdades de direito 'não podem ser eficientes se isoladas dos indivíduos e instituições com os quais a lei interage'. (...). O acesso à educação jurídica (e, consequentemente, à profissão jurídica) deve necessariamente incluir indivíduos talentosos e qualificados de qualquer raça e etnia, para que todos os membros de nossa heterogênea sociedade possam participar das institui-

396

ções de ensino que proporcionam o treinamento e a educação necessária ao sucesso na América".

Já no *case Gratz v. Bollinger*, GRATZ e HAMACHER, ambos caucasianos, embora tivessem obtido boas notas para entrar na *University of Michigan College of Literature, Science and Arts*, suas admissões foram negadas pela instituição de ensino sob comento. Cientes de que a Instituição privilegiava as minorias, no tempo da decisão de admissão, ambos ajuizaram ação contra a universidade, argumentando que a prática usada por esta configurava-se discriminatória e ilegal. Assim como no *case Grutter v. Bollinger*, a Suprema Corte decidiu que era sim interesse público que se buscasse a diversidade étnica e racial nas Universidades. Porém, ao contrário do *case* anterior, decidiu-se que o critério de admissão adotado pela *University of Michigan College of Literature, Science and Arts*, o qual assegurava automaticamente 20 pontos ao candidato (eram necessários 100 pontos para ser admitido na Instituição de Ensino) afro--americano, hispânico ou nativo-americano, era discriminatório. Isto porque a distribuição automática de 20 pontos, diversamente do *case* anterior, tinha o condão de tornar o critério raça não um fator "a mais", mas sim o fator "determinante", no momento da decisão de admissão ou não do candidato.

O que se depreende dessas decisões é que a ação afirmativa, na jurisprudência norte-americana, é considerada uma medida juridicamente admissível, não atentatória à igualdade, ao menos no âmbito educacional. Porém, o critério raça ou minoria que esta encampa não pode afigurar-se como o elemento essencial no momento da admissão do indivíduo na instituição de ensino. O indivíduo há de ser minimamente capaz e poder, efetivamente, contribuir com o ambiente universitário.

No que tange ao uso das ações afirmativas fora do âmbito das universidades, a Corte não chegou a nenhum posicionamento, como bem lembra NOWAK e ROTUNDA: "Não houve nenhuma decisão acerca da constitucionalidade de qualquer outra ação afirmativa, senão aquela relacionada com a admissão no ensino superior"[1208].

No Brasil, a discussão tomou assento muito posteriormente, e ainda há um grande percurso a ser trilhado para definir-se e consolidar-se culturalmente o tema.

6.6. Cotas de 20% para os cargos públicos federais e critérios subsidiários de heteroidentificação

Em 8 de junho de 2017, o STF julgou a ADC n. 41/DF, sob a relatoria do Ministro ROBERTO BARROSO. Essa ação visava a declarar constitucional a Lei n. 12.990/2014 que reserva a pessoas negras 20% (vinte por cento) das vagas oferecidas nos concursos públicos para provimento de cargos federais. O plenário do STF decidiu que não haveria violação ao preceito da eficiência, nem à determinação constitucional de concurso público, pois, "como qualquer outro candidato, o beneficiário da política deve alcançar a nota necessária para que seja considerado apto a exercer (...) o cargo em questão" (trecho da ementa).

1208. *Constitutional Law*, p. 757.

A norma considera habilitados a concorrer às vagas reservadas aqueles que se autodeclararem negros ou pardos, sem prejuízo de eliminação dos candidatos que prestarem declaração falsa. Nesse aspecto o STF também considerou "constitucional a instituição de mecanismos para evitar fraudes pelos candidatos. (...) desde que respeitada a dignidade da pessoa humana e garantidos o contraditório e a ampla defesa" (trecho da ementa).

O STF, de forma unânime, julgou procedente o pedido, para fins de declarar a constitucionalidade da integralidade da Lei n. 12.990/2014, além de fixar a seguinte tese de julgamento: "É constitucional a reserva de 20% das vagas oferecidas nos concursos públicos para provimento de cargos efetivos e empregos públicos no âmbito da administração pública direta e indireta. É legítima a utilização, além da autodeclaração, de critérios subsidiários de heteroidentificação, desde que respeitada a dignidade da pessoa humana e garantidos o contraditório e a ampla defesa".

6.7. O combate ao racismo

No Brasil, a Lei n. 7.716, de 1989, estabeleceu como crime os casos de racismo. Pela Constituição brasileira, o racismo é crime inafiançável e imprescritível (art. 5º, XLII), dada a gravidade de seu impacto no rompimento do tecido social e na dignidade das pessoas envolvidas. Anteriormente, a Lei Afonso Arinos (Lei n. 1.390, de 1951) considerava mera contravenção penal o chamado "preconceito de raça ou de cor". A atual legislação, de maneira mais técnica e ampla, fala em "discriminação ou preconceito de raça, cor, etnia, religião ou procedência nacional".

Assim, por exemplo, pune-se criminalmente o ato daquele que, por racismo, "recusar atendimento em restaurantes, bares, confeitarias, ou locais semelhantes abertos ao público". O mesmo se dá quanto ao transporte público e o acesso a qualquer ramo das Forças Armadas.

No julgamento da ADO n. 26, em conjunto com o julgamento do MI 4.733, em 13 de junho de 2019, o STF entendeu por criminalizar a conduta de discriminação que toma por base a orientação sexual de cada um e a respectiva identidade de gênero. Trata-se de julgamento emblemático não apenas por dar concretude a um dos mais arrojados instrumentos do processo constitucional mundial, a ação por omissão inconstitucional do legislador, mas também por fazê-lo em tema sensível às minorias e grupos historicamente marginalizados, que conviviam com atos como ameaças, agressões verbais e físicas e, em alguns casos, até mesmo homicídios, praticados exclusivamente em razão da opção sexual. Para o STF, estende-se a esses casos a aplicação da Lei n. 7.716, de 1989.

O Congresso Nacional, em inércia legislativa já bem conhecida da sociedade brasileira, que tem ultrapassado os limites do razoável e do reconhecido "tempo político" do Parlamento, deixou de editar lei criminalizando os atos de homofobia e transfobia ou, de maneira geral, atos atentatórios aos direitos e liberdades da comunidade LGBTQIAPN+. Trata-se de imputação necessária, de exemplo de mandado constitucional de crimina-

398

lização[1209], a fim de tutelar com efetividade os direitos fundamentais de todos, incluindo a comunidade LGBTQIAPN+ em suas particularidades e dificuldades históricas.

Faço um registro final, porque a decisão tem sofrido críticas severas sob o argumento de que o STF usurpa indevidamente competências do Parlamento. Independentemente de se saber se há casos em que isso tenha ocorrido, importa acentuar que, neste caso, houve uso de um processo específico para tanto, contemplado constitucionalmente, e que nos colocou na vanguarda da realização de direitos constitucionais pelo Poder Judiciário, que é a ação direta de inconstitucionalidade por omissão e o mandado de injunção, contemplados constitucionalmente com a finalidade de colmatar as lacunas legislativas, o que envolve, evidentemente, uma atividade ativa e diferenciada por parte do STF, que também tem o dever de realizar a Constituição e seus institutos.

6.8. Cota de gênero e candidaturas femininas

O art. 10, § 3º da Lei n. 9.504/97 (Lei das Eleições) determina que "[...] cada partido ou coligação preencherá o mínimo de 30% (trinta por cento) e o máximo de 70% (setenta por cento) para candidaturas de cada sexo.". Em outras palavras, a lei determina que os partidos reservem um percentual mínimo de vagas (30%) para candidatas mulheres. Trata-se da cota gênero.

A cota gênero é uma ação afirmativa que visa a ampliar a participação feminina no processo eleitoral. Nas eleições de 2022, o Brasil contou com 34% de candidaturas femininas e 66% de candidaturas masculinas. Das candidatas mulheres, apenas 18% foram eleitas, ao passo que os homens representaram 82% dos eleitos.[1210] Esses dados demonstram que a participação feminina no processo eleitoral ainda é baixa se comparada à participação masculina e ao total de presença feminina na população brasileira.

A cota de gênero é, portanto, uma importante medida para garantir a participação equilibrada de homens e mulheres não apenas na política, mas sobretudo nos espaços de decisão do Poder.

Neste contexto, a Justiça Eleitoral tem atuado para impedir que partidos e candidatos fraudem a cota de gênero. A fraude à cota de gênero ocorre sempre que partidos inscrevem candidatas que não têm a real intenção de concorrer às eleições, violando o objetivo desse modelo de ações afirmativas, que é o estímulo, a promoção e a integração da mulher nos espaços de poder nacional. Ao se apresentar uma candidatura feminina que é, em realidade, falsa ou ilusória, o partido político reforça o *status quo* que se busca superar, replicando, nos dias atuais, as mesmas causas de sub-representação que se quer combater.

Nesse sentido, no julgamento do REspe n. 19.392, o Min. Luís Roberto Barroso consignou que "A sub-representação feminina na política é produto e fator reprodutor

---

1209. Sobre este tema, v. Capítulo XIV, item 15, acima.

1210. *TSE Mulheres*. Disponível em: https://www.justicaeleitoral.jus.br/tse-mulheres/#estatisticas. Acesso em: 12.09.2023.

da desigualdade de gênero [...] Enquanto mulheres continuarem alijadas do processo de tomada das decisões políticas, a tendência é, naturalmente, a persistência e reprodução da desigualdade de gênero. Por isso, o aumento do número de mulheres detentoras de cargos eletivos é tão relevante [...] Em um cenário de desigualdade persistente, as políticas de ação afirmativa para incrementar a participação feminina no Poder Legislativo assumem grande importância.".[1211]

Quando constada a fraude, o TSE tem decidido pela inelegibilidade das candidatas que contribuíram para a prática do ato. Além disso, a Corte também tem determinado a perda do mandato dos candidatos da mesma chapa, com a anulação dos votos recebidos pelo partido nas eleições em que a fraude ocorreu.

No julgamento da ADI 6.338, o STF reconheceu a constitucionalidade deste entendimento jurisprudencial do TSE. Assim, o STF decidiu que: "Não há falar em violação do princípio da proporcionalidade. Isso porque a interpretação do art. 10, § 3º, da Lei 9.504/1997 c/c art. 22, XIV, da Lei Complementar 64/1990 é: (i) adequada, porquanto apta punir todos os envolvidos nas práticas fraudulentas, bem como extirpar do ordenamento jurídico os efeitos decorrentes dos atos abusivos, mediante a cassação do registro ou do diploma de todos que deles se beneficiaram; (ii) necessária para evitar a contumaz recalcitrância das agremiações partidárias no adimplemento da ação afirmativa (cota de gênero) instituída pelo legislador, de modo a transformar as condutas eleitorais, incentivando, efetivamente, a participação feminina na política; (iii) proporcional em sentido estrito, tendo em vista que, ao contrário do sustentado, não acarreta desestímulo para participação do pleito e incentiva os partidos a fomentarem, a desenvolverem e a integrarem a participação feminina na política."[1212].

6.9. Ação afirmativa de gênero para o acesso de magistradas aos tribunais de 2º grau

No dia 27 de setembro de 2023, o CNJ aprovou a Resolução n. 525, estabelecendo uma importante ação afirmativa de gênero, com o objetivo de ampliar o acesso de magistradas à segunda instância do Poder Judiciário.

A Resolução n. 525/2023 altera o art. 1º da Resolução 106/2010 para incluir, entre os critérios de promoção de magistrados, a política de alternância de gênero no preenchimento de vagas para a segunda instância do Poder Judiciário.

Assim, o art. 1º A da Resolução n. 106/2010 passa a dispor que: "No acesso aos tribunais de 2º grau que não alcançaram, no tangente aos cargos destinados a pessoas oriundas da carreira da magistratura, a proporção de 40% a 60% por gênero, as vagas pelo critério de merecimento serão preenchidas por intermédio de editais abertos de forma alternada para o recebimento de inscrições mistas, para homens e mulheres, ou exclusivas de mulheres, observadas as políticas de cotas instituídas por este Conselho, até o atingimento de paridade de gênero no respectivo tribunal".

1211. TSE. RESpe n. 19.392, rel. Min. Jorge Mussi, j. 17.09.2019, pp. 157-158.

1212. STF. ADI 6338, rel. Min. Rosa Weber, j. 03.04.2023, p. 4.

Essa nova fórmula passa a exigir uma releitura do disposto no art. 93, II, a da Constituição, que prevê a obrigatoriedade da promoção do juiz que figure por três vezes consecutivas ou cinco alternadas em lista de merecimento, de maneira que esta norma constitucional mantenha a sua efetividade.

A Resolução n. 525/2023 passa a vigorar a partir de 1º de janeiro de 2024 e aplica-se somente às vagas abertas após essa data.

Referências bibliográficas

BARBOSA, Rui. *Oração aos Moços*. São Paulo: Menfrario Acadêmico, 1920.

CASTRO, Carlos Roberto de Siqueira. *O Princípio da Isonomia e a Igualdade da Mulher no Direito Constitucional*. Rio de Janeiro: Forense, 1984.

COMAS, Juan. Os Mitos Raciais. In: COMAS, Juan et al. *Raça e Ciência I*. São Paulo: Editora Perspectiva, 1970.

COX, Archibald. *The Warren Court*. Cambridge: Harvard University Press, 1979.

DÓRIA, Sampaio. *Comentários à Constituição de 1946*. São Paulo: Max Limonad, 1960. v. 3.

DWORKIN, Ronald. We Do Not Have a Right to Liberty. In: STEWART, Robert M. *Readings in Social & Political Philosophy*. 2. ed. Oxford: Oxford University Press, 1996.

GOMES, Joaquim B. Barbosa. *A Ação Afirmativa & Princípio Constitucional da Igualdade: O Direito como Instrumento de Transformação Social. A Experiência dos E.U.A.* Rio de Janeiro: Renovar, 2001.

LEMANN, Nicholas. *The Big Test: The Secret History of the American Meritocracy*. New York: Farrar, Straus and Giroux, 1999.

LIMA, Paulo Roberto de Oliveira. *Isonomia entre os Sexos no Sistema Jurídico Nacional*. São Paulo: Revista dos Tribunais, 1993.

MELLO, Celso Antônio Bandeira de. *Conteúdo Jurídico do Princípio da Igualdade*. 3. ed. São Paulo: Malheiros, 1993.

NOWAK, John E.; ROTUNDA, Ronald R. *Constitutional Law*. 6. ed. Minnesota: HornBook Series, 2000.

TRIBE, Laurence H. *American Constitutional Law*. 2. ed. Mineola: The Foundation Press, 1988.

WARREN, Earl. *The Memoirs of Chief Justice Earl Warren*. Garden City: Double-Day and Company, 1977.

Capítulo XIX
DAS LIBERDADES PÚBLICAS

1. APRECIAÇÃO PRELIMINAR

Dentre os direitos de liberdade, destacam-se: a) liberdade de circulação e de locomoção; b) liberdade de pensamento e de expressão intelectual; c) liberdade de informação, comunicação e expressão; d) liberdade de associação; e) liberdade de reunião; f) liberdade econômica (iniciativa e concorrência); g) liberdade de consciência religiosa (crença, culto, liturgia).

2. LIBERDADE DE EXPRESSÃO

Há na doutrina brasileira uma patente imprecisão acerca do real significado e abrangência da locução *liberdade de expressão*. Parcela desta responsabilidade, porém, pode muito bem ser atribuída ao legislador constituinte, que, de maneira consciente ou não, pulverizou manifestações diversas, consagrando em momentos distintos facetas de uma mesma e possível liberdade de expressão (diversos incisos do art. 5º da CB de 1988). Serve para agravar o problema o uso da locução *liberdade de expressão* no inciso IX desse mesmo artigo: "é livre a expressão da atividade intelectual, artística, científica e de comunicação, independentemente de censura ou licença", o que deixa transparecer que a liberdade de expressão seria direito de ordem diversa do direito à manifestação do pensamento tende, este lastro apenas no inciso IV do art. 5º da CB[1213].

Acompanha essa tese, dentre outros, VIDAL SERRANO NUNES, ao afirmar que o direito de expressão volta-se "para a exteriorização de sensações, tais como a música, a pintura, a manifestação teatral, a fotografia etc."[1214], algo que repete mais adiante em sua obra: "Ou seja, por intermédio dela [expressão] o indivíduo exterioriza suas sensações, seus sentimentos ou sua criatividade, independentemente da formulação de convicções, juízos de valor ou conceitos"[1215]. Essa argumentação decorre, em meu entendimento, de uma inescapável inserção da atividade intelectual na liberdade de pensamento e de sua manifestação.

1213. Celso Ribeiro Bastos (2001: 47), ao contrário, os usa como termos sinônimos, na medida em que se vale da locução "liberdade de expressão do pensamento" (*Comentários à Constituição do Brasil*, v. 2, p. 47).

1214. *A Proteção Constitucional da Informação e o Direito à Crítica Jornalística*, p. 28.

1215. *A Proteção Constitucional da Informação e o Direito à Crítica Jornalística*, p. 28-9.

Na Constituição de 1988, o termo *liberdade de expressão* não se reduz ao externar sensações e sentimentos. Ele abarca tanto a liberdade de pensamento, que se restringe aos juízos intelectivos, como também o externar sensações. O acerto dessa afirmação pode ser verificado na inteligência do próprio art. 5º, IX, da CB, em que há menção clara e expressa à atividade intelectual: "é livre a expressão da *atividade intelectual*, artística, científica e de comunicação, independentemente de censura ou licença". Nesse sentido, também, ARCHIBALD COX, ao comentar o primeiro artigo da *Bill of Rights* americana, acerca da liberdade de expressão: "O homem ou mulher *pensante*, de sensações, o novelista, o poeta ou dramaturgo, o artista, e especialmente o religioso certamente consideram a negação à liberdade de expressão como a maior afronta que pode ser impingida à condição destes como seres humanos"[1216].

Para deixar clara a extensão da liberdade de expressão, cumpre trazer entendimento ventilado pela Suprema Corte americana, no tempo da decisão do *case Cohen v. California*, por meio do *Justice* HARLAN: "(...) [a expressão] não denota apenas ideias de relativa precisão, explicações imparciais, mas também emoções inexpressíveis"[1217]. Há, aí, sem margem de dúvida, uma menção tanto à atividade intelectual, encerrada nas "explicações imparciais", quanto às sensações, presentes nas "emoções inexpressíveis".

Em síntese, depreende-se que a liberdade de expressão é direito genérico que finda por abarcar um sem-número de formas e direitos conexos e que não pode ser restringido a um singelo externar sensações ou intuições, com a ausência da elementar atividade intelectual, na medida em que a compreende. Dentre os direitos conexos presentes no gênero *liberdade de expressão* podem ser mencionados, aqui, os seguintes: liberdade de manifestação de pensamento; de comunicação; de informação; de acesso à informação; de opinião; de imprensa, de mídia, de divulgação e de radiodifusão. Esta situação faz com que, na advertência de JÓNATAS MACHADO: "(...) uma construção conceitual das liberdades comunicativas que consiga circunscrevê-las de modo geometricamente perfeito, parece-nos, no estado actual da teorização, impossível, se é que não o será de todo"[1218].

Nesse mesmo sentido, o respeitado constitucionalista norte-americano LAURENCE H. TRIBE anota: "Qualquer conceituação adequada da liberdade de expressão deve, ao invés, passar por diversas modalidades de teorias para que se possa proteger a rica variedade de formas de expressão"[1219].

Ajudará a delimitar o conteúdo da liberdade sob comento a análise de suas múltiplas dimensões, que se fará a seguir, bem como da finalidade/propósito desse direito, o que se fará um pouco mais adiante.

1216. *Freedom of Expression*, p. 1. Original não grifado.
1217. Apud Laurence Tribe, *American Constitutional Law*, p. 787. Trad. livre.
1218. *Liberdade de Expressão, Dimensões Constitucionais da Esfera Pública no Sistema Social*, p. 372.
1219. *American Constitutional Law*, p. 789. Trad. livre.

2.1. Dimensões substantiva e instrumental

A liberdade de expressão é composta tanto de uma dimensão *substantiva* como de uma *instrumental*: "A *dimensão substantiva* compreende a actividade de pensar, formar a própria opinião e exteriorizá-la. A *dimensão instrumental* traduz a possibilidade de utilizar os mais diversos meios adequados à divulgação do pensamento"[1220].

A ideia de uma *dimensão substantiva*, etimologicamente falando, por si só, é capaz de exteriorizar a sua importância, já que ventila o ideário da *essencialidade* de algo.

Dessa feita, é esta dimensão que formará a pedra angular daquilo que se denomina liberdade de expressão. Em outras palavras, a liberdade de expressão, e sua consequente importância e proteção, surgiu, aprioristicamente, em razão desta dimensão.

Pode-se verificar, portanto, que a presente dimensão diz respeito à autodeterminação do indivíduo, sensivelmente conectada com a dignidade da pessoa humana. Isso porque, ao permitir que o indivíduo exteriorize "suas sensações, seus sentimentos ou sua criatividade"[1221], bem como suas emoções, ou que, ainda, capte experiências, ideias e opiniões emitidas por outrem, estar-se-á possibilitando que obtenha, que forme sua autonomia, que seja um ente único na coletividade, alcançando, dessa forma, um sentido em sua vida, o que perfaz, inexoravelmente, uma "tarefa eminentemente pessoal"[1222] — em conformidade com a máxima protagórica de que o Homem, atomisticamente, é a medida de todas as coisas.

A liberdade de expressão exige conhecimento, pois, do contrário, não será muito o que se poderá pensar. É liberdade, portanto, que caminha juntamente com o direito à educação.

Assim, a liberdade de expressão alcança a possibilidade de adquirir ou de ter acesso aos jornais, periódicos, livros, ao noticiário da imprensa, seja pelo rádio, seja pela televisão, e à educação em geral.

Quanto à *dimensão instrumental* da liberdade de expressão, conforme já foi mencionado acima, de forma sintética, "(...) compreende a possibilidade de escolher livremente o suporte físico ou técnico que se considere adequado à *comunicação* que se pretende realizar"[1223].

Em outras palavras, é a possibilidade de eleger o meio mais adequado para veicular, transmitir as opiniões e ideias emitidas pelo indivíduo, com a finalidade de que se atinja certo número de receptores, o que, aliás, está ínsito à própria ideia de expressão.

A dimensão instrumental, ainda que cronológica e logicamente subsequente à substantiva, complementa-a, podendo ser considerada, por assim dizer, como o reverso da moeda em termos de liberdade de expressão. Afinal: "O homem não se contenta com o mero fato de poder ter as opiniões que quiser, vale dizer: ele necessita antes de mais

---

1220. Jónatas M. Machado, *Liberdade de Expressão, Dimensões Constitucionais da Esfera Pública no Sistema Social*, p. 417.

1221. Vidal Serrano, op. cit., p. 28.

1222. Celso Bastos, *Comentários à Constituição do Brasil*, v. 1, p. 425.

1223. Jónatas M. Machado, op. cit., p. 429. Original não grifado.

nada saber que não será apenado em função de suas crenças e opiniões. É da sua natureza no entanto o ir mais longe: o procurar convencer os outros; o fazer proselitismo"[1224].

De fato, a possibilidade de pensar, internamente, o Homem já carrega consigo, naturalmente, desde que goze de saúde mental e certo grau de discernimento. De nada adiantaria assegurar a liberdade de expressão (em seu sentido substantivo) se esta não pudesse exteriorizar-se. A liberdade de expressão substantiva se completa com o ato de comunicação, com sua discussão. A liberdade de expressão implica a liberdade de manifestação do pensamento, por qualquer forma ou veículo.

É em decorrência dessa dimensão que surgem as liberdades de comunicação, imprensa, de radiodifusão, de informar, dentre outras coadunadas com a ideia de "veicular informações" e que constituem um dos objetos centrais de análise no presente estudo.

2.2. Dimensões individual e coletiva

Além da dupla dimensão analisada anteriormente, outra surge, enfocada no aspecto subjetivo da liberdade de expressão.

Conforme foi verificado, por ocasião da análise da dimensão substantiva, a liberdade de expressão surge para garantir ao indivíduo a possibilidade de se formar, de ser sem ter de se adequar a um modelo previamente determinado[1225].

Nesse exato sentido tem-se a dimensão individual da liberdade de expressão. Porém, não se pode esquecer da sua consequente dimensão coletiva, em vista de a liberdade de expressão abarcar, também, terceiros. Palmilhando esse caminho, JOHN STUART MILL, ao tratar da liberdade sob comento, logo advertiu: "A liberdade de exprimir e de comunicar opiniões pode parecer que cai sob um princípio diferente, uma vez que pertence àquela parte da conduta do indivíduo que concerne a outras pessoas"[1226].

Com efeito, correto é o magistério de NUNO E SOUZA, para quem "A liberdade de informação possui uma dimensão jurídico-colectiva, ligada à opinião pública e ao funcionamento do Estado democrático, e um componente jurídico-individual; protege-se o legítimo interesse do indivíduo de se informar a fim de desenvolver a sua personali-

---

1224. Celso Bastos, *Comentários à Constituição do Brasil*, v. 2, p. 44.

1225. Na senda dessa dimensão, cumpre contradizer Celso Ribeiro Bastos (*Comentários à Constituição do Brasil*, v. 2, p. 47) e José Afonso da Silva (*Curso de Direito Constitucional Positivo*, p. 240), os quais, apoiando-se no magistério de Pimenta Bueno, afirmam que o pensamento enquanto não externado, é dizer, em seu foro íntimo, não possui relevância para o Direito. Muito pelo contrário. O foro íntimo do pensamento do indivíduo importa sim para o Direito e há de ser protegido por este. Exemplo clássico de influência externa no foro íntimo do indivíduo encontra-se presente, por exemplo, no livro *1984*, de George Orwell, em que se tortura o personagem com vistas a obter sua adesão a certa ideologia dominante e, também, no que diz respeito a certos sentimentos nutridos por esse mesmo personagem. Outros exemplos, menos extremados, de influência no foro íntimo do homem e merecedores de proteção legal, porquanto cerceadores da capacidade autoformativa do homem, são as mensagens subliminares presentes na mídia e que visam a trabalhar no subconsciente humano, influenciando-o em suas condutas e pensamentos. O que se pode, seguramente, afirmar que não diz respeito ao direito é o pensamento do homem, por ele elaborado, e mantido preso nos mais velados rincões da mente humana. Já aquele que decorre de manipulação exterior ganhará relevância jurídica, na medida em que ninguém pode, em nome da dignidade humana, ser um fantoche de outrem, independentemente de externar ou não o pensamento que lhe foi inculcado na mente.

1226. *Sobre a Liberdade*, p. 38.

405

dade; não só o princípio democrático explica tal liberdade, também releva o princípio da dignidade humana"[1227].

Cumpre ressaltar que essa dimensão coletiva da liberdade de expressão, adotada por alguns autores, atrela-se àquela outra liberdade, qual seja a de comunicação.

2.3. Liberdade de expressão: meio ou fim?

Muitos dos equívocos nos quais se incide no momento da abordagem do tema da liberdade de comunicação decorrem de sua inadequada colocação como pauta constitucional. É nesse sentido que se deve compreender a indagação de TRIBE: "Seria a liberdade de expressão considerada, tão só, como um meio a alguma finalidade posterior — como, por exemplo, um bem sucedido autogoverno, ou estabilidade social, ou (de certa forma menos instrumental) a descoberta e disseminação da verdade — ou seria a liberdade de expressão, em parte, também um fim em si mesma, uma expressão do tipo de sociedade que almejamos nos tornar e do tipo de pessoa que queremos ser?"[1228].

JÓNATAS E. M. MACHADO é categórico ao anotar que "(...) a liberdade de expressão não é vista como um fim em si mesma"[1229].

Parece ser correto o entendimento ventilado pelo jurista luso de que a liberdade de expressão é um meio e não um fim. Em parte, a razão disso reside no individualismo que norteia a vida do ser humano. Com efeito, o Homem é a medida e o fim de todas as coisas. Isto é o que a locução *dignidade da pessoa humana* prega. Esse antropocentrismo faz com que todo o contexto que envolva o Homem (incluída a categoria aqui analisada) exista apenas e exclusivamente em virtude do Homem.

A natureza existe para ser o berço do ser humano, satisfazer (com prudência), com seus bens naturais, suas necessidades e vontades. E assim ocorre com os elementos artificiais, resultado da convenção humana, como é o caso do próprio *Direito* e, por conseguinte, da *liberdade de expressão*.

A liberdade de expressão não existe para si mesma. Ainda que se defenda sua condição de Direito natural, tal somente existiria no mundo fenomênico em sua necessária relação com o Homem. Não haveria que falar em liberdade de expressão se este, único ser racional e capaz de se expressar, não subsistisse. Daí ser um meio e não um fim em si mesma.

Foi o Homem quem a criou, primeiro para assegurar que a ele fosse possível se autoformar e delimitar seus próprios gostos, desgostos, opiniões e convicções. Depois, como consequência, estendeu-se a proteção dada à liberdade de expressão, em seu cunho individual, à sua esfera exterior, tornando-se possível e impassível de obstrução o externar ideias.

1227. *Liberdade de Imprensa*, p. 151.
1228. Op. cit., p. 785. Trad. livre.
1229. Op. cit., p. 238.

406

Desta feita, a razão não reside naqueles que alegam que a liberdade de expressão é um fim em si mesma. Nunca o será. Mencionada liberdade, assim como todas as outras, somente existirá em virtude da *mens* humana, a qual estabelecerá seus limites e contornos. Do contrário, como fim em si mesma, os limites seriam inadmissíveis, porque impróprios àquilo que, por sua natureza, seria absoluto. Mas, para além desse aspecto, a liberdade de expressão (incluída a liberdade de comunicação) encontra-se encartada na Constituição para atender a determinada finalidade, e não como um valor a preservar como pauta máxima, subsistente por si mesma. É o que se passará a verificar.

2.4. Propósitos da liberdade de expressão

Após ter sido demonstrado acima que a liberdade de expressão é um meio, com finalidades determinadas ou a serem determinadas pelo homem, faz-se necessário explicitar as principais finalidades da liberdade ora sob estudo, ainda que tais possam ser inferidas da própria verificação da *dimensão substantiva* e *instrumental* da liberdade de expressão (anteriormente analisadas). Este estudo de "propósitos" bem demonstra a retidão da tese anterior, já que enquanto um fim em si mesma o único propósito, lógica e teleologicamente admissível, seria a própria liberdade de expressão. Não foi essa, contudo, a tese constitucionalmente incorporada.

JÓNATAS E. M. MACHADO observa, especificamente quanto à liberdade de expressão, que "A doutrina constitucional costuma debruçar-se sobre alguns objectivos fundamentais, como sejam, entre outros, a procura da verdade, a garantia de um mercado livre das ideias, a participação no processo de autodeterminação democrática, a protecção da diversidade de opiniões, a estabilidade social e a transformação pacífica da sociedade e a expressão da personalidade individual"[1230].

Dentre essa ampla gama de finalidades, analisar-se-ão, tão apenas, a diversidade de opiniões e a expressão da personalidade individual, que poderão ser alocadas em um único item: *formação da autonomia individual*. O porquê de analisar, tão só, esta finalidade decorre de sua proeminência quanto às outras e de ser a razão de existir da liberdade de expressão.

Mencionou-se anteriormente, quase à exaustão, que o elemento ensejador da liberdade de expressão é a intenção de conceder ao homem a prerrogativa de ser soberano sobre si mesmo, de ser um ente autônomo, condição esta essencial à realização pessoal, à expressão da personalidade individual, ainda que este seja um ser gregário — na conhecida concepção aristotélica de que o homem é um animal político.

E, com esta finalidade formativa em vista, a liberdade de expressão passou a ser "(...) um pressuposto essencial da autenticidade do sujeito"[1231].

Tal essencialidade fez com que a liberdade de expressão se mesclasse com essa sua finalidade, tendo, assim, sua importância atrelada ao *desenvolvimento do âmbito privatístico do homem*, em todos os seus sentidos.

1230. Op. cit., p. 237.
1231. Jónatas M. Machado, op. cit., p. 286.

Pode-se comprovar essa afirmação pelo fato de as liberdades decorrentes da liberdade de expressão, tais como a liberdade de comunicação, de informação e de imprensa, acabarem por ser exercidas, em via de regra, como baluartes da busca do Homem por seu espaço próprio, ainda que cada um desses direitos apresentem dessemelhanças entre si.

Essa mesma finalidade formativa será encontrada nos demais objetivos assinalados anteriormente para a liberdade de expressão. Assim ocorrerá, pois, com a mencionada busca da diversidade de opiniões. Para JÓNATAS E. M. MACHADO: "(...) a diversidade de opiniões significa um leque mais vasto de possibilidades e alternativas, e consequentemente, uma maior liberdade na formação de preferências e convicções e na tomada de opções"[1232].

Tem-se, assim, maior e mais apropriada possibilidade de se autodeterminar. Ora, a liberdade de expressão há de se prestar à realização pessoal, à formação individual, à livre opção de cada um. Com efeito, não pode ser ela instrumento contrário à realização pessoal. Seria mesmo contraditório que um fato pudesse, ao mesmo tempo, apoiar-se na liberdade de expressão e violá-la, enquanto categoria constitucional, em determinado caso concreto.

Apesar da conceituação e desenvolvimento até aqui realizados acerca da liberdade de expressão, cumpre, para dimensionar satisfatoriamente a liberdade sob comento, a verificação dos *limites impostos ao seu exercício*.

2.5. Limitações ao exercício da liberdade de expressão

Razão paira nas palavras de NUNO E SOUZA quando este enfatiza: "Toda a liberdade tem limites lógicos, isto é, consubstanciais ao próprio conceito de liberdade"[1233].

Com efeito, para que determinada ação encontre guarida no seguro porto da liberdade de expressão, tem-se como requisito que o exercício desta não prejudique ninguém, em nenhum de seus direitos.

Não há, conforme se depreende da leitura da melhor doutrina, nenhuma precedência preestabelecida entre os diversos princípios (que ensejam direitos), o que, em parte, equivale a afirmar que não se admite nenhum direito como absoluto. Nesse sentido é o magistério de ROBERT ALEXY[1234], referência obrigatória na matéria, ao demonstrar com toda propriedade que, se um princípio for considerado absoluto, o direito nele fundamentado também o será.

O problema para o jurista alemão reside na dimensão *individual* de algum direito supostamente absoluto. Quer-se dizer, se todo *indivíduo* tivesse a prerrogativa de exercício de um direito absoluto, como se daria a sua relação com outros indivíduos também detentores de um mesmo direito absoluto? Cederiam todos, ainda que considerados absolutos e, assim, impassíveis de cedência? Evidentemente que, pelo paradoxo que provocaria a tese, não se pode aceitá-la.

1232. Op. cit., p. 279.
1233. *Liberdade de Imprensa*, p. 156.
1234. *Teoría de los Derechos Fundamentales*.

ARCHIBALD COX, em obra específica acerca do tema *liberdade de expressão*, professa que "A liberdade de expressão, apesar de sua fundamentabilidade, não pode nunca ser absoluta. Em tempos de guerra ou crises similares, certas publicações podem ameaçar até mesmo a sobrevivência da Nação. Em qualquer momento, expressões sem limites podem entrar em conflito com interesses públicos e privados importantes. Publicações difamatórias podem, injustamente, invadir o direito à reputação. Impugnar a integridade de uma corte pela publicação de evidências, antes do julgamento, pode ameaçar a administração da justiça. Obscenidade pode conflitar com o interesse público pela moralidade. Panfletagem, paradas, e outras formas de demonstração, e até as próprias palavras, se permitidas em determinado tempo e local, podem ameaçar a segurança pública e a ordem, independente da informação, ideia ou emoção expressada"[1235].

Com base no que foi dito, NUNO E SOUZA entende que, como limites imediatos à liberdade de expressão, "(...) podem apontar-se os direitos à imagem, à identidade pessoal, ao bom nome e reputação e à reserva da intimidade da vida privada e familiar (...)"[1236].

Finda o autor por concluir, ainda, que: "(...) veda-se a utilização abusiva (mas sem atingir o grau mais grave de violação da dignidade humana), ou contrária à dignidade humana, de informações relativas às pessoas e famílias; portanto, o uso abusivo de informações sobre as pessoas e famílias, mesmo que não contrarie directamente a dignidade humana, é ilícito"[1237].

Também nesse mesmo sentido, de forma mais sintética, pronuncia-se JÓNATAS MACHADO, o qual entende que o exercício da liberdade de expressão "(...) deve fazer-se, na medida do possível, no respeito pelos direitos de personalidade do indivíduo"[1238].

A existência dessas limitações ao direito à liberdade de expressão se explica tanto (i) pela necessidade de harmonia entre os direitos individuais como (ii) por questão de coerência, visto que seria, no mínimo, contraditório se a liberdade de expressão, que é um direito engendrado pelo homem para assegurar e possibilitar sua autodeterminação individual, estivesse em contradição com essa mesma finalidade, atentando contra o desenvolvimento da personalidade individual e desrespeitando direitos essenciais à própria personalidade.

Em outro giro, se a liberdade de expressão encontra-se tutelada para, dentre outras finalidades, assegurar a formação da personalidade individual (ainda que não seja, evidentemente, responsável pela totalidade dessa formação), seria insuportável que seu exercício engendrasse justamente o desrespeito a direitos da personalidade e, ademais, provocasse com isso aquela formação por meio das divulgações viciadas, gerando uma mensagem implícita de que os direitos podem sempre ser violados. Nesse diapasão, THOMAS M. SCANLON: "(...) liberdade de expressão torna-se controversa quando a expressão surge para ameaçar importantes interesses individuais"[1239].

1235. *Freedom of Expression*, p. 4. Trad. livre.
1236. Op. cit., p. 268.
1237. Nuno e Souza, op. cit., p. 268.
1238. Op. cit., p. 360.
1239. *Freedom of Expression and Categories of Expression*, p. 152. Trad. livre.

Anote-se que a liberdade de expressão, dada sua relevância inconteste para o desenvolvimento, para a Democracia e para a conformação humana da pessoa, também merece a tutela da lei no âmbito da *internet*, que, atualmente, revela-se como um dos meios mais significativos de manifestação intelectual, cultural, artística, social etc. Por essa razão, surge, em 2014, o Marco Civil da Internet (Lei n. 12.965), que procura assegurar a liberdade de expressão "virtual" e também proteger a privacidade do usuário da rede mundial de computadores. É uma das experiências brasileiras no sentido de conciliar a liberdade de expressão e privacidade com a livre iniciativa e concorrência, direitos, todos estes, fundamentais.

Entre algumas das modificações adotadas pelo Marco Civil da Internet estão, por exemplo, a neutralidade, a qual veda, em geral, que o provedor descrimine entre diferentes serviços da rede, cobrando mais ou diminuindo a velocidade da conexão. Estabelece a Lei, também, via de regra, que qualquer conteúdo só pode ser retirado da rede com ordem judicial nesse sentido. Recente discussão envolvendo não apenas a informação veiculada, mas também o *software* (aplicativo) responsável pela sua viabilidade, foi objeto de decisão judicial que, em sede de Tribunal de Justiça, autorizou a sua manutenção.

Na linha de realizar ao máximo a liberdade de expressão, especialmente naquilo que importa ao desenvolvimento social, deve ser citada a decisão proferida no RE n. 330.817, julgado em 8 de março de 2017, sob a relatoria do Ministro Dias Toffoli. Nele o Plenário do STF entendeu que a imunidade constitucional referente aos livros (art. 150, VI, *d*, da CB) alcança os livros eletrônicos ou digitais, em decisão de grande alcance em termos de desenvolvimento social, embora geralmente alocada como mera decisão arrecadatório-tributária. Assim ficou a ementa: "O art. 150, VI, *d*, da Constituição não se refere apenas ao método gutenberguiano de produção de livros, jornais e periódicos. O vocábulo 'papel' não é, do mesmo modo, essencial ao conceito desses bens finais. O suporte das publicações é apenas o continente (*corpus mechanicum*) que abrange o conteúdo (*corpus misticum*) das obras. O corpo mecânico não é o essencial ou o condicionante para o gozo da imunidade, pois a variedade de tipos de suporte (tangível ou intangível) que um livro pode ter aponta para a direção de que ele só pode ser considerado como elemento acidental no conceito de livro. A imunidade de que trata o art. 150, VI, *d*, da Constituição, portanto, alcança o livro digital (*e-book*)". A imunidade do livro ocorre, na Constituição de 1988, dentro de seu contexto desenvolvimentista, e nessa medida é instrumental ao objetivo material de promover uma renovação. É inegável que o acesso ao livro é um elemento importantíssimo em sociedades atrasadas, devendo ser estimulado pelo Estado, a fim de promover uma educação de qualidade capaz de renovar o enorme contingente de mão de obra desqualificada que persiste no horizonte nacional.

Eventuais limites ao exercício da liberdade de expressão não podem gerar constrangimento judicial. Nesse sentido, um importante avanço foi alcançado na jurisprudência do STF acerca da proteção à liberdade de expressão. No âmbito das Ações Diretas de Inconstitucionalidade 6.792 (ajuizada pela Associação Brasileira de Imprensa — ABI) e 7.055 (ajuizada pela Associação Brasileira de Jornalismo Investigativo —

Abraji), analisadas em conjunto, sob a relatoria da Ministra ROSA WEBER, discutia-se o cabimento de interpretação conforme à Constituição Brasileira de 1988 referente aos arts. 186 e 927, *caput*, do Código Civil e ao art. 53 do Código de Processo Civil, que versam sobre ações de reparação, no sentido de coibir o uso abusivo desse tipo de ação judicial, com o objetivo de assediar judicialmente aqueles que se dedicam ao debate público, desvirtuando seu objetivo e impactando negativamente a liberdade de expressão. Buscava-se, também, que, em tais ações, o foro competente haveria de ser do domicílio do réu, e que os processos conexos fossem reunidos para julgamento conjunto. Na ocasião do julgamento, a Ministra Relatora não conhecia a ação da Abraji, considerando que o pedido, em seu entendimento, visava a criar regras de competência, na linha de raciocínio de que o Judiciário não deveria alterar regras processuais estabelecidas pelo Legislativo. Em relação à ação da ABI, a Ministra julgava parcialmente procedente o pedido. No entanto, o Ministro LUÍS ROBERTO BARROSO abriu divergência, que restou vencedora. Assim, por maioria, o Tribunal Máximo conferiu interpretação conforme aos referidos artigos, e fixou a seguinte tese: "1. Constitui assédio judicial comprometedor da liberdade de expressão o ajuizamento de inúmeras ações a respeito dos mesmos fatos, em comarcas diversas, com o intuito ou o efeito de constranger jornalista ou órgão de imprensa, dificultar sua defesa ou torná-la excessivamente onerosa. 2. Caracterizado o assédio judicial, a parte demandada poderá requerer a reunião de todas as ações no foro de seu domicílio. 3. A responsabilidade civil de jornalistas ou de órgãos de imprensa somente estará configurada em caso inequívoco de dolo ou de culpa grave (evidente negligência profissional na apuração dos fatos)".

2.6. Liberdade de expressão x direito ao esquecimento

Em 11 de fevereiro de 2021, o Supremo Tribunal Federal decidiu, por maioria, que o *direito ao esquecimento é incompatível com a Constituição brasileira de 1988*. A decisão foi tomada no julgamento plenário do Recurso Extraordinário 1.010.606, de relatoria do Min. DIAS TOFFOLI.

O RE 1.010.606 foi interposto com fulcro no art. 1º, inc. III, da CB, que dispõe sobre a dignidade da pessoa humana, no *caput* e no inc. I do art. 5º, que dispõem sobre a igualdade perante a lei e a inviolabilidade do direito à vida, no inc. III do mesmo art. 5º, que proíbe a tortura e o tratamento desumano ou degradante, no inc. X, que dispõe sobre a inviolabilidade da intimidade, da vida privada, da honra e da imagem das pessoas, assegurando o direito a indenização pelo dano material ou moral decorrente de sua violação, bem como com fulcro no art. 220, § 1º, que dispõe que a plena liberdade de informação jornalística em qualquer veículo de comunicação social deverá observar, dentre outros, o mencionado inc. X do art. 5º da CB.

A pretensão concreta dizia respeito ao pleito de compensação pecuniária por documentário exibido em rede nacional, que narrou a história do homicídio de Aída Curi, ocorrido no ano de 1958. A transmissão do programa foi ao ar em 2004.

De acordo com os requerentes, familiares da vítima, a transmissão, em rede nacional de televisão, do ocorrido na década de 1950, teria um caráter exploratório da

411

vida de Aída Curi, razão pela qual se pretendia o reconhecimento do direito de esquecer a tragédia que acometeu a família. Para os requerentes, diante do julgamento da ADPF 130, que declarou a inconstitucionalidade da antiga Lei de imprensa, por conter preceitos que restringiam a liberdade de expressão, caberia ao STF se manifestar acerca do tema, para analisar a vertente de proteção da dignidade da pessoa humana. Apenas a título explicativo, no julgamento histórico da ADPF 130, de relatoria do Min. CARLOS BRITTO, a discussão versava sobre lei de imprensa, resquício do período da Ditadura Militar, que não mais se alinhava à Constituição brasileira de 1988. Em trecho da ementa da ADPF 130, o Supremo assim definiu "(...) a excessividade indenizatória é, em si mesma, poderoso fator de inibição da liberdade de imprensa, em violação ao princípio constitucional da proporcionalidade. A relação de proporcionalidade entre o dano moral ou material sofrido por alguém e a indenização que lhe caiba receber (quanto maior o dano maior a indenização) opera no âmbito interno da potencialidade da ofensa e da concreta situação do ofendido. Nada tendo a ver com essa equação a circunstância em si da veiculação do agravo por órgão de imprensa, porque, senão, a liberdade de informação jornalística deixaria de ser um elemento de expansão e de robustez da liberdade de pensamento e de expressão *lato sensu* para se tornar um fator de contração e de esqualidez dessa liberdade". Feitas essas considerações, voltemos para à analise do RE 1.010.606.

Ainda, de acordo com os requerentes, mesmo existindo um fato de conhecimento público e notório, não estariam extintos os direitos personalíssimos dos envolvidos. Acrescentaram, ademais, que o interesse público seria inexistente, não sendo justificável a exploração comercial do patrimônio personalíssimo.

A tramitação do RE contou com audiência pública para discutir (i) a possibilidade de a vítima ou seus familiares invocarem a aplicação do direito ao esquecimento na esfera civil e (ii) a definição do conteúdo jurídico desse direito, que contou com ampla participação da sociedade civil. Após a audiência pública, a Procuradoria-Geral da República se manifestou no sentido de ponderar os interesses em conflito, indicando que o direito ao esquecimento seria um desdobramento do direito à privacidade, mas deveria ser ponderado com a proteção do direito à informação e da liberdade de expressão.

Em seu voto, o Min. TOFFOLI circunscreve sua análise quanto à existência ou não do direito ao esquecimento em nosso Ordenamento Jurídico-constitucional. Para tanto, o Ministro traça uma perspectiva histórica do surgimento da expressão que remete ao esquecimento, expressão francesa *"le droit à lóubli"*, atribuída ao professor GERARD LYON-CAEN. Pelo ineditismo do tema, o voto do Ministro faz inúmeras referências às aplicações e às formas de usos de direitos similares em outros países. Para ilustrar seu voto, em um cenário digital, tem-se a exposição do julgamento da Google Espanha, amplamente conhecido como Caso González, no qual um cidadão espanhol moveu uma ação contra a Google Espanha por violação de privacidade e proteção de dados, porque, ao pesquisar seu próprio nome no buscador, o cidadão encontrava *links* relacionados com leilão de imóvel de sua propriedade para pagamento de dívidas. O requerente pretendia, assim, a supressão de seus dados pessoais do buscador. O Tribunal de Justiça da União Europeia (TJUE) "no que interessa ao estudo destes autos — considerou que

412

o tratamento de dados realizado pelos provedores (Google Spain e Google Inc.) ampliaria a facilidade de acesso a informações pessoais dos indivíduos, amplificando a exposição de sua privacidade. Não possuindo, ademais, a atividade dos provedores caráter jornalístico, estariam eles obrigados a proceder à desindexação das informações do demandante". O Ministro Relator, DIAS TOFFOLI, trouxe ao julgamento o Caso González com o intuito de evitar distorções do entendimento do TJUE ou sua adoção apressada em um Ordenamento Jurídico distinto. De acordo com o Min. DIAS TOFFOLI, "A solução adotada pelo TJUE foi o reconhecimento de que os mecanismos de busca podem ser instados a remover da indexação do buscador informações que contenham dados pessoais dos indivíduos quando esses assim o desejarem e sempre que aquelas informações sejam inadequadas, impertinentes ou excessivas, sem prejuízo, todavia, da manutenção da informação nos *links* da *web* onde a notícia houver sido originalmente publicada. (...) Observe-se que, em essência, o TJUE partiu de premissas semelhantes às contidas nas tradicionais invocações do direito ao esquecimento, distinguindo-se sua conclusão pela peculiaridade de que o caso respeitava ao âmbito digital, razão pela qual a ordem de contenção à alegada violação de privacidade do indivíduo se direcionava a sujeitos da sociedade da informação, concretizando-se, no caso — na opção adotada pelo TJUE — pela determinação aos provedores de busca de desindexação dos *links* da *web* que referenciavam dados pessoais do pleiteante. (...) Compreendidos os pressupostos adotados pelo TJUE, destaco que nestes autos não se travará uma apreciação do exato alcance da responsabilidade dos provedores de internet em matéria de indexação/desindexação de conteúdos obtidos por motores de busca. A uma, porque a desindexação foi apenas o meio de que se valeu o TJUE para garantir ao interessado o direito pretendido (que a informação que englobava seus dados pessoais deixasse de estar à disposição do grande público), não se confundindo, portanto – e ao contrário do que muito se propala —, desindexação com direito ao esquecimento.

A duas — e sob a mesma ordem de ideias —, porque o tema desindexação é significativamente mais amplo do que o direito ao esquecimento. Há inúmeros fundamentos e interesses que podem fomentar um pedido de desindexação de conteúdos da rede, muitos dos quais absolutamente dissociados de um suposto de direito ao esquecimento".

Para os estudos constitucionais sobre a liberdade de expressão, de que estamos a tratar neste capítulo, o STF definiu que a previsão ou a aplicação do direito ao esquecimento afronta a liberdade de expressão, isto porque, como ficou definido na ementa, "[u]m comando jurídico que eleja a passagem do tempo como restrição à divulgação de informação verdadeira, licitamente obtida e com adequado tratamento dos dados nela inseridos, precisa estar previsto em lei, de modo pontual, clarividente e sem anulação da liberdade de expressão. Ele não pode, ademais, ser fruto apenas de ponderação judicial".

No voto do Min. DIAS TOFFOLI, ficou ressaltado que a liberdade de expressão é um grande legado da Constituição brasileira de 1988, ao romper em definitivo com o terrível passado da ditadura militar. Neste sentido, "nota-se que um dos aspectos centrais do direito fundamental à liberdade de expressão — aspecto esse que deve ser reforçado tanto mais democrática for dada sociedade — é, que, como regra geral, não são admitidas restrições prévias ao exercício dessa liberdade". A impossibilidade de se admitirem limitações prévias à liberdade de expressão tem sido, ademais, uma tônica na literatura especializada e em muitos julgamentos. Nessa linha, a impossibilidade de se impedir a divulgação de determinado evento/fato não significa, automaticamente, que o julgador esteja imune à eventual responsabilização por esse fato, o que depende da reunião de outros elementos.

Além disso, o Ministro Relator, em seu voto, entendeu pela inexistência no Ordenamento Jurídico brasileiro de um direito genérico com essa conformação ao esquecimento, seja expressamente, seja de maneira implícita. Esclareceu, a esse propósito, que "há uma vasta proteção constitucional, legal e jurisprudencial a todos os direitos da personalidade que independe do efeito do tempo sobre o contexto fático em que inseridos. O contexto fático tem sido preservado".

3. LIBERDADE DE RELIGIÃO E NEUTRALIDADE DO ESTADO[1240]

3.1. As constituições perante o fenômeno religioso

As constituições contemporâneas de modelo ocidental não deixam de abordar a relação entre Estado e Igreja(s)[1241]. Está-se, aqui, diante da chamada "relevância constitucional do fenômeno religioso" (MORAIS, 1997: 240); reconhece-se como uma manifestação do tecido social que não poderia ser desprezada em praticamente nenhum país[1242].

Documentos de declaração de direitos, desde cedo, preocuparam-se em afirmar a liberdade religiosa. Assim poderiam ser elencadas a Declaração de Direitos do Bom Povo da Virgínia, que proclamou a ampla liberdade de religião, e a sempre reportada Declaração francesa de Direitos, de 1789, cuja referência, contudo, tinha mais o caráter de uma mera tolerância religiosa[1243] do que o de uma ampla e irrestrita liberdade. Mais recentemente, torna-se impositiva também referir a Declaração da ONU sobre a Eliminação de todas as Formas de Intolerância e Discriminação Baseadas na Religião ou na Convicção, de 1981. O jusnaturalismo e os documentos internacionais influenciaram as proclamações constitucionais da liberdade religiosa.

As constituições e os respectivos Estados, em face do (nas suas relações ou falta delas com o) elemento religioso, já receberam inúmeras classificações e tipologias, não sendo o caso, aqui, de repeti-las[1244]. Basta registrar que, em alguns casos, os Estados

---

1240. Desenvolvido a partir do texto publicado na *Revista Brasileira de Estudos Constitucionais*, jan./mar. 2008, v. 5.

1241. JORGE MIRANDA (1988: 345) chega a afirmar, quanto ao fenômeno religioso, que "Nenhuma Constituição deixa de o considerar e repercute-se fortemente no Direito internacional".

1242. JELLINEK chega mesmo a sustentar que a liberdade de religião é a verdadeira origem dos direitos fundamentais. Já CANOTILHO vai anotar que, em sua origem, tratava-se mais de uma tolerância religiosa para credos diferentes do que propriamente a concepção atual de liberdade, como direito fundamental.

1243. Sobre o tema e a comparação histórica dessas duas declarações, *v.* JELLINEK (2002: 27-8).

1244. Sobre o tema, consulte-se o amplo quadro tipológico proposto por JORGE MIRANDA (1988: 346).

adotam uma religião oficial, sendo o estado daí emergente do tipo confessional. Alguns estados teocráticos parecem alinhar-se a algum tipo de fundamentalismo religioso, que os afasta do modelo de Estado de direitos humanos (cf. OTERO, 2007: 660-1)[1245], muito embora o modelo de Estado confessional não implique, necessariamente, a intolerância com a prática de outras confissões. É o que ocorre com a atual Constituição da Argentina, cujo art. 2º reconhece que "El Gobierno federal sostiene el culto católico apostólico romano". Em outros casos, como a brasileira, está assegurada a liberdade religiosa. Em algumas constituições está proclamada solenemente a separação entre Estado e Igreja, ou foi ela entendida estritamente, como no caso dos EUA, por meio da jurisprudência da Suprema Corte.

Esse tipo de aproximação constitucional, no que importa para desenvolver este estudo, é operada por meio de diretrizes gerais, os chamados *princípios*. E é justamente neste "espaço aberto", de termos nem "autoevidentes, nem definidos" (MCCONNELL e POSNER, 1989: 1 e s.) que toma assento uma intrincada discussão entre separatistas radicais e culturalistas tolerantes. Tratarei do caso brasileiro como referência-paradigma para desenvolvimento do assunto, embora com breves referências, quando necessário, à dogmática e literatura estrangeiras.

3.2. Liberdade religiosa como direito fundamental

A Constituição brasileira de 1988 encetou a liberdade religiosa como dispositivo "autônomo"[1246], nos seguintes termos: "é inviolável a liberdade de consciência e de crença, sendo assegurado o livre exercício dos cultos religiosos e garantida, na forma da lei, a proteção aos locais de culto e a suas liturgias".

A assim denominada liberdade religiosa, enquanto direito fundamental, há de incluir a liberdade: i) de opção em valores transcendentais (ou não); ii) de crença nesse sistema de valores; iii) de seguir dogmas baseados na fé e não na racionalidade estrita[1247]; iv) da liturgia (cerimonial), o que pressupõe a dimensão coletiva da liberdade; v) do culto propriamente dito, o que inclui um aspecto individual; vi) dos locais de prática do culto; vii) de não ser o indivíduo inquirido pelo Estado sobre suas convicções;

1245. Os eventos relacionados ao 11 de setembro fizeram com que o tema voltasse a integrar as mais intrincadas discussões constitucionais (a respeito dessa discussão *v.* EDLEY, 2003 e, a partir do fanatismo islâmico, HARRIS, 2007 e uma interessante discussão conceitual em TUSHNET, 2006).

1246. Autônomo, aqui, no sentido de que não decorre, como poderia ocorrer, da liberdade de pensamento, apresentada em outro inciso do mesmo art. 5º. Já afirmei anteriormente, sem pretender com isso ignorar a magnitude do tema, que, conceitualmente falando, "A liberdade de religião nada mais é que um desdobramento da liberdade de pensamento e manifestação" (Tavares, 2007: 558). Essa é, aliás, a posição dominante na literatura especializada. "Quando primeiramente elaborada, liberdade de expressão referia-se à oportunidade de escutar e ler a palavra de Deus e, por conseguinte, descobrir o caminho da salvação" (Cox, 1980: I). É esse o sentido que se encontra em James Madison: "A religião de cada homem deve ser deixada à sua convicção e consciência". Assim também já em John Locke (*A Letter Concerning Toleration*), quando afirma que "A preocupação de cada homem com a sua salvação pertence a si mesmo". Essa aproximação com a liberdade de opinião não significa, contudo, uma identidade entre essas liberdades.

1247. Veja-se, por exemplo, o caso *West Virginia State Board of Education vs. Barnette*. Tratava-se de ação promovida por integrantes da seita "testemunhas de Jeová", que se insurgiram contra a obrigação, constante de lei estadual, de saudar a bandeira sob pena de expulsão de colégio. Segundo a fé dos requerentes, sua religião proibia a adoração de imagens gravadas. A Suprema Corte estadunidense entendeu que a lei contrariava a liberdade religiosa.

viii) de não ser o indivíduo prejudicado, de qualquer forma, nas suas relações com o Estado, em virtude de sua crença declarada.

Quanto a esse conjunto de liberdades, do ponto de vista da teoria dos direitos fundamentais, devem ser classificados como direitos "negativos", a exigir a devida atenção e contenção por parte do Poder Público. São os denominados direitos de primeira dimensão, especificados e alinhados à liberdade maior de consciência.

Igualmente do ponto de vista da teoria dos direitos fundamentais, essa dimensão é tradicionalmente contraposta ao Estado, restando diferenciada a discussão acerca de se os particulares devem igualmente obediência a essas normas. Trata-se, aqui, da discussão que ficou inicialmente conhecida no Brasil como a eficácia "horizontal" dos direitos fundamentais, a vinculação (direta ou indireta) dos particulares aos direitos fundamentais[1248], ao lado da tradicional eficácia "vertical", que contrapõe o indivíduo e a sociedade ao Estado.

Mas não é só. Há uma dimensão positiva da liberdade de religião, pois o Estado deve assegurar a permanência de um espaço para o desenvolvimento adequado de todas confissões religiosas. Cumpre ao Estado empreender esforços e zelar para que haja essa condição estrutural propícia ao desenvolvimento pluralístico das convicções pessoais sobre religião e fé.

É possível, portanto, vislumbrar vedações dirigidas ao Estado, quando se trata de liberdade religiosa, como a proibição de: i) guerras santas; ii) discriminação estatal (*lato sensu*) arbitrária e danosa entre as diversas igrejas; iii) obrigar que o indivíduo apresente e divulgue suas convicções religiosas; iv) estabelecer critérios axiológicos para selecionar as melhores religiões; v) estabelecer pena restritiva de direitos junto a templo religioso.

Aqui o tema exige a referência e o estudo do separatismo e do Estado neutro, ou seja, de que Estado e Igreja estejam apartados em alguma medida.

3.3. O Estado neutro: sentido e alcance

3.3.1. Separação como base da liberdade religiosa

A separação entre Estado e religião é concebida como um pressuposto à plena liberdade religiosa, acima desenvolvida. Quer dizer que nos Estados confessionais pode haver, como afirmado anteriormente, liberdade religiosa, mas será ela mitigada em virtude justamente do tratamento preferencial e privilegiado resguardado à religião oficial. Ter-se-á, nesta última hipótese, provavelmente, mais uma tolerância do que uma plena liberdade religiosa, especialmente no que tange à sua divulgação e práticas. Logo, embora a neutralidade do Estado não seja essencial à existência de pluralidade religiosa, esta só pode aflorar *plenamente* em Estados que adotam o postulado separatista e a postura da neutralidade religiosa.

1248. Sobre o tema, cf. Sarmento, 2004; 223-368; Sarlet, 2006: 392; Steinmetz, 2005: 205-13.

416

Quando concebida, a separação entre Estado e religião pode ser expressa ou decorrer da proclamação de uma ampla liberdade religiosa. No caso brasileiro, a Constituição consignou expressamente no art. 19, I, a regra consoante a qual ao Estado[1249] é vedado "estabelecer cultos religiosos ou igrejas, subvencioná-los, embaraçar-lhes o funcionamento ou manter com eles ou seus representantes relações de dependência ou aliança, ressalvada, na forma da lei, a *colaboração de interesse público*" (original não grifado).

Estabelecer a regra da separação institucional entre Estado e Igreja (regra da não identidade), ou proclamar o Estado como "neutro" (princípio) conduz a alguns problemas de ordem prática. Há uma acirrada polêmica acerca do alcance dessas diretrizes, o que é próprio de normas como essas, de caráter principiológico[1250], abertas por excelência às diversas interpretações. Daí a pergunta, comum na doutrina: "se é constitucional qualquer diferença de tratamento" (MIRANDA, 1988: 359).

Uma resposta adequada não pode ser oferecida, no âmbito constitucional, com atenção exclusiva ao princípio da neutralidade do Estado. Essa seria uma leitura distorcida (do ponto de vista da teoria constitucional) e ideológica (o resultado é conhecido previamente). Outros elementos normativos devem ser considerados. Assim, por exemplo, a categoria do interesse público, que em muitas ocasiões pode coincidir com as atividades religiosas, embora possa haver aí, também nova área de disputa conceitual, ou a proteção da cultura e do patrimônio histórico nacional, também presente na maior parte das constituições contemporâneas.

Pretender que o Estado adote um total distanciamento da religião pode significar algo não apenas não desejável[1251] como também impossível (e fraudulento, neste sentido, por estar a encobrir uma realidade não declarada e, possivelmente, não consentida e não compartilhada socialmente), além de ser um caminho propício para a diminuição da liberdade religiosa plena. É o que se pretende desenvolver a seguir.

Antes, porém, cumpre registrar, ainda aqui, a distinção necessária entre *laicismo* e *laicidade*, porque há de se afastar aquele primeiro do sentido das discussões que se seguem aqui. O laicismo significa um juízo de valor negativo, pelo Estado, em relação às posturas de fé. Baseado, historicamente, no racionalismo e cientificismo, é hostil à liberdade de religião plena, às suas práticas amplas. A França, e seus recentes episódios de intolerância religiosa, pode ser aqui lembrada como exemplo mais evidente de um Estado que, longe de permitir e consagrar amplamente a liberdade de religião e o não comprometimento religioso do Estado, compromete-se, ao contrário, com uma postura de desvalorização da religião, tornando o Estado inimigo da religião, seja ela qual for. Já laicidade, como neutralidade, significa a isenção acima referida. Como ficou

---

1249. Estado em todos os seus níveis federativos.

1250. Tratar-se-á aqui do princípio (implícito) do Estado neutro, embora a separação institucional entre Estado e Igreja possa ser "catalogada" como regra. O princípio, ao contrário, desafia o intérprete em um sem-número de hipóteses concretas de possível incidência. Sobre o tema: Tavares, 2006: 85-129.

1251. Anota, nesse sentido, Jorge Miranda (1988: 365) que "o silêncio perante a religião, na prática, redunda em posição contra a religião".

decido no caso *Everson* v. *Board of Education* (U.S. 1, 18 (1947)) pela Suprema Corte norte-americana: "Aquela Emenda requer do Estado que seja neutro em suas relações com grupos de crentes religiosos ou de não crentes; não requer que o Estado seja seu adversário. O tanto que o poder do Estado não deve ser utilizado de maneira a favorecer as religiões, não deve ser para ceifá-las". O tema é, a seguir, mais amplamente desenvolvido (sobre a distinção apresentada neste parágrafo, *v.* PINHEIRO, 2007, 142 e s.).

3.3.2. Relacionamento entre Estado não confessional e Igrejas: proibição total?

Para muitos estudiosos qualquer aproximação entre o Estado, por meio de seus órgãos e entidades públicas ou "semipúblicas", e alguma específica religião, deve ser encarada como uma burla ao princípio (consagrado ou pressuposto) constitucional da separação Estado-Igreja, nos estados que adotam esse princípio do Estado não confessional. Evidentemente que aqui ficam de fora os Estados religiosos e aqueles nos quais a própria Constituição assegurou alguma participação do Estado em assunto religioso ou reconheceu algum tipo de privilégio para determinada Igreja. Este último é o caso, por exemplo, da Constituição uruguaia, que em seu art. 5º, após reconhecer que todos os cultos religiosos são livres no Uruguai e declarar que Estado não mantém nenhuma religião, acaba por reconhecer "à Igreja Católica o domínio de todos os templos que tenham sido total ou parcialmente construídos com fundos do erário nacional". Assim também procedeu a Constituição portuguesa com a reforma da Lei constitucional n. 3, de 1971, ao afirmar que a "religião católica apostólica romana é considerada como religião tradicional da Nação Portuguesa", embora proclamasse que o regime das relações do Estado com as confissões religiosas seria o da separação.

Ter-se-ia, nessas situações por último referidas, uma espécie de Estado não confessional mitigado, caracterizado por "ceder" em face da confissão ou Igreja que historicamente subjaz a esse Estado e que é compartilhada pela maioria da sociedade? A pergunta não é apenas conceitual, como poderia parecer. Na realidade, especialmente em Estados nos quais a Constituição não contenha nenhuma regra constitucional de reserva ou privilégio como essas exemplificadas, fica a indagação sobre se a consagração na neutralidade significa que o Estado deve se afastar totalmente do fenômeno religioso (embora sem combatê-lo, como ocorre no laicismo). Retoma-se aqui a pergunta indicada inicialmente.

Evidentemente que, em casos de maior simplicidade, identificada a adoção de uma específica fé religiosa, pelo Estado, de maneira indireta ou velada, deverá ela ser considerada inconsistente com as premissas constitucionais da neutralidade. Parte da doutrina acrescenta que não se admite jamais algum tratamento privilegiado (embora a identificação concreta de situações que caracterizem esse privilégio possa não ser de todo simples, como essa própria doutrina admite). Assim, distingue-se entre situações de *privilégio* e situações de *tratamento especial*, admitindo-se apenas estas últimas (cf. MIRANDA, 1988: 360, seguido no particular por MORAIS, 1997: 287).

Mesmo a liberdade de religião não está a impedir toda e qualquer relação entre Estado e Igreja ou, no caso brasileiro, especificamente com a Igreja Católica[1252].

No conceito de plena liberdade religiosa, da qual decorre a necessária separação entre Estado e Igreja, encontra-se, ainda, uma igualdade inerente entre crenças, igrejas e indivíduos, perante o Estado. Se houver tratamento desigual, cai por terra a liberdade religiosa ampla, que cede espaço a algumas exceções que prejudicam o todo.

Diversa, contudo, é a situação na qual há elementos culturais fortes que justifiquem um tratamento não uniforme e não totalmente idêntico[1253]. Nesse caso, eventual tratamento particularizado estará respeitando, ainda, a igualdade, pois o Estado não pode conferir tratamento meramente uniforme se outros elementos aconselham ou impõem a distinção pontual. Não se pode traduzir a igualdade religiosa (decorrente da neutralidade do Estado e da aplicação do princípio da igualdade no âmbito religioso) como a exigência de tratamento matematicamente idêntico entre confissões religiosas, por parte do Estado, uma "homologia massificadora" (MORAIS, 1997: 246). Nesse sentido já decidiu a Justiça Constitucional portuguesa, falando de uma "paridade do sentido justo" (Comissão Constitucional, Parecer n. 17/82, *apud* MORAIS, 1997: 286).

É o que se catalogou, acima, com uma espécie de tratamento especial, mas não privilegiado. O privilégio não tem motivação sustentável, é arbitrariamente concedido. Já o tratamento especial é exigível em face de determinadas circunstâncias fáticas e a partir de um plexo de outras normas constitucionais que também estão a incidir na compreensão do fenômeno[1254]. Como coloca MORAIS (1997: 270), a diferenciação "não poderá, contudo, por razões de representatividade objectiva, equidade e credibilização social mínima das relações entre o Estado e as confissões, ser tão ténue que imponha aos poderes publicos prestações positivas em favor de todos a todos os grupos religiosos que logrem multitudinariamente inscrever-se".

JÓNATAS MACHADO (1996: 323) parece contrapor-se a uma visão engajada do Estado, advertindo que o constitucionalismo europeu procurou apresentar sob novas vestes a vetusta união entre Estado e Igreja (que no Brasil remete ao Império). Observa o estudioso que muitas vezes é admitido o caráter público[1255] da religião, que acaba se traduzindo numa proximidade do Estado com as religiões dominantes, permitindo o uso de prerrogativas de direito público por essas confissões religiosas.

Em muitas circunstâncias pode ser sentida alguma espécie de proximidade, mas trata-se mais propriamente de consequências necessárias de um tratamento específico

---

1252. A discussão em Portugal é, neste aspecto, semelhante, por motivos históricos óbvios, embora tenha suas particularidades também muito evidentes na atualidade. Mas na mesma linha desenvolvida acima, conclui Jorge Miranda (1988: 366) que "o reforço da liberdade religiosa em Portugal não se fará pela redução do estatuto jurídico da Igreja Católica; far-se-á pela integração e pelo enriquecimento do estatuto jurídico das outras confissões".

1253. Conforme se analisará adiante.

1254. Outra classificação é aquela adotada pela Suprema Corte norte-americana, entre efeitos diretos e imediatos, de uma parte, e indiretos e incidentais, de outra, admitindo políticas governamentais de efeitos religiosos e seculares (concomitantemente) apenas nestes últimos casos (sobre o tema: Tribe, 1988: 1215 e s.).

1255. Vale ressaltar que, no Brasil, o interesse público é uma hipótese constitucional expressa de colaboração (*lato sensu*), a ser estipulada por meio de lei.

em virtude da realidade social da comunidade, da sua história, de sua unidade nacional (para a qual contribuiu em certa medida a religião) e de sua específica cultura. Esses elementos fáticos são objeto de preocupação de diversas outras normas constitucionais, muitas das quais também são principiológicas, e uma retirada do Estado em todos esses casos seria conceder à separação entre Estado e Religião e à neutralidade daquele um caráter absoluto e de superioridade em relação a qualquer outra preocupação constitucional. Neutralidade não é alheamento do Estado perante o fenômeno religioso (MORAIS, 1997: 268), sob pena de se transformar em hostilidade velada e desencorajamento geral pela religiosidade, ferindo-se o próprio livre desenvolvimento da personalidade do indivíduo.

Essa suposta aproximação, ou, mais corretamente, consideração jurídica de certas realidades fáticas importantes, dentre as quais a religião majoritária em sua comunidade, não é, ao contrário do que poderia supor, sempre benéfica à religião (majoritária ou não) alcançada pela norma. Um exemplo do Direito português pode bem ilustrar o que se acaba de dizer. A legislação eleitoral portuguesa chegou a prever a inelegibilidade local de "ministros de qualquer religião", embora esteja assegurada constitucionalmente a separação entre Estado e Igreja. Nesse caso, como muito bem observa MIRANDA (1988: 366-7), são "razões sociológicas ou de realidade constitucional" que determinam tal impedimento. Ou seja, o elemento religioso é considerado, validamente, pelo Estado justamente como pressuposto negativo de certas possibilidades, aberta aos demais indivíduos.

Ademais, a aproximação ou consideração do religioso jamais poderá ocorrer quando seus resultados práticos atinjam outros direitos fundamentais sem a necessária proporcionalidade.

Por fim, "a cooperação interessa ao Estado na medida em que exista uma esfera de homologia entre as suas tarefas constitucionais positivas de ordem social e cultural (...) e as atividades desenvolvidas pelas confissões religiosas" (MORAIS, 1997: 282). O contrário seria propugnar um Estado ateu ou contrarreligioso, ou que admite com reservas e desestimula práticas religiosas. CARLOS BLANCO DE MORAIS (1997: 282) chega a propor uma série de características que, presentes nas confissões religiosas, estariam a permitir (e talvez sugerir mesmo) essa cooperação: i) as que têm maior "procura social"; ii) que disponham de infraestrutura de ação social, e; iii) que "ostentem um maior enraizamento, estabilidade e sedimentação histórica, nacional ou universal".

Nesse mesmo sentido, o caso paradigma decidido pela Corte Suprema dos EUA, *Rosenberger* v. *Virginia* (University of Virginia)[1256], consoante o voto da maioria, orientou-se por admitir que fundos públicos, de um "braço do Estado", financiem atividade intelectual, fóruns de debate (liberdade de expressão), ainda que apresentem conteúdo religioso, contrariando a opinião oposta de que ao Estado estaria vedada toda e qualquer forma de financiamento, por conta da separação entre Estado e Igreja.

1256. V. Alley, 1999: 392-412.

Outro problema prático ligado a este tema refere-se ao uso de símbolos religiosos em repartições públicas ou em salas de aula de escolas públicas. A conhecida decisão do Tribunal Constitucional Federal alemão considerou ferir o art. 41 da Lei Fundamental o regulamento escolar que determinava a colocação, em toda sala de aula, de um crucifixo[1257]. No Brasil, o Conselho Nacional de Justiça, em 29 de maio de 2007, resolveu intervir e considerar que os símbolos religiosos, presentes nas dependências do Poder Judiciário, seriam representações da cultura nacional, não interferindo com a neutralidade do Estado ou do Poder Judiciário em suas decisões[1258].

3.4. O Estado laico como princípio e sua leitura perante a Constituição brasileira

A Constituição do Império brasileiro, em seu art. 5º, consignou que a "Religião Católica Apostólica continuará a ser a Religião do Império. Todas as outras religiões serão permitidas com seu culto doméstico, ou particular em casas para isso destinadas, sem forma alguma de templo".

A Constituição da primeira República, sob forte influência do positivismo de Comte, levou à abolição da simbologia religiosa do preâmbulo da Constituição, abandonando a religião católica como a oficial.

O que se questiona é justamente o nível dessa dissociação, que permanece até a Constituição em vigor[1259]. O problema, já identificado, está em tornar mais precisos os princípios constitucionais.

Vale, aqui, portanto, rememorar a ideia de princípios. Estes são normas dotadas de um alto grau de generalidade. É com isso que está preocupada a doutrina quando assinala que os princípios são "compatíveis com vários graus de concretização, consoante os condicionalismos fácticos e jurídicos" (CANOTILHO, 1993: 167) e, nessa medida, são chamados de *normas de otimização*. Veja-se que a lição colhida tem aplicação genérica, e não está voltada a resolver a hipótese do princípio aqui em causa.

Nessa linha, "acusar" uma norma de ser principiológica significa dizer que faz parte das normas jurídicas abstratas, as quais têm sua hipótese de incidência aberta, "quer dizer, têm a capacidade de expandir seu comando consoante as situações concretas que se forem apresentando" (TAVARES, 2003: 37). Isto é, a norma principiológica não "fecha" uma descrição dos fatos aos quais se aplica. E "[d]a generalidade e da vagueza decorre a plasticidade que os princípios jurídicos apresentam, permitindo-lhes amoldarem-se às diferentes situações e assim acompanharem o passo da evolução social" (ROTHEMBURG, 1999: 21).

1257. *V.* Schwabe e Martins, 2005: 366-77.

1258. O problema, contudo, parece estar mais correlacionado com a liberdade religiosa propriamente dita.

1259. Dado curioso é que essa dissociação expressa não impediu o Constituinte de proclamar no Preâmbulo que a Constituição estava a ser promulgada "sob a proteção de Deus". A resposta do STF para situações como essa foi a de considerar que "o preâmbulo não se situa no âmbito do Direito, mas no domínio da política, refletindo posição ideológica do constituinte. (...) Não contém o preâmbulo, portanto, relevância jurídica" (ADIn 2076/AC, *DJ*, 8-8-2003, rel. Min. Carlos Velloso).

A norma principiológica é, de alguma maneira, aberta, tanto pelo seu conteúdo como pela sua expansividade, ou seja, apresenta "eficácia irradiante" (ROTHENBURG, 1999) e depende de uma concretização (é o que se dá com a ideia de Estado laico). Neste sentido, considerações concretas são inevitáveis (sobre a composição do concreto na construção normativa: *v.* TAVARES, 2006: 57-84) e sua negação só poderia conduzir a uma indesejável e perigosa cegueira.

Além desse aspecto, a doutrina parece indicar, unanimemente, a necessidade de realizar uma leitura compreensiva e sistêmica dos princípios. Esse pressuposto, quando adotado, reforça e realça a tese de que princípios são normas imbricadas entre si, cuja adequada dimensão (e compreensão) de um deles só pode ser obtida a partir de uma leitura da Constituição em sua universalidade. Não há como construir uma teoria própria para cada princípio, desconsiderando *os* e sobrepondo-se *aos* demais.

É certo que os diversos princípios podem tanto complementar uns aos outros como restringir o campo de cada um. É necessária, pois, a consideração ampla de todos na análise de qualquer um deles em específico.

Como já fiz consignar: "Nem no âmbito das normas de direitos fundamentais com estrutura (interna) ou estatura (externa) principiológica, consagrados pelas Constituições, poderá ser indicado, doutrinariamente, algum que se deva considerar absoluto, no sentido de sempre valer como máxima a ser aplicada aos casos concretos, independentemente da consideração de outras circunstâncias ou normas constitucionais. Nesse sentido, é correto afirmar que os direitos fundamentais não são absolutos" (TAVARES, 2006: 102).

No caso da Constituição brasileira de 1988, além do já mencionado "compartilhamento material" entre Estado neutro e princípio da igualdade, para fins de equacionamento adequado do fenômeno religioso, há outras repercussões normativo-constitucionais para o mesmo fenômeno. Retomar-se-á, aqui, apenas a tutela constitucional do patrimônio cultural.

A cultura, como elemento normativo a ser preservado e promovido, constitui uma categoria extremamente ampla. No caso brasileiro, o chamado patrimônio cultural é formado, dentre outros, pelos bens (inclusive imateriais) portadores de referência à identidade, à ação, à memória dos diferentes grupos formadores da sociedade brasileira. Em seu art. 215 a Constituição brasileira impõe ao Estado a proteção das manifestações das culturas populares, indígenas e afro-descendentes e das de outros grupos participantes do processo civilizatório nacional. O Estado deve garantir também o acesso às fontes da cultura nacional.

A ideia de *identidade* é chave de compreensão aqui. Há uma nítida imbricação entre determinadas manifestações religiosas no Brasil (e não apenas o catolicismo) com a formação nacional de uma identidade e de uma cultura própria. Nesses casos, o Estado encontra-se obrigado a agir, protegendo essas manifestações em suas diversas dimensões. Nesse sentido, em conformidade com o entendimento do Supremo Tribunal Federal assentado no Recurso Extraordinário 859.376, sob relatoria do Min. Luís ROBERTO BARROSO, é constitucional a utilização de trajes religiosos nas fotos de documentos oficiais, desde que não impeçam a identificação individual e estejam com o rosto visível, requisito este que ainda é essencial, em tempos atuais, para que o documento cumpra sua finalidade.

Mais do que isso, o Direito não se pode furtar a uma leitura cultural de suas normas[1260]. As normas constitucionais refletem *a* e são refletidas *pela* sociedade, pelo concreto, pela identidade nacional e pelos padrões gerais de comportamento construídos e sedimentados ao longo dos tempos. Com o princípio do Estado laico não será diferente. Nada há que imponha uma leitura específica apartada da teoria geral do Direito Constitucional, como exceção conceitual.

4. LIBERDADE ECONÔMICA E DE PROFISSÃO

O art. 1º da Constituição prevê, em seu inciso IV, os valores da livre iniciativa como sendo basilares ao Estado brasileiro. Inclui-se, aí, a livre iniciativa privada econômica[1261], especificada no art. 170, *caput*, como fundamento da ordem econômica brasileira[1262].

Juntamente com a livre iniciativa econômica, o modelo produtivo adotado constitucionalmente se edifica sobre a livre concorrência (inc. IV do art. 170), sobre a propriedade privada, já mencionada, que também inclui a propriedade privada dos meios de produção e a apropriação privada do excedente produzido, a partir da livre definição dos preços a serem praticados no mercado e assunção integral do risco do negócio. Esses elementos perfazem o regime capitalista específico de nossa Constituição juntamente com outros, igualmente relevantes para estabelecer seu desenho preciso, tais como a iniciativa econômica pública e a cooperativa, nos termos constitucionalmente estabelecidos.

Dentro do tema liberdade econômica, o art. 5º, XIII, dirigido às atividades econômicas em si, expressamente consagra que "é livre o exercício de qualquer trabalho, ofício ou profissão, atendidas as qualificações profissionais que a lei estabelecer".

Trata-se de norma constitucional cujo espectro de incidência inicial pode vir a ser reduzido *a posteriori*, pois se prevê ali a possibilidade de lei regulamentadora restritiva, vale dizer, que estabelecerá as qualificações e requisitos necessários para exercer determinadas profissões. Tradicionalmente, no Brasil, essas normas têm sido designadas

---

1260. Não desenvolverei, aqui, os pressupostos teóricos da leitura cultural do Direito. Sobre o assunto, *v.* a obra de Häberle.

1261. "De fato, não se pode descurar que a sociedade empresarial estabelecida em relação contratual privada se rege por normas de direito privado, de maneira a fazer incidir na espécie o princípio da intervenção mínima do Estado, consagrado nos arts. 1ª, IV, e 170 da Constituição da República e expressado no parágrafo único do art. 421 do Código Civil, que assevera que 'Nas relações contratuais privadas, prevalecerão o princípio da intervenção mínima e a excepcionalidade da revisão contratual'." (Trecho da decisão do Min. Luiz Dezena da Silva na Ação Civil Pública n. 0010255-86.2021.5.15.0115, TRT 15ª Região, j. 12-08-2022).

1262. "A livre iniciativa consiste em *fundamento* da República brasileira (artigo 1ª, IV) e *princípio* da ordem econômica nacional (artigo 170, *caput*, CF/88). Trata-se da liberdade econômica maior da economia de mercado brasileira, exigindo que o Estado não só se abstenha de intervir na autonomia da vontade das partes (quando inexistirem irregularidades), mas também que garanta a igualdade de condições entre os agentes econômicos privados para desempenharem sua atividade (TAVARES, André Ramos. *Livre iniciativa empresarial*. São Paulo: Enciclopédia jurídica da PUC/SP. Tomo de Direito Comercial, Edição 1, Julho de 2018)." (Trecho do Voto do Min. Luiz Fux, no julgamento de mérito da ADI 6191/SP, Min. Rel. Roberto Barroso, j. 09-06-2022, original grifado).

como de eficácia contida, em expressão terminológica que pode sempre causar certa confusão conceitual.

Mas essa legislação apenas poderá prever condições que apresentem nexo lógico com as funções a serem desempenhadas. Não se tolera condição discriminatória, injustificada, o que, além de violar a liberdade de profissão, fere igualmente o princípio da igualdade.

Também no parágrafo único do art. 170 assegura-se, de maneira mais lata, "a todos o livre exercício de qualquer atividade econômica, independentemente de autorização de órgãos públicos, salvo nos casos previstos em lei".

A MP 881, de 30 de abril de 2019, conhecida como MP da Liberdade Econômica, mais propriamente uma Medida de *regulamentação* "da liberdade econômica", já que esta se encontra constitucionalmente assegurada e sobre sua existência não há liberdade de opção (a favor ou contra) a ser exercida pelo legislador.

Em seu art. 1º, §1º, dispõe que suas normas devem ser observadas na interpretação e aplicação do Direito Econômico, bem como "nas relações jurídicas que se encontrem no seu âmbito de aplicação, e na ordenação pública sobre o exercício das profissões, juntas comerciais, produção e consumo". E o disposto nos arts. 1º a 4º são consideradas normas gerais de Direito econômico.

A MP reitera alguns pilares da livre iniciativa em regime capitalista, como o direito de perseguir a produção de renda (art. 3º, II) e a liberdade na conformação do preço (art. 3º, II).

Referida MP endereça parte de suas normas para tratar dos atos públicos de liberação de atividade econômica, sendo considerados nessa categoria os atos de licença, autorização, inscrição, registro, alvará "e os demais atos exigidos, com qualquer denominação, por órgão ou entidade da administração pública na aplicação de legislação, como condição prévia para o exercício de atividade econômica, inclusive o início, a instalação, a operação, a produção, o funcionamento, o uso, o exercício ou a realização, no âmbito público ou privado, de atividade, serviço, estabelecimento, profissão, instalação, operação, produto, equipamento, veículo, edificação e outros".

A partir de dois pilares legítimos, a liberdade econômica em si e a boa fé dos particulares, essa MP desregula parte do setor econômico brasileiro, especificamente aquele considerado como sendo atividade de baixo risco.

Nesse sentido, conforme o inciso IX do art. 3º da MP, são direitos da pessoa natural e da jurídica "ter a garantia de que, nas solicitações de atos públicos de liberação da atividade econômica que se sujeitam ao disposto nesta Medida Provisória, apresentados todos os elementos necessários à instrução do processo, o particular receberá imediatamente um prazo expresso que estipulará o tempo máximo para a devida análise de seu pedido e que, transcorrido o prazo fixado, na hipótese de silêncio da autoridade competente, importará em aprovação tácita para todos os efeitos, ressalvadas as hipóteses expressamente vedadas na lei".

O reforço da boa-fé como princípio, especificado, ainda, no inciso VI do art. 3º, como direito de todos de "gozar de presunção de boa-fé nos atos praticados no exercício da atividade econômica", alcança todas as searas, não podendo o Estado ou qualquer de seus agentes, inclusive o Ministério Público, proceder em sentido contrário, iniciando procedimentos, inclusive persecutórios, que invertam a "lógica" aqui indicada, cujo assento, aliás, é constitucional.

Com relação a algumas exigências para exercício de certas atividades públicas, como a exigência do prazo de três anos, a partir do término do curso jurídico, para prestar concurso público para a Promotoria ou Magistratura, entende-se que não há ofensa à liberdade de profissão[1263].

Registro, ainda, que não ofende a liberdade de profissão o impedimento dirigido à atividade dos apresentadores ou comentaristas de rádio ou televisão, porque visa manter a igualdade de condições na disputa eleitoral, impedindo a vantagem de determinado candidato em função de sua profissão[1264].

Por meio da Lei n. 14.790, de 29 de dezembro de 2023, foram regulamentadas as Apostas Esportivas, também conhecidas como "Bets", modalidade lotérica de aposta por quota fixa. Embora a atividade regulamentada seja livre para exploração econômica, há limites para essa exploração no âmbito do processo eleitoral, nos termos do art. 334 do Código Eleitoral. Diante dos desafios próprios da Era Digital e com o intuito de trazer maior assertividade para esse âmbito econômico nesse período diferenciado, o Tribunal Superior Eleitoral, por meio da Resolução n. 23.744, de 17 de setembro de 2024, alterou a Resolução n. 23.375, de 27 de fevereiro de 2024. Uma das principais alterações foi a introdução do § 7º no art. 6º da referida Resolução, explicitando o ilícito eleitoral relacionado à prática de apostas, incluindo as apostas *on-line*, vinculadas a candidatos ou candidatas ou resultado do pleito eleitoral, com a seguinte redação: "Art. 6º (...) § 7º A utilização de organização comercial, inclusive desenvolvida em plataformas *on-line* ou pelo uso de internet, para a prática de vendas, ofertas de bens ou valores, apostas, distribuição de mercadorias, prêmios ou sorteios, independente da espécie negocial adotada, denominação ou informalidade do empreendimento, que contenha indicação ou desvio por meio de links indicativos ou que conduzam a *sites* aproveitados para a promessa ou oferta, gratuita ou mediante paga de qualquer valor, de bens, produtos ou propagandas vinculados a candidatas ou a candidatos ou a resultado do pleito eleitoral, inclui-se na caracterização legal de ilícito eleitoral, podendo configurar abuso de poder econômico e captação ilícita de votos, estando sujeita à aplicação do § 10 do art. 14 da Constituição do Brasil e do art. 334 da Lei n. 4.373/1965 — Código Eleitoral, dentre outras normas vigentes".

5. LIBERDADE DE INFORMAÇÃO

Estabelece a Constituição, em seu art. 5º, XIV, que "é assegurado a todos o acesso à informação e resguardado o sigilo da fonte, quando necessário ao exercício profissional".

1263. Nesse sentido: STF, ADIn 1040/DF, Medida Cautelar, rel. Min. Néri da Silveira, *DJ*, 17 mar. 1995, p. 5788.

1264. Nesse sentido: STF, ADIn 1062/DF, Medida Cautelar, rel. Min. Sydney Sanches, *DJ*, 1º jul. 1994, p. 17496.

Por outro lado, especificamente no campo da comunicação social, a Constituição assegura que "Nenhuma lei conterá dispositivo que possa constituir embaraço à plena liberdade de informação jornalística em qualquer veículo de comunicação social (...)" (art. 220, § 1º).

Deve ser compreendido em harmonia com os demais direitos fundamentais, em especial a inviolabilidade da honra, da vida privada, a imagem e o sigilo das comunicações, máxime de dados, sob pena de se incidir na responsabilização civil (material e moral) e penal.

Essa liberdade segue duas grandes vertentes. Na primeira, garante-se a liberdade na divulgação da informação. De outra parte, garante-se a liberdade de acesso à informação.

O direito a obter informações implica a exigência de que essas informações sejam verdadeiras. Dirige-se tal liberdade, indistintamente, a todos os indivíduos, visando ao "fornecimento de subsídios para a formação de convicções relativas a assuntos públicos"[1265].

A proteção constitucional não alcança as informações falsas, errôneas, não comprovadas, levianamente divulgadas.

A informação há de ser objetiva, clara e isenta. Informação não é opinião. Esta está protegida pela liberdade de pensamento.

O direito de todos ao acesso à informação faz surgir, também, o dever constitucional fundamental de não disseminar informações falsas em período eleitoral ou com finalidade eleitoral ou, ainda, como forma de mobilização contra a democracia ou as instituições públicas. Esse dever é ainda mais acentuado quando se trata dos candidatos, que não podem, por ato seu, ou por comando seu, efetuar ou contribuir para a desinformação no processo eleitoral. Como advertiu o Min. BENEDITO GONÇALVES, no julgamento da AIJE n. 0600814-85/DF, os candidatos atuam como "fontes de informação", sendo lhes "vedado utilizar informações falsas como ferramenta de mobilização política, como estratégia de domínio do debate público ou, no limite, para criar riscos de ruptura democrática"[1266].

Por fim, cumpre mencionar que o sigilo processual não viola a liberdade de informação, na medida em que também a Constituição assegura a privacidade das pessoas.

5.1. Sigilo da fonte

A proteção à fonte da qual se obteve a informação é regra que reforça a liberdade de divulgação da informação. É extremamente preciosa na atividade jornalística de maneira geral. Assim é que o art. 71 da Lei n. 5.250/67 (Lei de Imprensa) determinava: "nenhum jornalista ou radialista, ou, em geral, as pessoas referidas no art. 25, poderão ser compelidos ou coagidos a indicar o nome de seu informante ou a fonte de suas in-

---

1265. Alexandre de Moraes, *Direitos Humanos Fundamentais*, p. 161.

1266. TSE. AIJE n. 0600814-85/DF, rel. Min. Benedito Gonçalves, j. 30.06.2023 p. 149.

formações, não podendo o silêncio, a respeito, sofrer qualquer sanção, direta ou indireta, nem qualquer espécie de penalidade".

Referida Lei de Imprensa, contudo, foi considerada, em sua totalidade, como não recepcionada, em julgamento realizado pelo STF em sede de ADPF.

5.2. Lei de Acesso à Informação

Em 18 de novembro de 2011 foi sancionada a Lei n. 12.527, chamada Lei de Acesso à Informação. Interessante observar que essa Lei foi sancionada pela Presidente Dilma Rousseff, em sessão solene no Palácio do Planalto, juntamente com a Lei da Comissão da Verdade. Ambas as leis caminham para um mesmo objetivo, qual seja, a transparência total do Estado brasileiro.

A Lei de Acesso disciplina o direito à informação, consagrado expressamente pela Constituição, como visto anteriormente. O objetivo da Lei é estabelecer, além da "cultura de transparência", uma constante fiscalização popular acerca de despesas estatais.

Uma das principais consequências da Lei é a de acabar com o sigilo eterno para certos documentos oficiais. Com a lei o máximo possível, agora, é de 50 anos. A lei classifica as informações em três categorias distintas para fins de restrição temporal de acesso: i) reservadas (5 anos de sigilo); ii) secretas (15 anos); e iii) ultrassecretas (25 anos). Esses prazos de sigilo só podem ser renovados por uma única vez.

O Decreto Federal n. 7.724, de 16 de maio de 2012, disciplinou a Lei em âmbito federal. O Decreto elenca, dentre outras, as seguintes informações como devendo ser divulgadas: I — estrutura organizacional, competências, legislação aplicável, principais cargos e seus ocupantes, endereço e telefones das unidades, horários de atendimento ao público; II — programas, projetos, ações, obras e atividades, com indicação da unidade responsável, principais metas e resultados e, quando existentes, indicadores de resultado e impacto; III — repasses ou transferências de recursos financeiros; IV — execução orçamentária e financeira detalhada; V — licitações realizadas e em andamento, com editais, anexos e resultados, além dos contratos firmados e notas de empenho emitidas; VI — remuneração e subsídio recebidos por ocupante de cargo, posto, graduação, função e emprego público, incluídos os auxílios, as ajudas de custo, os jetons e outras vantagens pecuniárias, além dos proventos de aposentadoria e das pensões daqueles servidores e empregados públicos que estiverem na ativa, de maneira individualizada, conforme estabelecido em ato do Ministro de Estado da Gestão e da Inovação em Serviços Públicos (redação dada pelo Decreto n. 11.527/2023) VII — respostas a perguntas mais frequentes da sociedade; e VIII — contato da autoridade de monitoramento, designada nos termos do art. 40 da Lei n. 12.527, de 2011, e telefone e correio eletrônico do Serviço de Informações ao Cidadão — SIC.

Ademais, o art. 9º e da Lei em comento exige dos órgãos e entidades federais a criação de um Serviço de Informações ao Cidadão — SIC, com o objetivo de: I — atender e orientar o público quanto ao acesso à informação; II — informar sobre a tramitação de documentos nas unidades; e III — receber e registrar pedidos de acesso à informação.

6. LIBERDADE DE ASSOCIAÇÃO

6.1. Previsão

Preceitua o art. 5º: "XVII — é plena a liberdade de associação para fins lícitos, vedada a de caráter paramilitar"; "XVIII — a criação de associações e, na forma da lei, a de cooperativas independem de autorização, sendo vedada a interferência estatal em seu funcionamento"; "XIX — as associações só poderão ser compulsoriamente dissolvidas ou ter suas atividades suspensas por decisão judicial, exigindo-se, no primeiro caso, o trânsito em julgado"; "XX — ninguém poderá ser compelido a associar-se ou a permanecer associado".

6.2. Conteúdo

A liberdade de associação significa: 1º) que ninguém poderá ser obrigado a se associar, ou 2º) a permanecer associado, ou 3º) a abandonar determinada associação, ou 4º) a autonomia de organização e funcionamento das associações.

Trata-se de liberdade que, não obstante ser atribuída individualmente a cada cidadão, só poderá ser exercida coletivamente, porque é da essência da associação a existência de duas ou mais pessoas.

6.3. Interferência estatal

As associações só poderão ser compulsoriamente dissolvidas, ou mesmo ter suas atividades suspensas, por meio de decisão judicial. A dissolução, especificamente, só poderá operar após o trânsito em julgado da decisão judicial que assim disponha. A interferência, seja do Executivo, seja do Legislativo, direta ou indiretamente, por meio de ato normativo, no funcionamento das associações, será inconstitucional. A Constituição veda a interferência estatal, só ressalvando o caso da decisão judicial.

De qualquer forma, a própria decisão judicial está limitada pela extensão constitucional da liberdade, que apenas desautoriza a associação de fins ilícitos. É o caso, v. g., constante do Decreto-Lei n. 41/66, pelo qual o Ministério Público pode propor ação para a dissolução das sociedades civis de fins assistenciais quando não mais atendam às finalidades sociais ou ao bem comum que deveriam perseguir, tornando-se, em certa medida, associações civis de fins assistenciais ilícitas.

A liberdade de associação não é absoluta. A própria norma constitucional excepciona as associações que apresentem caráter paramilitar, ou seja, aquelas associações que se destinam a treinar seus membros para atividades bélicas.

6.4. Aspecto processual

Há um componente processual importante no que tange às associações, já que, por expressa previsão normativo-constitucional: "XXI — as entidades associativas, quando expressamente autorizadas, têm legitimidade para representar seus filiados judicial ou extrajudicialmente".

428

Trata-se de regra processual que confere legitimidade *ad causam* para as associações defenderem em juízo o direito de seus associados. Tecnicamente falando, tem-se um caso de substituição processual[1267], e não de representação processual (embora o verbo utilizado na Constituição seja "representar"), já que a associação age em nome próprio na defesa de interesse alheio (no caso, de seus filiados). Para tanto, torna-se, em virtude da regra constitucional explícita, desnecessária a autorização específica e expressa de cada um dos integrantes da associação para que esta proceda à defesa de direito que não é seu, mas de seus associados, desde que contemplada a autorização genérica.

Essa autorização pode vir prevista em lei, nos estatutos da associação. Caso contrário, deverá ser outorgada pelos associados, individualmente, ou por votação em assembleia convocada para tanto, como assinala a doutrina processual.

7. LIBERDADE DE REUNIÃO

7.1. Previsão

O art. 5º, em seu inciso XVI, assegura a todos a possibilidade de "reunir-se pacificamente, sem armas, em locais abertos ao público, independentemente de autorização, desde que não frustrem outra reunião anteriormente convocada para o mesmo local, sendo apenas exigido prévio aviso à autoridade competente".

7.2. Significado

A liberdade de reunião significa o direito de 1º) convocar, 2º) organizar ou liderar a reunião e 3º) efetivamente participar desta, agrupando-se com outras pessoas. Por meio dela permite-se a realização plena do exercício da liberdade de manifestação do pensamento. Exemplo desta conjugação deu-se com as grandes manifestações democráticas ocorridas nas ruas do Brasil, em junho de 2013.

7.3. Natureza jurídica

É a manifestação coletiva da liberdade de expressão, já que enseja a livre discussão de ideias e sua publicidade. É, pois, direito coletivo, ao mesmo tempo que não deixa de ser direito individual de cada um que se pretenda apresentar para participar de alguma reunião.

7.4. Condicionamentos

A manifestação só poderá ocorrer em locais públicos, desde que com caráter transitório, com finalidade específica.

1267. Nesse sentido: Nelson Nery Junior e Rosa Maria Andrade Nery, *Código de Processo Civil Comentado*, 4. ed., p. 88.

A informação prévia à autoridade competente é que garante o direito de preferência, no caso de mais de uma reunião marcada para o mesmo local, na mesma data. A Constituição veda que as autoridades públicas decidam sobre a realização ou não da reunião. Esta independe de autorização. Portanto, o que há é mera informação, e não pedido de autorização. Sem a comprovação de que houve a devida comunicação às autoridades públicas, não se caracteriza a reunião como livre, podendo (não necessariamente devendo, pois não se trata de ilícito *per se*) nela intervir a polícia. Essa exigência de prévia comunicação se fundamenta na necessidade de que as autoridades, comunicadas com antecedência razoável, atuem para resguardar a realização tranquila da reunião, sem prejuízo para as demais pessoas. Assim, procederá às alterações do trânsito, ao reforço da segurança pública nas imediações, inclusive tomando as precauções para impedir que outra reunião se realize naquele local, frustrando a realização da reunião já marcada anteriormente. Não se deve confundir essa situação com aquela outra na qual a reunião venha a ser marcada para prédio público. Nesta hipótese, por se tratar de bem público com destinação específica, será necessária a prévia autorização (não licença), que é ato discricionário, podendo ser revogado a qualquer momento. Isso é assim não porque a liberdade de reunião em si dependa de autorização (ou licença), mas justamente por se tratar da incidência de regime administrativo próprio para a espécie (uso de prédio público com destinação específica). Mantém-se, portanto, também aqui, a diretriz de que o exercício da liberdade de reunião independe de prévia licença ou autorização.

Surge ainda a questão de quais as autoridades que deverão ser informadas da reunião. Parece que serão aquelas que terão de tomar alguma providência em virtude da realização da reunião. Assim, procede-se à averiguação das autoridades a partir do local e do tipo de reunião. Algumas leis têm feito referência às autoridades que devem ser informadas. Há que aceitar, também, a informação geral, veiculada por jornal ou outro meio de comunicação de grande circulação, que dê amplo conhecimento da pretensão. Não se pode exigir — porque a Constituição não exigiu — que a comunicação seja pessoal. Importa, sim, que seja efetiva. Até porque rara não será a hipótese — máxime nas pequenas comarcas — na qual aqueles que convocam a reunião nutrem grande descontentamento com as autoridades locais — inclusive podendo até ser este o motivo da reunião (o que de resto é perfeitamente lícito).

As autoridades, portanto, só poderão tomar as precauções necessárias para que permaneça incólume a ordem pública. Se a autoridade tomar medidas que, de alguma forma, cerceiem a liberdade de reunião, estará cometendo abuso de autoridade. As medidas a serem tomadas, portanto, visam exatamente a boa realização da reunião.

Portanto, são condições constitucionais para a caracterização da liberdade de reunião:

1) pluralidade de participantes, porque a reunião é, por natureza, uma manifestação coletiva;

2) finalidade lícita, o que afasta a reunião não pacífica, violenta ou com armas. O fato de algum participante estar portando ilicitamente arma não impede a continuidade

da reunião[1268], devendo a polícia agir especificamente em relação a esse indivíduo, desarmando-o e tomando as medidas legais de praxe. O que se impede é que haja predisposição para uma reunião armada, ou seja, que haja a preocupação de realizar uma reunião de homens armados. Também não se enquadra na área de proteção constitucional a suposta reunião formada para baderna, depredação e amedrontamento da população em geral, ocorrências que se puderam assistir, topicamente, durante as manifestações democráticas que tomaram as ruas do País em junho de 2013;

3) o local, de acesso público, deve ser determinado, ainda que alterável, como no caso das passeatas;

4) o tempo da reunião deve ser limitado, já que se compreende seja ela temporária;

5) emitir aviso prévio à autoridade competente;

6) não haver outra reunião já marcada para a mesma data e local.

7.5. Exceções ao exercício da liberdade

É preciso observar que durante o estado de defesa e o estado de sítio poderá o direito de reunião ser restringido ou suspenso (art. 136, § 1º, I, *a*, e art. 139, IV, respectivamente).

7.6. Natureza jurídica

É extremamente interessante conferir, aqui, o entendimento da doutrina norte-americana, segundo a qual o direito de reunião seria um desdobramento do direito de petição, já que, para exercerem este último, entende-se necessário e essencial à ideia de governo republicano o direito de que as pessoas possam se reunir pacificamente para tratar dos assuntos públicos e eventualmente requererem a reparação das lesões ou agravos verificados[1269].

7.7. Tutela da liberdade de reunião

A garantia jurídica do direito de reunião é o mandado de segurança. Não se admite o *habeas corpus*, já que a liberdade física de locomoção é simples meio (ou pressuposto) para alcançar o direito de reunião[1270].

8. LIBERDADE DE LOCOMOÇÃO

8.1. Origem histórica

Existem indícios de utilização do remédio desde o século XII, sob a designação de *writ de odio et atia.*

1268. Nesse sentido: Celso de Mello, *Conteúdo Jurídico do Princípio da Igualdade*, p. 475.

1269. Cf. lição de Alcino Pinto Falcão, *Comentários à Constituição*, v. 1, p. 208.

1270. Nesse sentido: *RTJ*, v. 107, p. 331, acórdão relatado pelo Min. Cordeira Guerra.

A origem histórica sempre assinalada para esse instituto, contudo, é a *Cartha Magna* de 1215, em seu capítulo XXIX, cuja fórmula, em latim bárbaro, era a seguinte: *habeas corpus ad subiiciendum*.

8.2. Fonte formal

A Constituição Federal consagra, no art. 5º, XV, que "é livre a locomoção no território nacional em tempo de paz, podendo qualquer pessoa, nos termos da lei, nele entrar, permanecer ou dele sair com seus bens".

É o direito que tem todo indivíduo de não ser preso ou detido arbitrariamente.

8.3. Eficácia da norma constitucional

Trata-se de norma de eficácia contida, podendo a lei regular sua aplicação e incidência, estabelecendo, inclusive, restrições, nunca, porém, arbitrárias, devendo sempre haver motivo fundante.

8.4. Conteúdo material

A liberdade de locomoção engloba a possibilidade de ir, vir e ficar no território nacional, ou deste sair e entrar. Isso significa a liberdade de deslocamento interno, no âmbito geográfico nacional, a possibilidade de fixar residência e, ainda, de se deslocar livremente através das fronteiras nacionais.

Em síntese, a liberdade ampla de locomoção engloba quatro aspectos fundamentais: 1) direito de ingresso no território nacional; 2) direito de permanência no território nacional; 3) direito de deslocamento intraterritorial (entre pontos dentro do território); 4) direito de deslocamento interterritorial (entre o território nacional e outros Estados).

Com relação à liberdade de permanência no País, tem-se que ninguém pode ser expulso ou banido do Estado do qual seja nacional[1271]. É o que ocorre com os brasileiros natos ou naturalizados, quanto ao território brasileiro. Estabelece o Decreto n. 678, de 6 de novembro de 1992: "5. Ninguém pode ser expulso do território do Estado do qual for nacional, nem ser privado do direito de nele entrar".

Quanto à liberdade de entrar no território de um Estado, tem-se que se refere ao nacional do Estado em questão. Dessa forma, a concessão de visto de entrada é considerada ato de soberania estatal, e não um direito subjetivo dos estrangeiros[1272].

JOSÉ AFONSO DA SILVA insiste em inserir, aqui, o direito de circulação, que seria, no entendimento do autor, a faculdade conferida a todos de se deslocar pelas vias públicas ou bens afetados ao uso público. Assim, como os bens de uso comum do povo, aqui inseridas as ruas, os logradouros públicos e as praias, não admitem restrição quanto à circulação das pessoas, ter-se-ia esta divisão ou distinção quanto à pura liberdade

---

1271. Poderá ocorrer, contudo, a perda da nacionalidade do brasileiro nas circunstâncias indicadas no § 4º do art. 12 da CB.

1272. Nesse sentido: José Celso de Mello Filho, *Constituição Federal Anotada*, 2. ed., p. 473.

de locomoção. Realmente, o Poder Público não pode impedir que as pessoas passem por determinada via pública. Admite-se, apenas, que a Administração, no interesse social, discipline o trânsito, para tanto limitando seu fluxo em determinado sentido, criando proibições de estacionamento ou impedindo a utilização de certos veículos (como caminhões, ou veículos com determinada placa) em razão de problemas ambientais, de saúde pública ou mesmo por força da contingência de disciplinar o próprio trânsito, podendo, ainda, interditar totalmente o tráfego em razão da realização de obras etc. Contudo, a clássica e bem assentada de locomoção não deve se confundir com o regime administrativo de uso de bens públicos (no caso, os bens de uso comum). A liberdade de locomoção exercita-se, por óbvio, nesses espaços, com as restrições administrativas e de ordem pública legalmente estabelecidas. Ademais, a ênfase, nos dias de hoje, está muito mais em tutelar formas adequadas de mobilidade e estabelecer mecanismos de segurança viária do que ratificar ou potencializar a ampla e geral circulação livre de pessoas.

A EC n. 82/2014, em vista dos problemas de mobilidade urbana no Brasil, modificou a competência da segurança viária, deslocando-a para os órgãos e agentes públicos dos Estados, Municípios e Distrito Federal, unificando nessa mesma competência a educação, a engenharia e a fiscalização do trânsito visando a uma mobilidade urbana eficiente. Essa inovação constitucional demandará lei nacional que traga as normas gerais da segurança viária. Além disso, o agente de trânsito e, particularmente, sua carreira, assumem dimensão constitucional doravante (art. 144, § 10). Neste último caso, a lei sobre a carreira dos agentes há de ser necessariamente de cada um dos respectivos entes federativos mencionados. O direito de locomoção, pois, faz-se, agora, acompanhar de uma tutela instrumental que o pressupõe e busca as melhores formas de mobilidade, sem prejuízo da específica educação que há também de ser buscada.

8.5. Exceções e condicionamentos das exceções

Assegura-se a liberdade de locomoção, pelo território nacional, desde que em tempo de paz.

Também por não ser direito absoluto, encontra limitação nos demais direitos consagrados. Nesse sentido, o *Direito de Propriedade* constitui limite à ampla liberdade de locomoção. No *Direito Penal*, os inúmeros casos de ilícitos autorizam a retirada de seus autores — ainda que provisoriamente e sem provas cabais da respectiva autoria delitual — da liberdade que aqui se analisa. Para tanto, não poderia deixar de haver previsão também de ordem constitucional, que se encontra no inciso XLVI do art. 5º, ao prever as penas a serem adotadas pela lei, elencando, dentre outras, a privação ou restrição da liberdade. Acrescentem-se, ainda, todas as normas constitucionais que adotam valores dignos de tutela penal. A lei infraconstitucional só está autorizada a suprimir — em tese — a liberdade do cidadão por força da conjugação desses dois pressupostos: pena e valor previstos constitucionalmente.

Segundo o Decreto n. 678/92: "4. O exercício dos direitos acima mencionados não pode ser restringido senão em virtude de lei, na medida do indispensável, numa sociedade democrática, para prevenir infrações penais ou para proteger a segurança nacional,

433

a segurança ou ordem públicas, a moral ou a saúde pública, ou os direitos e liberdades das demais pessoas".

Embora não seja direito absoluto, é indisponível por parte do particular, no sentido de que eventual desistência em relação a *habeas corpus* interposto não impede que se analise a circunstância concreta e que se conceda a ordem, inclusive de ofício, se assim estiver a exigir o caso *sub exame*.

Há a possibilidade de condução coercitiva de testemunha que se recuse a comparecer espontaneamente, seja em juízo ou em Comissão Parlamentar de Inquérito, não constituindo ofensa à liberdade de locomoção[1273].

A regulamentação desse direito envolve dois elementos essenciais. Em primeiro, a previsão por meio de lei. Em segundo, a razoabilidade da lei. Assim ocorre com o poder de condução coercitiva de testemunhas, com a dispersão de pessoas de determinado local em razão de tumulto, ou ainda com o confinamento a determinada localidade, por motivos sanitários, em virtude de controle de doença contagiosa[1274].

Da leitura do dispositivo conclui-se que, em *tempo de guerra*, é possível, *a contrario sensu*, estabelecer restrições mais contundentes, o que deverá estar contemplado em lei.

Ademais, a própria Constituição estabelece, no art. 139, I, que na vigência do *estado de sítio* poderá ser exigida a permanência em determinada localidade, o que, evidentemente, constitui um embaraço à liberdade de locomoção por motivos excepcionais.

O mesmo se diga quanto ao inciso II do referido dispositivo, que admite a detenção das pessoas, desde que em edifícios não destinados a acusados ou condenados por crimes comuns.

8.5.1. Prisão civil por dívida

Embora seja possível a restrição da liberdade de locomoção do indivíduo, como nos casos de prática de crimes que importem na segregação social, a Constituição proíbe expressamente a prisão civil por dívida. Neste caso, só será possível a prisão quando se tratar de obrigação alimentícia ou de depositário infiel.

Preceitua a Constituição, em seu art. 5º, LXVII, que "não haverá prisão civil por dívida, salvo a do responsável pelo inadimplemento voluntário e inescusável de obrigação alimentícia e a do depositário infiel".

No caso da obrigação alimentícia, requer-se o descumprimento voluntário e inescusável, vale dizer, infundado, da obrigação de prestar alimentos.

No caso do depositário infiel, é preciso analisar as hipóteses nas quais há mera ficção legal, equiparando-se determinadas situações ao depósito. Assim ocorre com a

---

1273. Nesse sentido já decidiu o STF, especificamente quanto à Comissão Parlamentar de Inquérito, no *Habeas Corpus* n. 71261, tendo sido relator o Min. Sepúlveda Pertence, publicado no *DJ* de 24 jun. 1994, p. 16651; *Ementário*, v. 1750, p. 443.

1274. A respeito, v. Decreto n. 678, de 6-11-1992, que declara: "O exercício dos direitos acima mencionados não pode ser restringido senão em virtude de lei, na medida indispensável, numa sociedade democrática, para prevenir infrações penais ou para proteger a segurança nacional, a segurança ou ordem públicas, a moral, ou a saúde pública, ou os direitos e liberdade das demais pessoas".

alienação fiduciária, prevista pelo Decreto-lei n. 911/69. É preciso saber, portanto, se se admite a possibilidade de extensão, por meio de lei, dos casos excepcionais de prisão civil, com o artifício da equiparação de situações que são substancialmente diferentes, à hipótese do depositário infiel, para fins de possibilitar a decretação de sua prisão. O Supremo Tribunal Federal entende que isso é legítimo[1275]. Contudo, quer parecer que o contrato de depósito, que enseja prisão civil legítima, em nada se assemelha com o contrato de alienação fiduciária, no bojo do qual se pretende garantir a possibilidade de prisão civil. O mesmo se há de dizer sobre o emitente de cédula rural pignoratícia, no caso de o emitente não pagar a dívida e nem restituir as sacas dadas em garantia (Decreto-lei n. 167/67)[1276].

Além disso, o Pacto de São José da Costa Rica, em seu art. 7º, n. 7, já ratificado pelo Brasil, estabelece que "ninguém deve ser detido por dívida", e "este princípio não limita os mandados de autoridade judiciária competente expedidos em virtude de inadimplemento de obrigação alimentar". Assim, em virtude de tratado internacional, acolhido pelo § 2º do art. 5º da Constituição Federal, apenas os casos de dívida civil do alimentante é que poderiam ensejar a prisão civil.

Quanto ao último aspecto, o Supremo Tribunal Federal[1277] também já se manifestou, entendendo que não poderia um tratado limitar a soberania estatal, devendo mencionado Pacto ser interpretado conjuntamente com as hipóteses permissivas constantes do inciso ora em análise. Admite-se, pois, o cabimento, na ordem jurídica pátria, da prisão civil no caso do devedor de alimentos, tendo sido refutada, pelo próprio STF, a do depositário infiel, apesar da permissividade de nossa Constituição vigente.

8.6. Liberdade provisória

A liberdade de locomoção goza de ação constitucional própria para assegurar sua integridade. Trata-se do *habeas corpus*, a seguir analisado.

Há, ainda, outra proteção constitucional quanto à liberdade de locomoção. Segundo dispõe o inciso LXVI, "ninguém será levado à prisão ou nela mantido quando a lei admitir a liberdade provisória, com ou sem fiança".

Assim, ainda que tenha praticado crime ou seja o suspeito, o autor do delito ou seu suspeito deve ser colocado em liberdade provisória, quando admitida.

Há quatro hipóteses arroladas pela doutrina em que cabe a liberdade provisória sem fiança.

Em primeiro lugar, conforme estabelece o Código de Processo Penal a respeito, em seu art. 321, o réu se livrará solto da prisão, independentemente de fiança, no caso de infração a que não for, isolada, cumulativa ou alternativamente, cominada pena privativa de liberdade, ou quando o máximo da pena privativa da liberdade, isolada, cumulativa ou alternativamente cominada, não exceder a três meses.

1275. HC 72.131, sessão de 23-11-1995.

1276. Nesse sentido: STF, rel. Min. Néri da Silveira, HC 74.383-MG, *Informativo STF*, 21 a 25 out. 1996, p. 2.

1277. HC 73.044-2/SP, rel. Min. Maurício Corrêa, *DJ*, 20 set. 1996, p. 34534.

Há, ainda, liberdade provisória, sem fiança, nos casos em que o autor do delito agiu acobertado por alguma excludente da ilicitude (art. 23 do Código Penal). Por fim, deve ser concedida também quando se verificar a inocorrência de qualquer hipótese concessiva de prisão preventiva. É o que dispõe o art. 310 do Código de Processo Penal.

Mencione-se, em quarto lugar, a hipótese contemplada pela Lei n. 9.099/95, em seu art. 69, *caput*, segundo a qual, se o autor assumir o compromisso de comparecer ao Juizado Especial ou a ele for imediatamente encaminhado, não será preso em flagrante nem dele se exigirá fiança.

A liberdade, contudo, pode ser concedida acompanhada da exigência de prestação de fiança. Fiança consiste no depósito em dinheiro ou valores com a finalidade de manter o acusado em liberdade durante o processo. É uma forma de garantia oferecida direta ou indiretamente pelo acusado (neste último caso, quando efetuada por terceiros em nome do acusado). Por meio da fiança procura-se estabelecer um vínculo entre o acusado e o processo, obrigando-o a comparecer a todos os momentos do processo. Podem conceder fiança tanto a autoridade policial quanto a judicial. A primeira, nos casos de infrações punidas com detenção ou prisão simples. Nos demais casos, apenas por meio de decisão judicial é que se poderá arbitrar a fiança.

Em qualquer caso, a autoridade competente deverá decidir fundamentadamente, expondo os motivos ou requisitos considerados relativamente à fiança. Trata-se de aplicação do princípio constitucional da motivação.

8.7. Excesso de prisão

O art. 5º, em seu inciso LXXV, da Constituição de 1988 consagra o direito fundamental de obter indenização por erro judiciário, ou por excesso ilegal de tempo de prisão, fixado por sentença. Não é caso de erro judiciário a prisão processual de cunho cautelar, baseada nas circunstâncias legais e constitucionais autorizadoras, presentes no momento de sua decretação, quando o réu venha a ser posteriormente absolvido. É caso de erro judiciário a prisão, inclusive cautelar, de pessoa diversa daquela que praticou o fato criminoso, por equívoco e confusão das autoridades envolvidas.

A Constituição portuguesa contém dispositivo idêntico, em seu art. 29, n. 6, que estabelece: "Os cidadãos injustamente condenados têm direito, nas condições que a lei prescrever, à revisão da sentença e à indenização pelos danos sofridos".

Comentando especificamente o preceito da Carta portuguesa, CANOTILHO e VITAL MOREIRA anotam que se trata de "um caso tradicional de responsabilidade do Estado pelo fato da função jurisdicional o ressarcimento dos danos por condenações injustas provadas em revisão de sentença (...). Note-se, porém, que não são só os erros judiciários os únicos atos jurisdicionais susceptíveis de provocar graves danos morais e materiais aos cidadãos. Também a prisão preventiva ilegal ou injustificada por originar lesões graves e ilegítimas, devendo merecer igual proteção o ressarcimento dos danos provocados".

Na recente Lei n. 11.689/2008, no que alterou o art. 428 do Código de Processo Penal, ficou consignado o prazo de seis meses a partir do trânsito em julgado da pronúncia para que se realize o julgamento no Tribunal do Júri. Ultrapassado esse prazo, será possível falar-se em excesso de prazo, bem como em desaforamento (desde que, para esta situação, esteja presente também o excesso de serviço judicial): "O desaforamento também poderá ser determinado, em razão do comprovado excesso de serviço, ouvidos o juiz presidente e a parte contrária, se o julgamento não puder ser realizado no prazo de 6 (seis) meses, contado do trânsito em julgado da decisão de pronúncia". Contudo, se não for o caso de excesso de serviço, "o acusado poderá requerer ao Tribunal que determine a imediata realização do julgamento" (§ 2º do art. 428 do Código de Processo Penal, conforme a redação conferida pela Lei em comento). No *Habeas Corpus* n. 90.693, julgado em 30 de setembro de 2008, o STF, por maioria, entendeu que tendo passado, como já havia passado naquele caso concreto, mais de um ano desde a pronúncia, e estando ainda preso preventivamente o réu, tinha-se um caso de excesso de prazo. Este julgamento foi importante porque afastou o entendimento da Súmula 52 do STJ, na qual se prevê que, encerrada a instrução de um processo, fica superada a alegação de excesso de prazo.

Contudo, o *habeas corpus* não será o meio idôneo caso se pretenda apurar o erro cometido e obter indenização. Há que propor, no âmbito criminal, a revisão criminal e, na esfera civil, a ação indenizatória. A decisão em sede de revisão criminal, que reconhece o erro, constitui um título executivo judicial, embora requeira prévia liquidação.

Como decorrência do não cabimento, no caso, do *habeas corpus*, somente o prejudicado terá interesse jurídico para promover a respectiva ação. A parte passiva da ação é sempre o Poder Público, seja a União, se decorrente de órgãos de sua esfera, ou os Estados ou Distrito Federal, se os órgãos judiciais responsáveis forem estaduais ou distritais. O Estado tem direito de regresso contra o magistrado causador do dano apenas na hipótese de dolo ou má-fé, nos termos do art. 133, I, do Código de Processo Civil.

8.8. Conteúdo do direito fundamental de liberdade no fim do milênio: interpretação constitucional evolutiva

As palavras empregadas no texto da Constituição apresentam um significado variante.

Há necessidade de evolução dos conceitos constitucionais.

Isso é deferido ao próprio Poder Judiciário, através da Corte Constitucional.

Quando a Constituição emprega termos indeterminados, está, implicitamente, delegando ao Judiciário a tarefa de complementar essa Constituição.

Daí pode surgir uma espécie do que alguns autores chamam de "Constituição paralela". Contudo, esta é plenamente legítima, desde que observados os limites da interpretação constitucional.

Nesse contexto, ocorre, por vezes, a "mutação constitucional", que nada mais é do que a alteração dessa "Constituição paralela".

Não se pode, pois, argumentar com a violação das palavras constitucionais. É que estas podem realmente variar, de acordo com a vibração que adquiram em determinado momento histórico, tal como os átomos.

Isso decorre da natureza popular da Constituição e do interesse de que esta se mostre perene, ao longo de um período de tempo bastante longo. Não interessa a constante modificação dos termos constitucionais, sob pena de caracterizar a insegurança e incerteza jurídicas, e de criar certa banalização da Carta Constitucional, que repercutiria, de certo, diretamente em sua eficácia social.

A própria principiologia que caracteriza a Constituição autoriza afirmar que esta requer tal evolução paralela.

É preciso, no momento atual, repensar não apenas alguns vetustos institutos jurídicos, como o da soberania absoluta dos Estados, ou o referente aos limites da revisão constitucional, quebrando, de certa forma, as velhas concepções ultrapassadas pela realidade vigente. De outro lado, merecem igualmente ser revisitados direitos que, ao longo dos anos, a par de seus clássicos conteúdos, estão a merecer que lhes sejam agregados novos sentidos.

Em outras palavras, ao contrário daqueles institutos arcaicos que merecem ser remodelados em sua completude, há uma linha de direitos a que, ao lado de manter-se intocados no que tange aos atuais conteúdos, mister se faz agregar algumas novas notas, características das atuais sociedades industriais-tecnológicas.

Nesta linha de pensamento encontra-se o direito à liberdade. Todo homem goza da liberdade de ir, vir e permanecer. Eis aí, singelamente expressado, um dos mais seguros e sagrados direitos fundamentais, cujo *habeas corpus* é sua expressão instrumentalizadora.

Contudo, não se pode mais conceber tal direito em limites materiais tão diminutos, numa época em que assegurar o direito de ir e vir, ou mesmo de permanecer, não se confunde com a mera tolerância, ou seja, a não interferência estatal, dantes suficiente. É preciso ir mais longe. O direito a que se refere aqui há de ser dirigido, igualmente, contra os particulares, e não apenas em face do Estado. Mas não é só. O que enriquece de forma assustadora esse direito é a constatação de que o Estado precisa passar a garantir, materialmente falando, a liberdade de locomoção. É por isso que tal liberdade há de alcançar o direito de existência de um transporte público eficiente, assim como o acesso a ele, ainda que não seja gratuito, mas de forma economicamente acessível a todas as camadas sociais.

A não existência de formas de transporte sustentadas ou controladas pelo Estado implica, incontestavelmente, uma forma de cerceamento da liberdade de cada um em se locomover livre e amplamente pelo território nacional.

Ademais, como categoria dos direitos fundamentais do Homem, o não acatamento de referida liberdade por parte do Estado constitui grave ofensa à dignidade do Homem, atualmente erigida, esta última, à categoria de princípio constitucional explícito (art. 1º, III, da Constituição Federal de 1988).

Deixar de oferecer adequado transporte às populações mais carentes, justamente aquelas que habitam a periferia das cidades, que necessitam do transporte público para ter acesso aos centros urbanos, onde trabalham diariamente, é cometer grave violação dos direitos humanos.

De outra parte, também essa nova expressão da liberdade individual de locomoção pode ser dirigida em face da empresa privada, ou dos particulares em geral. É dever dessas empresas assegurar alguma forma de transporte de seus trabalhadores quando, por exemplo, estejam instaladas em local de difícil acesso, não se olvidando que sempre caberá ao Estado sua parcela de responsabilidade.

Da mesma forma ocorre com o direito à informação, que passa a envolver o direito de acesso remoto às informações (via informática ou qualquer outro meio equivalente). Trata-se de mais um aspecto da liberdade, a liberdade pública.

A interpretação evolutiva é uma espécie de analogia, e pressupõe a existência de lacunas na concepção original da norma, a serem atualmente enfrentadas.

Referências bibliográficas

ALLEY, Robert S. *The Constitution & Religion*: Leading Supreme Court cases on Church and State. New York: Prometheus Books, 1999.

ALEXY, Robert. *Teoría de los Derechos Fundamentales*. Tradução por Ernesto Garzón Vladés. Madrid: Centro de Estudios Constitucionales, 1993 (El Derecho y la Justicia).

BASTOS, Celso Ribeiro; MARTINS, Ives Gandra da Silva. *Comentários à Constituição do Brasil*. São Paulo: Saraiva, 1988. v. 1.

_____. *Comentários à Constituição do Brasil*. São Paulo: Saraiva, 2001. v. 2.

CANOTILHO, J. J. Gomes. *Direito Constitucional*. 6. ed. Coimbra: Almedina, 1993.

COX, Archibald. *Freedom of Expression*. Cambridge: Harvard University Press, 1980.

CRETELLA JÚNIOR, José. *Comentários à Lei de Desapropriação*. 2. ed. São Paulo: Bushatsky.

EDLEY Jr., Christopher. The New American Dilemma: Racional Profiling Post-9/11. *In*: LEONE, Richard; ANRIG Jr., Greg. *The War on our Freedoms*: Civil Liberties in an Age of Terrorism. New York: Public Affairs, 2003. Bibliografia: 170-92.

FALCÃO, Alcino Pinto. *Comentários à Constituição*. Rio de Janeiro: Freitas Bastos, 1990. v. 1.

HÄBERLE, Peter. *Teoría de la Constitución como Ciencia de la Cultura*. Madrid: Tecnos, 2000 (tradução da segunda edição original, 1996).

HARRIS, Lee. *The Suicide of Reason*: Radical Islam's Threat to the West. New York: Basic Books, 2007.

JELLINEK, Georg. *La Dichiarazione dei Diritti dell'Uomo e del Cittadino*. Roma-Bari: Laterza, 2002.

MACHADO, Jónatas E. M. Liberdade Religiosa numa Comunidade Constitucional Inclusiva — dos Direitos da Verdade aos Direitos dos Cidadãos. *In*: *Boletim da Faculdade de Direito de Coimbra*, 1996.

_____. *Liberdade de Expressão, Dimensões Constitucionais da Esfera Pública no Sistema Social*. Coimbra: Coimbra Ed., 2002.

McCONNELL, Michael W.; POSNER, Richard A. An Economic Approach to Issues of Religious Freedom. *In*: *The University of Chicago Law Review*, v. 56, n. 1. Bibliografia: 1-60.

MELLO, Celso Antônio Bandeira de. *Conteúdo Jurídico do Princípio da Igualdade*. 3. ed. São Paulo: Malheiros, 1993.

MELLO FILHO, José Celso de. *Constituição Federal Anotada*. 2. ed. São Paulo: Saraiva, 1985.

MILL, John Stuart. *Sôbre a Liberdade*. São Paulo: Companhia Editora Nacional, 1942.

MIRANDA, Jorge. *As Constituições Portuguesas*: de 1822 ao Texto Actual da Constituição. Lisboa: Livraria Petrony, 1992.

_____. *Manual de direito constitucional*: direitos fundamentais. Coimbra: Coimbra Ed., 1988. Tomo IV.

MORAES, Alexandre de. *Direitos Humanos Fundamentais*. 3. ed. São Paulo: Atlas, 2000.

MORAIS, Carlos Blanco de. Liberdade Religiosa e Direito de Informação. *In*: MIRANDA, Jorge. *Perspectivas Constitucionais*: nos 20 Anos da Constituição de 1976. Coimbra: Coimbra Ed., 1997. v. II.

NERY JUNIOR, Nelson & NERY, Rosa. *Código de Processo Civil Comentado e Legislação Processual Civil Extravagante em Vigor*. 5. ed. rev. ampl. São Paulo: Revista dos Tribunais, 2001.

NUNES JÚNIOR, Vidal Serrano. *A Proteção Constitucional da Informação e o Direito à Crítica Jornalística*. São Paulo: FTD, 1997.

OTERO, Paulo. *Instituições Políticas e Constitucionais*. v. 1. Coimbra: Almedina, 2007.

PINHEIRO, Maria Cláudia Bucchianeri. *A Separação Estado-Igreja e a Tutela dos Direitos Fundamentais de Liberdade Religiosa no Brasil*. Dissertação de Mestrado. USP, 2007. Depto. de Direito do Estado.

RODRIGUES, Lêda Boechat. *A Côrte Suprema e o Direito Constitucional Americano*. Rio de Janeiro: Forense, 1958.

ROTHENBURG, Walter Claudius. *Princípios Constitucionais*. Porto Alegre: Sergio Antonio Fabris, 1999.

SARLET, Ingo. *A Eficácia dos Direitos Fundamentais*. 6. ed. Porto Alegre: Livraria do Advogado, 2006.

SARMENTO, Daniel. *Direitos Fundamentais e Relações Privadas*. Rio de Janeiro: Lumen Juris, 2004.

SCHWABE, Jürgen. *Cinquenta Anos de Jurisprudência do Tribunal Constitucional Federal Alemão*. Uruguai: Konrad-Adenauer-Stiftung, 2005. Organização e introdução por Leonardo Martins.

SILVA, José Afonso da. *Curso de Direito Constitucional Positivo*. 20. ed. São Paulo: Malheiros, 2002.

SOUZA, Nuno e. *Liberdade de Imprensa*. Dissertação para exame de Curso de Pós-Graduação em Ciências Jurídico-Política da Faculdade de Direito de Coimbra, 1984.

STEINMETZ, Wilson Antônio. "Direitos Fundamentais e Relações entre Particulares: Anotações sobre a Teoria dos Imperativos de Tutela". *Revista Brasileira de Direito Constitucional*, v. 5, p. 205-15, jan./jun. 2005.

TAVARES, André Ramos. "Elementos para uma Teoria Geral dos Princípios na Perspectiva Constitucional". *In*: LEITE, George Salomão. *Dos Princípios Constitucionais*: Considerações em Torno das Normas Principiológicas da Constituição. São Paulo: Malheiros, 2003.

_____. *Fronteiras da Hermenêutica Constitucional*. São Paulo: Método, 2006.

_____. *Curso de Direito Constitucional*. 5. ed. São Paulo: Saraiva, 2007.

TRIBE, Laurence H. *American Constitutional Law*. 2. ed. Mineola: The Foundation Press, 1988.

TUSHNET, Mark V. Emergencies and the Idea of Constitutionalism. *In*: BAKER, Thomas E.; STACK Jr., John E. *At War with Civil Rights & Civil Liberties*. Lanham: Rowman & Littlefield Publishers, 2006.

Capítulo XX

A GARANTIA DA LEGALIDADE E A ATIVIDADE REGULAMENTAR

1. O POSTULADO DA CONSTITUCIONALIDADE

Pelo postulado da constitucionalidade exige-se que toda lei e ato normativo de um Estado seja praticado em consonância com a Constituição e, pois, que perante esta seja controlável[1278].

O postulado da constitucionalidade, pois, não deve ser confundido com a ideia de que existem matérias reservadas à Constituição, ou com o conceito de Constituição em sentido substancial. Apenas se poderia cogitar desse tipo de orientação quando a Constituição é expressa, deixando certo que determinadas matérias não estariam ao alcance do legislador e, assim, teriam âmbito de disciplina normativa exclusiva na própria Constituição. É o que ocorre com inúmeros dispositivos constitucionais consagradores de direitos fundamentais, ou de normas de divisão dos poderes ou estruturação do federalismo. Esse sentido, contudo, praticamente se confunde com a ideia anteriormente apresentada, de supremacia da Constituição e, pois, de respeito a seus ditames pelos atos que lhe sejam inferiores do ponto de vista hierárquico.

De resto, não há como sustentar, sem amparo no próprio texto escrito da Constituição, que determinada matéria só possa ser tratada no âmbito constitucional. Uma tal imposição só poderia ter caráter supraconstitucional, o que não se admite sob pena de destruição da própria ideia de supremacia constitucional.

2. A LEI COMO MEDIDA DE SEGURANÇA E A MEDIDA DA LEI

2.1. Generalidade e abstratividade das leis

A própria noção de lei como ato jurídico geral e abstrato apresenta-se como uma exigência contra o arbítrio. A esse respeito, anota TERCIO SAMPAIO FERRAZ JÚNIOR, com muita propriedade: "Se quiséssemos separar generalidade de abstração, como notas distintas, teríamos de vincular a primeira à generalidade pelo destinatário (generalidade em oposição a individualidade) e a segunda, à generalidade pelo conteúdo

---

1278. Nesse sentido: Zagrebelsky, *Diritto Costituzionale*, p. 57.

(abstrato em oposição ao concreto). Isto é possível de ser feito, mas, pelos mesmos exemplos, nota-se que nem toda norma jurídica é abstrata. A nota da abstração também resulta de um preconceito do liberalismo do século XIX. Seria impossível, porém, deixar de considerar, por exemplo, como jurídica uma norma que prescrevesse a revogação de uma determinada outra apenas porque seu conteúdo é concreto. O século XIX, com a noção de abstração, tentava contornar também o mencionado risco do arbítrio"[1279].

2.2. Previsão

Preceitua a Constituição Federal, no inciso II do art. 5º, que "ninguém será obrigado a fazer ou deixar de fazer alguma coisa senão em virtude de lei".

No campo tributário, a Constituição preocupou-se em reafirmar o princípio, no art. 150, destacando dentre as limitações ao poder estatal de tributar a proibição de "I — exigir ou aumentar tributo sem lei que o estabeleça".

2.3. Fundamentos e princípios correlatos

É regra que aponta a presença de um Estado de Direito, pois, retirando o arbítrio do Estado, exige-se que sua conduta esteja amoldada à lei, como expressão da vontade geral.

Como já foi acentuado em Capítulo inicial, o Estado de Direito obriga a um Governo limitado. Evidentemente que isso não significa adotar um conceito universal e invariável de Estado de Direito. Como adverte Heleno Torres, amparado nos estudos de Jacques Chevalier e Danilo Zolo, "o modelo de Estado pode ser semelhante em distintas situações ou para determinadas finalidades. Contudo, dista de ser um conceito uniforme e insulado em idênticos universais, na medida em que as tradições, a formação jurídica e a cultura dos povos moldaram fenômenos estatais os quais, se bem examinados, mostram-se sobremodo distintos"[1280]. E, em nosso modelo constitucional específico, "o Estado de Direito é meio para assegurar a realização efetiva do valor 'segurança', e, igualmente, a 'segurança jurídica', na sua forma específica"[1281].

A imposição da legalidade funda-se na exigência de legitimidade, segundo o qual as leis hão de guardar correspondência com os anseios populares, consubstanciados no espírito constitucional.

Pela legitimidade exige-se que a lei seja formal apenas no sentido de que emane, em sua formação, dos órgãos representativos. Ademais, tomou-se consciência de que não se pode ignorar seu conteúdo, que também há de corresponder aos valores consubstanciados no ordenamento jurídico. Abandona-se, pois, como se vê, a noção puramente formal de lei, para ir mais longe e exigir que a lei corresponda, em seus mandamentos, à ideia de justiça encampada pela ordem constitucional, com o respeito à dignidade da pessoa humana, da liberdade etc.

1279. Tercio Sampaio Ferraz Júnior, *Introdução ao Estudo do Direito: Técnica, Decisão, Dominação*, 2. ed., p. 123.

1280. Heleno Taveira Tôrres, *Segurança Jurídica do Sistema Constitucional Tributário*, p. 250.

1281. Heleno Taveira Tôrres, *Segurança Jurídica do Sistema Constitucional Tributário*, p. 325.

Ao inserir, dessa maneira, a garantia da legalidade no contexto da legitimidade do poder, estabelece-se um elo direto entre essa garantia e o Estado Democrático de Direito, no sentido de que o não contemplar o princípio da legalidade implica a inexistência de um real Estado Democrático de Direito.

Ao afastar o ato arbitrário do detentor do poder, o princípio do *due process of law* engloba a noção aqui apresentada de legalidade. Para compreender essa afirmativa, basta verificar que, originariamente, o princípio do *due process* era designado pela expressão *the law of the land*, a indicar claramente o conteúdo desse princípio como a necessidade de observar as leis existentes, as leis da terra, contra o arbítrio do rei.

A exigência da legalidade exige, ainda, a regra da inafastabilidade do controle judicial, que lhe é correlata (previsto no inc. XXXV do art. 5º) e sem o qual a garantia da legalidade seria inócua, porque faleceria competência a um órgão para verificar o cumprimento da garantia da legalidade. De qualquer sorte, ainda no tema do controle, também se prevê que cada um dos poderes exerce o controle da legalidade de seus próprios atos, ao lado do controle externo, por um outro poder ou órgão superior.

A própria proteção do ato jurídico perfeito, do direito adquirido e da coisa julgada é corolário da legalidade. Sim, porque legalidade significa não ser obrigado a fazer ou deixar de fazer alguma coisa senão em virtude de lei, e lei existente no momento em que se faz ou se deixa de fazer. É a aplicação da garantia da irretroatividade das leis.

2.4. Conteúdo

Significa a garantia da legalidade que apenas nos termos das leis, editadas conforme as regras do processo legislativo constitucional, é que se pode validamente conceder direito ou impor obrigação ao indivíduo.

Contudo, ao lado dessa submissão à lei, a doutrina aponta ainda o governo *per leges*. Assim, embora intimamente conexas, há duas realidades distintas, a saber: a do governo *sub lege*, até agora analisado, e aquela referente ao governo *per leges*. Este, segundo esclarece NORBERTO BOBBIO, é o governo "mediante leis, ou melhor, através da emanação (se não exclusiva, ao menos predominante) de normas gerais e abstratas"[1282]. Uma coisa é exercer o governo mediante a edição de leis (*per leges*), e outra é exercê-lo nos termos das leis editadas (*sub lege*). A Constituição, sob esse fundamento, apresenta-se como um pacto que realiza uma opção pelo governo *per leges*. É forma de exercício do poder por seu soberano, o povo, que passa a exigir dos governos a atuação exclusiva sob o império da lei.

Traduz-se, pois, a garantia da legalidade no primado da vontade geral, consubstanciada na lei. Nestes termos, representa uma conquista histórica no combate à vontade individual e caprichosa do déspota ou eventual detentor do poder.

Tanto há violação do princípio da legalidade pela inobservância da lei existente como pela inexistência de lei que fundamente a exigência imposta. Só se admite o

---

1282. Norberto Bobbio, *O Futuro da Democracia: Uma Defesa das Regras do Jogo*, p. 156.

governo por meio de leis ou segundo as leis. É o que já decidiu o próprio Supremo Tribunal Federal: "A inobservância ao princípio da legalidade pressupõe o reconhecimento de preceito de lei dispondo de determinada forma e provimento judicial em sentido diverso, ou, então, a inexistência de base legal e, mesmo assim, a condenação a satisfazer o que pleiteado"[1283].

McBain, em sua clássica obra "The Living Constitution" (A Constituição Viva), elabora uma crítica contundente à ideia de "governo de leis e não de Homens", fazendo constar que todos governos são governos de leis e de Homens, relativizando o antagonismo dessa expressão. Nesse sentido, assiste-lhe razão, já que as leis, por serem feitas, executadas e interpretadas pelos Homens, não são isentas nem afastam, em certa medida, um governo de Homens (e, mais contundentemente, de juízes). A expressão "governo de leis" em contraposição à ideia de um "governo de Homens" aparentemente pretende propor a completa superação desta. A contraposição rígida, conclui o próprio autor, é absurda. Mesmo numa concepção centrada no Parlamento, de autorrestrição e contenção judicial, a ideia de um governo absoluto das leis é inconsistente com o próprio modelo ocidental de Direito e representa, na realidade, um retorno às concepções próprias do século XIX, das grandes codificações do Direito.

Dogmaticamente falando, é preciso tomar cuidado com os termos constitucionais. Quando o preceito constitucional determina que ninguém "será obrigado", a não ser por meio de lei, dá a entender, à primeira vista, alcançar apenas a imposição de obrigações, silenciando no que se refere à concessão de direitos. Contudo, não é assim que se passa. Também os direitos necessitam estar contemplados em lei. Seja direito ou dever, só mesmo por meio de lei é que se admite sua formação legítima. Até porque os direitos são, na realidade, o reverso dos deveres correlatos impostos. Ou, o que dá no mesmo, qualquer direito remete diretamente a um dever, qual seja, o dever de cada indivíduo pertencente à coletividade de observar e respeitar aquele direito individual sufragado legalmente. Não há, pois, direito sem dever correlato.

A garantia da legalidade é a consagração da lei como fonte suprema do Direito. Percebe-se, pois, que está o princípio que ora se estuda umbilicalmente atrelado à ideia de sistema jurídico do modelo de *civil law*.

2.4.1. *Do conceito de lei como essencial ao direito à segurança*

O termo "lei", ao qual se remete qualquer estudo acerca da legalidade, há de ser entendido de maneira a englobar desde os preceitos constitucionais, assim como a lei ordinária, a lei complementar e até mesmo a lei delegada (art. 68) e a medida provisória (art. 62 da CB). Estas duas últimas, por serem atos normativos equiparados à lei.

Lei é a expressão da vontade geral, manifestada por meio de mecanismos preestabelecidos. Afastam-se apenas os atos propriamente administrativos, como decretos, portarias e instruções, dentre outros, que apenas podem dar cumprimento a mandamentos contidos em lei.

1283. STF, 2ª T., AgRg no AgI 147203/SP, rel. Min. Marco Aurélio, *DJ*, 11 jun. 1993, Seção I, p. 11531.

"Lei", portanto, refere-se, tecnicamente, à lei formal, vale dizer, ao ato normativo que emana do poder constituinte originário (Constituição), bem como de órgão legislativo instituído, representativo do poder soberano (leis ordinárias, complementares e, excepcionalmente, medidas provisórias) ou órgão para o qual tenha sido transferida tal capacidade legitimamente, nos termos da Constituição (Chefe do Executivo por via da lei delegada). Requer, ainda, que a edição da lei tenha obedecido ao processo legislativo previsto pela própria Constituição.

É nesse contexto que se compreendem as competências genericamente estabelecidas do Poder Legislativo de uma parte e, de outra, o inciso IV do art. 84, que declara competir privativamente ao Presidente da República expedir decretos e regulamentos para a fiel execução de lei.

2.4.1.1. Alcance da expressão constitucional "em virtude de lei"

Para alguns doutrinadores, a expressão "em virtude de lei" encerra mandamento segundo o qual seria necessário que a lei dispusesse diretamente sobre todos os aspectos da matéria regulada. Já para outros autores, basta que a lei autorize a prática de determinados atos, não sendo necessário chegar ao ponto de pormenorizar cada detalhe do ato exigido.

A distinção entre essas duas correntes está naquele campo denominado discricionariedade do Poder Público (administrativa, judicial e legislativa). Enquanto a primeira corrente não admite essa área de atuação à Administração, a segunda a encampa.

Não parece necessário que a lei disponha sobre absolutamente todo o procedimento a ser tomado em toda a sua extensão. Admite-se a chamada discricionariedade administrativa, sem que com isso se viole garantia constitucional da legalidade. Em outras palavras, exige-se apenas que os elementos fundamentais e funcionais do direito ou do dever constem explicitamente de lei[1284].

Portanto, a lei em virtude da qual se obriga não precisa conter em seu bojo todos os elementos e particularidades de sua aplicação, cabendo, pois, ao Executivo, por meio de seu poder regulamentar, o papel de explicitar o comando legal. Apenas se exige, como se vê, que haja uma lei que trace, no que há de essencial, a obrigação ou direito a ser implementado.

2.4.2. Garantia da preferência de lei, legalidade, reserva de lei e dispensa de lei

Sempre que em face de uma norma regulamentar se encontra uma lei, aquela cede a esta. Em outras palavras, o regulamento deve ser compatível com a lei. Trata-se do princípio da preferência da lei[1285].

É preciso salientar, ainda, a distinção entre a exigência da legalidade e a exigência da reserva de lei.

1284. Cf. Severo Giannini, *Diritto Amministrativo*, v. 2, p. 1261; José Afonso da Silva, *Curso de Direito Constitucional Positivo*, 8. ed., p. 368.

1285. Nesse sentido: Zagrebelsky, *Diritto Costituzionale*, p. 50.

A exigência da legalidade reparte-se, como visto acima, em dois *fronts*. Em primeiro, exige o respeito à lei posta. Em segundo lugar, impõe que não se crie direito ou dever sem amparo legal; se não há lei, não há suporte para qualquer exigência ou benefício público.

Já a expressão "reserva de lei" assume sentido próprio, que não se confunde com a exigência da legalidade, embora para ele aponte como seu horizonte mais próximo. Pela reserva legal estabelece-se a obrigatoriedade de tratamento de determinadas e específicas matérias por meio de lei.

Enquanto a exigência decorrente da garantia da legalidade revela-se pela previsão geral, como visto, no sentido de que não se criam deveres ou direitos sem lei, no caso da reserva legal há a previsão expressa e pontual, para uma específica matéria, da necessidade de regulamentação por meio de lei.

A diferenciação vale-se aqui do velho brocardo segundo o qual ao Poder Público só é lícito fazer aquilo que for previsto em lei, enquanto ao particular é assegurado fazer tudo quanto não seja proibido por lei. Identifica-se, na primeira referência (Poder Público), a imposição da reserva de lei, e, no segundo caso, a exigência da legalidade.

Mas a diferença fundamental, na lição de JOSÉ AFONSO DA SILVA[1286], estaria em considerar que, enquanto a exigência constitucional da legalidade envolve uma questão de hierarquia das fontes jurídicas, o enunciado da "reserva de lei" envolve uma questão de competências.

Nesses termos, a legalidade implica dizer que as fontes jurídicas inferiores à lei (em sentido formal) não estão aptas a inovar na ordem jurídica, e, assim, não podem impor deveres ou criar direitos não previstos em lei anterior. Nesse sentido, na doutrina kelseniana, falecem de suporte de validade, não podendo subsistir no seio do sistema jurídico.

Já a questão atinente à "reserva de lei" reporta-se à divisão de competências no seio do Documento Constitucional. Assim, quando, v. g., no art. 175, parágrafo único, IV, prescreve-se que compete à lei dispor sobre a "obrigação de manter serviço adequado", fica claro que, embora já existindo essa obrigação, vale dizer, já sendo uma realidade jurídica (constitucional), ainda assim pretendeu o legislador constituinte que fosse ela explicitada por meio de lei. O mesmo fez com relação à "política tarifária", causas que, em princípio, poderiam inscrever-se na esfera de competência do Executivo, dentro de um sistema harmônico de separação entre os poderes, em que ao Executivo cabe explicitar e regulamentar os termos da legislação, que, nesse sentido, não haveria de descer a minúcias, deixando, para tanto, margem de atuação ao Poder Executivo, em face de cada realidade a ser disciplinada.

Ocorre reserva de lei, consoante ZAGREBELSKY[1287], sempre que a Constituição estabelece que a disciplina de determinada matéria seja feita pela lei e apenas pela lei, com exclusão, pois, de atos normativos diversos, como seria o caso do regulamento.

1286. *Curso de Direito Constitucional Positivo*, 8. ed., p. 369.
1287. *Diritto Costituzionale*, v. 1, p. 54.

Pode-se, ainda, distinguir entre reserva absoluta e reserva relativa. A distinção reporta-se à extensão com que a Constituição impõe a regulamentação por lei. Haverá reserva absoluta "quando a Constituição prescreve que a inteira disciplina da matéria deva ser feita com lei"[1288]. Já na reserva relativa "consente, ao contrário, um prolongamento na sede regulamentar"[1289].

Muitas são as razões comumente apontadas para que o constituinte imponha a reserva de lei, podendo-se mencionar, dentre outras, a concepção de que a lei é o produto do consentimento popular, ou a de que a maior garantia contra o poder executivo é a lei, e que este só pode atuar (atividade administrativa) na conformidade daquela[1290].

A reserva de lei, contudo, pode ser apreendida em seu aspecto positivo ou em seu aspecto negativo. Acima os autores se atêm apenas ao lado negativista da garantia. Visto de outra maneira, a garantia da reserva de lei exige que o legislador atue, disciplinando a matéria referida pela Constituição. Esta complementação parece-me crucial, de maneira a evitar que a classificação torne-se, novamente, fonte reiterativa da ineficácia das normas constitucionais.

Para fazer um contraponto, oferecendo um caso típico em que haveria de observar-se a garantia a legalidade, mas em que, ao contrário, o legislador constituinte deliberou deixar a cargo do Poder Executivo a disciplina da matéria, cite-se o art. 153, § 1º, da Constituição. Referido dispositivo autoriza o Poder Executivo a alterar a alíquota, dentre outros, do imposto de importação de produtos estrangeiros. Ora, em princípio, tal disciplina seria merecedora de tratamento legislativo (como, ademais, é em relação aos demais impostos), já que a majoração da alíquota importa em aumentar a obrigação do contribuinte. Contudo, por motivos de política jurídica, resolveu o legislador constituinte conferir essa competência ao Poder Executivo, obedecidos os termos genéricos da lei, ou, como quer a Constituição: "atendidas as condições e os limites estabelecidos em lei"[1291]. Não só não existe reserva de lei aqui como há uma exceção ao primado da legalidade.

2.4.3. Proporcionalidade: a medida da lei

A ideia da vinculação do legislador aos direitos fundamentais coloca uma questão central para a teoria da Constituição. Isso porque a dimensão principiológica que os direitos fundamentais assumem acaba por jogá-los num contexto de conflituosidade. Ou seja, os direitos fundamentais encontram-se em potencial conflito e, assim, a ideia pura e simples de que os direitos fundamentais também vinculam o legislador será vazia de sentido sem que haja alguma sorte de complementação. Daí a proporcionalidade ser compreendida como a exata medida dessa vinculação.

1288. Zagrebelsky, *Diritto Costituzionale*, v. 1, p. 55.

1289. Zagrebelsky, *Diritto Costituzionale*, v. 1, p. 56.

1290. Cf. Zagrebelsky, *Diritto Costituzionale*, v. 1, p. 54.

1291. Há quem entenda, como José Afonso da Silva, tratar-se, no caso, de relativa reserva de lei (*Curso de Direito Constitucional Positivo*, 8. ed., p. 370).

A partir dessa concepção, passou-se a entender que a legalidade clássica, no sentido de exigência da lei, foi superada pela exigência de lei proporcional, como expressão daquela vinculação do legislador aos direitos fundamentais. O tema será estudado mais detidamente por ocasião da análise da proporcionalidade, em capítulo próprio.

2.5. A competência regulamentar

Apenas o Poder Legislativo é que goza da faculdade de criar normas jurídicas que inovem originariamente o sistema jurídico nacional. É isso que distingue a competência legislativa da mera competência regulamentar.

As normas regulamentares se inserem na competência privativa dos Chefes do Executivo, tendo como finalidade última a *instrumentalização dos comandos legais*, fornecendo meios materiais adequados a seu cumprimento efetivo. Sua exteriorização dá-se por meio de decreto.

Os decretos regulamentares não se prestam, contudo, à mera repetição da lei, circunstância que lhes conferiria a qualidade de normas inúteis. Os decretos, quando editados, servem para conferir um grau de concretude às normas legais, explicitando-as, tornando-as executáveis pelos órgãos da Administração e pelos particulares.

Assim, o regulamento tem limites bem precisos. Na lição de OSWALDO ARANHA BANDEIRA DE MELLO, o regulamento "Deve respeitar os textos constitucionais, a lei regulamentada, e a legislação em geral, e as fontes subsidiárias a que ela se reporta.

"Ademais, sujeita-se a comportas teóricas. Assim, não cria, nem modifica e sequer extingue direitos e obrigações, senão nos têrmos da lei, isso porque o inovar originariamente na ordem jurídica consiste em matéria reservada à lei. Igualmente, não adia a execução da lei e, menos ainda, a suspende, salvo disposição expressa dela, ante o alcance irrecusável da lei para êle. Afinal, não pode ser emanado senão conforme a lei, em virtude da proeminência desta sôbre êle"[1292].

A Constituição do Brasil afastou a viabilidade de decretos autônomos. Mesmo os decretos de organização, a que se refere o inciso IV do art. 84, como de competência privativa do Presidente da República, nos termos do próprio dispositivo, só podem ser expedidos "na forma da lei".

Ademais, não basta atentar para a forma estabelecida em lei. É preciso relembrar que casos há de reserva de lei, ou seja, como visto, matérias que, em princípio, seriam da alçada do Executivo (por estarem compreendidas na noção ampla de "organização"), passam para o Legislativo, por imperativo constitucional expresso.

Neste passo, é possível afirmar que a garantia da legalidade também deriva do postulado da separação de poderes, já que a atividade harmônica entre estes só pode ocorrer na medida em que cada qual respeite seus limites de atuação. Dentro dessa perspectiva, ao Poder Executivo não cabe editar normas gerais, criadoras de direitos ou

---

1292. Oswaldo Aranha Bandeira de Mello, *Princípios Gerais de Direito Administrativo*, Rio de Janeiro: Forense, 1969, v. 1, p. 319 — grafia do original.

deveres, salvo em situações de relevância e urgência, quando então está autorizado constitucionalmente a editar medidas provisórias (art. 62 da Constituição Federal)[1293].

Com a Emenda Constitucional n. 32, de 11 de setembro de 2001, o inciso VI do art. 84 foi alterado em sua redação originária, que permitia ao Presidente da República dispor sobre "a organização e o funcionamento da administração federal, na forma da lei". A expressão "na forma da lei" foi suprimida e, ainda, acrescentada uma nova hipótese: "extinção de funções ou quadros públicos, quando vagos". Trata-se, certamente, de um alargamento das atividades a serem desenvolvidas pelo Presidente por meio do veículo do "decreto".

Por fim, há que apontar, aqui, ainda, o problema do decreto que viola a lei e a Constituição. Considera-se, neste caso, que a ofensa à Constituição é apenas indireta, e, nesse sentido, não se admite o controle concentrado da constitucionalidade, justamente por haver ato normativo interposto entre o decreto, acoimado de inconstitucional, e a Constituição, que se traduz em lei conforme à Constituição, igualmente violada pelo decreto, que deveria se ater a seus termos, e não inovar, contrariando-a.

2.6. Atividade administrativa do Estado

Como afirmam os autores, à Administração só é lícito fazer o que a lei autoriza.

No caso brasileiro, há expressa previsão no art. 37, *caput*, de que a Administração Pública direta e indireta de qualquer dos poderes da União, dos Estados, do Distrito Federal e dos Municípios obedecerá enunciado constitucional que exige o respeito à legalidade[1294].

No que se refere à discricionariedade, há um consenso em torno da questão, para considerá-la apenas relativa.

A rigor, o ato não é discricionário, mas sim o poder de praticá-lo. De outra parte, discricionariedade não equivale a arbitrariedade. Na discricionariedade há liberdade, mas liberdade dentro de parâmetros delimitados. Já a arbitrariedade é a prática de atos em desconformidade com a lei. O ato arbitrário é, pois, sempre inválido, contrário ao Direito. Já o ato praticado com discricionariedade pode ser legalmente previsto e, pois, jurídico.

Os atos discricionários estão adstritos a certos requisitos e, ao mesmo tempo, estão livres de outros. Assim, impende verificar a competência legal de quem o pratica, a forma pela qual deve ser praticado, expressa pela lei, e a finalidade que deve perseguir, também nos termos da lei. A Administração tem um campo de atuação livre quanto à indicação dos motivos do ato (de acordo com a conveniência e oportunidade, tendo em vista o interesse público) e quanto à escolha do conteúdo do ato. Mas vezes há em que

---

1293. Para um estudo sobre os limites da atuação normativa das agências reguladoras: Marcelo Figueiredo, *As Agências Reguladoras*: *O Estado Democrático de Direito no Brasil e sua atividade normativa*.

1294. Cf. a redação dada pela Emenda Constitucional n. 19/98, que suprimiu a referência à administração fundacional. Pela vinculação administrativa não apenas à lei, mas ao Direito, e pela incidência de um princípio da normatividade (e não da legalidade): Paulo Otero, *Legalidade e Administração Pública*: *O Sentido da Vinculação Administrativa à Juridicidade*.

o motivo e o objeto do ato já constam da lei, casos em que o ato administrativo é vinculado, e não discricionário.

2.7. Atividade tributária do Estado

A atividade estatal de instituição de tributos e explicitação de regras conexas está jungida ao princípio da reserva de lei. Trata-se da legalidade específica, que, no caso, traduz-se em uma das garantias dos contribuintes (limites do poder de tributar).

Assim, é vedado expressamente pela Constituição brasileira a qualquer dos entes políticos (União, Estados, Distrito Federal e Municípios) "exigir ou aumentar tributo sem lei que o estabeleça" (art. 150, I).

Impõe-se, ademais, obediência ao princípio da anterioridade da lei. Assim, não basta que haja lei. Mister que seja anterior ao fato gerador que institui ou majora (art. 150, III, *a*), e que passe a vigorar apenas para o exercício financeiro seguinte àquele em que seja a lei publicada (art. 150, III, *b*).

Por fim, como já mencionado, há exceções expressas na Constituição, facultando ao próprio Poder Executivo (afastando-se a exigência de lei no particular, portanto, uma vez que apenas estabelecerá as condições e limites gerais) alterar as alíquotas dos impostos de importação, exportação, de produtos industrializados e os impostos sobre operações de crédito, câmbio e seguro, ou operações relativas a títulos ou valores mobiliários (§ 1º do art. 153).

2.8. Atividade persecutória do Estado

Também no âmbito criminal há expressa ressalva constitucional no sentido de que "não há crime sem lei anterior que o defina, nem pena sem prévia cominação legal" (art. 5º, XXXIX). É a aplicação do velho adágio *nullum crimen, nulla poena sine lege*.

O princípio, consagrado dentre os direitos individuais fundamentais, impede que o legislador transfira a outrem a função de definir os delitos e cominar penas.

Assim como no campo tributário, impõe-se a obediência ao princípio da anterioridade da lei em relação aos fatos destacados como delitos, ou quanto às penas estabelecidas, ressalvada sua incidência imediata quando beneficiar o réu. É o que estabelece a Constituição, ao declamar que "a lei penal não retroagirá, salvo para beneficiar o réu" (inc. XL do art. 5º). Assim, a lei anterior, da data do fato ilícito, será aplicada, ainda quando revogada, salvo lei posterior mais benéfica.

Referências bibliográficas

BOBBIO, Norberto. *O Futuro da Democracia: Uma Defesa das Regras do Jogo*. 4. ed. Rio de Janeiro: Paz e Terra, 1989.

DIMOULIS, Dimitri, MARTINS, Leonardo. *Teoria Geral dos Direitos Fundamentais*. São Paulo: Revista dos Tribunais, 2007.

FERRAZ JÚNIOR, Tercio Sampaio. *Introdução ao Estudo do Direito: Técnica, Decisão, Dominação*. 2. ed. São Paulo: Atlas, 1994.

FIGUEIREDO, Marcelo. *As Agências Reguladoras*: *O Estado Democrático de Direito no Brasil e a sua Atividade Normativa*. São Paulo: Malheiros, 2004.

GIANNINI, Severo. *Diritto Amministrativo*. Milano: Giuffrè, 1970. v. 2.

McBAIN, Howard Lee. *The Living Constitution*: A Consideration of the Realities and Legends of our Fundamental Law. New York: The Macmillan Company, 1948.

MELLO, Oswaldo Aranha Bandeira de. *Princípios Gerais de Direito Administrativo*. Rio de Janeiro: Forense, 1969. v. 1.

OTERO, Paulo. *A Legalidade e Administração Pública*: *O Sentido da Vinculação Administrativa à Juridicidade*. Coimbra: Almedina, 2003.

SILVA, José Afonso da. *Curso de Direito Constitucional Positivo*. 16. ed. rev. atual. São Paulo: Malheiros, 1999.

TÔRRES, Heleno Taveira. *Segurança Jurídica do Sistema Constitucional Tributário*. Tese apresentada ao Concurso Público para provimento do cargo de Professor Titular de Direito Tributário da Faculdade de Direito da Universidade de São Paulo. São Paulo, 2009.

ZAGREBELSKY, Gustavo. *Diritto Costituzionale: Il Sistema delle Fonti Del Diritto*. 1. ed. [1988]. Torino: Unione Tipografico-Editrice Torinese, 1998. v. 1.

Capítulo XXI
DIREITO À PRIVACIDADE

1. CONCEITO

A Constituição Federal, no inciso X do art. 5º, determina taxativamente: "são invioláveis a intimidade, a vida privada, a honra e a imagem das pessoas (...)". Mas a Constituição não arrolou expressamente um *direito à privacidade* no rol que elenca logo no *caput* do dispositivo em apreço. A doutrina, dogmática e jurisprudência norte-americanas utilizam a referência a um direito à privacidade (*the right to privacy*) como um conceito guarda-chuva, no qual se incluem diversos direitos[1295] que, aos olhos da Constituição de 1988, ganharam tutela autônoma.

Contudo, alguns autores vislumbram na menção feita no *caput* ao direito à vida a presença, nesse conceito, do direito à privacidade[1296].

Parece inegável, contudo, que a Constituição brasileira de 1988 não segue a concepção genérica do direito à privacidade, tendo optado por tratar autonomamente diversos direitos que ali estariam contidos, como a vida privada, intimidade e imagem, que, portanto, são inconfundíveis.

Isso não impede que se utilize, para fins doutrinários e pedagógicos, a expressão "direito à privacidade" em sentido amplo, de molde a comportar toda e qualquer forma de manifestação da intimidade, privacidade e, até mesmo, da personalidade da pessoa humana.

Pelo direito à privacidade, apenas ao titular compete a escolha de divulgar ou não seu conjunto de dados, informações, manifestações e referências individuais, e, no caso de divulgação, decidir quando, como, onde e a quem. Esses elementos são todos aqueles que decorrem da vida familiar, doméstica ou particular do cidadão, envolvendo fatos, atos, hábitos, pensamentos, segredos, atitudes e projetos de vida.

O direito à privacidade é compreendido, aqui, de maneira a englobar, portanto, o direito à intimidade, à vida privada, à honra, à imagem das pessoas, à inviolabilidade do domicílio, ao sigilo das comunicações e ao segredo, dentre outros.

A doutrina do direito privado tem-se referido, contudo, aos chamados direitos da personalidade, que seriam um conjunto de direitos sobre o modo de ser, físico e moral, da pessoa, ou seja, direitos "reconhecidos ao homem, tomado em si mesmo e em suas

---

1295. Cf. Ellen Alderman, Caroline Kennedy, *The Right to Privacy*.
1296. Nesse sentido: José Afonso da Silva, *Curso de Direito Constitucional Positivo*, 8. ed., p. 188.

projeções na sociedade"[1297]. Há, portanto, uma grande área comum com o que vem designado, aqui, como direito à privacidade.

Em tema de direito à privacidade, *lato sensu*, cumpre ressaltar a edição da Lei n. 13.709/18, que representa um importante marco sobre a proteção de dados pessoais, com impacto direto na tutela da intimidade, imagem e honra. A Lei disciplina o tratamento de dados pessoais, seja por pessoas naturais, seja por pessoas jurídicas. A Lei introduz as hipóteses nas quais se pode admitir o tratamento de dados pessoais considerados sensíveis, assim considerado aquele "dado pessoal sobre origem racial ou étnica, convicção religiosa, opinião política, filiação a sindicato ou a organização de caráter religioso, filosófico ou político, dado referente à saúde ou à vida sexual, dado genético ou biométrico, quando vinculado a uma pessoa natural" (art. 5º, inc. II, da Lei).

2. DIREITO À INTIMIDADE

A expressão "direito à intimidade" costumava ser empregada como sinônima da expressão "direito à privacidade".

Segundo René Ariel Dotti, a intimidade é "a esfera secreta da vida do indivíduo na qual este tem o poder legal de evitar os demais"[1298].

Significa a intimidade tudo quanto diga respeito única e exclusivamente à pessoa em si mesma, a seu modo de ser e de agir em contextos mais reservados ou de total exclusão de terceiros.

Tem sido utilizada a ideia de camadas para representar a diferença entre a intimidade e a vida privada[1299]. Assim, a intimidade seria a camada ou esfera mais reservada, cujo acesso é de vedação total ou muito restrito, geralmente para familiares. Já a vida privada estará representada por uma camada protetiva menor, embora existente. Muitos podem ter acesso, mas isso não significa a possibilidade de divulgação irrestrita, massiva, ou a desnecessidade de autorização.

Câmeras de alto alcance têm penetrado na intimidade de pessoas famosas, revelando seus segredos, suas particularidades, enfim, tudo aquilo que diz respeito à liberdade do ser humano em gozar de privacidade. Jornais sensacionalistas chegam mesmo a incentivar essa atividade, pagando volumosas quantias por fotos ou imagens que flagrem celebridades em seu recolhimento privado.

Há, em função disso, uma avalanche de processos judiciais, tanto na órbita civil quanto na criminal, para cobrar as responsabilidades daqueles que se dedicam à violação da intimidade das pessoas ou que subsidiem tal atividade.

1297. Carlos Alberto Bittar Filho, *In*: Carlos Alberto Bittar e Carlos Alberto Bittar Filho, *Tutela dos Direitos da Personalidade e dos Direitos Autorais nas Atividades Empresariais*, p. 9-10. São mencionados, pelo autor, dentre os direitos à personalidade: direitos à vida, integridade física, ao corpo, a partes do corpo, ao cadáver, à imagem, à voz, à liberdade (*lato sensu*), à intimidade, à integridade psíquica, ao segredo, à identidade, à honra, à dignidade e às criações intelectuais.

1298. René Ariel Dotti, *Proteção da Vida Privada e Liberdade de Informação*, p. 69.

1299. Cf. Vânia Siciliano Aieta, *A Garantia da Intimidade como Direito Fundamental*, p. 102 e s.

Observe-se, contudo, que tanto aqui como no direito à vida privada, honra e imagem, tem-se uma tutela que é disponível, "cujo exercício e defesa está na área da autonomia privada (...) Não pode ser retirada à própria pessoa do sujeito, e reservada ao Estado, a principal iniciativa e impulso da tutela da personalidade de cada um"[1300].

3. INVIOLABILIDADE DE DOMICÍLIO

Segundo dispõe a Constituição no art. 5º, XI, "a casa é asilo inviolável do indivíduo, ninguém nela podendo penetrar sem consentimento do morador (...)".

A casa é, nesse sentido, um local a ser respeitado como "sagrada manifestação da pessoa humana"[1301].

Fica assegurado à pessoa um local dentro do qual pode exercer livremente sua privacidade, sem que seja importunado ou tenha de expor-se, em seu comportamento, ao conhecimento público. Engloba, ainda, a liberdade de conviver sob um mesmo teto com sua família (ascendentes e descendentes) e a liberdade de relação sexual, denominada intimidade sexual (entre o casal), e, dada a amplitude com que tem sido aceita, a liberdade de exercer sua profissão.

Assim, acentua-se que o termo "casa" tem significado em parte diverso daquele que lhe confere a linguagem comum, ou até mesmo o Direito Privado. Para fins constitucionais, conforme o entendimento do Supremo Tribunal Federal, considera-se domicílio todo local delimitado que seja ocupado por alguém com exclusividade (não aberto ao público), a qualquer título. Entende-se que a relação estabelecida entre a pessoa e o espaço que ocupa implica uma expressão da própria personalidade, que há de ser resguardada em função da vida privada da pessoa.

Assim, em verdadeira aplicação analógica da proteção conferida pela Constituição, o Supremo Tribunal Federal entendeu que também os locais em que se exerce a profissão fazem jus ao benefício constitucional de proteção da privacidade.

Oferece o fundamento dessa compreensão larga do instituto o Ministro ILMAR GALVÃO: "esse amplo sentido conceitual da noção jurídica de 'casa' revela-se plenamente consentâneo com a exigência constitucional da proteção à esfera de liberdade individual e de privacidade pessoal (*RT*, 214/409; *RT*, 467/385; *RT*, 635/341). É por essa razão que a doutrina — ao destacar o caráter abrangente desse conceito jurídico — adverte que o princípio da inviolabilidade estende-se ao espaço em que alguém exerce, com exclusão de terceiros, qualquer atividade de índole profissional (Pontes de Miranda, *Comentários à Constituição de 1967 com a Emenda n. 1 de 1969*, tomo V/187, 2. ed./2. tir., 1974, RT; José Cretella Júnior, *Comentários à Constituição de 1988*, v. I/261, item n. 150, 1989, Forense Universitária; Pinto Ferreira, *Comentários à Constituição Brasileira*, v. 1/82, 1989, Saraiva; Manoel Gonçalves Ferreira Filho, *Comentários à Constituição Brasileira de 1988*, v. 1/36-7, 1990, Saraiva; Carlos

---

1300. Pedro Pais de Vasconcelos, *Direito da Personalidade*, p. 48.

1301. José Afonso da Silva, *Curso de Direito Constitucional Positivo*, p. 189.

Maximiliano, *Comentários à Constituição Brasileira*, v. III/91, 1948, Freitas Bastos; Dinorá Adelaide Musetti Grotti, *Inviolabilidade do Domicílio na Constituição*, p. 70-78, 1993, Malheiros, v. g.)"[1302].

E há ainda quem vá mais longe na conceituação do instituto. Segundo opinião de CELSO BASTOS, ter-se-ia como "um prolongamento da vida particular a atividade levada a efeito em clubes recreativos e de lazer. *São verdadeiros prolongamentos da casa tradicional*, que, por já não poder contar, como outrora, com áreas próprias à recreação e ao esporte, conduz necessariamente o indivíduo para formas associativas cujo fim entretanto remanesce o mesmo: o de reforçar as comodidades ao seu alcance nos momentos de ócio e de lazer"[1303].

A proteção constitucional é deferida não apenas em face do Estado, mas igualmente dos demais particulares. Há, inclusive, para estes, a figura delituosa tipificada no art. 150 do Código Penal, que incrimina a conduta de "entrar ou permanecer, clandestina ou astuciosamente, ou contra a vontade expressa ou tácita de quem de direito, em casa alheia ou em suas dependências".

Em seu § 4º, o artigo acima mencionado arrola as hipóteses em que se admite a proteção, em plena sintonia com a jurisprudência do Supremo Tribunal Federal, ao elencar: "I — qualquer compartimento habitado; II — aposento ocupado de habitação coletiva; III — compartimento não aberto ao público, onde alguém exerce profissão ou atividade".

A Constituição, contudo, reconhece peremptoriamente que referido direito não é absoluto. Assim, estabelece que se resguarda a inviolabilidade "salvo em caso de flagrante delito ou desastre, ou para prestar socorro, ou, durante o dia, por determinação judicial".

Assim, a proteção constitucional do domicílio não se presta a servir de escudo para garantir a prática de crimes que em seu interior sejam eventualmente praticados.

No julgamento do Recurso Extraordinário n. 86926-PR, de natureza penal, o Supremo Tribunal Federal decidiu, por votação unânime de sua segunda turma, que "A casa é o asilo inviolável do indivíduo, porém não pode ser transformada em garantia de impunidade de crimes que em seu interior se praticam. Os agentes policiais podem ser testemunhas e são presumidamente idôneos por exercerem função pública de relevante interesse social"[1304].

É sob essa ótica que se deve compreender as palavras de CELSO RIBEIRO BASTOS: "(...) é forçoso reconhecer que deixou de existir a possibilidade de invasão por decisão de autoridade administrativa, de natureza policial ou não.

"Perdeu portanto a Administração a possibilidade da autoexecutoriedade administrativa; mesmo em caso de medidas de ordem higiênica ou de profilaxia e combate às doenças infectocontagiosas, ainda assim é necessário uma ordem judicial para invasão.

1302. STF — Ação Penal n. 307-3-DF, Serviço de Jurisprudência do STF, Ementário n. 1804-11.
1303. Celso Ribeiro Bastos, *Curso de Direito Constitucional*, 20. ed., p. 195 — original não grifado.
1304. *RTJ*, v. 84, 1, p. 302 — rel. Min. Cordeiro Guerra. No mesmo sentido, *RTJ*, v. 84, p. 302.

É óbvio contudo que estas decisões haverão de ser proferidas dentro do maior informalismo processual concebível"[1305].

Em síntese, pode-se afirmar que a invasão administrativa só é admitida no caso de flagrante de crime ou para prestar socorro, ou no caso de desastre, ou, durante o dia, mediante mandado judicial.

Recentemente, o STF, no julgamento do Recurso Extraordinário 603616, com repercussão geral reconhecida, firmou tese acerca do ingresso sem mandado judicial, admitindo que "a entrada forçada em domicílio sem mandado judicial só é lícita, mesmo em período noturno, quando amparada em fundadas razões, devidamente justificadas *a posteriori*, que indiquem que dentro da casa ocorre situação de flagrante delito, sob pena de responsabilidade disciplinar, civil e penal do agente ou da autoridade e de nulidade dos atos praticados". A divergência foi bem apresentada pelo Min. Marco Aurélio de Mello: "O próprio juiz só pode determinar a busca e apreensão durante o dia, mas o policial então pode — a partir da capacidade intuitiva que tenha ou de uma indicação —, ao invés de recorrer à autoridade judiciária, simplesmente arrombar a casa?". Por isso que a tese fixada pelo STF deve ser aplicada com o máximo rigor quanto à fundamentação *a posteriori* (que muitas vezes ocorre devido à urgência das circunstâncias fáticas, e não pode como livre escolha da autoridade policial), pois não se pode considerar a tese fixada como a eliminação desta importantíssima e prosaica garantia do cidadão contra a sempre ameaçadora atuação arbitrária do Estado.

Aqui, há que aquilatar a compatibilidade de dispositivo do Código Penal com a Constituição quando, conferindo interpretação ao conceito constitucional, exclui expressamente de sua esfera de proteção "hospedaria, estalagem ou qualquer habitação coletiva, enquanto aberta", salvo o aposento ocupado de habitação coletiva (§ 5º do art. 150). Ao que parece, não se trata de restringir a amplitude de um direito individual fundamental, o que tornaria a lei, no caso, incompatível com a Constituição. Trata-se, sim, de explicitar o conceito para deixar claro que os locais de acesso comum, vale dizer, abertos ao público, não encontram guarida na proteção constitucional.

Valioso o magistério, neste ponto, de NÉLSON HUNGRIA, quando esclarece que "A ressalva final do inciso I deixa claro que só estão à margem da proteção penal os lugares de uso comum nas hospedarias, estalagens ou habitações coletivas. E a exclusão só persiste enquanto tais lugares estejam abertos, não vedados ao acesso de estranhos. (...)

"(...) casa que, para este ou aquele fim, é franqueada a *tout passant*, sem escrúpulo ou seleção. Advirta-se, entretanto, que, se na taverna, casa de jogo *et similia*, há compartimentos reservados ao exclusivo uso doméstico do *dominus* e sua família, são eles invioláveis"[1306].

Por fim, cumpre averiguar a extensão dos poderes do Ministério Público neste particular. Aqui, o Estatuto do Ministério Público (Lei Complementar n. 75, de 20-5-1993), em seu art. 7º, é claro ao dispor que poderá o Ministério Público "VI — ter livre

---

1305. Celso Ribeiro Bastos e Ives Gandra da Silva Martins, *Comentários à Constituição do Brasil*, v. 2, p. 68.

1306. Nélson Hungria, *Comentários ao Código Penal*, v. 6, p. 225-6.

acesso a qualquer local público ou privado, respeitadas as normas constitucionais pertinentes à inviolabilidade do domicílio".

Com relação ao período durante o qual se admite que a autoridade, munida de mandado judicial[1307], possa adentrar a casa do particular, é preciso esclarecer a referência constitucional imposta, de que isso ocorra "durante o dia". É tarefa árdua, na medida em que, objetivamente falando, sempre haverá um período a cujo respeito o considerar parte do dia ou da noite será extremamente difícil.

Segundo José Afonso da Silva, "dia" é o período que vai das 6 horas da manhã até as 18 horas, vale dizer, tratar-se-ia de período preciso de tempo.

Já Celso de Mello[1308] entende que há de aplicar-se o critério físico-astronômico, ou seja, considerar-se dia o intervalo de tempo que se situe entre a aurora e o crepúsculo, proposta que, ao contrário daquela de José Afonso da Silva, implica considerar as particularidades de cada caso em especial.

Realizando uma síntese, Celso Bastos anota com muita prudência que há que atentar para algumas hipóteses que implicam uma apreciação conjunta das duas propostas. Assim, "Se por qualquer razão há uma mutação da hora oficial, haverá necessidade também de alterar-se a definição horária do que seja dia e noite. Será sempre inconstitucional uma invasão feita quando já não houver luminosidade solar, ainda que por invocação de uma hora oficial se possa concluir ser dia"[1309].

Alexandre de Moraes, apesar de propor a "aplicação conjunta de ambos os critérios", até mesmo para alcançar "a finalidade constitucional de maior proteção ao domicílio", admite "a possibilidade de invasão domiciliar com autorização judicial, mesmo após as 18 horas"[1310].

Em homenagem a uma interpretação que confirma a maior eficácia possível aos direitos fundamentais, não cabe admitir execução de medida judicial, ainda que após as 18 horas, nos casos de não ser ainda noite sensorialmente falando, como ocorre com muita frequência dentro do chamado horário de verão, ou impedir a execução dessa medida, no princípio do dia, ainda que após as 6 horas da manhã, nos casos de ainda não ter nascido o Sol, em virtude de alteração oficial do horário. Essa a aplicação mais coerente com a tese da incidência conjunta dos critérios anteriormente indicados. De resto, é totalmente insustentável uma teoria que permita ingressar no domicílio durante um período superior a 50% das 24 horas. Logo, o critério da luminosidade solar é inadequado, se aplicado isoladamente, porque geraria, como bem anota Walber de Moura Agra, uma arbitrariedade e insegurança não desejáveis. Assim, inadmissível a regra do Código de Processo Civil (art. 172), dirigida para a prática de atos processuais, a admiti-la das seis da manhã às oito horas da noite, quando envolver o ingresso no domicílio do indivíduo.

1307. Pode-se falar, atualmente, de verdadeira "reserva de jurisdição" no particular. Nesse sentido: Rubens Bertolo, *Inviolabilidade do Domicílio*, p. 144.

1308. Celso de Mello, *Constituição Federal Anotada*, p. 335. Nesse sentido: Dinorá Musetti Grotti, *Inviolabilidade do Domicílio na Constituição*, p. 114.

1309. Celso Ribeiro Bastos e Ives Gandra da Silva Martins, *Comentários à Constituição do Brasil*, v. 2, p. 69.

1310. Alexandre de Moraes, *Direitos Humanos Fundamentais*, p. 145.

Esse posicionamento fica mais adequado complementando-se com a lição de LUIZ ALBERTO DAVID ARAUJO e VIDAL SERRANO NUNES: "O constituinte, na verdade, traçou um limite para o legislador infraconstitucional que pretendesse conceituar dia e noite, no sentido de que o 'dia' não ultrapasse doze horas, de forma que o período protegido (noite) mantenha no mínimo, também doze horas. (...) Por esse raciocínio, o 'dia' poderia ser definido como um período de menos de doze horas, pois, nesta hipótese, estaríamos protegendo mais a noite, momento em que há garantia constitucional. Não estaria, dessa maneira, havendo violação da proteção constitucional pelo legislador infraconstitucional"[1311]. Esta é a interpretação concretista mais precisa do dispositivo, que não o reduz a apenas um período invariável (das 6h às 18h) e invariável (necessariamente um período máximo de 12 horas para a noite).

4. SIGILO DAS COMUNICAÇÕES

Determina a Constituição Federal, no inciso XII do art. 5º, que "é inviolável o sigilo da correspondência e das comunicações telegráficas, de dados e das comunicações telefônicas (...)".

O sigilo da correspondência relaciona-se também com a liberdade de expressão e de comunicação do pensamento (inc. IV do art. 5º). Mas é só por meio do sigilo da correspondência que se assegura a proteção de informações pessoais, da intimidade das pessoas, e que diz respeito apenas àqueles que se correspondem.

Assim como no caso da inviolabilidade de domicílio, também aqui a Constituição abriu exceção ao sigilo das comunicações, averbando que o sigilo das comunicações telefônicas fica afastado "por ordem judicial, nas hipóteses e na forma que a lei estabelecer para fins de investigação criminal ou instrução processual penal".

De outra parte, como já se acentuou aqui, não há liberdade pública que seja absoluta em seus termos. Nesse sentido, admite-se que haja também a interceptação das correspondências e das comunicações telegráficas e de dados, sempre que a proteção constitucional seja invocada para acobertar a prática de ilícitos[1312]. Assim, é perfeitamente constitucional o disposto no art. 1º da Lei n. 9.296/96, em seu parágrafo único, ao permitir a quebra do sigilo de qualquer das modalidades contempladas no inciso XII do art. 5º da Constituição. É este, igualmente, o entendimento de LENIO LUIZ STRECK[1313], para quem a interceptação pode dizer respeito a qualquer espécie de comunicação, ainda que pela via informática. Para o autor, a Constituição autoriza a interceptação, sempre, do que já se chamou de "informes de tráfego". Não se pode concordar com VICENTE GRECO FILHO[1314], para quem a possibilidade (constitucional) de quebra do sigilo refere-se apenas às comunicações telefônicas.

1311. Luiz Alberto David Araujo e Vidal Serrano, *Curso de Direito Constitucional*, 6. ed., p. 117. Encampando essa tese e admitindo que o legislador possa fixar os respectivos períodos: Rubens Bertolo, *Inviolabilidade do Domicílio*, p. 149.

1312. No sentido do texto: *RT*, 709/418, rel. Min. Celso de Mello, HC 70.814-5/SP, STF-1ª Turma.

1313. *As Interceptações Telefônicas e os Direitos Fundamentais*, p. 47.

1314. *Interceptação Telefônica*, p. 10.

É por isso que há a previsão, no Estatuto do Ministério Público, da competência deste (art. 6º) para "XVIII — representar: *a*) ao órgão judicial competente para quebra do sigilo da correspondência e das comunicações telegráficas, de dados e das comunicações telefônicas, para fins de investigação criminal ou instrução processual penal, bem como manifestar-se sobre representação a ele dirigida para os mesmos fins".

4.1. Sigilo da correspondência

O Código de Processo Penal, em seu art. 240, § 1º, *f*, determina que poderá haver busca domiciliar para "apreender cartas, abertas ou não, destinadas ao acusado ou em seu poder, quando haja suspeita de que o conhecimento do seu conteúdo possa ser útil à elucidação do fato".

4.2. Sigilo das comunicações telefônicas

4.2.1. Interceptações telefônicas

Há possibilidade de interceptar as comunicações telefônicas, obedecidas as seguintes condições, impostas pela própria Constituição Federal: 1) ordem judicial; 2) para fins de investigação criminal ou de instrução processual penal; e 3) nas hipóteses e na forma que a lei estabelecer.

A lei que regula a atividade de interceptação é, atualmente, a Lei n. 9.296, de 24 de julho de 1996 (com as alterações promovidas pela Lei 13.964/2019). Antes da edição dessa lei, e já após a Constituição, controvertia-se acerca da utilização do então Código de Telecomunicações (Lei n. 4.177/62) como a lei exigida pela Constituição. O Supremo Tribunal Federal[1315] firmou sua orientação assentando que não havia sido recepcionado o art. 57, II, *e*, do referido Código, ficando, consequentemente vedada qualquer espécie de interceptação telefônica até que não fosse editada a legislação pertinente, a que fazia referência a Constituição.

Essa lei exige que a autorização seja feita pelo juiz competente para o conhecimento da ação principal, e sob segredo de justiça. Assim, como bem lembra LENIO LUIZ STRECK: "No caso de o investigado ser juiz, somente o Presidente do Tribunal é que pode autorizar a escuta, ocorrendo a mesma situação nos casos de membros de Ministério Público e deputados estaduais; já no caso de Governador do Estado, quem pode autorizar a interceptação é o Presidente do Superior Tribunal de Justiça"[1316]. Requer ainda que haja *fumus boni iuris* da autoria ou da participação em infração penal. Impede a interceptação quando para a prova judicial for possível se valer de outros meios menos gravosos. Nesse sentido, esclarece ANTÔNIO MAGALHÃES GOMES FILHO como identificar a inafastabilidade da interceptação: "(...) diante da forma de execução do

---

1315. STF, HC 69.912-0/RS, Plenário, rel. Min. Sepúlveda Pertence, maioria, *DJU*, 26 nov. 1993, p. 25531-2.

1316. *As Interceptações Telefônicas e os Direitos Fundamentais*, p. 43.

crime, da urgência na sua apuração, ou então, da excepcional gravidade da conduta investigada, a ponto de justificar-se a intromissão"[1317].

Ademais, só se admite a interceptação para casos referentes a crimes punidos com a reclusão. Neste passo, estabeleceu-se crise na doutrina, sobre a pertinência da limitação. É que, de uma parte, talvez o legislador se tenha excedido, porque a própria Constituição já indica determinadas espécies de crimes considerados mais graves (hediondos). De outra parte, algumas modalidades delituosas requerem necessariamente a interceptação, por sua natureza, como o crime de ameaça cometido via telefônica. Para NELSON NERY JUNIOR seria perfeitamente possível, em tal situação, que o juiz admitisse essa interceptação para provar o crime. Isso, contudo, não seria possível na visão de LENIO STRECK[1318].

A interceptação pode ser determinada pelo juiz, *ex officio*, ou a requerimento da autoridade policial (no caso da investigação criminal apenas), ou ainda a requerimento do representante do Ministério Público (tanto durante a investigação policial quanto no curso do processo judicial).

É preciso que haja a descrição precisa e clara dos fatos, sob investigação, a serem apurados.

Uma vez que a interceptação seja requerida, o magistrado passa a ter o prazo máximo de 24 horas para decidir. Em sua decisão deverá o juiz indicar como se executará a diligência da interceptação, que terá vigência máxima de quinze dias, prorrogável por uma única vez.

A autorização e o processamento deverão correr em autos apartados, de molde a garantir o sigilo das diligências e do conteúdo das interceptações. Para a diligência deverá a autoridade policial valer-se dos serviços técnicos da concessionária do serviço público de comunicações.

Esse sigilo absoluto do processo de interceptação encontra-se de acordo com a Constituição, no inciso LX do art. 5º. É a posição sustentada também por LENIO LUIZ STRECK[1319].

A lei aplica-se, ainda, ao fluxo de dados em sistemas de informática e de telemática.

É constitucional o disposto nos arts. 13-A e 13-B do Código de Processo Civil, de acordo com o entendimento majoritário firmado na ADI 5.642, de relatoria do Min. EDSON FACHIN, do Supremo Tribunal Federal. Nesse sentido, é permitido aos Delegados de Polícia e membros do Ministério Público requisitar, sem autorização judicial, o repasse de dados cadastrais a operadoras de celular. Tal autorização, no entanto, está circunscrita às investigações de crimes graves. Dessa forma, a inviolabilidade do sigilo das comunicações será afastada em casos de investigação sobre cárcere privado, tráfico de pessoas, extorsão mediante sequestro, entre outros.

1317. Antonio Magalhães Gomes Filho, A Violação do Princípio da Proporcionalidade pela Lei n. 9.296/96, *Boletim IBCCrim*, ago. 1996, n. 45, p. 14; José Afonso da Silva, *Curso de Direito Constitucional Positivo*, p. 191.

1318. *As Interceptações Telefônicas e os Direitos Fundamentais*, p. 57.

1319. *As Interceptações Telefônicas e os Direitos Fundamentais*, p. 44.

Por outro lado, especificamente no processo eleitoral, a gravação ambiental clandestina é considerada prova ilícita, quando colhida sem autorização judicial e com violação da privacidade e da intimidade dos interlocutores, ainda que realizada por um dos participantes, porém sem o conhecimento dos demais, nos termos do entendimento majoritário firmado no RE 1.040.515, de relatoria do Min. DIAS TOFFOLI. Não será ilícita essa gravação, portanto, se ocorrida em local público, desprovido de qualquer controle de acesso, como é o caso de praças e vias públicas e, geralmente, de parques públicos. Em suas razões, o Tribunal entende que, na seara do processo eleitoral, essas "balizas são as que mais se harmonizam com a lisura e a moralidade que devem nortear os atores envolvidos na arena política e visam a expurgar práticas desleais e perniciosas guerras jurídicas, largamente difundidas como *lawfare*, principalmente em face de uma realidade de acirradas disputas eleitorais". Essa tese passa a ser obrigatória a partir das eleições de 2022, sem prejuízo da manutenção do entendimento igualmente restritivo do TSE para as eleições anteriores.

4.3. Sigilo de dados

Ao lado da comunicação telefônica, a Constituição coloca a comunicação de dados, objeto de sua tutela específica, decorrente do direito à privacidade.

O sigilo das comunicações de dados é nota introduzida no ordenamento constitucional brasileiro a partir da Constituição de 1988.

Discorda-se, no particular, das posições adotadas por LENIO LUIZ STRECK[1320] e SCARANCE FERNANDES, para quem os dados estariam protegidos pelo sigilo *absoluto*.

O aspecto da comunicação de dados que mais importância assume no contexto atual diz respeito aos dados bancários e aos dados fiscais.

Dados bancários estão, em geral, a cargo de empresas privadas, salvo os casos de instituições financeiras estatais (estaduais ou federais), que, contudo, regem-se pelo regime jurídico próprio da iniciativa privada (art. 173, § 1º), por revestirem a característica de sociedade de economia mista dedicada à exploração da atividade econômica e sujeitas que estão aos riscos de mercado, em paridade de condições com as demais entidades privadas do setor.

Já o caso de dados fiscais consubstanciam um conjunto de elementos que se encontra, a princípio, em poder de entidades públicas, como a Receita Federal e o Conselho de Ética da Presidência da República, quanto às autoridades da alta Administração Pública federal (ministros e diretores).

Embora os dados bancários e fiscais circulem por meio de correspondências, físicas ou digitais, a proteção constitucional não se cinge unicamente a esse aspecto. Entender dessa maneira seria tornar inócua e supérflua a parte do dispositivo que se refere à comunicação de dados. Esta, portanto, quando viabilizada por meio dos correios, está amparada pelo sigilo da correspondência.

1320. *As Interceptações Telefônicas e os Direitos Fundamentais*, p. 48.

O que a Constituição pretende é, neste caso, ir além, para emprestar caráter sigiloso aos próprios dados comunicados, pelo particular, ao Estado ou às instituições bancárias, que não devem ser compartilhados amplamente e sem autorização judicial, nem mesmo com outras entidades públicas ou mesmo com o Ministério Público.

Não quero, com isso, estabelecer que o sigilo desses dados seja absoluto, porque não o é. Há, em primeiro, a exclusão da tutela constitucional daqueles casos que envolvem verbas públicas. Em segundo lugar, desde que com autorização judicial, e amparada em suficiente motivação, a quebra do sigilo dos dados é sempre admissível. Mas é inadmissível que se quebre o sigilo e se violem as garantias constitucionais de salvaguarda dos dados para, em momento seguinte, em virtude de identificação de possível desvio da vítima, legitimar os atos adotados inicialmente. Apenas fora do Estado de Direito e em um Estado policialesco é que se tolerariam essas práticas de racionalidade invertida em relação à presunção de inocência das pessoas e em relação à própria ideia de direitos humanos, engendrados exatamente como limites à atuação do Estado Leviatã.

Assim, quanto àquele primeiro aspecto, vale dizer, quando se trata de dinheiro ou verba pública, dado o caráter aberto que se exige da atuação da Administração Pública, poderá o Ministério Público requisitar diretamente às instituições financeiras os dados que estejam em seu poder. E isso com duplo fundamento: poder de requisição conferido ao Ministério Público e dever de publicidade dos atos públicos, conforme reconheceu o próprio Supremo Tribunal Federal.

O art. 129, VI, da Constituição Federal comete ao Ministério Público o poder de requisitar, mediante notificação, as informações e documentos para instruir os procedimentos administrativos de sua competência. A única exigência constitucional é que esse poder seja regulado em lei complementar. No que se refere ao Ministério Público, essa lei já existe. Trata-se da Lei Complementar n. 75, de 20 de maio de 1993, que em seu art. 8º declara: "Art. 8º Para o exercício de suas atribuições, o Ministério Público da União poderá, nos procedimentos de sua competência: (...) II — requisitar informações, exames, perícias e documentos de autoridades da Administração Pública direta ou indireta; (...) IV — requisitar informações e documentos a entidades privadas; (...) VIII — ter acesso incondicional a qualquer banco de dados de caráter público ou relativo a serviço de relevância pública; IX — requisitar o auxílio de força policial.

"§ 2º Nenhuma autoridade poderá opor ao Ministério Público, sob qualquer pretexto, a exceção de sigilo, sem prejuízo da subsistência do caráter sigiloso da informação, do registro, do dado ou do documento que lhe seja fornecido.

"§ 3º A falta injustificada e o retardamento indevido do cumprimento das requisições do Ministério Público implicarão a responsabilidade de quem lhe der causa".

Mas há também a contrapartida desse poder, expressa no mesmo dispositivo: "§ 1º O membro do Ministério Público será civil e criminalmente responsável pelo uso indevido das informações e documentos que requisitar; a ação penal, na hipótese, poderá ser proposta também pelo ofendido, subsidiariamente, na forma da lei processual penal".

Nos demais casos, vale dizer, quando não se trate de dados referentes a bens ou dinheiro público, sob responsabilidade direta de bancos, há de aplicar-se a legislação financeira. Segundo o disposto no art. 192, deverão sobrevir leis complementares que estruturem e regulem o sistema financeiro nacional. Na falta dessa legislação, contudo, vige, ainda, a Lei n. 4.595, de 1964, recepcionada pela norma constitucional, e que impunha, como pressuposto à violação do sigilo, ainda que solicitada a quebra pelo Ministério Público, a apreciação preliminar do Judiciário, que verificará a necessidade ou não da medida. Nesse sentido, decidiu o Supremo Tribunal Federal: "Inexistentes os elementos de prova mínimos de autoria de delito, em inquérito regularmente instaurado, indefere-se o pedido de requisição de informações que implica quebra do sigilo bancário"[1321].

Com o advento da Lei Complementar n. 105/2001, porém, revogou-se o dispositivo desta lei, o art. 38, § 1º, que determinava a necessidade de a quebra do sigilo ser ordenada pelo Poder Judiciário. No art. 6º da indigitada Lei Complementar concedeu-se, às autoridades e aos agentes fiscais tributários, a possibilidade de imiscuírem-se em dados financeiros, na hipótese de existir processo administrativo instaurado ou procedimento fiscal em curso e, cumulativamente, ser esta medida indispensável. O Supremo Tribunal Federal, ao realizar o julgamento conjunto das ADIns 2.390, 2.386, 2.397 e 2.859 e do Recurso Extraordinário 601.314, em 24 de fevereiro de 2016, entendeu que esse dispositivo não viola a Constituição do Brasil, sendo vencidos os Ministros MARCO AURÉLIO e CELSO DE MELLO.

Mas, ao decidir pela constitucionalidade a Lei Complementar n. 105/2001 em 2016, no julgamento dessas ações diretas de inconstitucionalidade, o STF deixou assentado que o compartilhamento de dados bancários diz respeito a dados "genéricos", ou seja, deve se restringir a nominar os titulares das operações e os respectivos montantes, mas em termos globais movimentados. Não se pode acessar dados sobre origem ou natureza dos gastos.

As circunstâncias ensejadoras da necessidade de quebra do sigilo encontram-se arroladas no art. 3º do Decreto n. 3.724/2001 (com alterações dos Decretos n. 6.104/2007 e 8.303/2014). Com o Decreto n. 4.489/2002 ampliaram-se, ainda mais, as hipóteses de circulação de dados sensíveis do cidadão e de empresas. Por meio desse ato regulamentar, as instituições financeiras estão impelidas a comunicar à Secretaria da Receita Federal do Ministério da Fazenda os casos em que o montante global mensalmente movimentado ultrapassar, para pessoa física, o valor de R$ 5.000,00 e, para pessoa jurídica, o valor de R$ 10.000,00.

Por fim, vale lembrar que em 2020 foi aprovada a Lei Complementar n. 13.974/20 que trata, da reestruturação do Conselho de Controle de Atividades Financeiras (COAF). O COAF dispõe de autonomia técnica e operacional, atuando em todo território nacional e está vinculado ao Banco Central do Brasil. Seu objetivo é produzir e gerir informações de inteligência financeira para a prevenção e o combate à lavagem de dinheiro, ao financiamento do terrorismo e ao financiamento da proliferação de armas de destruição em massa e promover a interlocução institucional com órgãos e entidades

---

1321. Petição — Questão de Ordem n. 577, *DJ,* 23 abr. 1993, p. 6918, rel. Min. Carlos Velloso. Ver ainda RMS-15925, *RTJ,* 37/373, RE 71640, *RTJ,* 59/571, MS-1047, MS-2172, RE-94608, *RTJ,* 110/195.

nacionais, estrangeiros e internacionais que tenham conexão com a matéria. Fala-se em autonomia técnica e operacional, em invocação que se tornou corriqueira no Brasil, em diversos segmentos institucionais, e tem sido exacerbada em nome de interesses pessoais de alguns ocupantes do poder. Seja como for, ainda que com autonomia e objetivando perseguir importantes metas de interesse público, humanitário e ético, essas atividades e as informações delas resultantes devem ser geridas dentro dos estritos parâmetros constitucionais de proteção dos dados. Especialmente a presença da atividade de "interlocução" com entidades nacionais e, ainda, estrangeiras e internacionais, não pode jamais violar deveres de sigilo e, especialmente, ignorar ou desprezar os interesses econômicos estrangeiros envolvidos, que podem ser alinhados ao interesse nacional de combate à corrupção, mas propugnar por vias ou por uso de dados que são contrários ao Direito brasileiro, ao interesse nacional e à sociedade brasileira.

O Ministro Dias Toffoli, em decisão de 2019, suspendeu processos baseados em informações sensíveis dos cidadãos obtidas de maneira espúria e atentatória ao Estado Constitucional de Direito. Nos termos precisos de sua decisão, é preciso observar que há "balizas objetivas que os órgãos administrativos de fiscalização e controle, como o Fisco, o COAF e o BACEN, deverão observar ao transferir automaticamente para o Ministério Público, para fins penais, informações sobre movimentação bancária e fiscal dos contribuintes em geral, sem comprometer a higidez constitucional da intimidade e do sigilo de dados (art. 5º, X e XII, da CF)"[1322].

4.3.1. Compartilhamento de dados

Em abril de 2020, o Poder Executivo federal apresentou a Medida Provisória n. 954 com vistas ao compartilhamento de dados dos usuários de empresas de telecomunicações com a Fundação Instituto Brasileiro de Geografia e Estatística (IBGE). A Medida Provisória n. 954/2020 foi alvo de ações diretas de inconstitucionalidade propostas pelo Conselho Federal da Ordem dos Advogados do Brasil – OAB (ADI 6.387), pelo Partido da Social Democracia Brasileira – PSDB (ADI 6.388), pelo Partido Socialista Brasileiro – PSB (ADI 6.389), pelo Partido Socialismo e Liberdade – PSOL (ADI 6.390) e pelo Partido Comunista do Brasil – PCB (ADI 6.393). Dentre os argumentos apresentados pelos Requerentes, destaca-se um elemento principal de compreensão do tema: a finalidade genérica de obtenção de dados pessoais. A pretensão da medida provisória era a de que as operadoras de telefonia encaminhassem imediatamente ao IBGE uma relação de nomes de seus usuários e consumidores, pessoas físicas ou jurídicas, seus números de telefone e respectivos endereços.

A ADI 6.387, proposta pelo Conselho Federal da OAB, por exemplo, arguiu, fundamentalmente, a existência de vícios de inconstitucionalidade formal, diante da ausência dos requisitos constitucionais para edição de medida provisória, isto é, relevância e urgência (art. 62, *caput*, da CB), bem como inconstitucionalidade material, por violação direta à Constituição em seus pressupostos de respeito à dignidade da pessoa

---

1322. Decisão monocrática proferida nos autos do RE n. 1.055.941.

humana (art. 1º, III, da CB), além das regras constitucionais de direito à inviolabilidade da intimidade, da vida privada, da autodeterminação e do sigilo de dados, previstas no art. 5º, X e XII, da CB. Para a OAB, a desarticulação desses elementos constitucionais caracterizou uma desproporcionalidade latente da medida provisória.

No julgamento da Medida Cautelar na ADI 6.387, a Ministra Relatora, ROSA WEBER, ao deferir a medida cautelar, destacou que a MP 954/2020 "exorbitou os limites traçados pela Constituição" e também salientou a ausência de delimitação dos objetivos quanto ao uso dos dados para produção de dados estatísticos, ante a ausência da finalidade específica. Embora a alegada justificativa da edição da MP fosse a situação de emergência de saúde pública decorrente da pandemia da Covid-19, ainda assim era necessário considerar a compatibilidade desse objetivo (de obter, sem razões específicas, os dados sensíveis das pessoas) com a Constituição. Tive a oportunidade de apresentar Parecer, a pedido do CFOAB, acerca do tema e também identifiquei essa inconstitucionalidade. Outro elemento também foi analisado e que efetivamente merece ser tutelado pelo Estado brasileiro: "a ausência de garantias de tratamento adequado e seguro dos dados compartilhados", situação que confrontava a legislação subconstitucional sobre proteção de dados, que à época ainda não estava em vigor[1323], a Lei Geral de Proteção de Dados — LGPD, Lei n. 13.709/2018, mas cujas bases tocavam diretamente a privacidade e sigilo constitucionais.

Por maioria, em maio de 2020, o Plenário do STF referendou a MC, suspendendo a MP 954/2020. Embora essa medida provisória também tenha tido sua vigência encerrada em agosto de 2020, ela trouxe ao debate constitucional importantes reflexões sobre a Era Digital.

No que nos compete ao estudo do Direito Constitucional, tenho me manifestado pela necessidade de cautela frente a uma crise de paradigmas decorrente do alto grau de disrupção já provocado (ou em vias de o ser) pelas novas tecnologias digitais, capazes de distorcer institutos jurídicos centrais da nossa sociedade. Nesse caso, o objeto "obtenção de dados pessoais" não trata apenas da obtenção de informação para análise estatística *per se*, mas do amplo espectro de possibilidades que alguns dados compartilhados sem a devida precaução podem criar e causar na vida das pessoas, coletiva e individualmente. A revolução dos dados está exatamente na possibilidade de sua utilização pelas plataformas globais para moldar comportamentos da sociedade (fenômeno que só se tornou possível com os avanços da inteligência artificial). Nesse sentido, os dados pessoais assumem uma magnitude que era desconhecida anteriormente ao fenômeno da digitalização da vida. Para um olhar desatento, isso talvez pareça um excesso de zelo, mas tenhamos em mente que o desrespeito ao sigilo de dados em massa pode gerar uma absoluta insegurança[1324] na vida da população,

---

1323. Com a sanção da MP 959/2020 pelo Presidente da República, a LGPD entrou em vigor em 17-9-2020. A vigência dos artigos da LGPD que disciplinam sanções administrativas teve início em agosto de 2021.

1324. "(...) um dado em si insignificante pode adquirir um novo valor: desse modo, não existem mais dados 'insignificantes' no contexto do processamento eletrônico de dados." Cf. Decisão do Tribunal Constitucional Federal alemão,

além da referida manipulação da sociedade, inclusive com efeitos deletérios e disruptivos diretos na Democracia como a conhecemos e a praticamos. Por isso falo de uma "civilização plataformizada"[1325], pois as dinâmicas da sociedade seguem reforçando uma ampla dependência tecnológica de todos em relação às plataformas globais, que continuam implantando algoritmos destinados a priorizar e maximizar seu modelo de negócios.

No âmbito da ADC 51, de relatoria do Ministro GILMAR MENDES, na qual se discutia a constitucionalidade de normas de cooperação jurídica internacional para obtenção de dados, o Supremo Tribunal Federal reconheceu, por maioria, acertadamente, que as autoridades nacionais podem requisitar dados e comunicações eletrônicas às empresas de tecnologia, nos casos de atividades de coleta e tratamento de dados no país, de posse ou controle dos dados por empresas com representação no Brasil e de crimes cometidos por indivíduos localizados em território nacional. Na ocasião, reconheceu-se que a controvérsia constitucional da ADC era mais ampla do que a declaração de validade do uso de cartas rogatórias e dos acordos MLAT (*Mutual Legal Assistance Treaty*) para fins de investigação criminal. Conforme se extrai do julgamento, as hipóteses de requisição direta previstas no art. 11 do Marco Civil da Internet e no art. 18 da Convenção de Budapeste "reafirmam os princípios da soberania e da independência nacional, concretizando o dever do Estado de proteger os direitos fundamentais e a segurança pública dos cidadãos brasileiros ou residentes no país".

4.3.2. Direito fundamental à proteção de dados pessoais

A EC n. 115, de 2022, incluiu a proteção de dados pessoais, inclusive nos meios digitais, entre os direitos e garantias fundamentais expressos na Constituição, positivando um direito fundamental que já vinha sendo reconhecido pelo Supremo Tribunal Federal por ocasião do julgamento da ADI 6.387 e que já estava regulamentado pela Lei Geral de Proteção de Dados Pessoais (Lei n. 13.709/2018). A referida Emenda também fixou a competência privativa da União para organizar, fiscalizar e legislar sobre a proteção e o tratamento de dados pessoais.

A previsão expressa do art. 5º, LXXIX, da Constituição do Brasil de 1988 encerra, ao lado de outros diplomas e princípios, o arcabouço jurídico-constitucional da proteção de dados pessoais na Era Digital, tutelando de maneira expressa elementos que integram as relações entre particulares e entre particulares e o Estado.

No recente julgamento conjunto da ADI 6649 e da ADPF 695, o Decreto n. 10.046/2019 recebeu interpretação conforme a Constituição, para exigir-se a motivação e a divulgação do compartilhamento de dados quando ocorra entre órgãos do Poder Público.

BVerfGE 65, 1, de 15/12/1983, no caso da Lei do censo (Volkszählung). In: Leonardo Martins, *Tribunal Constitucional Federal alemão*: decisões anotadas sobre direitos fundamentais, v. 1, p. 59.

1325. Cf. André Ramos Tavares, *A nova Matrix:* direito (re)programado na civilização plataformizada.

4.3.3. Proteção de dados e autodeterminação informativa

A Lei n. 13.709/18 (Lei Geral de Proteção de Dados Pessoais) estabeleceu, como um dos fundamentos da disciplina da proteção de dados pessoais, a autodeterminação informativa (art. 2º, II da LGPD).

No julgamento da ADI 6.387, o STF reconheceu que a proteção de dados pessoais e a autodeterminação informativa "são direitos fundamentais autônomos extraídos da garantia da inviolabilidade da intimidade e da vida privada e, consectariamente, do princípio da dignidade da pessoa humana." [1326].

A autodeterminação informativa é o "direito de cada indivíduo de determinar, com precisão, o uso que terceiros podem fazer dos seus dados pessoais, especialmente quando esses dados são tratados por ferramentas eletrônicas."[1327].

O reconhecimento de um direito fundamental à autodeterminação informativa deve ser compreendido como uma proteção mais ampla dos dados pessoais do que a mera proteção do sigilo de dados ou da privacidade. Em outras palavras, a proteção constitucional deixa de recair exclusivamente sobre o conteúdo dos dados pessoais e passa abarcar, também, o uso, o processamento e a finalidade da coleta desses dados por terceiros.

Nesse sentido, o Min. Gilmar Mendes, no julgamento da ADI 6.387, destacou que: "Essa abrangência da proteção atribuída ao direito de autodeterminação constitui importante chave interpretativa do âmbito de proteção do direito fundamental à proteção de dados pessoais, o qual não recai propriamente sobre a dimensão privada ou não do dado, mas sim sobre os riscos atribuídos ao seu processamento por terceiros."[1328].

Nessa linha de entendimento, a LGPD estabeleceu requisitos para o tratamento de dados pessoais por terceiros. Um desses requisitos é a garantia, ao titular dos dados pessoais, ao livre acesso às informações sobre o tratamento dos seus dados pessoais. Essas informações devem ser disponibilizadas de forma clara, adequada e ostensiva e devem conter, principalmente, a finalidade específica, a forma e a duração do tratamento dos dados (art. 9º, I e II da LGPD).

A finalidade desses requisitos legais é exatamente permitir que o indivíduo possa ter o controle sobre o uso que é feito dos seus dados pessoais.

Porém, ainda que a autodeterminação informativa seja um passo importante na tutela ampla dos dados pessoais, a dinâmica do Mundo digital segue desafiando o alcance dos direitos fundamentais. Falar de acesso sobre o uso e o processamento de dados pode ser insuficiente em face do uso absolutamente amplo e livre que fizeram as plataformas globais dos dados dos indivíduos para o fim de conceber o perfil, a imagem digital e, supostamente, a essência dos desejos de cada um de nós, por meio de algoritmos que, com outros elementos, já não mais se confundem com o dados originalmente utilizados.

1326. STF. ADI n. 6.387/DF, rel. Min. Rosa Weber, j. 07.05.2020, p. 55.

1327. Giovanni Ziccardi, Autodeterminazione informativa (diritto alla), *In*: Pierluigi Perri (org.), *Dizionario Legal Tech*, p. 71, tradução livre.

1328. STF. ADI n. 6.387/DF, rel. Min. Rosa Weber, j. 07.05.2020, pp. 108-109.

5. SEGREDO PROFISSIONAL

O segredo profissional assegura o titular da informação íntima de não vê-la divulgada por quem dela tomou conhecimento em virtude de sua profissão, como é o caso do advogado e do médico, dentre outros.

Há uma proibição dirigida a esses profissionais que não só os impede de divulgar a informação obtida como também lhes impõe o dever de zelar para que outros não tenham acesso a ela, quando se encontre em seu poder.

O segredo profissional é, por si só, uma exceção à possibilidade de interceptação telefônica. Assim, é inviável a interceptação da comunicação telefônica entre acusado e defensor, pois o segredo profissional integra, no caso, o devido processo legal.

Contudo, a inviolabilidade, no caso específico do advogado, tem de ser razoável. O Supremo Tribunal Federal já decidiu, a respeito, que a regra constante do novo Estatuto da Advocacia e da Ordem dos Advogados do Brasil que estendia a imunidade material dos advogados também aos casos de desacato era inconstitucional. Assim, suspendeu-se, liminarmente, a eficácia do dispositivo legal (art. 7º, § 2º, da Lei n. 8.906, de 4-7-1994). Seria o caso de imunidade que, a ser tão ampla quanto pretendeu o Estatuto referido, apenas prestaria um desserviço a tão nobre categoria, em franca violação, inclusive, ao princípio da igualdade, já que, no processo, nem mesmo promotores e juízes gozam de tal "prerrogativa".

6. VIDA PRIVADA

Não é tarefa simples a de distinguir a vida privada da intimidade. Pode-se dizer, basicamente, que a vida privada diz respeito ao modo de ser, de agir, enfim, o modo de viver de cada pessoa, em público ou perante o público. Em poucas palavras, importa em reconhecer que cada um tem direito a seu próprio estilo de vida. Diz respeito à sua atuação diuturna, sua atividade, o modo de conduzir sua vida em geral.

A vida de cada cidadão envolve seu relacionamento com o mundo externo e seu relacionamento privado, no seio da família, com amigos, e ainda o próprio comportamento individual da pessoa, em sua casa ou em outro local reservado.

A liberdade da vida privada envolve a possibilidade de realização da vida sem ser molestado com "flagrantes" e exposições indevidas, por terceiros, sem ser agredido pela bisbilhotice alheia. Isso implica a proibição, dirigida tanto à sociedade quanto ao Poder Público, de imiscuir-se na vida privada ou de divulgar esta ao público. Tal liberdade também impede que se preservem informações obtidas referentes única e exclusivamente à privacidade de cada um, obtidas de forma lícita ou ilícita. É que não há interesse, por parte do Estado, em registrar indefinidamente a vida privada de quem quer que seja, ainda que os dados recolhidos tenham sido obtidos licitamente (v. g., por meio de colheita de provas com autorização judicial). Excepciona-se, apenas, o caso de autorização em contrário da própria pessoa interessada.

Atualmente, o direito à vida privada tem sido minado de maneira fulminante com a disseminação da tecnologia, com a instalação de aparelhos registradores de imagens, de dados e até de sons, tanto por parte do setor privado quanto pelo Poder Público. O Estado tem utilizado cada vez mais o controle de imagens para fins de segurança pública. Esse controle, contudo, acaba interferindo na vida privada das pessoas.

A vida em sociedade exige o deslocamento público, a utilização de praças, logradouros públicos, locais públicos, como restaurantes, bibliotecas, museus, clubes etc. Em geral, isso é feito dentro de uma rotina dos cidadãos. A permanência das pessoas nesses espaços não pode ser confundida com inexistência de tutela constitucional. Trata-se da tutela ainda alcançada pela vida privada (e também pela proteção constitucional concedida à imagem).

Interessante caso de aplicação da privacidade na relação entre particulares ocorreu recentemente, em janeiro de 2012, por força de decisão do Tribunal Constitucional espanhol. A sentença, proposta pela juíza ADELA ASUA BATARRITA, analisa se o caso é de controvérsia entre a liberdade de comunicação e direito à verdade com o direito à privacidade e imagem da pessoa.

Os magistrados indicaram um critério a ser utilizado para casos como esse. Na decisão fala-se nas expectativas razoáveis que qualquer pessoa nessas circunstâncias poderia ter ao ser inquirida por outra. E esse critério, em consonância com a citada jurisprudência do Tribunal de Direitos Humanos de Estrasburgo, não estará presente quando de forma intencional, ou pelo menos consciente, houver participação em atividades que, pelas circunstâncias, podem ser objeto de registro ou informação pública.

Mas "resulta patente que una conversación mantenida en un lugar específicamente ordenado a asegurar la discreción de lo hablado, como ocurre por ejemplo en el despacho donde se realizan las consultas profesionales, pertenece al ámbito de la intimidad".

Assim, um fator determinante para caracterizar a violação é a ausência ou o não conhecimento e, portanto, a falta de consentimento válido, da pessoa "captada" por uma câmera ou microfone oculto.

A decisão do Tribunal Constitucional objetivamente fixa a ilegitimidade do uso desses dispositivos ocultos, "simulando una identidad oportuna según el contexto, para poder acceder a un ámbito reservado de la persona afectada con la finalidad de grabar su comportamiento o actuación desinhibida, provocar sus comentarios y reacciones así como registrar subrepticiamente declaraciones sobre hechos o personas, que no es seguro que hubiera podido lograra si se hubiera presentado con su verdadera identidad y con sus auténticas intenciones".

Estabelece, ainda, a referida Sentença do Tribunal Constitucional espanhol, sistematizando o tema no âmbito da sua jurisprudência, em lição de grande alcance: "Como hemos señalado reiteradamente, la especial posición que ostenta el derecho a la libertad de información en nuestro Ordenamiento reside en que 'no sólo se protege un interés individual sino que su tutela entraña el reconocimiento y garantía de la posibilidad de existencia de una opinión pública libre, indisolublemente unida al pluralismo político propio del Estado democrático' (STC 68/2008, de 23 de junio, FJ 3). Sin embargo, tal protección especial queda sometida a determinados límites tanto inmanentes como externos que este Tribunal ha ido perfilando progresivamente. Entre los límites inmanentes se encuentran los requisitos de veracidad y de interés general o relevancia pública de la información (SSTC 68/2008, FJ 3; y 129/2009, de 1 de junio, FJ 2); en ausencia de los dos mencionados requisitos decae el respaldo constitucional de la libertad de información. Por otro lado, como límites externos el derecho a la información se sitúan los derechos específicamente enunciados en el art. 20.4 CE".

E o Tribunal Constitucional consolida e delimita a abertura contida na ideia de "relevância pública": "En cuanto a la relevancia pública de la información, este Tribunal ha subrayado que dado que la protección constitucional se ciñe a la transmisión de hechos 'noticiables' por su importancia o relevancia social para contribuir a la formación de la opinión pública, tales hechos deben versar sobre aspectos conectados a la proyección pública de la persona a la que se refiere, o a las características del hecho en que esa persona se haya visto involucrada. De manera que, 'sólo tras haber constatado la concurrencia de estas circunstancias resulta posible afirmar que la información de que se trate está especialmente protegida por ser susceptible de encuadrarse dentro del espacio que a una prensa libre debe ser asegurado en un sistema democrático' (STC 29/2009, de 26 de enero, FJ 4)".

O uso de instrumentos ocultos, desconhecidos de quem está sendo gravado, em circunstâncias artificiais (simuladas), apresenta-se como fórmula inadequada para o jornalismo investigativo, que vulnera a pessoa confrontada em sua intimidade (e eventualmente em seu sigilo profissional), em seu modo de proceder, que a surpreende com uma troca de contextos (da esfera reservada para a pública) que faz toda a diferença. Não se pode desconhecer, ademais, que a simulação por parte da imprensa, de um contexto, de um caso, de uma situação, acaba também por distorcer a real forma de proceder da pessoa que é submetida a essas circunstâncias.

Também relativamente ao direito de privacidade, o STF decidiu, na ADI 4815, que não é necessária autorização prévia para publicação de biografia. Assim, as obras biográficas, mesmo que não autorizadas pelo biografado ou seus familiares, encontram-se liberadas no Direito brasileiro. Ressaltou o STF, porém, que eventual abuso poderá acarretar indenizações, mas que são inconstitucionais as restrições prévias, nesse caso, à liberdade de expressão manifestada por meio da divulgação de biografias.

No julgamento do Recurso Extraordinário 635.659/SP, sob relatoria do Ministro GILMAR MENDES, o STF, por maioria, definiu a tese em sede de repercussão geral que descriminalizou o porte de maconha para consumo pessoal. Discutia-se, à luz do art. 5º, X, da Constituição Brasileira de 1988, "a compatibilidade, ou não, do art. 28 da Lei n. 11.343/2006, que tipifica o porte de drogas para consumo pessoal, com os princípios constitucionais da intimidade e da vida privada". No mérito, o STF declarou a inconstitucionalidade, sem redução de texto, do art. 28 da Lei n. 11.343/2006, de modo a afastar do referido dispositivo todo e qualquer efeito de natureza penal.

Nesse julgamento, as quantidades de até 40 gramas de *cannabis sativa* e de até seis plantas fêmeas foram fixadas como parâmetros para diferenciar usuários de traficantes. Dessa forma, o porte no limite dessas quantidades será considerado infração administrativa, sem consequências penais. Contudo, esses critérios não foram consignados como absolutos, de modo que a autoridade policial poderá prender em flagrante

470

delito uma pessoa, mesmo que esteja portando quantidades dentro desses limites, caso haja indícios de intenção de tráfico.

O STF também determinou que o CNJ, junto dos Poderes Executivo e Legislativo, deve adotar medidas para garantir o cumprimento da referida decisão, regulamentando a matéria. Até a deliberação do CNJ, os Juizados Especiais Criminais serão competentes para julgar as condutas do art. 28 da Lei n. 11.343/2006 (Lei de Drogas), conforme a sistemática definida pelo STF. O voto que formou maioria na questão foi proferido pelo Ministro DIAS TOFFOLI, que, em trecho da complementação de seu voto, também esclareceu sua posição sobre o porte de drogas da seguinte forma: "Meu voto é claríssimo no sentido de que nenhum usuário de nenhuma droga pode ser criminalizado. Esse foi o objetivo da Lei de 2006. O objetivo da Lei de 2006 foi descriminalizar todos os usuários de drogas". Porém, também advertiu: "Meu voto não fixa quantidade. E aqui eu trago um estudo dizendo que fixar quantidade não resolve o problema (...). O meu [voto] é o mais radical de todos, o meu é descriminalizante para todas as drogas, no que diz respeito a usuários"[1329].

7. HONRA

O direito à honra, juntamente com o direito à imagem, não se insere completamente dentro do direito à privacidade.

A honra constitui-se do somatório das qualidades que individualizam o cidadão, gerando seu respeito pela sociedade, o bom nome e a identidade pessoal que o diferencia no meio social. E o cidadão tem o direito de resguardar sua honra pessoal, essencial ao bom convívio dentro da sociedade. Nesse sentido, tudo aquilo que depõe contra a pessoa, mas que faz parte do círculo de sua intimidade, não pode ser livremente divulgado ou revelado por quem tenha tido acesso às respectivas informações.

Assim, compreende-se, portanto, que nos crimes contra a honra da pessoa, tipificados no Código Penal, não se admita, por exemplo, na difamação, a exceção da verdade. Ainda que o fato imputado à pessoa seja verdadeiro, pelo só fato de atentar contra sua dignidade, violando sua honra subjetiva, não poderá seu causador/divulgador beneficiar-se com a prova da verdade.

Não depende do aspecto subjetivo nem da verdade objetiva, mas sim da normativa. A tutela da honra decorre da dignidade, não da busca da veracidade.

8. IMAGEM DAS PESSOAS

É assegurada constitucionalmente a inviolabilidade da imagem das pessoas. Trata-se de inovação da Constituição de 1988, cuja primeira consequência é a autonomização deste direito, que deixa de ser inserido na esfera da tutela do direito constitucional à vida privada, como um direito decorrente deste.

1329. Trecho transcrito extraído da fala do Ministro DIAS TOFFOLI na Sessão Plenária do dia 25 de junho de 2024. Disponível em: <https://www.youtube.com/watch?v=y1lCdjdtG48> (ver minuto 1:02:00 em diante).

A regra constitucional matriz do direito à imagem é o art. 5º, X: "são invioláveis ... a imagem .... assegurado o direito a indenização pelo dano material ou moral decorrente de sua violação". E no art. 5º, V, tutela-se, novamente, a imagem, por meio do direito à indenização: "é assegurado o direito de resposta, proporcional ao agravo, além da indenização por dano material, moral ou à imagem". E, ainda, nos termos do art. 5º, XXVIII, está afirmada expressamente a proteção constitucional à *reprodução* da imagem, que é protegida contra a reiteração indiscriminada.

A imagem é a apresentação, por desenho, impressão ou obra, de figura, pessoa ou coisa. Define-se o direito à imagem como a tutela da imagem física da pessoa, contra ato que a reproduza ou a represente em fotografias, filmagens, retratos, pinturas, gravuras, aquarelas ou até esculturas.

O direito à imagem alcança a conformação física da pessoa nas suas mais diversas dimensões, sua expressão externa, em seu conjunto ou em sua silhueta, contornos ou partes do corpo (como os olhos, o nariz, a boca etc.).

Protege-se a imagem, assim concebida, contra a exposição mercantil ou apropriação, sem o prévio consentimento da pessoa. E, nos termos do art. 5º, XXVIII, ainda que tenha havido veiculação autorizada de imagem, a pessoa está protegida contra sua reprodução infinita, salvo autorização expressa ou contrato com essa finalidade, expressa ou implícita, como usualmente são os contratos para divulgação artística com modelos.

Prevalece o direito à imagem inclusive em face dos modernos meios de comunicação em massa. Assim, o direito pode ser oposto a jornais, revistas, rádios, televisão e *internet*. Não se trata de menosprezar ou ignorar o direito à comunicação social, mas apenas de estabelecer limites ao uso da imagem, para que as comunicações "se perfaçam em um regime de responsabilidade, em que verdade, honestidade, certeza da informação se constituam nas premissas básicas de sua atuação"[1330]. Assim, o chamado fotojornalismo é atividade plenamente lícita e a divulgação das imagens de acontecimentos é permitida, independentemente de consentimento dos retratados, quando se trata de evento, fato ou ocorrência pública ou privada, em espaços públicos, e desde que não se descontextualize a imagem das pessoas envolvidas, concedendo maior destaque ou retirando-a do contexto inicial. Caso haja a mudança de foco, descaracterizando a imagem em seu contexto inicial, é necessária a prévia autorização da pessoa. Também é necessária a prévia autorização caso se pretenda realizar a exploração comercial da imagem, ainda que de imagem pública e contextualizada.

Quando qualquer desses meios de comunicação escora-se na imagem das pessoas, ou em fatos pessoais, apenas para exploração comercial, com o intuito claro de formar audiência à custa da privacidade de astros, de personalidades públicas, de pessoas de renome, tem-se, em tese, ofensa ao direito à imagem. Seus infratores poderão responder por indenização em virtude de danos materiais e morais.

1330. Carlos Alberto Bittar, *Tutela dos Direitos da Personalidade e dos Direitos Autorais nas Atividades Empresariais*, p. 29.

O Supremo Tribunal Federal já decidiu a respeito, entendendo que há "direito à proteção da própria imagem, diante da utilização de fotografia, em anúncio com fim lucrativo, sem a devida autorização da pessoa correspondente. Indenização pelo uso indevido da imagem"[1331].

Confirmando esse entendimento, o STF proclamou que a "divulgação da imagem de pessoa, sem o seu consentimento, para fins de publicidade comercial, implica locupletamento ilícito à custa de outrem, que impõe a reparação do dano"[1332].

Embora a regra básica seja proteger a imagem das pessoas contra a sua exploração comercial não autorizada, o direito à imagem transcende em muito essa hipótese, como se verá abaixo.

No Direito Comparado há regras precisas que balizam os limites da exploração da imagem alheia. A esse respeito, o Código Civil português é expresso:

"Art. 79: I — O retrato de uma pessoa não pode ser exposto, reproduzido ou lançado no comércio sem o consentimento dela; depois da morte da pessoa retratada, a autorização compete às pessoas designadas no n. 2 do art. 71 segundo a ordem indicada.

"2 — Não é necessário o consentimento da pessoa retratada quando assim o justifiquem a sua notoriedade, o cargo que desempenhe, exigências de polícia ou de justiça ou culturais ou quando a reprodução da imagem vier enquadrada na de lugares públicos ou na de fatos de interesse público ou que hajam ocorrido publicamente.

"3 — O retrato não pode porém ser reproduzido, exposto ou lançado no comércio se do fato resultar prejuízo para a honra, reputação ou simples decoro da pessoa retratada".

O "novo" Código Civil brasileiro, em seu art. 20, disciplina o tema, dispondo: "Salvo se autorizadas, ou se necessárias à administração da Justiça ou à manutenção da ordem pública, (...) a publicação, exposição ou a utilização da imagem de uma pessoa poderão ser proibidas, a seu requerimento e sem prejuízo da indenização que couber, se lhe atingirem a honra, a boa fama ou a respeitabilidade, ou se se destinarem a fins comerciais".

Em ambos Códigos verifica-se uma indesejável conexão entre o direito à imagem e a honra ou entre o direito à imagem e a presença de finalidades comerciais, para fins de obter a tutela da imagem. No caso brasileiro, a ideia de que a imagem pode ter sua publicação proibida se atingir a honra (*lato sensu*) ou se se destinar para fins comerciais, está em franca desarmonia com a Constituição de 1988, que protege a imagem independentemente de estar atrelada a algum desses dois aspectos. O Código Civil, interpretado isoladamente, apequenou o instituto constitucional da tutela da imagem. No Brasil, por força da Constituição, e independentemente dos termos restritivos impróprios do Código Civil, a imagem encontra-se tutelada como direito, ainda que seu uso seja não comercial e ainda quando sua divulgação não ofenda a honra, a dignidade ou o decoro da pessoa[1333].

1331. Recurso Extraordinário n. 91.328/SP, publicado no *DJ*, 11 dez. 1981, p. 12605, *RTJ*, v. 103-01, p. 205, rel. Min. Djaci Falcão.

1332. Recurso Extraordinário n. 95.872, *DJ*, 1º out. 1982, p. 9830, *RTJ*, v. 104-02, p. 801, rel. Min. Rafael Mayer.

1333. No mesmo sentido se posiciona Gilberto Haddad Jabur, Limitações ao Direito à Própria Imagem no Novo Código Civil, p. 2, 7 e 16.

Esse é, aliás, o posicionamento do STF: "O que acontece é que, de regra, a publicação da fotografia de alguém, com intuito *comercial* ou não, causa desconforto, aborrecimento ou constrangimento, não importando o tamanho desse desconforto, desse aborrecimento ou desse constrangimento. Desde que ele exista, há o dano moral, que deve ser reparado, manda a Constituição, art. 5º, X, II — RE conhecido e provido"[1334].

Tutela-se, além da imagem-retrato, como visto acima, que independe de qualquer violação da honra ou divulgação comercial, a imagem-atributo. O direito à imagem assegura o aspecto físico e moral correlato, que hão de ser igualmente resguardados contra violações, resultando em uma proteção total da vida privada.

Enquanto a imagem-retrato refere-se à reprodução ou retratação física, nos termos expostos, a imagem-atributo visa à tutela do retrato na dimensão artística, à reprodução da imagem em sua projeção social. Ilustrativamente, é o caso de imagem-atributo a imagem do cantor rebelde, da atriz sensual, do jogador agressivo, do atleta regrado. É a proteção imaterial, que revela "as (boas ou más) características da pessoa"[1335]. A imagem da pessoa é protegível contra a própria verdade.

Observe-se, ainda, que, no Brasil, a Lei n. 9.279/96 (Lei da Propriedade Industrial) admite o registro como marca da imagem (art. 124, XV), inclusive da imagem de pessoa falecida, desde que com o consentimento dos herdeiros ou sucessores.

Ressalto, por fim, que de um mesmo fato podem decorrer violações múltiplas, envolvendo direitos conexos mas diversos, e que não deve impedir o reconhecimento autônomo de cada uma da infrações. Assim, no caso dos chamados *paparazzi*, que invadem a casa de astro de cinema com vida mais recatada, para retratá-lo em sua vida íntima, para divulgação em jornal de forma ofensiva ao decoro da pessoa fotografada, tem-se, simultaneamente, ato ilícito, ofensivo da inviolabilidade de domicílio, da intimidade, da imagem-retrato, da imagem-atributo e da honra.

O direito à indenização por ofensa à imagem é igualmente um direito constitucional, autonomizado pelo art. 5º, V, c.c. art. 5º, X, da Constituição do Brasil.

Referências bibliográficas

AGRA, Walber de Moura. *Manual de Direito Constitucional*. São Paulo: Revista dos Tribunais, 2002.

AIETA, Vânia Siciliano. *A Garantia da Intimidade como Direito Fundamental*. Rio de Janeiro: Lumen Juris, 1999.

ALDERMAN, Ellen, KENEDY, Caroline. *The Right to Privacy*. New York: Vintage Books, 1997.

ARAUJO, Luiz Alberto David. *A Proteção Constitucional da Própria Imagem* — Pessoa Física, Pessoa Jurídica e do Produto. Belo Horizonte: Del Rey, 1996.

BASTOS, Celso Ribeiro. *Curso de Direito Constitucional*. 20. ed. São Paulo: Saraiva, 1999.

1334. STF, RE 215.984/RJ, j. 4-6-2002.

1335. Gilberto Haddad Jabur, *Limitações ao Direito à Própria Imagem no Novo Código Civil*, p. 7.

BASTOS, Celso Ribeiro, MARTINS, Ives Gandra da Silva. *Comentários à Constituição do Brasil*. São Paulo: Saraiva, 1989. v. 2.

BERTOLO, Rubens Geraldi. *Inviolabilidade do Domicílio*. São Paulo: Método, 2003.

BITTAR, Carlos Alberto, BITTAR FILHO, Carlos Alberto. *Tutela dos Direitos da Personalidade e dos Direitos Autorais nas Atividades Empresariais*. São Paulo: Revista dos Tribunais, 1993.

DOTTI, René Ariel. *Proteção da Vida Privada e Liberdade de Informação*. São Paulo: Revista dos Tribunais, 1980.

GOMES FILHO, Antonio Magalhães. A Violação do Princípio da Proporcionalidade pela Lei n. 9.296/96. *Boletim IBCCrim*, São Paulo, ago. 1996, n. 45, p. 14.

GROTTI, Dinorá Adelaide Musetti. *Inviolabilidade do Domicílio na Constituição*. São Paulo: Malheiros, 1993.

HUNGRIA, Nélson. *Comentários ao Código Penal*. Rio de Janeiro: Forense, 1958. v. 6.

JABUR, Gilberto Haddad. Limitações ao Direito à Própria Imagem no Novo Código Civil. In: *Questões Controvertidas no Novo Código Civil*. São Paulo: Método, 2004. Bibliografia: 1-34.

MELLO FILHO, José Celso de. *Constituição Federal Anotada*. São Paulo: Saraiva, 1984.

MORAES, Alexandre de. *Direitos Humanos Fundamentais*. 3. ed. São Paulo: Atlas, 2000.

SILVA, José Afonso da. *Curso de Direito Constitucional Positivo*. 8. ed. São Paulo: Malheiros, 1992.

STRECK, Lenio Luiz. *As Interceptações Telefônicas e os Direitos Fundamentais:* Constituição — Cidadania — Violência. 2. ed. Porto Alegre: Livr. do Advogado Ed., 2001.

TAVARES, André Ramos. *A nova matrix*: direito (re)programado na civilização plataformizada. São Paulo: Etheria Editora, 2024.

VASCONCELOS, Pedro Pais de. *Direito da Personalidade*. Coimbra: Almedina, 2006.

ZICCARDI, Giovanni. Autodeterminazione Informativa (diritto alla). In.: PERRI, Pierluigi (org.). *Dizionario Legal Tech*. Milão: Giuffrè Francis Lefebvre, 2020.

Capítulo XXII
DIREITO DE PROPRIEDADE

1. NOÇÃO PRELIMINAR

Propriedade, em sentido amplo, é entendida como a qualidade inerente aos corpos. Nesse caso, implica as características essenciais que compõem algo. Assim, tem-se a propriedade radioativa de um material, a propriedade terapêutica de uma planta, a propriedade ordenadora do Direito.

Mas essa noção é puramente fenomenológica, o que demonstra que a noção de propriedade, para o Direito, é resultante de uma criação. A etimologia, contudo, já ressalta um conteúdo mais próximo do que o Direito pretende exprimir. O termo "propriedade" advém do vocábulo latino "proprietas", de "proprius", significando, pois, a qualidade do que é próprio.

Verificar-se-á que, historicamente, caminhou-se de uma concepção coletiva da propriedade, considerada como bem comum de todos, para a ideia de um direito individual e absoluto até se alcançar a concepção atual de que, embora assegurada individualmente, a propriedade deverá atender a sua função social.

Houve, pois, mais recentemente, uma relativização desse direito (de propriedade), que deixou de considerar-se absoluto. Essa mudança de concepção caminhou paralelamente ao deslocamento do instituto do Direito Privado para o Direito Público. Houve a constitucionalização do direito de propriedade e a consequente explicitação constitucional do conteúdo desse direito.

2. NOÇÕES HISTÓRICAS

2.1. Antiguidade

Dentre os povos da idade antiga, constata-se que os babilônios regulamentaram a propriedade, no Código de Hammurabi, datado de 2300 a.C., aproximadamente, e que trata de compra e venda de bens, móveis e imóveis. Assim, no § 6º determinava proteção severa do bem patrimonial, ao estabelecer: "Se um cidadão recebeu um bem (de propriedade) de um deus ou do palácio: esse cidadão será morto; e, aquele que recebeu de sua mão o objeto roubado, será morto".

Mas não foram apenas os babilônios que trataram do tema da propriedade. Entre o povo hebreu da Antiguidade também há expressa preocupação com o instituto, encontrando-se no livro do Pentateuco (Êxodo) o tratamento do tema. A ideia da propriedade e a preocupação em protegê-la, a exemplo do que se verifica no texto de Hammurabi, também estão presentes aqui.

Entre os gregos e os romanos, como se sabe, presidia as relações particulares a ideia de sociedade gentílica. Nesse contexto, a "propriedade" era considerada comum, pertencente à totalidade dos cidadãos. Contudo, houve uma evolução do conceito de propriedade, que, na realidade, era uma evolução da própria estruturação social: a sociedade gentílica cede em face da instituição da família. Quando ocorre essa passagem, a propriedade privada surge como inerente à família, cujos laços são mais fortes que aqueles existentes na *gens*. A noção de propriedade, pois, passa a estabelecer-se com maior nitidez.

2.2. Período medieval

A propriedade é permitida apenas a determinada classe social, na Idade Média, podendo-se falar na classe proprietária em distinção às demais. Como se sabe, o feudalismo foi o regime que presidiu a sociedade nesse período. Estabeleciam-se, pois, relações entre o patrono e os clientes, numa relação de compromissos mútuos. A terra era cultivada pelo cliente, mas pertencia ao patrono. Havia, ainda, a relação de colonato, que praticamente assemelhava o colono ao escravo, porque ficava absolutamente "preso" à terra.

Ainda dentro da Idade Média impõe-se referir à *Magna Charta Libertatum*, documento de máxima importância para o constitucionalismo[1336]. Além da já tradicionalmente conhecida proteção quanto à liberdade de locomoção, referido documento preocupou-se também explicitamente com a propriedade das terras.

Contudo, como rigorosamente assinala PAOLO GROSSI[1337], o conceito de propriedade deve ser reservado à propriedade moderna.

2.3. Idade Moderna

A circunstância de na Idade Moderna identificar-se o período das grandes navegações e descobertas de terras teve implicações diretas no âmbito do instituto da propriedade, pois as novas terras, descobertas no novo mundo, foram consideradas de propriedade dos reis de Espanha e Portugal.

Ademais, com a revolução industrial, e o triunfo do capitalismo, enfatiza-se a propriedade privada (além da liberdade de iniciativa).

No movimento do iluminismo verifica-se, igualmente, grande preocupação com a propriedade. Nesse sentido são as obras de LOCKE e VOLTAIRE, voltadas para sua preservação.

1336. Como já se verificou no estudo realizado no respectivo capítulo.

1337. "La Proprietà e le Proprietà nell'Officina dello Storico, *Quaderni Fiorentini per la Storia del Pensiero Giuridico Moderno*, v. 17, p. 399 e s.

2.4. Período contemporâneo

Durante a época mais recente da História da Humanidade, constata-se que o direito de propriedade assumiu uma conotação que se tem designado como social, em oposição à característica essencialmente individualista de que desfrutara outrora.

Nesse sentido, vale a seguinte síntese de ROGÉRIO MOREIRA ORRUTEA, quando lembra que para esse aspecto social da propriedade "concorreram acontecimentos como (...) o movimento socialista utópico — representado por Roberto Owen, Saint-Simon e Fourier — além do movimento anarquista — tendo como grande representante e paladino Pierre-Joseph Proudhon —, e ainda, o chamado movimento socialista científico que conseguiu maior efeito diante dos dois anteriores culminando com movimentos revolucionários de resultado — o seu grande representante foi Karl Marx juntamente com Friedrich Engels —, levado que foi pela doutrina marxista"[1338].

2.4.1. As Declarações de Direitos

Encontra-se na Declaração de Direitos do Homem e do Cidadão, de 1789, prescrito em seu art. 2º, que "A finalidade de toda associação política é a conservação dos direitos naturais e imprescritíveis do homem. Esses direitos são a liberdade, a propriedade, a segurança e a resistência à opressão". Ademais, no art. 17, consagra referida proclamação: "Sendo a propriedade um direito inviolável e sagrado, ninguém pode ser dela privado, a não ser quando uma necessidade pública, legalmente constatada, exigi-lo de modo evidente e sob condição de uma indenização justa e prévia".

Também na Declaração de Direitos do Homem e do Cidadão de 1793 está consagrado, no art. 19: "Ninguém pode ser privado da menor parte de sua propriedade sem consentir nisso, a não ser quando uma necessidade pública legalmente constatada exigi-lo, de modo evidente, e sob condição de uma indenização justa e prévia". E, ainda, consoante leciona DUGUIT[1339], decretou-se a pena de morte contra quem propusesse uma lei agrária ou outra qualquer que fosse subversiva às propriedades territoriais, comerciais e industriais.

Essa mesma Declaração de 1793, ao contrário da anterior, apresentou um conceito preciso do direito de propriedade, em seu art. 16, ao estabelecer que: "O direito de propriedade é aquele que pertence a todo cidadão de desfrutar e de dispor como melhor lhe aprouver de seus bens, de suas rendas, do fruto de seu trabalho e de seu engenho".

Verifica-se, pois, um forte individualismo, ainda aqui, no conceito de direito de propriedade. Para DUGUIT, o direito, nesses termos, foi definido de acordo com a acepção romana da palavra, ou seja, nas palavras do renomado publicista: "a afetação exclusiva de certa quantidade de riqueza para as necessidades de um indivíduo, com a faculdade para este de usar da coisa, perceber os frutos e dispor dela"[1340].

1338. *Da Propriedade e a sua Função Social no Direito Constitucional Moderno*, p. 86.
1339. *Manual de Derecho Constitucional*, p. 274.
1340. *Manual de Derecho Constitucional*, p. 274.

2.4.2. História do Direito

A Constituição francesa de 1791, no título I, § 4º, declarou "a inviolabilidade da propriedade ou a justa e prévia indenização daquela de que a necessidade pública, legalmente comprovada, exigiu o sacrifício".

Duguit, comentando a preservação constitucional e convencional do direito de propriedade, nessa época, assegura que "Provavelmente a grande maioria dos constituintes e dos convencionais não tiveram um conceito claro e preciso do fundamento da propriedade; nem sequer se colocaram a questão. Entendiam a propriedade como juristas, isto é, desde o ponto de vista das consequências que dela se deduzem, dos benefícios que assegura a seu titular, mas de nenhum modo como filósofos ou economistas, desde o ponto de vista de seu fundamento ou missão social. Pretenderam afirmar que toda propriedade existente era intangível, mas não pretenderam determinar a razão pela qual o era. Se afirmaram solenemente a intangibilidade do direito de propriedade, foi porque a imensa maioria deles eram proprietários. Do ponto de vista político e social, a Revolução foi obra do terceiro estado, isto é, da classe média proprietária; os representantes desta classe formavam a maioria da Constituinte e da Convenção. Sua preocupação constante é a de colocar a propriedade sob a salvaguarda das Declarações de direitos e das Constituições, e de afirmar assim que o direito de propriedade se impõe ao respeito do próprio legislador"[1341].

É interessante notar o tratamento que foi conferido à propriedade pela Constituição da ex-República Democrática Alemã, que no art. 10 deixava certo que garantia a propriedade socialista. No art. 11, declarava: "1. São garantidos aos cidadãos a propriedade pessoal e o direito à herança.

"A propriedade privada destina-se à satisfação das necessidades materiais e culturais dos cidadãos.

"2. Os direitos de autor e de inventor estão sob a proteção do Estado socialista.

"3. O uso da propriedade e o gozo dos direitos de autor e de inventor não devem causar prejuízo aos interesses da sociedade".

O art. 11 da Constituição da URSS determinava: "A propriedade do Estado, patrimônio comum de todo o povo soviético, é a forma fundamental da propriedade socialista". A propriedade estatal constituiu o elemento decisivo para a manutenção do regime socialista de produção e também pretendia ser a base para fornecer um melhoramento ao bem-estar do povo[1342].

2.4.2.1. Doutrina de Duguit sobre a concepção social da propriedade

Como já se aludiu brevemente, em tópico anterior, o movimento socialista foi decisivo para a construção da ideia de função social da propriedade.

Contudo, dentre os publicistas que trataram do tema, importa aqui ressaltar as lições de León Duguit. Para o autor, a propriedade deixou de ser um direito subjetivo

---

1341. *Manual de Derecho Constitucional*, p. 275-6.
1342. Cf. Kudriávtsev (coord.), *Constitución del País de los Soviets: Diccionario*, p. 229.

do indivíduo, para se converter na "função social do detentor de capitais mobiliários e imobiliários"[1343]. Nas palavras do próprio autor: "A propriedade implica, para todo detentor de uma riqueza, a obrigação de empregá-la em acrescer a riqueza social, e, mercê dela, a interdependência social. Só ele pode cumprir certo dever social. Só ele pode aumentar a riqueza geral, fazendo valer a que ele detém. Se faz, pois, socialmente obrigado a cumprir aquele dever, a realizar a tarefa que a ele incumbe em relação aos bens que detenha, e não pode ser socialmente protegido se não a cumpre, e só na medida em que a cumpre"[1344].

Citando M. VIVIANE, Ministro da Justiça, lembra que este, por ocasião da votação do projeto de lei sobre aluguéis, chegara a afirmar que, se o legislador impõe aos locatários o respectivo aluguel, não será esta uma indenização, como a estabelecem as leis civis, mas sim será em função de uma recompensa social que se reconhece por um serviço social.

2.4.3. Direito Comparado

É preciso, neste passo, analisar algumas Constituições para levantar o tratamento que ofereceram ao tema em questão.

A Constituição portuguesa assegura, em seu art. 62º, o direito de propriedade privada, estabelecendo que "1. A todos é garantido o direito à propriedade privada e à sua transmissão em vida ou por morte, nos termos da Constituição.

"2. A requisição e a expropriação por utilidade pública só podem ser efetuadas com base na lei e mediante o pagamento de justa indenização".

Logo a seguir, contudo, arremata, em seu art. 65º: "1. Todos têm direito, para si e para a sua família, a uma habitação de dimensão adequada, em condições de higiene e conforto e que preserve a intimidade pessoal e a privacidade familiar.

"2. Para assegurar o direito à habitação, incumbe ao Estado:

"a) Programar e executar uma política de habitação inserida em planos de ordenamento geral do território (....)

"c) Estimular a construção privada, com subordinação ao interesse geral (...)".

Ademais, no art. 82º, a Constituição de Portugal assegura a coexistência de três setores de propriedade dos meios de produção: o setor público, o privado e o cooperativo e social.

Na Constituição da Venezuela, em seu art. 115, declara-se que "Se garante o direito de propriedade. Toda pessoa tem direito ao uso, gozo e disposição de seus bens. A propriedade estará submetida às contribuições, restrições e obrigações que estabeleça a lei para os fins de utilidade pública e interesse geral. Somente por causa da utilidade pública ou interesse social, mediante sentença final e pagamento oportuno de justa indenização, poderá ser declarada a expropriação de qualquer classe de bens".

1343. *Manual de Derecho Constitucional*, p. 276.
1344. *Manual de Derecho Constitucional*, p. 276.

Na Constituição italiana, o art. 42 dispõe que "A propriedade é pública ou privada. Os bens econômicos pertencem ao Estado, aos entes ou aos particulares.

"A propriedade privada é reconhecida e garantida pela lei, que determina os modos de aquisição, de gozo e limites com a finalidade de assegurar a função social e de torná-la acessível a todos".

A Constituição alemã determina: "Art. 14. 1. São garantidos o direito de propriedade e o direito de sucessão. O seu conteúdo e os seus limites são estabelecidos pela lei.

"2. A propriedade obriga o seu uso e deve, ao mesmo tempo, servir o bem-estar geral.

"3. A desapropriação tem de ser exigida pelo bem comum e apenas pode dar-se por força de lei ou com base em lei que estabeleça o modo e o montante da indenização. Na fixação da indenização, ter-se-ão em justa conta os interesses da comunidade e os dos expropriados, e, em caso de litígio, estes podem dirigir-se aos tribunais".

Ademais: "Art. 15. Com a finalidade de socialização e por meio de lei que regule a forma e o montante da indenização, podem ser transferidos para a propriedade pública ou para outras formas de economia pública a terra e o solo, as riquezas naturais e os meios de produção. Quanto à indenização, aplica-se por analogia o disposto no art. 14".

3. CONCEITO: RELAÇÃO ENTRE SUJEITOS

Inicialmente, o direito de propriedade era compreendido como a relação entre uma pessoa e uma coisa, que se considerava de caráter absoluto, natural e imprescritível.

Posteriormente, essa teoria foi considerada absurda, já que entre uma pessoa e uma coisa não se pode estabelecer uma relação jurídica, que só se dá entre pessoas, pois só estas é que podem ser sujeitos de direitos e obrigações.

Nestes termos, a propriedade passou a ser concebida como a relação entre um sujeito ativo (proprietário) e um sujeito passivo, que seria universal, uma vez que constituído por todas as demais pessoas (não proprietárias quanto ao objeto em apreço). De fato, todos os integrantes da comunidade passam a ter o dever de respeitar o direito de propriedade reconhecido a cada indivíduo particularmente. Esse é o caráter civilista do direito de propriedade, ao qual deve acrescentar-se o regime de Direito Público que consta da própria Constituição.

A propriedade é, nesse sentido, em síntese, o direito subjetivo de exploração de um bem, que todos os demais integrantes da sociedade devem respeitar. LUHMANN, elegendo justamente o instituto da propriedade para suas análises, realiza a função binária existente no esquema econômico vigente, a qual distingue entre "ter" e "não ter" a propriedade. Observa MARIA CLARA MOTTA, baseada na teoria de LUHMANN, que "A redução do instituto a direito subjetivo toma a forma de uma exigência de reciprocidade entre proprietários, na qual a manutenção da pretensão da propriedade de um implica no reconhecimento da dos demais. Numa sociedade baseada na propriedade, contu-

481

do, como é necessário que o não proprietário reconheça a propriedade precisamente naquela qualidade, a justificação tem que se referir à própria distinção"[1345].

4. HARMONIZAÇÃO ENTRE A FUNÇÃO SOCIAL E O CARÁTER INDIVIDUAL

A Constituição assegura o direito à propriedade dentro do rol dos direitos individuais, no seu inciso XXII. Há diversas normas constitucionais que se referem ao direito à propriedade: arts. 5º, XXIV a XXX; 170, II e III; 176; 177; 178; 182 a 186; 191 e 222. A mais relevante referência ao direito de propriedade, essencial para sua correta compreensão, contudo, encontra-se na função social (art. 170, inc. III, vinculação expressamente excepcionada também no próprio art. 5º, em seu inc. XXIII).

A propriedade só está garantida, como tal, na Constituição brasileira, nos termos do inciso III do art. 170 (e, pois, do inciso XXIII, do mesmo art. 5º), que prescreve a "função social da propriedade", pois é impositivo na Constituição que "a propriedade atenderá a sua função social"[1346].

Em razão disso, não há mais como considerar a propriedade como direito *puramente* privado, ou mesmo como mero direito individual, quer dizer, como uma liberdade pública no sentido clássico da expressão.

Em nossa Constituição de 1988 determina-se a dupla dimensão da propriedade: tanto um direito individual, como tradicionalmente foi concebida, como um direito socioeconômico e, nesta medida, delimitado pelo objetivo vinculante e imediato de ter uma funcionalidade social, quer dizer, de servir aos propósitos da coletividade e não apenas aos desígnios individualistas.

Dessa forma, embora a propriedade esteja prevista entre os direitos individuais, está inserida, inexoravelmente, na ordem socioeconômica nacional. É intuitivo que a propriedade e seu regime, especialmente quando se fala da propriedade de bens de produção, da propriedade do capital excedente e da propriedade tecnológica, torna-se central no debate sobre desenvolvimento nacional e valorização do trabalho humano.

Há, portanto, necessidade de compatibilização entre todos esses preceitos constitucionais, o que significa dizer, em última instância, que a propriedade não mais pode ser considerada em seu caráter puramente individualista, como instituição econômica "naturalmente" inserida em uma ideologia liberal. A essa conclusão se chega tanto mais pela constatação de que a ordem econômica, da qual a propriedade é consubstancial, tem como finalidade "assegurar a todos existência digna, conforme os ditames da justiça social" (*caput* do art. 170).

1345. *Conceito Constitucional de Propriedade*, p. 183.

1346. Nesse sentido, José Afonso da Silva: "(...) não há como escapar ao sentido de que só garante o direito da propriedade que atenda sua função social" (*Curso de Direito Constitucional Positivo*, p. 144).

A circunstância de a propriedade apresentar, simultaneamente, caráter dúplice, servindo às pretensões e posições meramente individuais e, concomitantemente, às necessidades sociais e econômicas do desenvolvimento, impõe, pois, a necessidade de uma *compreensão conforme* de conteúdos dos diversos mandamentos constitucionais. Como direito individual, o instituto da propriedade, como categoria genérica, é garantido, e não pode ser suprimido da atual ordem constitucional. Contudo, seu conteúdo já vem parcialmente delimitado pela própria Constituição, quando impõe a necessidade de que haja o atendimento de sua função social, assegurando-se a todos uma existência digna nos ditames da justiça social[1347].

Era exatamente a isso que se referia PONTES DE MIRANDA[1348] quando anotava que na Constituição só se garante a instituição da propriedade, sendo suscetível de mudança, por lei, seu conteúdo e limites. Atualmente, seu conteúdo e limites foram traçados, em parte, também pela própria Constituição. Nesse sentido, PONTES DE MIRANDA observa: "A propriedade tem passado, desde o terceiro decênio do século, por transformação profunda, à qual ainda não se habituaram os juristas, propensos à só consulta do Código Civil, em se tratando de direito de propriedade"[1349]. Aliás, é a lição da doutrina, pontificando PUGLIATTI, que os limites "que comprimem, reduzem ou vulneram as faculdades do proprietário ou o obstaculizam no exercício, mantém o direito do proprietário, na sua essência, inalterado"[1350].

Observa ROGÉRIO MOREIRA ORRUTEA que "toda a composição do direito de propriedade em seu caráter substancial (material) terá as suas informações iniciais (básicas) no Direito Constitucional. E nem poderia ser diferente, visto que é neste ramo do Direito onde se encontrarão os elementos da sua complexa combinação envolvendo o regime jurídico fundamental e os princípios que lhe gravitam em torno, e não no âmbito do Direito Civil que se apresenta de forma setorizada, menos abrangente, e limitado a uma espécie de princípio e regime jurídico"[1351].

Segundo o Direito Civil, o direito de propriedade tem como conteúdo o direito de usar, gozar e dispor do bem (art. 524 do Código Civil de 1916 — art. 1.228 do CC/2002). Assim, admite-se que a legislação continue a explicitar o conteúdo desse direito. Contudo, tais noções passam a sofrer a interpretação conforme à Constituição, ou seja, esse conteúdo legal há de ser compreendido à luz do impositivo constitucional de que a propriedade cumpra sua função social.

1347. Nesse mesmo sentido Rogério Moreira Orrutea: "O princípio da função social da propriedade é resultante da combinação dessas duas naturezas jurídicas, e somente com a presença de ambas combinando-se entre si torna-se possível a existência do primeiro. Constituem, portanto, os direitos individuais e os direitos econômicos e sociais, caracteres objetivos fundamentais que sobressaem na função social da propriedade" (*Da Propriedade e a sua Função Social no Direito Constitucional Moderno*, p. 163).

1348. *Comentários à Constituição de 1967 com a Emenda n. 1, de 1969*, t. 5, p. 397.

1349. *Comentários à Constituição de 1967 com a Emenda n. 1, de 1969*, t. 5, p. 397.

1350. Interesse Pubblico e Interesse Privato nel Diritto di Proprietà, in: *La Proprietà nel Nuovo Diritto*, p. 15, apud *Crisi ed Evoluzione nel Diritto di Proprietà*, p. 44.

1351. *Da Propriedade e a sua Função Social no Direito Constitucional Moderno*, p. 211.

5. DA FUNÇÃO SOCIAL

A imposição do cumprimento da função social da propriedade introduziu uma nota na propriedade que pode não coincidir com o interesse de seu proprietário, mas que é dada pela própria ordem jurídica, e, assim, deve ser obedecida. É que se trata de fundamento para o reconhecimento e garantia do direito de propriedade em sua plenitude.

É necessário, portanto, desvendar o regime que se impõe ao direito de propriedade para que esta esteja efetivamente cumprindo sua função social.

Para ROGÉRIO ORRUTEA, "em face do princípio da função social fica o proprietário jungido a observar desde o papel produtivo que deve ser desempenhado pela propriedade — passando pelo respeito à ecologia — até o cumprimento da legislação social e trabalhista pertinente aos contratos de trabalho"[1352].

Seriam, pois, exigíveis dentro do conceito de função social todas as condições que decorrem de um interesse social, como elencado pelo autor.

5.1. Função dominial ou direito de propriedade?

Foi DUGUIT que considerou a propriedade como uma função, abandonando a concepção de que se trataria de um direito subjetivo.

No contexto socialista, a ideia de função é amplamente aceita, já que a propriedade existe para assegurar o desenvolvimento do Estado socialista e alcançar o bem comum.

Pode-se afirmar que a defesa da concepção funcional exclusiva só pode ter guarida na teoria socialista. Não é possível ignorar o direito subjetivo à propriedade. Mas também é igualmente inadmissível apenas admitir o direito subjetivo, como excludente da função social.

Portanto, também aqui a solução sobre a problemática deverá decorrer de uma compatibilização de concepções. Embora não se possa mais falar em direito subjetivo de propriedade em termos absolutamente liberais, a realidade é que esse direito permanece, agora, contudo, com conteúdo diverso, voltada que está também a propriedade para o atendimento do interesse social.

A propriedade continua sendo assegurada como direito individual, como estabelecem as Declarações de Direitos e a Constituição brasileira de 1988, expressamente.

Fosse apenas uma função (e não um direito) e certamente não se falaria em indenização no caso de desapropriação. O direito assegurado ao proprietário àquela indenização demonstra sua característica de direito individual, que, uma vez violentado, reverte necessariamente em perdas e danos.

A propriedade privada é considerada como elemento essencial ao desenvolvimento do modelo capitalista de produção, e, ademais, o direito à propriedade é inafastável da concepção de democracia atualmente existente. Foi por esse motivo que se preservou o direito de propriedade, alterando-se-lhe o conteúdo, com a consagração de direitos

---

1352. *Da Propriedade e a sua Função Social no Direito Constitucional Moderno*, p. 214.

sociais, e, ainda, com a declaração expressa de que também a propriedade é alcançada pela concepção social do Direito, o que se dá pela determinação de que a propriedade cumprirá sua função social.

5.2. Regime da função social

Importa, para fins constitucionais, distinguir a propriedade urbana da rural, já que cada uma se submete a regime próprio no que tange ao cumprimento da função social.

Até a Constituição de 1988 não houve preocupação em assinalar com precisão qual seria o regime social aplicável à propriedade na área urbana. Apenas a propriedade do solo rural rendia a preocupação constitucional expressa.

5.2.1. Propriedade imóvel urbana e rural

Existe uma diversidade muito grande de conceitos do que seja espaço urbano e rural e, por consequência, de imóvel urbano e rural. Assim, para efeitos de construções (e poder de polícia administrativa), ou para os efeitos das normas de trânsito, ou mesmo para fins sanitários, ou ainda para fins de imposição tributária (imposto sobre a propriedade territorial urbana — IPTU e imposto territorial rural — ITR).

A zona urbana é definida por meio de lei municipal, conforme determina o art. 32, § 1º, do Código Tributário Nacional, que impõe, contudo, a observância de pelo menos dois dos seguintes requisitos: "I — meio-fio ou calçamento, com canalização de águas pluviais; II — abastecimento de água; III — sistema de esgotos sanitários; IV — rede de iluminação pública, com ou sem posteamento para distribuição domiciliar; V — escola primária ou posto de saúde a uma distância máxima de 3 (três) quilômetros do imóvel considerado".

Entende-se, contudo, que a numeração não é exaustiva, abrindo-se, com isso, a possibilidade, para o Município, de exigir ainda outros elementos, além de pelo menos dois daqueles enumerados no Código[1353].

Assim, o critério encampado tem como elemento discriminador a existência ou não de "equipamentos" que forneçam condições de habitação, de trabalho, de educação, de lazer, de segurança ou de circulação. Importará, pois, verificar, na prática, a existência ou não de instalações como hospitais, centros esportivos, escolas públicas, e as chamadas redes, que englobam os sistemas de água, eletricidade, telefonia, esgoto, estradas de ferro e de rodagem. Os rincões que careçam desses equipamentos caracterizam-se como rurais.

1353. No mesmo sentido: Aires F. Barreto, em obra coordenada pelo Prof. Ives Gandra da Silva Martins: *Comentários ao Código Tributário Nacional*, p. 233. Assim, importa que os Municípios confiram relevância à existência de equipamentos sociais, ou seja, aquelas edificações ou áreas naturais preservadas, destinadas ao lazer e recreação do Homem. Da mesma forma, tratando-se de Município turístico, litorâneo ou de instâncias hidrominerais, importará elencar, como elemento, a existência de um aparato turístico. Contudo, a maior parte dos Municípios não atentou para sua peculiar realidade, e acabou por apenas repetir as regras constantes do Código Tributário Nacional. Não foram, pois, ciosos do grau de autonomia com que foram aquinhoados pela Constituição de 1988.

Adverte, porém, AIRES F. BARRETO que, "à luz do Código Tributário Nacional, uma é diferenciação entre zona urbana e zona rural, outra a que discrimina o imóvel urbano, do rústico"[1354]. Em função disso, muito se controverte a respeito da noção de imóvel rural e de imóvel urbano. Alguns doutrinadores defendem que a noção correlaciona-se com a situação do imóvel (em zona rural ou urbana). Para outros, interessa averiguar a destinação assumida pelo imóvel.

5.2.2. Função social da propriedade urbana e necessidade de adequado aproveitamento

A Constituição de 1988 passou a exigir uma racionalização do uso do solo urbano, impondo-a no contexto da função social da propriedade urbana. Concretizam essa exigência algumas normas constitucionais (arts. 182 e 183), a lei ordinária federal sobre funções sociais da cidade — diretrizes gerais de política urbana (denominado Estatuto da Cidade) — e o plano diretor municipal.

Cumpre sua função social a propriedade urbana quando satisfaz as exigências fundamentais de ordenação da cidade, expressas no plano diretor (§ 2º do art. 182 da CB).

A Constituição prescreve, em seu art. 182: "§ 4º É facultado ao Poder Público municipal, mediante lei específica para a área incluída no plano diretor, exigir, nos termos da lei federal, do proprietário do solo urbano não edificado, subutilizado ou não utilizado, que promova seu adequado aproveitamento, sob pena, sucessivamente, de:

"I — parcelamento ou edificação compulsórios;

"II — imposto sobre a propriedade predial e territorial urbana progressivo no tempo;

"III — desapropriação com pagamento mediante títulos da dívida pública de emissão previamente aprovada pelo Senado Federal, com prazo de resgate de até dez anos, em parcelas anuais, iguais e sucessivas, assegurados o valor real da indenização e os juros legais".

A Constituição, pois, claramente, permite a "fiscalização" do uso da propriedade. Para tanto, exige-se: 1º) que se trate de propriedade urbana; 2º) que esteja incluída na área do plano diretor; 3º) que se trate de solo não edificado, subutilizado ou não utilizado (embora edificado).

Visando ao adequado uso do solo urbano, a Constituição, desde que constatadas aquelas condições, permite, sucessivamente no tempo, as seguintes medidas: 1ª) parcelamento ou edificação compulsórios; 2ª) imposto progressivo no tempo; 3ª) desapropriação. Trata-se de modalidades de intervenção estatal na propriedade privada, não há dúvida.

A medida mais rigorosa e penosa (a perda total da propriedade) apenas pode ocorrer como última alternativa, ou seja, é preciso que o Poder Público não tenha obtido sucesso nas medidas menos rigorosas para passar para as mais rigorosas, e assim por diante, até a desapropriação. Contudo, é pertinente a advertência de ROGÉRIO ORRUTEA

1354. Ives Gandra da Silva Martins (coord.), *Comentários,* cit., p. 233.

quando assinala que "o parcelamento do solo urbano implica em maior intervenção na propriedade quando comparado com o imposto progressivo"[1355].

O parcelamento ou loteamento do terreno urbano, acima indicado, implica sua divisão física consoante o interesse público municipal.

A edificação compulsória é a imposição de que o proprietário arque com a construção forçada de edifício em sua propriedade.

O imposto progressivo significa a possibilidade de o Município, sempre por meio de lei, estabelecer alíquotas diferenciadas no tempo, com sua majoração sucessiva, até certo limite.

Por fim, quanto à desapropriação, é de observar que, embora reconhecendo o direito à indenização do proprietário, o certo é que o pagamento, nessa hipótese, poderá ser mediante títulos da dívida pública, com prazo de resgate máximo de até dez anos, em parcelas sempre anuais, iguais e sucessivas. Quanto à emissão desses títulos, embora seja da alçada municipal, por gerar dívida pública local, a Constituição exige a prévia aprovação pelo Senado Federal. Ademais, é preciso sempre garantir o valor real da indenização e os juros legais.

5.2.3. Função social da propriedade rural

A propriedade rural satisfaz a função social quando simultaneamente tiver aproveitamento e utilização adequada dos recursos naturais, preservar o meio ambiente, observar as disposições de regulamentação do trabalho e tiver exploração que favoreça o bem-estar dos proprietários e trabalhadores.

Consoante o disposto no art. 184 da Constituição, poderá a União desapropriar por interesse social, para fins de reforma agrária, o imóvel rural que não cumpra sua função social.

O art. 186 é expresso em elencar as condições objetivas pelas quais se afere o cumprimento da função social. Assim, será necessário que o imóvel cumpra os seguintes requisitos: 1º) aproveitamento racional e adequado; 2º) utilização adequada dos recursos naturais disponíveis e preservação do meio ambiente; 3º) observância das disposições que regulam as relações de trabalho; 4º) exploração que favoreça o bem-estar dos proprietários e dos trabalhadores.

A lei deverá estabelecer os critérios e graus de exigência de cumprimento dessas condições constitucionais.

"Aproveitamento adequado" significa que a utilização do solo deve ser compatível com sua natureza (rural). Não poderá haver, portanto, utilização diversa, como, por exemplo, o lazer pessoal? A resposta é negativa, se se pressupõe o exercício exclusivo do lazer.

A Constituição exige, ainda, a utilização conforme os recursos naturais existentes, em clara conexão com a tutela ambiental (art. 225). Ademais, como se sabe, é da com-

---

1355. *Da Propriedade e a sua Função Social no Direito Constitucional Moderno*, p. 294.

petência material comum da União, dos Estados Federados, Municípios e DF a efetiva preservação das florestas, fauna e flora (art. 24, VI, da CB).

5.2.3.1. Reforma agrária

Admite-se a desapropriação de imóveis para fins de reforma agrária, caracterizando-se, no caso, a desapropriação por interesse social.

Uma vez desapropriado o imóvel, determina a Constituição, em seu art. 189: "Os beneficiários da distribuição de imóveis rurais pela reforma agrária receberão títulos de domínio ou de concessão de uso, inegociáveis pelo prazo de dez anos".

6. DAS ESPÉCIES DE PROPRIEDADES

A propriedade não consiste numa única instituição. Na realidade, compreende várias instituições, que se distinguem em função da diferença de bens tutelados ou de titulares desses bens. Assim, é perfeitamente viável falar em *propriedades*, e não em *propriedade*[1356].

Essa afirmação encontra arrimo na própria Carta Constitucional, que, a par de prever o instituto em termos gerais, no inciso XXII do art. 5º, acaba falando de diversas outras modalidades, como a propriedade urbana (art. 182, § 2º) e a propriedade rural (arts. 5º, XXVI, 184, 185 e 186), que contam com regimes jurídicos próprios. Pode-se falar, de outro lado, em propriedade pública, privada e coletiva. Há ainda a propriedade intelectual, que envolve a propriedade industrial e os direitos de autor. Pode-se falar também na propriedade dos recursos minerais (art. 176), e na propriedade de empresa jornalística e de radiodifusão sonora e de sons e imagens (art. 222). Trata-se, todas, de espécies de propriedades que o constituinte considerou de valor a ponto de a elas fazer referência expressa.

6.1. Da propriedade pública

A propriedade pública é titularizada por entes políticos. O próprio instituto da desapropriação indica a existência da propriedade pública, já que na desapropriação ao particular é compulsoriamente imposta a perda de seus bens em favor do Poder Público.

Ademais, declara expressamente a Constituição, no art. 20, que são bens da União "as terras devolutas" (inc. I), "os lagos, rios e quaisquer correntes de água em terrenos de seu domínio" (inc. III), "as ilhas" (inc. IV), "os recursos naturais" (inc. V), "o mar territorial" (inc. VI), "os terrenos de marinha e seus acrescidos" (inc. VII), "os potenciais de energia hidráulica" (inc. VIII), "os recursos minerais" (inc. IX), "as cavidades naturais subterrâneas e os sítios arqueológicos e pré-históricos" (inc. X) e "as terras tradicionalmente ocupadas pelos índios" (inc. XI).

1356. Cf. José Afonso da Silva, *Curso de Direito Constitucional Positivo*, p. 247, que cita ainda Salvatore Pugliati, e seu *La Proprietà e le Proprietà*.

E são de propriedade do Estado, segundo o art. 26, "as águas superficiais ou subterrâneas, fluentes, emergentes e em depósito" (inc. I), "as áreas, nas ilhas oceânicas e costeiras, que estiverem no seu domínio" (inc. II), "as ilhas fluviais e lacustres não pertencentes à União" (inc. III) e "as terras devolutas não compreendidas entre as da União" (inc. IV).

Vale lembrar que terras devolutas são aquelas propriedades públicas não afetadas ao uso comum ou especial.

Por fim, a previsão de que o Estado pode atuar diretamente na atividade econômica (art. 173) e a existência de monopólio em favor da União (art. 177) indicam a existência da propriedade pública de bens de produção.

6.2. Da propriedade intelectual

Esclarece ISABEL VAZ que, "sob a denominação 'propriedade intelectual', agrupam-se duas grandes categorias de bens, dando origem a direitos resultantes da atividade intelectual, com reflexos no domínio industrial, científico, literário ou artístico. Na primeira categoria, chamada 'propriedade industrial', incluem-se direitos relativos a invenções, marcas de fábrica ou de comércio, dentre outros. A segunda, sob o título de 'direitos do autor' e correlatos, engloba as obras literárias, científicas, musicais, artísticas, filmes, fonogramas e demais criações semelhantes"[1357].

Com relação às obras literárias, artísticas, científicas e de comunicação, pelo inciso XXVII do art. 5º, "aos autores pertence o direito exclusivo de utilização, publicação ou reprodução de suas obras, transmissível aos herdeiros pelo tempo que a lei fixar". Trata-se, aqui, dos direitos patrimoniais do autor, que pode utilizar, fruir e dispor, com exclusividade, de sua obra.

Pelo inciso XXVIII assegura-se: "*a*) a proteção às participações individuais em obras coletivas e à reprodução da imagem e voz humanas, inclusive nas atividades desportivas; *b*) o direito de fiscalização do aproveitamento econômico das obras que criarem ou de que participarem aos criadores, aos intérpretes e às respectivas representações sindicais e associativas".

A finalidade do preceito, dentre outras, é a de proteger os participantes de telenovelas, quando novamente veiculadas, ou vendidas para veiculação no exterior. A reprodução de imagem e de voz deve, necessariamente, ser acompanhada da respectiva remuneração.

Segundo JOÃO DA GAMA CERQUEIRA[1358], os direitos morais do autor compreendem: a prerrogativa de ser reconhecido como autor da obra; ter o nome relacionado a sua obra; impedir a modificação da obra, e modificá-la em edição posterior, assim como eventualmente retirá-la de circulação.

Já a propriedade industrial abrange o privilégio de invenção, as marcas de indústria ou de comércio e o nome de empresas.

1357. *Direito Econômico das Propriedades*, 2. ed., p. 413.
1358. *Tratado da Propriedade Industrial*, 2. ed., v. 1, p. 51-2.

489

6.3. Da propriedade industrial

O Direito da propriedade industrial (especialmente as patentes) integra o conjunto de normas que compõe o que tenho denominado de *Constituição científica*, calcada nas amplas possibilidades do processo inovativo.

A propriedade industrial remete a um regime de direitos que se destinam, dentre outros, aos inventores, em face de suas criações. Essas criações são dotadas de grande relevância para o progresso da Ciência de qualquer país. Juridicamente falando, a propriedade industrial permite a concessão das chamadas patentes de invenção e dos modelos de utilidade, além dos registros de desenho industrial e de marca.

No Brasil, enquanto privilégio constitucional temporalmente delimitado, e prazo praticado pela comunidade internacional, o direito de propriedade de patente encontra os seus respectivos interesses individuais alinhados aos interesses coletivos.

A Constituição brasileira, ao apresentar o modelo de exploração de patentes, em seu art. 5º, inc. XXIX, estabelecendo que "a lei assegurará aos autores de inventos industriais privilégio temporário para sua utilização, bem como proteção às criações industriais, à propriedade das marcas, aos nomes de empresas e a outros signos distintivos, tendo em vista o interesse social e o desenvolvimento tecnológico e econômico do País", define esse regime de benefícios como transitório e excepcional, com isso alinhando dois interesses que lhe são inerentes: o do inventor e o da sociedade.

Em um primeiro momento, garante um direito de exploração exclusiva ao agente inovador. Em um segundo momento, garante o direito de exploração nacional pela abertura da patente. A previsão de temporariedade é, em si, um aspecto insuperável da função social ínsita ao direito constitucionalmente previsto de exclusividade na exploração da propriedade industrial. A propriedade das patentes registradas no país não é de interesse único e exclusivo do detentor temporário do direito de exploração exclusiva. O aprimoramento das ideias sempre será parte do esforço coletivo, materializado pela livre concorrência e pelo desejo humano da superação.

No que concerne ao direito de propriedade e sua função social, a Constituição apresenta uma dupla dimensão da propriedade, que engloba seu aspecto tradicional, de um direito individual, e o seu aspecto socioeconômico, congregando elementos que servem não apenas aos interesses individuais, mas aos propósitos da coletividade. E há um importante propósito coletivo no desenvolvimento da ciência e tecnologia. Essa modelagem bifronte demonstra o inequívoco caráter excepcional desses direitos (ou "privilégios", como quer a própria Constituição de 1988).

No Brasil, de acordo com o *caput* do art. 40 da Lei n. 9.279, de 14 de maio de 1996 (Lei de Propriedade Industrial — LPI), o prazo de vigência de exploração de uma patente é de 20 (vinte) anos e, findado tal prazo, a invenção poderá ser explorada pela sociedade, com a retomada da livre concorrência.

Nesse contexto é que, em maio de 2021, o Supremo Tribunal Federal julgou a ADI 5.529, de relatoria do Min. Dias Toffoli, ajuizada pela Procuradoria-Geral da República em 2016, na qual se pretendia o reconhecimento da inconstitucionalidade contida no parágrafo único do art. 40 da LPI, que promovia a inconcebível extensão das patentes.

O argumento central era de que o parágrafo único criava uma imprevisibilidade inconstitucional quanto ao prazo de vigência das patentes no Brasil, viabilizando extensões contrárias à retomada da livre concorrência e da exploração econômica ampla, além de obstar o progresso da Ciência. Na prática, o custo da extensão incerta dos prazos de vigência de uma patente impactava diretamente, ainda, as políticas de saúde e o orçamento público.

Diante deste cenário, amplamente debatido pela sociedade, em sessão plenária virtual, o STF declarou, por maioria, inconstitucional o parágrafo único do art. 40 da LPI, vencidos os Ministros Barroso e Luiz Fux. A declaração de inconstitucionalidade teve seus efeitos modulados em caráter *ex nunc*, "a partir da publicação da ata deste julgamento, de forma a se manter as extensões de prazo concedidas com base no preceito legal, mantendo, assim, a validade das patentes já concedidas e ainda vigentes em decorrência do aludido preceito, ficando ressalvadas da modulação (i) as ações judiciais propostas até o dia 7 de abril de 2021, inclusive (data da concessão parcial da medida cautelar no presente processo) e (ii) as patentes que tenham sido concedidas com extensão de prazo relacionadas a produtos e processos farmacêuticos e a equipamentos e/ou materiais de uso em saúde, operando-se, em ambas as situações, o efeito *ex tunc*, o que resultará na perda das extensões de prazo concedidas com base no parágrafo único do art. 40 da LPI, respeitado o prazo de vigência da patente estabelecido no *caput* do art. 40 da Lei 9.279/1996 e resguardados eventuais efeitos concretos já produzidos em decorrência da extensão de prazo das referidas patentes".

Tal decisão balizou esse privilégio, amoldando-o às garantias constitucionais coletivas e à defesa do desenvolvimento da ciência. Isto porque, a função social, no caso, das invenções, é a garantia de que a sociedade poderá desfrutar desses avanços, posto que não podem ser exercidos com o excessivo individualismo que outrora se reconheciam aos direitos patrimoniais. Essa função social é inerente à regra da transitoriedade da patente disposta no art. 5º, inc. XXIX, ou seja, a própria regra (temporal) já está forjada sob o signo da função social e é exatamente assim que essa regra se justifica e, por certo, é também assim que deve ser compreendida.

6.4. Da propriedade bem de família

O Código Civil de 1916, no art. 70 (art. 1.711 do CC/2002), permite a destinação de um prédio para domicílio da família, restando isento de execução por dívida. Da mesma forma, a Lei n. 8.009/90[1359]. Consoante o teor desta lei, o imóvel é considerado

---

1359. Determina esta que:

"Art. 1º O imóvel residencial próprio do casal, ou da entidade familiar, é impenhorável e não responderá por qualquer tipo de dívida civil, comercial, fiscal, previdenciária ou de outra natureza, contraída pelos cônjuges ou pelos pais ou filhos que sejam seus proprietários e nele residam, salvo nas hipóteses previstas nesta Lei.

"Parágrafo único. A impenhorabilidade compreende o imóvel sobre o qual se assentam a construção, as plantações, as benfeitorias de qualquer natureza e todos os equipamentos, inclusive os de uso profissional, ou móveis que guarnecem a casa, desde que quitados."

"Art. 5º Para os efeitos de impenhorabilidade, de que trata esta Lei, considera-se residência um único imóvel utilizado pelo casal ou pela entidade familiar para moradia permanente.

impenhorável e não responderá por qualquer tipo de dívida civil, comercial, fiscal, previdenciária ou de outra natureza, contraída pelos cônjuges ou pelos pais ou filhos que sejam seus proprietários e nele residam. Excluem-se da impenhorabilidade os veículos de transporte, obras de arte e adornos suntuosos, além de outras situações contempladas expressamente na Lei n. 8.009/90. Assim, é possível a penhora em razão de créditos de trabalhadores da própria residência, bem como de suas contribuições previdenciárias, IPTU, taxas e contribuições devidas em função do imóvel.

Ademais, a Lei n. 8.245/91 passou a admitir mais uma exceção, permitindo a penhora desse bem em virtude de obrigação decorrente de fiança concedida em contrato de locação. Essa possibilidade de penhora do bem do fiador fere o direito à moradia, na medida em que estiver franqueando a perda da única propriedade do cidadão e de sua família, em frontal afronta ao direito à moradia, incorporado, pela EC n. 26/2000, ao art. 6º da CB. Essa cláusula permissiva foi objeto de análise no STF, que acabou por adotar o entendimento (majoritário) de que prevalece a possibilidade da penhora, sob o fundamento de que o fiador ingressa por vontade própria na relação de fiança (RE n. 407.688, rel. Min. Cezar Peluso). A persistir o pensamento tópico, melhor seria recordar que também o locador admite, por vontade sua, fiador com um único imóvel, admitindo, tacitamente, não ter seu crédito restituído pela via da penhora desse bem.

Apresenta a mesma natureza protetiva do bem de família o instituto contemplado pelo inciso XXVI do art. 5º da Constituição, que determina: "a pequena propriedade rural, assim definida em lei, desde que trabalhada pela família, não será objeto de penhora para pagamento de débitos decorrentes de sua atividade produtiva, dispondo a lei sobre os meios de financiar o seu desenvolvimento"[1360].

7. LIMITAÇÕES DO DIREITO DE PROPRIEDADE

7.1. Conceito

Constituem as limitações ao direito de propriedade decorrência da circunstância de que não se trata de direito absoluto, exclusivo e perpétuo, como se afirmava no passado.

As limitações são: restrições, servidões e desapropriação. As primeiras limitam o caráter absoluto. As servidões limitam o caráter exclusivo e a desapropriação limita o caráter perpétuo.

7.2. Limitações decorrentes do poder de polícia

Há uma concepção já clássica de que seriam as limitações à propriedade (que decorrem do poder de polícia) as garantias de que aquela não prejudicará o interesse so-

---

"Parágrafo único. Na hipótese de o casal, ou entidade familiar, ser possuidor de vários imóveis utilizados como residência, a impenhorabilidade recairá sobre o de menor valor, salvo se outro tiver sido registrado, para esse fim, no Registro de Imóveis e na forma do art. 70 do Código Civil."

1360. Essa proteção constitucional resultou da preocupação do Senador Nélson Carneiro.

cial. Essas imposições limitativas da propriedade, contudo, não podem se confundir com a exigência constitucional de que a propriedade cumpra sua função social.

Há, assim, duas coisas distintas. De um lado, o poder de polícia, capaz de impor limitações ao direito de propriedade. De outro, a exigência de que esta cumpra sua função social.

A função social da propriedade não se confunde com as bem conhecidas limitações do direito de propriedade. Estas dizem respeito ao exercício do direito, ao passo que aquela diz respeito à estrutura do próprio direito de propriedade, uma questão, aqui, essencialmente conceitual e, ali, meramente conjuntural.

7.3. Restrições

Em princípio, o direito de propriedade considera-se absoluto. Assim, o proprietário pode dispor da coisa do modo que quiser. Isso envolve o direito de fruição (uso e ocupação da coisa), o direito de transformação (inclusive destruição) e o direito de alienação. As restrições condicionam tais direitos. Assim, existem restrições ao direito de fruição, condicionando seu uso e ocupação, restrições ao direito de transformação e ao direito de alienação (na hipótese de alguém gozar do direito de preferência, como no caso do condomínio ou da locação).

7.4. Servidões

Em princípio, o direito de propriedade é exclusivo. Dessa forma, ao proprietário e só a ele é que cabem os direitos decorrentes da propriedade. Contudo, as servidões impõem ônus à coisa, sendo que a utilização da coisa pode se dar pelo Poder Público ou pelo particular. No primeiro caso inclui-se o disposto no inciso XXV do art. 5º da Constituição Federal, que determina: "no caso de iminente perigo público, a autoridade competente poderá usar de propriedade particular, assegurada ao proprietário indenização ulterior, se houver dano". Trata-se de ocupação ou uso temporário da propriedade particular. No Direito anterior não se mencionava a indenização, pelo que se poderia entender decorrente da mera ocupação. Atualmente, é necessário que este tenha gerado dano para que haja o dever de indenizar.

Outra modalidade encontrada no Direito Constitucional é a requisição do Poder Público. Ela está prevista no art. 22, III, que se refere às requisições civis e militares, restritas temporalmente ao caso de iminente perigo e em tempo de guerra. Também são indenizáveis.

8. PERDA DA PROPRIEDADE

8.1. Desapropriação

Em princípio, o direito de propriedade é perpétuo. Isso significa que dura a vida toda do proprietário e, com sua morte, não se extingue, sendo passado a seus sucessores. Quer dizer, pois, que sua duração é ilimitada.

Contudo, o Poder Público pode, observadas as condições jurídicas, determinar a transferência compulsória da propriedade particular para o patrimônio público.

Já a Constituição do Império, de 1824, após garantir o direito de propriedade "em toda a sua plenitude", prescrevia: "Se o bem público legalmente verificado exigir o uso e emprego da Propriedade do Cidadão, será ele previamente indenizado do valor dela. A Lei marcará os casos, em que terá lugar esta única exceção, e dará as regras para se determinar a indenização". Foi a Constituição de 1934 que passou a exigir também que a indenização fosse justa, além de prévia.

O Ato Institucional n. 9, de 25 de abril de 1969, dispensou o pagamento da indenização.

É necessário, para que ocorra a desapropriação, perante o Direito Constitucional pátrio, que haja necessidade ou utilidade pública ou interesse social, com justa e prévia indenização em dinheiro, salvo os casos previstos na Constituição (inc. XXIV do art. 5º) de desapropriação-sanção, quando a indenização se fará por títulos da dívida pública ou da dívida agrária (arts. 182 e 184).

8.1.1. Conceito

É a transferência involuntária do particular de sua propriedade para o Estado ou delegados deste. Pode ocorrer por utilidade ou necessidade pública, ou, ainda, por interesse social. Consoante MARIA SYLVIA ZANELLA DI PIETRO: "A *desapropriação* é o *procedimento administrativo* pelo qual o poder público ou seus delegados, mediante prévia declaração de necessidade pública, utilidade pública ou interesse social, impõe ao proprietário a perda de um bem, substituindo-o em seu patrimônio por justa indenização"[1361].

A expropriação da propriedade gera o direito à prévia e justa indenização, em dinheiro (art. 5º, XXIV).

8.1.2. Fundamento

Por meio da desapropriação o Estado está apto a superar os obstáculos à realização de obras e serviços públicos, decorrentes da propriedade privada. Assim o caso de criação de reservas ambientais, de construção de rodovias etc. A desapropriação está calcada na previsão constitucional da função social da propriedade, ao lado de sua nota individualista.

8.1.3. Natureza

A desapropriação é forma originária de adquirir a propriedade. Não há referência a qualquer título anterior.

_____
1361. *Direito Administrativo*, 12. ed., p. 151.

8.1.4. Espécies

Observa HELY LOPES MEIRELLES: "O interesse há de ser do Poder Público ou da coletividade: quando o interesse for do Poder Público, o fundamento da desapropriação será necessidade ou utilidade pública; quando for da coletividade, será interesse social. Daí resulta que os bens expropriados por utilidade ou necessidade pública são destinados à Administração expropriante ou a seus delegados, ao passo que os desapropriados por interesse social normalmente se destinam a particulares que irão explorá-los segundo as exigências da coletividade, embora em atividade da iniciativa privada, ou usá-los na solução de problemas sociais de habitação, trabalho e outros mais"[1362].

A Constituição fala expressamente da desapropriação para fins de reforma agrária (art. 184).

8.1.5. Requisitos constitucionais

São condições para a validade da desapropriação: 1ª) ocorrência de necessidade ou utilidade pública ou interesse social; 2ª) pagamento em dinheiro da indenização, ou, nos casos constitucionais, em títulos da dívida pública ou da dívida agrária; 3ª) indenização prévia.

Necessidade pública: ocorre quando a Administração enfrenta situações de emergência.

Utilidade pública: ocorre quando a expropriação é conveniente para o Poder Público, embora não seja imprescindível.

Interesse social: ocorre objetivando a distribuição ou condicionamento da propriedade para que seja mais bem aproveitada, em benefício da coletividade ou certas categorias sociais merecedoras da tutela especial do Estado. É o caso da reforma agrária, com base no Estatuto da Terra.

8.1.6. Procedimento

A desapropriação só se efetiva por meio de uma sucessão encadeada de atos que vão até a final atribuição de um bem ao particular.

Divide-se, basicamente, em duas fases, a desapropriação: fase declaratória e fase executória.

A fase executória divide-se, ainda, em administrativa e judicial.

Na primeira fase, o Poder Público apenas manifesta seu interesse na desapropriação do imóvel, declarando a utilidade pública ou o interesse social. Essa declaração pode ser feita pelo Poder Executivo ou pelo Legislativo, aquele por decreto e este por lei. É o que determina o Decreto-lei n. 3.365/41. Essa declaração provoca os seguintes efeitos: 1º) submete o bem à força expropriatória do Estado; 2º) fixa o estado do bem; 3º) permite que o Poder Público possa tomar as providências necessárias para ultimar a desapropriação, inclusive ingressar no bem para realizar medições.

1362. Hely Lopes Meirelles, *Curso de Direito Administrativo*, 25. ed., p. 554.

Assim, só serão indenizáveis as benfeitorias realizadas anteriormente ao ato declaratório, salvo as necessárias, que se indenizam independentemente de consideração do momento de sua realização.

Consoante a Súmula 23 do STF: "verificados os pressupostos legais para o licenciamento da obra, não o impede a declaração de utilidade pública para desapropriação do imóvel, mas o valor da obra não se incluirá na indenização, quando a desapropriação for efetivada". Ademais, vale consignar que tanto é assim que a titularidade do poder de desapropriar não necessariamente coincidirá com a titularidade para autorizar determinada construção ou uso do imóvel.

O direito de ingresso no imóvel está consagrado no art. 7º do referido decreto-lei, que prescreve: "Declarada a utilidade pública, ficam as autoridades administrativas autorizadas a penetrar nos prédios compreendidos na declaração, podendo recorrer, em caso de oposição, ao auxílio de força policial". É preciso, contudo, analisar referido dispositivo à luz do art. 5º, XI, da CB, ao assegurar a inviolabilidade de domicílio. Para MARIA SYLVIA ZANELLA DI PIETRO, "se o proprietário não concordar com a entrada do expropriante em seu imóvel, terá que ser requerida autorização judicial, vedada a entrada compulsória"[1363].

No caso da desapropriação de imóvel rural por interesse social, a Lei Complementar n. 76/93 encampou essa orientação, já que em seu art. 2º, § 2º, determina: "Declarado o interesse social, para fins de reforma agrária, fica o expropriante legitimado a promover a vistoria e a avaliação do imóvel, inclusive com o auxílio de força policial, mediante prévia autorização do juiz, responsabilizando-se por eventuais perdas e danos que seus agentes vierem a causar, sem prejuízo das sanções penais cabíveis".

Quando houver acordo entre o Poder Público e o desapropriado acerca do valor indenizatório a ser pago, a fase executória será administrativa, devendo ser respeitadas as formalidades legais para a transferência do imóvel, como a escritura no registro de imóveis. No caso de não se conhecer o proprietário, será necessária a propositura da ação de desapropriação, com o que a fase judicial é imprescindível.

A fase judicial obedece aos parâmetros fixados pelo Decreto-lei n. 3.365/41 (desapropriação por utilidade pública), aplicável também para os casos de desapropriação por interesse social fundada na Lei n. 4.132 (art. 5º). No caso da desapropriação para fins de reforma agrária, aplica-se a Lei Complementar n. 76/93.

No processo judicial apenas se admite a discussão em torno do preço, além dos aspectos processuais. É o que determina peremptoriamente o art. 20 do Decreto-lei n. 3.365: "Art. 20. A contestação só poderá versar sobre vício do processo judicial ou impugnação do preço; qualquer outra questão deverá ser decidida por ação direta". Evidentemente que aqui é preciso realizar uma interpretação conforme à Constituição. Não ficam vedadas, definitivamente, as demais discussões, apenas que deverão ser travadas em outras vias, não durante o processo judicial de desapropriação.

1363. *Direito Administrativo*, 12. ed., p. 153.

A desapropriação apenas pode ultimar-se com o efetivo pagamento, por obediência ao comando constitucional que exige a prévia indenização. A decisão é título hábil para transcrição da propriedade no registro de imóveis.

8.2. Expropriação

A expropriação é a espoliação do bem particular pelo Estado, sem a contraprestação pecuniária. Não há, nesta modalidade de perda da propriedade, qualquer indenização.

A hipótese vem regulada no art. 243 da Constituição, reformulada pela EC n. 81/2014, e não se admite seu alargamento, haja vista que exceções declaradas a direitos fundamentais não podem ser compreendidas extensivamente, de maneira a alargar, por criação ou analogia, seu conteúdo restritivo. Dispõe referido preceito: "As propriedades rurais e urbanas de qualquer região do País onde forem localizadas culturas ilegais de plantas psicotrópicas ou a exploração de trabalho escravo na forma da lei serão expropriadas e destinadas à reforma agrária e a programas de habitação popular, sem qualquer indenização ao proprietário e sem prejuízo de outras sanções previstas em lei, observado, no que couber, o disposto no art. 5º".

Cumpre observar, aqui, que a citada emenda adicionou uma nova hipótese àquela hipótese de expropriação já existente desde a Constituição originária. Assim, o uso da propriedade para exploração de trabalho escravo deverá render a reforma agrária, sem ônus ao Estado pela assunção das respectivas propriedades privadas. Contudo, observo que a redação da Emenda parece ter sido demasiadamente taxativa, falando exclusivamente em "trabalho escravo", quando há todo um entendimento na literatura e jurisprudência recentes tratando da "situação análoga à de escravo".

Lamentavelmente, estando na periferia do capitalismo, é possível afirmar que a economia brasileira convive com o arcaico e o moderno, com modelos de produção pré-capitalistas, como o referido "trabalho escravo" que não apenas convivem com as modernas estruturas capitalistas, mas que também, parcialmente, as sustentam internamente, gerando uma dependência e complexidade próprias de nossa economia.

Por fim, a EC n. 81/2014 também vinculou os bens de valor apreendidos na expropriação a "fundo especial com destinação específica", definido em lei.

Na Constituição da Venezuela pode-se constatar a presença do instituto no art. 116: "Não se decretarão nem se executarão confiscos de bens senão nos casos permitidos por esta Constituição. Por via de exceção podem ser objeto de confisco, mediante sentença final, os bens de pessoas naturais ou jurídicas, nacionais ou estrangeiras, responsáveis por delitos cometidos contra o patrimônio público, os bens de quem tenha enriquecido ilicitamente às custas do Poder Público e os bens provenientes das atividades comerciais, financeiras ou quaisquer outras vinculadas ao tráfico ilícito de substâncias psicotrópicas e estupefacientes".

497

8.3. Decurso do tempo e usucapião

8.3.1. Usucapião constitucional urbano

Tendo em vista o interesse do Estado na regularização dos títulos das propriedades privadas, e igualmente a necessidade de conferir juridicidade à aparência de Direito, a Constituição trata diretamente da prescrição aquisitiva da propriedade. No caso, contudo, do usucapião urbano especial, pode-se dizer que a preocupação constitucional relaciona-se também à função social da propriedade.

O usucapião — e nisso não difere o constitucional — caracteriza-se, tradicionalmente, pela posse contínua de um objeto, com *animus domini*, durante certo período, sem contestação do legítimo proprietário.

Quanto ao imóvel urbano (art. 183), os requisitos são: 1) possuir área urbana; 2) como sua; 3) por mais de cinco anos; 4) ininterruptamente; 5) com até 250 m²; 6) utilizando para moradia própria ou da família; 7) não ser proprietário de outro imóvel.

A Constituição exige que a posse do imóvel tenha como fundamento a moradia do possuidor ou de sua família. Indaga-se se, ocorrendo também (concomitância de usos) o exercício de atividade profissional, estaria afastada a possibilidade de usucapião. A melhor solução é aquela que se fixa na existência ou não da posse para moradia. O restante é, no caso, irrelevante, e não poderia obstar o direito a usucapir. Do contrário ter-se-ia de discutir o grau de uso profissional que comprometeria por completo o uso concomitante como moradia para fins de usucapião. Nos dias de hoje, é muito comum que as pessoas recebam ligações profissionais em suas casas e se dediquem, em seus domicílios, a complementarem tarefas de sua atividade profissional. Algumas profissões chegam a prescindir de local próprio de trabalho (como escritores etc.). De outra parte, havendo exclusivamente o exercício de uma atividade profissional no imóvel, certo será considerar inexistente a possibilidade de usucapir nos termos constitucionais.

No julgamento do RE 305.416/RS, em 31 de agosto de 2020, o STF decidiu que o instituto do usucapião urbano também pode ser aplicado a apartamentos em condomínios residenciais, não ficando limitado a lotes urbanos. O recurso foi interposto em face de decisão do TJ do Rio Grande do Sul, que compreendeu que o art. 183 da Constituição destinar-se-ia exclusivamente a lotes (terrenos) e não a unidades de um edifício de condomínio. O Ministro Marco Aurélio entendeu que o preceito constitucional não distingue a espécie de imóvel e, assim, estaria permitido o usucapião no caso. Invocou, a propósito, a Lei n. 4.591/64 — que dispõe sobre o condomínio em edificações e as incorporações imobiliárias — a Lei n. 6.015/73 (Lei de Registros Públicos), as quais preveem a necessidade de se averbar a individualização de cada unidade condominial, a Lei n. 10.257/2001 (Estatuto da Cidade), que admite a usucapião de área ou edificação urbana, sem ressalvar a unidade condominial, e a Lei n. 10.406/2002 (atual Código Civil), que também dispõe sobre usucapião de área urbana, sem qualquer restrição. Instaurou-se polêmica no Plenário acerca do cômputo exato da metragem nesses casos, tendo em vista que há área comum dividida proporcionalmente para cada unidade autônoma. Embora não constitua área de uso privativo do morador, é indicada para cada unidade no registro público. A Constituição é expressa, ainda, no § 1º do art. 183, ao esclarecer que "O título de domínio e a concessão de uso serão conferidos ao homem ou à mulher ou a ambos, independentemente do estado civil". O objetivo, no caso, da norma, como se percebe, é o de colher a união estável, instituto igualmente resguardado constitucionalmente (§ 3º do art. 226).

8.3.2. Usucapião constitucional rural

Quanto ao imóvel rural (art. 191), os requisitos são: 1) possuir área na zona rural; 2) como sua; 3) por mais de cinco anos; 4) ininterruptamente; 5) até 50 hectares; 6) terra tornada produtiva por seu trabalho ou de sua família; 7) não ser proprietário de outro imóvel (rural ou urbano).

8.3.3. Usucapião de bens públicos

A Constituição de 1988 foi absolutamente peremptória ao prescrever, em seu art. 183, § 3º: "Os imóveis públicos não serão adquiridos por usucapião". No mesmo sentido dispõe o art. 191, parágrafo único.

Portanto, os imóveis e bens da União (art. 20), dos Estados federados (art. 26), dos Municípios (art. 29) e do DF não se encontram sujeitos ao usucapião especial urbano ou rural.

8.4. Destinação de terras públicas

A Constituição expressamente consagra a possibilidade de destinação de terras públicas e devolutas, em seu art. 188.

Exige-se que a "alienação ou a concessão, a qualquer título, de terras públicas com área superior a dois mil e quinhentos hectares a pessoa física ou jurídica dependerá de prévia aprovação do Congresso Nacional", salvo o caso de alienações ou concessões para fins de reforma agrária.

Referências bibliográficas

BOUZON, Emanuel. *O Código de Hammurabi*. 8. ed. Petrópolis: Vozes, 2000.

CERQUEIRA, João da Gama. *Tratado da Propriedade Industrial*. 2. ed. São Paulo: Revista dos Tribunais. v. 1.

DUGUIT, Léon. *Manual de Derecho Constitucional*. 2. ed. espanhola. Madrid: Francisco Beltrán, 1926.

GROSSI, Paolo. La Proprietà e le Proprietà nell'Officina dello Storico. *Quaderni Fiorentini per la Storia del Pensiero Giuridico Moderno*, Milano: Giuffrè, 1988, v. 17 (Università di Firenze).

KUDRIÁVTSEV (Coord.). *Constitución del País de los Soviets: Diccionario*. URSS. Trad. do Editorial Progreso, 1984.

LIMA, João Batista de Souza. *As Mais Antigas Normas de Direito*. Rio de Janeiro: Forense, 1983.

MARTINS, Ives Gandra da Silva (Coord.). *Comentários ao Código Tributário Nacional*. São Paulo: Saraiva, 1998. v. 1. BARRETO, Aires F. Bibliografia: p. 215-263.

MEIRELLES, Hely Lopes. *Curso de Direito Administrativo*. São Paulo: Malheiros.

MOTTA, Maria Clara Mello. *Conceito Constitucional de Propriedade: Tradição ou Mudança?*. Rio de Janeiro: Lumen Juris, 1997.

ORRUTEA, Rogério Moreira. *Da Propriedade e a sua Função Social no Direito Constitucional Moderno*. Londrina: UEL, 1998.

PIETRO, Maria Sylvia Zanella Di. *Direito Administrativo*. 12. ed. São Paulo: Atlas, 2000.

PONTES DE MIRANDA, Francisco Cavalcanti. *Comentários à Constituição de 1967 com a Emenda n. 1, de 1969*. 3. ed. Rio de Janeiro: Forense, 1987. v. 5.

VAZ, Isabel. *Direito Econômico das Propriedades*. Rio de Janeiro: Forense, 1992.

Capítulo XXIII
DIREITOS CONSTITUCIONAIS PENAIS

1. PREVISÕES CONSTITUCIONAIS DE GARANTIAS PENAIS

A Constituição Federal, em seu art. 5º, LVII, determina que "ninguém será considerado culpado até o trânsito em julgado de sentença penal condenatória".

Naquilo que se pode denominar "Direito Constitucional Penal", há uma grande riqueza de detalhes presente na Constituição de 1988, que institui os seguintes direitos fundamentais: i) legalidade estrita quanto à previsão de crimes e das respectivas penas (art. 5º, XXXIX); ii) proibição de retroatividade da lei penal, salvo para beneficiar o réu, correspondendo a um aspecto específico da proibição da retroatividade das leis (art. 5º, XL); iii) proibição de que a pena passe da pessoa do condenado, salvo a questão patrimonial, circunscrita, sempre, nesse caso, aos limites da transferência patrimonial aos sucessores que acaso tenha existido (art. 5º, XLIII); iv) individualização da pena; v) proibição de penas de caráter perpétuo, de trabalhos forçados, de banimento ou cruéis (art. 5º, XLVII); vi) cumprimento da pena em estabelecimentos separados conforme a natureza do delito, a idade e o sexo do apenado (art. 5º, XLVIII); vii) respeito à integridade física e moral dos presos (art. 5º, XLIX); viii) direito das presidiárias à concessão das condições necessárias para permanecerem com seus filhos durante o período de amamentação (art. 5º, L); ix) direito de o civilmente identificado não ser submetido à identificação criminal, salvo nas hipóteses legais e desde que proporcionalmente estabelecidas (art. 5º, LVIII); x) direito de não ser preso salvo em flagrante delito ou por ordem judicial escrita e fundamentada, ou nos casos de transgressão militar ou crime militar propriamente dito (art. 5º, LXI); xi) direito do preso de que sua prisão e o local onde se encontre sejam comunicados imediatamente ao juiz competente, à sua família ou a pessoa por ele indicada (art. 5º, LXII); xii) direito reconhecido ao preso de ser informado de seus direitos, inclusive o de permanecer calado, bem como o direito à assistência da família e de advogado (art. 5º, LXIII); xiii) direito reconhecido ao preso quanto à identificação dos responsáveis pela sua prisão ou por seu interrogatório policial (art. 5º, LXIV); xiv) direito ao relaxamento imediato de prisão ilegal (art. 5º, LXV); xv) direito a não ser levado à prisão quando a lei admitir a liberdade provisória, com ou sem fiança (art. 5º, LXVI); xvi) direito a não ser preso por dívida civil, salvo o caso do responsável por inadimplemento voluntário e inescusável de obrigação alimentícia e a do depositário infiel (art. 5º, LXVII), sendo esta última hipótese afastada pela recepção do Pacto de São

José da Costa Rica pela E.C. n. 45/2004; xvii) direito à indenização pelo erro judiciário e pelo excesso de prisão (art. 5º, LXXV).

2. CONTEÚDO DO DIREITO À PRESUNÇÃO DE INOCÊNCIA

Trata-se de um princípio penal o de que ninguém pode ser tido por culpado pela prática de qualquer ilícito senão após ter sido como tal julgado pelo juiz natural, com ampla oportunidade de defesa.

O Estado, em relação aos suspeitos da prática de crimes ou contravenções, deverá proceder a sua acusação formal e, no curso do devido processo, provar a autoria do crime pelo agente. É por isso que se diz que o princípio está intimamente relacionado com o Estado Democrático de Direito, já que, se assim não fosse, estar-se-ia regredindo ao mais puro e total arbítrio estatal.

Portanto, essa dimensão do princípio da presunção de inocência não se circunscreve ao âmbito do processo penal, mas alcança também, no foro criminal, o âmbito extraprocessual. Ao indivíduo é garantido o não tratamento como criminoso, salvo quando reconhecido pelo sistema jurídico como tal. Portanto, a autoridade policial, carcerária, administrativa e outras não podem considerar culpado aquele que ainda não foi submetido à definitividade da atuação jurisdicional.

Assim, não se identifica a presunção de inocência com o denominado princípio do *in dubio pro reo*. Este, sim, delimita-se pelo âmbito processual em que há de incidir necessariamente. Seu significado, pois, é mais restrito que o do princípio maior da presunção de inocência, que também se faz presente fora do âmbito processual.

O Supremo Tribunal Federal, avaliando os aspectos processuais da presunção de inocência, em julgamentos ocorridos no ano de 2016, movimentou o tema, atualizando o entendimento consolidado no Brasil.

Em 17 de fevereiro de 2016, ao julgar o HC 126.292, o Supremo Tribunal Federal promoveu radical mudança ao decidir pela possibilidade de início da própria pena cominada em decisão pendente de recurso, bastando condenação em segunda instância.

O relator do HC, TEORI ZAVASCKI, entendeu que "a execução da pena na pendência de recursos de natureza extraordinária não compromete o núcleo essencial do pressuposto da não culpabilidade". De acordo com o Ministro relator, essa circunstância decorreria do fato de que, nesse estágio do processo, o acusado já teria sido "tratado como inocente no curso de todo o processo ordinário criminal" (trechos do respectivo voto).

Esse entendimento altera posicionamento jurisprudencial do STF presente em julgados como o HC 84.078 (j. 5-2-2009, rel. Min. EROS GRAU), nos quais se entendia que a "prisão antes do trânsito em julgado da condenação somente pode ser decretada a título cautelar", considerando que a ampla defesa abrange "todas as fases processuais" e, por tais razões, "a execução da sentença após o julgamento do recurso de apelação significa, também, restrição ao direito de defesa" (transcrição de trechos da ementa).

Demonstrando a controvérsia sobre o tema no próprio Supremo Tribunal Federal, uma decisão monocrática do Presidente do STF, o Ministro ENRIQUE LEWANDOWSKI,

502

de 1º de julho de 2016, foi contrária à referida decisão relatada pelo Ministro Teori Zavascki no HC 126.292.

Na referida decisão monocrática proferida no HC 135.100-MC/MG, o Ministro Ricardo Lewandowski entendeu que a previsão constitucional da presunção de inocência não autoriza a prisão, salvo cautelar, eis que, para o Ministro, "nenhuma execução de condenação criminal em nosso País [...] pode ser implementada sem [...] trânsito em julgado da sentença penal condenatória". Ainda de acordo com a referida decisão, a presunção de inocência "há de se viabilizar, sob a perspectiva da liberdade, [...] cuja prerrogativa [da pessoa] de ser considerada inocente, *para todos e quaisquer efeitos*, deve prevalecer até o superveniente trânsito em julgado" (original não destacado). O então Presidente do STF ressaltou, ainda, que esse direito "qualifica-se como importantíssima cláusula de insuperável bloqueio à imposição prematura de quaisquer medidas que afetem ou que restrinjam a esfera jurídica das pessoas".

A complexidade da questão se intensifica, ainda mais, em virtude das Ações Declaratórias de Constitucionalidade n. 43 e 44, que visam declarar constitucional o art. 283 do Código de Processo Penal, com redação dada pela Lei n. 12.403/2011. Esse dispositivo legal expressamente proíbe a prisão antes do trânsito em julgado, salvo prisão em flagrante, temporária ou preventiva. Esse aspecto não foi considerado no referido *Habeas Corpus*, que não apreciou a constitucionalidade do referido artigo do CPP, ignorando a *concepção legislativa em vigor* das decorrências da presunção de inocência. Com a pendência da análise de compatibilidade da jurisprudência firmada no HC 126.292, o STF não pôde evitar a discussão sobre a constitucionalidade do art. 283 do CPP por muito tempo. Como vimos, duas ADCs foram apresentadas (43 e 44) e, posteriormente, adicionou-se mais uma (a ADC 54), todas de relatoria do Ministro Marco Aurélio. A controvérsia dividiu, uma vez mais, os ministros do Supremo. Em seu voto, o Ministro Relator definiu os parâmetros de análise da controvérsia, ao julgar que o dispositivo em escrutínio apenas concretizava garantia constitucional da não culpabilidade. Aduzindo, assim, que "inexistente campo para tergiversações, que podem levar ao retrocesso constitucional, cultural em seu sentido maior". A justificativa de seu voto se deu na pretensão de "em última análise, realinhar a sistemática da prisão à literalidade do artigo 5º, inciso LVII, da Constituição Federal". Somente no dia 7 de novembro de 2019, o STF, por maioria, julgou procedentes os pedidos, declarando a constitucionalidade do art. 283. Ou seja, por enquanto, retomamos a jurisprudência anterior, reafirmando o comando civilizatório da Constituição (sim, exatamente isso) pelo qual ninguém poderá ser preso anteriormente ao trânsito em julgado da sentença definitiva.

No julgamento do HC 126.292, o STF nitidamente abandonou o perfil garantista que se aguarda de uma Corte que ocupa a posição de protetora máxima da Constituição em vigor. A esse propósito colho lições exemplares que vêm da África do Sul, em voto da lavra do Justice Albie Sachs, da Corte Constitucional Sul-Africana, no caso Sate *v.* Coetzee, cujas palavras bem acentuam um perfil que agora parece nos faltar: "Existe um paradoxo no cerne de qualquer processo penal, isto é, quanto mais grave o crime e maior o interesse público na obtenção de condenações do culpado, mais importantes se tornam as proteções constitucionais do acusado. O ponto de partida de qualquer investigação para fins de avaliação comparativa quando se trata de direitos constitucionais deve ser que o interesse público em assegurar que pessoas inocentes não sejam condenadas e sujeitadas a opróbrio e sentenças rigorosas suplantem em muito o interesse público em assegurar que determinado criminoso seja punido... Daí a presunção de inocência, que não serve apenas para proteger o indivíduo específico que esteja em julgamento, e sim para manter a confiança pública na integridade e segurança duradouras do sistema jurídico. Por conseguinte, referência à prevalência e gravidade de certo crime nada acrescenta de novo ou especial à avaliação comparativa. A perniciosidade do crime é uma das certezas, contra as quais é oposta a presunção de inocência desde o princípio, não um novo elemento a ser pesado como parte da avaliação comparativa justificatória. Se assim não fosse, o argumento da ubiquidade e hediondez poderia ser usado em relação a assassinato, estupro, roubo de carros, arrombamento de casas, tráfico de drogas, corrupção... A lista é, infelizmente, praticamente infinita, e nada restaria da presunção de inocência, salvo, talvez, sua condição de relíquia como defensora ferrenha de direitos nos casos mais triviais"[1364].

Essas lições básicas sobre processo civilizatório, direitos e Estado (ou suas autoridades) inequivocamente parecem ter sido deliberadamente e abertamente ignoradas no Brasil de hoje, mergulhado na falta de integridade de sua Ordem Jurídica, cujas ações práticas de certas autoridades judiciais e policiais dirigem-se antes e prioritariamente a combater a demora judicial com o encarceramento generalizado, como política de controle social e, sobretudo, dirigem-se ao encarceramento como meio de obter provas para crimes considerados tão graves (à democracia e à sociedade) que estariam a justificar tratamento excepcional, ou seja, anormalidades jurídicas e deformações de institutos que seriam aceitáveis em virtude do suposto objetivo nobre. A voz de alguém que, apesar de todas injustiças sofridas, como Albie Sachs, ergue-se em defesa do direito de defesa de todos, indiscriminadamente, poderia servir de alerta para as recentes façanhas jurídicas a que a sociedade brasileira tem sido submetida.

3. CULPABILIDADE

A culpabilidade é compreendida ora como o fundamento da pena e do próprio *jus puniendi*, e mesmo como limite para a intervenção do Estado na imposição das penas[1365]. É justamente na culpabilidade que interfere a presunção de inocência.

Observa CELSO BASTOS a respeito: "De fato, embora alguém só possa ser tido por culpado ao cabo de um processo com esse propósito, o fato é que, para que o poder investigatório do Estado se exerça, é necessário que recaia mais acentuadamente sobre certas pessoas, vale dizer: sobre aquelas que vão mostrando seu envolvimento com o fato apurado.

1364. Albie Sachs, *Vida e Direito*: uma estranha alquimia, p. 119.
1365. Francesco C. Palazzo, *Valores Constitucionais e Direito Penal*, p. 52 e s.

"Daí surge uma suspeição que obviamente não pode ser ilidida por medida judicial requerida pelo suspeito, com fundamento na sua presunção de inocência. Esta não pode, portanto, impedir que o Poder Público cumpra a sua tarefa, qual seja: a de investigar, desvendar o ocorrido, identificar o culpado e formalizar essa acusação"[1366].

Dessa forma, o lançamento do nome de acusado no "rol dos culpados" atenta contra o princípio ora em estudo quando não seja posterior a decisão condenatória transitada em julgado, já que é medida que em nada se relaciona com a necessidade de o Estado perseguir (com investigações e processualmente) o suposto criminoso.

4. PRISÕES PROVISÓRIAS E CONDUÇÃO COERCITIVA

Questão delicada, após a consagração desse princípio, é a de saber se continuam possíveis as diversas espécies de prisões cautelares, como as prisões temporárias, em flagrante, as preventivas, as prisões decorrentes da pronúncia, nos processos do Júri, e aquelas decorrentes de sentença penal condenatória sem trânsito em julgado.

Foram consideradas, em geral, legítimas as referidas formas de prisão, inclusive aquela decorrente do revogado art. 594 do Código de Processo Penal, que determinava: "o réu não poderá apelar sem recolher-se à prisão".

Era a posição do Supremo Tribunal Federal, em decisão, contudo, não unânime[1367]. É também o entendimento já sumulado no Superior Tribunal de Justiça: "A exigência da prisão provisória, para apelar, não ofende a garantia constitucional da presunção de inocência" (Súmula 9).

Esta restrição recursal, por falta de cumprimento de questão material atinente à liberdade de locomoção, foi revogada pela Lei n. 11.719/2008. O artigo seguinte entendia-se como prejudicado, visto que mantinha a mesma lógica, até sua revogação pela Lei n. 12.403/2011: "Art. 595. Se o réu condenado fugir depois de haver apelado, será declarada deserta a apelação".

Admite-se, atualmente, a possibilidade de prisão anteriormente a decisão definitiva condenatória, a prisão preventiva do réu, sem que, em razão desse posicionamento, esteja se presumindo culpabilidade do agente ou ignorando o princípio da presunção de inocência.

Por fim, note-se que a possibilidade de recurso especial ou extraordinário não garantia — e assim permanece o regime — ao réu qualquer direito de aguardar o julgamento em liberdade, já que, de acordo com o sistema recursal, tais recursos não gozam de efeito suspensivo, nos termos do que dispõe o § 2º do art. 27 da Lei n. 8.038, de 1990.

Quanto à condução coercitiva, que não é considerada equivalente à prisão, é corolário desse pressuposto que seu regime jurídico jamais poderia ser mais gravoso que

---

1366. *Comentários à Constituição do Brasil*, v. 2, p. 297-8.
1367. HC 72.366-SP, rel. Min. Néri da Silveira, sessão de 13-9-1995.

o da prisão propriamente dita. A recente Lei de Abuso de Autoridade (Lei n. 13.869/2019) endereçou adequadamente o assunto e, assim, considera caso de abuso o decretar "a condução coercitiva de testemunha ou investigado manifestamente descabida ou sem prévia intimação de comparecimento ao juízo" (art. 10). Impedir que o cidadão seja surpreendido pelo Estado, sem que nunca antes houvesse sido sequer intimado para comparecer em juízo e prestar os esclarecimentos que se considerem necessários sobre determinados dados, é o mínimo que se espera quando se fala de condução coercitiva, uma medida agressiva e altamente restritiva de direitos constitucionais. Trata-se de respeitar os mais comezinhos direitos e princípios constitucionais.

Muitos consideraram que essa postura criminalizadora, da nova Lei, teria vindo como reação legítima a um momento em que se teriam cometido incontáveis e surpreendentes abusos, atentatórios ao Estado de Constitucional de Direito, supinamente eivados de nulidade, muitos dos quais com a conivência explícita de tribunais, em nome de objetivos supostamente mais nobres ou mais elevados (que, de tempos em tempos, sempre têm surgido na História da Humanidade e colocado em risco estágios civilizatórios mais avançados já alcançados). Seja como for, é inaceitável tanto os pequenos desvios de conduta como os grandes abusos e excessos, perpetrados seja em nome de qual bandeira for, *a latere* do Direito em vigor, porque a tolerância em relação a esses atos, considerados gravíssimos *jure et de jure*, já que atentatórios à Constituição, gera apenas o enfraquecimento do Estado de Direito e a sensação do subjetivismo e seletivismo por parte do detentor de autoridade e poder de mando.

5. INDIVIDUALIZAÇÃO DA PENA E LEI DOS CRIMES HEDIONDOS

Em julgamento realizado em 23 de fevereiro de 2006, o Plenário do STF decidiu, em caráter incidental, pela inconstitucionalidade do art. 2º, § 1º, da Lei n. 8.072/90, na redação anterior à Lei n. 11.464/2007, que vedava a progressão de regime de cumprimento de pena aos condenados por crimes hediondos.

A maioria da Corte compreendeu que tal proibição afronta o direito à individualização da pena, assegurado pelo art. 5º, LXVI, da CB, porque impede que o regime de execução da pena seja definido conforme as condições subjetivas do condenado (HC 82.959/SP, relator: Min. MARCO AURÉLIO, j. 23-2-2006, *Informativos* 417 e 418). Com isso, ficou superado o entendimento anterior, firmado a partir do julgamento do HC 69.657, consoante o qual a previsão de que as penas por crimes hediondos fossem cumpridas em regime integralmente fechado não estaria contrariando a Constituição. Em seu voto vencedor, o Ministro MARCO AURÉLIO argumentou que:

"Diz-se que a pena é individualizada porque o Estado-Juiz, ao fixá-la, está compelido, por norma cogente, a observar as circunstâncias judiciais, ou seja, os fatos objetivos e subjetivos que se fizeram presentes à época do procedimento criminalmente condenável. Ela o é não em relação ao crime considerado abstratamente, ou seja, ao tipo definido em lei, mas por força das circunstâncias reinantes à época da prática. (...)

506

"Dizer-se que o regime de progressão no cumprimento da pena não está compreendido no grande todo que é a individualização preconizada e garantida constitucionalmente é olvidar o instituto, relegando a plano secundário a justificativa socialmente aceitável que o recomendou ao legislador de 1984. É fechar os olhos ao preceito que o junge a condições pessoais do próprio réu, dentre as quais exsurgem o grau de culpabilidade, os antecedentes, a conduta social, a personalidade, enfim, os próprios fatores subjetivos que desaguaram na prática delituosa. (...)

"Assentar-se, a esta altura, que a definição do regime e modificações posteriores não estão compreendidas na individualização da pena é passo demasiadamente largo, implicando restringir garantia constitucional em detrimento de todo um sistema e, o que é pior, a transgressão a princípios tão caros em um Estado Democrático como são os da igualdade de todos perante a lei, o da dignidade da pessoa humana e o da atuação do Estado sempre voltada ao bem comum. A permanência do condenado em regime fechado durante todo o cumprimento da pena não interessa a quem quer que seja, muito menos à sociedade que um dia, mediante o livramento condicional ou, o mais provável, o esgotamento dos anos de clausura, terá necessariamente que recebê-lo de volta, não para que este torne a delinquir, mas para atuar como um partícipe do contrato social, observados os valores mais elevados que o respaldam". Ficaram vencidos, contudo, os Ministros Carlos Velloso, Joaquim Barbosa, Ellen Gracie, Celso de Mello e Nelson Jobim (sendo o caso de observar que o primeiro e o último já não mais integram a Corte Suprema).

Essa decisão do STF, que foi tomada por maioria de votos, acaba por caracterizar-se como uma interpretação bastante indulgente se confrontada com a aparente severidade com a qual a Constituição teria, numa visão mais conservadora e retributiva, pretendido tratar os crimes hediondos no art. 5º, XLIII.

Apesar de as consequências fáticas catastróficas que a generalização (desejável, em termos de unidade da interpretação constitucional e das decisões judiciais) desse entendimento poderia acarretar, com a soltura de inúmeros presos "de alta periculosidade", não se pode deixar de festejar a preocupação com o desenvolvimento dos direitos fundamentais por parte da Suprema Corte, que bem se poderia repetir em outros casos como o dos direitos adquiridos e situações consumadas (de aposentados) e irredutibilidade de vencimentos dos magistrados (casos cuja repercussão econômica igualmente catastrófica para o Estado parece, por vezes, estar a ditar o sentido das decisões).

Vale, por fim, registrar curiosa situação criada por essa decisão. É que, caso venha a ser sustentada por outros interessados, em outros processos, demandará uma análise, por parte de cada juiz (livre convicção), acerca da constitucionalidade ou inconstitucionalidade do dispositivo da lei sob comento. A decisão do STF não é vinculante, mas novo *habeas corpus* poderá ser proposto, perante esse tribunal, no caso de negativa pelo Judiciário de seguir a orientação deste, que certamente reiterará, inclusive em caráter monocrático, a decisão anterior de inconstitucionalidade. Sendo inconstitucional, deve-se estabelecer a progressão de regimes no cumprimento da pena, consoante determina a legislação geral (1/6 de cumprimento da pena). De outra parte, se o STF decidir pela inconstitucionalidade em controle abstrato-concentrado (considerando que venha a ser proposta ADIn e que ela seja julgada procedente) do dispositivo da Lei dos Crimes Hediondos acima indicado, surgirá a dúvida acerca de sua incidência imediata nas execuções de pena em andamento. Por se tratar de decisão geral mais benéfica, deverá aplicar-se imediata e retroativamente, especialmente se se considera que o seu fundamento é a inconstitucionalidade da proibição quanto à progressão de regime.

Observe-se, contudo, que o STF manteve o entendimento de que o juízo da execução deverá continuar verificando as demais condições que entenda necessárias para conceder a progressão. Nesse sentido, e apesar de a Lei n. 10.792/2003 ter alterado o art. 112 da Lei de Execução Penal, excluindo a referência expressa ao exame criminológico, o magistrado poderá, considerando as particularidades do caso, continuar a solicitar laudos técnicos para comprovação dos requisitos subjetivos imprescindíveis à progressão de regime prisional. Em outras palavras, o STF em nenhum momento afirmou que a progressão de regimes, doravante, é obrigatória, universalmente falando. Apenas afastou um dos obstáculos (talvez o maior), que era a legislação proibitiva. As demais condições permanecem e devem ser averiguadas; não presentes, a progressão há de ser negada (em cuja motivação deve restar excluída a Lei dos Crimes Hediondos como motivação legítima).

A decisão proferida pelo STF resguardou de efeitos retroativos as situações nas quais o interessado já houvera cumprido integralmente a pena em regime fechado por força da legislação considerada inconstitucional. Ou seja, houve uma eficácia retroativa mitigada, não beneficiando os casos de penas já extintas (cumpridas integralmente no regime mais rigoroso). Nitidamente, percebe-se que o STF procurou resguardar o Estado de possíveis ações de indenização por prejuízos à liberdade individual causados pela aplicação de uma lei inconstitucional. Esse posicionamento não está imune às críticas, especialmente porque é a própria Constituição do Brasil que determina a indenização do condenado por erro judiciário, assim como daquele que ficar preso além do tempo fixado na sentença (art. 5º, LXXV). Uma restrição daquele porte, em termos de não incidência da indenização, deveria ter sido acompanhada de uma longa discussão acerca do alcance desse dispositivo. Contudo, é possível argumentar que, sendo a lei considerada constitucional, pelo próprio STF, na sua jurisprudência pretérita, a ideia de indenização por erro deveria realmente ser afastada, porque não se trata tanto de erro ou de prisão excessiva, mas sim de mudança de significado do próprio texto constitucional, que colocou a lei em rota de choque com este (exemplo típico de inconstitucionalidade superveniente, por força da mutação constitucional informal). Explica-se melhor: as condições objetivas do ordenamento jurídico e seus pressupostos de interpretação levaram a considerar, em dado momento histórico, inconstitucional a vedação da progressão de regimes. Lembre-se que contribuiu para tanto, fazendo parte dos fundamentos da decisão, a Lei n. 9.455/97 (que definiu os crimes de tortura). Essa lei admitiu a progressão criminal, afrontando o regime severo de proibição previsto na Lei n. 8.072/90. Nesse sentido, afetou "a disciplina unitária determinada pela Carta Política. Aplica-se incondicionalmente. Assim, modificada, no particular, a lei dos crimes hediondos. Permitida, portanto, quanto a esses delitos, a progressão de regimes"

508

(HC 76.371-0/SP e HC 82.959/SP). Logo, pode-se considerar que houve não apenas uma evolução no entendimento do STF acerca do alcance da individualização da pena preconizada constitucionalmente (art. 5º, XLVI), mas também um elemento objetivo, a sobrevinda de legislação que, para manter a necessária unidade constitucional, acabou por ferir de inconstitucional a lei anterior quanto à proibição da progressão de regimes de cumprimento da pena. Conjugados esses dois elementos (subjetivo e objetivo), será razoável concluir que falece fundamento para a indenização pelo cumprimento (integral ou parcial) anterior em regime totalmente fechado. Curioso, aqui, em termos de fenômeno constitucional, foi a inconstitucionalidade florescer, em parte, pela superveniência de legislação posterior, que acabou por "forçar" um entendimento constitucional mais preciso. Ou seja, trata-se de inconstitucionalidade de dispositivo de lei para cuja caracterização contribuiu não apenas a Constituição (e sua interpretação), mas também uma outra lei.

Por fim, vale anotar que foi extremamente célere a resposta do Congresso Nacional estabelecendo nova sistemática para a progressão de regime em casos de crimes hediondos. Sem proibi-la terminantemente, como o fez a legislação anterior, e sem equipará-la à progressão comum, a Lei n. 11.464/2007 estabelece um "meio-termo", exigindo o cumprimento de 2/5 ou 3/5 da pena para obter-se o benefício. Mas cria uma dificuldade ainda maior. É que, em cada caso concreto no qual o preso tenha sido enquadrado, inicialmente, na Lei dos Crimes Hediondos, o juiz terá de continuar realizando uma análise da constitucionalidade da lei anterior, justamente para saber se a nova lei deverá ser considerada mais benéfica ou mais rigorosa, para fins de sua incidência imediata. Explica-se: caso o juiz considere que a Lei n. 8.072/90 era, no particular, inconstitucional, significa que, em sua concepção, a sistemática à qual estava jungido o réu era a comum (exigência de apenas 1/6) e, consequentemente, a nova exigência (cumprimento de 2/5 ou 3/5) será mais gravosa e não poderá ser aplicada aos casos em curso. Some-se, ainda, a circunstância de que, revogada nesse particular a atual legislação, não mais pode ser objeto de controle abstrato de constitucionalidade via ação direta de inconstitucionalidade, obrigando a que a verificação mencionada aqui seja, necessariamente, feita caso a caso, sem qualquer chance de uma padronização dos posicionamentos judiciais (salvo por meio de uma súmula vinculante).

6. DIREITOS ASSEGURADOS EM FACE DE INVESTIGAÇÃO

A Constituição estruturou um extenso e complexo aparato investigativo estatal, a fim de proceder com forte presença em todos os setores da vida. Evidentemente que, ao assim proceder, busca-se a garantia da Ordem Jurídica e, acima de tudo, da paz social.

Isso, porém, não significa ampla liberdade para que as diversas instâncias e autoridades possam lograr seus objetivos sem parâmetros seguros e padrões precisos, especialmente no que tange ao respeito dos direitos fundamentais.

Nesse sentido, a Lei de Combate ao Abuso de Autoridade estabelece, em seu art. 31, como crime: "Estender injustificadamente a investigação, procrastinando-a em prejuízo do investigado ou fiscalizado".

Referências bibliográficas

BASTOS, Celso Ribeiro & MARTINS, Ives Gandra da Silva. *Comentários à Constituição do Brasil*. 2. ed. atual. São Paulo: Saraiva, 2001. v. 2.

PALAZZO, Francesco C. *Valores Constitucionais e Direito Penal*. Tradução por Gérson Pereira dos Santos. Porto Alegre: SaFe, 1989.

SACHS, Albie. *Vida e Direito*: uma estranha alquimia. Tradução por Saul Tourinho Leal. São Paulo: Saraiva/IDP.

Capítulo XXIV
DIREITO DE ACESSO AO JUDICIÁRIO

1. SIGNIFICADO

Anotam MAURO CAPPELLETTI e BRYANT GARTH que a expressão "acesso à Justiça" "serve para determinar duas finalidades básicas do sistema jurídico — o sistema pelo qual as pessoas podem reivindicar seus direitos e/ou resolver seus litígios sob os auspícios do Estado. Primeiro, o sistema deve ser igualmente acessível a todos; segundo, ele deve produzir resultados que sejam individual e socialmente justos. (...) uma premissa básica será a de que a justiça social, tal como desejada por nossas sociedades modernas, pressupõe o acesso efetivo"[1368]. Vale lembrar, preliminarmente ao estudo do tema, que por muito tempo a máquina judiciária só poderia ser "enfrentada" por aqueles que pudessem fazer frente aos seus altos custos.

O princípio do amplo acesso ao Poder Judiciário remonta, na História constitucional pátria, à Constituição de 1946, que foi a primeira a expressamente determinar que "A lei não poderá excluir da apreciação do Poder Judiciário qualquer lesão de direito individual".

Esse princípio é um dos pilares sobre o qual se ergue o Estado de Direito[1369], pois de nada adiantariam leis regularmente votadas pelos representantes populares se, em sua aplicação, fossem elas desrespeitadas, sem que qualquer órgão estivesse legitimado a exercer o controle de sua observância. O próprio enunciado da legalidade, portanto, como já observado, requer que haja a possibilidade ampla e irrestrita de apreciação de lesão ou ameaça a direito (lei *lato sensu*) pelo órgão competente.

Assim, dentro da ideia clássica de tripartição de funções estatais, incumbe ao Poder Judiciário o papel de se manifestar, como última instância, sobre as lesões ou ameaças de lesões a direito.

O princípio em questão significa que toda controvérsia sobre direito, incluindo a ameaça de lesão, não pode ser subtraída da apreciação do Poder Judiciário. Sob esse

---

1368. *Acesso à Justiça*, p. 8.

1369. Na França, embora não deixe de se fazer presente o Estado de Direito, a divisão de funções à qual ali se procedeu desvia boa parcela das funções que normalmente são desempenhadas pelo Poder Judiciário para o denominado "contencioso administrativo". De qualquer sorte, isso significa que há um órgão — embora nem sempre representado pelo Judiciário — que procede à análise dos casos de lesão ou ameaça a Direito. É que o contencioso administrativo não integra, formalmente falando, a estrutura judiciária, embora desempenhe notadamente a função jurisdicional. No Brasil, o contencioso administrativo a que se referia a Constituição de 1967 nunca chegou a ser implementado na prática.

enfoque, o comando constitucional dirige-se diretamente ao legislador, que não pode pretender, por meio de lei, delimitar o âmbito de atividade do Poder Judiciário, até porque uma ocorrência dessas chocar-se-ia frontalmente com o princípio maior da separação de poderes[1370].

Nesse sentido, anota CELSO BASTOS: "Isto significa que lei alguma poderá autoexcluir-se da apreciação do Poder Judiciário quanto à sua constitucionalidade, nem poderá dizer que ela seja ininvocável pelos interessados perante o Poder Judiciário para resolução das controvérsias que surjam da sua aplicação"[1371].

Consequência direta do princípio é a não aceitação da chamada instância administrativa forçada, ou jurisdição condicionada[1372], por meio da qual era possível impor ao particular, que pretendesse discutir com a Administração, a necessidade de recorrer primeiramente às vias administrativas e, somente uma vez esgotado este meio, lançar-se às vias judiciais. Isso era franqueado por força da Emenda Constitucional n. 7/77 à Constituição de 1967/69[1373]. Dados os termos amplos em que é colocado o princípio atualmente, não há mais lugar para esse tipo de imposição, que cria, nas palavras de CELSO BASTOS, um "contencioso completamente desfigurado".

O único caso admitido no Direito pátrio é o referente à Justiça Desportiva, no qual a própria Constituição impõe o prévio esgotamento das instâncias administrativas próprias, no caso de ações relativas à disciplina e às competições desportivas (art. 217, § 1º). No entanto, para que não houvesse procrastinação no trâmite do feito e, por conseguinte, impedimento indireto de acesso ao Judiciário, o legislador constituinte foi extremamente sábio e inseriu um prazo máximo de sessenta dias para a manifestação final dessa instância jurisdicional administrativa (art. 217, § 2º). A partir desse prazo, que se inicia com a instauração do processo, desfaz-se a necessidade do prévio esgotamento, vale dizer, subentende-se já estar cumprido o curso administrativo forçado, que, no caso, é temporalmente delimitado.

Emergindo a lesão, ou caracterizando-se a ameaça de lesão a direito, surge, a seu titular, a possibilidade de tutela, inexoravelmente, pela via judiciária, salvo as hipóteses constitucionais especiais.

Discorda-se, aqui, contudo, da posição daqueles que entendem que apenas o Judiciário exerce jurisdição no sentido de que "toda decisão definitiva sobre uma controvérsia jurídica, só poderia ser exercida pelo Poder Judiciário"[1374].

É que casos há — e necessariamente previstos na Constituição — nos quais há jurisdição exercida por órgãos fora da estrutura orgânica própria do Poder Judiciário.

1370. Isso, contudo, não quer dizer que o princípio não se dirija irrestritamente a todas as pessoas que estão impedidas por força do preceito em análise, de proceder de modo a evitar o acesso ao Judiciário pelos jurisdicionados (cf. Nelson Nery Junior, *Princípios do Processo Civil na Constituição Federal*, p. 92).

1371. Celso Ribeiro Bastos, *Curso de Direito Constitucional*, p. 214.

1372. No mesmo sentido do texto: Celso Ribeiro Bastos, *Curso de Direito Constitucional*, p. 214; Nelson Nery Junior, *Princípios do Processo Civil na Constituição Federal*, p. 99-100; Alexandre de Moraes, *Direito Constitucional*, p. 94.

1373. Essa emenda constitucional permitia que a lei condicionasse o ingresso em juízo à exaustão das vias administrativas.

1374. Celso Ribeiro Bastos, *Curso de Direito Constitucional*, p. 213.

Como exemplos, há o caso do julgamento de *impeachment*, realizado pelo Poder Legislativo, ou da jurisdição administrativa, onde uma decisão pode, evidentemente, acabar assumindo o papel de definitiva (dada a preclusão que ocorre para a Administração e, eventualmente, a prescrição da ação judicial competente para proceder à revisão daquela decisão administrativa). Há ainda a jurisdição "privada", admitida que é a arbitragem no Direito pátrio.

O sentido de jurisdição, portanto, é o de "dizer o Direito", atividade que é desempenhada não apenas pelos órgãos judiciários. Pode-se dizer, pois, que o Judiciário exerce função jurisdicional, mas nem toda função jurisdicional é ditada pelo Judiciário.

Esse princípio deve ser analisado em conjunto com o comando da indeclinabilidade da prestação jurisdicional pelo Poder Judiciário, segundo o qual este não pode se abster de julgar, seja qual for a razão alegada. Mesmo na falta de norma específica e concretamente delimitada, deve o magistrado apreciar a questão e apresentar-lhe solução, baseada nos critérios que o Direito determina, primordialmente a partir dos chamados "princípios" constitucionais em vigor.

Portanto, de nada adiantaria declarar a legalidade (Estado de Direito), como uma garantia constitucional, do amplo acesso ao Judiciário e, de outra parte, permitir ao magistrado quedar-se inerte em sua função de proteção do Direito.

Aqui ingressa um "novo" elemento na compreensão de "acesso à Justiça", mesmo em sua leitura mais arrojada, desenvolvida na década de setenta por CAPPELLETTI e GARTH, como indicado inicialmente. O Judiciário é um dos atores responsáveis (ônus funcional da magistratura) pela realização das prescrições constitucionais. Assim, superada que já está a ideia de que bastaria proclamar a abertura do Judiciário a todos, impõe-se, adicionalmente, reconhecer que também não basta a efetivação do acesso caso a Justiça, especialmente a Justiça Constitucional, não esteja consciente de seu papel na realização do Estado Constitucional, e, com ela, na implementação do Estado social. Recorde-se, aqui, que no Brasil todo magistrado é um juiz constitucional, carregando em seu cargo o dever mencionado.

2. DIREITO DE AÇÃO

Desde que o Estado reclamou para si o monopólio do uso da força (proibindo a autotutela privada), assumiu o dever de assegurar sempre uma prestação jurisdicional.

O direito de ação significa a possibilidade de qualquer pessoa dirigir-se ao Judiciário, provocando o exercício da jurisdição. Como bem afirma EDUARDO CAMBI, o direito de ação "assegura a efetividade dos instrumentos necessários à obtenção da tutela jurisdicional"[1375].

Nesse sentido, é preciso deixar claro que para provocar a jurisdição não se exige que o arguente seja o verdadeiro titular do direito substancial envolvido. É suficiente,

---

1375. *Direito Constitucional à Prova no Processo Civil*, p.115.

para obter o acesso (e exercer o direito de ação), sustentar (afirmar) a existência de um direito substantivo e sua titularidade.

A Constituição Federal, em seu art. 5º, XXXV, declara que "a lei não excluirá da apreciação do Poder Judiciário lesão ou ameaça a direito".

Ademais, como anota MARINONI, o direito de acesso não é apenas o direito de ir a juízo, "mas também quer significar que todos têm direito à adequada tutela jurisdicional ou à tutela jurisdicional efetiva, adequada e tempestiva"[1376].

Discute-se, ainda, dentro deste temário, o ponto relativo às condições da ação e pressupostos processuais, cuja presença é reclamada por lei, para que haja conhecimento da demanda por parte do Poder Judiciário. A questão é a de saber se tais exigências ferem o amplo e irrestrito direito de acesso ao Judiciário, tal como previsto na Constituição Federal.

Ora, ao se garantir o acesso à Justiça e, com ele, o amplo direito de ação, na realidade, não se pretende garantir o desenvolvimento de qualquer processo sem fundamentação material. A Constituição não tem como escopo assegurar um direito abstrato de acesso à Justiça.

Mas, sendo o direito de ação a possibilidade de exercer todos os meios necessários à obtenção de uma solução jurisdicional definitiva, como visto acima, evidentemente que esse direito não se esgota na mera possibilidade de ingressar em juízo, alcançando, além da provocação ampla já assinalada, também a possibilidade de desenvolver uma participação processual ampla, envolvendo a argumentação e a produção probatória, bem como a própria decisão final em si, colocando termo ao litígio da maneira mais adequada possível (forma de tutela específica, consoante o direito material envolvido).

Assim, direito de ação não é apenas a possibilidade de provocar o processo judicial, mas também o direito de acompanhá-lo, com todas as implicações daí decorrentes.

Esse direito de acompanhamento processual não é apenas o direito de assistir inerte ao desenrolar do rito processual, até porque para que isso ocorra a parte é elemento essencial, provocando, a cada etapa, o magistrado da causa. O direito de acompanhamento de que se fala aqui envolve, especialmente, o direito de apresentação de alegações, de provas, de sustentações. É nesse sentido que EDUARDO CAMBI conclui: "a garantia da ação, em uma perspectiva constitucional, compreende um complexo tecnicamente indeterminado de situações processuais ativas"[1377], ou seja, a possibilidade de participação processual efetiva, a ser vivenciada por meio de sustentações e produção probatória ampla.

Em síntese que exprime com clareza e completude a ideia acima, EDUARDO CAMBI anota que, "sob o enfoque constitucional, o direito de ação não é apenas um poder genérico de provocar a atuação jurisdicional, mas implica a concessão de poderes específicos de agir em juízo, compreendendo um conjunto de iniciativas e de faculdades, que vão além do mero ato de introdução da demanda no processo, abrangendo outro

---

1376. *Tutela Antecipatória*, p. 20.
1377. *Direito Constitucional à Prova no Processo Civil*, p. 117.

complexo de atividades das partes, consideradas indispensáveis à obtenção da tutela efetiva do direito material ou do interesse lesado. A garantia constitucional da ação não assegura o mero direito ao processo, mas o direito ao processo *justo*, dentro do qual está compreendido o direito à prova, com o reconhecimento da possibilidade de fazer admitir e experimentar todos os meios probatórios permitidos (ou não vedados) pelo sistema, desde que relevantes para a demonstração dos fatos que servem de fundamento para a pretensão"[1378].

3. DIREITO DE PETIÇÃO

É neste ponto que se faz a distinção entre direito de ação e direito de petição.

3.1. Origem

Sua origem remonta à Inglaterra, durante a Idade Média, por meio do *right of petition*, que se consolidou no *Bill of Rights*, de 1689. Por meio deste, foi prevista a possibilidade de os súditos dirigirem petições contra a realeza.

A Constituição Brasileira de 1824, em seu art. 179, n. 30, dispunha: "Todo o cidadão poderá apresentar, por escrito, ao Poder Legislativo e ao Executivo, reclamações, queixas ou petições, e até expor qualquer infração da Constituição, requerendo perante a competente autoridade a efetiva responsabilidade aos infratores".

3.2. Previsão constitucional

O *direito de petição* é o direito a todos assegurado de provocar o Poder Público, independentemente do pagamento de taxas, para a defesa de direitos ou contra a ilegalidade ou abuso de poder. É o caso de "reclamação" dirigida ao Estado, que se instrumentaliza por meio do direito de petição.

Historicamente, o direito de petição tem sido denominado, no Brasil, também como direito de representação, como ocorria na Constituição de 1937, art. 122, § 7º, e Constituição de 1967, art. 153, § 30.

Na realidade, como observa CELSO BASTOS, "Do ponto de vista doutrinário, o direito de petição é mais abrangente e abraça dentro de si a representação, a reclamação e a queixa"[1379]. E conclui a seguir: "Constata-se assim que a partir de um tronco comum, nascido no direito inglês, o direito de petição aos Poderes Públicos desdobrou-se em nosso sistema constitucional para abranger também o direito de representar. O primeiro se preordena à defesa dos direitos particulares ou públicos, e o segundo é mais apto à denúncia de abusos de autoridade"[1380].

Contempla o art. 5º, XXXIV, da Constituição: "são a todos assegurados, independentemente do pagamento de taxas: *a*) o direito de petição aos Poderes Públicos em

---

1378. *Direito Constitucional à Prova no Processo Civil*, p. 118.
1379. *Comentários à Constituição do Brasil*, v. 2, p. 182.
1380. *Comentários à Constituição do Brasil*, v. 2, p. 182.

515

defesa de direitos ou contra ilegalidade ou abuso de poder; *b*) a obtenção de certidões em repartições públicas, para defesa de direitos e esclarecimento de situações de interesse pessoal".

Atualmente, pois, a representação estaria implícita na fórmula mais ampla do direito de petição. Percebe-se, ademais, que a Constituição neste passo reconheceu a importância das fórmulas não judiciais de solução de conflitos.

3.3. Natureza jurídica

A natureza jurídica do direto de petição é a de prerrogativa de cunho democrático-participativo. Em virtude de não se constituir em ação judicial, e, apesar de exigir forma escrita, o direito de petição é absolutamente informal no que se refere aos seus requisitos e pressupostos para apresentação. Assim é que, embora dirigida à autoridade incorreta, esta, recebendo-a, deverá encaminhá-la à autoridade competente, e não simplesmente deixar ao desamparo o direito violado.

Está legitimado a propor a petição qualquer pessoa, jurídica ou física, nacional ou estrangeira.

3.4. Destinatário

A reclamação-petição poderá voltar-se contra qualquer dos três poderes ou órgãos do Estado brasileiro.

3.5. Ilegalidade ou abuso de poder

O fundamento do direito de petição está na eventual prática de fato ilícito ou abusivo pelo Poder Público. Seu objeto, portanto, direciona-se à reparação dessa situação. Há, aqui, identidade com o objeto tutelável por mandado de segurança (inciso LXIX do art. 5º).

3.6. Prazo prescricional

Embora não haja prazo específico para obter-se resposta por parte do Poder Público, este está obrigado a apresentá-la dentro em tempo razoável, sob pena de sujeitar-se ao mandado de segurança, por violação de direito líquido e certo, de ordem constitucional, do peticionário, em obter, por meio do direito em apreço, a apreciação de sua petição.

Nos casos de processos administrativos, para o âmbito da Administração Federal, a Lei n. 9.784/99 estabelece prazo de até trinta dias (após a instrução do processo) para que haja o julgamento, vale dizer, para que seja apresentada a decisão sobre solicitações ou reclamações em matérias de sua competência.

E, embora não se possa obrigar o Poder Público a adotar as medidas pleiteadas, restará a via judicial, não apenas para obter isso, mas igualmente como forma de responsabilizar o funcionário ou agente omisso em tomar a providência apontada pelo peticionário, quando da ilegalidade ou abuso tomou conhecimento por meio da petição.

516

3.7. Regulamentação

O direito de petição encontra-se, em parte, disciplinado em seu uso na Lei n. 4.898/65, ao tratar da repressão ao abuso de autoridade. Consoante seu art. 1º: "O direito de representação e o processo de responsabilidade administrativa, civil e penal, contra autoridades que, no exercício de suas funções, cometerem abusos, são regulados pela presente lei".

3.8. Consagração infraconstitucional

Há uma série de leis que acabaram por concretizar o direito de petição previsto constitucionalmente.

Assim se deve compreender a Lei n. 9.784, de 29 de janeiro de 1999, que estabelece as regras para o processo administrativo, declarando em seu art. 1º que visa, especialmente, "à proteção dos direitos dos administrados e ao melhor cumprimento dos fins da Administração".

Da mesma forma, encontra-se na Lei n. 8.987, de 13 de fevereiro de 1995, que dispõe sobre o regime de concessões e permissões na prestação de serviços públicos, a previsão, em seu art. 7º, do direito dos usuários de: "IV — levar ao conhecimento do poder público e da concessionária as irregularidades de que tenham conhecimento, referentes ao serviço prestado" e, adiante: "V — comunicar às autoridades competentes os atos ilícitos praticados pela concessionária na prestação do serviço".

Também é consagração desse direito constitucional a seguinte previsão, na Lei n. 9.882, de 3 de dezembro de 1999, em seu art. 2º: "Faculta-se ao interessado, mediante representação, solicitar a propositura de arguição de descumprimento de preceito fundamental ao Procurador-Geral da República, que, examinando os fundamentos jurídicos do pedido, decidirá do cabimento do seu ingresso em juízo". Trata-se de direito de petição a ser encaminhado ao Ministério Público Federal, que deverá decidir, fundamentadamente, sobre a solicitação ("representação") do "interessado".

Da mesma forma, a Lei n. 9.472, de 16 de julho de 1997, que dispõe sobre os serviços de telecomunicações, prevê ao usuário, em seu art. 3º, o direito "X — de resposta às suas reclamações pela prestadora do serviço", e, ainda, "XI — de peticionar contra a prestadora do serviço perante o órgão regulador e os organismos de defesa do consumidor".

4. DIREITO DE CERTIDÃO

Estabelece o art. 5º, XXXIV, *b*, o direito de todos a obter certidões de seu interesse pessoal, em repartições públicas.

A esse respeito, decidiu o STJ: "Constitucional e administrativo. Mandado de Segurança. Militar. Direito à certidão. CB, art. 5º, XXXIV, *b*. — A Carta Magna, em seu art. 5º, XXXIV, *b*, assegura aos cidadãos o direito de obter certidões em repartições públicas, para defesa de direitos e esclarecimento de situações de interesse pessoal. — A negativa de autoridade de conceder a certidão, uma vez demonstrado o legítimo interesse do impetrante — instruir ação judicial com o documento — e não se tratando de assunto sigiloso, configura lesão a direito assegurado ao cidadão pela Constituição".

A Lei n. 9.051, de 18 de maio de 1995, dispõe sobre a expedição de certidões para a defesa de direitos e esclarecimento de situações. Referida lei, em seu art. 1º, garante a gratuidade de atos como "VI — o registro civil de nascimento e o assento de óbito, bem como a primeira certidão respectiva".

5. DIREITO DE DEFESA

Se o direito de ação está constitucionalmente assegurado, aplicando-se o princípio da isonomia, facilmente se conclui pelo direito à defesa.

O réu de qualquer ação proposta em juízo tem, igualmente, a possibilidade de defender-se ou não, conforme desejar. Ora, no caso de não apresentar defesa, arcará com a sua omissão, o que significa que a defesa é um direito e, ademais, um ônus.

Por isso, não se pode falar, com propriedade, em verdadeira *liberdade* de opção nesse caso. O réu, é certo, encontra-se em posição menos vantajosa que o autor. Este escolhe entre apresentar ou não a ação, com ampla liberdade, assim como analisa e escolhe o melhor momento para ingressar com a ação. Já o réu fica absolutamente circunscrito e obrigado (posição de inferioridade) a partir da escolha do autor. É por esse motivo que a defesa é o "poder jurídico de pedir a restituição da liberdade ameaçada pela ação"[1381].

Torna-se mais preocupante esse aspecto, contudo, quando a ação implica determinado processo no qual há restrições probatórias. Com isso, o autor estaria optando por determinado modelo, sem a prévia oitiva do réu, que apenas será citado para manifestar-se na forma da ação intentada. O tema insere-se no âmbito das limitações infraconstitucionais ao direito de prova.

A vinculação do réu, contudo, como bem lembra EDUARDO CAMBI, é um aspecto do traço publicista do processo contemporâneo, que, ao contrário do processo civil romano, não exige mais o consenso do demandado (*litis contestatio*)[1382].

O direito à defesa, não morre, porém, na apresentação da peça processual inicial. É que a defesa, entendida como apresentação de argumentos e provas pertinentes, há de se estender por todo o processo, para ambas as partes envolvidas.

Referências bibliográficas

BASTOS, Celso Ribeiro. *Curso de Direito Constitucional*. 21. ed. São Paulo: Saraiva, 2000.
BASTOS, Celso Ribeiro; MARTINS, Ives Gandra da Silva. *Comentários à Constituição do Brasil*. 2. ed. São Paulo: Saraiva, 2001. v. 2.

1381. Eduardo Cambi, *Direito Constitucional à Prova no Processo Civil*, p. 122, citando Eduardo Couture.
1382. *Direito Constitucional à Prova no Processo Civil*, p. 121.

CAMBI, Eduardo. *Direito Constitucional à Prova no Processo Civil*. São Paulo: Revista dos Tribunais, 2001 (Coleção Temas Atuais de Direito Processual Civil, v. 3).

CAPPELLETTI, Mauro; GARTH, Bryant. *Acesso à Justiça*. Tradução por Ellen Gracie Northfleet. Porto Alegre: Sergio A. Fabris, Editor, 1988. Tradução de: *Access to Justice*.

MARINONI, Luiz Guilherme. *Tutela Antecipatória*. São Paulo: Revista dos Tribunais, 1997.

NERY JUNIOR, Nelson. *Princípios do Processo na Constituição*. 5. ed. rev. ampl. São Paulo: Revista dos Tribunais, 1999 (Coleção Enrico Tullio Liebman, v. 21).

Capítulo XXV
DIREITO AO DEVIDO PROCESSO LEGAL

1. PREVISÃO

O art. XI, n. 1, da Declaração Universal dos Direitos do Homem assegura que "todo homem acusado de um ato delituoso tem o direito de ser presumido inocente até que a sua culpabilidade tenha sido provada de acordo com a lei, em julgamento público no qual lhe tenham sido asseguradas todas as garantias necessárias à sua defesa".

O princípio do devido processo legal acabou sendo inserido de forma expressa na Constituição de 1988, no art. 5º, que foi a primeira a referir-se expressamente ao "devido processo legal", nos casos de privação da liberdade ou dos bens. Preceitua a Constituição: "LIV — ninguém será privado da liberdade ou de seus bens sem o devido processo legal".

2. CONTEÚDO

2.1. Aspecto material e formal do princípio

É imprescindível, preliminarmente, destrinchar os elementos da consagrada expressão "devido processo legal". Para tanto, proceder-se-á, preliminarmente, à verificação do conteúdo de cada termo componente da expressão.

Assim, considera-se que o termo "devido" assume o sentido de algo "previsto", "tipificado". Mas não é só. Também requer que seja justo.

"Processo", na expressão consagrada constitucionalmente, refere-se aos trâmites, formalidades, procedimentos, garantias. São as práticas do mundo jurídico em geral.

"Legal", aqui, assume conotação ampla, significando tanto a Constituição como a legislação.

Reunindo, nesses termos, os componentes, tem-se: "garantias previstas juridicamente". Esse, sucintamente, o significado da expressão "devido processo legal".

A ampla defesa, assim como o contraditório, que compõem o inciso seguinte, bem como inúmeros outros princípios enunciados na Constituição, referentemente ao processo, em realidade, estão compreendidos na noção de devido processo legal[1383].

1383. Por uma grande abrangência de aplicação desse princípio: Danielle Anne Pamplona, *Devido Processo Legal: Aspecto Material*, p. 27-8.

Não por outro motivo são muitas as vozes que se levantam contra a assunção nacional do referido princípio, que, no caso, já estaria totalmente "especificado" em outras normas constitucionais. Para muitos autores, a referência ao princípio faz sentido apenas no Direito Constitucional norte-americano, de onde promanou a doutrina do devido processo legal. Isso ocorre já que a Constituição daquele país é essencialmente principiológica, e, como se sabe, o Judiciário faz decorrer dele inúmeras normas não expressamente inscritas no texto da Constituição de 1789 e posteriores emendas.

O princípio do devido processo legal biparte-se, contudo, passando a ser agregado um aspecto material (substancial).

O devido processo legal, no âmbito processual, significa a garantia concedida à parte processual para utilizar-se da plenitude dos meios jurídicos existentes. Seu conteúdo identifica-se com a exigência de "paridade total de condições com o Estado persecutor e plenitude de defesa"[1384]. Na realidade, a paridade de "armas" tem como destinatário não apenas o Estado, mas também a parte contrária. É, em realidade, o próprio contraditório.

A plenitude de defesa, referida no conceito de devido processo legal, significa o direito à defesa técnica, à publicidade da decisão, à citação, à produção ampla de provas, ao juiz natural, aos recursos legais e constitucionais, à decisão final imutável, à revisão criminal, ao duplo grau de jurisdição[1385].

Já o devido processo legal aplicado no âmbito material diz respeito à necessidade de observar o critério da proporcionalidade, resguardando a vida, a liberdade e a propriedade.

Em sede de ação direta de inconstitucionalidade, em concessão de medida liminar, o Ministro CELSO DE MELLO entendeu que o princípio da razoabilidade infere-se "enquanto projeção concretizadora do 'substantive due process of law', como insuperável limitação ao poder normativo do Estado"[1386].

Consoante ANTÔNIO ROBERTO SAMPAIO DÓRIA, tratando da doutrina norte-americana, "a busca de preceito constitucional explícito, para servir de veículo de atuação de todo um indefinido e indefinível corpo de 'leis naturais', não tardou em deparar com o único dispositivo da constituição, que se prestava idoneamente a essa finalidade: a cláusula *due process of law*. Convenientemente vaga em sua expressão literal (embora, conforme vimos, com nítido sentido processual em sua tradição histórica), proibindo a infringência a direitos relativos à vida, liberdade e propriedade, a cláusula em apreço vinha a talhe de foice para se constituir em instrumento hábil a amparar a expansão das limitações constitucionais ao exercício do poder legislativo federal e estadual"[1387].

O devido processo legal, em seu âmbito material, abrange aspectos que se classificam como formais. É o caso do respeito às regras do processo legislativo.

1384. Alexandre de Moraes, *Direitos Humanos Fundamentais*, p. 255.
1385. Cf. Ada Pellegrini Grinover.
1386. *DJ*, 12 jun. 1995, p. 15154.
1387. *Direito Constitucional Tributário* e *"Due Process of Law"*, p. 30.

2.2. Âmbito de incidência

O princípio do devido processo legal vale para qualquer processo judicial (seja criminal ou civil), e mesmo para os processos administrativos, inclusive os disciplinares e os militares, bem como nos processos administrativos previstos no ECA.

Quanto ao ECA, já que visa à aplicação de medida socioeducativa, que se assemelha, para tais fins, a verdadeira sanção administrativa, não há como negar a incidência do princípio do devido processo legal[1388].

3. A EC N. 45/2004 E A CELERIDADE PROCESSUAL

Na EC n. 45/2004, vislumbra-se uma referência constante à celeridade processual, consagrada em duas perspectivas que se complementam: (i) como direito fundamental e (ii) como diretriz estrutural do Judiciário.

No primeiro aspecto mencionado, consoante o novel inciso LXXVIII do art. 5º da CB, a todos, no âmbito judicial e administrativo, passam a ser assegurados "a razoável duração do processo e os meios que garantam a celeridade de sua tramitação". Presencia-se, nesta parte da reforma do Judiciário, carreada pela emenda acima, o surgimento de novos (formalmente falando) direitos fundamentais neste único inciso, a saber: (i) razoável duração do processo judicial; (ii) razoável duração do processo administrativo; (iii) os meios que garantam a celeridade da tramitação do processo judicial; e (iv) os meios que garantam a celeridade da tramitação do processo administrativo.

Enfatiza-se, aqui, que tais direitos são inovações meramente formais, na exata medida em que se poderia encontrá-los no princípio mais genérico do *devido processo legal*. Neste grau, pois, é possível considerar a inserção do inciso LXXVIII, pela novel Reforma, como repetição e especificação desnecessárias (talvez admissíveis numa cultura de massificação). Se todos têm direito a um devido processo legal, está nele inerente a necessidade de um processo com duração razoável, pela abertura conceitual daquela garantia plasmada constitucionalmente, conforme dito acima.

Note-se que, apesar de utilizar conceitos indeterminados, a demandar uma concreção posterior, o inciso LXXVIII refere-se à *razoável duração*. Isso inculca a ideia de celeridade, a qual, muito embora não esteja referida diretamente, apresentou-se, inegavelmente, como móbil do poder constituinte derivado, responsável pela EC n. 45.

Sem embargo, a *razoabilidade* referida representa uma quebra dessa preocupação exclusiva com a rapidez, pois o processo deverá durar o mínimo, mas também todo o tempo necessário para que não haja violação da qualidade na prestação jurisdicional.

Ainda assim, não há como negar a importância da celeridade quando se fala em razoável duração. A celeridade na obtenção das decisões judiciais, aliás, tem sido uma constante também na Europa. A esse respeito, vale registrar a decisão do Tribunal

---

1388. Nesse sentido: Nelson Nery Junior, *Princípios do Processo Civil na Constituição Federal*, p. 127; Alexandre de Moraes, *Direitos Humanos Fundamentais*, p. 255.

Europeu de Direitos Humanos (caso *Pammel*), em 1997, condenando a Alemanha pela excessiva duração dos processos.

Na realidade, encontra-se no art. 6º, 1, da Convenção Europeia pela Salvaguarda dos Direitos do Homem e das Liberdades Fundamentais, de 1959, o direito ao "prazo razoável". Assim também a Convenção Americana sobre Direitos Humanos (Pacto de São José da Costa Rica, de 1969), em seu art. 8º, usa a expressão "prazo razoável", referindo-se ao direito de toda pessoa ser ouvida por um juiz ou tribunal competente. No mesmo sentido operou a Carta dos Direitos Fundamentais da União Europeia, de 2000, cujo parágrafo do art. 47 afirma que "toda pessoa tem direito a que sua causa seja julgada de forma equitativa, publicamente e num prazo razoável". Por fim, a própria Constituição europeia veio a reafirmar de forma idêntica tal determinação, estabelecendo-a em seu art. II-107.

Tornando a celeridade do processo (judicial e administrativo) e os meios necessários para alcançar esse objetivo, explicitamente, direitos fundamentais, resta, ainda, enfrentar outra possível dúvida: saber se essa será mais uma daquelas normas meramente programáticas, desprovidas de eficácia prática e de sanção pelo não cumprimento imediato. É preciso saber, conforme bem pontua FLÁVIO LUIZ YARSHELL, "se a norma não passa de uma promessa vã; que, diante de uma realidade de mais de cinco anos de espera para distribuição de um recurso (como ocorre em São Paulo), soa como uma espécie de escárnio em relação ao jurisdicionado, de quem se subtraiu o poder de fazer justiça pelas próprias mãos e de quem são cobrados tributos, inclusive taxa judiciária"[1389].

Uma vez que as condições estruturais do sistema judiciário não podem ser alteradas por um passe de mágica, pois o "legislador todo-poderoso" não passa de uma ilusão abstratamente concebida pelas revoluções burguesas do final do século XVIII, reforça-se a desconfiança na efetividade desse novo direito.

Assim, esses direitos, ainda que de natureza especial, desacompanhados de outras medidas (até fáticas) que lhes confiram sustentação e realizabilidade, acabarão ecoando no vazio, como um conjunto de palavras estéreis, com a agravante de fragilizarem ainda mais a imagem do Poder Judiciário (e, eventualmente, da Constituição, aprofundando a crise de constitucionalidade) ante a população, especialmente no caso de este não apresentar as respostas que estão pressupostas (pelo senso comum) no direito fundamental "à razoável duração do processo". Some-se a isso a banalização que se promove ao inserir uma especificação de algo que já se deveria considerar inerente à cláusula constitucional do devido processo legal, e que nada mais é do que parte daquela crise de constitucionalidade já referida, gerando aquilo que GUILHERME AMORIM CAMPOS DA SILVA alcunha de "paradoxo da dispersão dos enfoques"[1390].

Por fim, no que tange à celeridade em sua perspectiva como diretriz estrutural do Judiciário, e que bem pode ser considerada como instrumental/complementar à inserção

---

1389. *A Reforma do Judiciário e a Promessa de "Duração Razoável do Processo"*, p. 28 e 32.

1390. Os Direitos Humanos São Absolutos? A Tendência Inflacionária do Processo de Positivação e o Paradoxo da Dispersão dos Enfoques, *Cadernos de Direito*, p. 228-40.

do direito à razoável duração do processo como direito fundamental, há algumas novidades dignas de nota: (i) a busca da redução no número de processos pela redução do número de recursos extraordinários a serem conhecidos (art. 102, § 3º, pelo qual se estabelece, para o recurso extraordinário, a necessidade de o recorrente demonstrar "repercussão geral das questões constitucionais discutidas no caso"); (ii) súmula vinculante, fazendo com que as decisões sejam mais "previsíveis" e, assim, mais céleres; (iii) atuação do Conselho Nacional de Justiça; (iv) atividade jurisdicional ininterrupta, com o fim das férias coletivas; (v) distribuição imediata de processo em todos os graus da jurisdição; (vi) Justiça funcionando descentralizadamente; (vii) Justiça itinerante; (viii) possibilidade de despachos ordinatórios do processo pelos serventuários da Justiça; (ix) aumento do número de juízes, proporcionalmente em relação à demanda e população. São elementos estruturais que, de certa forma, procuram viabilizar a dimensão garantística (de direito fundamental) da celeridade (item i). E, por isso, instrumentais.

4. PRINCÍPIO DO JUIZ NATURAL

A Constituição de 1988 acabou incorporando a ideia do princípio do juiz natural em dois dispositivos diversos. Inicialmente, no próprio inciso XXXVII do art. 5º, que determina expressamente que "não haverá juízo ou tribunal de exceção". Ademais, o inciso LIII declara também que "ninguém será processado nem sentenciado senão pela autoridade competente".

O princípio do juiz natural é também conhecido como princípio do juiz legal.

Fundamentalmente, pelo princípio do juiz natural quer-se revelar a especial importância de que se reveste, em um Estado de Direito, ter órgãos judiciários predeterminados quanto aos litígios que venham a, eventualmente, surgir.

Veda-se, portanto, que surjam tribunais ou juízos singulares, ou quaisquer outros órgãos julgadores, após a ocorrência dos fatos a serem apreciados. Também fica proscrita a indicação de órgãos para o julgamento de casos determinados.

Além de desdobramento do princípio da igualdade[1391], é igualmente decorrente da garantia da legalidade.

O destinatário da proibição é, em um primeiro momento, o próprio Estado, o qual fica impedido de criar juízos de exceção. Neste ponto, trata-se de direito (garantia) do indivíduo. Mas também o cidadão, que não poderá senão submeter-se ao juízo preconcebido que lhe é apresentado para a solução de seu litígio.

Não basta a existência de um juízo ou tribunal prévio, mas também são necessárias regras prévias e objetivas para determinação da competência dos órgãos julgadores.

Pela aplicação do princípio ora em apreço não se afasta a possibilidade de juízos especializados, tal como aquele admitido expressamente pela Constituição para dirimir conflitos fundiários em questões agrárias (art. 126, *caput*).

1391. Nesse sentido: Luiz Alberto David Araujo e Vidal Serrano Nunes Júnior, *Curso de Direito Constitucional*, p. 106.

4.1. Julgamento pelo Tribunal do Júri

A Constituição reconheceu, expressamente, a instituição do júri popular para o julgamento dos crimes dolosos contra a vida (art. 5º, XXXVIII, *d*).

Esse, pois, o juiz natural nos casos de processos penais envolvendo acusações de crimes dolosos contra a vida. Admite-se, contudo, a hipótese de desaforamento, contemplada no art. 427 do Código de Processo Penal, por força do interesse da ordem pública ou de dúvida sobre a imparcialidade do júri ou, ainda, sobre a segurança pessoal do acusado. Nesses casos, "o Tribunal poderá determinar o desaforamento do julgamento para outra comarca da mesma região, onde não existam aqueles motivos, preferindo-se as mais próximas".

5. EXIGÊNCIA DE MOTIVAÇÃO DAS DECISÕES JUDICIAIS

A Carta de 1967, assim como a Emenda Constitucional n. 1/69, não acolhia expressamente a garantia da motivação das decisões.

Assegura a Constituição de 1988, em seu art. 93, IX, que "todos os julgamentos dos órgãos do Poder Judiciário serão públicos, e fundamentadas todas as decisões, sob pena de nulidade (...)".

Essa garantia tem gênese no Estado de Direito. O exercício da jurisdição envolve, necessariamente, função pública, porque é também ela expressão do poder político.

A motivação é um pressuposto para que possa haver o controle das decisões judiciais.

A exigência de motivar significa a imposição de que os atos decisórios sejam justificados, isto é, de que as razões do ato sejam explicitadas, reveladas. É fundamentar de maneira clara.

Questiona-se, pois, a validade de decisão que se utiliza abusivamente de citações, todas em sua língua original, que pode ser o russo, o sânscrito ou outra qualquer. Haveria aqui obediência ao enunciado constitucional da motivação e da publicidade?

A garantia da motivação está englobada pelo princípio do devido processo legal, embora muito mais a seu aspecto formal.

Há, ainda, que distinguir entre sentenças e acórdãos, decisões interlocutórias, despachos de mero expediente e atos de revisão.

Os atos de mero expediente seriam atos ordinatórios, não mais de competência do magistrado, mas sim dos cartórios, e, assim, quanto a estes, estaria afastada a garantia em apreço. Questiona-se se isso constituiria uma forma de contornar, parcialmente, o enunciado constitucional, deixando de cumprir o mandamento constitucional que exige a motivação das decisões judiciais. É-se obrigado, pois, a discutir o conceito do que seja "decisão" para fins de exigência da respectiva motivação. De qualquer sorte, na revisão de despachos de mero expediente o juiz deverá fundamentar o novo despacho, declarando os motivos da revisão. Aliás, isso deixa certo que, se do despacho houver impugnação, já deixa de ser mero despacho.

525

De outra parte, é preciso revelar se o enunciado alcança também o exercício das "jurisdições não estatais", como aquela decorrente do juízo arbitral. Estaria a decisão arbitral englobada no enunciado ora em apreço?

O aspecto processual dessa garantia é evidente, já que as partes têm necessidade de apreender a noção exata daquilo no que o magistrado se baseou, para fins de poder recorrer às instâncias superiores. E isso vale até mesmo para o magistrado ou órgão que for reapreciar a matéria, no juízo *ad quem*, visto que só terá possibilidade de reavaliar a decisão, reformando-a, se for o caso, quando puder identificar as bases sobre as quais se assentou.

Contudo, sob o mero prisma instrumental-recursal não se justificaria a garantia da motivação, já que há possibilidade de decisões irrecorríveis no sistema jurídico pátrio (como as proferidas pelo Supremo Tribunal Federal), ou, ainda, os casos das decisões das quais não se recorre. Quanto a este último aspecto, vale ressaltar que se poderia concluir que apenas no momento em que a parte manifestasse seu interesse recursal é que se tornaria exigível a fundamentação da decisão judicial. Portanto, é de concluir, aqui, que a exigência da motivação não é apenas para finalidades recursais, como poderia soar num primeiro momento.

Parece, todavia, que não se poderia falar em interesse extraprocessual, já que isso levaria, inevitavelmente, a caracterizar, sempre, o interesse dos terceiros em recorrer. Assim, ainda que se vincule essa garantia ao próprio Estado Democrático de Direito, e ainda que isso se revele como dado extraprocessual que justifica a exigência da motivação, ainda assim não se poderá caracterizar o interesse processual de todo e qualquer indivíduo recorrer das decisões não motivadas. Há que prevalecer, portanto, o aspecto processual da garantia, com as ressalvas acima colocadas.

O enunciado da motivação dirige-se também ao próprio juiz, e não apenas à parte, por se tratar de decorrência do enunciado do livre convencimento do magistrado. Sob esse aspecto, interessante anotar, com CARLOS CINTRA, ADA GRINOVER e DINAMARCO, que o excesso de publicidade viola o direito de intimidade[1392].

O inconveniente por muitos apontado quanto à exigência de uma fundamentação precisa, bem desenvolvida, pelo próprio magistrado é o excesso de processos no qual esbarra tal garantia.

Como se sabe, na jurisdição voluntária o juiz não precisa adotar o princípio da legalidade estrita. É mais discricionário, e, por isso, é necessário, por muito maior razão, que haja fundamentação racionalmente controlável de suas decisões.

Caso interessante é o "cite-se" emitido pelo juiz, e que significa, na verdade, que o juiz averiguou que a ação está "em termos". Tecnicamente falando, essa determinação judicial traz consigo a decisão do juiz de que analisou as condições da ação e seus pressupostos processuais, entendendo estarem regulares. Daí o questionar se seria possível recurso contra a citação, como o agravo. A resposta aqui é negativa, já que, neste caso, basta contestar e levantar algumas preliminares. Caso semelhante é a decisão de paga-

---

1392. *Teoria Geral do Processo*, p. 68.

mento expedida no seio de ação monitória, e que se torna título executivo. Aqui, contudo, ao contrário do que ocorre com a decisão de citação, não há oportunidade para a defesa. Daí entender-se cabível o recurso, sendo essa a posição de NELSON NERY, embora se situe em posição contrária JOSÉ ROGÉRIO CRUZ E TUCCI.

A falta de fundamentação das decisões judiciais gera a nulidade.

6. PRINCÍPIO DA PUBLICIDADE

A Constituição de 1988, em seu art. 93, IX (alterado pela EC n. 45/2004), declara que "todos os julgamentos dos órgãos do Poder Judiciário serão públicos (...), sob pena de nulidade, podendo a lei limitar a presença, em determinados atos, às próprias partes e a seus advogados, ou somente a estes, em casos nos quais a preservação do direito à intimidade do interessado no sigilo não prejudique o interesse público à informação".

A falta de uma completa fundamentação da decisão judicial já é, por si mesma, uma violação ao princípio da publicidade, embora, no caso, seja mais adequado falar em violação do princípio específico em questão (garantia da motivação). De qualquer forma, não deixa de ser também uma violação ao princípio da publicidade, tendo em vista que a motivação propicia a comunicação ou divulgação do *iter* seguido pelo magistrado para prolatar sua decisão neste ou naquele sentido.

Já se acentuou que o excesso de publicidade pode violar o direito de intimidade dos magistrados. Trata-se, pois, do choque entre dois princípios, vale dizer, o da publicidade e o do livre convencimento do órgão julgador.

Toda precaução é necessária contra a exasperação do princípio da publicidade[1393].

O princípio da publicidade, exacerbado, pode não atingir com tanto impacto os magistrados de carreira, mas alcança, dentre outros, os jurados, que estão sujeitos à força da mídia, por serem leigos. Na mesma situação se encontram os juízes classistas.

Ademais, há atos que não podem ser publicados, por força de lei, o que decorre da circunstância de que nenhum princípio é absoluto em sua declaração genérica. Há exemplos no Estatuto da Criança e do Adolescente e no próprio Estatuto da Advocacia, no caso de sigilo profissional.

Os casos das CPIs, como a do Judiciário, são prova de que a publicidade excessiva pode ser tão ou mais perigosa que o próprio sigilo. Para citar um exemplo internacional, veja-se o caso O. J. Simpson, ocorrido nos Estados Unidos da América do Norte. O excesso de publicidade pode prejudicar em qualquer sentido, tanto na defesa quanto na acusação. Ou ainda o caso Daniella Perez, no qual houve claro clamor popular, incitado pelas partes interessadas e os respectivos meios de comunicação.

Ainda quanto à publicidade, é preciso sublinhar que esta requer linguagem adequada, vale dizer, apropriada para transmitir a mensagem.

Decorre do princípio da responsabilidade estatal, já que o magistrado exerce um *munus* público.

1393. Jorge Araken Faria da Silva, Do Princípio da Publicidade dos Atos Processuais, *RF*, v. 333, p. 122.

Em contrapartida ao dito acima, há de se destacar a mudança perpetrada pela EC n. 45/2004, a qual passa a exigir, cumulativamente, que: (i) o fundamento da limitação à publicidade seja o direito à intimidade do interessado; e (ii) que a limitação imposta não prejudique o direito público à informação.

Há dois problemas teóricos nesse dispositivo. Em primeiro lugar, o que fez o legislador reformador da Constituição, nesse caso, foi explicitar parte da incompatibilidade que pode ocorrer e que demanda a aplicação dos postulados da ponderação, da concordância prática e da proporcionalidade (sobre o qual se mencionará mais adiante, mais precisamente no capítulo XXXV), ou seja, entre o interesse ao processo público e o direito à informação, de um lado, e o direito à intimidade, de outro, deve haver uma ponderação, em cada caso concreto, para fazer incidir o princípio (direito) mais adequado. E para isso era desnecessária a Reforma.

De outra parte, a incongruência nem sempre operará entre os princípios indicados pelo dispositivo. Há inúmeros outros que podem entrar em cena, em cada caso concreto (no respectivo processo), tais como: dignidade da pessoa humana, privacidade, honra e direito à imagem.

Em virtude disso, é possível imaginar que a Reforma pretendeu apenas equacionar (previamente) a colisão entre os específicos princípios que mencionou. Mesmo sendo essa a solução adotada, como se percebe, houve apenas uma preferência pelo interesse público à informação, mas, por força da teoria constitucional, há, ainda, de passar pela ponderação em cada caso concreto para aferir eventual (e verdadeiro) prejuízo do interesse público à informação. Torna-se, assim, inconstitucional ou incapaz de alcançar o objetivo pretendido, conforme a interpretação que se adote.

Na realidade, quanto ao tema do sigilo processual, pode-se dizer que a Reforma foi absolutamente irrelevante e desnecessária, dando azo a que interpretações transgressoras dos direitos fundamentais sejam acolhidas na prática jurisdicional.

7. DUPLO GRAU DE JURISDIÇÃO

7.1. Introito

É absolutamente correto dizer que a própria Constituição prevê a existência de diversos juízos, distribuídos em diferentes instâncias e graus de jurisdição, dentro de uma estrutura hierárquica própria.

Também não é menos correto dizer que é a própria Constituição que prevê determinados recursos, como o recurso ordinário, o especial e o extraordinário. Também prevê que para determinadas instâncias acodem certos recursos das instâncias que lhes são inferiores.

Contudo, desse conjunto normativo referido não surge, como pretendem alguns autores de nomeada, o chamado duplo grau obrigatório de jurisdição como princípio constitucional amplo.

528

7.2. Fundamentos

O postulado do duplo grau de jurisdição, adiante analisado, desenvolve-se sob o pressuposto de que os conflitos de interesses são mais justamente decididos quando passam pela apreciação de dois juízos diferentes. Resulta, pois, da certeza na falibilidade humana.

Se é certo dizer, com MOACYR AMARAL SANTOS, que faz parte da própria natureza humana o não se contentar com uma única decisão, e recorrer a uma segunda opinião, nem por isso se pode *presumir* que essa possibilidade esteja também assegurada no âmbito jurídico.

7.3. Escorço histórico

O art. 158 da Constituição do Império, de 1824, dispunha expressamente sobre a possibilidade de que a causa fosse apreciada sempre que a parte demonstrasse seu interesse, pelo chamado Tribunal da Relação[1394]. Contudo, as Constituições seguintes deixaram de contemplar de maneira explícita a possibilidade do duplo grau de jurisdição. Apenas se prevê a existência de tribunais e de recursos, cometendo àqueles a competência recursal. Tome-se o exemplo dos Tribunais Regionais Federais. Segundo o art. 108, II, detêm competência para "julgar, em grau de recurso, as causas decididas pelos juízes federais e pelos juízes estaduais no exercício da competência federal da área de sua jurisdição". Ora, resta claro que está previsto o Tribunal e, ademais, a possibilidade (e os limites) do recurso (se existir), mas não necessariamente o duplo grau de jurisdição.

Chega-se a um ponto no qual se torna necessário apresentar a noção precisa do que se entende por "duplo grau de jurisdição".

7.4. Significado da expressão "duplo grau de jurisdição"

7.4.1. Expressão equívoca

Desde logo, é preciso observar que a expressão "duplo grau de jurisdição", embora de uso corrente e consagrado, é tecnicamente incorreta, já que a jurisdição, reflexo da soberania, é uma. Não há como falar, com todo o rigor, em duplo grau de jurisdição, o que conduziria à aceitação de um duplo grau de soberania. Mais apropriado seria falar em duplo grau de cognição ou julgamento das lides, o que significa que a pluralidade (ou duplicidade) é de instâncias ou de juízos, e não de jurisdições[1395].

Ademais, "grau" remete à ideia de hierarquia, o que não é absolutamente necessário. Deve-se entender "grau" no sentido de fase, de etapa.

Nesse sentido, ainda que haja a reapreciação da causa por um outro órgão julgador, embora situado no mesmo grau do juízo anterior, caracteriza-se o denominado

---

1394. Que no decorrer da História foi denominado Tribunal de Apelação e, atualmente, Tribunal de Justiça.

1395. Nesse sentido: Giuseppe Chiovenda, *Instituições de Direito Processual Civil*, v. 2, p. 138.

"duplo grau de jurisdição". É o que ocorre no Juizado Especial Cível, no qual os recursos são endereçados ao denominado "Colégio Recursal", que é composto por juízes de primeira instância do próprio Juizado.

7.4.2. Diferença entre direito de recurso e direito ao duplo grau de jurisdição

É comum confundirem-se os conceitos de duplo grau de jurisdição e direito de recorrer. Contudo, são realidades distintas. Embora haja o direito de recorrer, não necessariamente há o duplo grau de jurisdição, e, em outras hipóteses, embora haja o duplo grau de jurisdição, não há recurso concomitante.

Basta verificar que o recurso, sendo um ato de vontade da parte, pode não existir, e nem por isso fica afastado o duplo grau de jurisdição, que pode ser obrigatório, como ocorre nos casos arrolados pelo art. 475 do Código de Processo Civil, hipóteses nas quais incumbe ao próprio juiz da causa remetê-la para apreciação da instância superior.

Ademais, vários são os recursos que se dirigem contra o órgão que proferiu a decisão recorrida, o que não caracteriza duplo grau de jurisdição (já que esses recursos não deslocam a apreciação da lide para outra instância ou órgão). É o que ocorre com os embargos de declaração. Neste caso, não há duplicidade de juízo.

Contudo, é preciso insistir que isso não significa que se exija, para caracterizar-se o duplo grau de jurisdição, uma revisão da causa por órgão de instância superior. Impõe-se, apenas, que se trate de outro órgão ou juízo. É por isso que, como dito linhas atrás, recursos como o que se prevê nos Juizados Especiais, para órgãos colegiados (Colégio Recursal), composto por juízes da mesma instância dos que proferiram as decisões, enquadram-se como duplo grau de jurisdição.

NELSON NERY, após verificar que o art. 158 da Constituição de 1824 dispunha expressamente sobre o duplo grau, anota:

"As constituições que se lhe seguiram limitaram-se a apenas mencionar a existência de tribunais, conferindo-lhes competência recursal. Implicitamente, portanto, havia previsão para a existência de recurso. Mas, frise-se, não garantia absoluta ao duplo grau de jurisdição.

"A diferença é sutil, reconheçamos, mas de grande importância prática. Com isto queremos dizer que, não havendo garantia constitucional do duplo grau, mas mera previsão, o legislador infraconstitucional pode limitar o direito de recurso, dizendo, por exemplo, não caber apelação nas execuções fiscais de valor igual ou inferior a 50 OTNs (art. 34 da Lei n. 6.830/80) e nas causas, de qualquer natureza, nas mesmas condições, que forem julgadas pela Justiça Federal (art. 4º da Lei n. 6.825/80), ou, ainda, não caber recurso dos despachos (art. 504 do CPC).

"Estes artigos não são inconstitucionais justamente em face da ausência de 'garantia' do duplo grau de jurisdição. (...)"[1396].

1396. Nelson Nery Junior, *Princípios do Processo Civil na Constituição Federal*, 5. ed., p. 167-8.

7.4.3. A previsão constitucional de diversos juízos e instâncias jurisdicionais

Para determinar se a regra do duplo grau de jurisdição encontra-se presente na Constituição Federal de 1988, é preciso partir de uma análise detida de seus dispositivos constantes tanto do art. 5º como do Capítulo III do Título IV, que trata de estruturar o Poder Judiciário brasileiro.

Como observa ROBERTO ROSAS: "Poderia entrever-se o duplo grau de jurisdição na Constituição, no capítulo referente aos órgãos do Judiciário (tribunais e juízes) em forma hierárquica. No entanto, é ilação e não afirmação, pois, em muitos casos, não há obediência a esse princípio, como nos feitos originários (...). Talvez essa impressão venha da Carta Imperial, que em seu art. 158 dispunha: 'Para julgar as causas em segunda e última instância, haverá nas províncias do Império as relações que forem necessárias para comodidade dos povos'"[1397].

Assim, a só existência de competências originárias do Supremo Tribunal já afasta a existência de um mandamento do duplo grau de jurisdição em sua pureza. Para que assim fosse, não poderiam existir feitos originários das instâncias superiores, para os quais não há possibilidade de recurso da decisão para outros juízos.

Ademais, o fato de a Constituição prever, no caso específico da Justiça Federal, seus órgãos e instâncias (como faz, aliás, em relação a toda a Justiça), e acometer aos Tribunais dessa Justiça a competência para processar e julgar, em grau de recurso, as causas decididas pelos juízes de primeira instância, em nada assegura que *todas* as decisões de primeira instância sejam passíveis, sempre, de recurso.

O que resta impedida, nesta hipótese, é a supressão, pura e simples, de todo e qualquer recurso para os Tribunais Regionais Federais, já que a Constituição diz que esses órgãos, além da competência originária, também possuem competência *recursal* das decisões dos juízes federais (e estaduais, quando do exercício de competência federal). O ponto crucial é que a Constituição, aqui, não discrimina quais são essas causas, decididas pelos juízes de primeiro grau, que os Tribunais devem estar aptos e autorizados a rever, em grau de recurso, quando a parte insatisfeita o desejar.

Com relação ao restante da estrutura do Judiciário, contemplada constitucionalmente (Varas do Trabalho, juízes eleitorais, juízes militares, juízes estaduais e respectivos Tribunais), não há, como no caso da Justiça Federal, a previsão de competência recursal para os Tribunais, de forma que poderiam as leis processuais e de organização judiciária prever apenas competências originárias, dividindo-as entre os órgãos inferiores e os Tribunais, de forma a não contemplar nenhuma via de recurso daqueles para estes.

De concluir, pois, que todos os casos de competência da Justiça Federal são delineados pela legislação ordinária, que só não poderá suprimir por completo a competência recursal dos referidos Tribunais. Assim, desde que haja ao menos uma possibilidade de recurso, cumprido estará o comando constitucional que prevê a competência

---

[1397]. Roberto Rosas, *Direito Processual Constitucional: Princípios Constitucionais do Processo Civil*, 2. ed., p. 22.

531

recursal do Tribunal, sem que, com isso, esteja igualmente garantido o duplo grau. Quanto às demais Justiças, admissível será que se destinem aos Tribunais determinadas causas, diretamente (originariamente), suprimindo qualquer forma de apreciação por via recursal.

O mesmo já não ocorre nos casos do recurso extraordinário, especial e ordinário, onde se encontra delineado expressamente quais as causas suscetíveis de provocar esse tipo de recurso. Ou seja, não há, para essas espécies recursais, a possibilidade de suprimir suas hipóteses.

Oreste Nestor de Souza Laspro, a respeito, apresenta raciocínio digno de nota: "(...) pode-se mesmo dizer que a Constituição em vigor incentivou o legislador ordinário a restringir o direito de apelação. Com efeito, a Carta Política anterior determinava que o recurso extraordinário somente fosse admissível contra as decisões de Tribunal (...).

"Ao ampliar o seu cabimento contra qualquer decisão, a Constituição tacitamente admitiu que a supressão do direito de apelar não ofende o direito ao devido processo legal, na medida em que garantido está o acesso à mais alta Corte, a fim de proteger os direitos fundamentais.

"De outra parte, ainda que se parta do pressuposto (falso em nossa opinião) de que indiretamente está garantido constitucionalmente o direito de apelar (como forma de não obstaculizar a interposição do recurso especial), não se pode daí extrair a conclusão de que a apelação tem que se desenvolver em respeito absoluto ao duplo grau de jurisdição.

"De fato, não haveria nenhum impedimento a que o legislador ordinário determinasse que a apelação somente fosse admitida em matéria de direito ou em determinadas situações de fato"[1398].

Realmente, ainda que se entendesse necessária a existência da apelação, em nada fica impedida a criação de restrições, como apelar apenas em questões de direito, ou em algumas poucas questões de fato, em causas de certa natureza, ou com determinado valor, ou alguma combinação de vários requisitos. É que, como se disse, embora necessária a apelação, isso não implica dizer que se faz necessária para todos os casos. Uma coisa é a previsão em abstrato de um órgão para o qual necessariamente têm de se dirigir recursos; outra coisa, absolutamente diversa, é a possibilidade de recorrer, em todas as causas, para esse outro órgão. A primeira hipótese não implica a segunda e nem esta aquela.

Quanto ao recurso especial, sabe-se que, se a causa não for decidida em única ou última instância em Tribunais, como quer o inciso III do art. 105 da Constituição Federal, não será ele sequer apreciado. Neste caso, argumenta-se que, ao se impedir a apreciação recursal, pelos Tribunais, de determinadas causas, em função de certos condicionamentos, estar-se-ia, indireta e automaticamente, vedando, igualmente, para essas

---

1398. Garantia do Duplo Grau de Jurisdição, in *Garantias Constitucionais do Processo Civil*, p. 205.

causas que não perfizessem tais condições, o acesso ao Superior Tribunal de Justiça (mas não ao Supremo Tribunal Federal). A questão é a de saber se isso viola a Constituição. A resposta só pode ser negativa. E o raciocínio apresentado no parágrafo anterior é, ainda, válido também aqui. A Constituição apenas assegurou que, dentre aquelas causas que podem chegar aos Tribunais (e nada se diz sobre quais são essas causas, e muito menos que seriam todas), poderá ser interposto o recurso especial, que será admitido desde que enquadrada a hipótese em alguma das previsões apresentadas pelas alíneas do inciso III do referido art. 105[1399]. Aliás, se assim não fosse, a Lei n. 9.099 seria inconstitucional, ao impedir que haja interposição de recurso para o Tribunal de Justiça, colocando, em seu lugar, os referidos "Colégios Recursais".

Aliás, este último exemplo é interessante para lembrar que nenhum princípio é absoluto. E também não o seria — acaso existente — o duplo grau de jurisdição, podendo o legislador, quando o fator "celeridade" fosse mais importante que o fator "segurança" (que pretensamente se obtém com a análise da causa com o envolvimento de vários órgãos — essência do duplo grau), afastar o cabimento de tantos recursos como previstos pela legislação atual, ainda que com repercussões em sua apreciação pelas superiores instâncias. É o que esclarece, com toda a propriedade, ROBERTO ROSAS, quanto à comumente invocada perfeição da decisão:

"O argumento não é suficiente para a instituição do duplo grau de jurisdição. Os erros podem ser cometidos em vários graus. Ao lado da perfeição é necessário dar-se celeridade e mobilidade ao processo, evitando-se a perpetuação de demandas, e desprestígio ou desinteresse pelas soluções afinal dadas.

"Evidente o aprimoramento de uma decisão se ela é revista por outras pessoas ou órgãos, no caso, os tribunais. Não significa, no entanto, barreira intransponível à exclusão desse duplo grau em determinadas causas (Chiovenda, *Instituições*, 2ª ed. Bras., II/99; Hélio Tornaghi, *Comentários ao Código de Processo Civil*, 1/317). (...)

"Enfim, o desejo da justiça plena e perfeita é um ideal. Mas não é o reexame que impõe o selo da veracidade, da correção. Já Ulpiano observava que a instância superior reformava para pior, em muitos casos (*neque enim utique melius promitiat, qui novissimus sententiam laturus est*, Dig. 49, 11 — L.I, de *Appelationibus*). Como acentua Alcides de Mendonça Lima, há no recurso uma finalidade eminentemente política, como meio de resguardar as liberdades individuais contra o arbítrio, o despotismo e as fraquezas dos juízes de primeira instância (*Introdução aos Recursos Cíveis*, 2ª ed., p. 135, 1976; Chiovenda, *Instituições de Direito Processual Civil*, 2/99, 2ª ed., 1965)"[1400].

Merece abordagem, ainda, quanto às hipóteses de cabimento dos recursos extraordinário, especial e ordinário, constitucionalmente acabadas, a indagação se isso cons-

---

1399. A EC n. 125/2022 adicionou os §§ 2º e 3º ao art. 105 da Constituição brasileira para fixar o requisito da relevância das questões de direito infraconstitucional ao recurso especial. Assim, "No recurso especial, o recorrente deve demonstrar a relevância das questões de direito federal infraconstitucional discutidas no caso, nos termos da lei, a fim de que a admissão do recurso seja examinada pelo Tribunal, o qual somente pode dele não conhecer com base nesse motivo pela manifestação de 2/3 (dois terços) dos membros do órgão competente para o julgamento". O § 3º, por sua vez, fixou as hipóteses em que há a relevância enunciada pelo § 2º do art. 105 da Constituição brasileira.

1400. Roberto Rosas, *Direito Processual Constitucional*.

titui direito individual, ou se, ao contrário, trata-se apenas de uma questão estrutural. E, em se tratando de mera estruturação do Judiciário, é preciso, ainda, analisar se é o caso de uma divisão de funções que diz respeito à essência de um dos poderes e, neste caso, imodificável, ou se, ao contrário, é previsão que não importa, necessariamente, em delinear a essência de um dos poderes. Quanto a saber se consistem em direito fundamental as hipóteses de recurso previstas constitucionalmente, tem-se de sublinhar que a importância dessa indagação, assim como da segunda, está em saber se se poderá proceder à alteração constitucional (via emenda modificativa) de referidas hipóteses, para restringi-las.

Tem-se de distinguir duas hipóteses diversas. No caso do Supremo Tribunal Federal, a alteração é absolutamente inviável. É que a competência recursal, neste caso, está diretamente envolvida com a essência do Poder Judiciário e, em particular, do Supremo Tribunal Federal, que, como Tribunal Constitucional brasileiro, deve, necessariamente, reter competência para apreciar toda e qualquer violação à Constituição pelas demais decisões judiciais, pela via recursal. Nas demais hipóteses, admitir-se-iam as alterações, sob esse prisma. Contudo, está-se diante de hipóteses recursais mínimas, que se integram na estrutura dos direitos fundamentais (o devido processo legal[1401] e a ampla defesa, com os meios e recursos a ela inerentes), e, nessa medida, não poderiam ser suprimidas. Mas, de qualquer forma, não é inviável uma reforma do Poder Judiciário, com o redirecionamento de alguns recursos constitucionais para determinados órgãos.

7.4.4. Devolução integral da matéria

Não é suficiente, para que se caracterize o duplo grau de jurisdição, que haja a possibilidade de análise da causa por outro juízo. É necessário que ocorra a devolução de toda a matéria objeto da demanda à apreciação do segundo juízo. Essa devolução há, pois, de ser integral[1402].

Dessa forma, tem-se, como primeira conclusão, que os recursos que apenas devolvem o conhecimento da matéria de Direito[1403] não se prestam a assegurar um duplo grau de jurisdição, tal como ocorre com o recurso especial e o recurso extraordinário.

Realmente, no julgamento do recurso especial, pelo Superior Tribunal de Justiça, e do recurso extraordinário, pelo Supremo Tribunal Federal, há reexame da matéria objeto do processo, embora não seja necessariamente completa, já que não envolve senão as matérias de âmbito federal e constitucional, respectivamente, e sempre com exclusão de matéria dependente de prova.

1401. Consoante a lição de Nelson Nery, "Em nosso parecer, bastaria a norma constitucional haver adotado o princípio do *due process of law* para que daí decorressem todas as consequências processuais que garantiriam aos litigantes todos o direito a um processo e a uma sentença justa. É, por assim dizer, o gênero, do qual todos os demais princípios constitucionais do processo são espécies" (*Princípios do Processo na Constituição*, p. 30).

1402. No sentido de que a devolução há de ser integral: Oreste Nestor de Souza Laspro, Garantia do Duplo Grau de Jurisdição, in *Garantias Constitucionais do Processo Civil*, p. 193.

1403. Embora a distinção entre matéria de fato e matéria de Direito seja, em muitos casos, extremamente tortuosa.

Dentro de um rigorismo absoluto, haveria que observar, aqui, que as causas que envolvem, única e exclusivamente, desde o princípio (desde a petição inicial), questões de direito — única e exclusivamente — e de âmbito federal ou constitucional é que têm assegurado, constitucionalmente, o duplo grau de jurisdição. É que, se esses recursos, que estão plasmados constitucionalmente, são apenas parciais (quanto a questões de direito), e se a ação apenas disser respeito, desde seu momento inicial, a questões de direito, tem-se, como decorrência lógica, assegurado o duplo grau de jurisdição. Contudo, dado o casuísmo dessa proposição, tem-se de afastá-la como conclusão científica abstratamente aceitável.

É preciso anotar, contudo, que essa exigência de que a devolução da matéria para a revisão seja ampla (irrestrita) é, ainda, controvertida. Há quem entenda *não* ser necessário, para caracterizar o duplo grau de jurisdição, que seja possível uma cognição exauriente por parte do segundo "grau". Para os que assim se posicionam, haverá de se reconhecer o duplo grau como garantia constitucional. E isso não pelo simples fato de a Constituição prever recursos e órgãos próprios para apreciá-los, uma vez que isso não seria suficiente para admitir que a Constituição tenha encampado o duplo grau de jurisdição (já que não obriga, mas apenas prevê sua possibilidade de existência na legislação infraconstitucional). Haveria duplo grau, sim, ao menos no que tange ao recurso especial e extraordinário, além do ordinário, cujas hipóteses de cabimento estão constitucionalmente consagradas.

Mas parece mais apropriado não confundir duplo grau com mero reexame, pois é ínsito ao duplo grau o conferir a dois juízos diversos a possibilidade de apreciar *em sua totalidade* a mesma causa, de forma que a possibilidade de remeter apenas parcela da matéria objeto da controvérsia para uma outra apreciação não satisfaz o mandamento de um duplo grau de jurisdição em sua completude, embora configure reexame (que, no caso, é parcial)[1404].

Ainda dentro dessa discussão, é preciso tecer alguns comentários sobre o recurso ordinário. Em princípio, o recurso ordinário, como recurso constitucionalmente contemplado, é um caso em que o duplo grau de jurisdição está plasmado constitucionalmente no Direito pátrio. Nesse sentido, não se admitem supressões às hipóteses já garantidas.

7.4.5. Decisões em processos diferentes

Além de tudo quanto já foi observado, necessário, ainda, para caracterizar o duplo grau, que as duas decisões sejam proferidas dentro de um mesmo processo.

1404. Anteriormente à Constituição de 1988, havia quem sustentasse que a Constituição assegurava o duplo grau de jurisdição na medida em que assegurava o recurso extraordinário, uma vez que o impedir o acesso aos Tribunais de Justiça ou Tribunais Regionais Federais implicava, por consequência, a impossibilidade de fazer uso do recurso extraordinário. Isso gerava, segundo esse entendimento, um impedimento indireto, que não seria tolerado pela Constituição. Tal argumento perdeu significativamente a relevância, já que na atual Constituição o recurso extraordinário cabe seja da última ou da única decisão dos demais *juízos* (e não necessariamente Tribunais), de forma que, ainda que suprimido fosse o recurso de apelação, pela legislação ordinária, franqueada estaria ainda a possibilidade de utilização desse recurso.

Isso exclui — e seria até desnecessário dizê-lo — as decisões proferidas em sede de ação rescisória. A previsão de ação rescisória não assegura, pois, de forma alguma, o duplo grau de jurisdição.

Aliás, a previsão legal da ação rescisória é uma exceção ao princípio da coisa julgada, previsto no inciso XXXV do art. 5º. Prevalece, pois, nas hipóteses em que se garante o cabimento da ação modificativa, a necessidade de uma decisão justa, em prejuízo da segurança jurídica (para a qual concorre a coisa julgada).

7.5. Pacto de São José da Costa Rica

É preciso analisar, ainda, nesta esfera jurídica, a previsão do duplo grau de jurisdição na Convenção Americana sobre Direitos Humanos (Pacto de São José da Costa Rica), que garante, em seu art. 8º, n. 2, *h*, documento ratificado pelo Brasil e promulgado pelo Decreto Presidencial n. 678, de 6 de novembro de 1992. É o seguinte o teor do preceito: "(...) Durante o processo, toda pessoa tem direito, em plena igualdade, às seguintes garantias mínimas: (...) *h*) direito de recorrer da sentença para juiz ou tribunal superior".

Mas, quanto a esse preceito, comumente invocado, é preciso recordar, antes de mais nada, que o direito de recorrer não se confunde com o duplo grau de jurisdição. É que impõe, necessariamente, a possibilidade de reexame total da matéria já analisada em um primeiro momento, o que não está garantido, necessariamente, pela previsão de recursos.

Ademais, não vingou a tese, perante o STF, de que os direitos assegurados em tratados e convenções internacionais gozam de hierarquia constitucional, por força do disposto no § 2º do art. 5º. Dessa forma, não há como admitir, por essa via, que o duplo grau de jurisdição seja um direito de natureza constitucional explícito do sistema brasileiro. Manteve o STF esses Tratados em posição intermediária, considerando-os supralegais, porém, infraconstitucionais.

7.5.1. Duplo grau de jurisdição e foro privilegiado — Barreto Leiva vs. Venezuela

Outra questão que emerge é quanto à incidência de duplo grau de jurisdição relativamente aos casos de foro privilegiado. Esse tema é problemático, uma vez que a previsão constitucional de julgamento direto no Supremo Tribunal Federal (art. 102, I, *b* e *c*) efetivamente impede qualquer novo julgamento, como indicado no art. 8º, n. 2, *h*, do Pacto de São José da Costa Rica. O problema torna-se ainda mais complexo caso o STF venha a julgar, por conexão, réus que, pelo texto constitucional, não teriam direito ao tal foro privilegiado.

No Brasil, a discussão tomou contornos quando do julgamento do chamado *Mensalão* (AP 470), em que muitos foram os réus que, a despeito do pedido de desmembramento pelos seus advogados, responderam perante o Supremo Tribunal Federal pelas acusações que lhes foram feitas neste mesmo processo.

Neste passo, faz-se relevante mencionar o caso *Barreto Leiva vs. Venezuela*, julgado em novembro de 2009. Na hipótese, Oscar Enrique Barreto Leiva foi julgado, por

536

conexão, pela Suprema Corte de Justiça (instância mais alta da Venezuela), apesar de, pelo cargo que ocupava, não fazer jus ao julgamento em foro privilegiado.

Por essas razões, houve alegação de violação: (i) ao direito de ser julgado por juízo competente, previsto no art. 8º, n. 1, do Pacto, pois, no caso, BARRETO LEIVA foi julgado pela Suprema Corte de Justiça por conexão, apesar de não ter direito a foro privilegiado; e (ii) ao direito de apelar, também presente no Pacto de São José da Costa Rica, pois a Corte funciona como última instância no país, não havendo previsão de qualquer recurso para aqueles que são julgados originariamente por eles[1405].

O Tribunal foi bastante contundente em relação às violações. Quanto à primeira, disse ser possível o julgamento por conexão, inclusive nos casos de foro privilegiado, bastando, para tanto, previsão legal[1406]. Para a Comissão Interamericana de Direitos Humanos — CIDH, a unidade do processo criminal e o relevante interesse geral de que se reveste a própria previsão do foro privilegiado é que permitem tal conclusão[1407].

Quanto à violação do direito de recorrer, a CIDH asseverou que é necessário assegurar essa possibilidade a todos os réus, sejam aqueles colhidos pela regra da instância única como também aqueles que são cobertos em razão da regra de conexão.

No entanto, será duvidosa a aplicabilidade da decisão da CIDH no Brasil, embora a aplicação do Pacto deva preferir a interpretação de seu texto conferida pela Corte. Isso porque o STF imputou ao Pacto de São José da Costa Rica *status supralegal*, diferentemente da previsão de prerrogativa de foro, que se encontra no texto constitucional[1408].

No que diz respeito à possibilidade de julgamento por conexão, o STF já seguiu o entendimento fixado na CIDH[1409], embora a questão ainda suscite algumas dúvidas.

Todavia, a possibilidade de revisão judicial esbarra no *status* normativo intraestatal do Pacto, de maneira que suas previsões, consoante entendimento do STF, não podem prevalecer sobre as constitucionais. Não sendo compreensível o direito de recorrer como um postulado absoluto na CB, o recurso, no caso de foro privilegiado, tem apenas uma previsão expressa, para além (mas na mesma linha) do art. 8º do Tratado, serviria de base objetiva para asseverar com retidão a presença desse direito no Brasil.

Assim, a competência originária do STF já suprime, de maneira taxativa, no Brasil, o suposto direito ao duplo grau para aqueles aos quais a Constituição alberga

---

1405. O caso trata de uma série de violações a direitos previstas no Pacto. Todavia, apenas interessam, para a presente digressão, as alegações mencionadas.

1406. Nas palavras da CIDH, "(...) If the connection is expressly regulated by law, the competent tribunal of an individual shall be the court that is competent to hear cases of connectivity as established by law. If the connection is not regulated by law, it would be a violation to distract the individual from the court originally assigned to hear the case" (*Barreto vs. Leiva*, p. 16-17, versão original em inglês).

1407. *Barreto vs. Leiva*, p. 17, versão original em inglês.

1408. Diferentemente da Venezuela, cuja Constituição expressamente declara que os tratados de direitos humanos de que participa terão hierarquia constitucional (art. 23). Conforme CORAO, "(...) a partir de la Constitución de 1999, *todos los tratados, pactos e convenciones sobre derechos humanos adquirieron por mandato expreso del artículo 23 la **jierarquía constitucional**" (Inconstitucionalidad de la denuncia de la Convención Americana sobre Derechos Humanos por Venezuela*, p. 648-649).

1409. Cf. AP 470.

sob o epíteto do foro privilegiado, muito embora seja possível e válida a criação de recursos internos, ou seja, no âmbito do próprio STF. Entretanto, para os que apenas foram julgados pelo STF por conexão, ou seja, em razão de regra *legal*, subsiste íntegra a questão geral sobre o direito de recorrer, dada a previsão *supralegal* do Pacto.

7.6. Síntese

Não há o mandamento do duplo grau de jurisdição no sistema constitucional pátrio atual, abstratamente falando, salvo no caso restritíssimo, já mencionado, do recurso ordinário[1410], e, se se quiser, no caso do recurso especial e do extraordinário, quando a causa, desde sua propositura, só envolva, exclusivamente, questões de direito.

O duplo grau de jurisdição é encontrado, contudo, como grau obrigatório de cognição por um outro juízo, no art. 475 do Código de Processo Civil e, no Código de Processo Penal, nos arts. 411, 574 e 746.

Por fim, ainda que presente na Constituição, de modo implícito, o duplo grau de jurisdição, como princípio decorrente do devido processo legal, como pretendem alguns autores, ainda assim não se poderia considerá-lo, tal como ocorre a qualquer outro princípio, como direito absoluto. Para chegar a tal conclusão, basta atentar para exceções presentes na própria Lei Maior, como os casos de competência originária para conhecimento e julgamento de causas pelo próprio Supremo Tribunal Federal, onde ocorrem decisões das quais não cabe qualquer recurso para qualquer outro tribunal ou juízo, ou mesmo para a própria Corte Suprema.

A conclusão a que aqui se chegou assume grandes proporções no campo jurídico, na medida em que muitas das propostas que comumente se apresentam para a reforma do Judiciário implicam a mudança do sistema recursal e, máxime, a possibilidade de acesso aos Tribunais Superiores.

8. PRINCÍPIO DO CONTRADITÓRIO E DA AMPLA DEFESA

Ampla defesa é o asseguramento de condições que possibilitam ao réu apresentar, no processo, todos os elementos de que dispõe.

Entre as cláusulas que integram a garantia da ampla defesa encontra-se o direito à defesa técnica, a fim de garantir a paridade de armas (*par conditio*), evitando o desequilíbrio processual, a desigualdade e injustiça processuais. Assim, já teve a oportunidade de decidir o STF que "A presença formal de um defensor dativo, sem que a ela corresponda a existência efetiva da defesa substancial, nada significa no plano do processo penal e no domínio tutelar das liberdades públicas"[1411].

1410. Nesse sentido: Alexandre de Moraes, *Direitos Humanos Fundamentais*, p. 201; Nelson Nery Junior, *Princípios do Processo Civil na Constituição Federal*, p. 169 e s. Contra, arrolando argumentos pela aplicação do referido princípio: Carolina Lima, *O Princípio Constitucional do Duplo Grau de Jurisdição*, p. 85-7.

1411. STF, HC 71961-9/SC, rel. Min. Marco Aurélio, j. 6-12-1994.

Consoante a Súmula 523 do STF: "No processo penal, falta da defesa constitui nulidade absoluta, mas sua deficiência só o anulará se houver prova do prejuízo para o réu".

Também integra a ampla defesa o direito a ser informado da acusação inicial (o que é praticamente um pressuposto para que haja direito de defesa), e de todos os fatos arrolados, assim como do impulso oficial e dos demais atos da outra parte, o que envolve o direito à publicidade ou, no caso de processo sigiloso, o direito de acesso (processo que corra em segredo de Justiça, como algumas questões atinentes ao Direito de Família e menores).

No âmbito do processo penal, esse direito à informação implica que as imputações não possam ser "indeterminadas, vagas, contraditórias, omissas ou ambíguas (...) ou deficiente"[1412].

Ainda no processo penal, "o acusado revel, embora não fique impedido de comparecer aos atos processuais supervenientes à configuração da contumácia, perde, no entanto, o direito de ser cientificado para qualquer novo ato do procedimento penal-persecutório"[1413].

Contraditório é decorrência direta da ampla defesa, "impondo a condução dialética do processo (*par conditio*)"[1414]. Ademais, pode-se seguramente afirmar que o princípio do contraditório vincula-se ao princípio maior da igualdade substancial. Contudo, para o STF, "o interrogatório não está sujeito ao princípio do contraditório"[1415]. E, ainda: "a investigação policial, em razão de sua própria natureza, não se efetiva sob o crivo do contraditório, eis que é somente em juízo que se torna plenamente exigível o dever estatal de observância do postulado da bilateralidade dos atos processuais e da instrução criminal. (...) a prerrogativa inafastável da ampla defesa traduz elemento essencial e exclusivo da persecução penal em juízo"[1416].

Todo o ato ou fato produzido ou reproduzido no processo por qualquer de suas partes deve dar ensejo ao direito da outra de se opor, de debater, de produzir contraprova ou fornecer sua versão, ou interpretação daquele ato ou fato apresentado.

O contraditório exige, ainda, a igualdade de possibilidades no processo. Quanto às iguais possibilidades conferidas ao autor e ao réu em juízo, pondera CELSO BASTOS: "A própria posição específica de cada um já lhe confere vantagens e ônus processuais. O autor pode escolher o momento da propositura da ação. Cabe-lhe, pois o privilégio da iniciativa, e é óbvio que esse privilégio não pode ser estendido ao réu, que há de acatá-lo e a ele submeter-se. Daí a necessidade de a defesa poder propiciar meios compensatórios da perda da iniciativa. A ampla defesa visa pois a restaurar um princípio da igualdade entre as partes que são essencialmente diferentes"[1417].

1412. STF, HC 70763/DF, rel. Min. Celso de Mello, *DJ*, 23 set. 1994, p. 514.

1413. STF, HC 68412/DF, rel. Min. Celso de Mello, *DJ*, 8 mar. 1991, p. 2204.

1414. Alexandre de Moraes, *Direitos Humanos Fundamentais*, p. 256.

1415. STF, HC 68929-9/SP, rel. Min. Celso de Mello, *DJ*, sec. I, 28 ago. 1992, p. 13453.

1416. STF, HC 69372/SP, rel. Min. Celso de Mello, *DJ*, 7 maio 1993, p. 8328.

1417. *Curso de Direito Constitucional*, 20. ed., p. 227.

Fica claro, portanto, que, em decorrência da própria posição diametralmente oposta dos beneficiários do princípio em apreço, este não pode significar sempre o estabelecimento de uma simetria absoluta no tratamento deferido às partes.

E. Couture fala, a propósito, de uma tutela constitucional do processo: "existência de um processo contemplado na própria Constituição. Em seguida, a lei deve instituir este processo, ficando-lhe vedada qualquer forma que torne ilusória a garantia materializada na Constituição.

"Qualquer lei que burle este propósito é inconstitucional.

"Finalmente, devem existir meios efetivos de controle da constitucionalidade das leis a fim de anular estas tentativas de desnaturação"[1418].

Modernamente, vê-se na cláusula do devido processo legal, especialmente quanto ao contraditório, não apenas um direito subjetivo da parte interessada, mas uma garantia objetiva do próprio processo em si.

"Desse modo, as garantias constitucionais do devido processo legal convertem-se, de garantias exclusivas das partes, em garantias da jurisdição e transformam o procedimento em um processo jurisdicional de estrutura cooperatória, em que a garantia da imparcialidade da jurisdição brota da colaboração entre partes e juiz. A participação dos sujeitos no processo não possibilita apenas a cada qual aumentar as possibilidades de obter uma decisão favorável, mas significa cooperação no exercício da jurisdição. Para cima e para além das intenções egoísticas das partes, a estrutura dialética do processo existe para reverter em benefício da boa qualidade da prestação jurisdicional e da perfeita aderência da sentença à situação de direito material subjacente."

9. INADMISSIBILIDADE DA PROVA OBTIDA POR MEIO ILÍCITO E AS DELAÇÕES DESACOMPANHADAS

A Constituição brasileira não admite que provas obtidas por meios ilícitos sejam admitidas pelo Poder Judiciário para a finalidade de constranger a dignidade, a liberdade ou o patrimônio (*lato sensu*) das pessoas. Trata-se de garantia imanente aos direitos fundamentais. Ainda assim, a Constituição brasileira preferiu ser expressa, e determinou peremptoriamente, no art. 5º, LVI, que "são inadmissíveis, no processo, as provas obtidas por meios ilícitos". A razão de ser dessa norma é a de manter a própria integridade dos direitos fundamentais, que seriam reduzidos caso provas obtidas ilicitamente viessem a servir validamente para produzir condenações.

Sendo este um dos principais capítulos do processo, aos quais se dedicam em profundidade os grandes teóricos, especialmente no âmbito do processo penal, não cabe aqui uma teorização ampla, nem constitui objetivo deste tópico oferecer o regime geral da prova no Brasil.

Apresento, a seguir, alguns dos principais aspectos da prova em âmbito constitucional, ressaltando aqueles que emergem como essenciais para a compreensão dos

---

1418. *Fundamentos del Derecho Procesal Civil*, p. 148.

pressupostos e da orientação que há de ser adotada no tema, a partir da Constituição e de sua abordagem das provas.

O regime das "provas" constitui um dos mais importantes componentes construtivos de um Estado de Direito coerente e engajado com a tutela da cidadania plena (em termos de direitos fundamentais). Sua importância está para além da prática, embora não seja raro encontrar quem pretenda relegá-la exclusivamente ao campo prático.

A centralidade das "provas" para o Direito pode ser mais facilmente vislumbrada a partir de alguns direitos fundamentais, como o direito à vida privada e à honra, capazes de invalidar provas, ainda que não tenham sido obtidas por instrumentos ilegítimos. Mas não se trata de relacionar apenas esses direitos com o alcance e a validade da prova, pois a relação se impõe amplamente, com todos os direitos fundamentais, em maior ou menor grau, de maneira que a disputa em torno da legitimidade de certas provas acaba sendo sempre uma disputa em torno da extensão e alcance de direitos fundamentais.

No caso da prova emprestada, o tema encontra-se ligado ao princípio do contraditório. Isso porque quando se toma emprestada a prova do processo penal, no seio do qual uma das "partes" é o Ministério Público, afasta-se o contraditório quanto ao processo para o qual é "exportada" a prova que apenas anteriormente fora produzida em contraditório.

No processo penal, os valores liberdade e dignidade sempre estarão presentes, por isso não se pode tomar a prova de empréstimo de um processo meramente patrimonial. Nesses casos, entendo que o instituto do empréstimo puro e simples da prova está comprometido.

Outra área complexa do tema é a da presunção, especialmente contra o acusado e em processo criminal. É inadmissível uma condenação baseada apenas em indícios ou mesmo contrariamente a provas existentes em sentido contrário, e ao seu peso jurídico devidamente contemplado pelo Direito em vigor. Exemplifico com o caso, que se tornou recorrente no Brasil em passado recente, da alegação de que algumas nomeações de ministros por presidentes da República teriam desvio de finalidade (basicamente serviriam para oferecer a certas pessoas o foro privilegiado). Nesse caso, como esclareceu o Ministro CELSO DE MELLO em seu voto na medida cautelar em MS 34.609, "o decreto presidencial ora impugnado, à semelhança de qualquer outro ato estatal, reveste-se de presunção '*juris tantum*' de legitimidade, devendo prevalecer, por tal razão, sobre as afirmações em sentido contrário, quando feitas sem qualquer apoio em base documental idônea que possa infirmar aquela presunção jurídica". Colocando em termos de confrontação, isso significa que a mera narrativa não pode servir como prova contra atos e fatos que já possuem, perante o Direito em vigor, um peso jurídico que não se reconhece às narrativas desacompanhadas de comprovações, indícios ou lastreadas em meras suposições, lógicas ou ideológicas.

O tema das provas ganha novos contornos com a recente Lei de combate ao abuso de autoridade (Lei n. 13.869/2019), pela qual temos agora que a conduta de divulgar gravações telefônicas, como ocorreu no episódio que ensejou toda a discussão acima, sem conexão com o que se está apurando e se pode apurar (dentro dos limites da própria competência) passa a ser crime nos termos do art. 28: "Divulgar gravação ou trecho de gravação sem relação com a prova que se pretenda produzir, expondo a intimidade ou a vida privada ou ferindo a honra ou a imagem do investigado ou acusado".

Ainda nos termos dessa mesma Lei de 2019, é considerado crime, pelo seu art. 25, "[p]roceder à obtenção de prova, em procedimento de investigação ou fiscalização, por meio manifestamente ilícito". Assim, mais do que uma irregularidade em tentar obter provas por meio ilícito, a autoridade responderá criminalmente se dirigir pela conduta incidir nesse desvio ou abuso. Essa norma não se dirige à prova em si, mas a como foi obtida, para caracterizar o crime. Certamente que a prova em si será considerada igualmente ilícita e imprestável para promover a culpabilidade de alguém ou mesmo para corroborar uma delação premiada, não podendo ser, pois, considerada suficiente, ainda que conjugada com esse elemento indiciário.

Seria um paradoxo que a autoridade pública, que tem o dever de atuar dentro dos limites do Estado Constitucional de Direito, pudesse violar conscientemente esses limites sempre que considerasse essa violação como necessária para atender determinado objetivo, como o de fazer prova contra quem igualmente violou o Direito. Mais do que isso, trata-se de conduta inapropriada para qualquer autoridade no exercício de poderes estatais, que merece a reprimenda incorporada na presente lei.

O tema das provas ganha relevo também na Lei n. 12.850, de 2013, a Lei de Combate às Organizações Criminosas, ao tratar do acordo de delação premiada. As informações obtidas em acordo firmado entre o criminoso confesso e o Ministério Público, homologadas judicialmente, não servirão, contudo, como provas cabais e suficientes para fins de condenação neste âmbito. O instituto da delação serve para que a investigação possa avançar e, então, eventualmente, corroborar, por meio de elementos probatórios sólidos, as eventuais narrativas dos criminosos-delatores.

Assim, uma delação com base na lei, ainda que homologada judicialmente, mas *desacompanhada* da devida confirmação por dados e fatos externos à mera narrativa do delator, é elemento inadmissível para sustentar, por si só, qualquer condenação na esfera criminal.

10. DEVIDO PROCESSO LEGAL EM SENTIDO SUBSTANTIVO

Seguindo-se uma tradição teórica e jurisprudencial norte-americana, é comum considerar que o devido processo legal em seu aspecto substantivo reporta-se à vida, à liberdade e à propriedade.

Contudo, atualmente, seu alcance alargou-se para além dos referidos elementos clássicos, já que se compreende, hoje, que o devido processo legal alcança praticamente todas as esferas jurídicas. Nesse sentido, confunde-se com o critério da proporcionalidade, exigindo uma realização procedimental do direito de maneira a não violentar ou desprezar algum dos direitos já assegurados constitucionalmente, quando da aplicação de outros.

Referências bibliográficas

ARAUJO, Luiz Alberto David & NUNES JÚNIOR, Vidal Serrano. 4. ed. *Curso de Direito Constitucional*. São Paulo: Saraiva, 2001.

BASTOS, Celso Ribeiro. *Curso de Direito Constitucional*. 20. ed. São Paulo: Saraiva.

CHIOVENDA, Giuseppe. *Instituições de Direito Processual Civil*. São Paulo: Saraiva, 1943. v. 4.

CINTRA, Antônio Carlos de Araújo, GRINOVER, Ada Pellegrini & DINAMARCO, Cândido Rangel. *Teoria Geral do Processo*. 18. ed. São Paulo: Malheiros, 2002.

CORAO, Ayala. Inconstitucionalidad de la Denuncia de la Convención Americana sobre Derechos Humanos por Venezuela. In: *Estudios Constitucionales*, ano 10, n. 2, 2012.

COUTURE, Eduardo J. *Fundamentos del Derecho Procesal Civil*. 3. ed. Buenos Aires: Depalma, 1993.

DÓRIA, Antonio Roberto Sampaio. *Direito Constitucional Tributário e "Due Process of Law"*. 2. ed. Rio de Janeiro: Forense, 1986.

LASPRO, Oreste Nestor de Souza. Garantia do Duplo Grau de Jurisdição. In: *Garantias Constitucionais do Processo Civil*. São Paulo: Revista dos Tribunais, 1999.

LIMA, Carolina Alves de Souza. *O Princípio Constitucional do Duplo Grau de Jurisdição*. Barueri: Manole, 2003.

MORAES, Alexandre de. *Direitos Humanos Fundamentais*. 3. ed. São Paulo: Atlas, 2000.

NERY JUNIOR, Nelson. *Princípios do Processo Civil na Constituição Federal*. 5. ed. rev. ampl. São Paulo: Revista dos Tribunais, 1999 (Coleção Enrico Tullio Liebman, v. 21).

PAMPLONA, Danielle Anne. *Devido Processo Legal: Aspecto Material*. Curitiba: Juruá, 2004.

ROSAS, Roberto. *Direito Processual Constitucional: Princípios Constitucionais do Processo Civil*. 2. ed. rev. atual. ampl. São Paulo: Revista dos Tribunais, 1997.

SILVA, Guilherme Amorim Campos da. Os Direitos Humanos são Absolutos? A Tendência Inflacionária do Processo de Positivação e o Paradoxo da Dispersão dos Enfoques. *Cadernos de Direito*. Cadernos do Curso de Mestrado em Direito da Universidade Metodista de Piracicaba. v. 3, n. 5, dez. 2003. Bibliografia: 228-40.

SILVA, Jorge Araken Faria da. Do Princípio da Publicidade dos Atos Processuais. *RF*, v. 333. Bibliografia: 122.

YARSHELL, Flávio Luiz. *A Reforma do Judiciário e a Promessa de "Duração Razoável do Processo"*. São Paulo: Revista do Advogado, ano XXIV, n. 75, abril de 2004.

Capítulo XXVI
PRINCÍPIO DA SEGURANÇA JURÍDICA

1. ALCANCE

A segurança jurídica decorre diretamente do Estado Constitucional de Direito. Embora comumente se invoque a irretroatividade das leis quando se menciona a segurança jurídica, esta tutela uma gama muito maior de direitos.

Como primeira "densificação" do princípio da segurança jurídica, tem-se: i) a necessidade de certeza, de conhecimento do Direito vigente, e de acesso ao conteúdo desse Direito; ii) a calculabilidade, quer dizer, a possibilidade de conhecer, de antemão, as consequências pelas atividades e pelos atos adotados; iii) a estabilidade da ordem jurídica.

A calculabilidade, contudo, pode ficar comprometida com decisões judiciais que inovam na esfera da liberdade dos indivíduos. Esse foi, aliás, um dos temas centrais na discussão jurídica em torno e a partir do julgamento de acusações conhecidas genericamente como o "Mensalão", especificamente quanto à forma de comprovação juridicamente aceita em relação a determinadas condutas. Previsibilidade e confiança podem restar, na prática, eliminadas, cedendo à surpresa e inventividade *a posteriori*, com nítida violação das pautas constitucionais como aquelas aqui analisadas.

Considero como central no âmbito da segurança jurídica o direito à estabilidade mínima da ordem jurídica, que é realizado em especial pela existência de cláusulas de eternidade na Constituição dotada de supremacia. A eternização dos direitos fundamentais positivados atende, em parte, àquele mínimo de continuidade (e identidade) da ordem jurídica vigente, apesar das constantes edições e revogações de atos normativos que se verificam em todos ordenamentos jurídicos em vigor. Pode-se afirmar que, assim como a segurança jurídica se projeta para o passado (irretroatividade das leis e das emendas à Constituição), ela também se lança para o futuro (com a pretensão de estabilidade mínima do Direito e com seus institutos destinados a alcançar esta finalidade, como cláusulas pétreas, usucapião etc.). Estabilidade não deve ser confundida, aqui, com estancamento do Direito. Não há e nunca houve um direito à petrificação da ordem jurídica vigente. Mas não se pode falar em proteção da confiança do cidadão, como integrante da segurança jurídica a ser tutelada pelo Estado, sem a certeza da projeção de uma estabilidade mínima da ordem jurídica, consistente, no Brasil, em: i) cláusulas pétreas; ii) dificuldade de alteração das normas constitucionais; iii) limitações materiais ao legislador e às demais fontes do Direito.

Um direito à segurança jurídica, em sentido amplo, poderá abranger: i) a garantia do direito adquirido, ato jurídico perfeito e coisa julgada; ii) a garantia contra restrições legislativas dos direitos fundamentais (proporcionalidade) e, em particular, contra a retroatividade de leis punitivas; iii) o devido processo legal e o juiz natural; iv) a garantia contra a incidência do poder reformador da Constituição em cláusulas essenciais; v) o direito contra a violação de direitos; vi) o direito à efetividade dos direitos previstos e declarados solenemente; vii) o direito contra medidas de cunho retrocessivo (redução ou supressão de posições jurídicas já implementadas); viii) a proibição do retrocesso em matéria de implementação de direitos fundamentais; ix) o direito à proteção da segurança pessoal, social e coletiva; x) o direito à estabilidade máxima da ordem jurídica e da ordem constitucional.

Leciona PAULO DE BARROS CARVALHO, tratando do tema no âmbito do Direito Tributário, que há diversos valores constitucionais que operam para concretizar o sobrevalor da segurança jurídica, que "são, basicamente, a igualdade, a legalidade e a legalidade estrita, a universalidade da jurisdição, a vedação do emprego do tributo com efeitos confiscatórios, a irretroatividade e anterioridade, ao lado do princípio que consagra o direito à ampla defesa e ao devido processo legal"[1419].

Na lição de RAFAEL MAFFINI, tratando do tema no âmbito de Direito Administrativo, e igualmente considerando tratar-se de um sobreprincípio, a segurança jurídica "em verdade, decorre de uma confluência qualificada das noções de certeza, estabilidade, previsibilidade, confiança, o que necessariamente se dá em face da conjugação de várias normas jurídicas, dentre as quais se poderiam mencionar a própria legalidade administrativa, a irretroatividade, a proibição da arbitrariedade, a proteção da confiança, dentre outras tantas (...) que dão conformidade ao sobreprincípio da segurança jurídica (...)"[1420].

Nota-se, pois, que o alcance do princípio pode ser extremamente largo, inclusive com a inclusão das súmulas vinculantes como mais um elemento de segurança e previsibilidade na interpretação e aplicação do Direito. Alguns desses elementos já foram analisados (como o juiz natural, o devido processo legal e os limites da reforma constitucional). Adiante, serão especificados outros, que interessam mais de perto ao Direito brasileiro.

2. REGRA CONSTITUCIONAL DA IRRETROATIVIDADE NORMATIVA

A análise de Direito Constitucional comparado permite concluir que algumas constituições vedam peremptoriamente a retroatividade das leis. Assim, a Constituição dos EUA, em seu art. 1º, seção 5ª, determina: "O Congresso não poderá editar nenhuma lei com efeito retroativo", o que vale para os Estados-membros (art. 1º, seção 10). Na Constituição francesa de 1795 encontrava-se insculpida idêntica diretriz geral. O mes-

---

1419. Paulo de Barros Carvalho, *Direito Tributário, Linguagem e Método*, p. 264.
1420. Rafael Maffini, *Princípio da Proteção Substancial da Confiança no Direito Administrativo Brasileiro*, p. 49.

545

mo se encontra na Constituição mexicana, de 1948, que em seu art. 14 determinou: "A nenhuma lei se conferirá efeito retroativo".

Não é, porém, o que ocorre no Brasil, que veda a retroatividade em relação à lei penal (art. 5º, XXXIX e XL) e a retroatividade que atinja o direito adquirido, o ato jurídico ou a coisa julgada (art. 5º, XXXVI).

A retroatividade das leis desmente a confiança que se teria de depositar no ordenamento jurídico, sendo causadora direta de grave insegurança jurídica.

A concessão de *status* constitucional à diretriz da irretroatividade é relevante na medida em que vincula todos os poderes e, em especial, o legislador.

A Constituição, em seu art. 5º, XXXVI, determina que "a lei não prejudicará o direito adquirido, o ato jurídico perfeito e a coisa julgada".

A Constituição, ao proteger essa trilogia, busca assegurar um mínimo de estabilidade das relações jurídicas. Para tanto, proíbe a eficácia retroativa das leis àquelas situações do passado já consolidadas.

É, de resto, o que determina a antiga Lei de Introdução ao Código Civil, doravante denominada, pela Lei n. 12.376, de 30-12-2010, de *Lei de Introdução às Normas do Direito Brasileiro*, ao estabelecer, em seu art. 6º, que: "A Lei em vigor terá efeito imediato e geral, respeitados o ato jurídico perfeito, o direito adquirido e a coisa julgada".

Contudo, da norma constitucional não se pode validamente concluir que, como regra geral, a lei tem apenas eficácia a partir de sua edição, vale dizer, só alcança os fatos que ocorram posteriormente à data em que passa a ter vigência. Como bem observou JOSÉ EDUARDO MARTINS CARDOZO: "O respeito ao 'direito adquirido', ao 'ato jurídico perfeito' e à 'coisa julgada' (...) não apresenta em si mesmo uma incompatibilidade com a retroatividade ou mesmo com a ação retroativa admitida como princípio. (...) Realmente, as leis podem em princípio retroagir, deixando resguardadas desta ação todas as realidades mencionadas no art. 5º, XXXVI, da Constituição Federal, como também podem em princípio não retroagir, deixando ao abrigo de uma excepcional ação retroativa estas mesmas realidades. Nada predetermina, pois, a nossa Constituição, acerca desta matéria"[1421].

Assim, nada impede que a lei alcance fatos passados, vale dizer, que tenha eficácia retroativa, nas hipóteses em que não violar o direito adquirido, o ato jurídico perfeito e a coisa julgada.

A discussão do tema situa-se na doutrina civil, entendendo PORTALIS que, "Em geral, as leis não têm efeito retroativo. O princípio é indiscutível. Sem embargo temos limitado esse princípio às novas leis, não o temos estendido às que apenas recuperam ou explicam antigas leis"[1422].

Contudo, no âmbito constitucional, é de seguir a lição de VICENTE RÁO, para quem "são as constituições que dizem, ou podem dizer, se os seus preceitos serão, ou não,

---

1421. *Da Retroatividade da Lei*, p. 311.
1422. *Discurso Preliminar al Código Civil Francés*, p. 49.

retroativos; e, até, pode a retroatividade, independentemente de declaração expressa, decorrer, em certos casos, da própria natureza da disposição constitucional"[1423].

Ademais, no âmbito constitucional-tributário vige o princípio da irretroatividade das leis. Determina o art. 150, III, *a*, que é vedado, a qualquer entidade federativa, cobrar tributos "em relação a fatos geradores ocorridos antes do início da vigência da lei que os houver instituído ou aumentado". Portanto, percebe-se que há casos, no Direito Tributário, em que a eficácia pode ser retroativa, como observa apropriadamente RICARDO LOBO TORRES. É o caso da lei interpretativa, da lei penal-tributária interpretativa e da declaração de inconstitucionalidade[1424].

3. ATO JURÍDICO PERFEITO

Consoante define a Lei de Introdução às Normas do Direito Brasileiro em seu art. 6º: "§ 1º Reputa-se ato jurídico perfeito o já consumado segundo a lei vigente ao tempo em que se efetuou".

De acordo com ELIVAL DA SILVA RAMOS, encontra-se, neste conceito legal, uma tautologia. O mesmo autor critica, ainda, o uso do termo "consumado", na medida em que "o termo 'consumado', em Direito Intertemporal, está consagrado como uma referência às situações jurídicas cujos efeitos se esgotaram, completamente, no passado, como, por exemplo, um contrato totalmente executado pelas partes, com quitação recíproca em relação às respectivas obrigações assumidas"[1425]. Para o autor, melhor teria sido se a lei se tivesse utilizado de termos como "já realizado", "já aperfeiçoado".

No conceito apresentado por ELIVAL DA SILVA RAMOS, os atos jurídicos perfeitos "são os negócios jurídicos, vale dizer, atos voluntários, lícitos, que consubstanciam declaração expressa de vontade do agente ou dos agentes, a que o ordenamento atribui os efeitos por meio dela pretendidos, que se aperfeiçoaram, isto é, cuja constituição se completou inteiramente, ao tempo da vigência da lei antiga, substituída por um novo diploma que não os pode, todavia, afetar"[1426].

O ato jurídico perfeito é aquela relação reconhecida pelo Direito que já se completou em sua inteireza, ainda que não tenham produzido todos os efeitos previstos no momento de sua finalização.

4. DIREITO ADQUIRIDO

É de difícil concretização a noção de direito adquirido. A lei civil mencionada, no referido art. 6º, esboçou um conceito: "§ 2º Consideram-se adquiridos assim os direitos

---

1423. *O Direito e a Vida dos Direitos*, v. 1, t. 3, p. 373.

1424. Sobre o tema: Ricardo Lobo Torres, *Tratado de Direito Constitucional, Financeiro e Tributário*, v. 2, p. 513 e 530-4.

1425. Elival da Silva Ramos, *A Proteção aos Direitos Adquiridos no Direito Constitucional Brasileiro*, p. 146.

1426. Elival da Silva Ramos, *A Proteção aos Direitos Adquiridos no Direito Constitucional Brasileiro*, p. 146-7.

que o seu titular, ou alguém por ele, possa exercer, como aqueles cujo começo do exercício tenha termo prefixo, ou condição preestabelecida inalterável, a arbítrio de outrem".

Os direitos adquiridos são aquelas situações subjetivas de vantagem surgidas a partir de determinado fato jurídico que "passam a se vincular de modo tão próximo e intenso ao seu titular que o sistema jurídico lhes atribui um novo *status*, o de *direito adquirido*, para, com isso, torná-los imunes, *em seus aspectos nucleares ou essenciais*, aos efeitos da legislação posterior àquela sob a qual se constituíram"[1427].

Pode-se, como visto, considerar que o direito adquirido é uma decorrência da preservação do ato jurídico perfeito.

5. COISA JULGADA

Consoante a Lei de Introdução já referida: "§ 3º Chama-se coisa julgada ou caso julgado a decisão judicial de que já não caiba recurso".

Na lição precisa de ANTONIO GIDI, trata-se de um problema de preclusão e, assim, "a coisa julgada formal é uma preclusão comum, como outra qualquer (gerada pelo simples fato da preclusão dos recursos ou dos prazos de recurso), e (...) a coisa julgada material ocorre sempre que a lide (o mérito, que, em geral, se reporta ao direito substancial ou material) seja julgada"[1428].

A coisa julgada é o corolário do princípio da segurança jurídica e estabilidade das relações sociais transportado para o campo judicial.

Nesse contexto, é oportuno mencionar importante decisão do STF sobre a cessação dos efeitos futuros da coisa julgada tributária nas relações de trato sucessivo.

No julgamento do Recurso Extraordinário n. 949.297/CE (Tema 881) e do Recurso Extraordinário n. 955.227/BA (Tema 885), ambos em repercussão geral, o STF fixou a seguinte tese: "1. As decisões do STF em controle incidental de constitucionalidade, anteriores à instituição do regime de repercussão geral, não impactam automaticamente a coisa julgada que se tenha formado, mesmo nas relações jurídicas tributárias de trato sucessivo. 2. As decisões proferidas em ação direta ou em sede de repercussão geral interrompem automaticamente os efeitos temporais das decisões transitadas em julgado nas referidas relações, respeitadas a irretroatividade, a anterioridade anual e a noventena ou a anterioridade nonagesimal, conforme a natureza do tributo."[1429].

Assim, a decisão do STF promoveu a limitação dos efeitos futuros de coisa julgada anteriormente formada quando a sua base decisória ancorar-se na sinalização de (in)constitucionalidade do tributo de trato sucessivo e este, posteriormente, vier a ser reconhecido como de sinal invertido, pelo STF, em sede de repercussão geral ou controle concentrado de constitucionalidade.

1427. Elival da Silva Ramos, *A Proteção aos Direitos Adquiridos no Direito Constitucional Brasileiro*, p. 144-5.
1428. Antonio Gidi, *Coisa Julgada e Litispendência em Ações Coletivas*, p. 10.
1429. STF. RE n. 955.227/BA, rel. Min. Luís Roberto Barroso, j. 08.02.2023, pp. 2-3.

6. PROIBIÇÃO DO RETROCESSO

A proteção à segurança jurídica, implícita ao Estado de Direito, exige, igualmente, uma "proteção contra medidas retrocessivas, mas que não podem ser tidas como propriamente retroativas, já que não alcançam as figuras dos direitos adquiridos, do ato jurídico perfeito e da coisa julgada"[1430]. Seria justamente o caso de se pretender a eliminação de leis regulamentadoras de direitos sociais, ainda que com pretensão meramente prospectiva (não retroativa).

O que o autor está pretendendo sublinhar é que não basta a proteção contra a irretroatividade, já que medidas prospectivas podem trazer um retrocesso que deve ser combatido. Ou seja, não se deve confundir medidas retrocessivas e medidas retroativas. E o exemplo mais ilustrativo será justamente o da implementação, por meio de lei, dos direitos sociais e uma eventual lei posterior revogadora, que promova um retrocesso, uma diminuição, no grau de implementação e concretização dos direitos sociais já alcançado pela lei revogada. A tanto estará vedado o legislador por força do princípio da proibição do retrocesso[1431]. O caso real mais conhecido é o Acórdão 509, de 2002, do Tribunal Constitucional português, que reconheceu a inconstitucionalidade de lei que pretendeu reduzir o âmbito subjetivo dos beneficiários do chamado rendimento mínimo. A mesma tese pode ser adotada, no Brasil, para o caso do bolsa-família. Não se trata de impor um perfil de Estado-assistencialista, mas sim de exigir deste que ofereça um grau sempre crescente de implementação dos direitos sociais prioritariamente para aqueles que ainda dependem, para sua sobrevivência (melhor seria dizer "vivência digna"), do Estado.

Referências bibliográficas

CARDOZO, José Eduardo Martins. *Da Retroatividade da Lei*. São Paulo: Revista dos Tribunais, 1995 (Coleção Estudos em Homenagem ao Ministro e Professor Moreira Alves, v. 2).

CARVALHO, Paulo de Barros. *Direito Tributário, Linguagem e Método*. São Paulo: Noeses, 2008.

GIDI, Antonio. *Coisa Julgada e Litispendência em Ações Coletivas*. São Paulo: Saraiva, 1995.

MAFFINI, Rafael. *Princípio da Proteção Substancial da Confiança no Direito Administrativo Brasileiro*. Porto Alegre: Verbo Jurídico, 2006.

PORTALIS, Jean Etienne Marie. *Discurso Preliminar al Código Civil Francés*. Tradução por I. Cremades e L. Gutiérrez-Masson. 1. ed. Madrid: Cuadernos Civitas, 1997.

RAMOS, Elival da Silva. *A Proteção aos Direitos Adquiridos no Direito Constitucional Brasileiro*. São Paulo: Saraiva, 2003.

RÁO, Vicente. *O Direito e a Vida dos Direitos*. São Paulo: Resenha Universitária, 1977. v.1 t. 3.

1430. Ingo Wolfgang Sarlet, Direitos Fundamentais Sociais e Proibição de Retrocesso, p. 245.

1431. Para uma ampla análise do fundamento desse princípio: Ingo Wolfgang Sarlet, Direitos Fundamentais Sociais e Proibição de Retrocesso, p. 247-62.

SARLET, Ingo Wolfgang. Direitos Fundamentais Sociais e Proibição de Retrocesso: Algumas Notas sobre o Desafio da Sobrevivência dos Direitos Sociais num Contexto de Crise. *Revista Brasileira de Direito Constitucional*, v. 4. São Paulo: ESDC, jul./dez. 2004. Bibliografia: 241-71.

TORRES, Ricardo Lobo. *Tratado de Direito Constitucional, Financeiro e Tributário: Valores e Princípios Constitucionais Tributários*. v. 2. Rio de Janeiro: Renovar, 2005.

Capítulo XXVII
CRITÉRIO DA PROPORCIONALIDADE

1. INTROITO

É possível afirmar que o chamado critério da proporcionalidade[1432], como tem sido amplamente apresentado, aceito e praticado na atualidade, sempre esteve presente, na essência que se contém nessa proposta, na teorização do Direito, como na noção de abuso do civilista ou, ainda, como meio de conter a discricionariedade do poder estatal no âmbito administrativo, e mesmo na aplicação do Direito, especificamente no caso da fixação da pena em Direito Penal.

A proporcionalidade, numa primeira aproximação, é a exigência de racionalidade, a imposição de que os atos estatais não sejam desprovidos de um mínimo de sustenta-bilidade. Assim compreendida a proporcionalidade, é correto afirmar que a preocupação em observá-la vem de longa data[1433].

No período pós-guerra, entretanto, os ordenamentos jurídicos europeus, seguindo posição consolidada pelo Tribunal Constitucional da República Federal Alemã[1434], ele-varam essa exigência ao plano do Direito Constitucional[1435]. Com isso, a noção de pro-porcionalidade passou a contar com amplitude e incidência muito maiores, já que se tornou parâmetro até — e especialmente — para a atuação do legislador infraconstitu-cional e dos órgãos julgadores, em todos os âmbitos do Direito, de forma generalizada.

A proporcionalidade passou a ser compreendida como a especial forma de vincu-lação do legislador aos direitos fundamentais. A partir dessa concepção de proporcio-nalidade, a legalidade passa a ser exigência não apenas de lei, mas de lei proporcional.

1432. Sobre a proporcionalidade como regra ou critério decisório, ver o precioso artigo de Leonardo Martins, Pro-porcionalidade como Critério de Controle de Constitucionalidade? Problemas de sua Recepção pelo Direito e Jurisdição Constitucional Brasileiros.

1433. Bastaria, para ilustrar, fazer referência, aqui, à obra de Voltaire, de 1777, quando o autor observa: "É estranho que a Inglaterra, cujos dignatários são tão esclarecidos, permita a subsistência de tão grande quantidade de leis absurdas. Elas não são mais cumpridas, é verdade; mas forçam a nação a deixar ao Poder Executivo o direito de modificar ou infringir a lei" (*O Preço da Justiça*, p. 11, nota 8).

1434. A introdução do princípio da proporcionalidade no plano constitucional ocorreu, primeiramente, no ordena-mento jurídico suíço. No entanto, foi na Alemanha que obteve, originalmente, maior elaboração teórica e mais efetiva aplicação nos Tribunais.

1435. Salienta-se que, nos países integrantes da *Common Law*, o princípio da proporcionalidade, com seu conceito derivado do devido processo legal, encontra-se presente como um critério de razoabilidade que abarca esse sistema jurídico como um todo.

O Direito brasileiro não contempla o critério da proporcionalidade com previsão expressa. Seu fundamento jurídico pode ser encontrado no art. 5º, § 2º, da Constituição Federal de 1988, que assim dispõe: "Os direitos e garantias expressos nesta Constituição não excluem outros decorrentes do regime e dos princípios por ela adotados, ou dos tratados internacionais em que a República Federativa do Brasil seja parte".

Por conta dessa "falta de visibilidade", existem controvérsias acerca da inserção desse critério no ordenamento jurídico pátrio. Há doutrinadores que entendem que é uma norma constitucional não escrita inerente ao aparato jurídico do Estado Democrático de Direito. Alguns o fazem derivar de outros princípios, como o do devido processo legal ou da isonomia.

Ressalta-se, também, sua relevância como instrumento da interpretação jurídica, dentro de uma realidade do Direito na qual os seus métodos tradicionais de interpretação não respondem à complexidade das relações sociais que devem regular.

Por fim, como ficará evidenciado adiante, a proposta teórica de uso da proporcionalidade alinha-se a um pensamento que parte do problema (necessariamente e não apenas circunstancialmente), que é um pensamento concreto, pouco afeito aos pressupostos teóricos de um modelo formal e abstrato de Direito.

2. CRITÉRIO DA PROPORCIONALIDADE COMO NORMA CONSTITUCIONAL NÃO ESCRITA: DOUTRINA ALEMÃ

O critério da proporcionalidade, como resultado da construção alemã, é considerado uma norma constitucional não escrita derivada do Estado Democrático de Direito[1436].

Nele se visualiza a função de ser imprescindível à racionalidade do Estado Democrático de Direito, já que garante o núcleo essencial dos direitos fundamentais através da acomodação dos diversos interesses em jogo em uma sociedade.

Ao referir-se ao histórico da formação da proporcionalidade no Direito Público alemão, WILLIS SANTIAGO GUERRA FILHO refere-se à primeira monografia[1437], datada de 1955, que tratava exclusivamente do assunto: "(...) onde já se fez notar a preocupação terminológica, visando distinguir aspectos diversos da proporcionalidade (...) Nota-se, também, a intenção do autor de associar o princípio ao estabelecimento do Estado de Direito e estender ao legislador a vinculação a ele"[1438].

Em posterior trabalho da doutrina alemã, cuja autoria é de G. DÜRIG[1439], GUERRA FILHO ressalta que houve também sua vinculação ao Estado de Direito: "(...) em que defende a tese de haver um sistema de valores imanente à Lei Fundamental alemã oci-

---

1436. Contra esse entendimento, Leonardo Martins, op. cit.

1437. Essa primeira monografia, resultante dos estudos de Rupprecht von Krauss, é intitulada *Der Grundsatz der Verhältnismäßigkeit (in seiner Bedeutung für die Notwendigkeit des Mittels in Verwaltungsrecht)*.

1438. *Processo Constitucional e Direitos Fundamentais*, p. 69.

1439. O título desta obra é: *Der Grundsatz von der Menschenwürde. Entwurf eines praktikablen Wertsystems der Grundrechte aus Art. 1, Abs I Verbindung mit Art. 19. Abs 11, des Grundgesetzes*.

dental, cuja justificação última é fornecida pela imposição de respeito à dignidade humana, estabelecida logo na primeira frase do art. 1º. Seria por intermédio dela que se incluiria o princípio de proporcionalidade no plano constitucional, para ser observado em qualquer medida do Estado, pois é uma degradação da pessoa a objeto, se ela for importunada pelo emprego de meios mais rigorosos do que exige a consecução do fim de bem-estar da comunidade"[1440].

No Direito estrangeiro, nota-se que a Constituição portuguesa adota o posicionamento de derivar a proporcionalidade da própria organização jurídica do Estado de Direito, porém o faz de maneira expressa no inciso II do seu art. 18, que dispõe, *in verbis*: "A lei só pode restringir os direitos, liberdades e garantias nos casos expressamente previstos na Constituição, devendo as restrições limitar-se ao necessário para salvaguardar outros direitos ou interesses constitucionalmente protegidos".

Comentando esse artigo, WILLIS SANTIAGO GUERRA FILHO assevera: "Essa norma, notadamente em sua segunda parte, enuncia a essência e destinação do princípio da proporcionalidade: preservar os direitos fundamentais. O princípio, assim, coincide com a essência e destinação mesma de uma Constituição que, tal como hoje se concebe, pretenda desempenhar o papel que lhe está reservado na ordem jurídica de um Estado de Direito Democrático"[1441].

Com SCHLINK se tem considerado que a proporcionalidade significa o dever de vinculação do legislador aos direitos fundamentais. A partir dessa ideia, o Estado de Direito é insuficiente para justificar as particulares exigências da proporcionalidade. Exige-se não apenas lei, mas lei proporcional (da reserva de lei, do século XIX, passou-se para a reserva de lei proporcional), como observam DIMITRI DIMOULIS e LEONARDO MARTINS.

3. PROPORCIONALIDADE COMO DECORRÊNCIA DO PRINCÍPIO DO DEVIDO PROCESSO LEGAL: DOUTRINA NORTE-AMERICANA

A doutrina norte-americana deriva a proporcionalidade do princípio do devido processo legal, que corresponde, em sua vertente substantiva, à limitação constitucional dos poderes do Estado, limitação essa atrelada a alguns direitos fundamentais, tradicionalmente a vida, a liberdade e a propriedade.

Numa retrospectiva histórica do devido processo legal, RAQUEL DENIZE STUMM[1442], autora que defende a fundamentação constitucional da proporcionalidade no devido processo legal, menciona três fases empíricas da formação desse princípio no ordenamento jurídico americano.

Numa primeira fase, conhecida como adjetiva, o devido processo legal significava "garantias ao réu". Assim, o foco de atenção era o procedimento, que deveria ser justo e garantidor do contraditório e da ampla defesa.

1440. *Processo Constitucional e Direitos Fundamentais*, p. 69.
1441. *Processo Constitucional e Direitos Fundamentais*, p. 61.
1442. *Princípio da Proporcionalidade no Direito Constitucional Brasileiro*, p. 152-9.

Num segundo estágio, o da fase substantiva, o devido processo legal já se apresenta como um instrumento de avaliação da constitucionalidade das leis estaduais e do Congresso. Através da aplicação da "regra da razão", os Tribunais passaram a limitar o poder do Estado-administrador e do Estado-legislador.

O fundamento dessa "regra", no entanto, era baseado em concepções de caráter econômico e social, que neste momento histórico seguiam a ideologia do Estado Liberal. As fortes garantias individuais e a limitação da ingerência estatal ao mínimo possível deram aos julgadores um poder inigualável.

O terceiro momento, que também corresponde à fase substantiva, é marcado pelo nascimento do Estado Social. Aqui, os juízes continuam a verificar a proporcionalidade dos atos estatais de maneira geral, porém estão adstritos a critérios de justiça material pautados por maior intervenção estatal e pela relativização das garantias individuais em prol do interesse coletivo.

No estágio atual em que se encontra o princípio, viabiliza-se aos juízes que controlem a proporcionalidade e racionalidade da produção legislativa através de um processo técnico de adequação das leis aos princípios fundamentais de Direito.

A esse respeito, GERMANA DE OLIVEIRA MORAES escreve: "Os órgãos do Poder Legislativo estão sempre subordinados à normatividade suprema da Constituição, inclusive na hora de elaborar as leis. Não pode ser outra senão esta a postura do Parlamento no Estado Democrático de Direito. A autonomia parlamentar deve ser vista dentro das balizas do respeito às leis e ao Direito, de modo que, em princípio, não pode obstar ao controle jurisdicional dos atos parlamentares"[1443].

Quanto à delicada relação que se estabelece entre o Poder Judiciário e Legislativo em razão desse controle, PAULO BONAVIDES obtempera: "O controle das leis, por meio do princípio da proporcionalidade deferido à judicatura dos tribunais, precisa todavia manter aberto e desimpedido o espaço criativo outorgado pela Constituição ao legislador para avaliar fins e meios, porquanto a determinação de meios e fins pressupõe sempre uma decisão política (...)"[1444].

4. PROPORCIONALIDADE COMO DECORRÊNCIA DO PRINCÍPIO DA ISONOMIA

PAULO BONAVIDES encontra o fundamento do critério da proporcionalidade na disposição constitucional do princípio da isonomia: "A noção mesma se infere de outros princípios que lhe são afins, entre os quais avulta, em primeiro lugar, o princípio da igualdade, sobretudo em se atentando para a passagem da igualdade-identidade à igualdade-proporcionalidade, tão característica da derradeira fase do Estado de Direito"[1445].

1443. *O Controle Jurisdicional da Constitucionalidade do Processo Legislativo*, p. 17.
1444. *Curso de Direito Constitucional*, 7. ed. rev. atual. e ampl., p. 382.
1445. *Curso de Direito Constitucional*, p. 395.

Nesse mesmo sentido, Guerra Filho afirma: "Os princípios da isonomia e da proporcionalidade, aliás, acham-se estreitamente associados, sendo possível, inclusive, que se entenda a proporcionalidade como incrustada na isonomia, pois como se encontra assente em nossa doutrina, com grande autoridade, o princípio da isonomia traduz a ideia aristotélica — ou, antes, 'pitagórica', como prefere DEL VECCHIO — de 'igualdade proporcional', própria da 'justiça distributiva', 'geométrica', que se acrescente àquela 'comutativa', 'aritmética', meramente formal — aqui, igualdade de bens; ali, igualdade de relações"[1446].

Assim, apreende-se que o critério da proporcionalidade está relacionado ao aspecto material do conceito de isonomia, como critério de justa medida de distribuição dos direitos e deveres sociais.

Robert Alexy[1447] clarifica, de certa forma, essa relação entre o princípio da isonomia e a proporcionalidade ao asseverar que o conceito de igualdade, por si só, não traz parâmetros para as diferenciações inerentes à sua aplicação. Exigindo, portanto, outros "pontos de vista" valorativos, é justamente a proporcionalidade que pode exercer esse papel, ao lado, por exemplo, das "normas de igualdade específicas" emanadas do próprio Poder Legislativo.

Não se pode olvidar, ademais, que tanto o princípio da isonomia quanto a proporcionalidade têm a principal função de atualizar e efetivar a proteção dos direitos fundamentais.

5. APLICAÇÕES DA PROPORCIONALIDADE

5.1. Proporcionalidade como instrumento de interpretação judicial

Celso Ribeiro Bastos considera o critério da proporcionalidade "um guia à atividade interpretativa"[1448], não apenas por elucidar certas questões conflituosas, mas por apresentar-se como aplicável em qualquer interpretação. Nessa perspectiva, o princípio estaria a integrar necessariamente o método de interpretação do Direito. O princípio encontra-se como uma diretriz entre os métodos de interpretação tradicionais e os princípios que pautam a aplicação destes.

Esse posicionamento encontra guarida nas concepções contemporâneas do Direito, que o qualificam como um sistema aberto de normas. Diante da complexidade das relações sociais de nosso tempo, não há como descer à concretude da vida social para apreendê-la em sua totalidade. Floresce, portanto, a normatização de condutas, por via indireta, através de parâmetros colocados por normas, que, apesar do grau de abstração, contam com existência objetiva.

Dentro desse contexto, o critério da proporcionalidade desponta como relevante instrumento de solução de conflitos na medida em que se apresenta como mandamen-

---

1446. *Processo Constitucional e Direitos Fundamentais*, p. 63.
1447. *Teoría de los Derechos Fundamentales*, p. 401-2.
1448. *Hermenêutica e Interpretação Constitucional*, p. 185.

to de "otimização de princípios", ou seja, como critério de sopesamento de princípios quando estes conflitam em dada situação concreta.

Nesse diapasão, GUERRA FILHO assevera: "(...) se verifica que os princípios podem se contradizer, sem que isso faça qualquer um deles perder a sua validade jurídica e ser derrogado. É exatamente numa situação em que há conflito entre princípios, ou entre eles e regras, que o princípio da proporcionalidade (em sentido estrito ou próprio) mostra sua grande significação, pois pode ser usado como critério para solucionar da melhor forma tal conflito, otimizando a medida em que se acata prioritariamente um e desatende o mínimo possível o outro princípio"[1449].

PAULO BUECHELE, autor do livro *O Princípio da Proporcionalidade e a Interpretação da Constituição*, nesse mesmo sentido, conclui que a proporcionalidade "(...) é também um princípio de interpretação constitucional, intimamente relacionado com o Princípio da Concordância Prática (Hesse) e oriundo, tal qual este último, do Princípio da Unidade da Constituição"[1450].

Na Alemanha, consoante informa PAULO BONAVIDES[1451], o critério da proporcionalidade já está consagrado como "método de solução de controvérsias". Porém, toma-se o cuidado, a fim de que seja evitado um grande aumento do poder dos juízes, de limitá-lo com o mandamento da "interpretação conforme à Constituição".

No entanto, muitas críticas foram levantadas em desfavor da aplicação da proporcionalidade como critério de interpretação constitucional.

Conforme é informado por PAULO BONAVIDES, o primeiro autor a fazer tais críticas foi FORSTHOFF, em 1971: "De conformidade com a crítica de Forsthoff, a adoção do princípio na ordem constitucional significava um considerável estreitamento da liberdade do legislador para formular leis e exercer assim um poder que lhe é peculiar na organização do Estado"[1452].

A subjetividade das decisões fundamentadas na proporcionalidade, a sua indeterminação e a extrema autonomia que é dada ao juízes nas decisões de controvérsias são algumas das demais dificuldades encontradas pelos doutrinadores para a aplicação do princípio.

PAULO BUECHELE sintetiza as respostas que são dadas para rebater essas críticas: "Críticas como essas, entretanto, parecem não se dar conta de que a indeterminação de conteúdo, tão combatida, é exatamente um dos traços caracterizadores da norma constitucional, a qual, para a sua concretização, depende sempre da atuação criadora (e criativa) do intérprete, de atribuir sentido a ela em cada caso específico"[1453].

Complementa, ainda, o citado autor que o princípio da interpretação conforme à Constituição delimita, de forma satisfatória, o campo dos poderes do juiz na aplicação da proporcionalidade.

1449. *Processo Constitucional e Direitos Fundamentais*, p. 73.
1450. *O Princípio da Proporcionalidade e a Interpretação da Constituição*, p. 175.
1451. *Curso de Direito Constitucional*, p. 388.
1452. *Curso de Direito Constitucional*, p. 389.
1453. *O Princípio da Proporcionalidade e a Interpretação da Constituição*, p. 171.

Em sintonia com tal afirmação, PAULO BONAVIDES afirma que este critério, "abraçado assim ao princípio da interpretação conforme a Constituição, move-se, pois, em direção contrária a esse entendimento e, ao invés de deprimir a missão do legislador ou a sua obra normativa, busca jurisprudencialmente fortalecê-la, porquanto na apreciação de uma inconstitucionalidade o aplicador da lei, adotando aquela posição hermenêutica, tudo faz para preservar a validade do conteúdo volitivo posto na regra normativa pelo seu respectivo autor"[1454].

5.2. Proporcionalidade como conteúdo da norma fundamental do Direito

PAULO BONAVIDES, citando PIERRE MÜLLER, considera que a proporcionalidade em sentido amplo corresponde à "regra fundamental a que devem obedecer tanto os que exercem quanto os que padecem o poder"[1455].

O critério alcança tão importante papel dentro do ordenamento jurídico a ponto de alguns doutrinadores reconhecerem-no como a norma fundamental.

Nesse sentido, GUERRA FILHO escreve: "Essa característica do princípio da proporcionalidade nos sugeriu a hipótese de que ele poderia fazer as vezes da mítica da norma hipotética fundamental de KELSEN, rompendo assim com a inadequada linearidade da sua concepção do sistema jurídico, e propondo um *sistema circular*, em que a norma 'mais alta' é também a que está na base do sistema — literalmente uma *Grund-norm* — por ser capaz de fundamentar, diretamente, aquelas normas mais concretas, como são as sentenças judiciais e medidas administrativas"[1456].

O citado autor diferencia a proporcionalidade, que denomina como "princípio dos princípios", dos demais princípios de categoria constitucional, que possuem alto grau de abstração, em razão da característica destes de não serem apenas um imperativo procedimental, mas também material.

6. A PROPORCIONALIDADE: CONCEITUAÇÃO E APLICAÇÃO

Independentemente da controvertida posição da proporcionalidade no ordenamento jurídico, há um consenso na doutrina acerca de sua conceituação e desenvolvimento original pela doutrina alemã.

O critério da proporcionalidade, em sentido amplo, abarca três necessários elementos, quais sejam: 1) a conformidade ou adequação dos meios empregados; 2) a necessidade ou exigibilidade da medida adotada e 3) a proporcionalidade em sentido estrito. DIMITRI DIMOULIS e LEONARDO MARTINS, contudo, observam que é necessário aferir a constitucionalidade (por eles denominada licitude) do meio e da finalidade da lei (elementos que são objeto posterior da proporcionalidade e dos subcritérios indicados). Consideram que a licitude do meio e a licitude do fim devem fazer parte do

---

1454. *Curso de Direito Constitucional*, p. 388.
1455. *Curso de Direito Constitucional*, p. 357.
1456. *Processo Constitucional e Direitos Fundamentais*, p. 67.

exame da proporcionalidade do ponto de vista de seu conteúdo. Por isso acabam por acrescentar mais dois passos aos acima indicados (repudiando, contudo, a inclusão do terceiro, por motivos que serão indicados quando da análise desse subcritério). Neste estudo, contudo, optou-se por considerar a chamada "licitude do meio" e a "licitude do fim" como análises típicas de constitucionalidade. Integram, assim, a chamada teoria da (in)constitucionalidade das leis.

Entende-se que os dois primeiros elementos citados correspondem aos pressupostos fáticos do princípio, enquanto a proporcionalidade em sentido estrito equivale à ponderação jurídica destes. Sua compreensão deve orientar-se de forma que não basta que os requisitos fáticos estejam atendidos, sendo também necessário que haja concordância entre eles e os valores encampados pelo ordenamento jurídico.

6.1. Primeiro elemento: conformidade ou adequação dos meios a serem utilizados

O elemento correspondente à conformidade ou adequação dos meios representa a necessária correlação entre os meios e os fins a serem atingidos, de forma que os meios escolhidos sejam aptos a atingir o fim determinado. Não se trata, pois, da verificação da realização efetiva do objetivo, mas da simples *possibilidade* de tê-lo realizado (realizabilidade) com o emprego do meio selecionado.

Nesse sentido, CANOTILHO leciona: "(...) a exigência de conformidade pressupõe que se investigue e prove que o acto do poder público é apto *para* e *conforme* os fins que justificaram a sua adopção (...). Trata-se, pois, de controlar a *relação de adequação medida-fim*"[1457].

Ademais, para caracterizar-se como inidôneo quanto à sua conformação aos fins colimados o meio deverá ser *totalmente* inviável.

Pressuposto desta etapa está na identificação da finalidade da lei. É que as leis devem conter, além de uma finalidade genérica, pública, de visar ao interesse público, da coletividade, uma finalidade mais específica. Essa finalidade não necessariamente há de estar estampada na lei, nem tão pouco há de se passar a exigir para todo documento legislativo uma exposição de motivos e finalidades. É tarefa hermenêutica a identificação do fim específico da lei, bem como de sua constitucionalidade e, em seguida, da proporcionalidade do meio eleito em relação a esse fim auferido da lei. A doutrina ainda carece de um estudo mais aprofundado e esclarecedor acerca da metodologia mais apropriada para um levantamento adequado da finalidade de cada lei.

6.2. Segundo elemento: necessidade ou exigibilidade

A necessidade ou exigibilidade equivale à melhor escolha possível, dentre os meios adequados, para atingir os fins. Dentro da concepção do Estado de Direito, essa escolha corresponde àquela que menos ônus traga ao cidadão. Exige-se, nessa medida, a esco-

---

1457. *Direito Constitucional*, p. 387 (grifos no original).

lha do meio menos gravoso, do mais suave para alcançar o valor desejado. Nesse passo, não se questiona a escolha do fim, mas apenas o meio utilizado em sua relação de custo/benefício. Assim, para que se possa aferir o meio empregado quanto a sua necessidade, o operador do Direito terá de buscar, abstratamente, medidas alternativas, para fins de comparação e conclusão. Não há como realizar essa operação mental de verificação da exigibilidade sem que se promova uma busca "externa" ao dispositivo objeto de análise, para fins de verificação das demais "possibilidades" (alternativas) existentes, e à disposição do legislador/administrador. Trata-se da *otimização das possibilidades fáticas*.

Dentro dessa linha de pensamento, CANOTILHO cita condições inerentes à noção de necessidade: "a) a *necessidade material*, pois o meio deve ser o mais 'poupado' possível quanto à limitação dos direitos fundamentais; b) a *exigibilidade espacial* aponta para a necessidade de limitar o âmbito de intervenção; c) a *exigibilidade temporal* pressupõe a rigorosa delimitação no tempo da medida coactiva do poder público; d) a *exigibilidade pessoal* significa que a medida se deve limitar à pessoa ou pessoas, cujos interesses devem ser sacrificados"[1458].

6.3. Terceiro elemento: proporcionalidade em sentido estrito

A proporcionalidade em sentido estrito, por sua vez, significa a relação entre meios e fins que seja, no dizer de WILLIS SANTIAGO GUERRA FILHO, "*juridicamente a melhor possível. Isso significa, acima de tudo, que não se fira o 'conteúdo essencial'* (*Wesensgehalt*) *de direito fundamental, com o desrespeito intolerável da dignidade humana, bem como que, mesmo em havendo desvantagens para, digamos, o interesse de pessoas, individualmente ou coletivamente consideradas, acarretadas pela disposição normativa em apreço, as vantagens que traz para interesses de outra ordem superam aquelas desvantagens*"[1459]. Nesse mesmo sentido é a lição de JUAN CIANCIARDO[1460], que estabelece a ligação entre proporcionalidade e garantia do conteúdo essencial dos direitos fundamentais.

Portanto, como se percebe, ao contrário do segundo elemento, a exigibilidade, que impõe uma otimização de possibilidades fáticas, aqui se impõe uma *otimização das possibilidades jurídicas*. Contudo, observa LEONARDO MARTINS, há uma diferença, neste ponto, entre algumas das teorias que incorporam a proporcionalidade em sentido estrito. É que em algumas a ponderação deve levar em conta apenas a verificação axiológica propriamente dita, enquanto em outras, na esteira da teoria de ALEXY, combinam, neste momento, a ponderação axiológica e elementos fáticos ligados ao caso concreto.

Trata-se, pois, de um sopesamento (balanceamento) dos valores do ordenamento jurídico, em que se procura atingir a mais oportuna relação entre meios e fins para melhor garantir os direitos do cidadão em situações concretamente relacionadas. São "pe-

---

1458. *Direito Constitucional*, p. 388.
1459. *Processo Constitucional e Direitos Fundamentais*, p. 68.
1460. *El Principio de Razonabilidad*, p. 97.

sadas" e comparadas, numa perspectiva jurídica, as desvantagens do meio em relação às vantagens do fim.

Esta terceira "etapa" de aplicação da proporcionalidade não é unanimemente aceita na doutrina alemã. Alguns consideram uma etapa com alto grau de subjetividade e, por isso mesmo, imprestável para servir de critério de monitoramento da atividade parlamentar, seja a ponderação estritamente axiológica, seja aquela que leva em consideração aspectos fático-concretos. Nas palavras de LEONARDO MARTINS, seguindo em parte as lições de BERNHARD SCHLINK, tem-se, no caso da proporcionalidade em sentido estrito, um "terceiro fator de racionalidade bastante duvidosa". Efetivamente, a ponderação ou otimização a ser realizada nesta etapa do processo de monitoramento da atividade do legislador não oferece critérios seguros ou objetivos que possam afastar a discricionariedade de seu aplicador. Levada às últimas consequências, pode acabar por, sutilmente, substituir a discricionariedade do legislador pela do aplicador do mandamento da proporcionalidade. Merece maior preocupação o desenvolvimento de uma teoria acerca do controle da racionalidade desta fase (o que envolve, certamente, o problema da hermenêutica da Constituição e concepções de Direito).

6.4. Proporcionalidade e razoabilidade

Para um mais completo entendimento do conceito de proporcionalidade é relevante a diferenciação, embora muitos doutrinadores os igualem[1461], entre a proporcionalidade e a razoabilidade.

Segundo RAPHAEL QUEIROZ, "A diferença reside na classificação e nos elementos constitutivos desses princípios, já que a razoabilidade é mais ampla que a proporcionalidade. Sustentar a fungibilidade entre os termos, no Brasil, é dar à proporcionalidade um raio de aplicação maior que suas possibilidades (...)"[1462].

De acordo com o citado autor, o conceito de proporcionalidade está inserido no de razoabilidade, sendo que é "(...) inevitável, então, a ligação entre a razoabilidade e a 'qualidade' da atuação concreta, e entre a proporcionalidade e a 'quantidade' daquela, visando-se à proibição do excesso (...)".

Em outra linha, HUMBERTO ÁVILA, de maneira bastante técnica, assinala e demonstra que a proporcionalidade há de ser compreendida de maneira distinta da razoabilidade. Enquanto aquela (proporcionalidade) implica uma relação de causalidade entre meio e fim, a razoabilidade não contém, em si, uma referência dessa magnitude. E exemplifica com o caso da culpa e da pena, no qual não há relação de causalidade entre esses elementos — de maneira que um fosse considerado meio e o outro fim — mas apenas, em suas palavras, "uma relação de correspondência entre duas grandezas"[1463].

1461. Como Luís Roberto Barroso, *Interpretação e Aplicabilidade da Constituição*, p. 198-208.

1462. *Os Princípios da Razoabilidade e Proporcionalidade das Normas e sua Repercussão no Processo Civil Brasileiro*, p. 45.

1463. *Teoria dos Princípios*, p. 111. Contudo, o autor admite ser plausível, em teoria, enquadrar a proibição do excesso e a razoabilidade no exame da proporcionalidade em sentido estrito, nos termos em que indica.

560

6.5. Aplicação pela jurisprudência brasileira

Os Tribunais brasileiros têm fundamentado suas decisões na noção de proporcionalidade, embora, como observa CELSO RIBEIRO BASTOS, "(...) não se refiram a ela de modo expresso e em outras a apliquem de forma inconsciente"[1464].

RAPHAEL QUEIROZ observa que "Os tribunais brasileiros durante muito tempo viram o princípio da razoabilidade com muita desconfiança. Tradicionalmente apegados ao positivismo romano-germânico, evitaram a aplicação do mencionado princípio por entender que faltava-lhe um critério técnico-jurídico; e o seu emprego dava margem ao subjetivismo. (...)"[1465].

Interessante observar que as decisões, de maneira geral, concentram-se no âmbito do controle da proporcionalidade de alguns atos legislativos e no campo do Direito Administrativo.

O Supremo Tribunal Federal, por exemplo, já decidiu, liminarmente, pela inconstitucionalidade de uma lei estadual que, para garantir direitos dos consumidores na compra de botijões de gás, exigia o emprego de uma medida extremamente onerosa para os vendedores, conforme se apreende da leitura de sua ementa: "Gás liquefeito de petróleo: lei estadual que determina a pesagem de botijões entregues ou recebidos para substituição a vista do consumidor, com pagamento imediato de eventual diferença a menor: arguição de inconstitucionalidade fundada nos arts. 22, IV e VI (energia e meteorologia), 24 e pars., 25, par. 2, 238, além da violação ao princípio da proporcionalidade e razoabilidade das leis restritivas de direitos: plausibilidade jurídica da arguição que aconselha a suspensão cautelar da lei impugnada, a fim de evitar danos irreparáveis a economia do setor, no caso de vir a declarar-se a inconstitucionalidade: liminar deferida" (STF, ADIn-medida cautelar, *DJ* de 1-10-1993, relator: Sepúlveda Pertence).

Na esfera do Direito Administrativo, já foi decidido que os atos da autoridade administrativa sempre devem ser fundamentados e, para sua validade, necessitam guardar consonância com a proporcionalidade: "Administrativo e Constitucional. Militar. Sargento do quadro complementar da aeronáutica. Ingresso e promoção no quadro regular do corpo pessoal graduado. Estágio probatório não convocado. Condição 'sine qua non'. Aplicação do art. 49 do Decreto n. 68.951/71. Recurso Especial. Limitação da discricionariedade. Moralidade pública, razoabilidade e proporcionalidade. A discricionariedade atribuída ao Administrador deve ser usada com parcimônia e de acordo com os princípios da moralidade pública, da razoabilidade e proporcionalidade, sob pena de desvirtuamento. As razões para a não convocação de estágio probatório, que é condição indispensável ao acesso de terceiros sargentos do quadro complementar da Aeronáutica ao quadro regular, devem ser aptas a demonstrar o interesse público. Decisões deste quilate não podem ser imotivadas. Mesmo o ato decorrente do exercício do poder discricionário do administrador deve ser fundamentado, sob pena de invalidade (....)" (STJ, Recurso Especial, *DJ* de 9-6-1997, relator: Anselmo Santiago).

1464. *Hermenêutica e Interpretação Constitucional*, p. 188.
1465. *Os Princípios...*, p. 32.

No que tange aos demais âmbitos temáticos, observa-se certa cautela em aplicá-lo. Nesse sentido, Raquel Denize Stumm[1466] procura identificar o motivo de tal cautela: "(...) o risco que se corre com a indeterminação de um Direito fundamental em convertê-lo em Direito fundamental genérico; a instabilidade jurídica gerada pela aplicação do princípio ao Direito do trabalho, para fundamentar a criação judicial, desautorizando a lei; a instabilidade no processo penal; o princípio acenaria para o perigo de converter-se em um limite aos próprios direitos fundamentais e não um limite às limitações impostas a eles (...)".

Apesar disso, encontram-se exemplos de aplicação do critério da proporcionalidade no campo do Direito Penal, Civil, Consumidor e Processual.

Na esfera criminal, encontra-se o critério de razoabilidade entre o ilícito cometido e a correspondente sanção penal a ser imposta pelo Estado: "Penal. Processual Penal. 'Habeas Corpus'. Trancamento de ação penal. Exame médico vencido. Inteligência das 'verba legis' 'devida habilitação' para dirigir veículo automotor (Lei das Contravenções Penais, art. 32). Interpretação sistemática (Código Nacional do Trânsito, art. 79). Ilícito administrativo. Princípio da proporcionalidade da pena. 'Writ' concedido. Ação trancada. A paciente, que possuía carteira de habilitação para dirigir veículo automotor, foi autuada por estar com exame médico vencido. A seguir, denunciada como incursa no art. 32 da LCP; falta da 'devida habilitação'. O art. 32 da LCP não pode ser interpretado isoladamente. Deve, ao contrário, ser interpretado em consonância com o art. 79 do CNT (interpretação sistemática). Não se pode equiparar a situação jurídica de quem, como paciente, se achava com exame de vista vencido com a de quem sequer prestou exame para tirar a carteira. (....)" (STJ, *Habeas Corpus*, *DJ* de 12-4-1993, relator: Adhemar Maciel).

A garantia de direito fundamental do indivíduo, consubstanciada em sua "dignidade pessoal", é resguardada através da aplicação da razoabilidade no Direito Civil: "DNA. Submissão compulsória ao fornecimento de sangue para a pesquisa do DNA. Estado da questão no direito comparado. Precedente do STF que libera do constrangimento o réu em ação de investigação de paternidade (HC 71.373) e o dissenso dos votos vencidos. Deferimento, não obstante, do HC na espécie, em que se cuida de situação atípica na qual se pretende — de resto, apenas para obter a prova de reforço — submeter ao exame o pai presumido, em processo que tem por objeto a pretensão de terceiro de ver-se declarado o pai biológico da criança nascida na constância do casamento do paciente. Hipótese na qual, à luz do princípio da proporcionalidade ou da razoabilidade, se impõe evitar afronta à dignidade pessoal que, nas circunstâncias, a participação na perícia substantivaria" (STF, *Habeas Corpus*, *DJ* de 15-5-1998, relator: Sepúlveda Pertence).

Por vezes, o critério pauta a própria prestação jurisdicional do Estado, através da escolha da melhor decisão que possa solucionar efetivamente os conflitos sociais: "Código de Defesa do Consumidor. Defeito de Fabricação. Indenização. Pedido. Possibilidade de o juiz deferir, em vez da entrega de um carro novo, a indenização pela dimi-

---

1466. *Princípio da Proporcionalidade no Direito Constitucional Brasileiro*, p. 83.

nuição de valor do bem. Observa-se o princípio de que o processo deve ser conduzido e decidido de modo a assegurar a efetiva prestação jurisdicional que, no caso, consistia em encontrar a justa composição dos danos. Recurso não conhecido" (STJ, Recurso Especial, *DJ* de 12-5-1997, relator: Ruy Rosado de Aguiar).

O Direito Processual, com seu caráter adjetivo, pauta-se também pelo critério da proporcionalidade e ponderação tanto dos bens jurídicos envolvidos em uma relação jurídica controvertida quanto da necessidade ou não de resguardar certos direitos antes de uma decisão judicial definitiva: "Tutela Antecipada. Indeferimento. Possibilidade. Hipótese em que se alegou *fumus boni iuris* e *periculum in mora*. Indenizatória fundada em ato ilícito. Juízo sumário desprovido de prova verossímil da situação fática do autor. Instrução processual ainda pendente. Decisão mantida. Recurso não provido. A tutela antecipada, justamente por seu caráter executório, necessita basear-se no princípio da proporcionalidade, urgindo ponderação dos direitos ou bens jurídicos discutidos" (TJ — São Paulo, Agravo de Instrumento, decisão de 27-5-1999, relator: Munhoz Soares).

Encontra-se entre as ementas emanadas do Superior Tribunal de Justiça o critério da proporcionalidade, como critério de balanceamento de valores, fundamentando decisões: "Penal. Processual. Gravação de conversa telefônica por um dos interlocutores. Prova lícita. Princípio da proporcionalidade. 'Habeas Corpus'. Recurso. A gravação de conversa por um dos interlocutores não é interceptação telefônica, sendo lícita como prova no processo penal. Pelo Princípio da Proporcionalidade, as normas constitucionais se articulam num sistema, cuja harmonia impõe que, em certa medida, tolere-se o detrimento a alguns direitos por ela conferidos, no caso, o direito à intimidade. Precedentes do STF Recurso conhecido mas não provido" (STJ, Recurso em *Habeas Corpus*, *DJ* de 25-5-1998, relator: Edson Vidigal).

O critério da proporcionalidade e sua estreita relação com o princípio da isonomia também já foi fundamento de acórdão do Superior Tribunal de Justiça: "RESP. Locação. Despejo. Locatário assistido pela Defensoria Pública. Intimação. O Princípio da Igualdade reclama considerar a desigualdade dos fatos. Só assim, materialmente, ter-se-á a isonomia. Aliás, não se pode deixar de ter em conta também o Princípio da Proporcionalidade. Sabido, infelizmente, que a estrutura da Defensoria Pública não se confunde com a organização dos escritórios de advocacia. Em consequência, o funcionamento, quanto aos resultados, não é o mesmo. O defensor, ao contrário do advogado, não está em contato constante com o assistido. (....) Em levando em conta essa distinção, esta 6ª Turma sempre conferiu à Defensoria Pública, antes da lei, o direito ao prazo em dobro para recorrer. A interpretação jurídica, teleologicamente, deve voltar-se para o sentido social da lei" (STJ, Recurso Especial, *DJ* de 1º-6-1998, relator: Luiz Vicente Cernicchiaro).

7. CONCLUSÃO

O critério da proporcionalidade tem ocupado posição de destaque na construção dos ordenamentos jurídicos contemporâneos, apesar de sua ainda insuficiente elaboração teórica. Estes seguem duas diferentes influências históricas: a do ordenamento alemão e a do norte-americano.

As controvérsias, no ordenamento jurídico brasileiro, acerca de sua fundamentação constitucional — que, apesar de não expressa, parece majoritariamente reconhecida pela doutrina — referem-se ao questionamento sobre seu caráter de princípio autônomo ou quanto a sua derivação de outros princípios expressamente consagrados na Constituição, como são os princípios do devido processo legal e da isonomia. Mas nada impede, como muito bem observa STEINMETZ, que se eleja um feixe de bases normativas (constitucionais) que confiram sustentação ao critério da proporcionalidade[1467], posição que me parece a mais consistente com a específica situação do Ordenamento Jurídico Nacional.

Há doutrinadores que consideram o princípio da proporcionalidade como também um elemento de referência à atividade interpretativa, que apresenta extrema relevância para a concepção contemporânea de Direito. Aqui é mais adequado, contudo, falar apenas em ponderação (uma das etapas da aplicação do teste da proporcionalidade), de maneira que, na realização das cláusulas constitucionais, deve evitar-se a compartimentalização de princípios (promovendo sempre seu reconhecimento recíproco e sua compatibilização), ou a fragmentação da Constituição.

Quanto à jurisprudência brasileira, esta vem aplicando o referido critério amplamente e com diversas fundamentações, sem que haja unidade no tratamento da matéria. Ademais, nota-se certa cautela em seu uso fora do Direito Administrativo e o do controle legislativo.

Referências bibliográficas

ALEXY, Robert. *Teoría de los Derechos Fundamentales*. Tradução por Ernesto Garzón Valdés. Madrid: Centro de Estudios Constitucionales, 1993 (El Derecho y la Justicia).

ÁVILA, Humberto. *Teoria dos Princípios*. 3. ed. São Paulo: Malheiros, 2004.

BARROS, Suzana Toledo de. *O Princípio da Proporcionalidade e o Controle de Constitucionalidade das Leis Restritivas de Direitos Fundamentais*. 2. ed. Brasília: Brasília Jurídica, 2000.

BARROSO, Luís Roberto. *Interpretação e Aplicação da Constituição*. São Paulo: Saraiva, 1996.

BASTOS, Celso Ribeiro. *Hermenêutica e Interpretação Constitucional*. 2. ed. São Paulo: IBDC, 1999.

BONAVIDES, Paulo. *Curso de Direito Constitucional*. 7. ed. rev. atual. ampl. São Paulo: Malheiros, 1997.

BUECHELE, Paulo Arminio Tavares. *O Princípio da Proporcionalidade e a Interpretação da Constituição*. Rio de Janeiro: Renovar, 1999 (Biblioteca de Teses).

CANOTILHO, J. J. Gomes. *Direito Constitucional*. Coimbra: Livr. Almedina, 1991.

CIANCIARDO, Juan. *El Principio de la Razonabilidad del Debido Proceso Sustantivo al Moderno Juicio de Proporcionalidad*. Buenos Aires: Depalma, 2004.

1467. *Colisão de Direitos Fundamentais e Princípio da Proporcionalidade*, p. 168 (embora o autor vá assumir outra posição ao final).

DIMOULIS, Dimitri; MARTINS, Leonardo. *Teoria Geral dos Direitos Fundamentais*. São Paulo: Revista dos Tribunais, 2007.

GUERRA FILHO, Willis Santiago. *Processo Constitucional e Direitos Fundamentais*. São Paulo: Instituto Brasileiro de Direito Constitucional/Celso Bastos Editor, 1999.

MARTINS, Leonardo. Proporcionalidade como Critério de Controle de Constitucionalidade? Problemas de sua Recepção pelo Direito e Jurisdição Constitucional Brasileiros. *Cadernos de Direito do Curso de Mestrado em Direito da Universidade Metodista de Piracicaba*, v. 3, n. 5, dez. 2003. Bibliografia: 15-45.

MORAES, Germana de Oliveira. *O Controle Jurisdicional da Constitucionalidade do Processo Legislativo*. São Paulo: Dialética, 1998.

QUEIROZ, Raphael Augusto Sofiati. *Os Princípios da Razoabilidade e Proporcionalidade das Normas e sua Repercussão no Processo Civil Brasileiro*. Rio de Janeiro: Lumen Juris, 2000.

STEINMETZ, Wilson Antônio. *Colisão de Direitos Fundamentais e Princípio da Proporcionalidade*. Porto Alegre: Livr. do Advogado Ed. 2001.

STUMM, Raquel Denize. *Princípio da Proporcionalidade no Direito Constitucional Brasileiro*. Porto Alegre: Livr. do Advogado Ed., 1995.

VOLTAIRE. *O Preço da Justiça*. Tradução por Ivone Castilho Benedetti. São Paulo: Martins Fontes, 2001.

Capítulo XXVIII
DIREITOS DA NACIONALIDADE

1. NACIONALIDADE

1.1. Nação e nacionalidade

Em sua obra sobre o tema, DARDEAU DE CARVALHO com muita propriedade observa que "Os homens, antes de se ligarem ao Estado, ligaram-se a entidades sociais menores, tais como a *família*, o *clã*, a *tribo* e a *nação*"[1468].

Ora, como se sabe, a nação é entidade diversa do Estado, não se devendo confundir seus conceitos. GALVÃO DE SOUSA compreende esta como "uma comunidade de cultura, cultura esta transmitida de geração a geração e constituindo a tradição peculiar a cada povo. Assim como pertencemos a uma família biológica, pertencemos a uma grande família histórica, que é a Nação"[1469].

Passo seguinte, acentua DARDEAU DE CARVALHO, é realizar a nação o destino para o qual se propôs. "Mas a realização desse destino, desse fim, pressupõe organização. Surge, assim, a organização política nacional, no seu mais alto sentido: o Estado, no qual reside o princípio da autoridade, o poder de coação, necessário para manter o equilíbrio entre as várias ordens de interesses que se agitam no ambiente nacional."[1470]

Facilmente se constata a pertinência entre nacional e nação, representando aquele vocábulo a pertença do indivíduo a determinada nação. Nesses termos o conceito de nacionalidade, contudo, não apresenta traços jurídicos. De fato, apenas quando "a nação se organiza em Estado, — entidade jurídico-política, — a ligação deixa de ser apenas sociológica"[1471].

1.2. Conceito

A nacionalidade é a ligação juridicamente estabelecida entre um indivíduo e determinado Estado. Daí decorre a distinção entre nacionais e estrangeiros, tendo como parâmetro a existência ou não daquele entrelaçamento.

1468. *Nacionalidade e Cidadania*, p. 5, original grifado.
1469. *A Constituição e os Valores da Nacionalidade*, p. 45.
1470. *Nacionalidade e Cidadania*, p. 6.
1471. Dardeau de Carvalho, *Nacionalidade e Cidadania*, p. 7.

Como conceitua PONTES DE MIRANDA, a nacionalidade "é o laço jurídico-político de direito público interno, que faz da pessoa um dos elementos componentes da dimensão pessoal do Estado"[1472].

A referência ao tratamento jurídico interno está muito bem posta quando o assunto é a nacionalidade. Como lembra BRIERLY, "Nenhum princípio do direito internacional consuetudinário terá sido mais indiscutível do que o da inteira liberdade do Estado no tratamento dos seus nacionais, matéria deixada exclusivamente à sua jurisdição interna, significando com isso que essa matéria não é controlada nem regulada pelo direito internacional"[1473]. Apenas no estudo do regime jurídico dos estrangeiros é que se haverá de recorrer ao Direito Internacional.

Ainda quanto à conceituação, estabelece RUI MOURA RAMOS que a nacionalidade é o "Vínculo jurídico-político que, traduzindo a pertinência de um indivíduo a um Estado, o constitui perante este num particular conjunto de direito e obrigações"[1474], para advertir em seguida: "A nacionalidade surge-nos pois assim como o termo que evoca, a um tempo, o vínculo que liga o indivíduo à particular formação social que é o Estado, como outrossim o conjunto de direitos e deveres (o particular estatuto) daí decorrente"[1475].

Tanto é considerado nacional o indivíduo nato como o naturalizado, ou seja, o vínculo citado pode estabelecer-se pelo nascimento ou posteriormente, pela naturalização do indivíduo.

2. DISTINÇÕES

2.1. Entre os nacionais e a população de um Estado

Não se pode confundir o conjunto dos nacionais de um Estado com sua população, já que este é um conceito mais amplo que o de nacionalidade.

A esse propósito, muito bem observa PONTES DE MIRANDA que a nacionalidade "não se confunde com a qualidade do indivíduo que é parte da população de um Estado (dimensão demográfica ou populacional)".

A população de um Estado é formada pelo conjunto de indivíduos que residem ou habitam o território desse país e, nesses termos, é um problema essencialmente demográfico (numérico), englobando inclusive os estrangeiros. Pode-se ilustrar com passagem de WASHINGTON DE BARROS MONTEIRO, que, na realidade, está se referindo à ideia de parte da população: "Se as nações são os indivíduos da humanidade, os indivíduos são o elemento pessoal da nação. Se o analisarmos mais detidamente, verificaremos que se compõe de nacionais e estrangeiros, além dos *apátridas*"[1476].

1472. *Comentários à Constituição de 1967 com a Emenda n. 1, de 1969*, t. 4, p. 352.

1473. *Direito Internacional*, p. 294.

1474. Nacionalidade, in *Dicionário Jurídico da Administração Pública*, v. 6, Separata, p. 3.

1475. Nacionalidade, in *Dicionário*, cit., p. 4.

1476. Da Nacionalidade e da Cidadania em Face da Nova Constituição, *Revista de Direito Administrativo*, p. 16, original grifado.

2.2. Entre os nacionais e os cidadãos

Tampouco se pode confundir o conceito de nacionalidade com o de cidadania. Cidadão é o indivíduo que reúne as condições necessárias para ter e exercer os chamados direitos políticos. Pressuposto básico do cidadão é o de que seja nacional do respectivo Estado. Mas nem todo nacional possui a qualidade de cidadão.

Portanto, o conceito de cidadão é mais restrito que o de nacional, que, por seu turno, como visto, é mais restrito que o de integrante da população de um país.

3. NATUREZA CONSTITUCIONAL DO DIREITO DE NACIONALIDADE

MEIRELLES TEIXEIRA observava "ser hoje opinião dominante a de que esta matéria é de *Direito Público interno* e daí inserir-se na generalidade das Constituições"[1477].

Consoante a lição de PONTES DE MIRANDA, "as regras jurídicas sobre aquisição e a perda da nacionalidade são de direito interno público e substancial"[1478]. Já que a aquisição e a perda da nacionalidade foram reguladas pela Constituição, o assunto é formal e materialmente constitucional.

É apontada a Revolução Francesa como a origem da natureza de direito constitucional da nacionalidade[1479], natureza essa atualmente consolidada.

Como anota REZEK: "No contexto da ordem jurídica do Estado, a nacionalidade é certamente um 'ente' de 'direito público', cujas regras gerais mais importantes merecem, sem dúvida, nível constitucional que lhe foi dado na França pelas leis fundamentais do período Revolucionário"[1480].

4. NACIONALIDADE ORIGINÁRIA E SECUNDÁRIA

A doutrina classifica a nacionalidade como de origem, ou originária, ou primária ou nata e nacionalidade secundária, adquirida ou decorrente de naturalização.

Ensina PONTES DE MIRANDA que originária é a nacionalidade "que resulta do fato mesmo do nascimento, ou porque se determine qual a ligação de sangue à massa dos nacionais de um Estado, ou qual a ligação à ocorrência do nascimento no território de um Estado, ou qual a relação tida por suficiente pelo Estado de que se trata para que o nascimento forme o laço da nacionalidade"[1481]. Percebe-se que não é apenas o nascimento que, em tais circunstâncias, determina a nacionalidade. Outro elemento sempre se agrega para fins de atribuir determinada nacionalidade em função do nascimento.

Nacionalidade secundária, por seu turno, "é a que se adquire depois do nascimento, ou porque, ao nascer, a pessoa tenha outra, ou outras nacionalidades, e não ainda a

---

1477. *Curso de Direito Constitucional*, p. 548, original grifado.

1478. *Comentários à Constituição de 1967 com a Emenda n. 1, de 1969*, t. 4, p. 356.

1479. É a posição sustentada por Pontes de Miranda (*Comentários à Constituição de 1967 com a Emenda n. 1, de 1969*, t. 4, p. 356-7).

1480. Le Droit International de la Nationalité, *Recueil des Cours*, t. 198, 1986-III, p. 342.

1481. *Comentários à Constituição de 1967 com a Emenda n. 1, de 1969*, t. 4, p. 351.

de que se trata, ou porque entre a aquisição da nacionalidade (secundária) e a data do nascimento medeie lapso de tempo em que o indivíduo não teve nacionalidade"[1482].

5. CRITÉRIOS DE AQUISIÇÃO DA NACIONALIDADE

Cumpre analisar quais os critérios adotados pelo Direito objetivo para atribuir ao indivíduo o direito subjetivo a determinada nacionalidade. Como cada Estado é absolutamente independente para estabelecer os critérios que julgar convenientes, o entrelaçamento de nacionalidades diversas e o choque entre os diversos ordenamentos jurídicos serão inevitáveis, deixando, muitas vezes, pessoas sem qualquer nacionalidade (apátridas).

Os principais critérios utilizados pelos ordenamentos jurídicos para gerar nacionais são dois: o *jus soli* e o *jus sanguinis*.

O critério da origem sanguínea (*jus sanguinis*) considera como nacionais os descendentes de nacionais. Corresponde, pois, esse critério à nacionalidade dos genitores.

O critério da origem territorial (*jus soli*) considera nacional aquele que nascer[1483] em território do respectivo Estado. Corresponde, pois, ao local do nascimento. A propósito desse critério, é importante relembrar a crítica trazida por PIMENTA BUENO: "Os filhos nascem para seus pais e para a sociedade destes, e não para o território casual onde viram a luz, não são servos da gleba. A terra é indiferente, a jurisdição territorial da civilização nada tem mais de comum com o antigo sistema feudal"[1484].

Além desses critérios, MEIRELLES TEIXEIRA lembra outros: "o casamento, a residência no país, a propriedade de bens imóveis, a existência de filhos nascidos no país"[1485]. Ademais, os critérios costumam comumente ser combinados entre si, especialmente quando se trata de admitir ou atribuir a nacionalidade secundária. Assim, será preciso analisar, no Brasil, quais os critérios adotados para a nacionalidade originária e quais foram adotados para a nacionalidade secundária. Antes, porém, ainda dentro do campo da teoria geral da nacionalidade, cumpre estudar o caso dos apátridas e dos polipátridas.

6. A NÃO AQUISIÇÃO DE NACIONALIDADE E A AQUISIÇÃO DE DUAS OU MAIS NACIONALIDADES

Admitindo-se o conflito entre os critérios de atribuição de nacionalidade entre os diversos Estados, pode-se falar em conflito positivo e conflito negativo.

No conflito negativo, nenhum dos ordenamentos jurídicos com os quais o indivíduo teria algum elemento de contato admite-o como seu nacional. *Heimatlos* é o termo alemão para designar aquele que não tem pátria, o apátrida, que não recebeu nenhuma

---

1482. Pontes de Miranda, *Comentários à Constituição de 1967 com a Emenda n. 1, de 1969*, t. 4, p. 351.

1483. Trata-se do critério objetivo do nascimento, e não da concepção.

1484. *Direito Público Brasileiro e Análise da Constituição do Império*, p. 443.

1485. *Curso de Direito Constitucional*, p. 549.

nacionalidade. É o que ocorreria, por hipótese, com o descendente de pais nacionais de um país que adota o critério do *jus soli*, sendo que o filho nasce em território de outro país, que adota o critério exclusivo do *jus sanguinis*.

Também quanto aos apátridas é preciso lembrar de atos ditatoriais arbitrários, que podem cassar definitivamente a única nacionalidade de certos indivíduos[1486].

Já o conflito positivo gera a multinacionalidade, gerando para um mesmo indivíduo diferentes e concomitantes nacionalidades. A multinacionalidade pode ser originária, quando já desde o nascimento o indivíduo é automaticamente contemplado com mais de uma nacionalidade. Pode ser também secundária ou posterior, quando é o próprio indivíduo que exerce o direito de, tendo adquirido apenas uma nacionalidade originária, vir a adquirir outra, sem prejuízo daquela inicial.

7. BRASILEIRO NATO

Estipula o art. 12, I, da CB quais indivíduos são considerados brasileiros natos. Considera-se nato aquele que adquire a nacionalidade brasileira no momento do nascimento. Tanto pode ter nascido em território nacional ou no estrangeiro.

Porém, a regra é a de que, tendo nascido no território brasileiro, o indivíduo torna-se brasileiro nato.

7.1. Nascimento no Brasil

Na alínea *a* do inciso I do art. 12 da CB, são natos "os nascidos na República Federativa do Brasil, ainda que de pais estrangeiros, desde que estes não estejam a serviço de seu país". A adoção dessa regra não escapou às críticas de Pimenta Bueno, que, aplicando suas ideias já mencionadas anteriormente ao caso brasileiro, lembra ainda que esse critério "Autoriza (...) a retorsão, em que o Brasil se vê forçado a consentir (...) renunciando à nacionalidade dos filhos de seus cidadãos nascidos em país estrangeiro"[1487].

A respeito desse dispositivo, é necessário realizar algumas ponderações. Inicialmente, ressalta-se que a Constituição falou de nascimento na "República Federativa do Brasil", utilizando-se de expressão que é pouco técnica quando o intuito é justamente o de indicar o local (o território, o espaço geográfico) preciso que gera a aquisição de nacionalidade pelo nascimento. Eram mais oportunas as expressões utilizadas pelas Constituições pretéritas "os nascidos em território brasileiro" (Constituição de 1967 e Emenda Constitucional n. 1, de 1969) ou "os nascidos no Brasil" (Constituição de 1946). O fato de o Brasil manter-se como uma *república*, e república *federativa*, pouco importa para fins de determinação de nacionalidade.

No caso, foi adotado o critério exclusivo do *jus soli*, o que se deduz da expressão "ainda que de pais estrangeiros". Em outras palavras, pouco importa a nacionalidade

---

1486. Como bem lembra José Afonso da Silva (*Curso de Direito Constitucional Positivo*, 16. ed., p. 324).
1487. *Direito Público Brasileiro e Análise da Constituição do Império*, p. 443.

570

dos genitores, desde que provado o nascimento no território brasileiro. Apenas se excepciona o caso de pais estrangeiros que estejam a serviço de seu país no Brasil. Quanto a essa exceção, é preciso acentuar que a hipótese de pais estrangeiros que trabalhem para seu país e que estejam por conta própria no Brasil não se enquadra na exceção, assim como também será atribuída a nacionalidade brasileira àquele aqui nascido cujo genitor, sendo estrangeiro, esteja, porém, a serviço de outro país que não o seu.

Como advertido anteriormente, em certas hipóteses, ainda que nascido no estrangeiro, haverá a atribuição da nacionalidade brasileira. São as situações elencadas nas alíneas *b* e *c* do inciso I do art. 12, que se passa a analisar.

7.2. Nascimento no estrangeiro com genitor brasileiro a serviço do Brasil

São também brasileiros natos: "*b*) os nascidos no estrangeiro, de pai brasileiro ou mãe brasileira, desde que qualquer deles esteja a serviço da República Federativa do Brasil". Aqui aparece a regra oposta à diretriz geral, ou seja, do *jus sanguinis*, combinada com um elemento de ligação à República brasileira, qual seja, o de estar a serviço desta.

O significado de "República Federativa do Brasil", para fins de incidência desse dispositivo, é amplo. Assim, nele hão de se compreender os municípios, o Distrito Federal, os Estados-membros, a União. Questão mais tormentosa diz respeito à inclusão das entidades autárquicas. Contudo, tendo em vista sua natureza e por se tratar de um dos mais básicos direitos fundamentais, devem ser igualmente abrangidas essas entidades por aquele termo.

7.3. Nascimento no estrangeiro com genitor brasileiro que vem a residir no Brasil

Também serão brasileiros natos "c) os nascidos no estrangeiro de pai brasileiro ou de mãe brasileira, desde que sejam registrados em repartição brasileira competente ou venham a residir na República Federativa do Brasil e optem, em qualquer tempo, depois de atingida a maioridade, pela nacionalidade brasileira".

A redação atual foi incorporada pela EC n. 54/2007. A anterior redação reconhecia a nacionalidade para: "*c*) os nascidos no estrangeiro, de pai brasileiro ou mãe brasileira, desde que venham a residir na República Federativa do Brasil e optem, em qualquer tempo, pela nacionalidade brasileira". Trata-se, novamente, do *jus sanguinis*, combinado com o critério da residência (posterior) em território nacional (*jus soli*) e, ainda, desde que haja manifestação de vontade do interessado (deve optar pela nacionalidade brasileira).

Vale observar que essa norma resultaria também de alteração constitucional promovida pela EC n. 3/94, constando, anteriormente (na redação original), a seguinte redação: "os nascidos no estrangeiro, de pai brasileiro ou de mãe brasileira, desde que sejam registrados em repartição brasileira competente, ou venham a residir na República Federativa do Brasil antes da maioridade e, alcançada esta, optem em qualquer tempo

571

pela nacionalidade brasileira". Dispensa-se, atualmente, portanto, o registro em repartição brasileira no exterior[1488], imposição que constava originalmente da Constituição.

A EC n. 54/2007 fez retirar a necessidade de que os nascidos no estrangeiro, de pai brasileiro ou de mãe brasileira, venham a residir no Brasil para serem considerados brasileiros natos (redação pretérita do art. 12, I, *c*). Com o novo texto, basta que sejam registrados em repartição brasileira competente, diplomática ou consular (registro optativo). Também há a opção de vir a residir a qualquer momento no país, mesmo que não tenha sido feito o registro mencionado anteriormente. Permanece a necessidade de que haja uma opção pela nacionalidade brasileira a qualquer tempo, mas agora fica explicitado que a opção só ocorre após a maioridade (após a maioridade e a qualquer tempo, insista-se). Pela nova redação, a residência, que permanecia na redação por último em vigor como requisito, poderá ser doravante suprida pelo registro no exterior (opção). É por esse motivo que a EC n. 54/2007 acrescentou mais um dispositivo ao ADCT (art. 95) para tratar do período compreendido entre a ECR n. 3/94 até a promulgação da presente EC n. 54/2007, numa espécie de "regra de transição e adaptação". Por meio do novel artigo, permite-se (numa redação que não é das melhores) que também aqueles nascidos nesse período possam ser registrados em repartição diplomática ou consular brasileira competente ou em ofício de registro (o que não era contemplado para esse período pela norma constitucional então em vigor).

Trata-se de mudança que facilita o reconhecimento da nacionalidade brasileira. Já havia feito constar, em edições anteriores desta obra, que a redação em vigor antes da EC n. 54/2007 poderia causar certos "transtornos ao indivíduo". A abertura e facilitação que se promovem paulatinamente por meio de emendas constitucionais, nesta matéria, é notável, especialmente quando se percebem os movimentos imigratórios de brasileiros para residirem e trabalharem em outros países na Europa e na América do Norte. A medida, portanto, evita que surja a sempre indesejável situação do apátrida, destituído de cidadania e, assim, à margem de certos direitos fundamentais.

8. BRASILEIRO NATURALIZADO

Considera-se brasileiro naturalizado aquele que vem a adquirir a nacionalidade brasileira posteriormente ao nascimento, de maneira secundária. Trata-se da aquisição secundária da nacionalidade brasileira.

Por meio da naturalização o estrangeiro pode tornar-se brasileiro, desde que satisfaça os condicionamentos impostos pela Constituição ou pela legislação.

1488. Já que, como bem adverte José Afonso da Silva, "poderia ocorrer até que um brasileiro nato nunca viesse a conhecer seu País e talvez nem se expressasse na língua portuguesa" (*Curso de Direito Constitucional Positivo*, 16. ed., p. 331). A esse pensamento, contudo, pode-se opor a crítica tecida por Pimenta Bueno, já mencionada, e que bem observa a irrelevância do local do nascimento para fins de atribuição de nacionalidade, já que "Os pais têm o direito inquestionável de educar seus filhos na sua linguagem pátria, nos seus hábitos, nas afeições da família e parentes de sua origem (...). O acaso do lugar de nascimento não é título moral, nem suficiente para impor uma nacionalidade contra a vontade de quem a recebe" (*Direito Público Brasileiro e Análise da Constituição do Império*, p. 443).

Pode-se contemplar três situações na Constituição pelas quais se atribui a naturalização brasileira ao estrangeiro ou apátrida.

8.1. Portugueses

A Constituição preocupou-se expressamente com a situação do português residente no País, já que no § 1º do art. 12 estabeleceu: "Aos portugueses com residência permanente no País, se houver reciprocidade em favor de brasileiros, serão atribuídos os direitos inerentes ao brasileiro, salvo os casos previstos nesta Constituição".

Assim, basta a residência permanente no País e a reciprocidade para que o português passe a beneficiar-se do regime jurídico atribuído apenas aos brasileiros. Assim, atribuído ou reconhecido um direito aos brasileiros pelas normas portuguesas, o mesmo ocorrerá no Brasil quanto aos portugueses, por força da reciprocidade.

Não há a perda da nacionalidade portuguesa, nem se faz necessário cumprir os requisitos estabelecidos para a naturalização dos originários de países de língua portuguesa (que em si já é uma naturalização mais privilegiada que as demais).

8.2. Originários de países de língua portuguesa com residência e idoneidade

A própria Constituição contemplou o caso dos "originários de países de língua portuguesa" para exigir-lhes "apenas residência por um ano ininterrupto e idoneidade moral" (art. 12, II, *a*, segunda parte).

8.3. Estrangeiros com residência e sem condenação penal

Excetuados os estrangeiros de países de língua portuguesa, todos os demais, para adquirir a nacionalidade brasileira por derivação, devem ou cumprir as condições expressas pela lei (art. 12, II, *a*, primeira parte) ou, como no caso que ora se analisa, demonstrar que são "residentes na República Federativa do Brasil há mais de quinze anos ininterruptos e sem condenação penal, desde que requeiram a nacionalidade brasileira" (art. 12, II, *b*).

Foi com a Emenda Constitucional n. 3/93 que se alterou o prazo anteriormente estabelecido, de trinta anos, para passar-se a exigir apenas quinze anos de residência.

Ademais, a Constituição exige que a residência seja ininterrupta. Certamente que não significa a permanência ininterrupta, a impossibilidade de ausentar-se a qualquer título do território brasileiro. A Constituição exige apenas a *residência* permanente.

Por fim, cumpre salientar que a Constituição é, atualmente, bastante enfática no fazer depender a naturalização do requerimento do interessado. Respeita-se, assim, a vontade do estrangeiro.

8.4. Na forma contemplada em lei

O art. 12, II, *a*, primeira parte, reconhece como brasileiros naturalizados "os que, na forma da lei, adquiram a nacionalidade brasileira".

Embora a maior parte da doutrina pareça ignorar essa previsão específica, a verdade é que a Constituição contempla na referida alínea duas hipóteses. A segunda

573

hipótese foi aquela já analisada anteriormente, que se refere aos originários de países de língua portuguesa.

A primeira hipótese, contudo, é também bastante clara, porque, além dos casos de originários de países com língua portuguesa, a lei também poderá prever modos de naturalização, descrevendo as hipóteses necessárias para tanto. Com argúcia observa MANOEL GONÇALVES FERREIRA FILHO que "Para os estrangeiros que não sejam originários de países de língua portuguesa, nem possam enquadrar-se na hipótese da alínea *b* deste inciso, a naturalização depende do atendimento às exigências estabelecidas em lei regulamentar"[1489].

É certo que essa legislação haverá de obedecer, em grande parte, ao arcabouço constitucional existente na matéria. Ademais, encontrará impedimentos implícitos, já que a Constituição foi expressa quanto aos requisitos a serem observados em determinadas situações, como dos originários de países de língua portuguesa (inc. II, *a*). Para estes, como se verificou, admitem-se *apenas* as condições constitucionais. Portanto, a Constituição já sinalizou no sentido de que essa hipótese é a mais benéfica, já que falou em "exigidas (...) apenas". A legislação não poderia trazer situação mais benéfica ainda para os demais estrangeiros, como, *v. g.*, exigir apenas a residência por um ano *ou* a idoneidade moral. De outra parte, a Constituição já contemplou em si mesma uma situação permissiva, indicando as formalidades necessárias (inc. II, *b*). Dessa maneira, a lei não poderia admitir a naturalização exigindo apenas, *v. g.*, a inexistência de condenação penal.

Em 2017 foi aprovada a Lei n. 13.445/17 (Lei de Migração) revogando a Lei n. 6.815/80 (Estatuto do Estrangeiro) e a Lei n. 818/49 (que regulava as hipóteses de aquisição, perda e reaquisição da nacionalidade e, também, a perda dos direitos políticos).

A Lei de Migração é um importante marco para os direitos e deveres dos migrantes e visitantes. Primeiramente, porque estabelece princípios e diretrizes para a política migratória brasileira (art. 3º) e, também, porque deixa de tratar a migração como uma questão de segurança nacional (art. 2º do Estatuto do Estrangeiro).

Nas lições de André de Carvalho Ramos, "O eixo central da nova lei é a *proteção de direitos humanos na temática das migrações* [...] Ao contrário do agora revogado Estatuto do Estrangeiro (adotado na ditadura militar e inspirado na doutrina de segurança nacional), a nova lei é fruto da constatação de que negar direitos, gerar entraves burocráticos na regularização migratória, atuar com arbítrio e sem coerência, são condutas que não reduzem o deslocamento de pessoas, mas apenas degradam as condições de vida do migrante, bem como prejudicam empresas, trabalhadores e a sociedade em geral"[1490].

Assim, a Lei de Migração, em seu art. 64, estabelece quatro categorias de naturalização: i) ordinária; ii) extraordinária; iii) especial ou; iv) provisória.

1489. *Comentários à Constituição Brasileira de 1988*, 2. ed., v. 1, p. 113.

1490. RAMOS, André de Carvalho. *Curso de Direitos Humanos*. 8ª ed. São Paulo: Saraiva, 2021, p. 1095, grifos no original.

A naturalização ordinária (art. 65) será concedida quando forem preenchidos os seguintes requisitos pelo estrangeiro: "I – ter capacidade civil, segundo a lei brasileira; II – ter residência em território nacional, pelo prazo mínimo de 4 (quatro) anos; III – comunicar-se em língua portuguesa, consideradas as condições do naturalizando; e IV – não possuir condenação penal ou estiver reabilitado, nos termos da lei.".

Ainda, de acordo com o art. 66 Lei de Migração: "O prazo de residência fixado no inciso II do *caput* do art. 65 será reduzido para, no mínimo, 1 (um) ano se o naturalizando preencher quaisquer das seguintes condições: [...] II – ter filho brasileiro; III – ter cônjuge ou companheiro brasileiro e não estar dele separado legalmente ou de fato no momento de concessão da naturalização; [...] V – haver prestado ou poder prestar serviço relevante ao Brasil; ou VI – recomendar-se por sua capacidade profissional, científica ou artística.".

A naturalização extraordinária (art. 67) "será concedida a pessoa de qualquer nacionalidade fixada no Brasil há mais de 15 (quinze) anos ininterruptos e sem condenação penal, desde que requeira a nacionalidade brasileira.". Trata-se de categoria já prevista pela Constituição em seu art. 12, II, *b*.

Por sua vez, a naturalização especial (art. 68) poderá ser concedida ao estrangeiro que se encontre em uma das seguintes condições: "I – seja cônjuge ou companheiro, há mais de 5 (cinco) anos, de integrante do Serviço Exterior Brasileiro em atividade ou de pessoa a serviço do Estado brasileiro no exterior; ou II – seja ou tenha sido empregado em missão diplomática ou em repartição consular do Brasil por mais de 10 (dez) anos ininterruptos."

O art. 69 da Lei de Migração estabelece os seguintes requisitos para concessão da naturalização especial: "I – ter capacidade civil, segundo a lei brasileira; II – comunicar-se em língua portuguesa, consideradas as condições do naturalizando; e III – não possuir condenação penal ou estiver reabilitado, nos termos da lei.".

Por fim, a Lei de Migração também revê a naturalização provisória (art. 70, *caput*) que "poderá ser concedida ao migrante criança ou adolescente que tenha fixado residência em território nacional antes de completar 10 (dez) anos de idade e deverá ser requerida por intermédio de seu representante legal.".

Ainda de acordo com o parágrafo único do art. 70 da Lei de Migração: "A naturalização prevista no *caput* [provisória] será convertida em definitiva se o naturalizando expressamente assim o requerer no prazo de 2 (dois) anos após atingir a maioridade."

9. TRATAMENTO JURÍDICO DO BRASILEIRO NATO E DO NATURALIZADO

Ao brasileiro nato é reconhecido um *status* diferenciado, mais amplo do que aquele atribuído ao brasileiro naturalizado. Em outras palavras, os brasileiros naturalizados não podem invocar certos direitos, conferidos pelo ordenamento constitucional apenas aos brasileiros natos. Sublinhe-se, pois, que apenas à Constituição é reconhecida a possibilidade de estabelecer distinções entre ambas as categorias de brasileiros. Aliás, para que não pairasse qualquer dúvida, a própria Constituição esclarece expressamente, em seu art. 12, que "§ 2º A lei não poderá estabelecer distinção entre brasileiros natos e naturalizados, salvo nos casos previstos na Constituição". Trata-se, como se percebe, de um corolário do princípio da igualdade, declarado nos arts. 3º, III, e 5º, da CB, bem como da vedação federativa, que proíbe, em seu art. 19: "III — criar distinções entre brasileiros".

Cumpre, portanto, aqui, realizar um estudo desse regime discriminatório, que se encontra consignado em normas esparsas da Constituição.

Por se tratar de um conjunto de normas excepcionais, que promovem a distinção entre os brasileiros, apenas quando a Constituição foi expressa é que se poderá admitir a existência de um tratamento jurídico exclusivo dos nacionais natos. Assim compreendia PONTES DE MIRANDA, ao observar que se trata de "exceção ao princípio da ilimitabilidade dos direitos dos Brasileiros"[1491]. Portanto, quando na previsão de qualquer direito ou obrigação houver apenas a referência ao *brasileiro*, sem qualquer referência ao nato ou ao naturalizado, a conclusão será no sentido de que não há que distinguir entre ambos, sendo atribuível a todos o direito ou exigível o dever tanto dos natos quanto dos naturalizados.

9.1. Cargos privativos dos brasileiros natos

A Constituição considera privativos dos brasileiros natos os seguintes cargos (art. 12, § 3º): A) de Presidente e de Vice-Presidente da República; B) de Presidente da Câmara dos Deputados; C) de Presidente do Senado Federal; D) de Ministro do Supremo Tribunal Federal; E) da carreira diplomática; F) de oficial das forças armadas; G) de Ministro de Estado da Defesa. Além desses, é preciso mencionar, ainda, que o Conselho da República só pode formar-se com "seis cidadãos brasileiros natos" (art. 89, VII). Trata-se, vale reforçar, de rol taxativo, *numerus clausus*. Assim, no caso desse Conselho, será possível a presença de brasileiro naturalizado, quando estiver ocupando a posição de líder da maioria ou da minoria no Senado Federal ou na Câmara dos Deputados, ou mesmo na de Ministro da Justiça, já que para estes não se exigiu a condição de ser brasileiro nato.

PONTES DE MIRANDA fornece a *ratio legis* da restrição, pois "seria perigoso que interesses estranhos ao Brasil fizessem alguém naturalizar-se Brasileiro, para que, em verdade, os representassem"[1492]. E conclui que a investidura em alguns dos cargos mencionados "por pessoa que seja Brasileiro naturalizado, ou por estrangeiro, não é nula; é inexistente. Qualquer ato que ele pratique, ou em que participe, não é nulo; é inexistente"[1493].

Houve, contudo, uma diminuição dos cargos próprios de brasileiros natos em relação à Carta Constitucional pretérita, que acrescentava, além dos já mencionados, os

---

1491. *Comentários à Constituição de 1967 com a Emenda n. 1, de 1969*, t. 4, p. 510.
1492. *Comentários à Constituição de 1967 com a Emenda n. 1, de 1969*, t. 4, p. 509.
1493. *Comentários à Constituição de 1967 com a Emenda n. 1, de 1969*, t. 4, p. 509-10.

576

cargos: A) de Ministros do Superior Tribunal Militar; B) de Ministros do Tribunal Superior Eleitoral; C) de Ministros do Tribunal Superior do Trabalho; D) de Ministros do Tribunal Federal de Recursos; E) de Ministros do Tribunal de Contas da União; F) de Procurador-Geral da República; G) de Senador; H) de Deputado Federal; I) de Governador do Distrito Federal; J) de Governador e Vice-Governador de Estado e de Território, bem como de seus substitutos; e K) de embaixador.

9.2. Direitos reduzidos dos brasileiros naturalizados

Apenas o brasileiro nato não poderá ser jamais extraditado (art. 5º, LI, da CB). O brasileiro naturalizado, em certas circunstâncias, poderá ser extraditado.

Ademais, apenas o brasileiro nato não sofre qualquer restrição para o exercício do direito de propriedade de empresa jornalística e de radiodifusão sonora ou de sons e imagens, pois o brasileiro naturalizado terá de provar que está naturalizado já há mais de dez anos (art. 222 da CB).

10. PERDA DA NACIONALIDADE BRASILEIRA

A Constituição Federal arrola situações nas quais haverá perda da nacionalidade brasileira (art. 12, § 4º). Assim, é preciso dizê-lo, também os brasileiros natos, em certas ocorrências, poderão perder sua nacionalidade brasileira. A respeito, PONTES DE MIRANDA observa que "O Estado não é obrigado a evitar os casos de apatria, os chamados 'conflitos negativos de nacionalidade'"[1494].

Considero que as hipóteses de perda da nacionalidade estão taxativamente dispostas na Constituição, sobretudo por se tratar de restrição ao direito fundamental e basilar à nacionalidade.

A EC n. 131, de 3 de outubro de 2023 alterou as hipóteses de perda de nacionalidade previstas no art. 12, § 4º da Constituição brasileira de 1988.

Assim, perde a condição de brasileiro o naturalizado que tiver sua naturalização *cancelada*, por sentença judicial, "em virtude de fraude relacionada ao processo de naturalização ou de atentado contra a ordem constitucional e o Estado Democrático." (na nova redação do art. 12, § 4º, I).

Essa nova redação do art. 12, § 4º, I suprimiu a expressão "atividade nociva ao interesse nacional.". Sobre a antiga redação do art. 12, § 4º, I, aduzia João Grandino Rodas que "Tal modalidade de perda não é vista com simpatia pela doutrina, que lobriga nela uma vingança do Estado, sem vantagens práticas e com o corolário de causar aumento de apatria.".

Nos casos de cancelamento, como anota Pontes de Miranda, "Resta saber-se desde quando começa a eficácia do cancelamento: se retroage à data da naturalização, ou se não retroage. A eficácia é, certo, *ex nunc*, e não *ex tunc*: até a data do cancelamento

---

1494. *Comentários à Constituição de 1967 com a Emenda n. 1, de 1969*, t. 4, p. 512.

577

o naturalizado foi Brasileiro: os seus atos foram regidos pela lei pessoal brasileira, os seus filhos são filhos de Brasileiro para todos os efeitos". Observe-se, ademais, que o cancelamento só atinge os brasileiros naturalizados.

Outra importante mudança implementada pela EC n. 131/23 foi a extinção da hipótese de perda da nacionalidade brasileira em virtude da aquisição de outra nacionalidade.

A Carta Constitucional anterior (com a EC n. 1/69) previa uma outra hipótese, em seu art. 146, II, para arrolar os casos em que o brasileiro, "sem licença do Presidente da República, aceitar comissão, emprego ou pensão de governo estrangeiro".

10.1. Casos de cancelamento da perda da nacionalidade

Como regra geral, não se admite que o indivíduo cuja nacionalidade fora cancelada (por sentença judicial) possa, por novo processo de naturalização, obter a mesma nacionalidade anteriormente suprimida. Nessas situações, apenas a ação rescisória poderá levar à revisão e reforma do cancelamento da nacionalidade.

Contudo, todos os que haviam perdido a nacionalidade brasileira na Carta anterior, por aceitar comissão, emprego ou pensão de governo estrangeiro sem permissão do governo brasileiro, poderão, tendo em vista a atual inexistência após 1988 desse fator como condição de perda da nacionalidade, recuperar a condição de brasileiros. E para tanto não precisarão renunciar à pensão, emprego ou comissão.

10.2. Renúncia

A EC n. 131/23 também acrescentou a possibilidade do nacional de renunciar a própria nacionalidade. Trata-se da chamada perda-abdicação.

Assim, consoante a nova redação dada ao art. 12, § 4º, II, será declarada a perda da nacionalidade do brasileiro que "fizer pedido expresso de perda da nacionalidade brasileira perante autoridade brasileira competente, ressalvadas situações que acarretem apatridia".

A renúncia da nacionalidade na forma do art. 12, § 4º, II "não impede o interessado de readquirir sua nacionalidade brasileira originária, nos termos da lei." (art. 12, § 5º).

Antes do advento da EC n. 131/23, apesar de as hipóteses constitucionais de perda da nacionalidade na Constituição do Brasil serem taxativas, já era reconhecida a renúncia (também chamada por alguns de perda-abdicação). Apesar de alguns autores considerarem a falta de previsão constitucional da renúncia motivo para não a admitirem no ordenamento jurídico brasileiro, a nacionalidade deve ser interpretada como um direito da pessoa em face do Estado, nunca o contrário. Nesse sentido, a renúncia pura e simples do brasileiro, antes do advento da EC n. 131/23, já era possível, não podendo ser protestada pelo Estado sob o argumento de que inexistia previsão constitucional para tanto.

578

11. DO ESTRANGEIRO E DE SEU REGIME JURÍDICO

11.1. Distinção preliminar: residentes e não residentes

Os estrangeiros podem classificar-se em: A) residentes; B) não residentes. São estrangeiros residentes aqueles que integram a população de um país, nele exercendo sua atividade e desenvolvendo sua vida particular. Os estrangeiros não residentes são aqueles que se encontram provisoriamente de passagem pelo Brasil, em geral turistas ou indivíduos pertencentes a grupos ou empresas multinacionais.

Ambos se encontram, quando em território nacional, sob a vigência da legislação brasileira, devendo observá-la.

A respeito da condição do estrangeiro, é precisa e insuperável a lição de HILDE-BRANDO ACCIOLY: "O reconhecimento de direitos ao estrangeiro decorre de duas circunstâncias: a personalidade humana, com os direitos que lhe são inerentes e que nenhum Estado pode ignorar, e a situação do Estado como membro da comunidade internacional, com os deveres de interdependência e solidariedade entre as nações, impostos por essa situação. Donde resulta que o Estado deve regular a condição dos estrangeiros, sem distinção de nacionalidade, protegendo-os em suas pessoas e bens e reconhecendo a todos o mínimo de direitos admitidos pelo direito internacional"[1495]. De fato, se o Estado acolhe os estrangeiros em seu próprio território, admitindo, ademais, sua permanência definitiva neste, claro está que deverá, por isso, reconhecer-lhes certos direitos e exigir-lhes certas obrigações. Quanto aos direitos, é certo que os direitos humanos consagrados pela Constituição daquele país deverão necessariamente fazer parte desse rol desde logo atribuível a todos[1496].

11.2. Direitos reduzidos para os estrangeiros

Os estrangeiros praticamente se igualam aos nacionais quanto ao exercício de direitos e deveres. Evidentemente, contudo, que se lhes atribuem algumas limitações próprias. No Brasil, a Lei de Migração e o Decreto n. 9.199/17 tratam, especificamente, dessa categoria de indivíduos.

Quanto ao direito de locomoção, pode-se dizer que em seu sentido clássico, de circulação pelo território nacional, o estrangeiro goza de idêntico direito concedido aos nacionais. Contudo, quanto ao ingresso no território nacional, ou sua permanência prolongada, está o estrangeiro na dependência de observar condições legais, como a obtenção de visto.

Os direitos políticos não são reconhecidos aos estrangeiros, ressalvado os portugueses, consoante se constata do § 2º do art. 14 da CB. Assim, não podem votar, nem podem ser eleitos para o exercício de cargos políticos. Também estão impedidos de apresentar ação popular (art. 5º, LXXIII, da CB). Igualmente, não podem exercer car-

---

1495. *Manual de Direito Internacional Público*, 4. ed., p. 120.

1496. Evidentemente que determinados direitos fundamentais podem ter seu conteúdo diminuído, como ocorre, no Brasil, com o direito de propriedade e a liberdade de locomoção, como adiante se verificará.

gos, empregos ou funções públicas (art. 37, I, da CB), salvo na forma da lei (art. 37, I, *in fine*, e art. 207, § 1º). Nem podem subscrever projeto de lei de iniciativa popular (art. 61, § 2º, da CB).

Quanto ao direito de pesquisa e lavra de recursos minerais, e aproveitamento dos potenciais de energia hidráulica, tem-se que é atribuído apenas aos brasileiros (ou empresa constituída sob as leis brasileiras), consoante o art. 176, § 1º. Também o direito de propriedade é restrito, já que a propriedade de empresa jornalística e de radiodifusão sonora, e de sons e imagens, só pode ser reconhecida ao brasileiro, conforme determina o art. 222 (ou a pessoa jurídica constituída sob as leis brasileiras e que tenha sede no País, nos termos da redação conferida pela EC n. 36/2002).

O direito de adoção é reconhecido aos estrangeiros, que, contudo, terão de observar os casos e condições determinadas por legislação específica, conforme determina o art. 227, § 5º.

Consoante o art. 172 da CB, a lei disciplinará os investimentos de capital estrangeiro e regulará a remessa de lucros. Assim, o estrangeiro residente no País terá de observar essa legislação quanto ao capital que pretenda remeter para o estrangeiro, ou que lá tenha obtido e agora pretenda introduzir no Brasil.

O art. 190 da CB permite que a lei regule e limite a aquisição e o arrendamento de propriedade rural por pessoa física estrangeira, estabelecendo os casos em que isso dependerá de autorização do Congresso Nacional.

Por fim, vale consignar que o art. 22, XV, da CB confere à União a competência para legislar sobre "emigração e imigração, entrada, extradição e expulsão de estrangeiros".

11.3. Asilo político

Considera-se o asilo político como a admissão de estrangeiros por determinado país, sem os requisitos ordinariamente exigidos para seu ingresso, motivada pela perseguição política ou ideológica do interessado em seu país. No conceito de FRANCISCO REZEK: "Asilo político é o acolhimento, pelo Estado, de estrangeiro perseguido alhures — geralmente, mas não necessariamente, em seu próprio país patrial — por causa de dissidência política, de delitos de opinião, ou por crimes que, relacionados com a segurança do Estado, não configuram quebra do direito penal comum"[1497].

O asilo político é territorial. Explica REZEK que é concedido pelo Estado "àquele estrangeiro que, havendo cruzado a fronteira, colocou-se no âmbito espacial de sua soberania, e aí requereu o benefício"[1498].

A Declaração Universal dos Direitos do Homem, da ONU, proclama, em seu art. 14, que, "1. Diante da perseguição, toda pessoa tem direito de pedir asilo e se beneficiar do asilo em outros países". E ressalva, a seguir: "2. Esse direito não pode ser invocado

---

1497. *Direito Internacional Público*, p. 219.
1498. *Direito Internacional Público*, p. 219.

no caso de perseguições realmente fundadas num crime de Direito comum ou em ações contrárias às finalidades e aos princípios das Nações Unidas".

O "direito" de asilo político adquiriu *status* de norma constitucional expressa pela primeira vez na Constituição de 1988, que, em seu art. 4º, estabelece que o Brasil rege-se em suas relações internacionais pelo princípio da "X — concessão de asilo político", dentre outros princípios.

Trata-se, como acentua PEDRO DALLARI, de um "mecanismo fundamental de solidariedade internacional operado pelos regimes democráticos"[1499]. O fundamento do asilo político está justamente na cooperação que revela o instituto no combate ao arbítrio decorrente do exercício do poder, quando se promovem perseguições políticas ou ideológicas, com o uso da força e aparato estatais.

11.3.1. Asilo diplomático

O asilo diplomático, ao contrário do asilo político, é sempre e necessariamente precário. Caracteriza-se, pois, por sua provisoriedade. Tem sido recebido em alguns países como instituto humanitário.

Esclarece REZEK que, "nos países que não reconhecem essa modalidade de asilo político — e que constituem larga maioria —, toda pessoa procurada pela autoridade local que adentre o recinto de missão diplomática estrangeira deve ser de imediato restituída, pouco importando saber se se cuida de delinquente político ou comum. As regras do direito diplomático fariam apenas com que a polícia não se introduzisse naquele recinto inviolável sem autorização, mas de nenhum modo abonariam qualquer forma de asilo. Só nos países latino-americanos, em virtude da aceitação costumeira e convencional desse instituto, pode ele ocorrer. (...) essa modalidade significa apenas um estágio provisório, uma ponta para o *asilo territorial*"[1500].

Estabelece o art. I da Convenção sobre asilo diplomático, adotada pela X Conferência Internacional Americana, em Caracas, em 1954, que "O asilo outorgado em legações, navios de guerra e acampamentos ou aeronaves militares, a pessoas perseguidas por motivos ou delitos políticos, será respeitada pelo Estado territorial, de acordo com as disposições desta Convenção.

"Para os fins desta Convenção, legação é a sede de toda missão diplomática ordinária, a residência dos chefes de missão, e os locais por eles destinados para esse efeito, quando o número de asilados exceder a capacidade normal dos edifícios."

11.4. Extradição

Extradição é o ato pelo qual um Estado entrega a outro, que lhe formulou o pleito, algum indivíduo que se encontra em seus limites territoriais, sob a alegação de que deve responder pela acusação penal promovida pelo Estado solicitante. Tanto poderá ter de

---

1499. *Constituição e Relações Exteriores*, p. 183.
1500. *Direito Internacional Público*, p. 221, original grifado.

responder a processo penal como poderá ocorrer de o pedido surgir após a condenação penal. Deve-se considerar que o Estado solicitante é o competente para julgar e punir esse indivíduo. Como observa REZEK: "A extradição pressupõe sempre um *processo penal*: ela não serve para a recuperação forçada do devedor relapso ou do chefe de família que emigra para desertar dos seus deveres de sustento da prole"[1501].

São condições geralmente exigidas para a extradição: i) a existência de tratado internacional ou compromisso de reciprocidade entre os Estados envolvidos; ii) a condenação ou prisão do sujeito; e iii) ocorrer a dupla incriminação.

Ademais, no processo de extradição há uma relação executiva e judiciária mútua. Nas palavras de REZEK: "o *governo* requerente da extradição só toma essa iniciativa em razão da existência do processo penal — findo ou em curso — ante a sua Justiça; e o *governo* do Estado requerido (ou Estado 'de asilo', na linguagem imprópria de alguns autores de expressão inglesa) não goza, em geral, de uma prerrogativa de decidir sobre o atendimento do pedido senão depois de um pronunciamento da Justiça local"[1502].

A Constituição brasileira de 1988 veda a extradição do brasileiro nato e só permite a do naturalizado "em caso de crime comum, praticado antes da naturalização, ou de comprovado envolvimento em tráfico ilícito de entorpecentes e drogas afins, na forma da lei" (inc. LI do art. 5º da CB). Além disso, nem mesmo o estrangeiro poderá ser extraditado quando se tratar de extradição por crime político ou de opinião (inc. LII do art. 5º da CB).

Cabe ao Supremo Tribunal Federal apreciar a solicitação de extradição por parte de Estado estrangeiro (art. 102, I, *g*, da CB).

O processo de extradição encontra-se regulamentado nos arts. 81 a 99 da Lei de Migração, nos arts. 262 a 280 do Decreto n. 9.199/17 e nos tratados de extradição específicos firmados com cada país ou grupo de países. Esse processo envolve diversas autoridades cuja participação é obrigatória. Nos termos do art. 81 § 1º da referida Lei, o pedido, conforme o caso, deverá ser requerido pelo Estado solicitante por via diplomática ou pelas autoridades centrais designadas para esse fim. Após a verificação dos requisitos formais, o pedido será encaminhado ao Supremo Tribunal Federal (art. 89 da Lei de Migração).

Os Ministros do Supremo Tribunal Federal GILMAR MENDES, CELSO DE MELLO e CARMEM LÚCIA, em manifestações paralelas ao julgamento da Extradição n. 1.447, em 21 de junho de 2016, como forma de contribuição para a melhoria do nosso Ordenamento Jurídico, propuseram uma *simplificação dos formalismos* do processo de extradição, principalmente no que tange às comunicações entre autoridades, que são responsáveis pela morosidade no procedimento, muitas vezes prejudicando o próprio extraditando. A Ministra CARMEM LÚCIA, *e.g.*, defendeu a alteração de procedimentos para que as comunicações possam ocorrer de maneira eletrônica, o que agilizaria o procedimento[1503].

1501. *Direito Internacional Público*, p. 201, original grifado.

1502. *Direito Internacional Público*, p. 201, original grifado.

1503. Cf. notícia em <http://www.migalhas.com.br/Quentes/17,MI241946,71043-Ministros+do+STF+defendem+alteracao+no+processo+de+extradicao>, acesso em 23 ago. 2016.

11.5. Expulsão

Não se deve confundir extradição com expulsão. Embora por meio de ambas ocorra a retirada de um estrangeiro do território nacional, aquela ocorre por vontade (a pedido) de outro Estado, enquanto esta última (expulsão) ocorre por motivo de conveniência do próprio Estado no qual se encontra a pessoa.

Consoante REZEK, a expulsão consiste na exclusão do estrangeiro por iniciativa das autoridades locais, e sem destino determinado, quando seja condenado criminalmente ou sua permanência seja considerada inconveniente aos interesses nacionais.

A Constituição Federal de 1988 admite a expulsão, nos termos do art. 22, XV, ao atribuir expressamente à União a competência para legislar sobre expulsão.

Não se admite a expulsão nas hipóteses em que é vedada a extradição. É que aquela não pode considerar-se como sucedâneo da extradição impossível.

11.6. Deportação

Embora tanto a expulsão quanto a deportação sejam modalidades de exclusão do estrangeiro por iniciativa do governo local, não devem ser confundidas[1504].

A deportação é a "exclusão, do território nacional, daquele estrangeiro que aqui se encontre após uma *entrada irregular* — geralmente clandestina —, ou cuja *estada* tenha-se tornado irregular — quase sempre por excesso de prazo, ou por exercício de trabalho remunerado, no caso de turista"[1505].

Assim como no caso da expulsão, também não se admite a deportação de brasileiro. É que a exclusão de brasileiro de seu território consistiria em uma das modalidades de pena não admitidas pelo ordenamento constitucional, o banimento (art. 5º, XLVII, *d*).

Importa consignar, aqui, que não se admite a deportação que implica extradição inadmitida pela lei brasileira. Esta é a previsão do art. 53 da Lei de Migração.

HILDEBRANDO ACCIOLY, ao tratar da questão da expulsão (enquanto termo abrangente, abarcando, também, a deportação), afirmava: "O Indivíduo expulso não deve tampouco — e ainda com mais razão — ser entregue a terceiro Estado, onde seja procurado por motivo de algum crime do qual seja acusado. (...)".

1504. Frise-se, aqui, contudo, que ambos os termos já foram utilizados, anteriormente, como sinonímias. A título de exemplo, tem-se Rodrigo Octavio: "Em todo o caso era princípio incontestado que, desde que a permanencia do estrangeiro no paiz era julgada prejudicial á tranquilidade publica ou aos interesses sociaes, tinha o Governo o direito de, por ato de soberania, independentemente de processo e condenação judicial, fazel-o sair do território nacional. É o que se chama *deportação* ou *expulsão de estrangeiro*" (*Direito do Estrangeiro no Brazil*, p. 137). E, também, Yussef Said Cahali, quem, embora não os tratando como sinonímias, rememora a similaridade entre ambos os institutos: "No atual sistema brasileiro, empenham-se nossos autores em estabelecer a distinção entre a deportação ou repatriamento e a expulsão, embora reconhecendo que as duas medidas têm a mesma finalidade, qual seja a de compelir o estrangeiro a deixar o território nacional" (*Estatuto do Estrangeiro*, p. 210). O mesmo autor finda por bem lembrar das consequências desta semelhança: "Aliás, esta similitude assim reconhecida possibilita a *migração normativa*, recíproca entre os dois institutos, permitindo inclusive a aplicação analógica de regras da expulsão *a benefício* do deportando" (op. cit., p. 210, grifos do original).

1505. Francisco Rezek, *Direito Internacional Público*, p. 199, original grifado.

"Em geral, o indivíduo expulso é encaminhado ao país a que pertence, como nacional, porque um Estado não pode recusar seus próprios nacionais, ainda que os considere indesejáveis. Mas, se se trata de um refugiado político, ou de um indivíduo que abandonou o país de origem para escapar à ação da justiça, a obrigação de o receber deixa de existir para esse país e, por outro lado, a expulsão assim efetuada assumiria o caráter de extradição, feita fora de termos e em condições condenáveis, sendo admissível apenas se o referido país assume o compromisso de não punir o expulso antes de alguma nova infração"[1506].

Tal excerto demonstra, inafastavelmente, a controvérsia que a deportação ou expulsão, enquanto perpetradora de verdadeira hipótese de extradição, suscita. A celeuma torna-se ainda mais visível na exata medida em que esta não se restringe às bancadas acadêmicas, sendo fato corriqueiro, conforme bem demonstra o exemplo da deportação do norte-americano JESSE JAMES HOLLYWOOD.

JESSE JAMES HOLLYWOOD, acusado de ter cometido homicídio de jovem norte--americano, refugiou-se no País, valendo-se de documento de identidade falso (como MICHAEL COSTA GIROUX, de origem canadense). Uma vez descoberto, foi deportado pelas autoridades brasileiras, sob o fundamento de ter entrado no País de forma irregular, o que seria, nos termos do art. 53 da Lei de Migração, hipótese ensejadora da medida acima (irregularidade).

Sem embargo, as circunstâncias do caso não tardaram em torná-lo problemático, porquanto o instrumento adequado não seria o da deportação e sim da extradição, o qual se afiguraria, ainda, inadmissível, uma vez que o crime pelo qual o sujeito da "deportação" será julgado é passível de pena de morte. E o STF[1507] já afastou, peremptoriamente, a possibilidade de extraditar estrangeiro nesses casos, salvo se o governo estrangeiro se comprometer a comutar a pena de morte em pena privativa de liberdade.

12. NACIONALIDADE E SOBERANIA

É preciso, por fim, atentar para a ponderação realizada por REZEK acerca do íntimo relacionamento entre soberania e nacionalidade, a guiar a compreensão sobre o futuro desta última. Anota o autor a respeito que: "Suporte jurídico e social da mais importante das dimensões do Estado — sua dimensão pessoal —, a nacionalidade nos parece hoje como uma instituição tão sólida quanto a soberania. A questão de saber quais são suas perspectivas, no futuro da sociedade internacional, se confunde, a esse título, com a questão mais grave de avaliar as perspectivas da soberania do Estado"[1508].

1506. *Manual de Direito Internacional Público*, p. 124-5.

1507. Na Extradição n. 744-0, o STF, por meio de seu Ministro relator Celso de Mello, consignou: "O ordenamento positivo brasileiro, nas hipóteses de imposição do *supplicium extremum*, exige que o Estado requerente assuma, formalmente, o compromisso de comutar, em pena privativa de liberdade, a pena de morte, ressalvadas, quanto a esta, as situações em que a lei brasileira — fundada na Constituição Federal (art. 5º, XLVII, 'a') — permite a sua aplicação, caso em que se tornará dispensável a exigência de comutação".

1508. Le Droit International de la Nationalité, *Recueil des Cours*, t. 198, Dordrecht/Boston/Lancaster: Martinus Nijhoff Publishers, 1986-III, p. 388.

Realmente, pode-se esperar que, com as mudanças que o conceito de soberania vem sofrendo, haja, igualmente, uma mudança na noção de nacionalidade, o que se tem tornado mais visível na comunidade europeia.

Referências bibliográficas

ACCIOLY, Hildebrando. *Manual de Direito Internacional Público*. 4. ed. São Paulo: Saraiva, 1958.

BRIERLY, J. L. *Direito Internacional*. Trad. por M. R. Crucho de Almeida. 4. ed. Lisboa: Calouste Gulbenkian, 1979. Trad. de: *The Law of Nations*. 6. ed. 1963.

CAHALI, Yussef Said. *Estatuto do Estrangeiro*. São Paulo: Saraiva, 1983.

CARVALHO, A. Dardeau de. *Nacionalidade e Cidadania*. Rio de Janeiro: Freitas Bastos, 1950.

DALLARI, Pedro. *Constituição e Relações Exteriores*. São Paulo: Saraiva, 1994.

FERREIRA FILHO, Manoel Gonçalves. *Comentários à Constituição Brasileira de 1988*. 2. ed. São Paulo: Saraiva, 1997. v. 1.

GUERRA FILHO, Willis Santiago. *Processo Constitucional* e *Direitos Fundamentais*. São Paulo: IBDC, 1999.

MONTEIRO, Washington de Barros. Da Nacionalidade e da Cidadania em Face da Nova Constituição. *Revista de Direito Administrativo*, Rio de Janeiro: Fundação Getúlio Vargas, jan./mar. 1968, v. 91, p. 13-24.

OCTAVIO, Rodrigo. *Direito do Estrangeiro no Brazil*. Rio de Janeiro: Livraria Francisco Alves, 1909.

PIMENTA BUENO. *Direito Público Brasileiro e Análise da Constituição do Império*. Brasília: Senado Federal, 1978.

PONTES DE MIRANDA, Francisco Cavalcanti. *Comentários à Constituição de 1967 com a Emenda n. 1, de 1969*. Rio de Janeiro: Forense, 1987. t. 4.

RAMOS, André de Carvalho. *Curso de Direitos Humanos*. 8 ed. São Paulo: Saraiva, 2021.

RAMOS, Rui Manuel Moura. Nacionalidade. In: *Dicionário Jurídico da Administração Pública*. s.l: 1994, v. 6.

REZEK, José Francisco. *Direito Internacional Público: Curso Elementar*. 3. ed. São Paulo: Saraiva, 1993.

_____. Le Droit International de la Nationalité, *Recueil des Cours*, t. 198, Dordrecht/Boston/Lancaster: Martinus Nijhoff Publishers, 1986-III, p. 388.

RODAS, João Grandino. *A Nacionalidade da Pessoa Física*. São Paulo: Revista dos Tribunais, 1990.

SOUSA, J. P. Galvão de. *A Constituição e os Valores da Nacionalidade*. São Paulo: Bushatsky, 1971.

TEIXEIRA, José Horácio Meirelles. *Curso de Direito Constitucional*. Rio de Janeiro: Forense, 1991.

Capítulo XXIX
DIREITOS E PARTIDOS POLÍTICOS

1. CONCEITO

Os direitos políticos perfazem o conjunto de regras destinadas a regulamentar o exercício da soberania popular. Com isso quer-se significar que a expressão "direitos políticos" é utilizada em sentido amplo, para designar: A) o direito de todos participarem e tomarem conhecimento das decisões e atividades desenvolvidas pelo governo; B) o Direito Eleitoral; e C) a regulamentação dos partidos políticos. Em síntese, pode-se afirmar que é o conjunto de normas que disciplinam a intervenção, direta ou indireta, no poder.

Considera-se cidadão justamente o indivíduo com relação ao qual se reconhecem os direitos políticos, ou seja, o indivíduo apto a votar e a ser votado. Na definição de MEIRELLES TEIXEIRA: "a cidadania consiste na prerrogativa que se concede a brasileiros, mediante preenchimento de certos requisitos legais, de poderem exercer direitos políticos e cumprirem deveres cívicos"[1509].

2. VARIANTES DE DIREITOS POLÍTICOS

Pode-se seguramente considerar como a essência dos direitos políticos o reconhecimento do direito de votar e de ser votado. Já o estabelecia a Lei n. 818/49, quando considerava que direitos políticos "são os que a Constituição e as leis ordinárias atribuem a brasileiros, e especialmente votar e ser votado".

Consideram-se duas variantes dos direitos políticos: os ativos e os passivos. Os direitos políticos ativos representam a atividade do eleitor, ou seja, o direito de votar, de eleger. Os direitos políticos passivos constituem a atividade do eleito, vale dizer, abarcam o estudo da elegibilidade, do direito de ser votado.

2.1. Sufrágio e voto

Pode-se definir, com POSADA, o direito ao sufrágio como "um procedimento mais ou menos aceitável e seguro, de indagar, conhecer e condensar as tendências que imperam na opinião pública; vem a ser, ademais, o sufrágio, uma forma de representação

---

1509. *Curso de Direito Constitucional*, p. 565.

política, na medida em que os que votam o fazem a título de membros do Estado e de seus órgãos"[1510].

Verifica-se que o sufrágio é um direito presente nas repúblicas democráticas, a ser implementado por meio do voto. Este define-se, pois, como o *exercício efetivo* de um direito, no caso, o de sufrágio.

Como lembra CAPITANT, o voto é o "Meio pelo qual o membro de uma assembleia ou corpo expressa sua eleição ou opinião"[1511] (entendendo-se, aqui, no termo *corpo*, o corpo social).

A distinção é admitida pelo próprio KELSEN, que assim se pronuncia sobre o tema: "O direito ao sufrágio é o direito do indivíduo de participar do processo eleitoral dando o seu voto"[1512].

O sufrágio pode ser universal ou restrito. Será universal quando todos os nacionais com capacidade para tanto puderem exercer o direito de sufrágio. Será restrito quando limitado o direito a certos grupos ou castas sociais. Em outras palavras, o sufrágio restrito é um sufrágio discriminatório em função de características ou condições econômicas, sociais, culturais ou outros elementos. O sufrágio é restrito, v. g., quando não reconhecido aos analfabetos, o que vigorou no Brasil até a EC n. 25/85.

2.2. Natureza do voto

O voto é um ato de natureza dúplice, pois tanto é político como jurídico. É político porque configura uma das formas de participação do indivíduo no poder (exatamente no momento de escolha dos representantes que exercerão o poder). Mas nem por isso deixa de ser um ato jurídico, porque regulamentado pelo Direito e por este reconhecido e assegurado.

JOSÉ DE ALENCAR, em 1868, escrevia que o voto não poderia ser considerado apenas um direito político, considerando-o como "uma fração da soberania nacional"[1513].

Pode-se considerar o voto, no Brasil, como um direito e uma função. Sobre ser uma função, mister se faz um esclarecimento, remontando ao pensamento de DUGUIT. Para esse autor, seguindo-se a teoria de ROUSSEAU, chegar-se-ia, com acerto, à ideia de que, não sendo a vontade da nação, necessariamente, a somatória de todas as vontades individuais, é o legislador que deve indicar quais as condições que entende mais favoráveis para colher a vontade do corpo social (que se considera, pois, como um corpo distinto de seus membros). Nesse sentido, o eleitor assume uma posição de "devedor", pois lhe é atribuída uma função, "a função criada pela Constituição e que consiste em deduzir do conjunto de vontades individuais a vontade nacional. Tal é, na realidade, a consequência que se deriva logicamente do princípio da soberania nacional"[1514]. DUGUIT conclui afirmando que "no conceito francês de eleitorado, conceito que se

---

1510. *El Sufragio*, p. 19, t.a.
1511. Voto (2) in *Vocabulário Jurídico*, p. 574.
1512. *Teoria Geral do Direito e do Estado*, p. 286.
1513. *Systema Representativo*, p. 75.
1514. *Manual de Derecho Constitucional*, p. 132.

acomoda perfeitamente à teoria da nação-pessoa, o eleitor é, ao mesmo tempo, titular de um direito e sujeito investido de uma função; o eleitorado é, concomitantemente, um direito e uma função. O direito consiste no reconhecimento da qualidade de cidadão, direito que introduz a faculdade de votar se a qualidade de cidadão se faz acompanhada de outras qualidades exigidas por lei positiva para exercer o direito de voto. A função consiste no poder conferido a um indivíduo, investido da qualidade de cidadão, para exercer determinada função pública chamada sufrágio"[1515].

Realmente não há motivo para nele (voto) apenas se constatar um direito. Há também uma função[1516], de caráter político, de responsabilidade para com o bom encaminhamento e administração de uma sociedade. Kelsen deixa certo que "o fato de o sufrágio ser uma função Pública por meio da qual se criam órgãos essenciais do Estado não é incompatível com a sua organização como direito no sentido técnico do termo"[1517].

O voto, consoante o art. 14, § 1º, I, da CB, é obrigatório, para os maiores de dezoito anos de idade. Essa obrigatoriedade, contudo, significa, na prática, o dever de comparecer, na data da eleição, ao local próprio para a votação e, formalmente, votar[1518]. Diz-se formalmente porque o eleitor não está obrigado a necessariamente indicar um candidato como sendo de sua preferência. Poderá "votar" em branco ou anular seu "voto". Ora, rigorosamente falando, nesses casos, não houve voto, porque não se escolheu qualquer candidato. Portanto, a obrigatoriedade é de comparecer para a votação, já que o conteúdo do voto é livre.

3. FORMA DE AQUISIÇÃO DOS DIREITOS POLÍTICOS

Adquirem-se os direitos políticos e, com eles, a cidadania por meio do alistamento eleitoral, a ser realizado na forma da lei.

Alistamento eleitoral é a efetiva apresentação do indivíduo perante a Justiça Eleitoral, solicitando seu enquadramento como eleitor.

O alistamento eleitoral é obrigatório para os brasileiros maiores de dezoito anos de idade. É, ao contrário, facultativo para os maiores de dezesseis e menores de dezoito anos de idade (art. 14, § 1º, I e II, da CB).

3.1. Momento inicial em que o indivíduo pode adquirir direitos políticos

Na Constituição de 1967/1969, em seu art. 147, eram considerados eleitores aqueles que "à data da eleição, contem dezoito anos ou mais, alistados na forma da lei".

Por se tratar de direito individual fundamental, a interpretação mais benéfica ao indivíduo há de ser adotada, o que equivale a dizer que a exigência da idade deve ser

---

1515. *Manual de Derecho Constitucional*, p. 134.

1516. Nesse sentido: Fernando Whitaker da Cunha, *Representação Política e Poder*, p. 48. José Afonso da Silva fala em "função da soberania popular" (*Curso de Direito Constitucional Positivo*, 16. ed., p. 359).

1517. *Teoria Geral do Direito e do Estado*, p. 286.

1518. Antes da informatização das eleições, podia-se afirmar que a votação é a necessidade de depositar a cédula. Atualmente, é a imposição de comparecer e digitar a confirmação da opção anteriormente digitada.

aferida não no momento da inscrição como eleitor, mas no momento em que ocorrerá a primeira eleição subsequente à solicitação.

3.2. Escala constitucional de aquisição dos direitos políticos

A aquisição de todos os direitos políticos é, na realidade, um processo. Não se adquirem os direitos políticos senão por etapas, basicamente alicerçadas no fator temporal da idade. Assim, tem-se o seguinte esquema evolutivo dos direitos políticos do cidadão: A) aos dezesseis anos adquire o direito de votar, podendo propor ação popular; B) aos dezoito anos passa a ter o dever de votar, de apresentar-se perante o serviço militar e, ademais, pode apresentar-se como candidato a Vereador; C) aos vinte e um anos pode apresentar-se como candidato a Deputado Estadual, Distrital, Federal, Prefeito, Vice-Prefeito e Juiz de paz; D) aos trinta anos pode candidatar-se a Governador e Vice--Governador de Estado ou do DF; E) aos trinta e cinco anos é que passa a poder ser candidato a Presidente e Vice-Presidente da República, bem como a Senador.

Como se disse, uma etapa soma à anterior algum direito ou dever, que se vai acumulando aos demais direitos e deveres para, ao final, perfazer a cidadania máxima, com o direito de votar e ser votado para todas as funções públicas.

4. PERDA E SUSPENSÃO DOS DIREITOS POLÍTICOS

Os direitos políticos já adquiridos podem ser suspensos ou mesmo perdidos por seu titular, nos casos enumerados expressamente pela Constituição Federal (art. 15).

Denominam-se suspensão os casos de afastamento temporário dos direitos políticos. Sua perda implica a ideia de afastamento definitivo, privação terminante.

Contudo, a Constituição de 1988, ao contrário da tradição constitucional anterior, não apartou os casos de perda dos de suspensão, adotando a técnica reprovável de enunciá-los conjuntamente.

Portanto, são casos de perda ou de suspensão, para a Constituição: A) o cancelamento da naturalização por sentença transitada em julgado; B) a incapacidade civil absoluta; C) a condenação criminal transitada em julgado, enquanto durarem seus efeitos; D) a recusa em cumprir obrigação a todos imposta ou prestação alternativa, nos termos do art. 5º, VIII, da CB; E) a improbidade administrativa, nos termos do art. 37, § 4º.

Percebe-se nitidamente que a hipótese de condenação criminal é de mera suspensão. Assim se deve considerar, seguindo a linha do Direito Constitucional anterior, também o caso de incapacidade civil absoluta e o de improbidade. Desse modo, são casos de perda dos direitos políticos o cancelamento da naturalização e a recusa em cumprir obrigação a todos imposta.

No âmbito da AP 396 QO, de relatoria da Ministra CÁRMEN LÚCIA, restou consignado, com a *questão de ordem* resolvida, que, "determinada a suspensão dos direitos políticos, a suspensão ou a perda do cargo são medidas decorrentes do julgado e imediatamente exequíveis após o trânsito em julgado da condenação criminal,

589

sendo desimportante para a conclusão o exercício ou não de cargo eletivo no momento do julgamento".

5. IMPEDIMENTO NO EXERCÍCIO DOS DIREITOS POLÍTICOS

5.1. Inelegibilidade plena

A inelegibilidade plena impede determinadas pessoas de se apresentarem como candidatas qualquer que seja o cargo pleiteado.

Consideram-se inelegíveis, nesses termos, os inalistáveis, os analfabetos, os que não tenham filiação partidária alguma e aqueles enquadrados na Lei da Ficha Limpa. Essas condições, como se percebe, são ou podem ser temporárias, sendo possível o cidadão passar à categoria de elegível no caso de se desvincular da causa da inelegibilidade aqui mencionada.

5.1.1. Os inalistáveis

Os inalistáveis são aqueles que não podem inscrever-se como eleitores. Portanto, não podem votar. Nesse caso, não poderiam, por maiores razões, ser votados. É o caso dos estrangeiros. Também são inelegíveis aqueles que não se alistaram (os inalistados), embora pudessem fazê-lo.

5.1.2. Os analfabetos

Os analfabetos não possuem nenhum dos direitos políticos passivos. Em outras palavras, embora a Constituição tenha reconhecido o direito de voto aos analfabetos, estes não podem concorrer para qualquer mandato ou cargo eletivo.

Também não é elegível o militar, salvo nas seguintes circunstâncias: "I — se contar menos de dez anos de serviço, deverá afastar-se da atividade; II — se contar mais de dez anos de serviço, será agregado pela autoridade superior e, se eleito, passará automaticamente, no ato de diplomação, para a inatividade" (§ 8º do art. 14 da CB).

5.1.3. Os não filiados a partidos

Preceitua a Constituição que não são elegíveis aqueles que não se tiverem filiado a algum partido (art. 14, § 3º, V, da CB). Portanto, não poderá haver candidato sem partido.

Verifica-se, pois, que os partidos políticos são essenciais na estrutura política brasileira.

5.1.4. Os indicados na Lei da Ficha Limpa

A Lei Complementar n. 135 passou a estabelecer diversos casos de inelegibilidade.

Passaram a ser inelegíveis, desde as eleições gerais de 2010, dentre outros, aqueles que forem condenados, em decisão transitada em julgado ou proferida por órgão

590

judicial colegiado, desde a condenação até o transcurso do prazo de 8 (oito) anos após o cumprimento da pena, pelos crimes indicados na Lei referida.

Assim também o Presidente da República, o Governador de Estado e do Distrito Federal, o Prefeito, os membros do Congresso Nacional, das Assembleias Legislativas, da Câmara Legislativa, das Câmaras Municipais, que renunciarem a seus mandatos desde o oferecimento de representação ou petição capaz de autorizar a abertura de processo por infringência a dispositivo da Constituição Federal, da Constituição Estadual, da Lei Orgânica do Distrito Federal ou da Lei Orgânica do Município, para as eleições que se realizarem durante o período remanescente do mandato para o qual foram eleitos e nos 8 (oito) anos subsequentes ao término da legislatura. Consoante decisão do TSE, confirmada pelo STF, esta inelegibilidade aplica-se desde as eleições de 2010. Trata-se de ponto controverso da vigência dessa Lei, apesar da decisão do STF.

5.2. Inelegibilidades parciais

Quanto às inelegibilidades relativas, são restrições que operam em determinadas situações pessoais e para determinadas pretensões eleitorais, subsistindo para outras. Diversas são as variantes existentes.

5.2.1. Pelo fator idade

Como já assinalado anteriormente, determinados mandatos pressupõem uma idade mínima do candidato. Assim, não é elegível para Senador aquele que contar com menos de trinta e cinco anos de idade.

5.2.2. Por vinculação funcional

Não são elegíveis, para o mesmo cargo, num terceiro período subsequente, o Presidente da República, os Governadores, os Prefeitos ou quem os houver sucedido.

Não são elegíveis para outros cargos o Presidente da República, os Governadores e os Prefeitos enquanto não se desincompatibilizarem.

É a seguinte a determinação constitucional, constante do art. 14: "§ 5º O Presidente da República, os Governadores de Estado e do Distrito Federal, os Prefeitos e quem os houver sucedido ou substituído no curso dos mandatos poderão ser reeleitos para um único período subsequente".

Há uma polêmica instaurada sobre a possibilidade de candidatura, nas próximas eleições, dos atuais ocupantes da função de "vice". A fonte da tergiversação doutrinária encontra assento constitucional. Trata-se da conhecida "Emenda da Reeleição", aprovada em 1997, que, alterando a Constituição, passou a permitir a recondução para um novo mandato para o mesmo cargo, como se vislumbra acima.

Fica claro, pela redação do dispositivo, que tanto o Presidente quanto os Governadores, os Prefeitos e todos, absolutamente todos, que os substituíram ou sucederam no curso dos mandatos só poderão ser reeleitos para um único período subsequente.

Não há dúvida quanto à restrição trazida pela norma constitucional: reeleição só por um único período consecutivo. Note-se que o dispositivo veda a reeleição por mais de um período sequencial. E veda-a não só para os próprios titulares eleitos para os cargos mencionados como também para todos aqueles que os tenham sucedido ou substituído nesses cargos. A indagação que deve ser feita, neste passo, diz respeito ao alcance dessa restrição. Para qual cargo ou mandato é vedada a reeleição por mais de um período sucessivo? A redação anterior à atual era bastante clara, porque vedava a reeleição "para o mesmo cargo". Assim, o Presidente da República era inelegível para o mesmo cargo em período subsequente. Com a alteração promovida no Texto Constitucional, ficou vedada a reeleição para mais de um período sucessivo, sem a referência precisa para qual cargo se dirige a vedação.

É preciso compreender, pois, por meio de uma interpretação sistemática e lógica, qual cargo a limitação pretende alcançar. Deve-se entender que "só poderia estar-se referindo aos cargos mencionados no início do próprio dispositivo em questão. Não se poderia entender que a reeleição está vedada seja qual for o cargo subsequente pretendido pelo atual ocupante de um segundo mandato consecutivo"[1519]. O Governador ou quem houver assumido essa posição não pode reeleger-se para Governador por mais de uma vez sucessiva. Assim, a título ilustrativo, pode-se afirmar que o Governador, já reeleito, pode candidatar-se, em seguida, a Presidente, embora seja possível vislumbrar, no caso, em termos temporais, um terceiro mandato. Para efeitos constitucionais de reeleição, tratar-se-ia de um primeiro mandato, e abrir-se-ia novamente a contagem inicial. Portanto, a reeleição que se veda não se refere a todo e qualquer novo mandato, mas simplesmente a reeleição para o mesmo cargo, em terceiro período subsequente.

Ademais, o princípio que vigora nesta seara é o da interpretação mais benevolente. Ou seja, por tratar-se de restrição aos direitos políticos, a compreensão da norma não deve conduzir a uma intolerável e não escrita restrição. Em outras palavras, "impõe-se, no caso em apreço, ter em consideração o princípio constitucional do livre acesso aos cargos públicos (...) que se erige como basilar em qualquer Estado democrático"[1520].

Ora, a regra é a da liberdade política (direito fundamental de todo cidadão) e, com ela, a livre candidatura. Só se toleram limitações se forem expressas. Por serem restritivas do princípio geral da liberdade, tais limitações, consoante cânone de hermenêutica jurídica, devem ser interpretadas restritivamente.

Pretender entender que o vice, em segundo mandato de vice, está impedido de se recandidatar, na sequência, para titular é criar uma restrição que não encontra amparo jurídico-constitucional. Se assim fosse, também se deveria sustentar — para manter-se numa linha de coerência lógica mínima — que o Presidente em segundo mandato não pode candidatar-se a vice para o mandato seguinte. Ou, ainda, que o Governador e o Prefeito em segundo mandato não poderiam candidatar-se a Presidente. Ainda que se entendesse desejáveis tais restrições, porque extremamente moralizadoras, necessitar-se-ia de regra clara nesse sentido, o que efetivamente não se tem.

1519. André Ramos Tavares, Re-reeleição, *Folha de S. Paulo*, 26 jan. 2001.

1520. André Ramos Tavares, *As Tendências do Direito Público no Limiar de um Novo Milênio*, p. 211.

5.2.3. Por laços familiares

São inelegíveis no território da jurisdição do titular: o cônjuge e os parentes consanguíneos ou afins, até o segundo grau ou por adoção, do Presidente da República, de Governador de Estado ou do Distrito Federal, de Prefeito ou de quem os haja substituído dentro dos seis meses anteriores ao pleito.

Observe-se que, no caso do Presidente e do Vice-Presidente da República, sua jurisdição é todo o território nacional, e, assim, seus familiares ficam impossibilitados de concorrer a qualquer cargo ou mandato. Trata-se, pois, de uma inelegibilidade absoluta.

5.2.4. Por fixação de domicílio

Uma das condições de elegibilidade é o domicílio eleitoral na circunscrição (art. 14, § 3º, IV, da CB).

6. PARTIDOS POLÍTICOS

6.1. Origem

Para AFONSO ARINOS, esse "problema dos partidos políticos está intimamente ligado à democracia"[1521] e, assim, assevera: "A Inglaterra, pela precocidade de sua grande revolução, ao mesmo tempo religiosa, política e social, foi a nação precursora do constitucionalismo moderno e, por via de consequência, da organização partidária, inseparável do constitucionalismo democrático. Como é natural, as primeiras manifestações do partidarismo inglês, perdidas no túmulo das tentativas incertas, são irreconhecíveis"[1522].

Indicam-se, pois, como primeiras manifestações propriamente ditas de uma atividade partidária, as controvérsias ocorridas com o chamado *Exclusion Bill*, após 1680[1523]. Foi nesse momento que surgiu a doutrina do consentimento com uma oposição política (ideia essencial à teoria dos partidos políticos atualmente), ou seja, os inimigos do governo deixam de ser considerados inimigos do Estado para ser aceitos como apenas oposicionistas[1524], termo, aliás, bastante conhecido e vulgarizado na realidade partidária mundial nos dias de hoje.

Apareceriam, assim, naquela época, dois grandes grupos (partidários), os *tories*, representantes dos interesses do feudalismo, e os *whigs*, representantes de novas forças mais liberais, que se tornariam o partido conservador e o liberal, no século XIX[1525].

1521. *História e Teoria do Partido Político no Direito Constitucional Brasileiro*, p. 5.

1522. *História e Teoria do Partido Político no Direito Constitucional Brasileiro*, p. 7.

1523. Contra, com uma visão mais restritiva e indicando que em 1850, salvo os EUA, nenhum país do mundo conhecia partidos políticos em seu sentido moderno: Maurice Duverger, *Os Partidos Políticos*, p. 19.

1524. Cf. Afonso Arinos de Melo Franco, *História e Teoria do Partido Político no Direito Constitucional Brasileiro*, p. 9.

1525. Cf. Afonso Arinos de Melo Franco, *História e Teoria do Partido Político no Direito Constitucional Brasileiro*, p. 9.

Nos Estados Unidos da América do Norte também se formou precocemente a ideia de partidos políticos. Consoante AFONSO ARINOS: "a atuação dos partidos na vida política já se faz sentir em 1796, na luta eleitoral entre Adams e Jefferson"[1526]. Na realidade, como bem demonstra JAMES BRYCE, "A história dos partidos nos Estados Unidos começa com a Convenção constitucional de 1787 na Filadélfia. Em seus debates e discussões sobre o projeto de Constituição revelaram-se duas tendências contrárias, que imediatamente depois surgiram em mais ampla escala na Convenção dos Estados, a cuja ratificação foi submetido o novo instrumento antes de ser aceito. Ditas tendências foram: uma centrífuga e outra centrípeta (...)

"(...) Já em movimento a máquina para a eleição de JORGE WASHINGTON, como Presidente, e de um Senado e de uma Câmara de Representantes, as tendências que haviam impugnado ou sustentado a Constituição reapareceram (...)"[1527]. Formaram-se, assim, dois grandes partidos, os federalistas e os republicanos (ou republicanos-democratas[1528]). Mas disso não se deve, como assinala BRYCE, inferir que houve uma cópia do modelo inglês. Na realidade, foram as circunstâncias específicas ocorridas em solo americano que propiciaram o surgimento desses partidos.

No Brasil, afirma AFONSO ARINOS que foi sob a égide da Constituição de 1824, "reformada em 1834, no sentido liberal, pelo chamado Ato Adicional (nome imitado ao modelo napoleônico dos Cem Dias) e restaurada no sentido conservador pela lei de 12 de maio de 1840, que interpretou aquele Ato, que se processaram a arregimentação e a vida dos partidos políticos no Império"[1529]. Contudo, com VAMIREH CHACON[1530] pode-se falar de uma pré-história dos partidos políticos no Brasil já antes da proclamação da independência, lembrando especialmente do que seria o primeiro partido brasileiro, o da independência.

6.2. Conceito

Em caráter preliminar, vale a observação de AFONSO ARINOS, no sentido de que, "No Direito Constitucional, é evidente, o partido organizado pressupõe a existência da Constituição e, a rigor, mesmo, a existência do regime representativo"[1531].

Pode-se realizar certa "analogia" entre o processo político e o judicial, as partes e os objetivos envolvidos em cada uma. Assim, com MÁRIO LÚCIO QUINTÃO SOARES, observe-se que "Os partidos políticos assemelham-se às partes processuais ante o tribunal, como se pode verificar a partir da raiz etimológica comum das nomenclaturas partidos e partes, o que não é uma casualidade histórica. Além disso, a função primária

---

1526. *História e Teoria do Partido Político no Direito Constitucional Brasileiro*, p. 10.

1527. *Los Partidos Políticos en los Estados Unidos*, p. 4-5.

1528. Que se transformariam nos democratas. No mesmo sentido: Marie-France Toinet, *El Sistema Político de los Estados Unidos*, p. 388.

1529. *História e Teoria do Partido Político no Direito Constitucional Brasileiro*, p. 25-6.

1530. *História dos Partidos Brasileiros*, p. 23 e s.

1531. *História e Teoria do Partido Político no Direito Constitucional Brasileiro*, p. 26.

594

dos partidos políticos no processo político está na fundamentação teórica de seu discurso ou de seu programa, i.e., nas suas alegações"[1532].

Na lição de KELSEN: "Em uma democracia parlamentar, o indivíduo isolado tem pouca influência sobre a criação dos órgãos legislativos e executivos. Para obter influência, ele tem de se associar a outros que compartilhem as suas opiniões políticas. Desse modo, surgem os partidos políticos. Em uma democracia parlamentar, o partido político é um veículo essencial para a formação da vontade pública"[1533]. No mesmo sentido, HERMANN HELLER observa que os partidos políticos "organizam na democracia as exteriorizações de vontade dos eleitores"[1534].

Para DANIEL-LOUIS SEILER, partidos são "organizações visando mobilizar indivíduos numa ação coletiva conduzida contra outros, paralelamente mobilizados, a fim de alcançar, sozinhos ou em coalizão, o exercício das funções de governo"[1535].

Portanto, os partidos políticos são corpos formados a partir do tecido social que desempenham a função de canalizar as aspirações e projetos políticos de determinada gama de indivíduos, organizando-os para o fim de alcançar o exercício direto do poder. Como observa DUVERGER[1536], o partido político não é uma comunidade, mas um conjunto de comunidades.

6.3. Natureza jurídica

Discute-se, doutrinariamente, se os partidos políticos seriam meras associações livres de indivíduos, buscando alcançar o poder dentro de um Estado, ou se, mais do que meras entidades civis, os partidos políticos seriam verdadeiros órgãos oficiais, do Estado. Há também quem os considere uma espécie interposta entre as entidades meramente privadas e as de caráter público.

Embora no Direito Constitucional brasileiro pretérito os partidos políticos tenham sido considerados como entidades públicas, a Constituição de 1988, expressamente, em seu art. 17, § 2º, declarou que os partidos políticos adquirem sua personalidade jurídica "na forma da lei civil". Manteve-se, contudo, a necessidade de registrar os estatutos no Tribunal Superior Eleitoral.

Não foi recepcionada, portanto, a Lei n. 5.682/71, que atribuía a condição de pessoa jurídica de Direito Público interno aos partidos políticos, regime que foi suplantado pela nova ordem constitucional.

Pode-se afirmar, contudo, seguindo CANOTILHO, que os partidos políticos são *associações privadas com funções constitucionais*, já que a Constituição, além de reconhecer aos partidos políticos um "direito fundamental de participação política e instituir quase um monopólio partidário de representação política, os partidos também não são *órgãos do povo* nem titulares de poderes do Estado"[1537].

1532. *Teoria do Estado*, p. 357.
1533. *Teoria Geral do Direito e do Estado*, p. 288.
1534. *Teoria do Estado*, p. 293.
1535. *Os Partidos Políticos*, p. 25.
1536. *Os Partidos Políticos*, p. 52.
1537. *Direito Constitucional*, 4. ed., p. 313, original grifado.

595

6.4. Princípios constitucionais da atividade partidária

6.4.1. Liberdade partidária

A liberdade partidária encontra-se amplamente consagrada nos seguintes termos: "Art. 17. É livre a criação, fusão, incorporação e extinção de partidos políticos (...)".

Existem duas ordens de liberdades partidárias, a objetiva e a subjetiva.

Liberdade partidária objetiva diz respeito ao órgão partidário propriamente dito, e não a seus integrantes. Desdobra-se o conceito de liberdade partidária objetiva em: 1º) liberdade de criar os partidos; 2º) liberdade de transformar os partidos pela fusão e pela incorporação; 3º) liberdade de extinguir os partidos; 4º) autonomia interna. Essa autonomia interna envolve os seguintes elementos: 1º) definição da estrutura partidária; 2º) organização partidária; 3º) funcionamento do partido.

Liberdade partidária subjetiva diz respeito aos sujeitos que compõem o partido político, implicando: 1º) liberdade de inscrever-se em algum partido político; 2º) liberdade de retirar-se de determinado partido político.

6.4.2. Limitações, (in)fidelidade, verticalização e disciplina partidárias

Embora reconhecendo amplamente a liberdade partidária, a Constituição expressamente impõe condicionantes.

Assim, no art. 17, em seus diversos incisos, exige-se dos partidos: 1º) caráter nacional; 2º) proibição de recebimento de recursos financeiros de entidades ou governo estrangeiros ou a estes subordinados; 3º) prestação de contas à Justiça Eleitoral.

Retomo, adiante, elementos históricos e a discussão propriamente dita acerca do mecanismo das coligações partidárias, que considero uma das grandes deformações de nosso sistema político-partidário, posto que permite alianças espúrias entre partidos políticos, ou seja, alianças que visam somente conquistar o poder, independentemente das crenças e ideologias partidárias.

Esse perfil pouco aceitável das coligações revelou-se em toda a sua potencialidade destrutiva no Brasil. Inicialmente isso ocorreu com o afastamento da exigência de verticalização. Posteriormente, com a disputa do poder conquistado nas urnas, entre os partidos políticos supostamente coligados (Presidência e Vice-Presidência). Vejamos o primeiro caso. Com base no caráter nacional dos partidos, imposto pelo inciso I do mencionado art. 17 (cuja redação original foi, posteriormente, alterada pela EC n. 97, de 4 de outubro de 2017), e realizando uma interpretação do disposto no art. 6º da Lei n. 9.504/97, que permite as coligações "dentro da mesma circunscrição", poder-se-ia concluir, como fez o TSE, pela necessidade de uma simetria necessária entre as coligações partidárias que se realizem no âmbito federal, para Presidente da República, e as que se queiram realizar no âmbito estadual (é preciso lembrar que as eleições municipais ocorrem em momento distinto do das eleições federais e estaduais e, por isso, não poderiam ser abrangidas por essa tese). Essa conclusão é reforçada se se pretende perseguir uma consistência partidário-ideológica mínima (que decorre da própria ideia de fidelidade partidária incorporada constitucionalmente, que não pode ser apenas uma fidelidade formal, mas há de ser também uma fidelidade "moral", de comprometimento com os objetivos e valores de cada partido).

Evidentemente que, nessa situação, partido que não apresentasse candidato a Presidente da República, nem por isso deveria ficar liberado da necessária consistência partidário-ideológica. Contudo, não foi esse o entendimento do TSE, que optou por considerar o partido político sem candidato à Presidência da República livre para celebrar, nos Estados, coligações diversas, inclusive com partidos que tenham, eles próprios, candidatos diversos à Presidência. Assim, o partido X, sem candidato a Presidente da República, ficava autorizado a firmar coligação, para fins de disputa eleitoral estadual, com o partido A, no Estado A, com o partido B, no Estado B e com o partido C, no Estado C, ainda que os partidos A, B e C estivessem disputando, com candidatos próprios, a corrida eleitoral presidencial. Evidentemente que esse entendimento privilegia despropositadamente a liberdade partidária, em detrimento da coerência ideológica e do fortalecimento dos partidos no Brasil. As alianças de momento, inconsistentes e oportunistas, acabaram por ser viabilizadas na visão do TSE, desde que o partido interessado não tivesse candidato à Presidência da República.

Objeto de amplo debate nacional, a regra da "verticalização" das coligações eleitorais teria sido definitivamente afastada pela EC n. 52, de 8 de março de 2006, não fosse a controvérsia que se instaurou em torno da sua aplicação imediata. Conferindo nova redação ao § 1º do art. 17 da Constituição, o Congresso Nacional fez acrescentar que os partidos políticos têm autonomia para "adotar os critérios de escolha e o regime de suas coligações eleitorais, sem obrigatoriedade de vinculação entre as candidaturas em âmbito nacional, estadual, distrital ou municipal". Essa regra (está incorreto falar, aqui, em "princípio", caso se adote a distinção estrutural interna entre regras e princípios) foi aprovada para pôr fim à necessidade de que as coligações realizadas no âmbito estadual estivessem vinculadas à coligação realizada para Presidente da República.

Contudo, a própria Emenda foi objeto de discussão. Isso porque havia quem entendesse pela necessidade de aplicação do art. 16 da Constituição, que estabelece a chamada regra da anualidade, consoante a qual a lei que alterar o processo eleitoral não se aplica à eleição que ocorra até um ano da data de sua entrada em vigor.

O STF, julgando a ADIn 3.685, em 22 de março de 2006, proclamou a inconstitucionalidade parcial da EC n. 52/2006 e realizou uma interpretação conforme a Constituição. Entendeu que a liberalização era válida, desde que não aplicada para as eleições de 2006 (data da entrada em vigor da EC n. 52). Ou seja, admitiu que para as eleições de 2010 no Brasil vigorasse — salvo alguma nova mudança constitucional — a mais ampla liberdade nas coligações partidárias para a disputa das eleições. E declarou a inconstitucionalidade da expressão "aplicando-se às eleições que ocorrerão no ano de 2002", expressão inusitada que consta da referida EC n. 52/2006, porque nitidamente levava à sua aplicação retroativa, o que seria absolutamente inconstitucional.

Parece que uma análise inicial do tema e de todas as variantes que ele envolve deveria levar em consideração alguns itens desprezados ou não devidamente alocados por parte do STF: (i) os partidos políticos são essenciais à sobrevivência democrática do Brasil; (ii) sua predisposição constitucional a ter caráter nacional; (iii) o ideário que devem sustentar para que possam ser, efetivamente, instrumentos de representação da vontade soberana do povo; (iv) a moralidade como princípio aplicável a essas agremiações de nítido e inegável interesse público, partidos aos quais o regime jurídico pretérito chegou a atribuir a condição singular de "pessoa jurídica de direito público interno".

Ora, a combinação desses fatores com uma interpretação constitucionalmente adequada deveria conduzir à fixação da ideia de que a não verticalização é ilegítima à luz do sistema democrático brasileiro, que há de conter um núcleo mínimo intangível, sob pena de não serem sustentáveis os marcos constitucionais apontados aqui. A formação de alianças espúrias, a admissão do embate nacional entre dois partidos que, no âmbito estadual (ou até mesmo municipal, embora aqui o tema envolva outras considerações, já que essas eleições ocorrem em separado), se tornam aliados e praticamente se fundem, faz com que os partidos transformem-se em instrumentos de poder pelo poder, deixando de ser instrumentos democráticos legítimos. Assim, "valores" constitucionalmente consagrados como a segurança, a soberania popular, a democracia, a moralidade, passam a ser desprezados em prol de uma suposta "autonomia" partidária que, nesses termos, mais se aproxima de um "vale-tudo", de um oportunismo político-partidário, contra os princípios mais comezinhos da Constituição brasileira. A exigência constitucional da verticalização poderia não ser expressa, mas está no âmago do sistema e dos princípios constitucionais colacionados. Admitir a constitucionalidade, ainda que parcial (para o futuro), da EC n. 52/2006, como fez o STF, significa quebrar aquele núcleo mínimo.

Nem se diga que esse raciocínio representaria a construção de uma norma implícita pelo STF, porque, como se disse, trata-se, aqui, de mera decorrência de uma leitura adequada e sistêmica da Constituição em vigor. A doutrina fala amplamente em princípios implícitos, que têm sido reconhecidos e aplicados pelo próprio STF (como o caso da proporcionalidade, verdadeira condicionante da atividade legislativa e de suas consequências sobre a sociedade). Aliás, em outras situações, muito mais constrangedoras, delicadas e contrárias à prática estabelecida a partir de 1988, o STF impôs-se como guardião dos supremos "valores" constitucionais, ditando, a esse título, "novas" regras do jogo, bastando citar o caso paradigmático do número de vereadores, em relação ao qual se passou a exigir uma proporcionalidade aritmética à população de cada localidade (Recurso Extraordinário n. 197917/SP).

Embora no controle da constitucionalidade da EC n. 52/2006 possam ser encontradas referências à "segurança", contra o suposto "casuísmo" dessa emenda, à "estabilidade", à "cláusula pétrea implícita", ao "devido processo legal eleitoral" e, como muito bem colocou o Ministro CARLOS AYRES BRITTO, a necessidade de "cada partido ser fiel a si mesmo", a conclusão, por maioria de votos, foi pela *constitucionalidade* da quebra da verticalização, desde que não aplicada para as eleições de 2006, permitindo-se um cenário futuro de alianças e conchavos políticos de toda a sorte, com o que o Brasil permanecerá na sombra do ideal democrático constitucionalmente estabelecido. O STF parece ter se preocupado intensamente com as eleições de 2006 — e não poderia ser de outra forma. Mas deveria ter tido o mesmo rigor na apreciação da eficácia futura da EC n. 52/2006.

598

Ademais, poderia o STF proclamar a inconstitucionalidade total da Emenda sem ter construído, como construiu, um raciocínio extremamente aberto, que permite "ler" qualquer mudança da Constituição, com pretensões de vigência imediata, como uma violação da segurança e da previsibilidade nela colocadas como cláusulas imunes ao próprio legislador constitucional reformador. Evidentemente que, no caso específico, havia, ainda, a regra do art. 16, que fala explicitamente no prazo de "um ano" (anualidade). Mas nela não se pode pretender vislumbrar uma cláusula pétrea. Não por outro motivo o STF teve de argumentar amplamente e excessivamente com a ideia de violação da segurança jurídica (e do Estado de Direito). Pode-se conviver com a não verticalização, na tese do STF, desde que essa regra não seja imposta imediatamente. Teria sido oportuno, pois, usar as mesmas referências (raciocínios, argumentos e elementos normativos) feitas pelo STF, além das demais indicadas acima, para fulminar a totalidade da EC n. 52/2006, e não apenas uma específica aplicação temporal nela contida. Trata-se de um exemplo de autolimitação (*self restraint*) inoportuna, pois parece ter o STF sucumbido parcialmente aos desejos eleitorescos dos partidos, insustentáveis em um Estado Democrático de Direito.

Com a EC n. 97, de 2017, as coligações passaram a ser vedadas nas eleições proporcionais a partir de 2020, ou seja, a partir dessa data só se admitirão coligações nas eleições para cargos majoritários (chefes do Executivo e senadores). Permitir e vedar ao mesmo tempo é modelo de baixa técnica, porque não percebe a dificuldade de legitimação que atenta contra partidos políticos quando realizam essas coligações.

Exige, ainda, a Constituição que os partidos políticos, em seus estatutos, estabeleçam normas de fidelidade e disciplina partidárias (art. 17, § 1º, *in fine*, redação da EC n. 52/2006).

Os atos de infidelidade ou indisciplina podem redundar até na exclusão do "infrator" do partido. Para tanto, haverá de constar a hipótese do próprio estatuto partidário em questão. Isso significa, portanto, que as consequências só poderão ser de âmbito interno (daí poder falar em liberdade partidária como circunscrita a esse nível). Como consequência, no caso de infidelidade ou indisciplina partidária de candidato já eleito, nunca se considerou, com a Constituição de 1988, que o parlamentar perderia o respectivo mandato. Aliás, para tanto, a hipótese haveria de constar do rol indicado no art. 15 da Constituição do Brasil, que trata da perda de direitos políticos e, mais especificamente, haveria de estar relacionada no art. 55, que elenca as hipóteses nas quais o parlamentar poderá perder seu mandato. Nesse sentido foram os precedentes decididos pelo STF (MS 2.927 e MS 23.405).

Contudo, o TSE, em decisão de 27 de março de 2007, entendeu que no contexto do sistema representativo proporcional (eleições dos deputados federais, estaduais e vereadores) os partidos ocupam o centro do modelo, sendo a pessoa dos candidatos secundária, para fins de detenção de vagas. Assim, concluiu que o parlamentar que mude de partido após ser eleito perde a sua vaga (equivaleria a uma espécie de renúncia ao mandato). Em seu voto, o Ministro CEZAR PELUSO censurou a prática rotineira de troca de partidos: "Não parece, destarte, concebível que um candidato, para cuja eleição e posse concorram recursos de seu partido, e recursos não apenas financeiros, senão também compreendidos no conceito mesmo de patrimônio partidário de votos, abandone os quadros do partido após repartição das vagas conforme a ordem nominal de votação [dentro do partido]" (Consulta n. 1.398). A ideia é a de que os mandatos pertencem aos partidos ou coligações, e não aos candidatos eleitos. O objetivo dessa decisão é evidente: fortalecer os partidos no Brasil, a fidelidade partidária (indicada na própria Constituição, art. 17, § 1º) e combater a chamada "dança da troca de partidos".

A essa conclusão se chegou tendo em vista a aplicação do quociente eleitoral (número obtido pela divisão do número de votos com o número de vagas na Casa legislativa), que distribui as vagas entre os partidos, e não entre os candidatos individualmente falando. Não por outro motivo é que candidatos com um grande número de votos podem deixar de ser eleitos enquanto outros, com número menor de votos, mas de partidos diversos, podem conquistar vagas. Outro argumento utilizado foi a necessidade, constitucional (art. 14, § 3º, V), da filiação partidária para fins de elegibilidade. O Ministro CESAR ASFOR ROCHA, relator da decisão, anotou, a propósito: "Ora, não há dúvida nenhuma, quer no plano jurídico, quer no plano prático, que o vínculo de um candidato ao Partido pelo qual se registra e disputa uma eleição é o mais forte, se não o único elemento de sua identidade política". Por fim, diversos dispositivos do Código Eleitoral foram lembrados por assumirem, em casos específicos, o pressuposto de que os votos pertencem ao partido e não ao candidato.

Essa decisão representa uma inegável mudança de posicionamento. Esse (novo) entendimento surpreende muitos parlamentares e partidos (tanto os partidos atratores quanto os traídos), porque não apenas a prática parlamentar como também a jurisprudência constitucional e a maioria da doutrina conduziam para solução diversa, embora reprovável do ponto de vista de uma ética político-partidária mínima. Evidentemente que a decisão retoca, positivamente, pontos fracos do partidarismo brasileiro; mas o desenho que se apresenta é, inegavelmente, novo. Para ficar em sintonia com a postura anteriormente adotada pelo STF (exarada quando da apreciação da regra da verticalização), não seria de se admitir tal mudança brusca de imediato, muito menos com caráter retroativo; haveria de se privilegiar a segurança jurídica.

Assim se direcionou o STF, ao decidir, por maioria de oito votos, o Mandado de Segurança n. 26.603-1, impetrado pelo Partido da Social Democracia Brasileira (PSDB), entendendo que o mandato pertence ao partido e não ao parlamentar, quando eleito pelo sistema proporcional de votação (caso dos deputados). Realizando uma manipulação temporal dos efeitos dessa decisão, decidiu-se que a tese passaria a alcançar (após o devido processo legal) todos aqueles que houvessem mudado de partido a partir da data da decisão do TSE, acima indicada, ou seja, a partir de 27 de março de 2007.

No voto do Ministro CELSO DE MELLO são claramente apresentados os sólidos fundamentos constitucionais da decisão, amplamente moralizadora: "A ruptura dos vínculos de caráter partidário e de índole popular, provocada por atos de infidelidade do representante eleito (infidelidade ao partido e infidelidade ao povo), subverte o sentido das instituições, ofende o senso de responsabilidade política, traduz gesto de deslealdade para com as agremiações partidárias de origem, compromete o modelo de representação popular e frauda, de modo acintoso e reprovável, a vontade soberana dos

600

cidadãos eleitores, introduzindo fatores de desestabilização na prática do poder e gerando, com imediato efeito perverso, a deformação da própria ética de governo, com projeção vulneradora sobre a própria razão de ser e os fins visados pelo sistema eleitoral proporcional, tal como previsto e consagrado pela Constituição da República" (MS 26.603/DF). O Ministro bem lembrou a advertência feita pelo Ministro GILMAR MENDES, quando da apreciação da chamada "cláusula de barreira" em julgamento anterior no STF, de que os representantes eleitos devem fidelidade não apenas aos partidos políticos, mas igualmente aos cidadãos eleitores. O STF cumpriu, aqui, seu papel de impedir as fraudes à Constituição.

Na sequência de ocorrências novidadeiras, o TSE decidiu, em 16 de outubro de 2007, que a regra da fidelidade partidária seria aplicável também aos mandatos obtidos pelo sistema majoritário (que inclui prefeitos, governadores, senadores e o Presidente da República); decidiu-se posteriormente, em 25 de outubro, que a "nova" regra incidiria apenas a partir de 16 de outubro de 2007.

No mesmo ano de 2007, o TSE editou a Resolução n. 22.210 tratando da infidelidade partidária e das justificativas válidas para mudança de partido dos mandatários eletivos. O motivo expressamente declarado dessa Resolução foi a observância da jurisprudência do STF, em especial o que havia sido decidido nos Mandados de Segurança ns. 26.602 e 26.603 (objeto dos comentários acima) e 26.604.

Essa Resolução prevê perda do cargo pela desfiliação partidária dos mandatários, exceto nos casos considerados como "justa causa". Entre as justas causas, definidas no § 1º da Resolução, estão "incorporação ou fusão do partido", "criação de novo partido", "mudança substancial ou desvio reiterado do programa partidário" e "grave discriminação pessoal". Entre essas hipóteses, destaca-se a previsão da mudança ou desvio do programa partidário como "justa causa" para a desfiliação, o que assegura a posição assumida ao mandatário que mantiver sua coerência ideológica mesmo contra um desvio de seu partido. A EC n. 111/2021 admite a justa causa "estabelecida em lei", e acrescentou a hipótese de anuência do partido (art. 17 da CB), reforçando como regra a perda do mandato para parlamentares que se desligam do partido para o qual foram eleitos.

Os partidos que perderam parlamentares para outras siglas partidárias, seja em virtude de cancelamento de filiação, seja por transferência do eleito para outro partido, nos termos e nas hipóteses acima indicados, poderão requerer ao TSE a recuperação dos respectivos mandatos. Mas os mandatários eleitos considerados infiéis deverão ser submetidos a julgamento perante a Justiça eleitoral, com ampla oportunidade de defesa. Como já referido, várias exceções devem ser admitidas como escusas pela mudança, evitando a perda do mandato, tais com a fusão ou coligação partidária, a perseguição pelo partido, impedindo a carreira política e a representação popular adequada e a mudança de ideologia ou orientação pelo próprio partido. Caso seja confirmada a perda do mandato, assumirá o suplente ou o vice, respectivamente, nos casos dos parlamentares e no caso dos chefes de Executivos.

A Emenda Constitucional n. 91, de 18 de fevereiro de 2016, estabeleceu nova exceção às regras de fidelidade partidária, autorizando o que ficou conhecido como "janela" para troca partidária. Essa norma transitória (transitória, sim, mas não inserida formalmente no ADCT, por desvio da boa técnica legislativa e também em virtude de uma familiaridade e vulgaridade que vai se construindo quanto ao retalhamento da Constituição) autorizou o detentor de mandato eletivo a se desligar "do partido pelo qual foi eleito nos trinta dias seguintes à promulgação" da aludida Emenda (art. 1º da EC n. 91/2016). Foi assim que 92 dos 513 deputados federais utilizaram-se prontamente dessa "janela" da infidelidade tutelada constitucionalmente[1538].

Semelhante estratagema foi criado — é sempre bom reforçar — pelo próprio Poder Legislativo, o que ressalta o preocupante estágio em que se encontra a instituição no Brasil. O modelo "janela" pode tornar-se frequente, abrindo "brechas" periódicas no respeito à fidelidade partidária, sempre que se aproximem novas eleições. Há, ainda, o aspecto trivial de *overruling* de decisões judiciais (questionável, neste caso, pelo caráter pétreo do elemento democrático), decisões, ademais, consolidadas no ambiente jurídico e na sociedade. Essa ocorrência comprova, ainda, a dificuldade nacional de estabelecer um padrão de racionalidade político-partidária, perpetuando-se o atraso de nosso desenho partidário.

Ressalte-se que, dentre as limitações específicas dirigidas aos partidos políticos, a Constituição também lhes proíbe a organização paramilitar partidária (art. 17, § 4º). Em última análise, significa que, no Brasil, para opor-se ao regime existente, mister se faz obedecer às regras postas e, dessa forma, alcançar o poder e implementar as transformações que eventualmente sejam consideradas imprescindíveis (princípio da democracia). Não se admite, pois, a ideia de partidos políticos rebeldes, que praticam a oposição armada ao governo posto, como ocorre ainda em alguns países nos quais a atividade partidária é verdadeira atividade de guerrilha. Também não se pode tolerar, porque vedado pelo mesmo comando constitucional, a aliança entre um partido político e movimentos paramilitares, ainda que supostamente alcunhados de sociais, mas que em sua essência praticam exclusivamente a intolerância e o desrespeito à ordem (jurídica) estabelecida democraticamente.

Oportuno relevar, por fim, que o STF decidiu, na ADI n. 4.650, pela inconstitucionalidade do financiamento de campanhas eleitorais por pessoas jurídicas. O julgamento ocorreu em 15 de setembro de 2015 e o principal fundamento invocado foi o de evitar a "captura do processo político pelo Poder Econômico", a chamada "plutocratização" (trechos da ementa). Trata-se de tutelar a democracia real em seu embate histórico com o poder econômico.

6.4.3. Direito a recursos e acesso à mídia

Estabelece o § 3º do art. 17 que os partidos políticos têm "direito a recursos do fundo partidário e acesso gratuito ao rádio e à televisão, na forma da lei".

1538. Informação disponível em <http://www2.camara.leg.br/camaranoticias/noticias/POLITICA/505781-JANELA--PARA-TROCA-PARTIDARIA-JA-PROVOCOU-83-MUDANCAS-ENTRE-LEGENDAS.html>, acesso em 19 ago. 2016.

Com o novo regime estabelecido pela EC n. 97, de 2017, em seu art. 3º, houve a criação de uma espécie de cláusula de desempenho para fins de acesso do partido político ao fundo e à propaganda gratuita (para os partidos políticos) no rádio e na TV. A EC criou três estágios temporais de aferição (diversa) do desempenho para fins de manutenção do partido político, a partir das eleições de 2018, 2022 e 2026. Trata-se de eficiência aferida por uma combinação de elementos: percentagem mínima de votos válidos nacionalmente, com participação em 1/3 das unidades federativas e ao menos 1% dos votos em cada uma dessas unidades. Pela EC n. 111/2021, haverá contagem em dobro dos votos dados a candidaturas de mulheres ou de negros para a Câmara dos Deputados, para fins de distribuição do fundo partidário.

O fundo partidário (fundo especial de assistência financeira aos partidos políticos) é constituído, conforme o art. 38 da Lei n. 9.096/95, por: 1º) multas e penalidades pecuniárias aplicadas nos termos do Código Eleitoral e leis conexas; 2º) recursos financeiros que lhe forem destinados por lei, em caráter permanente ou eventual; 3º) doações de pessoa física ou jurídica, efetuadas por intermédio de depósitos bancários diretamente na conta do Fundo Partidário; 4º) dotações orçamentárias da União em valor nunca inferior, cada ano, ao número de eleitores inscritos em 31 de dezembro do ano anterior ao da proposta orçamentária, multiplicados por trinta e cinco centavos de real, em valores de agosto de 1995.

A Lei n. 9.096/95, em seu art. 41, II, estabelece a responsabilidade do Tribunal Superior Eleitoral em proceder à distribuição dos recursos aos partidos políticos, consoante os critérios que elenca.

A mesma lei, em seus arts. 45 e 49, estabelece a forma de exercício do acesso gratuito aos meios de comunicação.

A EC n. 117/2022 acrescentou os §§ 7º e 8º ao art. 17 da CB/88, conferindo *status* constitucional aos programas de promoção e difusão de participação política das mulheres e à cota de gênero relativa ao financiamento e ao tempo de campanha. Assim, os partidos políticos estão obrigados a aplicar, no mínimo, 5% (cinco por cento) dos recursos do fundo partidário "na criação e na manutenção de programas de promoção e difusão da participação política das mulheres, de acordo com os interesses intrapartidários". Ademais, o § 8º do art. 17 determina a destinação de percentual mínimo de 30% dos recursos do Fundo Especial de Financiamento de Campanha e da parcela do fundo partidário destinada a campanhas eleitorais às candidaturas femininas, de forma proporcional. Os partidos também deverão destinar 30% do tempo de propaganda gratuita no rádio e na televisão para promoção e difusão da participação política das mulheres.

Por fim, o art. 3º da EC n. 117/2022 determina que os partidos políticos que não destinaram o percentual mínimo de recursos para as candidaturas femininas ou para as cotas étnico-raciais, até a data da promulgação da referida Emenda, não poderão sofrer qualquer sanção pela justiça eleitoral.

A Emenda Constitucional n. 133, oriunda da Proposta de Emenda à Constituição n. 9/2023, foi promulgada pelo Congresso Nacional em agosto de 2024 e, essencialmente, traz quatro importantes mudanças.

A primeira delas ocorre no bojo do art. 17 da CB, alterando-o para incluir o § 9º, com a seguinte redação: "Dos recursos oriundos do Fundo Especial de Financiamento de Campanha e do fundo partidário destinados às campanhas eleitorais, os partidos políticos devem, obrigatoriamente, aplicar 30% (trinta por cento) em candidaturas de pessoas pretas e pardas, nas circunscrições que melhor atendam aos interesses e às estratégias partidárias".

A Emenda pretende uma espécie de anistia para presumir como tendo sido cumpridos os requisitos de aplicação dos recursos destinados a candidaturas de pessoas pretas e pardas em quaisquer eleições que tenham ocorrido até a data da promulgação da Emenda (art. 3º da EC n. 133/2024).

Foi, ainda, reafirmada a imunidade tributária dos partidos políticos pelo art. 4º da EC n. 133/2024, com especificações nos respectivos parágrafos desse dispositivo.

Ademais, a EC n. 133/2024 instituiu o Programa de Recuperação Fiscal (Refis) específico para partidos políticos e seus institutos ou fundações, nos seguintes termos: "Art. 5º É instituído o Programa de Recuperação Fiscal (Refis) específico para partidos políticos e seus institutos ou fundações, para que regularizem seus débitos com isenção dos juros e das multas acumulados, aplicada apenas a correção monetária sobre os montantes originais, que poderá ocorrer a qualquer tempo, com o pagamento das obrigações apuradas em até 60 (sessenta) meses para as obrigações previdenciárias e em até 180 (cento e oitenta) meses para as demais obrigações, a critério do partido".

7. FORMAS PARALELAS DE PARTICIPAÇÃO POLÍTICO-PARTIDÁRIA: "LOBBIES" E GRUPOS DE PRESSÃO

Os grupos de pressão representam setores organizados da sociedade civil, tendentes a obter favores ou benefícios próprios dos detentores do poder, sem, contudo, organizar-se sob a forma partidária e, ademais, sem aspirar à tomada do poder ou obtenção de cargos públicos.

Lidam, portanto, somente no plano dos interesses, pretendendo obter a regulamentação ou desregulamentação de determinados setores, conforme seus interesses específicos. Como forma de alcançar esse desiderato, utilizam-se os grupos da persuasão, alcançando a convicção dos representantes do povo.

A atuação, portanto, desses grupos ocorre durante o iter do processo legislativo, perante os parlamentares e, eventualmente, junto do Poder Executivo (lembrando que, no caso brasileiro, este dispõe de amplo poder normativo por força das medidas provisórias).

MARIE-FRANCE TOINET[1539] dá conta de que os *lobbies* existiram desde sempre nos Estados Unidos, sendo que a própria palavra aparece já em 1808.

Evidentemente que a tentativa de regulamentação desse setor — ainda que incipiente e tormentosa — é a fórmula mais adequada para procurar combater o aspecto negativo, que, por vezes, encontra-se embutido nessa atividade.

1539. *El Sistema Político de los Estados Unidos*, p. 420.

604

Referências bibliográficas

ALENCAR, José de. *Systema Representativo*. Edição fac-similar. Brasília: Senado Federal, 1997. Originalmente: Rio de Janeiro: Garnier, 1868.

BRYCE, James. *Los Partidos Políticos en los Estados Unidos*. Trad. por Francisco Lombardía. Madrid: La España Moderna, s.d.

CANOTILHO, J. J. Gomes. *Direito Constitucional*. 4. ed. Coimbra: Livr. Almedina, 2000.

CAPITANT, Henri. *Vocabulário Jurídico*. Trad. de Aquiles Horacio Guaglianone. Buenos Aires: Depalma, 1986. Tradução de: *Vocabulaire Juridique*.

CHACON, Vamireh. *História dos Partidos Brasileiros*. 3. ed. ampl. atual. Brasília: Editora Universidade de Brasília, 1998.

CUNHA, Fernando Whitaker da. *Representação Política e Poder*. 2. ed. Rio de Janeiro: Freitas Bastos, 1981.

DUGUIT, Léon. *Manual de Derecho Constitucional*. Trad. por José G. Acuña. 2. ed. Madrid: Francisco Beltrán, 1926.

DUVERGER, Maurice. *Os Partidos Políticos*. 2. ed. Rio de Janeiro: Zahar, 1980.

FRANCO, Afonso Arinos de Melo. *História e Teoria do Partido Político no Direito Constitucional Brasileiro*. Rio de Janeiro, 1948.

HELLER, Hermann. *Teoria do Estado*. São Paulo: Mestre Jou, 1968.

KELSEN, Hans. *Teoria Geral do Direito e do Estado*. 2. ed. Trad. de Luis Carlos Borges. São Paulo: Martins Fontes, 1995 (Coleção Ensino Superior). Trad. de *General Theory of Law and State*, 1945.

POSADA, Adolfo. *El Sufragio*. Barcelona: Soler, s.d.

SEILER, Daniel-Louis. *Os Partidos Políticos*. Trad. de Renata Maria Parreira Cordeiro. Brasília: Editora Universidade de Brasília; São Paulo: Imprensa Oficial do Estado, 2000. Tradução de: *Les Partis Politiques*.

SOARES, Mário Lúcio Quintão. *Teoria do Estado: O Substrato Clássico e os Novos Paradigmas como Pré-Compreensão para o Direito Constitucional*. Belo Horizonte: Del Rey, 2001.

TAVARES, André Ramos. Re-reeleição. *Folha de S. Paulo*, 26 jan. 2001.

_____. *As Tendências do Direito Público no Limiar de um Novo Milênio*. São Paulo: Saraiva, 2000.

TEIXEIRA, José Horácio Meirelles. *Curso de Direito Constitucional*. Rio de Janeiro: Forense, 1991.

TOINET, Marie-France. *El Sistema Político de los Estados Unidos*. Trad. por Glenn Amado Gallardo Jordan. México: Fondo de Cultura Económica, 1994. Trad. de *Le Système Politique des États-Unis*.

Capítulo XXX
DAS GARANTIAS CONSTITUCIONAIS

1. DIREITOS FUNDAMENTAIS E GARANTIAS DOS DIREITOS

Os direitos fundamentais[1540] do homem, ao receberem positivação no Direito Constitucional, passam a desfrutar de uma posição de relevo, no que toca ao ordenamento jurídico interno. Mas a mera declaração ou reconhecimento de um direito não é suficiente, não bastando para sua plena eficácia, porque se torna necessário tutelar esse direito nas situações em que seja violado[1541].

E Rui Barbosa já distinguia entre, de um lado, os direitos, e, de outro, as garantias dos direitos. E isto porque é imperioso separar "as disposições meramente declaratórias, que são as que imprimem existência legal aos direitos reconhecidos, e as disposições assecuratórias, que são as que, em defesa dos direitos, limitam o poder. Aquelas instituem os direitos; estas, as garantias: ocorrendo não raro juntar-se, na

---

1540. É oportuno fixar aqui a noção de jurisdição constitucional. É que esta abrange, além do controle judiciário da constitucionalidade das leis e demais atos normativos, a jurisdição constitucional das liberdades (para se utilizar de expressão cunhada pelo mestre italiano Mauro Cappelletti) e, igualmente, o uso dos remédios processuais de nível constitucional (cf. Carlos Mário da Silva Velloso, *As Novas Garantias Constitucionais*, p. 7, e Ada Pellegrini Grinover, *Os Princípios Constitucionais e o Código de Processo Civil*, p. 7-8).

1541. Sobre esse dúplice aspecto, ou seja, o tratamento constitucional dos direitos fundamentais, e sua tutela em caso da ocorrência de transgressão, ensina Paolo Biscaretti Di Ruffia: "En el curso del siglo XIX la enunciación de derechos y deberes sufrió una doble transformación: pasó al mismo texto de las Constituciones, imprimiendo a sus fórmulas, hasta entonces abstractas, el carácter concreto de *normas jurídicas* positivadas (si bien de contenido general y de principio), valederas para los ciudadanos particulares de los respectivos Estados (llamada subjetivización), y, muy a menudo, se integró también con la intervención de otras normas encaminadas a actuar una completa y detallada regulación jurídica de sus puntos más delicados, de modo que no necesitan, ulteriormente, para tal fin, intervención del legislador ordinario (o sea, *positivación*).

"Tal doble transformación (ya operada en las Constituciones revolucionarias francesas posteriores a la de 1791: que a las mencionadas *déclarations des droits* abstractas hicieron seguir, en los textos respectivos, las *garanties des droits*, más jurídicas y normativas) tuvo su primera afirmación íntegra en la Constitución belga de 1831 (título II, artículos 4 a 24) — en la cual se inspiró ostensiblemente también el Estatuto albertino de 1848 (artículos 24 a 32) — y fue, luego, acogida, más o menos rigidamente, por todas las Constituciones liberales y democráticas de los decenios siguientes.

"Un nuevo cambio decisivo se dio, luego, al término de la Primera Guerra Mundial: mientras que desde entonces los derechos y los deberes de los ciudadanos habían sido formulados jurídicamente sólo en relaciones con la *actividad jurídica* del Estado (a saber: a la desplegada para alcanzar los llamados fines esenciales del mismo: y, en particular, teniendo en cuenta la *tutela del orden* en el interior del mismo Estado: número 21), sobre la base, especialmente en los últimos años, de los principios democráticos de *libertad e igualdad* (número 71), desde tal época en adelante fueron igualmente definidos, siempre en medida creciente, también respecto a la *actividad social* del mismo Estado (o sea, la que mira al bienestar y al progreso moral y material del pueblo); determinando, por consiguiente, una notable extensión de los textos constitucionales correspondientes" (Paolo Biscaretti Di Ruffia, *Derecho Constitucional*, 1965, p. 669-70).

mesma disposição constitucional, ou legal, a fixação da garantia, com a declaração do direito"[1542].

Registro a advertência de SAMPAIO DÓRIA sobre a correspondência terminológica que se pode formar em torno da questão, declarando que "os direitos são garantias e as garantias são direitos"[1543].

De fato, esta a posição que se afigura de melhor técnica constitucional. Para tanto, tome-se como paradigma o instituto da ação popular. Como se sabe, tradicionalmente é ele encarado como remédio constitucional, e, nesse sentido, trata-se de uma garantia, de uma disposição eminentemente assecuratória. Mas não se pode negar que o exercício da ação popular é, considerado em si mesmo, o exercício de um direito de índole política. Assim, neste último sentido, o Texto Constitucional consagra um direito de participação política, declarando-o exercitável através da ação popular. E, mais ainda, os direitos que a ação popular tutela vêm consagrados no mesmo dispositivo que a prevê como ação assecuratória. São os direitos à moralidade administrativa, ao meio ambiente, ao patrimônio público, histórico e cultural.

Neste ponto, pode-se observar uma série de "inconsistências" terminológicas no Texto Constitucional brasileiro, a começar da própria rubrica do Capítulo I do Título II, que dispõe "Dos Direitos e Deveres Individuais e Coletivos", que, como se observa, nenhuma referência faz às garantias, embora se encontre elevado número de garantias entre os incisos do art. 5º. Além disso, como já se observou, reconhecem-se alguns direitos garantindo-os (como no inciso V). Em vez de declarar-se o direito à resposta proporcional ao agravo, "assegura-se" o mesmo. De outra parte, garantias propriamente ditas são gramaticalmente declaradas. Finalmente, fundem-se num mesmo dispositivo constitucional o direito e seu instrumento de garantia correspondente.

Nesta obra considero o sentido mais estrito de garantias constitucionais, alocando-as mais propriamente no chamado Direito Processual Constitucional. Embora sejam direitos constitucionais, não se justificam por si mesmas, mas como instrumentos para consecução de outros direitos.

2. REMÉDIOS OU GARANTIAS CONSTITUCIONAIS

Vale reproduzir, inicialmente, a preocupação de NORBERTO BOBBIO, para quem "... o problema que temos diante de nós não é filosófico, mas jurídico e, num sentido mais amplo, político. Não se trata de saber quais e quantos são esses direitos, qual é sua natureza e seu fundamento, se são direitos naturais ou históricos, absolutos ou relativos, mas sim qual é o modo mais seguro para garanti-los, para impedir que, apesar das solenes declarações, eles sejam continuamente violados"[1544].

1542. *República: Teoria e Prática*, p. 121-4.

1543. Sampaio Dória, *Direito Constitucional*, 3. ed., São Paulo: Cia. Editora Nacional, 1953, t. 2, p. 257 (apud José Afonso da Silva, *Curso de Direito Constitucional Positivo*, p. 170).

1544. Norberto Bobbio, *A Era dos Direitos*, trad. Carlos Nelson Coutinho, p. 25.

Entre as garantias constitucionais dos direitos fundamentais encontra-se a ação popular, o mandado de segurança, o mandado de injunção, o *habeas data* e o *habeas corpus*. A esse conjunto a doutrina tem reservado o nome de "remédios constitucionais".

Esses remédios são os instrumentos colocados, pelo ordenamento constitucional nacional, para a proteção dos direitos humanos. Nesse particular, atende-se a um reclamo de ordem internacional. Como assinala CANÇADO TRINDADE, a proteção dos direitos humanos "é um propósito básico do ordenamento jurídico; neste sentido se pode conceber o direito à ordem jurídica ou constitucional, em cujo marco se realizam os direitos humanos. Por sua vez, o exercício efetivo da democracia contribui decisivamente para a observância e garantia dos direitos humanos, e a plena vigência destes caracteriza, em última análise, o Estado de Direito". E continua: "o artigo 25 da Convenção Americana sobre Direitos Humanos significativamente consagra o direito a um recurso simples, rápido e efetivo não somente por violações da própria Convenção, senão também por violações dos direitos consagrados na Constituição nacional ou na lei interna. Também as Declarações Universal e Americana de Direitos Humanos de 1948 dispõem a respeito desse ponto. A Declaração Americana prevê, no artigo XVIII, o direito a um procedimento simples e breve contra atos que violem os 'direitos fundamentais consagrados constitucionalmente'; e a Declaração Universal, por sua vez, dispõe sobre o direito a um recurso efetivo perante os tribunais nacionais competentes contra atos que violem os 'direitos fundamentais reconhecidos pela Constituição ou pela lei' interna (artigo 8). O direito à ordem constitucional, ligado à realização dos direitos humanos, encontra, portanto, respaldo nos instrumentos internacionais de proteção dos direitos humanos"[1545].

Denomina-os a doutrina pátria *remédios*, no sentido de que são meios colocados à disposição dos indivíduos e cidadãos para provocar a atuação das autoridades em defesa do padecimento de direitos declarados. E a noção de remédios, usada em seu sentido figurado, por óbvio, é boa, já que tanto denota o fato de servirem para prevenir lesões como para reparar aquelas que eventualmente já tenham ocorrido.

ADA PELLEGRINI GRINOVER[1546] adverte que o termo "garantia"[1547] tem abrangência maior do que "remédio" constitucional, já que por garantia poder-se-á compreender todo e qualquer instrumento necessário à concretização dos direitos declarados pela Constituição, por exemplo, tanto a ação propriamente dita como a própria defesa em juízo (de uma ação proposta sem fundamento).

MONIZ DE ARAGÃO lembra que o vocábulo "garantia" não tem sido aplicado de maneira inequívoca[1548]. E o autor utiliza-o num sentido ainda mais amplo, não circuns-

---

1545. Norberto Bobbio, *A Era dos Direitos*, p. 18.

1546. Ada Pellegrini Grinover, *Novas Tendências do Direito Processual*, 1990.

1547. Algumas das dificuldades terminológicas verificadas decorrem da origem do termo, que está no Direito Privado. Lembre-se da teoria civilista das garantias reais ou fidejussórias.

1548. Assim, utiliza indistintamente os termos Carlos Mário da Silva Velloso: "os remédios constitucional-processuais, também denominados garantias constitucionais, ou garantias de Direito Constitucional" (*As Novas Garantias Constitucionais*, p. 7), sem, contudo, a largueza imprimida ao vocábulo por Moniz de Aragão.

crito apenas a aspectos da realização da justiça, mas igualmente quanto ao próprio Poder Judiciário. Nesse contexto, utilizado pelo autor, as garantias fundamentais na nova Constituição abarcariam, por exemplo, a garantia da independência do Judiciário, ou da vitaliciedade dos magistrados[1549].

Mas, "na doutrina e na jurisprudência, vem dando-se a estes o nome de remédios de Direito Constitucional, ou remédios constitucionais, no sentido de meios postos à disposição dos indivíduos e cidadãos para provocar a intervenção das autoridades competentes, visando sanar e corrigir a ilegalidade e abuso de poder em prejuízo de direitos e interesses individuais"[1550].

Alguns desses remédios são meios de provocar a atividade jurisdicional, e, pois, acabaram por merecer a designação de "ações constitucionais"[1551].

Na verdade, cumpre agora fazer uma distinção. Nestes últimos tempos assistiu-se a uma espécie de agrupamento em nível constitucional dos princípios processuais. A isso os processualistas têm denominado "direito processual constitucional". Seria "uma colocação científica, de um ponto de vista metodológico e sistemático, do qual se pode examinar o processo em suas relações com a Constituição"[1552].

A partir da constatação dessa ocorrência em nível constitucional, DINAMARCO sinteticamente anota que: "A visão analítica das relações entre processo e Constituição revela ao estudioso dois sentidos vetoriais em que elas se desenvolvem, a saber: a) no sentido Constituição-processo, tem-se tutela constitucional deste e dos princípios que devem regê-lo, alçados a nível constitucional; b) no sentido processo-Constituição, a chamada jurisdição constitucional, voltada ao controle da constitucionalidade das leis e atos administrativos e à preservação de garantias oferecidas pela Constituição ('jurisdição constitucional das liberdades'), mais toda a ideia de instrumentalidade processual em si mesma, que apresenta o processo como sistema estabelecido para a realização da ordem jurídica, constitucional inclusive"[1553]. Eis aqui o ponto de contato entre o processo e a Constituição. Portanto, interessa, neste estudo, o sentido processo-Constituição, especificamente a jurisdição constitucional das liberdades.

Como observa a Profª ADA PELLEGRINI GRINOVER, na abertura de uma de suas obras, "O direito processual não se separa da Constituição: muito mais do que mero instrumento técnico, o processo é instrumento ético de efetivação das garantias jurídicas. Sobre os princípios políticos e sociais da Constituição edificam-se os sistemas processuais"[1554].

1549. E. D. Moniz de Aragão, *Garantias Fundamentais na Nova Constituição*, p. 97.

1550. Osvaldo Agripino de Castro Júnior, Os Direitos Humanos no Brasil e a sua Garantia através dos Instrumentos Processuais Constitucionais, *Revista de Informação Legislativa*, v. 33, p. 90.

1551. Nesse sentido, José Afonso da Silva, *Curso de Direito Constitucional Positivo*, p. 386.

1552. Ada Pellegrini Grinover, *Os Princípios Constitucionais e o Código de Processo Civil*, n. 3, p. 7.

1553. Cândido Rangel Dinamarco, *A Instrumentalidade do Processo*, 1994, p. 25 — os grifos estão no original.

1554. Ada Pellegrini Grinover, *Os Princípios Constitucionais e o Código de Processo Civil*, em sua apresentação.

3. POSIÇÃO DAS GARANTIAS

Segundo GORDILLO, o Direito Administrativo seria um conjunto de princípios e normas que contemplam a estruturação do aparato administrativo, seu funcionamento, a integração de seus segmentos componentes, tudo tendo em vista o desempenho da função administrativa, acrescentando expressamente nessa noção os instrumentos de defesa do administrado contra a Administração Pública. Partindo dessa constatação, SÉRGIO FERRAZ observa com muita argúcia: "Isto é absolutamente invulgar, incomum, inédito. Integra ele, portanto, ao contexto do que seja direito administrativo, o conjunto de instrumentos, judiciais ou não, postos à disposição do administrado em face da atividade administrativa"[1555]. E acrescenta SÉRGIO FERRAZ que essa postura de GORDILLO não é ideológica, mas técnica, na medida em que, "cientificamente ao menos, administração e administrado não são adversários"[1556]. A conclusão é peremptória: "Não há direito administrativo sem instrumentos de defesa do administrado perante a administração pública"[1557].

Também o Direito Processual chama a si o estudo dos instrumentos de defesa do administrado, porque desenvolvidos que são, em sua maioria, através do Judiciário.

Contudo, é na Constituição que se encontram consagrados esses instrumentos de defesa do administrado. O Direito Processual os destrincha, prevendo seu rito específico e outros elementos necessários.

De qualquer forma, compõem esses instrumentos uma categoria mais ampla, a dos direitos humanos, como já assinalado.

4. GARANTIAS CONSTITUCIONAIS EM ESPÉCIE

O presente item procura apresentar apenas o significado e objetivo das principais garantias constitucionais, compreendidas como medidas judiciais, propostas pela Constituição brasileira de 1988. Um estudo mais aprofundado e completo deve ser buscado no *Direito Processual Constitucional*.

4.1. *Habeas corpus*

Sendo um dos instrumentos jurídicos mais antigos, cuja origem está na Inglaterra do século XIII, o *habeas corpus*, previsto em 1988, é ação constitucional que pretende acesso prioritário e célere ao Poder Judiciário na busca de medidas que corrijam atos que violem ou pretendam violar o direito fundamental à liberdade de locomoção.

4.2. Mandado de segurança individual e coletivo

Criado pela Constituição brasileira de 1934, em estrutura e objetivos similares ao do amparo mexicano, e para tutelar situações que chegaram a ser defendidas por meio

---

1555. Sérgio Ferraz, *Instrumentos de Defesa do Administrado*, p. 11.
1556. Sérgio Ferraz, *Instrumentos de Defesa do Administrado*, p. 12.
1557. Sérgio Ferraz, *Instrumentos de Defesa do Administrado*, p. 22.

do *habeas corpus* (doutrina brasileira do *habeas corpus*), o mandado de segurança pretende ser também ação constitucional expedita para combater males decorrentes da ilegalidade e do abuso de poder.

Algumas particularidades do mandado de segurança são dignas de destaque: i) é ação exclusivamente documental (não admite produção probatória — o direito deve ser líquido e certo); ii) tem cabimento residual em relação ao *habeas corpus* e ao *habeas data*; iii) só pode ser utilizado em face de autoridade pública ou agente de pessoa jurídica na posição de Poder Público.

Importa, ainda, assinalar que o mandado de segurança pode ser preventivo, caso haja justificado receio (temor objetivamente demonstrado) de que ato violador de direito líquido e certo venha a ser praticado por autoridade ou pessoa em sua posição.

Dentre as espécies, o mandado de segurança pode ser individual ou coletivo, neste caso disciplinado na Lei n. 12.016/2009, pela primeira vez. É também possível mandado de segurança contra ato judicial, além de seu cabimento rotineiro contra atos administrativos (não suspensos).

4.3. Ação popular

Ação de origem romana, é também considerada como de natureza dúplice, por ser compreendida como uma forma de participação política do cidadão. Daí a ideia de que sua legitimidade ativa esteja atrelada à condição de ser "cidadão" no gozo de seus direitos políticos.

Prevista atualmente no inciso LXXIII do art. 5º da Constituição, nele pode-se constatar uma significativa ampliação em relação ao regime anterior, pela inclusão de novas hipóteses de cabimento. Assim, é possível, pela Constituição, manejar o instrumento em questão visando a tutelar: i) o patrimônio público; ii) a moralidade; iii) o meio ambiente; iv) o patrimônio histórico, e; v) o patrimônio cultural. A Lei n. 4.717/65 trata também do tema.

Em face de qualquer ato lesivo a esses bens é possível utilizar a ação popular, não sendo admitido, contudo, quando o ato em questão é uma Lei, caso em que há ações específicas para o controle geral.

4.4. Mandado de injunção

Trata-se de ação judicial, prevista constitucionalmente, para combater a morosidade do Poder Público em sua função legislativa e regulamentadora, sempre que essa inércia esteja a inviabilizar o exercício concreto de direitos, liberdades ou prerrogativas constitucionalmente previstos. Portanto, a atuação normativa demandada pelo instrumento em apreço pode ser de duas ordens: i) legal; ii) infralegal (decretos, portarias etc.).

As normas constitucionais que podem ser invocadas como causa do cabimento do mandado de injunção devem reunir dois predicados básicos: i) disporem sobre direitos, liberdades ou prerrogativas; ii) terem eficácia material não plena, ou seja, serem depen-

611

dentes de detalhamento de seu conteúdo para fins de incidência, o que no caso deveria ser feito, ante a recusa parlamentar ou administrativa, pelo Poder Judiciário.

Há, contudo, controvérsia acerca da natureza da decisão em mandado de injunção, sobre se meramente declaratória da inércia insuportável dos "Poderes" ou se constitutiva de novas situações (realizando os direitos solenemente proclamados). Daí a disputa sobre a posição do Poder Judiciário na realização plena dos direitos fundamentais, que para os opositores da tese representa um inadmissível ativismo judicial.

O mandado de injunção, em suas modalidades individual e coletivo, foi disciplinado pela Lei n. 13.300 de 2016, a Lei do Mandado de Injunção. Essa disciplina normativa se propôs a balizar os limites da atuação do Poder Judiciário sem deixar de tutelar os "direitos e liberdades constitucionais e (...) as prerrogativas inerentes à nacionalidade, à soberania e à cidadania", que podem ser inviáveis diante da "falta total ou parcial de norma regulamentadora" (art. 2º da Lei que reproduz parte do texto do art. 5º, LXXI, da Constituição do Brasil).

A primeira observação que merece ser feita aqui é a de que a norma acolheu a distinção entre a omissão normativa completa e a omissão parcial[1558].

Para o mandado de injunção individual encontram-se legitimados aqueles que tenham tido seus direitos violados pela omissão do Poder Público (art. 2º da Lei do Mandado de Injunção).

Já para o mandado de injunção coletivo, nos termos do art. 12 da Lei, legitimam-se "o Ministério Público [...]; partido político com representação no Congresso Nacional [...]; organização sindical, entidade de classe ou associação legalmente constituída e em funcionamento há mais de 1 (um) ano [...]; a Defensoria Pública".

O mandado de injunção coletivo tem por objetivo tutelar direitos titularizados por "uma coletividade indeterminada de pessoas ou determinada por grupo, classe ou categoria", nos termos do art. 12, parágrafo único, da Lei n. 13.300/2016.

Um ponto de fundamental importância da Lei é a definição da atuação judicial em caso de mora legislativa, promovida pelo art. 8º. Esse artigo segue posição do Supremo Tribunal Federal, que a partir do ano de 2007 passou a não mais apenas notificar a autoridade omissa de sua falta (o chamado "apelo ao legislador"), mas, efetivamente, dispôs-se a sanar a omissão, concretizando o direito[1559].

O referido art. 8º confere alternativas no caso de ser constatada judicialmente a omissão, assim elencadas: (i) "determinar prazo razoável para que o impetrado promo-

---

1558. Essa distinção é corrente na decisão do STF. Ainda que em modalidade de ação diversa, na Ação Direta de Inconstitucionalidade n 1.439-1 (rel. Min. Celso de Mello, j. 22-5-1996), o Supremo Tribunal Federal adotou posição que se encontra bem resumida na seguinte ementa: "Se o Estado deixar de adotar as medidas necessárias à realização concreta dos preceitos da Constituição, em ordem a torná-los efetivos, operantes e exeqüíveis [...] incidirá em violação negativa do texto constitucional [...] que pode ser total, quando nenhuma providência é adotada, ou parcial, quando é insuficiente a medida efetivada pelo Poder Público" (manteve-se a grafia original).

1559. Dimitri Dimoulis e Soraya Lunardi informam a mudança jurisprudencial ocorrida na interpretação do STF acerca dos efeitos da decisão a partir do julgamento dos Mandados de Injunção n. 721 (30-8-2007) e n. 712 e 708 (ambos julgados em 25-10-2007) (*Curso de Processo Constitucional*: controle de constitucionalidade e remédios constitucionais, p. 409-10).

va a edição da norma regulamentadora", ou (ii) "estabelecer as condições em que se dará o exercício dos direitos, das liberdades ou prerrogativas". O mesmo artigo prevê, ainda, a possibilidade de (iii) o julgador estabelecer "as condições" para futura ação contra o descumprimento do prazo para suprir a omissão, quando essa for a determinação do mandado de injunção.

Esses caminhos já haviam sido contemplados na jurisprudência histórica do STF. Nos paradigmáticos casos dos Mandados de Injunção n. 712[1560] e 708[1561], em que entidades sindicais do setor público apontaram omissão na regulamentação do direito de greve, ficou decidido que seria aplicável, ao setor público, a do setor privado (a Lei n. 7.783/89, que regulamenta a greve no setor privado). Essa me parece uma solução que se amolda à alternativa ampla acima descrita, exatamente aquela adotada pelo art. 8º, II, da Lei do Mandado de Injunção, que possibilita à sentença "estabelecer as condições em que se dará o direito".

A concessão de prazo para a autoridade suprir a omissão foi determinada no MI 283[1562], julgado pelo STF. No caso, um servidor demitido da Força Aérea Brasileira, com base em Portaria editada na época da ditadura militar, requeria o direito a reparação econômica que demandava uma lei específica, nos termos literais do art. 8º, § 3º, do ADCT da Constituição do Brasil. A solução foi de dar prazo para que se concluísse a legislação determinada pela CB. Encerrado o prazo, o autor da ação estaria autorizado a mover uma ação, pelas vias ordinárias, apenas para a liquidação do dano, sem necessidade de demonstrá-lo.

Essa última parte da referida decisão judicial concreta se aproxima da opção legislativa de "conferir os parâmetros para futura ação judicial contra a autoridade omissa", enunciada acima e presente no inciso II, *in fine*, do art. 8º da Lei do Mandado de Injunção. Solução semelhante encontra, ainda, lastro jurisprudencial histórico no Mandado de Injunção do STF n. 562[1563], no qual, da mesma forma que no anterior, servidores demitidos da Força Aérea Brasileira pleitearam o direito à reparação econômica nos termos do art. 8º, § 3º, do ADCT da Constituição do Brasil. Nesse último caso, porém, a decisão do STF foi mais imediata, pois, sem conceder prazo prévio, atribuiu aos impetrantes o direito de ingressar com ação indenizatória.

A Lei do MI acaba por reverberar uma atuação intensa e profícua do Poder Judiciário nacional, que assumiu, em tantos casos, com rigor, seu papel de criar o Direito no caso concreto. O reconhecimento desse "poder" pelo próprio Poder Legislativo, ainda que se possa considerar uma mera reiteração da prática jurídica consolidada, importa como mais uma constatação que contradiz o ataque simplista e generalizante de setores que consideram semelhante atuação do Poder Judiciário, mesmo que necessária para o escrito cumprimento da Constituição diante de omissão

---

1560. Rel. Min. Eros Grau, j. em 25-10-2007.
1561. Rel. Min. Gilmar Mendes, j. em 25-10-2007.
1562. Rel. Min. Sepúlveda Pertence, j. em 20-3-1991.
1563. Rel. Min. Carlos Velloso, j. em 20-2-2003.

normativa, como ideologicamente ativista ou devassadora da separação de poderes no Brasil. É urgente uma viragem paradigmática que nos permita abandonar a doutrina ultrapassada de separação para abraçar a proposta de uma teoria de integração dos poderes, habilitando-se, sempre e permanentemente, o Poder que mais bem preparado esteja para realizar a Constituição, nos termos do que propõem autores como Sandra Liebenberg.

4.5. *Habeas data*

É ação constitucional pela qual todo interessado pode exigir o conhecimento do conteúdo de registro de dados, relativamente a sua pessoa, mas que se encontrem em repartições públicas ou particulares acessíveis ao público em geral. Permite-se, ainda, por meio da ação, pedido para retificar dados constantes dos referidos registros e, inclusive, sua retirada imediata, quando se tratar de informações obtidas com violação de direitos fundamentais ou cuja exposição viole direitos fundamentais (como a privacidade, intimidade, imagem etc.).

O *habeas data* surge como inovação de 1988, por desmembramento do mandado de segurança (daí a circunstância de este ter cabimento residual em relação ao *habeas data*). Os motivos de seu surgimento estão ligados à superação de situações ocorridas no Governo Militar quanto às informações pessoais do cidadão e, mais do que isso, ao reconhecimento da identidade pessoal do cidadão, que há de ser tutelada.

A Lei n. 9.507/97 veio disciplinar a ação e, a partir dela, passou o STF a entender que é necessária a busca administrativa da informação ou de sua retificação como condição de admissibilidade da ação.

Referências bibliográficas

BARBOSA, Rui. *República: Teoria e Prática*. Petrópolis-Brasília: Vozes/Câmara dos Deputados, 1978.

BOBBIO, Norberto. *A Era dos Direitos*. Tradução por Carlos Nelson Coutinho. Rio de Janeiro: Campus, 1992. Tradução de *L'Età del Diritti*.

CASTRO JÚNIOR, Osvaldo Agripino de. Os Direitos Humanos no Brasil e a sua Garantia através dos Instrumentos Processuais Constitucionais. *Revista de Informação Legislativa*, Brasília, v. 33, n. 130, abr./jun. 1996. Bibliografia: 83-97.

DIMOULIS, Dimitri; LUNARDI, Soraya. *Curso de Direito Processual Constitucional*: controle de constitucionalidade e remédios constitucionais. 2. ed. São Paulo: Atlas, 2013.

DINAMARCO, Cândido Rangel. *A Instrumentalidade do Processo*. 4. ed. São Paulo: Malheiros, 1994.

DÓRIA, A. de Sampaio. *Direito Constitucional*. São Paulo: Max Limonad, 1960. v. 2.

FERRAZ, Sérgio. Instrumentos de Defesa do Administrado. *Revista de Direito Administrativo*, n. 165, p. 11-22, jul./set. 1986.

FERREIRA FILHO, Manoel Gonçalves. *Direitos Humanos Fundamentais*. 4. ed. rev. São Paulo: Saraiva, 2000.

_____. *Curso de Direito Constitucional*. 25. ed. São Paulo: Saraiva, 1999.

GRINOVER, Ada Pellegrini. *Os Princípios Constitucionais e o Código de Processo Civil*. São Paulo: Bushatsky, 1975.

_____. *Novas Tendências do Direito Processual*. Rio de Janeiro: Forense Universitária, 1990.

LIEBENBERG, Sandra. *Socio-economic rights*: adjudication under a transformative constitution. Claremont: Juta & Co., 2010.

MONIZ DE ARAGÃO, E. D. Garantias Fundamentais na Nova Constituição. *Revista de Direito Administrativo*, Rio de Janeiro, v. 184, p. 97-105.

RUFFIA, Paolo Biscaretti Di. *Direito Constitucional*. São Paulo: Revista dos Tribunais, 1984.

TAVARES, André Ramos. *Manual do Novo Mandado de Segurança*. São Paulo: Gen, 2009.

VELLOSO, Carlos Mário da Silva. *As Novas Garantias Constitucionais*. In: RT, n. 644, jun., 1989.

Título IV

DOS DIREITOS SOCIAIS E COLETIVOS

Capítulo XXXI
TEORIA GERAL DOS DIREITOS SOCIAIS

1. NOÇÃO DE DIREITOS SOCIAIS

Os direitos sociais, como direitos de segunda dimensão, convém relembrar, são aqueles que exigem do Poder Público uma atuação positiva, uma forma atuante de Estado, prioritariamente na implementação da igualdade social dos hipossuficientes. São, por esse exato motivo, conhecidos também como direitos a prestação, ou direitos prestacionais.

O art. 6º da Constituição refere-se de maneira bastante genérica aos direitos sociais por excelência, como o direito à saúde, ao trabalho, ao lazer, à previdência social, à assistência aos desamparados etc. Cumpre registrar que a EC n. 26/2000 acrescentou direito social à moradia, a EC n. 64/2010 inovou ao inserir o direito social à alimentação e a EC n. 114/2021 estabeleceu a renda básica familiar, entendida como um programa permanente de transferência de renda, mantido pelo poder público, para brasileiros em situação de vulnerabilidade social. Ademais, a referida Emenda acrescentou o inciso VI ao art. 203 da Constituição brasileira incorporando aos objetivos da assistência social "a redução da vulnerabilidade socioeconômica de famílias em situação de pobreza ou de extrema pobreza".

Na ponderação de ALEXY, utilizando-se da expressão de BÖKENFORDE[1564], deve-se falar de um conjunto de direitos sem os quais as liberdades públicas consubstanciam meras "fórmulas vazias". Consoante LORENZ VON STEIN: "A liberdade é apenas real quando se possuem as condições da mesma, os bens materiais e espirituais para tanto pressupostos da autodeterminação"[1565]. Mas, sob as condições da moderna sociedade industrial, esses direitos "dependem essencialmente de atividades estatais"[1566].

2. ESPÉCIES DE DIREITOS SOCIAIS

Diversas são as espécies de direitos sociais. É preciso, contudo, agrupar os direitos sociais em algumas categorias: 1ª) os direitos sociais dos trabalhadores; 2ª) os direitos

---

1564. Staat, Gesellschaft, Freiheit, 1976, p. 77, apud Robert Alexy, *Teoría de los Derechos Fundamentales*, p. 488.

1565. *Geschichte der sozialen Bewegung in Frankreicht Von 1789 bis auf unsere Tage*, t. 3 (edição Salomon), Munich, 1921 (reimpr. Darmstadt, 1959), p. 104, apud Robert Alexy, *Teoría de los Derechos Fundamentales*, p. 487.

1566. Robert Alexy, *Teoría de los Derechos Fundamentales*, p. 487.

sociais da seguridade social; 3ª) os direitos sociais de natureza econômica; 4ª) os direitos sociais da cultura; 5ª) os de segurança.

Os direitos sociais dos trabalhadores podem ser classificados em: 1º) direitos sociais individuais do trabalhador; 2º) direitos sociais coletivos do trabalhador[1567].

Os direitos sociais da seguridade social compreendem: 1º) direito à saúde; 2º) direito à assistência social; 3º) direito à previdência social.

Os direitos sociais de natureza econômica envolvem todas as prestações positivas do Estado voltadas: 1º) à busca do pleno emprego; 2º) à redução das desigualdades sociais e regionais; 3º) à erradicação da pobreza e da marginalização; 4º) à defesa do consumidor e da concorrência. Inserem-se nesse contexto a função social da propriedade privada e o denominado "Fundo de Combate e Erradicação da Pobreza", criado em dezembro de 2000, pela Emenda Constitucional n. 31, cujo objetivo, a ser implementado pela União, Estados, Distrito Federal e Municípios, é "viabilizar a todos os brasileiros acesso a níveis dignos de subsistência, cujos recursos serão aplicados em ações suplementares de nutrição, habitação, educação, saúde, reforço de renda familiar e outros programas de relevante interesse social voltados para melhoria da qualidade de vida" (art. 79 do ADCT).

Os direitos sociais da cultura englobam: 1º) direito à educação; 2º) direito à cultura propriamente dita.

3. BENEFICIÁRIO DOS DIREITOS SOCIAIS

O oferecimento de direitos de cunho social tem como destinatários todos os indivíduos, mas pretendem, em especial, alcançar aqueles que necessitam de um amparo maior do Estado.

Contudo, a proteção constitucional constante do art. 7º da CB destina-se, segundo os dizeres da própria Constituição, apenas aos trabalhadores, sejam eles urbanos ou rurais.

Não há, como se percebe, precisão conceitual do destinatário da norma, restringindo-se o legislador constitucional a referir-se aos "trabalhadores" em sentido abstrato. Há que buscar na própria Constituição a correta dimensão desse conceito.

Assim, como anota AMAURI MASCARO NASCIMENTO, "a Constituição é aplicável ao empregado e aos demais trabalhadores nela expressamente indicados, e nos termos que o fez; ao rural, ao avulso, ao doméstico e ao servidor público. Não mencionando outros trabalhadores, como o eventual, o autônomo e o temporário, os direitos destes ficam dependentes de alteração da lei ordinária, à qual se restringem"[1568].

Cumpre trazer à baila o conceito legal de trabalhador urbano, encontrado na Consolidação das Leis do Trabalho, em seu art. 3º, nos seguintes termos: "toda pessoa físi-

---

1567. Essa classificação é adotada por Luiz Alberto David Araujo e Vidal Serrano Nunes Júnior (*Curso de Direito Constitucional*, 4. ed., p. 161-70). Arnaldo Süssekind fala em direito individual do trabalho e direito coletivo do trabalho na Constituição de 1988 (*Direito Constitucional do Trabalho*, p. 79 e s.).

1568. Amauri Mascaro do Nascimento, *Direito do Trabalho na Constituição de 1988*, p. 34.

618

ca que prestar serviços de natureza não eventual a empregador, sob a dependência deste e mediante salário".

A noção de trabalhador rural é próxima à de urbano, apenas se distinguindo entre si por força da finalidade laborativa. É que o trabalhador rural presta serviços relacionados à lavoura e à pecuária.

Ambos os trabalhadores, vale dizer, o urbano e o rural, são beneficiários das normas constitucionais, já que a Carta não distinguiu entre ambos. A única diferença a ser observada concerne aos prazos prescricionais.

Consoante o regime anterior, os trabalhadores tinham o direito de "ação, quanto a créditos resultantes das relações de trabalho, com prazo prescricional de: *a*) cinco anos para o trabalhador urbano, até o limite de dois anos após a extinção do contrato; *b*) até dois anos após a extinção do contrato, para o trabalhador rural". Atualmente, com a redação conferida ao inciso XXIX do art. 7º pela EC n. 28/2000, tanto os trabalhadores urbanos quanto os rurais podem propor ação relativa aos créditos resultantes das relações de trabalho no prazo prescricional de cinco anos (prazo, portanto, que agora também alcança os trabalhadores rurais), até o limite de dois anos após a extinção do contrato de trabalho.

4. CARACTERÍSTICAS DOS DIREITOS SOCIAIS E O CUSTO FINANCEIRO (RESERVA DO POSSÍVEL) COMO REDUTOR SOCIAL

Os direitos de ordem social, elencados na Constituição Federal, não excluem outros, que se agreguem ao ordenamento pátrio, seja pela via legislativa ordinária, seja por força da adoção de tratados internacionais. Assim, como primeira nota dos direitos sociais, há que acentuar sua abertura (não são *numerus clausus*). É o que se depreende do próprio *caput* do art. 7º, que declara não estarem excluídos outros direitos sociais que visem à melhoria da condição social dos trabalhadores.

A segunda característica, polêmica, é a sua implementação progressiva, respeitando os limites orçamentários, a chamada reserva do possível[1569]. O tema foi rapidamente identificado quando se tratou da doutrina clássica do Direito Constitucional acerca da eficácia e programaticidade das normas da Constituição[1570]. Chama a atenção, neste ponto, que o florescimento da teoria da reserva do possível, dos limites orçamentários e dos altos custos do Estado social tenham sido o principal alvo teórico e prático dos estudiosos e operadores do Direito.

É que outras dimensões importantes na realizabilidade dos direitos sociais ainda não foram adequadamente equacionadas. Assim, *v.g.*, o tema da corrupção e desvio de verbas públicas, que assola o Estado brasileiro. Na lição contemporânea e atenta de Regis Fernandes de Oliveira a corrupção é agressora dos direitos humanos[1571].

1569. Sobre o regime constitucional das políticas públicas na consecução do desenvolvimento (social): Guilherme Amorim Campos da Silva, *Direito ao Desenvolvimento*.

1570. Cf. Capítulo VIII: Aplicabilidade e Eficácia das Normas Constitucionais.

1571. Regis Fernandes de Oliveira, *Curso de Direito Financeiro*, p. 310.

619

Outra característica, própria dos direitos sociais do trabalho, comumente apontada pelos doutrinadores, é a denominada irrenunciabilidade. Os direitos sociais são, nesse sentido, considerados normas cogentes, vale dizer, de ordem pública, não anuláveis por força da vontade dos interessados ou, no caso das relações trabalhistas, pela vontade das partes contratantes. Neste caso, ao trabalhador, por se tratar de parte hipossuficiente, sempre em posição de desvantagem em relação ao empregador, não é dado abrir mão ou dispor dos direitos anotados pela Constituição.

5. DA ORDEM SOCIAL NA CONSTITUIÇÃO BRASILEIRA

O Título VIII da Constituição é inteiramente dedicado ao tratamento da "ordem social". É necessário esclarecer, contudo, que o tema insere-se no contexto dos denominados direitos sociais, já analisados anteriormente. Assim, quando do estudo do Capítulo II do Título II da Constituição, pôde-se constatar que vem ele orientado para o estudo "dos direitos sociais". A abordagem que agora se enfrenta deve ser vista como complementação dos direitos sociais, especialmente no que se refere aos órgãos e instituições que asseguram a efetividade dos direitos sociais.

Declara expressamente a Constituição o fundamento da ordem social, enunciando-o como o primado do trabalho. Como não poderia deixar de ser, sob pena de se tornar um dos objetivos impossíveis, também a ordem econômica tem como fundamento a valorização do trabalho humano (art. 170, *caput*, 1ª parte).

Como finalidades da ordem social estão elencados, explicitamente: A) o bem-estar comum e B) a justiça social. Mais uma vez encontra-se a coincidência com a ordem econômica, pois é objetivo desta assegurar a todos uma existência digna, conforme os ditames da justiça social (art. 170, *caput*, *in fine*).

Consoante se depreende da Constituição, encontram-se incluídas na temática social: A) a saúde; B) a previdência social; C) a assistência social; D) a educação; E) a cultura; F) o desporto; G) a ciência e tecnologia; H) a comunicação social; I) o meio ambiente; J) a família; K) a criança e o adolescente; L) o idoso; M) os índios.

Contudo, há quem prefira interpretar a Constituição por segmentos repartidos hermeticamente, em pseudocientificismo. Nessa linha, José Afonso da Silva sugere a desconexão de elementos que são, em realidade, incindíveis para o adequado desenvolvimento de nossa ordem social, caso estejamos falando da realidade brasileira: "o título da ordem social misturou assuntos que não se afinam com essa natureza. Jogaram-se aqui algumas matérias que não têm um conteúdo típico de ordem social. *Ciência e tecnologia e meio ambiente* só entram no conceito de ordem social, tomada essa expressão em sentido bastante alargado. Mesmo no sentido muito amplo, é difícil encaixar a matéria relativa aos *índios* no seu conceito"[1572].

O suposto conteúdo típico, que nos remete ao pensamento tradicional dos "ramos do Direito" foi também expressamente superado pela dicção do Direito Constitucional

---

1572. José Afonso da Silva, *Curso de Direito Constitucional Positivo*, 16. ed., p. 802-3, original grifado.

positivo. No Capítulo da Ciência e Tecnologia, a Constituição, com toda pertinência a nossa realidade concreta, determina peremptoriamente que o "mercado interno integra o patrimônio nacional e será incentivado de modo a viabilizar o desenvolvimento cultural e socioeconômico, o bem-estar da população e a autonomia tecnológica do País" (art. 219).

No mesmo sentido, ao julgar o RE 3.388/RR (caso Raposa Serra do Sol), o STF decidiu que existe um falso antagonismo entre a assim chamada "questão indígena" e a promoção do desenvolvimento. Assim a Corte definiu que "o desenvolvimento que se fizer sem ou contra os índios, ali onde eles se encontrarem instalados por modo tradicional, à data da Constituição de 1988, desrespeita o objetivo fundamental do inciso II do art. 3º da Constituição Federal, assecuratório de um tipo de 'desenvolvimento nacional' tão ecologicamente equilibrado quanto humanizado e culturalmente diversificado, de modo a incorporar a realidade indígena".[1573]

Especificamente quanto à questão indígena, é oportuno mencionar que a Constituição reservou o Capítulo VIII do Título destinado à Ordem Social para tratar dos direitos dos índios.

Assim, a primeira parte do art. 231 da Constituição determina que "São reconhecidos aos índios sua organização social, costumes, línguas, crenças e tradições.". Trata-se da primeira Constituição brasileira a reconhecer o direito dos povos indígenas à sua própria organização social e cultural, rompendo com uma lógica diversa, inimiga do pluralismo e da preservação e respeito a outras culturas, das Constituições anteriores de que os índios deveriam ser gradualmente integrados à sociedade.

No julgamento do RE 1017365/SC, o Min. Edson Fachin destacou que "a Constituição de 1988 rompe com um paradigma assimilacionista, que pretendia a progressiva integração do índio à sociedade nacional – e branca – a fim de que deixasse paulatinamente sua condição indígena, para um paradigma de reconhecimento e incentivo ao pluralismo sociocultural e ao direito de existir como indígena"[1574].

Além de assegurar o direito à organização social e cultural, a Constituição brasileira de 1988 também garantiu aos indígenas "os direitos originários sobre as terras que tradicionalmente ocupam, competindo à União demarcá-las, proteger e fazer respeitar todos os seus bens".

Recentemente, o STF julgou o RE 1017365/SC (Tema 1.031), de relatoria do Min. EDSON FACHIN, no qual se discutiu a aplicação da tese do marco temporal para demarcação de terras indígenas.

No julgamento de mérito, ocorrido em 21 de setembro de 2023, a Corte, por maioria, afastou a aplicação da tese do marco temporal, que pretendia reduzir o alcance do dispositivo protetivo. Ao apresentar o seu voto, o Min. Edson Fachin decidiu que "(...) a data da promulgação da Constituição de 1988 não constitui marco temporal para a aferição dos direitos possessórios indígenas, sob pena de desconsideração desses di-

---

1573. STF. RE 3.388/RR, rel. Min. Ayres Britto, j. 19.03.2019, p. 7.
1574. STF. RE 1017365/SC, rel. Min. Edson Fachin, j. 11.06.2021, p. 8.

reitos enquanto direitos fundamentais, bem como de todo o arcabouço normativo--constitucional da tutela da posse indígena ao longo do tempo"[1575].

A Corte também fixou, no dia 29 de setembro de 2023, a tese em repercussão geral para o RE 1017365/SC (Tema 1.031). Entre outros pontos, ficou definido que: "I – A demarcação consiste em procedimento declaratório do direito originário territorial à posse das terras ocupadas tradicionalmente por comunidade indígena; II – A posse tradicional indígena é distinta da posse civil, consistindo na ocupação das terras habitadas em caráter permanente pelos indígenas, das utilizadas para suas atividades produtivas, das imprescindíveis à preservação dos recursos ambientais necessários a seu bem-estar e das necessárias a sua reprodução física e cultural, segundo seus usos, costumes e tradições, nos termos do §1º do artigo 231 do texto constitucional; III – A proteção constitucional aos direitos originários sobre as terras que tradicionalmente ocupam independe da existência de um marco temporal em 5 de outubro de 1988 ou da configuração do renitente esbulho, como conflito físico ou controvérsia judicial persistente à data da promulgação da Constituição (...)".

A decisão do STF no RE 1017365 é de extrema importância no reconhecimento e na proteção dos direitos fundamentais territoriais indígenas consagrados na Constituição brasileira de 1988.

Nesse contexto, gostaria de destacar que, embora a Constituição brasileira de 1988 tenha criado um verdadeiro "estatuto indígena", nossa realidade demonstra que ainda carecemos de mecanismos que possibilitem uma maior participação dos povos originários em instituições políticas tradicionalmente ocidentais. Estou falando do direito de participar dos espaços decisórios oficiais, cujas deliberações podem e efetivamente irão afetar os povos originários. Embora as instituições políticas nacionais sejam construções europeias e norte-americanas modernas e, mesmo sendo estranhas à cultura dos povos originários, esse contexto não justifica a exclusão que ainda se verifica na prática.

O reconhecimento deste direito de representação está presente, de maneira expressa, em algumas Constituições latino-americanas.[1576] É o caso, por exemplo, da Constituição Política do Estado Plurinacional da Bolívia que prevê o direito das nações e povos indígenas originários campesinos à "participação nos órgãos e instituições do Estado." (art. 30.18 e art. 209). Uma constituição que se reconhece, pois, como plurinacional justamente em virtude do reconhecimento da cultura e práticas dos povos originários. Outro exemplo é a Constituição Política da Colômbia que reserva um número adicional de dois senadores a serem eleitos por comunidades indígenas (art. 171). Recordo, também, a Constituição Bolivariana da Venezuela que determina que o Estado deverá garantir "a representação indígena na Assembleia Nacional e nos corpos deliberativos das entidades federais e locais com população indígena, na forma da lei" (art. 125).

1575. STF. RE 1017365/SC, rel. Min. Edson Fachin, j. 11.06.2021, p. 82.

1576. Cf. AYALA, Corina Duque, URUBURU, Álvaro Echeverri. *Política y constitucionalismo en Suramérica*. Bogotá: Grupo Editorial Ibáñez, 2015; SIEDER, Rachel. Pueblos indígenas y dereho(s) em América Latina. *In*: GARAVITO, César Rodriguez (coord.). *El derecho en América Latina: um mapa para el pensamiento jurídico del siglo XXI*. Buenos Aires: Siglo Vientiuno Editores, 2011, pp. 303-321.

A Ordem Social brasileira é, pois, uma composição bem definida constitucionalmente em seus elementos basilares, na interdependência que, convém também dizer, não é fruto de um artificialismo exagerado, mas sim de uma realidade inexorável que nos impõe uma leitura para além de supostos quadros tradicionais de compartimentalização do conhecimento e dos assuntos que devemos enfrentar rumo ao desenvolvimento nacional. A opção constitucional é, em síntese, não apenas válida, como conceitualmente a mais consistente com os objetivos constitucionalmente vinculados ao Estado e à sociedade (art. 3º).

Convém adicionar ao elenco que a EC n. 90/2015 incluiu no rol do art. 6º da CB o transporte como direito social. Essa mudança da Constituição certamente se deu em razão da crescente importância do transporte na qualidade de vida das pessoas, especialmente nos centros urbanos mais densamente povoados. A compreensão desse direito deve sempre levar em consideração, além de sua dimensão social expressa, a aderência às novas tecnologias e a preocupação central com a mobilidade urbana, especialmente nas grandes metrópoles.

6. ORIGEM HISTÓRICA E EVOLUÇÃO CONSTITUCIONAL BRASILEIRA DA SEGURIDADE SOCIAL

Entre os direitos sociais, a seguridade ocupa uma posição de destaque, especialmente porque nela se insere o direito à saúde.

A ideia de seguro social teve como parâmetro o próprio seguro privado e, a partir dele, desenvolveu-se e estabilizou-se nas sociedades modernas. Foi a Alemanha o país no qual se desenvolveu, inicialmente, a ideia de prestar "assistência", ou seja, seguridade social. Contudo, a doutrina é praticamente unânime em apontar o ano de 1942, com o plano Beveridge, da Inglaterra, como o marco a partir do qual se consolida a ideia da seguridade social.

Na Constituição de 1891 o art. 75 referia-se à aposentadoria concedida no caso de "invalidez no serviço da Nação", determinando que "A aposentadoria só poderá ser dada aos funcionários públicos em caso de invalidez no serviço da Nação". Na hipótese, contudo, dispensava-se qualquer contribuição.

Na Constituição de 1934 a matéria sobre assistência social era atribuída à competência da União, sendo de competência dos Estados a saúde e assistências públicas. Consoante o § 1º do art. 121, a legislação do trabalho deveria preocupar-se com a "*h*) assistência médica e sanitária ao trabalhador e à gestante, assegurado a esta descanso, antes e depois do parto, sem prejuízo do salário e do emprego, e instituição de previdência, mediante contribuição igual da União, do empregador e do empregado, a favor da velhice, da invalidez, da maternidade e nos casos de acidentes do trabalho ou de morte". E, ainda, quanto aos funcionários públicos, prescrevia no art. 170, § 3º, sua aposentadoria compulsória aos sessenta e oito anos de idade.

Na Constituição de 1937 havia a exigência, no art. 137, de que a legislação obedecesse: "*m*) a instituição de seguros de velhice, de invalidez, de vida e para os casos de acidentes do trabalho", e ademais, prescrevia que "*n*) as associações de trabalhadores têm o dever de prestar aos seus associados auxílio ou assistência, no referente às práticas administrativas ou judiciais relativas aos seguros de acidentes do trabalho e aos seguros sociais".

Já na Constituição de 1946 o art. 157 elencava uma série de preceitos a serem implementados na área da seguridade social, destacando-se: a assistência sanitária, hospitalar, médica e aos desempregados; a previdência "mediante contribuição da União, do empregador e do empregado, em favor da maternidade e contra as consequências da doença, da velhice, da invalidez e da morte" (inc. XVI).

Na Carta de 1967, o art. 158 previa, dentre outros direitos, a "XX — aposentadoria para a mulher, aos trinta anos de trabalho, com salário integral", além da previdência e assistência já mencionadas na Constituição de 1946.

Com a Emenda Constitucional n. 1/69, a matéria passou a ser contemplada no art. 165.

Contudo, é imperioso mencionar a Lei Eloy Chaves, em 1923, verdadeiro marco no Direito previdenciário brasileiro, pois instituiu a primeira caixa de aposentadoria e pensões para os trabalhadores da iniciativa privada, sendo que tanto trabalhadores e empregadores detinham assento próprio no órgão de direção das caixas previdenciárias, consoante dispôs o art. 41 do Decreto Legislativo n. 4.682/23.

7. DA ESTRUTURA E PRINCÍPIOS DA SEGURIDADE SOCIAL

A seguridade social é composta por um conjunto integrado de ações dos poderes públicos e da sociedade. A estrutura da seguridade social, no Brasil, é, portanto, mista, compreendendo a iniciativa privada e o Estado (art. 194, *caput*).

Já se acentuou que os objetivos de toda a ordem social e, portanto, também da seguridade social são dois, a saber, o bem-estar e a justiça sociais. Pois bem, no caso da seguridade social, a Constituição acrescenta como objetivos especiais assegurar os direitos relativos: A) à saúde; B) à previdência; e C) à assistência social. Os custos decorrentes dos benefícios *assistenciais*, bem como os benefícios de *saúde*, são arcados por toda a sociedade, que lhes confere característica própria, já que podem ser concedidos independentemente de qualquer contribuição do beneficiário. Considera-se, pois, que há um interesse maior da sociedade, em oferecer certas prestações e assistências em caráter universal. É o que ocorre com as campanhas de vacinação, na área da saúde.

Como princípios que regem a seguridade social, tem-se: A) universalidade da cobertura; B) universalidade do atendimento; C) uniformidade, equivalência, seletividade e distributividade dos serviços e benefícios; D) irredutibilidade dos valores dos benefícios; E) equidade no custeio; F) diversidade da base de financiamento; G) caráter democrático e descentralizado da Administração.

624

7.1. Princípio da solidariedade

A doutrina assinala o princípio da solidariedade entre as gerações como um dos pilares da seguridade social. Esse princípio é uma decorrência da obrigatoriedade de filiação à seguridade social, implicando a respectiva obrigatoriedade de participação no seu custeio, independentemente da vontade individual de filiação e contribuição. PEDRO VIDAL NETO salienta: "a solidariedade social está nas raízes da Seguridade Social, impelindo todas as pessoas a conjugarem esforços para fazer face às contingências sociais, por motivos altruístas ou não, desde que os males que afligem a cada indivíduo podem vir a ser sofridos pelos demais e, de qualquer modo atingem toda a comunidade"[1577].

7.2. Princípio da universalidade

Quanto ao princípio da universalidade, cumpre assinalar que se distingue entre universalidade subjetiva e objetiva.

Por universalidade subjetiva deve-se compreender o alcance (universal) quanto aos sujeitos (subjetiva), ou seja, a seguridade alcança todos os indivíduos, sejam empregados ou não.

Por universalidade objetiva deve-se compreender o alcance (universal) quanto às necessidades (objetivamente consideradas) surgidas no seio social.

7.3. Princípio da uniformidade

Na seguridade social a proteção oferecida é idêntica para as mesmas situações, não se distinguindo em função de critérios subjetivos, ao contrário do que ocorre na previdência social, porque aqui as prestações podem se diferenciar, ainda que em face de uma situação idêntica (como a aposentadoria).

7.4. Princípio da gestão democrática

É o Poder Público o único gestor da seguridade social. Mas trabalhadores, empregadores e mesmo os aposentados participam da gestão administrativa do sistema da seguridade social.

7.5. Equidade no custeio e diversidade da base de financiamento

Pode-se afirmar a existência, no Direito Previdenciário, de princípio há muito sedimentado no Direito Tributário, que é o princípio da capacidade contributiva. Como muito bem observa WAGNER BALERA: "Sendo o trabalhador um dos principais destinatários da proteção social, sua contribuição há de ser (...) expressiva da sua capacidade econômica"[1578].

Justifica-se, assim, a existência de diversidade na forma de custeio (a Constituição fala em equidade) e na base de financiamento.

1577. *Natureza Jurídica da Seguridade Social*, p. 85.

1578. A Organização e o Custeio da Seguridade Social, in *Curso de Direito Previdenciário*, p. 58.

A esse respeito, bem observam MARCUS ORIONE CORREIA e ÉRICA PAULA CORREIA: "Daí a existência de faixas contributivas para assalariados, que aumentam à medida que há alteração do valor da faixa considerada. Do mesmo modo, há diversidade, por exemplo, na forma de contribuição da empresa e de seu empregado"[1579].

8. FINANCIAMENTO DA SEGURIDADE SOCIAL

Quanto aos serviços e benefícios, nenhum poderá existir sem a correspondente fonte de custeio (§ 5º do art. 195).

O financiamento da seguridade advém de toda a sociedade (art. 195, *caput*, 1ª parte). Contudo, é preciso esclarecer o que a Constituição pretendeu exprimir com essa norma.

Os recursos para o financiamento da seguridade advêm de diversas fontes, que assim podem ser elencadas: A) os orçamentos da União, dos Estados, do Distrito Federal e dos Municípios; B) as verbas decorrentes de contribuições sociais, provenientes: B.1) do empregador, da empresa e de outras entidades equiparadas, que se subdividem em contribuições incidentes sobre: B.1.1) folha de salários; B.1.2) receita ou faturamento; e B.1.3) lucro; B.2) do trabalhador e outros segurados; B.3) de parcela da receita auferida em concursos de prognósticos.

Prevê, ainda, a Constituição que por meio de lei (complementar) poderão ser instituídas outras fontes destinadas a garantir a manutenção ou a expansão do sistema da seguridade social. Neste caso, contudo, terão de obedecer às restrições constantes do art. 154, I, vale dizer, o Poder Público poderá fazê-lo, por meio de lei complementar, desde que as novas contribuições não sejam cumulativas e não tenham fato gerador ou base de cálculo já discriminados na Constituição.

Em qualquer caso, as contribuições sociais devem obedecer a uma regra de anterioridade de noventa dias, a partir da publicação da lei que as houver instituído ou modificado, para serem validamente exigidas (§ 6º do art. 195). Não se aplica, quanto às contribuições, a anterioridade específica dos tributos em geral (art. 150, III, *b*). Em função dessa anterioridade específica, deve-se concluir pela inoperância prática de qualquer medida provisória sobre a matéria.

Contudo, estão isentas de contribuição para a seguridade social as entidades beneficentes de assistência social que atendam às exigências estabelecidas em lei.

Referências bibliográficas

ALEXY, Robert. *Teoría de los Derechos Fundamentales*. Tradução por Ernesto Garzón Valdés. Madrid: Centro de Estudios Constitucionales, 1993. Tradução de: *Theorie der Grundrechte*.

1579. *Curso de Direito da Seguridade Social*, p. 64.

AYALA, Corina Duque, URUBURU, Álvaro Echeverri. *Política y constitucionalismo en Suraméria*. Bogotá: Grupo Editorial Ibáñez, 2015.

BALERA, Wagner. A Organização e o Custeio da Seguridade Social. In: *Curso de Direito Previdenciário*. São Paulo: LTr, 1992.

CAMPOS DA SILVA, Guilherme Amorim. *Direito ao Desenvolvimento*. São Paulo: Método, 2004.

CORREIA, Marcus Orione & CORREIA, Érica Paula. *Curso de Direito da Seguridade Social*. São Paulo: Saraiva, 2001.

NASCIMENTO, Amauri Mascaro. *Direito do Trabalho na Constituição de 1988*. São Paulo: Saraiva, 1989.

OLIVEIRA, Regis Fernandes. *Curso de Direito Financeiro*. 5. ed. São Paulo: RT, 2013.

SIEDER, Rachel. Pueblos indígenas y derechos en América Latina. In: GARAVITO, César Rodriguez (coord.). *El derecho en América Latina: um mapa para el pensamento jurídico del siglo XXI*. Buenos Aires: Siglo Vientiuno Editores, 2011.

SILVA, José Afonso da. *Curso de Direito Constitucional Positivo*. 16. ed. São Paulo: Malheiros, 1999.

SÜSSEKIND, Arnaldo. *Direito Constitucional do Trabalho*. Rio de Janeiro: Renovar, 1999.

VIDAL NETO, Pedro. *Natureza Jurídica da Seguridade Social*. São Paulo: s.e., 1993.

Capítulo XXXII
DOS DIREITOS SOCIAIS INDIVIDUAIS DO TRABALHADOR

1. APRECIAÇÃO GERAL

Observa-se que, no trato dos direitos sociais individuais do trabalho, a Constituição foi extremamente generosa, tratando de açambarcar diversos dos direitos trabalhistas presentes na História jurídica nacional, criando, ainda, outros, em caráter inovador.

2. DIREITOS RELACIONADOS AO CONTRATO DE TRABALHO

Congregam-se, aqui, os direitos assegurados nos seguintes incisos do art. 7º: I, II, III e XXI, somando-se, ainda, o art. 10 do ADCT.

A Constituição assegura o direito contra a despedida arbitrária ou sem justa causa (inc. I), direito ao seguro-desemprego, quando este é involuntário (inc. II), direito a um fundo de garantia por tempo de serviço (inc. III), aviso prévio proporcional ao tempo de serviço, sendo no mínimo de trinta dias, nos termos da lei (inc. XXI).

Quanto ao primeiro direito mencionado, tem-se "relação de emprego protegida contra despedida arbitrária ou sem justa causa, nos termos da lei complementar, que preverá indenização compensatória". A Constituição assegurou, ainda, um conteúdo mínimo desse direito, no art. 10 do ADCT. Sobre o tema, pondera Luiz Alberto de Vargas: "Muito se fala da função social da empresa, e, aliás, é sob este argumento que se procura justificar as políticas desenvolvimentistas que privilegiam setores produtivos, através de incentivos fiscais, empréstimos com juros subsidiados e, ultimamente, inversões de vulto em empresas, ainda, que quase concordatárias. Este nada mais é do que um aspecto pouco lembrado do 'estatismo', tão paradoxalmente criticado pelos setores empresariais ultimamente. Pouco se fala, ao contrário, da responsabilidade do empresário ao gerir o empreendimento na dimensão do social, além da mera preocupação com os lucros, em manter o nível de emprego e o dos salários"[1580].

[1580]. A Proibição de Despedida Imotivada no Novo Texto Constitucional, in *Aspectos dos Direitos Sociais na Nova Constituição*, p. 59.

3. DIREITOS RELACIONADOS AO SALÁRIO E REMUNERAÇÃO

Congregam-se, aqui, os direitos assegurados nos seguintes incisos do art. 7º: IV, V, VI, VII, VIII, IX, X, XI, XII, XVI e XXIII.

O trabalhador tem direito a um salário mínimo, que será nacional, e capaz de suprir necessidades básicas do indivíduo e de sua família, como saúde, moradia, alimentação, educação, lazer, vestuário, higiene, transporte e previdência (inc. IV); direito a um piso salarial que seja proporcional à extensão e à complexidade do trabalho prestado (inc. V); direito à irredutibilidade do salário, salvo disposição em convenção ou acordo coletivo (inc. VI); direito a um salário nunca inferior ao mínimo para os que percebem remuneração variável; direito ao décimo terceiro salário (inc. VIII); direito à remuneração pelo trabalho noturno em valor superior ao do diurno (inc. IX); proteção do salário na forma da lei, constituindo crime sua retenção dolosa (inc. X); direito de participação nos lucros da empresa e, excepcionalmente, em sua gestão (inc. XI); direito ao salário-família, pago em razão do dependente do trabalhador de baixa renda, nos termos da lei (inc. XII); direito a uma remuneração do serviço extraordinário superior, no mínimo, em 50% da normal (inc. XVI); direito de adicional de remuneração nos casos de atividades penosas, insalubres ou perigosas (inc. XXIII).

4. DIREITOS RELACIONADOS À DURAÇÃO DO TRABALHO

Congregam-se, aqui, os direitos assegurados nos seguintes incisos do art. 7º: XIII, XIV, XV, XVI e XVII.

São direitos relacionados à duração do trabalho: direito a uma jornada diária não superior a oito horas e quarenta e quatro semanais (inc. XIII); direito a uma jornada de seis horas para o trabalho realizado em turnos ininterruptos de revezamento, salvo orientação diversa decorrente de negociação coletiva (inc. XIV); direito ao repouso semanal remunerado, preferencialmente aos domingos (inc. XV); direito a férias anuais remuneradas com pelo menos um terço a mais do salário (inc. XVII).

5. DIREITOS RELACIONADOS À DISCRIMINAÇÃO NO TRABALHO, DIREITOS DA MULHER E DO MENOR

Congregam-se, aqui, os direitos assegurados nos seguintes incisos do art. 7º: XVIII, XIX, XX, XXV, XXX, XXXI, XXXII, XXXIII e art. 10 do ADCT.

Tem-se, aqui: direito de licença para a gestante (inc. XVIII); direito de licença-paternidade (inc. XIX); direito de proteção do mercado de trabalho da mulher, mediante incentivos específicos (inc. XX); direito à não discriminação salarial, ou de exercício de funções ou de admissão por motivo de sexo, idade, cor, estado civil ou deficiência (incs. XXX e XXXI), direito à igualdade entre o trabalhador com vínculo permanente e o avulso (inc. XXXIV).

629

Como já apontado ao tratar do preceito constitucional da isonomia, a igualdade implica o tratamento diferenciado de situações desiguais. Nesse sentido, o Tribunal Superior do Trabalho considerou constitucional a regra protetiva do art. 384 da CLT, exclusiva a mulheres, que prevê um intervalo de descanso de 15 minutos antes de iniciar a jornada extraordinária[1581]. No mesmo sentido o Tribunal Regional do Trabalho da 15ª Região ressaltou que a regra não é extensível aos homens diante da "patente [...] diferença na compleição física entre os seres do sexo oposto", somada às diferenças culturais, pois, nos termos do referido acórdão, "compete à classe feminina, via de regra, o pesado encargo de gerir o lar e a educação dos filhos, ocasionando-lhes o cumprimento de dupla jornada"[1582]. Assim, por mais que a sociedade tenha evoluído rumo a uma igualdade dos papéis sociais e domésticos entre homens e mulheres, algumas proteções ainda são necessárias para assegurar a isonomia feminina no trabalho. A realidade social em países de economia periférica e abissal desigualdade material entre seus cidadãos impõe regras como esta do art. 384 da CLT, de pequena compensação das estruturas arcaicas de dominação e patrimonialismo, que se somam ao modelo patriarcal de família. Observo, porém, que a solução do tipo deste art. 384 é paliativa, agindo apenas na superfície de um fenômeno mais grave e profundo, que requer medidas estatais muito mais corajosas do que essa, a fim de atuarem na emancipação social da mulher e do trabalhador, ou seja, são imprescindíveis e insubstituíveis as medidas estruturais.

Relacionando-se aos temas do Direito do Trabalho e da proteção à criança, a Emenda Constitucional aprovada pelo Congresso Nacional (EC n. 53, de 19-12-2006) alterou, dentre outros dispositivos, o art. 7º, XXV, e o art. 208, IV, diminuindo de seis para cinco anos o limite de idade dentro do qual as crianças têm direito à assistência gratuita em creches e pré-escolas, reduzindo de maneira inconstitucional (cláusula pétrea e proibição do retrocesso) os direitos sociais previamente estabelecidos pela Constituição de 1988.

É, ainda, vedado o trabalho noturno, perigoso ou insalubre aos menores de dezoito anos, e de qualquer trabalho aos menores de dezesseis anos, salvo, neste caso, na condição de aprendiz, a partir dos quatorze anos (inc. XXXIII do art. 7º). Essa norma constitucional foi alterada pela Emenda n. 20/98, constando, anteriormente, que ficava proibido o trabalho aos menores de quatorze anos, salvo na condição de aprendiz. A reforma passou a impedir o trabalho também para os maiores de quatorze e menores de dezesseis, mantendo a possibilidade de que todos trabalhem na condição de aprendizagem.

1581. Cf. incidente de inconstitucionalidade em recurso de revista rejeitado, TST-RR-154000-83.2005.5.12.0046, Tribunal Pleno, rel. Min. Ives Gandra da Silva Martins Filho, *DEJT* de 13-2-2009; E-ED-ARR-248300-31.2008.5.02.0007, SBDI-1, rel. Min. Hugo Carlos Scheuermann, *DEJT* de 26-2-2016; E-RR-1145-47.2012.5.01.0025, SBDI-1, rel. Min. Márcio Eurico Vitral Amaro, *DEJT* de 6-3-2015; E-RR-31800-47.2009.5.04.0017, SBDI-1, rel. Min. Hugo Carlos Scheuermann, *DEJT* de 17-10-2014; E-ED-RR-2948200-13.2007.5.09.0016, SBDI-1, rel. Min. José Roberto Freire Pimenta, *DEJT* de 11-4-2014; E-RR-107300-38.2008.5.04.0023, SBDI-1, rel. Min. Caputo Bastos, *DEJT* de 22-8-2014; e decisão monocrática do presidente do TST, Ives Gandra da Silva Martins Filho, no AIRR1000418-79.2014.5.02.0702, proferida em 19-8-2016.

1582. TRT 15, 7ª Câmara, RO-0010415-47.2014.5.15.0054, rel. Luciane Storel da Silva, *DJSP* de 20-4-2016.

A Constituição criou, em sua redação original, um regime próprio para o denominado trabalhador doméstico[1583], assegurando a este apenas os direitos previstos nos incisos IV, VI, VII, XV, XVII, XVIII, XIX, XXI e XXIV, bem como sua integração à previdência social. Assim, os trabalhadores domésticos não possuíam os mesmos direitos assegurados aos demais trabalhadores em geral. Com a Emenda Constitucional n. 72, de 2 de abril de 2013, a categoria dos trabalhadores domésticos teve finalmente seus direitos constitucionais ampliados, passando a incorporar os incisos VIII, X, XIII, XVI, XXII, XXVI, XXX, XXXI e XXXIII, além dos incisos I, II, III, IX, XI, XXV e XXVIII, embora para este último grupo "atendidas as condições estabelecidas em lei e observada a simplificação do cumprimento das obrigações tributárias decorrentes da relação de trabalho e suas peculiaridades", em consonância com a nova redação conferida ao mesmo parágrafo único, que permaneceu, contemplando essa categoria como específica.

6. DIREITOS RELACIONADOS À SEGURANÇA E MEDICINA DO TRABALHO

Congregam-se, aqui, os direitos assegurados nos seguintes incisos do art. 7º: XXII e XXVIII.

Busca a Constituição a redução dos riscos inerentes ao trabalho, por meio de normas de saúde, higiene e segurança (inc. XXII) e seguro contra acidentes do trabalho, a cargo do empregador (inc. XXVIII).

Referências bibliográficas

ARAUJO, Luiz Alberto David & NUNES JÚNIOR, Vidal Serrano. *Curso de Direito Constitucional*. 4. ed. rev. atual. São Paulo: Saraiva, 2001.

SÜSSEKIND, Arnaldo. *Direito Constitucional do Trabalho*. Rio de Janeiro: Renovar, 1999.

VARGAS, Luiz Alberto de. A Proibição de Despedida Imotivada no Novo Texto Constitucional. In: *Aspectos dos Direitos Sociais na Nova Constituição*. São Paulo: LTr, s.d.

1583. Segundo a definição corrente, trabalhador doméstico é aquele que presta serviços sob subordinação e de maneira continuada para pessoa ou família, mas sempre dentro do âmbito estritamente residencial.

Capítulo XXXIII

DOS DIREITOS SOCIAIS COLETIVOS DO TRABALHADOR

1. LIBERDADE DE ASSOCIAÇÃO PROFISSIONAL OU SINDICAL

A Constituição prevê, dentre outras liberdades, a de associação. É o que estabelece expressamente o art. 5º em seu inciso XVII, ao declarar que "é plena a liberdade de associação para fins lícitos, vedada a de caráter paramilitar". Assim, o direito de associação profissional ou sindical nada mais é do que decorrência daquela ampla liberdade assegurada pela Carta Constitucional de 1988.

Os denominados sindicatos não passam de associações profissionais dotadas de um regime jurídico especial declarado constitucionalmente.

Quanto à liberdade de associação sindical, é preciso estudar o tema de dois ângulos próprios, que se complementam. Em primeiro lugar, é preciso verificar os direitos do trabalhador em relação aos sindicatos. De outra parte, é preciso estudar os direitos do próprio sindicato.

No primeiro aspecto, o trabalhador possui os seguintes direitos: 1) criação de sindicatos, sendo, contudo, vedada mais de uma organização sindical na mesma base territorial. Esta será definida pelos próprios trabalhadores, mas não poderá ser inferior à área de um Município; 2) direito de filiação e de retirada; 3) direito à estabilidade no emprego, desde o registro de candidatura para cargo de direção ou representação sindical, extensível a estabilidade até um ano após o final do mandato.

Quanto ao segundo aspecto, os sindicatos, formados pelos trabalhadores, detêm os seguintes direitos: 1) autonomia estatutária; 2) não intervenção do Poder Público em sua direção ou atividades, salvo a exigência de registro no órgão competente; 3) direito de proceder à substituição processual de seus filiados; 4) direito de participar, sendo presença obrigatória, nas negociações coletivas do trabalho.

2. DIREITO DE GREVE

Aos trabalhadores é assegurado o direito de greve, que se define como a possibilidade de paralisação das atividades laborativas como instrumento de política salarial ou de reivindicações de ordem trabalhista. Trata-se de mecanismo de pressão exercido coletivamente com vistas a obter do patronato reivindicações de toda uma categoria ou grupo de trabalhadores interessados.

A própria Constituição estabelece diretrizes quanto ao exercício desse direito, ao propor, no próprio art. 9º, que caberá: "(...) aos trabalhadores decidir sobre a oportunidade de exercê-lo e sobre os interesses que devam por meio dele defender".

Consoante a lição de GOMES CANOTILHO e VITAL MOREIRA, tem-se que: "A caracterização constitucional do direto à greve como um dos 'direitos e garantias' significa, entre outras coisas: (a) um direito subjetivo negativo, não podendo os trabalhadores ser proibidos ou impedidos de fazer greve, nem podendo ser compelidos a pôr-lhes termo; (b) eficácia externa imediata, em relação a entidades privadas, não constituindo o exercício do direito de greve qualquer violação do contrato de trabalho, nem podendo as mesmas entidades neutralizar ou aniquilar praticamente esse direito; (c) eficácia imediata, no sentido de direta aplicabilidade, não podendo o exercício deste direito depender da existência de qualquer lei concretizadora"[1584].

2.1. Limites do direito de greve

Embora a Constituição declare, no *caput* do art. 9º, em termos amplos, o direito à greve, esta vem a ser limitada pelos parágrafos do referido preceito.

Assim, a Constituição exige tratamento específico para os serviços ou atividades essenciais, determinando que a lei regulamente o tema para fins de que, nas situações de greve, sejam atendidas as necessidades inadiáveis da comunidade. Ademais, a Constituição solicita que "Os abusos cometidos sujeitam os responsáveis às penas da lei".

É, portanto, necessária uma legislação que regule o tema da greve para os casos em que esteja envolvido serviço ou atividade essencial para a população.

Como esta legislação sobre greve de funcionário público foi omitida pelo Congresso Nacional, o STF, em sede de mandado de injunção, determinou a aplicação analógica de algumas normas presentes na Lei de Greve do setor privado.

Contudo, a lei que trate do direito de greve, sob pena de inconstitucionalidade, não poderá pretender definir as hipóteses nas quais caberia a greve, dado que a Constituição já cometeu esse mister para os próprios interessados.

O direito de greve, portanto, só pode se encontrar limitado ao nível constitucional. Nesse sentido, não pode ofender outros valores também consagrados constitucionalmente, casos em que seria considerado abusivo seu exercício.

No caso da legislação, esta só poderá considerar abusivo o direito de greve quando ofensivo às necessidades vitais da sociedade.

De outra parte, o direito de greve não é um escudo legitimador da prática de atos criminosos ou danosos, durante o movimento grevista. Nesses casos, os autores serão identificados e responsabilizados.

No mais, frise-se, aqui, que com a EC n. 45/2004 há duas novas regras no que tange ao direito de greve: (i) competência da Justiça do Trabalho para processar e julgar as ações que envolvam exercício do direito de greve (art. 114, II, da CB); (ii) possibi-

---

1584. *Constituição da República Portuguesa Anotada*, p. 309.

lidade de dissídio coletivo a ser proposto pelo Ministério Público do Trabalho em caso de greve em atividade essencial com possibilidade de lesão ao interesse público (art. 114, § 3º, da CB).

3. DIREITO DE REPRESENTAÇÃO

O direito de representação pode ser desmembrado em duas espécies.

Em primeiro lugar, tem-se que nas empresas que apresentem mais de duzentos empregados é assegurada a eleição de um representante destes, que terá a finalidade de promover o entendimento entre empregadores e empregados (art. 11).

Em segundo lugar, a Constituição assegura, igualmente, a participação dos trabalhadores nos colegiados dos órgãos públicos nos quais seus interesses profissionais ou de ordem previdenciária sejam discutidos ou haja deliberação a seu respeito (art. 10).

Quanto ao primeiro dos direitos mencionados, é preciso proceder a uma interpretação sistemática do contexto constitucional dos direitos. É que o inciso VI do art. 8º determina a obrigatoriedade da participação dos sindicatos "nas negociações coletivas de trabalho", e, no caso presente nesse art. 11, certamente há preocupação com a dimensão coletiva, visando a uma negociação. Indaga-se, pois, se seria pertinente exigir a incidência do art. 8º, VI, também no âmbito normativo disciplinado pelo art. 11 da CB. A resposta há de ser negativa, já que esse entendimento levaria a um esvaziamento total do disposto no art. 11. É que, se se fosse exigir a presença dos sindicatos para promover o entendimento entre empregadores e empregados, além daquele representante indicado no próprio art. 11, ter-se-ia que esse dispositivo estaria dificultando as negociações, por criar mais um nível de exigência: além dos sindicatos, seria necessária a presença do representante dos empregados. Certamente não foi essa a orientação constitucional. Além disso, tal exigência (insculpida no art. 8º, VI), se aplicada ao art. 11, praticamente anula este último dispositivo, porque tudo se resumiria, em última análise, à aplicação do art. 8º, não restando qualquer espaço de incidência para o art. 11. Não é, pois, uma interpretação que se possa admitir em sede constitucional.

Referências bibliográficas

ARAUJO, Luiz Alberto David & NUNES JÚNIOR, Vidal Serrano. *Curso de Direito Constitucional*. 4. ed. rev. atual. São Paulo: Saraiva, 2001.

CANOTILHO, J. J. Gomes & MOREIRA, Vital. *Constituição da República Portuguesa Anotada*. Coimbra, 1991.

Capítulo XXXIV
DIREITO À SAÚDE

1. CONTEÚDO DO DIREITO À SAÚDE

O direito à saúde é um direito de todos, constituindo um dever do Estado sua efetivação (art. 196 da CB).

Consoante MARCUS ORIONE CORREIA e ÉRICA PAULA CORREIA, a compreensão do que seja saúde "implica sua conceituação a partir da ótica de uma política destinada à prevenção e ao tratamento dos males que afligem o corpo e a mente humanos, com a criação inclusive de um sistema organizado que atenda aos doentes"[1585].

Com muita pertinência observa JULIO CÉSAR DE SÁ ROCHA: "A conceituação da saúde deve ser entendida como algo presente: a concretização da sadia qualidade de vida. Uma vida com dignidade. Algo a ser continuamente afirmado diante da profunda miséria por que atravessa a maioria da nossa população. Consequentemente a discussão e a compreensão da saúde passa pela afirmação da cidadania plena e pela aplicabilidade dos dispositivos garantidores dos direitos sociais da Constituição Federal"[1586].

Realmente, o Estado deve promover políticas sociais e econômicas destinadas a possibilitar o *acesso universal igualitário* às ações e serviços para a *promoção, proteção e recuperação* da saúde. Ademais, deve preocupar-se igualmente com a *prevenção* de doenças e outros agravos, mediante a redução dos riscos (arts. 166 e 198, II). Por fim, o tema relaciona-se diretamente com a dignidade da pessoa humana e o direito à igualdade, que pressupõem o Estado-garantidor, cujo dever é assegurar o mínimo de condições básicas para o indivíduo viver e desenvolver-se.

1.1. Da relevância pública

A Constituição expressamente declara que as ações e serviços de saúde são considerados "de relevância pública" (art. 197 da CB). Cabe ao Poder Público, pois, dispor, nos termos da lei, sobre sua regulamentação, fiscalização e controle. A Constituição esteve extremamente atenta à necessidade de presença do Poder Público em tais ações e serviços de saúde, a ponto de minudenciar, no art. 200, uma série de atuações que se fazem necessárias nessa seara.

1585. *Curso de Direito da Seguridade Social*, p. 38.
1586. *Direito da Saúde*, p. 43.

Anote-se, por último, que a recente EC n. 86/2015 vincula 15% da receita corrente líquida do respectivo ano financeiro da União às "ações de serviços públicos de saúde". Esse percentual deverá ser realizado progressivamente, nos termos do art. 2º da EC n. 86/2015. Os percentuais mínimos a serem dedicados pelos Estados, Distrito Federal e Municípios deverão ser estabelecidos por lei complementar (art. 198, § 3º, I).

2. DO SISTEMA ÚNICO DE SAÚDE

Essas ações e serviços públicos de saúde devem integrar-se em todo o território nacional, compondo um sistema único, regionalizado e hierarquizado, organizado de maneira descentralizada, com direção única em cada uma das esferas de governo (art. 198, *caput* e inciso I, da CB), vale dizer, na esfera federal, estadual, distrital e municipal. Assim, a expressão "as ações e serviços públicos" de saúde têm como responsável o Poder Público, considerado em sentido amplo, englobando todas as entidades federativas.

O sistema único de saúde deve, consoante o disposto no art. 200 da CB, controlar e fiscalizar procedimentos, produtos e substâncias de interesse para a saúde pública e, igualmente, participar da produção de medicamentos, equipamentos e insumos. Deve fiscalizar e inspecionar alimentos e bebidas, compreendendo-se aí seu teor nutricional[1587]. Cumpre também ao sistema único executar ações de vigilância sanitária, epidemiológica e de saúde do trabalhador. O sistema único deve participar da formulação da política e execução das ações de saneamento básico, neste caso, conjuntamente com os demais órgãos (públicos ou privados) específicos desse setor.

As ações e serviços públicos de saúde subsumem-se ao princípio do atendimento integral (art. 198, II), que é diverso do já mencionado acesso universal. Este se refere ao direito que, no caso, é atribuído a qualquer pessoa. Já o atendimento integral refere-se ao próprio serviço, que, no caso, deve abranger todas as necessidades do ser humano relacionadas à saúde. Portanto, não só todos têm direito à saúde como esta deve ser prestada de maneira completa, sem exclusões de doenças ou patologias, por dificuldades técnicas ou financeiras do Poder Público. Não é permitido a este esquivar-se da prestação de saúde em todos os setores.

Impõe, ademais, a participação da sociedade no sistema único de proteção da saúde (art. 198, III).

A EC n. 51/2006 e a EC n. 63/2010 inseriram na Constituição a figura do agente comunitário de saúde e do agente de combate às endemias, com piso salarial profissional nacional a ser fixado por lei. Fala-se, contudo, em um processo seletivo público para a admissão desses agentes, de acordo com a natureza e complexidade de suas atribuições, bem como requisitos específicos para sua atuação. Seu regime jurídico e a regulamentação de suas atividades estão disciplinados pela Lei Federal n. 11.350/2006, como determina a própria Constituição.

1587. Há, aqui, nítida intersecção entre a tutela da saúde em geral e a tutela (econômica) do consumidor.

Ademais, a EC n. 120/2022 acrescentou os §§ 7º, 8º, 9º, 10 e 11 ao art. 198 da Constituição, dispondo sobre "a responsabilidade financeira da União, corresponsável pelo Sistema Único de Saúde (SUS) na política remuneratória e na valorização dos profissionais que exercem atividades de agente comunitário de saúde e de agente de combate às endemias".

É oportuno mencionar, também, a EC n. 124/2022 que instituiu o piso salarial nacional do enfermeiro, do técnico de enfermagem, do auxiliar de enfermagem e da parteira. O piso salarial da enfermagem veio a ser regulado, posteriormente, pela Lei n. 14.434/2022.

Recentemente, a EC n. 127/2022 estabeleceu medidas para viabilizar o pagamento do piso salarial da enfermagem. Assim, a EC n. 127/2022 acrescentou os §§ 14 e 15 ao art. 198 da Constituição para estabelecer que "compete à União prestar assistência financeira complementar aos Estados, ao Distrito Federal e aos Municípios e às entidades filantrópicas, para o cumprimento dos pisos salariais profissionais nacionais para o enfermeiro, o técnico de enfermagem, o auxiliar de enfermagem e a parteira".

Adicionalmente, a EC n. 127/2022 incluiu o inciso II ao art. 5º da EC n. 109/2021 para determinar que "O superávit financeiro das fontes de recursos dos fundos públicos do Poder Executivo, exceto os saldos decorrentes do esforço de arrecadação dos servidores civis e militares da União, apurado ao final de cada exercício", possa ser destinado ao pagamento do piso salarial da enfermagem nos exercícios financeiros de 2023 a 2027.

Por fim, no julgamento da ADI 7.222, de relatoria do Min. ROBERTO BARROSO, em 03.07.2023, o STF declarou constitucional o piso nacional da enfermagem previsto na Lei n. 14.434/2022 e fixou diretrizes para a sua implementação.

2.1. Da iniciativa privada como complementar

A Constituição diferenciou entre "ações e serviços públicos de saúde" (arts. 197 e 198 da CB) e a "assistência à saúde" (art. 199 da CB), sendo esta livre à iniciativa privada. Portanto, ainda que haja prestação de um serviço por parte do Poder Público, em caráter de obrigatoriedade (dever do Estado, diz a Constituição no art. 196), nem por isso resta afastada a iniciativa privada, que é, no tema, um princípio constitucional (arts. 1º, IV, e 170, *caput*, da CB). De qualquer forma, não resta dúvida de que também a iniciativa privada pode dedicar-se à atividade destinada à saúde.

A referência, pela Constituição, à atividade privada teve como preocupação permitir não apenas a abertura ao setor privado, mas, ainda, admitir que as instituições privadas de prestação de saúde possam participar do sistema único estatal, de forma complementar (§ 1º do art. 199 da CB). Para tanto, exige-se a formação de convênio ou contrato, sendo ambos regidos pelo Direito Público, embora a Constituição apenas se refira aos contratos como sendo de Direito Público. Contudo, fica vedada a destinação de recursos públicos para auxílios ou subvenções às instituições privadas com fins lucrativos.

É vedada, constitucionalmente, a participação direta ou indireta de empresas ou capitais estrangeiros na assistência à saúde no País, salvo nos casos previstos em lei

(§ 3º do art. 199 da CB). Certamente que a lei, nessa situação, não poderá conter regra genérica, permitindo a participação direta ou indireta dessas empresas ou capitais *sempre*. Nessa hipótese, o legislador estaria anulando uma norma constitucional totalmente. A norma, embora restringível pelo legislador, não pode ser por ele nulificado em sua inteireza. É preciso que a lei estabeleça hipóteses para as quais haja justificativa em distingui-las das demais para fins de permitir a participação do capital ou empresas estrangeiras[1588].

3. A ATUAÇÃO DO SUPREMO TRIBUNAL FEDERAL NA PANDEMIA

Desde a promulgação da Lei n. 13.979, de 6 de fevereiro de 2020, que dispôs sobre as medidas de combate à pandemia de Covid-19, a Suprema Corte brasileira passou a exercer papel preponderante na adoção de parâmetros e medidas efetivas do Brasil frente ao contexto de emergência de saúde pública.

Isso ocorreu em face da notória e reiterada conduta do Governo Federal e União no enfrentamento da Covid-19, por vezes omissiva, por vezes insuficiente, por vezes dúbia. É esse o cenário que permite compreender os números superlativos da ação do STF no combate à pandemia. De acordo com dados oficiais disponibilizados em seu próprio sítio oficial, o STF recebeu mais de 9.300 processos relacionados à pandemia de Covid-19, e emitiu, ao menos, 11.886 decisões.

A primeira grande atuação jurisdicional se deu no julgamento da ADI 6.341, de relatoria do Min. Marco Aurélio, e redação para o acórdão do Min. Edson Fachin, no qual o debate sobre a atuação federativa[1589] no combate à pandemia desencadeou inúmeras discussões sobre as ações e as omissões da União, bem como sobre qual seria a competência da União no combate à pandemia, se de apoio aos estados da federação e ao Distrito Federal, de liderança, ou, o que foi de fato decidido, de competência concorrente.

Após o reconhecimento oficial da pandemia no país, por meio do Decreto Legislativo n. 6, de 2020, decretando-se o estado de calamidade pública com o intuito de permitir um melhor acompanhamento fiscal e execução orçamentária e financeira por parte dos Poderes Legislativo e Executivo, o que vimos emergir, na prática, foi o aumento da atuação do Poder Judiciário na gestão de temas centrais concernentes à pandemia.

No que tange ao tema deste capítulo, quanto ao direito à saúde e sua efetividade, destaca-se a atuação da Suprema Corte brasileira na imunização nacional. Em outubro de 2020, cinco partidos políticos ingressaram com a Arguição de Descumprimento de Preceito Fundamental n. 756, de relatoria do Min. Ricardo Lewandowski, buscando, liminarmente, *obrigar* o Presidente da República a adotar procedimentos administrati-

---

1588. Contra, entendendo que a regra da Constituição é "praticamente inócua", posiciona-se José Afonso da Silva (*Curso de Direito Constitucional Positivo*, 16. ed., p. 805).

1589. Ver Capítulo L: Da Repartição de Competências no Brasil.

vos, *com base na Ciência*, a fim de providenciar a aquisição de vacinas e medicamentos aprovados pela Agência Nacional de Vigilância Sanitária — Anvisa.

Em janeiro de 2021, o país assistiu, na iminência da segunda onda da pandemia de Covid-19, ao lamentável episódio da crise de falta de oxigênio no Amazonas, que colapsou o sistema de saúde da região. Em razão deste cenário, dois partidos políticos apresentaram pedido de tutela provisória incidental na ADPF 756, diante do que chamaram de "questão absolutamente inconstitucional vivenciada pela população do estado do Amazonas". No contexto narrado e vivenciado no país, o Ministro Relator, em sede de decisão monocrática, aduziu que as alegações dos partidos requerentes se mostravam "perfeitamente plausíveis no tocante à descrição da caótica situação sanitária instalada no sistema de saúde de Manaus, capital do Estado de Amazonas, que está a exigir uma pronta, enérgica e eficaz intervenção por parte das autoridades sanitárias dos três níveis político-administrativos da Federação, em particular da União". Para fundamentar sua decisão, o Min. LEWANDOWSKI recordou que, conforme o art. 347, inc. I, do Código de Processo Civil, *fatos notórios independem de prova*. E acrescentou, de forma contundente, que o "direito social à saúde se coloca acima da autoridade de governantes episódicos" e registrou, ainda, que o "dever irrenunciável do Estado brasileiro de zelar pela saúde de todos que se encontrem sob sua jurisdição apresenta uma dimensão objetiva e institucional". Com tais premissas, o Ministro entendeu que "incumbe ao Supremo Tribunal Federal exercer o seu poder contramajoritário, oferecendo a necessária resistência às ações e omissões de outros Poderes da República de maneira a garantir a integral observância dos ditames constitucionais, na espécie, daqueles dizem respeito à proteção da vida e da saúde". Assim, deferiu em parte a cautelar e determinou ao Governo Federal a promoção imediata de todas as ações ao seu alcance para conter a crise sanitária instalada em Manaus, suprindo os estabelecimentos de saúde com os insumos necessários, sem prejuízo das ações sanitárias locais. Determinou, ainda, a apresentação de um plano detalhado com as estratégias para enfrentamento da emergência sanitária. Em 22 de março de 2021, o Tribunal Pleno do STF referendou a decisão cautelar emitida nessa tutela provisória incidental na ADPF 756.

Nova decisão monocrática foi proferida em 27 de janeiro de 2021, pelo Ministro Relator, RICARDO LEWANDOWSKI, a partir de petição com pedido liminar com fatos novos e supervenientes. Na ocasião, um partido político sustentou que o Governo Federal estava propagando e incentivando, como política de governo, para tratamento da Covid-19, o uso de medicamentos sem eficácia reconhecida. Tais medidas, de acordo com o partido, afrontariam o art. 196 da Constituição do Brasil, requerendo, portanto, a "vedação de qualquer difusão ou manifestação, por parte do Ministério da Saúde ou de qualquer outro dos ministérios e dos órgãos do Governo Federal, pelos meios oficiais ou oficiosos, de qualquer informação por mensagem, nota, comunicado, protocolo ou qualquer outra forma, em qualquer meio de comunicação (rádio, TV, internet, redes sociais e outros), que propague, induza, incentive ou sugira ou de algum modo refira-se ao uso ou consumo da população, como tipo de tratamento precoce, de medicamentos sem comprovação científica contra a Covid-19, especialmente as referidas Cloroquina, Nitazoxanida, Hidroxicloroquina e Ivermectina". Além disso, o partido político requereu fosse determinada pelo STF uma campanha imediata de divulgação dos benefícios da vacinação. Em sua decisão, o Ministro Relator, RICARDO LEWANDOWSKI, recordou que tais ações narradas são objeto de apuração no Inquérito 4.862/DF, à ocasião, também sob sua relatoria, razão pela qual decidiu aguardar pelo término das investigações "para melhor compreensão dos fatos imputados ao Governo Federal". O Inquérito 4.862 foi instaurado para apurar eventual conduta criminosa do então Ministro da Saúde, general EDUARDO PAZUELLO, em relação ao colapso de saúde pública ocorrido em Manaus. Entretanto, com a exoneração do general Eduardo Pazuello no comando do Ministério da Saúde, era prevista a perda da competência da Corte para investigação, e assim ocorreu, tendo o Ministro Relator, LEWANDOWSKI, determinado a remessa do inquérito a uma das Varas Criminais da Seção Judiciária Federal de Brasília.

Em 19 de abril de 2021, o Ministro Relator, RICARDO LEWANDOWSKI, em sede monocrática, analisou o sexto pedido de tutela provisória incidental na ADPF 756. Na ocasião, as agremiações políticas autoras solicitaram adoção de medidas "relacionadas à decisão do Senhor Presidente da República de imotivadamente determinar a interrupção das tratativas realizadas entre a União, por intermédio do Ministério da Saúde e o Instituto Butantan de São Paulo, para aquisição de doses de vacina contra a Covid-19, a serem utilizadas na imunização da população brasileira". Os requerentes formularam um extenso rol de requerimentos. Porém, nos termos da decisão monocrática, essas ações não seriam da alçada do Poder Judiciário, que não as poderia adotar nem determinar. Nos termos do voto do Min. LEWANDOWSKI: "[n]ão há dúvidas de que a atuação de juízes em seara de atuação privativa do Legislativo ou do Executivo, substituindo-os na tomada de decisões de cunho eminentemente político-administrativo, ofende o princípio da separação dos poderes". Nessa decisão o Ministro reafirmava seu entendimento, exposto de longa data na Corte, sobre a substituição de tomada de decisões de outros Poderes pelo STF, evitando um fenômeno que, em boa medida, é identificado por muitos como ativismo inapropriado.

Nesse sentido, compreende-se, que na decisão de 19 de abril de 2021, para tentar "frear" uma possível inversão de papéis entre os Poderes, o Min. LEWANDOWSKI lembrou que "não é dado ao julgador transmudar-se em verdadeiro administrador público, intervindo, quando provocado, ou mesmo de ofício, em todas as situações potencialmente vulneradoras de direitos fundamentais. Digo isso porque ao julgador só cabe atuar naquelas situações em que se evidencie um 'não fazer' comissivo ou omissivo por parte de autoridades estatais que coloque em risco, de maneira grave e iminente, os direitos dos jurisdicionados". E acrescentou: "Em questões de altas indagações técnicas na área sanitária, como a ora em análise, as decisões administrativas devem ser tomadas pelos representantes eleitos e pelas autoridades sanitárias por eles nomeadas, refugindo à competência do Poder Judiciário, ao qual só é dado pronunciar-se sobre aspectos constitucionais e legais dos atos administrativos, se e quando adequadamente provocado".

Entretanto, como se sabe, esse foi apenas um dos processos que tramitaram na Suprema Corte.

Em outro caso, a ADPF 754, também da relatoria do Min. Ricardo Lewandowski, ajuizada em 21 de outubro de 2020 pelo partido Rede Sustentabilidade, teve como objeto a aquisição de vacina pelo Ministério da Saúde. Em seu julgamento, discutiu-se, prioritariamente, o Plano Nacional de Operacionalização contra a Covid-19. No bojo da discussão estava a operacionalização e a realização da vacinação de grupos e sub-grupos prioritários, o que exigia um detalhamento, não apenas pela urgência da demanda, mas também pelo universo de setenta e sete milhões de pessoas adultas elegíveis para receber a imunização em face da notória escassez nacional (e mundial) de vacinas disponíveis. Em seu voto, o Min. LEWANDOWSKI reafirmou o acompanhamento e a supervisão do STF na condução do Plano de Imunização encaminhado pelo Ministério da Saúde. E, em sentido de alerta, entendeu que "na 2ª edição[1590] estabeleceu-se a população que será imunizada prioritariamente, sem, no entanto, detalhar adequadamente, dentro daquele universo de cerca de setenta e sete milhões de pessoas, qual a ordem de cada grupo de pessoas". E prosseguiu, uma vez mais, atentando para a recorrência da atuação do Poder Judiciário na tentativa de superar as lacunas omissivas e insuficiências na ação do Poder Executivo: "não é difícil perceber que o Poder Judiciário passará a ser acionado cada vez mais, ensejando, assim, que sejam proferidas múltiplas decisões judiciais, em diversos Estados da federação, com a determinação de distintas subordens na fila de vacinação do grupo prioritário, o que provocará insegurança jurídica". Como fundamento da decisão que determinou ao Governo Federal divulgar "com base em critérios técnico-científicos, a ordem de preferência entre os grupos prioritários, especificando, com clareza, dentro dos respectivos grupos, a ordem de precedência dos subgrupos nas distintas fases de imunização contra a Covid-19", foram destacados o direito à informação e o comando constitucional da publicidade da Administração Pública, pilares da participação democrática dos cidadãos no controle daqueles que gerenciam o patrimônio comum do povo.

É oportuno, aqui, verificar a ênfase que passou a ser dada, nas últimas decisões referidas, daquilo que tenho chamado de Constituição científica brasileira, que propugna por uma sociedade guiada por vetores seguros, advindos da pesquisa séria e ampla.

Outras ações, orientadas para o *dever* de prestar saúde também tramitam no STF, das quais destaco, as ADIs 6.586 e 6.587 (reunidas por dependência) e o ARE 1.267.879, que versam sobre a constitucionalidade da vacinação compulsória. No julgamento conjunto das ADIs, também de relatoria do Min. Lewandowski, pretendeu-se o reconhecimento de interpretação conforme do art. 3º, inc. III, da Lei n. 13.979/2020 (vacinação compulsória), especialmente considerando os arts 6º, 22, 23, 23, 26, 30, 196 e 198 da Constituição brasileira. Em seu voto, o Ministro recorda que a obrigatoriedade da vacinação faz parte da História brasileira. Para delimitar o escopo de sua análise, o Ministro pontua que "não pairam dúvidas acerca do alcance de duas garantias essenciais asseguradas às pessoas: a intangibilidade do corpo humano e a inviolabilidade do domicílio. Tais franquias, bem sopesadas, por si sós, já excluem, completamente, a possibilidade de que alguém possa ser compelido a tomar uma vacina à força, contra a sua vontade, *manu militari*, no jargão jurídico". Realmente, como bem anota o Ministro,

---

1590. Do Plano Nacional de Imunização.

ainda que em face de grandes desafios e crises sem precedentes, o poder estatal tem limites, sendo especialmente relevante para uma decisão nesse assunto considerar a vida, em todas as suas dimensões, especialmente a privacidade e os direitos da personalidade, bem como a dignidade do ser humano, do que decorre a intangibilidade do corpo das pessoas. Nesse sentido, o Min. LEWANDOWSKI entendeu que "a obrigatoriedade a que se refere a legislação sanitária brasileira quanto a determinadas vacinas não pode contemplar quaisquer medidas invasivas, aflitivas ou coativas, em decorrência direta do direito à intangibilidade, inviolabilidade e integridade do corpo humano, bem como das demais garantias antes mencionadas. Em outras palavras, afigura-se flagrantemente inconstitucional toda determinação legal, regulamentar ou administrativa no sentido de implementar vacinação forcada das pessoas, quer dizer, sem o seu expresso consentimento".

Fixadas essas premissas constitucionais, o Ministro entendeu não haver, na Lei n. 13.979/2020, previsão de vacinação forçada. Contudo, adicionalmente, ficou determinado que "a saúde coletiva não pode ser prejudicada por pessoas que deliberadamente se recusam a ser vacinadas".

Assim, nos termos do voto do Ministro Relator, a ação direta foi julgada parcialmente procedente, para conferir interpretação conforme ao art. 3º, inc. III, *d*, da Lei n. 13.979/2020, estabelecendo a diferenciação entre vacinação compulsória e vacinação forçada, de maneira que se firmou o entendimento pela inconstitucionalidade da vacinação forçada e, concomitantemente, pela constitucionalidade de medidas indiretas de compulsoriedade, tais como restrição a atividades e acesso a determinados lugares. O STF acolheu por maioria esse entendimento, ficando vencido, em parte, o Min. NUNES MARQUES.

No julgamento plenário virtual da ADO 65 e 66, ambas de relatoria do Min. MARCO AURÉLIO, este, em seu voto, entendeu pela existência de um *estado de coisas inconstitucional* na condução das políticas públicas para realização dos direitos à vida e à saúde no contexto da pandemia. Recordou que o conceito foi introduzido pela Corte Constitucional da Colômbia, na qual se pressupõe a configuração de situação de "violação generalizada de direitos fundamentais, inércia ou incapacidade reiterada e persistente das autoridades públicas em modificarem a situação e necessidade de atuação, visando superar as transgressões, de uma pluralidade de órgãos". O Min. MARCO AURÉLIO entendeu existir, no Brasil, "falência estrutural". Diante desse cenário, julgou procedente, em parte, os pedidos formulados, declarando inconstitucional "a demora do Executivo na adoção de medidas sanitárias e econômicas necessárias à contenção da pandemia e determinando a instituição, em 30 dias, de comissão de gestão da crise, integrada por representantes da União, das unidades federadas e da comunidade científica, visando a coordenação das ações e o implemento de providências, normativas e administrativas, voltadas à contenção da pandemia e à mitigação dos impactos econômicos". Após o voto do Ministro Relator, o Min. GILMAR MENDES solicitou vista dos autos. O julgamento ainda não foi finalizado.

O desempenho flagrantemente caótico, em face de diversos erros, omissões e falta de planejamento mínimo e adequado, do Estado brasileiro ao longo do ano de 2020 e, persistentemente, ao longo do ano de 2021, resultou em uma presença mais intensa do Poder Judiciário na própria coordenação das políticas públicas de enfrentamento à pandemia de Covid-19, ainda que se possa considerar essa "função" como inevitável e necessária. Desempenhando diretamente a função que tenho chamado como sendo "função de Governo", desde minha tese sobre a Justiça Constitucional, apresentada em 2003, o STF atua como órgão responsável por decisões tradicionalmente consideradas como próprias do Governo de um país. Foi o que ocorreu no caso presente, seja na efetivação de um Plano de Imunização Nacional, seja delimitando a competência federativa para impor atuação imediata e compartilhada (ADI 6341 MCREF), ou julgando temas relacionados à ordem econômica e financeira (ADPF 662 MC), decisões que impactaram profundamente a saúde pública no Brasil. Isto não é pouco. A atuação do STF, do ponto de vista pragmático, garantiu um patamar mínimo de seriedade (cientificidade e eficiência) para o país. Não fosse sua atuação contundente na preservação de direitos e garantias proclamados na Constituição brasileira de 1988, a crise, hoje, seria maior. Os reflexos da omissão do Governo Federal e de muitas outras unidades da União ressoaram na história nacional como um dos momentos mais trágicos da nossa Democracia, que também passou a ser persistentemente atacada por grupos extremistas, antidemocráticos e oportunistas de plantão.

Referências bibliográficas

CORREIA, Marcus Orione Gonçalves & CORREIA, Érica Paula Barcha. *Curso de Direito da Seguridade Social*. São Paulo: Saraiva, 2001.

ROCHA, Julio César de Sá. *Direito da Saúde: Direito Sanitário na Perspectiva dos Interesses Difusos e Coletivos*. São Paulo: LTr, 1999.

Capítulo XXXV
DIREITO À PREVIDÊNCIA SOCIAL

1. CONSIDERAÇÕES PRELIMINARES: PREVIDÊNCIA E FUTURO

WLADIMIR NOVAES MARTINEZ considera que a "Previdência Social comparece como o principal instrumento da seguridade social"[1591].

Tomando em consideração sua finalidade, a Previdência Social pode ser conceituada como "a técnica de proteção social que visa a propiciar os meios indispensáveis à subsistência da pessoa humana — quando esta não pode obtê-los ou não é socialmente desejável que os aufira pessoalmente através do trabalho, por motivo de maternidade, nascimento, incapacidade, invalidez, desemprego, prisão, idade avançada, tempo de serviço ou morte —, mediante contribuição compulsória distinta, proveniente da sociedade e de cada um dos participantes"[1592].

Em realidade, a existência de um sistema constitucional de previdência, robusto, assegurado pela sociedade, diz respeito sobretudo ao modelo de futuro de um país. Por meio dele se permite uma específica forma de organização social, franqueando ao cidadão a possibilidade de planejar e assegurar seu futuro. Trata-se de importante marco no processo civilizatório mundial, que interfere diretamente não apenas com o futuro, a posição e as capacidades de cada pessoa na sociedade, mas também – insisto – com o futuro de toda a sociedade.

Análises mais simplistas e superficiais tendem a apresentar o tema, porém, como meramente técnico, oferecendo, a partir de um pressuposto matemático, soluções que seriam supostamente neutras ou isentas, especialmente quando confrontadas com outras soluções, tidas por indesejáveis, e por isso mesmo rotuladas como retrógradas ou superadas pela modernização da sociedade.

Qualquer sistema previdenciário de uma sociedade, para ser justo, coerente e consistente (seguro), deve ter como base a solidariedade. A substituição desta base por outra, especialmente alguma imbuída da mentalidade calculista pura, do cálculo tipicamente empresarial, da ideia de escassez e da suposta crise econômica, poderá ser capaz de romper com o mínimo necessário para a coesão do tecido social. Além de rasgar um pressuposto imprescindível ao sistema, colocam-se em risco pautas mínimas civilizatórias que conferem sustentáculo à vida em sociedade.

1591. *A Seguridade Social na Constituição Federal*, p. 98.

1592. Wladimir Novaes Martinez, *A Seguridade Social na Constituição Federal*, p. 99.

2. AS MUDANÇAS NA PREVIDÊNCIA SOCIAL COMO ROTINA NO BRASIL

As regras do regime da previdência, no Brasil, têm sido substancialmente modificadas ao longo do tempo, como ocorreu por meio da Emenda Constitucional n. 20, de 15 de dezembro de 1998, e, ainda, pelas Emendas n. 41, de 19 de dezembro de 2003, e n. 47, de 5 de julho de 2005.

As reformas geralmente são apresentadas com a pretensão de organizar e sanear a previdência, estruturando-a em termos mais racionais e mais "igualitários", que nem sempre correspondem à realidade. Para alcançar esse desiderato modificativo, realizam-se uma série de alterações que, para dizer o mínimo, chocam-se frontalmente com legítimas pretensões dos indivíduos e com pautas constitucionais valorativas.

Assim, o tema previdenciário, considerado de maneira geral, encontra-se imerso em um cenário de alta complexidade normativa, dado o contexto dessas modificações substanciais ocorrido na vigência da Constituição de 1988, pelas referidas e sucessivas emendas constitucionais, que efetivamente produziram uma ampla e geral *Reforma Previdenciária*.

Como sabemos, a primeira foi a EC n. 03/93[1593], seguida pela EC n. 20/98, EC n. 41/2003, EC n. 47/2005, EC n. 70/2012, EC n. 88/2015 e, mais recentemente, a EC n. 103/2019, todas ocorridas dentro de uma mesma lógica, quer dizer, dentro de um mesmo modelo ou sistema de previdência social.

Seria desnecessário relembrar, neste ponto do estudo, que a Constituição há de ser um todo coerente e harmônico. Mas gostaria de retomar esse tema apenas para assentar mais profundamente essas suas bases, fazendo um recorte específico para a matéria previdenciária.

Entendo que a mudança de um único artigo pode gerar impacto em diversos setores constitucionais, ainda que estes outros setores permaneçam formalmente intocados. Por isso tenho dificuldade em aceitar um fenômeno que ficou conhecido, de maneira depreciativa, no Brasil, como emendismo constitucional[1594], considerado uma forma de retalhar a Constituição, desfigurando-a, como se estivéssemos apenas a retocá-la para o bem de todos. A preocupação está bem assentada na obra "A sala de máquinas da Constituição", de Gargarella, em lição de todo aproveitável aqui: "Frente a tais reformas, sustentamos que não se poderiam ler as mesmas como se afetasse a seções autônomas da Constituição"[1595].

As alterações previdenciárias que se sucederam ao longo da vigência da Constituição de 1988 não foram motivadas por um casuísmo partidário, mas pelas discussões que se iniciaram a partir de 1991, com uma visão geral depreciativa do papel e da

---

1593. A EC 3/93 alterou, dentre outras matérias, o §6º do art. 40 da CB, que dispunha sobre aposentadorias e pensões dos servidores públicos federais quanto ao custeio. Posteriormente foi integralmente revogado pela EC 20/98.

1594. Fruto não de uma Constituição inadequada, mas sim de um Congresso Nacional que se mostrou, no passado recente, suscetível às pressões das mais diversas origens, muitas das quais atentas a meros interesses setoriais, financeiros ou desprovidos de um projeto social ou de nação.

1595. *La Sala de Maquinas de la Constitución*, p. 309.

capacidade do Estado. Redundaram, topicamente falando, no esforço político de reformular o sistema previdenciário, considerando, em um primeiro momento, a necessidade de propiciar a sua sobrevida diante da reconhecida "escassez de recursos públicos e a consequente insuficiências dos mesmos para fazer frente face ao custo dos benefícios previdenciários"[1596] e, em um segundo momento, tiveram por pressuposto a maior eficiência e otimização operacional necessária diante da crescente variação demográfica da população brasileira.

Vislumbrou-se como central nesse processo de mutação a *unificação* do regime jurídico previdenciário dos servidores públicos, e uma clara tendência política de aproximação das regras do RPPS às do RGPS. Tendência esta que, ao invés de concretizar-se por uma única decisão constituinte reformadora, estendeu-se por sucessivas emendas constitucionais que desmantelaram o sistema previdenciário, tornando seu regime demasiadamente complexo e suscetível a intermináveis discussões jurídicas, sobretudo atinentes a sua constitucionalidade.

Por isso, qualquer análise de um novo modelo de Reforma da Previdência não pode deixar de enfrentar o tema das camadas sucessivas de complexidade[1597], com avaliação crítica das diversas implicações em outros tantos setores constitucionais, como o do funcionalismo, do papel do Estado etc., bem como não se pode desconsiderar os questionamentos que serão levados, nos anos sucessivos, ao Poder Judiciário, por qualquer mudança que, sempre e necessariamente, acaba afetando a segurança jurídica e a vida das pessoas.

Ademais, o processo do emendismo e o da excessiva judicialização impedem a estabilização mínima das regras previdenciárias e, por consequência, impedem a proteção da confiança legítima do cidadão (art. 5º, *caput*, da CB), segurado-contribuinte do sistema (art. 201, da CB).

Do ponto de vista jurídico-histórico, um rápido vislumbre dessas alterações previdenciárias que se sucederam em anos anteriores permite reconhecer um amplo campo de incertezas jurídicas em torno da proteção da confiança e de direitos previdenciários, diante do regramento transitório e definitivo que foi se acumulando, sucessivamente, muitas vezes de maneira espúria e atabalhoada.

Vinga, de há muito, no Brasil, um modelo de completa incerteza ou, para usar palavras mais chocantes, mas não menos verdadeiras, de ZYGMUNT BAUMAN, é a sensação "de ignorância (nenhuma ideia do que vai acontecer) e de impotência (nenhum meio de evitar que aconteça)". Há, porém, uma novidade nesse contexto, pois o Estado tornou-se o promotor principal desse cenário perverso, ao mesmo tempo em que se torna, com ele, paradoxalmente, vítima de si mesmo, ao reduzir-se e, com isso, perder parcela de poder, abdicando daquilo que lhe daria condições mínimas de lidar e enfrentar a incerteza, a escassez fictícia e a necessidade de cuidar dos interesses nacionais em nome do futuro de uma sociedade inteira.

1596. MINISTÉRIO DA PREVIDÊNCIA SOCIAL, *Reflexões e desafios*, p. 42.

1597. Mesmo na mudança radical do sistema previdenciário em si, permanecem e se avolumam as dificuldades, seja em virtude das regras transitórias, seja em virtude das exceções, seja pela judicialização.

Em meio a esse longo período de reformas, pode-se concluir que os magistrados foram um dos grupos mais afetados, porque deixaram definitivamente no passado o antigo regime especial, regulado principalmente por sua Lei Orgânica, para ingressarem em um *novo regime previdenciário*. Sobre essa migração ainda pairam relevantes impasses e até mesmo duvidosa constitucionalidade, especialmente em relação a certos tópicos de maior conexão com as cláusulas constitucionais da independência e da separação dos poderes. Mas não se pode, certamente, falar em privilégios.

Apesar de todas essas transformações ocorridas na nossa recente e breve História constitucional democrática, pós-ditadura, a maior mudança, em termos teóricos e práticos, estará justamente na substituição de um regime contributivo baseado na solidariedade, por outro, baseado exclusivamente na capitalização. Da socialização para a financeirização.

Considerando todo esse contexto devemos afirmar que estamos vivenciando, nas vésperas da nova década do século XXI, um momento que é, nitidamente, de ataque ao chamado Estado do Bem-Estar social. Trata-se de uma leitura de mundo muito difundida, sobretudo, pelo neoliberalismo, e sua crença infundada em uma liderança qualitativamente superior que ocorreria por uma entidade abstrata e opaca chamada "mercado".

Muito surpreende que nessas novas ideias que têm emergido com maior frequência e intensidade esteja a acusação de que o modelo social desse Estado seria a origem da crise e miséria social, quer dizer, que é ele o culpado ou, ao menos, o maior responsável pelo desmantelamento dos empregos, pelos altos índices de desocupação da mão-de-obra em países periféricos como o Brasil e pela ausência de uma perspectiva mínima de futuro adequado para a sociedade.

Sob essa bandeira, que é infundada, desconexa, incoerente e, em certos momentos, raivosa e extremista (ideologicamente falando), promoveram-se, no Brasil e em outras partes do Mundo, v.g., reformas trabalhistas que tornaram o respectivo mercado menos regulado, a exemplo do que já havia sido feito, pioneiramente, pelos EUA, com o mercado financeiro (e que nos conduziu à crise econômica mundial de 2008, cujos efeitos prolongam-se até os dias de hoje)[1598].

3. A INEVITÁVEL CONEXÃO DO SISTEMA PREVIDENCIÁRIO COM AS RELAÇÕES TRABALHISTAS

O problema que pretendo ressaltar, aqui, está justamente em ignorar os inevitáveis vínculos entre as relações trabalhistas em geral e o sistema previdenciário (que compõem o Estado social). O desmantelamento de um funciona como combustível para implodir o outro. É que o sistema previdenciário tem operado, historicamente, ao lado de um modelo de financiamento contributivo cuja base e cujo pressuposto são

---

1598. Para uma crítica aos economistas e a falta de atenção a certos sinais que conduziram à crise, cf. Glabraith, James K. *The end of normal*. New York: Simon & Schuster, 2014, p. 65 e s.

as saudáveis relações na vida laboral (salvo, evidentemente, o sistema mais radical, de capitalização). Neste ponto, o envelhecimento de grande parte da população brasileira, em suas projeções para o futuro, é algo que sempre necessita atenção em termos previdenciários.

O que molestou profundamente esse equilíbrio fino construído pela Constituição de 1988, destruindo a conexão que havia, foi a recente reforma trabalhista. A ela, soma-se, ainda, somada a falta de políticas econômicas de proteção e promoção do chamado mercado de trabalho, necessárias ao desenvolvimento de qualquer país capitalista[1599]. Em análise extremamente precisa, ANTÓN LOSADA posiciona-se, nesse mesmo sentido, ao advertir que: "Se o emprego é seguro, estável e de qualidade, o sistema previdenciário tem ingressos suficientes para repartir e não sofre"[1600].

Se a economia é forte ou se há, ao menos, políticas econômicas devidamente planejadas e implementadas, que sinalizam uma consciência estatal, um caminho de retomada do desenvolvimento nacional, resulta, inevitavelmente, uma tutela também do mercado de trabalho, preservando-se, assim, a viabilidade do sistema previdenciário. Ao contrário, se sucumbimos ao simplório discurso da escassez geral, lugar comum nos dias de hoje, e ao da impossibilidade de crescimento e desenvolvimento sem cortes, reduções e constrições imediatas (discurso paradoxal de uma austeridade simplista e reducionismo inconsequente do Estado), o resultado mais imediato costuma ser, invariavelmente, a paralisia econômica.

A escassez e a crise econômica costumam ser agregadas a dois principais inimigos imaginários: as regras de proteção do mercado de trabalho e as regras previdenciárias. O Brasil, lamentavelmente, trilha um roteiro bem conhecido, perigoso e inconsequente para com o futuro socioeconômico do país, ao eleger esses supostos inimigos.

Assim, em síntese, o Brasil abandonou o tradicional centro de gravidade laboral, calcado no trabalho qualitativo e seguro, com as respectivas formalidades e do qual surgem as bases adequadas para o financiamento público da previdência. Caminhamos para um outro cenário oposto (não intermediário), que é o das relações trabalhistas supostamente entre autônomos e iguais. Esse modelo tem de gerar mudanças igualmente radicais na previdência social, praticamente afastando-a de um modelo socialmente justo e aceitável, para outro, em bases meramente matemáticas.

Essa mudança não foi apenas normativa, pois também ganhou impulso pela completa falta (ou falha grave, em alguns raros casos[1601]) de políticas econômicas capazes de incentivar e promover a imprescindível expansão de postos de trabalhos e da economia como um todo. Assim, foram, deliberadamente, retiradas as bases de sustentação do modelo de financiamento contributivo intergeracional, o que está, ainda hoje, a representar um ataque direto à solidariedade constitucionalmente imposta

---

1599. Certamente podem haver outras causas, como políticas populistas, envelhecimento acentuado da população, elevação da expectativa de vida e processos inflacionários. Refiro-me, porém, às causas mais evidenciadas em ações estatais recentes.

1600. *Piratas de lo público*. 3. ed. Barcelona: Deusto, 2014, p. 266.

1601. Como a política de isenções para grandes indústrias, sem contrapartidas concretas.

e, especialmente, ao futuro da sociedade. Mas é do ponto de vista do cidadão que surgem os maiores impactos.

Como se percebe, o Brasil parece tentar inverter a fórmula, amplamente reconhecida economicamente, e até certo ponto intuitiva, de ampliar os postos de trabalho (e até reforçar a segurança das relações trabalhistas), ampliar o mercado consumidor interno e sua capacidade de demanda, como meios aptos a estimular a economia, retomar crescimento, desenvolvimento e manutenção de sistemas como o previdenciário. Parece ter havido uma desistência por parte do Estado.

Medidas constritivas do mercado de trabalho são revigoradas e as relações vão se degradando até um ponto (que é o atual) em que cortes, reduções e políticas regressivas ainda maiores são aplaudidas e implementadas. Parece assumir uma posição secundária, cronologicamente falando, a elaboração de efetivas políticas econômicas de retomada. Ou seja, na crise, ao invés de debelá-la, seja pelo lado da demanda, do consumo ou de qualquer outra perspectiva assumida como apropriada, quer-se realizar mais redução socioeconômica, mais cortes, menos direitos, menos serviços públicos, levantando salvaguardas ainda existentes para o cidadão, para sua família e para seu futuro, a patamares irrisórios e, em alguns serviços (deveres mínimos do Estado), até o nível de sua aniquilação, sugerindo-se, com isso, a dispensabilidade geral do próprio Estado.

Esse é o cenário em que surge o sistema previdenciário baseado na capitalização, desconhecido do Mundo capitalista avançado. Esse modelo, para ser sintético, de um lado, promove a transferência de todo o risco social para o indivíduo isolado e, de outro, cria, inequivocamente, um benefício, mas que é direcionado exclusivamente para o sistema financeiro. O retrocesso, na adoção desse modelo, não poderia ser mais evidente. Vejamos com mais verticalidade esses dois pontos, sem perder a perspectiva do cenário fático que descrevi anteriormente.

4. SIGNIFICADO SOCIOECONÔMICO DO MODELO DE CAPITALIZAÇÃO

CARLO BORDONI[1602], em reflexão datada de 2014, trata amplamente sobre essa que é uma das mais surpreendentes mudanças em andamento na atualidade, tendo como pano de fundo os pretensos períodos de crise (que passaram a ser permanentes e não cíclicos, um capitalismo que não é nunca mais de prosperidade para todos, mas sim o contrário, de retrocesso, perdas e incerteza).

Esse parece-me um pressuposto muito apropriado para compreender o funcionamento das economias periféricas, como o Brasil em especial. As últimas décadas têm sido marcadas pela crise econômica e pelas medidas frustradas em termos de avanço socioeconômico, medidas de retrocesso, perdas e incertezas legitimadas pela bandeira da austeridade, uma espécie de permissivo geral para isentar o Estado de seus deveres sociais mais básicos.

1602. Cf. a obra conjunta com BAUMAN, Zygmunt, *Estado de Crise*, p. 9-22.

Há, na linha desse pensador, um movimento forte pela ausência do Estado, também sob outro slogan, o do empreendedorismo individual. E isso é também o que vimos operar nas referidas reformas trabalhistas, por muitos apresentadas como sendo "apenas" a implantação (já atrasada) da ampla liberdade, sob a total responsabilidade pessoal.

Mais do que querer, aqui, relembrar uma longa polêmica literária, social e econômica, tenho por certo que esse modelo narrado acima presta-se a abandonar determinados padrões de segurança que, no caso brasileiro, estão incorporados definitivamente em nossa Constituição (arts. 1º, II, III e IV, 3º, I, II e III, 5º, *caput* e XXXVI, 7º, XXIV, e 170, VII e VIII). Nas palavras do mesmo BORDONI: "À diferença do liberalismo clássico, que contemplava um modelo puramente de mercado, deixado à iniciativa privada e à livre competição sem nenhuma intervenção do Estado ('mais mercado, menos Estado'), o neoliberalismo se instala no próprio Estado. WENDY BROWN argumenta que o liberalismo, em contraste com o liberalismo clássico, tende a empoderar cidadãos para transformá-los em empreendedores; por conseguinte, em estabelecer uma ética sem precedentes de cálculo econômico', a qual se aplica a atividades em favor do público que antes o governo garantia"[1603].

Em uma das análises que considero das mais acuradas sobre o que estamos a vivenciar nos dias atuais, o autor arremata: "A prática do neoliberalismo submete as funções sociais do Estado ao cálculo econômico: uma prática não usual, que introduziu critérios de viabilidade nos serviços públicos, como se eles fossem empresas privadas, para ordenar os campos de educação, saúde, seguridade social [...] sob uma perspectiva econômica. Consequentemente, o neoliberalismo retira a responsabilidade do Estado, fazendo-o renunciar às suas prerrogativas e avançar na direção e sua gradual privatização. [...] A crise do Estado se deve à presença desses dois elementos: incapacidade de tomar decisões concretas no âmbito econômico e, portanto, a incapacidade de prover serviços sociais adequados"[1604].

Insisto que não quero, aqui, retomar ou me posicionar em uma conhecida (e não muito profícua) polêmica entre ideologias diversas que lamentavelmente passaram a ocupar posições extremadas e intolerantes no espectro intelectual brasileiro. Pretendo apenas sublinhar a ocorrência de um movimento concreto que, no Brasil, para ser legítimo, demandaria uma mudança para outra Constituição, e não uma mera mudança na Constituição vigente, por força das cláusulas pétreas. Haveria de se fazer, pois, um debate muito mais amplo, profundo e socialmente legitimador, com a clareza da ruptura com o Pacto fundante.

A atual Constituição desautoriza um cálculo meramente matemático para fins de impor uma mudança com o porte da mudança previdenciária para a capitalização. Esse tipo cálculo que tem sido insistentemente apresentado à sociedade conduz à negação

---

1603. Obra em coautoria com Zygmunt Bauman: *Estado de crise*. Rio de Janeiro: Zahar, 2016, p. 27-8.
1604. *Op. cit.*, p. 28, original não grifado.

dos vínculos mais básicos que sempre existiram entre cidadão e Estado, e que estão impostos e pressupostos pela Constituição brasileira[1605].

A mudança para o sistema de capitalização é exatamente o reforço e o complemento desse Estado cada vez mais ausente e distante da Constituição de 1988, com o indivíduo sendo o único responsável pelo seu bem-estar e dos demais sob sua guarida, e, finalmente, com a transferência para o mercado privado financeiro das situações que, apresentando o necessário atrativo do retorno econômico, encontravam-se, anteriormente, sob a responsabilidade do Estado. Imputa-se ao Estado uma racionalidade empresarial sem responsabilidades sociais, liberando-o de deveres e, efetivamente, tornando-o desnecessário em seu custo de existência.

A capitalização como caminho mágico de retomada para o país, em realidade, apenas reforça tendências recentes de financeirização do capitalismo. Insere-se no amplo movimento de estímulo (e ampliação), via Estado, da atividade financeira de poucas instituições privadas autorizadas a operarem, em sistema altamente concentrado, extremamente opaco e sem qualquer controle social. ANTÓN LOSADA trata desse ponto com maestria, ao reforçar uma característica muito própria dos benefícios previdenciários: "diferentemente da saúde pública ou da educação, convertem-se com relativa facilidade em um bem privado e em um complexo produto financeiro"[1606], representando, para os bancos, em suas palavras, "um ativo financeiro barato"[1607].

A capitalização, portanto, tem pressupostos e funcionamento significativamente diversos (diria até mesmo opostos) do sistema público de repartição e solidariedade adotado, incorporado e integrado na Constituição de 1988, como cláusula pétrea.

A transformação de aposentadorias em ativos financeiros é medida de evidente privatização ampla e irrestrita do modelo social brasileiro. Haveria de receber a oposição de tantos que por ela terão suas vidas e seus futuros substancialmente prejudicados. Não se trata de impedir o crescimento do mercado privado brasileiro. Nem se trata de uma visão negativa deste (no caso, do mercado financeiro). A passagem de empresas estatais para o setor privado, v.g., por meio de fenômenos como os de desestatização, privatização etc., não é necessariamente inconstitucional. Mas, no caso presente, o Estado social passa a ser abalado estruturalmente pela radicalidade inerente à capitalização como modelo substituto para a previdência social.

Essa racionalidade privada e matemática pode ser ainda mais agressiva quando também se transmite a "supervisão", uma atividade em si já típica do Estado mínimo. Essa passagem de um modelo de supervisão e coordenação pública para outro de su-

---

1605. Cf. arts. 1º, II, III e IV, 3º, I, II e III, 5º, *caput* e XXXVI, 34, X, 40, 170, VII e VIII, 203 e 201. Mais recentemente tem-se também admitido a chamada vedação do retrocesso social, ínsita à dignidade da pessoa humana (art. 1º, III, da CB) e ao Estado social brasileiro (arts. 6º e 7º, XXIV, da CB).

1606. *Op. cit.*, p. 295. Essa característica, no Brasil, está, ademais, reconhecida constitucionalmente, pelo art. 202, ao abordar a possibilidade de um regime complementar de previdência privada.

1607. Id., ibid.: "[...] para las entidades financieras, nuestros planes de pensiones son fondos de inversión depositados por clientes que no tienen control alguno sobre sus decisiones y como tales los gestionan en las Bolsas".

pervisão privada[1608], viola, pois, o próprio Estado mínimo. Este, ainda que em suas posições reduzidas pelo neoliberalismo mais agressivo, não está autorizado a desincumbir-se de suas funções básicas e intransferíveis, delegando-as a entidades privadas (arts. 201 e 230, *caput*, da CB). A transferência desse poder para o setor privado, no caso, para os bancos, reforça, assim, a ausência geral que se quer desenhar para o Estado, em um modelo que mantém a racionalidade privada absoluta dos novos atores controladores. Sua adoção, mesmo que apenas para as novas gerações, rompe definitivamente com esses pilares constitucionais, como assentei acima.

Insisto, por fim, nesta síntese de que qualquer troca de um modelo de solidariedade, para outro, de individualidade, viola o nível de proteção à dignidade alcançado em 1988 (arts. 1º, III, c.c. 23, X, e 60, § 4º, IV, da CB) e as bases do pacto social brasileiro.

5. AS MUDANÇAS NA PREVIDÊNCIA SOCIAL E A POSIÇÃO DO STF

5.1. A solidariedade

No julgamento da ADI 240-6/RJ o STF assentou, em adendo ao voto proferido pelo Min. Rel. Octávio Gallotti, que a solidariedade constitui elemento intrínseco a todos os sistemas, superando até mesmo a autonomia dos estados-membros. Trata-se, efetivamente, de elemento impositivo do desenho federativo brasileiro e, nesse sentido, de modelo próprio e inerente ao Estado social inaugurado em 1988 (ou, mais propriamente, um Estado desenvolvimentista).

Relembro, aqui, a esse propósito, o disposto no referido art. 23, que determina competir aos Poderes Públicos de todos os níveis federativos "X – combater as causas da pobreza [...] promovendo a integração [...]". Trata-se de determinação que institui deveres genéricos aos Poderes Públicos, a partir do art. 3º, que impõe o objetivo de "erradicar a pobreza [...] e reduzir as desigualdades". Ora, como bem sabemos, a Seguridade Social estruturada na Constituição realiza exatamente esses desideratos e esses deveres, quando realizada pelo Estado. São inúmeros os estudiosos que já trataram do assunto e, por isso, reforço esse pressuposto com as lições pontuais de Gnazzo: "[...] um dos argumentos mais estendidos para defender a existência de uma rede de seguridade social é seu efeito para reduzir a pobreza e melhorar a distribuição da riqueza"[1609].

É absolutamente inapropriado pensar-se no modelo de previdência social como um problema isolado, desvinculado das demais opções constitucionais, podendo ser enfrentado de maneira apartada como se a Constituição fosse apenas um conjunto não

---

1608. O assunto veio retratado no art. 115, a ser acrescido ao ADCT, que em seu inciso III tem os seguintes termos: "III — gestão das reservas por entidades de previdência públicas e privadas, habilitadas por órgão regulador [...]", sem maiores preocupações ou especificações.

1609. *Principios fundamentales de finanzas publicas*. Montevideo: s/ed, 1997, p. 425, tradução livre. O autor anota as divergências que existem, muitas das quais decorrem de específicas regras de cada sistema, pelo que é necessário, sempre, ter atenção redobrada, não sendo suficiente apenas estabelecer um sistema de fundo único e repartição.

sistêmico[1610] de normas, como se fosse possível ignorar não apenas conexões internas, mas sobretudo a estrutura constitucional em si mesma, que se formou em bloco e não em capítulos independentes. Uma opção em um âmbito social, afetou (na constituinte) e afeta (na atualidade) a outra, sobretudo, como visto, no assunto aqui tratado. E algumas opções estão vedadas, justamente por desfigurarem totalmente a Constituição em seu núcleo imutável que venho indicando, em seus diversos artigos, neste estudo.

Assim, a passagem, supostamente inevitável, para um novo universo previdenciário financeirizado, abandona as bases que se assentaram em nosso Pacto Fundamental. Não é possível realizá-la, nesta Quadra constitucional, sem ofender diretamente a solidariedade (art. 3º, I, da CB), os deveres mínimos e indelegáveis do Estado (arts. 23, X, e 230, *caput*), os valores sociais do trabalho e do mercado interno (arts. 170, *caput*, e 219, da CB), e, de maneira geral, o bloco de normas que erige o Brasil em um Estado Social e Democrático de Direito, já amplamente referido aqui. Todas essas cláusulas são normas reforçadas pela imutabilidade típica de nosso constitucionalismo (art. 60, § 4º, da CB).

5.2. As mudanças dentro do sistema e a transição entre sistemas

Sobre as inúmeras ocorrências passadas de reforma por emendismo constitucional, que arrolei no início deste capítulo, é possível encontrar alguns posicionamentos mais flexíveis, tanto do Supremo Tribunal Federal[1611], acerca de direito adquirido e de proteção da segurança, como também da literatura especializada e até mesmo de outros tribunais pelo Mundo[1612], que foram confrontados com fortes medidas de austeridade ou restrições em momentos de crise econômica recente.

Contudo, é inapropriado invocar a jurisprudência permissiva do STF quando o caso não for sobre decréscimo de contrapartida ou distensão temporal para iniciar o exercício de direitos, dentro de um mesmo sistema, como ocorreu nas reformas passadas das Previdência. Faço essa reserva porque considero que a implantação de um modelo de capitalização gera uma discussão calcada em pressuposto muito diverso das mudanças (e discussões) constitucionais passadas.

5.3. As regras da desaposentação

Em 26 de outubro de 2016, o Plenário do STF, por maioria de votos, decidiu que não é possível, no Brasil, atualmente, a chamada "desaposentação". Basicamente, a tese lastreia-se no entendimento de que, por se tratar de novo cálculo de benefício, é neces-

---

1610. Essa concepção é vastamente aceita na Doutrina. Cf.: Bastos, Celso Ribeiro. *Hermenêutica e interpretação constitucional*, 3. ed. São Paulo: Celso Bastos Editor, 2002, p. 174, Gargarella, Roberto. *La sala de máquinas de la Constitución*. Madrid: Katz editores, 2015; TAVARES, André Ramos. *Curso de Direito constitucional*. 17. ed. São Paulo: Saraiva, 2019, p. 192.

1611. Cf. STF, ADI 3128/DF, rel. Min. Ellen Gracie, rel. para o acórdão, Min. Cezar Peluso, j. 18-8-2004.

1612. A exemplo de certos pronunciamentos do Tribunal Constitucional português. Cf., a propósito do tema daquela que ficou chamada como jurisprudência de crise: Acórdão 396/2011; Acórdão 353/2012; Acórdão 187/2013 e Acórdão 413/2014. No Brasil temos uma discussão dentro do chamado consequencialismo jurídico.

sária previsão legal expressa, que não existe, em interpretação do art. 18 da Lei n. 8.213/91 em sua redação atual.

Embora possa vir a existir, por decisão de política previdenciária, a desaposentação está, nas palavras do Ministro CELSO DE MELLO, "sob reserva de Parlamento". O STF fixou a seguinte tese: "No âmbito do Regime Geral de Previdência Social (RGPS), somente lei pode criar benefícios e vantagens previdenciárias, não havendo, por ora, previsão legal do direito à 'desaposentação', sendo constitucional a regra do art. 18, § 2º, da Lei 8.213/1991". Os casos de desaposentação já ocorridos anteriormente à decisão do STF, incluindo casos tutelados pelo Poder Judiciário, deverão ser decididos topicamente.

O STF, pois, tentou justificar essa tese em um suposto perfil de autocontenção da Corte, que efetivamente não existe, e, ademais, na lógica de que seria vedado renunciar a um benefício patrimonial para obter outro superior, embora este último também adquirido de maneira legítima e igualitária.

Não deixa de ser uma decisão que impõe o chamado retrocesso social ou, como lembra o Ministro LEWANDOWSKI, em um momento de crise econômica, a Corte opta pelo Estado, desestimulando que o cidadão labore para obter uma situação mais vantajosa.

O STF, no tema desaposentação, parece incidir nas críticas realizadas na década de 1960 pelo Professor de Yale, CHARLES REICH, no sentido de confundir privilégios (superados e inaceitáveis) com o que, mais propriamente, devem ser consideradas como as atuais "fontes de segurança", especialmente no tema aposentadoria, que substitui diversos outros elementos históricos de subsistência, como era o caso da propriedade privada imobiliária.

Segundo o autor, essa fonte de segurança consiste em uma espécie de "substituto compulsório para a propriedade privada", uma oferta governamental ou "fonte de segurança" que não pode ser encarada como um luxo, pois nada é mais pessoal, no sentido de prover a própria subsistência do ser humano, do que a pensão por idade. Deixar de reconhecê-la em seu caráter essencial, legando-a a uma opção política livre do legislador de plantão, tem um cunho retrocessivo inequívoco.

5.4. O novo retalho: a Reforma da Previdência da EC n. 103/2019

Em fevereiro de 2019, o Poder Executivo federal apresentou ao Congresso Nacional a PEC n. 06/2019, propondo uma nova Reforma na Previdência Social brasileira. Na Câmara dos Deputados, a PEC recebeu 297 propostas de emendas ao projeto. No Senado Federal, as propostas de emenda somaram 593. Embora a PEC tratasse de tema complexo, com uma reforma bastante ampla, sua aprovação se deu de forma célere, ainda que com um elevado número de propostas de emendas. O texto final da PEC foi promulgado em novembro de 2019, resultando na Emenda Constitucional n. 103.

Considerando apenas os assuntos sobre previdência social de que trata a nossa Constituição, temos 80 *novos* retalhos, ou, por que não o dizer, 80 fragmentos, criados por esta única Emenda.

O novo cenário previdenciário inclui mudanças no regime geral, regime dos funcionários públicos e das forças armadas. Nesse sentido, o amplo cenário de alterações ofertadas pela EC n. 103/2019 gerou controvérsias imediatas, a serem discutidas no âmbito do Poder Judiciário.

Para ilustrar a questão, podemos citar a ADI 6.367, ajuizada em 3 de abril de 2020, pela Associação Nacional dos Auditores-Fiscais da Receita Federal do Brasil – Unafisco em face de diversos dispositivos alterados ou incluídos pela EC n. 103/2019. A Requerente pretende, dentre outros aspectos, a declaração de inconstitucionalidade formal dos arts (i) 1º (que altera o art. 40, § 22, da CB); (ii) art. 19, § 1º, I, *a, b* e *c*; (iii) art. 20, IV, *e*; (iv) art. 26, da EC n. 103/2019. A justificativa apresentada é a ofensa ao *devido processo legislativo*, uma vez que, durante apreciação da PEC pelo Senado Federal, alguns destaques não teriam seguido o rito proposto pelo art. 60, § 2º, da CB. A inconstitucionalidade material, também suscitada, abrange uma enormidade de dispositivos que preveem desde as alíquotas progressivas das contribuições previdenciárias até a revogação de imunidade tributária de aposentados e pensionistas portadores de doenças incapacitantes. É nesse cenário extremamente minucioso que o STF está sendo convocado a se manifestar.

Um aspecto importante, constante do bojo dessa discussão, encontra-se na apresentação de uma nota técnica que argumenta pela "inexistência de desequilíbrio atuarial no regime próprio da previdência", invocando o princípio da solidariedade, ao justificar que este "não permite que se onerem excessivamente as gerações atuais em prol de um superávit futuro".

O Ministro Luís Roberto Barroso, relator do processo, em sede de decisão monocrática, determinou que o rito da ação ocorra nos termos do art. 12, da Lei n. 9.868/99, para "permitir a célere e definitiva resolução da questão". A Requerente, em momento seguinte, requereu que o processo fosse retirado de pauta do Plenário Virtual para convocação de audiência pública e um debate amplo com a sociedade, em virtude da complexidade e da importância do tema, pedido que foi indeferido sob o argumento de "o que se colocou em julgamento virtual foi tão somente o referendo da decisão que negou a medida cautelar quanto a algumas das normas impugnadas nas ações diretas relacionadas à Reforma da Previdência realizada pela Emenda Constitucional n. 103/2019. O provimento jurisdicional submetido à apreciação do Plenário apenas reconheceu a validade e eficácia dos dispositivos em questão, cuja constitucionalidade já era presumida".

De todo modo, há que se fazer uma reflexão menos célere e mais definitiva sobre previdência social no Brasil. Isto porque, como ressaltei em tópico anterior, o tema já foi produto de inúmeras alterações em nossa Constituição. Perdemos o horizonte proposto pelo Constituinte, para dizer o mínimo. E com inúmeras redações incluídas, excluídas e alteradas, nas últimas três décadas, perdemos a chance de previsibilidade sobre os pilares da construção proposta originalmente. Há um acumulado de judicializações tramitando nos tribunais brasileiros decorrentes das emendas constitucionais anteriores, que agora se intensificarão com a mais recente reforma (de certo, não será a última reforma). Sabemos que a gravidade da insegurança jurídica sobre o tema se acentuará, e o princípio da celeridade processual pode não ser a resposta mais adequada para isso.

6. DA PREVIDÊNCIA PRIVADA

A previdência social privada é admitida, sendo considerada de caráter complementar e facultativa em relação ao regime geral da previdência (art. 202).

Consoante SÉRGIO PINTO MARTINS: "O regime de previdência privada, de caráter complementar e organizado de forma autônoma em relação ao regime geral de previdência social, será facultativo, baseado na constituição de reservas que garantam o benefício contratado"[1613].

Bem observa, a respeito desse sistema privado, WAGNER BALERA, o seguinte: "Servem, os entes supletivos, como estrutura de expansão do arcabouço de proteção, formando, como já se costuma dizer em França, segunda rede de seguridade social, em estreita colaboração com o Poder Público, no interior do aparato do bem-estar. Mas não perdem os traços característicos que são peculiares às pessoas privadas"[1614].

Apesar do caráter privado, o tema é sensível e tem merecido abordagem direta e expressa pela própria Constituição, bem como por emendas sucessivas, como a EC n. 20/98, pela qual a previdência complementar foi contemplada com tratamento mais firme, merecendo destaque em artigo próprio.

Assim também a reforma perpetrada pela EC n. 41, de 19 de dezembro de 2003, e pela EC n. 47, de 5 de julho de 2005, por força das quais surgiram regras de transição também neste âmbito.

6.1. Previdência fechada

O regime de previdência privada pode ser aberto ou fechado. Será fechado quando extensível apenas a determinada categoria de empregados ou trabalhadores de determinada empresa ou grupo de empresas.

No regime considerado fechado, portanto, o ingresso no sistema privado não é permitido a qualquer pessoa (não basta pretender filiar-se e pagar as contribuições e haver condições econômicas para tanto). São exemplos de previdência privada no País: a Previ (previdência dos empregados do Banco do Brasil) e a Petros (previdência da Petrobras).

6.2. Previdência aberta

A previdência aberta caracteriza-se por fornecer ao público geral diversos planos de pecúlios ou de aposentadorias. A esse sistema qualquer interessado pode ser admitido. Há um controle desses planos pela Superintendência de Seguros Privados — SUSEP.

6.3. Organização

À organização da previdência privada é garantida autonomia em relação às regras de organização do regime constitucional da previdência.

1613. *Direito da Seguridade Social*, p. 299.
1614. *Sistema de Seguridade Social*, p. 61.

Isso significa que não há necessidade de obediência às prescrições próprias do regime imposto na Constituição e nas leis específicas, salvo, certamente, a ressalva expressa direcionada à previdência privada, desde que respeitada sua autonomia e caráter privado, sob pena de inconstitucionalidade de qualquer direcionamento ou restrição.

Referências bibliográficas

BALERA, Wagner. *Sistema de Seguridade Social*. São Paulo: LTr, 2000.

BAUMAN, Zygmunt, BORDONI, Carlo. *Estado de Crise*. SP: Zahar, 2014.

GARGARELLA, Roberto. *La sala de maquinas de la Constitución*. Madrid: Katz ed., 2015.

LOSADA, Antón. *Piratas de lo público*. 3. ed. Barcelona: Deusto, 2014.

MARTINEZ, Wladimir Novaes. *A Seguridade Social na Constituição Federal*. 2. ed. São Paulo: LTr, 1992.

MARTINS, Sérgio Pinto. *Direito da Seguridade Social*. 16. ed. São Paulo: Atlas, 2001.

Ministério da Previdência Social, *Reflexões e desafios*. Helmet Schwarzer (org.). Brasília: MPS, 2009.

REICH, Charles A. The New Property. *The Yale Law Journal*, v. 73, abril de 1964, n. 5, p. 732-87.

Capítulo XXXVI
DIREITO À ASSISTÊNCIA SOCIAL

1. ASPECTOS GERAIS: DIREITO?

A assistência social apresenta a natureza de seguro social, já que independe de contribuição (art. 203, *caput*).

O objetivo da universalização dos benefícios e serviços é, no caso, alcançado por via de sua prestação a todos que necessitarem de cuidados assistenciais.

Pondera a respeito do tema WLADIMIR NOVAES MARTINEZ: "as prestações assistenciárias, ou seja, os pequenos benefícios e os serviços são efetivados sem contribuição (direta do assistido), enquanto as prestações previdenciárias, isto é, os benefícios em dinheiro, são custeados pelos beneficiários e pelas empresas. Construção convencional, mantém, inclusive com efeitos práticos, a distinção doutrinária entre poder potestativo dos primeiros e direito subjetivo dos últimos"[1615].

Portanto, por independer de contribuição individual direta do beneficiário assistido, suporta-a o Estado na medida em que disponha de recursos para tanto, o que equivale a afirmar a não existência de direito subjetivo imediato.

Contudo, muito bem pondera WAGNER BALERA: "Ao definir o conteúdo da justiça social a Constituição de 5 de Outubro de 1988 afirma que, dentre outros resultados, ela deverá implementar a *redução das desigualdades sociais.*

"Trata-se de princípio que postula o seu próprio acabamento e que está a exigir esforço conjunto de governantes e governados.

"Exigindo resposta do setor da seguridade social a quem compete o cuidado dos necessitados, o comando ordena aos componentes do sistema o estabelecimento de planos, programas e projetos redutores da desigualdade a fim de que se estabeleça a justa integração daqueles que estão à margem da vida social.

"Inventariando as possíveis modalidades de ação social e, à vista dos recursos disponíveis, o setor da assistência social deve garantir os mínimos sociais.

"Já advertimos, antes, sobre as dificuldades que serão enfrentadas na implementação das tarefas em decorrência da falta de definidos percentuais do orçamento para o setor.

"É bem verdade que a exigência constitucional poderia ser sintetizada na seguinte proposição: é necessário que cada qual seja solidário com os demais, de tal arte que todas as pessoas tenham mínimas condições de vida"[1616].

1615. *A Seguridade Social na Constituição Federal,* p. 83.

1616. *Sistema de Seguridade Social,* p. 82, original grifado.

2. OBJETIVOS

Constituem objetivos da assistência social proteger a família, maternidade, infância, adolescência e velhice. Também objetiva promover a integração ao mercado de trabalho, a habilitação e a reabilitação de pessoas portadoras de deficiência. Por fim, deve-se apontar, ainda, como objetivo, garantir um salário mínimo mensal à pessoa portadora de deficiência ou ao idoso que comprovem não possuir meios de prover à própria subsistência ou de tê-la provida por sua família.

A assistência social oferece, portanto: A) serviços, como de assistência social propriamente dita, habilitação dos portadores de deficiência e outros; B) utilidades, como distribuição de remédios e leite, no intuito de proteger a família e a infância; C) prestações pecuniárias, como o programa de renda mínima.

Dentre um dos mais recentes esforços, a EC n. 78/2014, que adiciona o art. 54-A ao ADCT, concede indenização de R$ 25.000,00 aos seringueiros de que trata o art. 54 do ADCT, ou aos seus dependentes, rateando-o, neste último caso, conforme a cota-parte de cada dependente. Não vingou, todavia, a outra proposta da PEC, no sentido de desvincular a base de cálculo do benefício de que trata o art. 54 do ADCT, do salário mínimo.

3. RECURSOS E ORGANIZAÇÃO

As ações governamentais na área da assistência social serão realizadas com recursos do orçamento da seguridade social.

A organização dessas ações governamentais deve ser orientada pelas seguintes diretrizes (art. 204): A) descentralização político-administrativa; B) participação da população na formulação das políticas e no controle das ações governamentais.

A coordenação geral e a edição de normas gerais cabem ao governo federal. A coordenação e a execução dos respectivos programas cabem a cada uma das entidades federativas responsáveis, bem como às entidades beneficentes e de assistência social.

A população, por sua vez, participará da assistência social "por meio de organizações representativas" (inc. II do art. 204 da CB). Essas organizações devem ser compreendidas em sentido amplo, abarcando entidades de classe, sindicatos, associações diversas, universidades, organizações não governamentais e outras.

4. PRINCÍPIOS DA ASSISTÊNCIA SOCIAL

A Lei n. 8.742/93 estabeleceu, em seu art. 4º, como princípios que regem a assistência social no Brasil: A) supremacia do atendimento às necessidades sociais sobre as exigências de rentabilidade econômica; B) universalização dos direitos sociais; C) respeito à dignidade do cidadão, a sua autonomia e a seu direito a benefícios e serviços de qualidade; D) reconhecimento do direito à convivência familiar e comunitária; E) igualdade de direitos no acesso ao atendimento, com equivalência entre as populações urbanas e rurais; F) divulgação ampla de todos os benefícios, serviços, programas e projetos assistenciais, bem como dos recursos oferecidos pelo Poder Público e dos critérios para sua concessão.

5. ESTRUTURA

Existe um Conselho Nacional de Assistência Social — CNAS, órgão que é o responsável por realizar a coordenação da política nacional de assistência social.

O CNAS é também responsável por normatizar as ações de prestação de serviços de natureza pública e privada na área assistencial, bem como para conceder o certificado de fins filantrópicos às entidades privadas.

Por fim, vale consignar que, com da Lei n. 9.720/98, o CNAS passou a ter o dever de convocar ordinariamente a Conferência Nacional de Assistência Social, para avaliar as condições gerais de assistência social no País e propor diretrizes para seu aperfeiçoamento.

Ademais, existem conselhos estaduais e um distrital, bem como conselhos municipais, todos, como se salientou, com composição mista entre governo e sociedade civil.

Referências bibliográficas

BALERA, Wagner. *Sistema de Seguridade Social*. São Paulo: LTr, 2000.

MARTINEZ, Wladimir Novaes. *A Seguridade Social na Constituição Federal*. 2. ed. São Paulo: LTr, 1992.

Capítulo XXXVII
DIREITO À EDUCAÇÃO E À CULTURA

1. DIREITO À EDUCAÇÃO

1.1. A educação da sociedade brasileira como uma questão de soberania nacional

O ensino nacional é uma questão de soberania do país. Essa afirmação é especialmente válida quando se fala de soberania econômica, nos termos do que veio a ser positivado no art. 170, I, da Constituição do Brasil de 1988. Trata-se, aí, da soberania nacional na ordem econômica, e não da soberania no sentido político tradicional em que a teoria constitucional emprega o termo. Ela requer o desenvolvimento nacional por meio da proteção de nosso "mercado interno" (art. 219, da CB), seja do setor produtivo, seja do trabalhador, para os quais o ensino quantitativo e de qualidade é essencial.

Houve, pela CB, a positivação de preocupações nacionais em algumas áreas estratégicas. Assim, ilustrativamente, elenco o subsolo com seus recursos naturais (e econômicos) ali presentes, bem como a comunicação social (especialmente até a EC n. 36/2002) e o mercado interno brasileiro (caracterizado como "patrimônio nacional" pelo art. 219). Não seria razoável imaginar que a CB houvesse deixado de incluir em suas preocupações mais sensíveis, para fins de desenvolvimento, justamente a educação.

O chamado "mercado do ensino", e, mais rigorosamente falando, o do ensino universitário, é um dos setores mais fortemente regulados no Brasil, com diversos mecanismos de controle e fiscalização, especialmente de ordem qualitativa. Por isso é que observamos, no mesmo art. 209, a exigência expressa de que se cumpram determinadas condições para que se possa falar de livre iniciativa privada no âmbito do mercado de ensino[1617]. Dessa forma, como já tive oportunidade de observar, "O ensino não pode ser transformado em *commodity* pelo e no interesse de uma entidade despersonalizada e abstrata denominada 'mercado', especialmente quando estiver sob regime de concentração empresarial"[1618].

1617. ADI 6191/SP, Min. Rel. Roberto Barroso, j. 09-06-2022.
1618. André Ramos Tavares, Um mercado sem (adequada) educação, *O Estado de S. Paulo*, 28 abr. 2017.

Admitir que esse setor seja dirigido exclusivamente pelas pretensões do chamado mercado, cuja decisão central é pautada prioritariamente na melhor margem de lucratividade, significaria "o abandono das eficiências e funcionalidades próprias da educação"[1619].

Na análise desse setor devem se levar em consideração: "(i) as potencialidades na inovação, mola propulsora de economias no século XXI, que dependem de fortes investimentos com baixos retornos, especialmente no âmbito do ensino superior e (ii) o preparo em geral da população, imprescindível ao incremento social e realização plena do Homem"[1620].

É função do Estado tutelar, por meio de todos os seus órgãos, incluindo o MEC, mas também o CADE, o incremento dos níveis de acesso à educação e a manutenção de sua qualidade, preocupações que podem não estar no horizonte de estruturas empresariais com foco na ampliação de suas margens de lucro.

1.2. Conteúdo do direito à educação como direito fundamental

A Constituição do Brasil proclama abertamente como direito social o direito à educação, no art. 6º. Não estabelece, contudo, de imediato, qualquer especificação de conteúdo ou alcance. Contudo, um conteúdo mínimo pode ser facilmente estabelecido. Nesse sentido, esse direito significa, primariamente, o *direito de (igual) acesso* à educação, que deve ser concedido a todos, especialmente para os níveis mais basilares do ensino. Assim, o conteúdo inicial (mínimo) do direito à educação é o de acesso ao conhecimento básico e capacitações, que devem ser oferecidas de forma regular e organizada.

No Brasil, nossos maiores desafios continuam sendo, infelizmente, o acesso e a permanência na Escola. Esse é certamente o grande tema da atualidade. A chamada MP da Reforma do Ensino Médio, apresentada no segundo semestre de 2016 pelo Governo Federal, simplesmente desloca para um momento diverso o centro das atenções, focando em quem já está no sistema ou tem acesso a ele. Não é, portanto, a grande mudança que se aguarda em nosso precário e desigual sistema educacional. O momento da proposta era absolutamente impróprio, além de representar, uma vez mais, decisões centrais e repentinas em área extremamente sensível. Do ponto de vista jurídico, não há justificativa constitucional para o uso de uma Medida Provisória com esse teor. Após muitas críticas, e substanciais alterações, a MP resultou na Lei n. 13.415/2017.

Lembremos, portanto, que foi no art. 205 que a Constituição especificou referido direito, estabelecendo que deve visar ao "pleno desenvolvimento da pessoa", "seu preparo para o exercício da cidadania" e a sua "qualificação para o trabalho". Esses objetivos expressam o sentido que a Constituição concedeu ao direito fundamental à educação. Tem-se, a partir daqui, de compreender um conteúdo da própria educação, como direito fundamental. Não se trata mais de qualquer direito à educação, mas daquele

---

1619. André Ramos Tavares, Um mercado sem (adequada) educação, *O Estado de S. Paulo*, 28 abr. 2017.
1620. André Ramos Tavares, Um mercado sem (adequada) educação, *O Estado de S. Paulo*, 28 abr. 2017.

cujas balizas foram construídas constitucionalmente. Isso significa que o direito à educação é o direito de acesso, mas não um acesso a qualquer educação, e sim àquela que atende às preocupações constitucionais.

Acrescente-se, nesse sentido, que no art. 210 a Constituição do Brasil admite que sejam estabelecidos conteúdos mínimos para o ensino fundamental[1621], de maneira a assegurar formação básica comum e respeito aos valores culturais e artísticos, nacionais e regionais. Ou seja, no usufruto do direito à educação, haverá determinadas pautas comuns, estabelecidas pelo Estado, no interesse geral.

No art. 214, V, fala-se em promoção humanística, científica e tecnológica, no sentido de que o Estado deve articular essas realizações com o ensino que há de promover.

Assim, resgata a Constituição o necessário humanismo na cultura jurídica da América Latina (cf. WOLKMER).

Ademais, Declarações de Direitos e Pactos Internacionais geralmente contemplam o direito à educação com variadas e relativamente extensas especificações. É o que se pode apurar no art. 13 do Pacto Internacional Relativo aos Direitos Econômicos, Sociais e Culturais, de 16 de dezembro de 1966.

Neste ponto vale relembrar que com a EC n. 45/2004 (Reforma do Judiciário) e com a interpretação que se pode adotar para o novo § 3º do art. 5º da Constituição (especialmente a tese da recepção dos tratados anteriores à EC n. 45/2004 com a estatura constitucional, como tenho defendido), merecerá especial atenção, para deslinde deste tema e compreensão do sentido deste direito à educação no Direito constitucional brasileiro, referido Pacto.

Este Pacto foi aprovado, para o Brasil, pelo Decreto Legislativo n. 226, de 12-12-1991 e promulgado pelo Decreto Presidencial n. 591, de 6-7-1992. Em seu art. 13 reconhece "o direito de todas as pessoas à educação", tendo a Constituição, aqui, estabelecido uma fina sintonia com este tratado internacionalmente reconhecido. Proclama, ainda, que "a educação deve visar o pleno desenvolvimento da personalidade e do senso da dignidade humana e reforçar o respeito pelos direitos do homem e por suas liberdades fundamentais". Aqui se pode vislumbrar a complementaridade em relação à Constituição, no sentido de estar o Pacto demonstrando conexões constitucionais que talvez não estivessem tão claras ao leitor mais desatento.

O Pacto prevê, ainda, que a educação "deve pôr todas as pessoas em condição de desempenhar um papel útil na sociedade livre". A conexão, aqui, já estabelecida constitucionalmente, é com o direito ao trabalho e, novamente, com a dignidade da pessoa humana.

Ora, resulta nítido nos dispositivos um conteúdo mínimo do direito à educação. Insista-se que um dos marcos, aqui, foi a Emenda Constitucional n. 45, que, alterando a Constituição de 1988, permitiu a incorporação automática, como normas constitucio-

---

1621. A Constituição, no art. 22, defere competência privativa à União para legislar sobre "diretrizes e bases da educação" (inc. XXIV), o que se encontra na Lei federal n. 9.394/96. Em seu art. 24, a Constituição do Brasil atribuiu, ainda, competência concorrente à União, Estados-membros e Distrito Federal para legislar sobre educação, cultura e ensino (inc. IX).

nais, de tratados sobre direitos humanos previamente assumidos pelo país. O referido Pacto, por sua vez, encontra-se, como visto, em plena sintonia com o conteúdo previsto no corpo originário da Constituição brasileira, devendo, doravante, ser considerado o próprio conteúdo do direito constitucional fundamental à educação.

Assim se compreendem as palavras de CLARICE DUARTE: "embora a educação, para aquele que a ela se submete, represente uma forma de inserção no mundo da cultura e mesmo um bem individual, para a sociedade que a concretiza, ela se caracteriza como um bem comum, já que representa a busca pela continuidade de um modo de vida que, deliberadamente, se escolhe preservar"[1622]. Esses valores constitucionais "básicos" alcançam todos aqueles que estejam engajados com a prestação educacional no país, sejam entidades públicas, sejam privadas ou mesmo núcleos menores, como a família. Nesse sentido, são conteúdos que geram obrigações para todos.

1.3. Natureza do direito à educação na Constituição de 1988

A Constituição brasileira assume expressamente o direito à educação como um direito de matiz social. Ela o faz, inicialmente, no art. 6º, de maneira incisiva e sintética, para posteriormente ratificar esse posicionamento, especificando esse direito e outros direitos e institutos correlatos, no seu Capítulo III do Título VIII, exatamente a partir do art. 205.

Como típico direito social, o direito à educação obriga o Estado a oferecer o acesso a todos interessados, especialmente àqueles que não possam custear uma educação particular. Os direitos sociais ocupam-se, prioritariamente, dentro do universo de cidadãos do Estado, daqueles mais carentes.

Apesar da conotação de direito social, que assume explicitamente, o direito à educação deve ser também reconhecido em seu caráter ou dimensão de uma clássica liberdade pública. E este é o motivo pelo qual se tem falado, até aqui, de direito fundamental à educação e de acesso, e não de liberdade de acesso e de liberdade de aprender, evitando a confusão de conteúdos e dimensões[1623].

Assim é que o art. 206, em seu inciso II, da CB, estabelece a liberdade de aprender, ensinar, pesquisar e divulgar o pensamento[1624]. Na *liberdade de ensinar* encontram-se diversas liberdades: i) liberdade de cátedra propriamente dita; ii) liberdade de escolha, inclusive dos pais (a Constituição estabelece como dever dos pais educar os filhos menores, em seu art. 229) quanto a certos conteúdos e estabelecimentos de ensino. Considere-se, ainda, que, no Brasil, o ensino é expressamente aberto à livre iniciativa privada (art. 209, *caput*, da CB). Trata-se de um "processo público aberto às mediações

---

1622. Clarice Duarte, *A Educação como um Direito Fundamental de Natureza Social*, p. 697.

1623. Muito embora Jorge Miranda (1988: 367) fale de liberdade de aprender e de liberdade de acesso.

1624. "Embora na prática as peias a tal direito sejam numerosas" (Cunha, 2004: 37). Um dos principais inimigos está na excessiva vigilância, cobranças, "politização e burocratização universitárias", que podem fazer com que a "educação e a cultura sofram um retrocesso inimaginável" (cf. Cunha, 2004: 60 e 168). É preciso, portanto, muito cuidado ao analisar a regulamentação infraconstitucional do direito à educação.

de entidades privadas"[1625]. Isso significa, pois, que os pais e mesmo os interessados podem escolher não frequentar estabelecimentos públicos de ensino, mas sim privados, dentro da dimensão individual do direito à educação.

Assim, é possível falar numa dimensão não prestacional do direito à educação, consistente no direito de escolha, livre, sem interferências do Estado, quanto à orientação educacional, conteúdos materiais e opções ideológicas. Nesse sentido, o Estado cumpre e respeita o direito à educação quando deixa de intervir de maneira imperial ditando orientações específicas sobre a educação, como "versões oficiais da História" impostas como únicas admissíveis e verdadeiras, ou com orientações políticas, econômicas ou filosóficas. Também cumpre a referida dimensão deste direito quando admite a pluralidade de conteúdos (não veta determinadas obras ou autores, por questões ideológicas, políticas ou morais).

O tema ganhou tratamento específico quanto à orientação religiosa em escolas públicas. Nesse caso, o ensino religioso deve ser de matrícula facultativa (art. 210, parágrafo primeiro, da CB). Ou seja, o Estado, sendo, como é, no Brasil, um Estado laico (art. 19, I, da CB), não pode obrigar a criança e o adolescente a cumprir disciplina religiosa; mas tem o dever de oferecer opções de disciplinas religiosas aos que se interessem por realizá-la.

1.4. O cumprimento pelo Estado do direito social à educação e as garantias institucionais

Perante o direito à educação como direito fundamental ao Estado surge um dever de atuar positivamente, seja i) criando condições normativas adequadas ao exercício desse direito (legislação[1626]), seja ii) na criação de condições reais, com estruturas, instituições e recursos humanos (as chamadas garantias institucionais relacionadas diretamente a direitos fundamentais). Para desincumbir-se satisfatoriamente desse dever, o Estado deve, portanto, intervir positivamente (afasta-se a ideia de subsidiariedade, típica do contexto econômico do Estado liberal).

A educação, no Brasil, obedece ao princípio da gratuidade, quando oferecida em estabelecimentos oficiais (inc. IV do art. 206). Significa, pois, que é vedado ao Poder Público cobrar do indivíduo pelo oferecimento da educação em estabelecimentos próprios. Seu dever é o de oferecer a estrutura necessária para satisfazer, universalmente, quando demandado, pela educação, nos termos abaixo. Como observa CLARICE DUARTE, isto "está intimamente ligado ao problema da democratização do acesso à educação e constitui um direito, não uma concessão ou um favorecimento"[1627].

A educação (gratuita), contudo, só é considerada dever do Estado em relação à educação básica (originariamente denominada como ensino fundamental e

---

1625. J. J. Gomes Canotilho, *Direito Constitucional e Teoria da Constituição*, p. 342.

1626. A Lei federal n. 9.394/96 estabelece as diretrizes e bases da educação, sendo que suas normas gerais compõem um parâmetro para a uniformização mínima da educação.

1627. Clarice Duarte, *A Educação como um Direito Fundamental de Natureza Social*, p. 705.

obrigatório)[1628]; mas inclui a educação para aqueles que não tiveram acesso a esses níveis na época (idade) própria (inc. I do art. 208). A educação básica alberga as crianças desde os quatro anos de idade até completarem dezessete anos, conforme dispõe o art. 208, I, em sua nova redação, dada pela EC n. 59, de 11 de novembro de 2009. Em realidade, ao antigo ensino fundamental foi incorporado um ano (o ensino fundamental passou de oito para nove anos) com a EC n. 53, de 19 de dezembro de 2006, que retirou da educação infantil (creche e pré-escola) as crianças com mais de cinco anos de idade (redação atual do art. 208, IV). Já reafirmou o STF que creche e pré-escola são obrigação do Estado, por força de norma cogente do art. 208, inc. IV, da Constituição, que incumbe ser observada pelo Poder Público (RE-AgR 384201-SP, rel. Min. MARCO AURÉLIO).

Quanto ao ensino médio gratuito, a Constituição apenas exige sua "progressiva universalização" (inc. II do art. 208), e, para o que denomina "níveis mais elevados do ensino, de pesquisa e da criação", a Constituição declara que o acesso dar-se-á consoante a capacidade, os méritos próprios de cada um (inc. V do art. 208). Contudo, há aqui uma vertente a ser considerada no contexto dos direitos sociais: as ações afirmativas para o acesso às universidades. E tem-se, ainda, uma restrição de acesso às universidades públicas, consubstanciada na Lei n. 12.089, de 11 de novembro de 2009, que proibiu "que uma mesma pessoa ocupe, na condição de estudante, 2 (duas) vagas, simultaneamente, no curso de graduação, em instituições públicas de ensino superior em todo o território nacional", impondo aos alunos que façam uma opção no prazo de cinco dias úteis contados da comunicação oficial da IES; sua omissão implicará o cancelamento de sua vaga. A Lei respeita, contudo, as situações atuais de cumulação, autorizando a conclusão do curso para aqueles que estejam na data da lei ocupando duas vagas no ensino superior público.

De qualquer sorte, é inegável a necessidade de que o Estado ofereça estabelecimentos de ensino suficientes para atender às necessidades de sua sociedade, e evite posicionamentos restritivos, como o da Lei acima referida, que acaba por ter repercussão pedagógica na formação do indivíduo, ao lhe proibir a concomitância de estudos.

O tema entronca com a partilha constitucional de responsabilidades de execução (competência material) das entidades federativas. Nesse quesito, a Constituição atribui ao Município e ao Distrito Federal "manter (...) programas de educação infantil e de ensino fundamental". Essa responsabilidade do Município deve receber a cooperação técnica e financeira da União (art. 30, VI). Mas não está vedado ao Município atuar em outros segmentos da educação e ensino desde que mantenha sua atuação, prioritariamente, no ensino fundamental e na educação infantil (art. 211, § 2º, da CB).

1628. O ensino fundamental vem indicado na Lei n. 8.394/96, em seu art. 32, e ensino médio no art. 35. Em 2004, consoante o IBGE, o percentual de pessoas que não frequentavam escola, na população de 4 a 17 anos de idade, considerando as faixas etárias em que as crianças e adolescentes deveriam estar cursando os ensinos fundamental e médio, era de 11,9% (acesso em http://www.ibge.gov.br/home/estatistica/populacao/trabalhoerendimento/pnad2004/suplemento_educacao/comentario.pdf).

Ademais, a União, os Estados, o Distrito Federal e os Municípios devem organizar em regime de colaboração seus sistemas de ensino (art. 211, da CB). Aos Estados incumbe, prioritariamente, o ensino fundamental e médio (art. 211, § 3º, da CB). Obviamente que, para tanto, Estados e Municípios necessitarão estabelecer parcerias e formas de colaboração, para o bom desempenho da tarefa constitucional referente à educação.

Mas o dever estatal quanto ao direito fundamental à educação está longe de se esgotar no mero oferecimento de acesso. O Poder Público deve valorizar os profissionais da educação (art. 206, V). Deve, ainda, garantir um padrão mínimo de qualidade (art. 206, VII). Este padrão vem definido, em parte, pela Lei de Diretrizes e Bases da Educação Nacional, em seu art. 4º, IX, como "a variedade e quantidade mínimas, por aluno, de insumos indispensáveis ao desenvolvimento do processo de ensino-aprendizagem".

O já referido acesso inclui o oferecimento de ensino noturno regular, adequado às condições do educando (art. 208, VI). Exige-se, ainda, atendimento ao educando do ensino fundamental por meio de "programas suplementares de material didático-escolar, transporte, alimentação[1629] e assistência à saúde" (art. 208, VII).

1.5. Vinculação de recursos financeiros e estabelecimento de prioridades para efetivar o direito à educação

A Constituição foi extremamente cautelosa com o direito à educação; por isso determinou que pelo menos 18% (caso da União) e 25% (caso dos Estados, Municípios e DF) da receita proveniente de impostos deveria ser destinada à manutenção e desenvolvimento do *ensino*.

A Emenda Constitucional n. 14/96 criou o Fundo de Manutenção e Desenvolvimento do Ensino Fundamental (FUNDEF) e Valorização dos Profissionais da Educação. Destina-se ao ensino fundamental, sendo que os recursos são distribuídos aos Municípios de forma proporcional ao número de alunos nas respectivas redes de ensino fundamental.

Esse Fundo representou um importante avanço no estabelecimento constitucional de prioridades orçamentárias. Significou, inicialmente[1630], que do total solicitado aos Estados, Municípios e DF, indicado acima, pelo menos 60% deveria ser destinado ao ensino *fundamental*, objetivando sua universalização e remuneração condigna do magistério.

Em 2007, o FUNDEF foi substituído pelo Fundo de Manutenção e Desenvolvimento da Educação Básica e de Valorização dos Profissionais da Educação (FUNDEB).

1629. Consoante análise dos resultados da pesquisa nacional por amostra de domicílios realizada pelo IBGE em 2004: "Especialmente para as crianças e adolescentes das camadas da população de baixo rendimento domiciliar, a oferta de alimentação gratuita nas escolas e creches é um fator que favorece o melhor aproveitamento do ensino, além de ser um incentivo à sua permanência no sistema educacional. No contingente de estudantes do pré-escolar, fundamental e médio, 76,4% frequentavam escola que oferecia merenda escolar ou outra refeição gratuitamente. Na rede pública este percentual alcançou 88,8% e ficou em 7,8% na rede particular" (http://www.ibge.gov.br/home/estatistica/populacao/trabalhoerendimento/pnad2004/suplemento_educacao/comentario.pdf).

1630. Para a atual destinação de verbas, v. o art. 60, II, do ADCT, na redação que lhe foi conferida pela EC n. 53, de 19-12-2006.

Houve uma evolução do mecanismo anterior, passando a compreender a educação básica nacional como um todo, e não apenas o ensino fundamental. A Lei n. 11.494/2007, que regulamentou o FUNDEB, tinha prazo de vigência até 31 de dezembro de 2020. Havia, portanto, uma preocupação de continuidade dessa política pública de desenvolvimento da educação nacional. Por essa razão, a Câmara dos Deputados apresentou a PEC n. 15/2015, que, posteriormente, se somou à PEC n. 26/2020, apresentada pelo Senado Federal. Ambas as propostas de emenda à Constituição resultaram na promulgação da EC n. 108/2020, incorporando — com modificações — a proposta da lei anterior, com vigência provisória, em norma constitucional.

O FUNDEB não é um fundo único. Cada um dos Estados da federação e o Distrito Federal possuem seu próprio fundo para gerenciar e distribuir recursos à educação básica de nível estadual e municipal.

Dentre as disposições constitucionalmente criadas pela EC n. 108/2020 temos a elevação da participação da União na destinação de verbas à educação de 10% para 23%, a partir do dia 1 de janeiro de 2021. Isto é, o art. 212-A, V, da Constituição, com redação da EC n. 108/2020, passou a determinar que a União deverá complementar os recursos em no mínimo 23%. Para que isso ocorra, o art. 60, do ADCT, institui uma alíquota progressiva que se inicia em 12% no primeiro ano, até atingir 23%, no mínimo, no sexto ano.

A incorporação do FUNDEB de forma definitiva no texto constitucional bem pode ser catalogada como uma das mais importantes políticas de desenvolvimento do país, permitindo a efetivação do direito ao acesso à educação, com um importante grau de autonomia para gestão de recursos e investimento. A partir da EC n. 135/2024, o FUNDEB pode ter 10% da parte oriunda da União destinada à manutenção de matrículas em tempo integral.

A Constituição já assegurava, dentro do ensino, a prioridade ao atendimento das necessidades resultantes do ensino obrigatório (art. 212, § 3º).

Observe-se, ainda, que se instituiu, no Brasil, a inconsistente e abusiva "desvinculação de receitas da União" (DRU), que permite exclusivamente à União utilizar livremente parcela de valores obtidos com a cobrança de tributos. Com a mais recente aprovação da Emenda à Constituição n. 135/2024, o art. 76 do ADCT foi novamente alterado para permitir a DRU até 31 de dezembro de 2032, permanecendo a possibilidade de desvinculação em 30% (trinta por cento) da arrecadação da União com impostos, contribuições sociais e de intervenção no domínio econômico, taxas e, agora, receitas patrimoniais, já instituídos ou que vierem a ser criados. Contudo, ficou fora da desvinculação a arrecadação proveniente da contribuição social do salário-educação, que é destinada a complementar o financiamento da educação básica pública brasileira.

Um importante aspecto, bem ressaltado por CLARICE DUARTE é a "ampliação dos canais de participação da sociedade civil na elaboração, fiscalização e controle das políticas públicas"[1631], por meio dos conselhos educacionais, nas três esferas federativas.

1631. Clarice Duarte, *A Educação como um Direito Fundamental de Natureza Social*, p. 708.

1.6. A judicialização do direito à educação: aspectos de uma polêmica atual

Afirma CANOTILHO que "[o]s direitos sociais são compreendidos como autênticos direitos subjectivos inerentes ao espaço existencial do cidadão, independentemente da sua justicialidade e exequibilidade imediatas"[1632]. Mas a Constituição de 1988 tomou o cuidado de reconhecer, no caso do direito social à educação, o acesso ao ensino obrigatório e gratuito como um direito público subjetivo (parágrafo primeiro do art. 207).

Como foi colocado no início deste estudo, o acesso à educação constitui o sentido inicial do direito fundamental aqui analisado. O que o dispositivo em apreço pretende estabelecer é que esse direito pode ser exigido individualmente. Como observa CLARICE DUARTE: "Na realidade, o fato de a Constituição atual ter enunciado de forma expressa o direito público subjetivo como regime específico do direito ao ensino fundamental conferiu aos indivíduos, irrecusavelmente, uma pretensão e uma ação para exigirem seus direitos, o que, no caso de outros direitos sociais, vem suscitando maiores objeções, pois o seu objeto primário é a realização de políticas públicas"[1633].

Quer dizer que independe de políticas públicas, de opções gerais, de programas totais de educação. Estes são também de responsabilidade do Estado. Mas o mesmo Estado não pode invocar esses seus deveres para eximir-se da obrigação de prestar, individualmente, quando solicitado, inclusive judicialmente, o devido acesso à educação fundamental, que é obrigatória (art. 208, I, da Constituição).

A preocupação em efetivar o direito fundamental à educação é tão presente para a Constituição que o art. 208, em seu parágrafo segundo prevê a responsabilidade (plena) da autoridade competente na hipótese de não oferecimento do ensino obrigatório pelo Poder Público ou sua oferta irregular. No caso, autoridade responsável será tanto o Prefeito quanto o respectivo Secretário de Educação. Trata-se de advertência, pelo sentido de intimar o administrador público relapso; com isso se procura evitar processos judiciais baseados na omissão quanto ao dever de prestar educação obrigatória.

Uma das polêmicas da judicialização desses direitos está na disponibilidade orçamentária limitada e da invocação, por parte do administrador, da insuficiência orçamentária. Contudo, a alegação desta insuficiência, em juízo, por parte da Administração Pública, implica, como decidiu o STJ no REsp 474.361-SP (rel. Min. HERMAN BENJAMIN), tornar incontroverso o fato constitutivo do direito dos interessados (dispensando-os de prova), porque aduz a Administração, nessas hipóteses, fato supostamente impeditivo do direito. Assim, passa a ser dever processual da Administração o provar a insuficiência orçamentária. Essa inversão do ônus da prova tem conduzido ao provimento dos pedidos para assegurar o direito a creche e pré-escola (e, pelo mesmo raciocínio, a educação gratuita obrigatória em geral).

1632. J. J. Gomes Canotilho, *Direito Constitucional e Teoria da Constituição*, p. 476.
1633. Clarice Duarte, Direito Público Subjetivo e Políticas Educacionais, p. 116.

1.6.1. Legislação municipal e diretrizes e bases da educação nacional

Em 29 de junho de 2020 o STF julgou a ADPF 460, de relatoria do Ministro LUIZ FUX, proposta pela Procuradoria-Geral da República em face de legislação do Município de Cascavel, por meio da qual se pretendia a vedação de "políticas de ensino que tendam a aplicar a ideologia de gênero, o termo 'gênero' ou 'orientação sexual'". Em seu voto, o Ministro Relator arguiu pela inconstitucionalidade formal da legislação, em virtude da competência privativa da União para legislar sobre diretrizes e bases da educação nacional (art. 22, XXIV, da CB) bem como sua competência concorrente para legislar sobre educação e ensino.

A caracterização da inconstitucionalidade material, por sua vez, se assentou na previsão constitucional do direito à educação, que engloba o desenvolvimento do *exercício da cidadania*, a partir, dentre outros aspectos, do pluralismo de ideias e de concepções pedagógicas.

Um ponto importante dessa jurisprudência foi a discussão sobre o "mito da neutralidade ideológica ou política" supostamente pretendida pela legislação municipal. Nesse sentido, o Ministro LUIZ FUX defendeu que "assim como as *fake news* se combatem com mais acesso à informação, a doutrinação ideológica se combate com o pluralismo de ideias e perspectivas – jamais com a censura".

Quanto à liberdade dos pais para ensinarem educação religiosa e moral aos filhos, prevista na Convenção Americana de Direitos Humanos, esta previsão deve ser limitada pelos comandos constitucionais da educação, afastando o risco de que a autonomia dos pais seja confundida com "abuso de poder familiar".

Em síntese deste tema, consoante o STF, a lei que proíbe ensino sobre gênero e orientação sexual é inconstitucional. Portanto, afastou-se a falácia do ensino neutro e asséptico, que revela, nos tempos atuais, apenas a face oculta do obscurantismo da ideologia que eventualmente esteja exercendo o poder do Estado. O sufocar certas visões de mundo é absolutamente impróprio a uma Democracia real e à efetiva liberdade individual.

1.7. Da autonomia universitária

Como lembra o Prof. CELSO RIBEIRO BASTOS a propósito do tema, "O conceito de autonomia universitária, mencionado pelo art. 207 da Constituição (...) deve ser interpretado em consonância com os princípios constitucionais, é dizer, em harmonia com o corpo no qual se insere"[1634].

A primeira lei orgânica do ensino superior na República brasileira, o Decreto n. 8.659, de 5 de abril de 1911, já concedia autonomia às escolas superiores. Contudo, foi cedo revogado, e, em consequência, o Poder Público passou a ter ingerência direta no ensino superior[1635].

1634. Celso Ribeiro Bastos, *Comentários à Constituição do Brasil*, v. 8, p. 483.
1635. Cf. Celso Ribeiro Bastos, *Comentários à Constituição do Brasil*, v. 8, p. 468-9.

A circunstância de a matéria encontrar-se regulamentada no nível infraconstitucional possibilitava que ocorressem com muita facilidade mudanças bruscas de orientação dessa disciplina.

Assim é que o denominado "Estatuto das Universidades Brasileiras", baixado pelo Decreto n. 19.851, de 11 de abril de 1931, restabeleceu a autonomia universitária, em seus aspectos administrativo, didático e disciplinar, mas dentro de certos limites regulados pelo mencionado ato normativo. Dois pontos devem ser salientados aqui. Em primeiro lugar, sublinhe-se, com CELSO RIBEIRO BASTOS, que "esses limites eram demasiado restritos para que a autonomia das universidades pudesse manifestar-se de maneira concreta e eficaz"[1636]. Em segundo lugar, a matéria continuava relegada à disciplina por via dos decretos e, assim, sujeita às tempéries próprias do caminhar da política.

Foi realmente a partir da Constituição de 1988 que se alçou a autonomia ao patamar de preceito constitucional explícito. Esse relançamento jurídico do instituto da autonomia universitária gera, de imediato, consequências que anteriormente não se poderiam extrair, dada a já acentuada fragilidade de sua posição, renegada que era sua disciplina, em um primeiro momento, aos decretos presidenciais e, mais recentemente, ao sabor das opções legislativas momentâneas. É exatamente essa nova roupagem e configuração que o instituto ganhou que deve nortear o intérprete e aplicador da Lei Maior.

É preciso, pois, encarar essa nova posição de que passou a desfrutar a autonomia universitária ao ser elevada ao *status* de norma constitucional. Qualquer análise, portanto, a ser feita deverá partir desse pressuposto fundamental.

Como primeiro efeito da nova ordem instituída restou o legislador infraconstitucional vinculado ao preceito taxativo que imputa a todas as universidades o regime da autonomia. Em outras palavras, limitou-se consideravelmente o espaço de atuação do Poder Legislativo, embora, é certo, não lhe seja vedada a normativização do tema. Se essa retirada de discricionariedade do legislador foi legítima ou oportuna, é tema a ser debatido longe dos foros jurídicos, atrelados que estão estes últimos, inexoravelmente, à vontade constitucional originária.

É verdade que a autonomia não se confunde com independência e, muito menos, com soberania.

A soberania é um atributo próprio do Estado, quando visto do ângulo de suas relações internacionais, significando, segundo a Teoria do Estado, o poder incontrastável de querer, poder este, inclusive, que pode dizer acerca de sua própria competência. Evidentemente, soberania não é atribuída às universidades, mas nem por isso lhes resta ainda um amplo campo de atuação, por força da referida autonomia, como se verá.

Autonomia política é a capacidade de elaborar suas próprias leis, o que é deferido à União, aos Estados, aos Municípios. Já não se trata de poder absoluto, porque diretamente restringido pela Constituição Federal. Nesse contexto, é preciso deixar certo que

---

1636. Celso Ribeiro Bastos, *Comentários à Constituição do Brasil*, v. 8, p. 469.

a universidade goza de parcela considerável de poder no sentido de elaborar suas próprias leis, inclusive, no caso das universidades públicas, com todo um plano de previdência próprio. Muito bem esclarece SAMPAIO DÓRIA: "Observados os princípios constitucionais, respeitados os direitos do homem, atendidas as proibições expressas, e prezadas as competências privativas, ainda um largo campo de ação possível se desdobra"[1637].

Precisa a lição de SAMPAIO DÓRIA. Aplicando-a às universidades, já que se trata de um dos diversos entes aquinhoados com alguma sorte de autonomia constitucional, tem-se que, se por determinado ângulo a universidade dispõe dessa autonomia, de outra parte ela não é soberana ou independente a ponto de ignorar os princípios do Direito, as demais competências atribuídas a outros entes etc.

A Constituição, ao tratar das universidades, atribui-lhes suas funções, com o que acaba por traçar-lhes um perfil mínimo de atuação. Além de sua finalidade fundamental, que é a promoção do ensino, as universidades devem implementar outras duas: a pesquisa e a extensão. É o que se depreende da leitura do art. 207, quando fala da indissociabilidade do ensino, pesquisa e extensão. É para fazer frente a essa função tão cara a qualquer povo ou país, em qualquer época da História, que as universidades foram dotadas de autonomia. Esta, pois, não é uma graça concedida pela Constituição sem qualquer motivo ou vinculação maior.

Assim, pode-se afirmar que a autonomia universitária se define como instrumental — muito embora essencial — em relação à consecução dos objetivos últimos propostos pelo sistema jurídico-constitucional quanto ao ensino de terceiro grau.

Neste passo, é preciso acentuar com toda a ênfase a circunstância de que instrumentalidade não se confunde com secundariedade. Quando se afirma que a autonomia é instrumental apenas se revela que ela não é um fim em si mesma, vale dizer, que não foi criada por si, mas antes atende a outro objetivo, que é seu reverso: o ensino.

O legislador constituinte entendeu que não há possibilidade de desenvolvimento do ensino universitário sem conceder automaticamente a autonomia. Daí é que surge a atribuição de autonomia em sua tríplice manifestação: 1º) didático-científica; 2º) administrativa; 3º) de gestão financeira e patrimonial.

As três características da autonomia já mencionadas encontram-se fortemente inter-relacionadas, pelo que o estudo de uma não pode ser realizado de maneira dissociada do das outras. Neste momento, pode-se conceituar autonomia como a impossibilidade de ingerência, dirigida ao Estado, quanto a todos aqueles assuntos que digam respeito à consecução das finalidades universitárias próprias. Deve ser respeitada, tanto pelo legislador quanto pelo administrador, a livre esfera de atuação de que desfrutam as universidades quando desempenham sua tarefa constitucional de oferecer o ensino, a pesquisa e a extensão.

1637. A. de Sampaio Dória, A Constituição e a Legislação de Ensino, *Revista da Faculdade de Direito da USP*, ano 47, 1952, p. 362.

1.7.1. Da livre manifestação de pensamento na Universidade

Em 2018, ano de eleições gerais, a Justiça Eleitoral emitiu decisões determinando uma série de medidas atentatórias contra a liberdade de manifestação de pensamento nas universidades estaduais e federais, incluindo seus espaços físicos e virtuais, tais como: a busca e apreensão de materiais de campanha eleitoral, proibição de aulas temáticas sobre as eleições e assembleias de natureza política. Essas medidas foram gatilho para a apresentação da Arguição de Descumprimento de Preceito Fundamental n. 548, requerida pela Procuradoria-Geral da República.

De relatoria da Ministra CÁRMEN LÚCIA, a ADPF teve como objeto a declaração de nulidade dos atos de impedimento judicial provocados pela Justiça Eleitoral. Em seu voto, a Ministra Relatora reforçou a constitucionalidade da autonomia universitária, para que o ambiente universitário possa ser um espaço de "liberdade e de libertação pessoal e política". Por unanimidade, a Corte declarou a nulidade dos atos e também delimitou a interpretação dos arts. 24 e 37 da Lei n. 9.504/1997, para que não sejam interpretados e executados como medidas que possam provocar abusos e atitudes autoritárias que infrinjam a autonomia das universidades, seja em seu espaço físico, seja em seu espaço virtual.

Tem-se, do presente caso, a materialização de um processo de tentativa de enfraquecimento da autonomia universitária e da própria liberdade de pensamento que lhe é inerente. Embora constitucionalmente prevista tanto na Constituição Federal (art. 207, da CB), quanto em Constituições Estaduais, isso não torna as universidades imunes à políticas casuístas, autoritárias e por vezes contracivilizatórias de mitigação de seu espaço. De modo que é necessária atenção redobrada para que políticas e propostas imediatistas não corrompam o sentido dessa autonomia.

Nesse sentido, cabe aqui pontuar, ademais, que propostas de leis que desautorizem a autonomia de gestão administrativa, financeira e patrimonial das Universidades, concentrando o poder decisório de investimento em ensino, pesquisa e extensão em um agente político, podem desencadear um processo não apenas de desinvestimento, mas de não desenvolvimento em ciência e tecnologia, setores liderados pelos profissionais e pesquisadores que atuam por meio da Universidade e essenciais à sociedade, e à sua estruturação socioeconômica, do que, aliás, tivemos ilustração eloquente com a pandemia do Covid-19 e a dedicação dos setores da saúde, seja combatendo a propagação e as enfermidades decorrentes do vírus SARS-Cov-2, seja ampliando conhecimento na busca de vacinas.

1.8. Da autorização e avaliação do ensino privado pelo Poder Público

O art. 209 da CB, como visto, fala em autorização e avaliação pelo Poder Público do ensino privado. O dispositivo fala em "ensino", não especificando se se trata de ensino fundamental, médio ou universitário (em seus diversos níveis). De acordo com a velha regra interpretativa de que não é lícito distinguir onde a lei não distingue, chega-se facilmente à conclusão de que o termo "ensino", no caso, engloba todas as suas possíveis facetas. Embora se pudesse discutir essa posição à luz de uma interpretação sistemática, que levasse em consideração o fato de a Constituição haver atribuído especificamente às universidades autonomia, com o que não se aplicaria o preceito do inciso II do art. 209 às universidades, quando exige uma autorização, o fato é que faz parte já de uma longa tradição exigir também das universidades uma autorização. É preciso, pois, esclarecer como se devem processar as autorizações.

Consoante o entendimento de Manoel Gonçalves Ferreira Filho, "(...) essa 'autorização' não pode ser entendida no sentido habitual que o direito administrativo dá ao termo.

"De fato, não é ela de caráter discricionário, mas vinculado, segundo decorre do *caput* e do inciso I deste artigo. Naquele é enunciado o princípio da liberdade, neste, o condicionamento a regras gerais estipuladas. Assim, deve-se entender que preenchidas as condições legais a instituição tem o direito de obter a autorização do Poder Público. Do contrário, o ensino não seria livre, nem bastaria o atendimento das condições legais para que pudesse ser exercido: seria dependente do bom querer, do arbítrio — use-se o termo adequado — do Poder Público.

"Na verdade, essa 'autorização' é antes uma certificação de que a instituição cumpre as exigências legais, fornecida pelo Poder Público para segurança dos que nela se dispuserem a aprender"[1638].

Pode-se dizer que não só a liberdade de ensino estaria vedada como, no caso específico das universidades, sua autonomia sofreria sério abalo, já que teria de submeter--se a imposições que de certo constrangeriam a atuação universitária.

É certo, portanto, que a autorização a que está sujeito todo estabelecimento de ensino e, em particular, a universidade, por parte do Poder Público, não pode ter caráter discricionário.

Tendo em vista o princípio constitucional da livre iniciativa, insculpido no art. 170, parágrafo único, reiterado na área do ensino no art. 209, seria contraditório e desautorizado pelos artigos aqui mencionados o submeter a atividade de ensino a autorizações prévias discricionárias do Poder Público.

Na realidade, essa autorização a que se refere o inciso ora em apreço só existe porque o Poder Público detém competência para legislar sobre educação. Nesta legislação há que se fazer presente a enumeração dos requisitos e condições necessárias para a obtenção da autorização, que, uma vez demonstrados, dão direito a tal obtenção.

Pode-se indicar, a esse propósito, a Lei n. 12.244/2010, em seu art. 2º, parágrafo único, consoante o qual "será obrigatório um acervo de livros na biblioteca de, no mínimo, um título para cada aluno matriculado, cabendo ao respectivo sistema de ensino determinar a ampliação deste acervo conforme sua realidade". O comando legal é direcionado, como não poderia deixar de ser, a todo sistema de ensino do País, quer dizer, tanto às instituições de ensino públicas como às privadas, independentemente do nível. A Lei, contudo, não distinguiu entre títulos impressos e títulos eletrônicos, não se po-

---

1638. Manoel Gonçalves Ferreira Filho, *Comentários à Constituição Brasileira de 1988*, v. 4, p. 76.

674

dendo concluir pela rejeição destes, que já são realidade em muitos centros educacionais, inclusive públicos, do País.

2. DIREITO À CULTURA

A Constituição, além de preocupar-se especificamente com a educação, também tratou de garantir a todos o pleno exercício de direitos culturais e acesso às fontes da cultura nacional (art. 215).

A relação entre Cultura e Direito, porém, é muito mais ampla e profunda. A cultura está na base da formação e identificação do Direito Constitucional. Como anota PETER HÄBERLE, a Teoria da Constituição deve ser concebida como uma Ciência da cultura, com a garantia de que a cultura, aqui, é polifacetária, abarcando todas as manifestações, desde a tradicional, como a popular, alternativa, anticultural e subcultural, como adverte HÄBERLE, que adota expressamente um conceito cultural aberto.

Aliás, nesse sentido, entre as manifestações culturais inseridas na tutela constitucional brasileira encontram-se exatamente as manifestações populares, as indígenas e as afro-brasileiras.

Quando a Constituição brasileira remete à"cultura", de maneira expressa, acaba por tratá-la como objeto do Direito. Mas, na linha do que nos ensina HÄBERLE, o que aparece normatizado são apenas fragmentos do que se chama por "cultura".

A cultura, como direito fundamental, envolve o direito à proteção do patrimônio cultural brasileiro, o que se viabiliza por meio de inventários, registros, vigilância, tombamento e desapropriação.

Em 10 de agosto de 2005, promulgou-se a Emenda Constitucional n. 48, a qual encartou, no art. 215 da CB, o § 3º. Neste dispôs-se que a lei estabelecerá o Plano Nacional de Cultura, de duração plurianual, visando ao desenvolvimento cultural do País, uma lacuna, de fato, irrefutável, e à integração das ações do poder público que conduzam à (i) defesa e valorização do patrimônio cultural brasileiro; (ii) produção, promoção e difusão de bens culturais; (iii) formação de pessoal qualificado para a gestão da cultura em suas múltiplas dimensões; (iv) democratização do acesso aos bens de cultura; e (v) valorização da diversidade étnica e regional.

Foi aprovada, em 29 de novembro de 2012, a Emenda Constitucional n. 71, que acrescentou um novo dispositivo, o art. 216-A, que passou a estabelecer um "sistema nacional de cultura", assim considerado um processo de gestão e promoção conjunta de políticas públicas de cultura, democráticas e permanentes, entre os diversos entes federativos. Além de seu caráter "estatal", referido sistema deve visar ao desenvolvimento humano, social e econômico com pleno exercício dos direitos culturais, devendo ser regido por "princípios" estabelecidos no § 1º do novo artigo, dentre os quais destaco: (i) a diversidade das expressões culturais; (ii) a universalização do acesso aos bens e serviços culturais; e (iii) o fomento aos bens culturais. Além disso, precisa haver um "plano nacional de cultura", que, como todo plano setorial, estará alinhado a um macroplanejamento estatal. Essa articulação deve ser estabelecida em lei federal.

Dando sequência às mudanças constitucionais corriqueiras, em 15 de outubro de 2013, nova Emenda, a EC n. 75, fez acrescentar mais uma hipótese de imunidade tributária, agora incidente sobre fonogramas e videogramas musicais, desde que (i) produzidos no Brasil, e (ii) contendo obras musicais ou literomusicais de autores brasileiros e/ou obras em geral interpretadas por artistas brasileiros. A imunidade alcança os suportes materiais ou arquivos digitais que contenham os fonogramas ou os videogramas musicais assim especificados.

2.1. A vaquejada

A vaquejada é uma prática cultural da região Nordeste do Brasil, que envolve a derrubada de um boi por vaqueiros montados, atendendo a certas regras próprias dessa competição.

O assunto apresenta caráter de manifestação cultural, o que não se lhe impede a exploração como atividade econômica e profissional. Daí que se compreenda já ter recebido a atenção de leis nacionais. Assim, a Lei n. 10.220/2001 legaliza a vaquejada, reconhecendo-a como uma competição de destreza, adicionando, nos termos do parágrafo único de seu art. 1º, que "Entendem-se como provas de rodeios as montarias em bovinos e equinos, as vaquejadas e provas de laço, promovidas por entidades públicas ou privadas, além de outras atividades profissionais da modalidade organizadas pelos atletas e entidades dessa prática esportiva". Há, ainda, na mesma linha, a Lei n. 12.870/2013, que ficou conhecida como a "Lei do Vaqueiro".

O assunto recebeu, igualmente, a atenção da Lei estadual n. 15.299, de 2013, do Ceará, que regulamentou a prática no âmbito do respectivo Estado, reconhecendo sua prática amadora e profissional, e, em seu art. 2º, considera a vaquejada como "todo evento de natureza competitiva, no qual uma dupla de vaqueiro a cavalo persegue animal bovino, objetivando dominá-lo".

Em 6 de outubro de 2016, o STF julgou procedente a ADI n. 4.983, ajuizada pelo Procurador-Geral da República, contra essa Lei cearense que regulamentou a prática desportiva e cultural denominada "vaquejada". O voto do Relator Ministro Marco Aurélio entendeu que a prática implicava "crueldade intrínseca" aos animais envolvidos na prática, tanto bovinos quanto equinos. O Ministro considerou laudos técnicos (elementos fáticos relevantes na análise da constitucionalidade) que demonstram lesões graves em partes específicas dos animais envolvidos em vaquejada, fraturas nas patas e ruptura de ligamentos.

A base da inconstitucionalidade da Lei encontra-se na expressão "crueldade" presente no inciso VII do § 1º do art. 225 da CB, que inclui a tortura e os maus-tratos sofridos pelos animais como inerentes à prática da chamada "vaquejada". Seguiram o relator os ministros Luís Roberto Barroso, Rosa Weber, Ricardo Lewandowski, Celso de Mello e Cármen Lúcia. Foram vencidos os ministros Edson Fachin, Teori Zavascki, Luiz Fux, Dias Toffoli e Gilmar Mendes.

O Congresso Nacional, visando permitir práticas semelhantes à chamada "vaquejada", promulgou a EC n. 96, em 6 de junho de 2017, que insere o § 7º ao art. 225 e prevê que "não se consideram cruéis as práticas desportivas que utilizem animais, desde que sejam manifestações culturais (...) registradas como bem de natureza imaterial integrante do patrimônio cultural brasileiro, devendo ser regulamentadas por lei específica que *assegure o bem-estar dos animais envolvidos*"[1639].

No entanto, mesmo considerando o teor da inovação normativa introduzida desde a referida EC, diante de lei aprovada ainda haverá margem para se aquilatar se, em cada caso concreto, estará ou não assegurado o bem-estar dos animais. Questão que se coloca, previamente, é sobre a compatibilização dessa postura — que vem tomando força mais recentemente, pelo bem-estar dos animais — com a prática de manifestações culturais mais antigas, que envolvem animais e, em alguma medida, denotam uma impossibilidade de, concomitantemente, preservar a cultura e se garantir o bem-estar desses animais especificamente no momento da manifestação cultural (é certo que anteriormente a esse momento as leis nacionais já determinam o cuidado a se ter com os animais, no que devem ser respeitadas). Há uma discussão mais profunda em termos civilizatórios, na medida em que a preservação de algumas práticas culturais passa a ser considerada como representativa do atraso, elemento de um passado a ser superado. Essa é a discussão que norteia o choque do Ocidente em face de algumas tradições culturais milenares de povos do Oriente que atentam contra direitos humanos considerados pelo Ocidente como universais[1640]. No caso, porém, os únicos *direitos* fundamentais envolvidos na questão, perante a ordem constitucional em vigor no Brasil, são os direitos fundamentais à cultura e ao exercício de uma atividade econômica ou profissão, o que explicitarei adiante.

Observe-se que certamente não cabe margem de discussão nas práticas cruéis que não se revelem como práticas culturais, mas sim como meras práticas comerciais, como aquelas destinadas ao abate para fins alimentares.

A vaquejada constitui, ainda, atividade econômica e, como tal, livre à iniciativa privada, constituindo "mercado" de trabalho sensível em muitas regiões do país e, nesse sentido, não pode ser simplesmente vedada como se se tratasse de mera atividade de diletantes ou amantes da crueldade em si, a ser imediatamente extinta e banida, sem qualquer necessidade de atenção para com a realidade. Esse elemento foi devidamente pontuado em estudo específico da lavra de Valmir Pontes Filho, apresentado no âmbito da ADI n. 4.983, e não deve ser descurado quando da análise futura da viabilidade jurídica dessa atividade cultural.

Ademais, qualquer vedação de uma atividade privada exercida legitimamente de longa data, em nome de um interesse nacional maior, quando constitucionalmente viável, não pode ser desacompanhada de medidas compensatórias.

1639. Trecho original sem grifos. A referida EC é objeto da ADI n. 5.728 proposta pelo Fórum de Proteção e Defesa Animal.

1640. Neste ponto, remeto o leitor ao Capítulo XIV, especificamente ao item 8, sobre a universalização e a universalidade dos direitos humanos.

Referências bibliográficas

BASTOS, Celso Seixas Ribeiro & MARTINS, Ives Gandra da Silva. *Comentários à Constituição do Brasil*, São Paulo: Saraiva: 1998. v. 8.

CANOTILHO, J. J. Gomes. *Direito Constitucional e Teoria da Constituição*. Coimbra: Almedina, 2003.

DÓRIA, A. de Sampaio. A Constituição e a Legislação de Ensino. *Revista da Faculdade de Direito da USP*, ano 47, 1952.

DUARTE, Clarice. Direito Público Subjetivo e Políticas Educacionais. In: *São Paulo em Perspectiva*, n. 18 (2), 2004. Bibliografia: 113-118.

_____. A Educação como um Direito Fundamental de Natureza Social. In: *Educação Social*. Campinas, v. 28, n. 100, Especial, out./2007. Bibliografia: 691-713.

FERREIRA FILHO, Manoel Gonçalves. *Comentários à Constituição Brasileira de 1988*. São Paulo: Saraiva, 1995. v. 4.

HÄBERLE, Peter. *Teoría de la Constitución como Ciencia de la Cultura*. Tradução por Emilio Mikunda. Madrid: Tecnos, 2000.

_____. *Ordenação Constitucional da Cultura*. São Paulo: Malheiros, 2001.

TAVARES, André Ramos. Desdobramentos da Norma Constitucional da Autonomia Universitária. *Cadernos de Direito Constitucional e Internacional*, v. 32. São Paulo: Revista dos Tribunais, 2000. Bibliografia: 193-8.

_____. Um mercado sem (adequada) educação. *O Estado de S. Paulo*, 28 abr. 2017. Disponível em: <http://politica.estadao.com.br/blogs/fausto-macedo/um-mercado-sem-adequada--educacao/>. Acesso em: 26 set. 2017.

_____. Verbete "educação". In: DIMOULIS, Dimitri (coord.). *Dicionário Brasileiro de Estudos Constitucionais*. São Paulo: Saraiva, 2007, p. 136-7.

Capítulo XXXVIII
DOS DIREITOS COLETIVOS

1. DIREITOS DE TERCEIRA DIMENSÃO

Os direitos de terceira dimensão denominam-se direitos ou interesses metaindividuais.

Fala-se em interesses metaindividuais ou transindividuais para significar aquela parcela de interesses que pertencem a um grupo razoavelmente extenso de pessoas, que os titularizam e que possuem uma característica em comum, que as une, ainda que se trate de um laço de união extremamente débil.

Essa categoria de interesses situa-se numa faixa intermediária entre os clássicos direitos individuais, de um lado, e o direito público, de outro. Poder-se-ia denominá-los, igualmente, interesses coletivos *lato sensu*.

Surgem tais direitos com a pesquisa pioneira de MAURO CAPPELLETTI, na década de 70, e sua crítica à tradicional bipolaridade entre o público e o privado. Constatara o jurista que "A concepção tradicional do processo civil não deixava espaço para a proteção dos direitos difusos. O processo era visto apenas como um assunto entre duas partes, que se destinava à solução de uma controvérsia entre essas mesmas partes a respeito de seus próprios interesses individuais. Direitos que pertencessem a um grupo, ao público em geral ou a um segmento do público não se enquadravam bem nesse esquema. As regras determinantes da legitimidade, as normas de procedimento e a atuação dos juízes não eram destinadas a facilitar as demandas por interesses difusos intentadas por particulares"[1641].

A partir dessa fase passou a ser desenvolvida a doutrina que identificava a existência de interesses que se referem a uma categoria de pessoas consideradas em sua unidade, e não na fragmentação individual de seus componentes, nem mesmo na totalidade do público. É o caso dos condôminos de um edifício de apartamentos, dos torcedores de um time de futebol, dos turistas de verão da Baixada Santista, dos moradores de Cubatão, dos índios da selva amazônica, dos moradores de morros cariocas etc.

Na realidade, esses interesses existem desde a organização do homem como sociedade. No entanto, é fato incontestável que na sociedade moderna despontam com

---

1641. Mauro Cappelletti e Bryant Garth, *Acesso à Justiça*, p. 49-50. Para um estudo completo das regras processuais referentes aos direitos coletivos ("processo coletivo"): Pedro Lenza, *Teoria Geral da Ação Pública*.

maior agressividade, e, por esse motivo, aspirou-se apenas mais recentemente à tutela específica e própria de tais situações.

Os interesses metaindividuais compreendem os coletivos em sentido estrito e os difusos, subcategorias que integram expressamente o Direito positivo brasileiro.

2. OS DIREITOS COLETIVOS NA CONSTITUIÇÃO BRASILEIRA

A Constituição de 1988 tratou não apenas de apontar como princípio geral à atividade estatal a proteção do consumidor (art. 5º, XXXII, e art. 48 do ADCT). A defesa do consumidor foi erigida, ainda, em princípio de toda a ordem econômica (art. 170, V). Ademais, também incorporou algumas disposições tópicas sobre a matéria. Assim, nos arts. 220, §§ 3º e 4º, e 221 tratou dos problemas relacionados à comunicação. No art. 129, III, habilitou toda uma instituição (o Ministério Público) a implementar a defesa dos interesses do consumidor, como categoria de interesses coletivos. O art. 150, § 5º, impõe que "A lei determinará medidas para que os consumidores sejam esclarecidos acerca dos impostos que incidam sobre mercadorias e serviços". No art. 175, parágrafo único, II, a Constituição refere-se aos direitos dos usuários de serviços públicos delegados aos concessionários e permissionários.

3. DA INSUFICIÊNCIA DA DISCIPLINA NORMATIVA

A proteção do consumidor referida na Constituição Federal (art. 5º, XXXII), por se revelar um problema crucial para o cidadão e para a própria dignidade da pessoa humana, não pode ser tomada em seu sentido meramente normativo. Trata-se, nessa medida, mais propriamente, como anota COMPARATO, de um "princípio-programa, tendo por objeto uma ampla política pública (*public policy*)"[1642].

Em outras palavras, estabelece-se uma meta, só alcançável com a alocação de recursos materiais, humanos, com a criação de instituições, centros de amparo ao consumidor e medidas de diversas ordens. Nesse sentido, constitui exemplo de medida ampla a exigência, imposta pela Lei n. 12.291/2010, de que todo estabelecimento comercial e de prestação de serviços mantenha, em local visível e de fácil acesso ao público, um exemplar do Código de Defesa do Consumidor.

4. ESPÉCIES DE DIREITOS TRANSINDIVIDUAIS OU COLETIVOS

Como já referido, os direitos metaindividuais, direitos de terceira dimensão, poderiam ser chamados, também, de direitos coletivos (em sentido amplíssimo). É preciso, contudo, proceder à sua especificação, dividindo-os em duas grandes categorias: direitos difusos e direitos coletivos (em sentido estrito).

1642. A Proteção ao Consumidor na Constituição Brasileira de 1988, *Revista de Direito Mercantil, Industrial, Econômico e Financeiro*, v. 80, p. 70. No mesmo sentido: Newton de Lucca, *Direito do Consumidor*, p. 35.

4.1. Direitos difusos

Segundo MAZZILLI, os interesses difusos são interesses "de grupos menos determinados de pessoas, entre as quais inexiste vínculo jurídico ou fático muito preciso. Em sentido lato, os mais autênticos interesses difusos, como o meio ambiente, podem ser incluídos na categoria do interesse público"[1643].

A definição proposta pelo Código de Defesa do Consumidor, em seu art. 81, I, é a seguinte: "Interesses ou direitos difusos, assim entendidos, para os efeitos deste Código, os transindividuais, de natureza indivisível, de que sejam titulares pessoas indeterminadas e ligadas por circunstâncias de fato".

Definem-se os interesses difusos propriamente ditos ou em sentido próprio como "(...) aqueles interesses (em que normalmente se incluem, entre outros, os interesses relativos ao ambiente e os dos consumidores) que, encontrando-se ancorados numa categoria mais ou menos ampla de pessoas, não estão todavia subjectivados num ente representativo; e que, nesta medida, apresentam natureza 'híbrida', pois se supõem uma certa 'pessoalidade' são indeterminados quanto aos seus titulares. Relativamente a esta categoria de interesses as dificuldades avolumam-se quando se pretende determinar se e em que termos são eles suscetíveis de conferir legitimidade a uma pessoa determinada para surgir em juízo a litigar sobre eles"[1644].

São características essenciais dos interesses difusos a indeterminação dos sujeitos (com o que sua titularidade transcende ao individual), ligados por uma relação fática comum e indivisibilidade do objeto.

Consideram-se difusos os direitos que, nos termos do inciso I do parágrafo único do art. 81 do CDC, são transindividuais (pertencentes a diversos indivíduos concomitantemente), indivisíveis (por natureza), pertencentes a pessoas (titulares) indeterminadas, unidas por meras circunstâncias de fato (não há qualquer vínculo jurídico).

Podem implicar a caracterização de interesses difusos tanto o Direito Ambiental como os direitos do consumidor. Tratando destes últimos, mas em lição aplicável aos direitos difusos em geral, anota ECIO PERIN JUNIOR que "À 'descoberta' do consumidor não se seguiu, todavia, a adoção imediata de medidas legislativas para sua defesa. Ocorre um longo período de tempo para sensibilizar a opinião pública e reclamar a atenção dos legisladores sobre os problemas dos consumidores. E o mérito não deve somente atribuir-se à análise doutrinária dos economistas e dos sociólogos, mas também às organizações espontâneas dos consumidores que deram início à campanha de publicidade com o dever de assinalar todos os fenômenos mais graves e danosos nos quais se manifesta a estratégia de lucro da empresa"[1645].

1643. Hugo Nigro Mazzilli, *A Defesa dos Interesses Difusos em Juízo*, p. 21.

1644. José Eduardo de Oliveira Figueiredo Dias, *Tutela Ambiental e Contencioso Administrativo (Da Legitimidade Processual e das suas Consequências)*, p. 147.

1645. "Il Fenomeno del Consumerism. Il suo Sviluppo in America, in Europa ed in Italia", in *Tutela Colletiva del Consumatore*, p. 11.

4.2. Direitos coletivos *stricto sensu*

Anota JOSÉ EDUARDO DE OLIVEIRA FIGUEIREDO DIAS que "(...) os interesses coletivos — também chamados interesses difusos em sentido impróprio — têm como nota diferenciadora, relativamente aos interesses difusos *tout court* ou em sentido próprio, a circunstância de estarem ancorados num portador concreto e determinado, já que a sua titularidade é atribuída a uma figura subjetiva pública ou privada (associação, sindicato, ordem profissional, etc.)"[1646].

Consideram-se coletivos os direitos que, nos termos do inciso II do parágrafo único do art. 81 do CDC, são transindividuais, pertencentes a pessoas indeterminadas porém determináveis[1647], unidas entre si ou com a parte contrária por uma relação jurídica-base. Esta necessita ser anterior à lesão[1648].

Referências bibliográficas

BENNET, Pena & PERIN JUNIOR, Ecio. "Il Fenomeno del Consumerism. Il suo Sviluppo in America, in Europa ed in Italia". In: *Tutela Colletiva del Consumatore: Esperienze a Confronto*. Università degli Studi di Bologna, 1998-9. Bibliografia: 9-56.

CAPPELLETTI, Mauro & GARTH, Bryant. *Acesso à Justiça*. Porto Alegre: SaFe.

COMPARATO, Fábio Konder. A Proteção ao Consumidor na Constituição Brasileira de 1988. *Revista de Direito Mercantil, Industrial, Econômico e Financeiro*, v. 80.

DIAS, José Eduardo de Oliveira Figueiredo. *Tutela Ambiental e Contencioso Administrativo (Da Legitimidade Processual e das suas Consequências)*. Coimbra: Coimbra Ed., 1997 (Studia Iuridica, 29).

LENZA, Pedro. *Teoria Geral da Ação Civil Pública*. 2. ed. São Paulo: Revista dos Tribunais, 2005.

LUCCA, Newton de. *Direito do Consumidor: Aspectos Práticos, Perguntas e Respostas*. 2. ed. rev. ampl. atual. Bauru: Edipro, 2000.

MAZZILLI, Hugo Nigro. *A Defesa dos Interesses Difusos em Juízo: Meio Ambiente, Consumidor e Outros Interesses Difusos e Coletivos*. 6. ed. rev. ampl. atual. São Paulo: Revista dos Tribunais, 1994.

1646. José Eduardo de Oliveira Figueiredo Dias, *Tutela Ambiental e Contencioso Administrativo*, p. 144.

1647. É o caso do grupo, categoria ou classe de pessoas, como os beneficiários de um mesmo sistema habitacional, os pais de menores matriculados em uma mesma escola.

1648. Por exemplo, no caso de publicidade enganosa ou abusiva, a ligação com a parte contrária existe, porém ocorre como decorrência da própria lesão que afeta um número indeterminado de pessoas.

Título V

ESTADO E PODER: REPARTIÇÃO E FUNCIONAMENTO

Capítulo XXXIX
ESTADO: CIDADANIA, REPÚBLICA, DEMOCRACIA E JUSTIÇA SOCIAL

1. CIDADANIA

A Constituição prevê a cidadania[1649] como um dos pilares do Estado[1650], no art. 1º, II, *e*, no art. 205, determina que "a educação, direito de todos e dever do Estado e da família, será promovida e incentivada com a colaboração da sociedade, visando ao pleno desenvolvimento da pessoa, seu preparo para o exercício da cidadania e sua qualificação para o trabalho".

Assim como ocorre com a dignidade da pessoa humana, a cidadania invoca conceito vago, embora seja pauta inafastável em qualquer Estado democrático.

Frise-se que a concepção de cidadania adotada pela Constituição de 1988[1651] coincide com aquela introduzida pela Declaração Universal dos Direitos Humanos de 1948 e vincula-se, portanto, ao movimento de incorporação (internalização) dos direitos humanos e, acrescente-se, ao movimento da máxima efetividade dos referidos direitos.

Como conteúdo mínimo da cidadania tem-se a vedação absoluta no ser considerado estar o indivíduo a serviço do Estado, ou o indivíduo como instrumento do Estado[1652]. Aqui, o conceito se justapõe à tutela derivada da própria dignidade da pessoa

---

1649. Sobre o tema, ver: Jaime Pinsky (organizador): *Práticas de Cidadania*.

1650. Nesse sentido, "Dentre os fundamentos que alicerçam o Estado Democrático de Direito, destacam-se a cidadania e dignidade da pessoa humana" (art. 1º, II e III) (Piovesan, *Temas de direitos humanos*, p. 26).

1651. Acerca do debate da redefinição da cidadania no Brasil, *vide*: Piovesan, *Temas de direitos humanos*.

1652. "Afirmar que o homem possui direitos preexistentes à instituição do Estado, ou seja, de um poder ao qual é atribuída a tarefa de tomar decisões coletivas, que, uma vez tomadas, devem ser obedecidas por todos aqueles que constituem aquela coletividade, significa virar de cabeça para baixo a concepção tradicional da política a partir de pelo menos dois pontos de vista diferentes: em primeiro lugar, contrapondo o homem, os homens, os indivíduos considerados singularmente, à sociedade, à cidade, em especial àquela cidade plenamente organizada que é a *res publica* ou o Estado, em uma palavra, à totalidade que por uma antiga tradição foi considerada superior às suas partes; em segundo lugar, considerando o direito, e não o dever, como antecedente na relação moral e na relação jurídica, ao contrário do que havia acontecido em uma antiga tradição (...). Em relação à primeira inversão, quando consideramos a relação política não mais do ponto de vista do governante, mas do governador, não mais de cima para baixo, mas de baixo para cima, onde o 'baixo' não é mais o povo como entidade coletiva, mas são os homens, os cidadãos que se agregam com outros homens, com outros cidadãos para formar uma vontade geral, decorre que é abandonada definitivamente a concepção organicista que, todavia, fora dominante durante séculos, deixando traços indeléveis na nossa linguagem política, na qual ainda se fala de 'corpo político' e de 'órgãos' do Estado" (Bobbio, *A Era dos Direitos*, p. 225).

humana (mais um aspecto evidenciado da consubstancialidade já analisada aqui quando do estudo da dignidade).

Nesse sentido, já se decidiu que "ninguém é obrigado a cumprir ordem ilegal, ou a ela se submeter, ainda que emanada de autoridade judicial. Mais: é dever de cidadania opor-se à ordem ilegal; caso contrário, nega-se o Estado de Direito" (STF, HC 73.454, rel. Ministro MAURÍCIO CORRÊA, j. 22-4-1996, *DJ*, 7-6-1996).

A partir de HANNA ARENDT ficou também consagrada a ideia de que a cidadania é o direito a ter direitos, é, pois, a representação da pertença de um indivíduo a uma determinada ordem jurídica qualificada (no sentido de humanizada) que lhe garante a posição de sujeito de direitos.

1.1. A Lei da Anistia

No Brasil, a discussão sobre a validade de lei que anistiou crimes cometidos durante a ditadura militar chegou ao STF com o questionamento acerca da recepção da Lei da Anistia, a Lei n. 6.683/79, em face da Constituição de 1988.

O principal fundamento do questionamento foi a "nova" gramática dos direitos humanos consagrada na Constituição cidadã, que não toleraria a recepção (aplicação atual) de uma lei que, editada pelo Governo militar de Geisel, supostamente estaria (auto)anistiando crimes comuns praticados por agentes do Estado contra a sociedade civil, nas décadas de sessenta e setenta. Estamos falando, aqui, como se sabe, de crimes como terrorismo, homicídio, ocultação de corpos, lesões corporais, estupro e abusos de autoridade em geral.

Nos exatos termos propostos na ação apresentada, no Brasil, pela OAB, "os agentes públicos que mataram, torturaram e violentaram sexualmente opositores políticos não praticaram nenhum dos crimes (políticos) previstos nos diplomas legais [da anistia]".

Em termos técnicos, a ação buscava uma *justiça transicional*", que não apenas prestasse contas do passado, mas que também pudesse consolidar a democracia atual, em um país que ainda permanece com um grande sentimento de impunidade em relação a práticas espúrias aos direitos humanos, à democracia e à república, em suma, à cidadania brasileira.

O STF, contudo, manteve o entendimento que vinha sendo praticado ou pressuposto pelas demais instituições oficiais, ou seja, que a anistia foi plena, e cumpriu um importante papel de servir à transição efetiva do país para a democracia.

Estamos, agora, em face de uma decisão da mais alta instância judicial do país. E não é só. Por ser uma decisão proferida no bojo de um processo excepcional, o processo dito "abstrato", ela significa a imediata e plena vinculação de todos os juízes e tribunais, bem como da Administração Pública, ao entendimento adotado pelo STF. A anistia não mais poderá ser questionada, seja judicialmente, seja administrativamente, contra o conteúdo da decisão do STF: todos, inclusive militares, devem se beneficiar da anistia.

684

Mais ainda: no caso, o STF atuou como instância deliberativa terminal, pois há um elemento constitucional na discussão (o alcance dos direitos humanos fundamentais proclamados constitucionalmente) que imuniza a decisão do ponto de vista jurídico interno (Brasil). Nessas circunstâncias, nenhuma lei poderá rever esse entendimento, tampouco uma decisão judicial; aliás, nem mesmo uma Emenda à Constituição poderá pretender, validamente, reformar o entendimento do STF.

Nessa linha, afirmou o Ministro Eros Grau que a lei em causa é "concreta" e, assim, esgotou-se ao cumprir sua finalidade, o que ocorreu exatamente naquele momento histórico. Em conclusão, seria descabido ao Judiciário (e ao STF) questionar os fundamentos políticos da lei e pretender alterar, retroativamente, seu alcance e efeitos já realizados.

O que mais chamou a atenção foi o que denominei "tese da Emenda n. 26", convocatória da constituinte de 1987/88. É que essa Emenda também repetiu os termos da lei em tela. E, conforme o Ministro, teríamos iniciado nossa nova ordem constitucional com a incorporação expressa e inquestionável da anistia. Assim, a Emenda seria já ato constituinte, ato da nova ordem constitucional (só assim poderia ser compreendida uma Emenda convocatória de um poder constituinte). E como a referida Emenda contemplou, igualmente, a anistia, reiterando o que já havia sido proclamado em lei, essa anistia teria se tornado automaticamente constitucional. Seria inaceitável, portanto, falar em não recepção da lei da anistia, quando o próprio ato constituinte (e constitucional) inicial contemplou expressamente a anistia.

Caberia, contudo, uma discussão mais aprofundada, a despeito de ser aquela Emenda realmente o início da ruptura com o sistema anterior, sobre se também é possível sustentar que os artigos da anistia teriam sido os primeiros a serem assegurados pelo novo constituinte, se pode ser desprezada a regra (expressa) da Constituição *final* (o "corpo" da Constituição de 1988) que proíbe anistia para a tortura, sendo realmente questionável se atos convocatórios ou propositivos para a nova Constituição têm o mesmo peso que a Constituição efetivamente discutida com a cidadania, dentre outros tópicos e, ademais, se é possível e aceitável uma anistia autoatribuída.

2. FAMÍLIA

Conforme dispõe o art. 226 da Constituição, a família é considerada como a base da sociedade brasileira e deve obter a "especial proteção do Estado".

Nesse sentido, determina a própria Constituição que o casamento é civil, sendo gratuita a sua celebração, bem como que o casamento religioso tem efeito civil, neste caso nos termos da Lei dos Registros Públicos.

Para fins de receber a tutela estatal à qual se refere a Constituição, esta também reconhece expressamente a união estável entre o homem e a mulher como sendo uma *entidade familiar*. Também é constitucionalmente uma entidade familiar a união formada por qualquer dos pais e descendentes, no sentido de prevalecer a liberdade das pessoas na conformação de suas famílias. Em julgamento histórico para as liberdades e para a dignidade da pessoa (ADPF 132), contra inúmeras tentativas de grupos e segmentos organizados da sociedade em impor leituras unilaterais e contrárias ao pluralismo das sociedades democráticas, o STF reconheceu como entidade familiar a união estável de casais do mesmo sexo. Na mesma linha, o mesmo STF criminalizou, em 2019, a chamada homofobia.

Na sociedade conjugal, tanto o homem como a mulher gozam de plena igualdade nos direitos e deveres a ela referentes, tendo sido não recepcionadas todas as regras anteriores que atribuíam tratamento diferenciado a algum dos componentes da sociedade conjugal. Hoje não há impedimento em reconhecer as duas formas de paternidade, quer dizer, a biológica e a socioafetiva, simultaneamente. Mais do que isso, atualmente, a paternidade socioafetiva não exime de responsabilidade pai e mãe biológicos, inclusive do ponto de vista patrimonial, conforme decisão de 2016 do Plenário do STF[1653]. Trata-se da multiparentalidade responsável.

A Emenda Constitucional n. 66/2010 eliminou a exigência constitucional anterior de prévia separação judicial (que deveria ser por mais de um ano) ou comprovada separação de fato (que deveria ser por mais de dois anos) para dissolver o casamento pelo divórcio. Doravante, o casamento civil pode ser dissolvido pelo divórcio direto. Todas as normas anteriores à referida Emenda Constitucional que exigiam decurso de prazo para ingresso com o divórcio devem ser consideradas como não recepcionadas pela EC n. 66/2010 e, nesse sentido, inexistentes juridicamente, não alcançando qualquer eficácia jurídica sua eventual imposição.

No Brasil o planejamento familiar é vedado ao Estado, tendo sido atribuído expressamente à livre escolha do casal, desde que respeitados os princípios da dignidade da pessoa humana e da paternidade responsável. Ao Estado compete, por expressa previsão do § 7º do art. 226, fornecer recursos educacionais e científicos para o exercício desse direito. Trata-se de um exemplo de dependência dos direitos sociais para o pleno exercício de uma liberdade individual. Também proíbe a Constituição qualquer forma coercitiva de planejamento familiar por parte de instituições privadas. Tem-se, aqui, um exemplo de direito fundamental dirigido expressamente aos demais particulares, e não apenas ao Estado.

3. REPÚBLICA

A Constituição brasileira proclama o ideal republicano, não só por acentuar logo no art. 1º que o Brasil é uma República, mas também por adotar a transitoriedade no exercício do poder, a legalidade (governo de leis e não de Homens), a moralidade e a eficiência como pautas constitucionais direcionadas aos diversos agentes do Estado (servidores, funcionários públicos e mandatários de cargos eletivos).

A corrupção, o uso indevido de dinheiro público, o assenhoramento de funções e cargos públicos com proveito pessoal ou familiar, o abuso de poder nas eleições são práticas que afrontam diretamente a República como cláusula constitucional.

1653. RE 898060, rel. Min. Luiz Fux, j. 21-9-2016.

Um dos grandes escândalos de que se teve notícia no Estado brasileiro foi o uso abusivo de cartões corporativos, especialmente de saques em dinheiro para despesas nem minimamente especificadas, por ocupantes de cargos públicos.

O Estado (gerenciado sempre por agentes e servidores) deve prestar contas à sociedade. A regra geral é a publicidade. É também norma constitucional expressa. A exceção, admitida em uma República e em um Estado de Direito, deve encontrar fundamento direto na Constituição. O sigilo, mesmo que admitido, como o é, pelo próprio art. 5º da Constituição (e Lei n. 11.111/2005), demanda a justificação de suas circunstâncias. Ademais, não significa que os gastos possam ser feitos sem qualquer registro. Significa que o registro pode ser classificado como sigiloso, v. g., por questões de segurança do Estado ou da própria sociedade, como políticas estratégicas, projetos nucleares, segurança pessoal do Presidente da República. E mesmo uma classificação como essas, desde que sobriamente determinada, pode (e deve) sofrer uma abertura (ainda que parcial) com a passagem do tempo. A exceção, aqui, novamente, demanda uma justificativa, a ser apreciada pelas instâncias competentes (Judiciário), mas não permite a eliminação dos registros. Confundir sigilo com irresponsabilidade nos gastos ou usar o argumento do sigilo para encobrir gastos irresponsáveis é inadmissível.

Qualquer autoridade ou funcionário que usa um cartão governamental deve saber, como o sabe toda a sociedade, que não pode utilizar o dinheiro público para benefício pessoal, nem direto nem indireto. É um escárnio qualquer declaração que tente justificar gastos derivados de condutas desviantes, ao argumento de que "não fora advertido de como usar o cartão". Ora, pressupõe-se que quem se encontra em um alto posto na República, como Ministro, secretário de Estado ou assessor de Governo, em qualquer dos "Poderes" ou dos órgãos da República, detém instrução mínima sobre os valores constitucionais, republicanos e democráticos. Do contrário, sua aprovação em concurso público ou indicação política foi falha; não merece manter-se no cargo, por não honrar a confiança que lhe foi depositada como servidor da sociedade.

3.1. O chamado "Pacto Republicano" no Brasil

Em 2004 foi aprovada a Reforma do Judiciário, marco constitucional que resultou do chamado I Pacto Republicano no Brasil.

Em abril de 2009 os três Poderes reuniram-se para lançar o II Pacto Republicano, dando sequência às propostas de renovar os órgãos e institutos, aproximando-os da realidade e da cidadania.

O novo Pacto, contudo, apresenta metas bem mais abrangentes que seu anterior. Em linhas gerais, o Pacto pretende promover a revisão de uma série de leis, tendo sido citadas expressamente, dentre outras: a legislação relativa ao abuso de autoridade, a Lei do Mandado de Segurança, a Lei da Arguição de Descumprimento de Preceito Fundamental — ADPF, a Lei da Ação Civil Pública, a Lei de Execução Penal, o Código de Defesa do Consumidor, a Lei Orgânica da Magistratura, leis trabalhistas e a regulamentação das comissões parlamentares de inquérito.

De outra parte, temas que ainda carecem de leis foram apontados pelo Pacto, tais como a disciplina da ação direta de inconstitucionalidade por omissão, da representação interventiva, do Conselho Nacional de Justiça e a disciplina do uso de algemas, além da criação de colegiados de julgamento em primeiro grau para crimes relacionados a organizações criminosas e criação de Juizados Especiais da Fazenda Pública no âmbito estadual. Muitos destes temas já estão sendo debatidos no Congresso Nacional, pela tramitação de projetos de lei relacionados.

Como se pode perceber, os temas, apesar de diversificados, entrelaçam-se para fortalecer o Judiciário como instituição apta a fornecer respostas satisfatórias à cidadania brasileira. De uma maneira geral a preocupação centra-se no aperfeiçoamento do marco normativo atual, de maneira a privilegiar o Judiciário na busca de resultados de interesse de toda sociedade. O fortalecimento da Defensoria Pública e da Advocacia estão inseridos neste contexto.

A proposta de revisão da Lei da Ação Civil Pública visa a instituir um Sistema Único Coletivo, que priorize as ações coletivas e, em especial, a ação civil pública. Estas ações, como se sabe, foram criadas recentemente e sua regulamentação ainda carece de algumas complementações e ajustes. Embora possam ser propostas por entidades diversas, suas decisões alcançam toda a sociedade e é justamente aí que se justifica o grande interesse que despertam. É possível cogitar o seu uso, por exemplo, para a concretização do direito à saúde em uma única e específica instância judicial, capaz de decidir casos tópicos a partir de uma macrovisão sobre o assunto.

A ADPF, por sua vez, foi citada no intuito de se permitir a legitimação de sua propositura por "pessoas lesadas ou ameaçadas de lesão por ato do Poder Público", basicamente a ideia que já constava do art. 2º, II, da Lei n. 9.882/99, mas que foi vetada pelo Executivo naquele momento. Apesar desse veto tópico, sempre sustentei a tese, desde 2000, de que a lei ainda assim poderia ser interpretada como autorizativa dessa legitimidade mais ampla, desde que no bojo de um processo judicial em curso, que seria precondição para aquela legitimidade mais ampla (que deve ser universal, mas não popular, considerando o problema numérico do STF).

Boa parte das propostas sobre temas carentes de leis vão precisar conhecer o marco normativo estabelecido pelo STF, o que foi feito dentro de uma autocriação autolimitada e franqueada pela inércia congressional. Assim é o caso do uso das algemas (disciplinado pela Súmula Vinculante n. 11), do processo usado para a ação direta de inconstitucionalidade por omissão e para a representação interventiva, bem como da disciplina e do pagamento de precatórios (que foi objeto da EC n. 62/2009) e das comissões parlamentares de inquérito (e a complexa jurisprudência sobre limitações constitucionais). Outras dependerão, é certo, de mudanças constitucionais, como uma nova disciplina para as medidas provisórias (mudança esta que, como se sabe, foi liderada pelo Presidente da Câmara dos Deputados, Deputado MICHEL TEMER) e do próprio regime dos precatórios, já mencionado.

A implementação do Pacto vai depender de uma grande discussão, que deve necessariamente partir dos marcos normativos atuais e, em muitos casos, do desenvolvimento e crítica doutrinária já existente. A aprovação, ainda que parcial, pelo Congresso, dessas metas, representará um significativo avanço para o país no resgate de nosso compromisso social estampado na Constituição de 1988.

Além disso, pode-se afirmar que o novo Pacto contempla uma amplíssima Carta de Intenções, que reúne um conjunto arrojado de medidas tendentes a promover a melhoria do sistema judicial brasileiro. Nele está também a busca por uma Justiça substantiva, uma Justiça de qualidade, preocupada com resultados e não com formalismos ou ficções jurídicas.

Lembre-se, de imediato, que a preocupação com o Judiciário deve ser traduzida diretamente como preocupação com o sistema de garantia dos direitos fundamentais dos cidadãos; o Judiciário serve à sociedade e aos seus direitos e sem ele é impossível falar em Estado democrático de Direito.

Nesse sentido, o Pacto pretende realizar reformas com o padrão bastante claro dos direitos fundamentais. O compromisso não é com qualquer mudança, mas sim com aquela em mais alto grau qualitativo. Esse dado é extremamente relevante, pois nem sempre as reformas tomam esse cuidado. Basta citar, aqui, o exemplo do projeto de lei aprovado pela Assembleia Legislativa de São Paulo, conhecido como "envelope lacrado" que nitidamente violava o direito de defesa e o exercício da advocacia, supostamente como única medida para proteger testemunhas e vítimas; o projeto acabou vetado pelo governador JOSÉ SERRA. Aliás, neste particular, o Pacto foi extremamente preciso e celebrou expressamente, dentre seus objetivos mais nobres, o de fortalecer o exercício da advocacia, não tratando esta atividade como secundária ou irrisória, mas resgatando seu papel inegavelmente social e de justiça.

A preocupação preliminar do Pacto é com o acesso universal à Justiça. Quer-se a democratização desse acesso, o que deve incluir a existência de um qualificado serviço público de assistência jurídica integral, gratuita, estruturada e efetiva para os mais carentes. O problema do acesso à Justiça, contudo, está umbilicalmente ligado ao acesso à informação, à conscientização sobre os próprios direitos. Sem saber de seus direitos o cidadão também não saberá identificar sua violação. Essa situação provocará uma redução desqualificada do número de demandas no Judiciário, uma diminuição de todo não desejada. Aqui se enquadra também a menção expressa à necessidade de aperfeiçoar o sistema carcerário, procurando resgatar a função ressocializante da pena, dimensão esta que parece ser, atualmente, salvo raras exceções, uma rubrica meramente formal das leis, pois o sistema carcerário pune e embrutece o condenado que um dia retornará ao convívio social livre.

A qualificação dos agentes e servidores do sistema judiciário brasileiro é outro ponto a ser destacado como uma das principais preocupações do Pacto. De fato, de pouco valem amplas declarações de direitos e leis modernas se o aparato humano responsável por operar essas leis no dia a dia ainda se ressinta de um viés arcaico, de baixo compromisso social, que desconhece direitos e considera o cidadão um mero "administrado" (para usar aqui a expressão consagrada por uma doutrina que já deveria estar definitivamente sepultada); um servidor do relógio, sem qualquer preocupação com resultados, não interessa à Justiça substantiva.

O funcionamento da Justiça brasileira e a cultura jurídica brasileira, acostumados às causas repetitivas, idênticas e longas, têm sofrido reiterados choques, como com a criação da súmula vinculante e do efeito vinculante das decisões do Supremo Tribunal Federal, que bloqueiam a reabertura e discussão de temas já decididos por essa Corte. O Pacto acrescenta, nesse sentido, a proposta de reduzir o número de recursos existentes. Realmente, é possível e até necessário assegurar uma Justiça qualitativa longe de uma pluralidade de opções recursais, que fazem apenas protelar a entrega do bem a quem de direito. O Pacto toma uma posição corajosa, confrontando a cultura do recurso no Brasil.

A preocupação em consolidar e regulamentar o recente Conselho Nacional de Justiça, criado no Primeiro Pacto, significa que esta novel entidade pode assumir um papel decisivo, para além do controle disciplinar e orçamentário, na coordenação e planejamento das atividades da Justiça, como com a construção de Casas de Justiça e Cidadania, a virtualização das Varas de Execução Criminais e os mutirões carcerários. O Conselho pode, por meio dessa nova perspectiva, colaborar para concretizar "uma maior cobertura da Justiça nas comunidades", como observou o ministro GILMAR MENDES. De sentinela pode passar também a curador da Justiça, colaborando com uma maior transparência e confiabilidade do Judiciário.

Recente levantamento realizado pelo Senado indica um total de 142 normas constitucionais ainda carentes de regulamentação. Ademais, um Executivo inerte ou reticente quanto aos direitos tem o mesmo potencial prejudicial à cidadania que a falta das leis. Daí a importância simbólica do Pacto, que chama à responsabilidade todos os "Poderes" na consecução dos objetivos ali contemplados. Da "Constituição cidadã" à Justiça da cidadania.

4. DEMOCRACIA E PLURALISMO POLÍTICO

O tema da democracia é um dos mais caros ao modelo ocidental de Direito. Comporta, contudo, uma série de vertentes, muitas das quais com propostas antagônicas. Pretendo, aqui, analisar alguns episódios recentes do Direito brasileiro, que permitem uma reflexão mais prática sobre o assunto, passando brevemente pelas concepções correntes sobre democracia[1654].

Toda a evolução do sistema democrático, desde suas mais remotas origens, aponta atualmente, segundo classificação de C. B. MACPHERSON[1655], para a denominada democracia participativa. Outra vertente que, recentemente, apresentou-se como uma alternativa é a chamada democracia dialógica ou deliberativa. Como se poderá verificar,

---

1654. Para uma discussão mais teórica sobre o assunto, ver meus textos: Democracia Deliberativa: Elementos, Aplicações e Implicações; Democracia e Exercício do Poder: Apontamentos sobre a Participação Política.

1655. O autor dividiu o desenvolvimento da democracia em quatro fases (1- Fase protetora; 2- fase do desenvolvimento; 3- fase do equilíbrio; e 4- fase da democracia participativa) (*The Life and Time of Liberal Democracy*, Oxford University Press, 1977 — apud Diogo de Figueiredo Moreira Neto. *Direito da Participação Política*, p. 10).

esses modelos encontram-se intimamente associados ao estudo do poder, mais especificamente, ao seu exercício legítimo.

Declara a Constituição brasileira — de resto seguindo um modelo utilizado pela maior parte das constituições — que todo poder emana do povo[1656]. Tal locução está a significar que em seu nome (do povo) e com ele deverá ser exercido: é o povo o detentor da soberania. Porém, mera declaração formal de que o povo detém o poder pouco efeito surtirá sem uma efetiva integração daquele neste. "Eis a síntese da democracia participativa, um passo adiante da democracia representativa que, sem substituí-la, vem aperfeiçoá-la e revitalizá-la na realização substantiva da legitimidade"[1657].

Não obstante essa problemática de que sem meios efetivos de participação uma declaração corre o risco de se tornar meramente retórica, outras importantes indagações surgem, levantadas por JOSÉ MARIA BELLO, a saber: "Que é vontade? Que é povo? Que é soberania?"[1658]. Realmente, como passo preliminar à implementação daqueles ideais, é necessário defini-los, compreendendo-os à luz das mais modernas teorias democráticas.

A pergunta acerca da vontade surge na medida em que esta é elemento essencial para qualquer ação consciente, pretendida, conforme já professorava Hoffding: "A história do homem é a história integral da vontade"[1659]. Entende-se por vontade o ânimo, desejo de agir, fazer e alcançar determinado fim. Trata-se, portanto, de elemento impulsionador de toda e qualquer ação. No que tange à sua relação com o exercício do Poder, a vontade surge como a intenção de exercê-lo, de fazer parte do Poder. Numa sociedade, porém, caracterizada pelo gigantismo populacional, impossível é a democracia direta, em que todos tenham a possibilidade de, efetivamente, exercer o Poder.

A vontade de participar do poder, na democracia representativa, nos moldes atuais, é restritivíssima, visto que cessa no momento em que ocorre o provimento eleitoral. De maior duração e profundidade é a vontade de exercer o poder na democracia semidireta, na qual se vai além do mero voto, galgando intersecções e imbricações necessárias com a esfera pública representativa do exercício do poder pelos representantes do "soberano" (povo).

Cumpre ressaltar que o conceito de vontade, acima indicada, confunde-se com o de *interesse*. A esse respeito, pondera BELLO: "Se no indivíduo tomado isoladamente, é difícil precisar o mecanismo da vontade, imagina-se bem a dificuldade maior de se colher o seu critério num grupo de pessoas ou na maioria de um povo"[1660]. Acrescente-

---

1656. O parágrafo único do art. 1º da Constituição Federal do Brasil, de 1988, determina: "Todo poder emana do povo, que o exerce por meio de representantes eleitos ou diretamente, nos termos desta Constituição". No projeto da Comissão de Sistematização, o dispositivo estava assim redigido: "Todo o poder pertence ao povo, que o exerce diretamente nos casos previstos nesta Constituição, ou por intermédio de representantes eleitos". Percebe-se que na redação que prevaleceu, a ênfase é dada não ao exercício direto, mas à representação política. Além dessa indiscrição que parece ter sido voluntária, o legislador constituinte cometeu grave erro técnico, pois não necessariamente o poder ou é exercido diretamente ou por meio de representantes eleitos. Veja-se o caso dos integrantes da magistratura, que ingressam no Poder Judiciário (em sua maior parte) via concurso público de provas e títulos.

1657. Diogo de Figueiredo Moreira Neto, *Direito da Participação Política*, p. XVII.

1658. *Democracia e Antidemocracia*, p. 22.

1659. *Équisse d'une Psychologie*, p. 130, apud José Maria Bello, *Democracia e Antidemocracia*, p. 22.

1660. *Democracia e Antidemocracia*, p. 22.

-se a esse problema um último: até onde a vontade do povo, mais precisamente, de sua maioria, é legítima?

Quanto à segunda questão, qual seja, sobre o sentido do termo *povo*, pode-se ter, aí, apenas uma ficção ou, do contrário, um mero agregado numérico politicamente inexpressivo.

Segundo MOREIRA NETO, ele "resulta de uma presunção: de que haja um estrato de população *mais apto* ao exercício dos direitos políticos. Essa presumida aptidão juridicamente consagrada já se lastreou em critérios os mais distintos e, não raro, bizarros, como: local de nascimento (*jus solis*), filiação (*jus sanguinis*), prestação de serviço militar, nível de renda, nível de instrução, acuidade dos sentidos, padrões de higidez mental, idade, sexo, propriedade imobiliária, residência permanente etc. O problema está em definir-se, afinal, que critérios diferenciais serão esses que poderão dar suporte ético-político à presunção de que esse grupo qualificado — o povo — representa legitimamente os anseios e aspirações de toda a população"[1661].

É certo que ao se criarem inúmeras restrições ao conceito de povo, fazendo com que abarque tão só um certo segmento social, corre-se o risco de o tipo de governo, ainda que alcunhado de democrático, não sê-lo efetivamente, tão apenas trajando vestes democráticas. Nesse sentido, PONTES DE MIRANDA: "Se todos podem votar, a democracia é pantocrática; se nem todos, pleoncrática. Não se fala de poderem votar só alguns, porque então o que se tem é a oligocracia, já sem as características de forma democrática"[1662].

Chega-se, enfim, à soberania, termo que, embora cunhado recentemente na História do Direito, encontra-se em fase de evolução e mutação. Mas, em sua acepção clássica, conforme leciona MALBERG, "es el carácter supremo de un poder; supremo, en el sentido de que dicho poder no admite a ningún otro ni por encima de él, ni en concurrencia con él"[1663]. Assim, conclui o mestre francês, "cuando se dice que el Estado es soberano, hay que entender por ello que, en la esfera en que su autoridad es llamada a ejercerse, posee una potestad que no depende de ningún otro poder y que no puede ser igualada por ningún otro poder"[1664].

Importa assinalar que a soberania atribuída ao povo, não o pode ser apenas *quoad titulum*, devendo ser *quoad exercitium*, como anota VEZIO CRISAFULLI[1665]. Isso sem se prejudicar a existência (necessária) de sua representação política, como anota CRISTINA QUEIROZ, "confiada a órgãos constitucionais cotitulares de uma função política de direcção superior do Estado"[1666].

1661. *Direito da Participação Política*, p. 194.

1662. *Democracia, Liberdade, Igualdade (os Três Caminhos)*, p. 156.

1663. R. Carré de Malberg, *Teoría General del Estado*, p. 81.

1664. Idem, Ibidem.

1665. Vezio Crisafulli. Stato e Popolo nella Costituzione Italiana, in *Studi sulla Costituzione*, t. II, 1958, p. 139 e s., citado por Cristina Queiroz, *Os Actos Políticos*, p. 151.

1666. Cristina Queiroz, *Os Actos Políticos*, p. 151. Em sentido contrário ao acima anotado, tem-se aquele proposto por J. F. de Assis-Brasil. Para o mencionado jurista "O governo nasce do povo, mas não é exercido por elle" (*Dictadura Parlamentarismo Democracia*, p. 35).

Uma análise do *poder*, de seu "estatuto", incluindo limites, finalidade e legitimidade, é necessária em virtude das inevitáveis consequências socialmente negativas advindas de seu uso inadequado. Apesar disso, adverte LOEWENSTEIN: "el poder político, como todo poder, puede ser conocido, observado, explicado y valorado sólo en lo que concierne a sus manifestaciones y resultados. Sabemos, o creemos saber, lo que el poder hace, pero no podemos definir su substancia y su esencia. Admitiendo que una ciencia del poder, una cratología, existe, es indudable que se encuentra en la infancia, y hasta cabe preguntarse si alguna vez podrá llegar a convertirse en seguro instrumento de trabajo del conecer humano"[1667].

O *poder*, vai afirmar LOEWENSTEIN, é uma relação sociopsicológica, baseada num efeito recíproco entre os que detêm e exercem o poder (os detentores do poder) e aqueles aos quais se dirige (destinatários do poder). Na sociedade estatal, o *poder* político aparece como um controle social. Entende-se este como a função de tomar ou determinar uma decisão, assim como a capacidade de seus detentores de obrigarem os destinatários a cumprirem essa decisão, que jamais poderá ser tomada em benefício pessoal de quem representa o todo. É evidente que o discurso detentores/destinatários deve ser abandonado em virtude da necessária proximidade das esferas pública e privada, alicerçada na mencionada fórmula participativa (a ser viabilizada de maneira a ser amplamente acessível).

O mencionado constitucionalista, logo no início de sua obra, desnuda o fulcro de qualquer sistema político, o qual deve ser entendido como uma sociedade estatal que vive sob uma ideologia concreta, política, sociopolítica, ética ou religiosa, à qual correspondem determinadas instituições destinadas a realizar dita ideologia dominante[1668]. Este conceito abarca uma série de tipos de governo, unidos, contudo, por uma afinidade de ideologias e instituições. Assim, o sistema político do constitucionalismo democrático abarca diferentes tipos de governo, todos calcados no primado da soberania popular. Ao contrário, a autocracia é o sistema político no qual, ao invés de uma distribuição do exercício do poder e de um controle do mesmo, há a concentração no exercício do poder, que está livre de qualquer sorte de controle sobre si. Para o autor o sustentáculo do sistema político é "una adecuada limitación del ejercicio del poder", que "puede ser llevada a cabo, bien a través de la respectiva interacción entre los diferentes detentadores, bien a través de la intervención de los destinatarios del poder. Y esto es el núcleo esencial de lo que históricamente há venido a ser llamado el Estado constitucional". E logo adiante: "La existencia o ausencia de dichos controles, su eficacia y estabilidad, así como su ámbito e intensidad, caracterizan cada sistema político en particular y permiten diferenciar un sistema político de otro. Así pues, sólo el análisis del mecanismo de vigilancia y control del poder, conduce a la comprensión del proceso político"[1669].

1667. Karl Loewenstein, *Teoría de la Constitución*, p. 25.

1668. Karl Loewenstein, *Teoría de la Constitución*, p. 31.

1669. Karl Loewenstein, *Teoría de la Constitución*, p. 26-30.

A limitação do exercício do *poder* (quanto aos seus detentores eventuais) por meio do povo é consectário do constitucionalismo e atende, nessa perspectiva, ao princípio da dignidade da pessoa humana, consagrando de maneira definitiva a cidadania. É que a dignidade impõe a possibilidade de o ser humano autodeterminar-se, ter consciência dos seus próprios rumos, influir naquela gestão e adotar comportamento que influenciará inevitavelmente a evolução de sua vida. Nesse particular, articula-se com a cidadania, que exige considerar o indivíduo um importante componente do Estado, a razão de ser deste.

O poder, quando não estiver controlado, tende a corromper-se, podendo transformar até mesmo governos legitimamente indicados em tirânicos e despóticos. Essa é a opinião do jurista lusitano MIRANDA DE CARVALHO, para quem "Onde o Poder — todo e qualquer Poder, que apenas como tal se ofereça — faça ofensa e violência a este valor fundamental — a dignidade, autonomia e liberdade da pessoa humana — é um poder ilegítimo a que não tem de obedecer-se porque então se desligou de toda a juridicidade e de toda a validade e se converteu em mera força fáctica. Por outro lado, o *poder do povo* que eventualmente violasse ou ofendesse esse valor, faria violência contra si próprio e deixaria de ser um poder *do povo*, porque ofenderia um dos seus membros, destruindo também o próprio valor de *comunidade*"[1670].

Assim, democracia e exercício do *poder* devem ser analisados na perspectiva da dignidade da pessoa, de sua autonomia e liberdade. Não há exercício do poder ou democracia que possa pretender-se axiologicamente neutra sem desfigurar-se em sua legitimidade. São limites (axiológicos) que se impõem de há muito. "Limitar el poder político quiere decir limitar a los detentadores del poder; esto es el núcleo de lo que en la historia antigua y moderna de la política aparece como el Constitucionalismo"[1671].

Trata-se de uma espécie de acordo prévio sobre o funcionamento e exercício regular (e adequado) do poder numa sociedade, prevenindo-se seu abuso ou desvirtuamento. Essas regras, presentes numa Constituição, representam o núcleo mais profundo desta em sua definição de instrumento estruturante do Estado. Assim é que "El Estado constitucional se basa en el principio de la distribución del poder. La distribución del poder existe cuando varios e independientes detentadores del poder u órganos estatales participan en la formación de la voluntad estatal. Las funciones que les han sido asignadas están sometidas a un respectivo control a través de los otros detentadores del poder; como está distribuido, el ejercicio del poder político está necesariamente controlado"[1672].

"Todo o direito reflecte em certo sentido a estrutura de poder existente na sociedade", dirá CRISTINA QUEIROZ, razão pela qual — continua a autora — "a ciência jurídica em geral, e a ciência do direito constitucional em particular, sem perda da respectiva autonomia, objectiva e funcional, devem ser pensadas e equacionadas em

---

1670. *Para uma Constituição Democrático-Liberal*, p. 56 (grifos do original).
1671. Karl Loewenstein, *Teoría de la Constitución*, p. 29.
1672. Karl Loewenstein, *Teoría de la Constitución*, p. 50.

correlação com outros ramos do saber, designadamente com a sociologia do direito e a ciência política".

A Constituição é, sem dúvida, uma das mais empolgantes criações inseridas nessa linha de busca da limitação e controle do poder. Daí a força que adquire uma Corte Constitucional, vocacionada constitucionalmente para a defesa da Carta Política de um país.

Como salienta CRISTINA QUEIROZ, é a Constituição, "enquanto norma *fundamental* que verdadeiramente 'funda' e 'constitui' a totalidade do corpo político, que ordena e conforma a totalidade da relação de vida constitucional, impondo-lhe uma determinada *praxis* e um determinado *método* de a conceber (...) a constituição 'integra' e 'refere' detentores e destinatários do poder numa unidade fáctica e normativa que se lhes impõe, irresistivelmente, como algo de superior"[1673]. Mais ainda. Consoante o magistério firme e seguro de Paulo Bonavides: "O princípio da constitucionalidade, desatando-se de seus laços de sujeição e vassalagem ao formalismo hierárquico de KELSEN — sem contudo renegá-lo, antes incorporando-o —, fez brotar outra hierarquia, de teor material, a saber: a hierarquia de valores e princípios, doravante sua nova base e fundamento"[1674], dando, por conseguinte, ensejo a uma nova hermenêutica constitucional capaz de fazer "chegar à democracia participativa"[1675].

A seguir, transcreve-se trecho de DIOGO DE FIGUEIREDO MOREIRA NETO, que servirá como uma breve introdução no assunto referente à legitimidade do poder:

"O *problema da legitimidade* surge, precisamente, quando o poder deixa de ter vinculação subjetiva com alguém que o personalizava no desempenho de um papel social não político. O *patriarca* tem poder porque só ele poderá ser a síntese e o chefe do grupo natural, mas o poder do *rei* advém da instituição da monarquia e simbolicamente se expressa na coroa. O poder do patriarca é personalizado no seu papel social e, por isso, inconteste e legítimo. Já o poder do rei é institucionalizado e, por isso, pode ser contestado quanto à sua legitimidade.

"Esse problema, trazido pela institucionalização do político, pôde ser em parte evitado nas sociedades de pequenas dimensões, como as *polis gregas*, nas quais os cidadãos governavam-se eles próprios, mas logo se tornou impossível exercer o poder direta ou mesmo semidiretamente e o recurso à *representação* incorporou, definitivamente, o tema da legitimidade à vida política das sociedades.

"Essa organização singular de papéis objetivados veio a conformar o que hoje denominamos de *Estado*, a expressão consumada do poder político institucionalizado"[1676].

Surge, então, o Estado, como entidade centralizadora do poder. Não se pode ignorar que esse Estado afastou-se da sociedade, para agir com total independência e autonomia, embora exista em função dela e a ela deva servir. Na clássica lição de ATALIBA NOGUEIRA, "O Estado é um meio e não um fim". Mas a cisão entre o público

---

1673. Cristina Queiroz, *Os Actos Políticos no Estado de Direito*, p. 47 (os grifos estão no original).
1674. Paulo Bonavides, *Teoria Constitucional da Democracia Participativa*, p. 38.
1675. Idem, Ibidem.
1676. *Direito da Participação Política*, p. 4 (grifos no original).

e o privado acabou direcionando-se para uma contraposição de situações e, não raro, conflito de interesses. O Poder Público "passou a desenvolver seus próprios interesses e forjar suas próprias justificativas, não raro, ambos antagônicos aos interesses e justificativas da sociedade"[1677], e que só podem ser considerados como *interesses secundários*. No mesmo sentido, anota JOSÉ ARTHUR GIANNOTTI: "A sociedade contemporânea (...) cria um vácuo entre o Estado, como sistema político, e a própria sociedade civil (...) Se tentarmos corrigir esse fenômeno através de partidos extremamente ideológicos, absolutamente comprometidos com as suas opiniões e que recusem a própria ideia de representação, por exemplo, aproximando-se do mandato imperativo, um deputado passaria a agir como se fosse um representante de uma firma comercial, e assim se estiolaria o terreno da negociação política. A não política é uma forma perversa de política". E continua: "O Congresso está parado porque é ilegítimo. E ilegítimo porque não está representando os interesses nacionais. Está se mantendo alienado em relação à grandeza e à importância desses problemas (...) A não ser, isso sim, a enorme luta que se trava pela ampliação da cidadania, entretanto, fora do Congresso"[1678].

A solução, tecnicamente falando, pois, parece ser a de participação política do cidadão, para nortear a atividade estatal e política, conferindo-lhe legitimidade. O engajamento em partidos políticos, que hoje mais se confundem com o poder estatal do que com a sociedade, é apenas uma opção parcial para a solução do problema aqui abordado e para o que atualmente aflige o Estado: o fato deste ser, antes de mais nada, um ente avesso a qualquer forma de controle, por mais paradoxal que isto se afigure[1679].

O problema é adequadamente equacionado por LOEWENSTEIN, pois ao tratar dos detentores do poder, pondera que "El poder político que ellos ejercen está unido al cargo, y a través sólo del cargo se atribuye el dominio al detentador del mismo. En el sistema político del Constitucionalismo, el poder está despersonalizado y separado de la persona; el poder es inherente al cargo e independiente de la persona que en un momento dado lo ejerza"[1680].

Também CRISTINA QUEIROZ assinala, ao se referir à denominada "crise da modernidade" que se trata de um fenômeno complexo derivado "de uma acumulação ou somatório de 'crises': de 'penetração', de 'legitimidade', de 'participação', de 'distribuição'"[1681].

Em virtude desse "desvirtuamento institucional" do Estado, a doutrina tem assinalado a insuficiência do mandato eletivo como legitimador das decisões politicamente adotadas pelos exercentes dos cargos eletivos. E não sendo o mandato imperativo cogitável em termos de teoria política e adequação lógica, será correto concluir que "a

---

1677. Diogo de Figueiredo Moreira Neto, *Direito da Participação Política*, p. 5.

1678. Estado *versus* Sociedade Civil, p. 14-5.

1679. A esta conclusão se chega não apenas do ponto de vista adotado no texto, qual seja, o da congruência entre interesses sociais e estatais. Na verdade, o problema se coloca em múltiplas e variadas facetas. Veja-se, por exemplo, a verdadeira batalha que se trava nos Tribunais quanto à tributação pelo Estado em desrespeito a direitos mínimos do cidadão.

1680. Karl Loewenstein, *Teoría de la Constitución*, p. 36.

1681. Cristina M. M. Queiroz, *Os Actos Políticos no Estado de Direito*, p. 12.

mera concordância popular (eleição) no preenchimento desses cargos é condição necessária mas não suficiente para realizar-se a democracia: ela só se plenificará com a *decisão democrática* e com o *controle democrático*. Será necessário que a decisão política, tomada pelos escolhidos, seja também a expressão da vontade popular. Na verdade, é mais importante que a *decisão* seja democraticamente tomada do que o órgão decisório haja sido democraticamente provido. O provimento democrático age, assim, como uma mera *garantia* de que a decisão virá a ser, efetivamente, tomada de acordo com o interesse coletivo; entre *provimento* e *decisão* democráticos há, portanto, uma relação de *meio* para *fim*"[1682].

Frise-se, portanto, que participação política não é somente participação eleitoral, por meio do voto. Aliás, a participação "muitas vezes é mais eficiente por outros meios"[1683] e a democracia pode consolidar-se independentemente da vontade majoritária ou até contra ela. Ademais, no complexo sistema partidário atual, com suas especificidades e exigências para candidaturas, a realização de eleições não significa que o povo escolha livremente seus representantes, e muito menos assegura que se governe por meio deles. A crise do modelo democrático representativo fica, pois, latente.

Esse é o panorama geral do qual emerge a necessidade da participação política do cidadão como um direito fundamental, o qual se trata de direito "altamente desejável para a realização da sociedade democrática"[1684]. Mais do que isso, o direito de participação, enquanto direito fundamental do Homem, impõe a necessidade de reconhecimento do poder individual de atuar sobre o poder deferido ao Estado[1685]. É que decorrendo toda a norma jurídica, como professa GOFFREDO TELLES JR., "de uma escolha, de uma opção feita pelo Poder, e convertida num ato decisório, numa tomada de posição desse mesmo Poder"[1686], importa a participação e atuação exatamente nesse ponto, a tomada da decisão.

Vale neste campo a afirmação de DIOGO DE FIGUEIREDO MOREIRA NETO, no sentido de que "A adoção temporã de sofisticados institutos de participação, altamente demandantes de cultura política, poderá causar mais mal do que bem. Despreparado, o povo, para manejar soberanamente esses instrumentos, ou acabará presa fácil das militâncias organizadas ou arcará com os pesados custos da ineficiência 'legitimada'"[1687]. A participação política não é, pois, uma panaceia. E continua:

"E, surpreendentemente, os institutos de participação política que deveriam servir à expansão e à afirmação da democracia, poderão se tornar instrumentos de opressão de minorias oligárquicas ativistas ou de 'legitimação' dos oportunistas ineficientes.

"E por *ativista* quis indicar não apenas o cidadão ativo, cuja participação é desejável, pelo que isso significa como grau de politização, mas do cidadão arregimentado

---

1682. Diogo de Figueiredo Moreira Neto, *Direito da Participação Política*, p. 37.

1683. Dalmo de Abreu Dallari, *O que é Participação Política*, p. 39.

1684. *Direito da Participação Política*, p. 61.

1685. Cf. Diogo de Figueiredo Moreira Neto, *Direito da Participação Política*, p. 61.

1686. *O Poder e o Povo*, p. 49.

1687. *Direito da Participação Política*, p. 189.

para *excluir*, pela sua atividade, a participação dos contrários. Esse paradoxo sociológico do 'ativismo' será sempre um risco que a democracia oferece a ela própria.

"Observe-se que os sociólogos costumam emprestar a essa expressão 'ativismo' tanto uma conotação positiva, sublinhando a militância permanente, quanto uma conotação negativa, que nasce das diretrizes dadas por LENIN às militâncias operárias, em que se destaca, na expressão de S. M. LIPSET, um 'estilo de contestação da ação política'.

"Nesse sentido, ativismo político é a corruptela de atividade política; é o uso perverso das liberdades e dos institutos de democracia pluralista para reduzi-la a uma oligarquia voluntarista"[1688].

Na verdade, conforme assevera DIOGO DE FIGUEIREDO MOREIRA NETO[1689] lastreado no eminente AUGUSTIN GORDILLO, a ideia chave aqui é a de que *democracia* e *participação* estão umbilicalmente ligadas.

Nas complexas sociedades contemporâneas, de grande contingente populacional, sendo inviável a prática da democracia direta, ao menos no atual estágio técnico-econômico-cultural — tendo em vista a circunstância de que a tecnologia em si talvez já suportasse a ideia de volta à antiga concepção de democracia direta ateniense — a democracia só se implementará com a adoção de mecanismos de participação direta do povo nas decisões estatais, paralelamente aos institutos tradicionais, de representação política. Portanto, algo mais do que a mera representação política.

LOEWENSTEIN chega a afirmar, contudo, que "En la moderna sociedad de masas, el único medio praticable para hacer participar a los destinatarios del poder en el proceso político es la técnica de representación, que en un principio fue meramente simbólica y más tarde real"[1690]. Mas a afirmação deve ser compreendida num contexto mais amplo, considerando-a como referência à necessidade de uma efetiva mobilização eleitoral. Assim, escreve adiante que "La valoración del papel que juega el electorado en el proceso del poder queda confinada a una discusión meramente académica cuando no se tiene en cuenta la importancia fundamental del sistema electoral que activa y moviliza la actividad del pueblo. La idea del pueblo como detentador soberano del poder no es sino una estéril y equívoca hipótesis si las técnicas electorales, por medio de las cuales los electorados determinan a los candidatos y a los partidarios que deberán representarlos en el parlamento y en el gobierno, no están establecidas de tal manera que el resultado electoral refleje honrada y exactamente la vonluntad de los electores"[1691].

Dessa convivência (povo/poder/decisão estatal) surge a denominada democracia semidireta. Se o atual estágio tecnológico em que atualmente se encontra a humanidade não é suficiente para assegurar a implementação da democracia direta, ao menos o é para auxiliar na concretização da democracia participativa. Este é o entendimento de MIGUEL REALE: "os processos cibernéticos podem servir de base para a popularização das informações, abrindo caminho para o que ZAMPETTI denomina 'democracia

---

1688. *Direito da Participação Política*, p. 190.
1689. *Direito da Participação Política*, p. 67.
1690. *Teoría de la Constitución*, p. 151.
1691. *Teoría de la Constitución*, p. 334.

participativa'"[1692]. Por meio dessa "nova tecnologia", "deve ser assegurada, politicamente, a participação cada vez maior dos cidadãos no plano decisório, quer na qualidade de 'destinatários e beneficiários da informação', quer na qualidade de partícipes da 'classe dirigente'"[1693].

O grande pensador italiano NORBERTO BOBBIO observava que "entre a forma extrema de democracia representativa e a forma extrema de democracia direta existe um *continuum* de formas intermediárias (...) perfeitamente compatíveis entre si posto que apropriadas a diversas situações e a diversas exigências (...) não são dois sistemas alternativos"[1694].

É no estudo do regime político adotado por um Estado que se extrai a relação entre o povo e os poderes constituídos, apontando-se as formas de participação existentes. Nesse sentido, pode-se dizer que "o estudo do regime político de um dado Estado, nos revela a existência ou não de uma democracia política e qual o grau de democratização de acordo com os mecanismos de participação direta e indireta do povo no Poder daquele Estado"[1695].

Portanto, o parâmetro válido, hoje, para a verificação da existência de um sistema democrático, está no poder estatal, nos canais institucionalizados que permitem e consagram a participação no poder[1696].

A Constituição de 1988 consagra, em texto expresso, mecanismos de participação nas decisões estatais. É mais do que um mero vaticínio. Imprimiu o legislador constituinte a característica participativa[1697] à democracia brasileira, bastando ao operador do Direito aplicar a Constituição que se lhe apresenta. A ação popular e o direito à informação (em sentido amplo) não podem deixar de ser mencionados precisamente neste contexto, tendo em vista que "a democracia não se pode resumir ao exercício do direito de votar e de ser votado, e nas formas de participação direta como o plebiscito, referendo e a iniciativa popular das leis"[1698].

Pode-se dizer que, basicamente, três são as formas pelas quais o *poder* transferido ao Estado sofre limitações. Em primeiro lugar, em virtude do fato de que nem todo o poder é integrado no Estado, reservando-se sempre uma parcela que permanece no indivíduo, e que é "essencial à dignidade humana e à realização de *fins pessoais*, que

---

1692. *A Democracia à Véspera do Século XXI*, p. 1-2.

1693. *A Democracia à Véspera do Século XXI*, p. 2. Evidentemente que a temática da "tecnologia democrática" (não confundir com a democratização da tecnologia, hoje tão em voga e que constitui um pressuposto daquela) demandaria um estudo mais profundo, o que não se enquadra nos limites propostos para o presente estudo.

1694. Norberto Bobbio, *O Futuro da Democracia*, p. 52.

1695. José Luiz Quadros de Magalhães, *Os Direitos Políticos*, p. 53.

1696. Nessa linha, estabelece a Constituição da Espanha, em seu art. 9.2: "Corresponde a los poderes públicos promover las condiciones para que la libertad y la igualdad del individuo y de los grupos en que se integra sean reales y efectivas; remover los obstáculos que impidan o dificulten su plenitud y facilitar la participación de todos los ciudadanos en la vida política (...)". Assim, exige-se dos próprios poderes constituídos que promovam uma progressiva integração política de seus cidadãos.

1697. Fora o instituto que ora se estuda, cite-se o referendo e o plebiscito, assim como a iniciativa popular em projetos de lei e o direito de petição contra ilegalidade ou abuso de poder.

1698. José Luiz Quadros Magalhães, *Os Direitos Políticos*, p. 54.

somente cada indivíduo pode ou deve buscar por si mesmo"[1699], bem como uma parcela que remanesce na sociedade, essencial à manutenção e coesão desta. Em segundo lugar, as limitações decorrem igualmente da possibilidade de reação reservada ao indivíduo, no sentido de que possa controlar o *poder* atribuído, para que este poder não desrespeite os fins em virtude dos quais existe. Em terceiro lugar, há a clássica tripartição das funções do Estado, já que a divisão de funções é uma das formas de limitar o poder (pelo poder). Todas dimensões representadas na Constituição, que é a Carta Política da comunidade.

Na impugnação dos arts. 11, *caput* e §§ 1º e 2º, e 72 da Lei n. 9.100, de 29-9-1995, que condicionaram o número de candidatos às Câmaras Municipais ao número de representantes do respectivo partido na Câmara Federal, ficou decidido que mecanismos como esses lesam o pluralismo político consagrado constitucionalmente "por instituírem critério caprichoso que não guarda coerência lógica com a disparidade de tratamento neles estabelecida" (STF, ADIn 1.355-MC/DF, rel. Min. ILMAR GALVÃO, *DJ*, 23-2-1996, Ementário 1.817-01).

Vislumbrando afronta ao princípio constitucional do pluripartidarismo, o STF, em decisão que provocou certa polêmica político-partidária, declarou a inconstitucionalidade de normas contidas na Lei n. 9.096, de 19-9-1995, que estabeleciam a chamada cláusula de barreira, consoante a qual os partidos políticos, que não alcançassem determinado desempenho eleitoral não teriam direito a certas prerrogativas do funcionamento parlamentar, adquiririam inferior participação no Fundo Partidário e receberiam menos tempo para a propaganda partidária (ADIn 1.351/DF e ADIn 1.354/DF, rel. Min. MARCO AURÉLIO, j. 7-12-2006, Informativo n. 451).

Enfrentando as problemáticas trazidas pelo princípio da fidelidade partidária (*v.* art. 17, § 1º, da Cb/88), novamente o STF se viu diante da Lei n. 9.096/95. Na ADIn 1.465-0/DF, o Tribunal declarou a constitucionalidade do texto "fica configurada dupla filiação, sendo ambas consideradas nulas para todos os efeitos", constante do art. 22 da mencionada Lei, julgando improcedente a ação que o impugnava.

O Ministro-relator JOAQUIM BARBOSA diferenciou a liberdade pessoal da liberdade funcional, da qual gozam os partidos políticos, esclarecendo que: "Normas que regulam a dupla filiação conformam, em vez de violar, os princípios constitucionais que regem os partidos políticos". Assim, "a autonomia partidária não se estende a ponto de atingir a autonomia de outro partido, cabendo à lei regular as relações entre dois ou mais deles. A nulidade que impõe o art. 22 da Lei 9.096/1995 é consequência da vedação da dupla filiação e, por consequência, do princípio da fidelidade partidária. Filiação partidária é pressuposto de elegibilidade, não cabendo afirmar que a lei impugnada cria nova forma de inelegibilidade. Ação direta julgada improcedente" (ADIn 1.465-0/DF, rel. Min. JOAQUIM BARBOSA, j. 24-2-2005, *DJ*, 6-5-2005).

1699. Diogo de Figueiredo Moreira Neto, *Direito da Participação Política*, p. 62 (grifos no original).

Já no que diz respeito à determinação do número máximo de vereadores por Município, o STF, no RE 197.917/SP, declarou a inconstitucionalidade, *incidenter tantum*, do parágrafo único do art. 6º da Lei Orgânica n. 226, de 31-3-1990, do Município de Mira Estrela. Referido artigo fixou em 11 o número de vereadores, embora a população do Município fosse de, aproximadamente, 2.600 habitantes e comportasse, portanto, apenas 9 representantes.

O Tribunal determinou a adequação da composição da Câmara de Vereadores aos parâmetros constitucionais: "O art. 29, IV, da Cb, exige que o número de Vereadores seja proporcional à população dos Municípios, observados os limites mínimos e máximos fixados pelas alíneas *a*, *b* e *c*. Deixar a critério do legislador municipal o estabelecimento da composição das Câmaras Municipais, com observância apenas dos limites máximos e mínimos do preceito (Cb, art. 29), é tornar sem sentido a previsão constitucional expressa da proporcionalidade. Situação real e contemporânea em que Municípios menos populosos têm mais Vereadores do que outros com um número de habitantes várias vezes maior. Casos em que a falta de um parâmetro matemático rígido que delimite a ação dos legislativos Municipais implica evidente afronta ao postulado da isonomia" (RE 197.917, rel. Min. MAURÍCIO CORRÊA, j. 6-6-2002, *DJ*, 7-5-2004)[1700].

5. DESENVOLVIMENTO NACIONAL E JUSTIÇA SOCIAL

5.1. Justiça social

A Constituição, já no art. 3º, I, deixa claro que um dos objetivos do Brasil deve ser o de construir uma sociedade justa e solidária (*in fine*). E no *caput* do art. 170, uma vez mais, determina, já agora como uma das finalidades da ordem econômica, que o Estado assegure a todos uma vida conforme os ditames da "justiça social" (*in fine*). Também constitui objetivo da *ordem social* (art. 193) a justiça social. Não se trata, portanto, de uma pauta normativa isolada, limitada ao âmbito econômico.

Em conclusão, pode-se afirmar que "permeia a Constituição, pois, como norte em sua implementação, o objetivo maior da 'justiça social'. A própria Constituição associa-a à solidariedade, deixando certo que o conceito envolve não apenas a prevalência do social sobre o individual, como também o compromisso de uma dependência recíproca entre os indivíduos" (TAVARES, 2006).

É certo que a afirmação constitucional da justiça social impõe uma restrição ao princípio da livre iniciativa (e da liberdade em geral).

Para OSCAR DIAS CORRÊA (1991: 206), justiça social "implica melhoria das condições de repartição dos bens, diminuição das desigualdades sociais, com a ascensão

---

1700. Para decisões no mesmo sentido, consultar: RE 266.994/SP, rel. Min. Maurício Corrêa, j. 31-3-2004, *DJ*, 21-5-2004; RE 273.844/SP, rel. Min. Maurício Corrêa, j. 31-3-2004, *DJ*, 21-5-2004, p. 34; RE 274.048/SP, rel. Min. Maurício Corrêa, j. 31-3-2004, *DJ*, 21-5-2004; RE 274.384/SP, rel. Min. Maurício Corrêa, j. 31-3-2004, *DJ*, 21-5-2004, p. 34; RE 276.546/SP, rel. Min. Maurício Corrêa, j. 31-3-2004, *DJ*, 21-5-2004; RE 282.606/SP, entre outras.

das classes menos favorecidas. Não é objetivo que se alcance sem continuado esforço, que atinja a própria ordem econômica e seus beneficiários".

Deve-se aceitar, aqui, como bem observa DIMOULIS (2006: 141) a "finalidade claramente comunitarista da atividade econômica", assim como também não se pode negar que a restrição ao econômico derivada dessa cláusula é rarefeita ou, como coloca DIMOULIS (2006: 141-142), "muito abstrata e de difícil concretização", "enunciado genérico, de baixa densidade normativa", o que de forma alguma autoriza a conclusão de uma total falta de eficácia jurídica.

A justiça social, em síntese, deve ser adotada como um dos princípios de finalidade comunitarista expressos da Constituição de 1988 a interferir no contexto da ordem econômica, visando ao implemento das condições de vida de todos até um patamar de dignidade e satisfação, com o que o caráter social da justiça é-lhe intrínseco.

5.2. Desenvolvimento nacional

Os projetos de desenvolvimento implicam uma consideração acerca do sistema econômico do País e, pois, será necessário aclarar qual modelo econômico, como bem salienta PRZEWORSKI (1995: XI) será adotado a fim de promover o crescimento qualitativo. A Constituição brasileira de 1988 opta por um modelo de economia desenvolvimentista, lastreado na soberania econômica do país (art. 170, I) e no mercado interno (art. 219). Evidentemente que há, aqui, dificuldades sobre as formas de implementação dessa política econômica que, contudo, não justificam uma paralisia na busca de um modelo que melhor se aproxime do desiderato constitucional.

Neste ponto, são precisas as críticas de PAUL ORMEROD (2000: 13-14): "há muito tempo os formuladores de políticas públicas têm sido incentivados a acreditar na eficácia da lista de procedimentos que repousa no âmago da economia convencional. Faça A, B e C e a consequência será X. Mas isto apenas oferece a ilusão do controle, não o controle de fato. Precisamos mudar nossas percepções sobre o papel e o poder dos governos. Grande parte da intervenção governamental é motivada por finalidades específicas, de curto prazo, e depende fundamentalmente do conceito de que a economia e/ou a sociedade é uma máquina previsível". Trata-se, aqui, de uma crítica à teoria ortodoxa e às teorias mais afetas a uma espécie de econometria, de um mundo guiado por pressupostos mecânicos, de consequências milimetricamente previsíveis.

Na atual Constituição, é (deve ser) um dos objetivos fundamentais do Estado brasileiro "garantir o desenvolvimento nacional"[1701]. Obviamente que tal meta insere-se no contexto econômico, embora nele não se esgote, já que o desenvolvimento há de ser buscado igualmente em outras órbitas, como a social, a moral, a política e outras. Interessa aqui sublinhar o desenvolvimento do País como um dos *objetivos fundamentais* (não apenas um meio para obter outro princípio).

1701. Sobre o tema, ver a obra de Guilherme Amorim Campos da Silva, *Direito ao Desenvolvimento*, e de Gilberto Bercovici, *Desigualdades Regionais, Estado e Constituição*.

Como anotam Nogami e Passos (1994: 456): "o desenvolvimento econômico não deve ser analisado tomando-se por base os indicadores tais como o crescimento do produto global ou o crescimento do produto *per capita*. Outros indicadores, que refletem mudanças na qualidade de vida devem ser levados em conta. Como exemplo, podemos citar: analfabetismo, educação, mortalidade infantil, consumo real *per capita* etc.". Não é outra a ideia exposta por Kane e Sand, para quem crescimento não deve ser confundido com desenvolvimento, já que este "implies a chance in character or structure. It refers to a qualitative shift in resource use, labor force skills, production methods, marketing measures, income distribution and financial capital arrangements" (Kane e Sand, 10).

Nessa medida, o modelo de desenvolvimento econômico adotado, embora possa destoar da realidade material, possibilita "o aperfeiçoamento dos planos nacionais, visto como a realização sintética e esquemática dos modelos de economias nacionais, com os dados conhecidos da realidade estrutural do País, permitiu prever, com segurança aproximada, a orientação que lhe deve ser dada no futuro" (Corrêa, 1994: 31).

O desenvolvimento que se pretende só pode ser um desenvolvimento amplo. Não apenas econômico, porque este decorrerá de outras variantes. É o que Amartya Sen (2000: 28) observa: "Sem desconsiderar a importância do crescimento econômico, precisamos enxergar muito além dele". Deve se dirigir, como já apontava Oscar Dias Corrêa (1991: 206), "à melhoria das condições humanas". Ainda na esteira do pensamento sustentado por Amartya Sen (2000: 29), há de compreender o *desenvolvimento como liberdade*: "O crescimento econômico não pode sensatamente ser considerado um fim em si mesmo. O desenvolvimento tem de estar relacionado sobretudo com a melhoria da vida que levamos e das liberdades que desfrutamos".

As implicações que estão contidas no princípio do desenvolvimento nacional são extremamente relevantes no contexto brasileiro, devendo o legislador implementá-las com a celeridade que a matéria está a demandar.

Convém registrar, também na temática do desenvolvimento nacional, que a EC n. 85/2015 alterou a disciplina constitucional da ciência e tecnologia, que considero essencial quando se fala do desenvolvimento econômico e social do país. A novel disciplina constitucional introduziu o termo "inovação", que remete à ideia de realizações e projetos originais, pretendendo, ainda, aprimorar a articulação dos Estados com as instituições de pesquisa, objetivando incentivar o desenvolvimento tecnológico e científico no Brasil.

6. SOCIEDADE SEM PRECONCEITOS

Na análise do RE 217.226-1/RS, decidiu-se pela inconstitucionalidade da imposição de limite de idade, como requisito de admissão, quando irrelevante à função exercida pelo cargo, em face de sua natureza discriminatória:

"A imposição de limite de idade para inscrição em concurso público não prescinde de ter-se o critério como decorrente da função a ser exercida. Surge conflitante com o inciso XXX do art. 7º da Carta de 1988, aplicável aos servidores públicos em face da previsão do § 2º do art. 39 nela contido, a norma estadual que impõe idade-limite de 35 anos relativamente a concurso para preenchimento de cargo de fiscal de tributos estaduais (art. 20, II, da Lei 8.118/85)".

De acordo com o relator, Min. Marco Aurélio, no caso em tela, "a natureza dos serviços prestados não justifica, em si, o limite de idade interposto" (STF, *DJ*, 27-11-1998, Ementário 1.933-05).

Na análise do HC 82.424, cujo objeto era o relaxamento da prisão de editor gaúcho, autor da obra *Holocausto Judeu ou Alemão?*, ficou decidido, pela maioria, que a veiculação da obra não se encontrava albergada na liberdade de expressão, tendo-se considerado seu conteúdo como veiculando ideias antissemitas e, nessa medida, nitidamente discriminatório:

"A edição e publicação de obras escritas veiculando ideias antissemitas, que buscam resgatar e dar credibilidade à concepção racial definida pelo regime nazista, negadoras e subversoras de fatos históricos incontroversos como o holocausto, consubstanciadas na pretensa inferioridade e desqualificação do povo judeu, equivalem à incitação ao discrímen com acentuado conteúdo racista, reforçadas pelas consequências históricas dos atos em que se baseiam. (...)" (STF, rel. Min. Moreira Alves, *DJ*, 19-3-2004, Ementário 2.144-3).

Tem o STF reconhecido que os direitos e garantias individuais não possuem caráter absoluto. Isso não apenas por força do denominado postulado da convivência harmônica das liberdades, como também por força daquilo que denominou "relevante interesse público":

"Não há, no sistema constitucional brasileiro, direitos ou garantias que se revistam de caráter absoluto, mesmo porque razões de relevante interesse público ou exigências derivadas do princípio de convivência das liberdades legitimam, ainda que excepcionalmente, a adoção, por parte dos órgãos estatais, de medidas restritivas das prerrogativas individuais ou coletivas, desde que respeitados os termos estabelecidos pela própria Constituição. O estatuto constitucional das liberdades públicas, ao delinear o regime jurídico a que estas estão sujeitas — e considerado o substrato ético que as informa — permite que sobre elas incidam limitações de ordem jurídica, destinadas, de um lado, a proteger a integridade do interesse social e, de outro, a assegurar a coexistência harmoniosa das liberdades, pois nenhum direito ou garantia pode ser exercido em detrimento da ordem pública ou com desrespeito aos direitos e garantias de terceiros" (MS 23.452/RJ, rel. Min. Celso de Mello, *DJ*, 12-5-2000, Ementário 1.990-1).

Referências bibliográficas

ARENDT, Hanna. *A Condição Humana*. São Paulo: Edusp, 1981.

BELLO, José Maria. *Democracia e Antidemocracia*. Tese de Concurso à cadeira de Introdução à Ciência do Direito, da Faculdade de Direito, da Universidade do Rio de Janeiro, 1936.

BERCOVICI, Gilberto. *Desiguladades Regionais, Estado e Constituição*. São Paulo: Max Limonad, 2003.

BOBBIO, Norberto. *A Era dos Direitos*. Trad. Carlos Nelson Coutinho. Rio de Janeiro: Elsevier Editora, 2004. Tradução de: *L'Età dei Diritti*.

_____. *O Futuro da Democracia*, 4. ed. Rio de Janeiro: Paz e Terra, 1986.

_____. *Teoria do Ordenamento Jurídico*. Trad. Claudio De Cicco e Maria Celeste Cordeiro Leite dos Santos; revisão técnica por João Ferreira. São Paulo: Polis; Brasília: Ed. Universidade de Brasília, 1990. 184 p. (Tradução de: *Teoria dell'Ordinamento Giuridico*. 1982. Original em italiano. 1. reimpr.; 1. impr. 1989.)

BONAVIDES, Paulo. *Teoria Constitucional da Democracia Participativa*. São Paulo: Malheiros, 2001.

CORRÊA, Oscar Dias. *A Constituição de 1988*: Contribuição Crítica. Rio de Janeiro: Forense Universitária, 1991.

_____. *O Sistema Político-Econômico do Futuro:* o Societarismo: Liberalismo, Comunismo, Marxismo, Coletivismo, Socialismo, Solidarismo, Socialismo liberal, Capitalismo, Neoliberalismo, Liberalismo Social. Rio de Janeiro: Forense Universitária, 1994.

DALLARI, Dalmo de Abreu. *O que é Participação Política*. Coleção Primeiros Passos, n. 2, São Paulo, Abril Cultural/Brasiliense, 1984.

DIMOULIS, Dimitri. *In*: SABADELL, Ana Lucia, DIMOULIS, Dimitri, MINHOTO, Laurindo. *Direito Social, Regulação Econômica e Crise do Estado*. Rio de Janeiro: Revan, 2006.

GIANNOTTI, José Arthur. Estado *versus* Sociedade Civil. In *Revista de Serviço Público*, Brasília, 45 (3): 129-36, set./dez. 1994.

KANE, Matt; SAND, Peggy. *Economic Development:* What Works at the Local Level. Washington: National League of Cities, 1988.

LOEWENSTEIN, Karl. *Teoría de la Constitucion*, 2. ed. Barcelona: Ediciones Ariel, 1970.

NOGAMI, Otto; PASSOS, Carlos Roberto Martins. *Fundamentos de Economia*. São Paulo: Terra Editora, 1994.

ORMEROD, Paul. *O Efeito Borboleta*: *Uma Fascinante Introdução à Economia do Século XXI: as causas e os erros sistemáticos das previsões econômicas*. Tradução de *Butterfly Economics*, 1998. Rio de Janeiro: Campus, 2000.

MAGALHÃES, José Luiz Quadros de. Os Direitos Políticos. In*: Revista de Informação Legislativa*, Brasília, 1992, out./dez., ano 29, n. 116, p. 39-78.

MALBERG, R. Carré de. *Teoría General del Estado*. México: Fondo de Cultura Económica, 2001.

MIRANDA, Pontes de. *Democracia, Liberdade, Igualdade (os três caminhos)*. São Paulo: Saraiva, 1979.

MOREIRA NETO, Diogo de Figueiredo. *Direito da Participação Política*. Rio de Janeiro: Renovar, 1992.

PINSKY, Jaime (org.). *Práticas de Cidadania*. São Paulo: Contexto, 2004.

PIOVESAN, Flávia. *Temas de Direitos Humanos*. 2. ed. São Paulo: Max Limonad, 2003.

_____. *Direitos Humanos e o Direito Constitucional Internacional*. 7. ed. São Paulo: Saraiva, 2006.

PRZEWORSKI, Adam. *Democracia y Mercado:* Reformas Políticas y Económicas en la Europa del Este y América Latina. Tradução de Mireia Bofill Abelló. Cambridge: Cambridge University Press, 1995. Tradução de *Democracy and the market: Political and economic reforms in Eastern and Latin America*.

QUEIROZ, Cristina M. M. *Os Actos Políticos no Estado de Direito*. Coimbra: Almedina.

REALE, Miguel. A Democracia à Véspera do Século XXI. In: *Brasil Século XXI*. São Paulo: FAAP, 1986.

SEN, Amartya. *Desenvolvimento como Liberdade*. Tradução de Laura Teixeira Motta. Revisão de Ricardo Doninelli Mendes. São Paulo: Companhia das Letras, 2000.

TAVARES, André Ramos. Democracia Deliberativa: Elementos, Aplicações e Implicações. *Revista Brasileira de Estudos Constitucionais*, Belo Horizonte, ano 1, n. 1, p. 79-103, jan./mar. 2007.

_____. Democracia e Exercício do Poder: Apontamentos Sobre a Participação Política. *Revista Brasileira de Direito Constitucional*. São Paulo, ano 2, n. 3, p. 351-378, jan./jul. 2004.

_____. *Direito Constitucional Econômico*. São Paulo: Método, 2006.

TELLES JUNIOR, Goffredo. *O Povo e o Poder*. São Paulo: Malheiros, 2003.

Capítulo XL

ESTADO: SOBERANIA E PERSPECTIVAS

1. A POLÊMICA ACERCA DA SOBERANIA ESTATAL

Os blocos regionais que se implementam, na atualidade, como a Comunidade Econômica Europeia e o Mercosul, reacendem as discussões em torno da noção de soberania estatal.

REGIS FERNANDES DE OLIVEIRA lembra que "Nenhum Estado vive no isolamento. No conglomerado das nações, é fundamental que os Estados interajam, que troquem conhecimentos, mercadorias, informações, valores, etc. O interagir compõe a dimensão dos países no mundo de hoje"[1702].

De pronto, é preciso enfrentar verdadeiros "tabus" que foram se conformando sem as devidas demonstrações mesmo na área científica. A soberania não pode ser encarada como elemento perigoso, cujo manuseio pode levar à desgraça de uma nação. Afinal, a integração econômica é imprescindível, e para ela há de convergir a soberana vontade de qualquer Estado[1703]. Na realidade, o fenômeno da integração comunitária dos Estados só foi possível graças ao fato de os Estados concordarem em compartilhar suas soberanias[1704].

É preciso estabelecer a diferença, contudo, entre nação e Estado. Para a maioria dos autores, nação designa o agrupamento de pessoas unidas com uma finalidade comum, independentemente da existência de um Estado. A nação, assim, seria um fato sociológico. Nesse sentido, admite-se a nação sem o correspondente Estado, como no caso da nação polonesa, desmembrada, no passado, entre os Estados da Áustria, Prússia e Rússia, e, até mesmo, o Estado composto de várias nações, como foi o caso do antigo império Austro-Húngaro. De outra parte, contudo, podem coincidir a nação e o Estado

---

1702. Regis Fernandes de Oliveira, Princípios Gerais de Direito Comunitário, in *O Direito Internacional no Terceiro Milênio*, p. 233.

1703. Heber, Arbuet-Vignali, Heber, Soberanía e Integración — Conceptos Opuestos o Complementarios?, in *Temas de Integração com Enfoques no Mercosul*, v. 1, p. 84 e 85.

1704. Nesse sentido: "Atualmente, na União Europeia, o que existe é uma compartilhação das soberanias dos Estados membros. Isto implicou, no momento considerado oportuno, na cessão de parcelas de soberania dos estados aos órgãos comunitários supranacionais. A soberania compartilhada exprime um desejo e um anseio dos próprios Estados-membros e a parte desta cedida ao órgão supranacional refletiu as vontades soberanas das nações, após dezenas de *referenduns* e consultas populares" (Celso Ribeiro Bastos e Cláudio Finkelstein, A Institucionalização do Mercosul e a Harmonização das Normas, in *Mercosul: Lições do Período de Transitoriedade*, p. 16).

707

e, quando isso ocorre, como afirma ALBERTO AMERICANO, "(...) a nação nada mais é do que um aspecto do estado — o estado encarado sob o aspecto pessoal"[1705].

Sobre a soberania, um dos elementos objetivos do Estado, como muito bem ponderou SANTI ROMANO, trata-se de um dos mais obscuros e controvertidos conceitos[1706].

Sua primeira abordagem científica deu-se na obra *Les Six Livres de la République*, de JEAN BODIN, que remonta a 1576.

A noção certamente mais difundida foi captada por LÉON DUGUIT. Segundo esse ilustre autor, a doutrina preponderante entende soberania como "el poder de mando conferido al Estado (...) o en el derecho de dar órdenes *incondicionadas* a todos cuantos individuos se encuentran en su territorio"[1707]. Ou, ainda, nas palavras de um dos representantes dessa corrente, M. ESMEIN: "Lo que constituye en derecho una nación es la existencia, en una sociedad humana, de una autoridad superior a las voluntades individuales. Esta autoridad, que no reconece, naturalmente, poder alguno superior o concurrente en cuanto a las relaciones que regula, se llama de soberanía"[1708].

Nessa mesma ordem de considerações, GIORGIO DEL VECCHIO assinala, com relação ao Estado, que "(...) a soberania está implícita em sua própria natureza"[1709].

MACHADO PAUPÉRIO também expõe essa noção, referindo-se a um significado vulgar de soberania como o poder incontrastável do Estado, acima do qual nenhum outro existe[1710].

Assim, dois são os elementos fundamentais na noção tradicional de soberania: a independência na ordem internacional e a supremacia na ordem interna.

Continua MACHADO PAUPÉRIO: "A vontade do Estado soberano *não depende de nenhuma outra vontade*. É a vontade suprema, garantida, se necessário, pela fôrça coatora de que dispõe, pela própria natureza, a entidade estatal"[1711]. Mas conclui o ilustre autor, em lição primorosa para os dias atuais, quando tanto se fala em globalização: "Que se edifique o Direito do futuro voltado para os supremos interêsses da Humanidade sem nos esquecermos, contudo, das competências particulares, mas nem por isso menos respeitáveis, dos grupos que integram a comunidade internacional.

"Só assim teremos humanizado o conceito, por excelência, do Direito Público: o da soberania"[1712].

Vale lembrar, ainda, a posição defendida por LÉON DUGUIT, que se enquadra naquilo que se convenciona denominar teoria negativista da doutrina, concepção segundo a qual a soberania não passa de uma ideia abstratamente concebida. Assim, segundo esse autor, o que há é a crença na soberania, que atualmente se encontraria em declínio.

1705. Alberto Americano, *Ensaio sobre o Conceito de Nação*, São Paulo, 1945, p. 19 (tese de concurso à livre-docência em Teoria Geral do Estado na Faculdade de Direito da Universidade de São Paulo).

1706. Santi Romano, *Princípios de Direito Constitucional Geral*, p. 58.

1707. Léon Duguit, *Manual de Derecho Constitucional*, p. 80 — grifos do original.

1708. M. Esmein, *Derecho Constitucional*, 6. ed., M. J. Barthélemy, 1914, p. 1 (apud Léon Duguit, *Manual de Derecho Constitucional*, p. 80).

1709. Giorgio Del Vecchio, *Teoria do Estado*, p. 39.

1710. Machado Paupério, *O Conceito Polêmico de Soberania*, p. 9.

1711. *O Conceito Polêmico de Soberania*, p. 11 (grafia do original; não grifado no original).

1712. *O Conceito Polêmico de Soberania*, p. 186.

MARITAIN enfrenta o problema da soberania posicionando-se pela necessidade de sua superação, falando ainda de uma "amoralidade" do Estado moderno[1713]. Realmente, há aquela necessidade de voltar a atenção para os supremos interesses da Humanidade, de que fala MACHADO PAUPÉRIO, não glorificando um conceito essencialmente abstrato como o de soberania, tal como demonstrado por DUGUIT.

Também CELSO BASTOS pondera, com muita precisão: "À pergunta que formulamos de se o termo soberania ainda é útil para qualificar o poder do Estado, deve ser dada uma resposta condicionada. Estará caduco o conceito se por ele entendermos uma quantidade certa de poder que não possa sofrer contraste ou restrição. Será termo atual se com ele estivermos significando uma qualidade ou atributo da ordem jurídica estatal"[1714].

Neste passo, e ainda segundo REGIS FERNANDES DE OLIVEIRA, acentua-se que a soberania já não possui a mesma força vital que lhe era dirigida em épocas passadas. Isto porque: "entende-se atualmente que a soberania não é um poder absoluto nem ilimitado. Tampouco essencial à definição de Estado, como queria Bodin"[1715].

E como ensina REINHOLD ZIPPELIUS[1716], a soberania só cessa quando o Estado perde o poder de decisão. E isso não está longe de ocorrer, no momento presente. Apenas que há de se desvendar o caminho que esse poder irá trilhar até se alojar e criar uma outra instância decisória, um outro centro de comando, que tanto pode ser decorrente de uma comunidade de estados como de um estado global, já agora num futuro mais longínquo.

2. AS PERSPECTIVAS DE EVOLUÇÃO DO ESTADO

Muitos têm sido os autores que se preocuparam com o futuro do Estado. Neste campo, duas são as indagações comumente formuladas. Em primeiro, procura-se saber em que sentido o conceito de "Estado" tende a se desenvolver, ou seja, busca-se traçar o perfil do Estado para o próximo século. Mas, numa segunda linha de preocupações, encara-se a possibilidade de o Estado simplesmente não ter futuro algum, ou seja, do surgimento de um mundo sem Estado algum. É o que se analisará doravante.

Primeiro, tratar-se-á de abordar um mundo composto pelo que se denomina Estados-continentais. A seguir, será dado enfoque ao já mencionado Estado mundial para, finalmente, estudar-se a possibilidade de um mundo sem Estados.

A base científica dessas especulações está centrada na própria natureza histórica do Estado, sublinhada por inúmeros autores. Assim, a própria soberania não passa de um conceito histórico. Como enfatiza PAULO BONAVIDES, "A soberania surge apenas

---

1713. Jacques Maritain, *El Hombre y el Estado*, Buenos Aires, Guillermo Kraft Editora, 1952, p. 213 e s. (apud Dalmo de Abreu Dallari, *O Futuro do Estado*, p. 87).

1714. Celso Ribeiro Bastos, *Curso de Teoria Geral do Estado e Ciência Política*, 3. ed., p. 27.

1715. Regis Fernandes de Oliveira, *Princípios Gerais de Direito Comunitário*, in *O Direito Internacional no Terceiro Milênio*, p. 237.

1716. Reinhold Zippelius, *Teoria Geral do Estado*, p. 68.

709

com o advento do Estado moderno, sem que nada por outra parte possa lhe assegurar, de futuro, a continuidade"[1717].

Ademais, a realidade integracionista faz parte até do próprio conjunto normativo constitucional brasileiro, que dita a sua implementação por parte do Estado nacional.

A noção de soberania, acima delineada, serve de amparo para que se possa adentrar esta intrincada problemática da evolução do Estado. Fica muito claro que qualquer das possibilidades mencionadas esbarra no problema da soberania estatal das diversas nações da atualidade.

O objetivo está em traçar os contornos possíveis do Estado com o surgimento de um novo milênio, tendo por base os fatos e as diretrizes verificadas a partir das recentes mudanças sociopolíticas experimentadas pela comunidade mundial.

Fica claro, portanto, que não se analisará, nesta parte da obra, o aspecto "interno" do problema do Estado, vale dizer, o delineamento de suas funções e os limites de sua atividade. É certo, contudo, que esse é um problema capital, cujos desdobramentos são mais imediatos do que aqueles que o enfoque "externo" propicia. Merecem, pois, atenção à parte, em título próprio.

Por fim, mas como fonte científica de grande importância, há de se mencionar, aqui, o estudo de DALMO DE ABREU DALLARI, realizado para concurso a professor titular da Faculdade de Direito da Universidade de São Paulo[1718]. Nele, o mestre arrola quatro teorias sobre o futuro do Estado, a saber, o Estado Mundial, o Mundo sem Estados, um Mundo de Super-Estados e, finalmente, Múltiplos Estados do Bem-estar. Não há qualquer insinuação sobre a consideração dessas teorias como possíveis estágios de evolução. Opta-se, aqui, por um enfoque diverso, sem descurar de preciosos ensinamentos expostos pelo insigne autor. Não há, portanto, correspondência absoluta entre as teorias mencionadas por DALLARI e os estágios aqui referidos.

2.1. Estados continentais

É preciso advertir, desde logo, que a união de Estados não ocorrerá em virtude de mera proposição acadêmica. Os Estados de hoje, formados através de uma longa e lenta evolução histórica, só deixarão de existir como tais pelo surgimento de novas realidades que tornem imprescindível uma transformação profunda da noção atual de Estado soberano.

Assim é que, no passado, as uniões entre Estados diversos estavam regidas, basicamente, pelo poder de uma nação de dominar as demais. Tratava-se, pois, de elo extremamente frágil para a construção de qualquer bloco de Estados de caráter continental (ou regional). Era este, basicamente, o sistema soviético de união de Estados. Seu desmoronamento em época recente bem demonstra a precariedade de uniões dessa índole, que apenas buscavam assegurar e demonstrar supremacia bélica em relação às demais nações.

1717. Paulo Bonavides, *Ciência Política*, 5. ed., p. 129-43.
1718. Publicado, sob o título *O Futuro do Estado*, pela Editora Moderna, em 1980.

Outra forma de alcançar uniões estatais poderia ser obtida a partir do elemento religioso. Diversos esforços empreendidos nesse sentido, principalmente pela religião cristã, jamais alcançaram êxito. A união de Estados árabes, com a criação de uma "República Árabe Unida", baseada em suas leis religiosas comuns, também falhou.

Ocorre que o fenômeno econômico tornou viável o agrupamento de Estados, que já agora contam com um objetivo comum, verdadeiro propulsor dos avanços neste campo. Assim é que a crescente inviabilidade econômica de os Estados menores sobreviverem no mundo torna os fenômenos de integração uma realidade desejável e possível. O fator econômico guia essa transformação, tornando-a juridicamente factível.

DALMO DALLARI, abordando o tema, sintetiza as doutrinas construídas nesse sentido, formulando "duas ideias fundamentais: ou se daria a redução do número de Estados por sua concentração em blocos políticos, ou seriam constituídas algumas grandes federações"[1719].

A integração em blocos políticos era uma ideia forjada sob o conceito de soberania, que se manteria pela mera criação de alianças entre os diversos Estados. Essa teoria foi incrivelmente desenvolvida na época da divisão bipolar do mundo, marcado pela superioridade militar de dois Estados, alinhando-se os demais ou a um ou ao outro, o que se considerava inevitável. Contudo, logo os Estados mais fracos notaram que o seu alinhamento a uma das potências interessava mais a esta do que a si mesmos. Desenhou-se, então, uma situação diversa no cenário mundial, com o não alinhamento a esse dualismo do que se denominou países do Terceiro Mundo, muitos deles fundados em ditaduras ou em sistemas que não chegavam a ser puramente capitalistas, sem, por isso, apresentar cunho socialista. O caráter essencialmente militarista que norteava as associações (ou alinhamento) entre os países impediu qualquer progresso no sentido de se constituir um Estado verdadeiramente supranacional. HENRY KISSINGER[1720] muito bem indicou o caráter precário e inflexível daquela bipolaridade.

Só mais recentemente é que toma corpo a ideia da união de vários Estados em um único Estado, de caráter supranacional, inclusive com a criação de uma única Constituição, com objetivos econômicos e políticos, e com base numa cultura comum. E é na Europa que se vai encontrar o caso mais próximo de atingir essa meta.

Mas, para lançar uma Constituição comum a diversos Estados, e, com ela, instituir uma organização política suprema, é preciso unir, de alguma forma, os atuais Estados. No dizer de HEBER ARBUET VIGNALI, "a continuar aprofundando-se este tipo de aproximações, pode chegar-se a que os Estados que compõem o grupo, por uma decisão soberana de cada um e de todos eles, resolvam submeter-se a autoridades comuns, renunciando à sua soberania individual, e constituir-se em um novo Estado soberano que os reúna; neste suposto é que aqueles perderão a soberania como atributo jurídico no campo internacional, desaparecendo com ela os distintos Estados independentes para que surja um novo que assumirá a qualidade de novo sujeito do Direito Internacional"[1721].

1719. Dalmo de Abreu Dallari, *O Futuro do Estado*, p. 116.

1720. Henry Kissinger, *A Política Externa Americana*, 1969, *passim*.

1721. Heber Arbuet-Vignali, O Atributo da Soberania, in *Estudos da Integração*, v. 9, p. 54.

Duas são, como se sabe, as clássicas fórmulas teóricas forjadas para entrelaçar diversos Estados. De uma parte, há o modelo dos Estados confederados, e, de outra, o modelo federal. No modelo dualista de blocos simplesmente não havia qualquer referência a uma possível integração, seja federativa ou confederativa, embora propendesse mais para esta última espécie. É que, como observado, o sistema não pôde evoluir em qualquer sentido, dada a precariedade de seu elemento aglutinador.

No momento atual, a caminhada europeia parece assinalar uma nova e forte tendência, a ser seguida mundialmente. Fica sepultada no passado a declaração de CHARLES DE GAULLE de que "a Europa só poderia ser uma adição de Estados, nunca uma fusão num único e novo Estado"[1722].

Na confederação cada Estado integrante da união mantém íntegra sua soberania. Dessa forma, não há como pensar numa Constituição como o documento supremo da confederação. Os Estados, neste modelo, organizam-se em torno de tratados, celebrados entre as partes envolvidas, numa espécie de cooperação.

Tudo se passa de maneira diversa na federação. Aqui, os Estados se agrupam em torno de um documento comum, a Constituição, atuando cada qual de maneira integrada, e não por meio de mera cooperação intergovernamental.

Na União Europeia assiste-se a uma realidade *sui generis*, já que há uma mescla de elementos federativos e confederativos. Com relação às instituições existentes, por exemplo, tem-se que o Conselho atende à doutrina confederativa, ao passo que o Parlamento e a Comissão respondem ao sistema federal.

Da mesma forma, tem-se que a própria União (europeia) em si tanto exerce competências próprias de um sistema federativo como também atua, em determinadas áreas, de acordo com o princípio da cooperação intergovernamental (confederação).

Isso tanto pode ser considerado uma fase intermediária, como querem alguns, do que seria o verdadeiro ponto de chegada, vale dizer, o surgimento de uma verdadeira e plena federação de Estados, como pode ser também uma fórmula mista que permanecerá, embora necessite, ainda, de muitos arranjos em sua estrutura.

Neste ponto, vale uma análise do modelo europeu atual. Quanto aos seus órgãos, há de se ressaltar o Conselho, a Comissão e o Parlamento. O Conselho, do ponto de vista das funções exercidas, é o órgão central da União, com poderes legislativos e de execução. A Comissão tem como função apresentar propostas, e, por fim, o Parlamento, é órgão direcionado à consulta.

Isso está explicado, em parte, pela história da União Europeia. É que, como qualquer União, principiou por cooperação intergovernamental. Assim, até hoje persiste o Conselho, que representa os diversos Estados, na posição de órgão supremo da União. É o Parlamento que, por ser eleito pelo sufrágio universal, em princípio, representa o povo europeu, poder que se exercita, portanto, tal como ocorre no federalismo.

Desse sintético panorama traçado percebe-se, de imediato, que não é definitiva a atual estrutura da União Europeia, embora com isso não se esteja assumindo uma po-

---

1722. Apud Dalmo de Abreu Dallari, *O Futuro do Estado*, p. 129.

sição no sentido de que ela deva evoluir necessariamente para um sistema federativo puro. É que, independentemente disso, é sentida a necessidade, pela maioria dos estudiosos, de fazer com que o poder exercido no bojo da União Europeia seja mais democrático, o que implica dizer que os poderes devem ser, todos eles, resultado de uma escolha popular, democrática, e não decorrentes de um procedimento decisório intergovernamental. Por outro lado, é patente a necessidade de repartir poderes que se acumulam indesejavelmente em um único órgão comunitário, como ocorre com o atual Conselho. Também é preciso democratizar o processo interno de tomada de decisões[1723].

Um grande passo já foi dado para ultrapassar a mera união confederativa, uma vez que a exigência de unanimidade para a tomada das decisões foi, em muitas matérias, substituída pela necessidade de simples maioria qualificada. Isso representa um avanço significativo, pois o poder de veto que cada um dos Estados possuía fica eliminado, em prol de um sistema mais federativo do que confederativo.

Esteja a União Europeia caminhando no sentido de uma federação pura ou de uma organização cujo poder está mesclado por elementos tanto confederativos como federativos, a verdade é que a União não é um ente típico de direito internacional, como mera organização internacional, tampouco pode ser considerada uma organização política completa, ou seja, um Estado propriamente dito.

Neste exato ponto passa a ser necessário trazer à baila a noção de supranacionalidade. Esta determina o nascimento de um poder político superior aos Estados, resultante da transferência de seus poderes originários. Portanto, o poder supranacional, como não poderia deixar de ser, apresenta-se, no momento em que é criado, como hierarquicamente superior ao poder pertencente aos Estados que o elaboraram, por decorrência da transferência que é feita. Abandona-se, aqui, a ideia tradicional, que rege o Direito internacional, de coordenação, num mesmo nível, de diversas soberanias. Continua a haver coordenação, só que em nível superior àquele representado pelas soberanias originariamente estabelecidas.

O essencial, neste processo de poder supranacional, é que os Estados-membros não tenham o poder de revogar discricionariamente a transferência já efetuada, ou seja, é necessário que fique vedada a repatriação desses poderes já outorgados.

2.2. Estado mundial

A ideia de um Estado mundial remonta à concepção dos impérios universais da Antiguidade, como o caso do romano.

1723. São muito certeiras as declarações da comissária europeia Emma Bonino, divulgadas pelo jornal *El País*, em abril de 1995: "Las decisiones políticas ya no pueden ser nacionales, o só nacionales. Los ciudadanos pensarán que el Estado puede y debe ceder competencias si las organizaciones transnacionales que las reciben son transparentes y democráticas: un Parlamento Europeo con poderes como los de los nacionales; un Gobierno responsable; un presidente de la Unión. Las opiniones públicas están un poco recelosas porque no está claro quién gestionará una competencia. No saben nunca quién toma una decisión concreta en Bruselas, si la Comisión, el Consejo..., mientras que en España saben que, bién o mal, es Felipe González, y que si quieren pueden cambiarlo. A nivel europeo no está claro. Y deve aclararse" (*Apud* Francesc de Carreras Serra, Por una Constitución Europea, in *Derechos Humanos y Constitucionalismo ante el Tercer Milenio*, p. 225).

713

Mas, naquela era, a concepção universal baseava-se, fundamentalmente, no uso da força, vale dizer, diversas sociedades mais fracas eram subjugadas pelo poderio dos grandes Impérios. Não havia qualquer objetivo de integração entre os povos, mas, antes, uma verdadeira separação, entre opressores e oprimidos. Houve, contudo, uma tentativa integradora, sendo o Edito de Caracala, do ano de 212, um dos pontos mais importantes nesse sentido. É que, por meio desse edito, concedeu-se cidadania romana a todos os homens livres que habitassem nos limites do Império.

Mas não é só. O Estado mundial também encontra respaldo na doutrina religiosa cristã, que prega a submissão de todos a uma lei superior, única e universal. A ideia, simples porém de proporções infinitas, era a seguinte: pregando a conversão de toda a humanidade ao cristianismo, e pressupondo que todos deveriam obediência às leis universais, e a um único chefe, a conclusão é mais do que óbvia: o mundo estaria, em breve, unido em uma só voz, obediente a uma só lei, que só poderia ser a lei cristã.

Essas duas situações históricas, contudo, embora convergentes, desencadeariam uma série de conflitos, envolvendo a Igreja, de um lado, e o Império Romano, de outro.

A tentativa de HITLER também pode ser aqui mencionada, no seu empenho de conquista universal, de domínio baseado na hegemonia.

Também é mencionado o final da Segunda Guerra Mundial como ponto crítico da humanidade na busca da eliminação dos Estados nacionais, considerados fonte de toda a discórdia da qual se originou a Grande Guerra.

A criação da Organização das Nações Unidas parecia indicar uma tendência para o surgimento de um Estado planetário. Chegou-se a encarregar uma comissão, na Universidade de Chicago, da missão de elaborar um projeto de Constituição Mundial[1724].

A obra geralmente consultada e mencionada a esse respeito é a de DANTE ALIGHIERI, *Da Monarquia*, indicada como "a principal construção teórica sobre a matéria"[1725]. DANTE defendia a ideia de uma organização política mundial, de ordem temporal e não espiritual.

HANS KELSEN admite em termos a concepção de um Estado mundial. Segundo o grande pensador de Viena, para tanto seria necessário o reconhecimento da supremacia do Direito internacional. O Estado mundial seria expressão de uma unidade do Direito, decorrente do reconhecimento da superioridade do Direito internacional por cada esfera política nacional, que, nesses termos, estaria abrindo mão de sua soberania.

HERMANN HELLER também menciona a criação de um Estado mundial, só que considera imprescindível, para tanto, a transferência para esse novel Estado das notas que atualmente o caracterizam apenas no nível das diversas nações. Ao contrário de Kelsen, pois, não admite como suficiente a mera superioridade do Direito internacional.

Também DEL VECCHIO aborda o tema, aduzindo que o Estado mundial se impõe ao gênero humano pelo vestígio que este tem, em si mesmo, de um único espírito.

1724. Dalmo de Abreu Dallari, *O Futuro do Estado*, p. 85.
1725. Dalmo de Abreu Dallari, *O Futuro do Estado*, p. 81.

Há ainda quem considere mais provável o surgimento de uma unidade federativa mundial do que a criação de vários Estados-continentais, como FRANCIS GÉRARD[1726].

Alguns autores, como SAMPAIO DÓRIA, mencionam um Estado mundial e indicam, para tanto, a forma confederativa, ou a forma de liga de nações, e cujo objetivo precípuo seria a manutenção da paz mundial[1727].

Não obstante todas essas construções teóricas, o surgimento de um Estado mundial tem sido considerado sem amparo fático. Esclarece DALMO DE ABREU DALLARI que "não pode ser apontado atualmente como tendência identificável na realidade, não constituindo, portanto, um futurível do Estado"[1728].

De outra parte, adverte LOURIVAL VILANOVA que o conceito de Estado e poder soberano é, necessariamente, um conceito relativo. Nesse sentido, não se pode falar em soberania quando ela é única. Assim, não se poderia denominar "Estado" a organização do poder político único, mundial.

Contudo, embora seja oportuna a observação de VILANOVA, no sentido de que essa nova estruturação do poder político, no caso de um Estado mundial, não deva receber a denominação de "Estado", é importante não confundir tal situação, em que efetivamente há uma estrutura de poder sobre a sociedade, daquela outra decorrente da eliminação dos Estados, das sociedades com formas de autogestão social que prescindem de um poder estatal.

Talvez o surgimento de um Estado mundial, com toda a integração que este pode promover, gere, mais adiante, a perspectiva de que o Estado pode ser eliminado, bastando um sistema preciso de coordenação da própria sociedade. Como assinala DALLARI, com apoio em O. KUUSINEN: "Não se deve confundir, entretanto, a extinção do Estado com a inexistência de qualquer órgão de direção. A necessidade de dirigir a produção social e alguns outros encargos de interesse social continuarão a existir, mas eles já não serão de responsabilidade do Estado, devendo ser entregues à autogestão social"[1729].

Na verdade, neste ponto, misturam-se considerações tanto de ordem "externa" sobre o Estado quanto de ordem "interna" deste, ou seja, no que diz respeito às suas funções e atividades. Portanto, o que indica a possibilidade de um mundo sem Estados é não apenas o surgimento e o desaparecimento de um Estado mundial, mas igualmente a transformação interna que os Estados estão sofrendo, numa situação em que surgem entidades que sugam do Estado suas forças e suas atividades, como ocorre com as fundações, com as organizações não governamentais e, mais modernamente, com as organizações sociais e agências executivas. Também o processo intenso e de caráter mundial das privatizações acentua a tendência à minimização do Estado. É o que se passa a analisar mais detidamente.

1726. Francis Gérard, *Vers l'Unité Fédérale du Monde*, Paris: Herder Ed., 1965 (apud Dalmo de Abreu Dallari, *O Futuro do Estado*, p. 129).

1727. A. de Sampaio Dória, *O Império do Mundo e as Nações Unidas*, São Paulo: Max Limonad, 1962, p. 85 (apud Dalmo de Abreu Dallari, *O Futuro do Estado*, p. 89).

1728. Dalmo de Abreu Dallari, *O Futuro do Estado*, p. 92.

1729. Dalmo de Abreu Dallari, *O Futuro do Estado*, p. 105-6.

2.3. Governo mundial sem Estados

A ideia de um mundo em que o Estado é abolido obteve forte teorização por parte dos denominados anarquistas, cujos principais representantes foram os seguidores do marxismo-leninismo.

ENGELS publica, em 1880, sua obra *Do Socialismo Utópico ao Socialismo Científico*, acentuando que a tendência do Estado não é a de ser abolido, mas sim a de extinguir-se. Em outra obra sua, publicada em 1884, *A Origem da Família, da Propriedade Privada e do Estado*, ENGELS retoma a ideia, desta sorte para deixar claro que o Estado não nasceu com a sociedade humana, mas sim em determinado estágio desta, tendo havido, pois, sociedades que se desenvolveram sem a ideia de Estado. Para o autor, a divisão da sociedade em classes sociais de acordo com sua situação econômica é que determinou a formação do Estado, como forma de assegurar a divisão estabelecida.

Também LENIN, após a tomada do poder na Rússia, assinala, em sua obra *O Estado e a Revolução*, que o Estado continuará existindo apenas como meio de reeducar a todos para o momento de sua própria extinção. A mesma ideia é retomada em outra obra, *Acerca do Estado*, cuja conferência que lhe deu origem fora proferida em 1919.

Mas havia uma questão com o qual a teoria abstrata do comunismo não havia se preocupado. Era o problema da ordem internacional, que impedia o desaparecimento do Estado socialista, dado o cerco capitalista. Assim é que STALIN propugnou a continuidade do Estado soviético enquanto perdurasse o cerco internacional de Estados capitalistas. Logo se percebeu que o Estado só poderia desaparecer se fosse dentro de uma operação de nível mundial.

De qualquer forma, a doutrina anarquista, que também encontrava respaldo na religião cristã, acabou sendo afastada. Concorreu para isso o perecimento do próprio socialismo, cujo objetivo último era o desaparecimento do Estado.

É por isso que, embora seja importante conhecer as construções teóricas daí resultantes, jamais se demonstraria, a partir delas, qualquer tendência à superação do Estado, tendo em vista o desaparecimento quase completo dos ideais comunistas que levavam a essa concepção.

Neste ponto, importa não abandonar simplesmente a ideia de um mundo sem Estados. É que, como já se indicou linhas atrás, a transformação em nível internacional somada à transformação interna dos Estados tem levado alguns teóricos a assinalar a possibilidade da extinção do Estado em função de mudanças na própria natureza deste. Assim, da mesma forma que o surgimento de determinadas condições históricas assegurou a criação do Estado, a evolução dessas condições poderá indicar seu desaparecimento.

Essa corrente identifica o surgimento do Estado após a Idade Média, sugerindo-se a assinatura do tratado de Westfália, no ano de 1648, como a data a partir da qual se pode falar numa organização política denominada Estado, tal como hoje concebida.

Nesse sentido é que se posiciona, dentre outros, BALLADORI PALLIERI. Para este e outros autores, o Estado desaparecerá porque, em seu lugar, surgirão outras fórmulas de organização do poder político mais consentâneas com o mundo atual.

Não se pode deixar de assinalar, aqui, um ponto de contato com a doutrina anarquista. É que em ambas as correntes há a ideia central de que o Estado nem sempre existiu, não sendo, nessa medida, uma instituição necessária à continuidade da sociedade.

Ataliba Nogueira[1730] segue integralmente esta última proposição apresentada, chegando a identificar o que seriam alguns sintomas da dissolução do Estado, tanto em nível interno quanto externo. Assim, no âmbito externo, aponta a existência de um grande número de organismos internacionais que fazem as vezes de um verdadeiro Estado mundial, embora em âmbito estritamente reservado. Do ponto de vista interno, aponta a influência de vários grupos sociais, que atuam ao lado do Estado.

Há autores que vislumbram aqui apenas um indício de transformação do Estado, um aperfeiçoamento do sistema. Criticam, pois, essa posição, por entenderem que se trata apenas de um problema terminológico, que pretende outra denominação às novas formas de organização do poder político.

Contudo, parece que as modernas organizações sociais, longe de pressuporem o Estado, atuam exatamente onde o Estado inexiste, ou deixa de atuar, por motivos os mais diversos. São clarões, criados pelo Estado, mas que deixam uma vasta população carente de determinados elementos. Basta pensar, no caso brasileiro, nas populações carentes que habitam nos morros cariocas, simplesmente esquecidas pelos governos, e que se encontram, atualmente, sob a administração de narcotraficantes e bicheiros. É um verdadeiro "Estado paralelo", com leis próprias, sistema de saúde, alimentação, educação e proteção concebidos pelos próprios chefes do crime organizado.

Mas, voltando às organizações sociais, tem-se que a tendência é a de enfraquecerem os Estados, retirando poderes destes, e funções que passam a ser exercidas dentro de seu próprio âmbito de atuação. Não se limitam a simplesmente complementar a atuação estatal. Pretendem mesmo encarnar várias de suas funções, chamando a si a responsabilidade por inúmeras tarefas, com suficiente respaldo jurídico, inclusive na obtenção de recursos da comunidade.

Também sob o ângulo externo, grandes passos têm sido dados. Basta trazer à colação a polêmica em torno de uma Corte Penal Internacional para julgar crimes que violem os direitos humanos, abordada nesta obra em tópico apartado, e que representa um sinal de que os poderes soberanamente absolutos dos Estados não poderão permanecer incólumes.

Referências bibliográficas

AMERICANO, Alberto. *Ensaio sobre o Conceito de Nação*. São Paulo, 1945 (tese de concurso à livre-docência em Teoria Geral do Estado na Faculdade de Direito da Universidade de São Paulo).

1730. Ataliba Nogueira, *Revista da Faculdade de Direito*, 1971, v. 66, p. 25-44.

ARBUET-VIGNALI, Heber. Soberanía e Integración — ¿Conceptos Opuestos o Complementarios?. In: *Temas de Integração com Enfoques no Mercosul*. Coord. Carlos Alberto Gomes. São Paulo: LTr, 1997. v. 1.

_____. O Atributo da Soberania. In: *Estudos da Integração*. Brasília: Senado Federal, 1996, v. 9.

BASTOS, Celso Ribeiro. *Curso de Teoria Geral do Estado e Ciência Política*. 3. ed. São Paulo: Saraiva, 1995.

BASTOS, Celso Ribeiro; FINKELSTEIN, Cláudio. A Institucionalização do Mercosul e a Harmonia das Normas. In: *Mercosul: Lições do Período de Transitoriedade*. São Paulo: Instituto Brasileiro de Direito Constitucional, 1998.

BONAVIDES, Paulo. *Ciência Política*. 5. ed. Rio de Janeiro: Forense, 1983.

DALLARI, Dalmo de Abreu. *O Futuro do Estado*. São Paulo: Moderna, 1972.

DEL VECCHIO, Giorgio. *Teoria do Estado*. Tradução por Antonio Pinto de Carvalho. São Paulo: Saraiva, 1957.

DUGUIT, Léon. *Manual de Derecho Constitucional*. Tradução por José G. Acuña. 2. ed. Madrid: Francisco Beltrán, 1926.

KISSINGER, Henry. *A Política Externa Americana*. Rio de Janeiro: Ed. Expressão e Cultura, 1969.

OLIVEIRA, Regis Fernandes de. Princípios Gerais de Direito Comunitário. In: *O Direito Internacional no Terceiro Milênio*. Coord. Luiz Olavo Baptista e José Roberto Franco da Fonseca. São Paulo: LTr, 1998.

PAUPÉRIO, Machado. *O Conceito Polêmico de Soberania*. Rio de Janeiro: Freitas Bastos [s. d.].

ROMANO, Santi. *Princípios de Direito Constitucional Geral*. Tradução por Maria Helena Diniz. São Paulo: Revista dos Tribunais, 1977.

SERRA, Francesc de Carreras. Por una Constitución Europea. In: *Derechos Humanos y Constitucionalismo ante el Tercer Milenio*. Coord. Antonio-Enrique Pérez Luño. Madrid: Marcial Pons, 1996.

ZIPPELIUS, Reinhold. *Teoria Geral do Estado*. Tradução por Antonio Cabral de Moncada. 2. ed. Lisboa: Calouste Gulbenkian, 1997.

Capítulo XLI
O ESTADO UNITÁRIO

1. DEFINIÇÃO

O Estado denominado *unitário* apresenta-se como uma forma de Estado na qual o poder encontra-se enraizado em um único ente intraestatal.

Basicamente, o Estado unitário foi a forma adotada originariamente, já que o poder real, os déspotas e os governos autoritários sempre foram marcados pela forte centralização do poder. O germe do Estado unitário está na concentração do poder nas mãos de um único homem ou órgão.

1.1. Possibilidades de divisões no Estado unitário

É admissível que o Estado unitário promova divisões internas, para fins de administração. Assim, é possível a divisão administrativa (não a política), cuja presença não descaracteriza o Estado unitário. Deve estar presente, contudo, a *subordinação* ao poder central de qualquer entidade, órgão ou departamento criado para exercer parcela de atribuições.

O vínculo de subordinação decorre da técnica pela qual se promove a divisão de atribuições: a delegação. O poder central tanto pode promover a desconcentração como regredir para a posição inicial de concentração absoluta, inclusive com a eliminação da entidade subordinada até então existente.

Todas as entidades inferiores encontram-se dependentes da vontade central. Na estrutura do Estado unitário não há lugar para a vontade dos entes desconcentrados impor-se sobre a vontade do poder central.

As entidades desconcentradas encontram-se, na realidade, na própria estrutura central, não constituindo um segmento separado ou autônomo. Só se pode falar em autonomia no modelo do federalismo.

2. DIREITO COMPARADO

No direito comparado, inúmeros são os casos de Estados que adotam a forma organizativa unitária, como Itália e Portugal.

Contudo, muitos Estados, embora se autodenominem unitários, acabaram por realizar uma forte descentralização administrativa, chegando, em alguns casos, a falar em uma autonomia das entidades "menores". Embora o grau e a forma da autonomia pre-

719

vista sejam bastante diferenciados daqueles contemplados para as federações, há também um distanciamento quanto ao modelo clássico de Estado unitário.

3. OS TERRITÓRIOS NO BRASIL

Os territórios, contemplados na atual Constituição brasileira, podem ser considerados como aplicação prática da teoria do Estado unitário.

A Constituição brasileira de 1891 não fez referência aos territórios, que só vieram a constituir uma realidade brasileira em 1904, por meio de lei. O Acre, obtido da Bolívia em 1903, pelo tratado de Petrópolis, foi o primeiro território nacional.

Os territórios são uma descentralização político-administrativa da própria União, sem autonomia nenhuma. É interessante observar que a Constituição de 1967/69, logo no art. 1º, declarava que o Brasil era uma República Federativa constituída pela união indissolúvel dos Estados, do Distrito Federal e dos Territórios[1731]. Foi, portanto, um período no qual os territórios alcançaram o *status* de entidades federativas. Sobre os territórios, é clássica a obra de MICHEL TEMER[1732], que procede a uma análise deles na História constitucional brasileira, buscando identificar sua natureza jurídica na Constituição de 1967/69.

O território pode ser conceituado, com MICHEL TEMER, como a "pessoa jurídica de direito público, de capacidade administrativa e de nível constitucional, geneticamente ligado à União, tendo nesta a fonte do seu regime jurídico infraconstitucional"[1733].

Os arts. 14 e 15 do Ato das Disposições Constitucionais Transitórias extinguiu os territórios até então existentes. Existiam os territórios do Amapá, Roraima e Fernando de Noronha. Continuaram existindo os dois primeiros até a posse de novos governadores, o que se deu após a promulgação da Constituição Federal.

É admissível que venham a ser criados novos territórios, mas não terão autonomia e nem comporão o Estado Federal brasileiro.

O art. 12 do ADCT previu a implantação de uma Comissão de Estudos Territoriais, à qual atribuiu a tarefa de realizar estudos e elaborar anteprojetos para novas unidades territoriais, "notadamente na Amazônia Legal e em áreas pendentes de solução", consoante dicção constitucional.

A Constituição previu, ainda, no art. 89 do mesmo ADCT que os integrantes da carreira policial militar do ex-Território Federal de Rondônia, que estavam exercendo suas funções na data da transformação em Estado, bem como os policiais militares admitidos por lei federal, constituiriam quadro em extinção. Em 11 de novembro de 2009,

---

1731. Michel Temer, explicando a assertiva, observava: "Na verdade, o constituinte adotou, neste passo, apenas um critério físico para determinar o que é o Brasil, deixando claro que os Territórios se incluem na base física da Federação brasileira na sua conformação geográfica. Não pode impressionar a formulação do art. 1º da Carta Magna porque só a análise sistemática do texto constitucional pode indicar-nos a estrutura do Estado brasileiro" (*Território Federal nas Constituições Brasileiras*, p. 65).

1732. *Território Federal nas Constituições Brasileiras*. São Paulo: Revista dos Tribunais, 1975.

1733. *Território Federal nas Constituições Brasileiras*, p. 73.

porém, foi editada nova Emenda Constitucional (EC n. 60) para melhor disciplinar a situação jurídica desses militares e, igualmente, de servidores que passou a especificar. Assim, passou a falar em constituição de quadro em extinção "mediante opção". Ademais, consoante o novel regime, "[o]s membros da Polícia Militar continuarão prestando serviço ao Estado de Rondônia, na condição de cedidos". Por fim, ficou determinado que "[o]s servidores (...) continuarão prestando serviços ao Estado de Rondônia, na condição de cedidos, até seu aproveitamento em órgão ou entidade da administração federal direta, autárquica ou fundacional".

Aliás, a EC n. 79/2014 estendeu aos servidores públicos e policiais militares vinculados aos ex-territórios do Amapá e de Roraima a possibilidade de integrarem quadro em extinção da União, bastando que o façam no período de 180 dias (art. 5º). Além disso, deverão ser enquadrados nos cargos em que foram originalmente admitidos ou em cargo equivalente (art. 1º da EC n. 79/2014).

Trata-se de solução engenhosa para resolver situação pretérita, mas cujo assunto é ainda pendente de desenlance, apesar de passados mais de vinte anos da promulgação da Constituição.

Referência bibliográfica

TEMER, Michel. *Território Federal nas Constituições Brasileiras*. São Paulo: Revista dos Tribunais, 1975.

Capítulo XLII
ORIGEM DO ESTADO FEDERAL E DIREITO COMPARADO

1. ORIGEM E EVOLUÇÃO HISTÓRICA

1.1. As várias ligas na Grécia antiga

Na Grécia antiga, evidentemente, nunca houve a reunião do poder das diversas cidades-estados.

Mas, mediante tratados confederativos, as *polis* formaram alianças, para a paz e para a guerra externa. Nas confederações formadas a partir dessas alianças, havia sempre alguma cidade-estado central, hegemônica. São sempre lembradas a Liga do Peleponeso (sob o comando de Esparta) e a Liga de Delos (sob o comando de Atenas).

1.2. A Confederação Helvética

Pela origem remota da Confederação Helvética, é necessário citá-la entre os antecedentes mais afastados do atual federalismo. Surgida basicamente em 1291, por quatro pequenos cantões suíços, visando em particular a defesa externa, a confederação foi-se firmando, sendo ratificada em 1315. Seguiu-se um período de expansão, embora ainda preservando os cantões grande autonomia em prejuízo de regras mais homogêneas. Só a partir de 1848 passa a ser designada também por Federação suíça.

A Constituição de 1874 ainda mantém elementos próprios da antiga confederação.

1.3. Províncias Unidas dos Países Baixos

O principal pacto dos Países Baixos data de 1579, quando foi concluída a união das sete províncias. Tratava-se, contudo, de uma confederação, antecipando a atual forma adotada na Holanda[1734].

1.4. Estados Unidos da América do Norte

O 2º dos Artigos da Confederação norte-americana determinava: "Each state retains its sovereignty, freedom and independence, and every power, jurisdiction, and

---

1734. Cf. Augusto Zimmermann, *Teoria Geral do Federalismo Democrático*, p. 222.

right, which is not by this Confederation expressly delegated to the United States, in Congress assembled".

A Confederação de Estados recém-independentes da ex-Metrópole britânica precedeu a formação federativa dos EUA. Enquanto os casos acima analisados forjaram apenas elementos que se aproximavam do federalismo, mas com ele não se confundiam, com a Constituição dos EUA, de 1787, efetivamente, pela primeira vez na história universal, cria-se o modelo federativo de Estado como é conhecido na atualidade. A criação, portanto, foi derivada do novo documento constitucional e de sua supremacia no contexto normativo e estatal.

Havia grande preocupação por parte dos autores da Constituição de 1787 dos EUA, observa BERNARD SCHWARTZ, de que "o Governo nacional que estavam criando não fosse tão poderoso que, na prática, tragasse os estados (...) procuraram conseguir isto limitando o Governo Federal a uma lista específica de poderes enumerados (...) ao mesmo tempo que reservavam todo o resto de autoridade aos estados"[1735].

Os constituintes de 1787 foram indicados diretamente pelos legislativos dos Estados (então soberanos). A ratificação da Constituição ocorreu pelo voto de convenções eleitas em cada um dos Estados[1736].

Nesse contexto, é de fácil compreensão que "se houve uma coisa que os elaboradores da Constituição americana procuraram fazer foi reservar um lugar significativo no sistema que estavam criando para os estados, cujos delegados eles eram"[1737].

A Constituição permitia que o Congresso admitisse novos Estados federados, poder esse que foi reiteradamente utilizado, até 1959, com a inclusão do Havaí e do Alasca como Estados, elevando seu número para um total de cinquenta.

Considerava-se que a União Federal era detentora de poderes enumerados. O princípio, contudo, foi expressamente incorporado com a 10ª Emenda, ratificada em 1791.

Consoante a Corte Suprema: "Da doutrina aceita de que os Estados Unidos são um governo de poderes delegados segue-se que aqueles não concedidos expressamente, ou não razoavelmente implícitos como tais ao serem conferidos, estão reservados aos estados ou ao povo. (...) A mesma proposição, formulada de outra forma, é que os poderes não concedidos são proibidos"[1738].

Contudo, desde o caso McCulloch *vs.* Maryland, reconhece-se que o Governo Federal possui não apenas aqueles poderes especificamente atribuídos a ele, mas também os necessários para o efetivo exercício dos poderes expressos. É a doutrina dos poderes implícitos. Ou seja: onde a Constituição dá os fins, ela também oferece os meios adequados ao seu alcance. Aliás, conforme consignam JOHN E. NOWAK e RONALD D. ROTUNDA,

---

1735. *O Federalismo Norte-Americano Atual*, p. 9.

1736. Cf. Bernard Schwartz, *O Federalismo Norte-Americano Atual*, p. 11.

1737. Bernard Schwartz, *O Federalismo Norte-Americano Atual*, p. 12

1738. E.U.A. *versus* Butler, 297 EUA 1, 68 (1936), apud Bernard Schwartz, *O Federalismo Norte-Americano Atual*, p. 14.

neste caso foi possível delimitar o âmbito de atuação da autoridade federal[1739]. Até então, tal era nebuloso.

O caso mencionado versava a incorporação do Banco dos Estados Unidos, pelo Congresso, em 1816. O *justice* MARSHALL, em seu voto, expôs: "Entre os poderes enumerados não encontramos aquele do estabelecimento de um banco ou da criação de uma empresa. Mas no instrumento não existe qualquer expressão que (...) exclua poderes eventuais ou implícitos e que requeira que tudo concedido deva ser descrito expressa e minuciosamente"[1740]. E, ainda: "Se o fim é legítimo, se está dentro do âmbito da Constituição, todos os meios apropriados, simplesmente adaptados àquele fim, não proibidos, mas harmônicos com a letra e o espírito da Constituição, são constitucionais"[1741]. Em síntese, o que o *Justice* MARSHALL aduziu foi: "Pode-se, contudo, e com grande razão, ser arguido que a um governo ao qual se confiou uma série de poderes amplos, de cuja execução depende a felicidade e a prosperidade da nação, devem-se, também, ser confiados amplos meios para a sua execução. Uma vez que o poder foi concedido, é de interesse da nação que se facilite a sua execução. Não se pode ter como interesse, e não se pode presumir que tenha sido a sua intenção [do constituinte norte-americano] bloquear e tolher a sua execução, por meio da negação [ao governo nacional] dos meios mais apropriados para tanto"[1742].

Há, ainda, na Constituição norte-americana, em seu art. VI, a consagração da cláusula da supremacia das leis federais, salvo se inconstitucionais, sobre as leis estaduais. Assim, os Estados não podem embaraçar ou impedir a execução de leis constitucionais federais, ainda que se trate de atuação estatal dentro de sua esfera de competências. O caso Gibbons *vs.* Ogden bem ilustra essa orientação: leis de Nova York concediam direito exclusivo de navegação a vapor nas águas do Estado, sendo inconstitucionais quando se pretendiam aplicar aos navios licenciados pelo Governo Federal[1743].

Ademais, entendeu-se que, em alguns casos, a atribuição de poder ao Governo Federal não excluía a autoridade estadual concomitante naquele campo em particular. Este entendimento foi reforçado pelo caso Cooley *vs.* Board of Wardens, no qual se "permitiu uma visão expandida do poder federal vislumbrado em Gibbons *vs.* Ogden, na medida em que preserva a autoridade estatal em regular quase todas as atividades locais, quando o poder federal de regular o comércio permanece dormente"[1744].

Sem embargo, no período entre 1905 e 1936, a Suprema Corte se mostrou hostil contra a regulação federal da economia e do comércio[1745]. O caso Hammer *vs.* Dagenhart é um exemplo típico desse período. Neste caso, que ficou conhecido como o Caso do Trabalho Infantil, discutia-se a constitucionalidade de uma lei federal que proibia o

---

1739. *Constitutional Law*, p. 136.

1740. Apud Bernard Schwartz, *O Federalismo Norte-Americano Atual*, p. 11-2.

1741. Ibidem.

1742. Apud Cristopher N. May e Allan Ides, *Constitutional Law: National Power and Federalism*, p. 184. Trad. livre.

1743. Cf. Bernard Schwartz, *O Federalismo Norte-Americano Atual*, p. 21.

1744. Cf. Cristopher N. May e Allan Ides, *Constitutional Law: National Power and Federalism*, p. 189. Trad. livre.

1745. Cf. Cristopher N. May e Allan Ides, *Constitutional Law: National Power and Federalism*, p. 191.

transporte, no comércio interestadual, de produtos feitos em fábricas que empregassem crianças de certa idade. Eis o entendimento da Corte Suprema: "Em nossa opinião, o efeito necessário desta lei é, por meio de uma proibição contra a movimentação de produtos comerciais comuns no comércio interestadual, regulamentar as horas de trabalho das crianças nas fábricas e minas existentes dentro dos estados, uma autoridade puramente estadual"[1746]. Ou seja, não havia nada que se referisse a uma questão de comércio interestadual.

Foi com o *New Deal* que as políticas estatais entraram em desacordo com o federalismo dual. Inicialmente, assistiu-se a um posicionamento tradicional da Corte Suprema, considerando inconstitucionais as leis. Foi assim no caso Poultry Corp. *vs.* EUA, em que uma companhia vendedora de aves domésticas por atacado na cidade de Nova York foi acusada de violar o Código de Aves Domésticas Vivas, tanto quanto ao salário mínimo quanto ao número máximo de horas de trabalho. Em 1937 a Corte passou a rever sua interpretação rigorosa de um federalismo dual. Foi assim que a Corte passou a entender que, havendo repercussão no comércio interestadual ou no exercício do poder pelo Congresso, a lei estadual seria inconstitucional. Ora, como bem observou SCHWARTZ, tudo pode assumir reflexo fora do Estado. No caso Wickard *vs.* Filburn a Corte chegou afirmar que mesmo em se tratando de produção para consumo próprio, dentro da fazenda onde foi cultivado o trigo, pode haver repercussão de interesse federal, já que isso frustra o estímulo do comércio[1747]. Nesse diapasão, bem apontam CRISTOPHER N. MAY e ALLAN IDES que, "dada a interdependência de nossa economia nacional, poucas, se é que há alguma, atividades econômicas ou comerciais podem escapar do alcance do poder de regular o comércio [atinente ao Congresso Nacional]"[1748].

Frise-se, a bem da verdade, que o posicionamento adotado pela Suprema Corte, acerca do poder de comércio, encontrava lastro em importantes vozes do passado, como a de ALEXANDER HAMILTON, um dos *founding fathers* dos Estados Unidos da América. Na obra *The Federalist*, esse autor defendia uma unidade comercial entre os Estados, com vistas a enfrentar, em pé de igualdade, os países europeus: "O comerciante perceberá, de pronto, a força destas observações, e reconhecerá que a balança comercial agregada dos Estados Unidos será muito mais favorável que a dos treze estados, desunidos ou parcialmente unidos"[1749].

Mais do que isso, um desobstruído comércio entre estados, o que somente poderia ser assegurado mediante a existência de uma unidade governamental[1750], beneficiaria os próprios Estados: "As veias do comércio em todas as partes serão revigoradas, e ganharão nova motivação da livre circulação de *commodities* provenientes de todas as partes. O empreendimento comercial terá maior abrangência, em consequência da pro-

---

1746. Apud Bernard Schwartz, *O Federalismo Norte-Americano Atual*, p. 28.

1747. Cf. Bernard Schwartz, *O Federalismo Norte-Americano Atual*, p. 36.

1748. *Constitutional Law: National Power and Federalism*, p. 187. Trad. livre.

1749. Alexander Hamilton et al., *The Federalist*, p. 141.

1750. "A unidade comercial, assim como a política e a de interesses, somente poderá resultar da unidade de governo" (Alexander Hamilton et al., *The Federalist*, p. 141).

dução de diversos estados. Quando um estado sucumbir à má-colheita ou a uma plantação ruim, tal poderá conclamar a ajuda dos outros estados"[1751].

Outro não era o sentir de JAMES MADISON, coautor da obra *The Federalist*, o qual reiterava "a necessidade de uma autoridade superintendente sobre o comércio recíproco dos estados confederados"[1752], citando, como exemplo, os casos suíço, alemão e holandês.

De outra parte, permite-se a ingerência direta das decisões de Washington sobre os Estados por meio do sistema de subvenções, por entender a Corte Suprema que o Governo Federal é livre para fazer as concessões que quiser aos Estados que assumam determinadas orientações. Assim, por exemplo, a exigência de se conformar a padrões federais para fazer jus ao auxílio aos desempregados. Não seria um subterfúgio para alargamento dos poderes federais? Afirmou CORWIN que "o federalismo cooperativo tem sido, até hoje, uma curta expressão para uma concentração constantemente crescente do poder de Washington"[1753]. Nesse sentido, também, CRISTOPHER N. MAY e ALLAN IDES, os quais, de forma pontual, bem lembram que "até recentemente, a natureza limitada do governo federal tem sido mais uma teoria do que uma realidade"[1754].

Contudo, posteriormente, a Corte passou a acentuar os poderes estaduais, uma vez mais, a partir do caso Liga Nacional de Cidades *vs.* Usery. Nesse caso, as políticas de emprego dos Estados foram colocadas a salvo da ingerência da regulamentação federal do comércio. Posteriormente, a Suprema Corte decidiu que: "A fim de ser acolhida, uma reivindicação de que uma legislação congressional sobre poder de comércio é inválida segundo o raciocínio da decisão sobre o caso da Liga Nacional de Cidades precisa satisfazer a cada um dos três requisitos. Primeiro, é preciso haver uma demonstração de que a regulamentação impugnada regulamenta os 'estados como estados'(...) Segundo, a regulamentação federal precisa dirigir-se a matérias que sejam indiscutíveis 'atributos de soberania estadual'(...) E, terceiro, é preciso estar evidente que a obediência dos estados à lei federal prejudicaria diretamente a capacidade deles de 'estruturar operações em áreas de funções tradicionais'"[1755].

Na decisão do caso Oklahoma *vs. United States Civil Service Commission*, a Corte Suprema entendeu que o Congresso Federal poderia utilizar seus poderes de gastar para alcançar indiretamente o que lhe era vedado pela decisão do caso Liga Nacional de Cidades[1756]. Comentando essa orientação, BERNARD SCHWARTZ conclui que: "Se o Congresso pode assim afetar as funções integrais dos governos por meio do exercício do poder de gastar, a própria decisão do caso da Liga Nacional de Cidades não impõe mais do que uma barreira formal às invasões congressionais das atividades estaduais.

1751. Alexander Hamilton et al., *The Federalist*, p. 140-1.
1752. James Madison et al., *The Federalist*, p. 306.
1753. Bernard Schwartz, *O Federalismo Norte-Americano Atual*, p. 45.
1754. *Constitutional Law: National Power and Federalism*, p. 182. Trad. livre.
1755. Apud Bernard Schwartz, *O Federalismo Norte-Americano Atual*, p. 52-3.
1756. Cf. Bernard Schwartz, *O Federalismo Norte-Americano Atual*, p. 55-6.

Desde que o Congresso atue por meio de condições impostas às subvenções em vez de por meio do exercício direto do poder de regulamentação, os 'limites ao poder do Congresso de atropelar a soberania estadual', que a opinião vencedora no caso da Liga Nacional de Cidades proclamou tão eloquentemente, se mostrarão inexistentes"[1757].

Sem embargo, não foi o que ocorreu no caso New York *vs.* United States, em que a Suprema Corte entendeu que o incentivo monetário concedido pelo Congresso, aos Estados, e que configurava o federalismo cooperativo, com vistas a convencer os Estados a aderir a uma política de controle de lixo radioativo, apresentava uma cláusula inconstitucional, porque não concedia nenhuma margem de opção para eles: simplesmente os impelia a aderir e agir da forma determinada pelo governo nacional. Em outras palavras, tratava os estados como se fossem agentes administrativos do governo federal, o que foi afastado pela Suprema Corte. CRISTOPHER N. MAY e ALLAN IDES bem sintetizaram o posicionamento adotado pela Suprema Corte: "Congresso pode buscar persuadir os estados a, voluntariamente, aderir a um programa federal; eles simplesmente não podem ser forçados a isso"[1758].

Houve um grande debate na constituinte de Filadélfia acerca de como seria indicada a nova Legislatura Nacional. Alguns pretendiam uma eleição com base na população. Outros, nos moldes da Confederação, o que atendia mais aos pequenos Estados.

Até a 17ª Emenda à sua Constituição, a eleição dos senadores ocorria pelos legislativos estaduais, com o que se ressaltava a necessidade de que procedessem eles à representação de seu Estado na Casa Legislativa central. Contudo, com a ratificação daquela emenda, em 1913, os senadores passaram a ser eleitos diretamente pelo povo.

1.5. SIMON BOLIVAR

A Venezuela declarou sua independência da metrópole espanhola em 1811. Nesse momento, estabeleceu uma Constituição Federal tendo como parâmetro a Constituição dos Estados Unidos da América do Norte.

Consoante ZIMMERMANN: "Em 1826, Simon Bolivar, libertador e presidente vitalício da Colômbia, Peru e Bolívia, convocou o chamado Congresso de Panamá, que visava a congregar todos estes Estados numa vasta confederação sul-americana"[1759].

2. DIREITO COMPARADO

2.1. Alemanha

Consoante AUGUSTO ZIMMERMANN: "A expressão Alemanha, todavia, somente obtém significado político após a Unificação Nacional de 1871, decorrente da intensa atividade de seu grande orientador e Primeiro-ministro da Prússia, Otto von Bismarck.

1757. *O Federalismo Norte-Americano Atual*, p. 59.

1758. *Constitutional Law: National Power and Federalism*, p. 229. Trad. livre.

1759. Cf. Augusto Zimmermann, *Teoria Geral do Federalismo Democrático*, p. 228.

Antes disto (...) o território germânico era composto de diversos pequenos principados, reunidos por pacto confederativo"[1760].

Lembra Augusto Zimmermann que "Hitler e seus comparsas desvaneceram o breve Estado federal de Weimar e fizeram dele emergir o novo e ameaçador Estado totalitário de Berlim"[1761].

Realmente, é preciso observar que os Estados totalitários não toleram o esquema federalista, que implica a divisão de poderes e, pois, a oposição à concentração típica daqueles regimes.

Em outubro de 1990 o mundo assiste à reunião das duas Alemanhas. A Alemanha oriental (e seus cinco *Länder*) funde-se com a República Federal da Alemanha.

Na Alemanha, os senadores são escolhidos pelos gabinetes dos *Länder*. A composição, pois, do *Bundesrat* (Conselho Federal) é de verdadeiros representantes dos interesses das unidades da federação.

A propósito desse tema, anota D'Ávila: "O *Bundesrat* tornou-se um modelo exemplar de um fórum federativo. Seus membros estão diretamente subordinados aos governos estaduais, que são os verdadeiros representantes da vontade regional. No Conselho Federal, os 'senadores' votam de acordo com as diretrizes determinadas por cada governador, não conforme a interpretação abstrata de cada um deles"[1762].

2.2. Argentina

Em 1816, com o Congresso de Tucumán, foi proclamada a independência da Argentina em relação à Espanha.

Na Assembleia constituinte de 1853, os constituintes, dentre os quais se destacou Juan Batista Alberdi, adotaram a forma federativa.

A Constituição, logo em seu art. 1º, declara solenemente que a Argentina é uma república federativa. No art. 104, seguindo os padrões dos EUA, está consignado que "As províncias conservam todo o poder não delegado por esta Constituição ao Governo federal, e aquele que expressamente se tenha reservado por pactos especiais ao tempo de sua incorporação".

Prescreve, ainda, que as províncias têm suas próprias instituições locais e se regem por elas, elegendo seus governadores, seus legisladores e os demais funcionários, sem intervenção do Governo federal (art. 105). Também lhes é assegurada uma constituição própria, expressamente (art. 106).

Têm-se, ainda hoje, pois, as províncias e Buenos Aires.

1760. *Teoria Geral do Federalismo Democrático*, p. 223-4. Havia, dentre outros principados e ducados, a Prússia, a Áustria e a Baviera.

1761. Augusto Zimmermann, *Teoria Geral do Federalismo Democrático*, p. 222.

1762. A Federação Brasileira, in *Por uma Nova Federação*, p. 72.

2.3. Canadá

Obra de referência obrigatória na matéria é a de Janice Helena Ferreri Morbidelli, *Um Novo Pacto Federativo para o Brasil*[1763].

O Canadá adotou a forma federativa em 1867. Contudo, desde sua origem, sempre se observou forte polêmica doutrinária acerca da real dimensão federativa do Estado canadense. O Canadá se forma a partir de províncias preexistentes.

O território atualmente pertencente a Ontário e Quebec era parte de uma colônia francesa denominada New France, que, após a vitória britânica de 1759, foi cedida para a Inglaterra pela França pelo Tratado de Paris. Pelo direito costumeiro britânico, as colônias adquiridas por cessão manteriam suas próprias leis privadas. Em 1774 foi editado pelo Parlamento britânico o *Quebec Act*, autorizando expressamente o uso do direito civil francês e a liberdade de religião (católica, em oposição à protestante da Inglaterra).

Em 1791, tendo em vista a imigração de americanos para Quebec, esta foi dividida em duas, denominadas Upper Canada (atualmente Ontário, de língua predominantemente inglesa) e Lower Canada (atualmente Quebec, de língua predominantemente francesa).

Em 1867, pelo *British North America Act*, criava-se uma federação (denominada gramaticalmente confederação), englobando a província do Canadá, New Brunswick e New Scotia. A federação passou a ser denominada New Dominion of Canada, e o *BNA Act* foi posteriormente denominado Constituição de 1867. Esse ato dividiu o poder entre o governo federal, representado pela Coroa inglesa na pessoa do governador-geral do Canadá, e os governos locais das províncias.

A doutrina aponta a necessidade de se defender dos EUA e outras realidades sociais da época (como a necessidade de preservar as diversidades) como os elementos que motivaram a formação federativa do Canadá.

Na lição abalizada de Janice Ferreri: "A lei constitucional foi favorável ao governo central, posto que, mesmo lhe outorgando poderes residuais, enumerou expressamente uma série de competências, reduzindo assim o âmbito de atuação das províncias, que somente poderiam legislar nas matérias especificadas (...) a educação; a administração da justiça; os direitos de propriedade dentro da província e outros"[1764]. E lembra que foram, ainda, atribuídas ao Governo central as seguintes competências: "1 — anular as leis provinciais; 2 — designar o (...) governador de cada província, com direito de veto sobre sua legislação; 3 — nomear os magistrados dos tribunais superiores das províncias. Além disso, o governo federal recebeu poder ilimitado de taxação"[1765]. Criou-se, pois, um federalismo fortemente centralizado, embora não se falasse, ainda, em um país independente.

1763. O desenvolvimento a seguir toma por base especialmente essa obra.
1764. *Um Novo Pacto Federativo para o Brasil*, p. 73.
1765. Janice Helena Ferreri Morbidelli, *Um Novo Pacto Federativo para o Brasil*, p. 74.

Em 1931, o *Statute of Westminster* restringiu o poder imperial de vetar ou alterar leis das províncias. Contudo, manteve-se, até 1982, o poder do Parlamento Britânico para reformar a Constituição.

Em 1949, o governo de Luis St. Laurent's, primeiro-ministro, sem a concordância das províncias, emendou o *BNA Act* para permitir a entrada da Colônia inglesa de Newfoundland na federação canadense e conferir ao governo federal do Canadá o poder de emendar a própria Constituição. Mas havia forte dissenso entre as províncias sobre as emendas constitucionais necessárias. Quebec tinha uma reivindicação bastante invulgar: seu reconhecimento como província distinta das demais. Além disso, discutia-se sobre qual seria o melhor procedimento, aceito por todas as províncias, para permitir a emenda à Constituição.

Em 1979, o partido de Quebec editou um documento (*Sovereignty-Association*) que sugeria a criação de uma "associação de soberania" entre Quebec e o Governo central, sem, contudo, falar em desligamento total da província. Foi a primeira tentativa de secessão, com *referendum* popular marcado para maio de 1980. Este, contudo, foi habilmente contornado, com um resultado final desfavorável, deslegitimando a reforma pretendida.

Foram realizadas diversas conferências entre o Governo federal e os governadores das províncias. Em outubro de 1980, em virtude do dissenso entre as províncias, o governo federal entende proceder unilateralmente às reformas constitucionais, gerando protestos dos governos das províncias. Em 1981 o Governo federal decidiu convocar nova conferência. Esse tipo de negociação acabou recebendo o nome de federalismo executivo, cunhado por Donald Smiley. Essa segunda conferência chegou a um texto final unânime, com exceção de Quebec. Nesse texto incluiu-se nova previsão para emenda, de competência das províncias (art. 38(49)). Quebec dissentiu especialmente no que se referia aos poderes legislativos das províncias, que seriam restringidos pelo novo capítulo sobre direitos (impedindo a execução ali de uma política de língua francesa). Da mesma forma quanto à inexistência de um direito de veto às leis federais, o que vinha sendo reconhecido na prática.

Recusou-se, assim, a ratificar a autoridade da Constituição de 1982. Não se considerava vinculada à Constituição, embora a Corte Suprema já tivesse entendido nesse sentido.

O *Canada Act,* de 1982, visava a absoluta independência em relação ao Reino Unido (a independência do Canadá era formalmente reconhecida desde 1926). Determinava, ainda, que o Parlamento do Reino Unido não poderia legislar para o Canadá (na verdade, desde 1931 as leis relativas ao Canadá só poderiam ser editadas com a concordância prévia de seu governo federal).

Em 1987, iniciou-se uma revisão constitucional (antecipada em alguns anos) para buscar incluir Quebec no consenso constitucional. Quebec impôs algumas cláusulas no *Meech Lake Accord.* Consoante a Constituição, essas condições deveriam ser aceitas pelas demais províncias.

Consoante JANICE FERRERI, cinco eram as condições fundamentais: "1 — reconhecimento de Quebec, a nível constitucional, como uma sociedade distinta; 2 — competência provincial nos assuntos de imigração, de modo a preservar sua identidade cultural; 3 — participação na eleição do Supremo Tribunal, com poder de nomeação de juízes (Quebec escolheria três juízes dos nove que compõem o tribunal); 4 — limitação ao poder financeiro do governo federal; 5 — direito de veto nas reformas constitucionais que a província considerasse contrárias a seu interesse"[1766]. O acordo, contudo, não obteve unanimidade em sua ratificação pelas demais províncias (Manitoba e Newfoundland).

A partir da década de 1980 o federalismo se transformou em um federalismo de cooperação intergovernamental, com os governadores se reunindo conjuntamente para decidir (federalismo executivo).

Chegou a ser convocado um *referendum* acerca da independência de Quebec, que, contudo, não se realizou. Em 1992 foi realizada nova tentativa de alteração constitucional, desta sorte por meio de *referendum* popular, que redundou numa segunda negativa.

Note-se, como observa DIRCÊO TORRECILLAS, a complexidade da questão: "Sabendo que Quebec seria relutante em desistir de qualquer de suas influências no Parlamento federal, arguiram que, se Quebec obtivesse maior grau de autonomia do que outras províncias, simplesmente não seria justo que os quebequianos tivessem plena participação no Parlamento, com seus representantes votando em medidas que não se aplicariam a Quebec. Posteriormente eles salientaram que em um governo de gabinete responsável, a situação onde parlamentares eram capacitados a votar em algumas questões e não em outras criaria sérias complicações. Um governo que teria uma maioria em uma matéria a perderia em outra"[1767].

Algumas províncias do oeste do Canadá passaram a reivindicar maior autonomia quanto à legislação sobre recursos minerais (tendo em vista possuírem muitas riquezas naturais).

2.4. Venezuela

Consoante o art. 4º da Constituição, em vigor desde 2000, "La República Bolivariana de Venezuela es un Estado federal, descentralizado en los términos consagrados en esta Constitución, y se rige por los principios de integridad territorial, cooperación, solidaridad, concurrencia y corresponsabilidad".

No art. 158 há declaração extremamente interessante, que permanece em vigor mesmo após as recentes alterações, correlacionando a descentralização à democracia e à cidadania: "La descentralización, como política nacional, debe profundizar la democracia, acercando el poder a la población y creando las mejores condiciones, tan-

---

1766. *Um Novo Pacto Federativo para o Brasil*, p. 92.
1767. *O Federalismo Assimétrico*, p. 198.

to para el ejercicio de la democracia como para la prestación eficaz y eficiente de los cometidos estatales".

Também é relevante o registro do art. 168 desta mesma Constituição, acerca do "Poder municipal", mas sempre ressaltando a cidadania ativa como o elemento relevante da descentralização: "Los Municipios constituyen la unidad política primaria de la organización nacional, gozan de personalidad jurídica y autonomía dentro de los límites de esta Constitución y de la ley. La autonomía municipal comprende:

"1. La elección de sus autoridades.

"2. La gestión de las materias de su competencia.

"3. La creación, recaudación e inversión de sus ingresos.

"Las actuaciones del Municipio en el ámbito de sus competencias se cumplirán incorporando la participación ciudadana al proceso de definición y ejecución de la gestión pública y al control y evaluación de sus resultados, en forma efectiva, suficiente y oportuna, conforme a la ley".

A Constituição busca a descentralização com *integração*, como estabelece expressamente seu art. 159.

Referências bibliográficas

D'ÁVILA, Luiz Felipe. A Federação Brasileira. In: *Por uma Nova Federação*. Coord. Celso Ribeiro Bastos. São Paulo: Revista dos Tribunais, 1995.

HAMILTON, Alexander; MADISON, James; JAY, John. *The Federalist*. New York: Barnes & Nobles, 1996.

MAY, Cristopher N.; IDES, Allan. *Constitutional Law: National Power and Federalism*. 2. ed. Gaithesburg: Aspen Law & Business, 2001.

MORBIDELLI, Janice Helena Ferreri. *Um Novo Pacto Federativo para o Brasil*. São Paulo: Celso Bastos Editor/IBDC, 1999.

NOWAK, John E.; ROTUNDA, Ronald D. *Constitutional Law*. 6. ed. Saint Paul: West Group, 2000.

RAMOS, Dircêo Torrecillas. *O Federalismo Assimétrico*. São Paulo: Plêiade, 1998.

SCHWARTZ, Bernard. *O Federalismo Norte-Americano Atual*. Tradução por Elcio Cerqueira. Rio de Janeiro: Forense Universitária, 1984.

ZIMMERMANN, Augusto. *Teoria Geral do Federalismo Democrático*. Rio de Janeiro: Lumen Juris, 1999.

Capítulo XLIII

CONCEITO E TIPOLOGIAS

1. ESTADO NACIONAL, ESTADO FEDERAL, UNIÃO FEDERAL E CONFEDERAÇÃO DE ESTADOS: DISTINÇÕES BÁSICAS

Consoante a lição de Lucio Levi, "o Governo Federal, diferentemente do Estado nacional, que visa tornar homogêneas todas as comunidades naturais que existem no seu território, procurando impor a todos os cidadãos a mesma língua e os mesmos costumes, é fortemente limitado, porque os Estados federados dispõem de poderes suficientes para se governarem autonomamente"[1768].

A Confederação está baseada na adoção individual de tratados internacionais pelas partes (países) interessados.

Outra nota distintiva com a federação está no direito de que goza cada um dos integrantes de retirar-se, a qualquer momento, segundo seus interesses e conveniências, da confederação.

União é entidade diversa do Estado federal. Aquela é pessoa jurídica de direito público interno, enquanto este é pessoa jurídica de Direito internacional.

O Estado federal é também pessoa jurídica de Direito interno, porém constituído pela União, Estados-membros, Distrito Federal e municípios.

2. CONCEITO

Para Georg Jellinek o federalismo é a unidade na pluralidade. Embora se fale de pluralidade, ela não pode desvirtuar e dissolver a unidade, necessária para que se mantenha o Estado.

O "poder", ou, mais rigorosamente, as funções, podem estar divididas entre diversos entes políticos dentro de um mesmo Estado. Trata-se da repartição vertical do "poder", como comumente é chamada, e pela qual é possível identificar a existência de um Estado federal.

O Estado denominado federal apresenta-se como o conjunto de entidades autônomas que aderem a um vínculo indissolúvel, integrando-o. Dessa integração emerge uma entidade diversa das entidades componentes, e que incorpora a federação.

1768. *Dicionário de Política*, p. 481.

No federalismo, portanto, há uma descentralização do poder, que não fica represado na órbita federal, sendo compartilhado pelos diversos integrantes do Estado.

Todos os componentes do Estado federal (sejam estados, distritos, regiões, províncias, cantões ou municípios) encontram-se no mesmo patamar hierárquico, ou seja, não há hierarquia entre essas diversas entidades, ainda que alguma seja federal e outras estaduais ou municipais.

É, contudo, impossível pretender uma abordagem única do fenômeno[1769]. É que há diversos tipos de federalismos, porque diversos são os regimes encontráveis na História e na realidade atual.

3. TIPOLOGIAS

3.1. Federalismo por agregação e por desagregação

Trata-se, talvez, da distinção mais antiga que há, decorrente da verificação histórica da origem da ligação federativa. Assim, o Estado federal tanto pode advir de um antigo Estado unitário, que se descentraliza, como da reunião de antigos Estados independentes ou soberanos, para a formação de um único Estado, agora federal. No primeiro caso, tem-se o denominado federalismo por desagregação, enquanto o último se caracteriza como o federalismo por agregação.

Foram formados por agregação os Estados Unidos, a Alemanha e a Suíça. O caso típico de federalismo por desagregação é o brasileiro.

3.2. Federalismo dual e cooperativo

A doutrina identifica um tipo rígido de separação das atribuições de cada ente federativo, tendo-o denominado federalismo dual. Corresponde à separação clássica (originária) ocorrente nos EUA.

Consoante BERNARD SCHWARTZ: "A doutrina baseou-se na noção de dois campos de poder mutuamente exclusivos, reciprocamente limitadores, cujos ocupantes governamentais se defrontavam como iguais absolutos"[1770].

Ocorre que, com o surgimento do denominado Estado do Bem-Estar Social, ou Estado-providência, esse modelo dualista acabou perdendo sua força e interesse originário.

Em seu lugar, pois, aparece o que se convenciona denominar federalismo cooperativo, no qual, ao contrário do federalismo dual, não se encontra uma separação precisa ou bem definida na distribuição das atribuições e competências de cada ente federativo. Pretende-se, com esse modelo de margens difusas, justamente promover uma proximidade (forçada), e, assim, uma cooperação, entre União e unidades federadas.

1769. Nesse mesmo sentido, cf. Augusto Zimmermann, *Teoria Geral do Federalismo Democrático*, p. 53.

1770. *O Federalismo Norte-Americano Atual*, p. 26.

Para Paulo Bonavides, contudo, o federalismo cooperativo é aquele que melhor se amolda aos intuitos autoritários, justamente por permitir que a União se sobreponha às demais unidades, concluindo que, na prática, tem sido um federalismo de subordinação. Seria um federalismo que representaria sua própria negação, nos dizeres de Manoel Gonçalves Ferreira Filho[1771].

Zimmermann coloca, contudo, duas distintas modalidades de federalismo cooperativo, a saber, o autoritário e o democrático[1772].

3.3. Federalismo simétrico e assimétrico

Obra nacional de referência específica na matéria é a de Dircêo Torrecillas Ramos[1773].

Anota com toda pertinência Zimmermann: "Um dos pontos fundamentais para o êxito do federalismo é o referente à compreensão dos desníveis socioeconômicos, ou mesmo das dimensões territoriais, dentre os entes políticos federados. Por isso, faz-se mister um certo balanceamento empírico das diferenças naturalmente existentes"[1774].

Nos EUA tem-se um caso de federalismo simétrico, que oferece certo fundamento real, já que há, efetivamente, razoável homogeneidade de desenvolvimento e cultura de seus Estados. Todos são considerados rigorosamente iguais (igualdade formal absoluta) em termos de representação no legislativo da federação. Ignoram-se aspectos referentes à diferença de população de cada Estado, bem como sua extensão territorial.

Diversamente do que ocorre nos EUA, na Suíça encontra-se uma forte diferença cultural no seu povo, inclusive com a adoção de diversas línguas. Isso, contudo, não impede a adoção de uma forma federativa. Pelo contrário, essa é a fórmula encontrada para acomodar os diversos interesses (muitas vezes divergentes ou incongruentes) decorrentes dessa diversidade cultural acentuada. Foi também a fórmula adotada no Canadá, refletindo no acordo federativo desníveis e diferenças existentes entre as entidades federativas.

No Brasil há um erro de simetria que provoca sua injustiça. Os Estados brasileiros receberam idêntico tratamento no pacto federativo, ignorando-se grandes e profundas diferenças, causando um desequilíbrio (a representação no Senado é um exemplo), por força de um federalismo equivocadamente simétrico. Estados diferentes entre si merecem, dependendo do grau e natureza dessas diferenças, tratamento federativo diferente (federalismo assimétrico), cabendo à Constituição estabelecer os limites dessa assimetria, que não deve significar preferência por uma entidade federativa ou sua superioridade em relação a outras componentes federativas.

1771. Curso de Direito Constitucional, p. 45.
1772. *Teoria Geral do Federalismo Democrático*, p. 58.
1773. *O Federalismo Assimétrico*, São Paulo: Plêiade, 1998.
1774. *Teoria Geral do Federalismo Democrático*, p. 61.

3.4. Federalismo orgânico

No que se denomina federalismo orgânico há uma presença marcante do ente federal. Nos dizeres de Zimmermann, "unidades federadas que se formam à simples imagem e semelhança de um *todo-poderoso* poder central"[1775].

É o que ocorre quando a Contituição pretende disciplinar minuciosamente o modelo a ser adotado pelas unidades federativas, deixando uma margem de autonomia verdadeiramente irrisória.

Assim, o comunismo seria, para certos autores, totalmente incompatível com o sistema federativo, já que pressupõe a ditadura do proletariado, exercida através do partido comunista.

A expressão "federalismo orgânico" tem como fundamento científico a ideia de organismo, considerando o Estado como organismo. Sendo preocupação maior do organicismo a manutenção do todo (do órgão), ainda que em prejuízo de alguma das partes, tem-se, de imediato, a clareza da analogia que se estabelece[1776].

Zimmermann fala de um "tipo suspeito de federalismo orgânico"[1777]. Adequada a observação do autor na exata medida em que não se pode desconhecer a realidade da vida individual, especialmente do ser humano. Concepções organicistas colocam o Estado (no presente caso, o federal) à frente do próprio indivíduo, privilegiando o coletivo em absoluto detrimento do individual e em rota de colisão com eventual diretriz constitucional (como no caso da brasileira) consagradora da liberdade individual e de um Estado a serviço do cidadão, jamais o inverso.

3.5. Federalismo de integração

Dircêo Torrecillas fala de um federalismo de integração, que "conduz mais a um Estado unitário descentralizado constitucionalmente, do que a um verdadeiro Estado federal"[1778].

Nesta modalidade as características próprias do federalismo seriam atenuadas, levando à preponderância do Governo federal. A busca pela integração nacional, pela unidade, por uma harmonização, acaba, assim, por justificar a superação da ideia de federalismo cooperativo, e o próprio federalismo como distribuição de autonomias se vê largamente enfraquecido.

No extremo, o federalismo de integração será um federalismo meramente formal, cuja forte assimetria entre poderes distribuídos entre as entidades componentes da federação o aproxima de um Estado unitário descentralizado, com forte e ampla dependência, por parte das unidades federativas, em relação ao Governo da União federal.

1775. *Teoria Geral do Federalismo Democrático*, p. 65.

1776. Na lição de Del Vecchio: "Las varias partes o miembros de un organismo convergen a una misma intención, que es la vida del todo, y subordinan a éste su actividad y sus funciones" (*Filosofía del Derecho*, p. 419).

1777. *Teoria Geral do Federalismo Democrático*, p. 67.

1778. *O Federalismo Assimétrico*, p. 75.

3.6. Federalismo de equilíbrio

A expressão é utilizada por Dircêo Torrecillas[1779], mas significa a necessidade de que no federalismo se mantenha o delicado equilíbrio entre as entidades federativas.

Isso pode ser alcançado pelo estabelecimento de regiões de desenvolvimento (entre os Estados) e de regiões metropolitanas (entre os municípios), concessão de benefícios, além da redistribuição de rendas.

Trata-se, pois, de modalidade que se agrega às demais para reforçar as instituições federativas.

Referências bibliográficas

DEL VECCHIO, Giorgio. *Filosofía del Derecho*. Tradução por Luis Legaz y Lacambra. 9. ed. Barcelona: Bosch, 1991.

LEVI, Lúcio. Federalismo. In: *Dicionário de Política*. Coord. BOBBIO, Norberto; MATTEUCCI, Nicola; PASQUINO, Gianfranco. 2. ed. Brasília: Ed. Universidade de Brasília, 1986.

RAMOS, Dircêo Torrecillas. *O Federalismo Assimétrico*. São Paulo: Plêiade, 1998.

SCHWARTZ, Bernard. *O Federalismo Norte-Americano Atual*. Tradução por Elcio Cerqueira. Rio de Janeiro: Forense Universitária, 1984.

ZIMMERMANN, Augusto. *Teoria Geral do Federalismo Democrático*. Rio de Janeiro: Lumen Juris, 1999.

[1779]. *O Federalismo Assimétrico*, p. 81.

Capítulo XLIV
CARACTERÍSTICAS DO ESTADO FEDERAL

1. REPARTIÇÃO DE COMPETÊNCIAS E DE RENDAS PELA CONSTITUIÇÃO

Somente por meio da manifestação originária do poder constituinte é que pode haver a divisão de tarefas e competências dentro de um Estado federal.

Como anota LUIZ ALBERTO DAVID ARAUJO: "Não se pode pensar em uma divisão de competências que não estivesse no texto constitucional"[1780].

Controverte-se acerca da existência de um modelo genérico de partilha de competências, que seja válido eternamente para fins de caracterizar o Estado federal.

Na sua origem, o federalismo baseava-se em um pacto implícito, segundo o qual os entes parciais componentes do Estado detinham todas as competências que não houvessem sido expressamente atribuídas ao ente "central".

Atualmente, a repartição de competências continua observando a atribuição expressa a determinado ente e a residual a outros[1781].

1.1. Necessidade de possuir fonte própria

É necessário, para assegurar a existência plena de um Estado federal, que cada um de seus componentes possua rendas próprias[1782].

Nesse sentido já dispunha a Constituição de 1891, quando estabeleceu em seu art. 5º: "Incumbe a cada Estado prover, a expensas próprias, as necessidades de seu governo e administração; a União, porém, prestará socorros ao Estado que, em caso de calamidade pública, os solicitar".

1.2. Autonomia e auto-organização

Constata-se a autonomia, especialmente, pela admissibilidade de Constituições elaboradas pelos próprios entes federativos.

1780. Características Comuns do Federalismo in *Por uma Nova Federação*, p. 42.

1781. Sobre o tema: André Elali, *O Federalismo Fiscal Brasileiro*.

1782. Nesse sentido: Luiz Alberto David Araujo, Características Comuns do Federalismo, in *Por uma Nova Federação*, p. 43.

A auto-organização de cada entidade é imprescindível para a existência do federalismo. A circunstância de respeitar certos princípios obrigatórios não impede que se reconheça essa autonomia[1783]. É preciso, contudo, encontrar um justo equilíbrio entre a necessária autonomia e a necessária unidade.

Consoante decidiu a Corte Suprema dos EUA em 1868: "a perpetuidade e a indissolubilidade da União, de modo algum implicam a perda da existência distinta e individual ou do direito de autogoverno pelos estados"[1784].

As autoridades locais, como salienta MICHEL TEMER, "decidem a respeito de assuntos locais sem nenhuma ingerência de autoridades externas"[1785].

Nas palavras de BERNARD SCHWARTZ, tem-se uma "atuação direta, na maior parte, de cada um destes centros de governo, dentro de sua esfera designada, sobre todas as pessoas e todas as propriedades existentes dentro de seus limites territoriais"[1786].

A auto-organização também exige a presença de órgãos próprios. Controverte-se, em virtude do modelo brasileiro, sobre ser necessária a presença de um Judiciário local[1787].

Ademais, as leis da União podem ser exigidas diretamente pela União, independendo, pois, da vontade dos Estados para tanto. O mesmo ocorre com os Estados, quanto a suas leis, o que leva BERNARD SCHWARTZ a afirmar, em lição de validade geral, que "o federalismo norteamericano envolve o que representa quase uma duplicação completa dos serviços governamentais"[1788]. Fica mais ressaltado, neste ponto, o denominado federalismo dual.

1.3. Rigidez constitucional

A divisão do modelo federalista encontra previsão normativa na própria Constituição, que, nesse sentido, é a "carta de atribuições" dos entes federados.

Em virtude disso é preciso que essa Constituição seja rígida, de maneira que fiquem vedadas as alterações conjunturais do desenho federalista traçado originariamente. Para MICHEL TEMER[1789] e LUIZ ALBERTO DAVID ARAUJO[1790], o federalismo deve ser assegurado como cláusula pétrea, e, realmente, no Direito pátrio, trata-se de princípio imutável. Assegurar o patamar constitucional do federalismo sem vedar a sua supressão ou degradação por reforma constitucional posterior é medida insufi-

---

1783. Nesse mesmo sentido: Luiz Alberto David Araujo, Características Comuns do Federalismo, in *Por uma Nova Federação*, p. 44.

1784. Texas *versus* White, 7 Wall, 700, 725 (EUA 1868), apud Bernard Schwartz, *O Federalismo Norte-Americano Atual*, p. 11-2.

1785. *Elementos de Direito Constitucional*, 16. ed., p. 87.

1786. *O Federalismo Norte-Americano Atual*, p. 10.

1787. A necessidade de ter um Poder Judiciário próprio é encampada por: Bernard Schwartz, *O Federalismo Norte-Americano Atual*, p. 10; Luiz Alberto David Araujo, Características Comuns do Federalismo, in Por uma Nova Federação, p. 45.

1788. Bernard Schwartz, *O Federalismo Norte-Americano Atual*, p. 17.

1789. *Elementos de Direito Constitucional*, 16. ed., p. 63.

1790. Características Comuns do Federalismo, in *Por uma Nova Federação*, p. 46.

ciente, especialmente em face da realidade atual (brasileira) de "facilitação" de constantes mudanças constitucionais.

1.4. Indissolubilidade do vínculo

A nenhum dos entes federais é conferido o direito de secessão (separação), sob nenhum pretexto ou condição. É o que decorre da mencionada indissolubilidade do vínculo federativo[1791]. A Constituição brasileira não prevê esse direito; ao contrário, consagra a indissolubilidade do vínculo federativo logo no art. 1º, quando se refere à "união indissolúvel".

Contudo, é certo que algum dos entes federativos pode rebelar-se e, desatendendo o comando constitucional, invocar a si o direito de secessão. Em tal hipótese a própria Constituição consagra alguns mecanismos adequados a refrear tal manifestação. Assim é que declara: 1º) a possibilidade de intervenção da União no Estado-membro rebelado ou do Estado-membro no Município rebelado; 2º) a permissão conferida ao Chefe do Executivo de declarar a guerra externa ao eventual país que queira anexar parte do território nacional.

2. REPRESENTAÇÃO DAS UNIDADES FEDERATIVAS NO PODER LEGISLATIVO CENTRAL

É necessário, consoante a melhor doutrina, que haja representação das vontades parciais na feitura da lei de alcance federal[1792]. Essa representação ocorre no Senado Federal. Mas a representação das unidades federativas no poder normativo da federação encontrava-se apenas nas origens do constitucionalismo norte-americano.

Nesse sentido, como conclui ZIMMERMANN: "Hoje, todavia, a justificativa teórica para a existência do Senado, fundamentada na ideia básica de que os seus membros são verdadeiros delegados indicados pelas assembleias estaduais, e através dos quais os Estados podem participar das decisões tomadas pela Federação, não mais encontra qualquer sentido de veracidade, tanto no federalismo norte-americano como no brasileiro"[1793].

Para que essa participação ocorresse, seria imprescindível garantir a proximidade entre o senador e o respectivo governador. Na prática, não há tal preocupação, chegando o sistema a permitir que o representante do Estado no Congresso Nacional e o governador sejam de partidos diferentes e até de oposição. Além disso, a força dos partidos políticos e de seus líderes, inclusive servindo o orçamento para fins de cooptação do parlamentar, é, muitas vezes, determinante para o posicionamento de um Senador

---

1791. Nesse sentido: Luiz Alberto David Araujo, Características Comuns do Federalismo, in *Por uma Nova Federação*, p. 46.

1792. Nesse sentido: Características Comuns do Federalismo, in *Por uma Nova Federação*, p. 46.

1793. *Teoria Geral do Federalismo Democrático*, p. 122.

740

sobre qualquer tema que esteja em discussão, sobrepujando o modelo de distribuição federativa de poder que foi pretendido constitucionalmente.

Houve, pois, em certo sentido, uma perda de consciência (do povo, do próprio representante e do sistema jurídico) da necessidade de que o senador procedesse na defesa de seu Estado.

Evidentemente que esse "esquecimento" gera, *ipso facto*, o incremento dos poderes federais, já que não há agentes que possam atuar na limitação desses poderes para proteger as unidades da federação.

Não se trata, pois, de questão meramente acadêmica. A integração do legislativo central pelos Estados membros é essencial para que o federalismo não se torne uma declaração meramente formal.

Ademais, outra polêmica ocorre em torno do número de representantes do Estados. Para alguns autores, a representação deve ocorrer de maneira idêntica, cada Estado tendo o mesmo número de representantes no legislativo[1794]. Para outros, certos Estados, em virtude de seu peso econômico e da população, poderiam conferir uma respresentação diferenciada, com um número maior de senadores.

Para D'ÁVILA, no Brasil, "o Senado deveria se transformar numa assembleia de governadores. (...) O senador tornou-se um dinossauro na arena política. Quando ele é eleito pelo voto direto, como é o caso do Brasil e nos Estados Unidos, o senador age como um representante da vontade popular e não como um agente dos interesses estaduais"[1795].

2.1. Participação na apresentação e ratificação de emendas

No sistema constitucional norte-americano, as propostas de emendas podem ser apresentadas por dois terços dos membros do Congresso ou por dois terços das assembleias estaduais.

Após a aprovação, a emenda deverá ser ratificada por três quartos das assembleias estaduais ou convenções, convocadas particularmente para essa deliberação.

Tendo em vista essa característica federativa, que reforça o federalismo e a autonomia dos Estados, alguns autores chegam a colocar em dúvida a existência, no Brasil, de um verdadeiro (ou pleno) federalismo[1796].

3. PRINCÍPIO DA SUBSIDIARIEDADE

Em sua obra sobre "O Princípio de Subsidiariedade", JOSÉ ALFREDO DE OLIVEIRA BARACHO analisa o tema em suas diversas projeções (evolução), alcançando, inclusive, a sua versão contemporânea, na construção europeia.

1794. Nesse sentido: Luiz Alberto David Araujo, Características Comuns do Federalismo, in *Por uma Nova Federação*, p. 47.

1795. A Federação Brasileira, in *Por uma Nova Federação*, p. 72.

1796. Nesse sentido: Zimmermann, *Teoria Geral do Federalismo Democrático*, p. 79.

O princípio da subsidiariedade, como tem sido denominado pela doutrina, quando aplicado no campo federativo significa, basicamente, que somente na hipótese de o nível mais individual não poder realizar a tarefa é que esta há de ser transposta para um nível de agrupamento superior.

É a doutrina expressa na Encíclica CENTESIMUS ANNUS, de 1991, ao estabelecer que uma sociedade de ordem superior não deve interferir na vida interna de uma sociedade de ordem inferior, privando-a de suas competências, devendo, antes, apoiá-la.

Trata-se de princípio expresso no Tratado de Maastricht, de 1992, em seu art. 3º. Também presente na Constituição alemã, de 1949, em seu art. 23, com a redação de 1990.

Mas também o critério da proporcionalidade serve de apoio à referida subsidiariedade. Como anota ZIMMERMANN, "a intervenção da União somente é justificada quando a instância inferior não se encontra em condições suficientes à sua justa realização de um determinado interesse comum"[1797].

4. EXISTÊNCIA DE UM TRIBUNAL CONSTITUCIONAL

Há a ideia de que se faz necessária a existência de um órgão neutro, que possa atuar nos casos de conflito de competências entre os diversos entes federativos.

Como afirma LUCIO LEVI, o federalismo demanda a existência de uma "autoridade neutral"[1798].

5. INTERVENÇÃO PARA A MANUTENÇÃO DA FEDERAÇÃO

A intervenção é medida extremamente excepcional dentro de uma Federação, já que se conceitua como a retirada da autonomia que caracteriza esse sistema. Por meio dela, um dos entes federativos fica autorizado a deliberadamente intervir em outro, suspendendo-lhe a autonomia de que gozava, nos termos e condições constitucionalmente prescritos.

A União pode intervir, em nome dos demais Estados[1799], naquele Estado que incida em grave violação de dever decorrente do federalismo. O mesmo ocorre quanto aos Estados em relação a seus municípios.

Referências bibliográficas

ARAUJO, Luiz Alberto David. Características Comuns do Federalismo. In: *Por uma Nova Federação*. Coord. Celso Ribeiro Bastos. São Paulo: Revista dos Tribunais, 1995.

1797. *Teoria Geral do Federalismo Democrático*, p. 212.

1798. *Dicionário de Política*, p. 481.

1799. No mesmo sentido de que age, nessa hipótese, em nome dos demais Estados: Luiz Alberto David Araujo, Características Comuns do Federalismo, in *Por uma Nova Federação*, p. 49.

ARAUJO, Luiz Alberto David; NUNES JÚNIOR, Vidal Serrano. *Curso de Direito Constitucional*. 6. ed. São Paulo: Saraiva, 2002.

BARACHO, José Alfredo. *O Princípio de Subsidiariedade: Conceito e Evolução*. Rio de Janeiro: Forense, 2000.

D'ÁVILA, Luiz Felipe. A Federação Brasileira. In: *Por uma Nova Federação*. Coord. Celso Ribeiro Bastos. São Paulo: Revista dos Tribunais, 1995.

ELALI, André. *O Federalismo Fiscal Brasileiro e o Sistema Tributário Nacional*. São Paulo: APET e MP editora, 2005.

LEVI, Lúcio. Federalismo. In: *Dicionário de Política*. Coord. BOBBIO, Norberto; MATTEUCCI, Nicola; PASQUINO, Gianfranco. 2. ed. Brasília: Ed. Universidade de Brasília, 1986.

SCHWARTZ, Bernard. *O Federalismo Norte-Americano Atual*. Tradução por Elcio Cerqueira. Rio de Janeiro: Forense Universitária, 1984.

TEMER, Michel. *Elementos de Direito Constitucional*. 16. ed. São Paulo: Malheiros, 2000.

ZIMMERMANN, Augusto. *Teoria Geral do Federalismo Democrático*. Rio de Janeiro: Lumen Juris, 1999.

Capítulo XLV
FEDERALISMO NO BRASIL

1. HISTÓRIA FEDERATIVA DO BRASIL

1.1. Constituição do Império

Desde 1823, com as ideias liberais em voga, passou-se a exigir uma Constituição para o Brasil. Esta veio a ser outorgada em 1824, pelo Imperador. Contudo, após a proclamação da independência, em 1822, a necessidade de manter a unidade da nação recém-emancipada foi circunstância que favoreceu a adoção de um modelo de Estado unitário, centralizador.

A proposta federativa chegou a ser discutida na efêmera existência da assembleia constituinte, dissolvida pelo Imperador em 1823. A Confederação do Equador (de 1824) e a revolução Farroupilha (1835) apresentavam a nota do federalismo[1800].

A Constituição de 1824 foi fortemente influenciada pela francesa, de 1814, com caráter unitarista, dividindo o território em vinte províncias, subordinadas ao poder central e dirigidas por presidentes, escolhidos e nomeados pelo Imperador.

Com D. PEDRO I abdicando em 7 de abril de 1831 se fortalecia o sentimento federativo, tanto que a Câmara chegou a aprovar projeto nesse sentido.

No ano de 1870 TAVARES BASTOS publica sua obra *A Província*, defendendo o ideal federalista.

1.2. Primeira República

É proclamada a república em 15 de novembro de 1889, pelo Marechal DEODORO DA FONSECA. O fim do império deve-se mais ao sentimento federalista do que propriamente à república.

No Decreto n. 1, de 15 de novembro de 1889, as antigas províncias foram transformadas em Estados (art. 2º).

Consoante a lição de OSWALDO TRIGUEIRO: "Proclamada a República, o Decreto n. 1, que instituiu o governo provisório, determinou que os novos Estados, sucessores das antigas Províncias, seriam regidos 'Pelos Governadores que hajam proclamado ou, na falta destes, por Governadores delegados do Governo Provisório'. Ao se organiza-

---

1800. Nesse sentido: Zimmermann, *Teoria Geral do Federalismo Democrático*, p. 292.

rem, porém, os Estados adotaram, para o chefe de seu poder executivo, dois títulos equivalentes: o de presidente e o de governador. A maioria — Maranhão, Ceará, Paraíba, Sergipe, Espírito Santo, Rio de Janeiro, São Paulo, Minas Gerais, Rio Grande do Sul, Goiás e Mato Grosso — optou pelo primeiro nome. Os outros nove Estados adotaram o título de Governador. Na fase final da Primeira República, alguns Estados — Santa Catarina, Paraná e Rio Grande do Norte — através de reformas constitucionais, passaram a adotar a designação de presidente"[1801].

No Decreto n. 510, de 22 de junho de 1890, considerava-se que o Senado Federal deveria ter seus membros escolhidos pelas legislaturas estaduais, sendo indicados três senadores para cada Estado. Ademais, ao Vice-Presidente da República era atribuída, automaticamente, a presidência do Senado. Com isso houve profunda mudança no cenário político brasileiro, já que o Senado imperial tinha seus membros indicados pelo Imperador, e com mandato vitalício.

A Constituição de 1891 dispôs, em seu art. 1º: "A Nação brasileira adota como forma de governo, sob o regime representativo, a República Federativa proclamada a 15 de novembro de 1889, e constitui-se, por união perpétua e indissolúvel das suas antigas províncias, em Estados Unidos do Brasil".

Tratava-se, aqui, de uma forma de federalismo dual, que em seguida veio a ser substituída pelo federalismo cooperativo.

Contudo, na prática, houve o abuso, pelo Governo Federal, no uso do instituto da intervenção. Assim, a autonomia tornou-se subordinação ao Governo Federal, que era, como se sabe, indicado pelos governos de São Paulo e Minas Gerais, com o que os interesses nacionais ficaram subjugados aos interesses desses dois Estados.

A Constituição previa, ainda: "Os Estados organizar-se-ão de forma que fique assegurada a autonomia dos municípios, em tudo quanto respeite ao seu peculiar interesse".

Aos municípios, contudo, não foi assegurada nenhuma autonomia na prática, sendo os prefeitos totalmente dependentes do governador estadual. Tendo em vista o tamanho dos Estados, não se pode falar de uma completa descentralização política no Brasil da primeira república.

1.3. Revolução de 1930

Com a Revolução de 1930 GETÚLIO VARGAS assume o poder e, com o Decreto de 11 de novembro, passa a exercer os poderes executivo e legislativo, dissolvendo as assembleias estaduais (assassinato de JOÃO PESSOA).

1.4. Constituição de 1934

A nova Constituição promoveu a centralização do poder no Governo federal.

As matérias de competência privativa da União foram alargadas em relação à Constituição de 1891.

1801. *Direito Constitucional Estadual*, p. 163.

Houve referência mais explícita à representação estadual do Senado, embora o número de senadores por Estado tenha sido diminuído para dois.

1.5. Constituição de 1937

Adota-se, a partir de 1937, um regime de intervenção permanente nos Estados, até 1945. Não se poderia falar categoricamente de autonomia, tendo sido as eleições substituídas por interventores indicados pelo Presidente.

Os vereadores e prefeitos eram nomeados por meio dos interventores de cada Estado.

1.6. Constituição de 1946

Deposto GETÚLIO VARGAS em 1945, foi eleito um parlamento em dezembro daquele ano para em setembro do ano seguinte finalizar a Constituição do Brasil.

Para CELSO BASTOS foi a Constituição mais municipalista que tivemos.

Após a renúncia de JÂNIO QUADROS (1961), institui-se o parlamentarismo no Brasil, no mesmo ano, e, em virtude de sua não aceitação pelo povo, JOÃO GOULART seria deposto em abril de 1964 pelos militares, que não o queriam no poder.

Como em 1937, a Constituição de 1967 e a Emenda Constitucional de 1969 foram autoritárias, perdendo o federalismo. Houve a centralização dos poderes na União.

1.7. Constituição de 1988

Para CELSO BASTOS: "O Estado brasileiro na nova Constituição ganha níveis de centralização superiores à maioria dos Estados que se consideram unitários e que, pela via de uma descentralização por regiões ou por províncias, consegue um nível de transferência das competências tanto legislativas quanto de execução muito superior àquele alcançado pelo Estado brasileiro"[1802].

No Brasil, tem-se uma divisão espacial do poder (Estado federal) composta pela União, Estados-membros, Distrito Federal e Municípios (art. 1º), cuja composição é indissolúvel (art. 1º).

São entes federativos, portanto, apenas a União, os Estados, o Distrito Federal e os Municípios. Não se incluem eventuais territórios que sejam criados no Brasil.

O constituinte realizou uma opção pela descentralização do poder (arts. 22, 23, 24, 25 e 30 da Cb). Não por outro motivo se pode afirmar que o Estado brasileiro é federativo (art. 18 da Cb). A adoção desse modelo estrutural implica a admissão de autonomia para as entidades integrantes da federação. Portanto, não se pode falar em hierarquia entre tais organismos estruturantes do modelo federativo nacional.

1802. *Curso de Direito Constitucional*, p. 487.

2. VEDAÇÕES FEDERATIVAS ATUAIS

2.1. Previsão constitucional

O art. 19, em seus três incisos, prevê vedações expressas direcionadas aos componentes da Federação brasileira. Trata-se de um conjunto de proibições de caráter organizativo do Estado.

De fato, objetivando a manutenção de um nível adequado de integração, houve por bem o constituinte relacionar proibições explícitas a qualquer dos entes federativos. Pode-se seguramente afirmar que essas vedações sustentam certa unidade, necessária e inafastável, a prevalecer na estrutura federativa, de maneira que esta possa atender à necessidade imanente de um *minimum* de coesão entre seus componentes.

As vedações procuram proporcionar uma verdadeira federação, mais efetiva na integração de seus entes.

Verifica-se, ademais, forte relação entre as "limitações ao poder de tributar", estabelecidas nos arts. 150 a 152 da Cb, e as vedações federativas. Embora aqueles sejam considerados, mais modernamente, como verdadeiros direitos fundamentais do cidadão-contribuinte, não prejudica relembrar o aspecto organizacional (federativo) de que estão imbuídos.

2.2. Estado laico

O Brasil constitui-se em um Estado laico (ou leigo). Basicamente, a vedação impede a adoção, pelo Brasil, de uma religião oficial, o que só poderá ser observado na medida em que todos os entes federativos estejam impedidos de realizar tal opção.

No Brasil, veda-se expressamente que a União, os Estados, o Distrito Federal ou os Municípios declarem uma religião oficial. Apenas se ocorrer a manifestação do poder popular (constituinte originário) poder-se-á adotar uma religião oficial e transformar o Brasil em Estado religioso.

A vedação compõe-se da seguinte forma: em primeiro lugar, não podem ser estabelecidos cultos religiosos ou igrejas pelo Poder Público, seja direta, seja indiretamente. Assim, a adoção de uma única fé religiosa por escolas públicas, obrigando-a a seus alunos, é uma forma velada de contornar o comando constitucional.

Em segundo lugar, é proibida qualquer espécie de subvenção pública a alguma religião ou igreja. Também é vedado que se mantenha, com estas ou seus representantes, relações de dependência ou aliança.

Em terceiro lugar, e como decorrência tanto da liberdade de crença, estabelecida no art. 5º, VI, da CB, como da característica laica do Estado brasileiro, tem-se a proibição de embaraçar o funcionamento de cultos religiosos ou igrejas. Uma decorrência direta[1803] dessa vedação encontra-se na regra do art. 150, VI, *b*, da CB, quando se proí-

---

1803. Nesse sentido: Alexandre de Moraes, *Direito Constitucional*, 9. ed., p. 275.

be a criação de impostos por parte da União, Estados, Distrito Federal ou Municípios, sobre os templos de qualquer culto.

O art. 19, I, da CB, em sua parte final, excepciona a possibilidade de haver colaboração entre o Poder Público e algum culto religioso ou igreja, desde que se trate de colaboração de interesse público e que ocorra na forma da lei. Esta será da respectiva entidade federativa[1804]. Obviamente que, por se tratar de exceção, quando dela se utilizar alguma entidade federativa, deverá proceder com extrema cautela.

2.3. É vedado recusar fé aos documentos públicos

Para garantir a unidade federativa, uma entidade federativa não pode recusar a autenticidade a documento reconhecido e garantido por órgão público de outra entidade, só por sua procedência[1805]. A fé pública é nacional, porque os Estados-membros, Distrito Federal e Municípios fazem parte de uma estrutura que lhes é superior, o Estado brasileiro.

2.4. Vedação de preferências

Veda-se a criação de preferências entre União, Estados-membros, Distrito Federal e Municípios. Essa proibição tem como decorrência, natural a qualquer federação, a regra expressa, na Constituição Federal, de imunidade tributária recíproca entre todas as entidades federativas (art. 150, VI, *a*). Já que não há hierarquia ou subordinação entre referidas entidades, não há lugar para que umas imponham, em relação às outras, impostos sobre seus patrimônios, rendas ou serviços. Traduz-se referida regra em relação de respeito que deve vingar entre as entidades participantes da Federação, atribuindo a todas idêntico *status*, impedindo qualquer sorte de subordinação, que, de resto, desvirtuaria toda a forma federativa de organização.

A vedação alcança também os rendimentos obtidos pelos Estados, Distrito Federal e Municípios resultantes de aplicações financeiras, que, dessa forma, não podem sofrer a incidência do imposto sobre as operações de crédito, câmbio e seguro, ou relativas a títulos ou valores mobiliários, de competência impositiva da União (art. 150, V, da CB).

O art. 198 do CTN cria uma preferência para a União no recebimento de tributos, e preferência dos Estados em relação aos Municípios. Tal preceito seria um exemplo bem claro do que o princípio ora estudado veda ao legislador, se acaso o STF, em sua Súmula 356, não o tivesse considerado constitucional.

1804. Nesse sentido: José Afonso da Silva, *Curso de Direito Constitucional*, 16. ed., p. 476.

1805. Consoante afirma José Afonso da Silva, trata-se de vedação que ocorre "em função da credibilidade dos documentos públicos, que, por isso, sejam de que entidades públicas forem, fazem prova, valem formal e materialmente perante outra" (*Curso de Direito Constitucional Positivo*, 16. ed., p. 476). O que se deve observar, contudo, é que a presunção de validade, como não poderia deixar de ser, é relativa, e, assim, seu valor probatório poderá ser contestado, pela via judicial.

748

2.5. Vedação de distinções entre os brasileiros

Veda-se a criação de distinções entre brasileiros. Aqui se encerram dois princípios. Em primeiro lugar, está contido na vedação o princípio da unidade da nacionalidade. O brasileiro não pode ser impedido de transitar pelo País em razão de sua naturalidade. O Brasil é um só. Nenhuma restrição pode ser criada para proibir o ingresso do brasileiro em qualquer parte do território nacional em virtude de sua naturalidade. Trata-se de vedação decorrente do princípio da livre locomoção (art. 5º, XV, da CB). Não por outro motivo a Constituição foi expressa em determinar que é proibido à União, Estados, Distrito Federal e Municípios "estabelecer limitações ao tráfego de pessoas ou bens, por meio de tributos interestaduais ou intermunicipais, ressalvada a cobrança de pedágio pela utilização de vias conservadas pelo Poder Público" (art. 150, V, da CB). Os tributos, no caso, não poderiam incidir sobre determinadas pessoas, em razão de sua naturalidade (como, v. g., cobrar tributos pela passagem de um Município a outro, ou de um Estado-membro a outro), sob pena de constrangê-las em sua livre locomoção.

Em segundo lugar, a vedação implica assegurar a igualdade. Nesse sentido, nenhuma lei pode criar distinções entre os brasileiros em virtude da sua naturalidade. Estabelece claramente o art. 150, II, da CB que aos entes federativos é vedado "instituir tratamento desigual entre contribuintes que se encontrem em situação equivalente". Ora, todos os brasileiros, em função de sua nacionalidade, estão na mesma situação, ou, em outras palavras, não poderão ser classificados conforme sua naturalidade, para fins de tratamento jurídico. Não se pode discriminar nem privilegiar em função da pertença a um específico Município, Estado-membro ou Distrito Federal. Assim, v. g., um munícipe não pode receber tratamento estadual diverso em razão de pertencer a tal ou qual comuna. Neste caso, a vedação é decorrência do princípio geral da igualdade ou isonomia (art. 5º, *caput* e I, da CB). Por isso, pode ser denominado princípio da isonomia *federativa*[1806], qualificativo este que lhe especifica o conteúdo em relação ao princípio maior que informa tal vedação. Reforçando esse aspecto da vedação, o inciso XLI do art. 5º da CB determina que a lei punirá qualquer forma de discriminação.

Referências bibliográficas

BASTOS, Celso Ribeiro. *Curso de Direito Constitucional*. São Paulo: Celso Bastos Editor, 2002.

MORAES, Alexandre de. *Direito Constitucional*. 9. ed. São Paulo: Atlas, 2001.

TRIGUEIRO, Oswaldo. *Direito Constitucional Estadual*. Rio de Janeiro: Forense, 1980.

ZIMMERMANN, Augusto. *Teoria Geral do Federalismo Democrático*. Rio de Janeiro: Lumen Juris, 1999.

1806. Nesse sentido: Alexandre de Moraes, *Direito Constitucional*, p. 275.

Capítulo XLVI
DA UNIÃO

1. SIGNIFICADO

O vocábulo "União", no Direito Constitucional pátrio, designa exatamente uma das entidades federativas componentes da estrutura organizacional brasileira, ao lado dos Estados, Distrito Federal e Municípios.

Desde logo, contudo, é preciso alertar para o sentido dúbio do termo. Poder-se-ia imaginar que a União nada mais é do que uma conjunção de Estados, Distrito Federal e Municípios. Ou seja, União no sentido da associação dos referidos entes federativos. Corroboraria esse entendimento a leitura isolada e literal do disposto no art. 1º: "A República Federativa do Brasil, formada pela *união* indissolúvel dos Estados, Municípios e do Distrito Federal". Contudo, no art. 18, a Constituição esclarece, peremptoriamente, que a República Federativa do Brasil compreende "a União, os Estados, o Distrito Federal e os Municípios, todos autônomos". Portanto, a União não se confunde com o Brasil, sendo apenas um dos entes federativos que compõem o Estado federal brasileiro.

A União é uma pessoa jurídica de Direito Público interno. Assim, embora não conte com personalidade internacional — apenas atribuída ao Estado Federal brasileiro —, são as autoridades e órgãos da União que representam o Estado Federal nos atos e relações do âmbito internacional.

2. BENS DA UNIÃO

Enquanto pessoa jurídica, como qualquer outra, a União é titular tanto de direitos reais como pessoais (consoante o art. 66, III, do Código Civil de 1916 — art. 99, III, do CC/2002). Os bens da União estão arrolados no art. 20 da CB.

Os bens pertencentes à União podem ser classificados em cinco grandes grupos: 1º) "os que atualmente lhe pertencem e os que lhe vierem a ser atribuídos" (inc. I). 2º) "as terras devolutas indispensáveis à defesa das fronteiras, das fortificações e construções militares, das vias federais de comunicação e à preservação ambiental" (inc. II); 3º) "os lagos, rios e quaisquer correntes de água em terrenos de seu domínio, ou que banhem mais de um Estado, sirvam de limites com outros países, ou se estendam a território estrangeiro ou dele provenham, bem como os terrenos marginais e as praias fluviais" (inc. III), "as ilhas fluviais e lacustres nas zonas limítrofes com outros países; as praias marítimas; as ilhas oceânicas e as costeiras, excluídas, destas, as que contenham a sede de Municípios, exceto aquelas áreas afetadas ao serviço público e a unidade ambiental federal" (inc. IV), "o mar territorial" (inc. VI), "os terrenos de marinha e seus acrescidos" (inc. VII); 4º) "os recursos naturais da plataforma continental e da zona econômica exclusiva" (inc. V), "os potenciais de energia hidráulica" (inc. VIII) e "os recursos minerais, inclusive os do subsolo" (inc. IX); 5º) "as cavidades naturais subterrâneas e os sítios arqueológicos e pré-históricos" (X) e "as terras tradicionalmente ocupadas pelos índios" (inc. XI).

3. DAS REGIÕES DE DESENVOLVIMENTO

A União pode criar regiões de desenvolvimento (art. 43), que apresentam as seguintes características: efeitos administrativos; articulação de uma ação social e econômica conjunta para o desenvolvimento da região, como concessão de incentivos, juros favorecidos etc.

Na atual Constituição, é (deve ser) um dos objetivos fundamentais do Estado brasileiro "garantir o desenvolvimento nacional". Obviamente que tal meta insere-se no contexto econômico da Constituição, embora nele não se esgote, já que o desenvolvimento há de ser buscado igualmente em outras órbitas, como a social, a moral e política. Interessa aqui sublinhar o desenvolvimento econômico do país como um dos *objetivos fundamentais* (não apenas um meio para obter outro princípio).

Quanto à redução das desigualdades regionais, bem anota AMÉRICO MARTINS DA SILVA que "isto não pode se reduzir a letra morta no texto constitucional, uma vez que este problema realmente existe e é notório. Os mais simples dados que se pode obter indicam decisivamente a enorme desigualdade que existe entre as regiões do Brasil"[1807].

A problemática das desigualdades regionais é extremamente preocupante. Percebeu-a OSCAR DIAS CORRÊA, fazendo consignar: "Esta a mais grave das nossas distorções, porque prejudica a própria unidade nacional, e opõe, dentro do Brasil, regiões mais ricas e desenvolvidas, a regiões pobres e subdesenvolvidas. Afastando irmãos de sangue no uso e gozo dos privilégios da civilização e da cultura"[1808].

Não é outra a preocupação do § 1º do art. 174, ao determinar: "A lei estabelecerá as diretrizes e bases do planejamento do desenvolvimento nacional equilibrado, o qual incorporará e compatibilizará os planos nacionais e regionais de desenvolvimento". Além disso, há o instrumento já citado, presente no art. 43.

A Constituição teve enorme preocupação com um caso específico, de região menos desenvolvida, a saber, a Amazônia[1809]. Sobre o tema, lembra IVES GANDRA MARTINS: "Uma das formas de promover a industrialização de regiões menos desen-

---

1807. *A Ordem Constitucional Econômica*, p. 73.
1808. *A Constituição de 1988*, p. 223.
1809. A Floresta Amazônica é especialmente objeto de tutela ambiental no art. 225, em seu § 4º.

volvidas do território de um país é, sem dúvida, a redução ou eliminação de encargos de ordem aduaneira ou fiscal sobre uma porção de seu território, o que, no Brasil, foi feito, em relação à Amazônia Ocidental, mediante a *criação da Zona Franca de Manaus, pela Lei 3.173/57, alterada pelo DL 288/67.* Ao tempo em que promulgada a Constituição de 1988, constatando que, para assegurar o progresso do Estado do Amazonas, havia necessidade de outorgar maior prazo para o desenvolvimento de projetos que ali haviam sido implantados a partir do DL 288/67, *o constituinte houve por bem manter a Zona Franca de Manaus até o ano 2013, na certeza de que, sem isso, todo o esforço anterior poderia desaparecer, com sérios riscos à própria estabilização do Estado.* Foi, assim, incluído no Ato das Disposições Transitórias da Carta de 1988, o artigo 40"[1810]. Ressalte-se que a EC n. 42/2003 estendeu a vigência da Zona Franca de Manaus para 2023, uma vez que acresceu dez anos ao prazo originário da Constituição (art. 92 do ADCT). Em 2014, por força da novel EC n. 83/2014, o Congresso Nacional ampliou o prazo em 50 anos, de modo que a Zona deverá, salvo nova modificação, permanecer até 2073 (art. 92-A do ADCT).

Também objetivando reduzir as desigualdades regionais, a EC n. 87/2015 divide o produto do ICMS entre os estados em que reside o comprador e o vendedor, nos casos de vendas à distância. Antes da Emenda, o Estado para o qual se dirigia a mercadoria não tinha participação no produto cobrado, sendo que a totalidade do ICMS era recolhida pelo Estado em que se situava a sede da loja virtual, ente federativo esse, via de regra, mais desenvolvido. A mesma Emenda também modificou o ADCT, estabelecendo uma transferência gradual do ICMS para o estado em que reside o comprador. Essas medidas promovem uma melhor distribuição territorial dos recursos fiscais oriundos das transações comerciais realizadas no país.

Ademais, o Congresso Nacional, pretendendo garantir o desenvolvimento do Nordeste e do Centro-Oeste, em especial nas áreas de clima semiárido, promulgou a EC n. 89/2015, estendendo o prazo previsto no art. 42 do ADCT em 15 anos. Trata-se da garantia de um percentual mínimo de recursos da União destinados à irrigação (20% para a região do Centro-Oeste e 50% para a região Nordeste, preferencialmente no Semiárido).

Os efeitos das desigualdades regionais somados aos das desigualdades sociais são, como é de conhecimento geral, catastróficos para o ser humano e para a economia nacional. É igualmente conhecida a migração que se promove internamente no País para os polos de desenvolvimento, o que agrava ainda mais as desigualdades que a Constituição pretendeu fossem combatidas energicamente[1811].

1810. *Temas Atuais de Direito Tributário*, p. 24.

1811. Não se pretende, contudo, sustentar qualquer possibilidade de criar barreiras a essa migração, como já se chegou a cogitar e efetivamente a aplicar em determinadas regiões. Tal postura é, certamente, atentatória à liberdade de locomoção no território nacional, além de estabelecer discriminações em função da naturalidade das pessoas.

752

Referências bibliográficas

CORRÊA, Oscar Dias. *A Constituição de 1988*. Rio de Janeiro: Forense Universitária, 1991.

MARTINS, Ives Gandra da Silva. *Temas Atuais de Direito Tributário*. São Paulo: Ed. Elevação, 2001.

SILVA, Américo Martins da. *A Ordem Constitucional Econômica*. Rio de Janeiro: Lumen Juris, 1996.

Capítulo XLVII
DOS ESTADOS

1. CONSIDERAÇÕES INICIAIS

Como visto, na Federação cada um dos integrantes detém autonomia. No caso brasileiro, a autonomia do Estado se caracteriza por sua capacidade de auto-organização — e, como decorrência direta desta, a capacidade de autolegislação —, sua capacidade de autogoverno e de autoadministração.

A autonomia diferencia o Estado membro brasileiro da região, do Direito italiano (art. 123 da Constituição) e da comunidade autônoma espanhola (art. 146 da Constituição). O Estatuto dessas entidades deve ser aprovado no Legislativo Central para que possa converter-se em norma jurídica.

Em síntese, o Estado-membro pode-se organizar, administrar e governar por si mesmo, sem precisar recorrer à União ou obter-lhe vênia. Evidentemente, contudo, a autonomia em seus diversos elementos jamais pode desgarrar-se dos contornos traçados pela Constituição Federal. Autonomia não implica soberania, de forma que a obediência aos termos constitucionais é inafastável.

2. CAPACIDADE DE AUTO-ORGANIZAÇÃO E AUTOLEGISLAÇÃO: O CONSTITUCIONALISMO DUAL

A auto-organização encontra-se consagrada no art. 25, *caput*, da CB e no art. 11 do ADCT. A auto-organização ocorre pelo uso do poder constituinte decorrente. Assim, os Estados membros organizam-se por meio da feitura de suas Constituições estaduais. Daí a ideia de que, em Estados Federais que adotem tal modelo, seja possível falar que se vive sob um "constitucionalismo dual", em que se admite um "espaço constitucional subnacional", nas expressões de ALAN TARR[1812].

Ao lado da auto-organização está a autolegislação, que permite aos Estados editar e reger-se pelas leis próprias.

Tanto uma como outra capacidade encontram limitações constitucionais. Assim, na elaboração das Cartas Constitucionais estaduais é necessário respeitar os princípios da Constituição Federal, sendo de esperar certa simetria (nos termos das observações realizadas adiante) com o modelo federal nas órbitas estaduais.

1812. *Understanding State Constitutions*, 1998, e "Federalismo e espaço constitucional subnacional", 2009.

Já a elaboração das leis próprias só poderá ocorrer — ademais da estrita observância dos princípios da Constituição Federal e da estadual respectiva — de acordo com a divisão de competências constitucionalmente delineada.

2.1. Limites à auto-organização

A capacidade de elaboração de Constituições estaduais não é reconhecida, por muitos, como reveladora de um poder constituinte estadual. Por ser limitado — e não soberano, como o originário —, muitos autores negam o caráter de constituinte a esse poder, denominando-o poder secundário, de segundo grau, sempre limitado e condicionado. Também é denominado decorrente.

Para fins do presente capítulo, há que compreender o poder como constituinte apenas na medida em que estabelece (constitui) os "poderes" do Estado, vale dizer, o Executivo, Judiciário e Legislativo[1813].

De qualquer forma, os Estados, em sua organização, devem obedecer aos princípios constitucionais. Estes princípios são de cumprimento e observância obrigatória aos estados federados; seu conjunto conforma um quadro comum previamente modelado pela Constituição Federal. Há duas categorias de cláusulas constitucionais a serem seguidas pelos Estados: os princípios sensíveis (expressão cunhada por Pontes de Miranda) e os princípios pré-concebidos.

São princípios sensíveis (expressos e taxativamente enumerados) aqueles indicados no inciso VII do art. 34 da CB, essenciais à forma federativa. Referem-se, em breve síntese, à forma republicana, sistema democrático, representativo e transparente (prestação de contas), direitos fundamentais e autonomia dos entes federativos.

São princípios pré-concebidos: 1º) as regras constitucionais que já estabelecem aspectos materiais da organização, inclusive financeira, dos Estados; 2º) as vedações federativas; 3º) os princípios da organização política, social e econômica. Exemplos encontram-se no art. 37 da CB, direcionado a todos os entes federativos e no art. 219.

2.2. A obrigação geral implícita de simetria com o modelo federal

A doutrina e a jurisprudência nacionais comumente referem-se a um "princípio da simetria", mais corretamente, uma obrigação geral implícita de simetria, por parte dos Estados membros e Municípios, na elaboração de seus diplomas máximos, com o modelo federal estabelecido pela Constituição do Brasil.

A presença dessa obrigação implícita é extremamente duvidosa. Especialmente por ter a Constituição de 1988 dirigido-se expressamente aos Estados-membros e Municípios quando pretendeu recortar-lhes a autonomia, impondo obrigações expressas. Cite-se, como exemplo, o art. 125, § 2º, quando determina aos Estados-membros a competência para criarem a representação de inconstitucionalidade em seu respectivo

---

1813. Raul Machado Horta prefere considerar que "é, ao mesmo tempo, poder originário em relação à Constituição do Estado, e poder derivado em relação à Constituição da República" (*Direito Constitucional*, 2. ed., p. 342).

âmbito territorial, mas veda a "atribuição da legitimidade para agir a um único órgão" ou seja, impõe a simetria, quanto à pluralidade da legitimidade ativa, com o modelo federal, mas a impõe expressamente.

Admitir esta suposta obrigação geral de simetria, contudo, não pode significar a redução ou eliminação da autonomia, que é constitucionalmente reconhecida de maneira expressa. Ou seja, a simetria não pode sobrepor-se à autonomia.

A imposição da simetria, "revelad[a] por meio da obrigatoriedade de reprodução nas Constituições Estaduais e nas Leis Orgânicas municipais das características dominantes no modelo federal" (ADIn n. 3.549-5/GO, Min. rel. CARMEN LÚCIA, *DJ* de 31-10-2007), inobstante a sua origem incerta no texto constitucional (daí o porquê de reputá-la como um preceito de origem *pretoriana*), rendeu-lhe, inclusive, incisivas críticas por parte do Min. SEPÚLVEDA PERTENCE, o qual destacou "a inspiração mítica de um princípio universal da simetria, *cuja fonte não consigo localizar na Lei Fundamental*" (RE 197.917-8/SP, Min. rel. MAURÍCIO CORRÊA, *DJ* de 7-5-2004). A simetria, ainda que se admita como imposição válida, não pode implicar a redução da autonomia municipal no que se refere à elaboração da Lei Orgânica Municipal; ainda que se queira insistir na ideia de simetria como uma exigência constitucionalmente consistente, não se poderá, por meio dela, rebaixar o Município e sua Lei máxima a um simples *reflexo* normativo das Constituições Federais e do Estado em que esteja situado.

Os elementos da Constituição do Brasil que hão de ser reproduzidos no nível local (nas Leis Orgânicas Municipais), por força da referida simetria, são aquelas "*características dominantes* [presentes] no modelo federal", conforme bem já destacou a Min. CARMEN LÚCIA na ADIn n. 3.549-5/GO. Para utilizar outra expressão igualmente representativa, são as denominadas "normas centrais"[1814] (cf. Min. MAURÍCIO CORRÊA, RE 198.982-3/RS, Min. rel. ILMAR GALVÃO, *DJ* de 19-4-2002) da Constituição do Brasil que hão de ecoar nas demais constituições dos entes federativos e leis orgânicas municipais.

É esse o escopo da simetria constitucionalmente adequada e conformada ao modelo federativo brasileiro plasmado pela Constituição de 1988 e que há de servir como norte para todo aplicador do Direito. Pretender que a simetria possa avançar para além desse papel subordinado é admitir o desrespeito à Constituição e acolher as danosas interpretações que podem resultar, em um curto espaço de tempo, no conhecido Estado Unitário meramente descentralizado.

Apesar das conclusões dogmáticas até aqui alcançadas, impõe-se, ainda, identificar quais seriam as *características dominantes* da Constituição do Brasil, para fins de simetria.

O modelo federal de "separação" (divisão, em realidade) de poderes (funções entre órgãos) é uma característica dominante a ser replicada pelas diversas constituições estaduais e inúmeras leis orgânicas municipais. Isto está a significar, por exemplo, que Estados e Municípios não podem estabelecer regimes locais de natureza parlamenta-

---

1814. Normas centrais, aqui, não podem ser confundidas com normas de centralização.

rista. Ou, ainda, não podem atribuir ao Poder Executivo a competência de editar atos normativos primários sob o título de *Lei*[1815]. Também está vedada a possibilidade de resgatar o vetusto decreto-lei, inclusive seu regime jurídico, não contemplados no modelo federal das espécies normativas. O mesmo ocorre quanto ao modelo de jurisdição constitucional nos órgãos estaduais, que deve seguir o modelo federal genérico, ou seja, está vedada a opção estadual exclusivamente por um modelo, v. g., preventivo de controle judicial da constitucionalidade.

3. CAPACIDADE DE AUTOGOVERNO

Fundamenta o autogoverno a referência constante dos arts. 27, 28 e 125 da CB, já que se reportam tais dispositivos à organização de poderes estaduais.

O autogoverno se dá por não depender o Estado das autoridades da União, que não têm gerência sobre seus negócios.

As autoridades estaduais distribuem-se pelos três órgãos ou "poderes": Executivo, Legislativo e Judiciário estaduais (arts. 28, 27 e 125 da CB, respectivamente), e esses três poderes, em nível estadual, vão ser disciplinados na Constituição estadual (arts. 37 a 53, 9º a 36 e 54 a 90 da Constituição do Estado de São Paulo).

3.1. Jurisdição estadual

A jurisdição estadual contempla juízes e Tribunais Estaduais, bem como uma organização judiciária cuja decisão é igualmente estadual.

A jurisdição, rigorosamente falando, é nacional (art. 92 da CB), mas há uma descentralização para fins de administração judicial.

Contempla-se, inclusive, a chamada "jurisdição constitucional abstrata" no nível dos Estados, perfazendo a dualidade brasileira de Justiças Constitucionais (cf. art. 125, § 2º, da CB).

3.2. Poder Legislativo estadual

O Poder Legislativo estadual é, necessariamente, unicameral, não sendo admissível a criação de um Senado estadual.

O número de deputados na Assembleia Legislativa deve corresponder ao triplo da representação do Estado na Câmara dos Deputados e, atingido o número de trinta e seis, será acrescido de tantos quantos forem os Deputados Federais acima de doze (art. 27 da CB).

3.3. O Governador de Estado

O Poder Executivo estadual é exercido por um Governador, eleito para mandato de quatro anos em eleição que se realize em dois turnos. O Governador tem como substituto imediato seu vice.

1815. Embora haja uma zona de incerteza sobre a possibilidade da legislação excepcional (medidas provisórias).

3.3.1. Desnecessidade de autorização prévia da Assembleia do Estado para instaurar ação penal contra Governador de Estado

Em julgamento ocorrido em 3 de abril de 2017, o Plenário do STF julgou a ADI n. 5.540 proposta pelo DEM, cujo relator foi o Ministro EDSON FACHIN. Nela o STF decidiu, de maneira inovadora[1816], que não há necessidade de licença prévia da Assembleia Legislativa para o recebimento de denúncia ou queixa-crime e respectiva instauração de ação penal contra Governador de Estado. No caso específico, tratava-se da análise da Constituição do Estado de Minas Gerais (art. 92, § 1º, I) em face da Constituição do Brasil.

A ADI foi julgada procedente para dar ao referido artigo interpretação conforme pela desnecessidade de licença da Assembleia. O voto do relator descartou a simetria com o afastamento do Presidente, Vice-Presidente e Ministro de Estado da República brasileira. Entendeu-se que o Presidente da República é chefe de governo e de Estado, o que não ocorre com o Governador, e, assim, a simetria (para exigir a licença) estaria desautorizada. Trata-se de caso inusitado em que a simetria foi vedada com a finalidade de reduzir a autonomia do estado.

Nesse ponto o voto do relator foi acompanhado pelos Ministros LUÍS ROBERTO BARROSO, ROSA WEBER, LUIZ FUX, ALEXANDRE DE MORAES, GILMAR MENDES, RICARDO LEWANDOWSKI e MARCO AURÉLIO. Foram vencidos os Ministros DIAS TOFFOLI e CELSO MELLO, que entenderam que os estados podem repetir a exigência prévia da licença do Legislativo nos termos do art. 86 da CB[1817]. Esse entendimento ocorre no bojo de mudanças que implementam a desfiguração da modelagem constitucional de 1988, afetando o equilíbrio entre os Poderes, a segurança jurídica e a estabilidade das decisões judiciais. No caso, a motivação aparente é o benefício maior de combater e cercar a corrupção, ainda que ao alto custo de reduções indevidas e perigosas na autonomia implantada na Constituição de 1988 e na estrutura do Estado Constitucional de Direito.

Em complemento, o STF decidiu que em havendo, nesses termos acima, o recebimento de denúncia pelo STJ (foro para julgar os governadores no caso) não há, porém, afastamento automático. O afastamento ou não deve ser decidido pelo próprio STJ, em cada caso. O mero recebimento de denúncia, portanto, não gera o afastamento.

A tese fixada pelo STF foi a seguinte: "Não há necessidade de prévia autorização da Assembleia Legislativa para o recebimento de denúncia ou queixa-crime e instauração de ação penal contra o governador de estado, por crime comum, cabendo ao STJ, no ato de recebimento da denúncia ou no curso do processo, dispor fundamentadamente sobre a aplicação de medidas cautelares penais, inclusive afastamento do cargo".

1816. Essa decisão já foi adotada, a seguir, na ADI n. 4764/AC, em 04.05.2017.

1817. Art. 86: "Admitida a acusação contra o Presidente da República, *por dois terços da Câmara dos Deputados*, será ele submetido a julgamento perante o Supremo Tribunal Federal, nas infrações penais comuns, ou perante o Senado Federal, nos crimes de responsabilidade" (original não grifado).

4. CAPACIDADE DE AUTOADMINISTRAÇÃO

A capacidade de administração funda-se na própria auto-organização, pela Constituição estadual, autolegislação, por meio das leis próprias e autogoverno, somados tais elementos ao rol de competências que a CB concede aos Estados (art. 25, § 1º). Os Estados vão gerir suas competências.

5. FORMAÇÃO E MUDANÇA DOS ESTADOS

A delineação interna do Estado federal brasileiro é mutável. A fusão, a cisão e o desmembramento são as hipóteses de alteração na divisão política brasileira.

5.1. Fusão

O art. 18, § 3º, refere-se como incorporação entre si. Ocorrerá quando dois ou mais Estados se unirem geograficamente para a formação de um terceiro Estado, absolutamente diverso dos dois anteriores. Importante é notar que os Estados que se fundem desaparecem, e o que nasce não existia anteriormente.

5.2. Cisão

A CB se refere como subdivisão no art. 18, § 3º. Ocorre quando o Estado se subdivide formando dois ou mais Estados ou territórios. A característica básica é que o Estado que se subdividiu deixa de existir politicamente.

5.3. Desmembramento

Ocorre quando um ou mais Estados cedem parte de seu território (geográfico). A característica básica é que o Estado originário não desaparece da divisão político-administrativa do Brasil. Logicamente que continuará existindo com uma porção de território física e geograficamente menor. Foi o que ocorreu com Goiás, em relação a Tocantins, e, ademais, com Mato Grosso em relação a Mato Grosso do Sul.

5.3.1. Anexação

Quando a cessão ocorre para que um território se anexe a um outro Estado, tem-se o desmembramento-anexação, pois não há a criação de um novo Estado.

5.3.2. Formação

Quando a cessão de território ocorre para que se transforme em um novo Estado ou em novos territórios, trata-se do desmembramento-formação.

5.4. Procedimento de alteração

Segue o procedimento para promover-se a alteração do desenho dos entes federativos brasileiros.

1º) Aprovação mediante plebiscito da "população diretamente interessada". Esse requisito constitucional admite uma interpretação extensiva e outra mais restritiva. Assim, em sentido amplo, pode significar a manifestação de toda a população do respectivo Estado. Outra tese admissível é mais restritivista, no sentido de considerar como referência apenas a população da área específica na qual ocorrerá a mudança. Esta última orientação é mais admissível na medida em que, quanto aos Municípios, a Constituição fala em consulta "às populações diretamente interessadas" (art. 18, § 4º).

2º) Oitiva da Assembleia Legislativa interessada — cf. art. 48, VI, da CB.

3º) Lei complementar editada pelo Congresso Nacional, sancionada pelo Presidente, aprovando a alteração.

Referências bibliográficas

HORTA, Raul Machado. *Direito Constitucional*. 2. ed. rev. atual. ampl. Belo Horizonte: Del Rey, 1999.

TARR, G. Alan. *Understanding State Constitutions*. Princeton: Princeton University Press, 1998.

_____. "Federalismo e espaço constitucional subnacional. *Revista Brasileira de Estudos Constitucionais-RBEC*, Belo Horizonte, ano 3, n. 10, p. 95-126, abr./jun. 2009.

Capítulo XLVIII
DOS MUNICÍPIOS

1. AUTONOMIA MUNICIPAL

A Constituição Federal, rompendo toda a discussão em torno do *status* dos Municípios na organização do Estado brasileiro, declara, expressamente, que compõem a federação e são dotados de autonomia. Realmente, nos arts. 1º, 18 e 34 fica certa a posição da comuna no Estado federal. Pelo art. 1º, fica certo que a República brasileira é formada pela união indissolúvel dos Estados, Municípios e Distrito Federal. Pelo art. 18, a organização político-administrativa brasileira compreende a União, os Estados, o Distrito Federal e os Municípios. Pelo art. 34 há de ser reconhecida e assegurada a autonomia municipal.

Portanto, no Brasil, já não se pode falar em uma estrutura binária, com a União e os Estados federados convivendo sobre o mesmo território geográfico. Há, agora, três esferas de governo diversas, compartilhando o mesmo território e povo: a federal, a estadual e a municipal.

Inúmeros autores, contudo, já tinham o Município como parte integrante da federação brasileira mesmo anteriormente à Constituição de 1988. Assim o consideravam Hely Lopes Meirelles, Lordelo de Melo e José Horácio Meirelles Teixeira.

Aliás, no início do desenvolvimento institucional brasileiro, até o ano de 1642, os Municípios detinham posição de destaque no cenário nacional.

O Município integra o Estado Federal[1818]. É uma entidade político-administrativa estatal dotada de autonomia.

O traço mais marcante da autonomia política é que o Município elabora sua própria lei orgânica. Anteriormente, a Constituição outorgava aos Estados o poder de criar e organizar seus Municípios. Estes contariam com todas as capacidades, exceto a de auto-organização. Assim, a autonomia haveria de ser assegurada pelos Estados ao criarem seus Municípios. Era o próprio Estado que editava lei complementar, que servia de lei orgânica a todos os Municípios, com o que havia uma uniformização.

Aqui também há a tríplice capacidade, que caracteriza a autonomia: capacidade de auto-organização — incluindo-se a autolegislação — de autogoverno e de

---

1818. Nesse sentido: Augusto Zimmermann, *Teoria Geral do Federalismo Democrático*, p. 343; Hely Lopes Meirelles, *Direito Municipal Brasileiro*, p. 44 (o autor fala de entidade político-administrativa de terceiro grau); Paulo Bonavides, *Curso de Direito Constitucional*, 7. ed., p. 318 (fala de uma natureza federativa incontrastável do Município).

761

autoadministração. A ingerência estadual faz-se sentir em alguns momentos regulados pela Constituição Federal, como na mutação do desenho municipal e na possibilidade de intervenção estadual.

Por fim, frise-se que, com o advento da Emenda Constitucional n. 46, de 5 de maio de 2005, a qual alterou o art. 20, IV, da CB, referente a um dos bens da União, indiretamente se majorou a autonomia municipal. Isso porque retira da alçada da União aquelas ilhas fluviais e lacustres que contenham a sede do Município, como é o caso das ilhas de Florianópolis, São Luís e de Vitória.

Não há como ignorar a importância, ainda que simbólica, que tem o fato de o Município passar a ter disponibilidade sobre o território geográfico em que se encontra a sua sede, o seu centro político.

1.1. Fundamentos para um terceiro nível federativo

De início, é preciso relembrar as memoráveis lições de TOCQUEVILLE[1819], que já acentuava residir no próprio Município a força dos povos livres. Isto porque, segundo seu pensamento, a centralização do poder apenas se presta ao enfraquecimento do povo e à perda de seu sentimento de cidadania. Assim, compara as instituições municipais às escolas primárias, representando aquelas o que estas representam para a ciência.

Segundo a Carta Europeia para autogestão municipal, de 1985-1988, os Municípios formam uma base essencial de todo o regime democrático. A democracia, como se sabe, implica, dentre outras coisas, o reconhecimento da descentralização não entre os poderes (horizontal), mas também entre os níveis de poder (vertical). O federalismo entra exatamente aqui, neste último ponto, possibilitando a distribuição do poder entre diversas camadas de poder.

Salienta ainda a mencionada Carta Europeia que é preciso reforçar e consolidar a autogestão municipal em todos os Estados, direcionada por princípios não só democráticos como de descentralização de poderes.

No Brasil, a mesma importância foi sentida, tanto que se vem acolhendo o Município dentro do seio do sistema federativo, como um dos elementos integrantes da federação brasileira, ao lado dos Estados e da União federal.

A partir de 1988 assistiu-se a uma proliferação de Municípios; vários deles foram criados, muitos dos quais, contudo, sem quaisquer condições de viabilidade. De qualquer forma, isto não retira o caráter democrático que as entidades municipais representam no contexto de um Estado gigantesco como é o brasileiro, ou no seio de uma União Europeia. Não é desejável centralizar todas as decisões políticas em alguns poucos Estados ou na própria União, afirmação válida tanto para o caso europeu quanto para o brasileiro.

1819. A. Tocqueville, De la Democracie en Amérique, in *Oeuvres Complètes*, Paris: Gallimard, 1961, t. I, v. 1.

Os Municípios representam uma excelente fórmula de descentralização administrativa do Estado. Quanto mais descentralizado o exercício do poder do Estado, maiores as chances de participação política do cidadão e, por consequência, mais elevado o nível democrático que se pode alcançar.

É por isso que se observa uma tendência muito forte à valorização dos Municípios, ou Distritos, não obstante se acentue, como já salientado alhures, a integração dos Estados em blocos de abrangência continental. Não se trata, portanto, de movimentos antagônicos. Antes se complementam pelos objetivos que cada qual preserva.

Assim, se de uma parte, por meio da integração regional de nações diversas, implementa-se uma associação de Estados que tendem a formar uma unidade federal mais ampla (um bloco continental coeso), por outro lado, através da municipalização, assegura-se que todos os cidadãos tenham voz ativa na união formada, e, além disso, preservam-se as culturas e particularidades de cada povo.

Na União da Europa busca-se assegurar, a cada passo, a autonomia local dessas pequenas regiões ou distritos, justamente em virtude deste caráter democrático, que implica, em última análise o oferecimento de liberdade aos cidadãos, como proclamava Tocqueville.

Os poderes do tradicional Estado nacional, que se une a outros tantos, vão sendo, como se percebe, diluídos em consequência destes dois fenômenos, que são complementares: criação de uma união supranacional e revitalização dos foros municipais.

De outra parte, a expressão "contração estadual", que pode ser concebida como a restrição dos amplos poderes dos Estados, dentro de um país, em função da expansão dos Municípios, ou como a restrição da soberania dos Estados nacionais, em função da integração em blocos regionais transnacionais, acentua, em ambas as hipóteses, a revalorização do Município.

No Brasil, os Estados federados, que detinham, no passado, amplos poderes para ditar a política municipal, praticamente eliminando a autonomia desses entes, viram os municípios surgir e firmar-se como entes federativos dotados de plena autonomia, ao lado da União e dos próprios Estados.

Como bem lembra MEIRELLES TEIXEIRA, a autonomia do Município ainda era, em épocas passadas, circunscrita, já que cumpria aos Estados a edição das chamadas "leis de organização municipal", ou leis orgânicas, como são hoje conhecidas. Assim, embora houvesse a descentralização política e embora guardasse nível constitucional, a existência do Município não contemplava, ainda, a auto-organização, o que vem a implementar-se com a Constituição de 1988, conforme determina expressamente seu art. 29. Mas havia este dado extremamente original: o Município era ente federativo por força constitucional, e exercia um papel importante no contexto jurídico de descentralização do poder.

É por isso que muitos autores posicionavam-se, como PONTES DE MIRANDA, a esse respeito, entendendo que "O Município é entidade intraestatal rígida como o Estado-membro"[1820]. Acrescentavam ainda os autores que o Município, desde a Constituição de 1937, inseria-se, ao menos implicitamente, no plano da federação brasileira[1821].

Assim, anotava JOSÉ NILO DE CASTRO, em obra voltada ao tema municipal: "É a grande característica de nossa federação, a única de todos os Estados federais a reconhecer ao Município este *status* constitucional"[1822].

O reconhecimento da importância dos Municípios deve-se, sobretudo, à circunstância de que se trata de um agrupamento de sólidas bases, porque o relacionamento dos interessados se dá de maneira mais aberta e intensa. Aliás, não por outro motivo é que o Município, entendido como agrupamento territorial restrito, precede ao próprio Estado. E, modernamente, não se pode deixar de conceder ao Município boa parcela da responsabilidade pela democracia. É por isso que se tem, por outro lado, de lhe deferir os poderes que a ele devem competir.

2. A LEI ORGÂNICA MUNICIPAL E NORMAS CONSTITUCIONAIS DIRIGIDAS AOS MUNICÍPIOS

A Lei Orgânica Municipal é a correspondente constituição dos Municípios[1823], que a Constituição do Brasil denominou de maneira particularizada, ressaltando sua inclinação para a organização ("orgânica") dos "Poderes" locais.

1820. Pontes de Miranda, *Comentários à Constituição de 1946*, v. 1, p. 486. Acrescentava ainda o renomado jurista: "Os Municípios não podem ser privados, ainda pela Constituição estadual, da competência para organizar os seus serviços. Seria reduzir a autonomia municipal a simples autonomia administrativa, executiva, só lhes deixar o cumprimento de normas que a Constituição estadual ou as leis estaduais ordinárias lhes ditassem".

1821. Nesse sentido: Raul Machado Horta, A Posição do Município no Direito Constitucional Federal Brasileiro, *Revista Brasileira de Estudos Políticos*, jul./1982, n. 55, p. 197-221.

1822. *Morte ou Ressurreição dos Municípios?*, p. 36. Acrescente-se o excelente magistério de Meirelles Teixeira, embora voltado à Constituição de 1946: "Como se vê, adotou-se no Brasil uma descentralização política e administrativa total, com uma nota, todavia, que não encontramos nos demais regimes federativos: *a descentralização levada aos municípios como garantia é constitucional, ou melhor, um regime federativo que comporta*, além do poder central e dos poderes regionais, também *poderes municipais, instituídos e garantidos pela Constituição*.

"A autonomia municipal, ou local, *self-government*, é tão antiga como a civilização, e corresponde, como já vimos, à imperiosa necessidade, decorrente da própria natureza das coisas, de que os assuntos e problemas de cada cidade, de cada agrupamento comunal da população, sejam entregues ao próprio governo desta, à solução dos próprios interessados (vizinhos).

"Mas o que há de novo, de extraordinário, no Direito Constitucional brasileiro, é que, enquanto nos demais países o governo local autônomo é mera criação dos costumes, ou da lei ordinária, podendo, portanto, ser oprimido por esta, no Brasil ele se apresenta como instituição, como *garantia constitucional*, pairando, portanto, acima da lei ordinária, que será *inconstitucional* sempre que atinja, fira, prejudique, desconheça ou destrua a autonomia municipal, tal como estabelecida na Constituição.

"Gettel, em seu já citado livro *Political Science*, tratando da descentralização política, do regime federativo, etc., após proceder à exposição da teoria do Estado Federal como uma ordem dúplice de governos — o central e os regionais —, estabelecida por uma Constituição rígida, acrescenta:

'Seria perfeitamente possível, para a Constituição nacional, criar também o estatuto e os poderes das *divisões locais e menores*, tais como cidades por exemplo. Neste caso, existiria uma forma *tríplice de governo. Nenhum sistema semelhante foi ainda experimentado.*'

"Como se vê, desconhece o ilustre mestre de Ciência Política o caso do Brasil, cuja Constituição é realmente única ao criar um regime municipal por dispositivos tais que os municípios se apresentam, frente aos Estados e à União, com uma autonomia quase tão extensa quanto a dos Estados-membros, frente à União" (José Horácio Meirelles Teixeira, *Curso de Direito Constitucional* — p. 652 — grifos do original).

1823. Nesse sentido: Augusto Zimmermann, *Teoria Geral do Federalismo Democrático*, p. 344.

Necessária maioria qualificada, de 2/3 dos membros da Câmara Municipal para sua aprovação, com procedimento que contempla dois turnos de votação.

O art. 29, *caput,* da Constituição Federal prevê o poder constituinte decorrente para o poder legislativo municipal. Esse artigo contém, ademais, um rol de limitações materiais à capacidade de auto-organização municipal. Trata-se de um conjunto de normas obrigatórias ao constituinte municipal. Se a lei orgânica não contemplar qualquer dos referidos comandos compulsórios, nem por isto poderão deixar de ser aplicados, visto serem normas de eficácia plena.

Assim, têm-se os seguintes comandos dirigidos pela Constituição Federal aos constituintes municipais: I — eleição do prefeito, vice-prefeito e vereadores, para mandato de quatro anos, mediante votação direta. É a regra que garante o autogoverno municipal. Ademais, há uma garantia federativa, já que as eleições devem ocorrer concomitantemente em todo o País; II — data para a eleição do prefeito e vice-prefeito, com a previsão de um segundo turno (regra do art. 77), para Municípios com mais de 200 mil eleitores; III — data da posse do prefeito e vice-prefeito; IV — número de vereadores proporcional à população. Para uma população de até um milhão de habitantes, tem-se o número mínimo de nove e o máximo de vinte e um vereadores. Para uma população entre mais de um milhão e menos de cinco milhões de habitantes, tem-se o número mínimo de 33 e o máximo de 41 vereadores. Por fim, para uma população superior a cinco milhões de habitantes, tem-se o número mínimo de 42 e o máximo de 55 vereadores.

Quem fixa o número de vereadores é a lei orgânica municipal, respeitados os parâmetros mínimo e máximo (art. 29, IV, da CB). Tais parâmetros, sem embargo, ainda que lastreados na população de cada Município, admitiam impropérios matemáticos, com o que alguns Municípios de população irrisória acabavam por possuir maior número de vereadores que outros de médio e grande porte. Com vistas a solucionar a liberalidade com que muitos Municípios estavam agindo, quando da delimitação exata do número de vereadores, mesmo que dentro do piso e do teto constitucionalmente previstos, o STF estabeleceu um critério mais rígido[1824], ainda que não tenha atingido a tão almejada proporcionalidade que há de haver entre número de vereadores e população.

O critério aritmético utilizado para os Municípios constantes do art. 29, IV, *a,* passou a ser mais rígido, consoante a decisão exarada pelo STF: "Lê-se nesse preceito: 'mínimo de nove e máximo de vinte e um nos Municípios de até um milhão de habitantes'. Como se vê, está definida uma relação na proporção entre 1.000.000 e 21. Dividindo-se esses dois números encontraremos o quociente de 47.619, que representa — na proporcionalidade de 1.000.000 para 21 — o quantitativo de habitantes correspondente a

---

1824. "Deixar a critério do legislador municipal o estabelecimento da composição das Câmaras Municipais, com observância apenas dos limites máximos e mínimos do preceito (artigo 29), é tornar sem sentido a previsão constitucional expressa da proporcionalidade.

"Situação real e contemporânea em que Municípios menos populosos têm mais Vereadores do que outros com um número de habitantes várias vezes maior. Caso em que a falta de parâmetro matemático rígido que delimite a ação dos legislativos Municipais implica evidente afronta ao postulado da isonomia" (RE 197.917-8/SP, rel. Min. Maurício Corrêa, *DJ,* 7 fev. 2004).

1 Vereador. Ou, seguindo-se regra de três simples: 1.000.000 está para 21, assim como 1 está para x, cujo quociente será o mesmo de 47.619. Em outras palavras, para cada grupo de 47.619 munícipes deverá haver 1 Vereador.

"Ocorre que a mesma norma constitucional fixou em 9 o número mínimo de Vereadores para a composição das Câmaras Legislativas. Como consequência, tem-se uma ficção legislativa que transpôs, para essa finalidade específica, a proporção de um para nove. Assim, o número correspondente a 47.619, que é o mínimo-base de cada Município, será o indicador permanente para todos os que tenham população até esse limite.

"Sabido que todos os Municípios que têm até 47.619 habitantes terão 9 Vereadores, segue-se que para alcançar-se a segunda série de intervalo da alínea *a* do dispositivo em causa somam-se mais 47.619, cujo resultado será de 95.238 habitantes, sendo esse o patamar para 10 Vereadores; para atingir-se o de 11, multiplica-se 47.619 por três e chegar-se-á ao resultado de 142.857 habitantes, seguindo-se esse critério sucessivamente até obter-se o número-limite de Vereadores dessa faixa, que é de 21"[1825].

O mesmo raciocínio foi adotado para os Municípios com mais de um milhão e menos de cinco milhões de habitantes: "Seguindo o mesmo raciocínio referido anteriormente, tem-se a proporção definida de 4.999.999 para 41. Dividindo-se esses números obtém-se o quociente de 121.951, o que significa dizer que a partir de 1.000.001 habitantes, a cada grupo de 121.951, soma-se mais um vereador, observado sempre o patamar mínimo de 33 (trinta e três).

"Poder-se-ia, nesse intervalo específico, questionar a causa da não utilização da proporção de 1.000.001 e 33, parâmetros também disponibilizados pela norma constitucional. Verifica-se, porém, um grande salto no número de Vereadores da primeira para a segunda faixa — 21 para 33 —, o que significa dizer que tais números não estabeleceram a proporção, apenas fixaram o marco inicial da segunda faixa em relação à população e aos seus representantes. Objetivou o legislador valorizar com maior densidade representativa os Municípios mais populosos, prevendo para as cidades com número de habitantes superior a 1.000.000 e inferior a 5.000.000 o patamar inicial de 33 Vereadores e não de 22, como seria de se esperar caso a sequência fosse seguida"[1826].

Por fim, têm-se os Municípios com mais de cinco milhões de habitantes. Nestes, o critério variará, em virtude da ausência de um teto: "Importante notar que essa faixa é a última [as outras duas são as presentes na alínea *a* e *b*] e, diferentemente da primeira, os parâmetros de proporcionalidade são definidos a partir de patamares mínimos, até porque é impossível determinar o número máximo de habitantes a que podem chegar os Municípios brasileiros. Definidas as referências de 42 e 5.000, tem-se novamente que a divisão desses números fornece o quociente correspondente a 1 Vereador para a faixa. Dessa forma, 5.000.000 dividido por 42 é igual a 119.047. Em consequência, a cada grupo de 119.047 munícipes a representação será acrescida de um

---

1825. RE 197.917-8/SP.
1826. RE 197.917-8/SP.

Vereador, até o limite máximo de 55, a partir do que não será mais alterado, encerrando-se o ciclo da proporcionalidade"[1827].

Em 23 de setembro de 2009, novas mudanças foram estabelecidas, desta sorte por meio da EC n. 57, que pode ser considerada uma resposta à decisão constritiva do STF, por parte do Congresso Nacional. As novas faixas, embora mais precisas que as faixas estabelecidas originariamente na Constituição de 1988, ampliam o número de vereadores. Para tanto, o art. 29 da Constituição passou a indicar, em seu inc. IV, o número limite de vereadores, conforme novos parâmetros (sempre tendo por base o número de habitantes):

- 9 vereadores, nos Municípios de até 15.000 habitantes;
- 11 vereadores, nos Municípios de mais de 15.000 habitantes e de até 30.000 habitantes;
- 13 vereadores, nos Municípios com mais de 30.000 habitantes e de até 50.000 habitantes;
- 15 vereadores, nos Municípios de mais de 50.000 habitantes e de até 80.000 habitantes;
- 17 vereadores, nos Municípios de mais de 80.000 habitantes e de até 120.000 (cento e vinte mil) habitantes;
- 19 vereadores, nos Municípios de mais de 120.000 habitantes e de até 160.000 habitantes;
- 21 vereadores, nos Municípios de mais de 160.000 habitantes e de até 300.000 habitantes;
- 23 vereadores, nos Municípios de mais de 300.000 habitantes e de até 450.000 habitantes;
- 25 vereadores, nos Municípios de mais de 450.000 habitantes e de até 600.000 habitantes;
- 27 vereadores, nos Municípios de mais de 600.000 habitantes e de até 750.000 habitantes;
- 29 vereadores, nos Municípios de mais de 750.000 habitantes e de até 900.000 habitantes;
- 31 vereadores, nos Municípios de mais de 900.000 habitantes e de até 1.050.000 habitantes;
- 33 vereadores, nos Municípios de mais de 1.050.000 habitantes e de até 1.200.000 habitantes;
- 35 vereadores, nos Municípios de mais de 1.200.000 habitantes e de até 1.350.000 habitantes;
- 37 vereadores, nos Municípios de 1.350.000 habitantes e de até 1.500.000 habitantes;
- 39 vereadores, nos Municípios de mais de 1.500.000 habitantes e de até 1.800.000 habitantes;

1827. RE 197.917-8/SP.

- 41 vereadores, nos Municípios de mais de 1.800.000 habitantes e de até 2.400.000 habitantes;
- 43 vereadores, nos Municípios de mais de 2.400.000 habitantes e de até 3.000.000 de habitantes;
- 45 vereadores, nos Municípios de mais de 3.000.000 de habitantes e de até 4.000.000 de habitantes;
- 47 vereadores, nos Municípios de mais de 4.000.000 de habitantes e de até 5.000.000 de habitantes;
- 49 vereadores, nos Municípios de mais de 5.000.000 de habitantes e de até 6.000.000 de habitantes;
- 51 vereadores, nos Municípios de mais de 6.000.000 de habitantes e de até 7.000.000 de habitantes;
- 53 vereadores, nos Municípios de mais de 7.000.000 de habitantes e de até 8.000.000 de habitantes; e
- 55 vereadores, nos Municípios de mais de 8.000.000 de habitantes.

Consoante o art. 3º da EC n. 58/2009, a nova disciplina entra em vigor imediatamente, produzindo os efeitos indicados acima "a partir do processo eleitoral de 2008". Algumas estimativas apresentadas pela imprensa contabilizaram mais de 7.000 novos cargos de vereadores pelo país em decorrência da nova disciplina constitucional.

Contudo, a Resolução n. 22.556, de 2007, do TSE, estabeleceu que mudança no número de cargos de vereadores só seria aplicável às eleições de 2008 caso fosse aprovada antes do fim do período de realização das convenções partidárias. A tese acolhida, portanto, foi a de que a alteração do número de cargos, por Emenda Constitucional, não poderia retroagir. Há quem sustente que a aplicação retroativa de um número de vagas de veradores maior do que aquele indicado no processo eleitoral estaria a ferir a democracia. A EC n. 58/2009, contudo, foi expressa sobre a retroatividade, não sendo mera questão interpretativa a sua aplicação retroativa. Muitos vereadores suplentes, pois, tomaram posse após a publicação da EC n. 58/2009, alguns mediante decisão da própria Justiça. Registre-se que, apesar de ampliativa quanto ao número de cargos de vereadores, a EC n. 58/2009 foi mais restritiva quanto aos limites de gastos com o Legislativo local, como indicado abaixo.

A Ministra CÁRMEN LÚCIA, em seu voto na medida cautelar que concedeu em sede da ADIn 4.307-DF, proposta em face da EC n. 58, especificamente seu art. 3º, I, salientou dois dos principais problemas decorrentes dessa pretensão de imediata aplicação da EC: "Se uma Emenda Constitucional pode, validamente, alterar o quadro de vereadores, permitindo posse de novos membros daquelas Casas, no curso dos mandatos regularmente conquistados nas urnas, estar-se-ia criando mandatos com duração diferenciada em relação aos empossados no início da legislatura. Tanto significaria a possibilidade de se terem vereadores com mandatos de quatro anos e outros com mandatos inferiores. Com isso, as Câmaras Municipais teriam Vereadores com mandatos diferentes, iniciados em datas diferentes e, por isso mesmo, com direitos diferentes. E os eleitores sequer teriam se pronunciado sobre estes novos empossados".

Lembra, oportunamente, a Ministra CÁRMEN LÚCIA que "suplente é o não eleito", pois só se pode considerar eleito aquele que tenha sido assim proclamado, conforme as regras em vigor, no momento específico dessa proclamação, no caso, o processo eleitoral de 2008, "que já se aperfeiçoou e cujo procedimento se exauriu".

Em entrevista concedida à *Folha de S.Paulo*, em 15 de setembro de 2009, o Ministro GILMAR MENDES também acentuou que lhe pareceria uma "eleição *a posteriori*" permitir a aplicação imediata e plena dos termos da EC n. 58/09.

Os incisos VI e VII do art. 29 da CB foram acrescentados pela Emenda Constitucional n. 1/92. Foi uma tentativa de limitação do abuso na lei orgânica. Estabeleceu-se um limite à remuneração, para cada vereador, em 75% daquela estabelecida aos deputados estaduais. E também um limite máximo para o pagamento de todos os vereadores em 5% da receita do Município. Os limites ora estipulados voltaram a sofrer modificação, por meio da EC n. 19/1998 e, por último e principalmente, pela EC n. 25/2000. Citada emenda buscou dar maior racionalidade à limitação dos vencimentos dos vereadores, ao torná-la variável. É dizer, já não se impunha um único limite, tal qual o de 75%, mas sim diversos, cujo parâmetro seria o número de habitantes do Município. Nesse sentido, estipulou-se que os vereadores: a) dos Municípios com até dez mil habitantes perceberão vinte por cento do subsídio dos deputados estaduais; b) dos Municípios de dez mil e um até cinquenta mil habitantes receberão trinta por cento do subsídio dos deputados estaduais; c) dos Municípios de cinquenta mil e um a cem mil habitantes receberão o correspondente a quarenta por cento do subsídio dos deputados estaduais; d) dos Municípios de cem mil e um a trezentos mil habitantes receberão o valor correspondente a cinquenta por cento do subsídio dos deputados estaduais; e) de Municípios de trezentos mil e um a quinhentos mil habitantes, receberão o correspondente a sessenta por cento do subsídio dos deputados estaduais; e f) dos Municípios com mais de quinhentos mil habitantes, o subsídio máximo dos vereadores corresponderá a sessenta e cinco por cento dos subsídios dos deputados estaduais.

No inciso VIII está prevista a imunidade material. Pela primeira vez o membro do poder legislativo municipal ganhou imunidade. O vereador é inviolável por suas opiniões, palavras e votos. Mas a imunidade não é absoluta. Limitações a essa imunidade: o voto ou palavra deve ser proferido no exercício do mandato (deve haver uma conexão lógica com este). Para qualquer outro crime, não há nem imunidade material nem formal, de maneira que poderá o vereador ser processado independentemente de autorização da Câmara, e responderá por todos os demais crimes como cidadão comum.

No inciso X consagra-se a regra de julgamento dos prefeitos pelo Tribunal de Justiça, para crimes comuns. Quem julga o prefeito em crime eleitoral? É o Tribunal Regional Eleitoral, pois há no caso Justiça especializada. Quem julga o prefeito em crime doloso contra a vida? De acordo com o art. 5º, XXXVIII, *d,* e o art. 29, X, da CB, será sempre deferida ao Tribunal de Justiça a competência em tal situação, em virtude do princípio da especialidade da última norma.

O inciso XIII dispõe sobre a necessidade de previsão da iniciativa popular de projetos de lei, pela lei orgânica municipal, com manifestação de pelo menos 5% do eleitorado.

No inciso XIV está determinada a perda do mandato do prefeito, nos termos do art. 28, parágrafo único, da CB, ou seja, quando assumir outro cargo ou função na Administração Pública.

Já os incisos I, II, IV e VIII do art. 29 tratam, em realidade, de matéria cuja competência é, por natureza, do poder constituinte nacional.

Valem, para os municípios brasileiros, as considerações acerca da obrigação geral de simetria lançadas por ocasião do estudo da capacidade de auto-organização do Estados-membros.

A Emenda Constitucional n. 25, de 12-2-2000, havia acrescentado o art. 29-A à Constituição de 1988, estabelecendo limites para o total da despesa do Poder Legislativo Municipal. A Emenda Constitucional n. 58, de 23-9-2009, alterou o novo dispositivo, reduzindo as porcentagens das faixas de gastos anteriormente estabelecidas e criando outras faixas, com percentuais mais reduzidos, para os municípios mais populosos. Assim, atualmente, as despesas não poderão ultrapassar os seguintes percentuais (que se referem ao somatório efetivo de receitas tributárias e transferências): i) 7% para Municípios com população de até 100.000 habitantes; ii) 6% para Municípios com população entre 100.000 e 300.000 habitantes; iii) 5% para Municípios com população entre 300.001 e 500.000 habitantes; iv) 4,5% para Municípios com população entre 500.001 e 3.000.000 de habitantes; v) 4% para Municípios com população entre 3.000.001 e 8.000.000 de habitantes; vi) 3,5% para Municípios com população acima de 8.000.001 habitantes.

3. FORMAÇÃO DOS MUNICÍPIOS

O art. 18, § 4º, da Constituição consagra as regras para a formação e alteração de circunscrições municipais. Constituem requisitos constitucionais: 1º) lei complementar federal, que determinará o período dentro do qual poderá ser realizada a alteração; 2º) publicação, na forma da lei, dos estudos de viabilidade municipal; 3º) realização de plebiscito: deverá haver consulta prévia à população diretamente interessada; 4º) com o plebiscito favorável, será necessária ainda lei ordinária estadual que crie o Município, definindo seus limites geográficos etc. Anteriormente à EC n. 15/96, a Constituição falava em lei complementar estadual. A mudança para lei complementar federal foi uma tentativa de obstar articulações políticas eleitoreiras regionais para a multiplicação indesejável de municípios no Brasil.

Assim, o plebiscito é condição necessária mas não suficiente. A vontade favorável do plebiscito não vincula o legislador, nem o Executivo (que poderá vetar a lei).

Uma das grandes críticas que se faz à federação brasileira é o número alarmante de Municípios, ou seja, de parcelas de território que receberam autonomia e foram transformados em Municípios. Isso nem sempre ocorre com fundamento em estudos de viabilidade. Boa parte dos Municípios, no Brasil, conta com menos de vinte mil habitantes e alguns foram criados apenas com intuito eleitoreiro, aumentando o número de prefeitos, vereadores e funcionários públicos e obtendo verbas da União federal, que é, em parte, quem acaba sustentando essas entidades.

770

Consoante noticiado pelo Supremo Tribunal Federal, em outubro de 2008 havia, no país, cinquenta e sete municípios "pendentes de regularização" (como Mesquita, no Rio de Janeiro, e Luís Eduardo Magalhães, na Bahia), passíveis de serem extintos. A solução adotada foi a aprovação de emenda constitucional procedendo à "regularização" desses municípios criados sem atendimento das condições constitucionais. Assim, a Emenda Constitucional n. 57, de 18 de dezembro de 2008, alterando o ADCT, fez constar que: "Art. 96. Ficam convalidados os atos de criação, fusão, incorporação e desmembramento de Municípios, cuja lei tenha sido publicada até 31 de dezembro de 2006, atendidos os requisitos estabelecidos na legislação do respectivo Estado à época de sua criação".

4. O PODER EXECUTIVO MUNICIPAL E SUA LINHA SUCESSÓRIA

Consoante prevê a própria Constituição, os municípios contam com Executivos próprios. O Prefeito é o Chefe do Executivo local e deve ser eleito pelos respectivos munícipes juntamente com seu Vice-prefeito. É o que se denomina de autogoverno local. Essas autoridades não são subordinadas nem ao Governador do respectivo Estado nem ao Presidente da República, tendo em vista a autonomia atribuída aos municípios.

O STF já tem posicionamento no sentido de que cabe à Lei Orgânica Municipal estabelecer a cadeia de sucessões no caso de dupla vacância do cargo de Prefeito e seu vice (ADin 3.549 e ADIn 687). Assim, "No caso, por se cuidar de matéria que *envolve preponderante interesse local, a Constituição faculta aos Municípios estabelecer a ordem de vocação sucessória nos casos de vacância dos cargos de prefeito e vice-prefeito*" (ADIn 3.549-5/GO, Min. rel. CARMEN LÚCIA, *DJ* de 31-10-2007). Nem mesmo as constituições estaduais podem pretender disciplinar esse tema diretamente, nem devem ser utilizadas como normas aplicáveis aos municípios por força de uma simetria obrigatória, que inexiste na hipótese. Prepondera a autonomia municipal. Foi o que determinou o STF na referida ADIn 687, esclarecendo que "A vocação sucessória dos cargos de prefeito e vice-prefeito põem-se no âmbito da autonomia política local, em caso de dupla vacância. 3. Ao disciplinar matéria, cuja competência é exclusiva dos Municípios, o art. 75, § 2º, da Constituição de Goiás fere a autonomia desses entes, mitigando-lhes a capacidade de auto-organização e de autogoverno e limitando a sua autonomia política assegurada pela Constituição brasileira". No voto que proferiu nessa ADIn, a Ministra CARMEN LÚCIA complementou, ainda, que é também inadmissível emprestar uma sorte de interpretação conforme a Constituição às regras das constituições estaduais disciplinando a sucessão municipal para compreendê-las aplicáveis apenas enquanto não houvesse normas próprias na Lei Orgânica em questão. É que se trata, no caso, de competência exclusiva do Município, decorrente de sua autonomia, que não pode ser mitigada por uma transferência de competência a outro ente federativo.

Em maio de 2008 a então Prefeita de Fortaleza ausentou-se, por motivo de viagem ao exterior. Ante a vacância do cargo, este foi assumido pelo Professor de Direito Constitucional MARTONIO MONT'ALVERNE BARRETO LIMA, que à época ocupava a posição de Procurador geral do Município, portanto, integrante do Poder Municipal. Contudo, por meio de decisão proferida pelo Poder Judiciário em sede de mandado de segurança, foi concedida liminar para determinar que o magistrado mais antigo da Vara da Fazenda Pública do Município fosse empossado como o substituto, por força da aplicação de uma espécie de simetria analógica aos municípios da ordem de sucessão federal contida no art. 80 da Constituição do Brasil. Na realidade, a escolha de um magistrado e o critério para se saber qual magistrado não tinham qualquer fundamento normativo. Pelo contrário, sendo omissa a Lei Orgânica Municipal sobre a linha de sucessores, não se pode pretender, assim mesmo, que nessa linha esteja contemplado qualquer magistrado. O motivo é bastante simples, como bem ressaltou o Ministro Eros Grau nesse caso concreto, "a aplicação é inconcebível à medida que não há Poder Judiciário Municipal".

Realmente, assim como ocorre no âmbito distrital, também no âmbito municipal não se podem admitir, sob pena de desrespeito à autonomia municipal, que autoridades de outras entidades federativas (estados-membros ou União) possam assumir o cargo do Executivo local. E, como é de conhecimento geral, só há, no Brasil, magistratura federal ou estadual. Não sendo, portanto, o Judiciário, em nenhuma hipótese, um Poder municipal, não podem seus integrantes terem assento legítimo na linha sucessória do cargo de Prefeito municipal.

5. PARTICIPAÇÃO DOS MUNICÍPIOS NA REPARTIÇÃO DE RENDAS

Para Zimmermann[1828], a participação reservada aos Municípios na receita tributária é, ainda, muito pequena, no Brasil.

É preciso, pois, reconhecer maior grau de autonomia e responsabilidade às entidades municipais, para que seu desenvolvimento seja intensificado.

Atendendo, em parte, a essa demanda, Emendas Constitucionais dispuseram acerca da distribuição de recursos federais provenientes de certos impostos para as unidades da federação. A EC n. 55/2007 aumentou o percentual de entrega dos iniciais de 47% para 48%, a EC n. 84/2014 aumentou para 49% e, recentemente, a EC n. 112/2021 aumentou para 50% (art. 159, inc. I). Estes acréscimos foram destinados ao "Fundo de Participação dos Municípios". Na EC n. 55/2007, fixou-se 1% para o primeiro decêndio do mês de dezembro de cada ano (art. 159, I, *d*). Na EC n. 84/2014, fixou-se 1% para o primeiro decêndio do mês de julho de cada ano (art. 159, I, *e*). Com a EC n. 112/2021, fixou-se 1% para o primeiro decêndio do mês de setembro de cada ano (art. 159, I, *f*). O cálculo, a partir de 2022, é gradativo. Nos dois primeiros anos, o repasse é de 0,25% a mais da receita, no terceiro ano, de 0,5%, e do quarto ano em diante, alcança 1% (art. 2º da EC n. 112/2021). Assim, a participação total dos Municípios sobre a arrecadação do IR passará a ser de 25,5%. Trata-se de medida que, assim como ocorreu com emendas constitucionais anteriores, promove uma melhor distribuição da riqueza no território nacional, concretizando, em parte, mecanismos que se alinham ao desiderato constitucional da superação das desigualdades regionais.

1828. *Teoria Geral do Federalismo Democrático*, p. 344.

6. REGIÕES METROPOLITANAS, MICRORREGIÕES E AGLOMERADOS URBANOS

6.1. Significado e formação

Além da União, Estados, Municípios e Distrito Federal, a Constituição prevê, ainda, regiões metropolitanas, microrregiões e aglomerados urbanos.

Indaga-se, inicialmente, se seriam reais entes federativos. Sua previsão está consagrada constitucionalmente no art. 25, § 3º. Contudo, todas essas figuras constituem agrupamentos de Municípios limítrofes, tendo por finalidade básica a resolução de problemas em comum. Seria uma espécie de "convênio" por agrupamento de Municípios.

Para tanto, exige-se que os Municípios envolvidos sejam 1º) limítrofes; e 2º) de um mesmo Estado.

As modalidades são: 1º) regiões metropolitanas; 2º) aglomerados urbanos; e 3º) microrregiões. Todas devem ser concebidas por lei complementar estadual. Essa é a razão de só se admitirem Municípios de um mesmo Estado-membro.

Anteriormente a 1988 era permitido que a região metropolitana fosse constituída por Municípios integrados a entidades federativas estaduais diversas. Isso era assim porque a entidade final era criada por lei complementar federal. Atualmente, não há mais essa possibilidade.

Frise-se aqui que não cabe ao Município, pretenso participante de região metropolitana, condicionar a sua participação à aprovação pela respectiva Câmara Municipal. Nesse sentido foi a decisão do STF, na ADIn 1.841-9/RJ, em que se declarou a inconstitucionalidade de dispositivo da Constituição do Rio de Janeiro que condicionava a participação de Município em região metropolitana à prévia aprovação da respectiva Câmara Municipal: "A instituição de regiões metropolitanas, aglomerações urbanas e microrregiões, constituídas por agrupamentos de municípios limítrofes, depende, apenas, de lei complementar estadual"[1829].

6.2. Diferenças entre regiões metropolitanas, microrregiões e aglomerados urbanos

Na região metropolitana sempre haverá um Município mais importante, chamado *cidade-polo*, em torno do qual se reunirão os demais Municípios. Isso só ocorrerá nessa espécie de aglomeração. Entre tais Municípios observar-se-á uma continuidade urbana, sendo densamente povoado, de contínua construção.

Na microrregião existem Municípios limítrofes relativamente semelhantes, sem que nenhum predomine, que seja mais importante. É a lei complementar que vai estabelecer uma *cidade-sede*, que poderá ser, em princípio, qualquer daqueles Municípios. Não há continuidade urbana. Observar-se-á em cada Município um núcleo urbano pró-

---

1829. Relator Min. Carlos Velloso, *DJ*, 20 set. 2002.

prio, com o que há descontinuidade urbana. Por fim, é uma área menos povoada do que aquela propensa à formação de uma região metropolitana.

Nos aglomerados urbanos os Municípios também se equivalem, existe uma continuidade urbana e a área também é densamente povoada. Essa modalidade acaba reunindo características das duas anteriores. Não existirá, contudo, nem cidade-polo, nem cidade-sede.

Referências bibliográficas

BONAVIDES, Paulo. *Curso de Direito Constitucional.* 7. ed. São Paulo: Malheiros, 1997.

CASTRO, José Nilo de. *Morte ou Ressurreição dos Municípios?.* Rio de Janeiro: Forense, 1985.

CRETELLA JÚNIOR, José. *Os "Writs" na Constituição de 1988*: *Mandado de Segurança, Mandado de Segurança Coletivo, Mandado de Injunção, "Habeas Data", "Habeas Corpus", Ação Popular.* 2. ed. Rio de Janeiro: Forense Universitária, 1996.

GRAU, Eros Roberto. *Regiões Metropolitanas*: *Regime Jurídico.* São Paulo: Bushatsky, 1974.

HORTA, Raul Machado. *Direito Constitucional.* 2. ed. rev. atual. ampl. Belo Horizonte: Del Rey, 1999.

_____. A Posição do Município no Direito Constitucional Federal Brasileiro. *Revista Brasileira e Estudos Políticos*, jul. 1982, n. 55.

MEIRELLES, Hely Lopes. *Direito Municipal Brasileiro.* 10. ed. São Paulo: Malheiros, 1998.

MUKAI, Toshio. *O Regime Jurídico Municipal e as Regiões Metropolitanas.* 1. ed. São Paulo: Sugestões Literárias, 1976.

PONTES DE MIRANDA, Francisco Cavalcanti. *Comentários à Constituição de 1946.* Rio de Janeiro: Livraria Boffini, 1947. v.1.

TEIXEIRA, José Horácio Meirelles. *Curso de Direito Constitucional.* Org. Maria Garcia. Rio de Janeiro: Forense Universitária, 1991.

TEMER, Michel. *Território Federal nas Constituições Brasileiras.* São Paulo: Revista dos Tribunais/Educ, 1975.

TOCQUEVILLE, Alexis de. De la Democracie en Amérique. In: *Ouvres Complètes.* Paris: Gallimard, 1961, t. 1, v.1.

ZIMMERMANN, Augusto. *Teoria Geral do Federalismo Democrático.* Rio de Janeiro: Lumen Juris, 1999.

Capítulo XLIX

DO DISTRITO FEDERAL E DE BRASÍLIA

1. ORIGEM DO DISTRITO FEDERAL

O Distrito Federal foi idealizado inicialmente como "Município neutro", capital do Império. A ele era atribuída organização própria, diversa daquela atribuída aos demais Municípios. Não pertencia ao território de nenhuma província.

No Império, era o Rio de Janeiro considerado como a sede do Governo, com o estabelecimento da família real em seu território.

Com a Constituição de 1891 referido Município foi transformado no Distrito Federal. Este passava, então, a ser a Capital Federal.

Brasília foi construída como parte do projeto do Presidente Juscelino Kubitschek.

O Distrito Federal era, até 1985, subordinado à União. Com a Emenda Constitucional n. 25, daquele ano, o Distrito Federal passou a ocupar a posição de entidade federativa autônoma, com a possibilidade de eleger representantes para ocupar assento na Câmara dos Deputados e no Senado Federal.

A Constituição de 1988, contudo, não considera mais o Distrito Federal como Capital do Brasil.

2. NATUREZA

A Constituição de 1988 insere o Distrito Federal ao lado dos demais entes federativos (arts. 1º e 18). Portanto, trata-se de unidade autônoma da Federação, pessoa jurídica de Direito Público interno. Nesse sentido, ficam superadas as teses que lhe atribuíam a natureza de autarquia territorial.

Não se deve confundir o Distrito Federal com os Estados-membros ou com os Municípios. Não é nem um nem outro, já que a Constituição Federal expressamente o distingue das demais entidades federativas.

A Capital Federal situa-se no Distrito Federal (§ 1º do art. 18). Assim, o Distrito Federal serve para abrigar a sede do Governo Federal.

3. AUTONOMIA

O Distrito Federal goza de autonomia (art. 32). Deve reger-se por Lei Orgânica própria, tal como se dá quanto aos Municípios. Mas lhe é vedada a subdivisão em Municípios.

A capacidade de auto-organização e autogoverno estão parcialmente sacrificadas. É que a organização e a manutenção do Poder Judiciário, do Ministério Público, da Defensoria Pública e da polícia civil, militar e do Corpo de Bombeiros competem à União (art. 21, XIII e XIV).

Aliás, a Constituição foi expressa ao determinar que cabe à União, por meio de lei federal, dispor sobre a utilização, pelo Governo do Distrito Federal, das polícias.

Quanto ao Ministério Público do Distrito Federal, tem-se que integra o Ministério Público da União (art. 128). Já a Defensoria Pública deverá ser organizada por meio de lei complementar (federal).

3.1. Legislativo distrital

No Distrito Federal o Poder Legislativo local recebe o nome de "Câmara Legislativa", e seus integrantes são os Deputados Distritais. No regime pretérito, vale recordar, era o Senado Federal que legislava para o Distrito Federal, falecendo a este, pois, a capacidade legislativa própria.

O número de integrantes do Legislativo distrital e seu mandato obedecem às mesmas regras definidas para os Deputados Estaduais, no art. 27 (art. 32, § 3º).

3.2. Executivo distrital

O Distrito Federal dispõe de um cargo de Governador, atendendo, na hipótese, a um parâmetro estadual (com eleições nas mesmas épocas, com mandato idêntico de quatro anos e com Vice-Governador, conforme preceitua o § 2º do art. 32).

Aplica-se, igualmente, nas eleições, o disposto no art. 77, quanto às eleições presidenciais, que só se estende aos Municípios quando estes contem com população de mais de duzentos mil habitantes (arts. 29, II, e 32, § 2º).

Problema surge no caso da necessidade de substituição do Governador e de seu vice, seja por impedimento ou vacância. A solução engendrada para os Estados é a de estabelecer uma ordem de sucessão constituída pelo Presidente da Assembleia e pelo Presidente do Tribunal de Justiça (a mais alta Corte Judicial dos Estados membros). O problema torna-se melindroso no Distrito Federal, na medida em que, quanto ao Judiciário, sabe-se que este não está integrado à estrutura de poder distrital, encontrando-se atrelado à União.

Tem-se, pois, como inadmissível que o Presidente do Tribunal de Justiça possa investir-se no cargo de Governador, ainda que provisoriamente. A impossibilidade tem fundamento dúplice. De uma parte, haveria violação da autonomia própria do Distrito Federal, porque se atribuiria, indiretamente, à União, por meio de seu representante judicial, a condução do governo distrital. De outra parte, a Lei Orgânica distrital não tem competência para, dispondo sobre a hipótese de vacância, obrigar órgão de poder estranho a sua estrutura, vale dizer, essa Lei "não tem poder para definir a competência,

776

faculdade ou prerrogativa do Poder Judiciário, que não pertence àquela unidade da federação, nem de seus membros"[1830].

Por fim, cumpre analisar a representação judicial do Distrito Federal e seu regime jurídico. Tem-se que, nesta hipótese, os Procuradores distritais integram a estrutura de poder do próprio Distrito Federal, não tendo a União competência para organizá-la ou mantê-la (art. 132).

3.3. Judiciário local

Consoante o art. 22, compete à União organizar e manter o Poder Judiciário do Distrito Federal (inc. XIII). Compreende-se o mandamento constitucional no sentido de que o Poder Judiciário presente no território distrital é composto pela União, por esta mantido, integrando a estrutura federal, e não distrital. Em outras palavras, a instituição é da União, embora destinada a servir o Distrito Federal.

Complementando o dispositivo, a Constituição determina ainda que é da competência da União legislar sobre a organização judiciária do Distrito Federal (inc. XVII). É também a União a responsável pela criação dos Juizados Especiais e justiça de paz distritais (art. 98).

4. COMPETÊNCIAS

O Distrito Federal obteve as competências legislativas, tributárias e materiais estaduais somadas às municipais (arts. 32, § 1º, e 147). Contudo, algumas de suas instituições são de responsabilidade direta da União (como a polícia). Daí poder-se afirmar que o Distrito Federal foi contemplado com uma competência própria, específica, que se afasta da competência dos Estados por duas ordens de fatores. De uma parte, por englobar a competência municipal, e, de outra, por afastar a competência sobre certas instituições fundamentais (polícia, Ministério Público, Poder Judiciário e Defensoria Pública).

Assim, quanto à vertente municipal, atrai o Distrito Federal as competências enumeradas no art. 30, bem como a possibilidade de instituir os tributos previstos nos arts. 145, 155 e 156 e, ademais, o direito de participar na repartição das receitas indicadas nos arts. 157, 159, I, *a* e *c*, e II.

Quanto à vertente estadual, o Distrito Federal detém a competência remanescente, assim como a competência para explorar diretamente, ou mediante concessão, os serviços de gás canalizado. Contudo, como dito, certas competências, naturalmente estaduais, foram-lhe retiradas expressamente. Nesse aspecto, a legislação, organização e manutenção referente à Justiça, ao Ministério Público e à Defensoria Pública foram deslocadas para a União (art. 22, XVII).

1830. José Afonso da Silva, *Curso de Direito Constitucional Positivo*, p. 632.

5. BRASÍLIA

Todo país, forçosamente, tem uma capital. Alguns, contudo, pretendem que a capital sirva, exclusivamente, como sede do governo central. Trata-se da criação de uma cidade puramente oficial, como realizado nos Estados Unidos da América do Norte, com a cidade de Washington[1831].

Atualmente, Brasília é a Capital Federal (art. 18, § 1º) do Brasil. Contudo, não se constitui em Município, bem como não se insere em algum outro Município, estando integrada, territorialmente falando, ao Distrito Federal.

Brasília, além de capital da República Federativa do Brasil, é sede do governo do Distrito Federal (art. 6º da Lei Orgânica do Distrito Federal).

Os habitantes de Brasília estão atrelados ao Distrito Federal, entidade federativa que propicia o resgate da cidadania daqueles habitantes.

Referência bibliográfica

HORTA, Raul Machado. *Direito Constitucional*. 2. ed. rev. atual. ampl. Belo Horizonte: Del Rey, 1999.

1831. É certo, contudo, que esses locais florescem como cidades, desenvolvendo as relações sociais e o comércio.

Capítulo L
DA REPARTIÇÃO DE COMPETÊNCIAS NO BRASIL

1. SISTEMÁTICA GERAL

A repartição de competências é considerada como um dos elementos essenciais ao federalismo e sua caracterização efetiva. Não havendo hierarquia entre os entes federativos, e para garantir-lhes a autonomia, as Constituições procedem a uma repartição de competências. Contudo, é certo que há variações na forma de atribuição de competências quando comparados diversos modelos constitucionais de federação[1832].

O modelo tradicionalmente concebido de repartição de competências é aquele que confere a determinado ente, em geral a União, poderes taxativamente enumerados, reservados aos demais entes, como os Estados-membros, os poderes não enumerados. Foi o modelo que teve origem na Constituição norte-americana, de 1787.

Mais recentemente, contudo, pode-se identificar, na teoria e na prática, uma reformulação desse modelo, caminhando para a previsão de competências enumeradas também para outras entidades federativas além da União. Ademais, tem-se a criação de uma área comum, na qual tanto pode atuar a União como os demais organismos federativos.

Nesse campo, identifica-se uma orientação geral para estruturar a repartição de competências. Trata-se do denominado "princípio da predominância do interesse". Esse princípio significa, sucintamente, que à União cabe tratar das matérias de interesse geral, nacional, amplo. Aos Estados, daquelas que suscitam um interesse menor, mais regional. Por fim, aos Municípios cabe tratar das matérias de interesses restritos, especialmente locais, circunscritos a sua órbita menor.

Evidentemente que todos os interesses terão repercussão em cada uma das três esferas citadas. É por isso que se fala em "predominância" e não em "exclusividade". Difícil ou impossível será a tarefa de sustentar uma matéria como sendo exclusivamente de âmbito nacional, regional ou local.

1832. Nesse sentido: Raul Machado Horta, *Direito Constitucional*, 2. ed., p. 305-6.

2. COMPETÊNCIA ADMINISTRATIVA

2.1. Exclusiva

É aquela na qual cada ente federativo têm seu campo de atuação próprio, excludente da atuação de qualquer outra entidade federativa. Assim, têm-se: 1º) poderes enumerados (para a União e para os Municípios); 2º) poderes reservados (para os Estados, consoante a terminologia empregada pela própria CB, no art. 25, § 1º, ao estabelecer os seguintes termos: "São reservadas aos Estados as competências que não lhes sejam vedadas por esta Constituição").

Quanto aos poderes *enumerados*, a Constituição arrola com especificidade qual a competência de cada ente. Quanto aos poderes *reservados*, tem-se a seguinte orientação: tudo que não for nem da União, nem do Município, é de competência exclusiva do Estado (art. 25, § 1º). Em outros termos, é vedada ao Estado a competência que for exclusiva da União ou dos Municípios.

As competências administrativas encontram-se elencadas, para a União, no art. 21 da CB.

Por sua vez, certas competências foram atribuídas aos Municípios por força do disposto no art. 30 da CB, que, em seus diversos incisos, contempla, conjuntamente, competências de índole material (administrativa) e competências de natureza legislativa. No caso das administrativas, também são elas enumeradas.

Vale consignar, por fim, que ao Distrito Federal, conforme ditame do art. 32, § 1º, consagraram-se as competências *legislativas* atribuídas aos Municípios e aos Estados-membros. Assim, a mesma orientação há de prevalecer para as competências *administrativas*. Isso porque será inviável a entidade distrital se a ela não forem carreadas as competências administrativas. Por outro lado, não se encontra previsão expressa sobre quais as competências administrativas desses entes. Por fim, muitas das competências administrativas existem em razão da existência de certas competências legislativas correlatas, ou mesmo as acompanham necessariamente. Assim, salvo casos excepcionalíssimos, a orientação de aplicar as regras de competência legislativa para solucionar o caso da competência administrativa do DF é de admitir como viável e inevitável.

2.2. Comum

É aquela pela qual todos os entes federativos detêm, concomitante-mente, idêntica competência. A atuação, portanto, não é exclusiva, mas sim "concorrente"[1833].

As competências comuns são cumulativas, paralelas, simultâneas (da União, Estados, DF e Municípios).

Essas competências encontram-se arroladas expressamente no art. 23 da CB, que pretendeu realizar uma sistematização no tema de competências administrativas comuns.

1833. Esse termo, contudo, foi reservado, pela Constituição, para a competência concorrente de natureza legislativa.

No âmbito da competência comum, todos os entes federativos podem atuar administrativamente. Assim, tanto a União quanto os Estados-membros, Municípios e Distrito Federal encontram-se aptos a realizar atividades quanto às matérias mencionadas.

Fica evidente que o conflito de atuações, nessas circunstâncias, é praticamente inafastável. Portanto, impõe-se firmar uma diretriz que seja capaz de solucionar os óbices decorrentes da atribuição de competência simultânea a diversas entidades federativas.

A Constituição apenas estabeleceu, no parágrafo único do mencionado art. 23, que "Lei complementar fixará normas para a cooperação entre a União e os Estados, o Distrito Federal e os Municípios, tendo em vista o equilíbrio do desenvolvimento e do bem-estar em âmbito nacional". Nesses casos, aplica-se, basicamente, o princípio da predominância de interesses quando eventualmente surgir algum conflito.

3. COMPETÊNCIA LEGISLATIVA

A Constituição Federal procedeu a uma partilha bastante minuciosa e complexa dos poderes legislativos de cada ente federativo, e, ademais, entre os "poderes" existentes no âmbito da União, especificou a competência exclusiva do Congresso Nacional (art. 49) e a competência privativa do Presidente da República (art. 84).

Quanto aos entes federativos, encontra-se a seguinte divisão, em linhas gerais: 1º) competência enumerada, da União (art. 22), passível de delegação aos Estados (parágrafo único do art. 22); 2º) competência residual ou remanescente, para os Estados-membros (art. 25, § 1º, da CB); 3º) competência municipal para os assuntos de interesse local (art. 30, I); 4º) competência concorrente entre União, Estados e Municípios (arts. 24 e 30, II, da CB); 5º) competência do DF, englobando a dos Estados e Municípios (art. 32, § 1º, da CB).

Quanto à competência residual, atribuída aos Estados-membros, exceção foi feita em matéria tributária. Nesse caso, todo o campo de atuação de cada um dos entes federativos já se encontra previamente delimitado nos arts. 153, 155 e 156 da CB. Foi à União (e não aos Estados) que se reservou, contudo, a competência residual (arts. 154, I, e 149 da CB)[1834].

A sistemática brasileira, portanto, é uma combinação da técnica clássica, com poderes enumerados, e da técnica adotada pela Alemanha, de competências concorrentes.

3.1. Competência privativa da União

3.1.1. Competências exclusivas e privativas da União

A doutrina tem insistido na diferenciação entre competência privativa e competência exclusiva. Designa-se privativa a competência passível de delegação. Quando vedada esta possibilidade, a competência é exclusiva.

1834. Para um estudo amplo acerca da divisão de competência tributária no Brasil, incluindo Executivo, Legislativo e Judiciário: Cristiane Mendonça, *Competência Tributária*.

A dogmática constitucional brasileira em vigor, contudo, advirta-se, não segue essa proposta doutrinária. No art. 22, *caput* e parágrafo único, encontra-se empregado o termo no sentido apontado pela doutrina clássica. Já no art. 52 (que anuncia estabelecer uma competência privativa do Senado Federal), a ideia presente, na realidade, consoante a doutrina clássica, seria a de competência exclusiva, pois não pode haver delegação. No art. 129, I (que estabelece que é atribuição privativa do MP promover a ação penal), a atribuição seria, igualmente, exclusiva.

3.1.2. Competências privativas da União

É o art. 22 da Constituição brasileira o *locus* das competências privativas da União. Sua simples leitura é capaz de conduzir à conclusão de que se trata de um rol extenso e centralizador das mais relevantes matérias. Assim é que compete à União legislar sobre: 1º) Direito Civil, Comercial, Penal, Processual, Eleitoral, Agrário e do Trabalho, entre outros. São as grandes áreas temáticas do Direito, que, em princípio, só podem ser tratados pela União, e a ideia aqui é a de unificar o Direito (inc. I); 2º) águas, energia, informática (a primeira vez em que apareceu numa CB a possibilidade de legislar sobre a informática) (inc. IV); 3º) sistema monetário e de medidas. Cabe, aqui, a indagação sobre ser possível ao Município legislar acerca do horário de funcionamento de bancos. A resposta tem sido negativa, por ser considerada uma temática ligada ao sistema monetário indicado como de competência expressa da União (inc. VI); 4º) trânsito e transporte.

3.1.3. Dificuldade de categorização de determinados tópicos como matérias de competência privativa da União e como matérias afeitas ao "condomínio legislativo"[1835]

A Constituição brasileira optou por estabelecer matérias privativas da União e outras que são compartilhadas com outras entidades federativas, a chamada competência concorrente, analisada abaixo. Contudo, ao elencar e repartir esses temas, parece que o constituinte não percebeu a dificuldade que há em classificar certas questões como exclusivamente pertencentes a um ou a outro assunto. Há matérias que, por exemplo, podem se reportar tanto ao direito civil como ao direito econômico. Como distingui-las ou qual critério de enquadramento numa e não em outra tipologia constitucional (com graves consequências práticas), ou, ainda, como satisfazer concomitantemente a duas categorias diversas? Neste tópico, discorrer-se-á sobre alguns casos em que houve esta divisão pelo STF (ainda que a divisão não tenha sido clara e suscite dúvidas mesmo entre os próprios Ministros). O problema é extremamente relevante para bem compreender a extensão das competências privativas, para as quais parece haver uma predileção em situações que rendam dúvidas de enquadramento[1836].

1835. Terminologia adotada pelo Ministro Celso de Mello na ADIn-MC 903-6/MG, acerca da competência legislativa concorrente.

1836. O tema também apresenta interesse para a competência concorrente, tratada a seguir.

782

3.1.3.1. Competência concorrente de proteção e integração social das pessoas portadoras de deficiência (art. 24, XIV) ou competência privativa para legislar sobre trânsito e transporte (art. 22, XI)?

Na ADIn-MC 903-6/MG, cujo objeto foi a Lei n. 10.820/92, do Estado de Minas Gerais, responsável por disciplinar o transporte coletivo intermunicipal de pessoas portadoras de deficiência (art. 1º da Lei: "As empresas concessionárias de transporte coletivo intermunicipal ficam obrigadas a promover adaptações em seus veículos, a fim de se facilitar o acesso e a permanência de portadores de deficiência física e de pessoas com dificuldades de locomoção"), suscitou-se dúvida acerca da categorização da Lei (ou seja, de sua temática) em questão. Consistiria ela de matéria afeta ao trânsito e transporte, e, portanto, de competência privativa da União ou afeta à proteção e integração social das pessoas portadoras de deficiência, e, portanto, afeita ao "condomínio legislativo"? Obviamente que a lei tratava de ambas as questões. Porém, como determinar qual deverá prevalecer e, desta feita, conduzir a definição da competência legislativa?

Embora a decisão do STF tenha sido pela não concessão da cautelar, ou seja, pela manutenção da presunção de constitucionalidade da Lei estadual, não há uma justificativa bem delineada/cristalina acerca da opção do STF por alocar a Lei no art. 24, XIV, da CB.

Há, contudo, um elemento que merece destaque. Segue-se o excerto do voto do Ministro CELSO DE MELLO, relator da ADIn mencionada: "Alega-se que a União Federal absteve-se, até o presente momento, de editar a legislação nacional pertinente ao tema **específico** da adoção, pelas empresas que exploram o serviço de transporte coletivo, de providências destinadas a garantir, às pessoas portadoras de deficiência, acesso adequado aos veículos automotores.

"Mesmo a normação federal insuficiente, que se haja omitido na disciplinação legislativa de **matéria tópica**, legitima o exercício, pelos Estados-membros, da competência normativa plena" (ADIn-MC 903-6/MG, rel. Min. CELSO DE MELLO, *DJ*, 24-10-1997, original grifado).

Percebe-se que o Ministro em questão está a entender que a Lei Estadual estabelece normas gerais sobre a proteção e integração social das pessoas portadoras de deficiência e que esta generalidade seria legítima dada a ausência de norma federal sobre o assunto. Este, porém, não é o elemento que merece maior atenção aqui, mas sim o uso dos seguintes termos: "tema específico" e "matéria tópica", destacados pelo próprio Ministro.

Disto, poder-se-ia inferir importante critério para definir se determinada lei é de competência privativa da União ou do "condomínio legislativo", a saber, a especialidade da lei. No caso em questão, trata, especificamente, do acesso e da proteção do portador de deficiência. O transporte, por sua vez, é matéria incidental. Daí avocar-se o art. 24, XIV, e não o art. 22, XI, da CB. Portanto, *seria o objeto específico da lei que nortearia a sua classificação/taxionomia*. Logo, é preciso apartar assuntos díspares que são concomitantes a partir da finalidade da lei. Sendo objetivo primordial a tutela do

783

portador de deficiência, o ambiente no qual esta tutela é imposta deve ser considerado uma matéria secundária em relação ao objetivo da legislação.

3.1.3.2. Competência concorrente sobre previdência social, proteção e defesa da saúde (art. 24, XII) ou competência privativa para legislar sobre trânsito e transporte (art. 22, XI) e do trabalho (art. 22, I)?

Na ADIn n. 403-4/SP questionou-se norma da Constituição do Estado de São Paulo, mais precisamente seu art. 190, que estabelecia que "o transporte de trabalhadores urbanos e rurais deverá ser feito por ônibus, atendidas as normas de segurança estabelecidas em lei". Tal dispositivo, nas palavras da requerente, Confederação Nacional da Agricultura, atentaria contra o art. 22, I e XI. Em defesa da previsão constitucional, avocou-se o art. 24, XII, da CB.

A decisão foi pela inconstitucionalidade do preceptivo constitucional do Estado de São Paulo[1837]. Nos termos do voto do Min. ILMAR GALVÃO: "A regra do art. 190 da Constituição do Estado de São Paulo, por sua vez, determina, como visto, que o transporte de trabalhadores deve ser feito, necessariamente, em ônibus, vedando, desse modo, a utilização de qualquer outro veículo de passageiros para tanto".

"Assim, tratando-se de norma sobre trânsito e transportes, fica caracterizada a invasão de competência legislativa da União pelo texto constitucional paulista, invasão essa que se torna mais clara com a leitura das normas federais de trânsito, tanto as vigentes na época da promulgação da Constituição de São Paulo quanto as atuais" (ADIn n. 403-4/SP, rel. Min. ILMAR GALVÃO, *DJ*, 27-9-2002).

Percebe-se, aqui, que o Ministro ILMAR GALVÃO afastou a argumentação desenvolvida pelo Estado de São Paulo de que a norma seria acerca da proteção e defesa da saúde, propugnando se tratar de norma sobre transporte e trânsito. Caso se resolva aplicar o critério esposado no item anterior, objeto específico, perceber-se-ia que a preocupação específica do art. 190 da CE é com o transporte — via ônibus. E, no geral, a própria legislação federal — Código de Trânsito — é quem estabelece as normas de segurança (com a previsão da devida sanção) referentes ao transporte e trânsito.

Quanto à configuração da matéria em questão como afeita ao direito do trabalho, isso ocorreu mais precisamente pelo Ministro MARCO AURÉLIO: "Os preceitos disciplinam transporte e, também, a questão alusiva aos trabalhadores urbanos e rurais, situando-se, se assim podem ser entendidos, no âmbito do Direito do Trabalho" (ADIn n. 403-4/SP, Min. MARCO AURÉLIO, *DJ*, 27-9-2002).

Aqui é importante destacar que a questão trabalhista é mais específica que o transporte, afinal, diz respeito a um transporte referente ao trabalhador, e não a todo e qualquer tipo de transporte. Sem embargo, esta diferenciação não tem implicações práticas.

Contudo, a aplicação do critério especificidade ou especialidade do objeto da lei também apresenta suas dificuldades. Como aquilatar qual objeto é mais específico?

1837. O Ministro Sepúlveda Pertence restou vencido, entendendo ser a matéria de competência dos Estados--membros, por conta do art. 24, XII.

784

A dificuldade de sua aplicação pode se fazer sentir, por exemplo, na ADIn-MC n. 874-9/BA, que envolvia a mesma contenda entre o art. 22, XI, e o art. 24, XII, da CB. Nesta, questionava-se a Lei n. 6.457/93, do Estado da Bahia, que impunha a instalação de cinto de segurança em veículos de transporte coletivo de passageiros.

O resultado foi a inconstitucionalidade da Lei em questão; sem embargo, o Ministro MARCO AURÉLIO, voto vencido, apresentou o seguinte argumento: "Também confiro ao inciso XII do artigo 24 alcance que extravasa o previsto na sua primeira parte, ou seja, tenho-o como direcionado à proteção social. Nesse preceito, está revelado que compete também aos Estados e ao Distrito Federal legislar concorrentemente sobre 'proteção e defesa de saúde' — e, aqui, vislumbro a intangibilidade, a higidez das pessoas.

"Creio que o Estado da Bahia deu um passo, pelo menos sob a minha óptica, elogiável, e neste exame preliminar, não tenho como suficientemente configurada a relevância do pedido a ponto de afastar, de imediato, a eficácia dos dispositivos impugnados" (ADIn-MC n. 874-9/BA, Min. MARCO AURÉLIO).

Percebe-se, aqui, que o que se afigurava mais específico para o Ministro MARCO AURÉLIO era a proteção da saúde das pessoas, que a obrigatoriedade do cinto de segurança estava a impor (chama-se a atenção, aqui, para o fato de o Ministro em questão ter defendido a *inconstitucionalidade* do art. 190 da Constituição do Estado de São Paulo: ou seja, nesta ADIn o Ministro MARCO AURÉLIO concluiu de maneira diversa da conclusão alcançada na ADIn n. 403-4/SP). Acaso se procurem diferenças entre esta decisão e a que antecede esta, provavelmente haverá diferenças importantes, como, por exemplo, o fato de o dispositivo da Constituição do Estado de São Paulo ser extremamente genérico e esta lei tratar de assunto específico que, certamente, diz respeito à segurança das pessoas: algo que poderia sustentar o posicionamento do Ministro MARCO AURÉLIO e a higidez do critério *especificidade*. De qualquer maneira, esta decisão bem demonstra a dificuldade de se aplicar o critério especificidade e, principalmente, a dificuldade de se encontrar, no STF, um critério minimamente homogêneo e linear, com clareza para uma "repetição em série" sem maiores dificuldades.

3.1.3.3. Competência concorrente para legislar sobre direito econômico (art. 24, I) ou competência privativa para legislar sobre direito civil (art. 22, I)/ competência concorrente para legislar sobre educação, cultura, ensino e desporto (art. 24, IX) ou competência privativa para legislar sobre direito civil (art. 22, I)?

A ADIn 1.950-3/SP, cujo objeto era a Lei n. 7.884/92, do Estado de São Paulo, referente à concessão do benefício da meia-entrada, suscitou dúvidas quanto à configuração da matéria em questão, fundamentada no art. 22, I (direito civil) ou no art. 24, I (direito econômico). A celeuma surgiu por conta de posicionamento adotado pelo STF na ADIn 1.007-7/PE, cuja matéria seria a mesma da ADIn 1.950-3/SP (contratos, segundo o posicionamento do Ministro CEZAR PELUSO), mas que teria redundado no enquadramento de validade desta última no art. 22, I (questão de contratos e, desta feita, referente ao direito civil), enquanto na ADIn sobre a meia-entrada teria o STF defendido a competência legislativa concorrente.

785

O objeto da ADIn 1.007-7/PE foi a Lei n. 10.983/93, do Estado de Pernambuco, responsável por fixar o pagamento das mensalidades escolares em Pernambuco. A requerente sustentou a inconstitucionalidade da Lei em questão com base no art. 22, I, da CB. Ou seja, mencionada lei teria invadido esfera da competência privativa da União. O Estado de Pernambuco, por sua vez, sustentou que a Lei auferiria sua legitimidade constitucional do art. 24, IX, da CB. Em outras palavras, havia dúvida, aqui, quanto à alocação da matéria na competência concorrente para legislar sobre educação, cultura, ensino e desporto (art. 24, IX) ou na competência privativa da União para legislar sobre direito civil (art. 22, I).

Nas palavras do Ministro Eros Grau, relator da contenda, o fato de a Lei em questão apenas estabelecer a data de vencimento das mensalidades escolares faria com que a matéria quedasse alocada no art. 22, I: "*Não vislumbro, no texto normativo, legislação sobre educação ou ensino. Os preceitos tratam tão somente da estipulação de data do vencimento das mensalidades escolares, matéria de direito contratual. A Lei n. 10.989 do Estado de Pernambuco, torno a repetir, nada dispõe a respeito daquela matéria.*

"Cabendo à União privativamente legislar sobre direito civil — ou seja, sobre contratos — não compete ao legislador estadual discipliná-los" (ADIn 1.007-7/PE, rel. Min. Eros Grau, *DJ*, 24-2-2006; original não grifado).

À primeira vista, pode-se perceber, aqui, a adoção do critério *especificidade*. Sobre o que trata, propriamente, a Lei em questão? Trata de contratos, de um determinado segmento, ou de educação, propriamente dita? Na visão do Ministro, estar-se-ia em face de matéria contratual. Portanto, por conta desta verificação, a matéria abordada da lei estaria sob a regência do art. 22, I, e não do art. 24, IX, da CB[1838].

Uma vez, mais, porém, este critério viu-se ameaçado, porquanto o Min. Carlos Velloso, nesta mesma ADIn, compreendeu que a Lei acoimada de inconstitucional estaria a disciplinar matéria referente à educação e ensino, e não aos contratos: "V. Exa. não acha que interfere com a questão o inciso IX, que estabelece legislação concorrente entre o Estado e a União no que toca à educação e ensino? Será que mensalidade escolar não estaria relacionada com ensino, educação? Então, tem-se, no caso, competência do Estado para legislar concorrentemente" (ADIn n. 1.007-7/PE, rel. Min. Eros Grau, *DJ*, 24-2-2006; original não grifado).

Seguiu a mesma senda o Ministro Joaquim Barbosa: "*Entendo, sim, que a referida lei tem como fim primordial evitar que normas contratuais abusivas afetem e prejudiquem a concretização e o acesso ao direito fundamental da educação* por parte daqueles cidadãos que pagam estabelecimentos educacionais privados pela prestação

---

1838. Ressalte-se, aqui, que no bojo desta ADIn surge outra polêmica: saber se a Lei em questão estava a discorrer sobre consumidor. Este foi o posicionamento exarado pelo Ministro Carlos Britto:

"Ora, a norma aqui impugnada é de proteção do consumidor" (ADIn 1.007-7/PE, rel. Min. Eros Grau, *DJ* de 24-2-2006). Esta nova celeuma bem demonstra a dificuldade presente na atividade de taxionomia das matérias entre o art. 22 e o art. 24.

dos serviços educacionais" (ADIn 1.007-7/PE, rel. Min. EROS GRAU, *DJ*, 24-2-2006; original não grifado).

Findou, desta feita, este último Ministro, por considerar a Lei em questão como constitucional, por ser matéria alocada na competência legislativa concorrente (art. 24. IX, da CB). A celeuma, sem embargo, não evitou que a legislação estadual fosse reputada inconstitucional por afronta ao art. 22, I, da CB, restando vencedor o posicionamento do Ministro EROS GRAU[1839].

Voltando à questão da ADIn 1.950-3/SP, a polêmica se inicia a partir do momento que o Ministro CEZAR PELUSO, que havia acompanhado o Ministro EROS GRAU na ADIn 1.007-7/PE, levanta a questão da inconstitucionalidade formal da Lei do Estado de São Paulo, Lei n. 7.884/92, porquanto a mesma teria disciplinado matéria de contratos, por conseguinte, invadido competência privativa da União, a saber, competência para legislar sobre direito civil: "Na verdade, essa norma está interferindo em contratos, está tabelando prestações de contratos. Para um universo determinado de contraentes, é verdade, mas está tabelando, ao prescrever que um universo tal de contraentes paga a metade do valor dos contratos.

"Isso, a meu ver, com o devido respeito, ofende o art. 22, I. E encontro grande dificuldade para ajustar essa norma ao art. 23, V, ao dizer que compete ao Estado 'proporcionar os meios de acesso à cultura, à educação...'

"Primeiro, o Estado não está proporcionando nada, está obrigando o particular a proporcionar. Segundo, se o argumento fosse verdadeiro, o Estado poderia baixar norma que estatua que menor de dozes anos paga dez por cento da mensalidade escolar e outras análogas. *Aliás, o Ministro Eros Grau foi relator da ADI n. 1.007, na qual o Plenário não admitiu sequer fosse mudada a data de pagamento de contrato de mensalidade escolar*" (ADIn 1.950-3/SP, rel. Min. EROS GRAU, *DJ*, 2-6-2006; original não grifado).

De outra banda, os Ministros CARLOS BRITTO e EROS GRAU argumentaram que a questão era diferente. A "situação era outra", nas palavras do Ministro CARLOS BRITTO. Sem embargo, não há a demonstração inequívoca de qual o elemento (objetivo) diferenciador entre um e outro caso. Encontra-se apenas o seguinte debate:

"**Eros Grau** — Só para esclarecer: a ADI n. 1.007 tratava de matéria de Direito Civil. A situação é inteiramente diferente.

"**Cezar Peluso** — Que contratos são esses, Ministro?

"**Eros Grau** — Se Vossa Excelência me permitir, estou simplesmente mostrando que não há incoerência no vício formal" (ADIn 1.950-3/SP, rel. Min. EROS GRAU, *DJ*, 2-6-2006; original não grifado).

Não há, além deste debate, qualquer elemento material que explique a diferença entre uma e outra, a não ser a palavra de um Ministro contra a palavra de outro.

1839. Acompanharam o Min. Eros Grau os Ministros Cezar Peluso, Carlos Velloso (que findou por mudar a sua posição), Nelson Jobim, Ellen Gracie e Sepúlveda Pertence.

Quanto ao critério necessário para classificar a lei em questão no âmbito do direito econômico (e, portanto, no "condomínio legislativo") e não no direito civil (e, portanto, em competência privativa da União), queda na obscuridade. O STF não aventa quaisquer indícios ou elementos, nesta ADIn, que possam nortear a solução de situações futuras.

3.1.3.4. Considerações gerais

A partir da pequena amostragem jurisprudencial reunida acima, podem-se esboçar algumas conclusões. A primeira conclusão a que se chegou foi a tentativa de se identificar o critério *especificidade* como um elemento capaz de nortear a taxonomia de determinada matéria, definindo se esta estaria sujeita à competência privativa ou se, por contrário, sujeitar-se-ia ao "condomínio legislativo" do art. 24, da CB. Sem embargo, a divergência entre as ADIns n. 403-4/SP e ADIn-MC n. 874-9/BA e dentro da própria ADIn n. 1.007-7/PE bem demonstraram a dificuldade prática em aplicá-lo ou em considerá-lo *seriamente*, ao menos no que se refere ao *âmbito do* STF.

A segunda conclusão obtida foi a de que o próprio STF não produziu um posicionamento acurado e consistente quando o assunto é o rateio de competências. Nesse sentido, basta retomar a ADIn n. 1.950-3/SP, mais precisamente o embate entre os Ministros Cezar Peluso e Eros Grau.

Também é possível concluir, da amostragem jurisprudencial utilizada, que o STF tem demonstrado uma leitura pró-federal, no sentido de privilegiar a centralização federativa.

3.2. Competência estadual exclusiva

Também aos Estados-membros foi atribuída competência em caráter exclusivo, vale dizer, competência a ser exercida unicamente pelas entidades estaduais. Apenas que não se encontra, tal como a competência privativa da União, sistematizada.

Indica-se como competência enumerada para os Estados-membros: 1º) a criação, incorporação, fusão e desmembramento de Municípios (art. 18, § 4º, da CB); 2º) a exploração do gás canalizado (art. 25, § 2º, da CB); 3º) a criação de regiões metropolitanas, aglomerados urbanos e microrregiões (art. 25, § 3º, da CB); 4º) iniciativa popular no processo legislativo estadual (art. 27, § 4º, da CB); 5º) o controle externo das Câmaras Municipais (art. 31, § 1º, da CB); 6º) os diversos aspectos do Direito Administrativo e Previdenciário (arts. 27, § 2º, 128, §§ 4º e 5º, 169 e 195 da CB e arts. 24 e 39 do ADCT); 7º) o Direito Tributário (arts. 145, 149 e 155 da CB e art. 41 do ADCT).

3.3. Competência concorrente

3.3.1. Da União e dos Estados

O art. 24 da Constituição brasileira indica o estabelecimento de um "condomínio legislativo" entre entidades federativas. Trata-se daquilo que a Constituição denominou como competência concorrente entre União, Estados-membros e DF. Compete a esses entes legislar, em caráter concorrente, ou seja, concomitantemente, sobre os temas ali elencados.

Dentre outros temas, vale registrar que se insere nesse condomínio legislativo: 1º) Direito Tributário; 2º) Direito Financeiro; 3º) Direito Penitenciário; 4º) Direito Econômico; 5º) orçamento; 6º) juntas comerciais; 7º) custas dos serviços forenses; 8º) produção e consumo; 9º) proteção do meio ambiente e controle da poluição; 10º) proteção ao patrimônio histórico; 11º) educação, cultura e ensino; 12º) desporto; 13º) Juizados Especiais Cíveis e Criminais; 14º) procedimentos em matéria processual; 15º) previdência; 16º) assistência jurídica e defensoria pública; 17º) proteção e integração social das pessoas portadoras de deficiências físicas; 18º) proteção à infância e juventude; 19º) polícias civis.

Ocorre, aqui, uma técnica de repartição vertical das competências. Não se confunde com a competência comum (ou cumulativa), do art. 23, que é administrativa e paralela (horizontalmente distribuída).

Na competência legislativa concorrente as normas gerais cabem à União, e aos Estados membros cabem as normas particulares. Por isso a competência dos Estados membros é denominada *complementar*, por adicionar-se à legislação nacional no que for necessário. Também à União cabe legislar sobre normas particulares para seu âmbito.

Analisando a jurisprudência do STF, que tem sido chamado reiteradamente a se pronunciar sobre possíveis conflitos de competência legislativa, percebe-se prevalecer, ainda hoje, uma tendência restritiva quanto a um amplo e real compartilhamento competencial. A razão para isso se encontra, em parte, na insuficiência da definição constitucional sobre o sentido de normas gerais e especiais[1840].

O Ministro CARLOS AYRES BRITTO, na ADIn 3.645-9/PR, considerou que "norma geral, a princípio, é aquela que emite um comando passível de uma aplicabilidade federativamente uniforme"[1841] (STF, rel. Min. Ellen Gracie, *DJ*, 1º-9-2006).

Outra opinião acerca do que vem a ser norma geral, semelhante[1842] à do Ministro CARLOS BRITTO, é a esposada na ADIn-MC 927-3/RS, e reiterada na ADIn n. 3.098-1/SP,

---

1840. Abaixo apresento uma breve análise de parte da jurisprudência do STF sobre o assunto, desenvolvida originariamente na *Revista Brasileira de Estudos Constitucionais*, n. 6, abr./jun. 2008, resultado de projeto de pesquisa financiado pela Secretaria de Assuntos Legislativos do Ministério da Justiça, pelo Programa das Nações Unidas para o Desenvolvimento em parceria com a Universidade Presbiteriana Mackenzie.

1841. Nesse exato sentido foi o voto do Min. Cezar Peluso na ADIn 1.007-7/PE: "O alcance do caráter geral é que dá a razão por que se distribui competência concorrente nessa matéria, quando a Constituição atribui à União a competência para ditar normas de caráter geral sobre contratos. É que a União é que deve ditar normas aplicáveis a todo o país, a fim de que um contrato não tenha particularidade normativa em determinado Estado, outra particularidade em Estado diverso, ou a possibilidade de os Estados estabelecerem normas diferentes sobre o mesmo tipo de contrato" (ADIn n. 1.007-7/PE, rel. Min. Eros Grau, *DJ*, 24-2-2006; original não grifado).

1842. Diz-se, aqui, semelhante, porquanto o Ministro Carlos Velloso, embora espose esta concepção de norma geral como norma de maior abstração, finda, por vezes, a argumentar de maneira semelhante à concepção do Ministro Carlos Britto, é dizer, por uma concepção de norma geral vinculada à necessidade de aplicação federativa uniforme. Veja, nesse sentido, o seu voto na ADIn-MC 874-9/BA (esta ADIn é mencionada no item 2.2.2.): "A questão posta nos autos não diz respeito a uma situação peculiar do Estado da Bahia; noutras palavras, ela é de interesse de mais de um Estado-membro.

pelo Ministro CARLOS VELLOSO: "Penso que essas 'normas gerais' devem apresentar generalidade maior do que apresentam, de regra, as leis. Penso que 'norma geral', tal como posta na Constituição, tem o sentido de diretriz, de princípio geral. A norma geral federal, melhor será dizer nacional, seria a moldura do quadro a ser pintado pelos Estados e Municípios no âmbito de suas competências" (STF, ADIn-MC 927-3/RS, rel. Min. CARLOS VELLOSO, *DJ*, 11-11-1994).

Vale retomar, aqui, o vetusto postulado de que as leis são gerais e abstratas, conquista devida em especial às revoluções burguesas, particularmente à Revolução Francesa. *Geral*, aqui, é sinônimo de não particular; contrapõe-se às leis e normas com endereço certo, que estabeleciam privilégios de toda sorte. Essa concepção choca-se com a proposta jurisprudencial revelada acima.

Haveria, portanto, no STF, duas concepções *expressas* acerca da norma geral. Para o Ministro CARLOS BRITTO, a generalidade da norma decorreria de sua (i) *possível aplicação federativa uniforme*. Para o Ministro CARLOS VELLOSO, uma norma seria geral em razão de sua (ii) maior *abstração*, de sua *semelhança aos princípios*. Note-se que o primeiro critério é mutável, e depende das circunstâncias fáticas e da realidade do país (para admitir-se algo como passível de uniformidade nacional), sendo o subjetivismo, aqui, grande. Já o segundo critério proposto é intrínseco ao objeto que se analisa, sendo menos suscetível a fortes variações.

Nada obstante a constatação destes dois critérios como, em tese, norteadores da distinção entre norma geral e especial no âmbito da atuação conjunta de Estados-membros e União federal e, por conseguinte, delimitadores de uma competência normativa mais pontual da União, dos Estados-membros e do Distrito Federal, ambas propostas encontram uma série de obstáculos práticos em sua aplicação.

Quanto ao primeiro critério indicado, fica evidente como é problemático estabelecer o que vem a ser esta potencialidade de aplicação federativa uniforme. Ademais, poder-se-ia discutir se haveria normas não sujeitas à aplicação federativa uniforme, apesar de ser essa uma possibilidade, excepcionando-se em virtude de questões de conveniência política e cultural. E, ainda, a dificuldade de permitir que se pondere seriamente a necessidade de cada Estado-membro disciplinar a questão, de acordo com as suas peculiaridades políticas e culturais.

De outra parte, apesar da dificuldade em "nacionalizar" certos assuntos, poderia haver interesse nacional em impor uniformidade a certas pautas para as quais, nitidamente, o tratamento uniforme seria artificialmente atribuído.

Também não seria de todo absurdo cogitar que a nacionalização de temas já ocorreu pela própria constituinte, ao elencar competências à União que muito bem poderiam ter sido distribuídas aos Estados. Quer dizer, as regras uniformes só podem ocorrer onde

---

A questão, portanto, estaria compreendida nas normas gerais da União e não na legislação de normas específicas para atender a peculiaridade do Estado-membro" (ADIn-MC 874-9/BA, rel. Min. Néri da Silveira, *DJ*, 20-8-1993; original não grifado).

a competência é privativa da União; nos demais casos haverá, no máximo, pequena uniformidade dentro de uma mais ampla diversidade.

Obviamente que o critério esposado pelo Ministro CARLOS AYRES BRITTO detém atratividade. Não há como negar. Contudo, a ansiedade por respostas não pode redundar em simplificação dos problemas que o tema da competência concorrente apresenta.

O outro problema apresentado diz respeito à dificuldade de categorização, de "subsunção" de determinadas matérias nos ramos de Direito previstos pela Constituição. Como é possível determinar, por exemplo, se uma determinada matéria é de direito civil (e, portanto, de competência única e exclusiva da União) ou se é de direito econômico (e, portanto, de competência da União, dos Estados-membros e do Distrito Federal)? Bem demonstra a premência desta problemática o voto do Min. CEZAR PELUSO na ADIn n. 1.950-3/SP, referente ao benefício da meia-entrada prevista na Lei n. 7.884/92, do Estado de São Paulo. Seu voto acusa um problema de inconstitucionalidade formal na Lei acima: "Na verdade, essa norma está interferindo em contratos, está tabelando prestações de contratos. Para um universo determinado de contratantes, é verdade, mas está tabelando, ao prescrever que um universo tal de contratantes paga a metade do valor dos contratos.

"Isso, a meu ver, com o devido respeito, ofende o art. 22, I" (ADIn 1.950-3/SP, rel. Min. EROS GRAU, *DJ*, 2-6-2006).

E, para o Ministro em questão, não se poderia decidir de maneira contrária, pois se assim procedesse, o STF incidiria em incoerência, porquanto em outra ADIn, ADIn 1.007-7/PE, entendeu-se que matéria semelhante era de competência da União, por se referir a norma de direito civil.

Inicia-se a perquirição com a própria ADIn que contém o voto do Ministro CARLOS BRITTO sobre o critério ora analisado, a saber, a ADIn 3.645-9/PR. O objeto desta ação direta foi a Lei n. 14.861/2005, do Estado do Paraná, a qual regulamentou o "direito à informação quanto aos alimentos e ingredientes alimentares que contenham ou sejam produzidos a partir de organismos geneticamente modificados".

A competência estadual para disciplinar esta matéria poderia ser vislumbrada no art. 24, V, da CB, dispositivo este que prevê a competência concorrente para a *produção* e *consumo*. Já a inconstitucionalidade sustentada pelo partido político que propôs a ação residiria na circunstância de esta Lei, longe de suplementar a Lei Federal sobre o assunto, Lei n. 11.105/2005, ter intentado substituí-la, criando duas realidades normativas distintas, sobre uma mesma matéria. Enquanto a regulamentação federal estabelece o dever de informar apenas para aqueles produtos que detenham, em sua composição, mais de 1% de organismos geneticamente modificados, a Legislação Estadual estaria a impor este dever a todo e qualquer produto que detivesse, em sua constituição, organismos geneticamente modificados, ainda que em escala inferior a 1%.

O *resultado* da ADIn foi a declaração, *unânime*, da inconstitucionalidade da Lei do Estado do Paraná. Os argumentos sobre a inconstitucionalidade formal (quanto ao agente) foram acatados pela Corte Suprema.

No que se refere aos votos, alguns merecem destaque, porquanto oferecem *indícios* de critérios para o estabelecimento do sentido de norma de aplicação nacional uniforme, e, portanto, de norma geral, da "alçada" da União nos casos de atuação normativa conjunta.

É o caso do voto do Ministro RICARDO LEWANDOWSKI. Embora este Ministro detenha uma visão crítica da maneira como se porta o STF, na interpretação da competência concorrente, acabou por considerar esta questão como merecedora de tratamento nacional, nos termos seguintes: "(...) porém, Senhora Presidente, dada a *relevância* da matéria, e tendo em vista que esta questão dos organismos geneticamente modificados transcende o âmbito meramente local, ou seja, tem âmbito nacional e, quiçá, até internacional, *porque pode afetar o comércio interestadual e o exterior*, acompanho o voto de Vossa Excelência no sentido de julgar procedente a ação" (original não grifado).

Da leitura de seu voto, pode-se perceber a existência de dois critérios: (i) a relevância da matéria e; (ii) as consequências desta no comércio interestadual e internacional.

Outra opinião que merece destaque é a apresentada pelo Ministro SEPÚLVEDA PERTENCE, em rápido aparte. Seu critério diz respeito à matéria/objeto da disposição legal: "Trata-se evidentemente de uma norma geral. Não há como estabelecer peculiaridade do consumidor paranaense para que a *rotulagem* no Paraná seja mais rígida do que aquela que o legislador federal, embora não disciplinando, dada a complexidade técnica da matéria diretamente, optou por que se fosse feito por regulamento com a participação, óbvia, dos organismos técnicos" (ADIn 3.645-9/PR; Min. rel. Ellen Gracie, *DJ*, 1º-9-2006; original não grifado).

Tendo em vista estes elementos *iniciais*, passa-se ao estudo deles.

3.3.1.1. Aplicação uniforme

3.3.1.1.1. Critério da relevância

A primeira variável, de autoria do Min. RICARDO LEWANDOWSKI, está a denotar que matérias detentoras de maior relevância (*social*, *econômica* e/ou *política*?) avocariam um monopólio, por parte da União. Nesta toada, todos os assuntos, dentro das matérias alocadas, pelo Poder Constituinte Originário, no art. 24, que detivessem *maior relevância*, haveriam de ser regulamentadas única e exclusivamente por Lei Federal, porquanto se configurariam, automaticamente, como normas de natureza geral, salvo, obviamente, no caso de inexistência de Lei Federal sobre o assunto, hipótese esta que autorizaria o Estado-membro a disciplinar, plenamente, a questão (cf. art. 24, § 3º, da CB), até o advento da legislação federal.

A plausibilidade deste critério, sem embargo, poderia restar ameaçada. Por um simples motivo. Relegar aos Estados-membros apenas aquelas matérias de somenos importância implicaria uma diminuição da relevância constitucional destes próprios entes federativos, o que não parece ter sido autorizado pela Constituição. Trata-se de critério que se afigura politicamente sensível.

Favoravelmente a este argumento estaria o fato de a Constituição da República não aquilatar, precisamente, o protagonismo dos Estados-membros no rateio das competências concorrentes. Muito pelo contrário. Por vezes, a Carta Maior finda, inclusive,

792

por admitir uma atuação comum *hierarquizada*, como é o caso do art. 198, *caput*, da CB: "As ações e serviços públicos de saúde integram uma rede regionalizada e *hierarquizada* e constituem um sistema único de saúde, organizado de acordo com as seguintes diretrizes (...)".

Uma saída poderia ser encontrada na própria Constituição e na reconhecida interpretação sistêmica. Sim, porque as regras de competência não estão imunes a este modelo hermenêutico tão propalado na literatura constitucional mundial. É que a relevância à qual se reporta o Ministro pode eventualmente ser aflorada a partir da própria Constituição (como, neste caso, com sua preocupação com a saúde e o meio ambiente, uma relevância constitucionalmente estabelecida para tratamento pela União), auxiliando na tipificação da natureza geral ou não de uma norma editada por meio de Lei federal no âmbito das competências concorrentes, sem menosprezar, assim, a importância das entidades federativas estaduais. Isso quer dizer que não deve ser a relevância política, econômica, social ou jurídica que guiará a distribuição de competências concorrentes, sempre preferindo, no caso de relevância, a União. Essa leitura certamente manietaria o modelo federativo brasileiro. Será admitida apenas aquela relevância constitucionalmente visível, que interfira de modo a justificar a atuação disciplinadora "nacionalizada". Mesmo aqui, contudo, talvez o critério se mostre excessivamente subjetivista.

3.3.1.1.2. Comércio interestadual

O outro critério sugerido pelo Ministro RICARDO LEWANDOWSKI para justificar a configuração de determinado assunto em nacional estaria nas consequências deste para o comércio interestadual. A lógica do Ministro é a seguinte: regulamentação de organismos transgênicos afeta, inexoravelmente, o comércio interestadual. Com efeito, tratar-se-ia, por esse motivo, de matéria de apelo nacional.

O principal obstáculo a este critério reside no fato de toda norma sobre produção e consumo revelar, inevitavelmente, consequências no comércio interestadual. Novamente a subjetividade excessiva do critério interfere em sua "lisura". Ou seja, o art. 24, V, da CB, o qual dispõe que é competência concorrente da União, Estados-membros e Distrito Federal, legislar sobre produção e consumo, somente poderia ser regulamentado por lei federal, porquanto toda sua matéria poderia ser reputada como sujeita a norma geral. O maior exemplo de que assim se poderia caminhar, nessa toada generalizante plena, está nos EUA, onde a cláusula acabou por ser utilizada nesses termos, concentrando poderes na União que, inicialmente, não lhe foram reconhecidos nem mesmo na prática dos tribunais. Um caso bem ilustrativo dessa afirmação foi o *Wickard vs. Filburn*, no qual a Corte Suprema dos EUA chegou a considerar que haveria reflexo fora do Estado quando a lei regulamentava cultivo em fazenda para consumo próprio. Assim se posicionou igualmente a doutrina. BERNARD SCHWARTZ (1984: 36) observou que praticamente tudo poderia ter repercussão fora do Estado-membro, no comércio interestadual, o que conduziria à inconstitucionalidade de todas leis estaduais regulamentadoras dessa matéria. CRISTOPHER N. MAY e ALLAN IDES (2001: 187) considera-

793

ram que "dada a interdependência de nossa economia nacional, poucas atividades econômicas ou comerciais, se é que há alguma, podem escapar do alcance do poder de regular o comércio [pelo Congresso Nacional]".

Consequência mais danosa e dificilmente aceitável pela contemporânea teoria constitucional seria a desabilitação plena do art. 24, V, o qual restaria como verdadeira letra morta, à medida que o Estado-membro estaria impossibilitado de legislar sobre a matéria, mesmo no caso de inexistência de lei federal. Isto porque produção e consumo, por conta de sua influência no comércio interestadual, transformar-se-ia, ao final, em matéria de competência exclusiva da União, nos termos do art. 22, VIII, da CB. O intérprete estaria a realizar uma remodelagem e um intercâmbio entre categorias constitucionais.

Não se pode deixar de registrar, aqui, o que há de ser compreendida como uma coerência estrutural dos posicionamentos do ministro: quando o resultado de seu voto sinaliza para a constitucionalidade da respectiva lei estadual ou distrital suspeita de ter amparo em produção e consumo, o Ministro a desclassifica como decorrendo do exercício dessa competência. Um exemplo claro disto encontra-se na ADIn 1.278-9/SC (*DJ*, 1º-6-2007), cujo objeto, a Lei n. 1.179/94, do Estado de Santa Catarina, dispunha sobre o "beneficiamento do leite de cabra". Mencionada lei estabelecia critérios para o processo de pasteurização e, inclusive, o estado físico (sólido: congelado) que o produto poderia ser comercializado. *Prima facie*, não seria de se afastar a configuração desta lei como de matéria referente à produção e ao consumo. Sem embargo, o Ministro alocou-a no art. 24, XII, da CB, o qual trata da competência concorrente para legislar sobre "previdência social, proteção e defesa da saúde": "Bem examinado o diploma legal impugnado, constato que ele não usurpa a competência da União Federal para legislar sobre a proteção e defesa da saúde. Isso porque a competência legislativa, no caso, é concorrente e, nesse âmbito, a União deve limitar-se a editar normas gerais, conforme o artigo 24, XII, §§ 1º e 2º, da Constituição Federal" (ADIn 1.278-9/PR, Min. rel. RICARDO LEWANDOWSKI, *DJ*, 1º-6-2007).

Certamente, contudo, surge aqui uma indagação que é crucial para bem compreender a partilha de competências constitucionais: qual a diferença entre esta Lei estadual e a que disciplina a composição de OGM em produtos, para fins de elencá-la numa e não em outra categoria competencial da Constituição? Pode-se perfeitamente considerar que ambas veiculam normas que repercutem matéria de produção e consumo e de proteção e defesa da saúde. O dilema surge em conceder-se preferência a uma categoria competencial e não a outra, o que pode conduzir à inconstitucionalidade ou à preservação da lei, tendo em vista o critério centralizador do reflexo interestadual.

Favoravelmente ao posicionamento do Ministro LEWANDOWSKI está o fato de o argumento pela classificação da matéria no art. 24, XII (proteção e defesa da saúde), e não no art. 24, V (produção e consumo), da CB, já ter sido esposado na análise da Medida Cautelar, na ADIn em questão[1843]. Ou seja, não se tratou de inovação sua, mas

---

1843. ADIn-MC n. 1.278-9/SC, Min. rel. Marco Aurélio, *DJ*, 14-6-2002.

de confirmação de um posicionamento já estabelecido, previamente, pelo STF, quando da análise desta mesma questão. Isso mantém uma certa perenidade nos critérios (sejam quais forem) para compreender-se a competência concorrencial constitucionalmente distribuída.

Ademais, a equiparação das normas referentes à produção e consumo às normas referentes ao comércio interestadual não é automática. Um exemplo disto reside na ADIn-MC 1.980-5/PR, cujo objeto foi a Lei n. 12.420/99, do Estado do Paraná, responsável por assegurar ao consumidor "o direito de obter informações sobre natureza, procedência e qualidade dos produtos combustíveis, comercializados nos postos revendedores situados naquela unidade da federação".

Nesta, o Ministro relator, SYDNEY SANCHES, afastou a configuração da Lei mencionada, que tratava de produção e consumo, em matéria referente ao comércio interestadual (art. 22, XII). Sem embargo, o voto do Ministro em questão encontra-se repleto de cautelas: "*É claro que um exame mais aprofundado, por ocasião do julgamento de mérito da Ação, poderá detectar alguns excessos da Lei em questão*, em face dos limites constitucionais que se lhe impõem, mas, por ora, não os vislumbro, neste âmbito de cognição sumária, superficial, para efeito de concessão de medida cautelar" (ADIn 1.980-5/PR, Min. rel. SYDNEY SANCHES, *DJ*, 25-2-2000; original não grifado).

De qualquer maneira, o que se pode fixar, neste ponto, ademais dos efeitos deletérios sobre a autonomia estadual de eventual equiparação automática de matéria sobre produção e consumo à matéria referente ao comércio interestadual, é que o STF não tem realizado essa aproximação de maneira automática. Na ADIn-MC 2.866-9/RN, cujo objeto foi a Lei n. 8.299, de 29-1-2003, do Estado do Rio Grande do Norte, responsável por dispor acerca das "formas de escoamento de sal marinho produzido no Rio Grande do Norte", houve a declaração de inconstitucionalidade desta lei (inconstitucionalidade parcial, ressalte-se), por afronta ao art. 22, VIII, da CB, ou seja, por desrespeito à competência privativa da União para disciplinar o comércio interestadual.

Conforme se depreende da leitura do objeto da Lei estadual mencionada, esta está a regulamentar questão de produção e consumo, portanto, matéria de competência concorrente, nos termos do art. 24, V, da CB. Sem embargo, a conclusão obtida na ADIn em questão não sustentou, para chegar a essa conclusão, a tese de juízo automático de identidade entre produção e consumo e comércio interestadual. Isto porque a presente lei apresentava uma peculiaridade em um de seus dispositivos. A redação do art. 6º, *caput*, dispunha o seguinte: "*O escoamento de sal marinho não beneficiado* para ser industrializado *em outra Unidade da Federação*, seja para a indústria alimentícia, para o consumo humano ou para a pecuária, será gradativamente suspenso" (original não grifado).

O § 4º deste mesmo dispositivo, por sua vez, dispunha que: "A partir do ano 2003 não será permitido o escoamento da produção de sal marinho não beneficiado do Rio Grande do Norte *para qualquer outra Unidade da Federação*" (original não grifado).

Percebe-se, claramente, da leitura dos dispositivos acima transpostos, a intromissão da Lei estadual em questão no comércio interestadual. Os artigos mencionam, diretamente, outras entidades da federação. Não por outro motivo é que o Ministro GILMAR MENDES, relator desta contenda, proferiu entendimento segundo o qual: "Resta evidente que a limitação ao comércio de sal marinho, tal como fixada no art. 6º, § 4º, da Lei estadual impugnada, representa usurpação daquela competência constitucional da União, relativa ao comércio interestadual e exterior (art. 22, VIII, da CB). Considero adequada, portanto, a suspensão de tal dispositivo. Cabe consignar, ainda, a conveniência da suspensão do dispositivo, uma vez que, tal como registra documento do Departamento Nacional de Produção Mineral (fl. 68), o Estado do Rio Grande do Norte responde a cerca de 95% da produção nacional de sal marinho" (ADIn 2.866-9/RN, *DJ*, 17-10-2003).

Tem-se, aqui, fixado ao menos um critério para a classificação de lei sobre produção e consumo como sendo matéria de competência privativa da União, por conta do art. 22, VIII, da CB: *menção expressa a outra entidade da Federação*. Outra decisão é capaz de confirmar e reforçar esta conclusão.

Trata-se da decisão exarada na ADIn 280-5/MT, cujo objeto foi a *Constituição do Estado de Mato Grosso*, mais precisamente o seu art. 346, *caput*, que vedava a saída de madeira em toras do Estado. Nas palavras do requerente, tal dispositivo estaria a contrariar o art. 22, VIII, da CB. Já o argumento favorável à normativa constitucional encontrar-se-ia no art. 24, VI, da CB, o qual dispõe que é de competência legislativa concorrente matérias sobre "florestas, caça, pesca, fauna, conservação da natureza, proteção do meio ambiente e controle da poluição" (posicionamento este, inclusive, sustentado pelo Procurador-Geral atuante nesta questão)[1844].

Levando em consideração a vedação em relação à saída, do Estado, de madeiras em toras, o Ministro FRANCISCO REZEK, relator desta Ação, sustentou: "Com efeito, o constituinte estadual chamou a si uma competência privativa da União. O art. 22 — VII [sic] da Carta da República atribui à União competência exclusiva para legislar sobre comércio exterior e interestadual. No que interessa ao caso em exame, é certo que não há partilha com os estados federados de tal competência" (ADIn 280-5/MT, *DJ*, 17-6-1994).

Percebe-se, portanto, nestes casos, que foi necessário um forte "elemento de conexão", proveniente da própria lei ou ato normativo questionado, para deslocar a sua base (fundamento de validade) da competência concorrente para a competência privativa, inquinando-a de inconstitucional.

1844. Atenta-se, aqui, para o fato de ser a Constituição deste Estado o ato normativo responsável por invadir matéria da União, e não lei. Nesse sentido, soaria estranho afirmar que a Constituição do Estado auferiu sua legitimidade do art. 24, VI, da CB, porquanto o mesmo se refere à competência de editar *leis*. Não há, nesta toada, como se sustentar que a Constituição do Estado-membro desrespeitou a *competência legislativa privativa da União*, mas sim que desrespeitou o qual impõe às Constituições Estaduais e às Leis orgânicas municipais o dever de seguir o modelo adotado na Constituição Federal, inclusive o modelo de repartição de competências.

3.3.1.1.3. Rotulagem ou aspectos da produção e consumo que demandam tratamento uniforme

O critério adotado pelo Ministro Sepúlveda Pertence, nesta mesma ADIn 3.645-9/PR, merece igual análise, ao menos em relação ao art. 24, V, da CB. Isto porque intenta apontar, na matéria referente à produção e consumo, aqueles elementos que demandam um tratamento uniforme.

Para o Ministro em questão, não é toda e qualquer matéria referente à produção e consumo que haverá de ser aplicada nacionalmente. Dentro deste assunto abrangente, apenas alguns aspectos merecem a tônica da uniformidade nacional e a questão do rótulo é um destes aspectos.

Quanto à configuração da rotulagem como matéria afeta a regramento *uniforme*, o voto do Min. Sepúlveda Pertence, na ADIn n. 3.645-9/PR, não se encontra isolado. O Min. Maurício Corrêa, na ADIn n. 2.656-9/SP, ao tratar de um dos elementos de Lei do Estado de São Paulo que vedava a comercialização de amianto "crisotila", mencionou a questão da rotulagem: "Nesse cenário, ao impor aos comerciantes, inclusive de outros Estados, a aposição de rotulagem dita preventiva [Art. 7º — No período compreendido entre a data da publicação desta lei e 1º de janeiro de 2005, as empresas que comercializam ou fabricam produtos que contenham amianto ficam obrigadas a informar nas embalagens dos seus produtos, com destaque, a existência de mineral em seu produto e que a sua inalação pode causar câncer (...)], o Estado de São Paulo cuidou de tema de competência da União (CB, artigo 22, VIII)" (STF, ADIn 2.656-/SP, rel. Min. Maurício Corrêa, *DJ*, 1º-8-2003).

Outro precedente que pode ser mencionado é a ADIn-MC n. 750-5/RJ, cujo objeto foi a Lei fluminense n. 1.939/91, a qual dispunha sobre a "obrigatoriedade de informações nas embalagens de produtos alimentícios comercializados no Estado do Rio de Janeiro". O dispositivo que se questionava, em especial, era o art. 2º, da mencionada lei, que dispunha sobre o rótulo ou embalagem e as informações que deste deveriam constar.

Percebe-se, aqui, uma vez mais que a legislação em questão trata de matéria constante do art. 24, V, da CB, ou seja, sobre produção e consumo. Sem embargo, o Ministro Octávio Gallotti, em voto sucinto, conferiu a liminar, suspendendo o dispositivo acoimado de inconstitucional. Importante destacar, apenas, que o Ministro em questão não faz menção à questão do rótulo, como o faz, expressamente, o Ministro Sepúlveda Pertence, na ADIn 3.645-9/PR. Seu voto, infelizmente, é assaz genérico e, se não fosse pela peculiaridade do artigo questionado, poderia muito bem resultar numa equiparação automática entre, de um lado, produção e consumo e, de outro, comércio interestadual: "Também quanto à competência privativa da União para legislar sobre comércio interestadual (Constituição, art. 22, VIII), não pode ser negada a seriedade do pedido, tendo em vista a hipótese frequente em que são comercializados, no Rio de Janeiro, produtos alimentícios provenientes de outros Estados da Federação" (ADIn-MC 750-5/RJ, rel. Min. Octávio Gallotti, *DJ*, 11-9-1992).

O problema deste critério (matérias específicas sobre a matéria de produção e consumo, que demandariam tratamento federal uniforme) reside na sua dependência à confirmação *posterior*, pelo Judiciário. É dizer, o exegeta, em especial, o Estado-membro ou o Distrito Federal, não conhecerá, previamente, quais os assuntos referentes à produção e consumo que poderão ser disciplinados por eles e quais lhe estarão vedados. O Ministro SEPÚLVEDA PERTENCE apenas proclamou que rotulagem é matéria que há de ser tratada uniformemente. Assim, por conta da significância pontual da hipótese considerada "rotulagem", esta é jogada para a alçada da União. Não explica o porquê, ou quais os fatores (objetivos) que levaram a esta nacionalização que, em última análise, significa a construção de exceções à competência que, *prima facie*, seria estadual e distrital.

Esta circunstância, contudo, não deixa de apresentar-se relevante para os Estados e Distrito Federal, em virtude de permitir ao STF que admita hipótese de produção e consumo como da alçada do Estado-membro e do Distrito Federal, embora não os antecipe, em virtude da regra (implícita) da decisão mínima no âmbito da Justiça Constitucional.

3.3.1.2. Normas gerais enquanto normas de maior abstração

O outro critério aventado no STF é o de lavra do Ministro CARLOS VELLOSO, na ADIn-MC 927-3/RS. Nesta linha, normas gerais seriam aquelas normas de maior abstração. Conforme antecipado, esta classificação enfrenta um problema inafastável: determinar quais são as normas de maior abstração, quando de toda lei ainda se costuma exigir a nota da abstração.

Na decisão que ocasionou o voto acima, decisão referente à constitucionalidade da Lei n. 8.666/93, ou seja, referente à constitucionalidade da Lei de Licitações, o Ministro afastou algumas normas que, na sua visão estrita, não seriam normas gerais. É o caso do art. 17, II, *b*, da Lei em questão. Este dispositivo reza que, no que se refere aos bens móveis da Administração Pública, a permuta será permitida exclusivamente entre órgãos ou entidades da Administração Pública. Para o Ministro: "Referentemente à permuta de bem móvel — art. 17, II, *b* — que a lei estabelece que será 'permitida exclusivamente entre órgãos ou entidades da Administração Pública', *parece-me que o legislador federal se excedeu.* O que se disse relativamente à doação de bens imóveis — art. 17, I, *b* — tem aplicação aqui. *A interpretação conforme, no ponto, é esta: a norma mencionada — 'permitida exclusivamente entre órgãos ou entidades da Administração Pública', inscrita no art. 17, II, b — somente tem aplicação no âmbito federal*" (STF, ADIn-MC 927-3/RS, rel. Min. Carlos Velloso, *DJ*, 11-11-1994, original não grifado).

Quanto ao raciocínio que serviu de lastro para esta conclusão, o desenvolvido no caso dos bens imóveis, em que o art. 17, I, *b*, condiciona a doação destes bens, desde que seja feita exclusivamente a outro órgão ou entidade da Administração Pública, de qualquer esfera do governo: "*Não veicularia norma geral, na alínea b, que cuida de doação de imóvel, se estabelecesse que a doação somente seria permitida para outro órgão ou entidade da Administração Pública*. No ponto, a lei trataria mal a autonomia estadual e a autonomia municipal, se interpretada no sentido de proibir a doação a não ser para outro órgão ou entidade da Administração Pública. Uma tal interpretação constituiria vedação aos Estados e Municípios de disporem de seus bens, a impedir, por exemplo, a realização de programas de interesse público" (original não grifado).

O raciocínio não se afigura, a bem da verdade, objetivo o suficiente para ser facilmente repetível. O que estaria a descaracterizar a norma em questão como norma geral seria o simples fato de a norma *proibir*, em todas as esferas da Federação, a doação ou permuta com outros entes (*id est* sociedade civil), que não o Poder Público. Ou seja, uma norma geral, para ser geral, deverá se ater à União. Está é uma consequência do raciocínio do Ministro CARLOS VELLOSO. Desnecessário dizer que tal ilação entrará em conflito, por exemplo, com a decisão exarada na ADIn 2.396-9/MS e nas ADIns 3.035-3/PR e 3.054-0/PR, à medida que todas envolvem leis federais prevendo proibições/vedações para todas as esferas da Federação, e não apenas para a União (tratar-se-á mais detidamente sobre estas ADIn no item 2.1.3.1).

Portanto, este critério está a merecer, ainda, melhor complementação e explanação por parte do próprio STF.

3.3.1.3. Outros critérios: proibição e permissão

Na ADIn 2.396-9/MS, em que se impugnava a Lei n. 2.210/2001, do Estado do Mato Grosso do Sul, a qual proibia a fabricação, o ingresso, a comercialização e a estocagem de amianto ou de produtos à base de amianto, decidiu-se que essa lei excedia a margem de competência concorrente assegurada pelo art. 24, V, VI e XII, posto que já existia lei federal (Lei n. 9.055/95) que dispunha extensamente sobre o assunto. E, para o Supremo Tribunal Federal, *a lei estadual sob comento somente seria constitucional se viesse a preencher certas lacunas da lei federal*, e não a "dispor em diametral objeção a esta" (rel. Min. ELLEN GRACIE, *DJ*, 1º-8-2003).

Até o presente momento, não há qualquer novidade ou qualquer elemento que pudesse auxiliar o exegeta na definição do que vem a ser norma geral e norma peculiar. Contudo, há um excerto do voto da Ministra ELLEN GRACIE que merece destaque e atenção: "É que ao determinar a **proibição** de fabricação, ingresso, comercialização e estocagem de amianto ou de produtos à base de amianto, destinados à construção civil, o Estado do Mato Grosso do Sul excedeu a margem de competência concorrente que lhe é assegurada para legislar sobre produção e consumo (art. 24, V); proteção do meio ambiente e controle da poluição (art. 24, VI); e proteção e defesa da saúde (art. 24, XII)" (STF, ADIn 2.396-9/MS rel. Min. Ellen Gracie, *DJ*, 1º-8-2003, original grifado).

O elemento que chama a atenção já foi sublinhado pela própria Ministra: proibição. Nesta toada, proibição e, *contrario sensu*, permissão, ou melhor, normas estabelecendo vedações ou permissões são reputadas como normas gerais e, portanto, da competência da União e não dos Estados-membros, salvo, por óbvio, a inexistência de lei federal estipulando estas normas gerais.

No caso em questão, a Lei n. 9.055/99, Lei Federal, *permitiria* a extração, industrialização, utilização e comercialização de amianto. Nesta toada, não poderia a Lei Estadual *proibi-los*, sob o risco de, ao assim proceder, estabelecer, indevidamente, normas gerais.

A ADIn 2.656-9/SP, que tem como objeto a mesma contenda constante da ADIn 2.396-9/MS, só que com Lei do Estado de São Paulo proibindo a comercialização do amianto crisotila, apresenta esta mesma ideia, conforme se depreende do voto do Ministro relator Maurício Corrêa: "No caso, é evidente que a lei paulista contraria a lei federal, pois esta última, longe de vedar o emprego do amianto 'crisotila', regula a forma adequada para sua legítima extração, industrialização, utilização e comercialização. A situação implica, desde logo, a ilegalidade [sic] dos dispositivos em análise. Para fins de controle concentrado, no entanto, a questão de relevo é que a legislação local cuida de normas gerais sobre produção e consumo de amianto, o que afronta as regras de repartição da competência concorrente previstas no artigo 24 da Constituição Federal" (ADIn 2.656-9/SP, rel. Min. Maurício Corrêa, *DJ*, 1º-8-2003).

Outra decisão que traz à balha esta mesma questão é a exarada na ADIn 3.035-3/PR e na ADIn 3.054-0/PR. Esta(s) ação(ões) estava(m) a questionar Lei do Estado do Paraná, Lei n. 14.162/2003, que vedava, por completo, o cultivo, a manipulação, a importação, a industrialização e a comercialização de organismos geneticamente modificados.

Mencionada lei, ademais de afrontar uma série de dispositivos do art. 22, atentou contra a competência da União em estabelecer normas gerais. Isto porque já havia leis federais *admitindo* o cultivo, a manipulação, o transporte, a comercialização e o descarte de organismos geneticamente modificados. Nesse sentido, o voto do Ministro Gilmar Mendes: "Não é difícil perceber que as normas estaduais estão a se superpor a uma disciplina de caráter geral formulada no âmbito da União.

"Como regra geral, ao contrário do que ocorre na lei estadual paranaense, o cultivo, a manipulação e a industrialização de OGM's, na Lei 8.974, não são objeto de uma vedação absoluta. A Lei 8.974 estabelece uma série de condições para a produção, manipulação, transporte, consumo, liberação e descarte de OGM's. Condições bastante restritivas, cabe dizer. Há também proibições de caráter absoluto na Lei Federal, *mas tais proibições dirigem-se a hipóteses determinadas, e não a qualquer tipo de produção de OGM's"* (STF, ADIn 3035-3/PR, rel. Min. Gilmar Mendes, *DJ*, 14-10-2005).

Dentre os elementos até agora elencados, este se afigura como o mais certo e seguro. Portanto, norma geral é norma que admite ou veda determinada conduta no sentido de que se determinada lei federal admitir certa prática, não caberá à lei estadual estabelecer o contrário; se determinada lei federal proibir certa prática, a lei estadual não poderá permiti-la.

3.3.1.4. Competência supletiva, complementar e suplementar

Há, também, a competência prevista para os Estados-membros legislarem sobre as normas gerais e as particulares quando a União se tenha mantido inerte, omissa. É a competência *supletiva*, que supre a ausência da legislação nacional.

A Constituição fala em competência suplementar dos Estados-membros (art. 24, § 2º, *in fine*). Essa competência suplementar pode-se dividir em complementar e supletiva, conforme anotado[1845].

3.3.2. Dos Municípios

O Município possui a chamada competência suplementar (art. 30, II, C.F.). É que poderão os Municípios suplementar a legislação federal e estadual "no que couber". Trata-se de uma possibilidade de especificar a legislação federal e estadual sobre a matéria.

Impõem-se duas condições: 1ª) a presença do interesse local e 2ª) a compatibilidade com a legislação federal e estadual[1846].

É competência, portanto, que difere daquela denominada concorrente entre Estados e União, na qual prevalece o interesse local do Estado (art. 24) em face de legislação federal contrária.

Ademais, lembra UBIRAJARA COSTÓDIO FILHO, com base na competência suplementar, não está autorizado o Município a invadir competência privativa da União ou dos Estados-membros[1847].

3.4. Competência remanescente (do Estado)

Acerca da terminologia empregada doutrinariamente, cumpre realizar, preliminarmente, uma advertência.

JOSÉ AFONSO DA SILVA distingue a competência remanescente ou reservada da residual. Para o autor, competência remanescente ou residual é aquela que "sobra a uma entidade após a enumeração da competência de outra"[1848], ao passo que residual — para o autor — "consiste no eventual resíduo que reste após enumerar a competência de todas as entidades, como na matéria tributária, em que a competência residual — a que eventualmente possa surgir apesar da enumeração exaustiva — cabe à União (art. 154, I)"[1849].

FERNANDA DIAS MENEZES DE ALMEIDA critica essa posição, por entender que ocorre o emprego de palavras sinônimas para designar situações que, realmente, são diferentes. Escreve a autora: "De fato, 'remanescente' e 'residual' são termos que traduzem o mesmo conteúdo. Resíduo — dizem os dicionários — é o que remanesce, o que sobeja, o que resta de alguma coisa"[1850].

Adotando apenas o emprego do termo "remanescente", significa o mesmo perante o Direito Constitucional positivo brasileiro, que ao Estado-membro cabe legislar acerca de todas as matérias que não lhe sejam vedadas.

1845. Nesse sentido: André Luiz Borges Netto, *Competências Legislativas dos Estados-Membros*, p. 139.
1846. Nesse sentido: Ubirajara Costódio Filho, *As Competências do Município na Constituição de 1988*, p. 86.
1847. Ubirajara Costódio Filho, *As Competências do Município na Constituição de 1988*, p. 86.
1848. *Curso de Direito Constitucional Positivo*, 16. ed., p. 480.
1849. *Curso de Direito Constitucional Positivo*, 16. ed., p. 480.
1850. *Competências na Constituição de 1988*, 2. ed., p. 81.

Anota a esse respeito ANDRÉ LUIZ BORGES NETTO que "a faixa de competências legislativas dos Estados-membros acaba sendo demarcada por exclusão, mediante verdadeiro critério negativo de estabelecimento de competências (...) como regra geral (...) além de terem que ser respeitadas as vedações constitucionais"[1851]. Sobre o tema, anota, ainda, o autor que "caberá à criatividade do legislador estadual encontrar espaços para legislar. A realidade e as características de cada um dos Estados-membros é que levará o legislador a encontrar matérias que possam ser abordadas por lei estadual"[1852].

Assim, por força da previsão constitucional dessa espécie de competência, apenas após debruçar-se sobre todas as demais competências, atribuídas aos demais entes federativos, é que se poderá identificar o campo remanescente sob responsabilidade dos Estados-membros. Essa seara proscrita compõe-se, pois, além das competências enumeradas para os demais entes federativos, das competências implícitas e, por fim, das vedações constitucionais dirigidas aos Estados.

3.5. Competência municipal exclusiva

Encontra-se no art. 30, I, a principal norma em matéria de competência legislativa dos Municípios.

Compete aos Municípios legislar sobre assuntos de predominante "interesse local". Uma correta interpretação constitucional dessa norma há de concluir ser prescindível a exclusividade do interesse local. Basta que predomine o aspecto local do assunto. Nesses casos, a competência é exclusiva do município (não se deve confundir prescindibilidade da exclusividade local do assunto com exclusividade da competência: aquela é, em parte, o fundamento desta).

Caberá à lei orgânica de cada Município estabelecer, em suas linhas gerais, quais os assuntos sobre os quais a atuação local do Município é imprescindível. Mas, a esse respeito, bem adverte UBIRAJARA COSTÓDIO FILHO: "a) se o assunto for de interesse local (o qual somente é possível ser avaliado diante do caso em concreto), competirá ao Município legislar a respeito, residualmente; b) se não se apurar, em concreto, o interesse local, a matéria cairá no campo remanescente de competência estadual (art. 25, § 1º). Destarte, para exercer tal competência do art. 30, I, não é suficiente ao Município a invocação do interesse local"[1853].

Mas há outras matérias sobre as quais é possível falar em competência municipal exclusiva. Assim ocorre com a determinação da linha sucessória das autoridades no caso de dupla vacância dos cargos de prefeito e vice-prefeito (nesse sentido: ADin 3.549).

Doravante, com a Emenda Constitucional n. 39, de 19 de dezembro de 2002, e para atender a uma antiga reivindicação das entidades federativas, foi introduzido o art. 149-A na Constituição Federal (técnica legislativa não ortodoxa) para permitir expres-

---

1851. *Competências Legislativas dos Estados-Membros*, p. 112.

1852. André Luiz Borges Netto, *Competências Legislativas dos Estados-Membros*, p. 117.

1853. *As Competências do Município na Constituição de 1988*, p. 84.

samente aos Municípios e ao Distrito Federal (excluídos, pois, os Estados) a criação de uma contribuição para o custeio do serviço de iluminação pública. A legitimidade dessa novel contribuição encontra-se atrelada ao cumprimento das seguintes condições: 1) ser instituída por lei municipal ou distrital; 2) não alcançar fatos geradores passados (antes do início da vigência da lei); 3) ter aplicação apenas no exercício financeiro seguinte ao da publicação da lei. Agora, ao lado das contribuições de intervenção de domínio econômico e das contribuições de interesse de categorias profissionais (art. 149), das contribuições sindicais (arts. 8º, IV, e 240), das contribuições sociais e da seguridade (art. 195), das contribuições de integração social (art. 239) e das contribuições de melhoria (art. 145, III), tem-se a contribuição de custeio da iluminação.

3.6. Competência do Distrito Federal

Art. 32, § 1º: "Ao Distrito Federal são atribuídas as competências legislativas reservadas aos Estados e Municípios". Isso significa, na prática, que tem o DF a competência remanescente (art. 25, § 1º), a competência concorrente (art. 24, em relação aos Estados), a competência suplementar (art. 30, II) e a competência para assuntos locais (art. 30, I, no tocante aos Municípios).

A exceção é a regra do art. 22, XVII, pelo que compete à União, privativamente, legislar sobre organização judiciária, do MP, da Defensoria Pública e organização administrativa no DF.

3.7. Competência delegada (aos Estados-membros)

A Constituição possibilitou que todas as matérias constantes dos incisos do art. 22 fossem atribuídas por delegação aos Estados-membros. O Município não foi aquinhoado com a possibilidade de receber mais competências, devendo a regra ser interpretada restritivamente, por constituir exceção à sistemática geral[1854].

A possibilidade de delegação inexistia na Carta pretérita, encontrando-se similar apenas na Constituição de 1937, em seu art. 17.

A delegação só pode operar-se, atualmente, obedecendo a alguns requisitos: 1º) via lei complementar; 2º) apenas questões específicas, delimitadas; 3º) forma adotada para a lei delegada[1855].

Por fim, grassa certa celeuma quanto à possibilidade de delegação não uniforme para todos os Estados-membros. Alguns autores, como FERNANDA DIAS MENEZES DE ALMEIDA, consideram-na inviável, tendo em vista a necessidade de conceder tratamento paritário entre os entes federativos, sendo vedada qualquer forma de discrimi-

---

1854. André Luiz Borges Netto também considera a possibilidade de delegação uma atividade excepcional (*Competências Legislativas dos Estados-Membros*, p. 149).

1855. Adota-se, aqui, o entendimento de André Luiz Borges Netto, para quem, "por analogia ao procedimento adotado para as leis delegadas (art. 68 da Constituição), a lei complementar deverá especificar a extensão da delegação e os termos do seu exercício, podendo, inclusive, indicar o prazo da delegação e a necessidade de a lei estadual passar pelo crivo do Congresso Nacional" (*Competências Legislativas dos Estados-Membros*, p. 155).

nação, em nome do federalismo simétrico[1856]. Outros autores, como ANDRÉ LUIZ BORGES NETTO, consideram a delegação desigual possível, pois o legislador federal "deverá estar atento para as condições e peculiaridades regionais de cada um dos Estados-membros"[1857].

É preciso afastar, contudo, as conclusões acima, que se encontram em extremos opostos, justamente pela radicalização que acabam promovendo. O certo é que matérias haverá nas quais o tratamento desigual em eventual delegação traduzir-se-á em insuportável e inaceitável discriminação. Mas também se encontrarão casos nos quais a desequiparação é não só suportável como necessária, até para atender a outros ditames constitucionais, como o da redução das desigualdades sociais e regionais.

3.8. Competências implícitas

A Constituição de 1891 foi expressa quanto à previsão de competências implícitas, preceituando em seu art. 34, n. 33, que poderia o Congresso "decretar as leis e resoluções necessárias ao exercício dos poderes que pertencem à União".

Trata-se de desenvolvimento e aplicação de doutrina elaborada por MARSHALL, sob a Constituição norte-americana.

Citando os ensinamento de MARSHALL, BITTENCOURT[1858] observa que "ainda não foi possível, e provavelmente jamais o será, estabelecer, de modo nítido e preciso, até que ponto o poder de fazer a lei envolve, necessariamente, outros poderes. Na grande maioria dos casos não será fácil afirmar, com plena certeza, que tenha havido, de fato, usurpação por parte da legislatura".

Ensina ANDRÉ LUIZ BORGES NETTO que "as competências implícitas surgem do contexto constitucional para possibilitar que se tornem efetivas as competências expressas ou privativas"[1859].

Um exemplo ilustrativo dessa competência é lembrado por VICENTE SABINO JR., invocando as lições de LAFERRIÈRE e de EUGENE PIERRE: "onde há o direito de iniciativa [do Poder Legislativo], haverá, consequentemente, o de emendar [quando a iniciativa inicial foi do Executivo]"[1860].

JOÃO BARBALHO, em seus comentários à Constituição de 1891, indicava, ainda, outra possível hipótese de competência que seria implícita, não houvesse sido expressamente consignada no art. 34 daquela Constituição. Consoante seu entendimento, "[d] o poder de declarar a guerra e de reprimir as insurreições deriva-se este [poder de fixar anualmente as forças de terra e mar], e deve ser exercido 'anualmente' pela razão de que são variáveis as circunstâncias que podem determinar o *quantum* das forças que o governo deve levantar e manter para a segurança e defesa da nação"[1861].

1856. *Competências na Constituição de 1988*, p. 110 e s.
1857. *Competências Legislativas dos Estados-Membros*, p. 156.
1858. Lúcio Bittencourt, *O Controle Jurisdicional da Constitucionalidade das Leis*, p. 85.
1859. *Competências Legislativas dos Estados-membros*, p. 163.
1860. Vicente Sabino Jr., *Inconstitucionalidade das Leis*, p. 236.
1861. João Barbalho, *Constituição Federal Brasileira*, p. 153.

As competências implícitas devem ser reconhecidas, a partir do estudo específico da partilha de competências de cada Estado. Não existem competências implícitas universalmente reconhecidas, mas se pode afirmar corretamente que a partir de certas competências expressas, mister se faz reconhecer implicitamente outras, salvo vedação expressa da Constituição ou disposição desta em sentido contrário.

Duas posições conceituais, pois, merecem registro aqui. Em primeiro lugar, é preciso reconhecer as competências implícitas tanto para a União quanto para os Estados-membros e até mesmo para os Municípios. Em segundo lugar, apenas realmente não se poderá falar de competência implícita, no Brasil, no caso da competência remanescente, porque esta acaba por ser suficiente em si mesma. O que poderá ocorrer é o dilema entre possíveis competências implícitas de outros órgãos e entidades e possível competência remanescente, já que em nenhum caso tem-se referência expressa na Constituição a solucionar ou guiar a solução do caso. Falar, no Brasil, em competência implícita no contexto de competências remanescentes é excessivo e desnecessário.

Ademais, as competências implícitas devem conhecer limites; não fosse assim e se estaria a permitir amplamente a retirada arbitrária da competência remanescente dos Estados-membros no Brasil. A competência implícita é de caráter excepcional e deve ser amplamente justificada a partir de competência expressamente reconhecida pela Constituição, diante da realidade viva, de hipóteses concretas que exigem o reconhecimento de um *plus* em relação àquilo que foi reconhecidamente admitido pela Constituição, sob pena de desfalque ou irracionalidade do sistema expresso de competências.

3.9. Competências em virtude da pandemia

Em 6 de fevereiro de 2020, o Congresso Nacional aprovou a Lei n. 13.979, que dispõe sobre as medidas para enfrentamento da pandemia de coronavírus. Essa lei foi a grande base para todas as medidas especiais propostas e implementadas ao longo do ano de 2020 no combate à Covid-19. Em linhas gerais, a lei promoveu uma sistemática simplificada do procedimento de licitações e contratações no âmbito da Administração Pública. Ou seja, houve a dispensa de processos licitatórios e redução de prazos. Com esse pano de fundo, a Lei n. 13.979/2020 sofreu duas modificações por medidas provisórias, a MP 926, posteriormente convertida na Lei n. 14.035/2020, e a MP 927, que teve sua vigência encerrada em julho de 2020.

À época, a MP 926 acrescentou ao art. 3º, VI, *a* e *b,* da Lei n. 13.979/2020 a possibilidade de que as autoridades, com base nas recomendações da Agência Nacional de Vigilância Sanitária, pudessem restringir a locomoção das pessoas, seja no âmbito de entrada ou saída do país, ou locomoção interestadual e intermunicipal. E, para completar, a MP 927 acrescentava ao § 6º do mesmo artigo a necessidade de um ato conjunto dos Ministros de Estado da Saúde e da Justiça e Segurança Pública sobre a possibilidade de locomoção.

Havia, nas medidas provisórias, portanto, uma restrição à locomoção interestadual e municipal. O tema foi levado ao crivo do STF, por meio de duas ações diretas de inconstitucionalidade: 6.341 e 6.343.

A ADI 6.341, ajuizada pelo Partido Democrático Trabalhista – PDT, pretendia a declaração de inconstitucionalidade de trechos do art. 3º da MP 926, alegando a existência de desrespeito ao preceito constitucional da autonomia dos entes federativos. No julgamento da Medida Cautelar da ADI, o Ministro MARCO AURÉLIO, relator do processo, não conheceu a inconstitucionalidade da norma, mas *explicitou* a competência concorrente dos Estados, do Distrito Federal e dos Municípios. Em suas palavras "[n] ão se pode ver transgressão a preceito da Constituição Federal. As providências não afastam atos a serem praticados por Estado, o Distrito Federal e Município considerada a competência concorrente na forma do artigo 23, inciso II, da Lei Maior". A decisão foi referendada pelo Colegiado.

No julgamento da Medida Cautelar da ADI 6.343, proposta pelo partido Rede Sustentabilidade – REDE, a discussão avançou. O STF, por maioria, concedeu parcialmente a cautelar para suspender o art. 3º, VI, *b*, e §§ 6º e 7º, II, da Lei n. 13.979/2020. Com isso, a Corte determinou a exclusão de estados e municípios da necessidade de autorização para circulação. Mas também conferiu *interpretação conforme* dos dispositivos em comento, para que as medidas previstas fossem "precedidas de recomendação técnica e fundamentada", resguardando a locomoção dos serviços e produtos essenciais.

A MP 926 foi convertida na Lei n. 14.035 em agosto de 2020, com modificações. A nova redação da Lei n. 13.979 incorporou as decisões dos julgados mencionados acima. O § 6º-B, por exemplo, incluiu a aludida expressão "precedidas de recomendação técnica e fundamentada" para a restrição excepcional prevista no inciso VI do art. 3º da Lei 13.979/2020.

Referências bibliográficas

ALMEIDA, Fernanda Dias Menezes de. *Competências na Constituição de 1988*. 2. ed. São Paulo: Atlas, 2000.

BARBALHO, João. *Constituição Federal Brasileira*: comentários. 2. ed. (publicação póstuma). Rio de Janeiro: F. Briguiet editores, 1924.

BITTENCOURT, A. A. Lúcio. *O Controle Jurisdicional da Constitucionalidade das Leis*. Atualizado por José Aguiar Dias. 2. ed. Rio de Janeiro: Forense, 1968.

COSTÓDIO FILHO, Ubirajara. *As Competências do Município na Constituição Federal de 1988*. São Paulo: Instituto Brasileiro de Direito Constitucional/Celso Bastos Editor, 2000.

HORTA, Raul Machado. *Direito Constitucional*. 2. ed. rev. atual. ampl. Belo Horizonte: Del Rey, 1999.

MENDONÇA, Cristiane. *Competência Tributária*. São Paulo: Quartier Latin, 2004.

NETTO, André Luiz Borges. *Competências Legislativas dos Estados membros*. São Paulo: Revista dos Tribunais, 1999.

SABINO JR., Vicente. *Inconstitucionalidade das Leis*. Iniciativa, Emenda e Decretação. São Paulo: Sugestões Literárias, 1976.

TAVARES, André Ramos. Aporias acerca do "Condomínio Legislativo" no Brasil: Uma Análise a Partir do STF. In: *Revista Brasileira de Estudos Constitucionais*. Belo Horizonte, Fórum, ano 2, n. 6, p. 161-188, abr./jun. 2008.

Capítulo LI

DA INTERVENÇÃO, DO ESTADO DE DEFESA E DO ESTADO DE SÍTIO

1. MEDIDAS EXCEPCIONAIS DE CONTROLE DO PACTO FEDERATIVO E SUAS IMPLICAÇÕES

A regra é a de que uma pessoa política não pode intervir em assuntos de outra pessoa política. Temos dois controles básicos do pacto federativo: 1º) controle da constitucionalidade; 2º) possibilidade de intervenção (federal e estadual). O objetivo é a mantença do pacto federativo ou o respeito a elementos considerados, pela Constituição, como essenciais à manutenção de certa "ordem" e permanência das instituições.

Realmente, a intervenção surge como a punição política mais grave existente nos Estados federais. A intervenção de um ente em outro é verdadeira ruptura do sistema brasileiro de autonomia federativa[1862].

A intervenção será sempre da pessoa política "maior" na "menor", mas de pessoas subsequentes. Não pode, por isso, a União intervir nos Municípios, em regra. Há uma exceção: a CB prevê a possibilidade de existência de territórios, que não são entes federativos, mas descentralizações administrativas do ente federativo União. E, ao se criarem Municípios no território, aí há possibilidade de intervenção federal nos Municípios. Na verdade, tais Municípios foram criados na União.

Características básicas da intervenção: A) é um ato político; B) é o oposto da autonomia; C) é medida excepcional.

Ademais, tem-se que: A) é um ato político, porque só uma autoridade pode decretar a intervenção federal: o Presidente da República, mediante decreto federal (chamado decreto interventivo). Às vezes, tal decreto é discricionário, e às vezes é vinculado a uma causa; B) a exceção à autonomia é a intervenção. A regra básica é o art. 34, princípio. Por isso, só é possível a intervenção nos casos expressamente previstos nos sete incisos do art. 34; C) por ser excepcional, contém limites, contidos no próprio decreto. A intervenção é sempre temporária, pelo prazo constante no decreto. Deve constar ainda em qual órgão se intervirá (Executivo, Legislativo).

Pode-se falar em: A) pressupostos materiais da intervenção (casos da intervenção); B) pressupostos formais (pode-se distinguir quatro possíveis fases: iniciativa, a fase

---

1862. Nesse mesmo sentido, em artigo anteriormente publicado: André Ramos Tavares, Intervenção ao Infinito, *O Estado de S. Paulo*, 23 ago. 1999.

judicial, a fase política e a fase do controle político pelo Congresso Nacional). A intervenção terá no máximo três dessas fases.

2. INTERVENÇÃO FEDERAL NO ESTADO-MEMBRO

2.1. Natureza

A intervenção é ato político-administrativo. Isso significa que está orientada à manutenção do pacto federativo, independentemente da pessoa ou pessoas que sejam responsáveis pela violação que enseja a intervenção.

Por esse motivo, e porque a intervenção não implica pena ao eventual detentor do cargo de Chefe do Executivo, a renúncia deste e a assunção do cargo por seu vice não impedem que a intervenção se ultime[1863]. O objetivo é, frise-se, restabelecer a ordem.

A previsão constitucional do instituto da intervenção federal e estadual encontra-se nos arts. 34 e 35, respectivamente.

2.2. Espontânea

A intervenção federal é de iniciativa *ex officio* do Presidente da República, ou seja, trata-se de ato inserido em sua esfera de discricionariedade, desde que dentro das hipóteses desenhadas constitucionalmente.

A fase de iniciativa e decreto (político) existe para todas as intervenções.

Oitiva dos Conselhos da República e da Defesa Nacional[1864]. O Presidente pede a opinião desses Conselhos, mas esta não o vincula.

O próprio Presidente decreta a intervenção nessa espécie. Não há fase judicial, portanto, da iniciativa ao chegar ao decreto interventivo diretamente.

É preciso analisar os casos constitucionalmente descritos como configuradores da intervenção federal.

Em primeiro lugar, tem-se a possibilidade de o Presidente da República verificar tratar-se de uma questão de "defesa do Estado" (inc. I). Assim, sendo vedado, no Brasil, o direito de secessão (art. 1º), a sanção ao Estado que pretenda se separar é a intervenção.

Em segundo lugar, pode ocorrer para repelir invasão estrangeira (inc. II). Duas são as hipóteses cabíveis aqui: 1ª) um Estado se une com um Estado estrangeiro para formar novo Estado; 2ª) expulsar forças estrangeiras de certo Estado que já tenha sido invadido.

Ademais, é cabível a intervenção para promover a defesa do princípio federativo (inc. II, *in fine*), porque a Constituição consagra a hipótese de invasão de "uma unidade da Federação em outra". Assim, ocorrendo a invasão de um Estado-membro ou do

---

1863. STF, Recurso Extraordinário n. 94252-PB, rel. Min. Leitão de Abreu, j. 9-6-1981, *DJ*, 7 ago. 1981, p. 7436 (*RTJ*, v. 99, p. 455).

1864. Consultem-se os arts. 89 e 91 sobre a composição e competência dos referidos conselhos.

808

Distrito Federal em outro Estado-membro, ou deste no Distrito Federal, é caso de intervenção de ofício. Em tais circunstâncias, contudo, a intervenção deverá apenas ocorrer conforme a necessidade para que se restaure a normalidade constitucionalmente exigida. Assim, a intervenção no ente invasor e, concomitantemente, no invadido pode ser possível, devendo cada caso concreto justificar a medida.

Cabe, ainda, decretar a intervenção quando se tratar de grave comprometimento da ordem pública (III). Assim, para pôr termo a esse comprometimento, como, v. g., a crise decorrente de atentados terroristas, poderá ser imposta a intervenção.

Em quarto lugar, cabe a intervenção para promover a reorganização das finanças da unidade federativa (inc. V). Contudo, aqui, a Constituição foi mais precisa, elencando duas únicas hipóteses em que considera admissível a invocação desse motivo: 1ª) quando o Estado tenha suspendido o pagamento da dívida fundada por mais de dois anos consecutivos[1865]; 2ª) Para garantir repasse, por parte dos Estados, dos tributos cabíveis ao Município[1866].

2.3. Provocada

Subdivide-se a intervenção provocada em duas: 1ª) por solicitação e 2ª) por requisição.

A provocação pode vir por meio de pedido (solicitação) ou por ordem (requisição). Nesta, o ato do Presidente é vinculado à requisição, não se lhe outorgando qualquer discricionariedade de apreciação.

2.3.1. Por solicitação

Trata-se da hipótese contemplada no inciso IV do art. 34. Cabe, portanto, para "garantir o livre exercício de qualquer dos Poderes nas unidades da Federação".

Abrange apenas dois dos Poderes, o Legislativo e o Executivo. A iniciativa será sempre do poder coacto.

2.3.2. Por requisição

Quando o Poder coacto for o Judiciário, ou seja, quando ocorrer desobediência a ordem ou decisão judiciária, é hipótese de intervenção federal provocada por requisição. O Judiciário cuja decisão ou ordem houver sido desacatada pode solicitar ao STF, ao STJ ou ao TSE e esses tribunais, se assim entenderem, requisitam ao Presidente da República a decretação da intervenção federal. Sendo vinculado o ato, não se ouvem os Conselhos. Verifica-se que, em tal situação, embora envolvido o Judiciário, não se

---

1865. Sobre dívida fundada trata o Decreto-lei n. 4.320/67, art. 98.

1866. Esta segunda e última hipótese coloca-se, igualmente, como possibilidade de intervenção pelo inciso VII, que se refere aos princípios sensíveis. No caso, trata-se do princípio da autonomia municipal, na modalidade de autonomia financeira. Assim, não decretada a intervenção de ofício pelo inciso V, resta, ainda, a possibilidade de vê-la decretada por provocação, consoante o inciso VII.

fala em fase judicial da intervenção. Mesmo a requisição de um daqueles Tribunais indicados ocorre apenas no âmbito administrativo.

Também se deve citar, aqui, os casos de intervenções normativas (inc. VII do art. 34). São intervenções provocadas, decorrentes de processo judicial promovido pela apresentação de uma ação direta no STF.

Quando houver o não cumprimento, pelo Estado-membro, de lei federal, a Constituição prevê uma ação de executoriedade de lei federal. A legitimidade é exclusiva do Procurador-Geral da República, perante o STF (e não mais o STJ, por força da EC n. 45/2004). Julgada procedente a ação, o STF requisita ao Presidente da República que expeça decreto interventivo. O processamento e julgamento é a chamada fase judicial. O decreto terá duas finalidades, uma jurídica (pelo cumprimento da lei federal, suspendendo a executoriedade do ato que a contrariou), e, apenas se estritamente necessário for, uma consequência política (quando o Estado se nega a cumprir a lei federal). É aqui que será necessária a intervenção no campo fático, no autogoverno do Estado (intervenção na autonomia estadual).

2.3.2.1. Ação direta interventiva por violação dos princípios federativos sensíveis

A Constituição de 1934 instituiu uma ação direta que, na realidade, não se insere nem no contexto de controle concentrado-abstrato, tampouco é uma forma de controle concreto da constitucionalidade. Por isso, afirma CLÈMERSON CLÈVE que se cuida de "procedimento fincado a meio caminho entre a fiscalização *in thesi* e aquela realizada *in casu*"[1867].

Na Constituição de 1934, em seu art. 12, § 2º, o Congresso Nacional detinha competência para decretar a intervenção. A ação, que já existia à época, prestava-se para que o STF apreciasse não diretamente o ato estadual violador dos princípios sensíveis, mas sim a lei federal de intervenção, do ponto de vista de sua constitucionalidade. A intervenção só seria ultimada, contudo, tal como ocorre atualmente, após a manifestação favorável do STF.

Quando há desrespeito aos princípios sensíveis (art. 34, VII), é cabível a representação interventiva. O Estado ou o DF, no uso de sua competência legislativa ou administrativa, desrespeita um princípio sensível. A CB permite, nesses casos, a ação direta de inconstitucionalidade interventiva. A ação foi regulamentada pela Lei n. 2.271, de 22 de julho de 1954, e Lei n. 4.337, de 1º de junho de 1964, bem como pelo Regimento Interno do Supremo Tribunal Federal (atualmente recepcionado como lei ordinária).

Os princípios sensíveis, no art. 34, VII, se feridos pelo Estado, em sua competência remanescente, ensejarão o cabimento da ação interventiva. Só o Procurador-Geral da República poderá deflagrar tal ação. Será proposta perante o STF Uma vez proposta a representação interventiva, consoante o art. 351, I, do Regimento Interno do STF, o Presidente desse Tribunal deverá realizar gestões para eliminar a causa do pedido de intervenção. Consoante RODRIGO LOURENÇO, tal atividade "é materialmente adminis-

---

1867. *A Fiscalização Abstrata da Constitucionalidade no Direito Brasileiro*, p. 125.

trativa (...) porque, independentemente de pedido, apenas se pretende evitar a continuidade de procedimento extremamente traumático à Federação"[1868]. Se resultar infrutífera a tentativa de "conciliação", serão solicitadas, agora judicialmente, informações à autoridade apontada como responsável pela infringência de princípio sensível.

Julgada procedente, o STF oficia o Presidente da República, requisitando a decretação da intervenção. Discute-se sobre o grau de vinculação do Presidente à decisão emanada da Corte Suprema. Para determinada corrente, o Chefe do Executivo é obrigado a decretar a intervenção. Outros autores adotam essa corrente com certos temperamentos, admitindo que o Presidente possa controlar a regularidade formal da decisão. Por fim, há quem entenda que o ato é político, dependente do Chefe do Executivo, que poderá averiguar da oportunidade e conveniência em decretar a intervenção[1869].

Quanto à adoção da primeira corrente, argumenta-se que transformaria o Chefe do Poder Executivo em oficial de Justiça do STF, o que não se compatibiliza com seu *status* constitucional. Ademais, argumenta-se que, se assim fosse, bastaria atribuir eficácia interventiva (dispensando o ato do decreto) ao ato decisório do STF.

Há, ainda, uma última tentativa de evitar a medida extrema. Por isso se fala que a finalidade daquele decreto presidencial é dupla, vale dizer, jurídica e política. Num primeiro momento, busca-se, com a expedição do decreto, sustar efetivamente o ato do Estado. Mas, se este continuar ignorando os princípios sensíveis, segue-se, por fim, a decretação efetiva da intervenção no respectivo Estado, com a nomeação de interventor.

O Presidente poderá decretar a intervenção no Poder Legislativo, passando as funções legiferantes provisoriamente ao Executivo.

Também é admissível a intervenção quando a violação de princípio sensível decorra da omissão do Estado-membro em praticar determinado ato. Neste caso, na intervenção será necessário um comportamento positivo (e não apenas negativo, no sentido da suspensão de determinado ato inquinado de inconstitucional).

No caso de suspensão de eficácia de ato normativo, voltam a vigorar os que eventualmente tenham sido por ele revogados.

A possibilidade de liminar pelo Supremo Tribunal, no caso, é, por motivos evidentes, contestada. A Lei n. 4.337/64 não prevê tal possibilidade. Contudo, a Lei n. 5.778/72, que determina a aplicação daquela para a ação estadual, admite-a em seu art. 2º. O Regimento Interno do STF dá margem à admissão da medida liminar.

O Procurador-Geral da República é obrigado a ingressar com a ação direta de inconstitucionalidade interventiva? E poderá dela desistir, uma vez proposta? Só o Procurador-Geral é que está legitimado, e este, como todo membro do Ministério Público, tem autonomia funcional (consulte-se, a respeito desta, a definição de Hugo Nigro Mazzilli[1870]). Só ajuizará a ação se entender que é o caso. Quanto à possibilidade de desistência da ação, não foi disciplinada a matéria em nível constitucional. Aplicar-se-

---

1868. *Controle da Constitucionalidade à Luz da Jurisprudência do STF*, p. 116.

1869. Entendendo tratar-se de ato político do Chefe do Executivo: Rodrigo Lourenço, *Controle da Constitucionalidade à Luz da Jurisprudência do STF*, p. 117-8.

1870. *A Defesa dos Interesses Difusos em Juízo*, p. 54-70.

-ia o CPC. Mas não se aplica porque o Regimento Interno do STF veda a possibilidade de desistência da ação interventiva pelo Procurador-Geral. Mas poderá pedir a improcedência da ação se assim entender. Se bem que o Regimento Interno não poderia, tecnicamente, regular matéria processual (mas quem julga a regularidade do Regimento Interno é o próprio STF). A questão é, portanto, apenas política.

Com o surgimento da ação direta de inconstitucionalidade (antiga representação de inconstitucionalidade), muitos autores passaram a considerar desnecessária ou inútil a manutenção de uma representação interventiva por inconstitucionalidade, apontando uma série de inconvenientes dessa medida, não presentes naquela, somados ao fato de que a ação interventiva não detém o monopólio da proteção dos denominados princípios sensíveis, que pode ser conduzida por via da ação direta de inconstitucionalidade genérica. Sucintamente, destacam-se como aspectos negativos da representação interventiva: 1º) efeitos da decisão do STF dependentes do Presidente da República; 2º) proteção apenas de pequena parcela da Constituição Federal (os princípios sensíveis); 3º) impedir a tramitação de emenda constitucional durante a decretação da intervenção; 4º) legitimidade ativa reduzida e atribuída ao Procurador-Geral da República; 5º) provocação de situação de anormalidade dentro de uma federação[1871].

Contudo, alguns aspectos positivos devem ser ressaltados: 1º) possibilidade de questionar a validade (perante a Constituição) de atos administrativos e até mesmo de atos materiais; 2º) supressão da autonomia para manutenção da necessária harmonia e normalidade federativa.

2.4. Controle político da intervenção federal

Como a intervenção é uma garantia da própria Federação, por ser um ato político, quem vai fazer o controle é o próprio povo, pela Câmara dos Deputados, e os Estados-membros, pelo Senado.

Consoante o disposto no art. 49, IV: "É da competência exclusiva do Congresso Nacional: ... IV — aprovar o estado de defesa e a intervenção federal, autorizar o estado de sítio, ou suspender qualquer uma dessas medidas...". A espécie normativa que leva em seu conteúdo decisão de competência exclusiva do Congresso Nacional é o decreto legislativo. Primeiro vota a Câmara, depois o Senado. Negada a intervenção, o Presidente tem de cessá-la imediatamente, com *efeitos ex nunc*. Se o Presidente se negar a fazer cessar a intervenção, pratica crime de responsabilidade.

Só não há controle político em duas hipóteses: incisos VI e VII (intervenção normativa) e na requisição feita pelo STF, STJ, TSE, por descumprimento de decisão judicial.

Nesse período de intervenção, os Senadores do Estado que está em intervenção votam normalmente.

1871. Para Raul Machado Horta: "No mecanismo constitucional brasileiro, a representação de inconstitucionalidade deixou de ser veículo da intervenção federal, para conduzir, ao contrário, à substituição da intervenção pela declaração de inconstitucionalidade do Supremo Tribunal, que dispensará aquela forma drástica de correção do procedimento anômalo verificado no Estado" (*Direito Constitucional*, 2. ed., p. 347).

3. INTERVENÇÃO ESTADUAL NO MUNICÍPIO

A intervenção do Estado em Município de seu território encontra-se prevista constitucionalmente no art. 35. Quem intervém no Município é sempre o Estado, com a exceção do Município que está dentro de território, caso em que intervirá a União (como já foi visto). Também é ato político, só que agora do Governador do Estado.

É a antítese da autonomia municipal. Só pode ocorrer nas quatro hipóteses (contempladas nos incisos do art. 35) taxativamente previstas. É, também, medida excepcional.

3.1. Intervenção espontânea

Trata-se de intervenção *ex officio* do Governador (casos dos incs. I a III): 1º) dívida fundada, não paga por dois anos consecutivos; 2º) não prestadas contas na forma da lei; 3º) não aplicado o percentual mínimo para a educação.

3.2. Intervenção provocada

Existem três hipóteses de intervenção estadual provocada (inc. IV): 1ª) não dar provimento de ordem ou decisão judicial. O TJ requisita a intervenção. Guarda parâmetro com a intervenção federal (decreto); 2ª) não dar cumprimento à lei. Pode haver a chamada ação de executoriedade de lei em nível estadual, proposta pelo Procurador-Geral de Justiça no TJ, a que se der provimento, requisita ao Governador a intervenção (decreto); 3ª) ação direta de inconstitucionalidade interventiva estadual. Quando o TJ der provimento a representação para assegurar a observância de princípios indicados pela Constituição do Estado (decreto). Indaga-se quais seriam os princípios que a Constituição Federal poderia adotar, controvertendo-se sobre a necessidade de manter certa simetria com os princípios indicados na Constituição Federal.

O Procurador-Geral de Justiça ingressa com a ação no TJ que se julgar procedente, requisita ao Governador que decrete a intervenção. Tal decreto terá dois efeitos: o jurídico e o político. Se bastar o efeito jurídico, a intervenção cessa.

A Súmula 614 do STF, interpretando o art. 35, IV, estabelece que a legitimidade para a ação interventiva estadual é do Procurador-Geral de Justiça. A razão é que a estrutura da Constituição estadual deve guardar similitude com a estrutura da CB, e nesta só o Procurador-Geral é que pode ingressar com a ação interventiva. Portanto, no Estado, só o Procurador-Geral de Justiça é que poderá.

3.3. Controle político nas intervenções nos Municípios

Só não haverá o controle político nas hipóteses do art. 35, IV. Só vale, portanto, nas intervenções espontâneas do Governador (I, II, III).

Em 24 horas tem de ser convocada a Assembleia Legislativa, que terá de deliberar sobre a intervenção. Como a Constituição não diz nada, será por maioria simples (vale

813

a regra geral do art. 47). Se ela não concordar com a intervenção, por decreto legislativo esta cessa, automaticamente, e os efeitos da cessação são *ex nunc*.

Se o Governador desrespeitar a cessação decretada pela Assembleia Legislativa, a consequência é dupla: 1) será responsabilizado por infração administrativa. É crime de responsabilidade, julgado pelo Tribunal Especial dos arts. 48 e 49 da Constituição estadual, composto de 15 membros, sendo 7 Deputados Estaduais (eleitos para tanto), 7 desembargadores (por sorteio do órgão especial), presididos pelo Presidente do TJ, e desde que haja licença de 2/3 da Assembleia Legislativa; 2) desrespeitando tal decreto, o Governador estará desrespeitando a autonomia municipal, sem autorização constitucional para tanto, e tal autonomia é um princípio sensível. Com isso, dá ensejo à intervenção federal no Estado (pelo art. 34, VII, *c*).

4. INTERVENÇÃO FEDERAL EM MUNICÍPIO

Não se admite a intervenção em Município por parte da União. Relativamente aos entes municipais, a única pessoa política ativamente legitimada a neles intervir é o Estado-membro[1872].

No sistema constitucional brasileiro à União Federal é consentido, apenas, intervir nos Estados-membros e, eventualmente, em Municípios, quando "localizados em Território Federal" (art. 35, *caput*, da CB).

5. ESTADO DE DEFESA

O art. 136 da CB dedica-se a disciplinar um estado de exceção, indicando suas hipóteses autorizadoras e consequências possíveis. Trata-se do estado de defesa, uma situação excepcional para preservar ou restabelecer a ordem pública[1873] ou a paz social.

O estado de defesa pode ser decretado nas seguintes situações: 1ª) instabilidade institucional; 2ª) calamidades de grandes proporções na natureza. Isso desde que tenham impacto na ordem pública ou paz social.

Só se admite o estado de defesa quando a instabilidade ou calamidade puderem ser individualizadas em locais restritos e determinados.

Consoante o disposto no art. 84, IX, da CB, a decretação do estado de defesa é ato político, privativo do Presidente da República.

O prazo máximo do estado de defesa é de trinta dias, podendo haver uma renovação por mais trinta dias, por uma única vez. Contudo, observe-se que não será possível decretá-lo, de início, já pelo prazo máximo admitido pela Constituição (somatória do prazo inicial e da renovação).

1872. STF, Intervenção Federal — Questão de Ordem n. 590-CE, rel. Min. Celso de Mello, *DJ*, 9 set. 1998, p. 5.

1873. Trata-se, aqui, da mesma hipótese já mencionada pela Constituição para o caso de intervenção (art. 34, III). Ao Presidente, pois, resta a opção entre uma e outra medida constitucionalmente prevista.

6. ESTADO DE SÍTIO

Quem analisa se há comoção nacional é o Presidente da República e o Congresso Nacional, que o analisam subjetivamente.

Também pode ser decretado em face da ineficácia do estado de defesa (que tem prazo máximo de 60 dias). É a única hipótese em que antes do estado de sítio houve o estado de defesa.

Também no caso de guerra (formalmente declarada pelo Presidente da República, autorizado pelo Congresso Nacional) e em agressão armada (que pode não ser de outro país, mas, por exemplo, de um grupo terrorista).

Procedimento do estado de sítio: o Congresso Nacional o aprova por decreto legislativo (maioria absoluta de cada uma das Casas). Aprovado, volta ao Presidente, que decreta o estado de sítio. Mas não está obrigado a decretar, continuando sua a discricionariedade (o único detalhe é que para tanto precisa da autorização).

Assim, aqui o Congresso Nacional participa da formação da opinião para a intervenção.

No art. 137, I, o prazo máximo é de 30 dias. Este pode ser renovado, cada vez (não há limitação de vezes) pelo máximo de 30 dias. Isso parece uma contradição, pois, sendo mais grave o estado de sítio, na hipótese menos grave no máximo pode chegar a 60 dias, enquanto esta mais grave pode ser renovada indefinidamente. Mas, enquanto no estado de defesa as decretações são discricionárias, só do Presidente (e por isso o legislador entendeu conveniente limitar), no estado de sítio o Congresso Nacional sempre tem de ser chamado a autorizar. Se este, na segunda vez, por exemplo, entender que não é o caso de renová-lo, acaba aí o estado de sítio.

No art. 137, II, o prazo é o necessário para o fim da guerra ou da agressão armada. Aqui não se fala em renovação do estado de sítio. O prazo fica condicionado ao término da guerra ou agressão.

As medidas de *lockdown*, toque de recolher e restrição do comércio e circulação em determinados horários, para combater uma pandemia, são medidas de saúde pública, e não se confundem com a medida do estado de sítio, excepcional e gravosa aos direitos fundamentais.

6.1. Restrições constitucionalmente admissíveis

Há a possibilidade de prisão por ordem de autoridade administrativa, que seria no caso o executor nomeado pelo Presidente, o executor das medidas do estado de defesa ou do estado de sítio. E o caso não é de prisão em flagrante nem por ordem judicial (e portanto será exceção ao art. 5º, LXI, da CB).

Há possibilidade de restrição às comunicações. Uma única exceção: a comunicação do Congresso Nacional, que mesmo durante o estado de sítio ou de defesa não pode sofrer qualquer censura.

Durante o estado de sítio, ou de defesa, ou a intervenção federal, o Congresso Nacional atua normalmente, mas não pode votar emenda constitucional (art. 60, § 1º). É uma limitação circunstancial.

815

No caso do art. 137, I, somente se pode restringir o que tiver sido expressamente previsto na Constituição Federal. Já no art. 137, II, em tese, toda e qualquer garantia constitucional pode sofrer restrição, com um único fator limitante: desde que conste do decreto presidencial expressamente.

6.2. Controle político

Existe no estado de defesa, pelo Congresso Nacional, e é um controle posterior. Para o estado de sítio não existe tal controle, pois o estado de sítio só existe porque o Congresso Nacional já o autorizou, e não adianta convocá-lo novamente para controlar o que já aprovou previamente.

Controle do estado de defesa: o Congresso Nacional delibera (tem de ser chamado em 24 horas) por decreto deliberativo. Se o Congresso Nacional não concorda, cessa imediatamente, com efeitos *ex nunc*. O Congresso Nacional tem o prazo de 10 dias para tal deliberação (prazo esse que não existe na intervenção). E, para aprovar, o Congresso Nacional precisa de maioria absoluta (para a intervenção é maioria simples ou relativa).

A Mesa do Congresso Nacional designa cinco de seus membros para que fiscalizem a execução das medidas do estado de sítio ou de defesa.

Referências bibliográficas

CLÈVE, Clèmerson Merlin. *A Fiscalização Abstrata da Constitucionalidade no Direito Brasileiro*. 2. ed. rev. atual. ampl. São Paulo: Revista dos Tribunais, 1999.

HORTA, Raul Machado. *Direito Constitucional*. 2. ed. rev. atual. ampl. Belo Horizonte: Del Rey, 1999.

LOURENÇO, Rodrigo Lopes. *Controle da Constitucionalidade à Luz da Jurisprudência do STF*. 2. ed. rev. atual. Rio de Janeiro: Forense, 1999.

MAZZILLI, Hugo Nigro. *A Defesa dos Interesses Difusos em Juízo: Meio Ambiente, Consumidor e Outros Interesses Difusos e Coletivos*. 6. ed. rev. ampl. atual. São Paulo: Revista dos Tribunais, 1994.

TAVARES, André Ramos. Intervenção ao Infinito. *O Estado de S. Paulo*, Espaço Aberto, 23 ago. 1999, p. A2.

Capítulo LII

TEORIA DO PODER E DIVISÃO DE FUNÇÕES ESTATAIS

1. INTRODUÇÃO

Como adverte Karl Loewenstein, o que correntemente se designa como "separação dos poderes estatais" é, na realidade, distribuição de determinadas funções a diferentes órgãos do Estado. A utilização de "poderes", embora profundamente enraizada, deve ser entendida de maneira meramente figurativa[1874].

É quase que automática a conexão da teoria da separação dos poderes ao nome de Charles de Montesquieu, mais precisamente ao Capítulo VI do Livro XI de seu *Do Espírito das Leis*, de 1748, o oráculo sempre consultado e citado a esse respeito, como observa Madison[1875].

A vinculação do constitucionalismo à separação tripartite de poderes encontrou sua formulação clássica na Declaração Francesa dos Direitos do Homem, de 1789, cujo art. 16 dispôs: "Toute société dans laquelle la garantie des droits n'est pas assurée et la séparation des pouvoirs déterminée, n'a point de constitution".

Desde então, o princípio da separação dos poderes passou a ser adotado pelo Estado Constitucional. Transformou-se esse princípio no cerne da estrutura organizatória do Estado, verdade axiomática, irrefutável.

Contudo, a tão elevado dogma não corresponde uma precisão terminológica e material que seria de supor que existisse. Na verdade, isso tem levado às mais diversas concepções, da mesma forma como tem gerado as mais incômodas e inconvenientes questões aos práticos e teóricos que se ocupam do tema. Nesse sentido é que compreende Magiera, quando declara que, "sem mais desenvolvimento, o conceito de separação dos poderes é, pelo menos, equívoco"[1876].

1874. *Teoría de La Constitución*, p. 55.

1875. *O Federalista*, trad. Heitor Almeida Herrera, Universidade de Brasília Ed., n. 62, p. 394.

1876. S. Magiera, *Parlament und Staatsleitung in der Verfassungsordnung des Grundgesetzes*, 1979 (apud Nuno Piçarra, *A Separação dos Poderes como Doutrina e Princípio Constitucional*, p. 9).

2. NOTAS HISTÓRICAS

É curiosa a constatação de que o constitucionalismo da Antiguidade funcionou sem a separação de funções e, frequentemente, em conflito mesmo com esse princípio. Isso reforça a ideia de que a preferência por determinado tipo de divisão funcional do poder estatal está relacionada com as tradições e experiências de uma nação.

Segundo os estudos de Nuno Piçarra, embora a doutrina da separação dos poderes remonte à Antiguidade greco-romana, concretamente, é a teoria da constituição mista, adverte o autor, que constitui a raiz histórica remota da doutrina. Na parte que envolve a garantia da liberdade individual, a doutrina é de origem moderna, tendo nascido mais precisamente na Inglaterra do século XVII. Esta, pois, sua raiz histórica mais próxima.

A própria autoria da doutrina é controvertida. Há os que consideram, como Marcello Caetano, ser Locke seu autor original. Outros, atribuindo a Montesquieu a autoria da doutrina, consideram Locke mero precursor. Finalmente, há os que não admitem na obra de Locke nenhuma doutrina da separação dos poderes, entendida como exigência de equilíbrio, mas apenas uma distinção das funções estaduais, como Carré de Malberg. Tudo, segundo Piçarra, decorre da compreensão que se tenha sobre o que era a verdadeira (ou pelo menos originária) versão da teoria da separação dos poderes. "Só não verá em Locke um teórico da separação dos poderes quem partir de versões posteriores, que nesta doutrina incluam um poder judicial autónomo e sublinhem ideias de equilíbrio entre os vários poderes do Estado, culminando num sistema de freios e contrapesos. Tais ideias são estranhas à versão originária da doutrina da separação dos poderes e decorrem da sua associação à ideia de constituição mista. Em Locke são ainda inexistentes ou incipientes, mas farão parte integrante das versões do século XVIII, entre as quais se destaca a versão da balança dos poderes 'amálgama de constituição mista, supremacia legislativa e separação dos poderes', em que se inspirará a versão de Montesquieu"[1877].

Montesquieu vivenciou e passou a sua teorização a própria experiência constitucional inglesa. Esta, segundo Madison, "foi para Montesquieu o que Homero havia sido para os escritores didáticos de poesia épica"[1878]. Contudo, a ideia que prevaleceu foi a de que a separação dos poderes, como doutrina política, teve sua origem e início na obra de Montesquieu.

Na teoria de Montesquieu, a ideia norteadora, como o foi igualmente em Locke, foi o pessimismo antropológico que dominou a Inglaterra de então. Nesse sentido, considerava-se que o poder tende a corromper-se onde não encontra limites.

Se tradicionalmente a separação concebia-se entre Legislativo e Executivo, Montesquieu veio a acrescentar a função judicial. A separação, em Montesquieu, adquire ares de completude científica, bem como já há a pretensão de considerá-las todas

---

1877. Nuno Piçarra, *A Separação dos Poderes*, p. 78.
1878. *O Federalista*, trad. Heitor Almeida Herrera, n. 62, p. 394.

essencialmente jurídicas, e não também políticas (como em LOCKE). Contudo, quanto à função de jurisdição, é de amplo conhecimento o que Montesquieu pensava a seu respeito, considerando que "os juízes de uma nação não são mais que a boca que pronuncia as sentenças da lei, seres inanimados que não podem moderar nem sua força, nem seu rigor"[1879]. No particular, MONTESQUIEU assume uma concepção iluminista de lei e uma ideia mecanicista de função judicial. Aliás, dominava o cenário científico de então a teoria mecânica de NEWTON, que deixara suas marcas em toda a produção científica de então.

Impõe-se, pois, uma retrospectiva do desenvolvimento da ideia de separação dos poderes. Ela surgiu, pela primeira vez, na Inglaterra do século XVII, muito ligada à ideia da *rule of law*. Esta, por sua vez, associou-se à pretensão antiabsolutista da época.

A separação orgânico-funcional aí estabelecida significava a ausência de interferências das funções de um sobre o outro poder. Contrapunha-se, nessa medida, à monarquia mista, ao exigir-se, naquela, a submissão do soberano às leis provenientes da vontade popular. Quando a monarquia mista restaurou-se em 1660, passaram a ficar associadas ambas as ideias na teoria constitucional inglesa. Foi dessa mistura ideológica que "nasceu aquela que veio a ser a teoria constitucional inglesa típica do século XVIII, considerada ora como variante da doutrina da separação dos poderes ora como variante da doutrina da monarquia mista: a doutrina da balança dos poderes (*balance of powers* ou *balanced constitution*)"[1880].

A monarquia mista partia da ideia de uma sociedade pré-constituída, na qual as diversas potências político-sociais, a saber, rei, nobreza e povo, estavam distribuídas em estamentos ou ordens. A cada uma corresponderia um poder.

Foi com o iluminismo que o homem deixou de ser considerado como inscrito em ordens naturais (estamentos), considerado que era agora como dotado de autonomia e liberdade perante o Estado.

Foram, pois, diversas e até antagônicas as matizes da doutrina da separação. Por um lado, foi encarada com base no conceito iluminista de lei. Por outro, na relativização do poder estadual, em nome da garantia dos direitos fundamentais. E essa é uma das causas da equivocidade de sentidos que apresenta o princípio da separação dos poderes.

3. SEPARAÇÃO E EQUILÍBRIO

No Estado de Direito de legalidade, que se constituiu para realizar o sentido conferido à lei pelo iluminismo, o princípio da separação dos poderes serve para garantir o primado da lei e, assim, o monismo do poder centrado no Legislativo. Não há, nesta concepção, qualquer pretensão de equilíbrio de poderes.

1879. *O Espírito das Leis*, trad. Fernando Henrique Cardoso, p. 123.
1880. Nuno Piçarra, *A Separação dos Poderes*, p. 60.

Inversamente, a limitação do poder em nome das garantias fundamentais pretendeu, acima de tudo, assegurar o pluralismo de centros de poder, pelo qual uns sirvam de controle aos demais.

Enquanto o Estado de Direito de legalidade (lastreado no conceito iluminista de lei) estava fadado à superação, a ideia de limitação do poder por meio de mecanismos constitucionais estaria destinada a perdurar. O poder, pois, necessitava, ainda que legítimo fosse, de ser limitado. E isso constitui, ainda nos dias atuais, o núcleo imutável da separação dos poderes.

O conceito iluminista de lei foi dominante até princípios do século XX. Resultou, de certa forma, de uma convergência dos pensamentos de ROUSSEAU e KANT. ROUSSEAU defendeu a soberania popular pelo império absoluto da lei. KANT concebeu a lei não apenas com referência à soberania do povo, mas igualmente da razão. A vontade geral, que em ROUSSEAU parecia pouco precisa, foi, por KANT, desenvolvida e clarificada em termos de vontade racional. BURDEAU observa a esse respeito: "Que base mais prestigiosa se poderia ter dado à lei do que aquela que se encontrava na dupla soberania do povo e da razão?"[1881].

O poder político do Estado, nessa concepção, é a própria lei. Na expressão de CARL SCHMITT, "o Estado é a lei, a lei é o Estado"[1882].

Quando se admite a hierarquia nas funções estatais, como era o caso da prevalência da lei, isso implica, necessariamente, uma hierarquia dos respectivos órgãos. E é em KANT que se pode constatar com toda a evidência essa colocação, para quem os três poderes-funções estão entre si como as três premissas de um silogismo: premissa maior é o Poder Legislativo, premissa menor o Poder Executivo e conclusão o Poder Judicial[1883].

Disso é que decorreu a inadmissibilidade do controle jurisdicional da constitucionalidade das leis. Portanto, essa proibição não estava vinculada a uma ideia rígida de separação dos poderes, mas decorria da consideração de destaque que recebia a lei, encarando-se o Poder Judiciário como órgão não autônomo, e igualmente decorria da falta da adoção de um princípio geral de constitucionalidade.

MONTESQUIEU apenas desenvolveu e aprofundou a doutrina da separação dos poderes já presente no tema da *rule of law*. Como esta, visava a garantir a supremacia da lei mediante o exercício de acordo com ela da função executiva e da judicial, ideia que se tornou essencial ao Estado de Direito. Até esse ponto, a doutrina da separação dos poderes restringiu-se a sua vertente exclusivamente jurídica. Mas, à época em que escrevia sua obra, a ideia de separação dos poderes já conhecia outra versão que não a da *rule of law*, e que não foi desdenhada pelo autor. Não desconheceu ele a versão da *balance of powers*, que adotava a separação e independência como condição para um equilíbrio dos poderes por seu controle recíproco. Esse problema, contudo, deixa de ser

---

1881. G. Burdeau, *Le Libéralisme*, Paris, 1979, trad. portuguesa, p. 157 (apud Nuno Piçarra, *A Separação dos Poderes*, p. 157.

1882. Carl Schmitt, *Legalität und Legitimität*, p. 21 (apud Nuno Piçarra, *A Separação dos Poderes*), p. 159.

1883. Apud Nuno Piçarra, *A Separação dos Poderes*, p. 161.

jurídico para ser essencialmente político, não, contudo, sem interesse para a compreensão da doutrina da separação. A doutrina de MONTESQUIEU é tributária não só da ideia de separação de poderes, mas, conjuntamente com esta, adota a doutrina da monarquia mista e a de balança de poderes e freios e contrapesos, que se encontravam difundidas na Inglaterra do século XVIII.

4. TEORIA DAS FUNÇÕES ESTATAIS

Pode-se dizer que só por antonomásia é que se poderia denominá-la de separação de poderes. "É certo que a dimensão político-social da doutrina de Montesquieu foi durante muito tempo obnubilada, tendo dado origem ao 'mito da separação dos poderes', que toda uma escola de juristas de formação positivista se dedicou a desenvolver, particularmente no fim do século XIX e no princípio do século XX."[1884]

Apoiado em TROPER e nas análises de GWYN, PIÇARRA conclui que quanto à separação dos poderes "Montesquieu terá dito pouco, ou mesmo nada, de verdadeiramente original relativamente às doutrinas jurídicas e políticas da Inglaterra do tempo. Mas deu certamente o impulso decisivo para transformar a doutrina da separação dos poderes, de doutrina inglesa, em critério do Estado constitucional. Não sem equívocos, anacronismos e incompreensões posteriores, dado que na sua versão coexistem ideias já definitivamente pertencentes ao passado e ideias destinadas a perdurar no futuro"[1885].

A evolução que sofreu a teoria separatista de LOCKE e MONTESQUIEU quanto à atual realidade, longe de propugnar o seu fim, na verdade, aponta para um dos grandes problemas constitucionais do presente, que é a denominada "hipertrofia das funções do Estado", como denominam o fenômeno GABRIEL ALMOND e J. COLEMAN[1886], ou "multifuncionalidade do Estado contemporâneo", nas palavras de CRISTINA QUEIROZ. Isso exige uma "(re)ordenação e (re)distribuição das funções estatais"[1887].

Cumpre ainda observar que de ARISTÓTELES a MONTESQUIEU a referência às funções do Estado encontrava-se inserida no estudo político da melhor forma de organização do poder no Estado. É só com JELLINEK que o problema das funções do Estado passou a ganhar autonomia e relevo científicos[1888]. Assim, embora o estudo das funções do Estado já viesse, de forma explícita ou implícita, de há muito, a formulação de teorias a seu respeito é relativamente recente. A teoria das funções do Estado sempre esteve, e de resto continua assim, conexa com o problema das características, fins e poderes do Estado[1889].

1884. Nuno Piçarra, *A Separação dos Poderes*, p. 107.

1885. Nuno Piçarra, *A Separação dos Poderes*, p. 122-3.

1886. Gabriel Almond e J. S. Coleman, *The Politics of Developing Areas*, 1960, p. 26 e 58 e s. (apud Cristina Queiroz, *Os Actos Políticos no Estado de Direito*, p. 99).

1887. Cristina Queiroz, *Os Actos Políticos no Estado de Direito*, p. 99.

1888. Cf. Marcello Caetano, *Manual de Ciência Política e Direito Constitucional*, p. 122.

1889. Cf. Jorge Miranda, Funções do Estado, *Revista de Direito Administrativo*, 1992, v. 189, p. 88.

Embora o termo "poder" seja impróprio, como observado no início deste estudo, a verdade é que o próprio vocábulo "função" pode ter emprego não homogêneo, causando a indeterminação. Além de ser utilizado pelas diversas áreas do conhecimento humano, mesmo na Ciência Política os autores emprestam-lhe vários significados.

Há funções do Estado e há funções dos diversos órgãos e agentes dele, mas que não se confundem, pois uma coisa são as funções do Estado e outra bastante diversa são as funções que deve desempenhar determinado órgão do Estado[1890]. As funções do Estado, que interessam mais de perto aqui, pode-se dizer, são aquelas atreladas aos órgãos da soberania nacional. Os "órgãos de soberania" são os órgãos caracterizados por receber diretamente da norma constitucional seu *status*, sua conformação, competência, composição, numa palavra, sua definição. São estes os órgãos que podem conceber-se como titulares legitimamente exercentes de funções estatais, particularmente da função de governo (em contraste com a mera função administrativa), presente em cada um deles. Assim concebida, a separação de poderes exige uma teoria material das funções. Ou seja, é preciso que se possa identificar quais as principais funções ("poderes") a serem exercidas em um Estado.

A doutrina da separação dos poderes, contudo, serve atualmente como uma técnica de arranjo da estrutura política do Estado, implicando a distribuição por diversos órgãos de forma não exclusiva, permitindo o controle recíproco, tendo em vista a manutenção das garantias individuais consagradas no decorrer do desenvolvimento humano. E é na Constituição que se encontra o grau de interdependência e colaboração entre os diferentes órgãos existentes e as suas respectivas atribuições. Neste caso, tem-se uma teoria da separação de poderes como uma específica teoria acerca do arranjo institucional desenhado em cada Estado pela respectiva Constituição.

5. AS FUNÇÕES ESTATAIS NO MUNDO ATUAL

Retomando a ideia de separação de poderes como teoria das funções, modernamente têm sido propostas novas classificações das funções do Estado, com bases supostamente mais científicas (embora apresentem sempre um certo fundo histórico, que lhes infirma a própria consistência).

A realidade, como se pode facilmente constatar, já se incumbiu de desmistificar a necessidade de poderes totalmente independentes, especialmente numa distribuição rígida tripartite. Ademais, a tese da absoluta separação entre os poderes os tornaria perniciosos e arbitrários (justamente aquilo que se pretende coibir). Como ponderou NELSON SALDANHA: "Salta à vista o fato de que, nas Constituições de hoje — e sobretudo na prática política — a realidade do problema dos poderes não corresponde, senão em certa medida, ao esquema *separativo* engendrado pelos clássicos"[1891]. Essas observações colocam obstáculos sérios à aceitação de uma teoria das funções estatais uni-

---

1890. Cf. Marcello Caetano, *Manual de Ciência Política e Direito Constitucional*, p. 121.
1891. *O Estado Moderno e a Separação de Poderes*, p. 122.

822

versalmente válida, que pudesse proceder à identificação de certas tarefas fundamentais e atribuí-las a órgãos distintos. Assim, faz-se mister combater, nas palavras de LOEWENSTEIN, um dos dogmas mais famosos, que constitui o fundamento do constitucionalismo moderno.

Salienta-se, assim, a superação da doutrina da tripartição dos poderes como teoria das funções estatais. Contudo, LOEWENSTEIN propugna por uma nova divisão tripartida: "la decisión política conformadora o fundamental (*policy determination*); la ejecución de la decisión (*policy execution*) y el control político (*policy control*)"[1892]. Outros autores apresentam suas próprias categorias e classificações, identificando, de maneira fortemente subjetiva, esta ou aquela função (por exemplo, a função de controle, a função de segurança pública etc.).

A inclusão de novos "poderes", ou, mais propriamente, a constatação da existência de funções outras, atribuíveis a certos "poderes" ("órgãos de soberania") por insuficiência absoluta dos "poderes" tradicionalmente aceitos, pode-se dizer, é uma constante no pensamento mais recente de todos quanto se ocuparam detidamente do tema, o que infirma a possibilidade de uma construção teórica das funções estatais.

No que tange à teoria (proposta) de Montesquieu, "a proeminência do Poder Judiciário, na época atual, é sentida de maneira bastante intensa — com exceção do modelo francês — servindo de base à necessária remodelagem da clássica teoria da separação dos poderes, no que se refere às relações entre estes"[1893].

Diversos autores apresentam, nesse sentido, propostas de específicos arranjos institucionais, desenhos constitucionais que consideram mais apropriados para o momento atual ou para suas circunstâncias históricas. Essas propostas geralmente introduzem novos "poderes", como ocorre com a proposta apresentada por BRUCE ACKERMAN. Não se trata, pois, de uma teoria das funções do ponto de vista material, mas apenas de uma proposta de reestruturação dos sistemas constitucionais no que tange ao relacionamento entre os seus principais órgãos. Como pano de fundo há sempre alguma concepção teórica como a promoção da democracia participativa ou da deliberativa, ou a melhor proteção dos direitos fundamentais.

6. A SEPARAÇÃO DE PODERES NA CONSTITUIÇÃO BRASILEIRA

A Constituição brasileira não levou a cabo nenhum tratamento sistemático das funções do Estado. Procedeu à consagração expressa do princípio da separação dos órgãos do poder no art. 2º, nos seguintes termos: "São Poderes da União, independentes e harmônicos entre si, o Legislativo, o Executivo e o Judiciário".

Além da referência expressa acima, há uma articulação dispersa nas normas constitucionais, e uma orientação funcional que a cada um desses órgãos corresponderá[1894].

1892. Karl Loewenstein, *Teoría de la Constitución*, p. 62.
1893. André Ramos Tavares, "A Superação da Doutrina Tripartite dos 'Poderes' do Estado", p. 71.
1894. J. J. Gomes Canotilho, *Direito Constitucional*, p. 688.

Só pelo estudo sistemático é que se poderá chegar a uma conclusão sobre as funções que verdadeiramente exerce cada um dos órgãos previstos constitucionalmente, e que não se restringem mais a apenas três (assim, ter-se-ia a função administrativa, a governativa ou política, a judicial, a legislativa, a de controle etc.).

ANNA CANDIDA DA CUNHA FERRAZ elucida a sistemática constitucional, anotando que, "no desdobramento constitucional do esquema de poderes, haverá um mínimo e um máximo de independência de cada órgão de poder, sob pena de se desfigurar a separação, e haverá, também, um número mínimo e um máximo de instrumentos que favoreçam o exercício harmônico dos poderes, sob pena de, inexistindo limites, um poder se sobrepor ao outro poder, ao invés de, entre eles, se formar uma atuação 'de concerto'"[1895].

Deve haver, pois, grande prudência na análise da cláusula constitucional da separação dos poderes, para que se construa e preserve a necessária harmonia, fator crucial para a existência de mais de um "poder".

Referências bibliográficas

ACKERMAN, Bruce. The New Separation of Powers. *Harvard Law Review*, v. 113, n. 3, 2000. p. 633-727.

CAETANO, Marcello. *Manual de Ciência Política e Direito Constitucional*. Lisboa, 1963.

CANOTILHO, J. J. Gomes. *Direito Constitucional*. Coimbra: Livr. Almedina, 1993.

LOEWENSTEIN, Karl. *Teoría de la Constitución*. Tradução por Alfredo Gallego Anabitarte. 2. ed. Barcelona: Ed. Ariel, 1970.

MADISON. *O Federalista*. Tradução por Heitor Almeida Herrera. Brasília: Editora da Universidade de Brasília, n. 62.

MIRANDA, Jorge. Funções do Estado. *Revista de Direito Administrativo*, Rio de Janeiro, 1992, v. 189.

MONTESQUIEU. Charles Louis de Sécondat, baron de la Brède et de. *O Espírito das Leis*. Tradução por Fernando Henrique Cardoso e Leôncio Martins Rodrigues. 2. ed. rev. Brasília: Ed. Universidade de Brasília, 1995. Tradução de: *De l'Esprit des Lois*.

PIÇARRA, Nuno. *A Separação dos Poderes como Doutrina e Princípio Constitucional*. Coimbra: Coimbra Ed., 1989.

QUEIROZ, Cristina. *Os Actos Políticos no Estado de Direito*. Coimbra: Livr. Almedina, 1990.

SALDANHA, Nélson. *O Estado Moderno e a Separação de Poderes*. São Paulo: Saraiva, 1987.

TAVARES, André Ramos. A Superação da Doutrina Tripartite dos "Poderes" do Estado. *Cadernos de Direito Constitucional e Ciência Política*, v. 29, out./dez. 1999, ano 7, p. 66-71.

_____. Separação de Poderes. In: *Enciclopédia do Direito Brasileiro*. Rio de Janeiro: Forense, 2000. v. 1. p. 15-21.

1895. *Conflito entre Poderes*, p. 14.

Capítulo LIII
DO PODER JUDICIÁRIO

1. DEFINIÇÕES PRELIMINARES

1.1. Funções típicas e atípicas

Como todo Poder, também os órgãos do Judiciário exercem funções típicas, inseridas no conceito de jurisdição, e funções atípicas, de ordem administrativa e normativa.

A função típica do Poder Judiciário é aquela para a qual foi concebido e estruturado. Nisso, mister se faz remontar à origem do próprio Direito. Como acentuava o Ministro MÁRIO GUIMARÃES: "A função de julgar é tão antiga como a própria sociedade. Em todo aglomerado humano, por primitivo que seja, o choque de paixões e de interesses provoca desavenças que hão de ser dirimidas por alguém"[1896]. A máxima segundo a qual é vedada a justiça privada tem como imperativo a destinação dos conflitos sociais ao Estado, que passa a contar com o monopólio exclusivo de uso da força (se necessária for). No Estado, a tarefa incumbe, como se sabe, ao Poder Judiciário. Assinala GERALDO DE ULHOA CINTRA que "Com o advento do Estado de direito e mesmo antes dele, no Estado feudal e nas Repúblicas grega e romana, as inconveniências e arbitrariedades da justiça privada mostraram que o poder constituído devia assumir, com total ou relativa exclusividade, a função de distribuir justiça, declarando e realizando o direito"[1897].

Ainda com MÁRIO GUIMARÃES, deve-se lembrar que "O poder de julgar pertence à nação, que o exercita por meio de seus juízes. Chama-se a esse poder — jurisdição. A etimologia da palavra é expressiva: *jurisdictio*"[1898].

Assim, pode-se assinalar a existência de duas diretrizes básicas nesta seara. Em primeiro lugar, não é dado a particular fazer justiça "com as próprias mãos". Em segundo lugar, todo conflito pode ser levado ao Estado, que deverá solucioná-lo. Nesta última diretriz, podem-se vislumbrar duas ideias que são essenciais: A) o Estado não pode negar-se a apreciar e decidir o conflito social; e B) nenhum conflito social poderá ser excluído (previamente, por lei ou por qualquer outro ato) da apreciação dos ór-

---

1896. *O Juiz e a Função Jurisdicional*, p. 19.
1897. *Da Jurisdição*, p. 13-4.
1898. *O Juiz e a Função Jurisdicional*, p. 53.

825

gãos estatais competentes. Esta última hipótese encontra-se expressa na Constituição de 1988, em seu art. 5º, ao determinar: "XXXV — a lei não excluirá da apreciação do Poder Judiciário lesão ou ameaça a direito".

1.2. Jurisdição

Do ponto de vista de sua função típica, o Poder Judiciário pode ser definido como o conjunto dos órgãos públicos que detêm o exercício da função jurisdicional.

A jurisdição é, exatamente, a atividade pela qual determinados órgãos pronunciam-se, em caráter cogente, sobre a aplicação do Direito. Isso é realizado, contudo, por meio da obediência a um procedimento previamente determinado, ao final e ao cabo do qual se alcança uma decisão que é revestida do caráter da imutabilidade, vale dizer, faz coisa julgada entre as partes.

A jurisdição, pois, é uma atividade pela qual o Judiciário substitui-se à vontade das partes, solucionando os conflitos de interesse que eventualmente surjam no seio social.

Já ao Supremo Tribunal cabe, precipuamente, a guarda da Constituição, consoante o art. 102.

1.3. Conceito

O Judiciário constitui um dos três poderes reconhecidos expressamente pela Constituição da República (art. 2º), sendo independente em relação aos demais; a ele foi atribuída a tarefa de declarar o Direito e de julgar.

No *declarar o Direito* deverá, preliminarmente, defender a Constituição, inclusive contra as leis editadas em desrespeito a ela. Ademais, tendo de promover sempre o respeito à Constituição, os Tribunais e juízes devem, quanto às leis, "adaptar o conteúdo de seus preceitos aos preceitos constitucionais", como bem observa MARIA LUISA BALAGUER CALLEJON, ou seja, admite-se "abrir o sistema de fontes à criação judicial do Direito de tal modo que os enunciados legais não serão apenas o que da literalidade de seus textos se possa deduzir mas também o que os Tribunais tenham interpretado que são como consequência de sua congruente inserção dentro do ordenamento constitucional"[1899]. Declarar o Direito é declará-lo tendo como justa medida a Constituição.

No *julgar* deverá oferecer as soluções para os conflitos de interesses que lhe são apresentados e para os quais é provocado a manifestar-se em caráter definitivo e cogente.

Reconhece-se hoje, ademais, ao Judiciário a tarefa (poder) de *controlar*[1900] os demais poderes do Estado, podendo-se falar, assim, de uma função de controle, inclusive tendo como parâmetro máximo a Constituição. Observa OTTO BACHOF que tal "aumen-

---

1899. *La Interpretación de la Constitución por la Jurisdicción Ordinaria*, p. 50, t.a.

1900. Já Karl Loewenstein reconhecia a existência de uma função estatal de controle.

to da função de controle significa um incremento acentuado do poder do juiz e, necessariamente, uma diminuição proporcional do poder do Legislativo e do Executivo. Esse fato é indiscutível"[1901].

2. ORGANIZAÇÃO E ASPECTOS GERAIS

No sistema judiciário pátrio, existem basicamente duas ordens judiciárias distintas. Quanto a esse aspecto, a estrutura do Judiciário encontra-se calcada na forma federativa clássica, que admite duas ordens de organizações: a federal e a estadual. Assim, no campo judicial, tem-se a organização da Justiça federal e, paralelamente, da Justiça estadual. Coexistem, portanto, duas estruturas: a justiça *local* (estadual) e a justiça *federal*. Trata-se de critério que se arrima na maior ou menor extensão da jurisdição.

As competências da Justiça federal, de regra, encontram-se previstas expressa e taxativamente, cabendo à Justiça estadual a competência *residual*.

A Justiça federal, por sua vez, pode ser *comum* ou *especializada*. Neste caso, têm-se a Justiça do Trabalho, a Justiça Militar e a Justiça Eleitoral. Na Justiça estadual, prevê-se apenas a possibilidade de Justiça militar especializada.

Em termos classificatórios, pode-se dizer que, tomando como critério o aspecto federativo, o Judiciário estrutura-se em dois âmbitos: federal e estadual. Tomando como critério a competência constitucionalmente atribuída, tem-se o Judiciário estruturado igualmente em dois âmbitos: o especializado e o comum. Todos, como visto, entrelaçam-se para formar a complexa estrutura estatal de Justiça.

Quando se fala em Justiça estadual, isso não significa que a jurisdição, nesses casos, derive das leis estaduais. Toda a divisão da Justiça tem origem na Constituição Federal. Como regra, a competência será da Justiça estadual, salvo os casos em que a Constituição especificou a competência federal ou especializada. Para MÁRIO GUIMARÃES, disso "se infere um preceito de ordem prática: na dúvida, em caso de conflito, interprete-se em favor da regra, e não da exceção"[1902].

Não existe, no Brasil, o denominado contencioso administrativo, muito difundido na França. Ao Poder Judiciário caberá a solução das situações sociais litigiosas, com força de definitividade, independentemente de pronunciamento ou questionamento perante as "instâncias" administrativas acaso existentes. A única concessão constitucional, a esse respeito, foi quanto à equivocadamente designada "Justiça" *desportiva*, instituída no âmbito administrativo.

De outra parte, não existe no Brasil uma Justiça municipal que pudesse corresponder ao âmbito federativo das cidades. A Justiça local, portanto, é apenas aquela de âmbito estadual. Passível de crítica, nesse ponto, a Constituição[1903], porque poderia ter

---

1901. *Jueces y Constitución*, p. 27.

1902. *O Juiz e a Função Jurisdicional*, p. 68.

1903. Nesse sentido posicionam-se Ney Moreira da Fonseca e Marco Falcão Critsineltis (*O Poder Judiciário Municipal e a Aplicação Social da Pena*, p. 160 e s.).

827

implementado a descentralização também da organização judiciária do País, aproximando mais a Justiça do cidadão (munícipe).

Por fim, cumpre acentuar que existem Tribunais denominados de superposição, como o Superior Tribunal de Justiça e o Supremo Tribunal Federal, que, com mais propriedade, devem ser denominados Tribunais *nacionais*. O Superior Tribunal de Justiça é a última instância do Judiciário em matéria de leis. O Supremo Tribunal Federal é o órgão de cúpula do Poder Judiciário, decidindo em última instância sobre os litígios intersubjetivos, sendo o defensor da Constituição.

Ao lado do STJ, contudo, existem Tribunais nacionais especializados. É o caso do Tribunal Superior Eleitoral, do Superior Tribunal Militar e do Tribunal Superior do Trabalho. Não há, pois, hierarquia recursal entre esses Tribunais.

Embora se verifique uma mudança na estrutura do Poder Judiciário com a Constituição de 1988 (embora, ainda, com severas críticas quanto ao STF), pode-se afirmar que houve sensível reformulação quanto a suas competências, especialmente para admiti-las quanto aos interesses difusos e coletivos. Como bem analisa o tema Rosalina Corrêa de Araújo: "Neste sentido, a Constituição de 1988 criou e consolidou instrumentos que lhe permitiram superar os modelos processuais clássicos, destinados exclusivamente à proteção dos direitos individuais isoladamente, ou em conjunto, nos limites da legislação processual. A viabilização legislativa e judicial dos interesses difusos e coletivos esvaziou a força dos conflitos de maior complexidade, pois, à medida em que o texto constitucional possibilitou judicialmente a discussão desses conflitos, não apenas requalificou o papel do Poder Judiciário no processo de transformação da sociedade, como também tornou possível de avaliação jurídica outras complexidades, com natureza inclusive política e social"[1904].

Quanto à estrutura do Judiciário criada pela Constituição de 1988, pode-se assegurar que não é indene de críticas, como bem pondera o Ministro Carlos Mário da Silva Velloso[1905], porque realmente diversas são as situações críticas que a prática encarregou-se de exibir, sublinhando a fraqueza desse modelo teórico adotado. Realiza Diogo de Figueiredo Moreira Neto uma apreciação crítica dessa estrutura, apontando, especialmente que: "A simples leitura do Capítulo dedicado ao Poder Judiciário na Constituição de 1988, desfiando uma longa enumeração de órgãos federais e estaduais, evidencia mesmo ao leigo, um sistema pesado e complexo. Multiplicam-se as instâncias e tribunais em grande número, criados sem maiores preocupações com a carga de trabalho cometida a cada um desses órgãos, o que explica, sem muito perquirir, por que a Justiça brasileira, em seu conjunto, é cada vez mais cara, morosa e complicada, tudo agravado com uma processualística hermética e tecnicista, mais voltada a si própria que a resultados práticos.

"Encabeça a relação das cortes federais e estaduais o Supremo Tribunal Federal, um órgão notoriamente assoberbado de atribuições e afogado em acervo que cresce à

1904. *O Estado e o Poder Judiciário no Brasil*, p. 428.
1905. Problemas e Soluções na Prestação da Justiça, in *O Judiciário e a Constituição*, p. 93-115.

razão de quase sessenta mil novas distribuições por ano, um problema que se imaginava ter dado solução com a criação do Superior Tribunal de Justiça, que lhe repartiu a carga, sem se contar com a explosão de demanda ao Judiciário que a própria Constituição de 1988 desdobraria"[1906].

3. ÓRGÃOS DO PODER JUDICIÁRIO E SUA COMPETÊNCIA

3.1. Supremo Tribunal Federal

O Supremo Tribunal Federal é composto por onze ministros. Sua estrutura e competência, enquanto Tribunal Constitucional, já foram analisadas anteriormente.

Cumpre, aqui, apenas observar que possui competência originária alheia às questões constitucionais, bem como possui competências recursais, previstas no art. 102 da CB.

3.2. Superior Tribunal de Justiça

3.2.1. Das propostas e justificativas para a criação de um Superior Tribunal

Em 1965, reuniram-se alguns juristas para debater, dentre outros temas, a formação de um Tribunal Superior. Referido debate fora presidido pelo Ministro Themístocles Brandão Cavalcanti e composto, dentre outros, por Caio Tácito, Miguel Seabra Fagundes, José Frederico Marques, Gilberto de Ulhoa Canto e Miguel Reale. No relatório, pode-se ler: "9. Decidiu-se, sem maior dificuldade, pela criação de um novo Tribunal. As divergências sobre a sua natureza e o número de tribunais, que a princípio suscitaram debates, pouco a pouco se encaminharam por uma solução que mereceu, afinal, o assentimento de todos. Seria criado um único Tribunal, que teria uma função eminente como instância federal sobre matéria que não tivesse, com especificidade, natureza constitucional, ao mesmo tempo que teria a tarefa de apreciar os mandados de segurança e *habeas corpus* originários, os contra atos dos Ministros de Estado e os recursos ordinários das decisões denegatórias em última instância federal ou dos Estados" (*Revista de Direito Público e Ciência Política*, VIII, 2/134, FGV, maio/ago. 1965).

Em 1985, Carlos Mário da Silva Velloso admitia a "instituição de Tribunais Superiores de Direito Público, de Direito Privado e de Direito Penal, estruturando-se a Justiça Comum, Federal e Estadual, segundo o modelo das Justiças Eleitoral e do Trabalho. Ora, se o Direito Eleitoral e o Direito do Trabalho já têm os seus Tribunais de recurso especial, por que não tê-los, também, a Justiça Comum, nos seus três campos: de Direito Público, de Direito Privado e de Direito Penal. Nessa ordem de ideias, o Tribunal Federal de Recursos, Tribunal Superior da Justiça Federal, seria o Tribunal Superior de Direito Público da Justiça Comum, Federal e Estadual, instituindo-se mais

---

1906. *O Sistema Judiciário Brasileiro e a Reforma do Estado*, p. 37.

dois outros, de Direito Privado (Civil e Comercial) e de Direito Penal, que abrangeriam, também, a Justiça Comum Federal e Estadual"[1907].

A criação do STJ e o encaminhamento de recursos que anteriormente seriam da competência do STF para aquele novo Tribunal pretendia, ademais, amenizar o colapso iminente do STF, assoberbado por uma quantidade imensa de processos. Esse objetivo, contudo, na prática, foi desprezado pela Constituição, que, se de um lado criou o STJ, aliviando parcialmente a carga de tarefas de incumbência do STF, de outra parte, foi extremamente analítica, tratando de diversos temas e, com isso, aumentando as possibilidades de que qualquer causa possa ascender ao STF, por ventilar matéria constitucional.

3.2.2. Um novo Tribunal da Federação

Insólita discussão travou-se quando da criação desse novo Tribunal, entendendo alguns que isso significaria uma *capitis diminutio* da importância do STF[1908]. Evidentemente que, muito pelo contrário, a desvinculação da matéria infraconstitucional reforça a importância e a posição do STF[1909].

Ao STF resta a tarefa de defesa da Constituição, posicionando-se no mais alto grau da estrutura judiciária. Ao STJ cumpre a tarefa de defesa e unificação do Direito federal.

Nem por isso, contudo, deve-se deixar de considerar o STJ como verdadeiro Tribunal da Federação. Não há dúvida de que o é.

De outra parte, cumpre indagar se se trata de um novo Tribunal, ou se apenas se alterou a denominação do extinto Tribunal Federal de Recursos. MANCUSO[1910] tende a considerar que se trata de um novo Tribunal. É preciso considerar, contudo, alguns elementos.

Em primeiro lugar, consoante o art. 27, § 2º, I, do ADCT da CB/88, foram aproveitados os Ministros do TFR para a composição inicial do STJ. Isso, contudo, não permite concluir precipitadamente que se trataria do antigo TFR. E, realmente, a mudança foi muito mais profunda, já que se instaura, a partir de 1988, um segundo Tribunal, ao lado do STF, com âmbito nacional, posicionando-se entre este e os Tribunais de segunda instância, funcionando como um Tribunal nacional de cassação ou revisão, à semelhança do que ocorre na Europa.

Ademais, o cotejo das competências do antigo TFR (art. 122 da EC n. 1/69) e dos atuais TRFs (art. 108 da CB) demonstra que há de se considerar que o papel de sucessor daquele foi cometido aos TRFs.

3.2.3. Competências

As competências reconhecidas ao STJ são originárias e recursais.

1907. O Poder Judiciário na Constituição. Uma Proposta de Reforma, *RDA,* 160/32, e *RDP*, 74/117.

1908. Nesse sentido: Mancuso, *Recurso Extraordinário e Recurso Especial*, 5. ed., p. 64.

1909. Nesse sentido: Josaphat Marinho, O Poder Judiciário na Nova Constituição, *Revista do Advogado da AASP*, 28/30.

1910. *Recurso Extraordinário e Recurso Especial*, 5. ed., p. 72.

830

São competências originárias aquelas indicadas no art. 105, I, da CB. São recursais aquelas contempladas no art. 105, II e III, da CB, que tratam, respectivamente, do recurso ordinário e do recurso especial.

3.3. Justiça Federal Eleitoral

São órgãos da Justiça Eleitoral (art. 118): A) o Tribunal Superior Eleitoral; B) os Tribunais Regionais Eleitorais; C) os juízes eleitorais; D) as Juntas Eleitorais.

Consoante o art. 121 da CB, é por meio de lei complementar que se disporá sobre a organização e a competência dos Tribunais, dos juízes e das Juntas Eleitorais.

3.4. Justiça Federal Militar

São órgãos da Justiça Militar: A) o Superior Tribunal Militar; B) os Tribunais Militares instituídos por lei; e C) os juízes militares, conforme instituído por lei.

À Justiça Militar compete processar e julgar os crimes militares definidos em lei (art. 124, *caput*, da CB). Ademais, a lei disporá sobre a sua competência (art. 124, parágrafo único, da CB).

3.5. Justiça Federal do Trabalho

A Justiça do Trabalho compõe-se (art. 111 da CB): A) do Tribunal Superior do Trabalho; B) dos Tribunais Regionais do Trabalho; C) dos juízes do trabalho.

O Tribunal Superior do Trabalho passou a ser formalmente referido como órgão do Poder Judiciário com a Emenda Constitucional n. 92, de 12 de julho de 2016. Para esse mister a EC insertou um anômalo inciso "II-A" ao art. 92 da CB. Na redação original da nossa Constituição de 1988, o Tribunal Superior do Trabalho já estava incluído na expressão mais abrangente "Tribunais e Juízes do Trabalho", que permanece até hoje como inciso III desse artigo. Essa técnica de retalhamento e desfiguração da Constituição de 1988 já havia sido adotada no mesmo artigo-alvo, para inserir nele um órgão administrativo do Poder Judiciário, o CNJ.

Assim, a alteração não tem exatamente o papel de *incluir* um Tribunal na estrutura do Poder Judiciário porque lá não estivesse antes, mas sim de assegurar-lhe um *status* diferenciado, ao lado do Superior Tribunal de Justiça, também (e originalmente) referido de maneira expressa no art. 92 da CB (inciso II). A mudança consiste, destarte, em um reconhecimento da paridade entre os dois tribunais, ambos responsáveis pela uniformização nacional de jurisprudência na respectiva reserva temática que titularizam.

Ao contrário de realizar uma uniformização, porém, a Emenda referida agudiza uma disparidade que não existe, nesse ponto, em relação ao Tribunal Superior Eleitoral e ao Superior Tribunal Militar, tribunais estes que não formam foco de atenção da Emenda. Mais uma vez a banalização da reforma de uma Constituição provoca desfiguração e atende à máxima do retalhamento inaceitável de um modelo constitucional consistente.

Ainda na senda dessa mesma missão (questionável para uma Constituição) de reconhecer formalmente a equiparação já existente desses tribunais, a Emenda Constitucional n. 92/2016 alterou o art. 111-A da CB para incluir entre as condições de nomeação para o cargo de Ministro do TST os requisitos "de notável saber jurídico e reputação ilibada", requisitos que, embora não estivessem expressos no texto anterior, eram exigíveis por uma interpretação constitucionalmente adequada.

A competência da Justiça do Trabalho encontra-se arrolada no art. 114 da CB. Frise-se aqui que, com a EC n. 45/2004, a Justiça do Trabalho teve seu campo de atuação ampliado, passando a ostentar competência para julgar todas as causas que envolvam *relações de trabalho* e não apenas as de emprego, como ocorria até então. Realmente, a essência da Justiça do Trabalho era formada pelas demandas decorrentes da denominada *relação de emprego* (espécie do gênero "relação de trabalho" com características específicas, especialmente a subordinação). Isso estava bem caracterizado constitucionalmente e assentado na doutrina e jurisprudência, pelo uso da expressão "empregadores" na redação original do art. 114 da CB. Doravante, promove-se o alargamento incontestável do tipo de demandas a serem direcionadas para a Justiça do Trabalho. Assim, parcela dos processos que vinham sendo processados e julgados perante outras justiças passará, *imediatamente*, para a Justiça do Trabalho.

Pela nova dicção do inciso I do art. 114 da CB, competirá à Justiça do Trabalho processar e julgar "as ações oriundas da relação de trabalho (...)". Anteriormente, a redação do mesmo dispositivo já falava em "outras controvérsias decorrentes da relação de trabalho", mas fazia com que essas controvérsias só coubessem à Justiça do Trabalho quando nesse sentido dispusesse a legislação (tornava a norma de eficácia limitada). A nova redação incumbe a Justiça do Trabalho, definitivamente, do tratamento das ações relacionadas à "relação de trabalho", independentemente de lei (não é norma constitucional de eficácia limitada, mas sim de eficácia plena, imediata).

Isso significa que a todo trabalhador, seja qual for o regime contratual a que esteja submetido (mesmo que não seja empregatício o vínculo e mesmo que não haja contemplação na CLT do tipo de contrato de trabalho em questão, e ainda que não seja aplicável a CLT), passa a ser franqueada a via da Justiça do Trabalho para a solução de seus conflitos, desde que decorrentes dessa relação. A Justiça do Trabalho torna-se responsável pela apreciação de todos os litígios oriundos das relações de trabalho no sentido mais amplo que a expressão admite (trabalhador como prestador de serviço, independentemente de subordinação).

Assim, no âmbito de atividades como a dos agrônomos, corretores, consultores, contadores, economistas, arquitetos, engenheiros, mestres de obras, médicos, publicitários, dos trabalhadores autônomos em geral, ainda que não sejam empregados, passará a decidir a Justiça do Trabalho por ocasião do descumprimento do respectivo contrato de trabalho. Incluem-se, aqui, duas situações diversas: (i) as ações ajuizadas pelos prestadores de serviços (mesmo pessoas jurídicas!) contra os tomadores desses serviços, para cumprimento, por estes, de suas obrigações contratuais (normalmente o pagamento); (ii) as ações propostas contra os prestadores de serviços, seja o demandante uma pessoa física, seja jurídica.

Nessas novas hipóteses, há de se indagar qual a legislação aplicável. A resposta parece ser bastante clara: será a civil comum e não a CLT, porque a mudança foi, neste ponto, formal (competencial) e não de fundo (das leis de regência dos contratos). Observe-se, ademais, que a jurisprudência sempre acentuou que pouco importa, para a fixação da competência da Justiça do Trabalho, que a solução da lide (direito material aplicável) dependa das regras do Direito civil, e não da CLT (cf. STF, Conflito de Jurisdição n. 6.959-6/DF, rel. Min. Sepúlveda Pertence, *DJ*, 22-2-1991; RE 349.160-1/BA, rel. Min. Sepúlveda Pertence, *DJ*, 14-3-2003). Ou seja, a atribuição de competência à Justiça do Trabalho não implica aplicação automática da CLT. O *direito material* a ser utilizado pela decisão depende apenas e diretamente da causa, das características da lide, e não das características da Justiça à qual foi atribuído o dever de julgamento.

Dissociam-se, com isso, CLT e Justiça do Trabalho. As ações nas quais estejam envolvidos os prestadores de serviços, por força da nova redação do art. 114 da CB, continuarão a ser solucionadas consoante o Direito material próprio, civil, e não pelas regras trabalhistas da CLT. O Direito material não foi alterado pela Reforma, pois os trabalhadores não foram todos transformados em uma única categoria, de empregados *stricto sensu*. Trata-se de trabalhadores cujas relações de trabalho continuam a ser regidas pelo mesmo Direito material que o eram anteriormente à Reforma.

Mas, como houve mudança da estrutura competente para apreciar as causas, e como cada estrutura de "Justiça" possui suas regras processuais peculiares, são estas que passarão a incidir, sem que se desconheça a dificuldade de adaptação que ocorrerá em inúmeros casos.

Em síntese, houve uma grande ampliação das atribuições da Justiça do Trabalho. Mas esta ainda permanece sem competência para julgar (i) crimes do trabalho, pela sua natureza essencialmente penal, e (ii) funcionários públicos (estatutários).

Outra medida que ampliou as competências relacionadas à Justiça do Trabalho, nesse caso voltada especificamente para o Tribunal Superior do Trabalho, foi a já referida Emenda Constitucional n. 92/2016, que inseriu o § 3º ao art. 111-A da Constituição, atribuindo ao Tribunal Superior do Trabalho a competência para "processar e julgar originariamente, a reclamação para preservação de sua competência e autoridade de suas decisões". Nos moldes do que já ocorria em relação ao Supremo Tribunal Federal (art. 102, I, *l*, da CB) e ao Superior Tribunal de Justiça (art. 105, I, *f*, da CB), essa forma de preservação das decisões do TST foi elevada ao patamar constitucional. Para além da já enunciada função de equiparar formalmente o patamar do TST ao do STJ, essa medida segue uma outra tendência, de reforçar a uniformidade das decisões judiciais, na senda do Código de Processo Civil promulgado no ano de 2015 (cf., *e.g.*, art. 988 do CPC, que antecipou a previsão do cabimento da Reclamação para os tribunais e foi considerado aplicável ao Processo do Trabalho pela Instrução Normativa n. 39/2016 do TST).

3.6. Justiça Federal Comum

A Justiça Federal é composta pelos Tribunais Regionais Federais e juízes federais. A Justiça Federal está dividida em seções judiciárias, cada Estado-membro correspondendo a uma seção. Existiam, ademais, cinco regiões, com sede, cada uma delas, nas seguintes capitais: Distrito Federal, São Paulo, Rio de Janeiro, Recife e Porto Alegre, nas quais estão agrupadas todas as seções judiciárias da Justiça Federal (art. 110 da CB). A Emenda Constitucional n. 73, de 6 de junho de 2013, ampliou o número de TRF's, acrescentando um parágrafo ao art. 27 do ADCT. Assim, foram criados, pela referida EC, os seguintes Tribunais: (i) o da 6ª Região, com sede em Curitiba; (ii) o da 7ª Região, com sede em Belo Horizonte; (iii) o da 8ª Região, com sede em Salvador; (iv) o da 9ª Região, com sede em Manaus, e jurisdições especificadas na referida EC.

Quanto à ampliação do número desses tribunais em nosso país, devemos concordar que mais estrutura pode não significar mais Poder Judiciário. Só este último é um objetivo legítimo. Daí que a criação desses tribunais tenha ocorrido sob alguma crítica. Para compreender os elementos dessa discussão, é preciso avaliar o contexto em que se dará a ampliação. E preocupações com o gigantismo desse Poder, com o custo envolvido, em um País ainda carente nas áreas sociais básicas entram nesse cálculo. Mas mesmo considerando todo esse conjunto, e justamente por ele, é que se precisa de *mais Judiciário*. Então, retornamos à pergunta inicial: ampliação dos Tribunais significará mais Judiciário? No caso da Justiça Federal, mais tribunais equivale, sim, no atual estágio, necessariamente, a mais Poder Judiciário e mais acesso, e, com isso, mais cidadania. Quanto ao custo, não podemos ser nem hipócritas nem ingênuos, pois toda a democracia desenvolvida tem seu custo. E *quantidade*, neste caso, influencia a qualidade, pois ainda estamos em um *modelo de escassez*. Ao final, em um País no qual boa parte da cidadania ainda não foi plenamente contemplada, no qual os gargalos de acesso são inquestionáveis, insistir em poucos tribunais localizados geograficamente em longínquas capitais transfere o custo do Estado para o cidadão. O modelo do juiz como bem escasso é próprio de uma sociedade pauperizada que se empobrece ainda mais. O prazo constitucional para a instalação desses tribunais é de seis meses.

A competência da Justiça Federal encontra-se prevista pela Constituição Federal, nos arts. 108 e 109.

3.7. Justiça Estadual

Nos Estados, há os Tribunais de Justiça, os juízes de Direito.

A competência dos Tribunais será definida pelas Constituições estaduais (§ 1º do art. 125 da CB).

Por fim, a lei estadual poderá criar, mediante proposta do Tribunal de Justiça, a Justiça Militar estadual, constituída, em primeiro grau, pelos juízes de Direito e pelos Conselhos de Justiça, e, em segundo grau, pelo próprio Tribunal de Justiça, ou por Tribunal de Justiça Militar, nos Estados em que o efetivo militar seja superior a vinte mil integrantes (§ 3º do art. 125 da CB). A Justiça Militar estadual terá competência para processar e julgar os militares dos Estados, nos crimes militares assim definidos em lei, e as ações judiciais contra atos disciplinares, ressalvada a competência do júri quando a vítima for civil (§ 4º do art. 125 da CB). Quanto aos juízes de direito do juízo militar e aos Conselhos de Justiça, àqueles compete processar e julgar os crimes cometidos contra civis e as ações judiciais contra atos disciplinares; a estes cabe processar e julgar os demais militares (§ 5º do art. 125).

3.8. Conselho Nacional de Justiça

A EC n. 45/2004 acrescentou, ao rol de órgãos do Poder Judiciário, o Conselho Nacional de Justiça. Seu posicionamento topográfico (art. 92, I-A), logo após o Supremo Tribunal Federal, mais importante órgão do Judiciário e quiçá de toda a estrutura do Estado, talvez tenha como pretensão inculcar, ao CNJ, uma, por hora, artificial importância.

O presente órgão bem pode servir para auxiliar no combate aos males que acometem o Poder Judiciário, a saber, a delonga em exercer a função jurisdicional e a ausência de transparência, decorrente de sua natureza fechada, infenso que é às tentativas fiscalizatórias.

Seu mister seria, então, o de vigiar, tal e qual uma sentinela. O axioma que embasa essa criação é bastante conhecido: a eficiência de determinado poder, bem como a sua lisura, é mais facilmente obtida por meio da existência de um órgão fiscalizador. Afinal, o sentimento de impunidade, inexoravelmente, gera a acomodação e, pior, o sentimento de total liberdade, ou melhor, de arbitrariedade.

3.8.1. Composição

De acordo com o art. 103-B, o Conselho Nacional de Justiça compõe-se de membros (i) em número de *quinze*, (ii) com mais de trinta e cinco e menos de sessenta e seis anos de idade e (iii) com mandato de dois anos. Há possibilidade de apenas uma recondução. Os membros do Conselho, com exceção do seu Presidente (cf. EC n. 61, de 11 de novembro de 2009), que dispensa qualquer novo procedimento, são nomeados pelo Presidente da República, após o nome ter sido aprovado pela maioria absoluta do Senado.

Tais membros serão de três origens, a saber, a origem judicial, a origem em exercentes de funções essenciais à Justiça e, por fim, aqueles que apresentam origem "externa", no sentido forte do termo.

Na primeira categoria mencionada há nove membros, que provêm do próprio Poder Judiciário e, efetivamente, exercem jurisdição. Tais são: i) o Presidente do Supremo Tribunal Federal (cf. EC n. 61, de 11 de novembro de 2009, que alterou a antiga dicção, que menciona um Ministro indicado pelo próprio Tribunal, não necessariamente seu Presidente, embora esta fosse a prática mesmo antes desta Emenda); ii) um Ministro do Superior Tribunal de Justiça, indicado por este mesmo tribunal; iii) um Ministro do Tribunal Superior do Trabalho, escolhido por este tribunal; iv) um desembargador do Tribunal de Justiça, a ser indicado pelo Supremo Tribunal Federal; v) um juiz estadual, indicado, também, pelo Supremo Tribunal Federal; vi) um juiz de Tribunal Regional Federal, indicado pelo Superior Tribunal de Justiça; vii) um juiz federal, também indicado pelo Superior Tribunal de Justiça; viii) um juiz de Tribunal Regional do Trabalho, a ser indicado pelo Tribunal Superior do Trabalho; ix) um juiz do trabalho, indicado pelo Tribunal Superior do Trabalho.

Na composição plural, por magistrados de diversos tribunais e instâncias, andou bem a Reforma, pois jamais um órgão desses poderia ser preenchido por membros ape-

835

nas dos mais elevados tribunais, como pretendeu DIOGO DE FIGUEIREDO MOREIRA NETO[1911], porque isso certamente redundaria num modelo autoritário e centralizador. Por respeito à democracia e ao princípio federativo, há de se compor tal organismo com magistrados de todas as instâncias.

Mas certo resquício centralizador ainda se manteve, na medida em que STF, STJ e TST controlarão (indicando) *todos* os integrantes do Judiciário que farão parte do Conselho Nacional de Justiça. Não há formulação de qualquer lista (tríplice, sêxtupla etc.). A indicação é livre (mas não necessariamente democrática e plural em termos de pensamento e orientações dos futuros integrantes). Estão excluídos, portanto, do processo de indicação dos membros os outros dois tribunais superiores (STM e TSE) e os magistrados de primeira instância.

Ademais, dos nove membros magistrados, caberá ao STF escolher três membros (sendo apenas um pelos próprios pares de seu Tribunal), o que denota maior centralização nesse Tribunal, a qual se torna patente por mais dois motivos.

O primeiro diz respeito à prerrogativa do STF, no caso de os outros membros não serem escolhidos no prazo de 180 dias (art. 5º, *caput*, da EC n. 45/2004), em suprir tal ausência, nos termos do § 3º do art. 103-B da CB.

O segundo motivo é a Presidência do CNJ, a ser exercida pelo Presidente do STF que comporá o CNJ. Antes da EC n. 61/09 havia a possibilidade, a partir do regime vigente, de que outro Ministro do STF, que não seu Presidente, fosse escolhido para o CNJ. Como havia advertido em edições anteriores, isto gerava a possibilidade, em tese, da redução do número de ministros no STF para os quais não seriam distribuídos processos, o que poderia provocar grave distorção, por reduzir, efetivamente, o STF, a nove juízes (excluídos seu Presidente e o Presidente do CNJ). A EC n. 61/09 corrigiu esse problema.

No que tange à segunda categoria de membros mencionados, num total de 4 (quatro), tais são: i) um membro do Ministério Público da União, a ser indicado pelo Procurador-Geral da República; ii) um membro do Ministério Público estadual, escolhido pelo Procurador-Geral da República dentre os nomes indicados pelo órgão competente de cada instituição estadual; e iii) dois advogados, indicados pelo Senado Federal.

Muito embora estes integrantes não façam, propriamente, parte do Judiciário, dele não podem ser desassociados. São membros externos, mas num sentido fraco deste termo. Afinal, é preciso salientar que a Constituição de 1988 considerou algumas atividades como essenciais à Justiça. É o caso da Advocacia e do Ministério Público, sem os quais não há Poder Judiciário[1912].

Por fim, há os componentes denominados como "externos", em sentido restrito, quais sejam dois cidadãos, de notável saber jurídico e reputação ilibada, indicados um pela Câmara dos Deputados e outro pelo Senado Federal. Trata-se, certamente, da pre-

---

1911. *O Sistema Judiciário Brasileiro e a Reforma do Estado*, p. 77.

1912. Cf. Ives Gandra da Silva Martins, Deve haver controle externo do Ministério Público? Não, um controle inaceitável, *Folha de S. Paulo*, 10 abr. 2004, p. A3.

sença mais polêmica no Conselho em termos de sua constitucionalidade. Há (ou pode haver) distanciamento destes cidadãos com a atividade central em torno da qual gira o CNJ, ou seja, o exercício da jurisdição. Sua ligação, abstratamente falando, se é que se pode sustentar uma ligação, é extremamente débil. Na prática, têm sido nomeados advogados, públicos e privados, para exercer essa missão.

Via de regra, pode-se observar que os autores favoráveis à criação de alguma espécie de "Conselho da Magistratura", ao qual se atribuíssem as funções de fiscalização administrativa e disciplinar, entendiam que tal órgão deveria ser composto somente por magistrados. Assim concluíra a proposta apresentada, após a revolução de 1964, pelo próprio STF[1913]. No máximo, vem admitida a composição por juízes ou representantes das funções consideradas essenciais à Justiça pela própria Constituição[1914]. Logo, é fácil constatar a estranheza com os dois cidadãos indicados pelo Congresso para fins de composição do CNJ.

Enquanto todos os outros membros participam diretamente do exercício jurisdicional, estes últimos dois membros terão como único liame imaginável, ao Poder Judiciário, um "notável saber jurídico", característica esta que, a bem da verdade, pouco importaria para as funções que competem a este instituto e não pode estabelecer senão um liame fictício com o Judiciário. Isso só reforça a impressão inicial de que esse modelo pode se tornar num insidioso estratagema para contornar a presença, no Conselho, de representantes submissos ao Legislativo ou comprometidos com os seus quadros políticos. Não se pode, portanto, deixar de vislumbrar nesses pretensos membros da sociedade a possibilidade de figurarem como um instrumento de pressão, em nome do Poder Legislativo, com vistas a incutir, quem sabe, no próprio Conselho Nacional de Justiça e no Poder Judiciário, o mal-afamado e nefasto clientelismo político, advindo, infelizmente, das própras fileiras de parte do Parlamento.

A característica pluralista que poderia ser carreada ao Conselho pela presença desses integrantes pode esvair-se em face das projeções realizadas. Outras salvaguardas mereceriam ter sido contempladas aqui. A inconstitucionalidade é inevitável em qualquer modelo que pretenda incutir o clientelismo político no seio da Justiça. É preciso, pois, que o próprio Legislativo evite a tentação e atue com neutralidade.

3.8.2. Ministro-Corregedor

Conforme determina o § 5º do art. 103-B da CB, o CNJ terá um ministro-corregedor, que será o ministro do S.T.J. Esse ministro ficará excluído da distribuição de processos no STJ.

Sua competência, no seio do CNJ, é extensa, competindo-lhe: (i) receber as reclamações e denúncias, de qualquer interessado; (ii) exercer as funções executivas do Conselho, de inspeção e de correição geral; (iii) requisitar e designar magistrados,

---

1913. Cf. Alcino Salazar, *Poder Judiciário: Bases para Reorganização*, p. 207.
1914. Cf. Moreira Neto, op. cit., p. 77.

delegando-lhes atribuições; (iv) requisitar servidores de juízos ou tribunais, inclusive nos Estados, Distrito Federal e territórios.

Quanto ao item (i), "receber as reclamações e denúncias, de qualquer interessado, relativas aos magistrados e aos serviços judiciários", tem-se que essa função de ouvidoria receberá, ainda, o apoio da União, a qual, nos termos do § 7º do preceptivo ora sob comento, criará, inclusive no Distrito Federal, "ouvidorias de justiça, competentes para receber reclamações e denúncias de qualquer interessado contra membros ou órgãos do Poder Judiciário, ou contra seus serviços auxiliares, representando diretamente ao Conselho Nacional de Justiça".

Os itens (iii) e (iv) são manifestamente contrários ao espírito federativo, centralizando poderes em órgão federal, nas mãos de um de seus integrantes, e concedendo-lhe disponibilidade sobre funcionários dos Estados-membros e Distrito Federal, em flagrante violação da autonomia federativa (autogoverno dos judiciários locais).

3.8.3. Atribuições

Da mera leitura do art. 103-B, § 4º, e incisos subsequentes, da *Lex* Suprema, vislumbra-se que competem ao Conselho Nacional duas funções, sendo uma primária e outra secundária.

3.8.3.1. Atribuições primárias

As atribuições primárias encontram-se arroladas no *caput* e são de três sortes: (i) exercer um controle da atuação administrativa do Poder Judiciário; (ii) exercer um controle da atuação financeira deste mesmo poder; e (iii) verificar o cumprimento, por parte dos magistrados, de seus deveres funcionais.

A atuação administrativa do Poder Judiciário diz respeito ao seu autogoverno, sobre o qual se tratará mais adiante, por ocasião do estudo das garantias orgânicas do Poder Judiciário.

Embora a terminologia "autogoverno" denote ausência de ingerência externa, não se deve olvidar que, sob a chancela do Estado de Direito, os atos administrativos praticados pelo Poder Judiciário hão de possuir embasamento positivo (lei ou regimento). Não por outro motivo é que consta do art. 103-B, § 4º, II, da CB a competência do CNJ para apreciar a legalidade dos atos administrativos praticados por membros ou órgãos do Poder Judiciário.

Assim, cabe ao CNJ, em sua fiscalização administrativa, verificar o respeito, por parte do Poder Judiciário, ao princípio da normatividade, o qual apregoa que todo o ato do Estado haverá de encontrar expressa e anterior previsão em norma jurídica positiva[1915]. Seria um caso típico de controle, por exemplo, o de benefícios concedidos administrativamente pelo Judiciário aos seus membros, sem previsão legal.

1915. Sobre a mudança de paradigmas, do princípio da legalidade para o da normatividade, *v.* André Ramos Tavares, *Teoria da Justiça Constitucional*, p. 29-48.

Em tais casos, a Reforma autoriza o CNJ, a seu critério, a desconstituir ou rever os atos, ou fixar prazo para que se adotem as providências necessárias ao exato cumprimento da lei (art. 103-B, § 4º, II, *in fine*, da CB). A fixação de prazo para ajustamento à lei, caso descumprida, permitirá que o CNJ adote uma das outras duas alternativas, desconstituindo ou revendo ele próprio o ato praticado. O prazo fixado há de ser razoável, pertinente à medida indicada como adequada.

Já no que tange ao controle a ser exercido sobre a autonomia financeira (autonomia esta também mencionada, quando da análise das garantias orgânicas), seu objetivo é controlar *em que* e *como* são gastos os recursos econômicos destinados a esse poder.

Questão que emerge nesse cenário é a de saber se o exercício desse controle financeiro desrespeita a autonomia financeira do Judiciário, assegurada no *caput* do art. 99 da Constituição de 1988. A resposta é positiva, visto que a referida autonomia integra a configuração da independência entre os "poderes".

Sem embargo, numa análise mais pragmática, em um país em que o déficit público alcança índices inimagináveis, não há que falar em uma total (e utópica) disponibilidade de recursos, por parte dos poderes. Mecanismos que regulem e até restrinjam a referida autonomia, com preocupações consistentes com valores constitucionais, são moralmente aceitáveis e juridicamente válidos, desde que não bulam com a separação de poderes ou que, nessa hipótese, tenham sido construídos originariamente na Constituição de 1988. A Lei de Responsabilidade Fiscal é o exemplo maior de ato normativo restringindo a forma com que o Poder Público gasta seus recursos[1916].

Nesse sentido, não se pode dizer que o exercício de um controle financeiro, a ser praticado pelo Conselho Nacional de Justiça, cause algum gravame aos comandos constitucionais.

Por fim, no que se refere à verificação do cumprimento dos deveres funcionais, por parte dos magistrados, trata-se, irretorquivelmente, dentre as atribuições primárias, do tema de maior delicadeza e dificuldade, por dois motivos: (i) a obscuridade conceitual da locução "deveres funcionais"; e (ii) a existência de um conjunto disperso de diretivas que se poderiam considerar funcionais, e que não são facilmente conduzíveis a uma sistematização ou síntese de seus comandos[1917].

Se não bastassem tais fatores, somasse outro, qual seja, a presença de deveres funcionais carreadores de uma alta carga valorativa. A título de exemplo, cite-se o art. 35, I, da LOMAN: "Cumprir e fazer cumprir, com independência, serenidade e exatidão, as disposições legais e os atos de ofício". Ora, há algum parâmetro fixo que seja capaz de assegurar a presença ou não de um atuar jurisdicional *independente, sereno e exato*? Evidentemente que se trata de uma questão exegética e, nessa medida, variável.

1916. Sobre a inconstitucionalidade desta legislação, *v.* André Ramos Tavares, Responsabilidade Fiscal: Novos Parâmetros para o Poder Público, *Revista Brasileira de Ciências Criminais*, p. 272-304.

1917. Corroborando esta afirmação, *v.* Constituição Federal, arts. 93 e 95; Lei Orgânica da Magistratura Nacional — LOMAN, arts. 35 e 36, a qual, certamente, sofrerá mudanças e quiçá seja ab-rogada, conforme se depreende da leitura do art. 5º, § 2º, da EC n. 45, de 8-12-2.004; Código de Processo Civil, arts. 125, 126, 128 e 133; Código de Processo Penal, arts. 251, 252, 253 e 254 e; EAOAB, arts. 6º e 7º, dentre outros documentos e dispositivos que se poderiam indicar.

O que falar, então, do inciso VIII do mesmo preceptivo acima, que imprime o dever de o Magistrado "manter conduta irrepreensível na vida pública e particular"?

Conduta irrepreensível, serenidade e exatidão são termos repletos de uma carga axiológica indeterminada e, por conseguinte, subjetivos. Consequentemente, sujeitarão — insista-se —, inteiramente, o magistrado às (pré)compreensões, visões de mundo e ideologias de seu fiscalizador. Ainda que sejam termos que conduzam a um sentimento de moralidade pública, não se pode desconsiderar a possibilidade, diante de suas majestosas imprecisões conceituais, de se tornarem instrumentos profícuos de perseguição política. O perigo à independência do Judiciário é evidente.

3.8.3.2. Atribuições secundárias

Diz-se que uma atribuição é secundária porquanto (i) decorre, a bem da verdade, das atribuições primárias, ou (ii) trata-se, na realidade, de procedimento necessário à efetivação do exercício das atribuições principais.

Em outras palavras, as atribuições secundárias findam por ser, tão apenas, (i) *desdobramentos complementares* das atribuições das quais se tratou acima, ou (ii) *procedimentos instrumentais* que buscam efetivá-las.

No grupo das atribuições *decorrentes complementares* (i), inserem-se, ainda, as disposições gerais, de cunho diretivo. Exemplo disso é o zelar pela autonomia do Judiciário, do inciso I do art. 103-B, § 4º.

Outro caso de atribuição secundária, como desdobramento complementar, está no art. 103-B, § 4º, II, o qual aduz que cabe ao Conselho Nacional de Justiça *"zelar pela observância do art. 37* e apreciar, de ofício ou mediante provocação, a legalidade dos atos administrativos praticados por membros ou órgãos do Poder Judiciário, podendo *desconstituí-los, revê-los ou fixar prazo* para que se adotem as providências necessárias ao exato cumprimento da lei, sem prejuízo da competência do Tribunal de Contas da União". Ou seja, o presente dispositivo, seguindo a cultura jurídica brasileira de tornar expressa, clara e pormenorizada toda e qualquer conduta, complementa o controle administrativo a ser exercido pelo Conselho Nacional de Justiça, controle este que, segundo a classificação proposta acima, é uma atribuição primária. As ações "desconstituir", "rever" e "fixar prazo para a adoção das medidas cabíveis" nada mais são do que *atos inerentes* ao exercício fiscalizador e controlador a ser exercido pelo Conselho ora sob estudo.

Por fim, no que diz respeito às atribuições secundárias instrumentais, há o inciso V do art. 103-B, § 4º, cuja redação é a seguinte: "rever, de ofício ou mediante provocação, os processos disciplinares de juízes e membros de tribunais julgados há menos de um ano". Da simples leitura desse dispositivo, conclui-se que a presente atribuição revisional vem a operacionalizar, em parte, o controle do cumprimento, por parte dos magistrados, de seus deveres funcionais. O prazo de um ano constitui barreira temporal para a atividade revisional a ser praticada pelo CNJ, evitando a prática de possíveis arbitrariedades e produzindo a preocupação da celeridade em sua atividade daquele.

3.8.4. A afronta ao princípio federativo

A centralização de atribuições que se imiscuem em todos os âmbitos do Judiciário, seja da União, seja dos Estados-membros, em órgão de magnitude nacional, representa um vigoroso atentado à forma federativa adotada pelo Estado brasileiro, e que se estende diretamente ao Judiciário.

Explica-se: o federalismo implica a denominada autonomia da entidade federativa, que, por sua vez, é composta pelo governo autônomo (autogoverno), com autoridades próprias, sem submissão às autoridades da União, que não têm ingerência alguma sobre as autoridades estaduais. Certo que não se trata de um isolamento absoluto (dualismo), sendo antes de admitir a proximidade e até a atuação conjunta (cooperativismo), jamais, porém, a interferência direta.

Apenas no Estado *unitário* é que se pode considerar o eventual governo regional como uma concessão do poder central, podendo ser eliminado a qualquer momento, mediante a exclusiva (e legítima, nesse caso) manifestação de vontade do governo central, conforme já foi visto no Capítulo LIV. Isso não ocorre (ou não pode ocorrer) no federalismo, cujo governo da União está com seus limites previamente traçados pela Constituição Federal, assim como os demais governos estaduais.

A EC n. 45/2004, portanto, não poderia forçar os contornos do federalismo, particularmente na autonomia dos "poderes" estaduais. Tanto (i) a composição (híbrida e desequilibrada) como, nos termos do art. 103-B, § 4º, II, (ii) a competência para rever, (iii) desconstituir ou (iv) determinar novas providências, atribuída ao CNJ, violam (por ignorarem) essa autonomia.

Por fim, a título argumentativo, é necessário observar que não se pode invocar a unidade de jurisdição para justificar um órgão nacional como o CNJ. Isso porque, como visto, esse argumento não resiste ao modelo federativo, sendo a referida unidade apreciável apenas do ponto de vista externo e, internamente, pela convergência recursal para tribunais superiores e, em última instância, para o STF. Isso não autoriza a criação de um órgão como o CNJ.

4. ESCOLHA DOS INTEGRANTES DO JUDICIÁRIO

Sobre os integrantes do Poder Judiciário, observava o Ministro MÁRIO GUIMARÃES que o juiz "é a autoridade a que compete, no Estado, o encargo de administrar a justiça"[1918]. E adiante esclarece com precisão: "No juiz, o fazer Justiça é o alvo, a tarefa, a missão, o sacerdócio. O juiz existe para isso. É o órgão específico mediante o qual exercita o Estado uma de suas funções essenciais — a função jurisdicional"[1919].

1918. *O Juiz e a Função Jurisdicional*, p. 33.
1919. *O Juiz e a Função Jurisdicional*, p. 34.

4.1. Supremo Tribunal Federal

Os Ministros do Supremo Tribunal Federal são de livre nomeação pelo Presidente da República, após aprovação por maioria absoluta dos Senadores.

São condições constitucionais para indicação à vaga de Ministro do STF: A) ser brasileiro nato; B) ser cidadão, no pleno gozo de seus direitos políticos; C) contar com mais de trinta e cinco anos e menos de setenta anos de idade (Redação dada pela EC n. 122/2022); D) ter reconhecido seu notável saber jurídico; e E) apresentar reputação ilibada.

Não há, portanto, como em muitos países, a exigência de que os membros da cúpula do Judiciário provenham (ao menos em parte) da magistratura ordinária ou superior.

Ademais, o notável saber jurídico é condição extremamente subjetiva, que acaba por ficar definida pelo Senado Federal e pelo Presidente da República, poderes para os quais não necessariamente se necessita do conhecimento jurídico.

4.2. Superior Tribunal de Justiça

A Constituição determinou que o Superior Tribunal de Justiça fosse composto por, pelo menos, trinta e três Ministros.

Os Ministros do Superior Tribunal de Justiça são nomeados pelo Presidente da República, depois de aprovada sua escolha pelo Senado Federal, em votação por maioria absoluta (cf. EC n. 45/2004). Sua indicação deve obedecer a regras precisas de composição do Tribunal.

O STJ deve ser composto, necessariamente, de: A) 1/3 de juízes dos Tribunais Regionais Federais; B) 1/3 de desembargadores dos Tribunais de Justiça estaduais; C) 1/3 restante dividido da seguinte maneira: 1/6 de advogados e 1/6 de membros do Ministério Público federal, estadual e distrital.

São exigências constitucionais para a indicação: A) ser brasileiro nato ou naturalizado; B) ter entre trinta e cinco e setenta anos de idade (Redação dada pela EC n. 122/2022); C) ter notável saber jurídico; D) apresentar reputação ilibada.

No caso de os nomes a serem indicados pertencerem já à Magistratura, é o próprio STJ que elabora a respectiva lista tríplice, livremente, enviando-a ao Presidente da República, que também livremente indicará um nome.

Nos demais casos, vale dizer, quando a origem dos integrantes deva ser do Ministério Público ou da advocacia, cada uma das respectivas instituições é incumbida de elaborar a lista e encaminhá-la ao Presidente da República, independentemente da vontade do STJ.

Vale lembrar que, inicialmente, houve uma regra de transição, pela qual foram "aproveitados" os Ministros do antigo Tribunal Federal de Recursos, que se extinguiu com a Constituição de 1988. Até a completa estruturação do STJ, o STF acumulou a suas competências as do STJ (art. 27 do Ato das Disposições Constitucionais Transitórias).

842

4.3. Tribunal Superior Eleitoral

Sendo composto por sete Ministros, deve-se respeitar a seguinte divisão: A) três são Ministros do STF; B) dois são Ministros do STJ; e C) dois são advogados de notável saber jurídico e idoneidade moral.

A indicação dos Ministros advindos dos Tribunais ocorre por eleição interna nos respectivos Tribunais. Quanto aos advogados, é o STF que deve elaborar a lista, no caso sêxtupla, encaminhando-a ao Presidente da República, que, livremente, indicará dois, nomeando-os diretamente, sem necessidade de aprovação preliminar pelo Senado Federal.

4.4. Tribunal Superior do Trabalho

Importante anotar, desde logo, que a EC n. 24/99 aboliu a figura do juiz classista na Justiça do Trabalho.

Esse Tribunal é composto, segundo o art. 111-A, inserido pela EC n. 45/2004, por vinte e sete Ministros, distribuídos da seguinte forma: A) um quinto (mais precisamente seis, arredondando-se o número fracionado para cima) dentre advogados com mais de dez anos de efetiva atividade profissional e membros do Ministério Público do Trabalho com mais de dez anos de efetivo exercício; B) vinte e um dos Tribunais Regionais do Trabalho, oriundos da magistratura da carreira, indicados pelo próprio Tribunal Superior.

São condições para integrar o TST: A) ter entre trinta e cinco e setenta anos de idade (Redação dada pela EC n. 122/2022); B) ser brasileiro, nato ou naturalizado.

4.5. Superior Tribunal Militar

É composto por quinze ministros, sendo distribuídos da seguinte maneira: A) dez são militares; e B) cinco são civis.

Os militares são escolhidos obedecendo-se à seguinte distribuição: A) quatro entre oficiais-generais do Exército; B) três entre oficiais-generais da Marinha; C) três entre oficiais-generais da Aeronáutica. Lembre-se, ainda, que para atingir a patente de oficial-general é preciso atender, dentre outras condições, à de ser brasileiro nato (art. 12, § 3º, VI, da Constituição).

Os civis são indicados obedecendo-se à seguinte distribuição: A) três advogados; B) um juiz auditor; C) um membro do Ministério Público Militar.

Os Ministros civis devem preencher as seguintes condições exigidas constitucionalmente: A) ser brasileiro nato ou naturalizado; B) contar com mais de trinta e cinco anos e menos de setenta anos de idade (Redação dada pela EC n. 122/2022). No caso das vagas preenchidas pelos advogados (três), exige-se, ainda: A) ter notório saber jurídico; B) apresentar conduta ilibada; C) contar com pelo menos dez anos de efetiva atividade profissional.

4.6. Demais Tribunais e juízes de primeira instância

Pode-se dizer que a regra geral para ingressar na carreira judicial é o concurso público. Assim estabelece o art. 93, I, na novel redação dada pela EC n. 45/2004: "ingresso na carreira, cujo cargo inicial será o de juiz substituto, mediante concurso público de provas e títulos, com a participação da Ordem dos Advogados do Brasil em todas as fases, exigindo-se do bacharel em direito, no mínimo, três anos de atividade jurídica e obedecendo-se, nas nomeações, a ordem de classificação". Vislumbra-se, na nova redação do preceptivo sob comento, a exigência de outro requisito, além das provas e títulos, qual seja, três anos de atividade jurídica. Tal imposição, certamente, vem a contrabalançar a utilização, exclusiva, de critérios acadêmicos no processo seletivo de magistrados, na exata medida em que atividade jurídica denota pragmaticidade, experiência. O único problema desta nova disposição residiria em sua imprecisão conceitual. Contudo, o STF, por ocasião do julgamento da ADIn 598-7 (Min. rel. PAULO BROSSARD, *DJ* de 12-11-1993), delimitou, minimamente, os seus parâmetros[1920].

Aqui, cumpre observar que tem sido reiteradamente afirmada a imprescindibilidade da escola da magistratura, na seleção e preparo dos magistrados[1921]. Imprescindibilidade esta reforçada pela EC n. 45/2004, a qual passou a exigir a presença do magistrado em escolas oficiais de preparo como requisito básico para o processo de vitaliciamento. No STJ funcionará a Escola Nacional de Formação e Aperfeiçoamento de Magistrados, à qual caberá, dentre outras funções, a de *regulamentar* os cursos oficiais para ingresso e promoção (inc. I do parágrafo único do art. 105 da CB). Também deverá funcionar, junto ao TST, a "Escola Nacional de Formação e Aperfeiçoamento de Magistrados do Trabalho", à qual caberá, igualmente, dentre outras funções, a de regulamentar os cursos oficiais para o ingresso e promoção na carreira (art. 111-A, § 2º, I, da CB). Estas duas inovações, no âmbito do STJ e do TST, poderão levar a um atrito, tendo em vista que às duas escolas foi atribuída a função de regulamentar os mesmos cursos. Ocorre que a formação e aperfeiçoamento para a magistratura do trabalho, salvo diretrizes gerais, deverá ficar a cargo exclusivamente do TST, como forma de harmonizar ambas as prescrições constitucionais.

Quanto às vagas dos Tribunais de segunda instância, observam-se as regras de promoção, consoante o mesmo dispositivo constitucional: "o acesso ao tribunal de segundo grau far-se-á por antiguidade e merecimento, alternadamente, apurados na última ou única entrância". Frise-se, aqui, que, nos termos do art. 4º da EC n. 45/2004, foram extintos os Tribunais de Alçada.

1920. Consignou a Egrégia Corte, interpretando o art. 37, II, da CB, que em toda e qualquer exigência imposta ao ingresso em determinada carreira pública há de se ter "uma necessária relação de pertinência com a natureza e com o conteúdo ocupacional das funções e dos cargos públicos postos em concurso".

1921. Nesse sentido: Carlos Mário da Silva Velloso, Problemas e Soluções na Prestação da Justiça, in *O Judiciário e a Constituição*, p. 101-6.

Contudo, é preciso observar a fórmula constante do art. 94 da CB, que estipula o denominado "quinto" (1/5) constitucional, ao prever que: "Um quinto dos lugares dos Tribunais regionais Federais, dos Tribunais dos Estados, e do Distrito Federal e Territórios será composto de membros, do Ministério Público, com mais de dez anos de carreira, e de advogados de notório saber jurídico e de reputação ilibada, com mais de dez anos de efetiva atividade profissional, indicados em lista sêxtupla pelos órgãos de representação das respectivas classes".

5. GARANTIAS CONSTITUCIONAIS DO PODER JUDICIÁRIO E DE SEUS INTEGRANTES

Ao Poder Judiciário são consagradas garantias próprias, que objetivam assegurar a mais ampla independência para fins de realizar a tão importante tarefa que lhe foi cometida. Em lição ainda atual, CASTRO NUNES observa: "Visando assegurar a independência do Poder Judiciário, a Constituição cerca a magistratura de garantias especiais, umas dizendo mais com os órgãos na sua composição ou aparelhamento, garantias que podemos chamar *institucionais* ou *orgânicas*, e outras que dizem mais de perto com a autonomia da função, e que, constituindo para os seus titulares direitos subjetivos, podemos chamar de *subjetivas* ou *funcionais*, ainda que umas e outras convirjam para o mesmo objetivo de assegurar a independência do Judiciário"[1922].

Classificam-se, pois, as garantias, em A) orgânicas (ou institucionais), por dizerem respeito à estrutura propriamente dita, e B) individuais, referentes aos membros dos órgãos judiciários.

5.1. Garantias orgânicas

As garantias asseguradas ao Judiciário como órgão consistem na: A) capacidade de autogoverno; B) autonomia financeira; C) capacidade normativa.

5.1.1. Autogoverno

A capacidade de autogoverno se traduz na possibilidade deferida ao Judiciário de eleger seus próprios órgãos diretivos, organizar sua estrutura administrativa interna, como suas secretarias, serviços auxiliares, e deliberar sobre assuntos próprios, como realização de concurso, concessão de benefícios e licenças a seus integrantes, independentemente da posição governamental acerca de gastos ou diminuição da máquina estatal. Congregam-se aqui, pois, as "atribuições inerentes ao poder de polícia e ao poder disciplinar"[1923]. É o que determina o art. 96, I, da CB.

Os atos administrativos são, portanto, de autoria dos próprios integrantes do Judiciário.

1922. *Teoria e Prática do Poder Judiciário*, p. 91, original grifado.
1923. Castro Nunes, *Teoria e Prática do Poder Judiciário*, p. 92.

5.1.1.1. Escolha de seus dirigentes

Assegura expressamente a Constituição do Brasil, aos Tribunais, o poder de "eleger seus órgãos diretivos" (art. 96, I, *a*). Essa prerrogativa deve ser compreendida como explicitação da ideia de autogoverno, como indicado acima.

5.1.2. Autonomia financeira

Autonomia financeira significa que o Poder Judiciário elabora sua proposta orçamentária (art. 99), dentro dos limites da lei de diretrizes orçamentárias. As propostas são remetidas ao Chefe do Executivo, já que este detém a competência exclusiva para apresentar, ao Congresso Nacional, os projetos de lei referentes à matéria orçamentária.

O art. 168 da Constituição fixa prazos para a destinação dos recursos de cada Poder, com o que se reforça a autonomia financeira e a independência dos demais poderes em relação ao Executivo.

5.1.3. Capacidade normativa

Capacidade normativa significa que cada Tribunal funciona a partir de um Regimento Interno, cuja competência é do respectivo Tribunal, nos termos do art. 96, I, *a*.

5.1.4. Inalterabilidade de sua organização

Reconhece-se, ainda, ao Poder Judiciário a inalterabilidade de composição dos quadros dos Tribunais, salvo mediante proposta dos próprios Tribunais (art. 96, II, da CB).

5.2. Garantias dos membros da Magistratura

5.2.1. Vitaliciedade

Vitaliciedade é a garantia de que os membros do Judiciário não podem ser destituídos de seus cargos, neles permanecendo até eventual falecimento ou aposentadoria compulsória, salvo a exoneração por decisão judicial transitada em julgado. O procedimento administrativo, aqui, não será suficiente para determinar o afastamento do magistrado de seu cargo.

5.2.2. Inamovibilidade

A inamovibilidade garante a imparcialidade da própria Justiça, na medida em que impede que determinado juiz seja removido de um cargo para outro, impossibilitando-se que haja a mudança de julgador de acordo com interesses políticos ou governamentais, ou mesmo para evitar o "julgamento popular", designando-se determinado juiz por ser reputado mais "severo".

De outra parte, não se permite que um processo seja avocado por outro juiz, sendo vedado seu julgamento senão pelo próprio juiz que dele tomou conhecimento e para o qual a lei apontava na data da prática do fato que constitui objeto de apreciação judicial. Trata-se de garantia muito ligada ao princípio do juiz natural.

Poder-se-ia, ainda, incluir aqui o direito à carreira.

É certo que a inamovibilidade não é uma garantia absoluta. O art. 93, VIII, em sua redação pré-EC n. 45/2004, já previa a possibilidade de remoção, disponibilidade e aposentadoria do magistrado, por interesse público, em decisão por voto de dois terços do respectivo tribunal.

A EC n. 45/2004 manteve a exceção. Contudo, (i) modificou-lhe o critério matemático utilizado na hora de determinar ou não a remoção, disponibilidade ou aposentadoria do magistrado e (ii) acrescentou-lhe outro ente competente para realizar os atos acima, a saber, o Conselho Nacional de Justiça.

No que tange à mudança do critério matemático, em vez de se demandar voto de dois terços, exige-se, agora, voto da maioria absoluta, *quorum* este mais suave que o anterior. Já no que diz respeito ao acréscimo de mais um ente competente para determinar a remoção, a disponibilidade e a aposentadoria do magistrado, tem-se, aqui, irrefutavelmente, novidade deveras polêmica e de constitucionalidade duvidosa, na exata medida em que, dentre os membros que compõem o CNJ, há dois totalmente estranhos à estrutura do Poder Judiciário (os componentes de terceiro escalão), o que, portanto, pode representar uma afronta ao princípio da separação dos poderes.

Recentemente, foi promulgada a EC n. 130, de 3 de outubro de 2023 alterando o art. 93 para "permitir a permuta entre juízes de direito vinculados a diferentes tribunais."

A EC n. 130/23 acrescentou o inciso VIII-A ao art. 93, estabelecendo que "a remoção a pedido de magistrados de comarca de igual entrância atenderá, no que couber, ao disposto nas alíneas 'a', 'b', 'c' e 'e' do inciso II do *caput* deste artigo e no art. 94 desta Constituição.".

A referida Emenda também acrescentou o inciso VIII-B ao art. 93, dispondo que "a permuta de magistrados de comarca de igual entrância, quando for o caso, e dentro do mesmo segmento de justiça, inclusive entre os juízes de segundo grau, vinculados a diferentes tribunais, na esfera da justiça estadual, federal ou do trabalho, atenderá, no que couber, ao disposto nas alíneas 'a', 'b', 'c' e 'e' do inciso II do *caput* deste artigo e no art. 94 desta Constituição.".

5.2.3. Irredutibilidade de vencimentos

A irredutibilidade de vencimentos, garantida a todos os servidores públicos (art. 37, XV), reforça a imparcialidade dos juízes, na medida em que estes não devem temer eventual represália financeiro-salarial pelas decisões que tenham assumido nas causas que lhe são apresentadas a julgamento e sobre as quais têm de se pronunciar, especialmente quando se encontra em um dos polos processuais o próprio Poder Público.

5.2.4. Regime jurídico dos magistrados: Lei de Improbidade e LOMAN

O Superior Tribunal de Justiça entendeu estarem os juízes de primeiro grau sujeitos ao alcance das imposições da Lei de Improbidade. Ao mesmo tempo, pronunciou-se no sentido de afastar a incidência de qualquer das sanções por ato de improbidade de determinados membros da Magistratura, pelo fato de estarem submetidos à jurisdição de Tribunais Superiores pela prática eventual de crimes de responsabilidade, definidos na Lei n. 1.079/50.

Meu forte ceticismo acerca do acerto jurídico desse novel encaminhamento jurisprudencial surge exatamente em torno de sua fundamentação. Dizer — como restou afirmado no *decisum* — que a suposta inexistência de norma constitucional *específica e expressa* que contemplasse exclusão dos juízes estaria a gerar, automaticamente, a inclusão da Lei de Improbidade no âmbito da Magistratura, é verdadeiro malabarismo interpretativo, que promove a deturpação constitucional. Admitir a falta de regra constitucional expressa não significa — e isto parece integrar o senso comum jurídico geral — que não haja solução ou determinação constitucional para o tema.

Além disso, a referida aplicabilidade direcionada, da Lei de Improbidade, exclusivamente aos magistrados de primeiro grau de jurisdição, parece promover algum tipo de distinção odiosa: ou bem uma Lei como a da Improbidade está vocacionada a todos os graus e instâncias judiciais, ou não se dirige à Magistratura, sendo esta última a solução que adoto, por motivos que brevemente exponho adiante.

Pelo entendimento (isolado) do STJ, os atos praticados pelos juízes que poderiam ser alcançados pela Lei de Improbidade não se encontrariam na *atividade finalística* (exercício da função decisória propriamente constitucional), mas na atividade de "gestão" (supostamente administrativa) do processo. Para melhor compreensão do que aqui se discute, trago à colação, a título ilustrativo, o ilícito administrativo consistente no retardamento deliberado para proferir decisão, ocorrência que se dá — por hipótese — em proveito de uma das partes em litígio. Evidentemente que em um cenário como este, jamais se poderia admitir a impunidade do magistrado, mas também não se deve invocar qualquer lei para fins corretivos ou punitivos, pois isso iria mitigar a incidência — porque existente — de regramento jurídico específico para a responsabilização dos juízes, a Lei Orgânica da Magistratura, abrindo fissuras indesejáveis em sua incidência, além de promover um grande risco ao bom, adequado e independente exercício funcional pelos magistrados.

Sustento que a solução constitucionalmente conforme, *in casu*, ampara-se nas garantias da *vitaliciedade*, da *inamovibilidade* e da *irredutibilidade de subsídio*, assentadas no art. 95 da Constituição de 1988, que viabilizam o entendimento sobre o *regime jurídico próprio da Magistratura*, expresso na forma da Lei Orgânica própria. Os cuidados necessários nessa área revelam a necessidade do tratamento próprio, sob pena de atingir-se a atividade-fim, ainda que fazendo-o indiretamente. Atingir a decisão judicial, ainda que levemente ou superficialmente, significaria colocar em perigo o Estado de Direito. Distinções entre atos jurisdicionais ou decisórios e atos não decisórios, sem carga judicial relevante, é temerária em inúmeras situações práticas bem delineadas por quem conhece os caminhos da realização jurisdicional típica.

As atribuições constitucionais do Conselho Nacional de Justiça reforçam a *especialidade do Estatuto da Magistratura* para incidir em (eventual) imposição sanciona-

848

tória, por "ato de improbidade (infração meramente administrativa)" praticado por magistrado. Noutros termos, admitir a aplicabilidade da Lei de Improbidade para impor as sanções nela previstas aos magistrados, pela prática de atos administrativos (não jurisdicionais *stricto sensu*), redunda em agressão direta à independência do Poder Judiciário, com emprego de uma via oblíqua e dissimulada.

Em termos de alcance eficacial, a Lei de Improbidade não se alinha ao regime próprio do corpo-Magistratura contemplado constitucionalmente. Ademais, a Lei n. 8.429/92 não se compatibiliza com a Lei Orgânica da Magistratura, porquanto estabelece diverso regime sancionatório. Quando aplicada aos magistrados, torna-se ofensiva ao que preceituam os incisos I a IV do parágrafo único do art. 95 da Constituição de 1988.

Quanto à tese da aplicabilidade mínima da Lei de Improbidade, para fins de alcançar atos que, embora praticados pelo magistrado, não seriam jurisdicionais propriamente ditos e, supostamente, não guardariam relação com o mister jurisdicional, lembro que o inciso II, § 4º, do art. 103-B da CB/88, está a fulminar, *prima facie*, essa tese. Trata-se de conjunto de atos de interesse do próprio Poder Judiciário para fins de sua integridade funcional, cujo controle, reforma e punições correspondentes devem advir de leis especificamente desenhadas para o Poder Judiciário.

Com efeito, se os atos aos quais se refere o posicionamento (não consolidado) do STJ, para justificar (injustificadamente) a aplicabilidade da Lei de Improbidade administrativa, têm natureza de atos administrativos (não jurisdicionais propriamente ditos), imperioso convir que tais atos devem ser submetidos, inexoravelmente, à alçada de atribuições do CNJ, para que as correções necessárias de vício de ilegalidade sejam promovidas, defenestrando-se toda sorte de eventual impunidade dos magistrados. Por óbvio, não sustento que o magistrado possa praticar atos administrativos (não jurisdicionais propriamente ditos) arbitrariamente, de acordo com seu humor e inspiração subjetiva. Observe-se que o próprio inciso II, § 4º, do art. 103-B, faz referência à observância do art. 37 pelo magistrado. Isto não se pode negar. O que se combate é a construção de tese temerária de incidência da Lei de Improbidade para sancionar o corpo-Magistratura por eventuais atos administrativos praticados por magistrado em ofensa a princípios que norteiam a atividade administrativa.

Existe um *regime constitucional de responsabilidade dos magistrados*, decorrente do sistema constitucional da Magistratura, e esse regime elide de forma absoluta a incidência da Lei de Improbidade mesmo que se trate de prática (ou omissão) pelo magistrado de atos administrativos ou, mesmo, de "mera impulsão processual". Isso não significa, nem poderia, impunidade ou liberdade total aos magistrados. Sendo mais incisivo, estou convencido de que eventual responsabilização do magistrado nessas duas hipóteses deve ficar, em última *ratio*, a cargo de órgãos do Poder Judiciário com funções de Corregedoria, respeitadas sempre as garantias constitucionais e incidentes as disposições da Lei (própria) Orgânica da Magistratura.

6. VEDAÇÕES CONSTITUCIONAIS DIRIGIDAS AOS MAGISTRADOS

A Constituição veda aos juízes o exercício de determinadas atividades, procurando, ainda, evitar determinadas situações que poderiam implicar uma violação da desejável neutralidade judicial. Há quem, como PONTES DE MIRANDA[1924], entenda que as vedações atendem a exigências de ordem ética, e que a acumulação de cargos ou o recebimento de participação não atentariam nem contra o princípio da separação de poderes nem contra a independência dos juízes. Não parece ser assim. As regras restritivas, aqui, destinam-se justamente a manter e reforçar esses princípios.

6.1. Exercício de outro cargo ou função pública

É expressamente proibido a todo magistrado exercer, ainda que em disponibilidade, outro cargo ou função. A única ressalva é o exercício da função do magistério (inciso I do parágrafo único do art. 95)

Entende PONTES DE MIRANDA[1925] que a consequência pela violação desta regra restritiva é a perda *ipso iure* do cargo. Assim, qualquer pessoa poderia alegar a perda do cargo, a qualquer momento. E jamais se poderia instaurar relação jurídico-processual válida nessas circunstâncias (nulidade dos atos eventualmente praticados).

6.2. Recebimento de participação em processo

Para preservar a neutralidade do julgador, veda a Constituição que o magistrado receba, a qualquer título ou pretexto, custas ou participações em processo (inciso II do parágrafo único do art. 95).

Trata-se de regra voltada à garantia individual de uma Justiça imparcial, cuja atividade é custeada apenas pelo Poder Público, e não pelos particulares direta ou indiretamente envolvidos ou interessados na solução dos conflitos.

6.3. Atividade político-partidária

Embora os juízes não estejam liberados do direito-dever de votar, a Constituição proíbe que exerçam a atividade político-partidária (inciso III do parágrafo único do art. 95).

Isso significa, v. g., que os magistrados, de qualquer instância, não podem acompanhar os políticos em suas campanhas eleitorais, não podem, em seus processos, adotar decisões com base em determinada ideologia partidária (ainda que tenham sido designados para compor um Tribunal por ato do Chefe do Executivo, que, necessariamente, pertencerá a algum partido), não podem subsidiar candidatos, não podem apoiar, seja em seu nome, como magistrado, ou em nome do Judiciário, determinado partido ou candidato.

1924. *Comentários à Constituição de 1946*, v. 3, p. 189.
1925. *Comentários à Constituição de 1946*, v. 3, p. 183.

Mas não se impede que o juiz tenha, como salienta Pontes de Miranda[1926], opinião político-partidária, até porque essa possibilidade insere-se no contexto das liberdades públicas.

6.4. Recebimento de auxílios ou contribuições

Dentre as vedações do parágrafo único do art. 95, foram acrescentadas, pela Reforma do Judiciário, outras duas, ficando, pois, proibido o magistrado de: (i) receber qualquer auxílio ou contribuição, e (ii) exercer a advocacia, em certas circunstâncias e durante certo prazo, após afastar-se do Judiciário ("quarentena").

Neste tópico será analisada apenas a primeira das vedações. Essa mesma restrição foi contemplada para os membros do Ministério Público (no art. 128, § 5º, II, *f*, da CB) e, pois, as considerações que a seguir se fazem valem também para a esfera ministerial.

Estabelece o novo texto constitucional que é vedado aos juízes (o que inclui qualquer magistrado, em qualquer instância, pois assim deve ser compreendido o termo) "receber, a qualquer título ou pretexto, auxílios ou contribuições de pessoas físicas, entidades públicas ou privadas, ressalvadas as exceções previstas em lei".

A terminologia empregada pela Reforma peca por utilizar um termo técnico, "contribuições", próprio do âmbito tributário, no seu sentido vulgar, comum, de subsídio, quando em outras passagens da própria Constituição Federal o termo designa coisa bastante diversa.

O objetivo da proibição é claro: impedir que haja subversão da finalidade da própria atividade jurisdicional, que deve guiar-se à solução da lide com inteira isenção em relação aos interesses das partes envolvidas no respectivo processo. Daí a sua nítida finalidade moralizadora.

O dispositivo excepciona hipóteses a serem previstas em lei, dentro de certa razoabilidade, em relação às quais será admitido o recebimento de auxílios ou contribuições.

Contudo, apesar de admitir exceções, o texto aprovado é bastante amplo na vedação que impõe, pois veda, a qualquer título ou pretexto, auxílios ou contribuições, de quem quer que seja. Anteriormente, a Lei de Improbidade Administrativa (Lei n. 8.429/92), em seu art. 9º, I, fazia constar uma mesma vedação, em termos mais razoáveis, proibindo o recebimento de "quem tenha interesse, direto ou indireto, que possa ser atingido ou amparado por ação ou omissão decorrente das atribuições do agente público". Assim, ausente o intuito do magistrado de receber qualquer vantagem pelo seu cargo, estaria ele automaticamente fora da esfera de alcance da norma. A conduta deve ser comissiva ou omissiva dolosa[1927], na qual o agente aproveita-se de seu cargo público para alcançar a vantagem indevida.

Nos termos do novo dispositivo, inserido pela EC n. 45/2004, nem mesmo auxílio (vantagem) de instituição financeira (como empréstimo a juros baixos do Banco do

---

1926. *Comentários à Constituição de 1946*, v. 3, p. 185.

1927. Cf. Carlos Frederico Brito dos Santos, *Improbidade Administrativa: Reflexões sobre a Lei n. 8.429/92*, p. 22.

851

Brasil) poderia ser recebido, o que torna o texto imprestável em sua largueza conceitual, merecendo uma interpretação restritiva para não se tornar bizarro.

6.5. A "quarentena"

Por fim, tem-se a última novidade perpetrada pela EC n. 45/2004, ao menos no que tange às vedações constitucionais dirigidas ao magistrado. No novel inciso V do parágrafo único do art. 95, prevê-se a proibição ao magistrado de exercer a advocacia no juízo ou tribunal do qual se tenha afastado, antes de decorrido o período de três anos, contados do afastamento do cargo, tenha este ocorrido por aposentadoria ou exoneração.

A finalidade de uma limitação profissional desse quilate parece ser a de preservar a imparcialidade-neutralidade dos juízes e tribunais nos quais o ex-juiz ou ex-promotor tenha atuado. É sabido que o trabalho diário cria laços de companheirismo com os colegas de profissão, por vezes até imperceptíveis, que poderiam levar a atitudes prejudiciais ao distanciamento que se exige do julgador. Este parece ser o pressuposto com o qual trabalhou o constituinte reformador para tecer a norma aqui analisada.

Contudo, o elo entre a proibição implantada e o objetivo almejado, ou seja, a medida jurídica empregada e a realização objetivada, parece fraco, falecendo a necessária correlação lógica que se faz pressupor entre ambos os elementos. Em outras palavras, falta proporcionalidade. É que a presente medida não apresenta a salutar correlação que há de existir entre os meios e o fim a que se pretende atingir; é dizer, meios escolhidos não se afiguram aptos a atingir o fim determinado.

A norma não se apresenta apta a inibir o exercício da advocacia nos termos estipulados, uma vez que juízes e promotores poderão utilizar outras pessoas para atuarem em seu nome. Ademais, não será pelo mero decurso do período de três anos (prazo temporal desacompanhado de qualquer outra exigência mais firme) que os possíveis laços de amizade e influência de um magistrado desaparecerão. Pelo contrário, o comum é que a mera passagem do tempo os fortaleça, se já existiam realmente. Se não existiam, o problema não se põe e a restrição é inadmissível. Assim, a medida não se mostra eficaz na prática.

Além disso, há um pressuposto, sinistro, de que juízes e promotores, que até então eram responsáveis pela prestação da Justiça, no dia seguinte passariam a adotar atitudes imorais e desonestas, para atenderem a interesses pessoais escusos.

Por fim, impedir, pura e simplesmente, o exercício da advocacia, por juízes ou promotores que se aposentaram ou foram exonerados, significa restringir direitos individuais, o que só tem sentido se for para salvaguardar o interesse público, o que não parece ser facilmente demonstrável no caso em tela.

Admitindo-se que a restrição seja constitucional — só por argumentação —, tem-se que não poderá ser aplicada àqueles que se tenham afastado anteriormente à data da publicação da Emenda. Esta, ademais, é clara quanto às hipóteses que se consideram como afastamento para fins de início de contagem do prazo trienal: aposentadoria ou exoneração. Quem se afastou, anteriormente à EC n. 45/2004, por outros motivos, e acabou, após a publicação desta, sendo exonerado ou aposentando-se, insere-se na hipótese de incidência restritiva.

Ademais, o comando constitucional dirige-se tanto ao Judiciário estadual quanto ao federal, de qualquer instância, inclusive tribunais superiores (TST, STM, TSE) e de superposição (STJ e STF). O mesmo vale para o Ministério Público, sendo de incluir nessa restrição: o Ministério Público da União (federal, militar, do trabalho e distrital) e o Ministério Público estadual (promotores e procuradores de Justiça).

A OAB, portanto, deverá passar a averiguar e controlar o triênio na atribuição da carteira funcional aos ex-integrantes do Judiciário e Ministério Público.

7. JUSTIÇA ITINERANTE

Com a EC n. 45/2004, os Tribunais Regionais Federais (§ 2º do art. 107 da CB), os Tribunais Regionais do Trabalho (§ 1º do art. 115 da CB) e os Tribunais de Justiça (§ 7º do art. 125 da CB) deverão instalar a "justiça itinerante". Não se trata de novidade no modelo jurisdicional brasileiro, mas sim de consagração de prática já adotada em alguns Estados.

São condições para a atuação itinerante da Justiça: (i) ser instalada pelo respectivo tribunal; (ii) realizar as atividades jurisdicionais, incluindo audiências; (iii) ser exercida dentro dos limites territoriais da respectiva jurisdição.

Para realização dessa importante tarefa a própria Constituição Federal permite que se utilizem equipamentos públicos e comunitários. Ou seja, a prestação jurisdicional itinerante pode ser realizada, v. g., em edifícios ou imóveis públicos não destinados ordinariamente a essa função, como as delegacias de polícia, os postos de saúde públicos ou as câmaras municipais.

Seguindo, ainda, a ideia de oferecer jurisdição em todas as localidades do País, a Reforma preservou, no art. 112, para as comarcas não abrangidas pela Justiça do Trabalho, a possibilidade de que a lei transfira as respectivas atribuições aos juízes de direito. Essa medida (que não constitui propriamente novidade), aliada à Justiça itinerante, permite que ninguém fique desamparado pela Justiça trabalhista, num país em que as condições de trabalho, em muitos lugares, mostram-se, ainda, inóspitas.

8. DESCENTRALIZAÇÃO DA JUSTIÇA

O § 6º do art. 125 da CB prevê a possibilidade de o Tribunal de Justiça funcionar *descentralizadamente*, por meio da criação de *Câmaras Regionais*, situação também franqueada aos Tribunais Regionais do Trabalho (arts. 115, § 2º, da CB) e aos Tribunais Regionais Federais (art. 107, § 3º, da CB). A finalidade encontra-se solenemente declarada: assegurar o pleno acesso à Justiça em todas as fases do processo.

Amplamente conhecidos e desenvolvidos no Brasil, os juizados especiais representam a certeza de que *novos modelos estruturais* (como as novas Câmaras Regionais) do Judiciário devem ser engendrados, promovendo-se o entrosamento entre Estado-juiz e sociedade, gerando, naquele, uma reação mais rápida. É o que se pretende com a descentralização referida. Está-se, aqui, no campo da "flexibilização da Justiça", que "corresponde à busca de novas vias para a composição de conflitos, dotadas de eficácia jurídica reconhecida"[1928].

A nova terminologia introduzida, a ser assimilada pela doutrina, é a de "Câmaras Regionais", que significam, no contexto da Reforma, um verdadeiro deslocar dos Tribunais, do centro para a periferia, das capitais para o interior, de maneira que todo o aparelho judiciário fique mais próximo do povo, e não apenas a primeira instância.

É medida que, juntamente com a Justiça itinerante, permitirá uma "expansão" da área de influência da Justiça a praticamente todo o território nacional, fazendo com que localidades, nas quais até então não se encontrava nenhum aparelho estatal-judicial, possam passar a contar com a Justiça. Proporcionará um acesso mais fácil, de menor custo e com a possibilidade de acompanhamento mais de perto do processo, às populações de áreas pouco desenvolvidas. A medida é saudável para o próprio magistrado, que ficará próximo da realidade que o cerca e dos problemas e anseios dos interessados, atendo-se menos à burocracia e mais ao caso concreto. Sem dúvida, aquele que precisar do aparato dos tribunais o terá bem próximo, situação que será socialmente motivadora de maior procura da Justiça, diminuindo-se, pois, a litigiosidade contida.

Contudo, a descentralização só tornará a Justiça mais operante se acompanhada estiver de medidas correlatas que não se circunscrevam ao aumento numerário dos cargos de juízes, desembargadores, câmaras ou tribunais, pois este crescimento indiscriminado prejudicaria o nível e o rigor de uma boa seleção. Faz-se necessário assegurar a presença de magistrados com boa formação e, acima de tudo, repensar as leis processuais[1929], pois é de uma reforma nesse nível que se poderá esperar uma agilidade maior do Judiciário, com trâmites mais simples e menores possibilidades de instâncias e instrumentos recursais.

Referências bibliográficas

ARAÚJO, Rosalina Corrêa. *O Estado e o Poder Judiciário no Brasil*. [1. ed.] Rio de Janeiro: Lumen Juris, 2000.

BACHOF, Otto. *Jueces y Constitución*. Tradução por Rodrigo Bercovitz Rodríguez-Cano, reimp. Madrid: Civitas, 1987. Tradução de: *Grundgesetz und Richtermacht*.

CALLEJON, Maria Luisa Balaguer. *La Interpretación de la Constitución por la Jurisdicción Ordinaria*. 1. ed. Madrid: Civitas, 1990.

CINTRA, Geraldo de Ulhoa. *Da Jurisdição*. Rio de Janeiro: Lux Editora, 1958.

CRITSINELTIS, Marco Falcão & FONSECA, Ney Moreira da. *O Poder Judiciário Municipal e a Aplicação Social da Pena*. Rio de Janeiro: Forense, 1998.

1928. Cf. Moreira Neto, op. cit., p. 93.
1929. Cf. Moreira Neto, op. cit., p. 59, e Alcino Salazar, op. cit., p. 6.

GUIMARÃES, Mário. *O Juiz e a Função Jurisdicional*. 1. ed. Rio de Janeiro: Forense, 1958.

LOEWENSTEIN, Karl. *Teoría de la Constitución*. Tradução por Alfredo Gallego Anabitarte. 2. ed. Barcelona: Ed. Ariel, 1970.

MARTINS, Ives Gandra da Silva. Deve haver controle externo do Ministério Público? Não, um controle inaceitável. *Folha de S.Paulo*, de 10 abr. 2004, p. A3.

MOREIRA NETO, Diogo de Figueiredo. *O Sistema Judiciário Brasileiro e a Reforma do Estado*. São Paulo: Celso Bastos Editor/Instituto Brasileiro de Direito Constitucional, 1999.

NUNES, Castro. *Teoria e Prática do Poder Judiciário*. Rio de Janeiro: Forense, 1943.

PONTES DE MIRANDA, Francisco Cavalcanti. *Comentários à Constituição de 1946*. Rio de Janeiro: Borsoi, 1963. v. 3.

SALAZAR, Alcino. *Poder Judiciário: Bases para Reorganização*. Rio de Janeiro: Forense, 1975.

SANTOS, Carlos Frederico Brito dos. *Improbidade Administrativa: Reflexões sobre a Lei n. 8.429/92*. Rio de Janeiro: Forense, 2002.

TAVARES, André Ramos. *Reforma do Judiciário no Brasil Pós-88. (Des)estruturando a Justiça*. São Paulo: Saraiva, 2005.

_____. Responsabilidade Fiscal: Novos Parâmetros para o Poder Público. *Revista Brasileira de Ciências Criminais*, São Paulo: Revista dos Tribunais, ano 9, n. 36, out./dez. 2001. Bibliografia: 273-304.

_____. *Teoria da Justiça Constitucional*. São Paulo: Saraiva, 2005.

VELLOSO, Carlos Mário da Silva. Problemas e Soluções na Prestação da Justiça, In: TEIXEIRA, Sálvio de Figueiredo (Coord.). *O Judiciário e a Constituição*. São Paulo: Saraiva, 1994. p. 93-115.

Capítulo LIV
DO PODER LEGISLATIVO

1. ATUAÇÃO

1.1. Originariamente: poder financeiro

Assinala ROSAH RUSSOMANO que "a função das Câmaras, pertinentes ao consentimento dos tributos, antecedeu sua função legislativa"[1930].

Assim, cronologicamente falando, as Câmaras tinham por função controlar a atividade tributária do Executivo, protegendo a Nação. Advém daqui a ideia de que não pode haver tributação sem o consentimento popular, sem a representação na decisão de impor as exações.

1.2. Função clássica

Tradicionalmente, como se sabe, a incumbência de redigir e editar as leis gerais, que devem reger a sociedade, encontra-se atribuída ao Poder Legislativo.

A edição das normas nacionais, que obrigam a todos os que se encontram no território nacional, é incumbência própria do Poder Legislativo central.

2. ESTRUTURA E ORGANIZAÇÃO DO PODER LEGISLATIVO

2.1. Sistema bicameral

No Brasil, que adota a forma federativa de Estado e a considera intocável, o Poder Legislativo de âmbito nacional biparte-se, em sua estrutura interna, sendo por isso considerado bicameral.

Anota MICHEL TEMER que esse modelo de bicameralismo "atende à forma de Estado federal positivada pelo constituinte"[1931].

De fato, o Congresso Nacional é o órgão representativo do Poder Legislativo nacional. E o Congresso encontra-se, atualmente, dividido em duas grandes Casas, a Câmara dos Deputados e o Senado Federal.

1930. *Dos Poderes Legislativo e Executivo*, p. 43.

1931. *Elementos de Direito Constitucional*, 16. ed., p. 125.

À Câmara dos Deputados corresponde a representação popular (art. 45, *caput*, CB). Há uma sobrerrepresentação proporcional de alguns Estados-membros no Legislativo nacional, rompendo a máxima "um homem, um voto". Os parlamentares desses Estados tendem a assumir uma postura de maior apoio à agenda do Poder Executivo federal[1932].

Já o Senado Federal é composto por representantes dos Estados-membros e do Distrito Federal (art. 46, *caput*, CB). É correto afirmar, portanto, que os Senadores, no Brasil, tecnicamente, não são os representantes do povo, mas sim dos Estados da Federação brasileira, participando, por esse motivo, na formação da vontade nacional. É que da participação no processo legislativo por parte dos entes federativos é exigência da teoria federalista, com as ressalvas que já apontei anteriormente.

O sistema, portanto, no Brasil, é bicameral por força da adoção do sistema federalista, e não como ocorre em outros países, nos quais o bicameralismo existente não provém da estrutura federal, mas sim de outras circunstâncias, como a divisão histórica da Câmara dos Lordes e da Câmara dos Comuns, na Inglaterra.

2.2. Sessão legislativa, legislatura e mandato parlamentar

A Constituição declara, expressamente, que cada legislatura tem a duração de quatro anos (parágrafo único do art. 44). A legislatura corresponde ao período de tempo destinado ao exercício de mandato parlamentar.

Já a sessão legislativa está referida no art. 57, *caput*, da CB, que estabelece com exatidão que tal sessão legislativa compreende o período de tempo que vai de 2 de fevereiro a 17 de julho e de 1º de agosto a 22 de dezembro. É o período de trabalho durante o mandato parlamentar (legislatura) renovável a cada ano até o término da respectiva legislatura. Trata-se da sessão (legislativa) ordinária. Vale observar que esse período de trabalho foi alargado pela EC n. 50, de 14 de fevereiro de 2006, que veio a lume como forma de resposta à sociedade pelos escândalos parlamentares (particularmente o chamado "mensalão" e as reiteradas convocações extraordinárias formais, cujas imagens de um Congresso Nacional vazio e inerte ficaram gravadas na memória brasileira). Originariamente, o período de trabalho era de 15 de fevereiro (e não de 2 de fevereiro) até 30 de junho (e não de 17 de julho), portanto, foram incorporadas praticamente três semanas a mais de trabalho.

Contudo, pode ocorrer a convocação extraordinária do Congresso Nacional, ou seja, o interesse público pode exigir a presença dos parlamentares fora da referida sessão legislativa acima indicada. Trata-se, agora, da sessão extraordinária (§ 6º do art. 57 da CB).

1932. Sobre o tema e, especialmente, sobre as razões e consequências dessa tendência, com ampla discussão e farto material de pesquisa, conferir a tese de Doutorado defendida na Faculdade de Direito do Largo de São Francisco, USP: BANHOS, Pedro Paes de Andrade. *A proporcionalidade na representação legislativa*: a igualdade do voto no federalismo brasileiro. São Paulo: USP, 2024.

2.3. Mesas Diretoras

Na estrutura interna do Congresso Nacional encontram-se as denominadas "Mesas". Consoante o § 4º do art. 57: "Cada uma das Casas reunir-se-á em sessões preparatórias, a partir de 1º de fevereiro, no primeiro ano da legislatura, para a posse de seus membros e eleição das respectivas Mesas, para mandato de dois anos, vedada a recondução para o mesmo cargo na eleição imediatamente subsequente".

As reuniões das Casas do Congresso Nacional são dirigidas pela respectiva Mesa. Existem, pois, as seguintes mesas: 1ª) do Congresso Nacional; 2ª) do Senado Federal; 3ª) da Câmara dos Deputados.

A vedação de recondução é para o mesmo cargo apenas. É plenamente admissível a reeleição para outro cargo, ainda que da mesma Mesa, no período imediatamente seguinte.

Outra discussão que se verificou na doutrina dizia respeito ao período dentro do qual estaria vedada a referida reeleição. Ficou assente o entendimento (na praxes do Congresso Nacional[1933]) de que a restrição só poderia aplicar-se dentro da mesma legislatura[1934]. Realmente, encerrada esta, não há mais qualquer restrição constitucional, ainda que a mesma pessoa (v. g., o Presidente da Câmara dos Deputados) venha a ser reeleita para novo mandato parlamentar e pretenda, ademais, reeleger-se também para o mesmo cargo que ocupava anteriormente na mesma Mesa Diretora. Ainda que cronologicamente falando ocorra uma continuidade, o certo é que não se pode ignorar que houve uma interrupção, com o fim do mandato, e a contagem restritiva tem início apenas a partir desse novo mandato.

Recentemente, o tema sobre a recondução (reeleição) de membro da Mesa Diretora para o mesmo cargo, na mesma legislatura, foi questionado por meio da Ação Direta de Inconstitucionalidade n. 6.524, ajuizada pelo Partido Trabalhista Brasileiro — PTB, e julgado em 15 de dezembro de 2020. Na ocasião, discutiram-se os limites da interpretação do art. 59 do Regimento Interno do Senado Federal — RISF, bem como do art. 5º, *caput* e § 1º, do Regimento Interno da Câmara dos Deputados — RICD, que, de acordo com o PDT, seriam inconstitucionais no caso de permitirem a reeleição para o mesmo cargo da Mesa em legislaturas diferentes. No caso do RICD, temos: "§ 1º Não se considera recondução a eleição para o mesmo cargo em legislaturas diferentes, ainda que sucessivas". O PTB requereu, diante dos dispositivos em comento, interpretação conforme ao art. 57, § 4º, da Constituição brasileira, assumindo e defendendo que a única interpretação possível seria a de que a Constituição "veda a recondução para o mesmo cargo da Mesa na eleição imediatamente subsequente, independentemente se na mesma legislatura ou se em nova legislatura". Nesse sentido, o art. 5º, § 1º, do RICD seria inconstitucional, por ampliar o alcance da norma constitucional.

1933. Com a reeleição de Michel Temer e Antônio Carlos Magalhães para a presidência da Câmara dos Deputados e do Senado Federal, respectivamente.

1934. Passou a ser o entendimento consignado expressamente por Michel Temer a partir da 16ª edição de sua obra *Elementos de Direito Constitucional*.

No contexto dessa discussão, houve um debate inicial sobre a possibilidade de o Poder Judiciário apreciar o tema, tendo em vista que a discussão poderia estar versando sobre normas regimentais das Casas do Congresso Nacional, situação em que o tema assumiria perfil *interna corporis*. Portanto, o tema também trouxe à baila a questão da separação dos poderes e o alcance da ação legítima do Poder Judiciário, na figura do Supremo Tribunal Federal, nas questões afetas ao funcionamento do Poder Legislativo. Em seu voto, o Min. Gilmar Mendes, relator da ADI 6.524, reconheceu a possibilidade de "as Casas do Congresso Nacional deliberarem sobre a matéria em apreço (seja por via regimental, por questão de ordem ou mediante qualquer outro meio de fixação de entendimento próprio à atividade parlamentar, como usualmente ocorre), (2) desde que observado, em qualquer caso, o limite de uma única reeleição ou recondução sucessiva ao mesmo cargo; (3) assenta-se, outrossim, que o limite de uma única reeleição ou recondução, acima veiculado, deve orientar a formação das Mesas da Câmara dos Deputados e do Senado Federal a partir da próxima legislatura, resguardando-se, para aquela que se encontra em curso, a possibilidade de reeleição ou recondução, inclusive para o mesmo cargo, uma vez que a próxima eleição para a Mesa das Casas do Congresso Nacional, que ocorrerá em fevereiro de 2021, situa-se em lapso inferior a 1 (um) ano da prolação do presente acórdão — inteligência do art. 16, CF/88".

O Min. Gilmar Mendes conclui seu voto afirmando que sua decisão se circunscreve "à constitucionalidade dos dispositivos regimentais que tratam sobre a composição da Mesa das Casas do Congresso Nacional. Não decidiremos acerca de quem vai compor a próxima Mesa: para tanto é preciso de votos no Parlamento, e não no Plenário da Suprema Corte. Na eleição de Mesa do Poder Legislativo, é a maioria parlamentar que define quem 'fala pela Casa', não um acórdão". Contudo, o entendimento consagrado vencedor, por maioria, foi de julgar parcialmente procedente o pedido da ADI para "(i) dar interpretação conforme a Constituição ao art. 59 do Regimento Interno do Senado Federal (RISF) e ao art. 5º, *caput*, do Regimento Interno da Câmara dos Deputados (RICD), assentando a impossibilidade de recondução dos presidentes das Casas legislativas para o mesmo cargo na eleição imediatamente subsequente, dentro da mesma legislatura, vencidos os Ministros Gilmar Mendes (Relator), Dias Toffoli, Alexandre de Moraes, Ricardo Lewandowski e Nunes Marques; e (ii) rejeitar o pedido em relação ao art. 5º, § 1º, do RICD, admitindo a possibilidade de reeleição dos presidentes das Casas legislativas em caso de nova legislatura, vencidos os Ministros Marco Aurélio, Cármen Lúcia e Rosa Weber".

Portanto, a reeleição é plenamente possível, desde que se inicie nova legislatura, o que significa renovação do mandato parlamentar. A regra restritiva, portanto, aplica-se apenas dentro de uma mesma legislatura, porque, nesse caso, pretende-se a renovação, por força de norma. Essa imposição deixa de ser exigida quando a própria sociedade renova o mandato do parlamentar e este eventualmente venha a ser reconduzido, já agora pela composição de um Congresso igualmente renovado.

2.4. Comissões

As comissões do Congresso Nacional dividem-se em temporárias e permanentes. Seu regramento encontra-se nos respectivos regimentos parlamentares, consoante determina a própria Constituição Federal (art. 58, *caput*)[1935].

As tarefas das comissões são, dentre outras: 1º) discutir e votar projeto de lei que dispensar a votação em plenário; 2º) realizar audiências públicas com entidades da sociedade civil; 3º) convocar Ministros de Estado para prestar informações sobre assuntos inerentes a suas atribuições legais; 4º) receber as petições, reclamações, representações ou queixas de qualquer pessoa contra atos ou omissões das autoridades ou entidades públicas; 5º) solicitar depoimento de qualquer autoridade ou cidadão; 6º) apreciar programas de obras, planos nacionais, regionais e setoriais de desenvolvimento e sobre eles emitir parecer.

Durante o período de recesso do Congresso Nacional, deverá existir, necessariamente, uma comissão representativa deste (§ 4º do art. 58 da CB).

2.4.1. Comissões parlamentares de inquérito

Existe, além das comissões já referidas, a possibilidade de criar a denominada comissão parlamentar de inquérito — CPI, com procedimentos e objetivos especificados constitucionalmente e caráter essencialmente investigativo[1936].

Essa prerrogativa constitucional, contudo, serve à *efetivação de competências* atribuídas pelo constituinte ao Poder Legislativo. Exatamente por isso é que a CPI não pode ser compreendida a partir de uma perspectiva isolacionista, como entidade autônoma, bastante em si mesma, à livre disposição dos parlamentares, para ser exercida, por exemplo, dentro de certos interesses persecutórios ou mesmo investigativos em geral. Pelo contrário, trata-se de atribuição encartada na função legislativa típica, ou seja, que é circunscrita à funcionalidade primária do Parlamento, que é a de legislar.

2.4.1.1. Criação

A Constituição do Brasil expressamente, em seu art. 58, § 3º, prescreve a possibilidade da criação de Comissões Parlamentares de Inquérito, a fim de que, no âmbito do Poder Legislativo, investigue-se "fato determinado", *in verbis*: "As comissões parlamentares de inquérito, que terão poderes de investigação próprios das autoridades judiciais, além de outros previstos nos regimentos das respectivas Casas, serão criadas pela Câmara dos Deputados e pelo Senado Federal, em conjunto ou separadamente, diante requerimento de um terço de seus membros, *para a apuração de fato determi-*

1935. Para um estudo cuidadoso das comissões parlamentares e sua importância para o processo legislativo contemporâneo: Paulo Adib Casseb, *Comissões Parlamentares no Processo Legislativo*, Tese de Doutorado na Faculdade de Direito da USP.

1936. Acerca da origem inglesa e evolução do inquérito parlamentar: *v.* Nélson de Souza Sampaio, *Do Inquérito Parlamentar*, p. 9-18. Para um breve panorama da história constitucional brasileira do instituto: Erival da Silva Oliveira, *Comissão Parlamentar de Inquérito*, p. 23-40.

860

nado e por prazo certo, sendo suas conclusões, se for o caso, encaminhadas ao Ministério Público, para que promova a responsabilidade civil ou criminal dos infratores" (original sem grifos).

A CPI representa, tecnicamente, o exercício, pelo Parlamento, de seus poderes investigatórios; politicamente, significa uma resposta parlamentar para a sociedade, geralmente sobre tema de grande repercussão nacional, tal como a CPI instaurada para apurar o enfrentamento da pandemia de Covid-19, que realizou investigação sobre a condução de medidas e políticas de saúde no Brasil a cargo de Governos e, sobretudo, do Ministério da Saúde e do Governo Federal[1937].

Reprise-se que, mesmo em um contexto de calamidade sanitária e, apesar de ser uma possibilidade constitucional conferida ao Parlamento, toda e qualquer CPI se encontra adstrita aos limites consentidos pela Constituição do Brasil, sendo certo que seus atos devem respeitar as condicionantes formais e materiais em vigor.

Trata-se de lição básica, já que todo e qualquer "Poder" só existe por ter sido criado pela Constituição e, assim sendo, todo "Poder" é apenas um feixe de atribuições, capacidades, responsabilidades e deveres determinados pela Constituição. Esse é um pressuposto inerente a um Estado Constitucional de Direito. Como seu corolário, temos que os desmembramentos ou as especificações concretas desse "Poder", a exemplo de referidas comissões, devem obediência, por maior razão, a esses limites constitucionais, já que constituem órgãos fracionários do Poder Legislativo propriamente dito. Daí advêm consequências: "É que a Comissão Parlamentar de Inquérito, enquanto projeção orgânica do Poder Legislativo da União, nada mais é senão a *longa manus* do próprio Congresso Nacional ou das Casas que o compõem, sujeitando-se, em consequência, em tema de mandado de segurança ou de *habeas corpus*, ao controle jurisdicional originário do Supremo Tribunal Federal" (STF, Tribunal Pleno, MS 23.452, rel. CELSO DE MELLO, j. 16-9-1999).

Nesse sentido, em linhas gerais, as comissões podem ser criadas tanto pelo Senado Federal quanto pela Câmara de Deputados, em separado ou conjuntamente, desde que haja o requerimento de pelo menos um terço de seus membros.

Em decorrência do vetusto e antifederativo princípio da simetria, quando vertido em posição restritiva, tolhedora da liberdade autonômica, os requisitos para a criação de CPI, contidos na Constituição Federal, foram considerados, pelo STF, como de observância obrigatória pelas casas legislativas dos Estados-membros. Com esse fundamento, declarou-se a inconstitucionalidade de dispositivo da XII Consolidação do Regimento Interno da Assembleia Legislativa do Estado de São Paulo, que impunha, como condição para constituir-se a CPI, a aprovação em Plenário do seu requerimento (exigência diversa é a reserva de plenário no âmbito do próprio CN, analisada a seguir). Isso porque, pela Constituição Federal, para a criação de CPI, basta requerimento de 1/3 dos membros da Assembleia Legislativa ao seu Presidente (além dos demais requi-

---

1937. Exatamente 574.527 óbitos acumulados e registrados até o dia 23 de agosto de 2021, cf. dados oficiais do Brasil em <https://qsprod.saude.gov.br/extensions/covid-19_html/covid-19_html.html>, acesso em: 24 ago. 2021.

sitos), não sendo necessária a deliberação plenária. Argumento mais sólido, que igualmente afastaria a constitucionalidade da exigência paulista, também utilizado pelo STF, é o de que a referida exigência plenária teria o condão de frustrar a garantia das minorias parlamentares (ADI 3.619/SP, Min. Rel. EROS GRAU, julgada em 1º-8-2006, Informativo n. 434).

2.4.1.2. Funções e capacidades

Como observa Nuno Piçarra, em obra que tenho considerado como referência sobre o tema, assume-se uma multifuncionalidade do inquérito parlamentar, estando superada sua versão meramente informativa. Assim, passa a ser definido, atualmente, como um instrumento auxiliar e limitador, das mais diversas funções atribuídas às Casas Legislativas, expressa ou implicitamente, elencadas pelo referido autor como podendo estar voltadas para: (i) a função legislativa; (ii) a função de controle de seus membros "visando manter a integridade e reputação do próprio Congresso"; (iii) a função de controle do Poder Executivo; e (iv) "a função de informação do eleitorado e da opinião pública em geral"[1938]. Mas essa multifuncionalidade não se confunde com liberdade absoluta, com falta de limites e muito menos com uma *carte blanche* para a prática de quaisquer atos, sobre quaisquer fundamentos.

A Lei n. 1.579/52 dispôs sobre as comissões parlamentares de inquérito (sob a égide da Constituição de 1946), explicitando algumas de suas atribuições no art. 2º: i) determinar diligências; ii) requerer a convocação de ministros; iii) tomar depoimento de autoridades de todas as esferas federativas; iv) ouvir os indiciados; v) inquirir testemunhas sob compromisso; vi) requisitar informações e documentos de repartições públicas ou autárquicas; vii) estar presente nos locais quando necessário à consecução de sua finalidade. É interessante registrar que essa legislação tipifica como crime tumultuar o funcionamento de CPI. Nessa linha, acrescente-se o poder de obter "informações e documentos sigilosos de que necessitarem, diretamente das instituições financeiras, ou por intermédio do Banco Central do Brasil ou da Comissão de Valores Mobiliários", no que se incluem as administradoras de cartões de crédito (§ 1º do art. 4º c/c o § 1º do art. 1º da Lei Complementar n. 105/2001). Mas, para este último caso, impõe-se à CPI uma *reserva de plenário*, no sentido de que essas solicitações sejam previamente aprovadas pelo Plenário de alguma das Casas do Congresso Nacional ou da respectiva CPI. Em qualquer situação deverão ser respeitados os limites assinalados a seguir.

Em setembro de 2014 o Min. TEORI ZAVASCKI, do STF, decidiu que as CPIs têm capacidade própria para convocar pessoas para prestar depoimentos, independentemente de prévia autorização judicial, como decorrência direta de seu perfil constitucionalmente estabelecido.

Quanto a inquirir testemunhas, incide o princípio da não autoincriminação, de maneira que ninguém poderá ser constrangido, perante CPI, a falar a verdade acerca de fatos ou circunstâncias que possam servir para incriminação da própria pessoa. É a po-

---

1938. Nuno Piçarra, *O Inquérito Parlamentar e os seus Modelos Constitucionais*, p. 20.

sição que tem sido assentada pelo STF: "não configura o crime de falso testemunho, quando a pessoa, depondo perante CPI, ainda que compromissada, deixa de revelar fatos que possam incriminá-la"[1939].

2.4.1.3. Requisitos constitucionais: fato determinado e prazo certo

As comissões só podem ser formadas para a apuração de *fato determinado* e por *prazo certo*. Ou seja, a CPI deve ser: i) direcionada; e ii) temporária.

Sob (i) acentua-se que não se admitem comissões formadas para a apuração de temas amplos, abstratos, como, v. g., a "corrupção do Poder Executivo", aquilo que PAULO SCHIER qualifica como "crises *in abstrato*". Será preciso indicar o fato concreto que rende ensejo a convocação de uma CPI. Não se pode tolerar, pois, como anunciado amplamente pela mídia, uma "CPI do Judiciário"[1940], ou "da Corrupção"[1941] porque, além de desestabilizar a separação harmônica dos poderes, extrapola da hipótese constitucionalmente afirmada para a atuação de uma CPI, demonstrando, na maioria dos casos, mero oportunismo político ou sensacionalismo.

Ligada a esta restrição encontra-se o limite do âmbito competencial da CPI. É que, como comissão do Congresso que é, deve, em sua finalidade, inserir-se nas finalidades da própria entidade na qual se alberga e da qual não passa de uma derivação orgânico--institucional. Daí a ideia de que a CPI não é um fim em si mesma[1942], mas um meio de alcançar o fim maior, o desempenho, pelo Parlamento, de sua função legislativa. Ademais, e nessa mesma linha, outro limite competencial diz respeito à investigação da Presidência da República, porque há a prerrogativa constitucional de que o Presidente da República só seja investigado na forma do art. 86 da CB, que exige a autorização de 2/3 (dois terços) da Câmara de Deputados e o julgamento perante o STF (reserva de jurisdição total) ou perante o Senado (conforme o caso)[1943].

Mas ainda restaria apurar o sentido de "fato determinado". A esse propósito, propõe RICARDO SCHIER interessante desdobramento, para exigir que, primeiro, o fato em si seja determinado e, além disso, seja demonstrado, "porque de nada adianta o fato, propriamente dito, ser determinado, mas não restar demonstrado como tal na peça do requerimento"[1944]. Há de exigir-se, como propõe o autor, a demonstração dos elementos temporais, subjetivos, territoriais, circunstanciais etc., dos fatos a serem investigados,

---

1939. HC 73.035/DF.

1940. A esse propósito, a denominada "CPI do Judiciário" foi instaurada pelo Requerimento n. 118/99, que apontou fatos determinados que seriam objeto de apuração.

1941. CPI esta que, como bem observou a propósito Aloysio Nunes Ferreira, vinha lastreada em infindáveis ilações não fundamentadas, cujo requerimento se preocupava em "enxovalhar pessoas e não esclarecer situações", sem nenhuma conexão mínima entre temas tão variados que pudesse proporcionar "certa unidade na diversidade" (A Farsa da CPI da Corrupção, *Folha de S.Paulo*, p. A3).

1942. Nesse sentido: Nelson de Souza Sampaio, *Do Inquérito Parlamentar*, p. 4-5; Paulo Ricardo Schier, *Comissões Parlamentares de Inquérito e o Conceito de Fato Determinado*, p. 73.

1943. Neste sentido: Celso Ribeiro Bastos, *Comentários à Constituição do Brasil*, v. 4, t. 1, p. 299.

1944. *Comissões Parlamentares de Inquérito e o Conceito de Fato Determinado*, p. 159 e s.

na medida do que forem conhecidos, e em virtude daqueles elementos que sejam desconhecidos é que se justifica e deve ser justificada a CPI.

Contudo, não se torna necessariamente ilegítima a investigação sobre fatos outros que se liguem intimamente (tenham conexão) com o fato principal que ensejou a CPI[1945]. O que se deve exigir é que haja, em qualquer hipótese, conexão entre os fatos a serem apurados por uma mesma CPI.

De outra parte (ii), ao falar em prazo certo, isso significa a impossibilidade de uma CPI permanente. Toda CPI deve ser temporária[1946]. Portanto, também não se admite que a CPI transforme sua provisoriedade inicial em perenidade real. Isso não impede, contudo, que haja prorrogação, e inclusive sucessivas prorrogações, desde que tenha sido criada com prazo certo e que as prorrogações se mostrem necessárias para alcançar a específica finalidade para a qual foi criada a comissão, em face de novas circunstâncias[1947].

Se a CPI deve apresentar um termo certo e definido, é fraudatório desse mesmo comando constitucional "reabrir" uma mesma CPI, já encerrada, ou criar uma nova CPI na qual se inclua um fato já investigado anteriormente em outra[1948], em uma mesma Casa do Parlamento na qual já ocorreu essa investigação, sem que nenhuma novidade específica e justificadora seja aportada no conteúdo do Requerimento apresentado. Isso, por si só, é causa suficiente para denegar, por absoluta inépcia, qualquer requerimento de CPI que configure uma reabertura.

Realmente, seria letra morta o trecho da norma constitucional que impõe um prazo determinado caso o fato de uma CPI encerrada pudesse ser retomado novamente em outra CPI. Se assim fosse estaria aberta a possibilidade da permanência infinita de diversas edições de uma mesma e idêntica CPI.

Teríamos, no caso, uma duplicidade ou multiplicidade de investigações sobre os mesmos fatos, o que é (além de vedado) altamente deletério para o Congresso Nacional e significaria ao indivíduo uma dupla investigação pelo mesmo órgão (violando, neste ponto, direitos fundamentais).

É imperioso afastar esse tipo de ocorrência não apenas porque se frauda um comando constitucional, mas também porque há um risco institucional inerente a essa configuração, especialmente no que tange à exposição da imagem, da unidade e da legitimidade do Poder Legislativo. Explico esse ponto.

1945. Nesse sentido: STF, MS 23.639, de 21-2-2000.

1946. Embora se admita a prorrogação de prazo. Essa perspectiva constava já da Lei n. 1.579/51, em seu art. 5º, § 2º (sobre a qual pende uma questão acerca da recepção dessa Lei).

1947. Nesse sentido: STF, HC 71.231-2/RJ, rel. Min. Carlos Velloso, *DJ*, 31 out. 1996. Acrescente-se que o STF se decidiu por exigir que as prorrogações ocorram respeitando o limite de uma legislatura, conforme previsto no art. 5º, § 2º, da Lei n. 1.579/52, contra o disposto no Regimento Interno da Câmara de Deputados, que falava em prazo máximo de 120 dias.

1948. Especificamente sobre a hipótese de duplicidade de CPI's, como ocorreu no caso da Petrobrás, em 2014, o STF se manifestou liminarmente sobre a possibilidade de coexistir CPI's investigando o mesmo fato, a partir do MS 32.885. Não houve, porém, decisão final do Colegiado, por perda do objeto, uma vez que quando do julgamento a CPI já havia finalizado seus trabalhos.

Se fosse aceito e implementado o poder de investigar, com essa roupagem (insuportável) da continuidade perpétua, ter-se-ia como resultado inevitável a confusão e a instabilidade, advindas, principalmente, da probabilidade de resultados divergentes sobre os mesmos fatos e a mesma entidade investigada.

Poder-se-ia argumentar que a CPI reeditada será mais atual que a anterior, mais intensa ou mais isenta. Mas todos estes indicativos desqualificam as atuações do próprio Congresso Nacional ou de uma de suas Casas, ocorridas no passado, gerando a referida confusão e a instabilidade institucional. Juridicamente falando, ambos resultados (um atual e outro do passado) quando divergentes e opostos tornar-se-iam imprestáveis e, inevitavelmente, sob ambos recairia a suspeita plausível do erro, em maior ou menor escala, politizando uma seara (a CPI) que deveria atuar de maneira estritamente jurídica. Eventuais resultados idênticos apenas confirmariam a desnecessidade e abuso da segunda CPI.

Obviamente que não pretendo, com isso, sustentar a imunização de eventuais erros que possam ter ocorrido no passado, *v.g.*, em uma dada CPI, hipoteticamente falando. Mas como há uma ampla gama de questões envolvidas sempre que se abre uma nova CPI, é preciso que as instituições públicas como o Parlamento trilhem os caminhos menos impactantes para os direitos fundamentais e os interesses envolvidos, respeitando-os tanto quanto é necessário respeitar a institucionalidade e a oficialidade de investigações anteriores.

Ademais, é preciso entender que a abertura de qualquer CPI, quando ocorra de maneira legítima, tem a presunção de lisura e isenção em seu resultado, sendo absolutamente inadequado e contrário à Constituição (particularmente à unidade do Poder Legislativo e à presunção de legitimidade de seus atos) desconsiderar resultados já alcançados em passado recente em CPI com objeto idêntico.

Ao reabrir CPI sobre o(s) mesmo(s) fato(s) anteriormente investigado(s), ativa-se (para um resultado ineficaz, como demonstrei acima) toda uma estrutura de recursos humanos, físicos e financeiros. E, no caso da reiteração de CPI, ao final, ou se obtém resultado idêntico ao anterior, comprovando ter sido inapropriada a abertura da CPI, ou se obtém resultado oposto, gerando mal-estar institucional, confusão e imprestabilidade dos dois resultados obtidos, como vimos acima. Repito: não é juridicamente aceitável nem atende às melhores práticas de eficiência e economicidade, simplesmente desconsiderar ou afirmar como impróprio, sem mais, o resultado legítimo e oficialmente alcançado por CPI anterior[1949].

Aceitar a repetição é aceitar um cenário de profundo desrespeito ao direito fundamental à segurança, nas dimensões da previsibilidade e calculabilidade jurídicas, para as entidades e indivíduos cujas imagens são arrastadas para esse cenário investigativo sem fundamento.

1949. No limite, ao se admitir a duplicidade ou a multiplicidade de CPI's, necessitaríamos de alguma instância de harmonização de resultados divergentes (ou mesmo dos resultados não totalmente idênticos), o que seria ainda mais inapropriado, pois as investigações deixariam de ser apenas um meio para uma finalidade legislativa para serem fim em si mesmas.

Valho-me, aqui, da mesma "lógica" regente do Poder Judiciário. Ainda que seja razoável a perspectiva prática de que múltiplas investigações sobre um mesmo fato possam desembocar em resultados mais acurados, consagrar tal expediente, além de inusitado, representaria o rompimento com o princípio da segurança jurídica, bem como geraria maior e indevido impacto aos direitos fundamentais, que seriam restringidos mais vezes, a cada investigação.

Sobre este importante tema sobre os direitos fundamentais das pessoas eventualmente envolvidas em uma CPI e a prerrogativa parlamentar de manter em atividade uma CPI, pronunciou-se o STF, no seguinte sentido: "A duração do inquérito parlamentar — com o poder coercitivo sobre particulares, inerentes a sua atividade instrutória e a exposição da honra e da imagem das pessoas a desconfianças e conjecturas injuriosas – e um dos pontos de tensão dialética entre a CPI e os direitos individuais, cuja solução, pela limitação temporal do funcionamento do órgão, antes se deve entender matéria apropriada a lei do que aos regimentos: donde, a recepção do art. 5º, § 2º, da Lei n. 1.579/52, que situa, no termo final de legislatura em que constituída, o limite intransponível de duração, ao qual, com ou sem prorrogação do prazo inicialmente fixado, se há de restringir a atividade de qualquer comissão parlamentar de inquérito (HC 71.261-RJ, rel. Min. SEPÚLVEDA PERTENCE, j. 11-5-1994, Pleno, original não grifado).

A lição inerente a esse *decisum* aponta, direta e abertamente, para o que todos sabem: o poder coercitivo que pesa necessariamente sobre a pessoa, física ou jurídica, envolvida em uma CPI. Daí a limitação temporal ser um aspecto essencial ao instituto, que lhe dá um formato civilizatório insuperável.

Insisto no ponto dos direitos fundamentais, geralmente desconsiderado quando se trata apenas da abertura ou permanência de uma CPI. Há inerente prejuízo aos direitos fundamentais, pela existência reiterativa de uma CPI, dos que vierem a ser nela envolvidos, o que decorre do inerente poder constritivo e do apelo público das Comissões. Daí que qualquer interpretação sobre a legitimidade na abertura de uma CPI tenha de ser restritiva.

O poder investigatório reconhecido ao Congresso Nacional, inerente à CPI, incidirá em vício sempre que se autonomizar e pretender prioritariamente a investigação por si mesma. É por isso que uma CPI deve buscar resultado a partir de *fatos certos*, sendo inadmissível uma "investigação pela investigação", quer dizer, uma investigação que não encontre fundamentação jurídica mínima para existir dentro do escopo estrito de cada CPI. A lição insuperável, no ponto, vem do próprio STF, e merece ser reproduzida pelos seus próprios fundamentos: "As Comissões Parlamentares de Inquérito (...) devem demonstrar, a partir de meros indícios, a existência concreta de causa provável (...), justificando a ampla investigação dos fatos determinados que deram causa à instauração do inquérito parlamentar, sem prejuízo de ulterior controle jurisdicional dos atos em referência (CF, art. 5º, XXXV)" (STF, Tribunal Pleno, MS 23.652/DF, rel. Min. CELSO DE MELLO, j. 22-11-2000). É necessário identificar e expor fatos e especificar suas circunstâncias investigatórias, no sentido de *demonstrar o liame da investigação em curso na CPI* com as pessoas ou os fatos inseridos em Requerimento específico da CPI para fins de quebra de sigilos.

Estou me referindo, neste ponto, à necessidade de que os fatos sobre os quais se pretende fazer recair a investigação pontual da CPI guardem relação direta com os fatos que ensejaram a abertura da CPI. Uma relação fato-fato deve existir.

Assim, a título ilustrativo, pretender que a CPI sirva como substituto dos órgãos de fiscalização, exercendo essa função fiscalizatória geral de maneira independente de uma fundamentação específica, ultrapassa os limites constitucionais da competência do Congresso Nacional e, por derivação necessária, excede as funções legítimas de uma CPI.

Assim, é imprescindível que "os dados e informações buscados [tenham] utilidade para veicular o desenrolar da investigação", como recentemente advertiu o Min. DIAS TOFFOLI (Medida Cautelar em MS 37.962/DF).

Cumpre reforçar que a prestação de contas e a fiscalização às quais se refere o art. 70 da Constituição, como competência do Congresso Nacional, dizem respeito à Administração Pública e, por certo, podem alcançar diversas pessoas, físicas ou jurídicas, desde que tenham responsabilidade sobre bens ou valores públicos, mas nos termos específicos dessa norma.

O Brasil possui um vasto sistema de investigação, fiscalização, *accountability* e controle. Bastaria registrar os órgãos com essas funções primárias: Ministério Público, Polícia judiciária, Polícia militar, Corregedorias e Ouvidorias em geral, Tribunal de Contas (que atua como órgão auxiliar do Congresso Nacional para fins do controle externo referido no art. 71), Controladoria Geral da União, Conselho de Controle de Atividades Financeiras, os múltiplos conselhos de ética pública, Receita Federal, fiscais de renda, do trabalho etc., Conselho Nacional de Justiça, Conselho Nacional do Ministério Público, o Banco Central e, por fim, o Poder Judiciário. É certo que, mesmo no desempenho de suas funções primárias, todos possuem, porém, âmbitos próprios e limites de atuação. E me parece até mesmo intuitivo que, reunidos, compõem uma esfera jurídica muitíssimo vasta de ação.

Nesse sistema acima relatado encontra-se a razão básica pela qual, ao se afirmar que à CPI não cabe substituir órgãos de fiscalização e controle, nem por isso se está a assumir um compromisso com a impunidade.

2.4.1.4. Poderes judiciais e reserva de jurisdição: hipóteses

As comissões parlamentares de inquérito têm poderes de investigação próprios das autoridades judiciais, neste caso por expressa previsão constitucional (§ 3º do art. 58), podendo, ainda, receber outros por força dos regimentos das respectivas casas. Já que lhe foi atribuída essa capacidade, deverá também a CPI observar os limites e as condições pertinentes às decisões judiciais, como, v. g., o dever de fundamentar a decisão (art. 93, IX, da CB) ou de guardar sigilo, quando necessário.

O principal aspecto, neste tema, consiste em determinar se há, na Constituição, aquilo que J. J. GOMES CANOTILHO denomina "reserva de jurisdição"[1950], a afastar a possibilidade de intervenção de uma CPI, impedindo uma plena equiparação dos poderes desta aos poderes próprios das autoridades judiciais. Nesse sentido, pode-se cogitar da inviolabilidade de domicílio, para cuja suspensão está exigida expressamente "determinação judicial" (art. 5º, XI, da CB), o mesmo ocorrendo para a inviolabilidade do sigilo das comunicações, que exige a "ordem judicial" (art. 5º, XII, da CB) e para a prisão (salvo em flagrante delito, como o falso testemunho), visto que se exige constitucionalmente "ordem escrita e fundamentada de autoridade judiciária competente" (art. 5º, LXI, da CB). A redação desta última "reserva" parece confirmar a tese, já que é expressa no sentido de indicar os casos em que se admite excepcionar a exigência judicial *stricto sensu* (sem qualquer inclusão da CPI): flagrante delito, transgressão e crime propriamente militar. Logo, há limites constitucionais decorrentes de uma interpretação lógico-sistêmica da Constituição, o que SEPÚLVEDA PERTENCE considera como *reserva explícita de jurisdição*, ou seja, uma reserva constitucional judiciária explícita[1951].

A esse respeito, no MS 23.452-1/RJ, *DJ* de 12-5-2000, o Ministro CELSO DE MELLO argumentou que: "(...) nesses temas específicos, assiste ao Poder Judiciário não apenas o direito de proferir a última palavra, mas, sobretudo, a prerrogativa de dizer, desde logo, a primeira palavra, excluindo-se, desse modo, por força e autoridade do que dispõe a própria Constituição, a possibilidade do exercício de iguais atribuições, por parte de quaisquer outros órgãos ou autoridades do Estado".

Já o Ministro MOREIRA ALVES mostrava-se cético quanto a esse ponto, sem, contudo, comprometer-se com qualquer posição: "tenho sérias dúvidas a respeito dessa reserva de jurisdição, tendo em vista a circunstância de que a Constituição não faz distinção entre as reservas legais e as constitucionais". O mesmo ministro já havia demonstrado sua dúvida, anteriormente, no momento da análise do MS 23.454-7/DF: "não cheguei a tomar posição em relação ao problema da reserva de jurisdição, e assim porque, como salientei, a Constituição brasileira tem uma peculiaridade: estabelece que a CPI tem poderes de investigação próprios da atividade judicial. Esse 'próprios', evidentemente, tem de significar alguma coisa. É muito realce, quando se podia dizer apenas 'atividade judicial'". Além deste detalhe, levanta outro: "Por outro lado, acho que o problema está muito mais na delimitação do que seja poder investigatório, porque, realmente, o juiz não tem esse poder de investigação; ele tem o poder de instrução no sentido de colheita de provas, mas também de colheita de elementos que, com relação a fatos determinados, possam até extravasar o simples conceito de prova".

1950. No Brasil o STF não tem, ainda, uma posição definitiva sobre o assunto, havendo apenas a manifestação de alguns ministros, que se colhem no MS 23.452-1/RJ, *DJ*, 12 maio 2000.

1951. Contra a posição da reserva judiciária: Luiz Carlos dos Santos Gonçalves, *Comissões Parlamentares de Inquérito*, p. 69 e 71.

O STF, ao realizar o seu mister, definiu que a CPI tem como prerrogativa a quebra do sigilo bancário, o sigilo fiscal e o sigilo telefônico quanto aos registros telefônicos, o que não se identifica com o *conteúdo* das comunicações.

Ainda quanto às limitações, encontra-se uma limitação numérica no art. 35, § 4º, do Regimento Interno da Câmara dos Deputados. O teto máximo é de cinco CPIs abertas simultaneamente naquela Casa Legislativa[1952].

Cumpre, por fim, no que tange à quebra de sigilo, lembrar que se tem como requisito a apresentação de fato concreto que justifique a quebra de sigilo. O STF, porém, restringiu o alcance do sentido "fato concreto", considerando que matérias jornalísticas não são suficientes para justificar a abertura de uma CPI[1953]. Ademais, em decisão de 30 de março de 2006, o Plenário do STF confirmou decisão da Ministra Ellen Gracie no sentido de que a atuação do magistrado, no exercício de sua profissão, é intangível e não pode sofrer ingerências de outros poderes, como da CPI. Tratava-se de hipótese na qual a CPI dos Bingos havia determinado a quebra dos sigilos bancário, telefônico e fiscal de magistrada que havia concedido diversas liminares à empresa GTECH em processos movidos contra a Caixa Econômica Federal, envolvendo licitações relativas às loterias da Caixa (cf. *Notícias do STF*, de 30-3-2006). Formou base para a decisão, ademais, o disposto no art. 146, II, do Regimento Interno do Senado, que veda CPI para investigar matéria pertinente às atribuições do Poder Judiciário.

Uma observação final: a CPI estadual pode também assumir poderes judiciais, nos termos aqui delineados, não se reservando a discussão acima apenas para a CPI que ocorra no Congresso Nacional.

A esse respeito, observa Luiz Carlos dos Santos Gonçalves que "a equiparação dos poderes de investigação das comissões estaduais ou distritais aos das autoridades judiciais é medida autorizada, mas não a temos como obrigatória"[1954]. Realmente, é conclusão inerente ao sistema constitucional pátrio, baseado na função investigativa dos poderes legislativos e na autonomia federativa, que também às comissões parlamentares estaduais (assembleias legislativas) estejam assegurados os poderes próprios acima assinalados. Evitar, contudo, uma conclusão no sentido de sua obrigatoriedade é respeitar a liberdade autonômica presente nessas situações.

O problema surge quanto às comissões parlamentares municipais. Se é certo que sua existência vem reconhecida amplamente, o mesmo não ocorre quanto aos poderes judiciais, por dois motivos básicos: (i) não há um Poder Judiciário municipal, do qual possa haurir fundamento legítimo para prática de certas medidas por autoridades municipais, ou seja, o Município não parece ter sido contemplado com esse feixe de poderes e, assim, nenhuma autoridade poderia avocar poderes que não possui legitimamente; e (ii) o poder de fiscalização da Câmara Municipal (reconhecido expressa-

---

1952. O STF considerou constitucional essa limitação na ADIn 1.635-DF, rel. Maurício Corrêa, 19-10-2000.

1953. STF, MS 24.135-7/DF, Min. rel. Nelson Jobin, *DJ*, 6 jun. 2003.

1954. *Comissões Parlamentares de Inquérito*. São Paulo: Juarez de Oliveira, p. 156.

mente pela Constituição brasileira, no art. 29, XI) não implica necessariamente o uso de poderes judiciais.

Como contraponto a esses argumentos, prestaria maior homenagem à autonomia local e à simetria positiva o reconhecimento desses poderes, independentemente de não haver um Poder Judiciário próprio, opção que não envolveu a castração de atribuições de outros "Poderes" como o Legislativo. Quando pretendeu a Constituição brasileira não retirar certas atribuições similares de autoridades municipais, parece ter procedido sempre de maneira expressa, estabelecendo regime jurídico próprio, como quanto à imunidade dos vereadores.

Por fim, registro que, independentemente dessa discussão, todas as comissões devem cingir suas atividades ao âmbito pessoal e material competencial que lhes é reconhecido, ou seja, não podem alcançar autoridades de outros "Poderes" nem fatos, atos e atividades reconhecidos a outra entidade federativa.

2.4.1.5. Motivação das decisões

Impõe-se, às Comissões Parlamentares de Inquérito, obediência à regra da motivação das decisões (art. 93, inc. IX, da CB), em paralelismo com o Poder Judiciário que decorre diretamente da Constituição, ao proclamar que as comissões "terão poderes de investigação próprios das autoridades judiciais". Todo o poder atribuído constitucionalmente vem com as correspondentes responsabilidades e deveres.

O STF apresenta jurisprudência pacífica[1955] no sentido de que os poderes da CPI se encontram submetidos a condicionantes e que, no caso, aplica-se a exigência de fundamentação que alcança os magistrados em geral, quando do exercício de poderes investigatórios. Assim, dentre outros elementos, é imprescindível fundamentar qualquer medida, do ponto de vista jurídico, não bastando a mera proclamação de interesse genérico por parte da CPI em obter dados ou quebrar sigilos e privacidade em geral de quem quer que seja.

Esse ponto que estou sublinhando, aqui, poderia ser questionado em face de entendimento recentemente exposto pelo Min. Lewandowski: "(...) como as comissões parlamentares de inquérito empreendem investigações de natureza política, esta Suprema Corte entende que elas não precisam fundamentar exaustivamente as diligências que determinam no curso de seus trabalhos, tal como ocorre com as decisões judiciais" (MS 37.978-MC/DF, decisão monocrática de 14-6-2021).

No mesmo sentido, encontra-se posicionamento anterior do STF, expresso por ocasião da CPI do Banestado: "A fundamentação exigida das Comissões Parlamentares de Inquérito quanto à quebra de sigilo (...) não ganha contornos equiparáveis à dos atos dos órgãos investidos do ofício judicante" (STF, Tribunal Pleno, MS 24.749/DF, rel. Min. Marco Aurélio, trecho da Ementa, j. 29-9-2004).

É preciso, porém, compreender os exatos termos colocados nesses casos. Não está em discussão se é necessária fundamentação. Esta é sempre imprescindível, e é isso

---

1955. Cf. MS 23.639-6, Rel. Min. Celso de Mello, *DJU* de 25-2-2000.

que constitui o entendimento pacífico do STF ao qual me reporto. Aliás, no próprio julgamento por último transcrito, o STF assevera: "Requer-se que constem da deliberação as razões pelas quais veio a ser determinada a medida" (STF, Tribunal Pleno, MS 24.749/DF, rel. Min. MARCO AURÉLIO, trecho da Ementa, j. 29-9-2004).

O próprio Min. Lewandowski bem esclarece, sistematizando os elementos que compõem a compreensão do alcance dessa exigência: "Lembro que nossa Carta Política não detalhou (...) a forma como devem ser motivadas as diligências determinadas pelas CPIs (...). Não obstante, devem observar os requisitos formais, legal e regimentalmente definidos, apresentar *fundamentação idônea* e guardar relação de pertinência com os fatos investigados. Precisa, ademais, como é óbvio, ser aprovadas por seus integrantes" (MS 37.978-MC/DF, decisão monocrática de 14-6-2021, sem grifos no original).

Independentemente de qualquer celeuma, interessa, aqui, saber o que é essa fundamentação idônea, que unifica, nessa área de intersecção de entendimentos diversos, uma posição comum do STF[1956]. Certamente não é qualquer fundamentação, nem é a pseudofundamentação, aquela abstrata, sem a devida individualização do caso e da pessoa.

Qualquer fundamentação idônea há de ser alicerçada em fatos determinados e conexos, quer dizer, concretos e especificados, relacionados à CPI. Tem-se, como corolário, que *presunções arbitrárias de possível (e remota) culpabilidade e suposições infundadas (sem fundamentação adequada ou sem qualquer fundamentação conexa) não podem sustentar uma linha investigatória* que pretenda afastar certas garantias constitucionais do cidadão.

A especificação dessas exigências também pode ser traduzida no que pode ser chamado de *causa mínima*. Esse entendimento (essa condicionante) dos poderes da CPI vem consolidada na jurisprudência do STF de longa data, tendo sido recentemente retomada pelo Min. Dias Toffoli e por ele sistematizada: "(...) causa provável a justificar a ruptura da esfera de intimidade do impetrante, indicação de fatos que demonstrem que ele tenha agido de forma a atrair sobre si o ônus decorrente da investigação, individualização de condutas a serem investigadas, indícios que tenha praticado quaisquer condutas ilícitas ou demonstração objetiva de que dados e informações buscados teriam utilidade pra veicular o desenrolar da investigação" (MS 37.962-MC/DF).

Vejamos a posição assumida pelo STF acerca do tema: "(...) as Comissões Parlamentares de Inquérito (...) devem elas, a partir de meros indícios, demonstrar a existência concreta de causa provável que legitime a quebra do sigilo" (STF, Tribunal Pleno, MS 24.217/DF, rel. Min. MAURÍCIO CORREA, j. 28-2-2002).

É possível conferir, exatamente nesse caso, a robustez necessária para se alcançar o patamar de "causa mínima":

1956. Não interessa a este estudo avançar sobre eventuais pontos divergentes das decisões monocráticas já proferidas, tema que, eventualmente, será encaminhado para solução no Plenário da Corte.

"(...) Depoimento do impetrante e acareação com *testemunha que o acusara* de receptador. *Coincidência com declarações de outra testemunha. Relatório da Polícia Federal.* Causa provável ensejadora da quebra dos sigilos fiscal, bancário e telefônico" (STF, Tribunal Pleno, MS 24.217/DF, rel. Min. MAURÍCIO CORREA, j. 28-2-2002, sem grifos no original).

É imprescindível, portanto, que se demonstre, *in concreto*, haver uma *causa provável* para demover legitimamente a barreira constitucional do sigilo.

Em decisão recente, também o Min. LUÍS ROBERTO BARROSO indica os elementos que tornam um Requerimento comissional de quebra de sigilo completo: "Em consonância com essa orientação, o requerimento de quaisquer providências investigatórias no âmbito das Comissões deve: (i) individualizar as condutas a serem apuradas; (ii) apresentar os indícios de autoria; (iii) explicitar a utilidade das medidas para a caracterização das infrações; e (iv) delimitar os dados e informações buscados. Isso porque somente um pedido formulado nesses termos permitirá ao órgão colegiado apreciar a proporcionalidade das medidas restritivas de direito postuladas" (MS 37.972-MC/DF, trecho da decisão monocrática, de 12-6-2021).

É consequência direta dessa exigência constitucional o não admitir as pseudomotivações, como invocar atos lícitos (sim, insisto no ponto para o caso concreto: lícitos e não ilícitos, portanto, sem conexão com qualquer necessidade de investigações), ou apresentar mera desconfiança, que só poderia estar inspirada em profecias, teorias conspiratórias ou inferências subjetivas.

Só se houver, por parte da CPI, respeito à fundamentação, ainda que mínima, restará assegurada a supremacia constitucional e afastado o perigo de que a própria Comissão venha a assumir um viés preponderantemente subjetivista, ideológico ou mesmo político-partidário. Seria desnecessário dizer que não se admitem essas razões, que se consideram violadoras da impessoalidade e da institucionalidade do Congresso Nacional.

Ademais, é preciso que a Comissão se desincumba do encargo de demonstrar a utilidade do que pretende obter com a quebra do sigilo. A esse propósito, vale conferir a posição do Min. LUÍS ROBERTO BARROSO: "(...) não esclarece a utilidade das informações e dados solicitados para fins de investigação ou instrução probatória. Não se aponta em que medida o acesso ao conteúdo de conversas privadas dos impetrantes, a seus arquivos de foto, áudio e vídeo, seus históricos de pesquisa, suas informações de localização e suas atividades em redes sociais *teria utilidade para a verificação das ações e omissões de autoridades do Governo Federal* no enfrentamento à pandemia" (MS 37.972-MC/DF, trecho da decisão monocrática, de 12-6-2021, sem grifos no original).

Outro ponto mencionado pelo Min. LUÍS ROBERTO BARROSO diz respeito à necessidade da delimitação de dados e informações buscados. Por exemplo, o caso do Requerimento n. 747, de 2021, em cuja Justificação explica-se: "entendemos desnecessários, no presente momento, outras transferências que usualmente são requisitadas em outros casos".

Por fim, a violação da regra da motivação das decisões gera a nulidade e o STF já adotou essa sanção em outras oportunidades: "As deliberações de qualquer Comissão

Parlamentar de Inquérito, à semelhança do que também ocorre com as decisões judiciais, quando destituídas de motivação, *mostram-se írritas e despojadas de eficácia jurídica* (...)" (MS 23.652/DF, rel. Min. CELSO DE MELLO, acima referido, sem grifos no original).

Resultado, portanto, direto do uso de narrativas abstratas e desprovidas de razoável causa, bem como de liame fático específico para decretar-se o afastamento de uma garantia constitucional, há de ser exatamente a inconstitucionalidade do ato comissional.

2.4.1.6. Encaminhamento das conclusões finais

As conclusões das comissões deverão — se for o caso — ser encaminhadas ao Ministério Público, para que este promova a responsabilização civil ou criminal dos infratores. As CPIs não julgam pessoas, nem tampouco as denunciam ou condenam. Não há como pretender confundir as funções institucionais de cada órgão constitucional próprio (Ministério Público e Parlamento).

2.4.1.7. Síntese dos limites dos poderes comissionais e demais vedações

Em apertada síntese, não poderá a CPI, por autoridade própria: i) funcionar sem prazo certo; ii) ater-se a fatos diversos daqueles indicados para sua abertura ou que envolvam o Presidente da República; iii) decretar a busca e apreensão domiciliar de documentos ou objetos, ou violar, de qualquer forma, a inviolabilidade de domicílio; iv) determinar a indisponibilidade de bens da pessoa investigada; v) determinar a interceptação (escuta) telefônica (que não se confunde, como visto, com a quebra do sigilo dos registros telefônicos); vi) não fundamentar as decisões de cunho judiciário; vii) impedir a presença de advogados dos investigados nas sessões da CPI, acompanhando seus clientes ou no interesse destes; viii) decretar a prisão de qualquer pessoa, ressalvada a hipótese de flagrância, como o falso testemunho; ix) julgar ou condenar pessoas, ainda que tenham estado sob investigação.

A CPI não pode servir como substituto dos órgãos de fiscalização, por suposta falência de referidos órgãos. Essa pretensão substitutiva ultrapassa os limites constitucionais de competência do Congresso Nacional e, por derivação necessária, excede as funções legítimas de uma CPI.

Vedação que decorre da vinculação da CPI às funções parlamentares vem registrada enfaticamente pela Doutrina norte-americana e seus precedentes judiciais. É exatamente o que lecionam NOWAK e ROTUNDA, em sua obra *Constitucional Law*: "[...] não existe poder algum para expor atividades dos indivíduos apenas pelo amor da exposição, sem qualquer justificativa em termos de funções do Congresso; não é função do Congresso conduzir shows legislativos nesses julgamentos" (tradução livre)[1957]. No Brasil assiste-se, há muito, a tentativa de transformar o instituto da CPI em instrumen-

---

1957. John E. Nowak e Ronald D. Rotunda, *Constitucional Law*, p. 274, tradução livre.

to de audiência para certos parlamentares, alguns mais afeitos a shows e programas televisivos e menos atentos às suas funções legislativas e protocolos mínimos, de postura e autocontenção, decorrentes do alto cargo e dos poderes que exercem.

Na jurisprudência norte-americana, que merece ser aqui referida pela profundidade com que de há muito tratou do tema e pela proximidade com os parâmetros brasileiros, é relevante recordar o caso *Watkins v. United States*, de 1957, dentre tantos outros, no qual funcionava como Presidente da Corte o *Justice* WARREN. Nele, a Corte assim deliberou: "sem nenhuma dúvida não existe poder ao Congresso para expor pelo amor da exposição. [...] onde o resultado predominante só pode ser a invasão dos direitos privados dos indivíduos" (tradução livre).

Assim, é terminantemente proibido no Brasil que a CPI seja criada com o objetivo prioritário de funcionar como uma espécie de showmício[1958], o que pode ser caracterizado quando, ao invés de interesse público, o que se verifica é haver apenas um certo interesse do público em geral. Essas situações desviantes ficam caracterizadas quando se elege um tema capaz de atrair a atenção da mídia e da sociedade em virtude de grande apelo na população em geral, o que só pode ocorrer com violação frontal dos deveres congressuais (parlamentares) e dos limites próprios da CPI[1959].

Ademais, a limitação material já analisada (fato determinado) deve ser conectada a outra limitação, de ordem quantitativa. Esta última tem assento regimental expresso, na Câmara dos Deputados[1960], mas nem por isso poderia ser desconsiderada aqui. Nos termos do art. 35, § 4º, do Regimento Interno da Câmara dos Deputados, o limite de funcionamento concomitante de Comissões Parlamentares de Inquérito é de cinco. Embora não haja previsão semelhante no Regimento Interno do Senado Federal, nem mesmo no Regimento Interno do Congresso Nacional, isso não significa que não se deva atentar para a questão numérica em qualquer das Casas. Entendo que essa opção do Regimento do Senado Federal significa apenas que a responsabilidade de avaliar o excesso é distribuída aos próprios senadores e, em última instância, ao seu Presidente.

O Congresso Nacional não deve admitir que se forme aquilo que já foi chamado de "país das CPI's", dado o número elevado de comissões então em funcionamento, majoritariamente formadas em virtude apenas de seu apelo midiático.

Esse tipo de conformação comissional por enxurrada desloca as funções primárias do Parlamento para um setor que lhe deve ser apenas adjacente. Ademais, envolve custos financeiros elevados, ao final suportados sempre pelo contribuinte brasileiro. Há de se exigir contenção quando se trata de uma atividade apenas instrumental à atividade central do Parlamento, e que representa, em si, esse grande deslocamento

---

1958. Aliás, essa modalidade passou a ser proibida no Brasil pela Lei n. 11.300/2006, atualmente questionada perante o STF na ADI 5.970.

1959. Nesse mesmo sentido: John E. Nowak e Ronald Rotunda, *Constitutional Law*. Idem, ibidem.

1960. Nos termos do art. 35, § 4º, do Regimento Interno da Câmara dos Deputados, o limite de funcionamento concomitante de Comissões Parlamentares de Inquérito é de cinco. Embora não haja previsão semelhante no Regimento Interno do Senado Federal ou do Congresso Nacional, isso não significa que não se deva atentar para a questão numérica, como demonstrarei a seguir. Apenas ocorre que o Regimento do Senado Federal atribuiu a responsabilidade de avaliar os excessos aos próprios senadores e, em última instância, ao seu Presidente.

874

de esforços, energia e dinheiro. Seria mesmo um paradoxo institucional inaceitável que se criassem CPI's, geralmente para investigar o mau uso de dinheiro público, sem fundamentos mais sólidos, ensejando exatamente o mau uso de verbas públicas do Congresso Nacional.

Voltando ao tema quantitativo, se tivermos como pressuposto que o funcionamento concomitante de CPI's há de ser contido em seu número, será não apenas inconstitucional mas também fraudatório abrir-se uma CPI sobre vários fatos ou sobre fatos indeterminados, tanto sobre fatos genéricos como também sobre fatos não devidamente esclarecidos e especificados em suas circunstâncias concretas e em suas justificativas de interesse público (tomada esta última acepção em sentido estrito aqui).

É vedada a prática que ficou conhecida, no passado brasileiro, como "festival de CPI's", tendo estas proliferado sem qualquer fundamentação robusta para que efetivamente pudessem existir.

É também lição geral que uma CPI não pode ser criada legitimamente apenas a partir de emoções ou sentimentos pessoais de um ou alguns parlamentares, nem tampouco de plataformas de campanha eleitoral de algum parlamentar, sendo necessário identificar um fato e especificar suas circunstâncias, no sentido de demonstrar o interesse público subjacente à investigação proposta e o cumprimento das condicionantes constitucionais. Só assim restará assegurada a supremacia constitucional e afastado o perigo de uma CPI com viés preponderantemente pessoal, ideológico ou mesmo político-partidário, persecutório ou não. Essas razões são violadoras da impessoalidade e da institucionalidade do Congresso Nacional, daí a vedação implícita que aqui menciono.

Nesse sentido, jamais se poderá confundir interesse público com interesse do público em geral, confusão inaceitável em termos técnicos e parlamentares. Esse tipo de mistura, aliada à circunstância de que não seja indicada nenhuma ilegalidade ou ilicitude nos fatos a serem investigados e ensejadores da criação de uma CPI, mas apenas curiosidades e suposições, por exemplo, sobre determinados fatos midiáticos ou conteúdos, gera ainda maior perplexidade no uso desse mecanismo parlamentar, seja perante a comunidade jurídica, seja para a sociedade em geral, que dos parlamentares aguarda, com grande expectativa e absoluta prioridade, a melhoria das condições socioeconômicas do País, com a aprovação de leis adequadas e modernas, consentâneas com a realidade e objetivos nacionais.

Além da vedação de CPI com pedido aberto, como mencionei acima, também é amplamente corrente e correto o entendimento de que uma CPI não pode se referir a um agente privado em suas relações privadas com outros agentes privados. Faleceria, aí, o interesse público primário que justifica a CPI.

A chave de leitura, nesse tema, pois, é a seguinte: os negócios privados encontram--se absolutamente vedados a qualquer CPI. Isso não significa que os atos dos agentes privados estejam fora de qualquer fiscalização. Pelo contrário, enumerei acima uma longa lista de instituições, poderes e agentes dedicados exclusivamente à fiscalização, pública e privada. A vedação à CPI é apenas uma regra de não-competência especificamente desse órgão congressional para esse assunto, não uma proclamação de irres-

875

ponsabilidade do setor privado. Outras conclusões sobre essa afirmativa, como a de que restaria prejudicada qualquer fiscalização da entidade, são impróprias.

É também a lição que se colhe da obra do Min. Roberto Barroso: "(...) as comissões parlamentares de inquérito devem cingir-se à esfera de competências do Congresso Nacional, sem invadir atribuições de outros Poderes, não podendo legitimamente imiscuir-se em fatos da vida privada dos particulares. Este o entendimento jurisprudencial pacífico do Supremo Tribunal Federal"[1961].

Além disso, a restrição quanto a atuar em âmbito privado também não significa que os atos dos agentes privados estejam fora do alcance de qualquer fiscalização. A vedação à CPI é apenas uma regra de não competência especificamente desse órgão congressional para esse assunto, não uma proclamação de irresponsabilidade do setor privado por atos e ações que adotem. Mas não cabe à CPI investigar assuntos estritamente privados sem oferecer explicações devidamente fundamentadas em fatos específicos. As meras suposições ou conjecturas de que pode haver interesse público, sem qualquer demonstração real, também não são suficientes para autorizar sua atuação.

Insisto em um ponto essencial, corolário dessa vedação: eventual discordância sobre a forma como uma entidade do setor privado é conduzida ou como é gerida jamais poderá justificar uma CPI, que seria, nessa hipótese, uma ação parlamentar portadora, desde sua origem, do vício supino da inconstitucionalidade, pela despropositada intervenção no setor privado, a merecer pronta correção judicial.

Porém, é preciso reconhecer que uma empresa ou, mais genericamente, uma entidade, mesmo quando integralmente privada, pode ser atraída para o objeto de uma CPI se houver um contrato tipicamente público ou se atuar com, se receber ou mesmo se apenas custodiar recursos públicos que justifiquem essa investigação, a partir de fatos determinados e aparentemente ilícitos. É certo que também aqui será necessário especificar qual o contrato ou a verba pública da qual se está tratando, de maneira a se poder avaliar se estaria a justificar o ato de quebra de sigilo adotado pela CPI.

Nenhuma CPI se legitima apenas a partir da manifestação de vontade dos parlamentares subscritores de um requerimento de CPI, embora este seja um requisito formal necessário. A assinatura do Requerimento não é causa suficiente, ainda que estejam os parlamentares subjetivamente convictos (honestidade pessoal) de que uma certa entidade há de ser investigada.

Todo requerimento formulado pela criação de uma CPI que incida em alguma das vedações deve ser rechaçado de pronto, de maneira a preservar as funcionalidades legítimas do Parlamento e de suas Casas. Essa recusa constitui dever funcional do Presidente de cada uma das Casas.

Acrescento, ainda, que as Comissões Parlamentares de Inquérito não podem ser usadas legitimamente como mera forma de pressão política, de maiorias ou oposições governamentais. Seu desvirtuamento, especialmente considerando-se os amplos poderes de que dispõem, pode comprometer os fundamentos de nossa democracia.

1961. Luís Roberto Barroso, Comissões Parlamentares de Inquérito e suas Competências..., 2008, p. 5.

2.4.1.8. Base do funcionamento: o instituto do inquérito parlamentar

A Comissão Parlamentar de Inquérito deve desenvolver suas atividades por meio do denominado inquérito parlamentar, de suas regras, limites e objetivos próprios.

Como observa NUNO PIÇARRA, em obra de referência sobre o tema, assume-se comumente a multifuncionalidade do inquérito parlamentar, superando sua versão meramente informativa. Assim, passa a ser definido, atualmente, como um instrumento auxiliar e limitador, das mais diversas funções atribuídas às casas legislativas, expressa ou implicitamente, elencadas pelo referido autor como podendo estar voltadas para: (i) a função legislativa; (ii) a função de controle de seus membros "visando manter a integridade e reputação do próprio Congresso"; (iii) a função de controle do Poder Executivo; e (iv) "a função de informação do eleitorado e da opinião pública em geral"[1962].

O inquérito parlamentar, portanto, é um instituto público típico, que pode ser utilizado pelo Parlamento para exercer o controle que se encontra sob sua competência, ou como fase preliminar para exercício mais adequado da sua competência legislativa.

A identificação do instituto, como base do funcionamento das Comissões, permite melhor conhecer os limites do próprio funcionamento destas, que não é absolutamente livre, em sua forma e em seus objetivos.

2.5. Tribunal de Contas

2.5.1. Origem

Com amparo em GARCIA-TREVIJANO FOS, CARLOS E. DELPIAZZO lembra que se pode considerar a origem do fiscal financeiro tão antiga quanto a das finanças e contabilidade públicas, remontando à antiga Síria, Babilônia e Egito. Mas, com uma preferência pela Antiguidade clássica, considera que, na realidade, é na Grécia e em Roma onde se podem encontrar as bases do fiscal da Fazenda Pública.

Razão assiste, no particular, a ALFREDO CECÍLIO LOPES[1963], que bem observa ter o instituto fiscalizador das finanças públicas variado, ao longo do tempo, em sua forma. Dependendo do enfoque, pois, adotado, essa variação acarretará diferenças significativas de abordagem.

De um ponto de vista mais amplo, quanto à Antiguidade oriental, podem-se encontrar no Código de Manu, na Índia, que remonta ao século XIII a.C., no livro VII, "diversos dispositivos relacionados com a administração financeira do Estado e sua competente fiscalização"[1964].

Quanto à Antiguidade clássica, é necessária breve referência a Atenas, na qual havia grande preocupação com o dinheiro público, cuja fiscalização era feita por comissões, sobre todos aqueles que utilizavam o dinheiro público. Qualquer cidadão po-

---

1962. Nuno Piçarra, *O Inquérito Parlamentar e os seus modelos Constitucionais*, p. 20.
1963. *Ensaio sobre o Tribunal de Contas*, p. 10.
1964. Alfredo Cecílio Lopes, *Ensaio sobre o Tribunal de Contas*, p. 13.

877

deria demandar os "magistrados" pelas contas apresentadas, ao *euthinio*, que era indicado pelo Conselho de fiscalização[1965].

No Brasil, foi o Decreto n. 966-A, de 7 de novembro de 1890, o responsável por introduzir na prática pública nacional o Tribunal de Contas, tendo sido adotado pela Constituição da Primeira República. Mas há notícia de um projeto de Tribunal de Contas, já em 1845, da autoria de MANOEL ALVES BRANCO, Ministro do Império, a ter tramitado no Parlamento[1966].

2.5.2. Definição

O fiscal define-se como aquele que objetiva a "comprovação da regularidade de uma atividade"[1967]. Ou seja, os tribunais de contas, como controladores, são necessariamente órgãos direcionados à verificação da compatibilidade entre certa atividade e as regras às quais há de se submeter essa atividade. Nessa medida, "a fiscalização financeira existe na organização administrativa de todas as nações civilizadas, e se processa em benefício dos interesses do povo, onde ele é democraticamente governado"[1968].

Há pelo menos três[1969] elementos que podem estar presentes na ideia de fiscalização: i) capacidade de obter informações; ii) procedimento específico do órgão, pelo qual chega a um pronunciamento ("julgamento") sobre a legitimidade/compatibilidade da atividade objeto de análise[1970]; e iii) eventual execução da decisão, com eliminação das irregularidades ou aplicação de sanções. Nos três âmbitos há questões muito delicadas. Assim: i) é preciso especificar os meios de que disporão esses órgãos de controle, para obter informações necessárias ao desempenho de sua atividade sem ferir direitos fundamentais; ii) é imprescindível conhecer os limites da atividade de fiscalização a ser exercida, ou seja, o âmbito material e subjetivo no qual incidirá a atuação do órgão de controle; e iii) a execução de decisão deverá sempre ser precedida do respeito ao devido processo legal e a todos seus consectários, bem como assinalar se a decisão desse órgão haverá de ser definitiva ou permitirá uma judicialização do mesmo objeto sobre o qual se pronunciou o Tribunal[1971].

A fiscalização contábil poderá ser realizada por uma única autoridade, por mera comissão ou órgão administrativo integrante do Parlamento, como ocorre no Brasil e no sistema argentino anterior, por um órgão administrativo autônomo ou até mesmo por um órgão com natureza jurisdicional. Essencial, contudo, é que o órgão que utiliza o

---

1965. Sobre o assunto: Aristóteles, Constituição de Atenas, n. XLVIII e LIV. Para um estudo histórico do tema: Alfredo Cecílio Lopes, *Ensaio sobre o Tribunal de Contas*.

1966. Rui Barbosa, *Comentários à Constituição Federal Brasileira*, v. 6, p. 427-31.

1967. Carlos E. Delpiazzo, *Tribunal de Cuentas*, p. 18.

1968. Alfredo Cecílio Lopes, *Ensaio sobre o Tribunal de Contas*, p. 206.

1969. Cf. Carlos E. Delpiazzo, *Tribunal de Cuentas*, p. 18-9.

1970. Pela inutilidade dessa função desacompanhada de outros poderes: Rui Barbosa, *Comentários à Constituição Federal Brasileira*, v. 6, p. 432.

1971. A judicialização do tema objeto da decisão do Tribunal de Contas é inevitável, já que esse órgão não se reveste de jurisdição, apesar dos termos equívocos empregados pelo art. 73, *caput*, da Constituição de 1988.

dinheiro público não seja ele próprio o responsável pela fiscalização desse uso. Como lembra KELSEN[1972], em lição plenamente aplicável para o caso, não haverá garantia alguma de regularidade se a fiscalização dos atos irregulares for confiada ao próprio órgão que os fez.

2.5.3. Fundamentos

Historicamente, as instâncias de controle decorrem de duas preocupações básicas: i) alcançar uma boa administração dos recursos públicos; e ii) limitar o Poder Executivo[1973].

Acrescente-se que, com o advento do Estado de Direito e, particularmente, do Estado Constitucional de Direito nas repúblicas, impôs-se à Administração Pública o dever de seguir, inclusive quanto às receitas e gastos, as diretrizes e normas positivadas, perfilhando o interesse público[1974].

Ademais, no Estado democrático, "se o povo, através dos seus representantes, consente em ser tributado, quer conhecer, através dos mesmos representantes, o destino das somas"[1975]. Ou seja, num Estado democrático, o órgão representativo deve responsabilizar-se também pela fiscalização do uso do dinheiro público, obtido pelos meios indicados nas leis que editou. Daí utilizar-se de um órgão técnico auxiliar.

2.5.4. Natureza jurídica e posição orgânica

Os tribunais de contas foram considerados, pela Constituição brasileira de 1988, órgãos auxiliares do Poder Legislativo quando no exercício do controle externo. Organicamente, portanto, atrelam-se à estrutura do Congresso Nacional.

Sua natureza jurídica é a de órgão *administrativo*[1976], *técnico*, de controle e auxiliar, nessa matéria, do Poder Legislativo. Isso, contudo, em nada deslegitima ou desautoriza sua atuação, tendo em vista que o essencial, em tema de fiscalização, é preservar a separação do fiscalizador em relação aos órgãos de execução material a serem fiscalizados, particularmente em relação à Administração Pública.

De outra parte, a caracterização como órgão auxiliar do Parlamento deixa clara sua diferenciação deste, não estando, portanto, autorizada uma atuação política do Tribunal de Contas[1977]. Assim, embora não se possa caracterizá-lo como órgão com "autonomia funcional e institucional", tal qual ocorre em outros países, como na Argentina, já que está integrado inegavelmente ao Poder Legislativo, ainda assim há de se

---

1972. *La Garantie Juridictionnelle de la Constitution*, p. 27.

1973. Cf. Bruno Wilhelm Speck, *Inovação e Rotina no Tribunal de Contas da União*, p. 31.

1974. No sentido de que o princípio da juridicidade impõe a fiscalização: Carlos E. Delpiazzo, *Tribunal de Cuentas*, p. 17.

1975. Alfredo Cecílio Lopes, *Ensaio sobre o Tribunal de Contas*, p. 207. Também se refere ao fundamento democrático-representativo: Rui Barbosa, *Comentários à Constituição Federal Brasileira*, v. 6, p. 425.

1976. Nesse sentido, expressamente: Alfredo Cecílio Lopes, *Ensaio sobre o Tribunal de Contas*, p. 207. Sobre as diversas correntes e, em especial, para a caracterização da Corte dei Conti na Itália: Edoardo Vicário, *La Corte dei Conti in Italia*, p. 5-8.

1977. Para tanto bastaria a atuação do próprio Parlamento.

concluir que suas decisões não podem ser tomadas nem são passíveis de revisão por motivos de conveniência ou oportunidade[1978].

2.5.5. Composição interna

O Tribunal de Contas da União é composto de nove ministros, tendo jurisdição em todo o território nacional por força do disposto na Constituição (art. 73).

Para ser ministro é necessário: i) ser brasileiro com mais de trinta e cinco e menos de setenta anos de idade (Redação dada pela EC n. 122/2022); ii) ter idoneidade moral e reputação ilibada; iii) ter notórios conhecimentos jurídicos, contábeis, econômicos e financeiros ou de administração pública; iv) ter mais de dez anos em atividade que exija os conhecimentos mencionados.

A escolha dos ministros é feita da seguinte forma: i) um terço, pelo Presidente da República, com aprovação do Senado (dentre auditores e membros do Ministério Público); e ii) dois terços pelo Congresso Nacional.

Essa forma de escolha (política) dos membros não se presta a fundamentar uma atuação política desse órgão, que deve ser repudiada, como referido anteriormente, sob pena de deslegitimá-lo, descaracterizá-lo e torná-lo supérfluo.

2.5.6. Funções na Constituição brasileira

A Constituição arrola, minuciosamente, as atribuições do Tribunal de Contas da União nos arts. 70 e 71, dentre as quais se podem salientar: i) *apreciar* as contas prestadas anualmente pelo Presidente da República; ii) *julgar* as contas dos administradores e responsáveis por dinheiros, bens e valores públicos; iii) fiscalizar a aplicação das subvenções e renúncia de receitas; iv) apreciar a legalidade dos atos de admissão de pessoal; v) realizar inspeções e auditorias de natureza contábil, financeira, orçamentária, patrimonial e operacional; vi) fiscalizar as contas nacionais das empresas supranacionais de cujo capital a União participe; vii) fiscalizar a aplicação de quaisquer recursos repassados pela União a Estado, ao Distrito Federal ou a Município; viii) prestar informações ao Congresso Nacional sobre a fiscalização realizada; ix) aplicar, aos responsáveis, sanções previstas em lei nos casos de ilegalidade de despesa ou irregularidade de contas; x) assinalar prazo para que se adotem providências necessárias; xi) sustar a execução do ato impugnado; xii) representar ao poder competente sobre as irregularidades ou abusos apurados.

O rol de atribuições constantes do art. 71 é taxativo, isto é, os Tribunais de Contas não podem acrescer, ao catálogo de suas competências, seja por Constituição estadual, por Lei federal ou por seu Regimento Interno, funções não mencionadas na Constituição do Brasil, em razão da cláusula de simetria constitucional. Temos, aqui, dois veto-

---

1978. Nesse sentido, para a Argentina: Carlos E. Delpiazzo, *Tribunal de Cuentas*, p. 42. O autor ainda faz referência às diversas possibilidades quanto à natureza jurídica. Nota-se certa proximidade entre a atual formatação do Tribunal de Contas da União, no Brasil, e as antigas comissões de contas, na Argentina, substituídas pelo Tribunal de Contas como órgão autônomo, e não integrante do Poder Legislativo.

res distintos que fundamentam referida cláusula, quais sejam, as *competências são taxativas* e *federativamente determinantes*.

Assim, o Tribunal de Contas recebeu um desenho competencial próprio, estrito, perfilado pela Constituição de 1988, de modo que seu campo de competências não pode ser alargado, nem mesmo por uma argumentação lastreada em pretensa autonomia federativa.

Talvez seja essa uma assertiva que não se mostra nem alvissareira nem inovadora, mas que precisa ser retomada agora por ser crucial ao enfrentamento do tema específico da *competência da Corte de Contas para a tutela cautelar*.

Isso porque poder-se-ia concluir, de afogadilho, pela impossibilidade da *competência cautelar do Tribunal* por ausência de previsão expressa na Carta da República. Contudo, essa solução, aparentemente simples e direta, enfrenta complexidades e dificuldades de toda sorte. E não se trata, aqui, de uma perlenga meramente teórica.

Como sinalizei anteriormente, não obstante a ausência de previsão constitucional expressa e específica do *poder geral de cautela* da Corte de Contas, o Supremo Tribunal Federal (STF) já reconheceu, com fulcro na *teoria dos poderes implícitos*, que este órgão de controle pode, no exercício de suas competências constitucionais — daí ser importante saber que estas competências são *numerus clausus* —, determinar *medidas cautelares*, tais como paralisação imediata de procedimentos licitatórios e concursos públicos, independentemente de disciplina em sua respectiva Lei Orgânica.

Conforme o argumento central que se encontra na jurisprudência do STF, a atribuição de poderes explícitos, ao Tribunal de Contas, tais como enunciados no art. 71 da Lei Fundamental da República, supõe que se lhe reconheça, ainda que por *implicitude*, a titularidade de certos meios como a adoção de medidas cautelares vocacionadas a conferir real efetividade às suas deliberações finais, permitindo, assim, que se neutralizem situações de lesividade, atual ou iminente, ao erário público, que menosprezam a função dos Tribunais de Contas. Nesse ponto, a decisão invoca a teoria dos poderes implícitos, construída pela Suprema Corte dos Estados Unidos da América, no célebre caso *McCulloch* v. *Maryland* (1819).

Assim, não obstante o Tribunal de Contas não exercer *função jurisdicional típica* e, ainda, mesmo não havendo *previsão constitucional expressa* de um *poder* seu *geral de cautela*, essa competência para determinar medida cautelar vem sendo reconhecida, mas não sob o argumento de um paralelismo ou proximidade constitucional de regime entre o Tribunal de Contas e o Poder Judiciário. Depreende-se, em verdade, que o fundamento utilizado para amparar tal posicionamento é, basicamente, o da "prerrogativa institucional implícita".

É cediço que a Doutrina dos *poderes implícitos* foi elaborada por Marshall para um Poder em específico em disputa federativa, mas também não é menos certo que vem sendo ampliada, ao longo dos tempos, para, v. g., justificar competências parlamentares, implícitas ao poder de elaborar certas leis, bem como para legitimar a edição de atos normativos pelo Executivo como condição do exercício da própria função administrativa.

881

Não obstante existirem vozes que sustentam ser jurisdicional a função exercida nas hipóteses de "julgamento de contas", adiro ao entendimento que realmente referida expressão não alcança esse patamar, pois tem o sentido de apreciar, examinar, analisar as contas, porque a função exercida pelo Tribunal de Contas, na hipótese, é de caráter eminentemente administrativo.

Entendo o uso da teoria dos poderes implícitos como não plenamente satisfatória, devendo-se proceder a uma aproximação, com amparo em uma interpretação constitucionalmente adequada, entre o regime típico da jurisdição-judicial e o regime reconhecido às atividades próprias do Tribunal de Contas, tendo em vista a finalidade constitucional a ser atingida. É assim que se legitima, adequadamente, o poder e as medidas cautelares dos tribunais de contas.

2.5.7. Tribunais de Contas estaduais e municipais

A Constituição de 1988 vedou aos municípios a criação de Tribunais, Conselhos ou órgãos de Contas Municipais (art. 31, § 4º, da CB). Entende-se que o poder de criar ou extinguir Conselhos ou Tribunais de Contas dos Municípios é dos respectivos Estados-membros[1979].

Assim, o controle externo a cargo das Câmaras Municipais (art. 31, *caput*, da CB) será exercido com o auxílio dos Conselhos ou Tribunais de Contas municipais, criados pelos Estados-membros, se for o caso, ou do Tribunal de Contas do respectivo Estado.

Acerca dos Tribunais de Contas dos Estados-membros, cada Constituição estadual deverá dispor a seu respeito, valendo, no caso, a autonomia estadual. A restrição imposta (art. 75, parágrafo único, da CB) é a de que sejam integrados pelo número fixo de sete conselheiros e que respeitem, *no que couber*, as normas sobre organização, composição e fiscalização estabelecidas para o Tribunal de Contas da União pela Constituição do Brasil (art. 75, *caput*).

2.5.8. Comissão mista permanente

A Constituição de 1988 faz referência, ainda, no art. 166, § 1º, a uma comissão permanente de deputados e senadores (mista) que terá como finalidade, dentre outras: i) examinar e emitir parecer sobre as contas apresentadas (nos termos do art. 84, XXIV) anualmente pelo Presidente da República; ii) exercer o acompanhamento e fiscalização orçamentária dos planos e programas nacionais, regionais e setoriais previstos na Constituição.

Note-se que, na primeira hipótese, não foi atribuído à Comissão nenhum poder decisório, muito menos de execução de qualquer decisão.

Essa comissão, contudo, difere do modelo de Tribunal de Contas porque: i) é composta pelos próprios parlamentares; ii) é órgão do próprio Parlamento (e não auxiliar

---

1979. Nesse sentido já decidiu o STF: ADIn 867-6, rel. Min. Marco Aurélio, *D.J.*, 3 mar. 1995.

dele). Trata-se de reforço no controle geral das contas públicas, que permite uma agilidade, nessa matéria, ao Congresso Nacional[1980].

3. A ESCOLHA DOS MEMBROS DO PODER LEGISLATIVO

A Constituição tratou — como não poderia deixar de ser — do problema da escolha dos integrantes do Poder Legislativo, deixando certo que este compõe-se de pessoas democraticamente eleitas (arts. 45 e 46).

A Constituição de 1988, ao disciplinar a estrutura bicameral do Congresso Nacional, fez constar que a Câmara dos Deputados seria composta de representantes do povo, eleitos, pelo *sistema proporcional*, em cada Estado, em cada Território e no Distrito Federal.

Definido o *sistema proporcional*, determinou a CB que o número total de Deputados, bem como a representação por Estado e pelo Distrito Federal, seria estabelecido por *lei complementar*, proporcionalmente à população, procedendo-se aos ajustes necessários, no ano anterior às eleições, para que nenhuma daquelas unidades da Federação tivesse menos de oito ou mais de setenta Deputados.

A *Lei Complementar* n. 78/1993 estabeleceu que o número de deputados federais não ultrapassaria 513 e seria proporcional à população dos Estados e do Distrito Federal, baseada em estatística elaborada pela Fundação Instituto Brasileiro de Geografia e Estatística (IBGE) no ano anterior às eleições e em atualização estatística demográfica das unidades da Federação.

4. AS GARANTIAS CONSTITUCIONAIS DOS PARLAMENTARES (ESTATUTO DOS CONGRESSISTAS)

4.1. Explanação preliminar

A democracia não é uma verdade e um pressuposto insubstituível. Carece de ser constantemente monitorada, preservada e tutelada. Sem proteções mínimas a democracia já nasce derrotada, ou desviada. Nossa Constituição não é ingênua aqui, pois impõe uma série de garantias que se inserem no contexto das salvaguardas estabelecidas pela democracia e que passaremos a analisar neste tópico, como é o caso da imunidade penal e processual dos parlamentares eleitos.

As garantias atribuídas aos parlamentares são, portanto, rigorosamente e em última instância, garantias da própria instituição, vale dizer, do Parlamento, como corpo essencial à democracia. Nessa medida, estabelecer proteções do Parlamento significa manter, a todo tempo, suas funções democráticas.

1980. No sentido de que se permite uma agilidade maior: Ives Gandra da Silva Martins, *Comentários à Constituição do Brasil*, v. 6, t. II, p. 291.

Assim é que, para assegurar-se de que as funções do Congresso Nacional seriam bem desempenhadas, a Constituição previu, expressamente, um rol de prerrogativas a serem exercidas pelos parlamentares, como integrantes de um dos poderes. A finalidade democrática desse rol é que o diferencia dos velhos privilégios, estes últimos considerados, sim, de todo inadequados à República e insuportáveis na quadra atual.

Dividem-se em dois os fundamentos da existência dessa sistemática constitucional: "O escoro, por assim dizer, da perenidade que instituto da imunidade apresenta está, em sua essência, na teoria da separação dos poderes, mais especificamente no que diz respeito a uma de suas regras lapidares, qual seja, a da inafastável independência dos poderes. Por esta fica assegurado que nenhum dos poderes subordina-se a qualquer dos outros dois, em hipótese alguma.

"De outro lado, o instituto está ancorado igualmente na teoria da representação popular, no sentido de que um parlamentar, eleito diretamente pelo povo, para cumprir mandato com prazo certo e determinado, não deve ter esse seu mister interrompido por decisão de outro poder, a respeito de circunstâncias que não guardam qualquer relação com o processo pelo qual recebeu o parlamentar a representação do povo. Entende-se que, se tal fosse possível, estar-se-ia indevidamente autorizando a interferência de um poder no pleno funcionamento do outro, impedindo o exercício de uma função recebida diretamente do povo. De fato, uma vez que fosse preso o parlamentar, não poderia este exercer a função para a qual foi aclamado pelo povo e conduzido para o Congresso. Pense-se, sobretudo, na possibilidade das prisões temporárias, preventivas, etc., ou seja, as denominadas prisões processuais"[1981].

4.2. Traço histórico-constitucional brasileiro

Na Constituição Federal de 1946, em seu art. 45, ficou consignada a imunidade parlamentar nos seguintes termos: "Desde a expedição do diploma até a inauguração da Legislatura seguinte, os membros do Congresso Nacional não poderão ser presos, salvo em flagrante de crime inafiançável, nem processados criminalmente, sem prévia licença de sua Câmara".

Na Constituição de 1967, a imunidade manteve-se, com teor idêntico, em sua essência, no art. 34, § 1º: "Desde a expedição do diploma até a inauguração da Legislatura seguinte, os membros do Congresso Nacional não poderão ser presos, salvo em flagrante de crime inafiançável, nem processados, sem prévia licença de sua Câmara".

Já com a Emenda Constitucional de 1969, em seu art. 32, § 1º, determinava: "Durante as sessões, e quando para elas se dirigirem ou delas regressarem, os Deputados e Senadores não poderão ser presos, salvo em flagrante de crime comum ou perturbação da ordem pública".

Por sua vez, a Emenda Constitucional n. 11, de 1978, que alterou o dispositivo supracitado, fê-lo da seguinte maneira: "Desde a expedição do diploma até a inaugura-

---

1981. André Ramos Tavares, *As Tendências do Direito Público no Limiar de um Novo Milênio*, p. 322.

884

ção da Legislatura seguinte, os membros do Congresso Nacional não poderão ser presos, salvo em flagrante de crime inafiançável, nem processados, criminalmente, sem prévia licença de sua Câmara".

Em 1982, nova emenda, agora a Emenda Constitucional n. 22, veio alterar por mais uma vez a disciplina da matéria, expressando a imunidade nos seguintes termos: "Desde a expedição do diploma até a inauguração da Legislatura seguinte, os membros do Congresso Nacional não poderão ser presos, salvo flagrante de crime inafiançável".

Por fim, na atual Carta Magna, o tratamento dispensado à questão da imunidade não discrepa muito daquele que estava previsto até então. A matéria encontra-se prevista no art. 53, § 1º: "Desde a expedição do diploma, os membros do Congresso Nacional não poderão ser presos, salvo em flagrante de crime inafiançável, nem processados criminalmente, sem prévia licença de sua Casa".

4.3. Prerrogativas parlamentares

4.3.1. Inviolabilidade

Os Deputados e Senadores são invioláveis pelas opiniões, palavras e votos que proferirem, desde que o façam no exercício do mandato[1982]. É a chamada inviolabilidade.

A denominada inviolabilidade pode ser entendida como a exclusão do próprio crime, quando se trate de Deputados ou Senadores. O crime que se afasta é aquele decorrente do pronunciamento dos congressistas, vale dizer, a imunidade aqui se dá quanto às opiniões, palavras e votos.

Mas se aplica o privilégio ainda que as opiniões, palavras ou votos sejam manifestados fora das funções ligadas aos deveres parlamentares. Isso representa uma ampliação quanto à Carta anterior, e tem como objetivo garantir a independência.

Essa *inviolabilidade* alcança projeção nas redes sociais e, em geral, na rede mundial de computadores. Assim, recentemente, o STF reconheceu a imunidade de Deputada por manifestação na rede social *twitter* (Pet 5875/DF, decisão monocrática do Min. CELSO DE MELLO, j. 17-6-2016, *DJe* de 21-6-2016).

A inviolabilidade é também denominada imunidade material.

A inviolabilidade, como dito, exclui o crime. A norma constitucional aqui, portanto, afasta a incidência da norma penal incriminadora da conduta dos congressistas.

É necessário observar que a redação do art. 53, em que se encontra prevista referida inviolabilidade, foi alterada pela Emenda Constitucional n. 35/2001, que fez acrescer à inviolabilidade, já contemplada anteriormente, as expressões "civil e penalmente", deixando certo que o benefício alcança tanto a seara criminal como a civil. Ademais, enfatizou-se que mencionada imunidade refere-se a "quaisquer" das opiniões, palavras e votos dos parlamentares.

Em síntese, a imunidade parlamentar material é, atualmente, de duas ordens: 1) civil; 2) penal. Impede-se, pois, qualquer ação indenizatória ou de criminalização

---

1982. Nesse sentido: Michel Temer, *Elementos de Direito Constitucional*, 16. ed., p. 129.

quando baseada exclusivamente em opiniões, palavras ou votos proferidos pelo parlamentar federal.

Por fim, o acréscimo do vocábulo "quaisquer" é criticável, pois uma exegese benevolente pode levar à conclusão de que absolutamente todos os discursos proferidos pelo parlamentar são invioláveis, independentemente de se tratar de matéria relativa ao exercício parlamentar.

Nesse sentido, o Supremo Tribunal Federal *afastou a incidência da inviolabilidade* ao receber denúncia contra Deputado Federal (Inquérito 3932, rel. Min. LUIZ FUX, decisão de 21-6-2016) acusado de suposta incitação ao crime de estupro, em discurso proferido no Plenário da Casa Parlamentar, em dezembro de 2014. Na posição da maioria dos Ministros da Primeira Turma do STF, o referido pronunciamento *não guarda relação com a função de deputado*, razão pela qual não incidiria a imunidade parlamentar.

Esse caso promove uma redução na amplitude que se atribuía a essa imunidade parlamentar, que a aproximava do que conceitualmente se denomina como "direito absoluto" (embora, no caso, uma prerrogativa institucional da função pública). Ainda assim, o caso reúne elementos que definitivamente eliminam essa aproximação e a leitura tradicional, já que se tratou de discurso parlamentar proferido fisicamente no Parlamento. Mais uma modernização casuística de nossa Constituição.

Em hipótese de imunidade material não se deve sequer cogitar da incidência da imunidade formal. O motivo é simples. A necessidade de autorização para processar, ou não, é uma discussão totalmente irrelevante, já que não haverá processo, pois não há crime ou ilícito civil passível de indenização.

Por fim, cabe observar: "§ 8º As imunidades de Deputados ou Senadores subsistirão durante o estado de sítio, só podendo ser suspensas mediante o voto de dois terços dos membros da Casa respectiva, nos casos de atos praticados fora do recinto do Congresso Nacional, que sejam incompatíveis com a execução da medida".

4.3.2. Prerrogativa processual

É a denominada "imunidade formal", ou, simplesmente, "imunidade". Na imunidade processual, ao contrário da material, não há exclusão do ilícito. Trata-se da imunidade propriamente dita, que se refere, pois, à regulamentação da prisão, e do processo em curso contra congressista.

Quanto à prisão em flagrante delito de parlamentar, tem-se que só é possível no caso de crime inafiançável. Essa garantia beneficia o parlamentar desde a expedição do diploma. Nessa situação, os autos devem ser remetidos em vinte e quatro horas à respectiva Casa parlamentar, para que esta delibere, em maioria dos membros, acerca da prisão efetuada, podendo mantê-la ou não. Anteriormente à Emenda Constitucional n. 35/2001, a Casa deveria votar secretamente (antigo § 3º). O voto secreto, contudo, nesses casos, foi abolido (§ 2º) por referida Emenda.

Assim, é preciso concluir, em tema sensível para a teoria constitucional, que nosso modelo não é sempre e universalmente o de supremacia judicial, ainda que um parlamentar seja preso em hipótese albergada pela Constituição. A decisão final, nesse setor, é da Casa Legislativa, nunca do STF. No Brasil, neste ponto específico, a instância final, de última palavra, é inequivocamente a legislativa. Não há margem para manobras. Propor ou sugerir o ativismo judicial em temas estruturais como esse seria um escândalo. Bem por isso o entendimento do STF no julgamento da ADI n. 5.526, em 11 de outubro de 2017, foi por curvar-se à modelagem constitucional e garantir que compete ao Senado Federal e à Câmara dos Deputados, a decisão final sobre manter medida de restrição da liberdade aplicada judicialmente a parlamentar.

Entendendo estar configurado flagrante, o Ministro TEORI ZAVASCKI determinou (decisão judicial, pois) a prisão de Senador ainda em exercício de seu mandato (STF, Ação Cautelar 4039, decisão de 24-11-2015), após revelação de gravação de conversa de que participou o parlamentar, supostamente destinada a organizar a fuga de investigado da operação Lava-Jato para o exterior, com supostas implicações inadmissíveis para a investigação penal em curso. O Ministro entendeu que havia elementos que apontavam para a prática de *crime permanente*, identificado pela participação em organização criminosa (art. 2º da Lei n. 12.850/2013), e que como tal admitiria flagrante "a qualquer tempo" (trecho da decisão monocrática do Ministro). Entendeu, ainda, o Ministro, que o caso tinha se tornado inafiançável diante da disposição do art. 324, IV, do Código de Processo Penal, que dispõe sobre a impossibilidade de decretação de fiança quando couber prisão preventiva. A decisão foi referendada pela Segunda Turma do STF em 25 de novembro de 2015, a mesma data em que o Plenário do Senado Federal decidiu pela manutenção da prisão do Senador. Neste caso, o Senado não exerceu sua prerrogativa de sustar a prisão (nos termos do art. 53, § 3º, da CB, com redação da EC n. 35/2001).

Observo que a Constituição determina que o Senador e o Deputado "não poderão ser presos, salvo em flagrante de crime inafiançável". O flagrante de que trata a Constituição é o flagrante real, não uma ficção jurídica criada por lei e equiparada a flagrante de cometimento de crime. Não há real flagrante, como é intuitivo, se o agente não for efetivamente flagrado na prática de algum ato criminoso no momento exato da prisão ou da voz de prisão. Uma Lei infraconstitucional jamais poderia determinar a redução de uma garantia constitucional, nem poderia ser utilizada para proceder a uma interpretação "de baixo para cima", para agregar a "flagrante" o caso da ficção de flagrante, fraudando a supremacia e a determinação constitucionais. Assistimos, aqui, a mais um episódio de modernização extremamente casuísta e indevidamente mutante da Constituição, por parte do STF, comprometendo a estrutura de separação dos poderes e a própria supremacia da Constituição.

Assim, na Constituição em vigor, a única hipótese permitida de perda da liberdade de parlamentar, durante o mandato, haveria de ser a hipótese do flagrante (real) de crime inafiançável, desqualificando qualquer criatividade semântica, chamando o ato restritivo da liberdade como ato de "mero" recolhimento, confinamento, monitoramento, apenas para fins de garantir aplicação de mais medidas judiciais contra congressistas.

É exatamente em virtude desse regime constitucional que haveria de manter-se vedada a imposição, por cautelar judicial, de restrição a um congressista. Há previsão

887

para isso, por exemplo, no Código de Ética do Senado, mas só como penalidade definitiva, aplicada por prazo determinado e pelos pares. Já a medida cautelar judicial que aplica medida restritiva de liberdade é provisória, por prazo indefinido e, em advertência de grande gravidade, aplicada por outro Poder em detrimento das funções democráticas do representante eleito. Essa medida passou a ser praticada e admitida pelo STF, em nítida extrapolação de seu papel constitucional nessa matéria (que, como vimos, na modelagem constitucional, exerce função democrática).

A aplicação dessas medidas judiciais cautelares contrárias à liberdade do congressista atenta contra a racionalidade constitucional porque não se pode permitir que a liberdade de quem recebeu a preferência do povo e a incumbência de governar seja amplamente afetada por incalculáveis decisões judiciais. Toda tentativa de contornar esse modelo é uma sabotagem de nossa democracia, ainda que invocada em nome de um bem maior, como o suposto combate à corrupção ou para assegurar a excelência de alguma investigação ou instrução penal em curso no momento.

Uma coisa é decidir se um Senador preso em flagrante de crime inafiançável deve permanecer preso. E essa decisão final é do Senado, como ficou visto acima. O STF, porém, no caso do Senador AÉCIO NEVES, deliberou por excepcionar a liberdade constitucionalmente imunizada de um Senador, simplesmente para acautelar e proteger um processo judicial em andamento. Ainda que posteriormente tenha entendido que a manutenção dessa decisão compete ao Congresso Nacional, também ao fazê-lo, retirou do Congresso a possibilidade de não aceitar essa hipótese de restrição, posto que a Constituição do Brasil não a aceita.

Muitos consideraram essa decisão do STF aparentemente intermediária ou de diálogo entre poderes; ela expressa, porém, em realidade, um golpe à Constituição. É manobra que permitirá ao STF se autoperpetuar em espaço ilegítimo, que é esse espaço para emitir atos que lhe são vedados: as cautelares atentatórias à liberdade e ao mandato popular de Senadores e Deputados Federais.

Assim, ainda que o STF tenha decidido, nessa ADI, remeter ao Senado Federal para este proferir a última palavra, o STF está, nessas hipóteses, sutilmente, ampliando seus poderes, por meio de uma decisão "fácil". Uma armadilha para as imunidades e para o modelo decisório senatorial implantados na modelagem constitucional de 1988 e agora expurgado da prática brasileira.

Pragmaticamente falando, a decisão do STF significará uma contribuição para a paralisia do país, criando o constrangimento para que os Legislativos desfaçam prisões e imprevisíveis restrições decretadas judicialmente e se desviem de suas atividades centrais. Em termos constitucionais, o STF afeta negativamente o núcleo da democracia, fomenta, indiretamente, um modelo persecutório e policialesco de Estado e reforça o discurso da desqualificação e desconfiança quanto à política. O Congresso Nacional, portanto, não é o beneficiário da decisão do STF, mas sim o próprio STF, sob o discurso legitimador de que é o "guardião final" da Constituição. E certamente o é — e deveria continuar sendo. Mas isso não quer dizer que a Constituição seja do tamanho do STF nem que a Constituição tenha de se adaptar informalmente a teorias que desejam ter no STF a decisão final sobre tudo.

Agora falando do *modus* que deflagra, constitucionalmente, a imunidade processual, é bom registrar que houve uma versão anterior diversa da atual. Em sua versão constitucional mais antiga, a imunidade processual significava sustação *incontinenti* do processo-crime, que tinha seu início independentemente de qualquer manifestação parlamentar. Ocorria que, após o peticionamento da denúncia pelo Ministério Público, suspendia-se o curso da ação penal até que o Congresso deliberasse sobre a conveniência de sua continuação. Nos termos do texto originário da Constituição as condições para o andamento processual eram severas, necessitando-se de prévia autorização para que o próprio processo pudesse tomar corpo como tal, procedimento revisto com a EC n. 35/2001, como se analisará adiante.

No texto original da Constituição de 1988, uma vez que o Ministério Público entendesse ser o caso de iniciar processo penal contra parlamentar, oferecendo denúncia-crime, o Supremo Tribunal Federal, ao tomar conhecimento da formulação da culpa, deveria abster-se de tomar qualquer atitude que não a de comunicar *incontinenti* a medida proposta pelo *parquet*, requisitando, pois, a licença da Casa para o processamento de seu parlamentar. Esse mecanismo impedia que o processo pudesse desenvolver-se, salvo mediante a manifestação de concordância dos demais parlamentares, o que gerou inúmeras críticas por parte da doutrina.

A Emenda Constitucional n. 35 alterou substancialmente esse mecanismo, ao determinar, na nova redação conferida ao art. 53: "§ 3º Recebida a denúncia contra o Senador ou Deputado, por crime ocorrido após a diplomação, o Supremo Tribunal Federal dará ciência à Casa respectiva, que, por iniciativa de partido político nela representado e pelo voto da maioria de seus membros, poderá, até a decisão final, sustar o andamento da ação".

Houve, pois, um redimensionamento da imunidade, que não mais é automática, por assim dizer. Agora, para que o processo seja suspenso, há que obter a manifestação expressa da Casa respectiva do parlamentar processado perante o Supremo Tribunal Federal.

A respectiva Casa deliberará, então, não mais acerca do pedido de licença (que é automático), mas sim, agora, acerca da paralisação do processo já em trâmite normal. Trata-se de um julgamento pelos pares do parlamentar, que analisarão, nessa ocasião, a conveniência política de ver processado, naquele momento, determinado congressista.

Consoante dispõe a redação atual do art. 53: "§ 4º O pedido de sustação será apreciado pela Casa respectiva no prazo improrrogável de quarenta e cinco dias do seu recebimento pela Mesa Diretora". Embora a Constituição passe a determinar um lapso temporal para a apreciação de cada caso, é certo que o escoamento do prazo *in albis* não terá o condão de suspender o processo, pois isso só poderá ocorrer pela manifestação da maioria dos membros da respectiva Casa. O prazo veio estabelecido em favor das minorias, de maneira a que não se exima o Congresso Nacional de efetivamente proceder a um processo decisório, independentemente da influência ou força do congressista denunciado.

Anote-se, ainda: "§ 5º A sustação do processo suspende a prescrição, enquanto durar o mandato".

Também na imunidade formal incide o regime do § 8º, preservando-a durante o estado de sítio.

Cumpre deixar claramente referido, por fim, que essa imunidade é aplicável tão somente ao processo penal, consoante deflui da própria redação dos §§ 2º e 3º do art. 53.

4.3.3. Privilégio de foro

Deputados e Senadores só serão submetidos a julgamento penal perante a Corte Suprema, vale dizer, perante o Supremo Tribunal Federal. É o que determina, atualmente, o art. 53, § 1º.

Trata-se, pois, do que se denomina, processualmente, privilégio de foro, ou seja, os deputados e senadores não são submetidos aos tribunais ou juízos comuns, aos quais estão jungidos os demais cidadãos.

4.3.4. Limitação quanto ao dever de testemunhar

Os parlamentares jamais poderão ser obrigados a conduzir-se para prestar seu testemunho em juízo. São, em realidade, apenas convidados a prestar seu testemunho.

Contudo, não estão sujeitos a testemunhar sobre informações recebidas em razão do exercício do mandato. É o que determina o atual art. 53: "§ 6º Os Deputados e Senadores não serão obrigados a testemunhar sobre informações recebidas ou prestadas em razão do exercício do mandato, nem sobre as pessoas que lhes confiaram ou deles receberam informações".

4.3.5. Isenção do serviço militar

Determina a Constituição Federal, em seu art. 53: "§ 7º A incorporação às Forças Armadas de Deputados e Senadores, embora militares e ainda que em tempo de guerra, dependerá de prévia licença da Casa respectiva".

O parlamentar eleito está, em princípio, imune à obrigação, a todos imposta, de cumprir serviço militar obrigatório, nos termos do art. 143. Nem que deseje o parlamentar poderá exercer a função militar, a não ser que renuncie ao mandato ou que a Casa delibere por sua incorporação às Forças Armadas. A renúncia ao privilégio é inadmissível. Não poderá prestar serviço militar e continuar a ser Deputado ou Senador.

5. VEDAÇÕES DIRIGIDAS AOS PARLAMENTARES

A Constituição não previu apenas privilégios a serem exercidos pelos ocupantes do posto de parlamentar. Também contempla uma série de exigências que devem ser preenchidas devidamente pelos Senadores e Deputados.

890

Assim, não poderão os parlamentares (art. 54): 1º) firmar ou manter contrato com pessoa jurídica de Direito Público e entidades estatais; 2º) aceitar ou exercer cargo, função ou emprego remunerado e público; 3º) ser proprietário, controlador ou diretor de empresa que goze de favor decorrente de contrato com pessoa jurídica de Direito Público, ou nela exercer função remunerada; 4º) patrocinar causas nas quais seja interessado o próprio Poder Público; 5º) ser titular de mais de um cargo ou mandato público eletivo.

6. PERDA DO MANDATO PARLAMENTAR

A perda do mandato parlamentar se dá, nos termos do art. 55 da CB, nas seguintes hipóteses: 1ª) infração das vedações constantes do art. 54 da CB; 2ª) em caso de procedimento incompatível com o decoro parlamentar; 3ª) por deixar de comparecer em mais de um terço das sessões ordinárias da respectiva Casa; 4ª) pela perda ou suspensão de direitos políticos; 5ª) com a decretação de perda de mandato pela Justiça Eleitoral; 6ª) com a condenação criminal transitada em julgado.

Em todos os casos acima, com exceção da perda de direitos políticos, cabe à própria Casa legislativa: (i) decidir a perda de mandato pela maioria absoluta de seus membros (hipóteses do § 2º do art. 55 da CB); ou (ii) declarar a perda pela Mesa da respectiva Casa (hipóteses do § 3º do art. 55 da CB).

Entretanto, para além das hipóteses de perda acima elencadas, a casuística impôs uma hipótese de suspensão do exercício do mandato parlamentar por decisão judicial.

O Supremo Tribunal Federal entendeu na Ação Cautelar n. 4.070[1983] pela suspensão do exercício do mandato do Deputado e então Presidente da Câmara dos Deputados[1984], fundamentando-se em supostos indícios de utilização do cargo para constrangimentos e intimidações que poderiam comprometer investigações em inquéritos criminais que tramitam perante o Pretório Excelso. Esses fatos, para o STF, autorizariam medidas cautelares em processo criminal, que substituem a prisão, nos termos do art. 282, § 6º, do Código de Processo Penal. Entre as medidas cautelares alternativas à prisão, o STF passa, nesse caso, a contemplar a adoção da medida prevista no art. 319, VI, do Código de Processo Penal (com redação dada pela Lei n. 12.403/2011), que autoriza a "suspensão do exercício de função pública ou de atividade de natureza econômica ou financeira quando houver justo receio de sua utilização para a prática de infrações penais".

Uma vez mais, assistiu-se à modernização casuísta da Constituição, para atender à pressão geral da sociedade pela imediata destituição do cargo.

1983. Decisão liminar do rel. Min. Teori Zavascki, referendada pelo Pleno em 5-6-2016.

1984. Que na ocasião já era réu em Ação Penal perante o STF (decisão proferida nos autos do Inquérito 3983, rel. Min. Teori Zavascki, j. 3-3-2016).

Referências bibliográficas

ARISTÓTELES. *A Constituição de Atenas*. Porto: Livraria Educação Nacional, 1941.

BARBOSA, Rui. *Commentarios à Constituição Federal Brasileira*. São Paulo: Saraiva, 1934. v. 6.

BARROSO, Luís Roberto. Comissões Parlamentares de Inquérito e suas Competências: política, direito e devido processo legal. *Revista Eletrônica sobre a Reforma do Estado (RERE)*. Salvador, Instituto Brasileiro de Direito Público, n. 12, dez./jan./fev. 2008. Disponível em: <http://www.direitodoestado.com.br/codrevista.asp?cod=251>. Acesso em: 24 ago. 2021.

BASTOS, Celso Ribeiro; TAVARES, André Ramos. *As Tendências do Direito Público no Limiar de um Novo Milênio*. São Paulo: Saraiva, 2000.

_____; MARTINS, Ives Gandra. *Comentários à Constituição do Brasil*. 2. ed. São Paulo: Saraiva, 1999. v. 4, t. 1.

CASSEB, Paulo Adib. *Comissões Parlamentares no Processo Legislativo*. Tese de doutorado, Faculdade de Direito da USP.

DELPIAZZO, Carlos E. *Tribunal de Cuentas*. Montevideo: Ediciones Juridicas Amalio M. Fernandez, 1982.

FERREIRA, Aloysio Nunes. A Farsa da CPI da Corrupção. *Folha de S. Paulo*, 4 maio 2001, p. A3.

GONÇALVES, Luiz Carlos dos Santos. *Comissões Parlamentares de Inquérito*: *Poderes de Investigação*. São Paulo: Juarez de Oliveira, 2001.

KELSEN, Hans. *La Garantie Juridictionnelle de la Constitution*. Paris: Marcel Girad, 1928.

LOPES, Alfredo Cecílio. *Ensaio sobre o Tribunal de Contas*. Concurso à Livre-Docência de Direito Administrativo da Faculdade de Direito da USP, 1947.

MARTINS, Ives Gandra; BASTOS, Celso Ribeiro. *Comentários à Constituição do Brasil*. 2. ed. São Paulo: Saraiva, 2001. v. 6, t. 2.

NOWAK, John E., RORTUNDA, Ronald D. *Constitutional Law*. 6. ed. St. Paul: WestLaw, 2000.

OLIVEIRA, Erival da Silva. *Comissão Parlamentar de Inquérito*. Rio de Janeiro: Lumen Juris, 2001.

PIÇARRA, Nuno. *O Inquérito Parlamentar e os seus Modelos Constitucionais*. Coimbra: Almedina, 2004.

RUSSOMANO, Rosah. *Dos Poderes Legislativo e Executivo*. Rio de Janeiro: Freitas Bastos, 1976.

SAMPAIO, Nelson de Souza. *Do Inquérito Parlamentar*. Rio de Janeiro: FGV edições, 1964.

SCHIER, Paulo Ricardo. *Comissões Parlamentares de Inquérito e o Conceito de Fato Determinado*. Rio de Janeiro: Lumen Juris, 2005.

SPECK, Bruno Wilhelm. *Inovação e Rotina no Tribunal de Contas da União*. São Paulo: Konrad Adenauer Stiftung, 2000.

TEMER, Michel. *Elementos de Direito Constitucional*. 16. ed. rev. ampl. São Paulo: Malheiros, 2000.

VICARIO, Edoard. La Corte Dei Conti in Itália. Milano: Dottor Francesco Vallardi, 1925.

Capítulo LV
DAS LEIS

1. DO CONTEÚDO DO ATO LEGISLATIVO

MONTESQUIEU já advertia que "As leis defrontam-se sempre com as paixões e os preconceitos do legislador. Algumas vezes, passam através deles e por eles são manchadas; outras, ficam entre eles e a eles se incorporam"[1985]. Dessa forma, pode-se afirmar que a função legislativa pode sim padecer de alguma impropriedade, fruto que é da atividade humana em seu aspecto cultural.

Desde que a lei deixou de ser considerada como um dado da natureza para ser encarada como produto ou obra cultural, passou-se a construir a teoria das fontes do Direito.

SAVIGNY, no início do século XIX, distingue, nesse sentido, entre a lei, considerada como *ato estatal*, e o que seria seu *espírito*, revelado pelas convicções comuns de um povo. "Esta distinção permite-lhe separar o *centro emanador* dos *atos formais* de concretização ou realização do direito, sendo *fonte* o 'espírito do povo' e os atos estatais o *instrumento* de realização."[1986]

Já no início do século XX, o jurista francês FRANÇOIS GENY passa a falar em dois tipos de fontes: substanciais e formais. As fontes substanciais seriam dados, v. g., o hábito sedimentado ao longo dos tempos. Já as fontes formais significariam a construção dos dados, por meio de um rito solene, consubstanciando aqueles em leis[1987].

Dentro da noção de fonte formal, compreendida como fonte estatal, surge, pois, a lei. Neste passo, há que acentuar que se tornou clássica a distinção entre leis meramente formais e leis que, além da forma, apresentam também a substância de leis, como que numa retomada daquela distinção formulada entre fontes formais e substanciais.

1985. *O Espírito das Leis*, p. 441.

1986. Tercio Sampaio Ferraz Júnior, *Introdução ao Estudo do Direito*, p. 222-3 — grifos do original.

1987. Cf. Tercio Sampaio Ferraz Júnior, *Introdução ao Estudo do Direito*, p. 223. Este observa ainda: "(...) na discussão teórica das fontes estão presentes problemas de legitimação do direito, de fundamentação justificadora da ordem, o que faz com que esse venha a dizer que, por vezes, um direito tenha uma fonte formal reconhecida — uma lei, por exemplo — mas que não expressa *convenientemente* a sua fonte material, que seria espúria. Assim seria o caso da lei que formalizasse um desvalor, algo que contrariasse o espírito do povo etc.

"Este tipo de discussão, que manifestamente mostra a presença de enunciados valorativos na dogmática jurídica, leva parte da doutrina ora a minimizar o papel das fontes formais cuja função, então, seria apenas a de *revelar* o direito, cuja fonte autêntica seria material, ora, ao contrário, a minimizar o papel das fontes substanciais, postulando-se que, sem o aspecto formal, nenhum elemento material pode ser reconhecido como direito ou da origem ao direito" (p. 223-4 — grifos do original).

Daí decorre a classificação entre leis em sentido formal, de um lado, e leis em sentido material, de outro. Caminham nessa trilha as lições de G. Jellinek e L. Duguit.

Mas logo surge a indagação acerca de qual seria o conteúdo próprio de um ato legislativo, se é que este, nos dias de hoje, apresenta alguma sorte de limitação material. É o que se passará a analisar no tópico seguinte, dentro do contexto da separação de "poderes" do Estado.

1.1. Teoria de Jellinek

Principia-se aqui pela análise da doutrina de Jellinek, para quem a teoria da divisão de poderes, ou seja, da separação do poder do Estado nas funções legislativa, executiva e judicial, confunde a definição de órgãos do Estado com as funções deste.

Segundo a lição do autor, essa teoria propõe uma divisão baseada tão somente num critério formal, que tem caráter subjetivo, uma vez que identifica as funções do Estado com os órgãos que a exercem, mostrando-se, dessa forma, insuficiente para enfrentar os mais importantes problemas surgidos no bojo da doutrina que aborda as funções do Estado.

É em virtude disso que sua teoria procura abordar as funções do Estado não através da tentativa de esgotar os poderes do Estado, pela dissecação de seu conteúdo. Antes procura, pela indagação acerca dos fins práticos a que se destina a teoria das funções do Estado, identificá-las.

O autor refere-se, então, a duas finalidades: a) fins jurídicos, que consistem no direcionamento da atividade estatal à implantação e proteção do direito; b) outros fins, aqueles que se propõem à afirmação do poder estatal e ao incremento da cultura.

Para chegar à divisão das funções, Jellinek coloca ainda duas formas de manifestação das atividades do Estado. Assim, ter-se-ia o estabelecimento de regras abstratas (atividade normativa), e atuação individualizada para alcançar objetivos concretos e determinados[1988].

Jorge Miranda sintetiza o pensamento de Jellinek, com muita clareza, ao observar que, para este autor, "os critérios fundamentais são os fins do Estado (jurídico e cultural) e os meios (abstratos e concretos)"[1989].

Combinando esses modos de atuar com os fins acima delineados, obter-se-iam as funções do Estado. Sinteticamente, as função estatais são, na doutrina de Jellinek: a) legislativa, que se define por estabelecer normas jurídicas abstratas, que regulam uma pluralidade de casos ou um feito individual e que se prestam à realização de qualquer dos fins do Estado; b) administrativa, que soluciona os problemas concretos, aplicando as normas jurídicas, ou dentro dos limites por esta traçados, valendo-se para tanto de expedientes que configuram um sistema complexo, e que se presta à realização de um fim cultural; c) jurisdicional, que é a proteção do Direito exercida mediante decisões

---

1988. *Teoría General del Estado*, p. 462.

1989. Funções do Estado, *Revista de Direito Administrativo*, jul./set. 1992, p. 89.

894

fundamentadas, que têm por objeto aclarar ou fixar, através de um procedimento rígido, um Direito obscuro ou questionando. Presta-se à realização de um fim jurídico.

Essas funções, que seriam as denominadas funções ordinárias, na nomenclatura do autor, estão distribuídas entre os distintos gêneros de órgãos, relativamente independentes uns dos outros.

Verificando que existiam atos do Estado que ficavam fora de qualquer das categorias ordinariamente aceitas de funções estatais, JELLINEK criou uma categoria apartada, à qual reservou a designação de funções extraordinárias. Dentro dessa categoria podia-se encontrar: a guerra, os meios coercitivos do Direito Internacional, como o bloqueio pacífico, e outras.

A teoria de DUGUIT, para a análise que se fará adiante, mostra-se de elevada importância, e será elucidada a seguir.

1.2. Teoria de DUGUIT

DUGUIT principia por criticar a expressão "funções do Estado" afirmando que esta não é exata para sua teoria, sendo antes melhor referir-se à "atividade jurídica dos governantes".

Numa nova tentativa de identificar as funções do Estado, o francês LÉON DUGUIT afastou a referência aos fins, ponto de referência da teoria formulada por JELLINEK, para partir da noção de ato jurídico. Assim, o enfoque fundamental, agora, é quanto aos atos, daí se partindo para as funções.

Segundo DUGUIT, o ato jurídico poderia tomar três formas diversas: a) ato-regra, aquele feito com intenção de modificar *regras abstratas* do direito objetivo; b) ato--condição, aquele que torna aplicáveis certas regras a certas pessoas, que antes dele a elas eram inaplicáveis, como o caso de nomear um funcionário, a partir do que todas as regras do funcionalismo passam a se lhe aplicar; e c) ato subjetivo, aquele que origina para alguém uma obrigação especial, concreta, individual e momentânea, que nenhuma regra abstrata lhe impunha, v. g., um contrato que vier a ser celebrado.

A partir daí o autor inicia a definição das funções do Estado: a) função legislativa, que consiste na feitura dos atos-regra; b) função administrativa, que consiste na prática de atos-condição, dos atos subjetivos e de operações materiais sem caráter jurídico, destinadas a assegurar o funcionamento dos serviços públicos; c) função jurisdicional, pela qual a decisão de uma questão de direito se dá sob a forma de ato-condição ou de ato-subjetivo, e que constitui o ato jurisdicional.

Para explicar a função legislativa através da teoria do ato jurídico, irá explicar o conceito de lei. Em primeiro, sob um aspecto formal, tratar-se-ia de toda decisão emanada de determinado órgão, no caso o Legislativo. Sob o ponto de vista material, entretanto, será lei todo ato que possua em si mesmo o caráter intrínseco de lei, independentemente do indivíduo ou corporação que realiza o ato. Sendo assim, tem-se que será lei o ato tido ou não como tal em seu aspecto formal.

Mas se questiona então como estaria presente a natureza legislativa de tal ato. A essa pergunta responde o autor com a afirmação de que o ato, para ser lei, deve ter em

895

sua natureza duas características: a generalidade, da qual decorre a abstração, e a imperatividade (mas para ter tal força deverá estar de acordo com a regra de direito ou ter por objetivo assegurar sua execução).

Em resumo, tem-se que o ato legislativo é a criação ou condição de uma situação de direito. É mediante a atividade legislativa que o Estado intervém no que constitui o campo de atuação do denominado direito objetivo.

Por seu turno, o ato administrativo é concebido como ato jurídico propriamente dito. Ao contrário da lei, tal ato passa a ser designado pelas notas da concretude e individualização.

A função administrativa, por sua vez, é encarada como aquela através da qual o Estado executa atos jurídicos, ou seja, expressa a vontade de criar uma situação de direito subjetivo ou de condicionar um direito objetivo. Tem seu campo de atuação limitado pela lei, sendo justificado pela submissão do Estado ao Direito.

Ressalta ainda Duguit que certos atos, realizados como atos administrativos, não têm, na realidade, tal característica. Seriam, por exemplo, os atos regulamentadores do chefe de Estado, os de polícia e os atos orgânicos (como a competência).

Como se pode concluir, a teoria de L. Duguit "se encaminhou para uma determinação material das funções"[1990]. Mas "conduz mais a uma determinação das funções dos diversos órgãos, do que às do Estado, pela análise que leva a fazer da natureza dos atos que cada órgão pratica"[1991].

2. DA LEI

2.1. Esclarecimento preliminar

Mas não se encontrará um estudo geral sobre leis. Apenas, e em caráter perfunctório, é que se tecem comentários acerca da lei. A ênfase, nesse sentido, é dada à estrutura do Direito, bem como aos meios pelos quais este se exterioriza. É neste contexto — por interessar mais de perto ao estudo que aqui se pretende levar a cabo — que se aborda o tema das leis. Portanto, essa tarefa é realizada sempre sem perder de vista o objetivo último da obra, que é o de propiciar a todos que manuseiam o instituto jurídico do mandado de segurança alguma sorte de aclaramento, numa área que, embora pouco explorada, é foco de grande interesse forense.

2.2. Origem das leis

O vocábulo *lei* pode apresentar vários sentidos. Assim, encontram-se autores que vinculam sua origem ao verbo *legere* (de ler). Nesse sentido, a lei é compreendida como a norma escrita (*jus scriptum*). Outros, ao contrário, atrelam sua etimologia ao verbo *ligare* (ligar), enaltecendo, dessa forma, o vínculo estabelecido pela lei, e que liga uma

---

1990. Marcello Caetano, *Manual de Ciência Política e Direito Constitucional*, p. 127.

1991. Marcello Caetano, *Manual de Ciência Política e Direito Constitucional*, p. 127.

pessoa a determinada forma de agir. Outros, ainda, sustentam que a palavra "lei" vem do verbo *eligere* (de eleger), o que se justifica pela circunstância de que a lei é fruto da escolha do legislador da norma que deve presidir a vida em sociedade[1992].

Na realidade, todas essas ideias exprimem alguma das facetas do conceito de lei, e servem para aprimorar a noção que dela se tem. Igualmente colabora na elucidação do significado do termo *lei* uma análise do longo processo histórico que o termo atravessou, até solidificar-se como *fonte primordial* do Direito.

O Direito originou-se da própria consciência humana e da situação de liberdade de que desfruta o homem. Com o intuito de delimitar tal liberdade, colocando-a em conformidade com os preceitos de justiça e moral, foram sendo sedimentadas normas de convivência social. Essas normas nada mais eram, portanto, do que os próprios costumes, que ocuparam, por um longo período da Humanidade, a posição de fonte primordial do Direito.

Durante um longo período da História, o costume foi fundamento de toda regra de convivência social, exprimido no *ius civile, ius gentium* ou na elaboração pretoriana (o *ius honorarium*). Pode-se dizer que a Lei das XII Tábuas foi o primeiro texto legal consolidado e, nesse sentido, representava a mera exteriorização escrita dos usos e costumes da época[1993].

Os glosadores como que passaram a inovar o ordenamento, introduzindo nos textos romanos análises e interpretações lógicas que os adaptavam às novas realidades.

Com o advento de uma concepção racionalista, segundo a qual o Direito era resultado da razão humana — e não apenas dos costumes, que continham ainda certa dose de fundamentação sobre-humana —, a lei, tal como compreendida atualmente, encontrou campo fértil para sua desenvoltura. Os jusnaturalistas do século XIX aprimoraram essa ideia, e já as nações modernas puderam ver, paralelamente ao desenvolvimento técnico, industrial, científico e cultural, as primeiras consolidações de leis e costumes, que eram as denominadas Ordenações.

A partir de então foi possível o desenvolvimento de um conceito próprio de lei. Esta passou a ser compreendida como elaboração normativa abstrata, fundada na razão humana. Tal concepção culminou em um diploma legal de suprema importância, em sua concepção, para o mundo contemporâneo, a saber, o Código de Napoleão, símbolo que foi dos ideais de seu tempo, aos quais adiciono a função de estabilidade, do Direito e das relações sociais.

Ressalte-se, ainda, que no Mundo Ocidental os ordenamentos jurídicos dividiram-se em dois grandes agrupamentos ou modelos gerais: o Direito de tradição romanística (latinos e germânicos — *civil law*) e o de tradição anglo-saxônica (*common law*).

1992. Cf. A. F. Montoro, *Introdução à Ciência do Direito*, p. 294.

1993. Consoante lição de Oswaldo Aranha Bandeira de Mello, as leis, para os romanos, representavam um pacto (proposta dos legisladores e aceitação do povo), enquanto atualmente são impostas de maneira unilateral pelo Estado (*Princípios Gerais do Direito Administrativo*, p. 213).

897

O primeiro utilizou-se prontamente da lei como fonte primordial de expressão da norma jurídica, estabeleceu um sistema legal complexo, definiu hierarquias e competências.

Já o direito anglo-saxão sedimentou-se sobre o costume e a jurisprudência, e encontra hoje estruturação jurídica totalmente diversa da de origem latina. A Inglaterra, por exemplo, não possui como Lei Suprema um documento escrito[1994], tal qual concebido nos sistemas constitucionais modernos.

Assim é que, como observa TERCIO SAMPAIO FERRAZ JÚNIOR, na atual dogmática "(...) tem relevância especial, no que concerne às fontes, a noção de *legislação*. Isto ocorre sobretudo no direito de origem romanística, como é o caso do direito europeu continental e dos países latino-americanos de modo geral. Legislação, *lato sensu*, é modo de formação de normas jurídicas por meio de atos competentes"[1995].

2.3. Conceito de lei

MONTESQUIEU conceitua as leis como relações necessárias decorrentes da natureza das coisas[1996]. ROUSSEAU define a lei como expressão da vontade geral[1997]. MIGUEL REALE ensina que, "em sua acepção genérica, lei é toda relação necessária, de ordem causal ou funcional, estabelecida entre dois ou mais fatos, segundo a natureza que lhes é própria"[1998].

Essas definições, no entanto, referem-se a todas as leis, sejam elas naturais ou humanas. A lei jurídica está inserida entre as leis humanas, é certo, porque provêm diretamente das leis éticas ou morais. Nesse sentido, REALE pontifica: "lei, no sentido técnico desta palavra, só existe quando a norma escrita é *constitutiva de direito*, ou esclarecendo melhor, quando ela introduz algo de novo com caráter obrigatório no sistema jurídico em vigor, disciplinando comportamentos individuais ou atividades públicas"[1999]. O ilustre jurista centra o conceito de lei, como se percebe, no caráter de inovação que deve ela apresentar.

Já ANDRÉ FRANCO MONTORO, sob o manto do pensamento de FRANÇOIS GENY, estuda a lei jurídica genérica (lei escrita, costume jurídico e jurisprudência), como uma regra de conduta social, que regula a conduta do homem com seus semelhantes, distinta da lei ética e dotada de duas características fundamentais: coerção potencial[2000] (pela qual se garante seu cumprimento) e conteúdo de justiça (como escopo máximo a ser perseguido).

1994. Miguel Reale, *Lições Preliminares de Direito*, p. 158.

1995. *Introdução ao Estudo do Direito*, p. 227 — grifo no original.

1996. *O Espírito das Leis*, p. 5-8.

1997. *Do Contrato Social*, p. 26-8.

1998. *Lições Preliminares de Direito*, p. 162.

1999. *Lições Preliminares de Direito*, p. 163.

2000. Kelsen entende que "as normas jurídicas, por sua vez, não são juízos, isto é, enunciados sobre um objeto dado ao conhecimento. Elas *são antes, de acordo com seu sentido, mandamentos e, como tais, comandos, imperativos*" (*Teoria Pura do Direito*, p. 79).

Desse modo, pode-se validamente extrair uma definição de lei como sendo, em sentido estrito, a expressão do direito, emanada sob a forma escrita, de autoridade competente surgida após tramitar por processos previamente traçados pelo Direito, prescrevendo condutas estabelecidas como justas e desejadas, dotada ainda de sanção jurídica da imperatividade.

"Lei é uma regra geral que, emanando de autoridade competente, é imposta, coativamente, à obediência de todos. Trata-se, portanto, de um preceito, vindo da autoridade competente e dirigido indistintamente a todos, a quem obriga, por razão de sua força coercitiva"[2001].

2.3.1. Lei como fonte do Direito

É preciso evitar a confusão entre lei e norma. Esta é uma prescrição que, inserida num ordenamento jurídico, adquire o caráter de norma jurídica. A lei é o revestimento da norma, é o meio pelo qual se confere à norma seu caráter de norma.

Como acentua TERCIO SAMPAIO FERRAZ JÚNIOR, o termo *revestimento* é utilizado para denotar "(...) que a norma é formada, atendendo-se uma série de procedimentos institucionalizados que culminam numa promulgação solene e oficial. A palavra lei (fonte) designa que estes procedimentos, tendo sido cumpridos, conferem à norma um caráter jurídico, especificamente o caráter legal. (...)"[2002].

Uma prescrição ou conjunto de prescrições encartadas num projeto de lei, que ainda não haja sido votado, ou que ainda não foi submetido a todos os procedimentos necessários para que ingresse no mundo jurídico, não constitui, ainda, Direito. Só se torna obrigatório (impositivo) quando integra o sistema jurídico, e só integrará o sistema jurídico quando adquirir o caráter de lei (obedecendo aos trâmites para tanto traçados).

Trata-se, na doutrina de WEBER, da *institucionalização das normas*, uma crença segundo a qual a obediência de procedimentos que, por sua vez, são públicos e solenes, confere aos mais diversos enunciados o caráter de normas imperativas[2003].

2.4. Da validade, vigência e eficácia das leis

A edição da lei deve obedecer a um rigoroso e prévio processo legislativo, a fim de que possa adentrar o mundo do Direito com a regularidade que este exige e assim passe a ter aptidão para produzir, no mundo dos fatos, os objetivos propostos pelo legislador.

Pode-se afirmar que esses requisitos que precedem a estabilização de uma lei no ordenamento implicam a validade da lei.

A validade de uma lei pressupõe sua existência. Se a lei é inexistente, não se pode falar em validade ou invalidade, uma vez que não se aquilata a validade do que não se

---

2001. Silvio Rodrigues, *Direito Civil*, v. 1, p.15-6.
2002. *Introdução ao Estudo do Direito*, p. 232.
2003. Cf. Tercio Sampaio Ferraz Júnior, *Introdução ao Estudo do Direito*, p. 232.

constituiu. Já a lei existente, juridicamente falando, pode ser ou não válida. Neste caso, é lei, embora possa ser lei irregularmente.

Já vigência é entendida como a exigibilidade do comportamento prescrito pela lei. A vigência da lei cessa com sua retirada do sistema jurídico, seja pela revogação (maneira mais usual), seja por qualquer outra forma de extinção das normas (como o desuso). Não se confunde, assim, com a validade. Enquanto esta designa a regularidade jurídica da norma, a vigência representa a exigibilidade do comportamento previsto pela norma. Portanto, uma norma pode ter validade e ainda não ser vigente (como ocorre no período da *vacatio legis*). Por outro lado, a norma pode ter vigor, força impositiva, mas não ser norma válida, por não obediência dos trâmites regulares para sua produção, ou por incompatibilidade de conteúdo com a norma que lhe seja superior.

A vigência da lei conduz ao princípio de que as leis, ainda que sejam inválidas, e, assim, inconstitucionais, tendo em vista sua força impositiva, hão ser observadas, cumpridas por seus destinatários. Dessa constatação extrair-se-ão conclusões de considerável monta para o presente estudo, na medida em que esse caráter impositivo com que as leis se apresentam gera, inevitavelmente, a suposição (presunção) de que serão aplicadas pelos órgãos estatais, não obstante possam ser inválidas. É que essa invalidade precisa ser reconhecida pelo órgão competente, para que só então a lei inconstitucional seja rechaçada do sistema jurídico.

KELSEN[2004] atribui à sanção (elemento essencial da norma, em sua doutrina) a função de garantir a eficácia da norma. E, a respeito do cumprimento desta, admite: "uma norma eficaz não significa que ela, sempre e sem exceção, é cumprida e aplicada; significa somente que ela *geralmente* é cumprida e aplicada. Sim, precisa existir a possibilidade de não ser cumprida e aplicada porque, se ela não existe (se o que deve acontecer de maneira natural e necessária, sempre e sem exceção, tem de acontecer), uma norma que fixa este acontecimento como devido, é supérflua. Assim como seria também inútil estabelecer uma norma que põe algo como devido, do qual se sabe, por antecipação, que, de modo natural, jamais poderia acontecer"[2005].

A eficácia vale tanto para o sujeito que tem o dever jurídico previsto em lei quanto para o órgão aplicador da lei, que deve sancionar a conduta do sujeito quando contrária à conduta prevista na norma jurídica.

KELSEN, portanto, adota o que se poderia chamar de conceito social de eficácia, ou eficácia social, ao contrário do que propugna TERCIO SAMPAIO FERRAZ JÚNIOR.

Também REALE, ao tratar da eficácia, esclarece que uma norma jurídica, diante de seu não reconhecimento, pode seguir dois caminhos: é-lhe atribuída eficácia compulsória, ou sofre processo de invalidação. A eficácia compulsória corresponde à hipótese em que, embora não reconhecida (observada) a norma pela sociedade,

---

2004. Para Kelsen, "Do efetivo cumprimento da norma — ou do seu não cumprimento com a consequente aplicação — disto deriva sua eficácia".

2005. Hans Kelsen, *Teoria Geral das Normas*, p. 177 — grifo do original.

900

não teve ainda seu efetivo desuso declarado, de modo que os Tribunais não podem deixar de aplicá-la[2006].

Segundo ainda Hugo de Brito Machado, eficácia "(...) é a aptidão para produzir efeitos no plano da concreção jurídica (...) Eficácia é o efeito das normas no mundo dos fatos, situando-se, portanto, no plano da concreção jurídica. A norma pode ser eficaz porque é espontaneamente observada, e pode ser eficaz porque é aplicada"[2007].

Assim, uma norma pode obter validade, pois, antes mesmo de ser eficaz. São características das leis que se posicionam em planos diversos, o que implica dizer que a validade não afeta a eficácia, e vice-versa, do que se pode concluir que uma norma, embora inconstitucional, ou seja, inválida, pode, ainda assim, irradiar seus efeitos.

Para Tercio Sampaio Ferraz Júnior, a eficácia refere-se também à produção de efeitos. Mas anota: "A capacidade de produzir efeitos depende de certos requisitos. Alguns são de natureza fática, outros, de natureza técnico-normativa. A presença de requisitos fáticos torna a norma efetiva ou socialmente eficaz. Uma norma se diz socialmente eficaz quando encontra na realidade condições adequadas para produzir seus efeitos"[2008]. Desse modo, a eficácia, segundo o autor, é a *capacidade de* produção de efeitos pelas normas, e não sua efetiva produção (obediência). A capacidade de produção de efeitos condiciona-se a: 1) requisitos de ordem fática (condições reais de produção de efeitos); e 2) requisitos de ordem técnica (adequação às demais normas do sistema, de modo que seja possível sua aplicação/efetivação).

No sentido proposto por Tercio Sampaio Ferraz, a efetividade ou eficácia social se dá não na hipótese de a norma estar sendo observada socialmente, mas sim na hipótese de a norma encontrar condições fáticas que permitam sua observância. Assim, se uma norma obriga ao imediato uso de um aparelho que, só sendo produzido em outro país, demandará alguns meses para estar à disposição no mercado brasileiro, essa norma não tem eficácia social. É norma, com validade, mas com ineficácia (temporária, contudo)[2009].

A eficácia das leis também assume, neste ensaio, uma importância transcendental, na medida em que a doutrina, no mais das vezes, procura centrar-se na noção de que o cabimento do mandado de segurança pressupõe um direito efetivamente violado por parte do impetrante. A ideia de violação de direito subjetivo é que deve ser esclarecida, porque se presta a diversas confusões.

Indaga-se, nesse sentido, se a mera edição de uma lei (inconstitucional) pode ferir direito individual, ou se, ao contrário, apenas com o ato administrativo de execução da lei é que se poderia falar em violação. É o que se analisará mais adiante.

2006. Miguel Reale, *Lições Preliminares de Direito*, p. 112.

2007. Hugo de Brito Machado, Vigência e Eficácia da Lei, *Revista dos Tribunais*, v. 669, p. 31.

2008. Tercio Sampaio Ferraz Júnior, *Introdução ao Estudo do Direito*, p. 197-8.

2009. Para Kelsen, essa norma, sem um mínimo de eficácia, perderia sua validade. Poder-se-ia, inclusive, tomá-la como norma impossível e, nesse sentido, inexistente. Ou ainda, por ser totalmente disparatada, considerá-la violadora do princípio da razoabilidade das leis. Mas, no caso apresentado, simplesmente, trata-se de norma existente, válida, e sem efetividade ou possibilidade de incidir.

2.5. Classificação das leis

As leis são classificadas pela doutrina por diversas formas. Baseiam-se as classificações em pressupostos de elaboração, vinculação, aplicabilidade, hierarquia ou tipos de sanção, dentre outros possíveis. Classificar-se-ão, doravante, em atenção aos objetivos deste estudo.

Quanto à vinculação, dividem-se as leis em cogentes e dispositivas, conforme esteja ou não seu cumprimento ao arbítrio dos particulares. As primeiras, também denominadas imperativas, são as chamadas "normas de ordem pública". São relativas ao Direito de Família, do Trabalho, do Consumidor, parte dos direitos obrigacionais, dentre outras. Têm o caráter da indisponibilidade em virtude de tutelar um interesse público. As normas dispositivas, ao contrário, têm por fim permitir determinado ato ou suprir uma manifestação de vontade que as partes poderiam ter efetuado e não o fizeram.

A fim de lograr melhor visão das leis quanto a sua aplicabilidade, que é um dos possíveis critérios classificatórios, e que se revela como o de maior importância para o presente estudo, faz-se mister breve estudo apartado.

Antes, convém trazer à baila a distinção entre leis formais e leis materiais, diferenciação baseada em critérios ideológicos que, embora superados pela atual dogmática jurídica[2010], ainda se prestam para esclarecer algumas posições doutrinárias que a eles se apegam.

2.5.1. Leis formais e materiais

O sentido formal da lei relaciona-se com o processo legislativo que lhe dá origem. Com KELSEN, pode-se dizer que as leis "(...) devem ser o conteúdo de decisões parlamentares". E "(...) essas decisões às vezes precisam da aprovação do chefe de Estado e às vezes exigem publicação num diário oficial a fim de obterem força jurídica. Tais exigências constituem a forma de uma lei. Já que qualquer conteúdo que seja, e não apenas uma norma geral regulando a conduta humana, pode surgir sob essa forma, tem-se então de distinguir leis num sentido material (normas jurídicas gerais na forma de uma lei) de leis num sentido formal (qualquer coisa que tem a forma de lei)"[2011].

É também chamado de "sentido orgânico-formal de lei", que, conforme preleciona OSWALDO ARANHA BANDEIRA DE MELLO, significa a lei jurídica "(...) decretada pelos órgãos legislativos, em forma escrita e articulada, e obedecidos os trâmites e formalidades preestabelecidos. (...)"[2012].

Há autores que defendem que uma lei é lei tão somente em virtude do processo pelo qual veio à luz. Ou seja, defende-se a ideia de que somente é lei aquela que na sua feitura obedeceu aos rigores exigidos para a sua formação, independentemente da matéria que por ela seja veiculada. Isso ocorreria, v. g., segundo o ilustre publicista citado,

---

2010. Já que hoje em dia o conteúdo da lei é praticamente indefinido, podendo regular todas as matérias.

2011. *Teoria Geral do Direito e do Estado*, p. 135.

2012. *Princípios Gerais de Direito Administrativo*, v. 1, p. 213.

902

com as leis orçamentárias, que, pela matéria nelas veiculada, aproximam-se muito mais de um ato administrativo (concreto, pessoal) do que de uma lei propriamente dita (abstrata, genérica). Mas complementa, lembrando que, em determinados casos, importa aferir qual o conteúdo da lei, já que, "em país de constituição rígida, com atribuições definidas de todos os poderes, (...), as leis não podem estatuir sobre matéria executiva ou judicial, por estarem fora de suas atribuições. (...)"[2013].

Já a lei em sentido *material* é aquela que versar matéria em caráter genérico (universal), abstrato (em tese), dirigida, portanto, a todos e a ninguém em especial.

De qualquer sorte, há que lembrar aqui que a restrição ao conteúdo das leis, exigindo-se sua universalidade, tem origem histórica numa pressão exercida pelo pensamento proveniente do liberalismo, contra os privilégios até então existentes, defendidos pelo regime das monarquias.

Ainda consoante OSWALDO ARANHA BANDEIRA DE MELLO, a lei em sentido material admite mais de uma perspectiva de compreensão. De um lado, há essas leis com natureza de universalidade e generalidade, e, de outro, assinala o autor, pode-se falar em leis com a característica da novidade. Segundo o último enfoque, além da essencial generalidade que a lei contém, ela importa em implantar uma nova ordem jurídica.

Para a *teoria da generalidade*, lei em sentido material é primordialmente aquela tal qual definida no parágrafo anterior (genérica, abstrata). Para a teoria da novidade — doutrina mais recente —, lei material seria, antes de tudo, a lei que traz algo de novo ao mundo jurídico, seja regra geral ou mesmo individual.

Entre as duas teorias o autor faz uma conciliação. Entende que "(...) a novidade é uma propriedade da lei. Mas, não é a única. Além dela e antes dela está a generalidade"[2014]. Aproveita, ainda, para distinguir a lei do regulamento. Explica, nesse sentido, que ambos podem ser genéricos e abstratos, mas apenas o primeiro dos atos normativos citados pode, validamente, inovar no sistema normativo, cabendo ao último adequar-se ao espaço que uma lei lhe tenha delimitado[2015]. Eis aí o conteúdo da reserva constitucional de lei (princípio da legalidade).

Embora a distinção entre lei formal e material tenha perdido boa parte de sua importância, na medida em que, nos sistemas que seguiram o modelo da *civil law*, não se concebe que sejam criados deveres senão por meio de lei formalmente aprovada, está ainda boa parte da doutrina presa às ideias idealistas de que as leis são genéricas e abstratas. Isso ocasiona não poucas confusões, e, em nome de um ideal burguês já superado, perpetuam-se, muitas vezes, verdadeiras barbaridades jurídicas.

2.5.2. *Da aplicabilidade das leis*

OSWALDO A. BANDEIRA DE MELLO divide as leis, quanto à aplicabilidade, em autoaplicáveis ou autoexecutáveis, "conforme a suficiência para disciplinar, para deixar

---

2013. *Princípios Gerais de Direito Administrativo*, v. 1, p. 214-5.
2014. Oswaldo Aranha Bandeira de Mello, *Princípios Gerais de Direito Administrativo*, p. 220.
2015. Oswaldo Aranha Bandeira de Mello, *Princípios Gerais de Direito Administrativo*, p. 214 e s.

desde logo, disciplinadas as relações jurídicas ou o processo de sua efetivação"; e as que "não são bastantes por si mesmas, e dependem, nesse caso, de regulamento que as torne aplicáveis. Só então têm eficácia os seus preceitos"[2016].

O tema está intimamente atrelado ao conceito de eficácia do Direito.

Referências bibliográficas

CAETANO, Marcello. *Manual de Ciência Política e Direito Constitucional.* 4. ed. Lisboa: Coimbra Ed., 1963.

FERRAZ JÚNIOR, Tercio Sampaio. *Introdução ao Estudo do Direito: Técnica, Decisão, Dominação.* 2. ed. São Paulo: Atlas, 1994.

JELLINEK, Georg. *Teoría General del Estado.* Trad. por Fernando de los Rios. 2. ed. alemã. Buenos Aires: Editorial Albatros, 1974.

KELSEN, Hans. *Teoria Pura do Direito.* 2. ed. bras. São Paulo: Martins Fontes, 1987. Trad. João Baptista Machado. Rev. Silvana Vieira. Tradução de *Reine Rechtslehre.*

_____. *Teoria Geral do Direito e do Estado.* 2. ed. São Paulo: Martins Fontes, 1992 (Col. Ensino Superior). Tradução de: *General Theory of Law and State.*

_____. *Teoria Geral das Normas.* Porto Alegre: Sergio A. Fabris, Editor, 1986. Trad. rev. José Florentino Duarte. Tradução de: *Allgemeine Theorie der Normen.*

MACHADO, Hugo de Brito. Vigência e Eficácia da Lei. *Revista dos Tribunais (669):* 29:32, jul. 1991.

MELLO, Oswaldo Aranha Bandeira de. *Princípios Gerais de Direito Administrativo.* Rio de Janeiro: Forense, 1969, v. 1.

MIRANDA, Jorge. Funções do Estado. *Revista de Direito Administrativo,* Rio de Janeiro, *(189):* 85-99, jul./set. 1992.

MONTESQUIEU, Charles Louis de Sécondat, baron de la Brède et de. *O Espírito das Leis.* Tradução por Fernando Henrique Cardoso e Leôncio Martins Rodrigues. 2. ed. rev. Brasília: Ed. Universidade de Brasília, 1995. Tradução de: *Del'Esprit des Lois.*

MONTORO, André Franco. *Introdução à Ciência do Direito. Justiça. Lei. Faculdade. Fato Social. Ciência.* 20. ed. refundida com a colaboração de Luiz Antônio Nunes. São Paulo: Revista dos Tribunais, 1991.

REALE, Miguel. *Lições Preliminares de Direito.* 24. ed. São Paulo: Saraiva, 1998.

RODRIGUES, Silvio. *Direito Civil: Parte Geral.* 19. ed. São Paulo: Saraiva, 1988.

2016. Bandeira de Mello, *Princípios Gerais de Direito Administrativo,* p. 231.

Capítulo LVI
DO PROCESSO LEGISLATIVO BRASILEIRO

1. CONCEITO

A expressão "processo legislativo", adverte NELSON DE SOUSA SAMPAIO, tanto pode ser considerada em seu sentido sociológico como no jurídico.

Sociologicamente, processo legislativo "refere-se ao conjunto de fatores reais ou fáticos que põem em movimento os legisladores e ao modo como eles costumam proceder ao realizar a tarefa legislativa"[2017]. Seria a sociologia do processo legislativo, preocupada em identificar e analisar as diversas ocorrências presentes no decorrer da formação das leis, como a pressão popular, a mídia, os grupos de pressão, os ajustes político-partidários, as trocas de favores do Governo com os parlamentares, e outros tantos fatores que circundam a elaboração das leis. Seria mais acertado, para tal referência, como crê NÉLSON DE SOUSA SAMPAIO, falar em *comportamento legislativo*.

Juridicamente, o processo legislativo insere-se na noção ampla de processo, de Direito Processual. Por meio deste, "o direito regula a sua própria criação, estabelecendo as normas que presidem à produção de outras normas, sejam normas gerais ou individualizadas"[2018]. O processo legislativo, por certo, é o processo pelo qual ocorre a criação das leis (em sentido amplo).

A Constituição brasileira consagra um conjunto de normas destinadas a regular justamente o processo para a formação das leis. A Seção VIII do Capítulo I do Título IV da Constituição recebe a designação "Do processo legislativo". Trata-se da previsão de uma sequência definida de atos e etapas que se cumprem no intuito de estabelecer novas normas jurídicas.

Embora o processo legislativo seja considerado parte do Direito Processual, é inegável sua superioridade em relação aos demais ramos que integram essa categoria. E isso por dois motivos básicos. Inicialmente, porque o processo legislativo é responsável por produzir os demais "processos", vale dizer, as normas sobre Direito Processual Civil, Processual Administrativo, e outras. Em segundo lugar, porque há maior liberdade de conteúdo no processo legislativo.

2017. Nélson de Sousa Sampaio, *O Processo Legislativo*, p. 1.
2018. Nélson de Sousa Sampaio, *O Processo Legislativo*, p. 2.

Pode-se falar em devido processo legislativo, significando a íntima relação existente entre o princípio da legalidade e a formação das leis. Estando o indivíduo, no Estado Democrático, apenas obrigado por força de lei, não se pode deixar de considerar como obrigatório para o Estado o cumprimento dos requisitos para a formação das leis que, posteriormente, irão atingir seus cidadãos.

Não apenas os cidadãos de um Estado têm direito a só serem obrigados a determinada conduta por força de lei que tenha observado o devido processo legislativo, como também os parlamentares envolvidos no processo legislativo têm o dever de observá-lo e, ademais, o direito de exigir sua observância.

Analisar-se-á, a seguir, o processo legislativo das leis ordinárias, utilizando-o como referência geral para o das demais espécies normativas: as emendas à Constituição, as leis complementares, as leis delegadas, as medidas provisórias, os decretos legislativos e as resoluções[2019]. A seguir, serão apresentadas as peculiaridades do processo legislativo de cada uma dessas espécies.

Vale salientar que não existe mais, como espécie normativa, o antigo decreto-lei. Isso não significa, contudo, que todos os decretos-lei anteriormente editados tenham sido afastados com a Constituição de 1988. Se compatíveis com esta, permanecem no sistema, só podendo ser revogados por outras leis, regularmente aprovadas.

2. FASES DO PROCESSO LEGISLATIVO

Manoel Gonçalves Ferreira Filho indica as seguintes fases: "uma fase *introdutória*, a iniciativa, uma fase *constitutiva*, que compreende a deliberação e a sanção, e a fase *complementar*, na qual se inscreve a promulgação e também a publicação"[2020].

Segundo José Afonso da Silva, "A análise do procedimento legislativo demonstra a existência de cinco fases no caminhar dos projetos de lei: a) a introdutória ou da iniciativa; b) a de exame dos projetos nas Comissões permanentes; c) a das discussões do projeto em plenário; d) a decisória; e) a revisória"[2021], além dos denominados "incidentes processuais". Verifica-se, pois, que o autor exclui a sanção e a fase complementar (de promulgação e publicação), absorvidas por Manoel Gonçalves Ferreira Filho.

A questão é central para saber-se do momento de transformação de um projeto em lei. Nesse sentido, sanção, promulgação e publicação mostram-se etapas essenciais e inafastáveis caso se pretenda uma análise plena do fenômeno.

Pretendo realizar, a seguir, uma análise completa quanto à totalidade do *iter* a ser percorrido para se consolidar o ato como lei propriamente dita.

2019. Quanto aos decretos legislativos e resoluções, embora o art. 59 da CB os insira expressamente no art. 59, que os submete ao processo legislativo, vale a ressalva lembrada por Manoel Gonçalves Ferreira Filho, pois são "atos a que falta o caráter de instauração de normas gerais e abstratas" (*Do Processo Legislativo*, 4. ed., p. 197).

2020. *Do Processo Legislativo*, p. 206.

2021. *Princípios do Processo de Formação das Leis no Direito Constitucional*, p. 250.

906

3. PROCESSO LEGISLATIVO DAS LEIS ORDINÁRIAS

3.1. Fase introdutória

A fase introdutória do processo legislativo diz respeito à iniciativa das leis. Para MANOEL GONÇALVES FERREIRA FILHO, "não é propriamente uma fase do processo legislativo, mas sim o ato que o desencadeia"[2022].

A iniciativa pode ser decorrente do exercício de mandato ou não. Assim, na primeira espécie inserem-se os parlamentares e o Presidente da República. No segundo caso tem-se a iniciativa dos Tribunais Superiores, do Ministério Público e dos cidadãos, nos casos e forma mencionados constitucionalmente.

De outra forma, poder-se-ia classificar a iniciativa em parlamentar e extraparlamentar, competindo a primeira, como se pode presumir, apenas aos Deputados e Senadores, e a segunda a todos os demais.

A iniciativa pode ser reservada, caso em que é acometida a órgãos ou autoridades específicas, ou vinculada, caso em que a apresentação do projeto é exigida em data ou prazo certo[2023].

A iniciativa pode ser, ainda, exclusiva ou concorrente. Será *exclusiva* ou *singular* quando sobre determinada matéria apenas algum ou alguns legitimados possam apresentar o respectivo projeto. Será *concorrente* ou *plúrima* quando a iniciativa pertencer a diversos legitimados concomitantemente. Existem casos de iniciativa exclusiva extraparlamentar, o que bem demonstra que a vontade de deflagrar o processo de elaboração das leis não é necessariamente do parlamentar.

É a iniciativa que vai condicionar em qual das Casas será cada uma das deliberações, a saber, a principal e a revisional. Assim, os projetos de lei enviados por membros do Senado sempre começam neste. Em todos os demais casos, a deliberação principal ocorrerá na Câmara dos Deputados, incluindo a iniciativa do Presidente da República. Por isso a Câmara tem posição sobranceira sobre o Senado, já que no conflito sobre a adoção de determinada norma geralmente prevalecerá a posição assumida pela Câmara.

3.1.1. Iniciativa privativa do Presidente da República

A Constituição elenca uma série de matérias que são de iniciativa exclusiva do Presidente da República (§ 1º do art. 61).

Pertence apenas ao Presidente da República a iniciativa das leis que fixem ou modifiquem os efetivos das Forças Armadas ou que disponham sobre militares das Forças Armadas, seu regime jurídico, provimento de cargos, promoções, estabilidade, remuneração, reforma e transferência para a reserva.

2022. *Do Processo Legislativo*, 4. ed., p. 206.
2023. Manoel Gonçalves Ferreira Filho, *Do Processo Legislativo*, p. 208.

Da mesma maneira quanto às leis que disponham, quanto à União, sobre: 1º) criação de cargos, funções ou empregos públicos na administração direta e autárquica, ou aumento de sua remuneração; ou 2º) sobre servidores e seu regime jurídico, provimento de cargos, estabilidade e aposentadoria; ou 3º) sobre a criação, estruturação e atribuições dos ministérios e órgãos da Administração Pública, ou, ainda, 4º) sobre o Ministério Público e Defensoria Pública da União.

Quanto ao primeiro item, em particular à competência do Executivo para apresentar o projeto de lei que fixa a remuneração dos servidores públicos, cumpre registrar o entendimento majoritário de que as Constituições estaduais e as leis orgânicas municipais não devem subtrair do Chefe do Executivo essa competência, que é compreendida como uma vedação absoluta e geral. Em geral se invoca a jurisprudência do STF para ratificar esse posicionamento, no sentido de que "são inconstitucionais dispositivos de Cartas estaduais, inclusive Emendas, que fixem vencimentos ou vantagens, concedam subvenção ou auxílio ou, de qualquer modo, *aumentem a despesa pública*, dado que é da competência exclusiva do Chefe do Poder Executivo a iniciativa de lei sobre a matéria, a qual não pode ser cerceada por norma constitucional estadual" (ADIn 270-8/MG, Min. rel. MAURÍCIO CORRÊA, *DJ* de 30-4-2004).

Contudo, essa decisão e outras, como aquela proferida na ADIn 3.555-0/MA, pelo STF, não estão a configurar, em termos atuais, a manutenção de um entendimento absoluto de que não compete aos Estados-membros e aos Municípios, em suas próprias Constituições e Leis Orgânicas Municipais, estabelecerem *certos* critérios remuneratórios dos servidores públicos. Pelo contrário. O que se tem sustentado, especialmente na última ADIn mencionada, é a concepção de que o Estado-membro e os municípios estão impossibilitados de estipular critérios remuneratórios vinculados ao salário mínimo. Conforme voto do Min. CELSO DE MELLO, com o posicionamento mais aberto a certas particularidades, como acima aventado, tem-se que "o Estado (...) — ao proclamar, em sua Carta Política, que os servidores estaduais, civis ou militares, têm direito a vencimento básico ou a salário básico, em nível jamais inferior ao salário mínimo — *exerceu, legitimamente, prerrogativa político-jurídica fundada na autonomia constitucional de que dispõem, em nosso sistema normativo, as unidades federadas. (...)*

"A circunstância de a Constituição Federal haver expressamente reconhecido, apenas em favor do servidor civil, o direito ao estipêndio funcional, em bases nunca inferiores ao salário mínimo (CB, art. 39, § 2º), *não significa que tenha impedido o Estado-membro, no exercício da autonomia institucional que lhe é inerente, de estender essa mesma garantia jurídico-social aos seus servidores policiais militares*" (Min. CELSO DE MELLO, RE 198.982-3/RS, Min. rel. ILMAR GALVÃO, *DJ* de 19-4-2002, original não grifado).

Quanto aos territórios, há também inúmeras referências, ao Presidente competindo a iniciativa única nos casos de: 1º) organização administrativa e judiciária, matéria tributária e orçamentária, serviços públicos e pessoal; e 2º) normas gerais para a organização do respectivo Ministério Público e Defensoria Pública; e 3º) sobre os respectivos servidores e regime jurídico, provimento de cargos, estabilidade e aposentadoria.

Igualmente, cumpre ao Presidente da República a iniciativa exclusiva quanto às normas gerais para a organização do Ministério Público e Defensoria Pública dos Estados e do Distrito Federal.

Por fim, cumpre acentuar que o art. 165 abriga outras iniciativas exclusivas do Presidente da República, quanto: 1º) ao plano plurianual; 2º) às diretrizes orçamentárias; e 3º) aos orçamentos anuais.

3.1.1.1. Emenda parlamentar a projeto de iniciativa exclusiva do Presidente da República

Indaga-se se projeto de lei, cuja iniciativa foi atribuída pela Constituição exclusivamente ao Presidente da República, poderia receber, validamente, emendas parlamentares.

Considerando-se que a atividade legislativa permanece com os parlamentares e que a iniciativa exclusiva não pretende constituir-se em exceção a esse princípio, é de admitir a apresentação válida de emendas a esses projetos.

A doutrina costuma acentuar que o Poder Executivo, no caso, é o "senhor do momento", já que é o Presidente que verificará a melhor oportunidade para apresentar o projeto. Corrobora esse entendimento a análise de que, quando pretendeu afastar ou restringir a atividade parlamentar de emendar os projetos do Executivo, a Constituição foi expressa.

Assim, consoante o disposto no § 3º do art. 166 da Constituição, as emendas apresentadas ao projeto de orçamento anual ou aos que o modifiquem só serão admitidas quando: 1º) sejam compatíveis com o plano plurianual e com a lei de diretrizes orçamentárias; 2º) indiquem as fontes financeiras necessárias, admitindo-se as fontes provenientes de anulação de outras despesas.

3.1.1.2. Apresentação parlamentar de projeto cuja iniciativa é exclusiva do Presidente da República

Se algum dos demais legitimados para iniciar o processo legislativo equivoca-se e apresenta um projeto para cuja iniciativa se exigia necessariamente a manifestação do Presidente da República, em, eventualmente, sendo esse projeto aprovado e sancionado, promulgado e publicado, indaga-se se a sanção presidencial afastaria o vício inicial, da iniciativa.

Pela Súmula 5 do STF ("A sanção do projeto supre a falta de iniciativa do Poder Executivo"), entendia-se que a sanção afastava o vício. É a posição sustentada por Lúcio Bittencourt, para quem, "se uma lei de criação de cargos ou de aumento de vencimento tiver sua origem em qualquer das câmaras, independentemente da iniciativa do Presidente da República (...) poder-se-á considerar suprida a falta, se o Presidente da República houver *sancionado* o projeto, convertendo-o em lei. É que, neste caso, a sanção importará na expressa *'aquiescência'* por parte do Presidente"[2024]. Contudo, o próprio Supremo Tribunal Federal já abandonou essa orientação.

O próprio Lúcio Bittencourt oferece a fundamentação para a permanência da inconstitucionalidade. É que no contexto dos Estados Constitucionais, o Legislativo tem seus limites, e não se aplica a máxima em Dicey, de que o Parlamento tudo pode, *"but make a woman a man, and a man a woman"*. Tecnicamente, a incompetência ocorre "sempre que o Legislativo invadir o campo específico das atribuições dos outros poderes federais"[2025]. Assim, se a lei "pretender decidir uma contenda que, por sua natureza, cabe à juridição"[2026].

3.1.2. Iniciativa popular

A Constituição de 1988 consagrou a iniciativa popular de leis no § 2º do art. 61.

São requisitos da iniciativa popular: 1) mínimo de 1% do eleitorado nacional; 2) assinantes distribuídos em pelo menos cinco Estados; 3) mínimo de 0,3% de assinaturas do eleitorado de cada um dos Estados.

3.1.3. Iniciativa pertencente ao Ministério Público

Pode-se destacar na Constituição, ainda, a existência de iniciativa destinada ao Ministério Público.

Confere-se, no § 2º do art. 127, que ao Ministério Público ficou reservada a iniciativa exclusiva de "propor a Poder Legislativo a criação e extinção de seus cargos e serviços auxiliares (...) a política remuneratória e os planos de carreira". O que vem confirmado pelo § 5º do art. 128, que atribui aos Procuradores-Gerais da União e dos Estados a faculdade da iniciativa das respectivas leis complementares (federal e estaduais) sobre organização, atribuições e estatuto de cada Ministério Público.

3.1.4. Iniciativa conjunta dos Presidentes da República, Câmara de Deputados, Senado Federal e Supremo Tribunal Federal

Essa iniciativa conjunta dos presidentes de todos os poderes da República foi inserida no ordenamento constitucional brasileiro com a EC n. 19/98, que alterou o art. 48 da Constituição para consignar que a fixação do subsídio dos Ministros do Supremo Tribunal Federal deveria ocorrer por meio de projeto de lei cuja iniciativa fosse conjunta dos referidos Presidentes.

A exigência podia ser mais bem compreendida e justificada quando se analisava o disposto no inciso XI do art. 37 da CB, também na redação que lhe deu a EC n. 19/98: "a remuneração e o subsídio dos ocupantes de cargos, funções e empregos públicos da administração direta, autárquica e fundacional, dos membros de qualquer dos Poderes

---

2024. *O Controle Jurisdicional da Constitucionalidade das Leis*, p. 82.
2025. Lúcio Bittencourt, *O Controle Jurisdicional da Constitucionalidade das Leis*, p. 84.
2026. Lúcio Bittencourt, *O Controle Jurisdicional da Constitucionalidade das Leis*, p. 84.

da União, dos Estados, do Distrito Federal e dos Municípios, dos detentores de mandato eletivo e dos demais agentes políticos e os proventos, pensões ou outra espécie remuneratória, percebidos cumulativamente ou não, incluídas as vantagens pessoais ou de qualquer outra natureza, não poderão exceder o subsídio mensal, em espécie, dos Ministros do Supremo Tribunal Federal".

A EC n. 41/2003 alterou essa interessante mas complexa e pouco prática sistemática. Com ela foi definitivamente eliminada a iniciativa conjunta anteriormente mencionada, que passa a ser exclusiva do presidente do STF, conforme arts. 39, §§ 4º e 6º; 48, XV, e 96, II, *b*, da CB.

3.2. Fase das comissões e possibilidade de eliminação da fase do plenário

O projeto de lei deve ser analisado pelas comissões existentes em ambas as Casas Legislativas. A previsão de comissões e suas tarefas encontram sede constitucional no *caput* do art. 58, que estabelece: "O Congresso Nacional e suas Casas terão comissões permanentes e temporárias, constituídas na forma e com as atribuições previstas no respectivo regimento ou no ato de que resultar sua criação".

É no art. 24 do Regimento Interno da Câmara dos Deputados que se encontram as atribuições das comissões permanentes às quais, em razão da matéria de sua competência, cabe: "I — discutir e votar as proposições sujeitas à deliberação do Plenário que lhes forem distribuídas".

A discussão nas comissões, contudo, deverá cingir-se a suas respectivas atribuições específicas, sendo considerado como não escrito o parecer ou parte deste que infringir os limites materiais afetos a cada uma das comissões existentes (art. 55 e parágrafo único do RICD).

Sobre as comissões, deve-se sublinhar a existência da Comissão de Constituição e Justiça e de Cidadania (art. 32, IV, do RICD), que vai analisar o projeto de lei sujeito à apreciação da Câmara, com preocupação voltada para sua constitucionalidade, questões de Justiça e de cidadania. Nos termos da nova redação do art. 53, III, do RICD: "exame dos aspectos de constitucionalidade, legalidade, juridicidade, regimentalidade e de técnica legislativa, e, juntamente com as comissões técnicas, [...] pronunciar-se sobre o seu mérito, quando for o caso" (redação dada pela Resolução n. 20/04). No Senado Federal existe a Comissão de Constituição, Justiça e Cidadania, conforme dispõe o art. 72, III, do RISF, à qual compete opinar sobre a constitucionalidade das matérias que lhe forem submetidas (art. 101, I, do RISF). Seus pareceres geram efeitos terminativos (RICD) ou arquivamento definitivo (RISF).

É esse o primeiro dos casos de controle preventivo de constitucionalidade que se podem verificar no Direito brasileiro. O outro se encontra no possível veto jurídico do Presidente da República, por entender ser o projeto inconstitucional. Em todos esses casos, pois, o controle diz-se preventivo, já que ocorre durante o processo de maturação da lei (trata-se ainda de projeto de lei).

No caso dessas comissões, existentes tanto no Senado quanto na Câmara, seu parecer quanto à constitucionalidade da matéria constante do projeto de lei será terminativo (art. 54, I, do RICD e § 1º do art. 133 do RISF). Consoante o art. 47 da CB, as deliberações das comissões serão tomadas por maioria de votos, presente a maioria absoluta de seus membros.

Existem, também, inúmeras outras comissões, que se podem denominar temáticas, porque atuam em campos ou temas específicos e previamente delimitados no Regimento das Casas. Nessas será analisado o mérito do projeto. Dentre outras, podem ser citadas: 1ª) Comissão de agricultura e política rural; 2ª) Comissão de ciência e tecnologia, comunicação e informática; 3ª) Comissão de defesa do consumidor, meio ambiente e minorias; 4ª) Comissão da Amazônia e de desenvolvimento nacional; 5ª) Comissão de economia, indústria e comércio; 6ª) Comissão de educação, cultura e desporto; 7ª) Comissão de fiscalização financeira e controle; 8ª) Comissão de minas e energia; 9ª) Comissão de relações exteriores e de defesa nacional; 10ª) Comissão de direitos humanos. Cada comissão, como ficou anotado, terá de manifestar-se apenas em sua respectiva área materialmente delineada.

Nesta fase de comissões há a possibilidade de apresentação de emendas. Consoante o art. 57 do RICD: "IV — ao apreciar qualquer matéria, a Comissão poderá propor sua adoção ou a sua rejeição total ou parcial, sugerir o seu arquivamento, formular projeto dela decorrente, dar-lhe substitutivo e apresentar emenda ou subemenda". O mesmo ocorre nas comissões do Senado Federal, consoante o disposto no art. 122, I, do RISF, sendo de observar que o inciso II desse mesmo dispositivo indica os casos em que qualquer Senador poderá apresentar emendas.

Aprovado nas comissões para as quais tenha sido enviado, na forma e prazos regimentalmente estabelecidos, o projeto poderá seguir para o Plenário da respectiva Casa Legislativa.

Nem sempre, contudo, isso ocorrerá. É que a Constituição Federal determinou que às próprias comissões caberá "discutir e votar projeto de lei que dispensar, na forma do regimento, a competência do Plenário, salvo se houver recurso de um décimo dos membros da Casa" (inc. I do § 2º do art. 58). É o que se vem identificando como delegação *interna corporis*, vale dizer, habilitação de comissões para atuarem "em nome" do Plenário, por força do permissivo constitucional. Na verdade, considerando que é a Constituição que estabelece as "competências" possíveis tanto do Plenário como das comissões (e a própria existência destes órgãos), não se trata propriamente de delegação, mas de atribuição constitucional originária. Contudo, é o Regimento, elaborado por cada uma das Casas, que indica os projetos de lei que dispensarão deliberação em Plenário. É vista por este prisma que a ideia de delegação *interna corporis* ganha consistência.

Em síntese, a fase de discussão e votação em plenário poderá, conforme o caso, não existir, não sendo necessária, portanto, no processo legislativo. É o que corriqueiramente ocorre.

Neste ponto, são precisas as observações de Paulo Adib Casseb: "A disciplina regimental da matéria, no Brasil, posiciona o procedimento deliberante das comissões como a regra geral no processo legislativo, instaurado de modo automático, sem que o Plenário tenha de manifestar-se expressamente, deferindo a delegação. Na realidade, o presidente da Casa que recebe a proposição verifica se há compatibilidade com o procedimento deliberante e, ao distribuir o projeto para a comissão competente já menciona, no próprio despacho, o procedimento a ser utilizado. O sistema de comissões deliberantes desponta, então, como o verdadeiro 'procedimento normal', tanto na Câmara dos Deputados como no Senado. (...)

"(...) Este fenômeno eleva o procedimento deliberante à destacada condição de real e concreta fonte propulsora da legislação pátria"[2027].

Essa opção constitucional, reforçada pelos regimentos e práticas parlamentares, significa, pois, um modelo legislativo comissional, no qual uma minoria de parlamentares (que não se confunde com a minoria parlamentar) é capaz de aprovar uma grande quantidade de leis. Portanto, diante da dogmática constitucional brasileira, não é possível continuar a apenas reproduzir, de maneira irrefletida, a teoria clássica que enxergava nas comissões apenas um poder de veto da minoria, uma das formas pelas quais a minoria conseguia obstar a maioria. Mais do que veto, está-se a falar, aqui, de aprovação das leis do país por meio de deliberação em órgãos fracionários da Câmara do Deputados e do Senado.

Esse modelo comissional, contudo, parece ser adequado quando se observa, no Brasil, o elevado custo que decorreria de um modelo "puro" de Plenário. O modelo comissional revela uma opção pela economia de tempo, mas não pela economia de argumentos, que poderão ter ampla representatividade, tal como o da discussão em Plenário. Para tanto, é necessário que a formatação das comissões temáticas atenda a todos pontos de vista existentes na sociedade.

3.3. Fase do plenário

3.3.1. Discussão

Discussão é a subfase dos trabalhos parlamentares destinada ao debate em plenário. Cada parlamentar vai ter a oportunidade de apresentar sua posição pessoal, cuja finalidade é influir na votação subsequente por seus pares. Durante a votação, os parlamentares terão direito à palavra.

Consoante dispõe o art. 64 da CB, a discussão dos projetos de lei de iniciativa do Presidente da República, do STF e dos Tribunais Superiores terá início na Câmara dos Deputados.

3.3.2. Votação

A votação é o momento do processo legislativo no qual ocorre a *decisão* parlamentar sobre o projeto que tramita.

Consoante o art. 47 da CB, as deliberações de cada Casa serão tomadas por maioria de votos, presente a maioria absoluta de seus membros. Assim, existe um *quorum*

2027. Paulo Adib Casseb, *Processo Legislativo*, p. 319.

913

mínimo para tomar início a votação (maioria absoluta), e, durante esta, existe outro *quorum* (de maioria simples) para considerar-se aprovada a proposição apresentada. A maioria absoluta de que fala a Constituição é o primeiro número inteiro subsequente à divisão pela metade dos membros *efetivos* da Casa Legislativa em questão. É a maioria exigida para a aprovação da lei complementar (art. 69).

Na maioria simples ou relativa, a CB exige um *quorum* mínimo de presentes para se instaurar a sessão, uma vez que, como se verificou, impõe a presença da maioria absoluta dos membros da Casa. Isso não ocorre na maioria absoluta, já que em tal situação a votação, presente a maioria absoluta, dar-se-á pela maioria dos presentes, que será o primeiro número inteiro subsequente àquele obtido pela divisão pela metade do número de presentes na respectiva sessão.

Consoante o disposto no art. 148 do RICD, os projetos em tramitação na Câmara são subordinados, em sua apreciação, a turno único, excetuadas as propostas de emenda à Constituição e os projetos de lei. Em idêntico sentido dispõe o art. 270 do RISF, que impõe a apreciação dos projetos em curso em único turno de discussão e votação, ressalvando apenas o caso das emendas à Constituição.

Contudo, no caso de haver substitutivo integral, aprovado pelo plenário no turno único, o projeto será submetido a novo turno, que o RISF denomina turno suplementar.

Por fim, cumpre observar que o processo decisório é, atualmente, obtido por vias eletrônicas, como também ocorre na maioria dos países, a exemplo dos Estados Unidos da América do Norte[2028].

3.3.2.1. Votação em regime de urgência

A Constituição não contempla prazos para que o Congresso e suas Casas exerçam sua função típica. O regime de urgência é a única hipótese na qual há prazo delimitado para ocorrer a discussão e votação parlamentares. Ao Presidente é assegurada a faculdade de impor o regime de urgência (§ 1º do art. 64 da CB).

São condições constitucionais do regime de urgência: 1ª) processo legislativo iniciado pelo Presidente da República (e não importa a matéria do projeto de lei assim apresentado); 2ª) solicitação expressa do Presidente.

A urgência significa, no processo legislativo, a dispensa de exigências, interstícios ou outras formalidades regimentais, para que determinado projeto seja desde logo considerado até a decisão final sobre o mesmo (art. 152 do RICD e art. 338 do RISF).

Não se dispensam, contudo, no regime de urgência, em qualquer das Casas legislativas: 1º) a publicação e a distribuição do projeto; 2º) os pareceres das comissões ou de relatores designados; 3º) o *quorum* para deliberação.

Estabelece a Constituição que, em tal circunstância de urgência, a Câmara dos Deputados e o Senado Federal deverão se manifestar "cada qual, sucessivamente, em até quarenta e cinco dias" (§ 2º do art. 64). Determina, ainda, que a "apreciação das

---

2028. Nesse país, cada parlamentar possui um cartão de identificação para manifestar seu voto (*Vote-ID Card*) (Charles W. Johnson, *How our Laws are Made*, p. 28).

emendas do Senado Federal pela Câmara dos Deputados far-se-á no prazo de dez dias", observado, no mais, o prazo anterior de quarenta e cinco dias (§ 3º do art. 64). Com isso, a Constituição acabou por deixar certo que o prazo de quarenta e cinco dias é para cada uma das Casas, e, na hipótese de emenda pelo Senado Federal, a Casa inicial (que sempre será a Câmara de Deputados) terá não mais quarenta e cinco dias, mas sim dez, para deliberar em caráter definitivo sobre a alteração proposta pelo Senado Federal. Portanto, o prazo total máximo é, em princípio, de noventa dias (quarenta e cinco para cada Casa) e, eventualmente, de cem dias (quando houver modificação senatorial, hipótese em que se acrescentam mais dez dias)[2029].

Esses prazos, contudo, não correm nos períodos de recesso oficial do Congresso Nacional. De outra parte, não serão aplicados quanto aos projetos de Código (§ 4º do art. 64).

Desrespeitado qualquer dos prazos particularmente identificados, o respectivo projeto será incluído na ordem do dia, ficando sobrestada a deliberação de todos os demais assuntos, até que se ultime a votação do projeto em regime de urgência (§ 2º do art. 64, *in fine*). Se for desrespeitada essa limitação, todo projeto de lei assim aprovado antes de obter-se a decisão definitiva do projeto em regime de urgência será inconstitucional, por vício de forma (procedimental), independentemente de o projeto em processo de urgência vir a ser, logo após, aprovado. Trata-se de garantia que a Constituição criou para houvesse efetivamente o respeito ao regime de urgência.

Não se deve confundir o regime de urgência constitucional, acima descrito, com a possibilidade de imprimir urgência a determinados projetos, nos termos regimentais. No Senado, podem solicitar urgência: 1º) a Mesa, pela maioria de seus membros; 2º) dois terços do Senado ou líderes que representem esse número; 3º) um quarto da composição do Senado ou de líderes; 4º) comissão. Cada qual está legitimado para determinadas matérias, consoante estabelecido no art. 338 do RISF. Na Câmara, os legitimados são bastante semelhantes, consoante o art. 154 do respectivo regimento.

3.4. Fase revisional

A Constituição Federal expressamente declara que o projeto de lei aprovado por uma Casa será revisto pela outra, em um só turno de discussão e votação (art. 65). Por conta desse trâmite, considera MANOEL GONÇALVES FERREIRA FILHO[2030] que a lei é um ato complexo, porque resultante da conjugação da vontade de mais de um órgão.

Na fase de comissões, discussão e votação da Casa revisional, abrem-se três possibilidades: 1ª) rejeição do projeto; 2ª) aprovação parcial, com mudanças no projeto inicial; 3ª) aprovação integral do projeto.

2029. Nesse sentido é a posição atual de José Afonso da Silva, que retificou seu entendimento anterior de que seriam quarenta e cinco dias ao total, vale dizer, para as duas Casas Legislativas (*Curso de Direito Constitucional Positivo*, 16. ed., p. 530 e nota 17).

2030. *Do Processo Legislativo*, p. 227.

No caso de o projeto ser rejeitado, será arquivado. Fica, em tal situação, vedada sua apresentação novamente na mesma sessão legislativa em que foi rejeitado (art. 67 da C.F.). Contudo, poder-se-á se admitir que a matéria constante do projeto de lei rejeitado seja novamente apreciada *na mesma sessão legislativa*, em novo projeto, caso haja proposta, nesse sentido, da maioria absoluta dos membros de qualquer das Casas do Congresso Nacional.

Se tiver sido aprovado pela Casa revisora com algumas modificações, não segue para a deliberação executiva. Nessa hipótese, o projeto retorna para a Casa inicial, passando pela fase das comissões, discussão e votação. As emendas da Casa revisora, contudo, não podem ser objeto de novas emendas. Apenas as alterações do projeto inicial é que serão apreciadas pela Casa inicial. Se aprovadas, o projeto segue para a deliberação executiva. Se houver rejeição da Casa inicial da modificação proposta pela Casa revisora, prevalece sempre a vontade da deliberação da Casa inicial.

Constata-se, pois, que a emenda apresentada em qualquer das Casas deverá ser apreciada pela outra Casa, que se pronunciará sobre ela em definitivo. Conclui-se, pois, que o entendimento da Casa inicial (que deflagra o processo legislativo) acaba por prevalecer, no caso de divergência com a Casa revisional, já que aquela se pronunciará em caráter terminativo sobre a questão.

Na terceira e última hipótese mencionada, caso seja aprovado o projeto na deliberação revisional, ainda se classifica como projeto de lei. A seguir, será enviado ao Presidente da República (art. 66, *caput*), vale dizer, encerra-se a fase parlamentar e segue para a fase executiva, ainda como projeto, e não lei propriamente dita.

Vale ressaltar, contudo, que existem, antes do encaminhamento ao Presidente da República, os chamados autógrafos. Os autógrafos ocorrem já com o texto definitivamente aprovado pelo Plenário ou pelas comissões, quando for o caso. Os autógrafos devem reproduzir com absoluta fidelidade a redação final aprovada. O projeto aprovado será encaminhado em autógrafos ao Presidente da República. O tema encontra-se regulamentado pelo art. 200 do RICD e arts. 328 a 331 do RISF.

3.5. Fase executiva

O projeto de lei aprovado nas Casas Legislativas segue para o Presidente da República. É a fase da deliberação executiva, que implica a participação do Poder Executivo no processo legislativo[2031]. Nesse sentido, considera MANOEL GONÇALVES FERREIRA FILHO[2032] tratar-se de *ato complexo igual*, porque manifestada a vontade de cada um dos órgãos de idêntica maneira (ou seja, não são vontades que se integram para

---

2031. A participação do Poder Executivo na atividade típica do Poder Legislativo não é compreendida como uma indevida intromissão de um poder em outro, nem retira a independência do Legislativo ou o subjuga ao Executivo. Trata-se de mecanismo presente na maioria dos sistemas como fórmula pela qual a decisão final sobre as regras da sociedade deve passar, preliminarmente, pelos legítimos representantes populares. Esse modelo insere-se perfeitamente na teoria dos freios e contrapesos. Ademais, no Direito Positivo brasileiro, por se tratar de exigência constitucionalmente imposta, não há que falar em intromissão de um poder em outro (a não ser teoricamente), já que os poderes são independentes na exata medida de sua contemplação em cada Documento Constitucional.

2032. *Do Processo Legislativo*, p. 227-8.

formar um todo, complementando-se, mas sim vontades que se fundem, compatíveis entre si).

A deliberação executiva apresenta duas soluções possíveis: 1ª) a sanção ou 2ª) o veto.

Antes da manifestação do Executivo pela sanção, tem-se apenas um projeto de lei, e não a lei propriamente dita.

3.5.1. Sanção

A sanção executiva representa a aquiescência do Presidente da República como o projeto de lei aprovado pelo Congresso Nacional.

O fato de o projeto ter sido, originariamente, encaminhado pelo Presidente da República (iniciativa concretamente sua), e, eventualmente, aprovado em sua íntegra, sem a apresentação de qualquer emenda, ou seja, sem qualquer variação em seu texto inicialmente encaminhado, não exclui, em hipótese alguma, a fase da deliberação executiva.

O projeto pode ser sancionado expressa ou tacitamente. Portanto, duas são as modalidades de sanção admitidas no Direito Constitucional brasileiro. Ocorre sanção tácita quando, dentro do prazo de quinze dias *úteis*, não houver a manifestação presidencial expressa pela sanção ou pelo veto[2033].

A sanção pode ser, ainda, total ou parcial. O Presidente tem a possibilidade de concordar com o projeto na íntegra ou só com parte do projeto. A concordância parcial deve implicar o veto, parcial.

Na hipótese de o Presidente sancionar expressamente apenas parte do projeto de lei, silenciando quanto ao restante do projeto, estará, na verdade, sancionando-o tacitamente no todo. A indagação que surgirá, em tal circunstância, diz respeito ao prazo para que se reconheça a sanção tácita. Em outras palavras, é preciso saber se, com a sanção parcial expressa antes do prazo de quinze dias, a parcela restante do projeto ainda tem de aguardar o decurso do prazo restante ou se, pelo contrário, há a antecipação do termo final por estar o Presidente obrigado a se manifestar em um único momento sobre a aprovação ou não de cada projeto de lei.

3.5.2. Veto

É o ato executivo que exprime a divergência do Presidente da República com o projeto de lei aprovado pelo Congresso Nacional.

Pode o Presidente discrepar do entendimento legislativo seja porque 1º) considera o projeto de lei inconstitucional, caso de *veto jurídico*, ou 2º) entende que o projeto de lei é contrário ao interesse público, caso do *veto político*.

2033. Embora o § 1º do art. 66 fale na possibilidade de veto no prazo de quinze dias úteis, o § 3º do mesmo art. 66, que trata da sanção tácita, fala apenas em quinze dias, sem especificar se se trata de dias úteis ou corridos. Para harmonizar os dispositivos é preciso considerar também este último caso (sanção tácita) como contemplativo de um prazo estabelecido em dias úteis. Nesse sentido: José Afonso da Silva, *Curso de Direito Constitucional Positivo*, 16. ed., p. 526.

Na primeira hipótese, veto jurídico, o Chefe do Executivo exerce um dos dois momentos de controle preventivo de constitucionalidade existentes no Direito pátrio[2034].

Na hipótese do veto político, a análise do que se considera como de interesse público pertence exclusivamente ao Presidente da República, subjetivamente falando[2035].

O veto deve ser sempre escrito, não se admitindo o veto oral. No prazo de 48 horas deve o Presidente comunicar o Presidente do Senado Federal sobre os motivos do veto.

O veto deve ser também sempre fundamentado[2036], permitindo que o Poder Legislativo tome ciência dos motivos da rejeição e possa analisar se devem prevalecer ou não. Assim, os motivos fornecem elementos para que o Congresso possa deliberar novamente e, eventualmente, derrubar o veto.

A fundamentação pode ser jurídica, apontando a inconstitucionalidade, ou política, apontando a contrariedade daquele projeto de lei com o interesse público.

Considera-se o veto como sendo um ato de eficácia relativa. Assim, o veto não encerra, de forma absoluta, o processo de produção legislativa que se havia iniciado, apenas obstando-o temporariamente. Em atenção à estrutura de separação dos poderes, ao Legislativo compete decidir, em última instância, sobre o que se deve transformar em lei.

O veto pode ser total ou parcial. Atualmente, embora o veto possa ser parcial, exige-se que ocorra em relação a um artigo inteiro, ou parágrafo inteiro, inciso, ou mesmo alínea. Não se admite o veto de palavra ou grupo de palavras. Essa modalidade de veto parcial é proibida, porque pode implicar a mudança da vontade original do Congresso Nacional.

Algumas considerações acerca da apreciação de veto presidencial pelo Congresso Nacional fazem-se necessárias em razão de paradigmática decisão do STF sobre a aplicabilidade do art. 66, §§ 4º e 6º, da CB. Refiro-me ao problema da não apreciação dos vetos pelo Congresso Nacional. O questionamento deu-se no MS 31.816, no âmbito do qual o relator, Ministro Luiz Fux, deferiu medida liminar para determinar à Mesa Diretora do Congresso Nacional que se abstivesse de deliberar sobre veto parcial antes que se procedesse à análise de todos os vetos pendentes com prazo de análise expirado até a data da concessão da liminar, em ordem cronológica de recebimento da respectiva comunicação, respeitadas as regras regimentais pertinentes. Contra essa decisão liminar, a Mesa do Congresso Nacional interpôs agravo regimental, provido pelo Plenário da Corte para cassar a medida acauteladora (MS 31.816 MC-AgR). Ocorre que o *mandamus* perdeu o objeto, porque o Congresso Nacional acabou rejeitando o veto presidencial, promulgando e publicando as partes do projeto de lei originalmente vetadas.

2034. O outro momento ocorre na fase de deliberação parlamentar (especificamente na instrução), nas Comissões de Constituição e Justiça de cada uma das Casas do Congresso Nacional.

2035. Embora possa posteriormente o Congresso derrubar o veto.

2036. A circunstância de ser o veto de cunho político e não jurídico não afasta a exigência de fundamentação, que, no caso, será a necessária transparência dos motivos políticos que ensejaram o veto.

O projeto vetado retorna para a deliberação parlamentar. O que se aprecia, neste passo, é o veto, e não propriamente o projeto de lei. O Congresso Nacional tem o prazo de trinta dias[2037] para deliberar sobre o veto, em sessão conjunta[2038]. Para ser derrubado é exigida maioria absoluta dos votos. Embora a sessão seja conjunta, não é unilateral, ou seja, os votos não são misturados. Assim sendo, a maioria absoluta deve ocorrer em cada uma das Casas do Congresso. Após a Emenda Constitucional n. 76/2013 esse voto deixou de ser secreto. Contudo, permanecem hipóteses de voto secreto na Constituição de 1988, como na aprovação de autoridades pelo Senado Federal (art. 52, IV), além de outras hipóteses constitucionais (art. 52, III e XI). Aqui o voto ocorre em pessoas identificadas, não em ideias constantes de projetos legislativos, o que justifica a manutenção do voto secreto (o que não permaneceu para as situações de perda do mandato).

Se o veto for mantido tem-se a rejeição do projeto de lei, e assim só poderá ser reapresentado na sessão legislativa seguinte. Se o veto for derrubado, o projeto de lei não retorna para a sanção do Presidente, sendo diretamente encaminhado para a fase de promulgação.

Não se deve confundir, portanto, a lei aprovada sem sanção com a sanção tácita. Apenas no veto total de projeto de lei que vem a ser afastado pelo Congresso é que não há necessidade de sanção presidencial, pois neste caso o projeto é encaminhado diretamente para a promulgação, prescindindo da sanção.

3.5.3. Promulgação

A fase executiva engloba, ainda, a promulgação. Consoante a doutrina majoritária, neste momento já se estaria lidando com uma lei.

Seria a *sanção* presidencial ou a derrubada congressual do veto presidencial que transformariam o projeto de lei em lei propriamente dita[2039]. Daí considerar-se esta como fase "complementar". Assim, a promulgação estaria, consoante esse entendimento, a incidir sobre uma lei existente. A promulgação seria, nesse sentido, compreendida como um atestado de que a ordem jurídica foi inovada regularmente. Atestar-se-ia a existência da lei.

Contudo, *data venia*, parece incorreto o entendimento acima indicado. É, pois, com a promulgação que a lei passa a ter existência jurídica, no sentido de que foi posta pela autoridade competente[2040]. A esse propósito, muito oportuno é o magistério de

---

2037. Na Constituição anterior o prazo era de quarenta e cinco dias. Para Ernesto Rodrigues a redução é "medida igualmente louvável, já que contribui para a maior agilização do processo legislativo nacional" (*O Veto no Direito Comparado*, p. 161).

2038. O prazo tem início na data do recebimento da mensagem do Presidente da República. Nesse sentido: Ernesto Rodrigues, *O Veto no Direito Comparado*, p. 161.

2039. Nesse sentido: José Afonso da Silva, *Curso de Direito Constitucional Positivo*, 16. ed., p. 528; Pontes de Miranda, *Comentários à Constituição de 1967*, t. 3, p. 177; Manoel Gonçalves Ferreira Filho, *Do Processo Legislativo*, p. 246.

2040. Nesse sentido: Nélson de Sousa Sampaio, *O Processo Legislativo*, p. 131; Tercio Sampaio Ferraz Júnior, *Introdução ao Estudo do Direito*, p. 233.

CELSO RIBEIRO BASTOS, para quem "é através da promulgação que a lei passa a existir no mundo jurídico e está apta a produzir seus efeitos. A promulgação importa na presunção de que o mundo jurídico foi inovado por uma lei válida executória e obrigatória.

"Não se pode extrair nenhum efeito jurídico de uma *lei sancionada antes da promulgação*: não pode ser revogada, não pode ser declarada inconstitucional, enfim, *a lei não existe no mundo jurídico*"[2041].

Realmente, se a sanção vir a se tornar o projeto em lei existente, ter-se-ia de escolher outro momento para dar existência às leis que não são sancionadas, como aquelas cujo veto presidencial é derrubado pelo Parlamento, sendo idêntica a conclusão para os casos de emendas à Constituição, que também independem da sanção presidencial. Daí a afirmativa, de todo acertada, de NELSON DE SOUSA SAMPAIO no sentido de que, "Enquanto a promulgação é ato essencial para o nascimento da lei, o mesmo não se dá quanto à sanção, que é dispensável"[2042]. E um elemento dispensável em certas hipóteses não pode ser utilizado como critério universal para identificação do momento de surgimento das leis.

É com a promulgação que o Projeto de Lei n. X torna-se Lei n. Y, deixando o campo das cogitações, discussões e promessas políticas e alcança imediatamente o setor das realidades jurídicas; tecnicamente, ingressa no sistema normativo.

A autoridade que promulga o projeto de lei que se transforma em lei é, via de regra, o Presidente da República, contando com um prazo de 48 horas para fazê-lo. Não obedecido o prazo, a promulgação da lei passa para o Presidente do Senado Federal, que, se em 48 horas não a promulgar, faz com que a tarefa seja atribuída para o Vice-Presidente do Senado Federal (§ 7º do art. 66 da CB).

Para PONTES DE MIRANDA, no que há de ser acompanhado, as autoridades referidas incidem em crime de responsabilidade se se furtarem a seu dever de promulgar as leis. Já NELSON DE SOUSA SAMPAIO[2043] rechaça esse entendimento.

3.5.4. Publicação

A publicação deve ser considerada como a inserção do texto da lei no veículo oficial de publicidade, para dar conhecimento (presumido) a todos, para dar à lei aquele caráter de conhecimento geral que dela se exige, como forma de poder pressupor que dela todos têm conhecimento e não podem furtar-se a sua obediência. Evidentemente que, na atualidade, há diversos meios mais informais pelos quais os projetos e as leis adquirem a necessária publicidade e acessibilidade pública (mais importante do que a publicação propriamente dita).

A partir da publicação ocorrem ainda dois outros efeitos da lei: 1º) aplicabilidade (ou exigibilidade) e 2º) obrigatoriedade (executoriedade[2044]).

2041. *Curso de Direito Constitucional*, p. 366, original não grifado.

2042. *O Processo Legislativo*, p. 131.

2043. *O Processo Legislativo*, p. 131-2.

2044. Nesse sentido: Francisco Pontes de Miranda, *Comentários à Constituição de 1967*, t. 3, p. 177.

Na publicação, igualmente, tem-se, via de regra, o Presidente como o responsável por providenciá-la e, analogicamente, se não o fizer, passa para o Presidente do Senado e, eventualmente, o Vice-Presidente do Senado.

Existe uma regra geral na LINDB de que a lei entra em vigor em 45 dias após sua publicação (período denominado *vacatio legis*). A Lei Complementar n. 95/98, que lhe é posterior, por sua vez, fala em "prazo razoável", em seu art. 8º, com vistas a permitir que dela se tenha *amplo* conhecimento. É apenas uma diretriz dirigida ao próprio legislador de cada lei, que é o senhor acerca do momento mais conveniente de entrada em vigor das leis (respeitadas as restrições constitucionais como os casos de irretroatividade). Isso porque, geralmente, é o legislador que prevê na própria lei o momento em que ela entrará em vigor, usualmente adotada a data de sua publicação (daí a importância dessa data).

4. DAS EMENDAS CONSTITUCIONAIS

4.1. Denominação

Consoante o art. 59, I, c/c o art. 60, da CB, ao contrário as leis, as emendas, quando em tramitação, denominam-se tecnicamente como "propostas de emenda constitucional", e não "projetos".

4.2. Significado

O próprio Texto Constitucional admite a possibilidade de sua alteração, e contempla, para tanto, um processo legislativo especial, mais dificultoso que aquele previsto para a alteração das leis em geral. Isso confere, ademais, a característica de rigidez à Constituição Federal.

Consequentemente, aprovada uma proposta de emenda constitucional, ela se transforma em norma constitucional, ou seja, adquire a mesma natureza, o mesmo *status* das demais normas da Constituição. Em outras palavras, alcança a hierarquia constitucional.

Portanto, a feição constitucional do País pode ser modificada sem que isso demande a substituição de toda a Constituição. Evidentemente, contudo, que a alteração promovida via reforma não poderá alcançar toda a Constituição, com a mudança de seus valores basilares. É por isso que se encontram, ao lado das limitações de ordem procedimental, outras relativas à matéria a ser abordada pelas emendas modificativas.

4.3. Particularidades no processo legislativo

4.3.1. Iniciativa

A proposta de emenda constitucional apresenta iniciativa qualificada, nos termos do art. 60 da CB. Assim, só poderão apresentar proposta de emenda: 1º) no mínimo um terço dos membros da Câmara dos Deputados ou do Senado Federal; 2º) o Presidente da República; 3º) mais da metade das Assembleias Legislativas das unidades da Federação, desde que a vontade de cada uma delas represente pelo menos a maioria relativa de seus membros.

4.3.2. Fase das comissões

Sendo possível a apresentação de emendas à proposta de emenda constitucional, mister observar a maioria exigida para a própria apresentação de proposta. Assim, apenas pela maioria de 1/3 dos Deputados (se estiver na Câmara) ou 1/3 dos Senadores (se no Senado), é que se poderá modificar proposta de emenda.

Essa parece ser a solução mais adequada à sistemática constitucional da iniciativa reduzida para propostas de emendas constitucionais.

4.3.3. Fase do plenário

A deliberação principal ocorrerá, normalmente, na Câmara dos Deputados, e só é no Senado Federal quando a iniciativa se tiver originado de 1/3 dos Senadores.

Exige-se, no caso das emendas, *quorum* extremamente qualificado, consistente na maioria de três quintos para a aprovação da respectiva proposta.

A discussão e votação das propostas de emendas constitucionais será sempre em dois turnos em cada uma das Casas do Congresso Nacional (§ 2º do art. 60 da CB).

Aprovada nos dois turnos, segue imediatamente para a fase revisional.

4.3.4. Fase revisional

Na revisional, a proposta de emenda deverá ser discutida e votada também em dois turnos.

4.3.5. Fase executiva: inexistente

Aprovada, finalmente, pelo Congresso Nacional, com a aquiescência senatorial, a proposta de emenda não tem fase de deliberação executiva (não há sanção nem veto). Assim, uma vez aprovada em caráter definitivo pelo Congresso Nacional, segue-se a fase da promulgação e publicação.

4.3.5.1. Promulgação e publicação pelas Mesas das Casas do Congresso Nacional

Há mais uma diferença no trâmite da proposta de emenda em relação ao projeto de lei. Embora não haja fase executiva, nem por isso fica dispensada a promulgação e publicação.

Consoante a Constituição Federal, a proposta de emenda será promulgada pelas Mesas da Câmara dos Deputados e do Senado Federal, com o respectivo número de ordem (§ 3º do art. 60).

Portanto, não será o Presidente da República que promulgará a proposta de emenda.

Contudo, a Constituição silenciou acerca da publicação da emenda e, mesmo, de qual seria a autoridade responsável pelo ato. Não se pode deixar de admitir a necessidade da publicação como ato imprescindível no processo de exteriorização da emenda.

922

Quanto à responsabilidade, há que acompanhar a regra referente à promulgação, considerando-se as Mesas da Câmara dos Deputados e do Senado Federal como competentes para publicar a emenda.

Por fim, como bem observa NÉLSON DE SOUSA SAMPAIO, a emenda "é publicada no órgão próprio, no caso o Diário Oficial. São dois os métodos de publicação, o da incorporação das emendas e o da anexação ao texto constitucional. Pode-se adotar processo intermediário, como o da Suíça, onde as emendas são intercaladas no corpo da Constituição, segundo a natureza de seu objeto, repetindo-se os números antigos com os acréscimos latinos *bis*, *ter*, *quater*, etc. O mais prático é a anexação, porque muitas emendas versam sobre assunto inteiramente novo, e porque evita republicações da Constituição. Nossas Constituições, desde a do Império, abraçaram o método da anexação *ad emenda*, com exceção da Constituição de 1891, que preferiu o da incorporação"[2045].

4.4. Limitações do poder de emendar a Constituição

O exercício do poder de reforma da Constituição por meio da apresentação de propostas de emendas enfrenta as seguintes limitações: 1º) limitações expressas (art. 60 e parágrafos); 2º) limitações implícitas.

As limitações expressas subdividem-se em: 1º) formais (processo legislativo); 2º) materiais (cláusulas pétreas); 3º) circunstanciais; e 4º) temporais.

As limitações implícitas podem ser relativas: 1º) à supressão das limitações expressas (inclusive formais); 2º) ao titular do poder constituinte originário; 3º) ao titular do poder constituinte derivado; 4º) à alteração das regras formais de aprovação das emendas constitucionais (que, em qualquer caso, poder-se-ia considerar como limitação contida já no item 1 — supressão das limitações expressas).

As limitações expressas formais foram analisadas acima. Referem-se, pois, ao processo propriamente dito. Também por isso são denominadas limitações procedimentais.

As limitações expressas materiais dizem respeito ao cerne intangível da Constituição, nos termos do § 4º do art. 60. Sua análise se deu por ocasião do estudo do poder constituinte.

As limitações expressas circunstanciais referem-se a situações nas quais não se admite qualquer processo legislativo de proposta de emenda, nem sua apresentação nem seu trâmite, quando já apresentado. As circunstâncias são: 1º) estado de sítio; 2º) estado de defesa; e 3º) intervenção federal nos Estados ou DF.

As limitações expressas temporais consistem na previsão expressa da Constituição, originariamente, acerca de um prazo dentro do qual ficaria proibida qualquer alteração. Ou seja, trata-se de um lapso temporal de carência para a apresentação de propostas de emenda. Esse tipo de limitação existiu na Constituição de 1824, art. 174.

2045. *O Processo Legislativo*, p. 67.

Dentre as limitações implícitas, é inadmissível a tentativa de alterar o titular do poder constituinte originário, até porque a pretensão de um poder subordinado não pode ultrapassar o poder subordinante. Idêntica conclusão aplica-se ao caso da competência de *reforma* constitucional. Não poderia, *v.g.*, aprovar-se EC validamente que transferisse o poder de emendar formalmente a Constituição para o Supremo Tribunal Federal ou para o Ministério da Justiça.

Por fim, vale insistir que a tese da chamada "dupla revisão", por meio da qual altera-se a Constituição, no que protege direitos, em duas etapas, uma primeira respeitando todas as regras formais em vigor, abolindo o § 4º do art. 60, e uma segunda, já sem esse dispositivo, alterando-se e reduzindo-se direitos fundamentais, representa fraude à Constituição e, por isso mesmo, é absolutamente inconstitucional.

5. LEI COMPLEMENTAR

5.1. Significado

Algumas matérias há que o legislador constituinte entendeu serem importantes, mas para cuja alteração reconheceu a necessidade de ser mais flexível, deixando de inseri-las no contexto constitucional. Não obstante isso, não se pretendeu deixar para regulamentação de lei ordinária o tratamento desses temas. Foi por isso que se criou a espécie normativa denominada *lei complementar*.

Dois são os elementos conceituais da lei complementar: 1º) matéria própria; 2º) *quorum* próprio. Por isso CELSO BASTOS conceitua essa espécie normativa, em monografia específica sobre o tema, como "toda aquela que contemple uma matéria a ela entregue de forma exclusiva e que, em consequência, repele normações heterogêneas, aprovada mediante um *quorum* próprio de maioria absoluta"[2046].

5.2. Particularidades do processo legislativo

As diferenças com relação ao processo legislativo da lei ordinária são apenas quanto à fase de votação. Assim, diferem quanto ao *quorum* de aprovação. Para lei ordinária é maioria simples ou relativa (art. 47), e para lei complementar é maioria absoluta (art. 69), em ambas as Casas (na deliberação principal e na revisional), conforme já havia sido exposto.

Materialmente, a lei complementar só é cabível em determinadas matérias, taxativamente previstas na Constituição. Será matéria da lei ordinária todo o remanescente.

5.3. Posição hierárquica

A grande discussão que se encontra na doutrina acerca das leis complementares refere-se ao questionamento sobre a posição hierárquica destas em relação aos demais atos normativos, especialmente a lei ordinária.

2046. *Lei Complementar*, p. 48.

Celso Bastos[2047] não vislumbra hierarquia entre lei complementar e lei ordinária, observando que existem apenas campos materiais diversos. Para o autor, a reserva de matéria de lei complementar deve ser sempre o critério último em função do qual os diversos conflitos hão de ser resolvidos.

Ademais, aduz que uma espécie normativa só poderia ser, rigorosamente falando, hierarquicamente superior a outra quando a inferior encontrasse seu fundamento de validade na espécie normativa imediatamente superior. No caso da lei complementar e da lei ordinária, ambas encontrariam o fundamento de sua validade na própria Constituição.

Manoel Gonçalves Ferreira Filho[2048] considera a lei complementar hierarquicamente superior à lei ordinária e à lei delegada, ambas estando sujeitas àquela. Isso seria uma consequência lógica da própria Constituição, ao exigir um *quorum* diverso, de maioria qualificada, mais exigente que o previsto para a lei ordinária. No mesmo sentido o magistério de Geraldo Ataliba, que considerou as leis complementares como superiores em relação às leis ordinárias, anotando: "Consiste a superioridade formal da lei complementar — como em geral das normas jurídicas eminentes, em relação às que lhes são inferiores — na impossibilidade jurídica de a lei ordinária alterá-la ou revogá-la. Nula é, pois, a parte desta que contravenha disposição daquela.

"Inversamente, a lei complementar revoga e altera a ordinária, impondo em outros casos absoluto afeiçoamento desta àquela, pelo menos quanto ao espírito"[2049].

5.4. Espécies

5.4.1. Leis complementares exaurientes

Na classificação engendrada por Celso Bastos, leis complementares exaurientes "são aquelas que incidem de maneira direta sobre os fatos ou comportamentos regulados. Por se tratarem de normas cheias, maciças, não prescindem de qualquer outra normação complementar"[2050].

A classificação tem por base o relacionamento eventualmente existente entre lei complementar e lei ordinária. Assim, no caso das leis complementares exaurientes, toda a disciplina do instituto cabe e se esgota mesmo na própria normatização complementar. Assim, essas espécies de lei "enunciam um mandamento que não deseja ser integrado ou composto, porque sua formulação não necessita de qualquer tipo de remodelagem"[2051].

Exemplificativamente, tem-se art. 18, § 3º, da Constituição, que permite que os territórios se integrem à União, por lei complementar.

2047. *Lei Complementar*, p. 93.
2048. *Do Processo Legislativo*, p. 243.
2049. *Lei Complementar na Constituição*, p. 29.
2050. *Lei Complementar*, p. 94.
2051. Celso Bastos, *Lei Complementar*, p. 94.

5.4.2. Leis complementares continuáveis

Leis complementares continuáveis, na doutrina de Celso Bastos, "são aquelas normas que permitem a existência de outras espécies normativas, simultaneamente. Há uma extensão de sua normatividade por intermédio de uma lei ordinária"[2052]. Não obstante esse relacionamento íntimo que pode ocorrer entre lei complementar e lei ordinária, entende Celso Bastos que continua a haver "absoluta autonomia entre a lei complementar e a ordinária, no sentido de que, esta última, em absoluto, extrai o seu fundamento de validade da primeira"[2053].

As leis complementares continuáveis são, ainda, subdivididas, consoante Celso Bastos[2054], em leis complementares que são e leis que não são pré-requisitos indispensáveis para a edição da lei ordinária.

5.4.2.1. Leis complementares cronologicamente anteriores

Diz-se que certa lei complementar é cronologicamente imprescindível à edição de leis ordinárias quando a ausência daquela obstaculiza definitivamente a emanação da lei ordinária. Esta, pois, é necessariamente sucessiva (no tempo), devendo o legislador ordinário aguardar a edição da modalidade complementar, para só então poder exercitar o processo legislativo ordinário. Não se trata, contudo, de dependência de uma relativamente à outra no sentido de hierarquia normativa.

O exemplo — utilizado por Celso Bastos — é o da aprovação de um empréstimo compulsório. Nesse caso, o art. 148 da Constituição determina que a criação desse tipo de empréstimo restrinja-se aos casos excepcionais enumerados em lei complementar. Portanto, está absolutamente demonstrada a necessidade da lei complementar para criar-se por lei ordinária o empréstimo compulsório. Nem por isso, contudo, uma lei torna-se inferior à outra. São campos de atuação diferentes.

5.4.2.2. Leis complementares dispensáveis

As leis complementares, em tal hipótese, são dispensáveis no que se refere a sua precedência quanto à lei ordinária. São as leis complementares que não são pré-requisitos indispensáveis para a edição de leis ordinárias, na classificação de Celso Bastos já citada.

É o caso do § 3º do art. 156 da CB, quando prevê a possibilidade de uma lei complementar que fixe as alíquotas máximas para o imposto municipal sobre serviços. Não obstante a inexistência dessa legislação complementar, nem por isso se impede o exercício da competência ordinária para criar o respectivo tributo, com alíquotas próprias, estabelecidas por essa mesma legislação livremente, até o advento — eventual — de uma lei complementar.

2052. *Lei Complementar*, p. 95.
2053. *Lei Complementar*, p. 95.
2054. *Lei Complementar*, p. 105.

5.5. Teoria unitarista da lei complementar

Está a salvo de críticas o afirmar que determinados assuntos, a serem abordados por lei, necessitem ou suscitem o tratamento de outros temas, por questões mais lógicas do que propriamente jurídicas. Em algumas hipóteses, contudo, o tratamento isolado ou fracionado, vale dizer, avulso, esparso, de determinado ponto ou aspecto de dado instituto constitucional poderá implicar a descaracterização ou mesmo a ineficácia da norma constitucional que exija lei integrativa de sua vontade.

Portanto, o problema que se pretende analisar aqui é o seguinte: a matéria exige lei complementar (apenas), mas esta deve ser uma única lei complementar ou o legislador poderá fracionar a matéria para fins de editar mais de uma lei complementar sobre o mesmo tema suscitado constitucionalmente?

A orientação geral é a de que matérias autônomas, que independam umas das outras, não necessitam de previsão em uma única lei, ainda que a Constituição esteja a referir-se a uma lei única, por estar-se utilizando da expressão (lei complementar) no singular. Só não se apartam assuntos que sejam incindíveis por sua própria natureza.

É o que ocorre, dentre outros casos que poderiam aqui ser relembrados, com a regulamentação dos contratos públicos. Há várias leis que tratam do tema, como a Lei n. 8.987/95, a Lei n. 8.666/93, a Medida Provisória n. 1.017/95, só para citar algumas delas. Quanto às leis ordinárias, portanto, a problemática é menor, mas se agrava quando se trata de lei complementar, pela própria natureza (excepcional) dessa espécie normativa.

Nesse sentido, ainda no magistério de CELSO RIBEIRO BASTOS: "Há que se notar, contudo, a absoluta imprescindibilidade desse nexo a ligar uma matéria à outra. Se elas forem autônomas, passíveis, portanto, de uma regulamentação independente, podem perfeitamente constar de leis esparsas"[2055].

Ademais, se assim não fosse, sempre que se pretendesse alterar algum dispositivo de legislação, por mais irrisória que fosse a modificação, ter-se-ia de renovar a lei a ser alterada em sua totalidade, o que seria grande despautério.

É interpretação fraca a de se apegar à letra do texto gramatical para, com esse dado puro e simples, pretender extrair consequências de ordem jurídica que não foram, absolutamente, a preocupação do constituinte. Onde a Constituição fala em "lei", no singular, ou remete à "lei complementar", não quis, necessariamente, uma única lei.

A regra, pois, aqui, foi bem posta por CELSO BASTOS, que se debruçou sobre o assunto, embora na questão específica da lei complementar a que se referia a antiga redação do art. 192, mas cuja solução vale como conclusão geral, a ser aplicada em todas demais situações: "Não é possível, contudo, fazer-se uma apreciação genérica. É preciso examinar em cada caso, para verificar acerca da matéria a ser versada. Se esta comportar um tratamento normativo independente, porque voltada a dar aplicação a um tópico também autônomo do art. 192, não se vê como seja de exigir-se a exten-

---

2055. *A Constituição de 1988 e Seus Problemas.*

sibilidade do seu objeto a outros tópicos absolutamente divorciados entre si. Não se vê como uma lei que defina as condições para participação do capital estrangeiro nas instituições financeiras tenha a ver com uma lei que venha a baixar critérios restritivos da transferência de poupanças de regiões com renda inferior para outras de maior desenvolvimento (incisos III e VII). (...)

"Em síntese, tem-se que dar tratamento unitário ao que é individual do ponto de vista lógico-material. No mais, deve prevalecer a regra geral que consagra a liberdade normativa"[2056].

Realmente, exigir, sempre, o tratamento unitário de matéria referida pela Constituição em determinado artigo é impor uma limitação a um dos poderes que é completamente inadmissível. O Legislativo é o "senhor do momento" oportuno para tratar de determinadas matérias, bem como da extensão com que efetuará esse mister.

O Supremo Tribunal tratou da questão no acórdão proferido na Ação Declaratória de Inconstitucionalidade n. 4[2057], pronunciando-se no sentido da falta de executoriedade do antigo § 3º do art. 192. Na realidade, o que se procurou alcançar foi a falta de aplicabilidade isolada de referido parágrafo, porque dependente da regulamentação de outros tópicos do mesmo art. 192 da Constituição, por via de lei complementar. É que não podem os juros reais, de que trata o parágrafo e na visão do STF, ser regulados senão com uma lei complementar ampla sobre o "novo" sistema financeiro.

Os votos dos Ministros tiveram como preocupação fundamental aquilatar a possibilidade de aplicar unicamente a questão dos juros. Foi nesse contexto geral que se concluiu pela necessidade da lei complementar. É por isso que se falava do caráter "unitário" da matéria. Não que se pretendesse uma regulamentação de maneira abrangente, completa, cabal, da matéria financeira, por uma única lei. Apenas se enfatizou a necessidade de que, preliminarmente, estivesse regulado o sistema, porque a questão dos juros só poderia surgir no bojo de um novo sistema financeiro.

"Reconheceu-se, de outra parte, o caráter sistêmico dos diversos elementos do art. 192, eis que eles têm de harmonizar-se para exatamente dar lugar ao sistema financeiro nacional, sem deixar-se, contudo, de também consignar que esse sistema já existe, por força da legislação ordinária não revogada pela Constituição de 1988, e que acaba por amoldar-se a diversos preceitos desse art. 192, o que está perfeitamente a demonstrar que nada obstante a sua sistematicidade, a estrutura financeira do país é hoje sujeita a uma regulação esparsa e nada impede já agora por via de lei complementar, que ela seja gradativamente alterada, inclusive para o efeito de integrar-se o § 3º e conferir-lhe aplicabilidade. Da mesma forma os outros preceitos são passíveis de regulação específica sem que com isso esteja-se a quebrar a harmonia sistêmica da matéria.

"Apenas que quanto ao caso específico da taxa de juros, já ficou decidido que a norma não é autoaplicável, e também não o será eventual legislação complementar iso-

---

2056. *A Constituição de 1988 e Seus Problemas*, p. 235.
2057. *RTJ*, 147/719.

928

lada que verse o assunto nos mesmos termos do parágrafo comentado, mas sem tratar das demais matérias que exigem uma precedência lógica a esta dos juros. (...)

"Do lado contrário, dos quais votaram pelo caráter não autoexecutável, sempre do indigitado parágrafo, na sua maioria não fizeram referência à questão da sistematicidade e unicidade dos preceitos do art. 192, salvo dois ministros, NÉRI DA SILVEIRA e OCTAVIO GALLOTTI. Passagens dos seus votos deixam clara uma posição favorável ao tratamento unitário do art. 192. Mas ainda assim, sempre levando em conta uma conexidade material, o que significa dizer, não resultante da circunstância de estarem incluídas no mesmo artigo, mas em razão da própria dependência lógica de um item com relação ao outro. É isto que impressionou, sem dúvida, os dois votos referidos. Muito provavelmente, se tivessem de enfrentar um inciso isolado do art. 192, onde não figurasse a relação de dependência material com outros temas, eles não teriam dúvida nenhuma em aceitar a regulamentação esparsa de ditos incisos"[2058].

O raciocínio, pois, leva à conclusão de que, mesmo estando determinada matéria tratada por diversos artigos da Constituição, como a questão da aposentadoria (arts. 6º, 40 e 202), poderá ocorrer a necessidade de uma regulamentação unitária, na medida em que a lógica imponha esse procedimento. Assim, dependerá da análise do aspecto material específico que merecerá o tratamento. A questão gramatical, vale dizer, dos termos com que a Constituição se refere às leis regulamentadoras — se no singular, se no plural —, é absolutamente secundária, senão despicienda.

Por fim, ressalte-se que, se a matéria demanda, inexoravelmente, um tratamento unitário por lei complementar, na eventual aprovação de lei complementar fracionada a essa legislação se continuará a aplicar a ressalva da necessidade do restante da lei. Portanto, o legislador não fica constrangido a não aprovar esta ou aquela lei, mas a aplicação das leis estará na dependência de que não se trate de matéria unitária indevidamente desmembrada.

A EC n. 53/2006, alterando o parágrafo único do art. 23, que se referia a uma lei complementar (no singular) para tratar das normas de cooperação federativa entre União, Estados, Distrito Federal e municípios, no âmbito do desenvolvimento e bem-estar nacional, passou a falar em "leis complementares" (no plural). Esse, contudo, como visto, não é um caminho aceitável para permitir o fracionamento amplo e irrestrito no caso de a matéria em si, a ser tratada nas leis, ter caráter unitário, nos termos acima analisados. Ou seja, para permitir-se a regulamentação legal fracionada seria desnecessária a EC n. 53, podendo-se admitir esse tratamento mesmo na redação originária, que falava de "Lei complementar" e não de "leis complementares". E, mesmo que EC altere a Constituição para inserir a ideia de fracionamento ("leis complementares"), nem por isso a fragmentação restará automaticamente validada, porque, como visto, determinados temas demandam um tratamento unitário ou, ainda, um tratamento prévio de outros tópicos. A alteração promovida pela EC n. 53/2006, portanto, foi inadequada.

2058. Celso Ribeiro Bastos, *A Constituição de 1988 e Seus Problemas*, p. 238-9.

6. MEDIDA PROVISÓRIA

6.1. Fontes

6.1.1. No Direito brasileiro: o decreto-lei

No Direito brasileiro, é inegável que a medida provisória teve como antecedente lógico o antigo decreto-lei, constante do art. 55 da Constituição de 1967 com a Emenda Constitucional n. 1, de 1969. A Constituição de 1988 o aboliu para substituí-lo, em suas linhas gerais, pela medida provisória.

O regime do decreto-lei era, contudo, diverso, em inúmeros pontos, do atual regime da medida provisória. O decreto-lei só poderia ser adotado em casos de urgência ou interesse público relevante, sendo, ademais, limitado a determinadas matérias. Realmente, apenas poderia haver edição de decreto-lei em matérias previamente selecionadas pelo constituinte, a saber: 1º) segurança nacional; 2º) finanças públicas, incluindo normas tributárias por expressa remissão constitucional, e 3º) criação de cargos públicos e fixação de vencimentos.

Considerava-se que o prazo do decreto-lei era de sessenta dias, com vigência imediata a partir da publicação de seu texto no Diário Oficial.

A apreciação do Congresso Nacional havia sido bastante reduzida pela Constituição, que não admitia emendas e, ademais, considerava o texto do provimento provisório como definitivo caso o Congresso Nacional não se manifestasse naquele prazo de sessenta dias. Em outras palavras, havia aprovação do decreto-lei como lei pelo decurso de prazo sem manifestação da Casa de representantes do povo.

Por fim, caso o Congresso viesse a rejeitar, dentro do prazo constitucional, o decreto-lei do Presidente da República, os efeitos da rejeição operariam apenas *ex nunc*, ou seja, a Constituição considerava que a rejeição não implicaria a nulidade dos atos praticados durante sua vigência.

6.1.2. No Direito estrangeiro: Direito italiano

Teoricamente, a medida provisória contextualiza-se mais exatamente em sistemas parlamentaristas, uma vez que, em tais circunstâncias, todo e qualquer provimento provisório será editado sob responsabilidade (política) do Primeiro Ministro. Uma vez editado referido provimento, o Parlamento terá de aprová-lo ou rejeitá-lo, sempre. Na última hipótese, ou seja, ocorrendo a rejeição, esta configura, automaticamente, em tais sistemas, um voto de desconfiança em relação a seu Chefe de Governo.

É no Direito Constitucional italiano que se encontra a real fonte de inspiração do último legislador constituinte pátrio. O art. 77 da Constituição italiana em vigor declara que o Governo não pode, sem delegação das Câmaras, editar decretos que tenham valor de lei ordinária. Essa é, pois, a orientação geral do sistema italiano. Contudo, logo a seguir, o mesmo dispositivo abre uma ressalva, para tratar dos casos *"straordinari di necessita e d'urgenza"*, ou seja, nas situações de necessidade e de urgência, o Governo pode adotar, "sob a sua responsabilidade, provimentos provisórios com força de lei", devendo, no próprio dia, apresentá-los para conversão às Câmaras. Ademais, deixa certa a regulamentação constitucional italiana que "Os decretos perdem eficácia desde o início se não são convertidos em lei dentro de sessenta dias da sua publicação. As Câmaras podem, todavia, regular por lei as relações jurídicas surgidas com base nos decretos não convertidos".

Consoante a Lei italiana de 23 de agosto de 1988, em seu art. 15, o decreto-lei deve ser editado com as indicações, em seu preâmbulo, das circunstâncias extraordinárias de necessidade e de urgência que justificam a sua adoção. O próprio dispositivo impede, ainda, que se editem decretos-leis sobre certas matérias. Assim, fica vedada a edição desses provimentos de urgência, consoante o art. 15.2, para: 1º) conferir delegação legislativa no sentido assim estabelecido pelo art. 76 da Constituição italiana; 2º) disciplinar o processo legislativo da feitura das leis, quanto à matéria indicada no art. 72 daquela Constituição; 3º) renovar as *disposições* de decreto-lei cuja conversão tenha sido negada; 4º) regular as relações jurídicas surgidas com base no decreto-lei não convertido; 5º) repristinar a eficácia de disposições declaradas inconstitucionais pela Corte Constitucional por vício não atinente ao procedimento.

Ademais, o conteúdo do decreto-lei deve ser específico, homogêneo e correspondente ao seu título (súmula), consoante o disposto no art. 15.3 da lei já mencionada.

Por fim, cumpre salientar, ainda dentro do tema da disciplina que recebe o decreto-lei no Direito italiano, que eventual modificação inserida quanto à disciplina constante do decreto-lei, no momento de sua conversão, tem eficácia, como regra, a partir do dia sucessivo ao da publicação da lei de conversão, salvo expressa referência desta última (art. 15.5 da Lei de 23 de agosto de 1988).

6.2. Natureza jurídica da medida provisória: ato legislativo ou administrativo?

Para ALEXANDRE MARIOTTI[2059], as medidas provisórias apresentam natureza legislativa. Tal se revelaria, consoante o pensamento do autor, pela análise do período de sua edição até a sua conversão ou rejeição, ou mesmo decadência, devendo esse ser o lapso temporal para a análise da natureza da medida provisória justamente porque é nesse período que ela alcança a "força de lei" de que fala a Constituição.

CLÈMERSON CLÈVE, após realizar ampla abordagem do assunto, conclui tratar-se de "hipótese de automática delegação legislativa (ocorrentes os pressupostos de habilitação)"[2060].

Para JOEL DE MENEZES NIEBUHR a medida provisória "é ato político e normativo, com força de lei"[2061].

Para MARCO AURELIO GRECO, a medida provisória é ato de natureza nitidamente administrativa, anotando: "Quanto ao órgão de emanação é administrativo; quanto à função que lhe dá origem é igualmente a de gerir interesses nacionais, o que já se

---

2059. *Medidas Provisórias*, p. 66-71.
2060. *Medidas Provisórias*, 2. ed., p. 63.
2061. *O Novo Regime Constitucional da Medida Provisória*, p. 85.

931

chamou de função de governo"[2062]. E acrescenta: "A previsão contida no art. 59 de que o processo legislativo compreende também as medidas provisórias não lhes outorga natureza legislativa, pois o sentido da inclusão está em que elas tendem a se converter em lei"[2063].

Não pode restar dúvida de que as medidas provisórias caracterizam-se pela natureza legislativa que lhes acompanha desde o momento de sua edição até o seu termo final, vale dizer, durante a sua vigência. Embora sendo medidas excepcionais, essa característica não deve entorpecer a verificação de sua natureza acentuadamente legislativa, embora proveniente do Poder Executivo. Poder-se-ia considerar uma legislação extraordinária, expressão utilizada por VITTORIO DI CIOLO[2064], para diferenciá-la da legislação ordinária, advinda do parlamento.

6.3. Requisitos constitucionais específicos

Determina o art. 62 da Constituição Federal que a medida provisória poderá ser adotada apenas nos casos de "relevância e urgência". A esse respeito, vale a colocação de CLÈMERSON CLÈVE: "Conquanto indeterminadas, e por isso insuscetíveis de determinação *a priori*, um ensaio de precisão dos pressupostos da medida provisória deve ser intentado"[2065].

Mas antes de passar à análise segmentada dos pressupostos constitucionais, mister se faz transcrever a advertência de MARCELO FIGUEIREDO: "Não se pode isolar e analisar apenas os valores em si — relevância e urgência só podem ser entendidos em cotejo e 'ao mesmo tempo' na Constituição.

"Cumpre, todavia, desde logo realizar interpretação pedestre mínima de seu significado para após prosseguir"[2066].

Realmente, para fins didáticos, impõe-se a análise conceitual de cada um dos condicionamentos constitucionalmente positivados para a emanação válida das medidas provisórias. A compreensão conjunta destes, contudo, é exigência lógica inafastável.

Por fim, ressalte-se que o Supremo Tribunal Federal tem variado seu posicionamento acerca do controle de mérito desses requisitos, tendo já declarado que "os conceitos de relevância e urgência a que se refere o artigo 62 da Constituição, como pressupostos para a edição de Medidas Provisórias, decorrem, em princípio, do juízo discricionário de oportunidade e de valor do Presidente da República, mas admitem o controle judiciário quanto ao excesso de poder de legislar"[2067].

2062. *Medidas Provisórias*, p. 16.

2063. *Medidas Provisórias*, p. 16.

2064. *Questioni in Tema di Decreti-Legge*, p. 218.

2065. *Medidas Provisórias*, 2. ed., p. 68.

2066. *A Medida Provisória na Constituição*, p. 24. No mesmo sentido aponta Szklarowsky: "Entrelaçam-se a urgência e o interresse público relevante, porque iminente e necessária é a sua caracterização" (*Medidas Provisórias*, p. 40).

2067. ADIn 162-DF, rel. Min. Moreira Alves.

6.3.1. Relevância

CLÈMERSON CLÈVE[2068], evoluindo em sua análise, passou a entender que a relevância não é apenas um pressuposto relacionado com a matéria a ser veiculada na medida provisória, pois deve lastrear, igualmente, a situação ensejadora do provimento. Para o autor, "a relevância demandante de sua adoção não comporta satisfação de interesses outros que não os da sociedade. A relevância há, portanto, de vincular-se unicamente à realização do interesse público. De outro ângulo, a relevância autorizadora da deflagração da competência normativa do Presidente da República não se confunde com a ordinária, desafiadora do processo legislativo comum. Trata-se, antes, de relevância extraordinária, excepcional, especialmente qualificada, contaminada pela contingência, acidentabilidade, imprevisibilidade"[2069].

6.3.2. Urgência

A urgência, consoante CLÈMERSON CLÈVE "Relaciona-se com a indeferibilidade do provimento, que deve ser tal por impedir o emprego de meios ordinários. Como urgência, está-se indicando perigo de dano, a probabilidade de manifestar-se evento danoso; enfim, a situação de periculosidade exigente de *ordinanza extra ordinem*"[2070].

GERALDO ATALIBA observa que "Só se pode reconhecer configurada a urgência, em se tratando de necessidade instante e improrrogável de disciplina normativa, cuja falta seja prejudicial, ou acarrete efeitos danosos, ao Estado ou ao interesse público"[2071].

Assim, se a obtenção da medida pode aguardar o processo de feitura das leis pelo Congresso Nacional, será abusivo o uso da medida provisória. Em outras palavras, havendo prazo assinalado ao legislador para cumprir e concluir o processo legislativo, devendo-se considerar especialmente, aqui, a existência do regime de urgência, e desde que a disciplina pretendida pelo Executivo possa aguardar referido trâmite, incabível, porque inconstitucional, sua apresentação pela via excepcional da medida provisória.

6.4. Cabimento

O cabimento da medida provisória deve ser sempre excepcional, como última alternativa a ser utilizada pelo Chefe do Executivo, sob pena de desvirtuar sua moldura original e inverter as funções de cada um dos "poderes" da República.

Pode-se citar, nesse contexto, o Decreto n. 2.954/99, que em seu art. 32, § 2º, declara que "não serão disciplinadas por medidas provisórias matérias que possam ser aprovadas dentro dos prazos estabelecidos pelo procedimento legislativo de urgência previsto na Constituição". Ora, ou essa limitação decorre do próprio contexto constitucional, ou então ficará na dependência da sensibilidade do Chefe do Executivo. É pa-

---

2068. *Medidas Provisórias*, 2. ed., p. 70.
2069. *Medidas Provisórias*, 2. ed., p. 69-70.
2070. *Medidas Provisórias*, 2. ed., p. 71-2.
2071. *O Decreto-Lei na Constituição de 1967*, p. 32.

tente a impossibilidade de decreto regulamentar o uso das medidas provisórias (não só materialmente, mas também pelo aspecto temporal, já que nada impede que se considere a revogação de referido decreto por medida provisória que lhe seja posterior).

6.5. Regime jurídico

No regime anterior à Emenda Constitucional n. 32/2001, uma vez editada medida provisória durante o período de recesso do Congresso Nacional, este haveria de ser convocado extraordinariamente, para reunir-se no prazo de cinco dias. Como se sabe, a convocação do Congresso durante o recesso pode gerar toda a sorte de inconvenientes, devendo-se observar, ademais, que implica dispêndios adicionais aos cofres públicos.

Na redação atual, o art. 62, *caput*, limita-se a impor ao Presidente da República a necessidade de submeter *de imediato* a medida provisória que editar ao Congresso Nacional. Embora se exija a submissão imediata da medida provisória, o certo é que calou a Constituição sobre a hipótese de convocar também imediatamente o Congresso Nacional no caso de estar em recesso.

É preciso concluir que a convocação extraordinária do Congresso Nacional não é mais automática ou imperiosa em tais circunstâncias. Subscreve-se tal conclusão após uma exegese sistemática da nova emenda, já que contempla expressamente no § 4º do art. 62 que o prazo de vigência das medidas provisórias será suspenso durante os períodos de recesso das Casas Parlamentares. Ora, se obrigatória fosse a convocação extraordinária em todas as hipóteses de recesso, não faria sentido falar em suspensão da contagem do prazo fatal de vigência das medidas provisórias durante os referidos períodos de recesso.

Essa pequena mudança implica, como se percebe, a possibilidade de alargamento do período durante o qual terão vigência as medidas provisórias, fazendo dissolver-se o conceito de "provisória" da medida engendrada pelo constituinte originário. Pouco a pouco, seja pela práxis, seja pelas reformas formais da Constituição, vai-se transfigurando o instituto originalmente contemplado.

6.6. Procedimento de conversão

O tema referente ao processo legislativo de conversão das medidas provisórias editadas encontra escassa disciplina constitucional. Encontra-se a respeito a Resolução do Congresso Nacional n. 1, de 1989, que promoveu a regulamentação do tema (art. 1º da Resolução) e que há de ser adaptada às novas regulamentações do tema introduzidas pela EC n. 32/2001.

Saliente-se, de pronto, que, atualmente, a prorrogação da medida provisória é automática, ou seja, independe de decisão do Presidente da República (§ 7º do art. 62).

Nas quarenta e oito horas seguintes à publicação, no *Diário Oficial da União*, de medida provisória, o Congresso Nacional fará publicar e distribuir avulsos da matéria, e designará comissão mista, para seu estudo e parecer (art. 2º da Resolução) que, uma vez designada, terá o prazo de doze horas para instalar-se. Agora, o § 9º do art. 62 é

934

expresso em determinar que "Caberá à comissão mista de Deputados e Senadores examinar as medidas provisórias e sobre elas emitir parecer, antes de serem apreciadas, em sessão separada, pelo plenário de cada uma das Casas do Congresso Nacional".

No prazo de cinco dias, contados da publicação da medida provisória, poderão ser apresentadas emendas, a serem entregues à secretaria da comissão designada (art. 4º da Resolução). Contudo, é vedada a apresentação de emendas que versem matéria estranha àquela tratada na medida provisória. Em tal situação, o presidente da comissão deverá, liminarmente, indeferir a emenda apresentada (§ 1º do art. 4º da Resolução).

No mesmo prazo de cinco dias, a Comissão deverá emitir parecer quanto à admissibilidade da medida provisória editada, no que se refere aos pressupostos de relevância e urgência (art. 5º, *caput*, da resolução).

Caso esse parecer seja negativo, considerando não estarem presentes os requisitos, deverá ser encaminhado à presidência do Congresso Nacional, que convocará sessão, que, no regime anterior, era conjunta e, atualmente, será em sessão separada de cada uma das Casas, para deliberar sobre a admissibilidade da medida provisória (inciso II do § 1º do art. 5º da resolução, superado pelos §§ 5º, 8º e 9º do art. 62 da Carta Constitucional). A votação deve ter início na Câmara dos Deputados (§ 8º do art. 62). No caso de ser realmente rejeitada, a medida provisória será arquivada, devendo o presidente do Congresso Nacional declará-la insubsistente e realizar a comunicação ao Presidente da República (art. 6º). Nesse caso, a comissão mista elaborará projeto de decreto legislativo para disciplinar as relações jurídicas decorrentes da vigência da medida provisória, cuja tramitação terá como Casa principal a Câmara dos Deputados (§ 3º do art. 62 da Constituição e parágrafo único do art. 6º da Resolução).

Sendo admitida a medida provisória, e havendo emendas, a comissão terá prazo de quinze dias, no máximo, a contar da publicação da medida, para emitir parecer que analise a matéria quanto aos aspectos de mérito. Também deverá apresentar parecer pela aprovação ou rejeição, com eventual projeto de lei de conversão ou de decreto legislativo disciplinando as relações jurídicas decorrentes da vigência da medida provisória. Aprovado o projeto de lei de conversão, será enviado à sanção presidencial (art. 7º da Resolução).

Em 2015, o STF decidiu, por ocasião da ADI 5127, que é inconstitucional o chamado "contrabando legislativo", isto é, a inclusão, em Medidas Provisórias, de emendas legislativas internas (oriundas de alguma das Casas do Congresso Nacional) que não apresentem pertinência temática com o versado originalmente (quer dizer, por decisão do Chefe do Executivo) na Medida Provisória. A decisão do STF, porém, teve efeitos *ex nunc*, e as inúmeras leis promulgadas até a data do julgamento que serviram ao "contrabando legislativo" não são inconstitucionais em virtude desse vício formal, que só se aplica aos casos ocorridos após a decisão judicial.

Recentemente, verificou-se prática congressual contra *constitutione*, que ignorou a etapa comissional mista. No âmbito da ADI 4.029, de relatoria do Min. Luiz Fux, o STF assentou que as Comissões Mistas e a magnitude de suas funções "no processo de conversão de Medidas Provisórias decorrem da necessidade, imposta pela Constituição, de assegurar uma reflexão mais detida sobre o ato normativo primário emanado pelo

Executivo, evitando que a apreciação pelo Plenário seja feita de maneira inopinada, percebendo-se, assim, que o parecer desse colegiado representa, em vez de formalidade desimportante, uma garantia de que o Legislativo fiscalize o exercício atípico da função legiferante pelo Executivo". Não obstante a fixação desta premissa, restou também consignado no aresto que seria temerário admitir que "todas as Leis que derivaram de conversão de Medida Provisória e não observaram o disposto no art. 62, § 9º, da Carta Magna, desde a edição da Emenda n. 32 de 2001, devem ser expurgadas com efeitos *ex tunc*".

Não editado o decreto legislativo regulamentador em até sessenta dias após a rejeição ou perda de eficácia de medida provisória, as relações jurídicas constituídas e decorrentes de atos praticados durante a medida provisória conservar-se-ão por ela regidas (§ 11 do art. 62). Trata-se da eternização das medidas que deveriam ser provisórias, sob o pretexto do atendimento à segurança jurídica.

No plenário, a matéria é submetida a um único turno de discussão e votação (art. 9º da Resolução).

Há, agora, a previsão de regime de urgência automático no caso de a medida provisória não ser apreciada em até quarenta e cinco dias contados de sua publicação, ficando sobrestadas, até que se ultime a votação, todas as demais deliberações legislativas (§ 6º do art. 62). Iniciando, como visto, o processo pela Câmara de Deputados, será o Senado prejudicado na maior parte dos casos pela estreiteza de prazo aqui consignado.

No início do ano de 2009, por solicitação do Deputado RÉGIS FERNANDES DE OLIVEIRA, o Presidente da Câmara dos Deputados, MICHEL TEMER, passou a questionar o entendimento de que a Medida Provisória não votada trancaria toda a pauta do Congresso Nacional. MICHEL TEMER passou a adotar entendimento segundo o qual não apenas a votação de resoluções estaria liberada, independentemente da extrapolação do prazo para votação de medidas provisórias, mas também de propostas de emenda à Constituição e leis complementares.

Em ação proposta pelo DEM e pelo PSDB, o Ministro CELSO DE MELLO admitiu a nova interpretação, escrevendo que "reflete, aparentemente, a justa preocupação com o processo de progressivo (e perigoso) esvaziamento das funções legislativas".

O entendimento de MICHEL TEMER está ancorado na constatação de que medidas provisórias não podem tratar de temas reservados a leis complementares e emendas constitucionais. Nessas hipóteses, portanto, não haveria motivo para que se falasse em trancamento da pauta também para essas outras espécies normativas. Apenas o processo legislativo da lei ordinária deverá merecer a consequência constitucional do sobrestamento. E essas leis "seriam analisadas pelos deputados nas sessões ordinárias"[2072]. Interpretação diversa permite, como efetivamente estava a ocorrer, um desvirtuamento do sistema de "Poderes" brasileiro; a agenda legislativa deve pertender, no presidencialismo, ao Congresso Nacional.

2072. *Jornal da Câmara*, de 30 de março de 2009, p. 3.

O procedimento de conversão de medida provisória em lei teve modificação em virtude da pandemia. Por meio do Ato Conjunto das Mesas da Câmara dos Deputados e do Senado Federal n. 1, de 2020, foi definido regime especial de tramitação de medidas provisórias. Esse rito temporário deve ser realizado tomando-se em consideração também a Resolução n. 1, de 2020 do Congresso Nacional.

Com essa previsão excepcional, a instauração de Comissão Mista para análise prévia dos pressupostos constitucionais de validação da MP deixa de fazer parte do rito processual. Isto é, há supressão — ainda que temporária — de um mecanismo fundamental de análise prévia dos requisitos de urgência e relevância, bem como da possibilidade de rejeição liminar de emendas estranhas ao objeto da MP, os chamados *jabutis*. Com essa restrição do devido exercício legislativo, as medidas provisórias, juntamente com as emendas parlamentares apresentadas, são encaminhadas diretamente para sessão plenária.

6.7. Vedações materiais

6.7.1. Vedações expressas

A Constituição de 1988 veio a lume sem qualquer limitação material explícita às medidas provisórias. Logo, contudo, a doutrina passou a impor-lhe limitações decorrentes do sistema constitucional, algumas absolutamente incontestáveis.

A partir da Emenda Constitucional n. 5/95, a regulamentação de determinadas matérias passou a ser vedada por via da medida provisória. Assim, no caso, o tema referente à exploração direta ou mediante concessão dos serviços locais de gás canalizado (art. 25, § 2º da Constituição).

Na mesma linha podem ser citadas as duas emendas constitucionais seguintes, que consagraram e reiteraram a mesma limitação, alterando o art. 246 da Constituição, que passou a determinar: "É vedada a adoção de medida provisória na regulamentação de artigo da Constituição cuja redação tenha sido alterada por meio de emenda promulgada a partir de 1995".

Trata-se, pois, de limitação temporal-material, porque todas as matérias versadas em emendas constitucionais posteriores à data mencionada não mais poderiam ser objeto de medida provisória. A limitação, embora necessária, foi, no caso, absolutamente esdrúxula[2073].

A discussão, contudo, perdeu boa parte de seu sentido, na medida em que, doravante, há expressa enumeração de matérias que ficam vedadas ao tratamento por via da emenda constitucional.

2073. Nesse mesmo sentido: Alexandre Mariotti, *Medidas Provisórias*, p. 80.

6.7.1.1. Vedação de matérias abordadas por emendas constitucionais entre janeiro de 1995 e setembro de 2001

A Emenda Constitucional n. 32/2001 alterou o art. 246 da Constituição, que passou a dispor: "É vedada a adoção de medida provisória na regulamentação de artigo da Constituição cuja redação tenha sido alterada por meio de emenda promulgada entre 1º de janeiro de 1995 até a promulgação desta emenda, inclusive".

Trata-se da vedação mais aberrante que se poderia ter, já que é totalmente aleatório o lapso temporal escolhido, bem como as matérias vedadas (que só foram vedadas por força do período e não da matéria em si).

Melhor seria manter a redação anterior ou mesmo suprimir referido artigo. O regime que este impõe é, sem sombra de dúvida, desarrazoado.

6.7.1.2. Matéria relativa a nacionalidade, cidadania, direitos políticos, partidos políticos e direito eleitoral

Consoante o disposto no art. 62, § 1º, I, *a*, não pode ser objeto de medida provisória a regulamentação de matérias relacionadas à nacionalidade, cidadania, direitos políticos, partidos políticos e direito eleitoral. Como se nota, há um elo que une todas essas referências. Nelas se pode constatar que qualquer mudança traria implicação direta ao processo eleitoral.

6.7.1.3. Direito penal, processual penal e processual civil

Determina a alínea *b* do inciso I do § 1º do art. 62 que é vedada à medida provisória o tratamento de matéria relativa ao direito penal, processual penal e processual civil.

Em matéria de lei penal, a doutrina quase unanimemente entendia que existe uma parte de sua disciplina que não poderia ser alcançada pela medida provisória, justamente por haver aí incompatibilidade absoluta entre a natureza de ambas.

Assim ocorrerá com todas as normas que pretendam a criação de novos tipos penais. Ora, além da gravidade de criar uma norma limitadora da liberdade individual com caráter temporário, é certo que as condutas sociais que merecem criminalização originam-se de um longo e lento reconhecimento de sua perniciosidade para o coletivo. Ao contrário, a medida provisória surge apenas quando houver relevância e urgência do tema.

Como observa com toda proficiência WALTER CLAUDIUS ROTHENBURG: "a verdadeira impossibilidade de se instituir crime/pena via medida provisória prende-se ao princípio da reserva legal (CB, art. 5º, XXXIX), ao sistema jurídico criminal, por isso que evoca a 'esdrúxula figura do crime condicional' (Manoel Pedro Pimentel): um crime que nasceria com a medida provisória mas correria o risco de — ante uma rejeição da medida pelo Congresso, que, ao regular (no caso, não convalidar) os efeitos jurídicos dela decorrentes, toma as condutas previstas e praticadas como não delituosas — desaparecer como se nunca tivesse existido"[2074].

2074. Medidas Provisórias e suas Necessárias Limitações, *RT*, v. 690, p. 318.

No caso do processo civil, a emenda vem em boa hora, já que o Poder Executivo é parte interessada nas demandas levadas a juízo, não se lhe devendo atribuir o poder de imiscuir-se em tal matéria. Confirma o que se disse a Medida Provisória n. 1.632/98 (atualmente, MP n. 2.183-56/2001), que alterou o prazo para a ação rescisória ajuizada pelo Poder Público, em evidente exemplo de medida em proveito próprio.

6.7.1.4. Organização do Poder Judiciário e do Ministério Público e temas correlatos

Outra limitação material às emendas constitucionais encontra-se na alínea *c* do inciso I do § 1º do art. 62, ao dispor que é vedada medida provisória que verse sobre a "organização do Poder Judiciário e do Ministério Público, a carreira e a garantia de seus membros". Os mesmos motivos observados para limitar a atuação do Executivo quanto ao Direito processual prestam-se a impedir sua atuação também quanto a essas matérias.

6.7.1.5. Planos plurianuais, diretrizes orçamentárias, orçamento e créditos adicionais e suplementares

A alínea *d* do inciso I do § 1º do art. 62 impede a edição de medidas provisórias sobre "planos plurianuais, diretrizes orçamentárias, orçamento e créditos adicionais e suplementares", ressalvando-se apenas o disposto no art. 167, § 3º.

Trata-se de matérias sensíveis ao constituinte originário, destinatárias de regramento constitucional específico, pelo que não deve haver condescendência com medidas provisórias versando tais temas. Nesse diapasão, há que invocar a Lei de Responsabilidade Fiscal, que certamente incidirá em eventual tentativa do Executivo de dispor provisoriamente sobre tais temas.

6.7.1.6. Bens, poupança popular ou ativos financeiros

O inciso II do § 1º do art. 62 veda à medida provisória dispor sobre: "detenção ou sequestro de bens, de poupança popular ou qualquer outro ativo financeiro".

A História brasileira torna clara a preocupação do constituinte reformador, visando a assegurar o cidadão contra a insegurança jurídica em torno de seu patrimônio.

Vale observar que as situações vedadas encontram possível amparo na instituição do excepcional empréstimo compulsório, disciplinado no art. 148 da Constituição Federal, mediante lei complementar.

6.7.1.7. Matéria de lei complementar

Considera-se que, no caso das leis complementares, a Constituição, tendo sido sempre expressa, não toleraria sua substituição por qualquer outro ato normativo. Ora, toda a doutrina já apontava a necessidade de impedir medidas provisórias sobre matéria reservada à dignidade de lei complementar à Constituição Federal. O inciso III do § 1º do art. 62 encampou tal orientação.

6.7.1.8. Matéria de projeto de lei aprovado dependente de sanção

O inciso IV do § 1º do art. 62 trata de impedir a edição de medida provisória sobre matéria relativa à qual o Chefe do Executivo já detém o poder de sancionar lei aprovada pelo Congresso e dependente apenas de sua manifestação. A limitação vem confirmar o caráter excepcional da medida provisória na sistemática constitucional.

6.7.2. A permanência de vedações implícitas

Antes do advento das limitações expressas acima mencionadas, a doutrina e a jurisprudência apontavam casos em que seria de admitir, por questões lógicas, a impossibilidade de medida provisória.

Mantém-se, agora, a mesma orientação, apenas ressalvando que o elenco atual de limitações não é *numerus clausus*[2075].

6.7.2.1. Matéria tributária

No campo tributário, a majoração ou criação de tributos deve ocorrer necessariamente por via de lei em sentido estrito, já que se haverá de atender ao princípio da anterioridade constitucional, o que é totalmente incompatível com a provisoriedade de sessenta dias da medida provisória, que deve alcançar eficácia desde o momento inicial de sua edição até o termo final referido. O comando do § 2º do art. 62 da CB, na nova redação, é extremamente confuso.

6.7.2.2. Matéria previdenciária

Em tema previdenciário, rende ensejo a consideração da norma constitucional da anterioridade específica de noventa dias. Ora, pelos mesmos motivos elencados para os tributos, também aqui há incompatibilidade da matéria com a natureza e fundamentos da medida provisória.

6.8. Nas Constituições estaduais e leis orgânicas municipais

Tomando por base uma suposta *obrigação constitucional de* simetria, pelo qual as normas, modelos e sistemas constantes da Constituição Federal devem, em certos temas, ser observados pelos Estados e Municípios na edição de suas respectivas Cartas orgânicas, pode-se concluir, validamente, pela possibilidade de previsão estadual e municipal de medida provisória. A previsão, é certo, há de constar expressamente da Constituição do Estado ou da lei orgânica do Município[2076].

Precisa, a respeito, contudo, a ponderação de CLÈMERSON CLÈVE: "Com as medidas provisórias, os legislativos estaduais e municipais restariam ainda mais esvaziados"[2077].

2075. Nesse mesmo sentido: Joel de Menezes Niebuhr, *O Novo Regime Constitucional da Medida Provisória*, p. 109.

2076. Michel Temer, mudando seu posicionamento adotado até a 8ª edição de seus *Elementos de Direito Constitucional*, passou a admitir a adoção pelos demais entes federativos de medida provisória.

2077. *Medidas Provisórias*, 2. ed., p. 154.

7. LEI DELEGADA

A lei delegada é o ato normativo cuja produção advém do Chefe do Poder Executivo, com base em expressa e específica autorização (delegação) por parte do Poder Legislativo.

7.1. Natureza jurídica

Embora editada pelo Chefe do Executivo, a lei delegada tem natureza de lei, porque inova originariamente a ordem jurídica, não se submetendo senão à própria Constituição, da qual aufere seu fundamento de validade.

7.2. Processo legislativo

As leis delegadas, como visto, são editadas pelo Presidente da República. Para tanto, porém, cumpre a este solicitar ao Congresso Nacional a delegação (art. 68 da CB).

Tem-se, portanto, aqui, um caso de iniciativa exclusiva do Presidente da República.

Existem algumas hipóteses e matérias que a Constituição, preventivamente, já afastou da possibilidade de delegação legislativa. Assim, não podem ser objeto de delegação legislativa: 1º) os atos de competência exclusiva do Congresso Nacional; 2º) os atos de competência privativa da Câmara dos Deputados; 3º) os atos de competência privativa do Senado Federal; 4º) a matéria reservada a lei complementar; 5º) a matéria sobre organização do Poder Judiciário e do Ministério Público, carreira e garantias de seus membros; 6º) a matéria sobre nacionalidade, cidadania, direitos individuais, políticos e eleitorais; 7º) a matéria relacionada aos planos plurianuais, diretrizes orçamentárias e orçamentos.

Encaminhada a solicitação presidencial, o Congresso Nacional deverá votá-la. A delegação será instrumentalizada na forma de resolução.

A resolução deverá especificar o conteúdo da lei delegada e os termos de seu exercício.

Existe uma segunda modalidade de lei delegada (§ 3º do art. 68 da CB), consoante a qual o Congresso Nacional pode determinar, na resolução de delegação, sua apreciação do projeto elaborado pelo Presidente. Nessas circunstâncias, a apreciação do Congresso Nacional deverá ocorrer em sessão única de votação, vedada qualquer emenda.

7.3. Controle

Também a lei delegada submete-se ao controle de constitucionalidade por parte do Poder Judiciário.

Contudo, por se tratar de delegação, ao Congresso Nacional foi atribuída competência para sustá-la quando considerar exorbitante dos limites constantes da delegação.

8. DECRETO LEGISLATIVO

O processo de tramitação de decreto legislativo não foi inserido na Constituição Federal, sendo disciplinado pelo regimento interno do Congresso Nacional.

De qualquer sorte, deve-se compreender o decreto legislativo (incluído expressamente no rol do art. 59 da CB) como o ato normativo próprio para veicular as matérias de competência exclusiva do Congresso Nacional, expressas no art. 49 da CB.

Ademais, como já referido, é também por via de decreto legislativo que o Congresso Nacional regulamenta as relações jurídicas derivadas de medida provisória que caduca ou é rejeitada.

Dentre as matérias próprias mencionadas no art. 49 da CB, cumpre salientar apenas aquela constante do inciso I: "resolver definitivamente sobre tratados, acordos ou atos internacionais que acarretem encargos ou compromissos gravosos ao patrimônio social".

9. RESOLUÇÃO

A resolução é, assim como o decreto legislativo, o ato normativo pelo qual se veiculam matérias próprias do Congresso Nacional e, ademais, de qualquer de suas casas. Diferencia-se, ainda, porque, como regra, seus efeitos são apenas *interna corporis*. A única exceção, neste caso, fica por conta da resolução que promove a delegação de competência legislativa para o Presidente da República, como analisado.

Saliente-se, ainda, que é o próprio art. 59 da CB que faz menção expressa às resoluções (inciso VII).

Referências bibliográficas

ATALIBA, Geraldo. *Lei Complementar na Constituição*. São Paulo: Revista dos Tribunais, 1971.

_____. *O Decreto-Lei na Constituição de 1967*. São Paulo: Revista dos Tribunais, 1967.

BASTOS, Celso Ribeiro. *Lei Complementar: Teoria e Prática*. 2. ed. rev. ampl. São Paulo: Instituto Brasileiro de Direito Constitucional/Celso Bastos Editor, 1999.

_____. *A Constituição de 1988 e Seus Problemas*. São Paulo: LTr, 1997.

BITTENCOURT, C. A. Lúcio. *O Controle Jurisdicional da Constitucionalidade das Leis*. 2. ed. Rio de Janeiro: Forense, 1968.

CARUSI, Vittoriana (Org.). *Costituzione della Repubblica Italiana e Testi Normativi Concernenti la Giustizia Costituzionale*. Roma: Istituto Poligrafico e Zecca dello Stato, 1990.

CIOLO, Vittorio di. *Questioni in Tema di Decreti-Leggi: Parte Prima*. Milano: Giuffrè, 1970.

CLÈVE, Clèmerson Merlin. *Medidas Provisórias*. 2. ed. rev. ampl. São Paulo: Max Limonad, 1999.

FERREIRA, Josué dos Santos (Org.). *Os Meandros do Congresso Nacional*. Rio de Janeiro: Forense, 2001.

FERREIRA FILHO, Manoel Gonçalves. *Do Processo Legislativo*. 4. ed. atual. São Paulo: Saraiva, 2001.

FIGUEIREDO, Marcelo. *A Medida Provisória na Constituição*. São Paulo: Atlas, 1991.

GRECO, Marco Aurélio. *Medidas Provisórias*. São Paulo: Revista dos Tribunais, 1991.

JOHNSON, Charles W. *How Our Laws Are Made*. Washington: U.S. Government Printing Office, 2000.

Jornal da Câmara. Ano 9, n. 2223, de 30/mar. a 5/abr., 2009.

MARIOTTI, Alexandre. *Medidas Provisórias*. São Paulo: Saraiva, 1999.

NIEBUHR, Joel de Menezes. *O Novo Regime Constitucional da Medida Provisória*. São Paulo: Dialética, 2001.

PONTES DE MIRANDA, Francisco Cavalcanti. *Comentários à Constituição de 1967*. Rio de Janeiro, 1960. t. 3.

RODRIGUES, Ernesto. *O Veto no Direito Comparado*. São Paulo: Revista dos Tribunais, 1993.

ROTHENBURG, Walter Claudius. Medidas Provisórias e suas Necessárias Limitações. *RT*, v. 690, São Paulo: Revista dos Tribunais, abr. 1993.

SAMPAIO, Nélson de Sousa. *O Processo Legislativo*. São Paulo: Saraiva, 1968.

SZKLAROWSKY, Leon Frejda. *Medidas Provisórias*. São Paulo: Revista dos Tribunais, 1991.

Capítulo LVII
DO PODER EXECUTIVO

1. PRESIDENCIALISMO

A discussão sobre o Presidencialismo origina-se na compreensão de qual é a forma de governo[2078] de determinado Estado. A forma de governo é, por seu turno, o modelo adotado no que se refere a identificar quem e como se governa. Assim, o pano de fundo do estudo do Presidencialismo, como não poderia deixar de ser, é a própria separação de poderes. Desde que se identificam as funções ("poderes") essenciais dentro de um Estado, é necessário identificar também a forma pela qual se dá seu exercício. No caso, o presidencialismo é a forma específica de relacionamento entre dois desses poderes, o Poder Executivo e o Legislativo.

Anota a esse respeito CARL FRIEDRICH, lembrando da Constituição da República de Roma, que esta era um exemplo "particularmente notório e significativo da mais cuidadosa divisão de poderes. Quando Polibio começou a analisar a Constituição romana, em termos de classificação das formas de Governo elaborada por Platão e Aristóteles, certamente deve ter ficado desconcertado com o descobrimento de que ali se apresentavam habilmente mescladas formas de Governo muito diversas"[2079]. Consoante o autor, a teoria do governo misto, originada aqui, foi desenvolvida pelos tratadistas do século XVII em suas doutrinas de separação de poderes. Daí seguramente poder-se afirmar da permanência, até a atualidade, de referida teoria, com a consagração da doutrina da separação de poderes.

1.1. Origem histórica

O Presidencialismo advém do modelo americano. No ano de 1787 as treze Colônias Americanas, que haviam proclamado sua independência em 1776, reuniram-se, na Filadélfia, para introduzir políticas de unidade e coesão em relação aos seguintes assuntos: manutenção de um exército comum, cunhagem de uma moeda única e regulação do comércio exterior. Acreditava-se na necessidade de um poder central, que, entretanto, não poderia significar o despotismo e a tirania. Nessa Convenção da Filadélfia, onde

---

2078. Forma de governo, terminologia utilizada por Norberto Bobbio no *Dicionário de Política*, diferencia-se de forma de Estado ou regime. Esta, fundamentada em Aristóteles, classifica-se pelo poder de um, de poucos ou de todos (autoritarismo, totalitarismo, democracia, aristocracia, república e monarquia).

2079. *Gobierno Constitucional y Democracia*, p. 349.

944

foi elaborada a Constituição ainda hoje vigente nos Estados Unidos, prevaleceu, depois de muitas controvérsias, a ideia da criação de um Poder Executivo independente do Poder Legislativo.

Não se quis acolher a ideia parlamentar inglesa, até porque ela traria dentro de si as então repudiadas influências monárquicas. Mas, como ressalta CELSO BASTOS: "... esse temor da monarquia não ia a ponto de se deixar de reconhecer a necessidade de um agente político que enfeixasse em suas mãos todas as funções executivas, inclusive as de comandar o Exército e exercer o governo na sua plenitude"[2080].

1.2. Principais características

A característica principal do Presidencialismo é a autonomia do Presidente da República perante o Congresso, isto é, o Presidente não necessita do apoio do Congresso para manter-se no poder[2081]. É importante ressaltar, no entanto, que o êxito de sua política governamental na direção do País vai depender de um bom relacionamento com o Legislativo, único meio que lhe pode assegurar a efetividade de seus programas, uma vez que estes dependem, em um Estado de Direito, de leis e da aprovação de verbas que custeiem a realização das metas assinaladas.

Outras características que podem ser assinaladas são: 1ª) o Presidente exerce o papel de Chefe do Estado e de chefe do governo concomitantemente; 2ª) os Ministros são meros auxiliares do Chefe do Executivo e demissíveis por ele a qualquer momento; 3ª) o Presidente não tem grande participação no processo legislativo; 4ª) o povo é quem elege, direta ou indiretamente, o Chefe do Executivo para o cumprimento de um mandato, e não o Parlamento.

1.2.1. Chefe de Estado

Chefe de Estado é aquele que tem a tarefa de representar o país no âmbito internacional e no âmbito interno.

Por que o Chefe de Estado é considerado irresponsável por seus atos políticos? Porque só presta contas ao cidadão, não ao Poder Legislativo.

1.2.2. Chefe de Governo

O chefe de governo é responsável por comandar a Administração Pública, devendo prever e executar as metas de desenvolvimento.

1.3. Funções do Presidente da República

É imperioso distinguir, na atualidade, entre *função de governo* e *função meramente administrativa*. Nesse sentido, consoante CARRÉ DE MALBERG, o que caracteriza o ato de governo seria a circunstância de que, ao contrário dos atos administrativos, "encontra-se livre da necessidade de habilitações legislativas e se cumpre pela autoridade

---

2080. Celso Ribeiro Bastos, *Curso de Teoria do Estado e Ciência Política*.
2081. Nesse sentido, Alexandre de Moraes, *Presidente da República: A Força Motriz do Presidencialismo*, p. 83.

945

com um poder de livre-iniciativa, em virtude de uma potestade que lhe é própria e decorre de uma origem distinta da lei"[2082]. O Presidente da República, disse WOODROW WILSON[2083], tem a confiança da nação na condução do Governo. A distinção parece ter acolhida, inclusive no STF, que, julgando o caso da iniciativa presidencial do projeto de lei de revisão geral anual da remuneração dos servidores da União, assentou que essa atribuição não se compreende dentre aquelas de natureza administrativa (ADIn 2.061/DF, rel. Min. Ilmar Galvão, *DJ* de 29-6-2001).

Isso não significa, porém, deixar de reconhecer a função administrativa como umas das principais atribuições do Poder Executivo. Não tem este, contudo, o monopólio da função administrativa, nem essa é a única função que exerce. Bastaria citar os processos administrativos e a possibilidade de editar medidas provisórias para constatar a possibilidade de julgar e editar normas de caráter geral e abstrato.

Dentre as funções primordiais[2084] do Chefe do Poder Executivo, tem-se ainda, a de expedir regulamentos para a fiel execução da lei (art. 84, IV). No caso de extrapolar da mera regulamentação, pode o Legislativo proceder ao seu controle (art. 49, V). Pode o STF, via controle concentrado-abstrato, controlar a constitucionalidade dos decretos? Tratando-se deste típico decreto, que é regulamentar (e não do decreto-autônomo), o STF, atualmente, poderá realizar seu controle abstrato-concentrado apenas via Arguição de Descumprimento de Preceito Fundamental, não por Ação Direta de Inconstitucionalidade.

O poder regulamentar é um ato normativo secundário, por pressupor e decorrer da lei. Contudo, poderia a lei impedir sua regulamentação por meio de regulamentos? Consoante entendem LUIZ ALBERTO DAVID ARAUJO e VIDAL SERRANO NUNES, a resposta é negativa, sob pena de invadir a competência do Poder Executivo[2085]. Há leis irregulamentáveis? Nenhuma lei pode intitular-se não regulamentável, sob pena de incidir na inconstitucionalidade por violação da separação de poderes.

Outra das funções importantes é a do veto. Este deve ser fundamentado. E se não houver a fundamentação no prazo constitucional? O projeto considera-se aprovado tacitamente. É a posição assumida, dentre outros, por Manoel Gonçalves F. Filho.

O Presidente da República pode delegar algumas de suas funções aos seus Ministros, ao Procurador-Geral da República ou ao Advogado-Geral da União, consoante permissão expressa do parágrafo único do art. 84. Essa delegação pode ser praticada exclusivamente quanto às funções de organizar a administração (VI), indultar (XII) e de prover e extinguir os cargos públicos (XXV). O objetivo deste dispositivo é apenas permitir alguma divisão de algumas tarefas que são rotineiras ou muito técnicas. A delegação permite que Ministros possam prestar um auxílio maior à Presidência em suas competências próprias.

2082. *Teoría General del Estado*, p. 483.

2083. Apud Edward S. Corwin, *Presidencial Powers and the Constitution*, p. 40.

2084. Para um estudo acerca dos "poderes" do Presidente da República: Alexandre de Moraes, *Presidente da República: A Força Motriz do Presidencialismo*, p. 175-240.

2085. *Curso de Direito Constitucional*, p. 252.

2. PRESIDENCIALISMO E PARLAMENTARISMO

A grande diferença entre os dois modelos está no papel do órgão legislativo. Enquanto no Parlamentarismo este não se limita a fazer leis, mas também é responsável pelo controle do governo, tomando posições políticas fundamentais, no Presidencialismo aquela atividade lhe é atribuída em caráter principal.

Além disso, no Parlamentarismo o Parlamento pode destituir o Gabinete (o conjunto dos Ministros), por razões exclusivamente de ordem política, enquanto no Presidencialismo isso só poderia ocorrer em relação ao Presidente da República e em razão da prática de certos delitos.

Ao comparar os dois sistemas, o Prof. CELSO BASTOS afirma: "(...) o que o presidencialismo perde em termos de ductibilidade às flutuações da opinião pública, ganha em termos de segurança, estabilidade e continuidade governamental"[2086].

É observada, recentemente, uma tendência de aproximação dessas posições inicialmente antagônicas. Foi o que ocorreu na França, em 1958, onde, por meio de uma votação plebiscitária, adotou-se um modelo que procura reunir vantagens dos dois sistemas. O tema será retomado ao final, por ocasião do estudo do "presidencialismo de coalizão".

3. A TEORIA DA SEPARAÇÃO DE "PODERES" E O PRESIDENCIALISMO

De acordo com os ditames da conhecida teoria da Separação de Poderes, os três poderes exercem, cada um deles, funções específicas no Estado. O modo como esses poderes se relacionam é que indicará a forma de governo adotada por um Estado. O Presidencialismo, como já dito, é o sistema no qual há uma divisão mais estanque entre o Legislativo, o Executivo e o Judiciário. No Brasil, segundo o art. 2º da CB, os poderes são harmônicos e independentes entre si.

Apesar da independência do Executivo, mencionada constitucionalmente, esse Poder responde por seus atos contrários à lei perante o Judiciário e, eventualmente, perante o próprio Legislativo. Essa responsabilidade alcança tanto o Estado como pessoa política quanto os agentes públicos no exercício de cargo.

Na realidade, não é rigoroso o uso da expressão "independência", nem mesmo "separação de Poderes". Não pode haver real independência nem absoluta separação, o que ocasionaria a paralisação do Estado ou uma disputa interna entre os "Poderes" insuperável. O que há é divisão (KELSEN e GIRONS), distribuição (LOEWENSTEIN), distinção (cf. EROS GRAU, ADIn 2.797), destaque, partilha das funções de um mesmo Estado entre diferentes órgãos desse mesmo Estado.

4. O PRESIDENCIALISMO NA EVOLUÇÃO HISTÓRICA BRASILEIRA

No Império a forma de governo era o Parlamentarismo, chamado dualista, pois o Gabinete deveria contar com a confiança do Imperador e com a representação popular.

2086. Celso Ribeiro Bastos, *Curso de Teoria do Estado e Ciência Política*, p. 173.

No entanto, desde o início da República, o Brasil foi presidencialista, com exceção do curto período de tempo, na década de 60, quando se optou pelo sistema parlamentarista por razões políticas, quais sejam a renúncia de JÂNIO QUADROS e a consequente resistência de alguns setores da elite em admitir JOÃO GOULART como seu legítimo sucessor. Este assume, então, sem poderes presidenciais, adotando-se o Parlamentarismo como solução política da crise no poder. Porém, já em 1963, através de um plebiscito realizado, o sistema presidencialista voltou a ser adotado no Brasil.

Com o advento da Constituição de 1988, instaura-se novamente a polêmica acerca do melhor sistema representativo para o Brasil, e, uma vez mais, com o plebiscito realizado no país em 27 de abril de 1993, foi confirmada a preferência pelo sistema presidencialista.

Nota-se que essa vasta prática presidencialista deve-se, em parte, à tradição de política brasileira, que é marcadamente centralizadora. Vislumbra-se a necessidade de, no sistema brasileiro, o Presidente da República ser mais responsável e prestar contas efetivas ao Parlamento, mas, ao mesmo tempo, observam-se dificuldades diante de uma Casa Legislativa onde Ministros são inoperantes, corruptos e sem responsabilidade, o que obriga a barganhas políticas com seus partidos dominantes.

4.1. O presidencialismo na Constituição Federal de 1988[2087]

Bem caracterizador do sistema presidencialista é o art. 76 da CB, que dispõe que o Poder Executivo, no Brasil, é exercido pelo Presidente da República, auxiliado pelos Ministros de Estado.

O art. 84, por sua vez, deixa claro o exercício das atividades de Chefe de Estado e de chefe de governo pelo presidente.

O Presidente da República tem a direção superior da Administração federal e do governo nacional.

4.1.1. Da eleição do Presidente da República

Consoante o art. 77, § 2º, da Constituição o Presidente da República só se considera eleito se alcançar a maioria absoluta dos votos (não são computados os brancos e os nulos). Não ocorrendo essa hipótese, deverá ser convocada nova votação, na qual os dois candidatos mais votados naquele primeiro momento concorrerão, sendo eleito o candidato que obtiver a maioria dos votos válidos[2088]. Se dentro do período que medeia a primeira votação e o segundo turno um dos candidatos desistir ou tornar-se impedido, ou ainda falecer, convoca-se o candidato que recebeu maior votação dentre os remanescentes. As expressões constantes dos §§ 3º e 2º do art. 77 são equivalentes. Assim, se, antes do segundo turno, algum dos candidatos morrer, desistir ou ficar impedido, deverá ser convocado remanescente de maior votação (art. 77, § 4º). Um dos objetivos

---

2087. Celso Ribeiro Bastos, *Curso de Direito Constitucional*, p. 373.

2088. Estes excluem os votos em branco e os votos nulos.

948

dessa engenharia constitucional é impedir a fraude nas votações, para que um nome seja considerado eleito sem a necessária maioria. Na hipótese, nem tanto cerebrina, de todos os remanescentes desistirem (imaginável nas eleições municipais), ter-se-ia, por motivos de legitimidade e de lógica interna do sistema, de convocar novas eleições para primeiro turno.

Se houver empate nas eleições (o que também é possível de imaginar em sedes eleitorais menores), o mais velho será considerado o vitorioso.

São condições de elegibilidade do Presidente da República (arts. 12, § 3º, e 14, § 3º, VI, *a*): 1ª) contar com mais de trinta e cinco anos; 2ª) ser brasileiro nato; 3ª) estar registrado por partido político; 4ª) estar no pleno gozo de seus direitos políticos.

O mandato do Presidente da República é de quatro anos. Até a Emenda Constitucional de Revisão n. 5/94, o mandato era de cinco anos.

4.1.2. Da reeleição do Presidente da República

A Emenda Constitucional n. 16/97 passou a permitir a reeleição do Presidente da República por um único período subsequente. A reeleição permite que se confira ao povo a oportunidade de julgar diretamente o governo realizado pelo Presidente em exercício, com o que sua recondução é sentida como um julgamento positivo do exercício do cargo. O fundamento legal está no art. 14, § 5º, da CB.

4.1.3. Do impeachment do Presidente da República

O art. 85 da CB dispõe sobre o crime de responsabilidade do Presidente da República, quando este atenta contra a Constituição.

Nos termos do art. 52, I, da CB, nos crimes de responsabilidade, se for admitida acusação contra o Presidente, pelo *quorum* de 2/3 da Câmara dos Deputados, será ele submetido a julgamento perante o Senado Federal. Já nos crimes penais comuns cometidos pelo Presidente antes de exercer tal função, ele só responderá judicialmente por eles após o término do mandato, consoante a regra do art. 86, § 4º, da CB.

Diante do processo de *impeachment* que transcorreu no ano de 2016, o Supremo Tribunal Federal teve a oportunidade de definir as especificidades acerca das regras do procedimento, da defesa e das formalidades das votações nas duas Casas legislativas. Esse balizamento ocorreu no julgamento da ADPF n. 378[2089], de autoria do Partido Comunista do Brasil.

A necessidade de propositura da ação decorreu, em parte, do fato de a Lei do *Impeachment*, Lei n. 1.079/50, ter sido promulgada antes da vigência da Constituição atual, cabendo um juízo acerca de sua recepção pelo sistema constitucional vigente.

No modelo jurídico anterior, competia à Câmara dos Deputados decretar a denúncia. Já no regime da CB de 1988, cabe à Casa dos Deputados apenas *autorizar* a instauração do processo. Diante dessa modificação, o STF declarou não recepcionados os

---

2089. ADPF 378/MC/DF, j. 17-12-2015, rel. Min. Edson Fachin, redator do acórdão Min. Roberto Barroso.

arts. 23, §§ 1º, 4º e 5º, 80 e 81 da Lei do *Impeachment* em face do disposto nos arts. 51, I, 52, I, e 86, § 1º, II, da Constituição do Brasil.

Uma das principais consequências práticas desse entendimento foi firmar a posição de que a autorização de início do processo pela votação na Câmara dos Deputados não tem o efeito de suspender o Presidente da República, o que se dá, apenas, pela efetiva instauração do processo no Senado Federal, após votação em maioria simples de seus membros nos termos do art. 86, § 1º, II, da Constituição do Brasil.

Tanto no crime de responsabilidade como nos crimes comuns praticados em conexão com o exercício do mandato, se recebida a denúncia (o recebimento cabe ao Supremo Tribunal no caso de crime comum e ao Senado Federal no caso de crime de responsabilidade), ficará o Presidente afastado do exercício de suas funções, e, se no correr de 180 dias der-se o julgamento e for concluída a sua culpa, ele sofrerá uma sanção política que é a perda do cargo, bem como ficará proibido de se reeleger por determinado período. É essa perda do cargo que caracteriza o *impeachment*.

Nos moldes do rito do *impeachment* do ano de 1992, o STF determinou, na ADPF n. 378, que "há de se estender o rito relativamente abreviado da Lei n. 1.079/50 para julgamento do *impeachment* no Senado" de modo que se inclua uma fase sobre "a pronúncia ou não do denunciado"[2090]. Essa fase possibilita a ampliação da atuação defensiva, que também ocorre de forma preliminar à pronúncia.

Essa decisão a respeito da pronúncia do Presidente da República manifesta-se mediante a votação no Plenário do Senado Federal de um relatório aprovado por uma Comissão Especial específica para o *impeachment*. Na ADPF n. 378, o STF decidiu que essa, assim como todas as votações desse processo, devem ser abertas "de modo a permitir maior transparência, controle dos representantes e legitimação do processo".

O Supremo Tribunal Federal garantiu, ainda, na referida ADPF, o direito de a defesa se manifestar sempre após a acusação, como corolário da garantia constitucional do devido processo legal. No mesmo sentido, ficou decidido que o último ato de instrução deve ser o interrogatório do Presidente da República.

Alguns aspectos processuais, no entanto, não foram definidos pelo Supremo Tribunal Federal. O tempo destinado à resposta das testemunhas, por exemplo, foi definido[2091] pela Comissão Especial do *impeachment* e ratificado em recurso julgamento pelo Presidente do STF, que entendeu que se trata de questão *interna corporis*[2092].

A partir da pronúncia do Presidente da República, no caso de *crime de responsabilidade*, as sessões do Senado Federal passam a ser presididas pelo Presidente do STF e a decisão sobre a perda definitiva do cargo se dá caso o mínimo de 2/3 dos Senadores entenda pela efetiva ocorrência dos fatos imputados ao Presidente da República (cf. art. 52, parágrafo único, da CB), e desde que os fatos sejam considerados crimes de responsabilidade.

2090. As referências deste item são extraídas da ementa do acórdão do STF.

2091. Três minutos.

2092. Documento n. 52 na Denúncia n. 1 do Senado Federal, j. 15-7-2016.

Previamente à decisão final, a Comissão, sob a presidência do Ministro Presidente do Supremo Tribunal Federal, procede às fases de inquirição de testemunhas, acusação e defesa do Presidente da República.

4.1.3.1. Regime democrático e *impeachment*

A democracia, como visto anteriormente, tende a ser concebida como resultante direta da possibilidade de participação de todos interessados na escolha de seus representantes eleitos. A atribuição de votos tanto significa participação democrática dos atores sociais como legitimidade para a ação dos eleitos. Embora a democracia não se possa circunscrever a um único momento, ela certamente está presente quando se fala da decisão das urnas no Brasil, bem como da garantia efetivada, aqui, do voto direto, secreto, universal e periódico.

Em uma grande democracia como a brasileira, a escolha do Presidente da República apenas após a concordância da maioria *absoluta* dos votos (não computados os votos brancos e os votos nulos, cf. art. 77, § 2º, da CB) representa um reforço de legitimidade democrática, posto que não basta a maioria *simples* dos votos para alcançar o mais alto posto do Poder Executivo nacional.

Neste sentido, ou seja, no sentido constitucional, haverá tanto mais democracia quanto maior for a participação dos eleitores na escolha de um dentre os nomes que os partidos políticos apresentam.

Uma segunda característica de nossa democracia está em ser exercida, necessariamente, por meio dos partidos políticos. Não se admitem, no Brasil, as chamadas candidaturas avulsas, nem agremiações que não sejam devidamente registradas como partidos políticos de expressão nacional.

Dessa maneira, é também inevitável concluir que mais democracia, no sentido constitucional, significa também ampliar as pontes entre a sociedade civil e as agremiações partidárias, seja em termos da transparência, seja em termos de coerência e firmeza ideológica destas associações.

A utilização de um mecanismo, como o *impeachment*, pelo Congresso Nacional (dentro do papel recebido por cada uma das Casas) significa, sempre, *inabilitar milhões de votos e conexões construídas no tecido social pelos partidos políticos e pelo cidadão*. Sua excepcionalidade, em termos democráticos, não pode ser ignorada; pelo contrário, deve ser permanentemente relembrada, de maneira a servir como advertência quanto ao seu uso inadequado, ainda que o desvio possa parecer mínimo.

Não haverá mais democracia no Brasil pelo uso vulgarizado do *impeachment*, ainda que ocorra com a instauração pela maioria qualificada de 2/3 dos votos da Câmara dos Deputados e sua continuidade e eventual imposição pela maioria no Senado Federal em consonância às regras formais de tramitação e decisão[2093].

2093. O Supremo Tribunal Federal decidiu que após a decisão da Câmara dos Deputados autorizando o início do processo, a instauração no Senado Federal se dá por "deliberação da maioria simples de seus membros, a partir de parecer elaborado por Comissão Especial" (ADPF 378/MC/DF, j. 17-12-2015, rel. Min. Edson Fachin, redator do acórdão Min. Roberto Barroso).

Isso porque o *impeachment* não pode ser assimilado como mecanismo de democracia nem como mecanismo rotineiro em democracias. Nem uma coisa, nem outra. Nem promove a democracia, pois não se destina constitucionalmente a isso, nem lhe é imanente. O *impeachment* atende a outra lógica, atinente a aspectos de defesa da Constituição e do Presidencialismo.

Ademais, à Democracia (agora em termos mais conceituais) há de se assinalar uma terceira característica, que a distancia do Governo das maiorias. A Constituição de 1988 representa um marco democrático inequívoco, não apenas pela efetiva superação do terrível regime da ditadura militar, mas também porque, como explicitado em Capítulos precedentes, estabeleceu uma democracia dos direitos fundamentais, das minorias e do desenvolvimento nacional.

Neste último sentido, costuma-se assinalar que a democracia constitucional estabelece *um Governo contramajoritário*. A afirmação é conceitual e atemporal. Maiorias, conjunturais ou não, devem respeitar balizas mínimas, alocadas na Constituição, que as impedem de avançar, legitimamente, em determinadas pautas que, por isso, tornam-se intransponíveis, ainda que seja possível constatar, em dada realidade, uma oposição majoritária. As condições mínimas de abertura e conclusão do processo de *impeachment* encontram-se precisamente nesse setor.

Em outras palavras, a democracia brasileira resguarda-se contra a formação de maiorias conjunturais (e por maior motivo, de minorias radicais ou extremistas) que acenem com caminhos que pretendem reformar ou eliminar valores considerados básicos à sociedade. Essas ocorrências costumam ser mais comuns em períodos de crise, seja na crise econômica, seja na crise política.

Nesse sentido, o *impeachment* não é nem pode ser uma alternativa à democracia eletiva, ou às políticas econômicas adotadas por determinado Governo. Descontentamento político com a postura de algum Presidente da República, desilusão com determinadas políticas econômicas (ou com políticas públicas) e, igualmente, o esmorecimento de laços de confiabilidade no projeto governamental, não ensejam *impeachment*. Dessas razões não se pode valer o Congresso Nacional sem incursionar firmemente, ele próprio, em desvio grave à democracia e à Constituição.

Não se pode subverter nosso sistema para atender ao desejo de fazer uso do (e instaurar o) *voto de desconfiança*, típico de modelos parlamentaristas, mas completamente descabido em nosso sistema. Utilizar essas razões para permitir a abertura do processo de *impeachment* seria atuar completamente à margem da Constituição, para seguir exclusivamente um voluntarismo que pode resvalar facilmente para o autoritarismo ou para golpismos de várias matizes. Aqui, sim, estaríamos em atentado nítido à Constituição. O remédio para os inapropriados caminhos que costumam ser oferecidos é a própria democracia constitucional, com seus bloqueios normativos e sistema de nulidades. Essa é uma das conhecidas vocações do constitucionalismo, e que tem servido exemplarmente bem às sociedades que a esse modelo se alinharam.

O *impeachment* não é um mecanismo para testar novamente o resultado das urnas ou a vontade formalmente manifestada por toda a sociedade. Entende-se, pois, que essas sequer se tornem preocupações manifestas das Casas do Congresso Nacio-

952

nal quando se trata legitimamente de um *impeachment*. É, em realidade, um mecanismo típico do modelo Presidencialista brasileiro, de defesa da Constituição e, portanto, de suas instituições.

4.1.3.2. Presidencialismo e responsabilização

No presidencialismo, especialmente o brasileiro, é cediço, como já mencionado, estamos diante de um sistema de Governo fortemente marcado pelo personalismo, característica que tanto pode ser considerada positiva quanto negativa, a depender do ângulo que se emprega na análise.

O presidencialismo nasce, historicamente, com a atribuição de responsabilidades e deveres ao cidadão escolhido para personificar o interesse social e a liderança.

O regime de responsabilizações, porém, é muito próprio, pois o forte personalismo da figura presidencial acabou por desenhar uma tutela especial muito peculiar.

O chamado crime de responsabilidade integra, portanto, o *regime presidencialista brasileiro de responsabilização restrita*, que contempla a possibilidade de se levar adiante a responsabilização presidencial na hipótese de caracterizar-se *atentado à Constituição* (art. 85, *caput*), desde que admitida a acusação contra o Presidente por dois terços da Câmara dos Deputados.

Não sendo mecanismo corriqueiro da democracia, o *impeachment* emerge quando temos um *atentado à Constituição*, como assevera sua própria hipótese de incidência (art. 85, *caput*, da CB), não uma ou outra inconstitucionalidade praticada pelo Presidente da República. Aliás, a diferenciação é bem conhecida da melhor doutrina constitucional. Cita-se, a propósito, as lições de GIUSEPPE DE VERGOTTINI, Professor Emérito da Universidade de Bolonha, ao analisar o caso italiano, similar que é, neste tópico, ao brasileiro, especialmente pela referência ao "atentado à Constituição" (art. 90). Adverte VERGOTTINI que "a esse respeito está esclarecido que a violação de disposições constitucionais não significa automaticamente atentado à Constituição. Este último é composto pela determinação direta de subverter radicalmente a ordem constitucional vigente"[2094].

O atentado à Constituição e a inconstitucionalidade são fenômenos fático-normativos significativamente diversos e a falta de compreensão dessa disparidade fenomênica vai permitir, à parte da doutrina, alcançar resultados chocantes à técnica e ao rigor científicos. Ilustro com uma situação bem conhecida para o caso brasileiro. Imagine-se que uma Lei aprovada pelo Congresso Nacional e sancionada pelo Presidente da República seja reputada inconstitucional pelo Supremo Tribunal Federal. Está, aí, caracterizado o ato de sanção da Lei, inequivocamente, inconstitucional. Não há divergência doutrinária nesse ponto. Nem por isso se cogitaria de levar às barras do juízo senatorial de impedimento o Presidente da República. Praticar um ato contrário à Constituição não equivale a atentar contra a Constituição, para fins de *impeachment*. Ignorar essa circunstância significará estabelecer um regime da instabilidade

---

2094. Giuseppe de Vergottini. *Diritto Costituzionale*. 8. ed. Padova: Cedam, 2012, p. 551.

democrática, cujos resultados só podem ser, a curto, médio e longo prazos, catastróficos para a sociedade.

Ao falar-se em subverter radicalmente a Ordem Constitucional vigente é consubstancial a essa conduta o elemento doloso. É também imprescindível um ato positivo, no sentido de que o resultado haja sido desejado e por ele tenha atuado efetivamente o Presidente.

A Lei n. 1.079/50, ao supostamente especificar as práticas ensejadoras de *impeachment*, não pode ser compreendida fora desse marco constitucional. Não se pode, pois, acessar o conteúdo dessa legislação com a lupa comumente utilizada na aplicação das leis civis ou do regime administrativo em geral.

Fica assim, pois, mais evidenciado o motivo pelo qual não se deve, rigorosamente, falar em *impeachment* como mecanismo para obter-se mais democracia ou reforçá-la, mas sim como mecanismo para a defesa da Constituição (via Supremo Tribunal Federal e Congresso Nacional), contrapondo-se, inclusive, às decisões democraticamente assumidas.

É certo que, indiretamente e em sentido mais abstrato, protege-se também a democracia, mas é preciso bem compreender essa afirmação. Tal forma de tutela ocorre apenas quando o *impeachment* se dirige contra ataques presidenciais identificados como pretensão de afastar o modelo democrático, seja pela violação presidencial às garantias do voto e dos direitos políticos (art. 85, inc. III, da CB), incluídos, aqui, atos presidenciais que eliminam os partidos políticos da vida nacional para perpetuar-se o Presidente no poder, ou, ainda, atos presidenciais que caracterizem um Governo que usurpa os demais "Poderes" da República e suas decisões (art. 85, inc. II e VII, da CB).

É possível afirmar, validamente, ainda, que o *impeachment* é um mecanismo de proteção do próprio presidencialismo, evitando que as bases do poder presidencial sejam ignoradas, violadas ou sofram um ataque por aquele que assumiu o dever constitucional de comprometer-se com sua defesa intransigente[2095]: "Art. 78. O Presidente e o Vice-Presidente da República tomarão posse em sessão do Congresso Nacional, *prestando o compromisso de manter, defender e cumprir a Constituição*, observar as leis, promover o bem geral do povo brasileiro, sustentar a união, a integridade e a independência do Brasil".

O *impeachment*, no Brasil, significa um mecanismo não apenas do presidencialismo, mas é também um mecanismo de autoproteção constitucional. A Constituição protege a si mesma. Assim como ocorre com as hipóteses de cláusulas de eternidade (art. 60, § 4º, da CB), também as hipóteses de *impeachment* (art. 85 da CB) significam um mecanismo constitucional específico de preservação da própria Constituição, de seus comandos, valores ou pretensões mais "sensíveis".

2095. A conexão entre o art. 78 e a possibilidade de responsabilização política do Presidente da República vem assinalada também por Michel Temer, cf. *Elementos de Direito Constitucional*. 8. ed. São Paulo: Revista dos Tribunais, 1990, p. 165, n. 9.

O quadro normativo-constitucional assim delineado não configura um ponto cego do regime presidencialista, posto que a responsabilidade do exercente de qualquer Poder, inclusive do Presidente, permanece para já, quando estiver dentro dos parâmetros fixados, bem como resta para o futuro, nos termos acima indicados, para os fatos típicos indicados na legislação vigente. Não há, pois, uma irresponsabilidade penal absoluta do Presidente da República no Brasil (cf. STF, Inq. 672-QO, rel. Min. Celso de Mello, *DJ*, 16-4-1993).

Se, de um lado, para o bom desempenho das múltiplas e altamente complexas funções presidenciais, é relevante resguardar a figura do Presidente de responsabilizações (penais) espúrias ao exercício de seu mandato, durante o exercício deste, quando se reportem a fatos anteriores ao mandato, ou a fatos ocorridos durante o mandato mas que não guardem relação com este, de outro lado, essa proteção não poderia englobar o eventual ataque presidencial à própria Constituição, que é sua fonte indireta de legitimidade e seu paradigma de ação. Seria racionalmente paradoxal que a Constituição protegesse a tal ponto o Presidente da República que abandonasse a si própria.

Isso não significa, porém, que o processo de *impeachment* seja uma opção livremente aberta para o caso de querer-se, por qualquer motivo, responsabilizar o Presidente da República, bastando superar o quórum altamente qualificado de 2/3 dos votos dos parlamentares. Crises políticas, crises econômicas e até crises sociais não constituem, por si mesmas, elementos ensejadores de um processo de *impeachment*. As causas que, remotamente, podem ter rendido essas crises, ou para elas contribuído, podem configurar, sim, hipóteses válidas de *impeachment*. Assim se concebem os atos do Presidente que atentem contra "a probidade na administração" (hipótese do inc. V do art. 85 da CB) e "a lei orçamentária" (hipótese do inc. VI do mesmo artigo), apenas para oferecer, neste ponto, algumas hipóteses ilustrativas mais intuitivas.

Bem compreender os caminhos da Constituição brasileira requer não apenas conhecer seus limites gramaticais, que efetivamente existem. Neste ponto, recordo-me das lições de Frank O. Bowman e Stephen L. Sepinuck[2096] que, em artigo dedicado ao *impeachment* nos EUA (cujo desenho é diverso do brasileiro, embora tenha nos inspirado sob a Constituição brasileira de 1891), chamam a atenção para uma vinculação, que é chave de leitura em ambos os países, a chamada "fidelidade constitucional", comumente ignorada no Brasil.

Recordam esses autores, em lição plenamente válida ao Brasil, que o texto da Constituição efetivamente estabelece as hipóteses de *impeachment*. Assim, embora a palavra final sobre o afastamento ou não de um Presidente da República seja do Congresso Nacional, não havendo aqui, como sabemos, um dever constitucional de fazê-lo, há um desenho constitucional a ser respeitado, para que surja validamente esse espaço de opção. Nesse sentido temos a fidelidade, os limites gramaticais. As Casas do Congresso Nacional encontram-se constritas pela Constituição, apesar da liberdade na

---

2096. "High Crimes & Misdemeanor": Defining the constitutional limits on presidencial impeachment. In: *Southern California Law Review*, n. 72, 1999.

decisão final. Além do aspecto da fidelidade ao texto constitucional, é preciso, como destacado inicialmente, muito mais. É imperativo para bem situar-se perante a Constituição, flagrar as cláusulas constitucionais em suas relações recíprocas (leitura unitária), em suas relações concretas (concretismo metodológico na estruturação da norma final) e em suas relações orgânicas (com a interpretação finalística).

Reafirmando a centralidade da impreterível subsunção aos ditames constitucionais em um Estado de Direito, especialmente em relação ao *impeachment*, duas recentes decisões dos Ministros do STF, Teori Zavascki[2097] e Rosa Weber[2098], recrudesceram o disposto no parágrafo único do art. 85 da CB e na Súmula 46 do Supremo Tribunal Federal. Naquele tem-se expresso que as regras processuais e de julgamento dos crimes de responsabilidade do Presidente da República, assim como a definição destes, são matérias reservadas à lei especial. Por sua vez, a Súmula sedimentou serem estas de competência privativa da União[2099]. Dessa forma, em ambos os casos, considerou-se ilegítima a atuação do Presidente da Câmara dos Deputados que estabeleceu novas regras para o processamento dos pedidos de *impeachment*, inovando em relação às disposições sobre a matéria já constantes na Lei n. 1.079/50, editada pela União, e também em relação aos procedimentos prescritos no Regimento Interno da Casa. Resta, portanto, evidente, para além da essencialidade da vinculação às disposições normativas constitucionais, a relevância e acuidade que o objeto *impeachment* enseja.

Em outros termos, resta evidenciado que o *impeachment* não está configurado constitucionalmente para uso imediato e aberto, em momentos de convulsão social, de tragédias nacionais ou de crises globais.

A responsabilização do Presidente, com a perda do mandato, é tratada topicamente pela Constituição do Brasil, demandando o que se denomina de "atentado à Constituição" como única hipótese legítima deflagradora do processo de impedimento, nos termos em que se encontra talhada nos incisos do art. 85 da CB.

4.1.3.3. Reeleição e mudança implícita da hipótese temporal ensejadora do *impeachment*

A Emenda Constitucional n. 16, de 1997, alterou a redação do § 5º do art. 14 da CB para passar a permitir o que originariamente, em 1988, era vedado: a reeleição do Presidente da República. Mudanças pontuais da Constituição como essa, aparentemente simples em sua assimilação, são, em realidade, operações que se mostram despreocupadas com o sistema e com as normas anteriores capazes de arrastar consigo, gerando, com isso, permanente desconforto em termos de segurança jurídica e de coerência normativa.

2097. Medida Cautelar em MS 33.837/DF, j. 12-10-2015.

2098. Medida Cautelar na Reclamação 22.124/DF, j. 13-10-2015.

2099. Sobre este aspecto, o mesmo Tribunal, na ADI 4.791/PR (rel. Min. Teori Zavascki. j. 12-2-2015), considerou parcialmente inconstitucionais normas da Constituição Estadual do Paraná que inovaram em relação à Lei n. 1.079/50, atentando à reserva de competência da União.

Concomitantemente com esse movimento de "emendismo", tem-se uma permanente revisitação constitucional por parte dos operadores do Direito, para emprestar a esse documento significados mais adequados à evolução social, às inovações tecnológicas e aos novos desafios mundiais. Não se trata, aqui, de exercer uma crítica ao Direito, mas de movimentar-se dentro do Direito, em seus espaços abertamente positivados, para alargá-los ou reduzi-los, supostamente pela via interna da interpretação, ponderação, etc. Vislumbra-se aqui o que se denomina comumente como *living constitution*, o que certamente reduz o obsoletismo do texto elaborado em contexto histórico diverso.

Mas esses dois aspectos podem acabar por animar o aplicador atual a um movimento que, efetivamente, não lhe cabe, sob pena de frustrar o modelo presidencialista e cometer-se verdadeira fraude constitucional.

A conhecida mutação informal da Constituição encontra limites severos no tema "separação de poderes". Se em âmbito de direitos fundamentais é preciosa a leitura atualizada, ensejadora de uma amplitude inicialmente não cogitada para os direitos, geralmente operada pelo Poder Judiciário, esse raciocínio é incompatível com as questões estruturais dos Poderes, para reduzir ou ampliar o espectro de cada um dos poderes da República.

É nesse contexto que considero o esforço argumentativo que se vale da EC n. 16/97. Sugere-se que a inovação por ela introduzida, quanto à reeleição, teria a capacidade de ampliar as hipóteses originais ensejadoras de *impeachment*. Essas colocações reconhecem, como não poderia deixar de ser, a aderência inicial do *impeachment* a um único mandato ("vigência de seu mandato"), de cinco anos naquele momento, como o único passível de ser exercido por um Presidente da República e o único sobre o qual se poderia falar em responsabilidade política. Essa coerência inquebrantável foi perturbada (mas não só ela) pela referida Emenda.

A reeleição, ao permitir que o mesmo mandatário pudesse exercer mais um (único) mandato imediatamente sucessivo, passou, então, a ser utilizada por alguns autores como fundamentação para a ampliação das hipóteses (temporais) de responsabilização do Presidente da República. Considero essa leitura desautorizada pelo sistema constitucional presidencialista, pelos elementos que aduzo a seguir. Em primeiro lugar, a reeleição enseja *status* diverso do *status* decorrente, por exemplo, de uma continuidade do mandato anterior. Na reeleição uma nova investidura democrática é anunciada. Com isso, considero que não se pode cogitar de uma analogia ou mesmo interpretação ampliativa, para admitir a imputação de responsabilidade em caso ocorrido, em tese, no mandato anterior encerrado. Não vale, aqui, o olho comum, que apenas enxerga o continuísmo.

Assim, a reeleição, uma vez efetivada na prática, estaria a atrair, para muitos, a fusão de mandatos, de maneira a poder-se perscrutar todo o período de um mandatário (não de um mandato, mas de dois), *ignorando-se o momento democrático de renovação dos laços de legitimidade e de mudança*. Essa solução, quando entregue à sua própria fortuna, exigirá a responsabilização também em casos de hiato entre o exercí-

957

cio de um mandato e outro, posto que não haveria solução de continuidade subjetiva. Aqui já surge um índice da perplexidade que a solução propugnada porta em si.

Em segundo lugar, permitir que o Presidente da República responda por crimes de responsabilidade supostamente cometidos em mandato anterior significaria que a mudança na vedação da reeleição também teria sido uma mudança das regras do Presidencialismo, especificamente falando, do *impeachment*, ou seja, um efeito da nova cláusula constitucional da reeleição seria ampliar a responsabilização temporal do Presidente da República, reduzindo o regime específico de garantias.

Tem-se nesse encaminhamento *uma remodelagem ilegítima do regime constitucional de presidencialismo brasileiro*, calcada na cláusula que passou a permitir a reeleição. *Essa construção despreza a supremacia constitucional* e promove uma interpretação da Constituição consolidada conforme Emenda. Ademais, não se trata de uma interpretação constitucionalmente conforme, já que, se não fosse por outros motivos, esta há de partir da Constituição original e em vigor, e não o oposto, quer dizer, em vetor direcionado à Constituição, mas que parte de outros elementos normativos externos a essa Constituição (como a Emenda ou vozes pseudomajoritárias momentâneas).

Ainda que a Emenda da reeleição pudesse servir como porta de acesso à mudança do específico regime presidencialista cogitado em 1988, novamente fragilizando-o, é preciso reconhecer que há uma mudança (informal) que se pretende operar a partir deste contexto histórico. Em assim sendo, é preciso também indagar se há vedação constitucional a uma mudança retroativa nesse tema, de maneira a não se admitir que o Presidente em exercício seja responsabilizado por suposto crime cometido em mandato anterior — se por hipótese o STF admitir essa extensão da responsabilidade política — já que mudanças de entendimento do regime, ainda que advindas do STF, não deveriam ser retroativas, alcançando desde logo quem estiver no exercício do cargo no momento da mudança de entendimento.

Nesse quesito o STF, recentemente, entendeu, ainda dentro da temática matéria político-eleitoral, que mudanças que significam novas formas de inelegibilidades (Lei Ficha Limpa) só podem ser prospectivas. Os fundamentos constitucionais ali anunciados servem com exatidão ao caso de *impeachment*, pois estamos em seara de restrição de direitos. Nesse caso, restringir-se-iam (como efeito do *impeachment*) tanto os direitos políticos do mandatário eleito, como também o direito fundamental (do povo) à democracia e ao voto manifestado.

4.1.3.4. A responsabilização do Presidente da República e o TCU

Nos termos em que foram anteriormente expostos, é certo que a Constituição de 1988 elenca atos do Chefe do Poder Executivo federal que configuram "crimes de responsabilidade" (art. 85 da CB). Para que a atuação presidencial seja tipificada como tal, particularmente no que concerne às hipóteses dos incisos V e VI do referido dispositivo — atos ímprobos e desrespeito à lei orçamentária, respectivamente —, a atuação do Tribunal de Contas mostra-se relevante.

958

Entre as funções constitucionais deste órgão está a *apreciação* anual das "contas prestadas pelo Presidente da República" (art. 71, I). O Tribunal de Contas, como órgão auxiliar do Parlamento, é responsável por proferir *parecer* contendo referida análise. Portanto, tem início neste órgão técnico o exercício da função constitucional fiscalizadora do Poder Legislativo em relação ao chefe do Executivo.

Porém, faz-se imprescindível sublinhar o caráter indicativo da análise e conclusão apresentadas pelo Tribunal de Contas. Essa inferência decorre diretamente da determinação constitucional que prescreve ser competência exclusiva do Congresso Nacional o julgamento das "contas apresentadas pelo Presidente da República" (art. 49, inc. IX, da CB). Acrescente-se, ainda, a índole "auxiliar" do órgão sob análise, sendo titularidade do Congresso Nacional o desempenho do controle externo, conforme expressamente consagra o art. 71, *caput,* da CB. Portanto, seria incompatível com a Constituição que o parecer do Tribunal fosse conclusivo, que pretendesse vincular os congressistas ou mesmo que pretendesse constrangê-los.

No exercício de competência que lhe é própria, o Congresso inexoravelmente há de atentar para as condicionantes constitucionais do processo parlamentar, incluindo uma decisão final por maioria de votos (nos termos do art. 47 da CB).

Ademais, dentre as razões de termos essa fixação de competência no Parlamento, está o pressuposto constitucional de que deve prevalecer, nesse julgamento, mais do que critérios técnicos contábeis e de gestão, *razões de Estado.*

A Constituição afirma, por exemplo, que o governante está jungido a comandos constitucionais que exigem condutas tendentes a promover direitos sociais e desenvolvimento nacional em planejamento macroeconômico, cujos resultados só são aferíveis a longo prazo (arts. 1º, 3º e 219, entre outros). Fazer uso automático e irrestrito de um parecer de contas (prévio, na dicção constitucional inequívoca) para fins de sustentar um *impeachment* equivaleria a contornar, de uma só vez, tanto o disposto no *caput* do art. 85 como no inciso IX do art. 49 da CB.

4.1.4. *Prisão e responsabilização penal do Presidente da República*

Ficou registrado acima que a sistemática constitucional de responsabilização presidencial é restritiva, de maneira a salvaguardar ao máximo o período de exercício do mandato popular na Presidência da República.

Assim é que o Presidente da República só pode ser preso, nas infrações penais comuns, durante o mandato, após sentença condenatória, que há de ser exarada pelo STF. Ademais, ainda nesse desenho peculiar, o regime constitucional exime o mandatário, durante o mandato, do ônus de acusações penais espúrias ao mandato, nos termos do que dispõe o art. 86 de nossa Constituição: "§ 4º O Presidente da República, na vigência de seu mandato, não pode ser responsabilizado por atos estranhos ao exercício de sua função".

Isso equivale a afirmar que o Presidente da República somente poderá ser processado, enquanto estiver no exercício do mandato, nos crimes nele (atual mandato) cometidos *in officio* ou *propter officium*, desde que as autorizações de cada hipótese sejam concedidas. O Presidente da República não pode ser responsabilizado por atos estranhos ao exercício de suas funções presidenciais.

A chamada *persecutio criminis* é vedada fora das hipóteses criminais funcionais, mas a vedação se estende apenas enquanto durar o exercício do mandato. Portanto, nos crimes comuns anteriores, que são capitulados residualmente[2100] em relação aos crimes de responsabilidade, o Presidente recebeu o que parte da doutrina denomina "imunidade processual temporária". Isso significa, por exemplo, que descobertos fatos criminosos praticados por um Presidente em exercício, mas que sejam fatos ocorridos anteriormente ao atual mandato, não poderá haver a persecução penal enquanto durar o mandato.

Para crimes (comuns) ocorridos já no período do mandato e no exercício do ofício de Presidente, o Procurador-Geral da República poderá apresentar denúncia ao STF, mas este só poderá deliberar sobre a denúncia após receber a autorização de dois terços da Câmara dos Deputados (art. 86, *caput*, da CB)[2101].

Em termos procedimentais, com a apresentação da denúncia, o STF comunica à Presidência da Câmara dos Deputados sobre a existência dessa pretensão punitiva formalizada. Não deve o STF avançar para exercer qualquer deliberação sobre o mérito da peça acusatória previamente à decisão da Câmara dos Deputados. Mas a Constituição não veda que o STF enfrente questões mínimas, como a inépcia da peça processual, a falta absoluta de provas, a atipicidade da conduta descrita e a falta de legitimidade ativa, evitando o altíssimo constrangimento político que decorre de um julgamento político do Presidente da República na Câmara de Deputados. Falo em constrangimento porque a remessa pelo STF significa, na prática, a imposição de que a Casa Legislativa delibere sobre a autorização para processar uma denúncia criminal contra o Presidente da República.

Deve ser sempre preservado o espaço da Câmara dos Deputados para decidir sobre a conveniência de o STF apreciar e eventualmente dar seguimento à denúncia, mas não reduz esse espaço legítimo a decisão prévia do STF em desautorizar tecnicamente a peça processual como denúncia. Até porque a Constituição determina, em tom impositivo, que admitida a acusação pela Câmara dos Deputados "será ele [o Presidente da República] submetido a julgamento perante o STF". São elementos mínimos que devem ser averiguados pelo STF, em juízo evidentemente jurídico, previamente ao envio do caso à Câmara de Deputados e consequente deflagração de todo o *iter* político, com enormes custos para a democracia, em processo que, apesar de ser meramente prelimi-

---

2100. Cf. André Ramos Tavares, *Constituição do Brasil Integrada*, 2011, p. 236.

2101. Vale recordar que, para processar Governador de Estado, o STF entendeu, na ADI n. 5.540, que analisei no capítulo reservado aos Estados-membros, que é inadmissível a simetria com a autorização legislativa que se exige para fins de Presidente da República. Dessa maneira, Governadores podem ser processados diretamente pelo STJ, o que não depende de autorização da respectiva Assembleia Legislativa.

nar à aceitação jurídica da denúncia pelo STF, é por si só extremamente perturbador da vida institucional do país, não apenas da Câmara dos Deputados. Se o Ministério Público deve apresentar a denúncia ao STF e não diretamente à Câmara de Deputados, não parece fazer sentido algum transformar a Corte em mera instância protocolar de passagem, de maneira que tenha de se curvar à decisão do Ministério Público, independentemente de exercer sua avaliação jurídica mínima. Esse aspecto foi enfatizado pelo Min. DIAS TOFFOLI e pela Min. CARMEN LÚCIA, na Questão de Ordem na Denúncia apresentada no Inquérito n. 4483, pelo Procurador-Geral da República, em face do Presidente em exercício.

Em síntese, temos que o recebimento de denúncia tem como decisão final a Câmara de Deputados (mais um caso, como se verifica, em que a decisão final, no modelo de 1988, não cabe ao STF). Essa decisão é política, quer dizer, de conveniência e oportunidade, embora elementos jurídicos sejam aceitáveis para fins de melhor sopesar as circunstâncias da decisão política. Ao STF, por sua vez, está vedado qualquer juízo político.

Observo que na data de 2 de agosto de 2017 o Plenário da Câmara dos Deputados rejeitou, por 263 votos a 227, com duas abstenções, a autorização para o STF deflagrar o processo contra o Presidente da República. Eram necessários dois terços dos votos (342 deputados) favoráveis à admissão da denúncia, nos termos do artigo 86, *caput*, da CB. Trata-se da primeira vez na História brasileira em que a Câmara dos Deputados do Brasil decide uma solicitação para abertura de processo criminal contra um Presidente da República.

Após a rejeição da denúncia o processo fica suspenso, nos termos do art. 86, § 4º da CB, até o final do mandato do Presidente da República, após o qual poderá tramitar normalmente, salvo se houver reeleição.

4.1.5. Iniciativas reservadas

Consoante o art. 61, § 1º, são de iniciativa privativa do Presidente da República leis que: "I — fixem ou modifiquem os efetivos das Forças Armadas; II — disponham sobre: *a)* criação de cargos, funções ou empregos públicos na administração direta e autárquica ou aumento de sua remuneração; *b)* organização administrativa ou judiciária, matéria tributária e orçamentária, serviços públicos e pessoal da administração dos Territórios; *c)* servidores públicos da União e Territórios, seu regime jurídico, provimento de cargos, estabilidade e aposentadoria; *d)* organização do Ministério Público e da Defensoria Pública da União, bem como normas gerais para a organização do Ministério Público e da Defensoria Pública dos Estados, do Distrito Federal e dos Territórios; *e) criação e extinção de Ministérios e órgãos da administração pública, observado o disposto no art. 84, VI; f)* militares das Forças Armadas, seu regime jurídico, provimento de cargos, promoções, estabilidade, remuneração, reforma e transferência para a reserva".

Frise-se que a atribuição em questão, consoante entendimento já proferido no STF, por ocasião do julgamento da ADIn por omissão n. 2.061-7/DF[2102], não é uma atribuição administrativa.

4.1.6. Vice-Presidente

A eleição do Presidente implica a eleição de seu Vice (§ 1º do art. 77). Impede-se que o sucessor imediato do Presidente seja de partido oposto, o que poderia inviabilizar parcialmente o bom desempenho das funções presidenciais, especialmente as de Chefe de Estado (que levem o Presidente a ausentar-se do País). A possibilidade, criada por Lei, de que houvesse no Brasil alianças espúrias entre partidos com ideologias ou objetivos opostos, a chamada "coligação partidária", quebrou a modelagem constitucional de garantir a harmonia interna na Presidência da República. Ao permitir que um partido político que objetivasse a Presidência da República pudesse ocupar a cadeira da Vice-Presidência, a malfadada legislação introduziu na Presidência um elemento perturbador, especialmente em momentos finais de mandato, quando os partidos anteriormente coligados podem ser, nas novas eleições, os principais concorrentes à vaga.

Mas não é só. Ao promover certo malabarismo político, decorrente da coligação espúria entre partidos políticos na Presidência do país, a legislação desestabiliza uma vez mais as forças que devem manter a base de Governo, o Governo e a Democracia. Na disputa pelo poder, o partido político da vice-presidência pode deixar o Governo, enfraquecendo e até mesmo eliminando sua maioria parlamentar necessária não apenas para aprovar seus principais projetos, mas também para evitar uma perseguição política e até um processo impróprio de impedimento. Esse tipo de cenário esdrúxulo só se tornou possível pela igualmente esdrúxula fórmula da coligação partidária nas eleições. Com isso o modelo depende, na prática, para evitar situações inapropriadas como as relatadas aqui, de uma atuação muito enfática, ágil e enérgica do STF, que no rigor da Constituição de 1988 não deveria ter de enfrentar esse tipo de situação.

O Vice-Presidente exerce as atribuições que lhe sejam conferidas por lei complementar, além de auxiliar o Presidente da República, quando por este convocado para missões especiais (parágrafo único do art. 79).

Além disso, o Vice-Presidente compõe o Conselho da República (art. 89) e o Conselho de Defesa Nacional (art. 91).

4.1.7. Vacância

Quem pode declarar o cargo vago? A atual Constituição foi silente. Na anterior, a atribuição era do Congresso Nacional. A declaração de vacância é decorrência de uma análise dos pressupostos constitucionais para tanto, ou seja, trata-se de uma análise

---

2102. No caso em questão, cujo objeto era a mora do Presidente da República em atualizar a remuneração dos servidores civis e militares, em afronta ao art. 37, X (em sua redação anterior à EC n. 19/1998), o STF entendeu pela mora do executivo. Sem embargo, como não se tratava de um ato administrativo, o art. 103, § 2º, o qual prevê o prazo de 30 dias para a resolução da omissão pelo órgão administrativo, restou inaplicável.

técnica. Porém, esse ato insere-se na esfera de atuação própria do Congresso Nacional, que deverá proceder à declaração oficial, atendendo a pressupostos muito estritos. O cargo será declarado vago se nenhum dos candidatos assumir o cargo (art. 78, parágrafo único). Essa foi a solução adotada no caso de TANCREDO NEVES.

São substitutos do Presidente da República, no caso de sua ausência, impedimento ou vacância, pela ordem de preferência: 1º) Vice-Presidente; 2º) Presidente da Câmara dos Deputados; 3º) Presidente do Senado; 4º) Presidente do Supremo Tribunal Federal.

Ocorrendo a vacância dos cargos de Presidente e de Vice-Presidente, devem ser convocadas novas eleições: a) noventa dias após a abertura da última vaga (art. 81, *caput*), se faltarem mais de dois anos para o término do mandato em questão; b) trinta dias após a abertura da última vaga, no caso de vagarem "nos últimos dois anos" (§ 1º do art. 81).

Na segunda hipótese, a eleição é indireta, porque realizada pelo Congresso Nacional, na forma da lei. Em âmbito municipal, o Tribunal Superior Eleitoral teve a oportunidade de determinar, na vacância dos cargos, a eleição indireta para o Chefe do Poder Executivo em inúmeras ocasiões. Nessa jurisprudência pôde a Corte Eleitoral máxima assentar, porém, que a prioridade é, nos casos de omissão normativa, pela opção democrática da eleição direta. Contudo, a última Lei Eleitoral, a lei nacional n. 13.165, determinou que todas as eleições suplementares serão diretas, ressalvados os casos a menos de seis meses antes do término do mandato, situação na qual se determina a eleição indireta por questões operacionais.

Os novos eleitos (para ambos os cargos) deverão apenas completar o período faltante.

4.1.8. *Os auxiliares diretos do Presidente da República: Ministros de Estado*

Os Ministros de Estado devem ter: 1º) pelo menos vinte e um anos; 2º) pleno gozo de seus direitos políticos.

Quanto aos Ministros, são auxiliares do Presidente na tarefa de administração federal, sendo por ele nomeados e demissíveis *ad nutum*. Trata-se de cargos em comissão, ou seja, de livre provimento.

O número de ministérios tem variado ao longo da História. A criação ou extinção depende de Lei de iniciativa do Presidente da República, como visto. Cito, ilustrativamente, a criação do Ministério da Segurança Pública, pelo Governo Michel Temer, por meio da Medida Provisória n. 820/18, convertida na Lei n. 13.684/18. A situação crítica da segurança pública no país e a pressão social acabaram por especializar um Ministério no tema, reunindo o que era realizado, no Brasil, por outros ministérios, sobretudo pelo Ministério da Justiça.

Os ministérios são, portanto, organismos auxiliares em coordenação, pois representam uma mesma unidade. Há diversas hipóteses e matérias que demandam a atuação conjunta de mais de um ministério.

Os Ministros de Estado devem referendar os atos e os decretos expedidos e assinados pelo Presidente da República, em sua área de competência (art. 87, parágrafo único, I). Para JOSÉ AFONSO DA SILVA, os atos sem sua assinatura seriam válidos. Para LUIS ALBERTO DAVID ARAUJO, VIDAL SERRANO NUNES, MICHEL TEMER e PINTO FERREIRA, seriam inválidos sem referida participação.

Considero que o tema toca de perto os próprios poderes do Presidente da República, que, diante de um Ministro renitente no referendar os seus atos, só teria como opção desligá-lo do cargo ou submeter-se à vontade do referido Ministro. De qualquer sorte, não se pode realizar uma leitura apática da Constituição, que está expressamente a determinar que os Ministros referendem os atos e decretos assinados pelo Presidente da República. Uma leitura nesse nível significaria novamente reforçar o caráter simbólico da Constituição, destituindo-a de seu lugar devido. Nesta fase da evolução constitucional brasileira, parece-me absolutamente inadequado reforçar a doutrina da ineficácia das normas constitucionais. Não se trata, pois, de opção, mas de requisito que, descumprido, há de gerar a inconstitucionalidade e acaba por limitar os amplos e irrestritos poderes do próprio Presidente no tornar validamente vigente determinado ato.

Nessas hipóteses de coparticipação nos atos presidenciais, os Ministros tornam-se solidariamente responsáveis pelas medidas adotadas.

Ademais, os Ministros têm, também, como função primordial expedir instruções para a execução das leis, decretos e regulamentos (art. 87, parágrafo único, II).

Os Ministros de Estado podem receber delegação do Presidente da República.

Vale observar que, dentre outros, o Advogado-Geral da União e o Presidente do Banco Central possuem *status* de Ministros de Estado.

O STF já reconheceu a constitucionalidade da atribuição da qualidade de ministro ao Advogado-Geral da União, o que ocorreu por meio da MP 2.049-11, de 2000 (cf. Pet. n. 2.084, rel. Min. SEPÚLVEDA PERTENCE, *DJ* 5-10-2000).

4.1.8.1. Prerrogativa de foro dos Ministros de Estado

Consoante o art. 102, I, *c*, da atual Constituição, compete ao STF julgar originariamente os Ministros de Estado nas infrações penais comuns e nos crimes de responsabilidade. A Constituição de 1988, portanto, atribui o chamado "foro privilegiado", ou seja, atribui um foro específico, por prerrogativa de função, para Ministros de Estado, remetendo os respectivos processos à competência do STF. Trata-se de modelo histórico, que remonta à nossa primeira Constituição republicana, de 1891.

Esse foro específico aplicava-se, até 2018, também às investigações em curso e àquelas anteriores à nomeação. Isso significou, na prática, que poderia haver remessa ao STF e à Polícia Federal de inquéritos e ações penais que eventualmente estivessem a tramitar em outras instâncias judiciais, apenas por haver o investigado assumido cargo com privilégio de foro.

Mas o foro privilegiado certamente não significava que o Ministro de Estado estivesse imunizado contra as medidas policiais e judiciais de garantia da ordem e do Direito. Bem por isso, ainda que porte, hoje, a chamada prerrogativa de foro, um Ministro de Estado está e sempre esteve sujeito a ser preso, como todo cidadão comum igualmente está, inclusive em flagrante delito, bem como sujeito a medidas outras, menos graves, mas igualmente severas, como condução coercitiva e indiciamento pela autoridade policial.

O tema do foro privilegiado, contudo, ganhou na grande mídia a conotação de ser artifício a permitir a impunidade. Falar de "blindagem" em virtude do foro privilegiado, como usualmente se fala em parte da doutrina, é depreciar a seriedade do STF, que não tem sua atuação pautada pela vontade da Presidência da República, que supostamente portaria algum tipo de ascendência sobre Ministros do STF (eles próprios, aliás, estão sujeitos a processo de *impeachment*). Ao contrário, o STF é um dos "poderes" da República com todas garantias para pronunciar-se de maneira autônoma, sem sucumbir à pressão de outros "Poderes" e sem o receio de represálias posteriores (institucionais, econômicas ou pessoais). Fosse o STF sujeito a influências ou ameaças e certamente o restante do Poder Judiciário padeceria do mesmo problema.

A Constituição deixou, contudo, à seleção infraconstitucional a indicação dos cargos que recebem a denominação específica de cargo de Ministro. A Presidência do Banco Central (BC) passou a compor o rol dos cargos com "foro privilegiado", porque submetidos a julgamento diretamente perante o STF, em virtude da MP n. 207, de 2004.

Mas nova e contundente decisão do STF, na AP 937 datada de 2018, trouxe novidades para o tema. Em seu voto vencedor, no que foi acompanhado pela maioria da Corte, o Ministro Barroso assim expressa e sintetiza a nova orientação, válida para os parlamentares federais: "i) O foro por prerrogativa de função aplica-se apenas aos crimes cometidos durante o exercício do cargo e relacionados às funções desempenhadas; e (ii) Após o final da instrução processual, com a publicação do despacho de intimação para apresentação de alegações finais, a competência para processar e julgar ações penais não será mais afetada em razão de o agente público vir a ocupar outro cargo ou deixar o cargo que ocupava, qualquer que seja o motivo". Ademais, essa novidade interpretativa há de se "aplicar imediatamente aos processos em curso, com a ressalva de todos os atos praticados e decisões proferidas pelo STF e pelos demais juízos com base na jurisprudência anterior, conforme precedente firmado na Questão de Ordem no Inquérito 687 (Rel. Min. Sydney Sanches, j. 25.08.1999)".

4.1.9. *Conselho da República*

É órgão meramente consultivo, devendo ser ouvido nos casos de intervenção federal, estado de defesa e de sítio e nas questões relevantes para a estabilidade das instituições democráticas, como em hipotético acirramento de ânimos em disputa eleitoral nacional, ou em projetos, como os de privatização, que possam significar a perda do controle decisório econômico (internalização das decisões econômicas centrais) sobre fontes relevantes para o futuro da Nação.

A deliberação desse órgão, contudo, não vincula a decisão a ser tomada pelo Presidente da República.

Ao contrário do que ocorre com o Conselho de Defesa Nacional, o Conselho da República não é composto exclusivamente por autoridades. O Conselho da República deve ser integrado por seis cidadãos brasileiros natos.

O Vice-Presidente da República, o Presidente da Câmara dos Deputados e o Presidente do Senado, bem como o Ministro da Justiça são os únicos que devem figurar em ambos Conselhos.

4.1.10. Conselho de Defesa Nacional

Também é órgão consultivo. Deve opinar nos casos de declaração de guerra, celebração de paz, estado de sítio, de defesa e intervenção, dentre outras.

Sua organização e funcionamento são determinados por lei (atualmente, pela Lei n. 8.183/91).

4.1.11. Comissão de Ética Pública da Presidência da República

Como instituição pública atuante na concretização de princípios constitucionais da Administração Pública, como a impessoalidade, publicidade e moralidade pública temos a Comissão de Ética da Presidência da República – CEP/PR. Essa Comissão atua como instância consultiva do Presidente da República e dos Ministros de Estado, sempre em matéria de ética pública, além de desenvolver a importante missão de julgar, nas questões éticas e de conflito de interesses, a conduta e situação das autoridades da Alta Administração Pública, alcançando os Ministros de Estado e Presidentes de estatais, como o BNDES e Petrobrás. Sua atuação abrange apenas os atos dessas autoridades ocorridos a partir da data de suas respectivas posses nesses cargos, não julgando, portanto, a conduta ética prévia a esse momento.

A CEP/PR foi criada por meio de Decreto Presidencial, em 26 de maio de 1999. Esse Decreto alcança *status* de Lei, considerando que a matéria da criação dessa importante e imprescindível instituição só está afetada ao Poder Executivo, sendo de todo inconstitucional qualquer tentativa de o Poder Legislativo imiscuir-se nessa seara por meio da elaboração de leis, ainda que se tratasse de lei para delegar os poderes exatamente para o Chefe do Executivo. É que se trata de atribuição própria e típica do Presidente da República. A capacidade de dispor da organização da Presidência da República, bem como das instituições próprias a ela atreladas, como a CEP, não podem ser objeto de lei. Prevalece a cláusula constitucional da "separação de poderes".

A missão que está expressamente assinalada à CEP, no Decreto, consiste em "zelar pelo cumprimento do Código de Conduta da Alta Administração Federal, orientar as autoridades que se conduzam de acordo com suas normas e inspirar o respeito à ética no serviço público".

O Decreto Presidencial n. 6.029, de 2007, instituiu oficialmente o sistema de gestão da Ética do Poder Executivo Federal, criando um complexo sistema composto pelas inúmeras comissões de Ética dos mais variados órgãos e entidades da Administração Pública Federal direta e indireta, para fins de comunicação, cooperação e avaliação, além da posição da CEP/PR como órgão de coordenação e supervisão, localizado no ápice desse sistema.

Por fim, tem-se, ainda, a Secretaria-Executiva da Comissão de Ética Pública (SE-CEP), criada para dar todo apoio à CEP/PR.

O Decreto Presidencial n. 9.895, de 27 de junho de 2019, criou a Comissão de Ética dos Agentes Públicos da Presidência e da Vice-Presidência da República, destinada ao servidor público civil do Poder Executivo Federal, da Presidência e da Vice-Presidência, cargos que não vinham abrangidos no âmbito de validade subjetiva da CEP/PR.

Trata-se de formatar um amplo sistema que valoriza a conduta ética por todos aqueles que atuam na Administração Pública federal e no Poder Executivo federal, de maneira a conformar um novo ambiente cultural, a serviço da sociedade, dando maior legitimidade e transparência aos atos e decisões dessas autoridades, agentes públicos e servidores em geral, por meio do fortalecimento desse sistema de controle.

4.2. Um Presidencialismo de coalizão ou atípico?

O debate sobre o Presidencialismo brasileiro gerou uma forte discussão sobre as vicissitudes desse modelo, particularmente sobre um possível hibridismo, que seria uma nota particularizante do modelo presidencial brasileiro, tal como praticado sob a Constituição em vigor.

Em estudo publicado em 1988, portanto na transição para o atual constitucionalismo brasileiro, o cientista político SÉRGIO ABRANCHES cunhou a expressão "Presidencialismo de Coalizão", que se tornou célebre e fonte de diversos equívocos. Pretendia o autor indicar uma variante do Presidencialismo, uma peculiaridade do sistema brasileiro.

Falar que o Presidencialismo brasileiro atua com base em amplas coalizões significa realizar uma aproximação entre Presidencialismo e Parlamentarismo, já que estreita as relações e dependências entre Executivo e Parlamento.

Na tese de ABRANCHES, como observou FERNANDO LIMONGI, "a coalizão entra na definição do conceito não como solução, mas como expressão das dificuldades enfrentadas pelo presidente para governar"[2103]; daí o subtítulo de seu estudo, como observou Limongi, ser "o dilema institucional brasileiro". Sua tese assentava na ideia de que as coalizões realizadas pelo Presidente no âmbito partidário-parlamentar não seriam formadas apenas com base em acordos partidários. Mesmo com maioria partidária em sua base, o Governo não garantia sua sustentação política, devido a outras forças que entravam decisivamente no cálculo político: a heterogeneidade da sociedade, o poder dos governadores e o federalismo.

2103. Fernando Limongi, A Democracia no Brasil: Presidencialismo, Coalizão Partidária e Processo Decisório, p. 19. Já na abordagem tradicional, como a de Ackerman (*The New Separation of Powers*, p. 28), a possibilidade de um presidencialismo de negociação, por ele chamado de "a esperança madisoniana", é apresentado como uma das opções possíveis à dificuldade de governar quando o Congresso esteja dominado por diversos partidos.

O problema, portanto, deixava de ser apenas o número excessivo de partidos políticos. E a ideia de Presidencialismo de Coalizão não se apresentava como uma solução para esse problema, mas como o problema em si, que denunciava a debilidade partidária brasileira e a dificuldade política para governar. O cenário atual, contudo, apresenta uma identidade de resultados, pois não é possível falar de uma estabilidade democrática. Embora as práticas do chamado "caixa dois" e os atos de corrupção em que diversos representantes populares supostamente estiveram envolvidos tenham contribuído para a debilidade partidária e a demonização do processo político brasileiro, o modelo de "coalizão" parece permanecer sendo uma das fontes de perigo à democracia.

Ademais, é preciso concordar com a tese de LIMONGI de que "o modo de operar do governo brasileiro é o mesmo das democracias contemporâneas, nas quais o Executivo controla a agenda legislativa, aprovando a maioria de suas proposições, porque apoiado em um consistente apoio partidário"[2104]. Portanto, já não caberia falar de um Presidencialismo com alguma particularidade (de coalizão, por exemplo).

Em parte, é imperioso também concordar com sua conclusão de que o Presidente no Brasil é poderoso não porque usurpe funções primárias do Poder Legislativo, mas porque a Constituição de 1988, em sua partilha de funções, concebeu um modelo de exacerbação presidencial. A exceção à tese está no uso abusivo das medidas provisórias, que se converteram em uma nova e oblíqua via de controle, manipulação e inviabilização da pauta legislativa própria do Parlamento. Mas, indubitavelmente, a pauta legislativa não pertence mais com exclusividade ao Parlamento.

Isso significa, ainda, que as constituições contemporâneas não seguiram o modelo norte-americano de Presidencialismo, porque incrementaram as prerrogativas do Presidente. Também é preciso concordar, aqui, com LIMONGI, embora com a ressalva de que as constituições contemporâneas continuam a reproduzir o modelo norte-americano de defesa, controle e calibração da estrutura do "Poder", pois continuam atribuindo à Justiça Constitucional (ao Supremo Tribunal ou a um Tribunal Constitucional) tais funções superiores. Isso porque, realmente, a mudança do modelo de Presidencialismo não requer a mudança do modelo de seu controle e tutela.

Referências bibliográficas

ABRANCHES, Sérgio Henrique. O Presidencialismo de Coalizão: o Dilema Institucional Brasileiro. In: *Dados — Revista de Ciências Sociais,* Rio de Janeiro, v. 31, n.1, 1988, p. 5-33.

ACKERMAN, Bruce. The New Separation of Powers. In: *Harvard Law Review.* v. 113, 2000, p. 633-729.

BASTOS, Celso Ribeiro. *Curso de Direito Constitucional.* 21. ed. atual. São Paulo: Saraiva, 2000.

_____. *Curso de Teoria do Estado e Ciência Política.* 4. ed. São Paulo: Saraiva, 1999.

2104. Fernando Limongi, A Democracia no Brasil: Presidencialismo, Coalizão Partidária e Processo Decisório, p. 20.

BASTOS, Celso Ribeiro & TAVARES, André Ramos. *As Tendências do Direito Público no Limiar de um Novo Milênio*. São Paulo: Saraiva, 2000.

CORWIN, Edward S. *Presidential Power and the Constitution*. Ithaca: Cornell University Press, 1977.

FERREIRA FILHO, Manoel Gonçalves. *O Parlamentarismo*. São Paulo: Saraiva, 1993.

FRIEDRICH, Carl. *Gobierno Constitucional y Democracia*. Madrid: Instituto de Estudios Políticos, 1975.

LIMONGI, Fernando. A Democracia no Brasil: Presidencialismo, Coalizão Partidária e Processo Decisório. In: *Novos Estudos — CEBRAP*, n. 76, São Paulo, nov. 2006, p. 17-41.

MALBERG, R. Carré de. *Teoría General del Estado*. México: Fondo Cultural y Económico, 2001.

MORAES, Alexandre de. *Presidente da República: A Força Motriz do Presidencialismo*. Tese apresentada à Faculdade de Direito da USP, como exigência parcial para o concurso público ao cargo de Professor Titular de Teoria do Estado, 2002.

RUSSOMANO, Rosah. *Dos Poderes Legislativo e Executivo*. Rio de Janeiro: Freitas Bastos, 1976.

SILVA, Paulo N. Nogueira da. *A Chefia do Estado*. São Paulo: Revista dos Tribunais, 1994.

TAVARES, André Ramos. *Constituição do Brasil Integrada*. São Paulo: Saraiva, 2011.

TEMER, Michel. *Elementos de Direito Constitucional*. 8. ed. São Paulo: Revista dos Tribunais, 1990.

VERGOTTINI, Giuseppe de. *Diritto Costituzionale*. 8. ed. Padova: Cedam, 2012.

Capítulo LVIII
DA ADMINISTRAÇÃO PÚBLICA

1. CONCEITO

A Administração Pública é o conjunto de todas as entidades criadas para a execução dos serviços públicos ou para o alcance de objetivos governamentais. Esse é o sentido mais comum de Administração Pública, denominado orgânico, empregado constitucionalmente pelo art. 37, ao aludir à Administração Pública, direta ou indireta, de qualquer dos poderes da União, dos Estados, do Distrito Federal e dos Municípios.

Há, ainda, um sentido funcional para designar a própria atividade (função) exercida por aqueles entes. É o sentido que se depreende do mesmo dispositivo constitucional quando submete a Administração Pública aos princípios da legalidade, moralidade, impessoalidade etc.

É corrente a distinção entre os órgãos superiores de governo de um Estado, de uma parte, e de outra os demais órgãos de execução das políticas governamentais, que se caracterizam por serem *dependentes*. Ao conjunto destes últimos dá-se o nome de Administração Pública indireta. Em apertada síntese, tem-se que o Estado (na esfera executiva) está composto por órgãos constitucionais-governamentais e órgãos dependentes, que desempenham a tarefa (função) administrativa.

A Administração Pública direta é o próprio Poder Executivo e, no que se refere às funções atípicas (administrativas) os demais poderes (Legislativo e Judiciário).

Mister consignar que a cada nível federativo corresponde uma estrutura administrativa própria, autônoma nos termos federativos.

Ademais, o desdobramento dessa estrutura também se opera dentro de cada um dos segmentos federativos, com as denominadas descentralizações administrativas. Assim, forma-se o conjunto composto por órgãos da Administração centralizada e da Administração indireta. Integram a Administração indireta as autarquias, as fundações instituídas ou mantidas pelo Poder Público, as empresas públicas e sociedades de economia mista.

2. ESTRUTURA

2.1. Administração Pública indireta

2.1.1. Regime jurídico

A Administração Pública indireta não se encontra subordinada ao Poder central, à Administração direta, pois lhes é reconhecida a autonomia.

A autarquia é pessoa jurídica de Direito Público. As fundações podem ser de Direito Público ou Privado e as demais são pessoas de Direito Privado.

A distinção de regimes determina a existência ou não de prerrogativas e restrições próprias do regime administrativo. Assim, as pessoas públicas praticamente têm as mesmas prerrogativas e restrições que a Administração direta, o que não ocorre com as pessoas privadas integrantes da Administração indireta.

A forma de organização e de relacionamento com terceiros das pessoas de Direito Privado integrantes da Administração Pública rege-se, via de regra, pelo Direito Privado, salvo disposição legal expressa em contrário. Contudo, a relação daquelas pessoas com a pessoa política que as institui (União, Estados, Municípios e Distrito Federal) é regida pelo Direito Público. Assim, mesmo as sociedades de economia mista, empresas públicas e fundações privadas instituídas ou mantidas pelo Poder Público nunca se sujeitam inteiramente ao regime jurídico privatístico.

2.1.2. Autarquias

O termo foi utilizado pela primeira vez por SANTI ROMANO, em 1897, referindo-se a entes territoriais e institucionais da Itália. Significa, gramaticalmente, poder absoluto, autossuficiência. As autarquias, no Brasil, contudo, surgem na década de 20. São exemplos ilustrativos de atuais autarquias: INSS, BC, Hospital das Clínicas.

Juridicamente, autarquia significa o serviço descentralizado, criado por lei, com personalidade jurídica de natureza pública, patrimônio e receita próprios, que persegue finalidades públicas. O inciso I do art. 5º do Decreto-Lei n. 200/67 fala impropriamente em autonomia. As autarquias devem ser criadas, sempre, por lei.

As autarquias contam com um quadro de servidores próprios. Para integrar o quadro de pessoal é necessário concurso público prévio.

Foi com a Lei n. 5.540/68 que se passou a contemplar as denominadas "autarquias de regime especial". A partir da Lei de Diretrizes e Bases da Educação Nacional de 1961 as instituições oficiais de ensino superior deveriam ser criadas sob a forma de autarquias ou fundações. Com a reforma ocorrida em 1968 aos estabelecimentos de ensino referidos foi atribuída a condição de autarquia de regime especial ou fundação. Atualmente, as universidades gozam de autonomia constitucional (art. 207), e a atual Lei de Diretrizes e Bases da Educação não faz menção à forma das entidades de ensino superior. São exemplos de autarquias: USP, Unicamp, Unesp. Essas autarquias universitárias gozam, por força constitucional, de um grau de autonomia muito maior.

Ainda no contexto das autarquias é preciso citar as agências reguladoras, porque detêm natureza de autarquias especiais. Assim, integram a Administração Pública indireta e são vinculadas a algum dos Ministérios. Os respectivos diretores são nomeados pelo Presidente para cumprir mandato. Ilustrativamente, cito a Anatel (Agência Nacional de Telecomunicações), a Aneel (Agência Nacional de Energia Elétrica), ANP (Agência Nacional do Petróleo), a ANVS (Agência Nacional de Vigilância Sanitária) e, mais recentemente, criada pela Lei n. 13.575/17, a ANM (Agência Nacional de Mineração) por extinção do DNPM (Departamento Nacional de Produção Mineral).

Também podem ser denominadas "agências executivas" as autarquias ou fundações que observem: 1º) um plano estratégico de reestruturação e desenvolvimento institucional; e 2º) a celebração de um contrato de gestão com o respectivo Ministério (Lei n. 9.649, art. 51). A diferença está no grau de autonomia de gestão conferido à autarquia assim qualificada.

2.1.3. Fundações públicas

O Decreto-Lei n. 200/67 indica as fundações públicas como entidades integrantes da Administração indireta, conceituando-as em seu art. 5º, IV, como "a entidade dotada de personalidade jurídica de direito privado, sem fins lucrativos, criada em virtude de autorização legislativa, para o desenvolvimento de atividades que não exijam execução por órgãos ou entidades de direito público, com autonomia administrativa, patrimônio próprio gerido pelos respectivos órgãos de direção, e funcionamento custeado por recursos da União e de outras fontes".

A instituição de fundação pública deve ser autorizada por meio de lei específica.

Exemplos: Fundação Padre Anchieta (Rádio e TV), Fundação de Amparo à Pesquisa (Fapesp), Fundação do Desenvolvimento Administrativo (Fundap).

O Decreto-Lei n. 200/67, em seu art. 5º, exige a inscrição da escritura pública no Registro Civil de Pessoas Jurídicas para que as fundações adquiram personalidade. Essa condicionante é absolutamente incompatível com as fundações criadas por lei.

As fundações têm quadro de pessoal próprio, distinto da Administração direta. Para integrá-lo exige-se a aprovação prévia em concurso público. Aplica-se a exigência de licitação (parágrafo único do art. 1º da Lei n. 8.666/93).

Com a Lei n. 7.596/87 passou a ser dispensado o controle finalístico exercido pelo Ministério Público.

As escolas de ensino superior que sejam constituídas sob a forma de fundações gozam de maior autonomia em relação às demais fundações, por força do disposto no art. 207 da Constituição. Ex.: Universidade de Brasília, Universidade Federal de Sergipe.

A fundação também pode ser agência executiva, desde que cumpra os requisitos apontados pela lei.

2.1.4. As empresas estatais

A Lei n. 13.303, de 2016, estabeleceu o Estatuto Jurídico das estatais, abrangendo as empresas públicas, as sociedades de economia mista e todas as subsidiárias. Trata-se de entidades que podem atuar na ordem econômica ou estar à frente de serviço público, cada qual tendo o regime jurídico próprio.

São regidas pelo referido marco legal: 1º) as empresas públicas; 2º) as sociedades de economia mista; 3º) as empresas controladas, direta ou indiretamente, pelo Poder Público, como o caso das subsidiárias (art. 1º da Lei n. 13.303); 4º) as sociedades de propósito específico controlada por estatal; e 5º) as estatais em consórcio.

972

A função social das estatais, nos termos do art. 27, será a realização do interesse coletivo ou o atendimento dos imperativos de segunança nacional. Ambos devem estar expressos, quer dizer, explicitados objetivamente, na Lei que instituia a empresa estatal.

Uma das grandes novidades está na obrigatoriedade das regras de transparência e boa governança corporativa. Essas empresas estatais devem atender ao modelo licitatório em suas contratações, nos termos da Lei (art. 28).

2.1.4.1. Empresas públicas

A empresa pública é pessoa jurídica de Direito Privado (art. 3º, *caput* da Lei n. 13.303). Quando se fala que a empresa é pública quer-se referir não a seu regime jurídico, mas sim ao caráter estatal da empresa (capital). Deve ser criada por lei e é esta que deve indicar sua área de atuação (art. 2º, § 1º da Lei n. 13.303). Podem destinar-se ou à prestação de serviço público, ou de atividade econômica propriamente dita.

Quanto ao capital é possível que haja capital de outras pessoas de Direito Público interno e mesmo da Administração indireta, desde que a maioria do capital votante permaneça de propriedade do ente político ao qual se vincule (parágrafo único do mencionado art. 3º).

O regime jurídico dessas empresas, quando atuam na ordem econômica, é, por determinação constitucional (art. 173), o próprio das empresas privadas, inclusive quanto aos direitos e obrigações civis, comerciais, trabalhistas e tributários.

Pretende-se coibir a concorrência desleal das empresas públicas com empresas do setor privado. Contudo, as decisões de seus dirigentes equiparam-se às de autoridade, para fins de cabimento de mandado de segurança ou ação popular.

2.1.4.2. Sociedades de economia mista

As sociedades de economia mista sintetizam uma tentativa de aliar o capital público e o privado, não obstante as divergências nítidas e inevitáveis entre as finalidades a serem perseguidas no setor público e no setor empresarial-privado participante, como advertiu BILAC PINTO. A conjugação desses interesses nem sempre ocorrerá de maneira satisfatória ou consensual.

Trata-se de pessoa jurídica de direito privado. Deve ser, contudo, instituída por meio de autorização legislativa (art. 4º da Lei n. 13.303). Pode servir para prestar serviço público ou para explorar atividade econômica. Quanto à sua forma, deve constituir--se como sociedade anônima (art. 5º da Lei n. 13.303), imposição que tem contribuído decisivamente, no Brasil, para a existência de uma Bolsa de Valores. A maioria das ações com direito a voto deve ser de propriedade do ente público respectivo (art. 4º, *caput, in fine*).

Embora sejam regidas pelo Direito Privado, especialmente a Lei das Sociedades Anônimas, devem submeter-se à exigência de licitação e suas contratações com fornecedores. Consoante o art. 242 daquela lei, as sociedades de economia mista não estão sujeitas a falência. Seus bens, contudo, são penhoráveis e executáveis, salvo se prestadoras de serviço público.

2.1.4.3. O discurso de redução das estatais

Embora as denominadas estatais tenham florescido em décadas passadas, especialmente nos anos 1960 e 1970, verificou-se que muitos dos objetivos para os quais foram criadas simplesmente não foram alcançados. Ademais, tornaram-se muitas delas onerosas e foco de mais corrupção. Expandiram-se os agentes públicos e a necessidade de fiscalização por conta do aumento do número de estatais. Esqueceu-se da finalidade maior de promover o desenvolvimento nacional, ou seja, da característica de serem as estatais um dos instrumentos essenciais da política econômica do Estado.

Foi assim que na década de 1980 iniciou-se um movimento inverso, procurando afastar o Estado do setor privado, alcançando seu ápice na década de 1990. Isso se deu especialmente com a quebra ou flexibilização de monopólios estatais, com a venda de estatais para o setor privado, com a concessão e permissão de serviços públicos. Daí falar em desestatização, desregulamentação e privatização.

No Brasil, a Lei n. 8.031/90 iniciou o Programa Nacional de Desestatização. A partir de 2016, reviveu-se o mesmo modelo de venda total e irrestrita, para o mercado, das entidades estatais, independentemente de se prejudicarem os objetivos nacionais, de se reduzir a presença do Estado em áreas sensíveis para a sociedade ou estratégicas, em suma, independentemente de preocupações com o desenvolvimento nacional. Havia, a partir dessa época, dois motivos que se difundiram como justificativas inabaláveis dessas operações de desmantelamento do Estado e suas estatais: i) a corrupção e desvio de verbas constatadas na grande estatal petrolífera, e em diversas outras; ii) a necessidade de a União fazer frente às suas despesas em época de uma crise econômica avassaladora, o que poderia ser facilmente obtido (aumento de caixa) com a imediata venda de empresas estatais. Acrescente-se, ainda, a confusão entre estatais voltadas para a ordem econômica e estatais prestadoras de serviços públicos, reunindo-se ambas em um mesmo discurso de "quanto menos Estado melhor para a sociedade".

A partir de 2017 o movimento de privatizações foi retomado, porém, com o objetivo imediato de "fazer caixa" ao combalido orçamento da União. Com a venda de patrimônio nacional de enorme interesse por parte dos grandes grupos empresariais, nacionais e internacionais, pois se tratava de dispor das fontes energéticas e dos meios de comunicação de massa. Muitas dessas transferências ocorreram de maneira distorcida e apressada, sem um adequado planejamento e, mesmo que se concordasse com a tese do Estado mínimo, ainda assim faltaram exigências adequadas de contrapartida. Exemplo desse movimento desastroso para a sociedade brasileira foi a inconstitucional Lei 13.586/17, que estabeleceu um regime especial de tributação às empresas especificamente estrangeiras do pré-sal. É repulsivo ao sentido de nação e às dificuldades financeiras alardeadas que, após essas empresas já haverem se comprometido com os leilões nos quais se sagraram vencedoras, e com todos deveres daí decorrentes (inclusive e especialmente a questão econômica que por elas foi devidamente calculada em suas ofertas mínimas), o Governo federal, logo a seguir, ofereça descontos, redução de alíquotas de impostos, parcelamentos e benefícios em geral a essas mesmas empresas estrangeiras, que haviam assumido suas obrigações sem qualquer necessidade desse pacote de benesses ao capital estrangeiro. Se houvesse alguma nota para restringir esses benefícios ao reinvestimento no Brasil, por exemplo, ainda assim estaríamos diante de um conjunto normativo de duvidosa constitucionalidade, pois estaria delegando ao agente privado, sem qualquer critério, a decisão que cabe ao Estado, sobre onde e como aplicar os recursos estatais.

Assim, com a privatização e a desestatização, setores estratégicos para o planejamento do futuro da sociedade brasileira simplesmente deixaram de estar sob a alçada de um agente com deveres para com a sociedade brasileira e seu futuro. A soberania nacional foi fortemente violada aí, não porque tenhamos de manter o Estado em muitos setores, nem por uma ideologia pobre de agigantamento do Estado em detrimento do privado e da autonomia privada, mas sim porque a sociedade precisa se assenhorar e titularizar, de alguma forma, as principais decisões econômicas que envolvam sua sobrevivência como comunidade e seu futuro como nação. Topicamente falando, as privatizações atuaram como rupturas desse sentido da soberania, que é o sentido constitucional do art. 170, I.

2.2. Para-administração ou paraestatais

Existem algumas entidades que não podem ser inseridas dentre aquelas integrantes da Administração Pública Indireta, tampouco, por muito maior razão, seriam reconduzíveis à ideia de Administração Direta. São pessoas jurídicas que "cooperam com o governo, prestam inegável serviço de utilidade pública e se sujeitam a controle direto ou indireto do Poder Público"[2105].

Há autores que, de maneira simplista (que acaba gerando certa confusão), acabam por inserir todas essas entidades em um mesmo e único conjunto. Razão assiste, no particular, a JOSÉ DOS SANTOS CARVALHO FILHO, que em sua primorosa obra[2106] distingue, ainda, entre pessoas de cooperação governamental e organizações colaboradoras (ou "parceiras"), evitando referida confusão. No primeiro grupo estarão aquelas entidades para cuja criação ainda há exigência de lei autorizadora, dentre outros aspectos de seu regime jurídico próprio. São exemplos, atualmente, o SESC e o SEBRAE. No segundo grupo encontram-se as demais pessoas jurídicas, "instituídas pelas formas de direito privado"[2107], como as organizações sociais e as organizações da sociedade civil de interesse público, assim qualificadas, respectivamente, pela Lei n. 9.637/98 e Lei n. 9.790/99.

A seguir será analisado, apenas a título ilustrativo, um caso para cada um dos dois grupos mencionados.

2105. José dos Santos Carvalho Filho, *Manual de Direito Administrativo*, p. 472.
2106. José dos Santos Carvalho Filho, *Manual de Direito Administrativo*, p. 472-9.
2107. José dos Santos Carvalho Filho, *Manual de Direito Administrativo*, p. 479.

2.2.1. Ordens e conselhos profissionais

São organismos que se destinam a fiscalizar o exercício de profissões regulamentadas, recebendo delegação do poder de polícia. É comum denominá-los corporações profissionais.

A lei, no caso da OAB, estipula que esta não mantém nenhum vínculo com órgãos da Administração Pública.

Devem ser consideradas como entidades da sociedade civil que exercem atividades de natureza tipicamente pública, dentre outras.

2.2.2. Organizações sociais

O Poder Executivo pode qualificar como organizações sociais as pessoas jurídicas de Direito Privado, sem fins lucrativos, cujas atividades sejam dirigidas ao ensino, pesquisa, tecnologia, defesa da saúde, meio ambiente etc.

Exige-se que essas pessoas jurídicas contem com órgão de deliberação superior (conselho administrativo), com a participação de representantes do Poder Público e membros da comunidade, com notória capacidade profissional e idoneidade moral.

Essas entidades passam a ser qualificadas como de interesse social e utilidade pública, podendo contar com recursos orçamentários e bens públicos (com contrato de permissão de uso) para o cumprimento das finalidades assinaladas no contrato de gestão (arts. 11 e 12 da Lei n. 9.637/98).

A entidade denominada organização social celebra contrato de gestão com o Poder Público. Forma-se uma parceria, objetivando a execução de alguma das atividades indicadas. A entidade pode ser desqualificada pelo Poder Público havendo desvio de sua finalidade.

A utilização do patrimônio público tem gerado, contudo, críticas contra as organizações sociais.

3. CLÁUSULAS CONSTITUCIONAIS REGENTES

3.1. Exigência da estrita legalidade e as Leis de Introdução às Normas do Direito brasileiro

Consoante a legalidade, ninguém é obrigado a fazer ou deixar de fazer alguma coisa senão em virtude de lei, sendo absolutamente livre na falta de lei. Ao contrário, a Administração só pode atuar em havendo previsão legal expressa. E essa previsão estará sempre orientada para determinada finalidade, que não pode ser descurada pelo agente público em sua atuação, sob pena de desvio de finalidade e, *ipso facto*, em ilegalidade.

O Poder Executivo possui a tarefa de explicitar a lei, através de decretos ou regulamentos (art. 84, IV).

Só a lei pode inovar originariamente a ordem jurídica pátria.

Contudo, há certa discussão sobre se a Administração estaria obrigada a seguir a lei que se considera inconstitucional, mas ainda não fulminada nem pelo Judiciário nem pelo Legislativo.

O art. 78, *caput*, da Constituição declara que "O Presidente e o vice-presidente da República tomarão posse em sessão do Congresso Nacional, prestando o compromisso de manter, defender e cumprir a Constituição". E, ainda, o art. 23 esclarece que é da competência comum de todos entes federativos: "I — zelar pela guarda da Constituição".

Embora se reconheça a possibilidade de a Administração deixar de seguir lei que considere inconstitucional, será preciso tecer duas observações a respeito. Em primeiro lugar, apenas o Chefe do Executivo pode ordenar o descumprimento de lei por vício de inconstitucionalidade, não cabendo ao agente público isolado essa decisão. Em segundo lugar, a desobediência à lei é feita sempre sob conta e risco daquele que a assume como inconstitucional. Dentro do risco está a possibilidade legítima de o STF, mesmo reconhecendo a inconstitucionalidade, não a pronunciar ou mesmo recusá-la para o passado (decidir pelos efeitos meramente prospectivos de sua decisão).

Neste assunto, a Lei n. 13.655/18, que modificou a Lei de Introdução às Normas do Direito Brasileiro, assume grande relevância prática para a Administração Pública e para a sociedade. Isso porque outros elementos surgem para desenhar o caminho dessa legalidade. Assim, quando se exige que a regularização de ato, processo, contrato ou ajuste inválido, seja feita de modo proporcional e equânime, e sem prejuízo aos interesses gerais (art. 21).

Assim também no caso de decisão administrativa que inovar na interpretação de norma abstrata, para impor dever ou condicionamento de direito que inexistia até então. Nesses casos, conforme o art. 23, deve haver um regime de transição, a fim de assegurar uma incidência proporcional, equânime e eficiente da nova posição administrativa.

A legalidade de época foi tutelada expressamente no art. 24, evitando a situação esdrúxula na qual se admitem exigências retroativas escudadas na mutação meramente informal da norma, que pemanece em seu corpo textual idêntica, mas que assume nova feição conteudística por obra do intérprete.

3.2. Cláusula constitucional da moralidade

A cláusula constitucional que impõe a moralidade aparece pela primeira vez na História constitucional pátria na atual Carta Magna, expressamente consignado pelo art. 37.

Sua origem está atrelada, no Direito Público, à noção de desvio de poder. Nestas situações, o administrador se vale de meios lícitos para alcançar fins não perseguidos pelo Direito, de forma que sua intenção seria imoral. Atualmente, a hipótese é contemplada como sendo um caso de ilegalidade (ato ilegal quanto aos fins), de forma que, partindo do pressuposto de que ilegalidade e imoralidade são conceitos não coincidentes, é preciso traçar o alcance deste último[2108].

2108. Trata-se de conceitos autônomos.

Tem-se apontado ser a moralidade administrativa diversa da moralidade comum, composta que é aquela pelas regras de boa administração, de exercício regular do *munus* público, de honestidade, de boa-fé, de equidade, de justiça, e regras de conduta extraíveis da prática interna da Administração.

O conceito, contudo, é perceptivelmente vago, abstrato, merecendo ser, em cada caso concreto, elucidado à luz das disposições constitucionais e da busca da ética pública.

Consoante Celso Bastos: "Existe, por fim, outra categoria de ato administrativo contrário à moral administrativa. Nesta, o ato não contraria a lei e também não é consequência do desvio de poder. Ofende a moralidade na medida em que, apesar de a atuação ser prevista em lei, prejudica os particulares. A atuação da Administração, aqui, não está acobertando atos violadores da ideologia legal; ocorre simplesmente o uso de norma administrativa em prejuízo do particular. O benefício trazido a todos é menor do que o ônus suportado pelo receptor do ato"[2109].

Marcelo Figueiredo, em obra específica sobre o tema, anota com muita acuidade: "A moralidade, antes exclusiva da ou 'na' 'administração', já é clamada como direito público subjetivo, já adquire foros expressos de juridicidade (...)".

"Nesse sentido fala-se em ética no Estado, em ética nos governos, em ética nos sistemas jurídicos — em suma, em 'direito ético'"[2110].

Joseph Raz fala, a esse mesmo propósito, em "protect and promote people's well-being"[2111].

Cármen Lúcia Antunes Rocha entende que a "moralidade administrativa formou-se a partir do princípio da 'legalidade', ao qual se acrescentou, como conteúdo necessário à realização efetiva e eficaz da Justiça material, a legitimidade do Direito"[2112].

Para Maria Sylvia Zanella Di Pietro, "Não é preciso penetrar na intenção do agente, porque do próprio objeto resulta a imoralidade. Isto ocorre quando o conteúdo de determinado ato contrariar o senso comum de honestidade, retidão, equilíbrio, justiça, respeito à dignidade do ser humano, à boa-fé, ao trabalho, à ética das instituições. A moralidade exige proporcionalidade entre os meios e os fins a atingir; entre os sacrifícios impostos à coletividade e os benefícios por ela auferidos; entre as vantagens usufruídas pelas autoridades públicas e os encargos impostos à maioria dos cidadãos"[2113].

Um bom exemplo de violação da moralidade constitucional ocorre quando o próprio legislador elabora lei que tem como escopo privilegiar os próprios congressistas. Ou, ainda, quando determinado Prefeito delibera desapropriar área de seu desafeto para edificar hospital municipal. Embora formalmente o ato se revista da necessária legalidade, pode-se dizer que, do ponto de vista material, há violação da moralidade pública de bem servir.

2109. *As Tendências do Direito Público*, p. 310.
2110. *O Controle da Moralidade na Constituição*, p. 86.
2111. *Ethics in the Public Domain*, p. 1.
2112. *Princípios Constitucionais da Administração Pública*, p. 187.
2113. *Discricionariedade Administrativa na Constituição de 1988*, p. 111.

Poder-se-iam citar, aqui, casos paradigmáticos de violação da moralidade. Vale consignar, contudo, apenas o caso da medida provisória para diminuir o prazo prescricional da ação visando a correção do saldo do FGTS e da Lei da "Anistia" das multas eleitorais aplicada nas eleições de 1996 e 1998.

Assim, a imoralidade é vício jurídico do qual decorre a invalidade do ato administrativo correspondente, inclusive com a previsão de ação judicial específica para realizar tal controle, a saber, a ação popular (art. 5º, LXXIII).

3.2.1. Probidade administrativa

A Constituição erigiu, ao lado da moralidade pública, uma especial forma de imoralidade, que considera improbidade (art. 37, § 4º). É uma especial ou qualificada[2114] forma de imoralidade.

As condutas que configuram atos de improbidade administrativa e as suas respectivas sanções estão previstas na Lei de Improbidade Administrativa (Lei n. 8.429/92), que sofreu alterações significativas pela Lei n. 14.230/2021. Entre as principais mudanças está a necessidade do dolo para configuração do ato de improbidade, sendo afastada a modalidade culposa e a alteração das regras relativas aos prazos prescricionais (art. 23).

O ato de improbidade pode causar um dano material ao patrimônio público, com o consequente enriquecimento (ilícito) do agente ou daquele por este protegido, ou não, como nas hipóteses indicadas pelo art. 11 da Lei de Improbidade Administrativa (Lei n. 8.429/92, com redação dada pela Lei n. 14.230/2021), que contempla uma seção taxativa dedicada aos atos que atentam contra os princípios da Administração Pública (como "deixar de prestar contas quando esteja obrigado a fazê-lo, desde que disponha das condições para isso, com vistas a ocultar irregularidades").

Com relação às mudanças, o STF, no julgamento do ARE 843.989, fixou tese em repercussão geral (Tema 1199) para confirmar (i) a necessidade do dolo do agente para caracterização dos atos de improbidade; (ii) a retroatividade da norma benéfica que revogou a modalidade culposa dos atos de improbidade somente em relação aos processos em que ainda não houve trânsito em julgado; e (iii) a irretroatividade dos novos prazos prescricionais com relação aos processos anteriores à publicação da nova Lei.

3.3. Impessoalidade

A Constituição portuguesa e a italiana falam em princípio da imparcialidade por ocasião de assegurar a impessoalidade.

3.3.1. Estado de Direito e governo impessoal

Como afirma CÁRMEN LÚCIA ANTUNES ROCHA, "O Direito dota de personalidade própria o Estado, que não assume a pessoalidade do governante"[2115]. O Estado

---

2114. Nesse sentido: José Afonso da Silva, *Curso de Direito Constitucional Positivo*, 16. ed., p. 649.
2115. *Princípios Constitucionais da Administração Pública*, p. 145.

de Direito ignora a pessoa que momentaneamente estiver no centro do poder. Apresenta características próprias, inconfundíveis com as características do detentor do poder.

De todas as atividades desempenhadas pelo Estado talvez seja a administrativa aquela que mais está sujeita aos desvios. O administrador enfrenta o desafio de não transformar sua função pública em uma conquista profissional da qual possa se beneficiar pessoalmente. De outra parte, a imposição de que o administrador trabalhe com soluções concretas que afetam um grande número de indivíduos faz com que sua pessoa acabe aparecendo muito mais do que a pessoa do legislador ou mesmo dos magistrados.

3.3.2. Significado constitucional da cláusula de impessoalidade

A cláusula constitucional em epígrafe apresenta duas vertentes na análise de seu conteúdo.

Em primeiro lugar impede-se o tratamento desigual baseado em critério pessoal. Não se toleram benefícios ou encargos atribuídos desigualmente para certas pessoas. Verifica-se, pois, que está intimamente relacionado com a isonomia. Simpatias ou animosidades pessoais, entre Administração e administrados, são juridicamente irrelevantes.

Consoante a cláusula constitucional da impessoalidade, a atividade da Administração deve ser neutra, objetivando exclusivamente a realização do interesse de todos, jamais de uma pessoa ou um grupo em particular.

A generalidade exigida da lei tem a impessoalidade administrativa como seu reflexo direto.

Evita-se o partidarismo na atividade administrativa, que deve ser exercida no interesse público. É por isso que o conceito privatístico de propriedade não se aplica ao patrimônio e bens públicos. Aqui impera a busca da *finalidade impessoal*, neutra, que a todos deve aproveitar impreterivelmente, jamais o interesse pessoal ou vontade personalíssima do administrador.

De outra parte, a impessoalidade aplica-se internamente à Administração, para evitar que esta apresente-se com a marca pessoal do ocupante momentâneo do poder ou outra fórmula de identificação de sua pessoa. Nesse sentido, todos os atos praticados no exercício de função pública são imputáveis à Administração, e não à pessoa que o executa.

O art. 37 da Constituição, em seu § 1º, estabelece que a publicidade dos órgãos públicos "deverá ter caráter educativo, informativo ou de orientação social, dela não podendo constar nomes, símbolos ou imagens que caracterizem promoção pessoal de autoridades ou servidores públicos".

3.3.3. Relação entre impessoalidade e isonomia

Não se pode pretender identificar a igualdade com a impessoalidade. A impessoalidade não é a igualdade aplicada ao campo administrativo. Impede essa conclusão a constatação de que a Carta Constitucional emprega os dois termos, de maneira distinta, portanto.

A igualdade exige o tratamento idêntico, proibindo a discriminação infundada, baseada em questões de ordem pessoal dos envolvidos.

As diferenças naturais existentes entre as pessoas não podem servir para justificar um tratamento jurídico diverso, salvo quando esse tratamento realizar diretamente um valor constitucionalmente determinado.

A impessoalidade, não há dúvida, está embasada diretamente no princípio da igualdade. A impessoalidade administrativa determina que ao administrador é vedado obter benefícios pessoais, privilégios particulares, que, no caso, revelar-se-ão como prejuízo para toda a sociedade civil. Como se verifica, trata-se dos mesmos fundamentos do princípio da igualdade impostos agora na atuação administrativa. O princípio da impessoalidade restringe-se, pois, à Administração Pública[2116].

A impessoalidade realça o caráter de dever imposto à Administração Pública. Já a igualdade é direito de todos, direito fundamental. A igualdade obriga a todos, indistintamente, tanto particulares quanto o Poder Público. A impessoalidade vira-se contra a Administração.

Pode-se afirmar que a igualdade é o fundamento da impessoalidade administrativa. Também a forma de governo republicana pode ser apontada como um dos fundamentos da distinção entre impessoalidade e igualdade. É que aquela não impera nos governos monárquicos, identificados justamente pela pessoa do monarca. Aqui apenas a igualdade subsiste. Na Monarquia aqueles que detêm títulos nobiliárquicos obtêm preferências e privilégios. Ademais, na Monarquia identificam-se as atitudes administrativas com a pessoa que as implementa.

3.4. Exigência de publicidade

A exigência em epígrafe apresenta duas vertentes na análise de seu conteúdo.

Por meio da exigência da ampla publicidade obtém-se a necessária transparência dos atos administrativos. O administrador está impedido de guardar sigilo das atividades administrativas em geral.

De outra parte, a publicidade assegura a todos o direito de acesso à atividade administrativa, vale dizer, o direito de "receber dos órgãos públicos informações de seu interesse particular, ou de interesse coletivo ou geral, que serão prestadas no prazo da lei, sob pena de responsabilidade, ressalvadas aquelas cujo sigilo seja imprescindível à segurança da sociedade" (art. 5º, XXXIII).

3.5. Exigência de eficiência

A eficiência foi introduzida expressamente na ordem constitucional com a chamada reforma administrativa (promovida pela EC n. 19/98).

A maioria da doutrina pátria, contudo, já assinalava a existência da eficiência como impositivo decorrente das demais exigências constitucionais direcionadas à Administração Pública.

2116. Nesse sentido: Cármen Lúcia Antunes Rocha, *Princípios Constitucionais da Administração Pública*, p. 153.

Certamente um dos aspectos mais salientes da eficiência é a busca da economicidade na Administração, exigida pelo art. 70 ao estabelecer a fiscalização de seu cumprimento.

3.6. Princípio da responsabilidade do Estado e terceirização

Consoante estabelece o § 6º do art. 37: "As pessoas jurídicas de direito público e as de direito privado prestadores de serviços públicos responderão pelos danos que seus agentes, nessa qualidade, causarem a terceiros, assegurado o direito de regresso contra o responsável nos casos de dolo ou culpa".

Trata-se da consagração da responsabilidade objetiva do Estado, vale dizer, sem a necessidade de comprovação de dolo ou culpa do agente que tenha dado causa ao dano.

Ainda em tema de responsabilidade do Estado, e que também se refere à estrutura administrativa, o STF declarou constitucional o art. 71, § 1º, da Lei n. 8.666/93 (redação dada pela Lei n. 9.032/95), que estabelece que nos contratos administrativos é o contratado, e não a Administração Pública, o responsável único pela inadimplência de encargos trabalhistas (RE n. 760931/DF). O tema já havia sido encaminhado na decisão da ADC n. 16, em 2010.

O julgado no RE citado atacou os pressupostos da Súmula 331 do TST que veda a terceirização de chamada "atividade-fim". De acordo com a Ementa do julgado: "A dicotomia entre 'atividade-fim' e 'atividade-meio' é imprecisa, artificial e ignora a dinâmica da economia moderna, caracterizada pela especialização e divisão de tarefas com vistas à maior eficiência possível (...) A cisão de atividades entre pessoas jurídicas distintas não revela qualquer intuito fraudulento, consubstanciando estratégia, garantida pelos arts. 1º, IV, e 170 da Constituição brasileira, de configuração das empresas, incorporada à Administração Pública por imperativo de eficiência (art. 37, *caput*, CRFB)".

Com isso se isenta de responsabilidade o chamado "Estado social brasileiro", em uma seara nitidamente sensível ao trabalhador e à sua família, sobretudo considerando que se trata de trabalho efetivado e realizado em prol da coletividade, e, ainda, que o Estado tem se utilizado do recurso da terceirização de maneira excessiva, precarizando não apenas as relações pessoais de trabalho envolvidas, mas a própria prestação de serviços públicos.

O Estado tem o dever de indenizar as famílias de vítimas por morte ou ferimentos decorrentes de operação policial, considerando a tutela dos direitos humanos e o dever de cuidado do Estado, por meio de seus agentes para com a população que fica invariavelmente exposta em operações voluntárias de alto risco para a vida e integridade do cidadão que mora ou transita nessas áreas. O ônus probatório em demonstrar eventuais excludentes de responsabilidade civil é do ente federativo. Ademais, eventual perícia inconclusiva sobre a origem de disparo fatal durante operações militares ou policiais

982

não é suficiente para afastar a responsabilidade civil do Estado[2117]. Ademais, no julgamento da medida cautelar na Arguição de Descumprimento de Preceito Fundamental 635, sob relatoria do Ministro Edson Fachin, o STF reconheceu a existência de omissão estrutural do Poder Público em adotar medidas para a redução da letalidade policial em operações policiais.

4. SERVIÇOS PÚBLICOS

4.1. Significado

4.1.1. Sentido lato

Em sentido amplíssimo, o serviço será considerado público desde que prestado pelo *Estado*. Trata-se de noção mais próxima do significado comum que o termo assume.

Neste passo, não há qualquer distinção quanto à atividade ser executiva (prestação do serviço), decorrente do poder de polícia (fiscalização), ser judicial (solução das controvérsias), legislativa (produção das leis) ou mesmo de cunho eminentemente econômico-privatista (participação do Estado na economia).

4.1.2. Sentido restrito

Em sentido mais restrito, o serviço público engloba apenas a atividade da Administração Pública, e não de todo Estado (excluem-se as atividades judiciais e legislativas). Mas mesmo dentre as atividades desenvolvidas pela Administração excluem-se aquelas de caráter tributário e as exercidas com base no poder de polícia. Devem ser excluídas todas as atividades-meio da Administração como a limpeza e a vigilância de repartições públicas.

4.2. Definição

Maria Sylvia Zanella Di Pietro define serviço público como sendo "toda atividade material que a lei atribui ao Estado para que a exerça diretamente ou por meio de seus delegados, com o objetivo de satisfazer concretamente às necessidades coletivas, sob o regime jurídico total ou parcialmente público"[2118]. Ao mencionar uma "atividade material", exclui-se a atividade normativa e o poder de polícia.

Vislumbra-se já nessa passagem a ideia de que o serviço público prende-se às necessidades coletivas. Mais claramente, na preciosa e vanguardeira lição de Marçal Justen Filho, sintetizando bem a essência do que se deva compreender, hoje, por ser-

---

2117. STF, ARE 1.385.315/RJ, rel. Min. Edson Fachin, por maioria de votos, Tribunal Pleno, j. 11-4-2024, p. 22-4-2024.

2118. *Direito Administrativo*, 12. ed., p. 98.

viço público: "Certa atividade é qualificada como serviço público em virtude de dirigir-se à satisfação direta e imediata de direitos fundamentais"[2119].

É a definição mais adequada de serviço público, na atualidade, porque se coaduna com o Estado Constitucional de Direito, superando a vetusta e genérica ideia que o caracterizava como a prestação de bens e benefícios (sem maiores especificações) à categoria dos "administrados" (termo que, pela sua conotação passiva de submissão, deve ser também afastado ou explicitado). Em outro giro, o serviço público não é qualquer prestação de utilidades (o que o colocaria na dependência de mais algum critério, abrindo as portas da arbitrariedade do legislador ou da indeterminação absoluta), mas apenas "a prestação de utilidades destinadas a satisfazer direta e imediatamente os direitos fundamentais"[2120].

Nessa mesma linha, e considerando-se a verdadeira "selva" de direitos humanos e fundamentais, mister assinalar que é sobretudo na preservação da *dignidade da pessoa humana* que se deverá pautar a caracterização de um serviço como público. Refiro-me, aqui, ao papel renovador que, em sociedades de economia periférica, deve apresentar toda e qualquer prestação de serviços públicos pelo Estado. Trata-se de perceber que a prestação de serviços públicos, em economias deficientes como a brasileira, representa uma das formas que a Constituição erigiu para atender à finalidade de transformação, de mudança das relações socioeconômicas históricas de atraso.

Não se deve confundir o serviço público com o serviço de utilidade pública. Estes não incumbem ao Estado, que não os titulariza. Apenas que, em se tratando de serviço de interesse comunitário, são assim reconhecidos, como os serviços educacionais e assistenciais.

4.3. Características

Tradicionalmente, considerava-se como característico do serviço público ser prestado pelo Estado (elemento subjetivo), visando à satisfação de necessidades coletivas (elemento material), exercido sob um regime de Direito Público (elemento formal).

Contudo, a passagem do Estado liberal para o interventivo fez com que este assumisse atividades comerciais e industriais, vale dizer, próprias da iniciativa privada, afastando-se do elemento material comumente indicado.

Ademais, o Estado passou a delegar o exercício da função a entidades privadas, alterando o elemento subjetivo, que, anteriormente, era invariavelmente o próprio Estado. Atualmente apenas permanece dessa característica a necessidade de que a Administração se faça presente em todo serviço público como fiscalizadora de sua boa prestação. E não se trata apenas de exercício do poder de polícia. Como a prestação é pública por definição, à Administração cumpre participar da organização do serviço, jamais podendo abandoná-lo como uma mercadoria que se vende no mercado privado.

2119. *Curso de Direito Administrativo*, p. 482.
2120. Marçal Justen Filho, *Curso de Direito Administrativo*, p. 484.

Alterou-se, também, o elemento formal, já que nem todo serviço passa a ser prestado sob o regime jurídico público exclusivo. Mas não há serviço público submetido exclusivamente ao regime privado. Portanto, embora não se aplique necessariamente o regime administrativo puro, é certo que em determinados aspectos será necessariamente encontrável esse regime.

4.3.1. Gratuidade

A Constituição obriga expressamente quando pretende a gratuidade na prestação de algum serviço. É o que ocorre com o ensino fundamental (art. 208, I e § 1º) e com o transporte coletivo para os maiores de 65 anos de idade (art. 230, § 2º). Em outras palavras, serviços públicos inequivocamente essenciais há, como a prestação de energia elétrica, de água e esgoto, que *não* se inserem no rol de serviços a serem prestados gratuitamente pelo Estado (seja direta ou indiretamente).

Deduz-se facilmente daí que o serviço público, ainda que caracterizado plenamente como essencial, não admite, como consectário automático, a sua prestação gratuita.

A fórmula da gratuidade obrigaria o Poder Público a *arcar com todos os custos e encargos financeiros* da prestação desse serviço, com nítidas *implicações orçamentárias* (algumas quotas e bases mínimas encontram-se previstas constitucionalmente, no caso da educação e saúde).

É de indagar, pois, se o Estado poderia chamar a si o custeio de todos os serviços públicos considerados essenciais. A resposta é positiva, dependendo de uma opção político-jurídica que, contudo, não foi encampada, como visto, pelo Direito Constitucional positivo brasileiro ou por qualquer outra legislação (nem mesmo a orçamentária). No ordenamento jurídico pátrio a diretriz a ser trilhada é a da remuneração dos serviços não gratuitos por meio da imposição de *tarifas*.

Em conclusão, pode-se assinalar que a retribuição (pela prestação do serviço, ainda que público) é a regra, sendo excepcional sua prestação não onerosa ao usuário.

4.3.2. A continuidade no oferecimento do serviço

A ideia de continuidade de um serviço público essencial deve ser aplicada, sim, como princípio implícito na Constituição Federal (e não como decorrência do CDC), mas para fazer impor ao Poder Público a perpétua disponibilidade do serviço aos usuários interessados. Em outras palavras, a continuidade refere-se ao serviço como um todo, à sua disposição ao público de maneira geral e não discriminatória, à sua prestação ininterrupta a quem satisfizer as condições economicamente fixadas (pagamento da tarifa) e, é óbvio, desde que o objeto da prestação esteja disponível fisicamente falando (afastada a hipótese de impossibilidade material, por caso fortuito ou força maior).

Muitos têm, inadvertidamente, invocado a aplicação "seca" do art. 22 desse Código, que estipula, *in verbis*: "Art. 22. Os órgãos públicos, por si ou suas empresas, concessionárias, permissionárias ou sob qualquer outra forma de empreendimento, são obrigados a fornecer serviços adequados, eficientes, seguros e, quanto aos essenciais, contínuos".

985

Ora, o que se exige, nesse dispositivo, quanto aos serviços essenciais é que eles sejam contínuos no sentido de tê-los o Estado sob seu manto de proteção para assegurar a sua perene disponibilidade. Quer isso significar que não pode o Estado deixar de oferecer esse serviço (em sua totalidade). O Estado não pode simplesmente abandoná-lo, dele descurando. Não. É imperioso que assuma a sua constância, enquanto serviço que deve sempre estar à disposição da sociedade. Trata-se, como se percebe, de assinalar sua importância maior, reportando-se ao serviço como um todo, e não à sua prestação individual.

Interpretação contrária ao que vai exposto aqui significa transformar a norma do CDC em inconstitucional, porque estaria ela praticamente estatizando o serviço público essencial, já que descura por completo do aspecto remuneratório dele (o que pressupõe, portanto, seu custeio integral pelo Poder Público).

4.3.3. Dignidade da pessoa humana, serviço essencial e gratuidade

Poder-se-ia objetar que à gratuidade se seria carreado inexoravelmente se se considerasse estar implícita na essencialidade (de um serviço público) a dignidade da pessoa humana, como anteriormente se fez constar, partindo da lição de MARÇAL JUSTEN FILHO. A essencialidade, nesses termos, imporia a gratuidade, ainda que como "exceção". Aplicar-se-ia, ao menos, para aquele grupo de indivíduos que não pudessem prover o seu próprio sustento.

Há dois argumentos a serem esgrimidos aqui. Em primeiro lugar, será necessário verificar se a essencialidade, implicada a dignidade da pessoa humana nela, acarreta, por força desta nova perspectiva, a gratuidade do serviço. Em segundo lugar, impõe-se a avaliação acerca de se saber se, prestado por uma concessionária, o serviço público gratuito deva ser por ela suportado.

Mas há, ainda, uma falácia naquele primeiro argumento, que deve ficar desde logo exposta. É que, se o corte no fornecimento para determinado grupo de pessoas, consideradas hipossuficientes, violasse sua dignidade, também violaria o corte infligido a qualquer pessoa, ainda que de grandes posses. Em outras palavras, o raciocínio aplicado a uma seria aplicável à outra, porque sua base é comum (necessariamente): dignidade da pessoa humana. Dir-se-ia que o rico tem a alternativa de pagar *a posteriori* e obter o bem da vida que lhe interessa. Mas isso não justifica que se lhe viole a dignidade nem por um segundo. Logo, o raciocínio acaba "provando demais" e, como se verificará, levaria a outra conclusão inadmissível.

Apesar de serviço público essencial, não se pode confundir com prestação de serviço para a qual incida o CDC, aplicável às empresas (públicas ou privadas) que atuam no domínio econômico *stricto sensu*.

É que, por meio do referido *codex*, o Estado promove uma intervenção indireta na economia, regulamentando-a e submetendo-a aos parâmetros objetivos que entender cabíveis nos limites do Estado Constitucional de Direito.

No caso de concessionárias, ao contrário, o Poder Público comparece na qualidade de concedente, delegando uma tarefa, que lhe compete originariamente, a outrem (concessionária, que pode ser até empresa privada, como visto), que passa a explorá-la sob as orientações do primeiro. A relação, portanto, como se nota, é totalmente diversa.

Ademais, não há que falar, sob o prisma legislativo, que o art. 22 do CDC, o qual já foi previamente mencionado, impõe a continuidade, incondicional, da prestação de determinado serviço público essencial, pois tal se tornaria mera ficção jurídica, sob o arrepio da credibilidade da lei. Para que a água seja fornecida, há que se ter, como *conditio sine qua non*, a disponibilidade desta e, também, a contraprestação pelo serviço realizado, visto que esta é requisito para a sua futura continuidade.

O argumento é reforçado pela constatação inquestionável de que a água se tornou um bem que, infelizmente, deixou de ser renovável e passou a ser foco de preocupação tanto de ambientalistas como de autoridades públicas. Considere-se, ainda, o desenfreado crescimento populacional e a emissão de poluentes que tornam as reservas de água disponíveis mais e mais insuficientes e escassas. É nesse contexto que surge a pergunta: seria possível seu fornecimento a todos, *ad aeternum*, sem pesados investimentos que demandam uma boa reserva de capital? É compatível com esse cenário o fornecer, ilimitada e gratuitamente, a água? A resposta mais coerente e consequente parece ser *não*! Dessa feita, o intérprete de determinado dispositivo legal, ao intentar obter o significado desta, há de ponderar acerca da realização ou não do possível sentido aferido mediante a atividade exegética. Assim, no que tange ao artigo supramencionado, impõe-se a interpretação de que o Estado deve garantir a disponibilidade do serviço e sua prestação, na medida do *possível*. Ninguém irá exigir deste, por conseguinte, o fornecimento ilimitado de água se se enfrentar, por exemplo, um período duradouro e causticante de seca.

Analogamente, houve, por exemplo, a problemática da energia elétrica. Em virtude de um aumento exorbitante do consumo de energia, sem que houvesse produção suficiente para satisfazer a demanda por esse serviço público, o qual se encaixa naquele restrito grupo, a saber, dos serviços *essenciais*, impuseram sistemáticos cortes à população, juntamente com uma restrição à quantidade de energia elétrica passível de ser consumida, sendo previstas, até, penalidades pelo seu uso desmedido.

O Supremo Tribunal Federal, ao analisar a Ação Declaratória de Constitucionalidade n. 9, concedeu liminar assegurando a constitucionalidade da Medida Provisória n. 2.152-2, de 22-5-2001, a qual previa a possibilidade de corte do consumo de energia elétrica, bem como a restrição deste, conforme amplamente conhecido pela comunidade acadêmica.

Percebe-se que, na questão da energia elétrica, ainda que seja o seu fornecimento um serviço essencial, não há que falar em sua incondicional prestação se não há, de modo algum, formas de prestá-lo. No caso citado, se o Supremo Tribunal Federal houvesse deliberado de outra maneira, possibilitando o uso ilimitado da energia elétrica, não estaria a garantir o fornecimento desse serviço, mas sim a fomentar o seu oposto, é dizer, a sua cessação, em curto prazo, visto que, em breve, os usuários ficariam, invariavelmente, sem o serviço sob comento, em virtude da falta de condições materiais de prestá-lo pelo consumo desenfreado que a tese oposta ensejaria.

O STF preferiu admitir a legitimidade da restrição ao consumo da energia elétrica a compactuar com prejuízos muito mais danosos que decorreriam, inevitavelmente, no caso de admitir a prestação incondicional como absoluta. O caminho palmilhado pela Suprema Corte brasileira deverá ser adotado, também, no caso do fornecimento de água que ameaçar o seu adequado fornecimento no aspecto global, causando mais danos do que benefícios às partes envolvidas (e, inequivocamente, nas hipóteses de seca ou naqueles em que os inadimplentes, por meio de subterfúgios, forçam o seu fornecimento).

Caso se imponha a qualquer concessionária de serviço público o dever de arcar com a continuidade da prestação do serviço, não obstante a falta de remuneração (contraprestação) pelos usuários, corre-se o risco de implodir o próprio fornecimento do serviço como um todo, visto que este se tornará inviável, em vista do "efeito dominó" que seguramente seria desencadeado para todos os serviços públicos essenciais, como é o caso do transporte público e da energia elétrica, para os quais sustentável seria a mesma tese: mesmo sendo inadimplente inveterado, faria jus à "continuidade" da prestação.

4.4. Serviços públicos em espécie

Maria Sylvia Zanella Di Pietro e Celso Antônio Bandeira de Mello indicam que é o próprio Estado, por meio de suas normas, que define os serviços que se consideram públicos.

É certo que alguns serviços são pacificamente admitidos como tendo natureza pública: saneamento, abastecimento de água, energia elétrica, iluminação e limpeza das vias públicas, coleta do lixo. O serviço público não pode ser confundido com a figura do monopólio. No Brasil, após a flexibilização do monopólio do petróleo (E.C. n. 9/95) e de material nuclear, radioisótopos (EC n. 49/2006), a discussão sobre monopólios parece ter se esvaziado. De qualquer maneira, a criação de monopólios diz respeito a atividades econômicas que só podem ser titularizadas e exploradas pelo Poder Público, ao contrário dos serviços públicos.

Embora não seja muito frequente, é possível identificar posições doutrinárias que incluem dentre os serviços tipicamente públicos, e em regime de monopólio (o que é uma contradição), o de correio (serviços postais, na expressão constitucional presente). Essa orientação desconhece os princípios mais comezinhos da Constituição brasileira e dos princípios expressos da livre iniciativa e concorrência. Embora o tema se encontre, atualmente, sob análise do Supremo Tribunal Federal, na ADPF 46, é preciso abrir espaço para tratar do assunto de maneira mais detida. Isso porque é um daqueles casos nos quais parece haver, ainda, certo resquício de um período (pré-1988) em que se permitia amplamente a intervenção direta (material) do Estado na economia, para tanto bastando (à época) a edição de lei nesse sentido.

Qualquer postura que pretenda coibir o exercício dessa atividade pelos particulares é realmente inadmissível, uma vez que a Constituição proclama a livre iniciativa e a liberdade de concorrência, o que impede (ou deveria impedir) o Estado de forjar obstáculos à escolha e desenvolvimento, pelos particulares, da atividade econômica à qual se dedicarão. O tema a ser aqui enfrentado exige menção breve à Lei n. 6.538/78, que estabelece competir à União o monopólio das atividades postais às quais se refere. Ora, só os positivistas extremados poderiam deixar de vislumbrar, aí, uma norma não recepcionada pela Constituição de 1988. E é surpreendente que ainda se tenha de discutir tal situação. No cristalino e preciso voto que proferiu na ADPF 46, o Ministro MARCO AURÉLIO lembra que é descabido ampliar o elenco de monopólios referidos na Constituição do Brasil. Quando esta fala em "manter o serviço postal" no inciso X do art. 21, não se pode, como bem sustenta o ministro, pretender um sentido "de duzentos anos atrás". Lembra, ainda, o Ministro MARCO AURÉLIO, do modelo de *spoil system*, comum na prática administrativa brasileira, consistente em o novo governo exonerar funcionários em cargos de confiança nas estatais, por motivos estritamente políticos e em detrimento do interesse primário do Estado, para dar guarida ao apadrinhamento e à troca de favores. É justamente o que se vê ocorrer na ECT, e que serviu para a formação de CPI. Assim, "melhor alcança o interesse da coletividade a garantia de que o serviço postal, em suas diversas modalidades, possa ser prestado em regime de concorrência". Lembra o Ministro, ainda, que também EROS GRAU já se havia manifestado nesse mesmo sentido. Ademais, a universalidade do sistema (um ponto preocupante, certamente) poderá ser amplamente garantida num modelo de duplo regime (privado e público), bastando uma regulamentação adequada, como se deu no setor de telecomunicações[2121] e como o Projeto de Lei n. 1.491/99, abortado pelo Governo federal, pretendia implantar para os serviços postais.

Retomando o tema dos serviços públicos em espécie, verifica-se que alguns serviços públicos resultam em prestação individualizada, como o abastecimento de água, enquanto outros são coletivamente oferecidos, como a iluminação pública. Os primeiros são denominados serviços *uti singuli* ou individuais, e os segundos serviços *uti universi* ou gerais.

No Brasil, a Constituição indica os serviços que se consideram públicos nos arts. 21, XI, XII e XXIII, e 25, § 2º.

A Administração pode prestar diretamente o serviço, por seus órgãos e agentes, como a educação, ou por meio dos particulares. Caso comum é o serviço de coleta de lixo, que é prestado mediante contrato de prestação de serviço, já que remunerado pelo próprio Poder Público, ao contrário dos contratos de concessão.

Os serviços públicos podem ser agrupados consoante o responsável por sua prestação. Daí falar em serviço público federal, estadual e municipal. Nesse contexto, alguns serviços são comuns (como os metropolitanos) e outros de competência concorrente.

Assim, incumbe à União Federal prestar, em caráter público, os serviços postais, do correio aéreo nacional, de telecomunicação, de radiodifusão, de difusão de sons e imagens, de energia elétrica, de aproveitamento energético de cursos de água, de navegação aérea, aeroespacial, de infraestrutura aeroportuária, de transporte ferroviário e

---

2121. ADI 6191/SP, rel. Min. Roberto Barroso, j. 9-6-2022.

aquaviário nos casos especificados, de estatística, geografia, geologia e cartografia nacional, de exploração nuclear e correlatos.

Aos Estados cabe a exploração dos serviços de gás canalizado local (art. 25, § 2º).

Aos Municípios compete (art. 30) organizar e prestar o serviço público de transporte coletivo (inc. V), manter os programas de educação pré-escolar e de ensino fundamental (inc. VI), prestar os serviços de atendimento à saúde da população (inc. VII)[2122].

O Estado tem ainda o dever de prestar o serviço público de saúde (art. 196), previdência social (art. 201) e assistência social (art. 203). Esse conjunto tricotômico compõe, consoante a Constituição Federal, a seguridade social (art. 194).

Ademais, o Estado tem a obrigação de prestar e garantir o ensino fundamental gratuito, com a progressiva universalização do ensino médio também gratuito, atendimento educacional especializado para os portadores de deficiências, atendimento em creches e pré-escola para as crianças em idade não escolar e fornecimento de material didático (art. 208).

A Lei n. 9.074/95 indica como serviços públicos federais os de barragens, contenções, eclusas, diques e irrigações.

Por fim, a própria Constituição estabelece que incumbe ao Poder Público, diretamente ou por delegação, a prestação de serviços públicos (*caput* do art. 175).

5. AGENTES PÚBLICOS

5.1. Conceito

Entende-se que todos aqueles que desempenham uma atividade estatal, seja em caráter temporário ou definitivo, são agentes públicos. Existem três categorias: 1º) agentes políticos; 2º) servidores públicos; 3º) particulares em colaboração com o Poder Público.

Os agentes políticos integram o centro de poder político do Estado. São agentes políticos: o Presidente da República, Governadores, Prefeitos, seus auxiliares, os Senadores, Deputados Federais, Estaduais, Distritais e Vereadores. O vínculo com o Poder Público, no caso, é político e não profissional.

São os servidores públicos em sentido estrito que mantêm com o Poder Público um vínculo de caráter profissional, apresentando subordinação hierárquica.

A última das categorias, vale dizer, particulares em colaboração com o Poder Público, engloba todos os demais que desempenham uma função pública, sob qualquer pretexto. Podem ser particulares em colaboração: 1º) por requisição do Poder Público, caso dos jurados, os membros da mesa apuradora em períodos de eleição; 2º) gestores voluntários, aqueles que assumem por sua conta a Administração Pública, em momentos de calamidade pública ou de emergência; e 3º) por delegação do

---

2122. São atividades municipais baseadas em seu poder de polícia (art. 30): promover o adequado ordenamento territorial (inc. VIII) e a proteção do patrimônio histórico-cultural.

Poder Público, aqueles que desempenham, com a anuência do Estado, um serviço público, como os concessionários e permissionários, os que exercem serviços notariais e de registro.

5.2. Cargo, emprego e função

Cargo significa a "denominação dada à mais simples unidade de poderes e deveres estatais a serem expressos por um agente" (CELSO ANTÔNIO BANDEIRA DE MELLO)[2123]. Em outros termos "é o lugar instituído na organização do serviço público, com denominação própria, atribuições e responsabilidades específicas e estipêndio correspondente, para ser provido e exercido por um titular, na forma estabelecida em lei"[2124].

Cada órgão administrativo conta com um número determinado de cargos, criados por lei, com denominação própria, atribuições e padrão de vencimentos específico.

A expressão "emprego público" passou a ser utilizada para denominar um vínculo de ligação com o Estado diverso daquele existente no cargo público, embora se refira, igualmente, a uma unidade de atribuições. Quem ocupa emprego público tem um vínculo contratual, regido pela CLT.

Tem-se o exercício de função pública quando: 1º) tratar-se de servidor contratado temporariamente com base no art. 37, IX; 2º) tratar-se de função correspondente às chefias, direção ou mesmo assessoramento. É por isso que o art. 37, II, não exige concurso público prévio para essa modalidade. A função pública não titulariza cargo público.

Compete ao Congresso Nacional a aprovação de leis que criem, transformem ou extingam cargos, empregos ou funções públicas (art. 48, X, da Constituição). Contudo, a iniciativa deve obedecer a algumas regras: 1ª) para os cargos, empregos e funções do Executivo a iniciativa é do Chefe desse Poder; 2ª) para os cargos, empregos e funções do Legislativo é este mesmo que terá a iniciativa; 3ª) para os cargos, empregos e funções do Poder Judiciário, a competência será dos respectivos Tribunais (art. 96, I, *b*, da Constituição Federal).

Os cargos distribuem-se em classes e carreiras, sendo excepcional serem isolados.

Classe é o agrupamento de cargos da mesma profissão, com idênticas atribuições, responsabilidades e vencimentos. São fases, etapas na carreira.

Carreira é o agrupamento de classes da mesma profissão ou atividade, sotopostas hierarquicamente. O conjunto de carreiras constitui o quadro permanente de serviço.

Quadro é o conjunto das diversas carreiras e cargos isolados, assim como das funções. Não se admite promoção ou acesso de um quadro para outro.

Cargo isolado, ao contrário do cargo em carreira, é o que não se escalona em classes, por ser o único.

Lotação é o número de servidores de cada repartição ou serviço.

2123. *Regime Constitucional dos Servidores da Administração Direta e Indireta*, p. 28.
2124. Hely Lopes Meirelles, *Direito Administrativo Brasileiro*, 25. ed., p. 380.

5.3. Provimento

É o ato administrativo pelo qual é destinada determinada pessoa para preencher um cargo público, tornando-se seu titular.

O provimento pode ser inicial (originário) ou derivado. O provimento inicial ocorre por nomeação. O provimento derivado ocorre por transferência, promoção, remoção, acesso, reintegração, readmissão, enquadramento, aproveitamento ou reversão. No primeiro caso (inicial) se pressupõe a inexistência de vinculação entre a situação anterior do nomeado e o preenchimento do cargo.

O provimento pode ser em comissão, efetivo ou vitalício.

São cargos de provimento em comissão os cargos em confiança, de caráter provisório. São de livre nomeação, destinando-se à direção, chefia ou assessoramento. Devem observar natureza específica, sob pena de inconstitucionalidade da lei que os criar. Assim, como adverte o Min. Dias Toffoli, cargos que se refiram a funções simples não necessitam ser desempenhados por quem exerce cargo em comissão (voto no RE 376.440-DF). São cargos de provimento efetivo os cargos para os quais se exige concurso público, e seu preenchimento se dá em caráter definitivo. São cargos de provimento vitalício os de magistrados e Ministros do Tribunal de Contas.

5.4. Regime remuneratório

O regime remuneratório dos agentes políticos e dos servidores públicos atende a algumas regras específicas da Constituição.

Para os membros de Poder, detentor de mandato eletivo, os Ministros de Estado e os secretários estaduais e municipais a remuneração deverá ocorrer em subsídio fixado em parcela única. É proibido o acréscimo, a qualquer título, tal como gratificações, adicionais, abonos, prêmios e verbas de representação (§ 4º do art. 39).

Lei de cada um dos entes federativos poderá estabelecer a relação máxima a ser observada da diferença entre a maior e a menor remuneração dos servidores públicos respectivos (§ 5º do art. 39).

Os vencimentos percebidos pelos ocupantes do Executivo constituem o teto para os demais poderes (art. 37, XII). Nos termos explicitados na EC n. 135/2024, não serão computadas, para efeito dos limites remuneratórios de que trata o inciso XI do *caput* do art. 37, as parcelas de caráter indenizatório expressamente previstas em lei ordinária. Ademais, para esses fins, o Poder Executivo poderá reduzir ou limitar, na elaboração e na execução das leis orçamentárias, as despesas com a concessão de subsídios, subvenções e benefícios de natureza financeira, inclusive os relativos a indenizações e restituições por perdas econômicas, observado o ato jurídico perfeito.

O *quantum* remuneratório deverá ser composto observando-se: 1º) a natureza, o grau de responsabilidade e a complexidade dos cargos que compõem cada uma das carreiras; 2º) os requisitos para investidura; 3º) as peculiaridades de cada cargo.

Estabeleceu-se, ainda, a *irredutibilidade* dos subsídios e vencimentos dos ocupantes de cargos e empregos públicos (art. 37, XV), direito que, anteriormente, só era concedido aos magistrados.

992

A EC n. 19/98, conforme a redação conferida ao *caput* do art. 39, passou a exigir que cada um dos entes federativos institua seu "conselho de política de administração e de remuneração de pessoal", a ser composto por servidores, designados pelo respectivo poder.

Abandonou-se a referência constitucional anterior ao regime jurídico único e a uma isonomia de vencimentos[2125].

5.5. Acumulação de cargos

É vedada a acumulação de cargos, empregos e funções públicas, seja na Administração direta, seja na indireta, bem como nas fundações mantidas pelo Poder Público.

As exceções são apenas três: 1ª) dois cargos de professor; 2ª) um cargo de professor com outro de natureza técnica ou científica; 3ª) dois cargos ou empregos privativos de profissionais da saúde, desde que com profissões regulamentadas (conforme a Emenda Constitucional n. 34/2001). Anteriormente, a última exceção reportava-se apenas à acumulação "de dois cargos privativos de médicos". Em qualquer hipótese, exige-se que haja compatibilidade de horários entre as duas atividades acumuladas.

O servidor público da Administração direta, autárquica ou fundacional, poderá acumular o exercício de seu cargo com o de um mandato eletivo de vereador (art. 38, III). Nos demais casos, ficará afastado de seu cargo, emprego ou função (art. 38, I, II e IV).

Os militares têm regras próprias quanto à acumulação de cargos. Tais regras foram previstas nos incisos II e III do art. 142 da Constituição do Brasil. Em geral, é vedada a acumulação de cargos, empregos e funções públicas com a atividade militar, sendo que, na hipótese de cumulação indevida, ocorre o seguinte: a) em caso de cumulação permanente (inciso II) o militar deverá ser transferido para a reserva; b) em caso de cumulação temporária (inciso III) o militar será afastado e terá limitações para ser promovido; após dois anos nessa situação, o militar será transferido para a reserva. Para suprir parte das carências na saúde pública, a Emenda Constitucional n. 77/2014 abriu uma exceção à impossibilidade de cumulação, beneficiando os militares que sejam profissionais da saúde. Dessa forma, a Emenda alterou o texto dos referidos incisos do art. 142, § 3º, da CB, para permitir a cumulação, tanto permanente (alteração do inciso II) quanto temporária (alteração do inciso III), de cargo ou emprego público civil privativo de profissionais da saúde com a atividade militar, na forma da lei. Para esses casos, a cumulação não gera as consequências suprarreferidas, como o afastamento ou a transferência para a reserva. Portanto, essa Emenda Constitucional é uma tentativa de evitar a evasão de profissionais das forças armadas e, ao mesmo tempo, aprimorar o atendi-

---

2125. Dispunha a antiga redação constitucional: "Art. 39. A União, os Estados, o Distrito Federal e os Municípios instituirão, no âmbito de sua competência, regime jurídico único e planos de carreira para os servidores da administração pública direta, das autarquias e das fundações públicas.

"§ 1º A Lei assegurará, aos servidores da administração direta, isonomia de vencimentos para cargos de atribuições iguais ou assemelhadas do mesmo Poder ou entre servidores dos Poderes Executivo, Legislativo e Judiciário, ressalvadas as vantagens de caráter individual e as relativas à natureza ou ao local de trabalho".

mento de saúde em locais onde há escassez de pessoal. A EC n. 77/2014 estabelece, ainda, que, na hipótese do acúmulo ora tratado, a atividade militar deverá ser a preponderante (alteração do inciso VIII do art. 142, § 3º, da CB).

5.6. Servidores públicos

Na Constituição Federal, "servidor público" é expressão que apresente o significado restrito acima indicado, pelo qual se exige o vínculo profissional de dependência.

O servidor público pode estar investido em cargo efetivo ou em cargo em comissão, estar inserido tanto na Administração centralizada quanto na descentralizada, de qualquer dos poderes, tanto da União quanto dos Estados, Distrito Federal e Municípios.

A EC n. 98, publicada em 2017, altera principalmente o transitório art. 31 da EC n. 19/98, para tratar, com mais amplitude, da situação transicional de servidores vinculados aos antigos territórios de Amapá e de Roraima. Nesse sentido, porém, a nova EC alterou o anterior âmbito de incidência subjetivo da norma, que falava expressamente em "servidores públicos federais", para passar a falar em "pessoa que revestiu a condição de servidor público federal", o que poderá causar mais uma nova etapa de demandas e dúvidas. Nessa mesma linha, a nova EC elimina a exigência de que houvesse ocorrido "exercício *regular* de funções" (grifei) para agora incluir todos que se encontrassem no "exercício de suas funções". O tom inclusivo da EC é inequívoco. Cabe saber se perante a moralização introduzida pela exigência universal de concurso público e valores remuneratórios estritos essa EC pode ser aplicada validamente com a amplitude que parece ter sido seu objetivo. Ademais, a EC n. 98/2017, em seu art. 3º, trata do direito de opção, indicando que poderá ser exercido em até trinta dias da data da sua regulamentação futura, o que significa novo protelamento de uma solução definitiva e justa. Não posso deixar de registrar que este é mais um caso que demonstra o detalhamento constitucional que nos impõe uma banalização de nosso Pacto Fundamental.

5.7. Acesso

Os cargos, empregos e funções públicas são acessíveis aos brasileiros bem como aos estrangeiros, desde que preenchidos os requisitos estabelecidos em lei (art. 37, I, com redação da Emenda Constitucional n. 19/98). Trata-se, aqui, de corolário do princípio da isonomia. Nesse sentido, e dando efetiva aplicação ao princípio, estabeleceu, ainda, o Texto Magno que certos cargos e empregos públicos sejam destinados exclusivamente a pessoas portadoras de deficiências (art. 37, VIII)[2126].

Ademais, para alcançar qualquer cargo público efetivo e transformar-se em servidor público, o interessado deverá submeter-se, previamente, a um concurso público[2127]

2126. A reserva de vagas para os portadores de deficiências, que concorrerão entre si, não vem excepcionar o princípio da isonomia (Celso Bastos, *Curso de Direito Constitucional*, 21 ed., p. 331), mas, antes, vem conferir-lhe completa e adequada aplicação.

2127. A validade dos resultados deste é de dois anos, prorrogável por no máximo o mesmo período por uma única vez (art. 37, III).

(art. 37, II), que é modalidade de licitação pública. Este, portanto, só não é exigível nos casos de cargos públicos em comissão ou função de confiança, cujo ocupante é demissível *ad nutum* (art. 37, V). Também prevê a Constituição a hipótese de contratação direta de pessoal para enfrentar necessidade temporária de excepcional interesse público (art. 37, IX). Outro caso excepcional indicado pela Constituição refere-se ao aproveitamento no serviço público de ex-combatentes que tenham participado de operações bélicas durante a Segunda Grande Guerra (art. 53 do Ato das Disposições Constitucionais Transitórias). Por fim, a EC n. 51/2006 parece ter pretendido criar nova modalidade de provimento, menos rigorosa que o concurso público, falando em "processo seletivo público" para a admissão de agentes comunitários de saúde e agentes de combate a endemias.

O concurso público pode ter qualquer prazo, desde que não superior a dois anos. Não há prazo mínimo expresso. Mas a duração não pode ser tão efêmera que torne inútil a realização do concurso.

5.8. Direitos

Todos os servidores públicos civis têm assegurados os mesmos direitos sociais indicados nos incisos IV, VII, VIII, IX, XII, XV, XVI, XVII, XIX, XX, XXII e XXX do art. 7º (consoante estipula o § 3º do art. 39).

O servidor público adquire estabilidade no cargo após o transcurso de três anos de seu efetivo e proveitoso exercício, desde que tenha ingressado através da aprovação em concurso público (art. 41). Estabilidade, sinteticamente, significa não poder ser demitido senão em virtude de sentença judicial transitada em julgado ou após processo administrativo no qual haja sido assegurada ampla defesa, ou mediante procedimento de avaliação periódica de desempenho, ou ainda na hipótese restritíssima na necessidade de redução de despesas (art. 169, § 4º). Neste último caso, o servidor fará jus a uma indenização, correspondente a um mês de remuneração por ano de serviço (art. 169, § 5º). É necessário, contudo, que ato normativo de cada um dos poderes especifique a atividade fundacional, o órgão ou unidade administrativa que terá sido atingida pela medida reducionista (art. 169, § 4º).

A aprovação no procedimento de avaliação periódica de desempenho é condição necessária para obter a mencionada estabilidade. Tal avaliação fica a cargo de uma comissão instituída com essa finalidade.

Ademais, os servidores públicos têm direito à associação sindical (art. 37, VI), bem como o direito de greve (art. 37, VII). Esses dois direitos são vedados expressamente aos militares (art. 142, § 3º, IV)[2128].

2128. A partir da Emenda Constitucional n. 18/98 passaram a existir duas categorias, a dos servidores públicos civis e a categoria dos militares, e não mais servidores públicos militares.

5.9. Aposentadoria

Atualmente, com a unificação do regime previdenciário, pela EC n. 41/2004, o servidor público segue o mesmo regime de contribuição do setor privado (art. 40, § 3º), salvo aqueles inseridos na regra de transição (arts. 2º e 6º da EC n. 41/2004).

A aposentadoria proporcional pode ser compulsória ou voluntária. Há direito à aposentadoria proporcional quando o servidor completar setenta anos de idade, caso em que será compulsória. Há direito à aposentadoria proporcional, voluntariamente, desde que cumprido o tempo mínimo de dez anos de efetivo exercício e cinco anos no cargo no qual ocorrerá a aposentadoria, aos sessenta e cinco anos de idade, se homem, e sessenta, se mulher. Também há o direito no caso de invalidez permanente.

Acrescente-se, todavia, que a recente alteração promovida pela EC n. 88/2015 prevê a aposentadoria compulsória apenas aos setenta e cinco anos de idade. Tal possibilidade, no entanto, depende da edição de lei complementar que discipline a matéria. Enquanto não promulgada lei regulamentadora, a idade para aposentadoria compulsória dos servidores públicos segue sendo de setenta anos.

No entanto, esta mesma Emenda (§1º) alterou o art. 100 do ADCT, dispondo que, desde logo, aposentam-se compulsoriamente aos setenta e cinco anos os Ministros do Supremo Tribunal Federal, dos Tribunais Superiores e dos Tribunais de Conta da União. Passamos a contar, pois, no Direito previdenciário nacional, com duas categorias de servidores, para fins de incidência da compulsoriedade.

5.10. Perda do cargo público

Disponibilidade é o desligamento do serviço ativo por ter sido extinto o cargo que o funcionário ocupava.

Vacância ocorre quando o funcionário é destituído do cargo (desinvestidura). Podem ocorrer as seguintes hipóteses: exoneração, demissão, aposentadoria, dispensa, promoção ou morte.

Exoneração é o desligamento sem caráter punitivo. Pode ocorrer: 1º) a pedido do interessado, desde que não esteja sofrendo processo; 2º) de ofício, livremente (*ad nutum*), nos cargos em comissão; 3º) motivada por insuficiência de desempenho (art. 41, § 1º, III) ou para observar o limite máximo de despesas com pessoal (art. 169, § 4º).

Demissão é o desligamento punitivo. Pode-se dar: 1º) ausência ao serviço sem justa causa por mais de trinta dias consecutivos; 2º) ausência sem justa causa por sessenta dias, intercaladamente, no âmbito federal; 3º) ausência sem justa causa por quarenta e cinco dias, intercaladamente, no âmbito estadual.

Dispensa: é o caso de desligamento daquele admitido sob o regime da CLT, quando não há justa causa nesta[2129].

2129. É a nomenclatura adotada por Hely Lopes Meirelles, *Curso de Direito Administrativo Brasileiro*, 25. ed., p. 401.

Referências bibliográficas

BASTOS, Celso Ribeiro. *Curso de Direito Constitucional*. 21. ed. São Paulo: Saraiva, 2000.

BASTOS, Celso Ribeiro & TAVARES, André Ramos. *As Tendências do Direito Público no Limiar de um Novo Milênio*. São Paulo: Saraiva, 2000.

CARVALHO FILHO, José dos Santos. *Manual de Direito Administrativo*. 12. ed. Rio de Janeiro: Lumen Juris, 2005

FIGUEIREDO, Marcelo. *O Controle da Moralidade na Constituição*. São Paulo: Malheiros, 1999.

GROTTI, Dinorá Musetti. *O Serviço Público e a Constituição Brasileira de 1988*. São Paulo: Malheiros, 2003.

JUSTEN FILHO, Marçal. *Curso de Direito Administrativo*. São Paulo: Saraiva, 2005.

MEIRELLES, Hely Lopes. *Direito Administrativo Brasileiro*. 25. ed. São Paulo: Malheiros, 2000.

MELLO, Celso Antônio Bandeira de. *Regime Constitucional dos Servidores da Administração Direta e Indireta*. 2. ed. São Paulo: Revista dos Tribunais, 1991.

PIETRO, Maria Sylvia Zanella Di. *Direito Administrativo*. 12. ed. São Paulo: Atlas, 2000.

_____. *Discricionariedade Administrativa na Constituição de 1988*. São Paulo: Atlas, 1991.

PINTO, Bilac. O declínio das sociedades de economia mista e o advento das modernas emprêsas públicas. In: INSTITUTO DE DIREITO PÚBLICO E CIÊNCIA POLÍTICA. *Estudos sobre a Constituição brasileira*. Rio de Janeiro: Fundação Getúlio Vargas, 1954. p. 43-57.

RAZ, Joseph. *Ethics in the Public Domain*: Essays in the Morality of Law and Politics. Oxford: Clarendon Press, 1996.

ROCHA, Cármen Lúcia Antunes. *Princípios Constitucionais da Administração Pública*. Belo Horizonte: Del Rey, 1994.

SILVA, José Afonso da. *Curso de Direito Constitucional Positivo*. 16. ed. São Paulo: Malheiros, 1999.

Capítulo LIX
DAS FINANÇAS PÚBLICAS

1. ASPECTOS GERAIS

Todo o Capítulo II do Título VI da Constituição (arts. 163 a 169) disciplina a atividade financeira do Estado.

As finanças públicas envolvem um problema de aplicação e fiscalização dos recursos públicos.

Lembre-se que grandes empresas públicas e os conhecidos fundos de loterias esportivas movimentam quantidades fabulosas de recursos financeiros, necessitando de adequado tratamento.

Recentemente foi aprovada a EC n. 129/2023. A referida Emenda acrescentou o art. 123 ao ADCT "para assegurar prazo de vigência adicional aos instrumentos de permissão lotérica."

2. CONCEITO

As finanças públicas compreendem a arrecadação dos tributos e outras verbas, constituindo os recursos públicos, e sua correspondente destinação e aplicação, com o necessário planejamento[2130].

Toda a atividade exercida pelo Estado, nas mais diversas ocasiões, significa a existência de custos que devem ser cobertos pela obtenção dos respectivos recursos. A atividade financeira do Estado envolve mecanismos próprios (exclusivos) do Poder Público, que diferem substancialmente daqueles praticados pela atividade privada, inclusive pela própria forma de obtenção dos recursos (que, no caso do Estado, é impositiva, cogente).

3. MECANISMO JURÍDICO: O ORÇAMENTO

Existem basicamente três mecanismos normativos que tratam das finanças públicas: 1º) plano plurianual; 2º) diretrizes orçamentárias; 3º) orçamento anual. Vale observar que a iniciativa para qualquer das leis é sempre do Poder Executivo.

2130. Consoante Celso Bastos: "a atividade financeira do Estado é toda aquela marcada ou pela realização de uma receita ou pela administração do produto arrecadado ou, ainda, pela realização de um dispêndio ou investimento" (*Curso de Direito Constitucional*, 21. ed., p. 442).

1º) Plano plurianual — É o conjunto normativo que estabelece diretrizes, objetivos e metas da Administração, de maneira regionalizada, bem como estabelece as despesas de capital para os programas que ultrapassem um exercício financeiro, como os programas de educação (art. 165, I).

A EC n. 86/2015 modificou substancialmente o plano plurianual, alterando os arts. 165 e 166 da Constituição brasileira. Dentre as diversas modificações, deve-se acentuar que a Emenda criou o que alguns têm chamado de "orçamento impositivo", isto é, a vinculação do Poder Executivo às emendas parlamentares que venham a modificar as leis orçamentárias.

2º) Lei de diretrizes orçamentárias — É o conjunto normativo que fixa metas e prioridades da Administração, inclui dispensa de capital para o exercício financeiro subsequente e orienta para a elaboração da lei orçamentária anual. Também deverá dispor sobre as alterações na legislação tributária (art. 165, § 2º). Tem duração superior ao exercício anual (art. 165, II).

3º) Lei orçamentária anual — É o conjunto normativo de disposições sobre previsão de receitas (de forma estimativa) e fixação de despesas, estabelece-se o orçamento fiscal do Poder Público, incluindo fundos, órgãos e entidades da Administração direta e indireta, bem como as fundações e se podem autorizar créditos suplementares e operações de crédito por antecipação. A lei orçamentária anual deve conter 1º) o orçamento fiscal (este é a peça que estabelece as receitas fiscais); 2º) o orçamento de investimento das empresas nas quais o Poder Público detenha a maioria do capital votante; 3º) o orçamento da seguridade social. É vedado inserir dispositivo nessa lei que não seja ou previsão de receita ou estabelecimento de despesa. Trata-se de evitar aquilo que no Direito pretérito era denominado "caudas orçamentárias". Essas caudas eram normas contendo matéria estranha ao orçamento e que, para que este fosse aprovado, acabavam elas também, por consequência, tendo de sê-lo.

3.1. Orçamento conjuntural e a sustentabilidade da dívida: a EC n. 109/2021

O Capítulo constitucional que versa sobre as Finanças Públicas foi novamente alterado, dessa vez, pela Emenda Constitucional n. 109, de 2021, que promoveu diversas mudanças no texto constitucional, especialmente na Seção II, que dispõe sobre o Orçamento (arts. 165 a 169).

A EC n. 109/2021 é o produto final da chamada "PEC Emergencial", elaborada, aprovada e constitucionalizada em um contexto muito próprio de estado de "calamidade pública", expressão que também passou a integrar as categorias próprias das finanças públicas.

No Congresso Nacional, a então Proposta de Emenda Constitucional n. 186/2019 foi aperfeiçoada e passou a ser apresentada para a sociedade como um meio de garantir auxílio emergencial para a população mais afetada economicamente pela pandemia de Covid-19, fazendo-o de forma "responsável" com as finanças públicas.

Trata-se de medida criada para, legitimamente, abrir espaço no orçamento fiscal, supostamente (ficticiamente, claro) sem alterar o inusitado (mas amplamente aclamado) teto de gastos.

Dentre as mudanças da EC n. 109/2021 destaca-se a necessidade de apresentar, por meio de Lei Complementar, relatório sobre o que se denomina como "sustentabilidade da dívida", o que inclui diversos requisitos a serem preenchidos (art. 163, VIII). A incorporação da sustentabilidade da dívida no texto constitucional é reforçada nos arts. 164-A, incluído pela EC n. 109, e destina-se à União, aos Estados, ao Distrito Federal e aos Municípios na condução de suas políticas fiscais, e 165, § 2º, que trata de nova redação sobre a Lei de Diretrizes Orçamentárias, indicando que as metas e as prioridades da Administração Pública federal deverão estar em "consonância com trajetória sustentável da dívida pública".

Para além dessa nova orientação constitucional de *sustentabilidade fiscal*, a EC n. 109/2021 estatuiu os arts. 167-A a 167-G, normas que, em sua maioria, estabelecem trâmites específicos para o contexto de estado de calamidade pública.

Trazer ao texto constitucional regras já previstas em outros níveis normativos tornam permanentes minúcias que inevitavelmente acarretarão novas emendas constitucionais em face das demandas sempre amplas e crescentes da sociedade. Há de se considerar, ainda, que essas normas já sofrem críticas[2131] quanto a sua real eficácia, o que torna sua inclusão no texto Constitucional ainda mais questionável.

Dentre as demais alterações, a EC n. 109/2021 também modifica o ADCT, no art. 101, adiando o prazo de pagamento dos precatórios de 31 de dezembro de 2024 para 31 de dezembro de 2029. Diante de tal mudança, o CFOAB ajuizou as ADIs 6.804 e 6.805 perante o STF para questionar a razoabilidade e a sustentabilidade de mais um "adiamento" (quer dizer, não pagamento de dívidas legitimamente constituídas e certificadas pelo Poder Judiciário brasileiro).

É de se considerar, ainda, que desde a EC n. 95/2016, que instituiu o abominável teto de gastos na ADCT, chamado de Novo Regime Fiscal, o texto constitucional, na parte de finanças públicas, passou a ser alvo de complexificações diuturnas. A normatização excessiva de regras fiscais[2132] no texto constitucional alerta para a própria (in) eficácia daquele novo regramento fiscal, tido como uma panaceia para os graves problemas nacionais. A adoção da primazia de um modelo financeiro da austeridade em detrimento dos ditames da Constituição econômica brasileira e dos direitos sociais proclamados constitucionalmente é uma via não apenas inconstitucional, mas também totalmente estéril para as pretensões de desenvolvimento nacional, que requerem medidas socioeconômicas e planejamento de ações, não a saída pífia da austeridade em um país de grandes contingentes populacionais em dificuldades extremas.

Ademais, por meio de regras cada vez mais minuciosas, fazendo da norma constitucional uma extensão da Lei de Diretrizes Orçamentárias e vice-versa, o que persiste é o uso de subterfúgios normativos cada vez mais criativos para justificar a preservação de uma ideologia arcaica, doravante sob um signo textual inovador de *sustentabilidade da dívida pública*, mas sem correlação com a realidade brasileira ou

---

2131. Élida Graziane Pinto, 'Museu de grandes novidades' da Pec Emergencial, 2021.
2132. Gerson Sicca, Os riscos da constitucionalização excessiva do Direito Financeiro, 2021.

1000

com os objetivos da sociedade, agasalhados constitucionalmente. São mecanismos inócuos, mas que retalham a Constituição e que, ao longo dos anos, vão comprovando tanto serem retrocessivos, em termos de desenvolvimento do país (que segue bloqueado, condenando-nos a um futuro de permanente atraso), como também se comprovam inexequíveis, em termos estritamente financeiros.

3.2. Procedimento

No Congresso Nacional, comissão mista permanente tem a função de examinar e emitir pareceres prévios sobre os projetos e programas nacionais, regionais e setoriais. Acompanha também a fiscalização orçamentária (art. 166). Emitido seu parecer, é o projeto discutido e votado pelo Plenário das duas Casas.

A apresentação de emendas só deve ser admitida quando objetiva a correção de erros ou de omissões do projeto. A emenda de fundo, vale dizer, aquela que altera o conteúdo orçamentário, só pode ser apresentada quando for compatível com o plano plurianual (art. 166, § 4º) e desde que indique a proveniência dos recursos necessários para enfrentar a nova despesa que eventualmente criar.

Com a EC n. 105/2019, parlamentares passaram a poder apresentar emendas individuais impositivas alocando recursos a Estados, ao Distrito Federal e aos Municípios, por meio de duas novas criações jurídicas: (i) transferência especial, quando os recursos são alocados sem finalidade específica; e (ii) transferências com finalidade definida, conhecidas como "despesas carimbadas". De acordo com a EC, é vedado que esses recursos sejam alocados para pagamento de despesas com pessoal e dívidas. Uma das grandes mudanças propostas pela EC é a possibilidade de repasse *direto* ao ente federado beneficiário, sem necessidade de intermediação por convênio.

3.3. Execução

Os recursos destinados ao Legislativo, Executivo, Judiciário e Ministério Público devem ser entregues pelo Executivo até o dia 20 de cada mês, em consonância com a Lei Complementar n. 101/2000. "A não liberação constitui exercício irregular de poder e, pois, habilita o órgão preterido a ingressar em juízo para obter os recursos. No caso, o Executivo funciona apenas como órgão de arrecadação"[2133]. A compreensão de que o Poder Executivo exerce funções distintas, nem sempre estando investido de prerrogativas de "Poder", e a dependência direta de todo o sistema de órgãos e "Poderes" do repasse de recursos, justifica as consequências graves que podem ser desencadeadas pelo descumprimento dessa regra.

São vedados (art. 167): 1º) início de projetos não previstos; 2º) transferência de recursos de um programa para outro, ou de um órgão para outro; 3º) despesa ou obrigação que implique despesa adicional; 4º) vinculação de receita de impostos — neste ponto é importante registrar que ficam excepcionadas, evidentemente, as vinculações

---

2133. Regis Fernandes de Oliveira, *Curso de Direito Financeiro*, p. 446.

de assento constitucional, como aquelas destinadas à educação e à saúde, admitindo-se outras, desde que contempladas na Constituição; e 5º) criação de fundo público.

Por força da EC n. 102, de 26 de setembro de 2019, foi acrescentado o § 11 ao art. 165, de maneira a determinar que o dever constitucional imputado à Administração para executar as programações orçamentárias, e para fazê-lo adotando os meios e as medidas necessários, com o propósito de garantir a efetiva entrega de bens e serviços à sociedade, i) não impede o cancelamento necessário à abertura de créditos adicionais, ii) não se aplica a impedimentos técnicos, desde que justificados e iii) aplica-se exclusivamente às despesas primárias discricionárias.

3.4. Restrições com despesas e a "DRU"

Toda a despesa pública deve encontrar, necessariamente, previsão orçamentária. A Constituição proíbe a realização de despesas que excedam os créditos orçamentários ou os adicionais.

Institui-se, no Brasil, a inconsistente e abusiva "desvinculação de receitas da União" (DRU), que permite exclusivamente à União utilizar livremente parcela de valores obtidos com a cobrança de tributos. Com a aprovação da Proposta de Emenda à Constituição n. 89, publicada no *DOU* de 21-12-2007 como Emenda Constitucional n. 56, o art. 76 do ADCT foi alterado para fazer manter a possibilidade de desvinculação de 20% (vinte por cento) da arrecadação da União com impostos, contribuições sociais e de intervenção no domínio econômico, já instituídos ou que vierem a ser criados, com prazo de vigência até dezembro de 2011. A DRU, criada como um mecanismo provisório de ajustes das contas públicas, vem tendo sua vigência prorrogada de forma sucessiva. Com a EC n. 93/2016, a DRU aumentou a desvinculação de receitas. O governo federal pode dispor livremente de 30% de todos os tributos federais vinculados por lei a fundos ou despesas. O art. 76, da ADCT, estabelece que a vigência da atual desvinculação ocorrerá até 31 de dezembro de 2023. A EC n. 93/2016 inovou ao incluir desvinculação da receita dos Estados e do Distrito Federal, excetuando-se recursos destinados ao serviço público de saúde e à manutenção do desenvolvimento do ensino.

No caso da DRU, observe-se que ficou fora da desvinculação a arrecadação proveniente da contribuição social do salário-educação, que é destinada a complementar o financiamento da educação básica pública brasileira. Com a criação da desvinculação de receitas a Estados e Distrito Federal, o § 1º que tratava da base de cálculo para realizar o repasse devido às demais entidades federativas foi revogado.

No julgamento da ADPF 523, de relatoria da Min. Rosa Weber, movida por 24 governadores que pretendiam o partilhamento, pela União, de 20% das contribuições sociais desvinculadas do orçamento da seguridade social por meio da DRU, junto com os estados e o Distrito Federal, a Ministra Relatora decidiu que "seria paradoxal afirmar que as receitas desvinculadas, nos moldes do art. 76 do ADCT, estariam, para os efeitos do art. 157, II, da CF, vinculadas a norma prescritiva de partilha. Não deveria ser preciso afirmar o truísmo de que receitas desvinculadas de órgão, fundo ou despesa são receitas sobre as quais foi afastada a eficácia das normas veiculadoras de comandos de

1002

vinculação. Ora, a regra do art. 157, II, da CF está contida no conjunto das normas que veiculam comando de vinculação de receita. Logo, ainda que fosse, num primeiro passo hermenêutico, incidente sobre receitas cuja natureza de contribuições teria sido desnaturada, no passo seguinte já teria a sua eficácia afastada diante da própria definição conceitual". A Ministra Relatora entendeu por não visualizar "no princípio federativo um sentido único, centrífugo, atomista e separador, e sim um princípio de equilíbrio, exigência da sua vocação para amoldar as necessidades do contínuo aperfeiçoamento institucional da República. Sem sacrificar a autonomia dos entes federados, o modelo instituído pela Constituição de 1988 tampouco condena à inexistência atuações voltadas ao aperfeiçoamento das instituições". Por essas razões, o Tribunal Pleno, por unanimidade, em decisão já transitada em julgado, julgou improcedente a ADPF movida pelos governadores por não identificar, no mecanismo de desvinculação de receitas da União, a existência de vulneração ao modelo federativo, disposto nos arts. 1º, *caput*, e 60, § 4º, inc. I, da CB.

Ainda sobre o tema das despesas, é importante assinalar que em 4 de maio de 2000 foi publicada a Lei Complementar n. 101, verdadeiro marco no controle econômico do agente público, que tratou de disciplinar as finanças públicas, voltada para a responsabilização do administrador na gestão fiscal, denominada comumente "Lei de Responsabilidade Fiscal" (LRF). Essa lei estabelece limites globais quanto à despesa das entidades federativas e dos poderes da República.

A esse respeito, importante decisão foi prolatada, em sede de medida cautelar, pelo Min. ENRIQUE RICARDO LEWANDOWSKI, em caso no qual a Assembleia Legislativa, o Tribunal de Contas e o Ministério Público sergipanos excederam os limites de gastos com pessoal fixados na LRF, com a "penalização" por parte da União. Para o ministro, "a adoção de medidas coercitivas para impelir a Administração Pública ao cumprimento de seus deveres não pode inviabilizar a prestação, pelo estado-membro, de serviços públicos essenciais, máxime quando o ente federativo é dependente dos recursos da União". O problema surgiu quando o Estado de Sergipe, descumprindo a LRF, teve seu nome inscrito no Sistema Integrado de Administração Financeira do Governo Federal (Siafi) com imediato bloqueio do repasse de verbas federais e operações de crédito ao Executivo estadual. Na visão do Ministro, esta inscrição e suas consequências não podem ser feitas arbitrariamente, com desrespeito do direito de defesa, como parece ocorrer. Bem percebeu o Ministro que o imediato bloqueio por suposto desrespeito à LRF não só é decisão unilateral como também conduz a um prejuízo para a população estadual e para o interesse público, visto que o Estado é dependente de referidas verbas na consecução de seus fins.

Por fim, cumpre mencionar a aprovação da EC n. 128/2022 que acrescentou o § 7º ao art. 167 da Constituição do Brasil de 1988.

O art. 167, § 7º da Constituição visa a "proibir a imposição e a transferência, por lei, de qualquer encargo financeiro decorrente da prestação de serviço público para a União, os Estados, o Distrito Federal e os Municípios." Em outras palavras, o dispositivo veda a criação, por lei federal, de despesas sem a respectiva indicação da fonte orçamentária e financeira ou da transferência de recursos para a prestação de serviço público.

4. AS RECEITAS PÚBLICAS

Receita pública é toda disponibilidade financeira do Estado, presente ou futura. Quando se declara que a receita é pública, o qualificativo pública presente refere-se à qualificação jurídica da pessoa de seu titular ou destinatário. Não se trata, pois, de uma qualidade da receita em si.

Não se pode confundir receita pública com aumento de patrimônio do Estado. Nem todo aumento de patrimônio ocorre por via do incremento da receita pública, embora o inverso seja verdadeiro. Assim, as receitas públicas têm expressão exclusivamente monetária, ou seja, são identificadas por meio da unidade monetária. Quando o Estado adquire um imóvel, por doação dos particulares, vê seu patrimônio aumentado, sem que a esse aumento tenha correspondido uma despesa pública (tal como ocorreria no caso da desapropriação). E, embora esse aumento possa revelar-se como meio para obter receita, tecnicamente falando, não se trata de receita pública, mas apenas de aumento patrimonial.

As receitas públicas são divididas, pela doutrina, em: 1º) patrimoniais; 2º) tributárias; 3º) creditícias.

As receitas patrimoniais correspondem às receitas sem caráter tributário (coercitivo). São obtidas pelo Estado na exploração de seu patrimônio.

As receitas tributárias correspondem àquelas obtidas graças ao poder de mando do Estado, a sua força coercitiva. Impõe-se ao particular um sacrifício patrimonial que não é nem uma punição por ato ilícito nem decorre ou depende da livre manifestação de vontade deste. Constituem as receitas tributárias a maior e mais importante das fontes de receitas para o Estado.

Por fim, as receitas creditícias correspondem àquelas que resultam de operações financeiras comuns realizada pelo próprio Estado. Este capta receitas através da constituição de crédito junto à economia privada.

Em consonância com a LC n. 101/2000, art. 11, "constituem requisitos essenciais da responsabilidade na gestão fiscal a instituição, previsão e efetiva arrecadação de todos os tributos da competência constitucional do ente da Federação". O dispositivo demanda interpretação constitucionalmente conforme, sob pena de emitir comando restritivo da autonomia governamental das diferentes entidades federativas. Não só a Constituição deixou de contemplar comando nesse sentido, impondo a tributação como dever universal do Chefe do Executivo e do Legislativo, como também assegurou expressamente a capacidade de decidir livremente, dentro de sua esfera de atribuições. Nesse sentido, propõe REGIS FERNANDES DE OLIVEIRA que "o preceito refere-se à gestão fiscal e não à imposição tributária"[2134].

Embora livre a criação do tributo, uma vez criado, a sua arrecadação torna-se dever do gestor. E embora sua criação seja livre, inclusive em homenagem (e subordinação) à autonomia federativa, pois não se admite que seja estabelecida por lei contra um

---

2134. Regis Fernandes de Oliveira, *Curso de Direito Financeiro*, p. 538.

padrão constitucional de comportamento (livre), nada impede que a lei estabeleça consequências pela não criação do tributo. Supostamente é o que a doutrina tem entendido como decorrência do parágrafo único do referido dispositivo, vinculando a União. Neste sentido, estaria vedada a transferência voluntária de recursos federais quando a entidade federativa não houver assumido plenamente o seu âmbito competencial na imposição de tributos-impostos que lhe sejam próprios. Contudo, a restrição reporta-se ao conteúdo do *caput*, que aqui vai interpretado de maneira constitucionalmente conforme. Assim, o significado do parágrafo único será outro: é vedada a transferência de valores federais quando a entidade federativa beneficiária deixa de arrecadar impostos por ato ou fato sob sua responsabilidade.

5. EMPRÉSTIMO E DÍVIDA PÚBLICA

Os empréstimos públicos apresentavam-se, essencialmente, como uma fórmula para alcançar a higidez econômica de um Estado. Assim, dele se utilizava o Estado não tanto para obter liquidez pessoal, mas, antes, para atender a uma conjuntura econômica momentânea. Dessa forma, intervinha nos momentos de inflação incipiente para lançar títulos de sua responsabilidade no mercado financeiro, captando recursos e, assim, recolhendo parcela da moeda em circulação. Em outros momentos, mais recessivos, de baixa demanda, o Estado passava a resgatar esses títulos, aumentando o dinheiro em circulação, com o que estimulava o desenvolvimento da economia. Mais recentemente, contudo, o crédito público tem-se apresentado como verdadeiro empréstimo no qual a parte tomadora é o Estado, que, com falta de verbas suficientes, e problemas de liquidez, passou a contar com recursos de terceiros. Perceptível é, pois, que o crédito público, embora represente uma receita imediata, a longo prazo revela-se como despesa, já que sua devolução pelo Estado-tomador é inevitável e faz parte da própria natureza dessa modalidade de receita, ao contrário das receitas tributárias e patrimoniais.

Verifica-se, pois, que os empréstimos públicos têm como decorrência natural o criar uma dívida pública.

Classifica-se comumente a dívida pública em função dos prazos estabelecidos para seu resgate. Assim, tem-se: 1º) dívida fundada como aquela que resulta de empréstimos temporários contraídos a médio e longo prazos, inserindo-se também aqui os empréstimos perpétuos, que são aqueles que só rendem juros (não são resgatáveis nunca); 2º) dívida flutuante como aquela que decorre de empréstimos tomados a curto prazo (daí, inclusive, o sentido de flutuante, como sendo rapidamente alterável o panorama decorrente dessas dívidas).

Também se classifica a dívida em função de sua nacionalidade. A dívida tanto pode ser estabelecida com credores internos, residentes ou sediados no País, caso em que se tem a *dívida pública interna*, ou, ainda, pode ser contraída com credores internacionais, caso em que se tem uma *dívida pública externa*. Enquanto a primeira é satisfeita em moeda nacional, a segunda é contraída em moeda estrangeira forte ou mesmo em outro.

Sendo a dívida pública externa geradora de problemas de soberania para o Estado, seu regime jurídico é muito mais delimitado. Qualquer operação externa de natureza financeira, a ser contraída pela União, Estados, Municípios ou Distrito Federal, deve ser antecedida de autorização específica do Senado Federal (art. 52, V). Assim, a operação torna-se conjunta, a ser realizada pelos Poderes Executivo e Legislativo.

6. O TETO DE GASTOS DA EC N. 95/2016 E O ESTADO BRASILEIRO

A polêmica EC n. 95, de 15 de dezembro de 2016, estabeleceu o chamado "novo regime fiscal" (art. 106 da CB no texto dado pela Emenda) que, em seu cerne, significa a imposição de limite para as despesas primárias dos Poderes da União.

Essa EC baseia-se no contexto da crise, especialmente daquela iniciada no Brasil em 2014, que fortaleceu o discurso liberal que subordina e captura a atuação do Estado "a meios fiscais e monetários, geralmente mecanismos indutivos, como se a política econômica pudesse também ser reduzida a estas atuações pontuais, sem qualquer menção as instrumentos de ação direta do Estado, como as empresas estatais"[2135].

Assim é que a referida EC n. 95/2016, seguindo a fórmula da propalada "austeridade" fiscal como solução mágica para os males econômicos do país, pretende congelar os gastos do Estado, limitando as despesas primárias federais dos "Orçamentos Fiscal e da Seguridade Social da União" a vigorar por "vinte exercícios financeiros", ou seja, os gastos serão indexados por vinte anos (cf. redação do art. 106 ao ADCT da Constituição do Brasil, inserido pela aludida EC), com impactos para investimentos em educação, saúde e infraestrutura, entre outros.

Esse limite é estabelecido da seguinte forma: a despesa primária do ano seguinte não poderá ser superior à despesa primária do ano corrente, corrigida pela inflação, apurada no exercício anterior a que se refere a lei orçamentária, isto é, acumulada entre janeiro e dezembro (cf. nova redação do art. 107, § 1º, II, do ADCT, alterado pela EC n. 113/2021).

Ademais, nos termos do art. 110 do ADCT da Constituição do Brasil, inserido pela EC n. 95/2016, houve alterações nas regras de cálculo dos pisos mínimos de aplicação orçamentária da saúde e educação, o que prejudica essa vinculação de receitas, podendo representar um menor investimento nessas áreas.

Considero essa EC como amplamente representativa do (neo)liberalismo extremado, no aspecto de uma artificial redução da complexidade das questões, o que se promove em detrimento consciente da causa social e em benefício da permanência de mecanismos reprodutores da extrema desigualdade e da miséria. A atenção do enfoque neoliberal recai quase que exclusivamente — ou ao menos primariamente — na contenção e redução de despesas do Governo, desconsiderando causas reais do problema fiscal e orçamentário, como a falta de crescimento econômico que gera a queda do volume de arrecadação de tributos, o que só pode ser combatido com mais investimento, em infraestrutura e obras públicas, com melhoria da qualidade dos

---

2135. Gilberto Bercovici, Política econômica e direito econômico, 2012, p. 2.

serviços em geral, especialmente saúde e educação voltadas para atender também as especificidades do trabalhador.

Ignoram-se, igualmente, as dificuldades reais para a economia e para o Estado decorrentes do pagamento dos altíssimos juros da dívida pública, que comprometem significativamente nosso orçamento, mas para os quais é vedado, no discurso neoliberal, falar-se em ajuste ou austeridade[2136]. Esses problemas não foram adequadamente equacionados pela medida, cujo foco é somente restrição de gastos, assumindo-se de maneira *automática* que essa redução reduziria as taxas de juros pagas pela União e promoveria a melhoria do ambiente econômico e, segundo essa visão, de maneira inevitável melhorando também o social.

Todavia, a principal causa da crise arrecadatória foi a queda do preço das *commodities*, especialmente a partir de 2014, principais produtos de exportação no Brasil (*eg.* petróleo, soja, carne de frango, metais). Publicação de 2016 capitaneada pelo Banco Interamericano de Desenvolvimento sustenta que o preço das matérias-primas[2137] (principal produto de exportação dos países da América Latina) caiu desde o segundo semestre de 2011[2138].

Ainda nesse sentido, um segundo estudo, agora do FMI, aponta que a queda dos preços das commodities foi mais abrupta a partir de meados de 2014. O principal produto cujo preço decresceu foi justamente o petróleo bruto, seguido pelo preço dos metais e alimentos[2139].

A recente crise brasileira contribuiu para reinstituir as pautas liberais radicais e poderá abrir caminho à adoção de outras soluções, além das restrições fiscais, como, *e.g.*, as privatizações, ou a redução do papel do Estado na economia, sob o pretexto de eficiência ou de obter recursos para cobrir o déficit orçamentário, o que reintroduz, mais uma vez, o antagonismo "clássico" entre o modelo do Estado provedor ou do Estado Mínimo.

Nesse sentido, GILBERTO BERCOVICI alertou, antes mesmo da existência da PEC, para a circunstância de que posturas desse tipo conduzem a "uma supremacia do orçamento monetário sobre as despesas sociais"[2140], uma hierarquização incabível na Constituição de 1988, mas implicitamente estabelecida por leis posteriores e pelo discurso "técnico" vitorioso.

2136. Nesse sentido: Laura Carvalho, PEC 241 pode prolongar a crise, 2016. As mesmas posições foram reproduzidas em audiência pública no Senado Federal em 16de novembro de 2016, conforme referido em artigo publicado por Ronaldo Jorge Araujo V. Jr., consultor do Senado Federal, que sustenta a inconstitucionalidade da PEC, cf. *As inconstitucionalidades do "novo regime fiscal" instituído pela PEC n. 55 de 2016 (PEC 241, de 2016, na Câmara dos Deputados)*. Sintomaticamente, as propostas de Emenda Parlamentar ao Projeto (EMCs n. 8 e 9 de 2016) do Deputado André Figueiredo, que pretendiam, justamente, limitar o pagamento de juros e encargos da dívida pública, foram rejeitadas na Câmara dos Deputados.

2137. Inseridas na categoria de *commodities*.

2138. Andrew Powell (coord.), *Tiempo de decisiones: América Latina y el Caribe ante sus desafíos*, 2016, p. 5.

2139. International Monetary Fund, *Perspectivas económicas: Las Américas*, 2015, p. 47.

2140. Gilberto Bercovici, Política econômica e direito econômico, 2012, p. 2.

O Estado desenvolvimentista[2141], com seu viés de renovação, adotado pela Constituição do Brasil não se pode fazer reduzir ao antagonismo das simplificações acima indicadas. O debate sobre escolher entre o poder absoluto ao mercado (com restrições severas de despesas orçamentárias) ou, de outro lado, modelos de um Estado paternalista e assistencialista em geral, é um debate totalmente descolado do centro impositivo real da Constituição de 1988. Esta contém um significado mínimo de Constituição econômica e de políticas socioeconômicas a serem necessariamente implementadas e não suplantadas por discursos de exceção. A Constituição implementou um modelo de crescimento com desenvolvimento, a partir da superação de atrasos históricos bem conhecidos de nossa realidade nacional. Para tanto a presença do Estado é absolutamente essencial, e a ortodoxia liberal apresenta pouca ou nenhuma atenção. O desenvolvimento depende de disponibilidade orçamentária ou, ao menos, de *planejamento* por meio de investimento, ainda que signifique inicialmente algum déficit orçamentário, sendo absolutamente improvável que grandes projetos nacionais, como os da infraestrutura necessária, para os quais é praticamente imprescindível o aporte do Estado — ainda que realizados em colaboração com a iniciativa privada —, sejam realizados nesse cenário de amarras e impedimentos criado pela EC. Esta, portanto, escancaradamente impede o crescimento pautado em planejamento do futuro do país, sendo contrária aos interesses nacionais.

Por isso considero inaceitável, constitucionalmente falando, que em qualquer momento dos ciclos liberais possa-se admitir, juridicamente, o grave comprometimento dos governos futuros, como pretendeu a EC n. 95/2015 no Brasil, com uma pauta que é nitidamente antidesenvolvimentista e antinacionalista. Aliás, uma das causas de sua inconstitucionalidade é justamente promover esse engessamento dos governos futuros e essa cristalização do *status quo*.

Não é constitucionalmente válido que o Congresso Nacional em exercício imponha-se aos representantes populares vindouros, a serem eleitos democraticamente, constrangendo e reduzindo drasticamente suas premissas básicas de planejamento econômico e projetos de futuro. A meta da EC em análise afeta, de maneira inconstitucional, a soberania popular prevista no parágrafo único do art. 1º da CB.

Gilberto Bercovici também aponta esse engessamento dos governos futuros em entrevista que concedeu: "Essa emenda suspende por 20 anos a Constituição. A Constituição não está em vigor porque os gastos estão suspensos. O que vale é o que eles estabeleceram, que chamam de Novo Regime Fiscal. (...) E aí o que se vai fazer com isso? Vai se tentar restaurar a Constituição de 88? Vai se tentar reformar? Vai ter que fazer outra... E o problema todo é que não sei se dá para restaurar ou para voltar porque ela esgarçou"[2142].

2141. Cf., *e.g.*, arts. 3º, II; 21, IX; 174, § 1º.

2142. Gilberto Bercovici, Entrevista concedida ao *site* Pátria Latina. Disponível em: <www.patrialatina.com.br/bercovici-perderam-vergonha-de-falar-imbecilidades/>. Acesso em: 26 set. 2017.

Recordo, aqui, muito brevemente, que Emendas Constitucionais são passíveis de sofrerem o controle de constitucionalidade sempre que violarem cláusulas pétreas da Constituição do Brasil[2143], como são as cláusulas constitucionais da democracia, as que instituem direitos e garantias fundamentais ou as condições para seu exercício. Todos esses são temas sensíveis na Emenda Constitucional ora analisada, posto que, ao retirar dos governos futuros os meios para a renovação socioeconômica e a promoção do desenvolvimento, propostas pelo constituinte originário, capitula em suas premissas básicas. Além disso, acrescente-se que o desenvolvimento inclui o manejo constitucional dos orçamentos de saúde e educação, tema sobre o qual incide de maneira inconstitucional a EC, pelas razões expostas anteriormente.

Mais uma vez o assunto será pauta do Poder Judiciário. Tramitam no STF, sob a relatoria da Ministra ROSA WEBER, as seguintes ADIs contra a EC n. 95/2016: i) ADI n. 5680 proposta pelo PSOL; ii) ADI n. 5658 proposta pelo PDT; iii) ADI n. 5643 proposta pela Federação Nacional dos Servidores e Empregados Públicos Estaduais e do Distrito Federal (Fenasepe); e iv) ADI n. 5633 proposta conjuntamente pela Associação dos Magistrados Brasileiros (AMB) e pela Associação Nacional dos Magistrados da Justiça do Trabalho (Anamatra). Em março de 2020, no início da crise sanitária global a ser enfrentada pelo país, os autores das Ações Diretas de Inconstitucionalidade peticionaram requerendo liminarmente a imediata suspensão dos efeitos de parte da EC n. 95/2016, para que o teto não fosse aplicado à área de saúde pública, em virtude da pandemia, justamente por representar obstáculo ao seu enfrentamento (assim como era, anteriormente à crise mundial, obstáculo à superação da condição periférica do país). Em despacho decisório, a Ministra ROSA WEBER, relatora das ADI's, manifestou-se pela necessidade de "equacionamento da controvérsia constitucional", para que o quadro normativo fosse também compreendido sob a perspectiva das circunstanciais materiais e "[d]os elementos da realidade sobre os quais incide". Solicitou, assim, informações ao Ministério da Saúde, da Economia, à Secretaria do Tesouro Nacional e ao Conselho Nacional de Saúde, por meio da Advocacia-Geral da União, em um rol de quesitos para compreender os impactos da EC n. 95/2016, em seu contexto de emergência sanitária e de necessidade de atuação orçamentária direta do Estado.

Por fim, cumpre mencionar que recentemente foi aprovada a EC n. 126/2022 (a chamada "PEC da Transição"). Entre as modificações, o art. 6º da EC n. 126/2022 determina que "O Presidente da República deverá encaminhar ao Congresso Nacional, até 31 de agosto de 2023, projeto de lei complementar com o objetivo de instituir regime fiscal sustentável para garantir a estabilidade macroeconômica do País e criar as condições ade-quadas ao crescimento socioeconômico, inclusive quanto à regra estabelecida no inciso III do caput do art. 167 da Constituição Federal.".

Assim, a EC n. 126/2022 determina a adoção de um novo regime fiscal e, portanto, abre a possibilidade do encerrar o chamado "teto de gastos", instituído pela EC n. 95/2016.

2143. Conferir capítulo IX, item 1.3 desta obra.

6.1. A pandemia e a subversão da lógica da austeridade

A sobreposição de crises coloca em xeque modelos econômicos que não se atentam ao relevante papel do Estado na construção de um país com desenvolvimento econômico saudável, isto é, com crescimento, superação da miséria e pobreza, bem como com redução de desigualdades. Se a crise do preço das *commodities* induziu e justificou uma política de limitação dos gastos públicos, como sustentar a superação dessa proposta em um novo contexto de (eterna) crise? O julgamento das ADIs citadas no tópico anterior talvez nos dê um panorama jurídico de suas implicações, especialmente quando os órgãos solicitados apresentarem as respostas aos quesitos da Ministra ROSA WEBER. De todo modo, as consequências da permanência do teto de gastos durante a pandemia, ainda vivenciada no ano de 2021, com certeza serão objeto de importantes análises nas mais diversas áreas do saber, destravando dificuldades e visões que têm contribuído para limitar o desenvolvimento pleno da economia nacional.

No que compete ao tema deste item, temos uma constatação primordial: a crise sanitária no Brasil (muito em virtude das acentuadas desigualdades regionais) ditou a destinação do orçamento público do país ao longo do ano de 2020, e se faz presente para 2021, como pude comentar no item 3.1. sobre a EC n. 109/2021. Isto é, a atividade financeira estatal brasileira foi chamada, com urgência, a tomar medidas para "enfrentamento de calamidade pública nacional decorrente da pandemia", argumento replicado em quase todas as legislações propostas a aprovadas ao longo do ano de 2020.

Como disse anteriormente, toda despesa pública deve encontrar previsão orçamentária. Então, como equacionar o orçamento público para uma situação de emergência sem a existência de previsão orçamentária para tanto? Este foi o cenário de aprovação da EC n. 106/2020, emenda que instituiu regime extraordinário fiscal, financeiro e de contratações durante o estado de calamidade pública[2144] decorrente da pandemia da Covid-19. Dentre as medidas adotadas, em caráter provisório, tivemos a simplificação de contratação de pessoal, em caráter temporário e emergencial, de obras, serviços e compras que assegurassem competição e igualdade de condições, na medida do possível.

Durante a vigência da EC n. 106, o Poder Executivo não precisaria pedir ao Congresso Nacional autorização para aumento de despesa, concessão e ampliação de incentivo ou benefícios de natureza tributária (art. 3º, da EC). Também autorizou-se que o Banco Central realizasse compras e vendas no mercado secundário.

Em maio de 2020, o partido Cidadania ingressou no STF, com a ADI 6.417, contra trecho da EC n. 106 que autoriza o Banco Central a comprar e vender no mercado secundário (art. 7º, II, da EC). Para o Requerente, não teria havido observância do rito de aprovação de uma PEC, nos termos do art. 60, § 2º, da Constituição brasileira. Quer-se dizer, no caso presente, haveria necessidade de retorno do texto ao Senado Federal,

---

2144. Cf. Decreto Legislativo n. 6, de 2020, reconhecendo o estado de calamidade pública, com efeitos até 31 de dezembro de 2020.

em virtude de supressão do texto feito pela Câmara dos Deputados, e que anteriormente fora aprovado pelo Senado Federal sobre o tema em comento. Em sede de decisão monocrática, o Ministro Relator Luiz Fux advertiu que o "estado de emergência em saúde pública não configura estado de exceção, de sorte a não se observar a normatividade constitucional, ainda em tempos críticos", evocando a "jurisprudência da crise" como autorizadora de medidas excepcionais, adotando critérios de proporcionalidade em virtude dos "efeitos da pandemia nas relações econômicas". Determinou, assim, o trâmite da ADI 6.417 mediante rito previsto no art. 12 da Lei n. 9.868/1999.

Em janeiro de 2021, a Procuradoria-Geral da República se manifestou pela inocorrência de violação ao art. 60, § 2º, da CB, aduzindo que a alteração promovida pela Câmara dos Deputados restringiu-se ao caráter redacional do texto, preservando o núcleo normativo do dispositivo. Nos termos do art. 38 do RISTF, houve substituição de relatoria, agora a cargo do Min. Dias Toffoli. O processo segue em trâmite e aguarda conclusão.

Ademais, cumpre salientar que a evocação para justificar o retorno do Estado é de se levar em consideração. Afinal, em um passado recente a austeridade foi uma bandeira política forte no combate de uma crise anterior.

7. PRECATÓRIOS E ORÇAMENTO

Consoante o disposto no art. 100 da Constituição, na redação conferida pela EC n. 62, de 11 de novembro de 2009, "Os pagamentos devidos pelas Fazendas Públicas Federal, Estaduais, Distrital e Municipais, em virtude de sentença judiciária, far-se-ão exclusivamente na ordem cronológica de apresentação dos precatórios e à conta dos créditos respectivos, proibida a designação de casos ou de pessoas nas dotações orçamentárias e nos créditos adicionais abertos para este fim".

Referida Emenda Constitucional permaneceu indicando o conjunto de débitos que se consideram como de natureza alimentícia e os contemplando, como ocorria também no regime constitucional anterior, com a preferência sobre todos demais débitos, criando, ainda, uma prioridade, nesse universo preferencial, para os titulares que contem com mais de sessenta anos de idade.

Mas a Emenda Constitucional em apreço criou um regime especial, por meio de *regra transitória*, no ADCT, a saber, o art. 97, que alcança os precatórios vencidos não pagos, na data da publicação da EC n. 62/2009.

De forma transitória, os Municípios devem destinar entre 1% e 1,5% de suas receitas correntes líquidas para o pagamento de precatórios. E Estados devem destinar, para o mesmo fim, entre 1,5% e 2%.

Criou-se, ainda, a possibilidade de realização de leilões para pagamentos, independentemente da ordem cronológica dos precatórios, baseados no deságio oferecido. Neste caso, deve-se respeitar o limite mínimo de 50% para pagamentos de precatórios consoante a ordem cronológica (art. 97, § 8º, inc. I, e § 9º, da ADCT).

Resultante do "emendismo" e da crise (permanente) da economia e do Estado, a EC n. 94/2016 dispôs novamente sobre o regime de pagamentos decorrentes de condenações judiciais do Poder Público, alterando o artigo 100 da Constituição do Brasil além de ter inserido os artigos 101 a 105 no ADCT.

No § 2º do art. 100 da Constituição brasileira, a EC n. 94 abrigou regras de preferência nesses pagamentos em razão de idade avançada e doenças nos termos definidos em Lei. O regime anterior, dado pela referida EC n. 62/2009, previa critérios próximos, mas já havia sido declarado parcialmente inconstitucional na ADI n. 4.425/DF (Rel. Min. AYRES BRITTO, j. 14-3-2013). O STF considerara inconstitucional a exclusão do rol de beneficiários da preferência de todos os que completassem 60 (sessenta) anos apenas após a data de expedição do respectivo precatório. A exclusão, de nítido caráter discriminatório, não poderia realmente prosperar no Ordenamento Jurídico brasileiro. Bem por isso, a EC de 2016 não reiterou a inconstitucionalidade, não havendo mais a exclusão.

A EC estabeleceu, ademais, à União, Estados, Distrito Federal e Municípios, uma regra de controle orçamentário, ao impor a aferição mensal "em base anual, do comprometimento de suas respectivas receitas correntes líquidas com o pagamento de precatórios e obrigações de pequeno valor" (redação do § 17 do art. 100, conferida pela EC n. 94/2016).

Já o § 19 do art. 100, igualmente alterada pela EC de 2016, autorizou o *financiamento* de parcela da dívida de precatórios e obrigações de pequeno valor. A autorização ocorre quando este tipo de dívida supere a média "do comprometimento percentual da receita corrente líquida" dos últimos 5 anos.

No tocante ao regime transitório de pagamento dos precatórios vencidos e, agora, vincendos, seu texto vem sendo reiteradamente alterado.

A Emenda Constitucional n. 99/2017 alterou o texto do art. 101 do ADCT, cuja redação anterior havia sido determinada, por sua vez, pela Emenda Constitucional n. 94/2016.

No regime anteriormente vigente, concedia-se prazo até 31 de dezembro de 2020 para os Estados, o Distrito Federal e os Municípios quitarem as dívidas de seus precatórios vencidos desde o dia 25 de março de 2015 até o pagamento na data citada. A Emenda Constitucional n. 99 alterou a data final da quitação para 31 de dezembro de 2024. Mudança igualmente digna de nota foi a introdução expressa de índice de correção monetária em relação a esses débitos.

Agora, novamente o prazo é adiado, desta vez, pela EC n. 109/2021, que posterga esse prazo para 31 de dezembro de 2029. Ante o adiamento em quase uma década da nova data inicialmente estabelecida (31 de dezembro de 2020), como adiantei no item 3.1, o CFOAB levou o tema para questionamento ao Supremo Tribunal Federal. O histórico sobre pagamento de precatórios não é favorável para o Estado, tendo em vista que se repete, hoje, o que já foi discutido em outros momentos, com emendas anteriores, chamadas de *emendas calote* (ADI 2.362 e ADI 4.357).

Por oportuno, nos termos do art. 103 do ADCT (incluído pela EC n. 94) enquanto os entes federativos estiverem realizando os pagamentos de parcelas mensais da dívida em atraso referida no art. 101, não mais estarão sujeitos a sofrer sequestro de valores, exceto no caso de não liberação tempestiva de recursos.

1012

Além disso, a Emenda Constitucional n. 99/2017 determinou a instituição de fundo garantidor para coletar recursos destinados ao pagamento desses débitos, relativo às receitas provenientes dos depósitos judiciais e administrativos. Da mesma forma, os recursos provenientes dos depósitos para pagamentos de precatórios e requisições diretas de pagamento efetuados até 31 de dezembro de 2009 e ainda não levantados pela parte interessada passaram a integrar as fontes de receita autorizadas para o pagamento dessas dívidas.

Pela EC n. 99/2017, outra fonte de receita foi criada para garantir esses pagamentos por meio de uma linha de crédito especial aos entes devedores a ser criada pela União, medida que foi revogada pela EC n. 109/2017.

Inovação de duvidosa constitucionalidade e acerto está na autorização para que o Estado se utilize de fundos que não lhe pertencem. A EC n. 99/2017 alterou a redação do § 2º do art. 101 do ADCT (incluído pela EC n. 94), e assim, para fazer frente aos seus precatórios, o Poder Público poderá utilizar os depósitos judiciais e depósitos em dinheiro referentes a processos judiciais ou administrativos. Questionando essa inovação foi proposta a ADI n. 5.679/DF, na qual se considera haver afronta à "divisão" de Poderes, ao direito de propriedade (dos titulares dos depósitos judiciais) e ao acesso à Justiça, dentre outras razões igualmente invocadas pelo PGR.

O uso inadvertido e desautorizado (pelos titulares) de valores que pertencem à esfera privada do cidadão, ainda que venham a ser devidamente repostos em momento futuro (aposta esta de alto risco), não pode ser tolerado em um Estado de Direito. A suposição de que a "crise econômica" autoriza medidas excepcionais é uma extravagância típica da falência do Estado de Direito. Pretende-se o pagamento de precatórios por meio de novas dívidas do Estado, que se apropria indevidamente de valores disponíveis do cidadão em contas bancárias sob a guarda e controle judicial. A apropriação de parte do patrimônio privado, ainda que se considere tratar-se de apropriação provisória, é medida que viola a cláusula pétrea da propriedade privada.

Ao Estado cumpre — a fim de angariar recursos para fazer frente a suas dívidas e a suas diversas funções essenciais — elaborar uma engenharia jurídica adequada, capaz de apropriar-se, no nível adequado e tolerável, da parcela do excedente produzido e resultante, em especial, da exploração e apropriação privada das riquezas naturais brasileiras. A tributação deve alinhar-se aos ditames da Constituição econômica, base para essa modelagem jurídica a que me refiro. Não haveria, nessa proposta, qualquer inconstitucionalidade, pelo contrário. Ainda assim, um Estado fraco perante os grandes interesses econômicos presentes e atuantes no Brasil é incapaz de produzir essa engenharia jurídica, ao mesmo tempo em que é perspicaz e voraz contra os inúmeros pequenos depósitos judiciais, caso em que, como visto, abandona a técnica da tributação e parte diretamente para uma modalidade inconstitucional de apropriação, incapaz de resolver o próprio problema para o qual se dirige, que é a falta de dinheiro para enfrentar as dívidas permanentes e históricas.

A EC n. 113/2021 modificou o regime de pagamento dos precatórios ao alterar os §§ 9º, 11, 14 e 21 do art. 100 e § 2º do art. 160 da CB/88. Criou comissão mista do

Congresso para acompanhar os precatórios da União e autorizou o parcelamento das contribuições previdenciárias dos municípios (art. 115 do ADCT).

Por fim, a EC n. 114/2021 acrescentou o art. 107-A ao ADCT estabelecendo, entre outras medidas, limites ao pagamento de precatórios e a destinação dos recursos economizados em 2022 ao programa de transferência de renda previsto no art. 6º, parágrafo único, da CB/88 e à Seguridade Social. Referida Emenda também acrescentou o § 5º ao art. 100 da CB/88, reduzindo o prazo de inscrição da Fazenda Pública nos precatórios judiciais.

Referências bibliográficas

BASTOS, Celso Ribeiro. *Curso de Direito Constitucional*. 21. ed. São Paulo: Saraiva, 2000.

BERCOVICI, Gilberto. Política econômica e direito econômico. *Revista Fórum de Direito Financeiro e Econômico — RFDFE*, Belo Horizonte, ano 1, n. 1, p. 1-18, mar.-ago. 2012. Disponível em: <https://disciplinas.stoa.usp.br/pluginfile.php/311930/mod_resource/content/1/D_GBE_PoliticaeconomicaeDireitoEconomico.pdf>. Acesso em: 26 set. 2017.

CARVALHO, Laura. Pec 241 pode prolongar a crise. *Folha de S.Paulo*, 13 out. 2016. Disponível em: <www1.folha.uol.com.br/colunas/laura-carvalho/2016/10/1822278-pec-241-pode--prolongar-a-crise.shtml>. Acesso em: 26 set. 2017.

INTERNATIONAL MONETARY FUND. *Perspectivas económicas: Las Américas*. Washington, D.C., 2015. Disponível em < www.imf.org/external/spanish/pubs/ft/reo/2015/whd/pdf/wreo0415s.pdf>. Acesso em: 26 set. 2017.

OLIVEIRA, Regis Fernandes. *Curso de Direito Financeiro*. 5. ed. São Paulo: RT, 2013.

PINTO, Élida Graziane. 'Museu de grandes novidades' da PEC Emergencial. *Consultor Jurídico*, 9 mar. 2021. Disponível em: <https://www.conjur.com.br/2021-mar-09/contas-vista--museu-grandes-novidades-pec-emergencial>. Acesso em: 10 ago. 2021.

POWELL, Andrew (coord.). *Tiempo de decisiones: América Latina y el Caribe ante sus desafíos*. New York, Banco Interamericano de Desenvolvimento, 2016. Disponível em: <https://publications.iadb.org/bitstream/handle/11319/7533/Tiempo-de-decisiones-America-Latina-y-el-Caribe-ante-sus-desaf%C3%ADos.pdf?sequence=2>. Acesso em: 26 set. 2017.

SICCA, Gerson. Os riscos da constitucionalização excessiva do Direito Financeiro. *Consultor Jurídico*, 26 abr. 2021. Disponível em: <https://www.conjur.com.br/2021-abr-26/sicca--constitucionalizacao-excessiva-direito-financeiro>. Acesso em: 9 ago. 2021.

VIEIRA Jr., Ronaldo Jorge Araujo. *As inconstitucionalidades do "novo regime fiscal" instituído pela PEC n. 55 de 2016 (PEC 241, de 2016, na Câmara dos Deputados)*. Boletim Legislativo n. 53, Brasília, Núcleo de Estudos e Pesquisas/CONLEG/Senado, nov. 2016. Disponível em: <www.senado.leg.br/estudos>. Acesso em: 26 set. 2017.

Capítulo LX
DAS FUNÇÕES ESSENCIAIS À JUSTIÇA E DA POLÍCIA JUDICIÁRIA

1. DO MINISTÉRIO PÚBLICO

O Ministério Público é instituição permanente e essencial à função jurisdicional exercida na república do Brasil (art. 127, *caput*, da CB).

Ao Ministério Público incumbe constitucionalmente a defesa da ordem jurídica, do regime democrático e dos interesses sociais e individuais indisponíveis.

1.1. Princípios institucionais

A própria Constituição Federal encarregou-se de enumerar os princípios institucionais do Ministério Público, arrolando: 1º) a unidade; 2º) a indivisibilidade; e 3º) a independência funcional; 4º) a autonomia administrativa.

1.2. Estrutura

O Ministério Público encontra-se constitucionalmente organizado em duas grandes estruturas, a federal e as estaduais (art. 128 da CB).

O Ministério Público da União, que não se confunde com o federal, compreende: 1º) o Ministério Público federal; 2º) o Ministério Público do Trabalho; 3º) o Ministério Público Militar; 4º) o Ministério Público do Distrito Federal e territórios.

Em cada Estado-membro da Federação deve existir um Ministério Público estadual organizado.

1.3. Escolha de seus integrantes e dirigentes

O Ministério Público é instituição constitucional que tem como chefe o Procurador-Geral da República, no âmbito federal, e o Procurador-Geral de Justiça, no âmbito de cada entidade federativa (estadual).

O Procurador-Geral da República é nomeado diretamente pelo Presidente da República, após aprovação pelo Senado Federal, para um mandato certo de dois anos, permitida a recondução sucessiva e indefinida. Exige-se apenas que seja maior de trinta e cinco anos de idade e integre regularmente a carreira da instituição.

1015

O Procurador-Geral de Justiça é indicado pelo respectivo governador, dentre nomes indicados por uma lista tríplice, de integrantes da carreira. O mandato é de dois anos e permite-se apenas uma recondução.

Os integrantes da carreira do Ministério Público só podem ingressar mediante concurso público, de provas e títulos, assegurada a participação da Ordem dos Advogados do Brasil em sua realização (art. 129, § 3º, da Constituição). Nas nomeações deve-se observar a ordem de classificação. A partir da EC n. 45/04, também para o Ministério Público passou a ser exigido "do bacharel em direito, no mínimo, três anos de atividade jurídica".

1.4. Funções institucionais

O art. 129 da CB realiza ampla e minuciosa elucidação das funções atinentes ao Ministério Público.

Dentre as funções do Ministério Público, há que destacar: 1º) a titularidade para promover, privativamente, a ação penal pública; 2º) a possibilidade de requisitar diligências investigatórias e solicitar a instauração de inquérito policial (art. 129, VIII); 3º) o dever de promover o inquérito civil e a ação civil pública, para a proteção do patrimônio público e social, do meio ambiente e de outros interesses difusos e coletivos, bem como das populações indígenas, intervindo, nesse caso (art. 232), em todos os atos do processo em que se defendam direitos indígenas; 4º) a titularidade para a ação direta de inconstitucionalidade e interventiva; 5º) o controle externo da atividade policial; 6º) o dever de zelar pelo respeito aos poderes públicos e aos direitos assegurados na Constituição, promovendo as medidas necessárias a sua garantia; 7º) expedir notificações nos procedimentos administrativos de sua competência, requisitando informações e documentos para instruí-los, dentro dos limites constitucionais representados pelos direitos fundamentais, especialmente pela privacidade e sigilo de dados; 8º) exercer o controle externo da atividade policial.

Cumpre observar, quanto ao item n. 2, que no Recurso Ordinário em *Habeas Corpus* n. 81.326-7 ficou decidido, pelo STF, que: "A norma constitucional não contemplou a possibilidade de o *Parquet* realizar e presidir o inquérito policial.

"Não cabe, portanto, aos seus membros inquirir diretamente pessoas suspeitas de autoria de crime. Mas requisitar diligência nesse sentido à autoridade policial." Ademais, acrescentou-se que "O recorrente é delegado de polícia e, portanto, autoridade administrativa. Seus atos estão sujeitos aos órgãos hierárquicos próprios da Corporação, Chefia de Polícia, Corregedoria" (RHC 81.326).

Evidentemente que, quanto ao rol, não é ele exaustivo, cumprindo à legislação comparecer para conferir outras funções ao Ministério Público. Contudo, essas demais atividades devem ser compatíveis com a finalidade institucional do MP e devem promover os valores e direitos constitucionais. Na Lei n. 8.625/93 encontram-se, no art. 25, algumas outras funções gerais, tais como: 1º) exercer a fiscalização dos estabelecimentos prisionais e dos que abriguem idosos, menores, incapazes ou pessoas portadoras de deficiência; 2º) ingressar em juízo, de ofício, para responsabilizar os

1016

gestores do dinheiro público condenados por tribunais e conselhos de contas; 3º) requisitar à autoridade competente a instauração de sindicância ou procedimento administrativo cabível; 4º) sugerir ao Poder competente a edição de normas e a alteração da legislação em vigor, bem como a adoção de medidas destinadas à prevenção e controle da criminalidade.

1.4.1. A atividade de investigação

Realmente, a atuação investigatória jamais poderá ser compreendida como a atividade funcional *primária* ou *central* do Ministério Público, entidade criada para atender precipuamente a finalidade diversa. Apesar disso, é preciso realizar certos reparos a uma proibição genérica e absoluta, que também não é bem-vinda ao seio constitucional. O tema, contudo, encontra-se sob análise definitiva do STF.

A esse propósito registro que, em 25 de junho de 2007, a PEC 37 foi rejeitada pelo Plenário da Câmara dos Deputados. Referida Proposta de Emenda Constitucional tinha a finalidade de atribuir privativamente às Polícias existentes, Federal e Civis (estaduais), a apuração das infrações penais, afastando, portanto, a possibilidade de outras instituições realizarem esse trabalho, dentre elas o Ministério Público. Em outras palavras, *perderia o Ministério Público qualquer missão institucional de investigar.*

Na sua diuturna missão, o Ministério Público ocupou cada vez mais solidamente um importante espaço no rol de instituições com forte aprovação pela sociedade, sendo visto amplamente como uma garantia de seriedade e eficiência na construção da Justiça e de uma visão republicana e pública do Estado. Esse espaço conquistado teve como um dos grandes influenciadores as investigações de crimes de alta exposição midiática, com envolvimento direto e indireto de autoridades públicas que, efetivamente, mereceram a reprimenda máxima por parte de nosso Estado.

Caso tivesse sido aprovada a PEC 37, seria retirada integralmente essa possibilidade, gerando diversos efeitos e impactos, podendo, inclusive, repercutir negativamente na confiança que a sociedade deposita na própria Justiça brasileira. Ou seja, a referida PEC não era uma proposta isolada, com incidência apenas no Ministério Público, já que *estaria a envolver todo o sistema judicial e judiciário brasileiro.*

A rejeitada PEC 37 radicalizava a questão sobre os poderes e faculdades destinados, diretamente ou de maneira implícita, ao Ministério Público. É o caso específico da atividade de investigação criminal, pois a PEC extirparia qualquer ação do Ministério Público nesta seara e qualquer possibilidade de que o STF aceitasse essa atuação como implícita ou complementar, por interpretação do regime constitucional atualmente em vigor, salvo, evidentemente, na hipótese, sempre mais tormentosa, de que considerasse inconstitucional a própria PEC.

Portanto, teríamos um elemento absolutamente limitador das atividades que esta Instituição realiza cotidianamente. Os limites, de um modo geral, não constituem um mal em si, sendo saudáveis ao equilíbrio e distribuição de atribuições e poderes nas mais variadas instituições democráticas. Não parece ser necessário dizer o óbvio, mas fica o registro: quem detenha poder deve ser controlado, deve exercê-lo sob condições

1017

rigorosas de responsabilidade. Vale também para os membros do Ministério Público. Entretanto, é preciso rejeitar qualquer radicalização, como aquela que aparecia instrumentalizada pela referida PEC, que inclusive engessaria a possibilidade de se criar, no futuro, mecanismos para salvaguardar a eficiência da investigação criminal.

Tradicionalmente, na literatura constitucional, tem-se afirmado — e me alinho a essa premissa — que a mudança formal da Constituição há de ser excepcional, ou seja, deve provir de amadurecimento e plena convicção acerca do que se pretende inserir, retirar ou alterar. Avançando um passo nessa mesma direção, tenho defendido a tese de que a Constituição não tolera Propostas de Emendas de puro experimentalismo, especialmente quanto às estruturas de "Poder" e do Estado (já que capazes de afetarem subitamente e de maneira negativa milhares de vidas). Ou seja, se de um lado a Constituição proíbe expressamente a Proposta de Emenda que pretenda reduzir o âmbito de tutela dos direitos fundamentais, de outro rejeita, implicitamente, Propostas de Emendas que, apesar de versarem sobre estrutura estatal (aparentemente isenta de maiores repercussões), podem redundar em prejuízo à cidadania e à sociedade. Foi o que aconteceu, em parte, com a Reforma do Judiciário (e o nosso tema, como já disse, envolve também o Judiciário), quando prejudicou centenas de pessoas ao promover mudança, sem a devida técnica, de competência jurisdicional, para a Justiça do Trabalho. É o que ocorreria, também, com PEC que alterasse o sistema atual de competência da Justiça estadual de primeira instância para a federal, no âmbito eleitoral (com nítido prejuízo à nossa democracia eleitoral). O mesmo vício estava presente nesta PEC, que pretendia, sem base científica ou empírica alguma, promover mudança inesperada e repentina de competências.

Entendo que *o poder investigatório é consubstancial, em certa medida, ao Ministério Público*, especialmente dentro de um Estado que ainda procede em sistemas arcaicos e pouco adequados de perseguição e punição a certas categorias criminosas, especialmente aquelas que fazem definhar nossas perspectivas de realização de um Estado social, impingindo a largas camadas da população as mazelas decorrentes da pobreza e miséria, sem qualquer atendimento estatal às suas necessidades vitais mais básicas, pelos desvios do dinheiro público, corrupção e diuturno descaso com a cidadania e o sentido correto constitucionalmente de "serviço público".

Tem-se, a propósito do uso de poder investigatório pelo Ministério Público, o problema, realmente crucial, da existência ou não de impedimento ou suspeição, para a propositura subsequente da ação penal pelo membro do Ministério Público que houver participado da fase de investigação. A esse propósito, registro, no sistema atual, a Súmula 234 do Superior Tribunal de Justiça, na qual se reafirmou a possibilidade de o membro do Ministério Público oferecer a denúncia, mesmo nos casos em que participou da investigação. Pessoalmente, acredito que o tema mereça maior reflexão e, na hipótese de se considerar haver algum impedimento ou suspeição, ou "superpoderes" indesejáveis, como parece ser o caso, bastará um acerto operacional intrainstitucional para superar a dificuldade.

Ademais, em cada caso de atuação do Ministério Público, abusos — eventuais, que se podem colher, mas que se espera não ocorram — haverão de ser apurados com

1018

o rigor que aí se espera, especialmente considerando a confiança depositada no agir honesto e responsável, além de constitucionalmente conforme, por parte de quem detém parcela do "poder" do Estado. Não pode ser argumento que impeça a atuação investigatória.

Como já registrei anteriormente, a Lei de Combate ao Abuso de Autoridade estabeleceu importante regime jurídico, neste tema, ao considerar, em seu art. 31, como crime, estender injustificadamente a investigação, em prejuízo do investigado. Os "poderes", em um Estado Constitucional avançado, devem caminhar conjuntamente com deveres e responsabilidades.

Por fim, registro que em geral tenho me manifestado desfavoravelmente à duplicidade (concomitância) de instâncias investigatórias para um mesmo fato e mesma autoria, quando possuem o mesmo objetivo (caso das corregedorias de Justiça e do CNJ). É preciso, ainda aqui, melhor detalhar e consolidar o nosso atual sistema e evitar que isso ocorra no caso do Ministério Público e Polícias Judiciárias.

A PEC 37 atribuiria investigação privativamente às Polícias brasileiras. Toda concentração ou exclusividade tende a dificultar o sistema de cooperação, pois se cria sempre uma espécie de "monopólio", ocasião em que se transferem, além de todas as prerrogativas, todas as responsabilidades inerentes à matéria, o que, naturalmente, desestimula compartilhamento de ações ou cooperações, pelo risco que podem causar àquele que permanece sendo o único responsável.

Ao final, uma conclusão parece inevitável neste tema: a ausência de clareza na normatização de ações, tão importantes como a investigação criminal, o controle externo da atividade policial e tantos outros, prejudica profundamente a estabilidade de instituições fundamentais ao Estado Democrático de Direito; mas também atenta contra a realização e consolidação de nossa República e impede a formação de um desejável "sentimento constitucional" (para usar a expressão de Pablo Lucas Verdù).

A situação clama por um regramento atual que permita o desenvolvimento do tema na busca da máxima eficiência da investigação, sem, contudo, infringir ou dar vazão à mitigação de direitos e garantias fundamentais.

1.5. Vedações constitucionais dirigidas aos membros do Ministério Público

Da mesma maneira que a Constituição veda aos juízes o exercício de determinadas ocupações que poderiam comprometer a imparcialidade dos magistrados, também impõe aos membros do Ministério Público certas vedações de atividades incompatíveis com sua função como defensores da ordem jurídica ou acusadores nos processos criminais.

As vedações estão definidas nos termos do art. 128, § 5º, II, da Constituição do Brasil. Diante do caráter eminentemente público do mister dos membros do Ministério Público, que não se pode confundir com negócios do setor privado nem gerar conflitos de interesse, a Constituição vedou o exercício de advocacia, o recebimento de honorários e quaisquer remunerações atinentes a processos específicos, bem como a participação em sociedades empresárias (art. 128, § 5º, II, *a, b* e *c*).

No mesmo sentido, obstou-se o recebimento de outras verbas como auxílios ou contribuições de "pessoas físicas, entidades públicas ou privadas" (art. 128, § 5º, II, *f*, redação dada pela EC n. 45/2004).

Com relação a outras participações no setor público, os integrantes do *parquet* foram proibidos de "exercer, ainda que em disponibilidade, qualquer função pública, salvo uma de magistério" (art. 128, § 5º, II, *d*), além de lhes ser vedada a atividade político-partidária. Essa última vedação foi estabelecida nos termos do art. 128, § 5º, II, *e*, na redação dada pela Emenda Constitucional n. 45/2004.

As proibições ao exercício de outras funções públicas foram objeto de discussões judiciais no ano de 2016, devido a subsequentes nomeações de membros do Ministério Público para o cargo de Ministro da Justiça. Estou me referindo às nomeações de Wellington César Lima e Silva, Procurador de Justiça do Estado da Bahia, pelo Decreto de 2 de março de 2016, e de Eugênio José Guilherme de Aragão, Subprocurador-Geral da República, pelo Decreto de 16 de março de 2016, todas elas impugnadas e judicializadas na sequência incrível de acontecimentos e atos cujo escopo central parecia ser mais o de desestabilizar o Governo e menos promover uma discussão consistente sobre limites jurídicos da Presidência ou dos integrantes do Ministério Público.

O primeiro dos decretos de nomeação foi impugnado mediante a ADPF n. 388, que tramitou perante o STF sob a relatoria do Ministro Gilmar Mendes, julgada em 9 de março de 2016. Nessa oportunidade o Supremo Tribunal Federal assentou que não basta que o membro do Ministério Público se licencie do cargo no *parquet*, mas é necessário o desligamento definitivo para o exercício do cargo de Ministro da Justiça. Ainda nesse julgamento, o entendimento do STF resultou na declaração de inconstitucionalidade da Resolução n. 72/2011, do Conselho Superior do Ministério Público, que possibilitava a assunção de cargos públicos mediante mero afastamento do MP. Dessa forma, entendeu-se que o então novo Ministro da Justiça deveria ser exonerado.

No segundo caso, a situação se assemelhava em vários aspectos. No entanto, havia dois pontos fundamentais de diferença, que permanecem para um discrímen quanto ao resultado final. A primeira diferença está em que houve exoneração, mas por uma impactante decisão liminar de primeira instância, datada de 12 de abril de 2016, nos autos do Processo n. 0019562-53.2016.4.01.3400, uma ação popular que tramitou perante a 7ª Vara Federal da Justiça Federal do Distrito Federal[2145]. A segunda diferença em relação ao primeiro caso é que o Subprocurador-Geral da República, Eugênio José Guilherme de Aragão, *ingressara no Ministério Público antes da promulgação da atual Constituição do Brasil*.

Dessa forma, o regime a que integrantes do Ministério Público se encontram submetidos, incluindo tanto as vantagens como os impedimentos, é o do sistema vigente à época de seu ingresso — como, aliás, era amplamente reconhecido e praticado no Bra-

---

2145. A liminar concedida em primeira instância foi suspensa pelo Tribunal Regional Federal em 13-4-2016. A ação perderia seu objeto em 12-5-2016 com a exoneração do Ministro por ato da própria Presidência da República.

sil, especialmente em âmbito estadual (geralmente nas secretarias de Justiça). Esse regime, que também era de amplo conhecimento a partir da literatura jurídica, não comportava a vedação ao exercício do cargo público em análise. Aliás, estamos, aqui, perante disposição expressa do art. 29, § 3º, do ADCT da Constituição do Brasil, que dispõe, ainda hoje, que "poderá optar pelo regime anterior, no que respeita às garantias e vantagens, o membro do Ministério Público admitido antes da promulgação da Constituição, observando-se, quanto às vedações, a situação jurídica na data desta".

Portanto, qualquer decisão em sentido oposto, incluindo uma medida como a de exoneração judicial nas circunstâncias técnicas acima elencadas, assume verossimilhança apenas em um contexto altamente conturbado das instituições envolvidas, podendo ser catalogada juntamente com as demais decisões tratadas nesta obra como tentativa de *modernização casuística* da Constituição de 1988.

1.6. Conselho Nacional do Ministério Público

Ao Conselho Nacional do Ministério Público aplicam-se, invariavelmente, os mesmos comentários destinados ao Conselho Nacional de Justiça. Sem embargo, não é possível incidir no erro de tratá-los como se fossem sinonímias, como se a única diferença entre ambos residisse em mera questão terminológica ou no objeto de sua fiscalização. O Conselho Nacional do Ministério Público difere do CNJ em alguns aspectos peculiares.

1.6.1. Finalidade

Com o advento da Constituição de 1988, desatrelou-se o Ministério Público do Poder Judiciário (cf. art. 94 da EC n. 1/69) e, principalmente, do centralismo político perpetrado pelos militares. O Ministério Público recebeu, em suas mãos, do art. 127, § 1º, os atributos da unidade, indivisibilidade e, mais importante, independência funcional, com vistas, é claro, a evitar sua manipulação pelo Executivo.

Nada obstante esta mudança do arcabouço jurídico delineado pela CB de 1988, o Ministério Público não alcançou a tão almejada liberdade funcional e a imparcialidade exigida em seu ofício. Muito embora os seus membros tenham deixado de responder a uma autoridade central, militarizada, sua submissão mudou, tão somente, de mãos. O Ministério Público, atendendo aos reclames da sociedade democrática, quase fundamentalista, foi absorvido pela balbúrdia partidária que assola o Brasil.

Com efeito, os membros que compõem as fileiras do Ministério Público, em vez de atuarem como efetivos fiscais da lei, findam por atuar como verdadeiros prepostos de partidos políticos, da situação ou da oposição, o que, por muitas vezes, e em total paradoxo com sua função, os impele a serem arautos da ilegalidade, conforme foi visto nos primeiros meses do ano de 2004, com o escândalo envolvendo um assessor da Casa Civil e que deu ensejo ao combate aos bingos.

Nessa conjuntura, tornou-se imperiosa a criação de um Conselho Nacional do Ministério Público, cuja finalidade precípua é de contenção. Sobre este assunto, porém, tratar-se-á mais adiante, em outro tópico.

1021

1.6.2. Composição

O presente Conselho, seguindo a tônica do Conselho Nacional de Justiça, possui componentes em primeiro, segundo e terceiro graus.

No que tange aos membros de primeiro escalão, provenientes do próprio Ministério Público, comporão a maioria do Conselho Nacional do Ministério Público (80%, mais precisamente). Nos termos do art. 130-A, são: i) o Procurador-Geral da República, que o presidirá; ii) quatro membros do Ministério Público da União; e iii) três membros do Ministério Público dos Estados.

Quanto aos de segundo escalão, têm-se: i) dois juízes, um indicado pelo Supremo Tribunal Federal e outro pelo Superior Tribunal de Justiça; e ii) dois advogados, a serem indicados pelo Conselho Federal da Ordem dos Advogados do Brasil.

Conforme já foi dito no item referente ao CNJ, os membros de segundo escalão não representam, necessariamente, uma intromissão alienígena no Ministério Público, em razão do forte liame funcional que há entre eles. E o termo "juízes" empregado pela reforma há de ser compreendido, aqui, em seu sentido amplo, como sinônimo de magistrados.

O mesmo, contudo, não pode ser aplicado aos dois cidadãos de notável saber jurídico e reputação ilibada, indicados um pelo Senado e outro pela Câmara dos Deputados. Estes, pelos mesmos motivos explanados no tópico referente ao instituto do Conselho Nacional de Justiça, afiguram-se como uma indevida e inconstitucional intromissão, na exata medida em que poderiam servir como fomentadores de uma espúria politização. Ou seja, atentaria contra a finalidade para a qual o Conselho foi criado, a de evitar exatamente um atuar político, por parte dos membros do Ministério Público, engendrando, assim, um insuperável paradoxo.

Ademais, não há referência, quanto aos magistrados, se um será federal e o outro estadual. Portanto, poderia ocorrer que ambos os tribunais indicassem magistrados federais, ou estaduais. Deveria, portanto, em sintonia com o CNJ, supor-se que ao STF cabe indicar um magistrado estadual, e ao STJ um federal, mantendo-se a representação paritário-federativa.

O art. 130-A indica, pois, que o CNMP será composto por um número par de membros (quatorze), o que, embora não inviabilize a tomada de decisões de um órgão colegiado, obriga a admitir, para a solução do caso, que o seu presidente conte com o voto qualificado, de desempate (apenas quando este ocorra, portanto). A EC n. 45/2004, contudo, não equacionou o problema.

1.6.3. Atribuições

As atribuições do Conselho Nacional do Ministério Público seguem a mesma classificação adotada no Conselho Nacional de Justiça. A bem da verdade, os incisos apresentam a mesma redação, salvo algumas diferenças, tais como a impossibilidade de o Conselho Nacional do Ministério Público representar ao Ministério Público, no caso de crime contra a administração pública ou de abuso de autoridade e de elaborar, se-

1022

mestralmente, um relatório estatístico sobre a atuação dos membros do Ministério Público, nos termos do que é feito dentre os magistrados.

A ausência dessas duas atribuições é justificável. A primeira mais do que a segunda, uma vez que beiraria os limites da loucura se o próprio fiscalizado fosse responsável por dar andamento aos processos em que figura como réu e, portanto, seria o potencial prejudicado.

Por fim, no que tange à segunda ausência, tal se coaduna com a finalidade peculiar do Conselho Nacional do Ministério Público, a qual difere da arrolada ao Conselho Nacional de Justiça. Este traz, em seu bojo, a intenção de dar maior celeridade à função jurisdicional. Em outras palavras, se a finalidade do Conselho que ora se comenta é a de contenção, não há por que exigir, então, relatórios estatísticos em que se discriminam os processos em que o MP esteve presente e em quantos obteve decisão favorável.

A impugnação dos atos administrativos praticados pelo MP (competência prevista no inc. II do § 2º do art. 130-A, da CB, para o CNMP) deve ser compreendida com cuidado. Isso porque dentre as funções próprias do MP muitas há de cunho nitidamente administrativo, não judicial, para cuja proteção há, na Constituição do Brasil, a previsão de autonomia funcional e administrativa, que se deve compreender de maneira ampla. Veja-se, a título exemplificativo, a competência para promover o inquérito civil, expedir notificações requisitando informações e documentos, exercer o controle externo da atividade policial, ou para requisitar diligências investigatórias e instauração de inquérito policial (art. 129), ou, ainda, para fiscalizar os estabelecimentos prisionais, requisitar a instauração de sindicância ou procedimento administrativo (art. 25 da Lei n. 8.625/93). Nessas circunstâncias, a interferência em tais atividades-fim do MP conduziria, inevitavelmente, a uma violação grave da autonomia funcional dessa instituição.

2. DA DEFENSORIA PÚBLICA

A Constituição do Brasil reconhece claramente à Defensoria Pública um papel central na consecução da universalidade da função jurisdicional do Estado, na medida em que a ela foi incumbida a função de atuar junto aos necessitados (art. 134, *caput*, da CB), para: 1º) orientar juridicamente e 2º) realizar a defesa técnica. Vê-se, neste dispositivo, a consubstancialização institucional do art. 5º, LXXIV, da CB, no que tange ao dever constitucional de o Estado prestar assistência jurídica integral e gratuita àqueles que comprovarem insuficiência de recursos.

Nesses termos, ressalto que a Defensoria Pública torna os direitos constitucionais *"realmente acessíveis a todos"*, para me valer aqui de dois autores centrais à discussão sobre o acesso à Justiça, MAURO CAPPELLETTI e BRYANT GARTH. É possível dizer, ainda com lastro nesses autores, que a Defensoria Pública é Instituição essencial à superação dos principais obstáculos, por eles vislumbrados, para a efetivação de direitos, a saber, questões relativas (i) *às custas judiciais,* que comportam fatores financeiros e temporais; (ii) *às possibilidades (de preparação técnica) das partes,* concernentes à necessidade de uma atuação técnica capaz de manter uma relação de paridade de armas entre as partes envolvidas na contenda judicial; e (iii) *à defesa de interesses difusos*[2146].

Não por outro motivo, a EC n. 80/2014, na trilha da LC n. 80/94, modificada pela LC n. 132/2009, alterou o art. 131 da CB, consagrando a prevalência e efetividade dos direitos humanos como um dos objetivos da Defensoria Pública, cabendo-lhe, dentre outras funções e objetivos, garantir os princípios constitucionais da ampla defesa e do contraditório, prestar orientação jurídica e exercer a defesa dos necessitados, em todos os graus do Poder Judiciário, bem como promover a ação civil pública e todas as espécies de ações capazes de propiciar a adequada tutela dos direitos difusos, coletivos ou individuais homogêneos, quando o resultado da demanda puder beneficiar grupo de pessoas hipossuficientes.

O Supremo Tribunal Federal, em Recurso Extraordinário (RE 733433, rel. DIAS TOFFOLI, j. 4-11-2015), reafirmou o entendimento de que compete à Defensoria Pública propor ação civil pública em defesa "de interesses difusos e coletivos de que sejam titulares, em tese, pessoas necessitadas" (trecho da ementa). O caso tratava de ação civil pública movida pela Defensoria Pública de Minas Gerais contra o Município de Belo Horizonte, visando assegurar a manutenção do funcionamento das creches e escolas de educação infantil de maneira contínua e ininterrupta. O voto do relator acrescenta que essa legitimidade se estende mesmo quando existam possíveis beneficiados individualizados. Todavia, a execução individual "quando couber [...], será em benefício dos necessitados" (trecho do voto de esclarecimentos do Ministro relator). A decisão é mais uma decorrência de necessidade advinda de uma dura realidade nacional, na qual quanto mais agentes forem convocados para a missão nacional-constitucional, maiores são as probabilidades de se transformarem as estruturas de dominação social que a Constituição de 1988 pretende ver rompidas.

Friso, nesta oportunidade, que a relevância da Defensoria Pública para a cidadania não é apenas uma nota técnica. Sua imprescindibilidade extrapola os limites da discussão nas academias do Direito, demandando medidas práticas e concretas que propiciem a realização de referida essencialidade no cotidiano da realidade brasileira.

Eis o significado da explicitação, por parte do Legislador, da sua *capacidade postulatória autônoma e imediata*, expressamente prevista no art. 4º, § 6º, da Lei Complementar n. 80/94, e que decorre da mera nomeação e posse do Defensor em seu respectivo cargo, sem que seja necessário qualquer outro requisito, como sua inscrição nos quadros de profissionais de qualquer outra entidade.

Trata-se, aqui, na realidade, de um resultado legislativo — de explicitação — que decorre claramente de opção constitucional expressa em favor da Defensoria Pública, uma opção constitucional que chegou a tratar das funções a serem desempenhadas pelo Defensor Público, a saber, a orientação jurídica e defesa, em todos os graus, dos necessitados, nos termos do art. 134, *caput*, da CB. Este dispositivo acena, exclusivamente,

---

2146. Cf. Cappelletti, Mauro; Garth, Bryant. *Acesso à Justiça*. Porto Alegre: Fabris, 1988, p. 10, 11, 15-28.

para a situação de Defensor Público, sem realizar exigência de duplo registro, como ocorreria caso se demandasse o registro concomitante na OAB.

Ressalte-se, também, que a EC n. 80/2014, ainda com os fins de acesso à Justiça, ampliou os quadros da Defensoria, prevendo que toda unidade jurisdicional deverá dispor, no prazo de oito anos a contar da promulgação da Emenda, de defensores públicos (art. 91, § 1º, do ADCT), sendo que o número destes deverá ser proporcional à efetiva demanda dos serviços da Defensoria e à respectiva população (art. 91, *caput*, do ADCT). Enquanto transcorre o prazo constitucional, os defensores deverão ser distribuídos conforme dois critérios: (i) adensamento populacional; e (ii) nível de exclusão social (art. 91, § 2º, do ADCT).

A Emenda supramencionada expressamente consagrou as bases da Defensoria Pública, quais sejam: (i) unidade; (ii) indivisibilidade; (iii) independência funcional. Para assegurar essas características basilares, a Emenda determinou que devem se aplicar, no que couber, os arts. 93 e 96, II, da Constituição Federal (art. 134, § 4º, da CB) também à Defensoria. Portanto, o órgão em comento é, especialmente, agora, por força das modificações promovidas pelas EC n. 45/2004 e n. 80/2014, um ente verdadeiramente autônomo, a serviço da cidadania.

Por meio da LC n. 80/94, com as alterações perpetradas pela LC n. 132/2009, está estabelecida a organização da Defensoria Pública da União, além de normas gerais (por força do art. 24, XIII, da Constituição) para a organização das defensorias públicas nos estados. Recente mudança constitucional foi promovida no âmbito da Defensoria Pública, pela EC n. 69, de 29-3-2012, para transferir da União para o Distrito Federal as atribuições de organizar e manter a Defensoria Pública do Distrito Federal, que deixa de ser tutelada pela União.

A EC n. 45/2004, de forma pontual, acrescentou ao art. 134 o § 2º. Neste prevê-se autonomia funcional e administrativa às Defensorias Públicas Estaduais, bem como a iniciativa de sua proposta orçamentária. Trata-se, enfim, de medida assaz pertinente, com vistas a inculcar, finalmente, nas Defensorias Públicas, a capacidade de estruturar e desenvolver sua atividade-fim sem qualquer interferência estranha (externa). A EC n. 74 acrescentou novo parágrafo final ao art. 134, para corrigir a discrepância literal e fazer aplicar o disposto no § 2º também às Defensorias Públicas da União e do Distrito Federal.

Em outras palavras, sob um prisma pragmático, a outrora irrelevante e inexistente Defensoria Pública (cuja condição negativa decorria de seus parcos recursos), com a aplicação dessas medidas carreadas pela EC n. 45/2004, passará, doravante, a apresentar uma pontual atuação social. Afinal, não se pode falar em autonomia e efetiva participação na vida da população carente se não forem investidos recursos suficientes para a ampla atuação da Defensoria Pública.

3. DA ADVOCACIA

A advocacia pode ser subdividida em: (i) advocacia pública; e (ii) advocacia.

A Constituição de 1988 abriu uma seção específica para a chamada advocacia pública. Nela estão incorporadas: (i) a Advocacia-Geral da União; (ii) a Procuradoria--Geral da Fazenda Nacional; e (iii) as procuradorias dos Estados e do Distrito Federal.

A Advocacia-Geral da União tem como função representar a União judicial ou extrajudicialmente, função que, até 1988, era exercida, em parte, pela Consultoria-Geral da República e, em parte, pelo Ministério Público Federal. Trata-se de carreira composta por advogados da União (que ingressam por concurso público de provas e títulos) chefiados pelo Advogado-Geral da União, que é nomeado livremente pelo Presidente da República (cargo de confiança, demissível *ad nutum*) dentre os cidadãos brasileiros maiores de 35 anos de idade, com notável saber jurídico e reputação ilibada. Nos Estados, esse papel é desempenhado pelas procuradorias dos Estados, que devem representar e defender, em juízo e fora dele, o respectivo estado-membro. Nos municípios maiores há também, via de regra, uma procuradoria municipal, mas ela não foi contemplada pela Constituição como instituição obrigatória (até rendendo-se à realidade de municípios que não teriam como arcar com um quadro de advogados públicos permanente).

A Procuradoria-Geral da Fazenda Nacional é órgão subordinado ao Advogado-Geral da União (Lei Complementar n. 73/93) e tem por finalidade específica tratar dos interesses fiscais da União em juízo, especificamente a execução da dívida ativa de natureza tributária.

Quanto à advocacia (exercida como profissão privada), a Constituição expressamente consagrou a imprescindibilidade do advogado na atividade jurisdicional, consignando que esse profissional "é indispensável à administração da justiça" (art. 133). O Estatuto da Advocacia e da OAB (Lei n. 8.906/94) reitera esse comando constitucional, assinalando no art. 1º que a postulação em qualquer órgão do Poder Judiciário e as atividades de consultoria, assessoria e direção jurídicas constituem atividades privativas de advogado. Isso não significa, contudo, que toda e qualquer atividade relacionada com o exercício da jurisdição demande a atuação desse profissional. Algumas exceções podem, neste ponto, ser arroladas: (i) propositura de *habeas corpus*, em qualquer grau de jurisdição (cf. art. 1º, § 1º, do Estatuto da Advocacia e da OAB — EAOAB); (ii) revisão criminal (cf. art. 623 do CPP); (iii) postulação nos juizados especiais (federais e estaduais, cíveis e criminais, cf. Lei n. 9.099/95 e Lei n. 10.259/2001). O STF, inclusive, declarou a inconstitucionalidade da expressão "qualquer" contida no art. 1º, I, do Estatuto da Advocacia e da OAB (ADI 1.127), que assim estava enunciado: "Art. 1º São atividades privativas da advocacia: I — a postulação a *qualquer* órgão do Poder Judiciário e aos juizados especiais".

A prática de atos privativos por quem não seja advogado gera a sua nulidade (estes devem ser considerados como inexistentes do ponto de vista jurídico).

O exercício da advocacia requer a conclusão de curso superior de formação em Ciências Jurídicas, reconhecido pelo Ministério da Educação, a aprovação no Exame da OAB, a inscrição regular e ativa nos quadros da OAB e não exercer atividade considerada incompatível com esse exercício.

Registre-se que a incompatibilidade enseja a proibição total quanto ao exercício da advocacia (art. 28 do EAOAB), assim consideradas, dentre outras, as seguintes hipóteses: (i) ser chefe do Poder Executivo e membro da Mesa do Poder Legislativo; (ii) ser membro de órgãos do Poder Judiciário, do Ministério Público, dos tribunais e conselhos de contas, dos juizados especiais, da justiça de paz, juiz classista; (iii) exercer

1026

função de julgamento em órgãos de deliberação coletiva da administração pública direta e indireta; (iv) ser ocupante de cargos ou funções de direção em órgãos da Administração Pública direta ou indireta, em suas fundações e em suas empresas controladas ou concessionárias de serviço público; (v) ser militar de qualquer natureza, e estar na ativa; (vi) ser ocupante de cargos ou funções que tenham competência de lançamento, arrecadação ou fiscalização de tributos e contribuições parafiscais.

Os impedimentos representam uma vedação parcial para o exercício da advocacia, sendo considerados incompatíveis: (i) os servidores da Administração direta, indireta e fundacional contra a Fazenda Pública que os remunere ou à qual seja vinculada a entidade empregadora; (ii) os membros do Poder Legislativo, em seus diferentes níveis, contra ou a favor das pessoas jurídicas de direito público, empresas públicas, sociedades de economia mista, fundações públicas, entidades paraestatais ou empresas concessionárias ou permissionárias. Ao advogado é assegurada, ainda, por força constitucional, a inviolabilidade por seus atos e manifestações, desde que esteja no exercício da profissão, nos limites estabelecidos pela lei. Nesse sentido, o art. 2º, § 3º, do EAOAB, dispõe: "No exercício da profissão, o advogado é inviolável por seus atos e manifestações, nos limites desta lei".

Considero, ainda, que o exercício da advocacia nesses termos e como atividade altamente especializada, na atualidade, permite que se considere regular e constitucional a situação de advogado que defenda entidades públicas, tendo sido contratado com dispensa de licitação (e observadas as condições legais desta modalidade de contratação), sem que se configure irregularidade seja para o Poder Público seja para a Advocacia. O tema, contudo, encontra-se *sub judice*, no STF, em virtude da atuação contrária de parte do Ministério Público.

Para além de sua função de entidade corporativa, a OAB também tem sido protagonista no controle concentrado de constitucionalidade brasileiro. Considerando-se sua legitimidade universal para propor ações de controle denominado abstrato-concentrado (art. 103, VII, da CB), o Conselho Federal da OAB tem figurado como autor de diversas ações diretas no STF, tal como a que impugnou a constitucionalidade do financiamento de campanhas eleitorais por pessoas jurídicas (ADI 4.650), assim como a que pleiteia a correção da tabela dos isentos do Imposto de Renda de acordo com a inflação real (ADI 5.096) e o pedido de inconstitucionalidade por omissão tendo em vista a falta de lei regulamentadora no que se refere aos direitos do usuário de serviço público (ADO 45).

4. DA POLÍCIA JUDICIÁRIA

Os corpos voltados à segurança pública não integram o capítulo constitucional dedicado às funções essenciais da Justiça, mas sim o Título constitucional "Da Defesa do Estado e das Instituições Democráticas". Apesar disso, a função investigativa, relevante para os serviços jurisdicionais, é desenvolvida pela política federal e pela polícia civil, em seus respectivos âmbitos de atuação.

Essas polícias, com funções de polícia judiciária, realizam tarefas essenciais à Justiça. Ademais, nos termos do parágrafo quinto do art. 144, as polícias civis são dirigidas por delegados de polícia de carreira, com formação jurídica e, assim, integrantes, com os delegados federais, das carreiras jurídicas primárias de Estado.

Às polícias militares corresponde, no desenho constitucional brasileiro bifurcado, a polícia ostensiva e a preservação da ordem pública e, aos bombeiros, incluídos entre os militares, corresponde a defesa civil, dentre outras funções.

Referências bibliográficas

TAVARES, André Ramos. *Reforma do Judiciário no Brasil Pós-88: (Des) estruturando a Justiça. Comentários completos à Emenda Constitucional n. 45/04.* São Paulo: Saraiva, 2005.
_____. *Teoria da Justiça Constitucional.* São Paulo: Saraiva, 2005.

Índice geral

Abreviaturas e siglas adotadas.. VII

Sumário.. IX

Considerações gerais sobre a obra XV

Título I
TEORIA DA CONSTITUIÇÃO

Capítulo I
CONSTITUCIONALISMO

1. Nota introdutória.. 1
2. Conceito preliminar 2
3. Retrospecto histórico 3
   - 3.1. Constitucionalismo antigo 3
     - 3.1.1. O movimento hebreu... 3
     - 3.1.2. As Cidades-Estado gregas.. 3
   - 3.2. Constitucionalismo e Idade Média 4
     - 3.2.1. O desenvolvimento britânico das instituições constitucionais.. 4
   - 3.3. Constitucionalismo moderno.. 8
   - 3.4. Constitucionalismo contemporâneo: o atual processo evolutivo.......... 12
     - 3.4.1. Constitucionalismo globalizado... 13
     - 3.4.2. Constitucionalismo científico.. 14
     - 3.4.3. Constitucionalismo defensivo 16

Referências bibliográficas.. 17

Capítulo II
ESTADO CONSTITUCIONAL DE DIREITO

1. O surgimento da lei como fonte precípua do direito: o Estado legalista ou legalitário 19
   - 1.1. Subordinação e mitigação do Poder Judiciário no contexto do Estado legalitário... 24
2. A viragem paradigmática para um Estado constitucional de direito.......... 27
3. A primazia normativa da Constituição: causas e consequências 32

3.1. Origem desse pressuposto do constitucionalismo	32
3.2. Supremacia	36
3.3. Rigidez	38
3.4. Da defesa do Estado à defesa da Constituição	40
3.4.1. Estado limitado: consectário da supremacia e rigidez constitucionais	40
3.4.2. As garantias constitucionais	41
Referências bibliográficas	43

Capítulo III
FORMAÇÃO CONSTITUCIONAL DO BRASIL

1. Origens	48
2. A Constituição imperial	48
3. A Constituição de 1891: "laboratório constitucional"	54
4. A Constituição de 1934	58
5. Carta ditatorial de 1937: a "polaca"	62
6. A Constituição de 1946	65
7. A Constituição de 1967 e a "farsa constituinte"	68
8. A Emenda Constitucional n. 1: O "estatuto da ditadura"	71
9. A transição democrática e a "Constituição cidadã"	73
10. A consolidação democrática: a nova Constituição	76
11. A resistência das instituições democráticas e o 8 de janeiro	80
Referências bibliográficas	81

Capítulo IV
DIREITO CONSTITUCIONAL

1. Conceito de Direito Constitucional	83
1.1. Polêmica doutrinária	84
1.2. Direito Constitucional positivo, ciência dogmático-concreta e ciência teorético-abstrata do Direito Constitucional	84
2. Metodologia do Direito Constitucional	85
2.1. Direito Constitucional comparado	86
3. Fontes do Direito Constitucional	86
3.1. Fontes tradicionais	86
3.2. Direito Constitucional material e formal	86
3.3. Direito Constitucional adjetivo	87
3.4. Direito Constitucional geral e particular	87

4. Direito Constitucional não é ramo do Direito	88
4.1. Direito Constitucional na base e no ápice dos Ordenamentos Jurídicos	88
4.2. Relações com outros setores do Direito	89
4.2.1. Direito Constitucional e Direito Administrativo	89
4.2.2. Direito Constitucional e Direito Tributário	89
4.2.3. Direito Constitucional e Direito Penal	89
4.2.4. Direito Constitucional e Direito Processual	90
4.2.5. Direito Constitucional e Direito Internacional	90
4.2.6. Direito Constitucional e Direito do Trabalho	90
4.2.7. Direito Constitucional e Direito Privado	90
5. O Direito Constitucional e demais ciências afins	90
5.1. Teoria do Estado	91
5.2. Ciência política	91
5.3. Sociologia política e constitucional	91
5.4. História constitucional	91
Referências bibliográficas	92

Capítulo V
PODER CONSTITUINTE

1. Notas introdutórias	93
2. Caracterização do "poder constituinte": função, finalidade ou periodicidade?	95
3. Atributos do "poder" constituinte	97
3.1. A vinculação do poder	99
4. Natureza do poder constituinte	99
5. Assembleia constituinte	101
5.1. Formação	101
5.2. Legitimidade	102
6. Ocorrências de poder constituinte e suas limitações	103
7. O momento de ruptura e a questão da legitimidade	105
7.1. Situações de ruptura e provisoriedade	109
8. Espécies de "poder constituinte"	110
9. Competência de reforma da Constituição	111
9.1. Limitações ao poder de reforma constitucional	114
9.2. Cláusulas pétreas	116
10. "Poder constituinte" decorrente	117

10.1. Terminologia.. 117

10.2. Impossibilidade de caracterização como "constituinte".................... 117

10.3. As Constituintes estaduais no Brasil... 118

11. Ponderações sistemáticas acerca do "poder constituinte" 118

Referências bibliográficas... 120

Capítulo VI
CONSTITUIÇÃO

1. Origem do termo "Constituição".. 123

2. Conceito liberal de Constituição.. 123

3. Conceito orgânico de Constituição 124

4. Tipologia das Constituições... 124

    4.1. Constituições formais, substanciais e materiais 124

        4.1.1. Constituições formais.. 124

        4.1.2. Constituições substanciais... 125

        4.1.3. Constituições materiais 126

            4.1.3.1. Constituição histórico-material: Constituições imanentes às formas organizativas 126

    4.2. Constituições escritas e costumeiras 127

    4.3. Constituições codificadas e "legais".. 128

    4.4. Constituições promulgadas, outorgadas e pactuadas.......................... 129

    4.5. Constituições flexíveis, rígidas, semirrígidas e super-rígidas.............. 130

        4.5.1. Constituições flexíveis 130

        4.5.2. Constituições rígidas 130

        4.5.3. Constituições semirrígidas ou semiflexíveis.......................... 131

        4.5.4. Constituições super-rígidas 131

    4.6. Constituições analíticas e sintéticas.. 132

    4.7. Constituições dogmáticas e históricas 133

    4.8. Constituições liberais (negativas) e sociais (dirigentes) 133

5. Funções fundamentais da Constituição... 134

Referências bibliográficas... 135

Capítulo VII
HERMENÊUTICA CONSTITUCIONAL

1. A hermenêutica do Direito... 136

2. A hermenêutica constitucional 137

    2.1. Justificativa... 138

3. A linguagem constitucional em face da interpretação 139

   3.1. Formulação linguística como ponto inicial e limite externo da atividade interpretativa 139

   3.2. A linguagem técnica na Constituição 139

   3.3. Abertura das normas constitucionais e mutação não textual da Constituição 140

   3.4. "Espírito" da norma ou sua letra "seca"? 142

4. Unidade da Constituição e consequências na atividade interpretativa 142

   4.1. A necessidade de interpretação sistemática 143

5. Maximização das normas constitucionais 143

6. Interpretação conforme a Constituição 144

7. Interpretação evolutiva 144

Referências bibliográficas 145

Capítulo VIII
APLICABILIDADE E EFICÁCIA DAS NORMAS CONSTITUCIONAIS

1. Apontamentos iniciais 147

2. DOUTRINA ESTRANGEIRA 148

   2.1. *Self-executing* e *not self-executing* (Cooley) 148

   2.2. Normas de eficácia plena e limitada (Crisafulli) 149

   2.3. Normas de eficácia direta e indireta (Zagrebelsky) 149

3. Doutrina nacional 150

   3.1. Normas exequíveis por si sós e normas não exequíveis por si sós (programáticas, de estruturação e condicionadas) 150

   3.2. Normas de eficácia plena, contida ou limitada 151

   3.3. Normas de aplicação (irregulamentáveis e regulamentáveis) e normas de integração (completáveis e restringíveis) 152

   3.4. Normas de organização, definidoras de direitos e programáticas 153

4. Crítica à doutrina tradicional 154

Referências bibliográficas 156

Capítulo IX
DO SISTEMA CONSTITUCIONAL

1. A Constituição como um sistema de normas 158

   1.1. As normas principiológicas 159

   1.2. As normas-regras 160

| 1.3. | Das cláusulas pétreas, dos "princípios sensíveis" e dos preceitos fundamentais: categorias de normas da Constituição brasileira | 161 |

1.3. Das cláusulas pétreas, dos "princípios sensíveis" e dos preceitos fundamentais: categorias de normas da Constituição brasileira 161
2. Os valores na Constituição 162
    2.1. A encampação de valores pelas Constituições 164
    2.2. O significado dos valores constitucionais basilares........................... 166
    2.3. Princípios gerais de Direito e valores constitucionais basilares 170
3. Dos preceitos constitucionais fundamentais no direito brasileiro..................... 171
    3.1. Ideia de preceitos.. 171
    3.2. Significado da "fundamentalidade" dos preceitos............................ 174
        3.2.1. Preceitos fundamentais e princípios..................................... 176
        3.2.2. Preceitos fundamentais e regras 177
    3.3. A função desempenhada pelos "preceitos fundamentais"................... 177
Referências bibliográficas.. 179

Capítulo X

TEORIA DOS ATOS JURÍDICOS DE DIREITO PÚBLICO

1. Justificação do tema.. 182
2. Classificação dos atos jurídicos 183
3. Dimensões de manifestação do ato jurídico 185
    3.1. Distinção entre existência e validade jurídicas................................. 188
4. Primeira dimensão: existencial ou estrutural do ato jurídico......................... 189
    4.1. Da existência do ato especificamente legislativo.............................. 191
5. Segunda dimensão: validade do ato jurídico 198
    5.1. Da validade da lei 200
        5.1.1. Teoria da validade 200
            5.1.1.1. Enfoque preliminar 200
            5.1.1.2. Doutrina de Hans Kelsen acerca da validade das leis.. 202
            5.1.1.3. Conceito relacional de validade 205
    5.2. Tipificação dos requisitos de validade da lei 208
        5.2.1. Agente 209
        5.2.2. Forma: o "processo" legislativo 209
        5.2.3. Objeto e meio 210
        5.2.4. Fim 211
    5.3. Validade e invalidade concomitantes de uma mesma norma................... 212
    5.4. Âmbitos de validade da norma 214
    5.5. O "processo" jurídico de aferição da validade de uma norma 214
Referências bibliográficas.. 215

Capítulo XI
TEORIA DA RECEPÇÃO

1. Teoria da recepção 217
   1.1. Apresentação geral 217
2. A "inconstitucionalidade" superveniente 217
   2.1. Não recepção de normas anteriores pela nova Constituição 218
   2.2. Leis que ainda não entraram em vigor 222
3. A novação das normas infraconstitucionais pretéritas e compatíveis com a nova ordem constitucional 223
4. Alteração da norma-parâmetro da relação de inconstitucionalidade e superação desta 225
   4.1. Normas infraconstitucionais anteriores inválidas em relação à Constituição pretérita e sua possível recepção pela nova ordem jurídica 225
5. A mutação constitucional e a lei incompatível com a modificação 228
   5.1. Mutação formal (emenda) 228
   5.2. Mutação informal (nova significação constitucional) 228
6. Revogação da norma-objeto da relação de inconstitucionalidade 229
Referências bibliográficas 230

Capítulo XII
TEORIA DA INCONSTITUCIONALIDADE

1. Distinções preliminares 232
2. Definição 233
   2.1. Os fatos na caracterização da inconstitucionalidade 235
      2.1.1. Inconstitucionalidade como desvio de fatos em relação ao comando constitucional: hipótese de inconstitucionalidade formal 235
      2.1.2. A importância dos fatos na caracterização da inconstitucionalidade material das normas 235
3. Esclarecimentos conceituais 239
   3.1. Inconstitucionalidade direta e inconstitucionalidade com ato interposto 239
   3.2. Inconstitucionalidade e ilegalidade concomitante: ato aparentemente interposto 240
4. Inconstitucionalidade, vício e sanção 243
5. Tipologia da inconstitucionalidade das leis 243
   5.1. Inconstitucionalidade material e formal 243

1035

5.2. Inconstitucionalidade total e parcial	249
5.3. Inconstitucionalidade originária e superveniente	251
5.4. Inconstitucionalidade expressa (direta) e implícita (indireta)	252
Referências bibliográficas	256

Capítulo XIII
A DEFESA DA CONSTITUIÇÃO

1. O guardião da supremacia constitucional	258
2. Dos grandes modelos de defesa da Constituição	258
3. Do modelo adotado pelo Brasil	259
4. Das ações de defesa da Constituição brasileira e da súmula vinculante	261
4.1. Arguição de descumprimento de preceito fundamental	261
4.2. Ação direta de inconstitucionalidade (genérica e por omissão)	262
4.3. Ação declaratória de constitucionalidade	262
4.4. Súmula vinculante	263
4.5. Representação interventiva	263
4.6. Direito Processual Constitucional	264
Referências bibliográficas	264

Título II
DOS DIREITOS HUMANOS

Capítulo XIV
EVOLUÇÃO E TEORIA GERAL DOS DIREITOS HUMANOS

1. Antecedentes	267
1.1. Remotos	267
1.2. Próximos	267
1.2.1. As declarações de Direitos nos EUA	269
1.2.2. As declarações francesas de Direitos	269
1.2.3. Quadro comparativo entre a Declaração da Virgínia, de 1776, e a Declaração francesa, de 1789	270
2. As grandes teorias acerca dos direitos humanos	271
2.1. Direitos humanos para o jusnaturalismo	271
2.2. Direitos humanos e positivismo	271
2.3. Teoria realista	272

3. Uma questão terminológica essencial.. 273
   3.1. Direitos do Homem e direitos humanos 274
   3.2. Liberdade pública e liberdades públicas... 276
   3.3. Direitos subjetivos e direitos públicos subjetivos.............................. 278
   3.4. Direitos fundamentais (do Homem?) 278
4. As dimensões dos direitos humanos 280
   4.1. A primeira dimensão 281
      4.1.1. O primeiro direito humano.. 281
      4.1.2. Os direitos humanos de primeira dimensão 281
   4.2. A segunda dimensão.. 282
   4.3. A terceira dimensão... 283
   4.4. A quarta dimensão... 283
   4.5. Críticas às dimensões 284
5. Conceito de direitos humanos... 285
6. Dupla natureza.. 286
7. Dimensões de abertura dos direitos fundamentais... 287
   7.1. Os direitos não enumerados e seu regime jurídico.............................. 287
   7.2. Direitos "interpretados" (direito judicial)... 288
8. Universalização e universalidade dos direitos humanos.................................... 289
   8.1. Primeiras distinções.. 289
      8.1.1. A técnica redacional dos direitos humanos........................ 291
   8.2. A ideia de universalidade 291
      8.2.1. A influência religiosa... 291
      8.2.2. O cosmopolitismo 294
   8.3. A rejeição à teoria da universalidade dos direitos humanos: fundamentos 296
   8.4. Uma tentativa de aceitar os direitos humanos 298
9. Titularidade dos direitos fundamentais na Constituição do Brasil de 1988.. 300
   9.1. Titularidade dos direitos 300
   9.2. Titularidade das clássicas "liberdades públicas"................................ 300
   9.3. Titularidade dos direitos sociais 302
   9.4. Titularidade dos direitos políticos 302
   9.5. Titularidade dos direitos coletivos.. 302
   9.6. Titularidade das garantias fundamentais 303
   9.7. Pessoas jurídicas como titulares de direitos fundamentais................ 303
10. Aplicabilidade imediata dos direitos fundamentais na Constituição brasileira de 1988.. 304

11. Eficácia externa ou (alcance) horizontal dos direitos fundamentais: a vinculação dos particulares (*drittwirkung* ou *horizontalwirkung*)... 305

12. Deveres fundamentais.. 307

13. Relatividade dos direitos humanos 308

   13.1.Restrição dos direitos constitucionais e seus limites........................ 309

14. Excesso e heterogeneidade dos direitos... 309

15. A criminalização de condutas ofensivas a direitos fundamentais como determinação constitucional para a proteção de direitos fundamentais 310

16. A federalização dos crimes contra direitos humanos 311

Referências bibliográficas... 313

Capítulo XV

A PROTEÇÃO INTERNACIONAL DOS DIREITOS HUMANOS E SUA CONSTITUCIONALIZAÇÃO

1. Documentos 316

   1.1. Primeiros documentos internacionais de proteção do Homem 317

   1.2. Proteção em âmbito regional 317

      1.2.1. Convenção europeia 317

      1.2.2. Sistema interamericano 318

      1.2.3. Sistema africano: Banjul 319

   1.3. A Declaração Universal da ONU 319

      1.3.1. Antecedentes imediatos.. 319

      1.3.2. O surgimento da Declaração Universal.. 319

      1.3.3. O sistema de três etapas engendrado pelos autores da Declaração Universal 320

      1.3.4. O desenvolvimento internacional da Declaração: os Pactos 321

2. O direito à solidariedade nas declarações.. 321

3. Os mecanismos de proteção dos direitos humanos e sua complexidade 322

4. Consectários da internacionalização dos direitos humanos...................... 324

5. Caráter positivo das declarações... 324

6. A inspiração constituinte e a interpretação nacional pelos direitos humanos internacionais... 326

7. A "disputa" pelos direitos humanos na internalização 326

8. A posição brasileira sobre os direitos humanos internacionais 328

   8.1. A "completude" interna dos direitos humanos................................... 328

   8.2. A questão do *status* constitucional de certos tratados 331

   8.3. A desnecessidade de decreto presidencial para internalização plena (vigência imediata) 332

1038

9. Tribunal Penal Internacional 335
    9.1. Breve escorço histórico 336
    9.2. A questão da soberania 337
        9.2.1. Princípio da complementaridade e hipóteses avocadoras da competência do TPI 338
        9.2.2. Eventuais inconstitucionalidades e conclusões 339
10. Movimento atual 343
Referências bibliográficas 343

Título III
DOS DIREITOS INDIVIDUAIS

Capítulo XVI
DIREITO À VIDA

1. Previsão e conteúdo do direito à vida 347
2. Evolução constitucional 348
3. Momento inicial de proteção 348
    3.1. Legislação nacional e direito à vida 349
4. Eutanásia 350
5. Não incidência do direito à vida 350
    5.1. Interrupção autorizada da gestação 350
        5.1.1. O caso da anencefalia 351
    5.2. Suicídio 353
    5.3. Estado de necessidade e legítima defesa 354
    5.4. Pena de morte 354
    5.5. A pesquisa com embriões fertilizados "in vitro" 354
Referências bibliográficas 355

Capítulo XVII
DIGNIDADE DA PESSOA HUMANA

1. Dificuldades conceituais 356
2. Previsão constitucional 356
3. Delimitação 358
    3.1. Dificuldade conceitual 358
        3.1.1. Tentativa de definição 358
    3.2. Dignidade humana como princípio absoluto? 361

3.3. Dignidade do Homem: base dos direitos fundamentais? 363
4. A proteção constitucional do menor 365
4.1. Terminologia 365
4.2. Contextualização geral e no âmbito internacional 365
4.3. Justificativa da especialização de tutela 366
4.3.1. Princípio da prioridade 366
4.3.2. Tutela específica 366
4.4. Dever constitucional dos pais e irradiação dos efeitos da tutela especial às gestantes e mães de crianças 367
4.5. Redução da maioridade penal: violação de cláusula pétrea 368
5. A proteção constitucional do idoso 371
6. Dignidade da pessoa humana e combate à violência de gênero 372
Referências bibliográficas 374

Capítulo XVIII
DIREITO À IGUALDADE

1. Generalidades 376
2. As diferenças entre as pessoas e o princípio da igualdade 377
3. A fórmula lógico-jurídica do respeitoà igualdade 378
3.1. Critério discriminatório 378
3.2. Correspondência entre a distinção de regimes e a desigualdade 380
3.3. Discriminação e disposições constitucionais 381
3.3.1. Discriminação por orientação sexual 382
4. Princípio da isonomia: disposições constitucionais específicas 384
5. A desigualdade entre os sexos e suas consequências constitucionais 384
6. As ações afirmativas 386
6.1. Linhas introdutórias 386
6.2. Decisões judiciais norte-americanas relevantes no combate ao racismo... 386
6.2.1. Decisões pré-guerra civil 386
6.2.2. Decisões pós-guerra civil 388
6.2.3. Doutrina do "Separate but Equal" 390
6.2.4. Doutrina do "Treatment as an Equal" 391
6.3. O surgimento e a efetivação das ações afirmativas 392
6.4. A natureza das ações afirmativas 394
6.5. O posicionamento da Suprema Corte dos Estados Unidos da América... 395
6.6. Cotas de 20% para os cargos públicos federais e critérios subsidiários de heteroidentificação 397
6.7. O combate ao racismo 398

6.8. Cota de gênero e candidaturas femininas	399
6.9. Ação afirmativa de gênero para o acesso de magistradas aos tribunais de 2º grau	400
Referências bibliográficas	401

Capítulo XIX
DAS LIBERDADES PÚBLICAS

1. Apreciação preliminar	402
2. Liberdade de expressão	402
2.1. Dimensões substantiva e instrumental	404
2.2. Dimensões individual e coletiva	405
2.3. Liberdade de expressão: meio ou fim?	406
2.4. Propósitos da liberdade de expressão	407
2.5. Limitações ao exercício da liberdade de expressão	408
2.6. Liberdade de expressão x direito ao esquecimento	411
3. Liberdade de religião e neutralidade do Estado	414
3.1. As constituições perante o fenômeno religioso	414
3.2. Liberdade religiosa como direito fundamental	415
3.3. O Estado neutro: sentido e alcance	416
3.3.1. Separação como base da liberdade religiosa	416
3.3.2. Relacionamento entre Estado não confessional e Igrejas: proibição total?	418
3.4. O Estado laico como princípio e sua leitura perante a Constituição brasileira	421
4. Liberdade econômica e de profissão	423
5. Liberdade de informação	425
5.1. Sigilo da fonte	426
5.2. Lei de Acesso à Informação	427
6. Liberdade de associação	428
6.1. Previsão	428
6.2. Conteúdo	428
6.3. Interferência estatal	428
6.4. Aspecto processual	428
7. Liberdade de reunião	429
7.1. Previsão	429
7.2. Significado	429
7.3. Natureza jurídica	429
7.4. Condicionamentos	429

7.5.	Exceções ao exercício da liberdade	431
7.6.	Natureza jurídica	431
7.7.	Tutela da liberdade de reunião	431
8.	Liberdade de locomoção	431
8.1.	Origem histórica	431
8.2.	Fonte formal	432
8.3.	Eficácia da norma constitucional	432
8.4.	Conteúdo material	432
8.5.	Exceções e condicionamentos das exceções	433
	8.5.1. Prisão civil por dívida	434
8.6.	Liberdade provisória	435
8.7.	Excesso de prisão	436
8.8.	Conteúdo do direito fundamental de liberdade no fim do milênio: interpretação constitucional evolutiva	437
Referências bibliográficas		439

Capítulo XX

A GARANTIA DA LEGALIDADE E A ATIVIDADE REGULAMENTAR

1.	O postulado da constitucionalidade	441
2.	A lei como medida de segurança e a medida da lei	441
2.1.	Generalidade e abstratividade das leis	441
2.2.	Previsão	442
2.3.	Fundamentos e princípios correlatos	442
2.4.	Conteúdo	443
	2.4.1. Do conceito de lei como essencial ao direito à segurança	444
	2.4.1.1. Alcance da expressão constitucional "em virtude de lei"	445
	2.4.2. Garantia da preferência de lei, legalidade, reserva de lei e dispensa de lei	445
	2.4.3. Proporcionalidade: a medida da lei	447
2.5.	A competência regulamentar	448
2.6.	Atividade administrativa do Estado	449
2.7.	Atividade tributária do Estado	450
2.8.	Atividade persecutória do Estado	450
Referências bibliográficas		450

Capítulo XXI
DIREITO À PRIVACIDADE

1. Conceito 452
2. Direito à intimidade 453
3. Inviolabilidade de domicílio 454
4. Sigilo das comunicações 458
   4.1. Sigilo da correspondência 459
   4.2. Sigilo das comunicações telefônicas 459
       4.2.1. Interceptações telefônicas 459
   4.3. Sigilo de dados 461
       4.3.1. Compartilhamento de dados 464
       4.3.2. Direito fundamental à proteção de dados pessoais 466
       4.3.3. Proteção de dados e autodeterminação informativa 467
5. Segredo profissional 468
6. Vida privada 468
7. Honra 471
8. Imagem das pessoas 471
Referências bibliográficas 474

Capítulo XXII
DIREITO DE PROPRIEDADE

1. Noção preliminar 476
2. Noções históricas 476
   2.1. Antiguidade 476
   2.2. Período medieval 477
   2.3. Idade Moderna 477
   2.4. Período contemporâneo 478
       2.4.1. As Declarações de Direitos 478
       2.4.2. História do Direito 479
           2.4.2.1. Doutrina de Duguit sobre a concepção social da propriedade 479
       2.4.3. Direito Comparado 480
3. Conceito: relação entre sujeitos 481
4. Harmonização entre a função social e o caráter individual 482
5. Da função social 484
   5.1. Função dominial ou direito de propriedade? 484
   5.2. Regime da função social 485

5.2.1. Propriedade imóvel urbana e rural 485

5.2.2. Função social da propriedade urbana e necessidade de adequado aproveitamento 486

5.2.3. Função social da propriedade rural 487

5.2.3.1. Reforma agrária 488

6. Das espécies de propriedades 488

6.1. Da propriedade pública 488

6.2. Da propriedade intelectual 489

6.3. Da propriedade industrial 490

6.4. Da propriedade bem de família 491

7. Limitações do direito de propriedade 492

7.1. Conceito 492

7.2. Limitações decorrentes do poder de polícia 492

7.3. Restrições 493

7.4. Servidões 493

8. Perda da propriedade 493

8.1. Desapropriação 493

8.1.1. Conceito 494

8.1.2. Fundamento 494

8.1.3. Natureza 494

8.1.4. Espécies 495

8.1.5. Requisitos constitucionais 495

8.1.6. Procedimento 495

8.2. Expropriação 497

8.3. Decurso do tempo e usucapião 498

8.3.1. Usucapião constitucional urbano 498

8.3.2. Usucapião constitucional rural 499

8.3.3. Usucapião de bens públicos 499

8.4. Destinação de terras públicas 499

Referências bibliográficas 499

Capítulo XXIII

DIREITOS CONSTITUCIONAIS PENAIS

1. Previsões constitucionais de garantias penais 501

2. Conteúdo do direito à presunção de inocência 502

3. Culpabilidade 504

4. Prisões provisórias e condução coercitiva 505

1044

5. Individualização da pena e Lei dos Crimes Hediondos 506
6. Direitos assegurados em face de investigação 509
Referências bibliográficas 510

Capítulo XXIV
DIREITO DE ACESSO AO JUDICIÁRIO

1. Significado 511
2. Direito de ação 513
3. Direito de petição 515
    3.1. Origem 515
    3.2. Previsão constitucional 515
    3.3. Natureza jurídica 516
    3.4. Destinatário 516
    3.5. Ilegalidade ou abuso de poder 516
    3.6. Prazo prescricional 516
    3.7. Regulamentação 517
    3.8. Consagração infraconstitucional 517
4. Direito de certidão 517
5. Direito de defesa 518
Referências bibliográficas 518

Capítulo XXV
DIREITO AO DEVIDO PROCESSO LEGAL

1. Previsão 520
2. Conteúdo 520
    2.1. Aspecto material e formal do princípio 520
    2.2. Âmbito de incidência 522
3. A EC n. 45/2004 e a celeridade processual 522
4. Princípio do juiz natural 524
    4.1. Julgamento pelo Tribunal do Júri 525
5. Exigência de motivação das decisões judiciais 525
6. Princípio da publicidade 527
7. Duplo grau de jurisdição 528
    7.1. Introito 528
    7.2. Fundamentos 529
    7.3. Escorço histórico 529
    7.4. Significado da expressão "duplo grau de jurisdição" 529

1045

7.4.1.	Expressão equívoca	529
7.4.2.	Diferença entre direito de recurso e direito ao duplo grau de jurisdição	530
7.4.3.	A previsão constitucional de diversos juízos e instâncias jurisdicionais	531
7.4.4.	Devolução integral da matéria	534
7.4.5.	Decisões em processos diferentes	535
7.5.	Pacto de São José da Costa Rica	536
7.5.1.	Duplo grau de jurisdição e foro privilegiado — *Barreto Leiva vs. Venezuela*	536
7.6.	Síntese	538
8.	Princípio do contraditório e da ampla defesa	538
9.	Inadmissibilidade da prova obtida por meio ilícito e as delações desacompanhadas	540
10.	Devido processo legal em sentido substantivo	542
	Referências bibliográficas	543

Capítulo XXVI
PRINCÍPIO DA SEGURANÇA JURÍDICA

1.	Alcance	544
2.	Regra constitucional da irretroatividade normativa	545
3.	Ato jurídico perfeito	547
4.	Direito adquirido	547
5.	Coisa julgada	548
6.	Proibição do retrocesso	549
	Referências bibliográficas	549

Capítulo XXVII
CRITÉRIO DA PROPORCIONALIDADE

1.	Introito	551
2.	Critério da proporcionalidade como norma constitucional não escrita: doutrina alemã	552
3.	Proporcionalidade como decorrência do princípio do devido processo legal: doutrina norte-americana	553
4.	Proporcionalidade como decorrência do princípio da isonomia	554
5.	Aplicações da proporcionalidade	555
5.1.	Proporcionalidade como instrumento de interpretação judicial	555
5.2.	Proporcionalidade como conteúdo da norma fundamental do Direito.	557

6. A proporcionalidade: conceituação e aplicação 557
   6.1. Primeiro elemento: conformidade ou adequação dos meios a serem utilizados.. 558
   6.2. Segundo elemento: necessidade ou exigibilidade 558
   6.3. Terceiro elemento: proporcionalidade em sentido estrito.................... 559
   6.4. Proporcionalidade e razoabilidade 560
   6.5. Aplicação pela jurisprudência brasileira 561
7. Conclusão 563
Referências bibliográficas.. 564

Capítulo XXVIII
DIREITOS DA NACIONALIDADE

1. Nacionalidade 566
   1.1. Nação e nacionalidade.. 566
   1.2. Conceito... 566
2. Distinções 567
   2.1. Entre os nacionais e a população de um Estado 567
   2.2. Entre os nacionais e os cidadãos 568
3. Natureza constitucional do direito de nacionalidade 568
4. Nacionalidade originária e secundária.. 568
5. Critérios de aquisição da nacionalidade 569
6. A não aquisição de nacionalidade e a aquisição de duas ou mais nacionalidades 569
7. Brasileiro nato.. 570
   7.1. Nascimento no Brasil 570
   7.2. Nascimento no estrangeiro com genitor brasileiro a serviço do Brasil 571
   7.3. Nascimento no estrangeiro com genitor brasileiro que vem a residir no Brasil... 571
8. Brasileiro naturalizado.. 572
   8.1. Portugueses... 573
   8.2. Originários de países de língua portuguesa com residência e idoneidade .. 573
   8.3. Estrangeiros com residência e sem condenação penal 573
   8.4. Na forma contemplada em lei... 573
9. Tratamento jurídico do brasileiro nato e do naturalizado 575
   9.1. Cargos privativos dos brasileiros natos.. 576
   9.2. Direitos reduzidos dos brasileiros naturalizados 577

10. Perda da nacionalidade brasileira...... 577

    10.1. Casos de cancelamento da perda da nacionalidade 578

    10.2. Renúncia 578

11. Do estrangeiro e de seu regime jurídico 579

    11.1. Distinção preliminar: residentes e não residentes 579

    11.2. Direitos reduzidos para os estrangeiros 579

    11.3. Asilo político 580

        11.3.1. Asilo diplomático 581

    11.4. Extradição 581

    11.5. Expulsão 583

    11.6. Deportação 583

12. Nacionalidade e soberania 584

Referências bibliográficas 585

Capítulo XXIX
DIREITOS E PARTIDOS POLÍTICOS

1. Conceito 586

2. Variantes de direitos políticos 586

    2.1. Sufrágio e voto 586

    2.2. Natureza do voto 587

3. Forma de aquisição dos direitos políticos 588

    3.1. Momento inicial em que o indivíduo pode adquirir direitos políticos . 588

    3.2. Escala constitucional de aquisição dos direitos políticos 589

4. Perda e suspensão dos direitos políticos 589

5. Impedimento no exercício dos direitos políticos 590

    5.1. Inelegibilidade plena 590

        5.1.1. Os inalistáveis 590

        5.1.2. Os analfabetos 590

        5.1.3. Os não filiados a partidos 590

        5.1.4. Os indicados na Lei da Ficha Limpa 590

    5.2. Inelegibilidades parciais 591

        5.2.1. Pelo fator idade 591

        5.2.2. Por vinculação funcional 591

        5.2.3. Por laços familiares 593

        5.2.4. Por fixação de domicílio 593

6. Partidos políticos 593

    6.1. Origem 593

6.2. Conceito 594

6.3. Natureza jurídica 595

6.4. Princípios constitucionais da atividade partidária 596

    6.4.1. Liberdade partidária 596

    6.4.2. Limitações, (in)fidelidade, verticalização e disciplina partidárias 596

    6.4.3. Direito a recursos e acesso à mídia 602

7. Formas paralelas de participação político-partidária: "lobbies" e grupos de pressão 604

Referências bibliográficas 605

Capítulo XXX
DAS GARANTIAS CONSTITUCIONAIS

1. Direitos fundamentais e garantias dos direitos 606

2. Remédios ou garantias constitucionais 607

3. Posição das garantias 610

4. Garantias constitucionais em espécie 610

    4.1. *Habeas corpus* 610

    4.2. Mandado de segurança individual e coletivo 610

    4.3. Ação popular 611

    4.4. Mandado de injunção 611

    4.5. *Habeas data* 614

Referências bibliográficas 614

Título IV
DOS DIREITOS SOCIAIS E COLETIVOS

Capítulo XXXI
TEORIA GERAL DOS DIREITOS SOCIAIS

1. Noção de direitos sociais 617

2. Espécies de direitos sociais 617

3. Beneficiário dos direitos sociais 618

4. Características dos direitos sociais e o custo financeiro (reserva do possível) como redutor social 619

5. Da ordem social na Constituição brasileira 620

6. Origem histórica e evolução constitucional brasileira da seguridade social.... 623
7. Da estrutura e princípios da seguridade social... 624
   7.1. Princípio da solidariedade 625
   7.2. Princípio da universalidade 625
   7.3. Princípio da uniformidade 625
   7.4. Princípio da gestão democrática... 625
   7.5. Equidade no custeio e diversidade da base de financiamento.................... 625
8. Financiamento da seguridade social 626
Referências bibliográficas.. 626

Capítulo XXXII
DOS DIREITOS SOCIAIS INDIVIDUAIS DO TRABALHADOR

1. Apreciação geral 628
2. Direitos relacionados ao contrato de trabalho 628
3. Direitos relacionados ao salário e remuneração 629
4. Direitos relacionados à duração do trabalho.. 629
5. Direitos relacionados à discriminação no trabalho, direitos da mulher e do menor 629
6. Direitos relacionados à segurança e medicina do trabalho 631
Referências bibliográficas.. 631

Capítulo XXXIII
DOS DIREITOS SOCIAIS COLETIVOS DO TRABALHADOR

1. Liberdade de associação profissional ou sindical 632
2. Direito de greve.. 632
   2.1. Limites do direito de greve 633
3. Direito de representação 634
Referências bibliográficas.. 634

Capítulo XXXIV
DIREITO À SAÚDE

1. Conteúdo do direito à saúde 635
   1.1. Da relevância pública 635
2. Do Sistema Único de Saúde 636

2.1. Da iniciativa privada como complementar 637

3. A atuação do Supremo Tribunal Federal na pandemia 638

Referências bibliográficas 643

Capítulo XXXV
DIREITO À PREVIDÊNCIA SOCIAL

1. Considerações preliminares: previdência e futuro 644

2. As mudanças na previdência social como rotina no Brasil 645

3. A inevitável conexão do sistema previdenciário com as relações trabalhistas 647

4. Significado socioeconômico do modelo de capitalização 649

5. As mudanças na previdência social e a posição do STF 652

    5.1. A solidariedade 652

    5.2. As mudanças dentro do sistema e a transição entre sistemas 653

    5.3. As regras da desaposentação 653

    5.4. O novo retalho: a Reforma da Previdência da EC n. 103/2019 654

6. Da previdência privada 656

    6.1. Previdência fechada 656

    6.2. Previdência aberta 656

    6.3. Organização 656

Referências bibliográficas 657

Capítulo XXXVI
DIREITO À ASSISTÊNCIA SOCIAL

1. Aspectos gerais: direito? 658

2. Objetivos 659

3. Recursos e organização 659

4. Princípios da assistência social 659

5. Estrutura 660

Referências bibliográficas 660

Capítulo XXXVII
DIREITO À EDUCAÇÃO E À CULTURA

1. Direito à educação 661

    1.1. A educação da sociedade brasileira como uma questão de soberania nacional 661

1.2. Conteúdo do direito à educação como direito fundamental	662
1.3. Natureza do direito à educação na Constituição de 1988....................	664
1.4. O cumprimento pelo Estado do direito social à educação e as garantias institucionais..	665
1.5. Vinculação de recursos financeiros e estabelecimento de prioridades para efetivar o direito à educação	667
1.6. A judicialização do direito à educação: aspectos de uma polêmica atual	669
1.6.1. Legislação municipal e diretrizes e bases da educação nacional..	670
1.7. Da autonomia universitária...	670
1.7.1. Da livre manifestação de pensamento na Universidade...........	673
1.8. Da autorização e avaliação do ensino privado pelo Poder Público	673
2. Direito à cultura	675
2.1. A vaquejada	676
Referências bibliográficas..	678

Capítulo XXXVIII
DOS DIREITOS COLETIVOS

1. Direitos de terceira dimensão	679
2. Os direitos coletivos na Constituição brasileira..	680
3. Da insuficiência da disciplina normativa	680
4. Espécies de direitos transindividuais ou coletivos......................................	680
4.1. Direitos difusos..	681
4.2. Direitos coletivos *stricto sensu*..	682
Referências bibliográficas..	682

Título V
ESTADO E PODER: REPARTIÇÃO E FUNCIONAMENTO

Capítulo XXXIX
ESTADO: CIDADANIA, REPÚBLICA, DEMOCRACIA E JUSTIÇA SOCIAL

1. Cidadania	683
1.1. A Lei da Anistia..	684
2. Família	685
3. República	686

3.1. O chamado "Pacto Republicano" no Brasil.. 687
4. Democracia e pluralismo político.. 690
5. Desenvolvimento nacional e justiça social 701
   5.1. Justiça social 701
   5.2. Desenvolvimento nacional.. 702
6. Sociedade sem preconceitos 703
Referências bibliográficas.. 704

Capítulo XL
ESTADO: SOBERANIA E PERSPECTIVAS

1. A polêmica acerca da soberania estatal 707
2. As perspectivas de evolução do Estado 709
   2.1. Estados continentais 710
   2.2. Estado mundial 713
   2.3. Governo mundial sem Estados 716
Referências bibliográficas.. 717

Capítulo XLI
O ESTADO UNITÁRIO

1. Definição.. 719
   1.1. Possibilidades de divisões no Estado unitário 719
2. Direito comparado 719
3. Os territórios no Brasil... 720
Referência bibliográfica... 721

Capítulo XLII
ORIGEM DO ESTADO FEDERAL E DIREITO COMPARADO

1. Origem e evolução histórica 722
   1.1. As várias ligas na Grécia antiga 722
   1.2. A Confederação Helvética.. 722
   1.3. Províncias Unidas dos Países Baixos 722
   1.4. Estados Unidos da América do Norte... 722
   1.5. Simon Bolivar 727
2. Direito comparado 727
   2.1. Alemanha.. 727
   2.2. Argentina 728
   2.3. Canadá 729

2.4. Venezuela.. 731
Referências bibliográficas... 732

Capítulo XLIII
CONCEITO E TIPOLOGIAS

1. Estado nacional, Estado federal, União federal e confederação de Estados: distinções básicas.. 733
2. Conceito.. 733
3. Tipologias 734
   3.1. Federalismo por agregação e por desagregação 734
   3.2. Federalismo dual e cooperativo... 734
   3.3. Federalismo simétrico e assimétrico 735
   3.4. Federalismo orgânico 736
   3.5. Federalismo de integração... 736
   3.6. Federalismo de equilíbrio.. 737
Referências bibliográficas... 737

Capítulo XLIV
CARACTERÍSTICAS DO ESTADO FEDERAL

1. Repartição de competências e de rendas pela Constituição.......... 738
   1.1. Necessidade de possuir fonte própria.................................... 738
   1.2. Autonomia e auto-organização.. 738
   1.3. Rigidez constitucional 739
   1.4. Indissolubilidade do vínculo... 740
2. Representação das unidades federativas no Poder Legislativo central 740
   2.1. Participação na apresentação e ratificação de emendas........ 741
3. Princípio da subsidiariedade 741
4. Existência de um Tribunal Constitucional..................................... 742
5. Intervenção para a manutenção da Federação 742
Referências bibliográficas... 742

Capítulo XLV
FEDERALISMO NO BRASIL

1. História federativa do Brasil.. 744
   1.1. Constituição do Império 744
   1.2. Primeira República.. 744

1054

1.3. Revolução de 1930 745

1.4. Constituição de 1934 745

1.5. Constituição de 1937 746

1.6. Constituição de 1946 746

1.7. Constituição de 1988 746

2. Vedações federativas atuais.. 747

2.1. Previsão constitucional 747

2.2. Estado laico 747

2.3. É vedado recusar fé aos documentos públicos 748

2.4. Vedação de preferências 748

2.5. Vedação de distinções entre os brasileiros............................. 749

Referências bibliográficas... 749

Capítulo XLVI
DA UNIÃO

1. Significado 750

2. Bens da União.. 750

3. Das regiões de desenvolvimento.. 751

Referências bibliográficas... 753

Capítulo XLVII
DOS ESTADOS

1. Considerações iniciais 754

2. Capacidade de auto-organização e autolegislação: o constitucionalismo dual 754

2.1. Limites à auto-organização.. 755

2.2. A obrigação geral implícita de simetria com o modelo federal 755

3. Capacidade de autogoverno 757

3.1. Jurisdição estadual.. 757

3.2. Poder Legislativo estadual 757

3.3. O Governador de Estado.. 757

3.3.1. Desnecessidade de autorização prévia da Assembleia do Estado para instaurar ação penal contra Governador de Estado 758

4. Capacidade de autoadministração.. 759

5. Formação e mudança dos Estados 759

5.1. Fusão.. 759

5.2. Cisão 759

1055

5.3. Desmembramento		759
5.3.1. Anexação		759
5.3.2. Formação		759
5.4. Procedimento de alteração		759
Referências bibliográficas		760

Capítulo XLVIII
DOS MUNICÍPIOS

1. Autonomia municipal	761
1.1. Fundamentos para um terceiro nível federativo	762
2. A Lei Orgânica Municipal e normas constitucionais dirigidas aos municípios	764
3. Formação dos municípios	770
4. O Poder Executivo municipal e sua linha sucessória	771
5. Participação dos municípios na repartição de rendas	772
6. Regiões metropolitanas, microrregiões e aglomerados urbanos	773
6.1. Significado e formação	773
6.2. Diferenças entre regiões metropolitanas, microrregiões e aglomerados urbanos	773
Referências bibliográficas	774

Capítulo XLIX
DO DISTRITO FEDERAL E DE BRASÍLIA

1. Origem do Distrito Federal	775
2. Natureza	775
3. Autonomia	775
3.1. Legislativo distrital	776
3.2. Executivo distrital	776
3.3. Judiciário local	777
4. Competências	777
5. Brasília	778
Referências bibliográficas	778

Capítulo L
DA REPARTIÇÃO DE COMPETÊNCIAS NO BRASIL

1. Sistemática geral	779
2. Competência administrativa	780

1056

2.1. Exclusiva.. 780
2.2. Comum 780
3. Competência legislativa 781
   3.1. Competência privativa da União... 781
      3.1.1. Competências exclusivas e privativas da União 781
      3.1.2. Competências privativas da União 782
      3.1.3. Dificuldade de categorização de determinados tópicos como matérias de competência privativa da União e como matérias afeitas ao "condomínio legislativo" 782
         3.1.3.1. Competência concorrente de proteção e integração social das pessoas portadoras de deficiência (art. 24, XIV) ou competência privativa para legislar sobre trânsito e transporte (art. 22, XI)? 783
         3.1.3.2. Competência concorrente sobre previdência social, proteção e defesa da saúde (art. 24, XII) ou competência privativa para legislar sobre trânsito e transporte (art. 22, XI) e do trabalho (art. 22, I)?............................... 784
         3.1.3.3. Competência concorrente para legislar sobre direito econômico (art. 24, I) ou competência privativa para legislar sobre direito civil (art. 22, I)/ competência concorrente para legislar sobre educação, cultura, ensino e desporto (art. 24, IX) ou competência privativa para legislar sobre direito civil (art. 22, I)?............... 785
         3.1.3.4. Considerações gerais 788
   3.2. Competência estadual exclusiva 788
   3.3. Competência concorrente 788
      3.3.1. Da União e dos Estados.. 788
         3.3.1.1. Aplicação uniforme 792
            3.3.1.1.1. Critério da relevância 792
            3.3.1.1.2. Comércio interestadual............................ 793
            3.3.1.1.3. Rotulagem ou aspectos da produção e consumo que demandam tratamento uniforme 797
         3.3.1.2. Normas gerais enquanto normas de maior abstração .. 798
         3.3.1.3. Outros critérios: proibição e permissão 799
         3.3.1.4. Competência supletiva, complementar e suplementar... 800
      3.3.2. Dos Municípios 801
   3.4. Competência remanescente (do Estado).............................. 801
   3.5. Competência municipal exclusiva 802
   3.6. Competência do Distrito Federal 803
   3.7. Competência delegada (aos Estados-membros) 803

3.8. Competências implícitas	804
3.9. Competências em virtude da pandemia	805
Referências bibliográficas	806

Capítulo LI

DA INTERVENÇÃO, DO ESTADO DE DEFESA E DO ESTADO DE SÍTIO

1. Medidas excepcionais de controle do pactofederativo e suas implicações...	807
2. Intervenção federal no Estado-membro	808
2.1. Natureza	808
2.2. Espontânea	808
2.3. Provocada	809
2.3.1. Por solicitação	809
2.3.2. Por requisição	809
2.3.2.1. Ação direta interventiva por violação dos princípios federativos sensíveis	810
2.4. Controle político da intervenção federal	812
3. Intervenção estadual no município	813
3.1. Intervenção espontânea	813
3.2. Intervenção provocada	813
3.3. Controle político nas intervenções nos Municípios	813
4. Intervenção federal em município	814
5. Estado de defesa	814
6. Estado de sítio	815
6.1. Restrições constitucionalmente admissíveis	815
6.2. Controle político	816
Referências bibliográficas	816

Capítulo LII

TEORIA DO PODER E DIVISÃO DE FUNÇÕES ESTATAIS

1. Introdução	817
2. Notas históricas	818
3. Separação e equilíbrio	819
4. Teoria das funções estatais	821
5. As funções estatais no mundo atual	822
6. A separação de poderes na Constituição brasileira	823
Referências bibliográficas	824

Capítulo LIII
DO PODER JUDICIÁRIO

1. Definições preliminares 825
   1.1. Funções típicas e atípicas 825
   1.2. Jurisdição 826
   1.3. Conceito 826
2. Organização e aspectos gerais 827
3. Órgãos do Poder Judiciário e sua competência 829
   3.1. Supremo Tribunal Federal 829
   3.2. Superior Tribunal de Justiça 829
      3.2.1. Das propostas e justificativas para a criação de um Superior Tribunal 829
      3.2.2. Um novo Tribunal da Federação 830
      3.2.3. Competências 830
   3.3. Justiça Federal Eleitoral 831
   3.4. Justiça Federal Militar 831
   3.5. Justiça Federal do Trabalho 831
   3.6. Justiça Federal Comum 833
   3.7. Justiça Estadual 834
   3.8. Conselho Nacional de Justiça 835
      3.8.1. Composição 835
      3.8.2. Ministro-Corregedor 837
      3.8.3. Atribuições 838
         3.8.3.1. Atribuições primárias 838
         3.8.3.2. Atribuições secundárias 840
      3.8.4. A afronta ao princípio federativo 841
4. Escolha dos integrantes do Judiciário 841
   4.1. Supremo Tribunal Federal 842
   4.2. Superior Tribunal de Justiça 842
   4.3. Tribunal Superior Eleitoral 843
   4.4. Tribunal Superior do Trabalho 843
   4.5. Superior Tribunal Militar 843
   4.6. Demais Tribunais e juízes de primeira instância 844
5. Garantias constitucionais do Poder Judiciário e de seus integrantes 845
   5.1. Garantias orgânicas 845
      5.1.1. Autogoverno 845
         5.1.1.1. Escolha de seus dirigentes 846

1059

5.1.2.	Autonomia financeira	846
5.1.3.	Capacidade normativa	846
5.1.4.	Inalterabilidade de sua organização	846
5.2.	Garantias dos membros da Magistratura	846
5.2.1.	Vitaliciedade	846
5.2.2.	Inamovibilidade	846
5.2.3.	Irredutibilidade de vencimentos	847
5.2.4.	Regime jurídico dos magistrados: Lei de Improbidade e LOMAN	847

6. Vedações constitucionais dirigidas aos magistrados.................... 850
   6.1. Exercício de outro cargo ou função pública........................... 850
   6.2. Recebimento de participação em processo............................ 850
   6.3. Atividade político-partidária.. 850
   6.4. Recebimento de auxílios ou contribuições............................ 851
   6.5. A "quarentena"... 852
7. Justiça itinerante 853
8. Descentralização da justiça.. 853
Referências bibliográficas... 854

Capítulo LIV
DO PODER LEGISLATIVO

1. Atuação 856
   1.1. Originariamente: poder financeiro....................................... 856
   1.2. Função clássica... 856
2. Estrutura e organização do Poder Legislativo............................. 856
   2.1. Sistema bicameral.. 856
   2.2. Sessão legislativa, legislatura e mandato parlamentar......... 857
   2.3. Mesas Diretoras 858
   2.4. Comissões... 860

2.4.1.	Comissões parlamentares de inquérito	860
2.4.1.1.	Criação	860
2.4.1.2.	Funções e capacidades	862
2.4.1.3.	Requisitos constitucionais: fato determinado e prazo certo	863
2.4.1.4.	Poderes judiciais e reserva de jurisdição: hipóteses	867
2.4.1.5.	Motivação das decisões	870
2.4.1.6.	Encaminhamento das conclusões finais	873
2.4.1.7.	Síntese dos limites dos poderes comissionais e demais vedações	873

1060

2.4.1.8. Base do funcionamento: o instituto do inquérito parla-
mentar 877

2.5. Tribunal de Contas.. 877

2.5.1. Origem... 877

2.5.2. Definição 878

2.5.3. Fundamentos 879

2.5.4. Natureza jurídica e posição orgânica 879

2.5.5. Composição interna... 880

2.5.6. Funções na Constituição brasileira.............................. 880

2.5.7. Tribunais de Contas estaduais e municipais............... 882

2.5.8. Comissão mista permanente.. 882

3. A escolha dos membros do Poder Legislativo...................................... 883

4. As garantias constitucionais dos parlamentares (Estatuto dos Congressistas).. 883

4.1. Explanação preliminar... 883

4.2. Traço histórico-constitucional brasileiro 884

4.3. Prerrogativas parlamentares... 885

4.3.1. Inviolabilidade... 885

4.3.2. Prerrogativa processual 886

4.3.3. Privilégio de foro.. 890

4.3.4. Limitação quanto ao dever de testemunhar................. 890

4.3.5. Isenção do serviço militar 890

5. Vedações dirigidas aos parlamentares 890

6. Perda do mandato parlamentar 891

Referências bibliográficas... 892

Capítulo LV

DAS LEIS

1. Do conteúdo do ato legislativo 893

1.1. Teoria de Jellinek... 894

1.2. Teoria de Duguit 895

2. Da lei... 896

2.1. Esclarecimento preliminar... 896

2.2. Origem das leis 896

2.3. Conceito de lei... 898

2.3.1. Lei como fonte do direito.. 899

2.4. Da validade, vigência e eficácia das leis 899

2.5. Classificação das leis 902

2.5.1. Leis formais e materiais 902

2.5.2. Da aplicabilidade das leis.. 903

Referências bibliográficas.. 904

Capítulo LVI
DO PROCESSO LEGISLATIVO BRASILEIRO

1. Conceito... 905
2. Fases do processo legislativo 906
3. Processo legislativo das leis ordinárias.. 907
   3.1. Fase introdutória... 907
       3.1.1. Iniciativa privativa do Presidente da República 907
           3.1.1.1. Emenda parlamentar a projeto de iniciativa exclusiva do Presidente da República.................................... 909
           3.1.1.2. Apresentação parlamentar de projeto cuja iniciativa é exclusiva do Presidente da República........................ 909
       3.1.2. Iniciativa popular... 910
       3.1.3. Iniciativa pertencente ao Ministério Público.......................... 910
       3.1.4. Iniciativa conjunta dos Presidentes da República, Câmara de Deputados, Senado Federal e Supremo Tribunal Federal 910
   3.2. Fase das comissões e possibilidade de eliminação da fase do plenário 911
   3.3. Fase do plenário.. 913
       3.3.1. Discussão.. 913
       3.3.2. Votação... 913
           3.3.2.1. Votação em regime de urgência 914
   3.4. Fase revisional 915
   3.5. Fase executiva... 916
       3.5.1. Sanção 917
       3.5.2. Veto 917
       3.5.3. Promulgação... 919
       3.5.4. Publicação 920
4. Das emendas constitucionais 921
   4.1. Denominação... 921
   4.2. Significado.. 921
   4.3. Particularidades no processo legislativo 921
       4.3.1. Iniciativa... 921
       4.3.2. Fase das comissões... 922
       4.3.3. Fase do plenário 922
       4.3.4. Fase revisional.. 922
       4.3.5. Fase executiva: inexistente 922

1062

4.3.5.1. Promulgação e publicação pelas Mesas das Casas do Congresso Nacional 922

4.4. Limitações do poder de emendar a Constituição............................ 923

5. Lei complementar 924

5.1. Significado.. 924

5.2. Particularidades do processo legislativo 924

5.3. Posição hierárquica.. 924

5.4. Espécies 925

    5.4.1. Leis complementares exaurientes.................................... 925

    5.4.2. Leis complementares continuáveis.................................. 926

        5.4.2.1. Leis complementares cronologicamente anteriores..... 926

        5.4.2.2. Leis complementares dispensáveis 926

5.5. Teoria unitarista da lei complementar 927

6. Medida provisória 930

6.1. Fontes 930

    6.1.1. No Direito brasileiro: o decreto-lei 930

    6.1.2. No Direito estrangeiro: Direito italiano 930

6.2. Natureza jurídica da medida provisória: ato legislativo ou administrativo? 931

6.3. Requisitos constitucionais específicos...................................... 932

    6.3.1. Relevância 933

    6.3.2. Urgência 933

6.4. Cabimento.. 933

6.5. Regime jurídico 934

6.6. Procedimento de conversão 934

6.7. Vedações materiais 937

    6.7.1. Vedações expressas 937

        6.7.1.1. Vedação de matérias abordadas por emendas constitucionais entre janeiro de 1995 e setembro de 2001 938

        6.7.1.2. Matéria relativa a nacionalidade, cidadania, direitos políticos, partidos políticos e direito eleitoral............. 938

        6.7.1.3. Direito penal, processual penal e processual civil 938

        6.7.1.4. Organização do Poder Judiciário e do Ministério Público e temas correlatos 939

        6.7.1.5. Planos plurianuais, diretrizes orçamentárias, orçamento e créditos adicionais e suplementares 939

        6.7.1.6. Bens, poupança popular ou ativos financeiros 939

        6.7.1.7. Matéria de lei complementar 939

6.7.1.8. Matéria de projeto de lei aprovado dependente de sanção 940

6.7.2. A permanência de vedações implícitas 940

6.7.2.1. Matéria tributária 940

6.7.2.2. Matéria previdenciária 940

6.8. Nas Constituições estaduais e leis orgânicas municipais 940

7. Lei delegada 941

7.1. Natureza jurídica 941

7.2. Processo legislativo 941

7.3. Controle 941

8. Decreto legislativo 942

9. Resolução 942

Referências bibliográficas 942

Capítulo LVII
DO PODER EXECUTIVO

1. Presidencialismo 944

1.1. Origem histórica 944

1.2. Principais características 945

1.2.1. Chefe de Estado 945

1.2.2. Chefe de Governo 945

1.3. Funções do Presidente da República 945

2. Presidencialismo e parlamentarismo 947

3. A teoria da separação de "poderes" e o presidencialismo 947

4. O presidencialismo na evolução histórica brasileira 947

4.1. O presidencialismo na Constituição Federal de 1988 948

4.1.1. Da eleição do Presidente da República 948

4.1.2. Da reeleição do Presidente da República 949

4.1.3. Do *impeachment* do Presidente da República 949

4.1.3.1. Regime democrático e *impeachment* 951

4.1.3.2. Presidencialismo e responsabilização 953

4.1.3.3. Reeleição e mudança implícita da hipótese temporal ensejadora do *impeachment* 956

4.1.3.4. A responsabilização do Presidente da República e o TCU 958

4.1.4. Prisão e responsabilização penal do Presidente da República .. 959

4.1.5. Iniciativas reservadas 961

1064

4.1.6. Vice-Presidente	962
4.1.7. Vacância	962
4.1.8. Os auxiliares diretos do Presidente da República: Ministros de Estado	963
4.1.8.1. Prerrogativa de foro dos Ministros de Estado	964
4.1.9. Conselho da República	965
4.1.10. Conselho de Defesa Nacional	966
4.1.11. Comissão de Ética Pública da Presidência da República	966
4.2. Um Presidencialismo de coalizão ou atípico?	967
Referências bibliográficas	968

Capítulo LVIII
DA ADMINISTRAÇÃO PÚBLICA

1. Conceito	970
2. Estrutura	970
2.1. Administração Pública indireta	970
2.1.1. Regime jurídico	970
2.1.2. Autarquias	971
2.1.3. Fundações públicas	972
2.1.4. As empresas estatais	972
2.1.4.1. Empresas públicas	973
2.1.4.2. Sociedades de economia mista	973
2.1.4.3. O discurso de redução das estatais	974
2.2. Para-administração ou paraestatais	975
2.2.1. Ordens e conselhos profissionais	976
2.2.2. Organizações sociais	976
3. Cláusulas constitucionais regentes	976
3.1. Exigência da estrita legalidade e as Leis de Introdução às Normas do Direito brasileiro	976
3.2. Cláusula constitucional da moralidade	977
3.2.1. Probidade administrativa	979
3.3. Impessoalidade	979
3.3.1. Estado de Direito e governo impessoal	979
3.3.2. Significado constitucional da cláusula de impessoalidade	980
3.3.3. Relação entre impessoalidade e isonomia	980
3.4. Exigência de publicidade	981
3.5. Exigência de eficiência	981

3.6. Princípio da responsabilidade do Estado e terceirização	982
4. Serviços públicos	983
4.1. Significado	983
4.1.1. Sentido lato	983
4.1.2. Sentido restrito	983
4.2. Definição	983
4.3. Características	984
4.3.1. Gratuidade	985
4.3.2. A continuidade no oferecimento do serviço	985
4.3.3. Dignidade da pessoa humana, serviço essencial e gratuidade ..	986
4.4. Serviços públicos em espécie	988
5. Agentes públicos	990
5.1. Conceito	990
5.2. Cargo, emprego e função	991
5.3. Provimento	992
5.4. Regime remuneratório	992
5.5. Acumulação de cargos	993
5.6. Servidores públicos	994
5.7. Acesso	994
5.8. Direitos	995
5.9. Aposentadoria	996
5.10. Perda do cargo público	996
Referências bibliográficas	997

Capítulo LIX
DAS FINANÇAS PÚBLICAS

1. Aspectos gerais	998
2. Conceito	998
3. Mecanismo jurídico: o orçamento	998
3.1. Orçamento conjuntural e a sustentabilidade da dívida: a EC n. 109/2021	999
3.2. Procedimento	1001
3.3. Execução	1001
3.4. Restrições com despesas e a "DRU"	1002
4. As receitas públicas	1004
5. Empréstimo e dívida pública	1005
6. O teto de gastos da EC n. 95/2016 e o Estado brasileiro	1006
6.1. A pandemia e a subversão da lógica da austeridade	1010

7. Precatórios e orçamento.. 1011
Referências bibliográficas.. 1014

Capítulo LX
DAS FUNÇÕES ESSENCIAIS À JUSTIÇA E
DA POLÍCIA JUDICIÁRIA

1. Do Ministério Público... 1015
   1.1. Princípios institucionais... 1015
   1.2. Estrutura 1015
   1.3. Escolha de seus integrantes e dirigentes.................................... 1015
   1.4. Funções institucionais 1016
      1.4.1. A atividade de investigação.. 1017
   1.5. Vedações constitucionais dirigidas aos membros do Ministério Público 1019
   1.6. Conselho Nacional do Ministério Público................................. 1021
      1.6.1. Finalidade.. 1021
      1.6.2. Composição... 1022
      1.6.3. Atribuições 1022
2. Da Defensoria Pública 1023
3. Da Advocacia... 1025
4. Da polícia judiciária... 1027
Referências bibliográficas.. 1028